제2판

형사
소송법

정승환

Criminal Procedure Law

박영사

제2판 머리말

이 책을 처음 출간한 후 저자의 사정으로 7년이 넘게 개정판을 출간하지 못하였다. 그 사이 형사소송법 및 관련 법령이 여러 차례 개정되고 판례의 변화도 많았었다. 이러한 변화를 반영하지 못하여 안타까웠는데, 오랜만에 개정판을 내게 되었다.

제2판에서는 개정된 법률과 변화된 최근 판례를 모두 반영한 것은 물론이고, 책의 서술 방식도 일부 바꾸었다. 초판에서는 판례를 각주로 인용하면서 판례를 선고한 법원과 선고일자 및 사건번호를 모두 기재하였는데, 그로 인한 지면의 낭비가 상당하다고 생각하여 판례의 사건번호만 표기하면서 본문 속에 괄호로 넣었다. 사건번호만 검색하면 판례의 상세자료를 다 찾아볼 수 있는데, 관행에 얽매여 선고법원과 선고일자 등을 모두 기재할 필요는 없다고 판단하였다. 바야흐로 인공지능(AI)의 시대인데, 판례를 인용하고 찾는 방식은 과거에 머물러 있는 상황에 변화를 주고 싶었다.

지엽말단의 문제를 언급했지만 지금의 법학 교육은 AI시대의 교육과는 거리가 한참 떨어져 있다. 특히 로스쿨의 교육은 판례 외우기를 종용하는 듯한 모양새다. 변호사시험에서도 시대착오적인 암기식 시험이 진행되고 있다. 로스쿨에서 교육받고 변호사시험을 통과한 사람들이 법실무의 현장에서 일할 때에는 각종 검색 프로그램은 물론 AI를 활용한 업무가 당연할 텐데, 학교 교육과 시험은 이에 맞추지 못하고 있다. 이 책에서도 판례의 내용이 중요한 비중을 차지하고 있는데, 판례를 공부하는 것 자체가 문제되는 것이 아니라, 판례를 단순히 암기하면서 비판적 사고를 하지 않는 것이 문제이다. 판례에 대한 나름의 시각을 이 책에서 다 서술하지 못한 부분은 학생들과의 수업을 통해 보완하려 한다. 수업을 통해 보충된 내용은 다음에 책을 다시 쓸 때 반영할 것인데, 이렇게 수업의 과정이 이 책의 내용을 단순히 전달하는 것이 아니라 서로 상호작용하는 과정이 되기를 기대한다.

　　판례를 나름의 시각으로 분석하고 비판할 때 필요한 것은 '구별하기'이다. 법률가가 되는 과정에 있는 학생들에게 낯선 것 중 하나는 법학에서 사용하는 개념과 논리를 구별하는 일이다. 이러한 일에 익숙해지는 것이 이른바 '리걸 마인드'를 갖추는 것이라 생각한다. 배워야 할 것은 구별하는 사고이고, 배우지 말아야 할 것은 불필요한 법조인들의 관행이다. 법률의 업무는 보통 사람들과 다른 말을 쓰는 것이라는 생각을 버려야 한다. 최근 형사소송법의 개정법률에서도 우리의 말과 글을 쓰고 있고, 특히 2020년 형법을 개정할 때는 법률의 표현을 우리 말과 글로 모두 바꾸다시피 하였다. 이 책에서도 가능하면 간결한 우리 글로 서술하려고 노력하였다.

　　개정 작업이 지체되어 어려움이 많았는데도 흔쾌히 제2판을 출판해 주신 박영사의 조성호 이사님과 까다로운 편집과 교정을 세밀하게 작업해 주신 윤혜경 대리님께 특별한 감사의 말씀을 드린다. 급변하는 출판시장의 위기에도 불구하고 다양한 법학 책을 출판하여 이 나라 법학의 발전에 기여하는 박영사가 앞으로도 양과 질에서 풍성한 수확을 거두기를 기원한다.

2025. 2. 북악산 기슭에서

저자

머리말

"기억은 기록이 아니라 해석이다."

흔히 형사소송의 목적은 '실체적 진실의 발견'에 있다고 한다. 그런데 진실의 발견, 즉 과거에 일어난 사실의 확인은 기억에 의존한다. 앞에서 인용한 말은 영화 '메멘토'에서 수사관의 대사이지만 현대 뇌과학의 결론이기도 하다. 우리가 기억하는 과거의 사실은 기억의 기록창고에서 꺼내오는 사실이 아니라 현재의 관점에서 과거를 해석한 사실이라는 것이다. 요컨대 형사절차에서 기억에 의존하여 이루어지는 사실확인의 과정은 과거의 기록을 확인하는 것이 아니라 과거 사실에 대한 새로운 해석이 이루어지는 과정이 된다.

그래서 "형사소송에서는 '진실의 실체'가 '발견'되는 것이 아니라, '절차적 진실'이 새롭게 '구성'된다."는 것이 오늘날 형사소송법 이론의 일반적 결론이다. 이러한 결론에 따르면 형사절차에서 중요한 것은 사실이 공정하게 구성되도록 절차를 형성하는 것이며, 형사소송법과 형사소송법의 해석 및 적용은 공정한 절차의 형성에 기여하는 것을 목적으로 한다. 나아가 형법이 '시민의 마그나카르타'라면 형사소송법은 '피고인의 마그나카르타'라는 형사법의 큰 원칙도 형사소송법 이해의 바탕이 되어야 한다.

법학전문대학원이 도입된 지 10년이 되었고, 법학 교육의 환경이 크게 변하였다. 이른바 '실무 위주의 교육'을 강조하는 로스쿨의 교육은 실무의 바탕이 되는 이론 또는 본질의 문제에 대한 논의를 축소하고 있다. 한편 학부에서의 법학 교육이 축소되어 법치국가의 민주시민에게 필요한 보편적 이해로서의 법학이 존재감을 잃어가고 있다.

이러한 상황에서 이 책은 로스쿨 교육에서 형사소송법의 본질에 다가가기 위한 최소한의 이론을 담는 한편, 판례를 중심으로 이론이 적용되는 대표적 사례들을 소개하려 하였다. 다른 한편으로는 학부과정에서 형사소송법에 대한 기본적 이해에 도움이 되는 교재로 활용하고자 가능한 한 쉽게 이론을 서술하려 노력하였다. 이를 위해 이 책에서는 형사소송법의 주요 쟁점마다 'Leading Case' 를 소개하여 논의의 출발점으로 삼았다. 더불어 2018년 상반기까지의 주요 판례와 개정법률의 내용을 빠짐없이 수록하였다. 'Leading Case'와 주요 판례들을 활용하면 이론 교육과 함께 사례연구도 가능할 것이라 생각하였다. 한편으로 형사절차와 관련한 주요 통계를 각주에 기재하여 형사절차의 현실을 간접적으로나마 살펴볼 수 있게 하였다. 다만 저자의 능력에 닿지 않는 여러 가지를 욕심내다 보니 무엇 하나 제대로 이루어진 게 없을까 염려될 뿐이다. 앞으로 학부와 로스쿨에서 강의를 진행하면서 부족한 부분을 계속 보완하려 한다.

어려운 여건에서도 흔쾌히 책의 출판을 허락해 준 박영사와 조성호 이사님, 그리고 까다로운 편집작업을 세심하게 수행해 주신 한두희 대리님께 감사드린다. 한국 법학의 발전을 함께 이끌어 온 박영사의 노력이 앞으로도 소중한 결실로 이어지기를 소망한다.

2018년 8월 저자

목   차

제1편 서   론

제1장 형사소송법 개관

제 2 장 형사소송의 기초이론

제 2 편 수   사

제 1 장 수사의 기초와 임의수사

제 1 절 수사의 의의와 수사기관 / 37

제 2 장　강제수사

제 1 절　인신구속제도 / 119

제 3 장　수사의 종결과 공소의 제기

제 1 절　수사의 종결 / 214

제 3 편　공　　판

제 1 장　소송의 주체와 소송행위

제 1 절　법　　원 / 281

제 2 장　공판의 절차

제 1 절　공판의 기초 / 379

제3장 증 거

제 1 절 증거법의 기초 / 516

제 4 장 재   판

제 1 절　재판의 의의와 종국재판 / 668

제 4 편 상소와 특별절차

제 1 장 상 소

제 1 절 상소의 일반이론 / 727

제 2 장 비상구제절차

제 1 절 재   심 / 798

제 2 절 비상상고 / 820

제 3 장 특별절차

제 1 절 약식절차와 즉결심판 / 830

일 러 두 기

1. 참고문헌의 인용

이 책에서는 학계의 견해를 참고할 수 있을 정도의 대표적인 책들을 주요 참고문헌으로 인용하였다. 아래의 주요 참고문헌을 각주에서 인용할 때 형사소송법 교재는 저자의 이름과 인용한 페이지만 기재하되, 해당 책에서 [ ] 등으로 단원을 구별하고 문단번호를 표기한 경우에는 그 방식으로 인용하였으며, 형법 책을 인용할 때에는 형법 책임을 표기하였다. 아래의 책들 외 논문 등을 인용할 때에는 일반적인 인용방식을 따랐다.

강구진 : 형사소송법원론, 학연사 1982.
김기두 : 형사소송법 전정신판, 박영사 1987.
배종대, 형법각론 : 제15판, 홍문사 2024.
배종대, 형법총론 : 제18판, 홍문사 2024.
배종대/홍영기 : 형사소송법 제2판, 2020.
백형구 : 형사소송법, 법원사 2012.
신동운 : 형사소송법 제5판, 법문사 2014.
신양균/조기영 : 형사소송법 제2판, 박영사 2022.
이은모/김정환 : 형사소송법 제9판, 박영사 2023.
이재상/조균석/이창온 : 형사소송법 제15판, 박영사 2023.
이창현 : 형사소송법 제8판, 정독 2022.
정승환, 형법학입문 : 박영사 2024.
정영석/이형국 : 형사소송법, 법문사 1994.
차용석/최용성 : 형사소송법 제4판, 21세기사 2013.

2. 법령의 표기

이 책에서 법령의 명칭을 표기할 때는 법제처에서 정하는 법령의 약칭으로 기재하는 것을 원칙으로 했다. 다만 형사소송법의 조문번호를 표기할 때는 필요한 경우 외에는 법의 명칭을 기재하지 않았으며, 자주 인용되는 법령은 지면의 절약을 위해 아래와 같은 약칭을 사용하였다.

검사규 : 검찰사건사무규칙
경직법 : 경찰관직무집행법
교특법 : 교통사고처리특례법
규칙 : 형사소송규칙
도교법 : 도로교통법
법조법 : 법원조직법
사경규칙 : 사법경찰관리집무규칙
소촉법 : 소송촉진 등에 관한 특례법
수사준칙규정 : 검사와 사법경찰관의 상호협력과 일반적 수사준칙에 관한
　　　　　　　　규정
즉심법 : 즉결심판에 관한 절차법
특가법 : 특정범죄 가중처벌에 관한 법률
특강법 : 특정강력범죄의 처벌에 관한 특례법
특경법 : 특정경제범죄 처벌에 관한 특례법
헌재법 : 헌법재판소법

3. 판례의 표기

(1) 국내 판례의 표기

이 책에서 법원과 헌법재판소의 판례를 인용할 때에는 판결 또는 결정의 사건번호만 기재하였다.

1) 헌법재판의 사건번호는 「헌법재판소 사건의 접수에 관한 규칙」 제8조 ① 항에 따라 연도구분·사건부호 및 진행번호로 구성한다. 진행번호는 그 연도중에 사건을 접수한 순서에 따라 일련번호로 표시하며(같은 조 ④항), 사건부호는

같은 조 ③항의 표에 의한다. 이 책에 주로 표기된 사건부호는 다음과 같다.

－ 헌가 : 위헌법률 심판사건

－ 헌마 : 공권력의 행사 또는 불행사로 기본권을 침해받은 때의 헌법소원 심판사건(이를 '제1종 헌법소원'이라 한다.)

－ 헌바 : 위헌법률 심판의 제청신청이 기각된 때의 헌법소원 심판사건 (이를 '제2종 헌법소원'이라 한다.)

2) 법원의 사건번호는 「법원재판사무 처리규칙」 제19조 ②항에 따라 "서기연수에 네자리 아라비아 숫자, 사건별 부호문자와 진행번호인 아라비아 숫자로" 표시한다. 그리고 같은 규칙 제20조에 따라 사건별 부호문자는 「사건별 부호문자의 부여에 관한 예규」 제2조 ①항의 별표를 기준으로 부여한다. 이 책에서 주로 인용되는 형사 판결의 경우, 제1심 합의사건은 '고합', 제1심 단독사건은 '고단', 항소사건은 '노', 상고사건은 '도'의 부호가 부여된다. 예를 들어 '2024도1234'에서 '2024'는 사건이 해당 법원에 접수된 연도를, '도'는 대법원의 형사사건 판결을, '1234'는 사건이 접수된 순서를 각각 나타낸다. 형사 결정의 경우, 항고사건은 '로', 대법원의 재항고사건은 '모'의 부호가 부여된다.

사건의 접수연도와 선고일자는 차이가 날 수 있지만, 사건번호만으로 대법원의 형사판결이라는 점 등을 알 수 있으므로 지면의 효율적 활용을 위해 사건번호만 기재하였다. 다만, 대법원 전원합의체 판결은 그 중요성을 감안해서 '전합'이라고 표기하였다.

(2) 독일 판례의 약칭

독일 판례를 인용할 때 약칭의 의미는 다음과 같다.

BGHSt : Entscheidungen des Bundesgerichtshof in Strafsachen
　　　　(독일연방법원 형사판결)

BVerfGE : Entscheidungen des Bundesverfassungsgerichts
　　　　(독일연방헌법재판소 결정)

제1편

서 론

제1장
형사소송법 개관

[1] 제1 형사소송법의 의의

I. 형사소송법과 형사절차의 의미

1. 형사소송법의 개념

(1) **형사소송과 형사절차** 형사소송법은 형사절차를 규율하는 국가의 법이 **1**
다. '형사절차'는 범죄사실과 범죄자를 밝혀내어 국가형벌권을 행사하는 절차를
말한다. 그 절차는 범죄수사와 범인의 검거로부터 공소제기, 공판절차 그리고
형의 선고와 집행에 이르는 일련의 과정으로 구성된다. 한편 '형사소송'은 법원
에 의하여 진행되는 공소제기 이후의 공판절차로서 피고인의 형사책임의 유무
와 그 정도를 판단하는 일련의 쟁송활동을 말한다. 형사절차를 규율하는 현행법
은 그 명칭은 '형사소송법'이지만 그 실질적 내용은 형사절차 전반을 규율하는
'형사절차법'으로 되어 있다.

(2) **절차법으로서의 형사소송법** '형사절차'를 규율하는 형사소송법은 실체 **2**
법인 형법과 비교하여 절차법으로 구별된다. 형법은 어떤 행위가 범죄이고 이에
대해 부과되는 형벌이 무엇인지에 대한 실체적 내용을 규율하는 반면,[1] 형사소
송법은 그 실체를 확인해 나가는 절차에 관해 규율한다. 형사소송법이 담고 있
는 규정들은 주로 범죄와 범죄자를 밝혀내는 '사실확인'의 과정에 관여하며, 형
사절차를 통해 확인된 범죄사실이 실체법인 형법이 정한 범죄와 형벌의 내용에
적용되는 것이다. 이러한 점에서 실체법인 형법과 절차법인 형사소송법은 상호

---

1) 배종대, 형법총론, [1] 1 이하; 정승환, 형법학입문, [1] 8 참조.

보완적이다.

3   [법적용의 전통적 모델과 해석학적 모델] 법률의 적용에 관한 전통적 삼단논법에 따르면 법률의 해석이 대전제가 되고 확인된 사실은 소전제가 되어 확인된 사실을 해석된 법률에 포섭시키는 것이 법률적용의 과정이다. 이러한 전통적 삼단논법은 오늘날 해석학적 모델에 의해 극복되고 있다. 즉, 전통적 법적용의 모델에 의하면 법률의 해석과 사실의 확정이 단절되는 반면, 해석학적 모델에서는 법률해석과 사실확정이 별개로 이루어지는 과정이 아니라 서로 수렴하는 관계로 이해된다. 법률의 의미는 사실확정의 이전에 주어지는 것이 아니고 사실확정의 과정에서 비로소 구체적으로 형성되는 것이며, 사실의 확정은 법률해석의 관점에서 의미 있는 사안으로만 선별된다는 것이다.[1]

2. 형사소송법의 과제

4   (1) 형사절차에서 사실확인의 주체와 변수   형사소송법이 형사절차를 통한 사실확정의 과정을 주로 규정한다고 할 때, 사실확인의 최종적 주체는 법관이 된다.[2] 따라서 형사절차에서 궁극적으로 문제가 되는 것은 문제되는 '사실의 존재에 대한 법관의 확신이 어떻게 형성되느냐' 하는 것이다. 법관이 형사절차에서 사실을 확인해 나가는 과정에는 여러 가지 변수가 작용한다. 우선 1) 형사절차에서 사실확인의 작업은 언어에 의해 이루어지기 때문에 언어이해의 유동성과 불확정성이 변수가 되며, 2) 형사절차에 참여하는 주체들의 상호작용과 3) 사실확인을 위해 제공되는 정보[3]에 대한 법관의 선별적 지각과 인식 등이 중요한 변수가 된다.[4]

5   (2) 형사소송법의 규율목적과 해석방향   형사절차는 법관이 다양한 변수 속에서 사실을 확정하는 과정이기 때문에 이러한 변수를 통제하여 가장 공정한 사실인정이 가능하도록 하는 것이 형사소송법의 규율목적이다. 예컨대 공개주의, 구술변론주의, 직접주의 등 공판절차의 원칙들은 언어이해의 유동성과 불확정성을 최소화하고 객관적 언어이해 속에서 사실을 바라보도록 하는 데 그 의

---

1) 이러한 관점은 후술하는 이른바 '실체적 진실의 절차주의적 이해'로 이어진다. 자세한 것은 이상돈, 형사소송원론, 법문사 1998, 31면 이하 참조.

2) 물론 '국민참여재판'에서는 법관이 아닌 배심원이 사실확인의 주체가 되지만 현행법상 사실확인의 최종적 권한은 여전히 법관에게 있다. 자세한 것은 아래 [46] 3 참조.

3) 소송법적 관점에서는 증거를 말한다.

4) 자세한 것은 이상돈, 형사소송원론, 법문사 1998, 190면 이하 참조.

미가 있고, 공평한 법원의 구성을 위한 규정들과 검사의 객관의무, 변호인의 조
력을 받을 권리 등은 형사절차에 참여하는 주체들의 상호관계를 최대한 공정하
게 구성하고자 하는 데 그 목적이 있다. 또 증거법의 여러 원칙들은 법관이 그
에게 주어지는 정보들을 객관적으로 평가하고 인지하여 합리적으로 사실을 확
정하도록 하기 위한 통제장치들이다.[1]

　　이와 같은 형사소송법의 규율목적은 형사소송법의 입법과 해석에서 본질적   **6**
인 지침이 되어야 한다. 형사소송법과 이를 기반으로 하는 형사절차의 운용은
한 국가의 법문화수준을 가늠하는 척도가 된다. 법의 적용이 정치권력이나 이익
집단에 의해 얼마나 왜곡되는지, 또는 사회적 갈등해소에 대응하는 법정책적 결
정이 얼마나 이성적인지는 형사절차의 운용에서 가장 뚜렷하게 집약되어 나타
나기 때문이다.

Ⅱ. 형사소송법의 법원

　　형사절차를 규율하는 규정들은 어디에 그 연원을 두고 있는가, 즉 어디에   **7**
서 형사절차에 관한 법규들을 찾을 수 있는가 하는 것이 법원法源의 문제이다.
형사소송법의 법원으로는 형사소송법 외에 헌법, 형법·법원조직법 등의 법률과
대통령령, 대법원규칙, 법무부령 등을 들 수 있다.

1. 헌　　법

　　(1) 헌법적 형사소송법　　헌법에 규정된 각종의 형사절차규정은 형사소송   **8**
법의 최고법원最高法源이 된다. 헌법에는 형사절차에 관한 구체적 규정이 들어
있으며, 형사소송법으로 구체화되지 않은 헌법규범도 형사소송의 재판규범이
된다.[2] 형사소송법은 헌법의 이념을 실현해야 하고 그에 반하는 내용을 담아서
는 안 되며, 아울러 헌법에 합치하도록 해석·적용되어야 한다. 이러한 점에서
형사소송법을 '구체적으로 응용된 헌법'이라 부르기도 한다.[3]

　　(2) 헌법적 형사소송법의 구체적 내용　　헌법이 직접 규정하고 있는 형사소   **9**
송법의 내용을 열거하면 다음과 같다: 1) 형사절차법정주의와 적법절차원칙(제

---

1) 이상돈, 형사소송원론, 법문사 1998, 27면 이하.
2) 신동운 6 이하.
3) 이재상/조균석/이창온 1/6.

12조 ①항), 2) 고문금지와 불이익진술거부권(제12조 ②항), 3) 영장주의(제12조 ③
항, 제16조), 4) 변호인의 조력을 받을 권리(제12조 ④항), 5) 구속사유 및 변호인선
임권을 고지받을 권리와 피구속자의 가족 등의 구속사유를 통지받을 권리(제12
조 ⑤항), 6) 구속적부심사청구권(제12조 ⑥항), 7) 자백배제법칙과 자백의 보강법
칙(제12조 ⑦항), 8) 일사부재리원칙(제13조 ①항), 9) 헌법과 법률이 정한 법관에
의한 재판을 받을 권리(제27조 ①항), 10) 군사법원의 재판을 받지 않을 권리(제27
조 ②항), 11) 신속한 공개재판을 받을 권리(제27조 ③항), 12) 피고인의 무죄추정
권(제27조 ④항), 13) 형사피해자의 법정진술권(제27조 ⑤항), 14) 형사보상청구권
(제28조), 15) 과잉금지의 원칙(제37조 ②항), 16) 국회의원의 불체포특권(제44조),
17) 대통령의 형사상 특권(제84조), 18) 법원의 조직과 권한(제101조~108조), 19)
군사법원(제110조), 20) 헌법소원권(제111조 ①항 5호).

2. 형사소송법

10   **(1) 형사절차법정주의**   형사절차는 국가공권력작용의 하나로서 그 자체 기
본권에 대한 제한을 수반한다. 그리고 기본권의 제한은 법률적 근거가 있어야
한다는 근대의 법치국가적 요청은 형사절차법에도 적용된다. 따라서 헌법 제12
조 ①항은 "누구든지 법률에 의하지 아니하고는 체포·구속·압수·수색 또는 심
문을 받지 아니하며, 법률과 적법한 절차에 의하지 아니하고는 처벌·보안처분
또는 강제노역을 받지 아니한다"고 규정하고 있다. 이와 같은 형사소송의 법률
유보를 '형사절차법정주의', 또는 '법률적 형사소송법'이라고 부른다.

11   **(2) 형식적 의미의 형사소송법**   형사절차법정주의에 따라 형사절차를 규정
하는 법률이 형사소송법인데, 여기에는 형식적 의미의 형사소송법과 실질적 의
미의 형사소송법이 있다. 형식적 의미의 형사소송법은 그 명칭이 '형사소송법'인
법률을 말한다. 1954년 9월 23일에 공포된 형사소송법은 형사절차의 가장 중요
한 법원法源이 된다.

12   **(3) 실질적 의미의 형사소송법**   명칭은 형사소송법이 아니지만 그 내용이
실질적으로 형사절차를 규율하고 있는 법률을 실질적 의미의 형사소송법이라고
한다. 여기에는 다음과 같은 것이 있다.

13   **㈎ 조직에 관한 법률**   법원조직법, 각급 법원의 설치와 관할구역에 관한
법률, 검찰청법, 변호사법, 경찰관직무집행법, 사법경찰관리의 직무를 수행할 자
와 그 직무범위에 관한 법률 등이 있다.

(나) **특별절차에 관한 법률**   국민의 형사재판 참여에 관한 법률, 소년법,   **14**
즉결심판에 관한 절차법, 군사법원법, 조세범처벌절차법, 소송촉진 등에 관한
특례법, 형사소송비용 등에 관한 법률, 고위공직자범죄수사처 설치 및 운영에
관한 법률 등이 있다.

(다) **기 타**   형의 집행 및 수용자의 처우에 관한 법률, 형의 실효 등에 관   **15**
한 법률, 형사보상 및 명예회복에 관한 법률, 사면법, 국가보안법, 관세법 등에
도 형사소송법에 속하는 내용이 일부 들어 있다.

3. 형 법

형법은 형사소송법과의 관계에서 실체법의 지위를 갖지만 절차법적 규정도   **16**
일부 포함하고 있다. 형법총칙 중에서 판결의 공시에 관한 규정(형법 제58조), 선
고유예 및 집행유예 등에 관한 규정(형법 제59조 이하), 형의 집행에 관한 규정(형
법 제66조 이하), 가석방에 관한 규정(형법 제72조 이하) 등과 형법각칙의 친고죄1)
및 반의사불벌죄2)에 관한 규정 등이 그러한 예이다.

4. 대법원의 규칙과 예규

(1) **대법원규칙의 법원성**法源性   대법원은 법률에 저촉되지 않는 범위 안에   **17**
서 소송에 관한 절차, 법원의 내부규율과 사무처리에 관한 규칙을 제정할 수 있
다(헌법 제108조). 이것을 형사절차법정주의의 예외라고 보는 견해가 있다.3) 그러
나 규칙은 법률에 저촉되지 않는 범위 안에서 형사소송법을 구체화하는 하위규
범일 뿐이므로, 예외로 보는 것은 타당하지 않다. 다만 헌법이나 형사소송법의
원칙이나 규범에 명백하게 반하는 규칙은 무효라고 보아야 한다. 또한 헌법이나
법률에 대한 위반이 명백하지 않은 경우에는 최대한 헌법과 법률의 원칙과 규
범에 맞게 해석하여야 한다.

(2) **규정의 범위**   대법원규칙은 오로지 '소송절차에 관한 순수한 기술적   **18**
사항'만을 규정하여야 하고, 형사절차의 기본구조나 피의자·피고인을 비롯한

---

1) 예를 들어 제312조는 모욕죄에 대하여 "고소가 있어야 공소를 제기할 수 있다"고 하여 형사
   절차에 관해 규정하고 있다. 2012. 12. 18. 형법 개정법률은 강간죄에 대한 친고죄 규정(제306
   조)을 삭제하였는데, 이는 형사소송법의 관련문제에 대한 해석 및 적용에서도 중요한 의미를
   갖게 되었다.
2) 예를 들어 형법 제260조 ③항은 폭행죄에 대해 "피해자의 명시한 의사에 반하여 공소를 제
   기할 수 없다"고 하여 공소제기의 절차와 관련한 규정을 두고 있다.
3) 신동운 22.

소송관계인의 이해관계에 영향을 미칠 수 있는 사항은 법률로써 규정하여야 한다는 견해가 있다.[1] 그런데 현행 형사소송규칙은 법률내용을 기술적으로 구체화하고 있을 뿐만 아니라, 법률에 없는 내용을 형성하는 규정도 일부 포함하고 있다.[2] 이러한 유형의 규칙이 모두 형사절차법정주의에 위반되는 것은 아니다. 엄격한 의미에서 형사절차의 법률유보는 피의자·피고인의 기본권을 제한하는 사항에 대해 적용되는 것이기 때문이다. 법률유보사항이 아닌 경우 법률과 규칙 중 어떤 형태로 형사소송법규범을 정립할 것인가는 그 규범의 중요성·일반성 그리고 탄력적 운용의 필요성 등을 고려하여 입법자가 결정할 사항에 속한다.

19　　　(3) 대법원규칙의 종류　　　법원法源으로서 가장 중요한 대법원규칙은 형사소송규칙[3]이다. 이 외에 국민의 형사재판참여에 관한 규칙, 법정 좌석에 관한 규칙, 법정 방청 및 촬영 등에 관한 규칙, 법정 등의 질서유지를 위한 재판에 관한 규칙, 소송촉진 등에 관한 특례규칙, 형사소송비용 등에 관한 규칙, 소년심판규칙 등이 있다.

20　　　(4) 대법원예규　　　사법부내부의 복무지침이나 업무처리의 통일을 기하기 위하여 대법원이 정하는 각종 예규가 있다. 이 대법원예규는 소송관계인의 권리·의무에 영향을 미치지 않으므로 법원이 되지 않는다는 견해가 있다. 그러나 특히 재판에 관한 예규는 사실상 소송관계인의 권리에 커다란 영향을 미치는 규칙에 속한다.[4] 따라서 대법원예규의 법원성을 개념적으로 부인하기보다는 법원으로 인정하고 그 타당성을 비판적으로 검토할 필요가 있다. 즉 그 내용이 위헌·위법일 때에는 무효화하고 또한 그 내용이 소송관계인의 권리·의무에 미치는 영향이 간과할 수 없는 정도일 때에는 법률이나 규칙의 형식을 취하도록 하여야 한다.

5. 대통령령과 법무부령

21　　　(1) 대통령령　　　형사절차와 관련한 대통령령으로는 '검사와 사법경찰관의 상호협력과 일반적 수사준칙에 관한 규정'[5]을 들 수 있다.

22　　　(2) 법무부령　　　법무부도 수사기관의 업무처리지침을 규율하는 각종 부령部

---

1) 신동운 22; 이재상/조균석/이창온 2/4.
2) 예컨대 규칙 제141조 석명의무.
3) 1982. 12. 31. 제정; 현행 2021.12.31. 일부개정, 규칙 제3016호.
4) 예컨대 재형 2002-1 「의견서 제출에 관한 예규」가 그러한 예이다.
5) 2020. 10. 7. 제정; 현행 2023. 10. 17. 일부개정 대통령령 제33808호.

쓔을 만들어 놓고 있다. 예컨대, 검찰사건사무규칙, 검찰압수물사무규칙, 검찰집행사무규칙, 검찰보존사무규칙, 검찰보고사무규칙 등이 이에 해당한다. 부령도 마찬가지로 법원성의 개념적 인정문제1)가 중요한 것이 아니라, 그러한 부령이 피의자나 관련당사자의 권리에 어떤 영향을 미치는가를 살펴 위헌이나 위법 여부를 가려내고, 그 내용이 권리와 의무에 미치는 영향이 중대할 경우에는 법률에 담도록 하는 방법이 바람직하다.

Ⅲ. 형사소송법의 적용범위

1. 지역적 적용범위

형사소송법은 피의자·피고인의 국적에 상관없이 대한민국 영토에서 발생 **23** 한 모든 사건에 대해 적용된다. 그러나 대한민국 영역 밖일지라도 영사재판권이 미치는 지역에서는 우리나라 형사소송법이 적용된다. 대한민국 영역 안에서도 국제법상 외교관계면제권이 있는 사람에 대해서는 우리나라 형사소송법이 적용되지 않는다.

2. 인적 적용범위

우리 형사소송법은 원칙적으로 모든 대한민국 국민에 대해 적용된다. 그러 **24** 나 헌법상 다음과 같은 몇 가지 특칙이 인정된다. 즉 대통령은 내란 또는 외환죄를 범한 경우를 제외하고는 재직중 형사상 소추를 받지 않는다(헌법 제84조). 국회의원은 국회에서 직무상 행한 발언과 표결에 관해 국회 밖에서 책임을 지지 않으며(헌법 제45조), 현행범인 경우를 제외하고 회기 중 국회의 동의 없이 체포 또는 구금되지 않는다(헌법 제44조).

3. 시간적 적용범위

(1) 혼합주의 형사소송법도 다른 법과 마찬가지로 시행될 때부터 폐지될 **25** 때까지 효력을 갖는다. 다만 법률의 변경이 있는 경우 신법과 구법 중 어느 법을 적용할 것인가와 관련한 문제가 있는데, 제정 형사소송법 부칙은 공소제기의 시점을 기준으로 신법 시행 전에 공소제기된 사건에 대해서는 구법을 적용하고 (부칙 제1조), 시행 후에 공소제기된 사건에 대해서는 신법을 적용하되 구법에 의

---

1) 91헌마42; 2008헌마496에서는 검찰사건사무규칙의 법규적 효력을 부인한 바 있다.

하여 행한 소송행위의 효력에는 영향이 없는 것으로 규정하고 있다(부칙 제2조). 이러한 태도는 입법례 중 혼합주의를 채택한 것이라 할 수 있다.

> **[2008도2826] 형사소송법과 혼합주의**
>
> 형사소송법 부칙(2007. 6. 1.) 제2조는 형사절차가 개시된 후 종결되기 전에 형사소송법이 개정된 경우 신법과 구법 중 어느 법을 적용할 것인지에 관한 입법례 중 이른바 혼합주의를 채택하여 구법 당시 진행된 소송행위의 효력은 그대로 인정하되 신법 시행 후의 소송절차에 대하여는 신법을 적용한다는 취지에서 규정된 것이다. 따라서 항소심이 신법 시행을 이유로 구법이 정한 바에 따라 적법하게 진행된 제1심의 증거조사절차 등을 위법하다고 보아 그 효력을 부정하고 다시 절차를 진행하는 것은 허용되지 아니하며, 다만 이미 적법하게 이루어진 소송행위의 효력을 부정하지 않는 범위 내에서 신법의 취지에 따라 절차를 진행하는 것은 허용된다.

26   (2) 형사소송법과 소급효금지원칙   형사절차에 관한 규정에는 원칙적으로 소급효금지원칙이 적용되지 않는다는 견해가 지배적이다. 그러나 공소시효를 연장하거나 친고죄를 비친고죄로 전환하는 것과 같이 형벌권의 존속 여부가 문제되는 규정에 대해서는 소급효금지원칙이 적용된다는 견해도 있다.[1] 공소시효의 연장을 내용으로 하는 2007년 12월의 개정법률은 부칙 제3조에 공소시효에 관한 경과조치를 두어 '이 법 시행 전에 범한 죄에 대하여는 종전의 규정을 적용한다'고 규정함으로써 소송법 규정에 대해 소급효금지원칙을 적용한 사례가 되었다.

[2] 제 2 형사소송법의 역사

I. 형사소송법의 제정

1   우리나라의 근대적 형사소송법은 일본법의 타율적 계수로부터 시작되었다. 즉 한일병합 이후인 1912년 조선형사령에 의하여 일본 형사소송법이 우리나라에 적용되기 시작하였다. 당시 일본 형사소송법은 독일의 근대적 형사소송법을 모델로 삼은 것이었다. 그러나 이러한 근대법의 타율적 계수는 식민지지배의 기

---

1) 배종대, 형법총론, [12] 34; 정승환, 형법학입문, [4] 28 이하 참조.

획으로 추진된 것이었기 때문에 그 적용은 군국주의적·권위주의적으로 왜곡될 수밖에 없었다. 더욱이 일제말기에는 치안유지법과 전시형사특별법의 적용으로 형사소송은 더 이상 근대적 성격을 유지할 수 없었다. 그러다가 해방 후 1948년 군정법령 제176호 형사소송법의 개정에 의해 인권과 피고인의 참여권을 보장하는 영미법상의 제도가 일부 수용되었고, 1954년 2월에 현행 형사소송법전이 제정되어(법률 제341호), 같은 해 9월 23일 공포·시행되었다.

Ⅱ. 형사소송법의 개정

1. 2007년 이전의 개정

형사소송법은 제정 이후 16여 차례의 개정을 거쳐 왔다. 개정의 경과를 요 **2**
약해 보면 1990년대 중반까지의 개정은 정치에서 민주화 진행의 등락에 따라 특히 인신구속과 당사자의 참여권에 관한 법치국가적 제도들이 때로 축소되기도 하였지만 결국은 확대되는 과정이었다고 할 수 있으며, 1990년대 중반 이후에는 이러한 법치국가적 적정절차 보장을 위한 규정들의 확대와 더불어 형사사법의 경제성과 효율성을 추구하는 규정들이 관심의 대상이 되었다고 할 수 있다.

[개정의 약사] 개정의 주요 내용을 간략하게 살펴보면, 먼저 1961년의 개정법률과 **3**
1963. 12. 13.의 개정법률은 인권보장적 제도를 강화한 것이었다. 1973. 1. 25. 비상 국무회의에서 의결된 개정법률은 구속적부심을 폐지하고 긴급구속의 요건을 완화하며 간이공판절차를 신설하는 등 인권보장의 취지를 후퇴시킨 것이었지만, 1973. 12. 20. 개정법률에서 일부제도가 법개정 이전으로 환원되었다. 1980. 12. 18. 개정 법률은 구속적부심을 제한적으로 재도입하였고, 무죄추정원칙을 명문으로 선언하였다. 그리고 1987. 11. 28.의 개정법률은 민주화의 물결을 타고 인권보장제도를 대폭 강화하였는데, 구속적부심 청구제한의 철폐와 피해자진술권의 보장, 체포구속사실 등의 통지제도 등이 그 내용이었다. 이어 1995. 12. 29. 공포되어 1997년부터 시행된 개정법률은 영장에 의한 체포 및 긴급체포를 도입하고 영장실질심사를 규정하는 등 인신구속제도를 대폭 개선하는 한편, 간이공판을 전면 확대하고 궐석재판을 확대하는 등 소송경제를 도모하였다. 1997. 12. 13.의 개정법률은 영장실질심사 절차를 피의자 및 그 관계인의 신청이 있을 경우에 한하는 것으로 변경하였다. 2004. 1. 20.의 개정법률은 검찰총장을 제외한 모든 검사의 직급을 검사로 일원화 하고, 검사동일체의 원칙에서 명령복종의무를 삭제하는 대신 소속 상급자의 지휘·

감독에 대한 검사의 이의제기권을 명문화하였다. 같은 해 10. 16.의 개정법률은 헌법불합치결정(2002헌바104)에 따라 이른바 전격기소 이후에도 법원이 체포·구속의 적부심사를 할 수 있게 하였고, 상소제기기간 중의 판결확정전 구금일수를 본형에 산입할 수 있게 하였다. 2006. 7. 19.의 개정법률은 구속영장심문을 받는 피의자, 피고인에 대하여도 필요적으로 국선변호인을 선정하도록 하였다.

2. 2007년 이후의 '신형사소송법' 체제

4　　2007. 6. 1.에는 그동안 소폭의 개정을 이어오던 형사소송법이 이른바 공판중심주의 원칙의 실현을 위한 개정이라는 주제 아래 큰 폭으로 개정되었으며, 이와 더불어 형사사법절차에 대한 국민의 참여가 가능하도록 하는 '국민의 형사재판 참여에 관한 법률'이 제정되었다.1) 또한 2007. 12. 21.에는 공소시효의 연장과 민간 전문위원의 수사 및 공판심리에 대한 참여를 주된 내용으로 하는 개정이 이루어졌다. 이와 같은 법률의 제·개정은 형사사법체제에 큰 변화를 가져왔고 그리하여 2007년 이후의 형사소송법체제를 '신형사소송법'이라 일컫는 일이 어색하지 않게 되었다. 그리고 최근까지 크고 작은 법개정이 이루어졌는데, 주요 내용은 다음과 같다.

5　　[최근 형사소송법의 주요 개정내용]　2011. 7. 18.의 개정법률은 1) 누구든지 확정된 형사사건의 판결서와 증거목록 등을 인터넷 등으로 열람·등사할 수 있도록 하는(제59조의3 신설) 한편, 2) 법원의 압수·수색의 요건에 피고사건과의 관련성을 추가하고(제106조 ①항, 107조, 109조, 215조) 3) 정보저장매체등에 관한 압수의 범위와 방법을 명시하였으며(제106조 ③·④항, 제114조 ①항) 4) 압수물의 소유자, 소지자 등의 신청이 있을 경우 수사기관이 압수물을 환부 또는 가환부할 수 있도록 하여(제218조의2, 219조) 압수수색의 절차에 관한 규정을 보완하였다. 또한 5) 경찰과 검사의 수사권조정을 위해 사법경찰관의 수사개시권과 사법경찰관에 대한 검사의 수사지휘권을 명시하였고(제196조), 6) 재정신청의 대상을 형법 제126조의 죄에 대한 고발사건까지 확대하되 피공표자의 명시한 의사에 반하여는 할 수 없도록 단서를 두었다(제260조 ①항).

---

1) 두 법률은 2003년 10월에 대법원에 설치된 '사법개혁위원회'와 2004년 12월에 대통령 직속으로 설치된 '사법제도개혁추진위원회'에서 사법의 민주화와 형사사법체제의 전반적 개선을 위한 논의를 한 것으로부터 비롯되었다. 2007년 4월에 두 법률안이 본회의를 통과하였으며, 2007년 6월 1일에 공포되어 2008년 1월 1일부터 시행되었다.

2014. 10. 15.의 개정법률은 법원이 수명법관으로 하여금 법 제72조의 사전청문 **6**
절차를 진행할 수 있도록 하였다(제72조의2 신설). 그리고 2014. 12. 30.의 개정법률
은 무죄판결 비용보상 청구기간을 무죄판결이 확정된 사실을 안 날부터 3년, 무죄
판결이 확정된 때부터 5년으로 연장하였고(제194조의3 ②항), '심신장애자'를 '심신장
애인'으로 하여 표현을 순화하였다(제438조 ②항 1·2호).

2015. 7. 31.의 개정법률은 장애인 등의 방어권 보장을 위하여 보조인이 될 수 있는 **7**
자의 범위에 피고인·피의자와 신뢰관계에 있는 자를 포함하도록 하고(제29조 ②항
신설), 헌법재판소의 위헌결정(2011헌가36) 취지에 따라 법원의 구속집행정지결정에
대한 검사의 즉시항고권을 삭제하였다(제101조 ③항 삭제). 또한 사람을 살해한 범죄
로 사형에 해당하는 범죄에 대하여는 공소시효를 폐지하고(제253조의2 신설), 각 지
방검찰청에 형집행정지 심의위원회를 설치하도록 하는 근거를 법률에 마련하였으
며(제471조의2 신설), 헌법재판소의 헌법불합치결정(2008헌가13 등) 취지에 따라 판결
선고 후 판결확정 전 구금일수 전부를 본형에 산입하도록 하였다(제482조 ①항).

2016. 1. 6.의 개정법률은 1) 재산형에 대한 분할납부 등이 가능하도록 하였고(제 **8**
477조 ⑥항 신설), 2) 재정신청 기각결정에 대하여 즉시항고를 할 수 있도록 하였으
며(제262조 ④항), 3) 재정신청이 있으면 재정결정이 확정될 때까지 공소시효의 진행
이 정지되도록 하였다(제262조의4 ①항). 2016. 5. 29.의 개정법률은 1) '진술서' 및
그에 준하는 '디지털 증거'의 진정성립 요건을 규정하였으며(제313조, 314조), 2) 소
송계속 중의 서류 또는 증거물의 열람·복사에 앞서 개인정보가 공개되지 않도록
보호조치를 할 수 있게 하였고(제35조), 3) 재심을 청구한 사람이 원하지 아니하는
경우에는 재심무죄판결을 공시하지 아니할 수 있도록 하였다(제440조). 2017. 12.
19.의 개정법률은 약식명령에 대한 정식재판청구에 적용되는 불이익변경금지 규정
을 '형종 상향의 금지'로 대체하고 양형 상향 시 양형 이유를 기재하도록 하였다(제
457조의2).

2019. 12. 31.의 개정법률은 헌법재판소의 헌법불합치결정(2015헌바370 등; 2015헌 **9**
바77 등) 취지에 따라, 1) 체포영장과 구속영장 집행을 위해 영장 없이 타인의 주거
등을 수색하려는 경우에는 미리 수색영장을 발부받기 어려운 긴급한 사정이 있어
야 한다는 예외사유를 규정하였고(제137조, 216조 ①항 1호), 2) 즉시항고·준항고 제
기기간을 3일에서 7일로 연장하였다(제405조, 416조).

2020. 2. 4.의 개정법률은 검·경 수사권 조정 및 검찰개혁의 일환으로, 1) 검사 **10**
와 사법경찰관의 관계를 지휘·감독관계에서 상호협력관계로 변경하였고(제195조 신
설), 2) 사법경찰관의 수사에 대한 검사의 지휘권을 폐지하였으며 사법경찰관에게
1차 수사종결권을 부여하였다.1) 또한 3) 검찰청법 개정으로 검사는 특정범죄에 한

---

1) 이외에도 고위공직자범죄 등에 관한 수사 및 일부 범죄의 공소제기와 그 유지를, 별도의 기
   관인 고위공직자범죄수사처가 담당하도록 하였다(고위공직자범죄수사처 설치 및 운영에 관한

하여서만 수사를 개시할 수 있게 되었다(검찰청법 제4조 ①항 1호). 다만, ⅰ) 검사는 필요한 경우에 사법경찰관에게 '보완수사'를 요구할 수 있고(제197조의2 신설), ⅱ) 사법경찰관리의 수사과정에서 법령위반, 인권침해 또는 현저한 수사권 남용이 있으면 사법경찰관에게 '시정조치'를 요구할 수 있으며(제197조의3 신설), ⅲ) 사법경찰관이 사건을 송치하지 아니한 것이 위법 또는 부당한 때에는 사법경찰관에게 '재수사'를 요청할 수 있도록 하였다(제245조의8 신설). 또한 4) 검사 작성 피의자신문조서도 피의자였던 피고인 또는 변호인이 그 내용을 인정할 때 증거능력을 인정하게 하여 증거능력의 요건을 강화하였다(제312조 ①항).

11　　2020. 12. 8.의 개정법률은 1) 법조일원화에 따라 로펌 등의 변호사 경력자가 법관으로 임용되면서 이른바 '후관 예우'를 막기 위한 제척 사유를 추가하였고, 2) 일본식 표현이나 어려운 한자어 등을 우리말로 변경하고 알기 쉬운 법률 문장으로 개정하였다. 2021. 8. 17.의 개정법률은 재난 등의 사유가 있더라도 필요한 재판 절차를 진행할 수 있도록 영상재판 방식으로 공판준비기일을 열거나 증인신문 또는 고지절차를 진행하기 위한 요건 및 절차를 규정하였다(제72조의2 ②항, 165조의2, 266조의17 신설).

12　　2022. 2. 3.의 개정법률은 (구속, 압수·수색)영장을 집행할 때 피의자·피고인에게 영장의 사본을 교부하도록 하여 피의자·피고인의 방어권을 실질적으로 보장하고자 하였다. 2022. 5. 9.의 개정법률은 1) 검사는 송치요구 등에 따라 사법경찰관으로부터 송치받은 사건에 관하여는 '동일성을 해치지 아니하는 범위 내에서만' 수사할 수 있도록 하여(제196조 ②항 신설) 검사의 수사범위를 제한하였다.[1] 그리고 2) 부당한 별건수사의 금지를 명시하였으며(제198조 ④항 신설). 3) 사법경찰관으로부터 수사결과 불송치결정을 받아 이의신청을 할 수 있는 주체 중 고발인을 제외하였다(제245조의7 ①항).

법률(2020. 1. 14. 제정) 참조).

1) 같은 날 검찰청법도, 검사가 수사를 개시할 수 있는 범죄 중 '공직자범죄, 선거범죄, 방위사업범죄, 대형참사'를 삭제하는 개정을 하여(검찰청법(법률 제18861호) 제4조 ①항 1호 가목), 검사의 수사범위를 더욱 제한하였다.

제 2 장
형사소송의 기초이론

[3] 제 1 형사절차의 목적과 이념

[사례1-1] 93도2958

피해자가 피고인과 함께 있던 시간대에 사망하였을 것이라고 추정된다는 국립과학수사연구소 측의 소견과 시체 발견 후 피고인의 행동에 석연치 아니한 점도 적지 아니하나 여러 면에서 피고인이 범인이 아닐 수도 있다는 합리적인 의심이 남아 있음에도 이를 해소하지 아니한 채 피고인을 유죄로 인정한 원심판결을 심리미진 및 채증법칙 위배를 이유로 파기한 사례.

[사례 1-2] 96도1783

사망시간의 추정을 위한 시반·시강 및 위 내용물의 감정이 갖는 개별적 의문점에 기하여 그 전체가 갖는 종합적 증명력을 부인하고, 제3자의 범행가능성을 배제할 수 있는 정황증거 및 유죄에 관한 다른 간접증거들의 증명력을 모두 배척한 채 무죄를 선고한 원심판결을 심리미진 또는 채증법칙 위반을 이유로 파기한 사례.

[사례 1-3] 2001도1314

공소사실을 인정할 수 있는 직접증거가 없고, 공소사실을 뒷받침할 수 있는 가장 중요한 간접증거의 증명력이 환송 뒤 원심에서 새로 현출된 증거에 의하여 크게 줄어들었으며, 그 밖에 나머지 간접증거를 모두 종합하여 보더라도 공소사실을 뒷받침할 수 있는 증명력이 부족한 경우, 피고인의 진술에 신빙성이 부족하다는 점을 더하여 보아도 제출된 증거만으로는 합리적인 의심의 여지없이 공소사실을 유죄로 판단할 수 없다 하여 무죄를 선고한 원심의 판단을 수긍한 사례.

[주요논점]   1. 형사절차에서 추구하는 목적과 이념은 무엇인가?
          2. 형사절차에서 '실체적 진실'이란 무엇인가?
          3. 형사절차에서 실체적 진실주의와 적법절차원칙은 어떤 관계인가?

I. 실체적 진실주의

1. 실체적 진실주의의 의미

1   (1) 개 념   형사절차는 범죄사실과 범인을 밝혀내어 국가형벌권을 행사하는 절차이며, 범죄사실과 범인의 발견을 형사절차에서는 '실체적 진실의 발견'이라고 한다. 실체적 진실의 발견을 형사소송의 목적으로 삼는 것을 '실체적 진실주의'라고 한다. 실체적 진실주의는 법원이 당사자가 수집, 제출한 증거에 의존하지 않고 사안의 객관적 진실을 발견하려는 형사소송법상의 원리이다.

2   (2) '형식적' 진실과 '실체적' 진실   일반적으로 '실체적 진실'은 '과거에 발생한 사건을 낱낱이 밝혀낸, 있는 그대로의 진실'의 의미로 통용된다. 그러나 형사소송에서 말하는 '실체적 진실'은 민사소송의 '형식적 진실'과 구별되는 상대적 개념일 뿐이다. 민사소송은 개인 간의 사법적私法的 분쟁을 해결하기 위한 절차이기 때문에 소송의 대상이 당사자들이 청구하는 범위로 제한되고 당사자들이 주장하고 입증하는 것만을 기초로 사실을 확정한다. 그러나 형사소송은 피고인과 피해자 사이의 법적 분쟁을 해결하기 위한 개인적 관계가 아니라 국가형벌권의 실현절차이므로 국가형벌권의 범위와 한계를 명확하게 정하기 위해 법원이 사안의 진상을 정확히 파악하여야 한다. 따라서 형사소송에서 법원은 당사자의 주장이나 제출된 증거에 구속되지 않고 사안의 진상을 규명하여 객관적 진실을 발견해야 한다. 소송의 대상을 당사자가 청구하는 범위에 제한하지 않으며, 사실인정의 근거도 당사자가 제출하는 증거에 얽매이지 않는다. 당사자의 변론이라는 '형식'에 구속되지 않고 법원이 직접 '실체'를 찾는다는 의미에서 상대적 개념으로 '실체적 진실'을 말하는 것이다.

2. 적극적 실체진실주의와 소극적 실체진실주의

실체적 진실주의는 적극적 측면과 소극적 측면으로 구별된다. 적극적 실체   **3**
진실주의는 범죄사실을 명백히 하고 범인을 찾아내어 '죄 있는 자를 반드시 처
벌하여야 한다'는 입장이다. 반면에 소극적 실체진실주의는 '죄 없는 사람이 처
벌받는 일이 없어야 한다'는 입장으로서 '열 사람의 범인을 놓치더라도 죄 없는
한 사람이 억울하게 처벌받는 일이 없어야 한다'는 점을 강조한다. '의심스러울
때는 피고인에게 유리하게(in dubio pro`reo)', '무죄추정의 원칙' 등은 소극적 실
체진실주의를 반영한다고 할 수 있다.[1]

적극적 실체진실주의와 소극적 실체진실주의를 구별하는 것은 역사적 의미   **4**
만 있을 뿐이라는 견해도 있다.[2] 그러나 양자의 구별은 현재의 형사절차 운용
에서 중요한 의미를 갖는다. 어떤 관점에서 형사절차에 임하느냐에 따라 형사절
차 전반의 형태와 결과가 달라질 수 있기 때문이다. 피의자·피고인을 어떤 시
각에서 바라보느냐, 형사소송은 무죄를 밝히기 위한 것이냐, 유죄를 밝히기 위
한 것이냐 하는 문제에 대한 접근방법의 차이는 매우 중요하다. 헌법(제27조
④항)과 형사소송법(제275조의2)에 명시된 무죄추정의 원칙, 그리고 형사소송법에
규정된 여러 증거법칙은 소극적 실체진실주의를 구현하는 것으로 이해되어야
하며, 따라서 실체적 진실주의는 소극적 진실주의를 의미하는 것으로 보아야
한다.[3]

[94헌바1 전원] 소극적 실체진실주의

형사재판의 증거법칙과 관련하여서는 소극적 진실주의가 헌법적으로 보장되어 있다
할 것이다. … 형사소송에 관한 절차법에서 소극적 진실주의의 요구를 외면한 채
범인필벌의 요구만을 앞세워 합리성과 정당성을 갖추지 못한 방법이나 절차에 의한
증거수집과 증거조사를 허용하는 것은 적법절차의 원칙 및 공정한 재판을 받을 권
리에 위배되는 것으로서 헌법상 용인될 수 없다.

---

1) 신동운 9; 이재상/조균석/이창온 4/6; 이창현 21 이하.
2) 이재상/조균석/이창온 4/6.
3) 신동운 9 이하.

3. 현행법의 제도적 구현

5   현행 형사소송법은 형사절차의 모든 단계에서 실체적 진실주의를 구현하고 있다. 특히 1) 공판절차에서 법원이 직권으로 증거를 조사하고(제295조), 2) 증거재판주의(제307조)와 자유심증주의(제308조), 자백배제법칙(제309조)과 전문법칙(제310조의2), 자백의 보강법칙(제310조) 등의 증거법칙에 구속되도록 하는 것과 3) 상소(제338조 이하)와 재심(제420조 이하) 등의 제도를 두어 오판을 방지하고 상급법원이 거듭 사실을 확인하도록 하는 것 등은 실체적 진실주의를 반영하는 것이라 할 수 있다.

4. 실체적 진실주의의 한계

6   **(1) 적법절차의 원칙**   실체적 진실의 발견이 형사절차의 목적이지만, 이러한 목적을 추구하는 과정에서는 적법절차의 원칙이 준수되어야 한다. 실체적 진실발견의 목적을 위한 형사절차상의 수단들은 그 대상이 되는 시민들에 대한 기본권침해를 야기한다. 따라서 근대 이후 법치국가에서 실체적 진실의 발견은 기본권침해를 최소한으로 하기 위해 법률이 정하는 범위 내에서 적법한 절차에 따라(헌법 제12조 ①항) 수행되어야 하는 한계를 지닌다.

7   **(2) 법정책적 제약**   형사소송법은 스스로 실체적 진실발견을 제약하는 규정을 두고 있다. 즉, 군사상, 공무상 또는 업무상 비밀에 속하는 장소 또는 물건에 대해서는 압수·수색을 제한하고 있으며(제110조~112조), 공무상 또는 업무상 비밀에 속하는 사항과 근친자의 형사책임에 불이익한 사항에 대해서는 진술거부권을 인정하고 있다(제147조~149조). 이러한 규정들은 형사소송법 이외의 법정책이나 사회정책의 관점에서 진실발견에 제약을 두고 있는 것이라 할 수 있다. 나아가 상소와 재심을 인정하면서도 그 횟수와 요건을 엄격히 제한하고 있는 것은 무제한의 진실추구를 제약하는 것이며, 신속한 재판의 원칙 등 다른 소송법원칙을 고려하여 법정책적 한계를 설정한 것이라 할 수 있다.

8   **(3) 사실상의 한계**   실체적 진실의 발견을 제한하는 것은 무엇보다 진실발견의 주체와 당사자들이 갖는 인간으로서의 능력의 한계이다. 형사소송에서 '발견'되는 '실체적 진실'은 법관의 주관적 확신에 의한다. 그런데 법관에게는 수사와 공판과정에 참여하는 사람들이 제한된 능력과 조건에서 제공하는 정보, 즉 증거를 바탕으로 사람으로서의 능력의 한계와 사회관계 속에서 형성된 인식범

위의 한계를 가지고 진실을 찾아내야 한다. 그렇기 때문에 형사소송법은 법관의 사실인정에서 완전한 확신이 아닌 '합리적 의심이 없는 정도의 증명'을 요구하고 있는 것이다(제307조 ②항).

Ⅱ. 적법절차의 원칙

1. 의   의

형사소송법은 실체적 진실발견의 목적을 달성하기 위하여 형사사법기관에   9
게 시민의 기본권을 제한할 수 있는 다양한 권한을 부여하고 있다. 체포·구속, 압수·수색·검증 등의 강제처분이 그 예이다. 형사소송법이 규정한 수사와 심판 활동은 강제처분의 내용에 따른 기본권침해 이외에 그 자체로서 시민(피의자·피고인)에게 엄청난 사실상의 부담이나 불이익을 가져온다. 수사를 받고 있다는 점만으로도 피의자는 정상적 사회생활에 어려움을 겪으며, 심지어는 범죄자로 이미 낙인찍히기도 한다. 이처럼 형사절차에 관련되는 시민의 부담과 불이익을 최소화해야 한다는 요청은, 영미법의 전통에서는 '적정절차의 원칙(due process)'으로 표현된다.1) 그리고 독일법의 전통에서는, 부담과 불이익을 최소화하는 절차나 형식에 의해 수사나 심판이 진행되어야 한다는 의미에서 정형화된 사법, 즉 '사법정형성司法定型性'의 원칙2)으로 표현된다. 현행 헌법 제12조 ①항 및 ③항은 이것을 '적법절차'라고 표현하고 있다.

2. 법문화로서의 적법절차원칙

(1) 법공동체의 기본적 규범의식   역사적 경험과 정치적 투쟁을 통해 현행   10
법에 구현되고 있는 적법절차원칙의 내용은 폐기될 수 없는 가치를 가지고 있다. 적법절차의 원칙은 법공동체의 구성원 사이에 지속적으로 공유되어 법의식의 근저에 자리잡고 있는 기본 가치를 구현한 것이라 할 수 있다. 그러한 가치의 총체는 '법문화'를 구성한다. 적법절차에 의한다는 것은 단순히 법에 정한 절차를 준수한다는 의미를 넘어서 법공동체의 기본적 규범의식에 합당한 적정절차를 준수한다는 것을 의미한다. 즉 적법할 뿐만 아니라 정당해야 한다는 것이

---

1) 미국 형사절차에서 적정절차 조항이 갖는 의미는 연방헌법에 규정된 형사피의자·피고인의 기본적 인권을 재판관할권이 다른 주법원에까지 직접 적용할 수 있도록 함으로써 획기적으로 기본권을 보장하도록 한 점에 있다. 신동운 7.

2) 형법의 정형화과제에 대해 자세한 것은 배종대, 형법총론, [8] 15 이하 참조.

다. 적법하고 정당한 절차에 의한 형사사법의 운용은 한 나라의 법문화의 수준을 가늠하는 척도가 된다.

11　　(2) 처분 불가능한 형사소송규범　근대 이후 형사소송법체계에 확립된 적법절차의 원칙은 소송경제나 강력범죄에 대한 투쟁 또는 그 밖의 어떤 이유에 의하더라도 처분될 수 없는 것이다. 그것은 법치국가적 형사소송법문화의 핵심에 속하기 때문이다. 그러나 최근에는 형사사법의 기능적 효율성을 위해 적법절차 원칙의 엄격한 적용을 축소하고자 하는 경향이 나타나고 있다.[1] 이러한 흐름은 처분해서는 안 되는 권리·원칙을 형사사법의 기능과 이익형량하여 후자를 더 큰 이익이라고 판단하는 것이다. 그러나 이러한 이익형량은 잘못된 기능과 효율성의 개념 위에 서 있다. 형사사법은 장기적으로 보면, 근대 이후 확립된 적법절차의 법문화를 지키는 경우에만 시민의 신뢰를 얻을 수 있고, 그런 신뢰를 바탕으로 할 때 비로소 진정한 의미의 지속적 효율성이 달성될 수 있다. 그러므로 적법절차의 원칙은 이익형량의 대상이 되어서는 안 된다.

3. 현행법상의 적법절차

12　　현행법상 적법절차를 실현하는 하위원칙으로 흔히 공정한 재판의 원칙, 비례성원칙 그리고 피고인보호원칙을 든다.[2] 그리고 이 하위원칙에 해당되는 현행법상의 보기로 다음과 같은 것을 든다.

13　　(1) 공정한 재판의 원칙　공정한 재판의 원칙이란 법치국가원칙에 내재하는 이념으로서, 형사절차는 인간의 존엄과 기본권을 존중하며 정의와 공평의 이념을 실현하는 것이어야 함을 의미한다. 공정한 재판의 원칙은 형사소송법의 여러 규정으로 실현되어 있다. 그 예로 들 수 있는 것은, 1) 공평한 법원의 구성: 제척·기피·회피제도(제17조~24조), 2) 피고인의 방어권보장: 제1회 공판기일의 유예기간(제269조), 피고인의 공판정출석권(제276조), 피고인의 진술권(제286조)과 진술거부권(제283조의2), 증거신청권(제294조)과 증거보전청구권(제184조), 3) 무기평등의 원칙: 변호인의 조력을 받을 권리, 검사의 객관의무 등이다.

14　　(2) 비례성의 원칙　비례성원칙이란 어떤 목적을 위해 투입되는 수단이 그 목적에 비례해야 한다는 원칙이다. 비례성원칙의 기본적인 전제는 목적의 정당성이며, 비례성여부의 구체적 심사는 목적에 대한 수단의 적합성과 필요성, 균

---

1) 예컨대 일사부재리의 효력을 축소하려는 93도2080 전합; 2001도3206 전합 등.
2) 이재상/조균석/이창온 4/17 이하; 이창현 24 이하.

형성을 평가하여 판단한다.1) 형사절차에서는 특히 강제처분과 관련하여 1) 국가형벌권실현을 위한 강제처분이 형사절차의 목적을 달성하는 데 적합한 수단인가, 2) 이러한 수단이 불가피하며 최소한의 침해를 유발하는 것인가, 3) 이 수단이 투입됨으로써 발생하는 침해의 정도가 전체적인 균형을 이루고 있는가에 대해 검토할 것을 요구한다.

(3) **피고인보호의 원칙**　　피고인보호의 원칙은 헌법의 사회국가적 법치주의 15 이념에서 비롯된 것이다. 형사사법절차에서 피고인은 상대적으로 약자에 속한다. 따라서 법원은 피고인이 방어능력을 유지하도록 보호해야 할 의무를 부여받는다. 이는 적법할 뿐만 아니라 정당한 형사사법을 위해 필수적인 요소이다. 현행법상 피고인 보호를 위한 구체적 규정으로는 진술거부권의 고지(제283조의2, 규칙 제127조), 구금과 범죄사실의 고지(제72조), 증거조사결과에 대한 의견과 증거조사신청에 대한 고지(제293조), 상소에 대한 고지(제324조) 등을 들 수 있다.

Ⅲ. 실체진실주의와 적법절차원칙의 관계

1. 양자의 관계에 대한 견해

일반적으로 실체적 진실주의와 적법절차의 원칙은 서로 긴장관계에 있는 16 것으로 이해된다. 앞에서 언급하였듯이 적법절차의 원칙은 실체적 진실발견에 한계로 작용한다. 형사사법절차로 인한 시민의 부담과 불이익을 최소화해야 한다는 요청, 즉 적법절차에 대한 요청이 강할수록 실체적 진실발견에는 여러 가지 제약이 따르게 된다.2) 반면에 진실발견의 효율성을 강조하면 적법절차의 원칙이 훼손될 우려가 있다. 이와 같이 형사소송의 목적과 지도이념으로 작용하는 두 원칙의 관계는 긴장관계로 인식되고 있으며, 양자의 관계를 어떻게 조화롭게 해결할 것인가 하는 것이 형사소송에서 중요한 과제로 이해되어 왔다.3) 이 문제에 대한 접근 방식으로는 아래의 두 견해가 있다.

(1) **목적·수단관계설**　　형사소송의 목적은 실체적 진실의 발견에 있고, 적 17 법절차의 원칙은 그 목적을 달성하기 위한 수단이라고 보는 견해이다. 적법절차

---

1) 자세한 것은 배종대, 형법총론, [87] 24 이하 참조.
2) 예컨대 범죄사실을 인정하는 증거임에는 틀림없지만 그 증거를 수집하는 절차가 위법하여 적법절차원칙에 따라 그 증거를 배제하게 되면 사실의 인정, 즉 실체적 진실의 발견에는 장애가 따르기 마련이다.
3) 배종대/홍영기 [3] 16 이하; 신동운 10; 이재상/조균석/이창온 4/2 이하 참조.

의 원칙이 실체적 진실발견을 위한 수단이 된다는 것은, 실체적 진실은 적법절차에 의해서만 발견될 수 있고 형사소송에서 실체적 진실은 적법절차의 범위 내에서의 진실에 한정된다는 것을 의미한다.[1]

18   (2) 이원적 목적설   적법절차의 원칙은 실체적 진실의 발견을 위한 수단에 그치지 않고, 실체적 진실주의와 함께 형사소송의 목적이 된다고 보는 견해이다. 이에 따르면 두 원칙 사이에는 우열관계가 설정되지 않는다. 다만 이와 같이 이해하더라도 두 원칙의 상호관계는 실체진실주의가 적법절차의 원칙에 의해 제한되어야 하는 것으로 설정된다.[2]

2. 실체적 진실의 절차주의적 이해

19   실체진실주의와 적법절차의 원칙을 갈등관계로 이해하는 전통적 관점은 오늘날 절차주의적 관점에 의해 수정되고 있다. 전통적 관점은 실체적 진실에 대한 잘못된 인식에서 비롯된다. 앞에서 언급한 바와 같이 '실체적 진실'은 있는 그대로의 '절대적 진실'이 아니다. 그것은 어디까지나 민사소송에 비교하여 형사소송을 이해하기 위한 상대적 개념일 뿐이다. 과거에 일어났던 사건의 진실을 원래의 모습 그대로 발견하는 것은 가능하지 않다. 이른바 실체적 진실의 발견은 과거사실에 대한 단편적 정보들, 즉 증거들에 의존하여 이루어지는데, 증거의 수집과 활용은 인식주체의 선이해에 따라 '선별적'이며, 증거의 평가도 소송에 참여하는 당사자들의 삶의 경험과 사안에 대한 이해관계, 직업적 전문성 그리고 언어적 감수성 등의 영향을 받는다.

20   형사소송에서 이른바 실체적 진실은 **발견**되는 것이 아니라 절차적 과정에 의해 **구성**되는 것으로 파악되어야 한다. 따라서 형사소송에서는 가능한 한 합리적 절차 안에서 진실이 구성될 수 있도록 하는 것이 중요하다.[3] 적법절차의 원칙은 형사절차에서 진실이 공정하게 구성되도록 하기 위한 원칙이다. 실체적 진실의 발견은 적법절차에 의해서만 가능하다는 것이다. 그러므로 실체적 진실이 아니라 절차주의적 진실이 문제가 되어야 하며, 이러한 관점에서 두 원칙은 다른 의미의 긴장관계를 형성해야 한다.

---

1) 이재상/조균석/이창온 4/3.
2) 강구진 30; 서일교 23; 송광섭 22; 이재상/조균석/이창온 4/3.
3) 이에 관해 자세히는 이상돈, 형사소송원론, 법문사 1998, 31－36면.

Ⅳ. 무죄추정의 원칙

1. 의   의

(1) **개념과 법적 근거**   무죄추정의 원칙이란 형사절차에서 피의자 또는 피 **21**
고인은 유죄판결이 확정될 때까지는 무죄로 추정된다는 원칙이다. 이는 '형사절
차와 형사재판 전반을 이끄는 대원칙'으로서 '형사법의 기초'를 이룬다.[1] 헌법
제27조 ④항은 "형사피고인은 유죄의 판결이 확정될 때까지는 무죄로 추정된
다"고 하여 무죄추정의 원칙을 선언하고 있으며, 형사소송법 제275조의2에서도
다시 한 번 무죄추정의 원칙을 명시하고 있다.

(2) **연 혁**   무죄추정의 원칙은 1789년 프랑스혁명 이후 공표된 「인간과 **22**
시민의 권리선언」 제9조에서 "누구든지 범죄인으로 선고되기 전에는 무죄로 추
정된다"고 규정한 데서 유래한다. 혁명 이전의 전근대적 형사절차에서는 피고인
의 혐의입증이 불분명한 경우 오히려 유죄로 추정하여 이른바 '혐의형'을 부과
하였으나 근대적 시민의식은 이러한 비합리적인 형사사법을 개혁한 것이다.[2]
무죄추정의 원칙은 1948년의 세계인권선언 제11조에서 재차 천명되었으며,
1950년 제정된 유럽인권협약은 제6조 ②항에서 협약 가입국에 무죄추정의 원칙
을 보장할 것을 법적 의무로 요구하였다.

(3) **실체진실주의 및 적법절차원칙과 무죄추정의 원칙**   무죄추정의 원칙은 **23**
형사절차에서 실체적 진실발견의 목적이 소극적 실체진실주의를 바탕으로 할
것을 요청한다. 현실의 형사절차에서 피의자, 피고인은 유죄판결의 확률이 90%
이상이지만, 단 한 사람의 억울한 사람이 있어서는 안 되기 때문에 모든 피의
자, 피고인에 대해 무죄를 전제로 사실확인에 나서야 한다는 것이다. 뿐만 아니
라 형사절차의 지도이념인 적법절차의 원칙도 무죄추정의 원칙에서 비롯된다.
모든 피의자, 피고인은 무죄의 추정을 받기 때문에 그들의 기본권이 부당하게
침해되지 않도록 오로지 적법한 절차에 의해서만 형사절차가 진행되어야 하는
것이다.

---

1) 2016도21231: "무죄추정의 원칙은 수사를 하는 단계뿐만 아니라 판결이 확정될 때까지 형사
  절차와 형사재판 전반을 이끄는 대원칙으로서, '의심스러우면 피고인의 이익으로'라는 오래된
  법언에 내포된 이러한 원칙은 우리 형사법의 기초를 이루고 있다."
2) 신동운 812 이하; 이재상/조균석/이창온 10/19.

2. 무죄추정원칙의 내용

24   무죄추정의 원칙은 단순한 선언적 의미를 지니는 것이 아니다. 무죄추정의
원칙은 모든 형사절차에서 지도이념이 되어 이를 바탕으로 형사절차의 전반에
다양한 실천적 규정들이 마련되어 있으며, 구체적 실천규정이 존재하지 않는 부
분에서는 법규해석의 기본지침과 재판규범의 역할을 수행한다. 무죄추정의 원
칙을 형사절차에서 구현하는 주요 실천규정을 간추리면 다음과 같다.

25   **(1) 강제처분의 제한**   무죄추정의 원칙은 인신구속 등 피의자, 피고인에 대
한 강제처분의 제한원리가 된다. 수사절차에서는 피의자의 권리를 침해하지 않
는 임의수사가 원칙이며, 강제처분은 필요한 최소범위 내에서 법이 정한 요건과
절차에 의해서만 가능하다(제199조 ①항 단서). 2007년의 개정법률은 "피의자에
대한 수사는 불구속 상태에서 함을 원칙으로 한다"고 하여 임의수사원칙을 분
명히 밝히고 있다(제198조 ①항).

26   **(2) 불이익한 처우의 금지**   피의자, 피고인은 형사절차에서 일반시민보다
불이익한 처우를 받아서는 안 된다. 피의자, 피고인은 자신에게 불리한 진술을
거부할 수 있으며(제244조의3, 283조의2), 피고인에게 모욕적인 신문을 해서는 안
된다(규칙 제140조의2). 예단배제豫斷排除의 법칙에 따라 법관에게 미리 유죄의 심
증을 줄 수 있는 사항은 공소장에 기재할 수 없다. 이를 공소장일본주의라 한다
(규칙 제118조 ②항). 공판정에서 피고인의 신체를 구속해서는 안 되며(제280조), 구
속재판 중인 피고인은 공판정에서 죄수복을 입지 않도록 해야 한다. 2007년의
개정법률은 공판정에서 검사와 피고인의 좌석을 대등하게 위치시킬 것을 명문
으로 규정하였는데(제275조 ③항), 이 또한 무죄추정의 원칙에 따라 피고인이 불
이익한 처우를 받지 않도록 하기 위함이다.[1]

27   **(3) 증명의 기본원칙**   무죄추정의 원칙은 증명의 기본원칙으로서 가장 중
요한 의미를 갖는다. 즉, "의심스러울 때는 피고인의 이익으로(in dubio pro reo)"
라는 법원칙은 형사소송에서 무죄추정의 원칙을 반영하는 증명의 기본원칙이
된다.[2] 2007년의 개정법률은 "범죄사실의 인정은 합리적인 의심이 없는 정도의
증명에 이르러야 한다"고 규정하여(제307조 ②항) 이러한 원칙을 확인하고 있다.

---

1) 물론 이는 피고인의 소송당사자로서의 지위를 강화하는 의미도 있다. 그러나 소송에서 피고
    인이 검사와 동등한 당사자의 지위를 보장받는 것도 무죄추정의 원칙을 구현한 것이라 할 수
    있다.

2) 배종대/홍영기 [3] 6 이하; 신동운 813; 이재상/조균석/이창온 10/21.

법원이 피고인의 유죄에 대해 합리적 의심을 남기지 않을 정도의 증명에 이르지 못한 경우, 즉 유죄의 개연성은 있으나 일말의 합리적 의심이 남는 경우 법원은 무죄를 선고하여야 하는 것이다. 한편 판례는 형사소송에서 증명의 책임, 즉 입증책임은 검사에게 있다는 점을 분명히 하고 있는데, 이 또한 무죄추정원칙의 실현이라 할 수 있다. 피고인의 무죄로 추정되기 때문에 무죄인 피고인이 없는 죄를 증명할 수는 없으므로 유죄라고 주장하는 검사가 유죄를 입증하지 못하면 피고인에게 무죄를 선고해야 한다는 것이다.

[2006도735] 증명책임과 증명력의 정도

형사재판에서 공소가 제기된 범죄사실에 대한 입증책임은 검사에게 있는 것이고, 유죄의 인정은 법관으로 하여금 합리적인 의심을 할 여지가 없을 정도로 공소사실이 진실한 것이라는 확신을 가지게 하는 증명력을 가진 증거에 의하여야 하므로, 그와 같은 증거가 없다면 설령 피고인에게 유죄의 의심이 간다 하더라도 피고인의 이익으로 판단할 수밖에 없다.

3. 무죄추정원칙의 적용범위

(1) 피의자　　헌법과 형사소송법은 무죄추정원칙을 선언하면서 '피고인'을　28 그 주체로 명시하고 있지만, 피의자에게도 무죄추정의 원칙이 적용되는 것은 당연한 논리적 귀결이다. 범죄혐의가 매우 현저하여 공소가 제기된 피고인을 무죄로 추정한다면 그보다 낮은 단계의 범죄혐의가 있는 피의자는 당연히 무죄로 추정하여야 하는 것이다.

(2) 유죄판결의 확정　　피고인이 무죄로 추정되는 것은 '유죄의 판결이 확정　29 될 때까지'이다. 1) '판결이 확정'된다는 것은 재판이 통상의 불복방법으로는 더 이상 다툴 수 없는 상태를 말한다. 따라서 제1심과 제2심 법원의 판결은 그에 대해 상소할 수 있으므로 유죄의 판결이 선고되더라도 무죄의 추정은 계속된다. 유죄판결은 더 이상 상소할 수 없는 대법원의 판결이 선고되었을 때, 그리고 상소기간이 경과하거나 피고인이 상소를 포기 또는 취하했을 때 확정된다. 2) '유죄의 판결'은 형선고 및 집행유예의 판결(제321조), 형면제 또는 형의 선고유예판결(제322조)을 포함하며, 확정판결의 효력이 부여되는 약식명령이나 즉결심판도 이에 해당한다. 그러나 관할위반의 판결(제319조), 면소판결(제326조), 공소기각의

판결(제327조), 공소기각의 결정(제328조 ①항) 등은 형식재판으로서 유·무죄의 실체판결이 아니기 때문에 이러한 재판이 있더라도 무죄의 추정은 유지된다.

30   (3) 재심청구 사건   무죄추정의 원칙은 유죄판결이 확정될 때까지 적용되기 때문에 확정된 유죄판결에 대해 비상구제절차로 재심을 청구하는 경우 재심청구인에게도 무죄추정의 원칙이 적용되는지가 문제된다. 이에 대해서는 무죄추정원칙이 적용되지 않는다는 견해1)와 이러한 경우에도 무죄추정의 원칙이 적용되어야 한다는 견해2)가 있다. 후자인 긍정설은 그 근거로 재심은 유죄의 확정판결을 선고받은 자의 이익을 위해서만 청구할 수 있다는 점(제420조, 421조)과 검사도 재심을 청구할 수 있다는 점(제424조 1호) 등을 제시한다. 전자인 부정설은 소송절차의 형식적 측면에 맞추어 무죄추정원칙의 적용여부를 판단하는 것으로 보인다. 그러나 무죄추정원칙은 절차면에 대한 원칙이라기보다는 실체면에 대한 원칙으로 보아 재심청구인에게도 무죄추정의 원칙이 적용된다고 보는 것이 바람직하다. 무죄추정의 원칙은 명확한 법규정이 존재하지 않을 때 해석의 지침이 되기 때문이다.

[4] 제 2 형사소송의 구조

I. 소송구조론

1   형사소송의 구조는 형사절차에 참여하는 주체들의 관계가 어떻게 형성되느냐 하는 문제에 대한 논의이다. 특히 소송에 참여하는 법관과 검사, 피고인의 관계가 어떤 구조를 형성하느냐의 문제가 소송구조에 관한 이론을 형성해 왔다. 이러한 소송주체들의 관계와 그 구조는 공정한 형사절차에서 가장 기본이 되는 요소이기 때문에 중요한 의미를 갖는다. 소송의 구조는 크게 규문주의와 탄핵주의의 형태로 구별되며, 탄핵주의는 다시 직권주의와 당사자주의로 구별된다.

---

1) 이은모/김정환 90 이하; 이재상/조균석/이창온 10/24 등.
2) 신동운 819; 이창현 111.

1. 규문주의

규문주의糾問主義는 근대적 형사소송 이전의 형사절차에서 소추訴追기관과   2
심판기관이 분리되지 않는 구조를 말한다. 규문주의의 형사절차는 규문관이 스
스로 수사를 개시하여 심리하고 재판하는 형사절차였다. 규문관은 소추기관이
며 동시에 심판기관이었다. 따라서 소추기관의 소추내용이 심판기관에 의해 배
척될 여지가 거의 없었다. 피고인은 단지 규문의 객체로 취급될 뿐 어떠한 권리
의 주체가 될 수 없었다.

2. 탄핵주의

탄핵주의는 소추기관과 재판기관이 분리된 형사절차를 말한다. 규문주의적   3
형사절차에서 법원이 갖고 있던 소추와 심판의 권한 중에서 소추의 권한을 분
리하여 소추기관이 소추를 담당하고 법원은 심판의 기능만 담당하도록 한 것이
탄핵주의 소송구조이다. 탄핵주의적 소송절차에서 법원은 소추기관이 공소를
제기한 사건에 대해서만 심판할 수 있고, 피고인은 규문의 객체가 아닌 소송주
체로서 절차에 참여할 수 있다. 1808년 나폴레옹 법전의 하나로 등장한 치죄법
治罪法(Code d'instruction criminelle) 이후 영미법과 대륙법 모두 탄핵주의 소송구조
를 취하고 있다. 다만 탄핵주의 소송구조 아래에서도 소송의 주도적 지위가 누
구에게 있느냐에 따라 영미법계에서는 당사자주의, 대륙법계에서는 직권주의로
소송구조가 분화하였다.

(1) **당사자주의**   당사자주의는 소송의 주도적 지위를 당사자, 즉 검사와   4
피고인이 갖는 소송구조이다. 당사자주의 소송구조의 본질적 요소는 처분권주
의와 변론주의이다. 1) 처분권주의는 소송의 대상에 대한 당사자의 처분을 허용
하는 것을 말한다. 2) 변론주의는 당사자의 주장과 입증활동에 의해 인정할 수
있는 사실만을 법원이 심리하는 것을 말한다. 당사자주의는 법률문외한인 배심
원에게 실체적 진실발견을 맡기는 배심재판제도를 통하여 발전된 것이다.[1]

당사자주의 소송구조의 장점은 다음과 같다. 1) 당사자가 소송의 주도적   5
지위를 가짐으로써 더 많은 증거를 수집·제출할 수 있고, 법원이 직접 관여하
지 않음으로써 법원은 객관적·중립적 입장에서 판단할 수 있다. 2) 피고인과
검사가 대등한 지위에서 투쟁하므로, 상대적 약자인 피고인의 자유와 권리가 더

---

1) 신동운 13; 이창현 31.

잘 보장될 수 있다. 3) 직접적 이해관계자인 당사자의 판단을 존중함으로써, 경우에 따라서는 신속한 소송종결이 가능하다. 이에 반해 단점은 다음과 같다. 1) 당사자의 지위보장이 형식화됨으로써, 검사가 주도권을 장악할 우려가 있다. 다시 말해서 형사재판이 검찰사법으로 변질될 수 있다.[1] 2) 당사자주의가 철저하게 유지되면, 당사자 사이의 지루한 투쟁으로 심리의 능률과 신속을 저해할 수 있다. 3) 당사자의 열의와 능력에 소송결과가 좌우됨으로써, '소송의 스포츠화' 또는 '합법적 도박'이 야기될 수 있다.[2] 4) 당사자의 처분권을 인정할 경우 국가형벌권의 행사가 당사자 사이의 타협이나 거래의 대상으로 전락할 위험이 있다.

6   (2) **직권주의**   직권주의는 소송에서 법원이 주도적 지위를 행사하는 소송구조를 말한다. 국가형벌권의 행사는 사인간의 분쟁해결과는 달리 공익적 측면을 가지므로, 국가기관이 진실규명의 임무를 담당하고 그에 상응하는 책임을 지는 것이 당연하다고 보는 입장이다. 이에 따라 직권주의는 1) 직권탐지주의와 2) 직권심리주의를 특색으로 한다. 직권탐지주의란 법원이 검사나 피고인의 주장·청구와 상관없이 직권으로 증거를 수집하고 조사하는 것을 말한다. 직권심리주의는 소송의 대상이 법원의 지배 아래 놓이므로 법원이 직권으로 사건을 심리하는 것을 말한다.

7   직권주의의 소송구조의 장점은 다음과 같다. 1) 법원이 소송의 주도적 역할을 담당하므로 실체진실발견에 더욱 적합한 구조일 수 있다. 2) 법원의 주도적 역할은 검사에 비해 상대적으로 열세인 피고인을 효과적으로 보호할 수 있다. 3) 형사절차의 공공성을 담보함으로써 형사절차의 스포츠화나 민사소송화를 막을 수 있다. 4) 재판지연을 방지하여 능률적이고 신속한 재판을 진행할 수 있다. 이에 반해 직권주의의 단점은 다음과 같다. 1) 직권주의를 일관되게 유지하면 사건의 심리가 법원의 독단으로 흐를 수 있고, 피고인의 정당한 권리행사가 무시되기 쉽다. 2) 피고인이 실질적인 방어권을 행사하기보다는 심리의 객체로 전락할 위험이 있다.

3. 현행법의 소송구조

8   현행 형사소송법이 어떤 소송구조를 취하고 있느냐의 문제는 학계에서 오랫동안 논쟁의 대상이었다. 대륙법계의 소송절차를 계수한 현행법은 기본적으

---

1) 신동운 14.
2) 이은모/김정환 27.

로 직권주의적 소송의 형태를 취하고 있지만, 미국법제의 영향을 받으면서 당사
자주의적 요소를 상당 부분 규정하고 있다.

[현행법의 직권주의 요소] 학설은 현행법의 직권주의적 요소로서 1) 법원의 직권적   **9**
피고인신문(제296조의2 ②·③항), 2) 법원의 직권증거조사(제295조), 3) 증인신문에서
재판장의 직권신문(제161조의2 ②항)과 신문순서변경권(같은 조 ②·③항), 4) 법원의
공소장변경 요구의무(제298조 ②항) 등을 들고 있다.

[현행법의 당사자주의 요소] 학설이 일반적으로 당사자주의 요소로 들고 있는 것은   **10**
다음과 같다: 1) 공소사실의 특정(제254조 ④항)과 공소장변경(제298조)의 절차에 의
한 심판대상의 확정, 2) 법원의 예단을 방지하기 위한 공소장일본주의(규칙 제118조
②항), 3) 공소장부본의 송달(제266조), 제1회 공판기일의 유예기간(제269조), 피고인
의 공판기일변경신청권(제270조) 등 당사자로서 피고인의 방어준비를 위한 절차, 4)
당사자, 즉 검사와 피고인의 공판정출석권(제275조, 276조) 등 공판절차 참여권, 5)
모두진술(제285조), 최후진술(제302조, 303조)의 절차를 통한 당사자의 의견제시, 6)
증거신청권(제294조), 증거보전청구권(제184조), 증거조사 참여권(제145조, 163조, 176조),
증거조사에 대한 이의신청권(제296조) 등 당사자가 주도하는 증거조사의 절차, 7)
증인에 대한 교호신문절차(제161조의2), 8) 증거에 대한 당사자의 동의(제318조)와 당
사자의 반대신문권을 보장하기 위한 전문법칙(제310조의2)과 탄핵증거(제318조의2).[1]

이와 같이 현행법에 직권주의와 당사자주의의 요소가 혼재되어 있기 때문   **11**
에 현행법은 어떤 소송구조를 취하고 있는가에 대한 견해가 대립되어 왔다. 구
체적으로 보면 당사자주의라는 견해,[2] 당사자주의를 기본으로 직권주의를 보충
한 소송구조라는 견해,[3] 직권주의를 기본으로 당사자주의의 요소를 보충한 구
조라는 견해[4] 등으로 나뉘진다.

4. 소송구조론의 현재적 의미

현행법의 소송구조를 둘러싼 견해의 대립은 오늘날 큰 의미가 없다. 소송   **12**

---

[1] 이창현 33 이하 등에서는 피고인신문에서 피고인의 진술거부권을 보장하고, 피고인신문의 방
   식으로 증인신문의 방식을 준용하는 것도 당사자주의적 요소라는 설명도 있지만, 당사자의 한
   쪽인 검사가 다른 한 쪽인 피고인을 신문하는 것은 당사자주의에 배치된다. 그렇기 때문에 2007
   년 개정법률은 피고인신문을 필요할 때만 하고, 그 순서도 증거조사 후에 하는 것으로 변경하
   였다. 신동운 14 이하 참조.
[2] 강구진 125.
[3] 신동운 14; 이은모/김정환 29.
[4] 이재상/조균석/이창온 5/6 이하.

구조의 장단점에 따라 어떤 소송구조를 취해야 한다거나, 어떤 절차는 현행법의 소송구조에 맞지 않기 때문에 개선되어야 한다거나 하는 주장들은 본말이 전도된 것이기 때문이다. 소송구조는 공정한 형사절차를 위해 봉사하는 수단이 되어야 하며 그 자체가 목적이 될 수 없다. 따라서 직권주의적 요소이든 당사자주의적 요소이든 그것이 공정한 형사절차의 구성에 기여하는 방향에서 적용되고 해석되어야 한다.

13   다만 직권주의적 요소와 당사자주의적 요소가 혼재된 현행법의 소송구조는 이론적으로 직권주의를 기본으로 형사절차의 공정성을 위해 당사자주의적 요소를 보충한 것으로 이해하는 것이 바람직하다.[1] 직권주의의 기본적 요소인 직권탐지주의와 직권심리주의는 본질상 당사자주의 소송구조에 편입될 수 없지만, 직권주의 소송구조에서 법원이 그 직권에 속하는 절차를 당사자들에게 배분하거나 당사자들이 소송에 적극적으로 참여하도록 하는 것은 구조적으로 가능하기 때문이다.

14   한편 형사절차에서 국가형벌권의 공정한 행사와 실체적 진실을 추구하는 현실을 고려하면 당사자주의의 본질적 요소인 처분권주의와 변론주의를 원래의 의미대로 현행법에 반영할 수는 없을 것이다. 형사소송에서는 소송대상의 자유로운 처분이 허용될 수 없고, 당사자의 변론에만 의존하는 형식적 진실개념에 만족할 수 없으며, 법원은 형벌권실현의 책무를 다하기 위하여 스스로 사실을 조사하고 증거를 수집해야 한다. 한국의 학계에서 당사자주의라 할 때, 그것은 엄밀한 의미의 당사자주의를 말한다기보다는 미국법의 영향 아래 들어온 각종 인권보장규정[2]과 증거법[3] 및 방어적 참여권의 확대를 꾀하는 제도를 가리킨다고 할 수 있다. 이러한 제도들은 헌법의 다양한 형사소송관련규정에서 나오는 법치국가적 요청일 뿐이고, 처분권주의와 변론주의라는 의미의 당사자주의에서 나오는 결론은 아니다. 따라서 한국에서 당사자주의는 '공정한 재판'의 이념을 실현하기 위한 제도들의 규합개념으로 이해되어야 한다.

---

1) 이재상/조균석/이창온 5/6 이하 참조.
2) 예컨대 구속적부심이나 보석제도.
3) 예컨대 증인교호신문제, 전문법칙 등.

Ⅱ. 소송절차 이분론

1. 의   의

소송절차 이분론은 다른 말로 공판절차 이분론이라고도 한다. 소송절차이 16
분론은 소송절차를 범죄사실의 인정절차와 양형절차로 이분하자는 주장을 말한
다. 소송절차이분론은 영미의 형사소송에서 유래한다. 영미의 형사소송에서는
사실인정절차로서 배심원에 의한 유죄평결이 있은 후에 양형절차로서 직업법관
에 의한 형의 선고가 행해진다. 최근에는 독일과 일본의 형사소송법학계는 물론
우리나라에서도 소송절차이분제도의 도입이 주장되고 있다.

2. 절차이분론의 이론적 근거

일본에서는 절차이분론의 이론적 근거로 사실인정절차의 순수화와 양형의 17
합리화를 든다. 그러나 독일에서는 이외에 피고인의 인격권과 변호권의 보호 및
소송경제를 제시하기도 한다.

(1) **사실인정절차의 순수화**   사실인정과 양형이 일원화된 절차에서는 법관 18
은 피고인의 전과, 경력, 교육정도, 가족관계, 재산상태 등과 같이 사실인정 자
체와 관련이 없는 자료로 인하여 피고인에게 불리한 선입견을 가질 수 있다. 실
무에서도 법관은 사실상 증거조사에 앞서 전과조사를 하는 경우가 많다. 이는
법관의 선입견을 배제하고자 하는 무죄추정원칙이나 공소장일본주의의 취지에
반하는 결과가 아닐 수 없다. 이러한 결과를 피하기 위해 사실인정을 하는 재판
부와 양형판단을 하는 재판부를 분리할 필요가 있다.

(2) **양형의 합리화**   범죄인의 개별적 특성에 따른 행형을 할 수 있기 위해 19
서는 피고인의 인격과 사회적·심리적 상황은 물론 피고인에게 미치는 형벌의
효과에 대해 합리적·과학적 분석이 필요하다. 사실인정절차와 양형절차를 분리
하게 되면, 양형법관은 공판절차의 밖에서 판결 전 조사제도를 통해 피고인의
양형자료만을 전문적으로 조사하는 양형조사관의 보고서를 활용할 수 있다. 이
렇게 되면 독자적인 양형절차가 구성됨으로써 피고인의 인격에 대한 철저한 심
리가 가능할 수 있게 된다.

(3) **피고인의 인격권보호**   사실인정절차와 양형절차가 함께 행해질 경우 20
양형자료조사를 이유로 피고인의 사생활에 관한 자료를 법정에서 공개하게 된

다. 이는 피고인의 일반적 인격권을 침해할 수 있다. 이러한 침해는 일단 한 번 일어나면 피고인의 무죄가 입증되더라도 회복되기 어렵다. 그러나 절차를 이분하여 사실인정절차에서 유죄로 판단된 피고인만을 대상으로 하여 양형절차를 비공개로 진행한다면, 피고인에 대한 불필요한 사생활침해를 방지할 수 있다. 형사절차에 의한 인격권의 불필요한 침해를 방지한다는 점에서 절차이분제도는 비례성원칙을 실현한다고 볼 수 있다.

21   **(4) 변호권의 보장**   현재의 실무를 보면 변호인이 피고인의 무죄를 확신하는 때에도 무죄변론을 하려면, 나중에 유죄로 판단될 경우에 양형상 불이익을 감수해야만 한다. 이것을 보통 '괘씸죄'라고 한다. 따라서 무죄입증의 절대적 확실성이 없이는 무죄변론을 하기 어렵고 단지 관대한 처벌이나 구하는 변론을 할 수 있을 뿐이다. 그러나 절차를 이분하면 사실인정절차에서는 무죄변론을 부담 없이 적극적으로 펼칠 수 있고, 결국 유죄가 인정되는 경우에도 양형절차에서 얼마든지 정상론情狀論을 전개할 수 있다. 이런 점에서 절차이분론은 변호권을 실질적으로 보장하는 기능을 한다.

22   **(5) 소송경제**   현재의 공판절차에서는 범죄사실에 관한 자료 이외에 양형자료까지 함께 심리된다. 이에 반해 절차를 이분하면, 무죄판결이 선고된 피고인에 대해서는 양형심리절차를 진행할 필요가 없다. 이 한도에서 절차이분론은 소송경제에 보탬이 된다고 할 수 있다.

3. 절차이분론의 문제점

23   **(1) 소송의 지연**   그러나 절차이분론에도 문제가 없는 것은 아니다. 우선 절차이분론이 성공하기 위해서는 양형자료를 조사하는 전문조사관이 확보되어 있어야 한다. 이러한 양형조사관이 확보되지 않은 상황에서 소송절차를 이분하게 되면 심리가 장기화되는 결과를 초래할 수 있다.[1] 물론 무죄판결의 경우에는 양형절차가 생략되므로 공판절차가 오히려 단축될 수 있다. 이에 대해서는 무죄판결이 전체 형사사건에서 차지하는 비율이 매우 작고 유죄판결이 대부분인 현실을 도외시할 수 없다는 재반론도 가능하다.[2] 심리지연의 방지대책으로 양형절차의 기간제한이나 사실인정과정에서 조사관이 조사를 개시하도록 하는

---

1) 소년법은 소년에 대한 형사사건의 심리에 소년의 심신상태·품행·경력·가정상황 그리고 그 밖의 환경 등에 대해 정확한 사실을 밝힐 수 있도록 요구하고 있다(소년법 제58조 ②항).
2) 신동운 932.

방법 등이 제시되기도 한다.[1)]

　(2) **범죄사실과 양형사실의 구별의 어려움**　　책임은 행위자의 인격과 분리하 **24** 여 판단할 수 없고, 일반적인 범죄요소도 양면성을 가지고 있기 때문에 범죄사실과 양형사실의 구별이 이론상 불가능하다는 점이 지적되기도 한다. 특히 상습범의 경우 피고인의 인격조사는 이미 유·무죄의 판단단계에서 논하여질 수밖에 없기 때문에, 상습범규정이 유난히 많은 한국 형법의 경우 사실심리절차와 양형절차의 이분은 사실상 불가능하다는 것이다.[2)]

　　순수하게 이론적으로 보면 범죄사실과 양형사실의 엄격한 구분은 물론 불 **25** 가능하다. 그러나 이런 문제점보다는 절차이분이 피고인의 인격권을 보호해 줄 수 있다는 점이 중요하다. 1) 피고인의 인격요소가 범죄구성요건요소가 아닌 경우 사실심리절차에서 인격요소에 대한 심리를 완전히 배제할 수는 없겠지만 최대한 배제할 수 있고, 2) 피고인의 인격요소가 범죄구성요건요소일 경우에도 범죄구성요소인 인격요소만을 사실심리절차에서 조사하고 그 이외의 양형자료는 양형절차에서 심리함으로써 피고인의 인격권은 일원적 공판절차보다는 상대적으로 충실하게 보호될 수 있다.

　(3) **재판부구성의 미분화**　　절차이분론은 일반인인 배심원에게 사실인정에 **26** 관한 판단을 맡기는 영미식 배심재판제도를 모델로 한 이론이다. 그리고 독일의 경우에도 재판부에 민간인이 참여하는 참심법원제도가 채택되어 있다는 사실을 근거로 이분론은 사실심리절차에 민간인의 참여를 전제한다는 견해가 있다.[3)] 이 견해에 따르면 재판부구성을 변화시키는 형사사법의 전면적 개편 없이는 절차이분론이 실현될 수 없다고 한다. 그러나 직업법관이 이분된 절차를 각각 분담하는 방법으로도 소송절차의 이분은 가능하다.

---

1) 이재상/조균석/이창온 42/8.
2) 신동운 931. 그러나 이에 대해서는 형법에서 책임은 행위책임을 의미할 뿐이고, 피고인의 인격요소가 범죄구성요건요소일 때에만 사실인정절차에서 심리하면 되기 때문에 구별이 가능하다는 반론이 있다. 이재상/조균석/이창온 42/9 참조.
3) 신동운 931.

제2편

수 사

제 1 장
수사의 기초와 임의수사

제 1 절 수사의 의의와 수사기관

[5] 제 1 수사의 의의

Ⅰ. 수사의 기본개념과 구조

1. 수사의 기본개념

(1) 수 사 수사는 형사절차의 첫 단계이다. 형사절차는 수사에 의해 개 **1**
시된다. 수사의 개념에 대해서는 '공소제기·유지를 위한 준비로서 범죄사실을
조사하고 범인과 증거를 발견·수집하는 수사기관의 활동'이라는 견해가 있다.[1]
그러나 이 개념에 대해서는, 수사를 '공소의 제기·유지를 위한 준비'라고 함으
로써 불기소결정에 의하여 수사가 종결되는 경우를 수사로 파악할 수 없고 수
사절차가 공소의 준비절차로만 이해된다는 문제점이 지적된다. 따라서 오늘날
다수의 견해는 수사의 개념을 기소·불기소 여부에 대한 결정을 포함하는 넓은
의미로 '범죄혐의 유무의 확인과 범인의 확보 및 증거수집을 위한 수사기관의
활동'이라고 정의한다.[2] 판례도 같은 내용으로 정의한다.[3]

---

1) 김기두 193; 서일교 225.
2) 강구진 147; 백형구 384, 신동운 35; 이재상/조균석/이창온 6/1; 이창현 203.
3) 98도3329: "수사, 즉 범죄혐의 유무를 명백히 하여 공소를 제기·유지할 것인가의 여부를
   결정하기 위하여 범인을 발견·확보하고 증거를 수집·보전하는 수사기관의 활동은 수사 목적
   을 달성함에 필요한 경우에 한하여 사회통념상 상당하다고 인정되는 방법 등에 의하여 수행되
   어야 하는 것인 바.."

2   **(2) 수사의 목적**   수사의 개념에 대한 견해의 차이는 중요한 문제가 되지
않는다. 공소의 '제기' 개념에 기소 및 불기소의 결정이 포함된다고 보면, 양자
의 차이는 거의 없다. 다만 수사의 목적을 어떻게 볼 것이냐의 차이는 있을 수
있다. 수사를 공소의 제기와 유지를 위한 준비활동으로 이해하면 수사의 절차는
공소절차에 종속될 수 있다. 수사의 개념을 넓은 의미로 이해하는 견해에 의하
면 수사의 목적은 '범죄혐의 유무의 확인과 범인의 확보 및 증거수집'이다. 여기
서 유의할 것은 소극적 실체진실주의의 관점에서 수사의 목적은 '범죄혐의가 없
을 때 공판을 회피하는 것'이라는 점이다. 어떤 목적으로 수사에 임하느냐는 그
결과에서 큰 차이를 가져올 수 있다.

3   **(3) 수사의 유형**   수사는 그 방법에 따라 임의수사와 강제수사로 구별된
다. 임의수사는 수사의 방법에서 강제력을 행사하지 않고 상대방의 동의나 승인
을 전제로 하는 수사이다. 강제수사는 상대방의 의사에 구속되지 않고 강제적으
로 하는 수사를 말한다. 강제수사가 임의수사에 비해 수사대상에 대한 기본권의
침해 정도가 훨씬 강하다는 것은 자명한 일이다. 검사는 수사의 방법을 정할 수
있는 이른바 '형성의 자유'를 갖는다.

4   **(4) 수사기관**   수사기관이란 법률에 의해 수사의 권한을 부여받은 국가기
관을 말한다. 수사는 수사기관의 활동으로 정의할 수도 있다. 현행법상의 수사
기관에는 검사, 사법경찰관리, 그리고 고위공직자범죄수사처의 검사와 수사관이
있다. 과거에는 검사에게 수사지휘권과 수사종결권이 있어, 사법경찰관은 모든
수사에 대해 검사의 지휘에 따라야 했다. 이제는 2020. 2. 4. 형사소송법의 개정
으로 검사와 일반사법경찰관의 관계가 협력관계로 변경되고(제195조 ①항), 일반
사법경찰관의 수사에 대한 검사의 지휘권이 폐지되었다.[1] 그리고 검찰청법이
개정되어 대부분의 범죄에 대한 1차 수사는 사법경찰관이 담당하고, 검사의 수
사개시권한은 엄격하게 제한되었다(검찰청법 제4조 ①항 1호). 그러나 검사는 일정
한 경우 보완수사(제197조의2) · 시정조치(제197조의3 ③ · ④항) · 사건송치 요구권(같
은 조 ⑤ · ⑥항) 및 징계 요구권(제197조의2 ③항, 197조의3 ⑦항), 재수사 요청권(제
245조의8)을 통해, 일반사법경찰관의 수사를 '감독'할 수 있다.

---

1) 특별사법경찰관의 수사에 대해서는 여전히 검사에게 지휘권이 있다(제245조의 10 ②항).

2. 수사의 구조

소송구조론과 유사하게 수사의 구조에 관한 수사구조론이 있다. 이는 일본   5
의 학계에서 비롯된 것으로서,¹⁾ 1) 전체 형사절차에서 수사절차는 어떤 위치를
갖느냐와, 2) 수사에 관련되는 당사자들, 즉 법원과 수사기관인 검찰·경찰, 그
리고 수사의 대상이 되는 피의자의 관계를 어떤 구조로 이해할 것이냐의 문제
를 논의하는 이론이다. 소송구조론의 기본개념인 규문주의와 탄핵주의가 여기
에도 적용된다.

(1) **규문적 수사관**   규문적 수사관은 규문주의 소송구조처럼 수사를 수사   6
기관을 중심으로 수사기관과 피의자 사이의 양자관계로 이해한다. 따라서 수사
는 수사기관이 중심이 되어 피의자를 신문하고 조사하는 절차로 파악되고, 수사
기관은 조사를 위하여 필요한 강제처분을 할 수 있는 권한을 가진다. 강제처분
에 대한 필요성은 수사기관 스스로 판단한다. 기본적으로 양자관계이기 때문에
제3의 기관이 적극적으로 참여하지 않는다. 법원은 수사기관의 권한남용을 방
지하기 위해 부수적으로 사법적 통제를 할 뿐이다. 따라서 법원이 발부하는 영
장은 수사기관이 강제처분을 행사해도 좋다는 허가장의 성질을 갖는다.

(2) **탄핵적 수사관**   탄핵적 수사관은 탄핵주의 소송구조처럼 수사를 법원,   7
수사기관, 피의자 사이의 삼자관계로 파악한다. 다만 탄핵주의 소송에서는 탄핵
의 역할, 즉 소추권한을 따로 부여받는 검사의 역할이 중요하지만, 탄핵적 수사
구조에서는 법원의 역할이 강조된다. 즉, 수사를 수사기관의 독자적인 활동으로
보지 않고, 공판준비를 위한 활동으로 이해한다. 따라서 수사의 대상이 되는 피
의자는 단순히 수사객체가 되는 것이 아니라 공판을 준비하는 독립적 주체가
된다. 강제처분은 수사기관이 아니라 법원이 장래 재판을 위하여 행하는 것으로
이해하며, 그 필요성도 법원이 판단하기 때문에 법원이 발부하는 영장은 명령장
의 성격을 갖는다.

(3) **소송적 수사관**   소송적 수사관은 수사를 범죄혐의 여부를 심리하여 기   8
소여부를 결정하기 위한 절차로서 좁은 의미의 소송, 즉 유죄여부를 심리하는
공판절차와 유사한 것으로 파악한다. 다만 수사에서는 검사가 심판기관이 되고
사법경찰관과 피의자는 대립당사자가 된다.²⁾ 이렇게 되면 수사는 검사, 사법경

---

1) 자세한 것은 이재상/조균석/이창온 9/2 이하 참조.
2) 강구진 149.

찰관, 피의자의 삼각관계로 이루어지는 당사자주의 소송구조와 유사한 것이
되고, 피의자는 수사의 객체가 아니라 절차의 한 당사자로서 주체적 지위를
갖는다.

9   **(4) 수사구조론의 의미**   수사구조는 일반적으로 규문적 형태를 지닐 수밖
에 없다. 즉 수사기관이 일방적으로 피의자를 조사하고 피의자는 수사의 대상이
되는 것이다. 이와 같은 규문적 형태의 수사에서는 규문주의 시대의 소송이 그
러하듯이 피의자에 대한 인권침해와 실체적 진실의 왜곡이 발생할 가능성이 높
다. 탄핵적 수사관과 소송적 수사관은 그러한 문제를 해결하기 위해 등장한 이
론이다. 즉 수사기관의 권한을 통제하고 피의자도 형사절차의 한 주체로서 일정
한 권리를 보장받도록 하기 위함이다. 그러나 이러한 이론에 대해서는 피의자가
주체적 지위를 가질 수 있는가 하는 회의와 수사에서 탄핵주의와 당사자주의를
관철하는 것이 타당성과 현실성이 있는가 하는 의문이 제기된다.[1] 결국 수사구
조를 어떻게 이해하느냐의 문제보다는 수사절차에서 적법절차원칙과 소극적 실
체진실주의의 이념을 구체화하는 것이 더 중요한 과제가 된다.

10   **[수사구조론과 법원의 영장의 성격]**   다만 수사구조론은 수사의 의미와 피의자의 권
리보장에 대해 한 번 더 돌아보게 한다는 점에서 전혀 무의미하다고 할 수는 없다.
더불어 수사구조론에서 말하는 영장의 성격에 대한 문제는 한국의 수사현실에서
참고할 만한 내용이 된다. 수사의 실무에서 검찰과 법원이 구속영장의 발급 여부를
두고 첨예하게 다투고 있는데, 이는 영장의 성격을 명령장과 허가장 중 어떤 것으
로 볼 것이냐, 즉 인신구속은 법원과 검찰 중 어느 기관의 권한이냐의 문제와 연결
된다. 형사소송법은 수사를 제1심 절차의 일부로 편제하고 있다(제2편 제1장). 그리
고 구속에 관한 조항은 법원의 구속을 먼저 규정하고(제68조 이하) 수사기관의 구속
에 대해서는 이 조항들을 준용하고 있다(제201조). 이러한 규율형태만 보면 현행법
은 수사를 제1심 절차의 일부로, 구속은 법원의 권한으로 규정한 것이라고 해석할
수 있다. 그러나 이는 현행법이 직접주의 소송구조를 취하는 대륙법계를 계수하여
법원 중심의 형사절차를 구성한 데서 기인한다. 대륙법계의 일부 국가는 수사기관
이 법원에 소속되어 있는 경우도 있다. 또한 과거 일제강점기에는 검사가 예심판사
의 기능을 수행했고, 그러한 역사 때문에 오랫동안 한국의 형사재판은 검사가 작성
한 조서 그대로 심판하는 '조서재판'이라는 비난을 들어야 했다. 2007년의 형사소송
법 개정에서 '공판중심주의의 실현'이 주제가 된 것은 '조서재판'을 극복해야 한다는
문제의식에서 비롯된 것이다. 이러한 현실 때문에 한편에서는 '수사절차 독립론'을

---

1) 이재상/조균석/이창온 9/5; 이창현 205 이하 참조.

주장하기도 한다. 법 제정 이후의 변화된 현실을 고려하여 형사절차에서 수사절차
의 위상과 수사의 구조 등에 대한 논의를 진행할 필요가 있다.

II. 수사의 일반원칙

1. 직권수사원칙

검사와 사법경찰관은 범죄의 혐의가 있다고 사료하는 때에는 범인, 범죄사   11
실과 증거를 수사하여야 한다(제196조 ①항, 197조 ①항). 구체적 범죄혐의가 있으
면 범죄피해자의 고소 여부와 상관없이 수사기관은 직권으로 수사할 의무가 있
다. 이를 수사법정주의 또는 직권수사원칙이라고 한다. 직권수사원칙은 개인형
벌이 폐지된 근대형법체계에서 국가형벌권의 균등한 행사를 도모하기 위한 제
도이다. 이처럼 수사절차에는 직권수사원칙이 지배하기 때문에 범죄피해자의
고소는 수사단서에 지나지 않는다. 다만 예외적으로 친고죄의 경우에 고소는 수
사의 조건이 된다.

2. 비례성원칙

비례성원칙은 헌법상의 원칙으로 모든 하위법률에 대해서도 타당하다. 수   12
사에서도 비례성원칙은 국가권력을 제한하고 수사절차에서 관련당사자들의 기
본권제한을 가능한 축소시키는 역할을 한다. 수사의 일반원칙으로서 비례성원
칙 또는 수사비례원칙은 헌법 제12조 ①항의 적법절차원칙에서 이끌어낼 수 있
다. 그리고 비례성원칙은 1) 수사의 수단이 수사의 목적달성에 적합하고(적합성
원칙), 2) 적합한 수단들 중에서 수사대상에 대한 침해가 가장 적은, 꼭 필요한
수단을 선택해야 하며(필요성원칙 또는 최소침해원칙), 3) 수사목적을 달성하여 얻
는 이익과 수사활동으로 침해되는 이익 사이에 균형성이 있어야 한다(균형성원
칙)는 세 가지 부분원칙으로 구성된다. 형사소송법 제199조는 "수사에 관하여는
그 목적을 달성하기 위하여 필요한 조사를 할 수 있다"고 규정하는데, 여기서 '필
요한'이란 비례성원칙의 세 가지 부분원칙을 포괄하는 것으로 해석할 수 있다.

3. 임의수사원칙

임의수사원칙이란 수사는 원칙적으로 임의수사에 의하고 강제수사는 법률   13

에 규정된 경우에 한하여 예외적으로 허용된다는 것을 말한다. 이는 비례성원칙의 필요성원칙, 또는 최소침해원칙을 실현하는 원칙이다. 2007년의 개정법률이 불구속수사원칙을 명문으로 규정한 것(제198조 ①항)도 이러한 원칙의 한 표현이라 할 수 있다.

14   임의수사원칙은 세 가지 내용을 갖고 있다. 1) 강제수사로 달성할 수 있는 일정한 수사목표를 임의수사로도 달성할 수 있는 경우에, 수사기관은 기본권침해가 더 큰 강제수사보다는 임의수사를 해야 한다. 여기서 임의수사원칙은 수사방법의 일반원칙이 된다. 2) 강제수사는 임의수사로 수사목표를 달성할 수 없을 때 보충적으로만 사용되어야 한다. 3) 임의수사도 기본권을 침해할 위험성은 항상 있다. 그렇기 때문에 임의수사를 할 때에도 비례성원칙을 준수하여야 한다.

4. 강제수사법정주의

15   강제처분 또는 강제수사는 수사목적을 효율적으로 달성하기 위해서 필요하지만 임의수사에 비하여 개인의 기본권을 중대하게 제한하는 결과를 가져온다. 따라서 형사소송법은 강제처분의 엄격한 요건과 절차를 규정하고 있고, 수사기관은 그 요건과 절차에 따라서만 강제처분 또는 강제수사를 할 수 있다(제199조 ①항 단서). 이를 강제수사법정주의 또는 강제처분법정주의라고 한다. 강제수사의 법률적 근거는 원칙적으로 형사소송법이지만, 예외적으로 특별법이 될 수도 있다. 이것은 과학기술의 발달로 인해 도청이나 비디오녹화 등 새로운 형태로 기본권을 침해하는 수사방법이 개발·사용되는 데에 대응하기 위함이다.

5. 영장주의

16   영장주의는 법관이 사전에 발부한 적법한 영장에 의하지 않고서는 수사상 필요한 강제처분을 할 수 없다는 원칙을 말한다. 헌법은 체포, 구속, 압수 또는 수색을 할 때에는 적법한 절차에 따라 검사의 신청에 의하여 법관이 발부한 영장을 제시하여야 한다고 규정하고 있다(헌법 제12조 ③항 본문, 16조 참조). 영장주의는 수사기관의 강제수사활동에 대한 사법적 통제 또는 사전억제이며, 수사절차에서 권력분립을 실현하는 제도라고 할 수 있다. 권한을 행사하는 수사기관의 입장에서 보면 영장 없이 강제처분을 해서는 안 된다는 '금지'에 해당되고, 수사대상인 피의자의 입장에서 보면 영장에 의한 강제처분을 요구할 수 있는 권리를 규정하고 있는 것이다. 따라서 영장주의는 수사기관을 위한 것이 아니라 시

민의 기본권을 보호하기 위한 제도이다.

[6] 제 2 검   사

[사례 2] 2001다23447

[1] 검사 등의 수사기관이 피의자를 구속하여 수사한 후 공소를 제기하였으나 법원에서 무죄판결이 선고되어 확정된 경우, 국가배상법 제2조에 의한 손해배상책임이 인정되기 위한 요건: 검사는 수사기관으로서 피의사건을 조사하여 진상을 명백히 하고, 죄를 범하였다고 의심할 만한 상당한 이유가 있는 피의자에게 증거인멸 및 도주의 염려 등이 있을 때에는 법관으로부터 영장을 발부받아 피의자를 구속할 수 있으며, 나아가 수집·조사된 증거를 종합하여 객관적으로 볼 때, 피의자가 유죄판결을 받을 가능성이 있는 정도의 혐의를 가지게 된 데에 합리적인 이유가 있다고 판단될 때에는 피의자에 대하여 공소를 제기할 수 있으므로 그 후 형사재판과정에서 범죄사실의 존재를 증명함에 충분한 증거가 없다는 이유로 무죄판결이 확정되었다고 하더라도 그러한 사정만으로 바로 검사의 구속 및 공소제기가 위법하다고 할 수 없고, 그 구속 및 공소제기에 관한 검사의 판단이 그 당시의 자료에 비추어 경험칙이나 논리칙상 도저히 합리성을 긍정할 수 없는 정도에 이른 경우에만 그 위법성을 인정할 수 있다.

[2] 검사가 수사 및 공판과정에서 피고인에게 유리한 증거를 발견한 경우, 이를 법원에 제출하는 등으로 피고인의 정당한 이익을 옹호할 의무가 있는지 여부(적극): 검찰청법 제4조 ①항은 검사는 공익의 대표자로서 범죄수사·공소제기와 그 유지에 관한 사항 및 법원에 대한 법령의 정당한 적용의 청구 등의 직무와 권한을 가진다고 규정하고, 같은 조 ②항(현행 ③항)은 검사는 그 직무를 수행함에 있어 그 부여된 권한을 남용하여서는 아니 된다고 규정하고 있을 뿐 아니라, 형사소송법 제424조는 검사는 피고인을 위하여 재심을 청구할 수 있다고 규정하고 있고, 검사는 피고인의 이익을 위하여 항소할 수 있다고 해석되므로 검사는 공익의 대표자로서 실체적 진실에 입각한 국가형벌권의 실현을 위하여 공소제기와 유지를 할 의무뿐만 아니라 그 과정에서 피고인의 정당한 이익을 옹호하여야 할 의무를 진다고 할 것이고, 따라서 검사가 수사 및 공판과정에서 피고인에게 유리한 증거를 발견하게 되었다면 피고인의 이익을 위하여 이를 법원에 제출하여야 한다.

[3] 강도강간의 피해자가 제출한 팬티에 대한 국립과학수사연구소의 유전자검사결과 그 팬티에서 범인으로 지목되어 기소된 원고나 피해자의 남편과 다른 남자의 유전자

형이 검출되었다는 감정결과를 검사가 공판과정에서 입수한 경우 그 감정서는 원고의 무죄를 입증할 수 있는 결정적인 증거에 해당하는데도 검사가 그 감정서를 법원에 제출하지 아니하고 은폐하였다면 검사의 그와 같은 행위는 위법하다고 보아 국가배상책임을 인정한 사례.

[주요논점] 수사절차에서 검사의 지위는 어떠하며 어떤 의무를 지니는가?

Ⅰ. 검사제도

1. 검사와 검찰권

1   검사는 검찰권을 행사하는 국가기관이다. 즉, 검사는 공익을 대표하여 수사와 공판 및 재판집행에 이르는 형사절차 전반에서 검찰권을 행사한다.[1] 검사가 검찰권에 의해 수행하는 직무와 권한은 1) 범죄수사·공소제기와 그 유지에 필요한 사항, 2) 범죄수사에 관한 특별사법경찰관리의 지휘·감독, 3) 법원에 대한 법령의 정당한 적용의 청구, 4) 재판집행의 지휘와 감독, 5) 국가를 당사자 또는 참가인으로 하는 소송과 행정소송의 수행 또는 그 수행에 관한 지휘와 감독, 6) 다른 법령에 따라 그 권한에 속하는 사항 등이다(검찰청법 제4조 ①항).

2. 검사제도의 연혁과 의미

2   (1) 검사제도의 유래   프랑스혁명 이전의 규문주의 형사절차에서는 수사절차와 심판절차가 분리되지 않고, 규문관紏問官인 법관이 피규문자인 피고인을 심판하였다. 이러한 구조에서는 자의적인 심판과 잔혹한 형벌이 자행될 수밖에 없었다. 그래서 혁명 이후 프랑스에서는 법원이 가진 권한 중 소추의 권한을 분리하여 다수의 민중으로 구성된 대배심원이 소추 여부를 결정하도록 하였다. 영국의 기소배심제도를 모방한 이 제도는 인민재판의 형태를 띤 공포의 형사절차로 전락하였기 때문에 1808년에 제정된 치죄법은 14세기 프랑스의 '왕의 대관代官(procureur du roi)' 제도를 수정하여 '공화국의 대관'이 소추관으로서 수사와 기소를 담당하도록 하였다.[2] 이 소추관이 오늘날 검사의 기원이며, 이 제도는 독일

---

1) 2022. 12. 31. 기준 검사의 정원은 2,292명이다(대검찰청, 검찰연감 2023, 38면).
2) 14세기 프랑스의 '왕의 代官'은 왕실의 재정을 확보하기 위하여 각종 소송에서 왕실의 이익을 대변하던 왕실의 관리였다. 말하자면 왕의 변호사인 셈이다. 오늘날 검사가 국가소송을 대리하는 것도 유사한 형태라 할 수 있다. 신동운 56 이하; 이재상/조균석 9/2 참조.

과 일본을 거쳐 일본법을 타율적으로 계수한 우리나라의 검사제도로 자리 잡게
되었다.

(2) 검사제도의 의미   검사제도는 사상적으로 계몽주의의 영향을 받은 프   3
랑스의 치죄법에 연원을 둔 것으로서, 검사는 시민을 대리하여 국가형벌권이 공
정하게 실현되도록 국가권력을 견제하는 역할을 담당해야 한다. 검사가 국가권
력을 대리하여 시민을 억압해서는 안 된다는 것이다. 한편 검사는 탄핵주의 소
송구조의 산물이며 그 핵심이다. 검사제도는 형사절차에서 권력분립의 이념을
실현하는 제도로서 검사와 법원은 서로 견제와 균형관계를 이루어야 한다. 즉,
검사는 범죄혐의 없는 시민이 법원의 심판대상이 되는 일을 미리 막아야 하고,
법원의 심판이 공정하게 이루어지도록 견제의 기능을 담당해야 한다. 그러므로
검사는 수사절차에서부터 시민인 피의자의 기본권과 소송법적 권리를 보호하
고, 법원이 공정한 심판자의 역할을 하도록 견제하며, 더불어 경찰권력을 법치
국가원칙에 따라 통제하는 기능을 수행하여야 한다. 이러한 의미에서 검사는 법
치국가원칙의 대변인이라고 부를 수 있다.1)

Ⅱ. 검사의 법적 지위

1. 준사법기관

검사는 법적으로 준사법기관의 지위를 갖는다. 준사법기관이란 사법기관에   4
준한다는 의미이고, 검사는 사법기관으로서의 직무와 권한을 행사하지만 행정
부에 소속되어 있는 행정기관이기 때문에 완전한 독립적 사법기관이 아닌 준사
법기관의 지위를 갖는 것이다. 검사가 사법기관이라는 견해도 있지만2) 오늘날
의 다수 견해는 검사를 준사법기관으로 정의한다.3)

(1) 사법기관으로서의 검사   검사는 사법기관으로서 수사와 공소, 형집행   5
등 형사사법을 실현하는 직무를 수행한다. 오늘날 검사의 권한에 속하는 사법적
업무는 법원이 행사하던 권한이었다. 앞에서 언급하였듯이 검사는 법원의 권한
에서 분리된 수사와 공소의 권한을 행사한다. 이런 의미에서 검사는 사법기관의
지위를 가지며, 사법기관으로서의 검사는 합법성의 원칙에 구속된다.

---

1) 이은모/김정환 62 이하; 이재상/조균석/이창온 7/3 참조.
2) 김일수, 검사의 소송법상 지위, 고시연구 1985. 2., 110 이하 참조.
3) 이은모/김정환 63 이하; 이재상/조균석/이창온 7/4; 이창현 81 이하 등 참조.

6   현행법에서 검사의 사법기관으로서의 지위를 나타내는 것은 다음과 같다. 1) 검사의 자격을 법관에 준하는 것으로 하고(검찰청법 제29조 등), 2) 검사에게 법관에 준하는 신분보장을 하며(같은 법 제37조), 3) 검사를 검찰사무를 처리하는 단독관청으로 인정한다(같은 법 제4조).[1] 4) 검사의 수사종결처분이나 기타 결정에 대한 불복은, 통상의 행정심판이나 행정소송이 아닌, 검찰항고(같은 법 제10조), 재정신청제도(제260조), 준항고(제417조)의 절차에 의한다.

7   **(2) 행정기관으로서의 검사**   검사는 조직상으로 행정부에 편입되어(검찰청법 제8조) 사법부와 같은 독립적 지위를 갖지 못한다. 검사의 직무 중에는 사법적 직무 이외에 국가소송을 대리하는 등 행정기관으로서의 직무도 포함된다. 행정기관으로서의 검사는 합목적성의 원리에 구속되며 상급기관의 지휘감독으로부터 자유롭지 못하다.

8   현행법에서 검사의 행정기관으로서의 지위를 나타내는 것은 다음과 같다. 1) 검사는 법관과 달리 헌법상의 신분보장을 받지 않는다. 2) 법무부장관은 검찰사무의 최고감독자로서 일반적으로 검사를 지휘·감독하고, 구체적 사건에 대하여는 검찰총장을 지휘·감독하며(검찰청법 제8조), 3) 검사는 검사동일체의 원칙에 따라 소속 상급자의 지휘·감독에 따라야 한다(같은 법 제7조 ①항). 4) 검사의 불기소처분에 대해서는 판결에서 발생하는 기판력을 인정하지 않는다.

2. 검사의 자격과 신분보장

9   **(1) 검사의 자격**   검사의 임명자격은 법관의 임명자격과 동일하다(검찰청법 제29조). 검찰총장은 15년 이상, 고등검찰청 검사장, 대검찰청 차장검사, 대검찰청 검사, 지방검찰청 검사장 및 고등검찰청 차장검사 등은 10년 이상 소정의 직에 있던 자 중에서 임명한다(같은 법 제27, 28조). 이것은 법관의 경우와 상응하는 자격요구라고 할 수 있다.

10   **(2) 검사의 임명과 보직**   검사의 임명 및 보직은 법무부장관의 제청으로 대통령이 행한다. 법무부장관은 검찰총장의 의견을 들어 검사의 보직을 제청하며(같은 법 제34조), 검찰 인사의 공정성과 합리성을 실현하기 위해 심의기구로서 검찰인사위원회가 설치·운영된다(같은 법 제35조). 검사의 직급은 검찰총장과 검

---

1) 모든 검사는 자신의 사무를 단독으로 처리하며 검찰총장이나 검사장의 보조기관으로서 처리하는 것은 아니다. 따라서 검찰 내부방침이나 결재를 거치지 않은 검사 개인의 대외적 의사표시도 단독관청의 처분으로 대외적 효력을 가진다. 검사에 대한 대내적 징계 등은 이와 별개의 문제이다.

사로 구분된다(같은 법 제6조). 과거에는 검사가 고등검사장, 검사장, 검사 등의 직급에 따라 직급정년제의 적용을 받았지만 2004년의 검찰청법 개정에 의해 검사의 직급제도가 폐지되어 검찰총장을 제외한 모든 검사의 직급이 일원화되었고 직급정년제는 폐지되었다. 이는 검사의 직무상 독립성과 중립성을 제고하기 위한 것이었는데, 직급의 일원화로 인한 검사의 무사안일 등 부작용을 방지하기 위해 법무부에 검사적격심사위원회를 두고 검찰총장을 제외한 모든 검사에 대해 임명된 해부터 7년이 되는 해마다 적격심사를 받도록 하였다(같은 법 제39조). 검찰총장의 정년은 65세, 기타 검사의 정년은 63세이다(같은 법 제41조). 검찰총장의 임기는 2년이고 중임할 수 없다(같은 법 제12조 ③항).

(3) **검사의 신분보장**　　검찰권의 공정한 행사 없이는 올바른 형사사법실현 **11** 을 기대할 수 없다. 그리고 검찰권의 공정한 행사를 위해서는, 검사에 대해서도 법관과 같은 신분보장을 하여야 한다. 현행법은 검사에게도 법관에 준하는 신분보장을 인정하고 있다. 즉 검사는 탄핵이나 금고 이상의 형을 선고받은 경우를 제외하고는 파면되지 아니하며, 징계처분이나 적격심사에 의하지 아니하고는 해임·면직·정직·감봉·견책 또는 퇴직의 처분을 받지 않는다(같은 법 제37조). 법관의 신분은 헌법에 의해 보장되지만(헌법 제106조), 검사의 신분보장은 검찰청법에 규정되어 있다.

3. 검찰청의 조직과 검사의 관할

(1) **검찰청**　　검찰청은 검사의 사무를 총괄하는 기관이다(검찰청법 제2조 ① **12** 항). 검사는 단독관청이므로, 검찰청은 검사의 검찰사무를 총괄할 뿐 그 자체로는 아무런 권한도 인정되지 않는 행정조직상의 단위에 불과하다.1) 따라서 검찰청은 관청이라기보다는 관서官署라는 표현이 더 적절하다.

(2) **검찰청의 관할**　　검찰청은 대검찰청, 고등검찰청, 지방검찰청으로 구성 **13** 되며, 각각 대법원, 고등법원, 지방법원에 대응된다(같은 법 제3조 ①항). 지방법원 지원 설치지역에서는 이에 대응하여 지방검찰청지청을 둘 수 있다(같은 조 ②항). 각 검찰청과 지청의 관할구역은 각 법원과 지원의 관할구역에 의한다(같은 조 ④항).

(3) **검사의 관할**　　검사는 법령에 특별한 규정이 없는 한 소속검찰청의 관 **14** 할구역 안에서 직무를 수행하지만, 수사상 필요할 때에는 관할구역이 아닌 곳에

---

1) 그런 이유로 검찰청의 조직에 대한 상세한 설명을 생략한다. 단위별 검찰청의 조직에 대해서는 검찰청법 제12조부터 제24조 참조.

서 직무를 수행할 수 있다(같은 법 제5조). 관할은 소송조건이므로 사건이 소속검
찰청에 대응한 법원의 관할에 속하지 않을 때에는, 검사는 사건을 서류·증거물
과 함께 관할법원에 대응한 검찰청의 검사에게 송치하여야 한다(제256조).

Ⅲ. 검사동일체원칙

1. 검사동일체원칙의 의의

15　　　(1) 개 념　　검사동일체원칙은 검사들이 검찰총장을 정점으로 피라미드형
의 계층적 조직체를 형성하여 일체불가분의 유기적 통일체로서 활동하는 것을
말한다. 검찰청법 제7조에서 검사는 검찰사무에 관하여 상급자의 지휘·감독에
따르도록 규정하고 있는데, 이를 근거로 검사동일체원칙이 주장되고 있는 것이
다. 이에 의하면 단독관청인 검사는 검사동일체원칙에 따라 전체의 하나로서 검
찰권을 통일적으로 행사하여야 한다.

16　　　(2) 기 능　　검사동일체원칙의 기능으로는 1) 균등한 검찰권의 행사와 2)
전국적 수사망의 확보가 제시된다. 검사가 전체의 하나로서 유기적으로 직무를
수행하여야 검찰권이 전국적으로 균형 있게 행사되어 검찰권행사의 공정성을
도모할 수 있으며, 검찰사무의 내용인 범죄수사는 전국적으로 통일된 수사망이
없으면 효과를 거두기 어렵기 때문에 검사동일체원칙에 의해 전국적 수사망을
확보하여야 한다는 것이다.

2. 검사동일체원칙의 내용

17　　　(1) 지휘·감독관계와 이의제기권　　검찰청법 제7조 ①항은 "검사는 검찰사
무에 관하여 소속 상급자의 지휘·감독에 따른다"고 규정한다. 이는 검사들이
전국적으로 지휘복종의 통일적 조직체를 만들 수 있게 하는 기초가 된다. 검사
의 지휘·감독관계는 검찰사무뿐만 아니라 검찰행정사무에 대해서도 적용된다.
그러나 일반행정조직과 달리 검사의 지휘·감독관계는 단순한 상명하복의 관계
를 의미하지 않는다. 검사는 단독관청으로서 사법적 업무인 검찰사무를 처리하
기 때문에, 검사의 지휘·감독관계는 적법한 검찰사무의 처리를 위해 상급자의
지휘·감독을 받는다는 의미로 해석되어야 한다.[1] 이러한 점을 반영하여 2004

---

1) 이은모/김정환 66; 이재상/조균석/이창온 7/15; 이창현 85 참조.

년의 검찰청법 개정법률은 제7조 ①항의 내용을 기존의 '상명하복'에서 '지휘감독'으로 변경하였고, 같은 조 ②항에 "검사는 구체적 사건과 관련된 제1항의 지휘·감독의 적법성 또는 정당성에 대하여 이견이 있을 때에는 이의를 제기할 수 있다"고 하여 이의제기권을 신설하여 검사동일체원칙의 내용을 일부 수정하였다.

(2) **직무의 승계와 이전**   검찰총장과 각급 검찰청의 검사장 및 지청장은, **18** 소속검사의 직무를 자신이 직접 처리하거나, 다른 검사로 하여금 이를 처리하게 할 수 있다(검찰청법 제7조의2 ②항). 앞의 권한을 직무승계권, 뒤의 권한을 직무이전권이라고 한다. 이 권한도 지휘·감독관계에서 발생하는 것이다. 검사의 지휘·감독관계는 상사의 직무승계권과 이전권에 의하여 실질적으로 보장될 수 있기 때문이다. 직무승계권과 이전권은 검찰총장, 검사장, 지청장만이 갖는다. 법무부장관은 이러한 권한을 가질 수 없다. 정치적으로 법무행정의 최고책임자인 법무부장관은 검사동일체원칙이 작용하는 검찰조직 외부에 자리잡고 있기 때문이다. 검찰총장은 법무부장관으로부터 오는 정치적 영향을 막고, 검찰사무의 독립성을 확보해야 할 책무를 진다. 이를 위해 검찰총장은 임기제의 보장을 받고 있다(같은 법 제12조 ③항).

(3) **직무대리권**   검찰총장, 각급 검찰청의 검사장 및 지청장은 소속 검사 **19** 로 하여금 그 권한에 속하는 직무의 일부를 처리하게 할 수 있다(검찰청법 제7조의2 ①항). 이를 직무의 위임이라 한다. 이것은 직무승계 및 직무이전의 권한을 역으로 구성해 놓은 것이다. 또한, 각급 검찰청의 차장검사는 소속장을 보좌하며, 소속장이 부득이한 사유로 직무를 수행할 수 없을 때에는 특별한 수권授權 없이도 그 직무를 대리하는 권한을 가진다(같은 법 제13조, 18조, 23조). 직무대리는 검찰사무와 검찰행정사무 모두에 대해 할 수 있다. 이를 차장검사의 직무대리권이라 한다. 이것도 검사동일체원칙의 한 내용이 된다고 할 수 있다. 소속장의 직접적인 수권이 없더라도 그의 유고시에 지휘·감독관계, 직무승계권·직무이전권을 행사하여 검사동일체를 유지시킬 수 있기 때문이다.[1]

3. 검사동일체원칙의 문제점

(1) **검사동일체원칙의 필요성**   검사동일체원칙에 대해 제기되는 비판은 과 **20** 연 이러한 체계가 필요하느냐는 것이다. 이러한 비판에 따르면 검사동일체원칙의 기능 내지 필요성으로 제시되는 균등한 검찰권의 행사는 공판절차의 주재자

---

1) 이재상/조균석/이창온 7/17; 이창현 87 등 참조.

인 법원에 요구되는 것이지 수사절차에 요구되는 것은 아니며, 검찰사무처리의
균등성은 검사의 지휘·감독관계가 아니라 업무지침서 등을 통해서도 얼마든지
달성될 수 있다. 또한 전국적인 수사망의 확보도 검사나 검찰청 상호 간의 긴밀
한 공조체제를 유지함으로써 달성할 수 있는 것이고 지휘·감독의 관계가 필수
적인 것은 아니라고 한다.

21   **(2) 단독관청과 검사동일체원칙의 모순성**   검사동일체원칙이 검찰권행사의
궁극적인 주체를 검찰총장으로 귀속시키는 것이라면, 이것은 검사가 사법적 업
무를 처리하는 단독관청이라는 것과 모순된다. 검사동일체원칙이 사라지지 않
는 한, 검사가 단독관청이라는 의미는 단지 명목에 불과하다. 형식적으로나마
검사의 단독관청성과 검사동일체원칙의 모순을 지양하는 이론구성이 필요하다.
검사가 단독관청이면서 모든 검사들이 하나의 동일체를 형성하기 위해서는 독
일 법원조직법(GVG) 제144조처럼, "검찰사무는 모든 검사가 단독으로 처리하지
만, 모든 검사는 각급 검찰의 검사장 그리고 궁극적으로는 검찰총장의 대리인으
로 행위하는 것"이라고 이해하는 것이 필요하다.1)

22   **(3) 결 론**   검사동일체원칙은 준사법기관으로서의 검사의 법적 지위 중에
서 행정기관으로서의 검사에 해당하는 원칙으로만 이해되어야 한다. 검사동일
체원칙은 어떠한 필요성에 의해 생성된 체제가 아니라, 행정기관으로서의 검찰
의 속성상 불가피하게 발생하는 현상에 불과하다. 여기에 한국 검찰 특유의 조
직문화가 더해져서 상명하복의 검찰문화가 형성되었고, 그러한 문화가 여러 가
지 폐해를 낳게 된 것이다. 검사동일체원칙을 폐지하여야 한다는 주장도 있지만
행정기관으로서의 검찰의 특성상 이는 법으로 폐지한다고 사라질 수 있는 체제
가 아니다. 따라서 검사동일체원칙은 행정기관으로서의 검사의 업무처리에만
적용되는 원칙이고 검사의 사법적 업무, 특히 대외적 효과가 있는 사법적 처분
에 대해서는 이 원칙의 적용을 배제함으로써 법적 의미와 효과를 최소한으로
해야 한다.

4. 검사동일체원칙의 소송법적 효과

23   검사동일체원칙의 성격을 위와 같이 이해하면 검사의 지휘·감독관계는 행

---

1) 독일은 검사의 조직과 권한 등에 대해 법원조직법에서 규정하고 있다. 법원 중심의 직접주의
소송구조의 경향이 강한 대륙법계 법제의 특성이고, 과거 법원의 권한이었던 소추 기능을 검사
가 행사하지만 사법적 업무는 여전히 법원의 관할이라는 넓은 범위 안에 포함된다는 인식을
반영한다.

정기관으로서의 검찰사무 내에서만 그 효력이 인정될 뿐이고 대외적 효력을 갖지 못한다. 따라서 상급자의 지휘·감독에 위반한 검사의 처분이나, 상사의 결재를 받지 않은 검사의 처분도 대외적 효력에는 변함이 없다. 나아가 검찰 내에서도 검사가 상급자의 의견과 다른 사법적 처분을 한 것이 불이익으로 작용해서는 안 된다. 준사법기관으로서의 검사는 특히 사법적 처분과 관련하여 독립성을 보장받고 이를 위해 신분보장이 되어야 하기 때문이다.

다만 검사동일체원칙에 의해 사법기관으로서의 검사에게 법관의 경우와는 **24** 다른 소송법적 효과가 발생하는 경우가 있는데, 특정사건의 소송을 수행중인 검사가 교체되는 경우와 검사에게 제척·기피 등의 사유가 있는 경우이다.

(1) 검사교체의 소송법적 효과   검사동일체원칙이 적용되면, 검찰사무의 취 **25** 급 도중에 전보나 퇴직 등의 사유로 검사가 교체되어도, 그가 행한 행위의 소송법상 효과에는 영향이 없다. 즉 이전에 검사가 행한 행위는 새로이 사무를 맡은 검사가 행한 것과 동일한 효과가 인정된다. 그 결과, 수사나 공판절차가 진행되는 도중에 검사가 교체되더라도, 새로운 검사가 수사절차를 갱신하거나 법원이 공판절차를 갱신할 필요는 없다. 이는 동일체원칙이 적용되지 않는 법원의 경우 판사가 경질되면 반드시 공판절차를 갱신하여야 하는 것(제301조)과 다른 점이다.[1]

(2) 검사에 대한 제척·기피   검사에게도 법관에게 인정되는 제척·기피제 **26** 도(제17조 이하)를 적용할 것인가에 관하여 논란이 있다. 즉 검사가 담당하는 사건의 피의자, 피해자와 특별한 관계에 있어서 불공정한 직무수행을 할 염려가 있을 때 피의자가 해당 검사를 직무에서 배제할 것을 요청할 수 있는가 하는 문제이다.

이에 대해 1) **긍정설**은 주로 필요성에 의해 검사에 대한 제척·기피를 적용 **27** 해야 한다는 입장이다. 즉 검사는 대립당사자가 아니라 공익의 대표자로서 법관에 준하는 독립적이고 객관적인 업무수행을 하여야 하고, 공정하고 신뢰받는 검찰권을 확립하기 위해서 제척·기피제도가 검사에게도 적용되어야 할 필요가 있다는 것이다.[2] 이에 반해 2) **부정설**은 현실적 측면을 강조한다. 즉 검사는 검사동일체원칙에 의해 검사의 임무교체가 언제나 가능하고, 검사가 교체되어도 소송법적 효과에는 영향이 없으므로 검사에게 제척·기피제도를 적용하더라도 그

---

1) 이에 대해서는 [45] 14 참조.
2) 백형구 130; 신동운 66; 이은모/김정환 67 이하.

실효성이 없다는 것이다. 또한 검사는 당사자의 지위가 인정되는데, 당사자가 당사자를 제척·기피할 수는 없다는 점과 무엇보다 검사의 제척·기피에 관한 명문의 규정이 없다는 점이 지적된다.[1]

28   생각건대, 사법기관으로서의 검사의 지위와 검사의 객관의무를 고려하면 검사에게도 제척·기피제도가 적용되어야 한다. 검사동일체원칙에 따라 검사가 교체되어도 직무는 그대로 승계되지만, 소송법상의 효과가 승계된다고 하더라도 실제 직무를 수행하는 검사 개인의 변화는 중요한 의미를 지닐 수 있다. 법적으로는 동일한 검사라고 할 수 있겠지만 실제로는 직무수행에서 개인적 차이가 분명히 있기 때문이다. 또한 수사절차의 경우 검사와 피의자는 서로 당사자 관계라기보다는 검사에 의해 피의자가 규문당하는 관계라 할 수 있기 때문에 검사의 객관적 직무수행이 요구된다. 다만 문제가 되는 것은 법관과 달리 검사에 대해서는 제척·기피를 신청할 수 있는 명문의 절차규정이 없다는 것이다. 현행법상 원용할 수 있는 규정으로는 1) 검사장 등의 직무이전권(검찰청법 제7조의2 ②항)을 근거로 검사장 등에게 검사의 교체를 신청하고, 이 신청이 기각되면 검찰항고 또는 헌법소원으로 다투는 방법과, 2) 검사가 수사에서 불공정한 직무수행을 했을 경우 검찰청법 제4조 ②항에 대한 법률위반을 이유로 형사소송법 제327조 2호의 공소기각 판결을 구하는 방법, 3) 공판절차에서 검사가 불공평한 직무를 수행할 경우 상소의 이유(제361조의5 1호, 383조 1호)로 제기하는 방법 등이 있는데, 이러한 방법들의 관철가능성은 불확실하므로 입법적 대안이 필요하다.

[2011도12918] 검사의 제척·기피

범죄의 피해자인 검사가 그 사건의 수사에 관여하거나, 압수·수색영장의 집행에 참여한 검사가 다시 수사에 관여하였다는 이유만으로 바로 그 수사가 위법하다거나 그에 따른 참고인이나 피의자의 진술에 임의성이 없다고 볼 수는 없다.

IV. 검사의 소송법상 지위

29   검사는, 수사·공소·공판 및 재판집행으로 이루어지는 형사절차의 모든 단계에 관여하여, 형벌권을 능동적으로 실현하는 국가기관이다. 검사는 수사권·

---

1) 강구진 95; 김기두 59; 이재상/조균석/이창온 7/19; 이창현 87 이하.

공소권의 주체, 소송참여자 그리고 재판의 집행기관으로서 다양한 권리를 갖는
다. 형사절차 전반에 걸친 검사의 광범위한 권한은 한편으로 지나친 권한의 집
중으로 비판받기도 한다. 2020년의 법률 개정으로 검·경수사권이 조정되어 일
반사법경찰관리의 수사에 대한 검사의 지휘권이 폐지되고, 검사가 직접 수사를
개시할 수 있는 범죄의 범위가 제한되었으며, 일반사법경찰관리에게 1차 수사
종결권이 부여되었다.

1. 수사에 관한 권한

(1) **수사권**   검사는 구체적 범죄혐의를 인지하면 범인·범죄사실·증거를   **30**
수사한다(제196조 ①항). 수사개시는 권리이자 의무이다. 따라서 검사는 피의자신
문(제200조), 참고인조사(제221조) 등의 임의수사는 물론 체포(제200조의2), 긴급체
포(제200조의3), 구속(제201조), 압수·수색·검증(제215조~218조) 등의 강제수사를
할 수 있다. 어떤 수사를 먼저 할 것인가에 대한 판단도 검사의 재량사항이다.
이를 수사에서 '검사의 형성의 자유'라고 한다. 그리고 검사만이 영장청구권(제
200조의2 ①항, 200조의4 ①항, 201조, 215조), 증거보전청구권(제184조), 증인신문청구
권(제221조의2)을 갖는다.

다만, 검사는 제한된 범위의 범죄에 대해서만 직접 수사를 개시할 수 있다.   **31**
즉 1) 부패범죄, 경제범죄 등 대통령령[1]으로 정하는 중요 범죄, 2) 경찰공무원[2]
및 고위공직자범죄수사처 소속 공무원[3]이 범한 범죄, 3) 위 1), 2)의 범죄 및
사법경찰관이 송치한 범죄와 관련하여 인지한 각 해당 범죄와 직접 관련성이
있는 범죄가 그것이다(검찰청법 제4조 ①항 1호). 또한 검사는 사법경찰관으로부터
송치받은 사건에 관하여는 해당 사건과 동일성을 해치지 않는 범위 내에서만
수사할 수 있다(제196조 ②항).

검사는 사법경찰관과 동일한 범죄사실을 수사하게 된 때에는 사법경찰관에   **32**
게 사건을 송치할 것을 요구할 수 있다(제197조의4 ①항). 이 요구를 받은 사법경
찰관은 해당 사건을 지체 없이 검사에게 송치하여야 한다(같은 조 ②항). 즉, 검사
와 사법경찰관의 수사가 경합하는 경우에는 검사에게 우선적 수사권이 있다. 다
만 예외적으로 검사가 영장을 청구하기 전에 동일한 범죄사실에 관하여 사법경

---

1) 「검사의 수사개시 범죄 범위에 관한 규정」참조.
2) 다른 법률에 따라 사법경찰관리의 직무를 행하는 자를 포함한다.
3) 공수처법에 따른 파견공무원을 포함한다.

찰관이 먼저 영장을 신청한 경우에는, 사법경찰관이 해당 영장에 기재된 범죄사실을 계속 수사할 수 있다(같은 항 단서).

33　　　(2) **수사감독권**　　2020. 2. 4. 개정법률은 일반사법경찰관의 수사에 대한 검사의 지휘권을 폐지하고,1) 사법경찰관에게 1차 수사종결권을 부여하였다. 검사에게는 일정한 경우 보완수사(제197조의2) · 시정조치(제197조의3 ③ · ④항) · 사건송치(같은 조 ⑤ · ⑥항) · 징계 요구권(제197조의2 ③항, 197조의3 ⑦항), 재수사요청권(제245조의8)을 통해 사법경찰관의 수사를 감독할 수 있게 하였다.

34　　　(가) **보완수사 요구**　　검사는 1) 송치사건의 공소제기 여부 결정 또는 공소의 유지에 관하여 필요한 경우, 2) 사법경찰관이 신청한 영장의 청구 여부 결정에 관하여 필요한 경우에 사법경찰관에게 보완수사를 요구할 수 있다(제197조의2 ①항). 이 요구가 있는 때에는 사법경찰관은 정당한 이유가 없는 한 지체 없이 이를 이행하고, 그 결과를 검사에게 통보하여야 한다(같은 조 ②항). 이렇게 검사는 사법경찰관에게 보완수사를 요구할 수 있는 한편, 직접 보완수사 할 수도 있다. 송치사건의 공소제기 여부 결정에 필요한 경우로서 일정한 경우2)에는, 특별히 사법경찰관에게 보완수사를 요구할 필요가 있다고 인정되는 경우를 제외하고는, 검사가 직접 보완수사를 하는 것이 원칙이다(수사준칙규정 제59조 ①항).

35　　　(나) **시정조치 · 사건송치 요구**　　검사는 사법경찰관리의 수사과정에서 법령위반, 인권침해 또는 현저한 수사권 남용이 의심되는 사실의 신고가 있거나 그러한 사실을 인식하게 된 경우에는 사법경찰관에게 사건기록 등본의 송부를 요구할 수 있고(제197조의3 ①항), 이 요구를 받은 사법경찰관은 지체 없이 검사에게 사건기록 등본을 송부하여야 한다(같은 조 ②항). 이 송부를 받은 검사는 필요하다고 인정되는 경우에는 사법경찰관에게 시정조치를 요구할 수 있고(같은 조 ③항), 이 요구가 있는 때에는 사법경찰관은 정당한 이유가 없으면 지체 없이 이를 이행하고, 그 결과를 검사에게 통보하여야 한다(같은 조 ④항). 이 통보를 받은 검사는 자신의 시정조치 요구가 정당한 이유 없이 이행되지 않았다고 인정되는

---

1) 검사는 특별사법경찰관의 수사에 대해서는 여전히 지휘권을 행사한다(제245조의10 ②항). 이하의 사법경찰관은 일반사법경찰관을 의미한다.

2) 1. 사건을 수리한 날(이미 보완수사요구가 있었던 사건의 경우 보완수사 이행 결과를 통보받은 날을 말한다)부터 1개월이 경과한 경우, 2. 사건이 송치된 이후 검사가 해당 피의자 및 피의사실에 대해 상당한 정도의 보완수사를 한 경우, 3. 법 제197조의3 ⑤항, 제197조의4 ①항 또는 제198조의2 ②항에 따라 사법경찰관으로부터 사건을 송치받은 경우, 4. 제7조 또는 제8조에 따라 검사와 사법경찰관이 사건 송치 전에 수사할 사항, 증거수집의 대상 및 법령의 적용 등에 대해 협의를 마치고 송치한 경우.

경우에는 사법경찰관에게 사건을 송치할 것을 요구할 수 있다(같은 조 ⑤항). 이 송치 요구를 받은 사법경찰관은 검사에게 사건을 송치하여야 한다(같은 조 ⑥항).

(다) **재수사요청**   검사는 사법경찰관이 사건을 송치하지 아니한 것이 위 **36** 법 또는 부당한 때에는 그 이유를 문서로 명시하여 사법경찰관에게 재수사를 요청할 수 있다(제245조의8 ①항).1) 이 요청이 있는 때에는 사법경찰관은 사건을 재수사하여야 한다(같은 조 ②항). 재수사 요청을 받은 사법경찰관은 요청이 접수된 날부터 3개월 이내에 재수사를 마쳐야 한다(제245조의8 ②항, 수사준칙규정 제63조 ④항). 재수사 결과 사법경찰관이 기존의 불송치 결정을 유지하는 경우에는 재수사 결과서에 그 내용과 이유를 구체적으로 적어 검사에게 통보하여야 한다(같은 규정 제64조 ①항 2호). 그러면 검사는 이 사건에 대해서 다시 재수사를 요청하거나 송치를 요구할 수 없다. 다만, 검사는 사법경찰관이 사건을 송치하지 않은 위법 또는 부당이 시정되지 않아 사건을 송치받아 수사할 필요가 있는 일정한 경우에 한하여2) 형사소송법 제197조의3에 따라 사건송치를 요구할 수 있다(같은 조 ②항).

(라) **징계요구권**   검사의 수사감독권을 보장해주기 위해 2020년 개정법률은 **37** 검찰총장 또는 각급 검찰청 검사장에게 일정한 경우 사법경찰관리의 직무배제 또는 징계를 요구할 수 있는 권리를 부여하였다.3) 검찰총장 또는 각급 검찰청 검사장은, 사법경찰관이 정당한 이유 없이 검사의 보완수사요구에 따르지 아니하는 때에는 권한 있는 사람에게 해당 사법경찰관의 직무배제 또는 징계를 요구할 수 있고(제197조의2 ③항), 사법경찰관리의 수사과정에서 법령위반, 인권침해 또는 현저한 수사권 남용이 있었던 때에는 권한 있는 사람에게 해당 사법경

---

1) 이 경우 검사는 송부받은 관계 서류와 증거물을 사법경찰관에게 반환해야 한다(수사준칙규정 제63조 ②항). 따라서 일반적인 경우에는 검사는 법 제245조의5 2호에 따라 관계 서류와 증거물을 송부받은 날부터 90일 이내에 재수사를 요청해야 한다. 다만, 1) 불송치 결정에 영향을 줄 수 있는 명백히 새로운 증거 또는 사실이 발견된 경우, 2) 증거 등의 허위, 위조 또는 변조를 인정할 만한 상당한 정황이 있는 경우에는 90일이 지난 후에도 재수사를 요청할 수 있다(수사준칙규정 제63조 ①항).

2) 1. 관련 법령 또는 법리에 위반된 경우, 2. 범죄 혐의의 유무를 명확히 하기 위해 재수사를 요청한 사항에 관하여 그 이행이 이루어지지 않은 경우(다만 불송치 결정의 유지에 영향을 미치지 않음이 명백한 경우는 제외한다), 3. 송부받은 관계 서류 및 증거물과 재수사 결과만으로도 범죄의 혐의가 명백히 인정되는 경우, 4. 공소시효 또는 형사소추의 요건을 판단하는 데 오류가 있는 경우.

3) 또한, 사법경찰관리가 부당한 직무집행을 하는 경우, 지방검찰청 검사장은 해당 사건의 수사 중지를 명하고 임용권자에게 그 사법경찰관리의 교체임용을 요구할 수 있고, 정당한 이유가 제시되지 않는 한 임용권자는 이에 응하여야 한다(검찰청법 제54조).

찰관리의 징계를 요구할 수 있다(197조의3 ⑦항). 그 징계 절차는 「공무원 징계령」
또는 「경찰공무원 징계령」에 따른다.

38   (3) **수사종결권** 종전에는 검사에게만 수사종결권이 있었으나, 2020년의 법
률개정으로 사법경찰관에게도 수사종결권이 부여되었다. 사법경찰관은 범죄혐
의가 인정되지 않는 사건에 대해서는 검사에게 송치하지 않을 수 있다. 검사는
사법경찰관이 송치한 사건, 고위공직자범죄수사처 검사가 송치한 사건, 검찰이
직접 수사한 사건[1]에 대해 수사의 종국처분으로서 공소제기 여부를 결정할 수
있다.[2]

2. 공소권의 주체

39   (1) **공소제기의 독점자**   공소는 검사가 제기한다(제246조). 형사소송법은 공
소제기권한을 검사에게 독점시키고 사인의 소추는 인정하지 않는다. 이를 기소
독점주의라고 한다. 현행법은 더 나아가 공소제기에 관해 검사의 재량을 인정하
는 기소편의주의(제247조)와 검사가 제1심 판결선고 전까지 공소취소를 할 수 있
는 기소변경주의(제255조)를 채택하고 있다.

40   (2) **공소수행의 담당자**   검사는 공판절차에서 공소사실을 입증하고 공소를
유지하는 공소수행의 담당자이다. 공소수행의 담당자인 검사는, 피고인과 대등
한 지위에서 형사소송을 형성하고 법령의 정당한 적용을 청구한다. 이를 위하여
검사는 공판정출석권(제267조 ③항, 278조), 증거조사 참여권(제145조, 163조, 176조)
및 증인신문권(제161조의2), 증거조사에 대한 의견진술권(제302조) 및 이의신청권
(제296조) 등의 권리를 가진다.

3. 공판참여권의 주체

41   공소권의 주체로서 검사가 갖는 권리는 형사절차의 형성과 실체형성에 대
한 능동적 참여자의 지위를 부여하는 것이다. 그러나 검사는 공소권 이외에도
다양한 참여권을 갖는다. 예를 들면 법원의 구성·관할에 대한 권리로 관할이전
신청권(제15조), 관련사건병합심리신청권(제6조, 13조), 기피신청권(제18조)이 인정
된다. 그리고 소송절차의 진행에 관여하는 권리로는 변론의 분리·병합·재개신
청권(제300조, 305조), 공판기일변경신청권(제270조)이 있고 법령의 적정과 통일을

---

1) 다만, 수사를 개시한 검사는 공소제기할 수 없다(검찰청법 제4조 ②항).
2) 자세한 것은 아래의 [20] 2 참조.

도모하는(검찰청법 제4조 3호) 참여권으로는 비상상고권(제441조)이 있다.

4. 재판의 집행기관

재판집행은 검사가 지휘한다(제460조, 검찰청법 제4조 4호). 검사는 사형, 징역,   **42**
금고 또는 구류의 선고를 받은 자가 구금되지 아니한 때에는 형 집행을 위해 그
자를 소환하여야 하고, 만약 소환에 응하지 않으면 검사는 형집행장을 발부하여
구인하여야 한다(제473조 ①·②항). 다만 구속영장의 집행이나 압수·수색영장의
집행은 예외적으로 재판장·수명법관·수탁판사가 재판집행을 지휘할 수도 있다
(제81조, 115조). 재판의 집행은 법원이 행하는 법원주의와 현행법처럼 검사가 행
하는 검사주의가 있는데, 현행법은 검사주의를 채택하고 있다. 이것은 주로 형
집행의 신속성과 기동성을 보장하기 위해서 나온 것이다.

V. 검사의 의무

국가형벌제도에서 검사가 소송주체로서 누리는 각종 권리는 원칙적으로 의   **43**
무의 성격을 동시에 띠고 있다. 즉 검사는 수사, 공소제기, 형집행의 의무가 있
다. 그러나 이러한 의무 이외에도 검사에게는 객관의무와 인권옹호의무가 있다.

1. 객관의무

검사는 공익의 대표자로서 진실과 정의의 원칙에 따라 검찰권을 행사하여   **44**
야 한다. 따라서 피의자, 피고인과의 관계에서 대립되는 당사자의 입장이 아닌
객관적 제3자의 입장에서 직무를 수행하여야 한다. 이를 객관의무라고 한다. 그
런데 검사에게 객관의무를 인정할 것인가 그리고 객관의무와 당사자의 지위가
모순되는 것은 아닌가에 대해서는 견해의 대립이 있다.

(1) **부정설**   현행법은 실체적 진실주의를 이념으로 하는 직권주의구조로부   **45**
터 법의 적정절차를 이념으로 하는 당사자주의로 전환되었기 때문에, 검사에게
객관의무를 인정해야 할 여지가 없다는 견해이다.[1] 그러나 객관의무는 원래 독
일에서 검사의 당사자지위를 부정하는 논거로 제시된 개념이기 때문에[2] 당사자
지위를 근거로 객관의무를 부인하는 것은 논리적으로 모순이 있다.

---

1) 차용석, 검사의 객관의무에 관한 소고, 월간고시 1984. 6., 144면.
2) 이재상/조균석/이창온 7/33.

46   (2) **긍정설**   다수설은 검사의 객관의무를 인정한다. 1) 현행법을 당사자주의 소송구조와 직권주의 소송구조의 절충으로 보는 입장에서는, 법치국가원리의 실현을 위해 검사가 객관성을 유지해야 한다는 점에서 객관의무를 인정한다.[1] 2) 현행법은 당사자주의 소송구조이지만, 적정절차의 실현을 위해 검사는 준사법기관이어야 하고, 따라서 객관의무가 인정되어야 한다는 견해가 있다.[2] 이 견해는 검사에게 당사자지위를 인정하면서 동시에 객관의무를 인정한다. 즉 검사의 객관의무는 실질적으로 당사자주의를 실현하기 위한 것이라고 한다. 검사의 객관의무는 소송구조와 관계없이 사법기관인 검사가 갖는 소송주체의 소극적 지위에 속하는 내용이라고 보는 견해도 있다.[3]

47   (3) **결 론**   객관의무는 이론적으로는 법치국가 형사소송 또는 적법절차의 충실한 실현을 위해 요청된다. 그리고 실정법적으로는 검찰청법 제4조, 형사소송법 제242조, 제424조에서 그 근거를 찾을 수 있다. 판례도 이러한 규정을 근거로 검사의 객관의무를 인정하고 있다(2001다23447). 객관의무는 사법기관인 검사의 지위에서 비롯되는 것이므로 검사를 민사소송의 당사자와 같이 피고인과 대립하는 당사자로 파악할 수 없게 한다. 실질적 당사자주의와 적법절차에 의한 실체적 진실의 발견을 위해서 검사는 객관의무에 따라 공정한 직무를 수행하여야 한다.

48   따라서 검사는 피고인·피의자에게 불리한 사실뿐만 아니라 유리한 사실도 주장하고 그것을 뒷받침하는 증거도 수집해야 한다. 피의자를 신문할 때 피의자에게 이익되는 사실을 진술할 기회를 주어야 하고(제242조), 공판과정에서 피고인에게 유리한 증거를 발견하면 이를 법원에 제출하여야 한다. 그 밖에 검사는 피고인의 이익을 위하여 상소할 수 있고, 재심도 청구할 수 있다(제424조). 검찰총장은 판결이 확정된 후, 그 사건의 심판이 법령에 위반하여 피고인에게 불리하게 이루어진 경우에는 비상상고를 할 수 있다(제441조). 또한 검사는 객관의무에 따라 고소권자 지정권(제228조)을 행사하고, 사법기관과 공익의 대표자로서 민법상의 성년·한정·특정후견개시 심판의 청구(민법 제9조, 12조), 부재자의 재산관리 및 실종선고의 청구(같은 법 제22조, 27조) 등의 임무를 수행한다.

---

1) 배종대/홍영기 [11] 14 이하; 이은모/김정환 73 이하; 이재상/조균석/이창온 7/33; 이창현 93 이하 등.
2) 강구진 106.
3) 김일수, 앞의 글, 120면.

2. 인권옹호의무

검사는 사법기관으로서 인권옹호에 관한 직무를 담당한다. 위법한 인권침 **49**
해 또는 형사소송목적을 추구하는 데 불필요한 인권침해의 방지는 법치국가의
요청이다. 검사는 인권침해의 방지를 위하여 특히 구속장소감찰의무가 있다. 즉
지방검찰청검사장 또는 지청장은, 불법체포·구속의 유무를 조사하기 위하여,
검사로 하여금 매월 1회 이상 관할 수사관서의 피의자 체포·구속장소를 감찰하
게 하여야 한다. 감찰하는 검사는 체포 또는 구속된 자를 심문하고 관련서류를
조사하여야 한다(제198조의2 ①항). 여기서 수사관서라 함은 경찰서뿐만 아니라
그 외의 모든 수사관서를 가리킨다. 검사는 적법절차에 의하지 아니하고 체포
또는 구속된 것이라고 의심할 만한 상당한 이유가 있는 경우에는, 즉시 체포 또
는 구속된 자를 석방하거나 사건을 검찰에 송치할 것을 명하여야 한다(같은 조
②항).

[7] 제 3 사법경찰관리와 전문위원

I. 사법경찰관리

1. 사법경찰관리의 의의

(1) **일반사법경찰관리**   사법경찰관리는 사법경찰관과 사법경찰리로 구별된 **1**
다. 경찰공무원 중 경무관, 총경, 경정, 경감, 경위가 사법경찰관에, 경사, 경장,
순경이 사법경찰리에 해당된다. 사법경찰관은 범죄의 혐의가 있다고 사료하는
때에는 범인, 범죄사실과 증거를 수사하고, 사법경찰리는 사법경찰관의 지휘를
받아 수사를 보조한다(제197조). 그 밖에 검찰청 직원 중 사법경찰관의 직무를
행하는 자(검찰수사서기관, 수사사무관 및 마약수사사무관)는 사법경찰관으로서 검사
의 지휘를 받아 수사한다(제245조의9 ①·②항, 검찰청법 제46조 ②항). 사법경찰리의
직무를 행하는 검찰청 직원은 검사 또는 사법경찰관의 직무를 행하는 검찰청
직원의 수사를 보조한다(제245조의9 ①·③항, 검찰청법 제46조 ③항).

(2) **특별사법경찰관리**   특별사법경찰은 일반사법경찰관리 이외에 삼림·해 **2**
사·전매·세무·군수사기관, 그 밖에 특별한 사항에 관하여 사법경찰관리의 직

무를 행하는 자(제245조의 10)를 말하는데, 특별사법경찰관리의 직무를 행할 자와 그 직무의 범위는 따로 법률[1]로써 정한다(제197조). 예를 들면 교도소장, 구치소장, 소년원장, 소년분류심사원장, 근로감독관 등의 경우가 여기에 속한다. 특별사법경찰관리의 권한과 직무범위는 사항적·지역적으로 제한되는 특징을 가지고 있다는 점에서 일반사법경찰관리와 구별된다. 그리고 특별사법경찰관리는 일반사법경찰관리와 달리 모든 수사에 관하여 검사의 지휘를 받는다(제245조의10 ②·④항).

3   사법경찰관리는 관할구역 내에서 직무를 수행하는 것이 원칙이다. 사법경찰관리가 관할구역 외에서 수사하거나 관할구역 외의 사법경찰관리의 촉탁을 받아 수사할 때에는 관할 지방검찰청의 검사장 또는 지청장에게 보고하여야 한다. 다만 긴급체포나 현행범체포, 긴급압수수색 등의 경우처럼 긴급을 요할 때에는 사후에 보고할 수 있다(제210조).

2. 일반사법경찰관리의 지위: 검사와의 상호협력관계

4   과거 검사와 사법경찰관리는 지휘감독의 관계에 있었다. 즉 검사는 수사의 주재자이고 사법경찰관리는 검사의 수사지휘가 있는 때에는 그에 따라야 했다(구 제195조, 196조). 현재는, 검·경 수사권 조정 및 검찰개혁의 일환으로 2020. 2. 4. 형사소송법을 개정하면서, 검사와 일반사법경찰관리의 관계가 지휘·감독관계에서 상호협력관계로 변경되고 사법경찰관의 수사에 대한 검사의 지휘권은 폐지되었다. 검사와 사법경찰관은 수사, 공소제기 및 공소유지에 관하여 서로 협력하여야 한다(제195조 ①항). 수사를 위해 준수해야 하는 일반적 수사준칙에 관한 사항은 대통령령(수사준칙규정)으로 정한다(같은 조 ②항).

3. 일반사법경찰관의 권한

5   (1) 수사권   사법경찰관은 범죄의 혐의가 있다고 사료하는 때에는 범인, 범죄사실과 증거를 수사하고, 사법경찰리는 수사를 보조한다(제197조 ①·②항). 검찰청법 제4조 ①항에 따라 검사가 직접 수사를 개시할 수 있는 범죄[2]와 공수

---

[1] 「사법경찰관리의 직무를 행할 자와 그 직무범위에 관한 법률」 참조.
[2] 1. 부패범죄, 경제범죄 등 대통령령으로 정하는 중요 범죄, 2. 경찰공무원(다른 법률에 따라 사법경찰관리의 직무를 행하는 자를 포함한다) 및 고위공직자범죄수사처 소속 공무원(공수처법에 따른 파견공무원을 포함한다)이 범한 범죄, 3. 위 1, 2의 범죄 및 사법경찰관이 송치한 범죄와 관련하여 인지한 각 해당 범죄와 직접 관련성이 있는 범죄.

처법 제3조 ①항에 따라 공수처가 수사하는 고위공직자범죄등(공수처법 제2조 5 호, 3·4호) 이외의 범죄에 대한 수사권은 사법경찰권에게 있다. 검사와 사법경찰 관이 동일한 범죄사실을 수사하게 된 경우에는 검사에게 우선권이 있기 때문에 검사가 사건 송치를 요구하면 사법경찰관은 해당 사건을 지체 없이 검사에게 송치하여야 한다(제197조의4 ①·②항). 다만 검사가 영장을 청구하기 전에 동일한 범죄사실에 관하여 사법경찰관이 먼저 영장을 신청한 경우에는, 예외적으로 사 법경찰관이 해당 영장에 기재된 범죄사실을 계속 수사할 수 있다(같은 항 단서).

(2) **1차 수사종결권** 사건을 수사한 사법경찰관은 사건에 대해 1) 법원송 **6** 치, 2) 검찰송치, 3) 불송치, 4) 수사중지, 5) 이송을 결정한다(수사준칙규정 제51 조). 고소·고발 사건을 포함하여 범죄를 수사한 후 범죄의 혐의가 있다고 인정되 는 경우에는 지체 없이 검사에게 사건을 송치하고, 관계 서류와 증거물을 검사 에게 송부하여야 하지만(제245조의5 1호), 그 밖의 경우에는 불송치결정을 하고 그 이유를 명시한 서면과 함께 관계 서류와 증거물을 지체 없이 검사에게 송부 하게 된다. 이 경우 검사는 송부받은 날부터 90일 이내에 사법경찰관에게 반환 하여야 한다(같은 조 2호). 검사는 사법경찰관의 불송치결정이 위법 또는 부당하 다고 판단하면, 그 이유를 문서로 명시하여 사법경찰관에게 재수사를 요청할 수 있다(제245조의8 ①항).

(3) **검사의 영장청구 여부에 대한 심의신청권** 검사가 사법경찰관이 신청한 **7** 영장을 정당한 이유 없이 판사에게 청구하지 않으면, 사법경찰관은 그 검사 소 속의 지방검찰청 소재지를 관할하는 고등검찰청에 영장 청구 여부에 대한 심의 를 신청할 수 있다(제221조의 5 ①항). 이 심의를 위해 영장심의위원회를 각 고등 검찰청에 두고 있다(같은 조 ②항). 위원장 1명을 포함한 10명 이내의 외부 위원 으로 심의위원회를 구성하고, 위원은 각 고등검찰청 검사장이 위촉한다(같은 조 ③항). 심의위원회의 구성 및 운영 등 그 밖에 필요한 사항은 법무부령1)으로 정 한다(같은 조 ⑤항). 사법경찰관은 심의위원회에 출석하여2) 의견을 개진할 수 있 다(같은 조 ④항). 심의신청을 한 사법경찰관은 심의위원회에 의견서를 제출할 수 도 있다(영장심의위원회규칙 제17조 ①항).

---

1) 「영장심의위원회 규칙」(2021. 1. 1. 제정, 법무부령 제996호).
2) 출석하여 의견을 개진할 수 있는 사법경찰관에는, 심의신청을 한 사법경찰관, 그리고 영장 신청의 검토 또는 결재에 관여한 사실이 수사기록에 명백히 드러나는 사법경찰관이 해당한다 (영장심의위원회규칙 제17조 ②·③항). 심의위원회의 회의가 개최되기 2일(토요일과 공휴일은 제외한다) 전까지 출석의사를 심의위원회에 서면으로 통지하여야 한다.

4. 검찰과 경찰의 수사권조정에 대한 평가

8   (1) 문제점   2020년 형사소송법과 검찰청법 개정을 통한 검·경 수사 권 조정은 검찰의 지나친 권한을 통제하기 위해 '수사권과 기소권의 분리'를 모토로 한 것이었다. 소추권과 심판권을 분리하는 탄핵주의에 의해 근대적인 형사소송의 구조가 형성된 것을 고려하면 수사권과 기소권의 분리는 수사절차에서 탄핵주의를 실현하는 것이라는 점에서 바람직한 방향이다. 그러나 수사권조정의 구체적인 내용은 그러한 원칙을 제대로 실현한 것이라고 할 수 없다. 1) 사법경찰에게 1차 수사종결권을 부여함으로써 수사권과 함께 일종의 기소권을 인정한 것과, 검사의 수사권을 축소하면서도 중요 범죄에 대해서는 여전히 직접수사의 권한을 인정한 것은 '수사기소 분리'의 원칙에 어긋난다. 오히려 수사권과 기소권을 함께 가진 수사기관이 하나 더 생긴 셈이다. 2) 검사의 수사지휘권을 폐지한 것도 '수사기소 분리'의 원칙을 제대로 실현한 것이라 할 수 없다. '수사지휘'는 용어만 보면 수사권의 일부 같지만, 실질적으로는 기소권의 일부이다. 기소에 필요한 사항을 보완하기 위해 수사지휘가 필요한 것이다. 일반사법경찰에 대해서는 수사지휘권을 폐지하면서도 특별사법경찰에 대해서는 수사지휘권을 유지한 것은 설명할 방법이 없는 모순이다. 3) 검찰에 집중된 권한을 분산한다는 목표에서 이루어진 수사권조정이지만 역설적으로 경찰에 권한을 집중시키는결과가 되었다. 특히 사법경찰과 행정경찰이 분리되지 않은 한국의 경찰에 수사 및 기소에 준하는 권한을 집중시키는 것은 또 다른 문제를 야기할 수 있다.

9   (2) 결론 : 수사구조의 일원화   검사제도의 기원에서 살펴보았듯이 근대적 형사절차에서 형사소추권은 시민의 권한이다. 검사는 시민의 권한을 위임받아 수사권을 행사하는 것이다. 따라서 수사권조정의 문제는 검찰과 검찰 사이의 권한조정으로만 볼 일이 아니다. 수사권조정의 문제는 1) 수사대상이 되는 국민의 인권과 사법적 권리보장이라는 측면과 2) 수사절차가 사법절차의 일부라는 측면에서 바라보아야 한다. 먼저 국민의 권리보장이라는 측면에서 보면 현재의 수사구조는 이중적이며 이원적이라는 점에서 근본적인 문제가 있다. 현재의 구조에서 피의자는 경찰에서 수사받은 후 검찰에서 다시 수사받는 이중의 수사과정을 거쳐야 한다. 또한 같은 사건이라도 검찰과 경찰에서 수사를 개시할 수 있는 이원적 구조이기도 하다. 이러한 구조는 다른 나라에서는 찾아볼 수 없는 이례

적 구조로서, 시민의 권리보장이나 수사의 효율성에 역행하는 구조이다.1) 한편 수사는 본질적으로 사법작용인 형사소송의 전단계 절차이다. 따라서 사법기관의 임무를 위임받아 수행하는 것이 수사기관의 수사행위라 할 수 있다. 그렇기 때문에 수사에 참여하는 경찰을 '사법경찰'이라 지칭하는 것이다. 이러한 수사절차의 본질상 수사에 대한 사법적 통제는 필수적이다. 검사가 준사법기관으로서 수사 기능을 수행하고 경찰의 수사를 지휘하는 것은 그러한 이유로 보아야 한다. 경찰이 일정부분 독자적으로 수사를 하더라도 검사의 수사지휘를 배제할 수는 없다.

　　이러한 두 가지 측면을 고려하면 수사권조정의 결론은 수사구조의 일원화　**10**로 귀결되어야 한다. 검사는 법률기관으로서 직접수사를 하지 않고 수사지휘에 종사하고, 사법경찰이 직접수사기능을 담당하되 검사의 수사지휘를 받아야 한다. 말하자면 검사와 사법경찰이 하나의 사건에 대해서는 하나의 수사기관이 되어 일원화된 구조로 수사하여야 한다는 것이다. 검사가 직접수사를 하지 않으면 수사의 착수에 제한이 따르게 되고, 검찰의 수사기능이 남용되는 원인이 되었던 인지수사의 문제도 최소한으로 축소된다. 또한 사법경찰은 법률기관인 검사의 수사지휘를 받음으로써 사법절차의 일부인 수사절차의 적법성을 확보할 수 있다.2)

II. 전문수사자문위원

1. 의 의

　　2007년 12월의 개정법률은 첨단산업분야, 지적재산권, 국제금융 기타　**11**전문적인 지식이 필요한 사건에서 법관이나 검사가 전문가의 조력을 받아 재판 및 수사절차를 보다 충실하게 할 필요가 있어 전문심리위원 및 전문수사자문위원을 도입하였다(제245조의2 내지 제245조의4, 제279조의2 내지 제279조의8).3) 이에 따라 검사는, 수사 진행, 구속영장 청구, 사건의 기소 등 수사절차의 모든 단계에서 공소제기여부와 관련된 사실관계를 분명하게 하기 위하여, 직권이나

---

1) 자세한 문제점은 정승환, 형사소추기관의 구조개혁과 수사기관의 일원화, 형사정책 24권 2호, 2012, 9면 이하 참조.
2) 자세한 것은 정승환, 앞의 글, 21면 이하 참조.
3) 더불어 전문수사자문위원 제도의 시행에 필요한 사항을 규정하기 위해 2008. 1. 22. 법무부령 제633호로 「전문수사자문위원 운영규칙(이하 '운영규칙'이라 한다)」을 제정하였다.

피의자 등의 신청에 의하여 전문수사자문위원을 수사절차에 참여하게 하고 자문을 들을 수 있게 되었다(제245조의2 ①항; 운영규칙 제3조).

2. 전문수사자문위원의 수사참여 절차

12 **(1) 전문수사자문위원의 지정과 취소**　전문수사자문위원을 수사절차에 참여시키는 경우 검사는 각 사건마다 1인 이상의 전문수사자문위원을 지정한다(제245조의3 ①항). 또한 검사는 상당하다고 인정하는 때에는 전문수사자문위원의 지정을 취소할 수 있다(같은 조 ②항). 지정취소의 사유는 직무상 알게 된 비밀을 누설한 경우 등이다(운영규칙 제5조).

13 **(2) 피의자 또는 변호인의 이의제기**　검사는 자문위원 지정 사실을 피의자 또는 변호인에게 구두 또는 서면으로 통지하여야 하고(운영규칙 제3조 ③항), 피의자 또는 변호인은 검사의 전문수사자문위원 지정에 대하여 관할 고등검찰청검사장에게 이의를 제기할 수 있다(제245조의3 ③항). 이의를 제기하려는 피의자 또는 변호인은 이의신청서에 이의 사유를 소명하는 자료를 첨부하여 수사 담당 검사에게 제출하고, 이를 접수한 검사는 그에 대한 의견을 기재하여 관할 고등검찰청 검사장에게 송부하여야 한다. 다만, 검사가 이의신청이 이유 있다고 인정하여 전문수사자문위원의 지정을 취소하는 경우에는 그러하지 아니하다(운영규칙 제6조 ①·②항). 고등검찰청 검사장은 이의신청서를 송부 받은 경우 신속하게 심사하여 각하, 기각 또는 지정취소의 여부를 결정하여 수사 검사와 피의자 또는 변호인에게 통지하여야 한다(같은 조 ③항).

14 **(3) 전문수사자문위원의 의견진술**　전문수사자문위원은 관련 서류를 검토하거나, 피의자·피해자 또는 그 밖의 참고인의 진술을 듣는 자리에 동석하는 등 수사절차에 참여하여 설명하거나 의견을 진술할 수 있다(운영규칙 제3조 ②항). 위원이 전문적인 지식에 의한 설명 또는 의견을 제시할 때는 서면 또는 구술로 할 수 있다(제245조의2 ②항). 검사는 전문수사자문위원이 제출한 서면이나 전문수사자문위원의 설명 또는 의견의 진술에 관하여 피의자 또는 변호인에게 구술 또는 서면에 의한 의견진술의 기회를 주어야 한다(같은 조 ③항).

제 2 절　수사의 개시

[8]　제 1　수사의 단서

[사례 3] 2008도7462

　병행수입업자인 피고인 甲과 乙은 나이키 스포츠 용품을 수입하여 제1심 공동피고인 공소외 A에게 공급하면서 A는 나이키 제품을 공급받아 판매한 후 일정 금액을 피고인 회사에 지급하고 나머지는 공소외 A가 가져가는 형태로 영업을 하기로 하고, 피고인과 피고인 회사의 직원 공소외 B 등이 A의 매장을 개장하는 일과 인테리어에 함께 참여하였다. 이때 피고인들은 A의 매장에 나이키 표장이 있는 현수막 등을 사용하도록 하고 축구선수 박○○ 등의 사진이 인쇄된 포스터를 설치하도록 지시하였다.

　그런데 나이키 제품의 공식수입업자로서 나이키 표장의 상표권자로부터 전용사용권을 부여받아 국내에서 영업을 하는 주식회사 나이키스포츠는 피고인들이 A와 함께 위 판매점의 외부에 설치된 현수막 등에 국내에 널리 인식된 나이키의 표장을 사용하여 영업한 것은 주식회사 나이키스포츠의 영업상의 시설 또는 활동과 혼동하게 하는 것이라 하여 甲과 乙을 구 저작권법(2006. 12. 28. 법률 제8101호로 전문 개정되기 전의 것, 이하 '구 저작권법'이라고 한다) 제97조의5 위반(저작권침해)의 혐의로 고소하였다.

　고소인 회사에서 이 사건과 관련하여 甲과 乙만을 피고소인으로 하여 고소를 제기하였지만 경찰은 수사과정에서 A가 공범으로 밝혀지자 A를 피의자로 입건하고 조사하였는데, 고소인 회사는 이 사건 공소가 제기되기 전인 2007. 1. 22. A에게 "A가 본인의 잘못을 깊이 반성하고 이와 동일 또는 유사한 행위를 반복하지 않을 것을 약속하는 각서를 제출하고, 그 각서의 내용을 성실히 이행할 경우 고소 사건과 관련하여 A에게 향후 민·형사상 책임을 묻지 않기로 한다"는 내용의 합의서를 작성하여 주었다.

　이후 고소인 회사의 고소대리인은 A로부터 위 합의서를 제출받은 검찰 수사관과의 전화통화에서 "고소인은 A를 고소할 의사가 처음부터 없어 고소한 사실이 없는데, A가 경찰에서 조사를 받으며 피의자로 입건되어 A에 대한 합의서를 작성해준 것으로, 만약 이건을 고소취소하게 되면 피고인을 고소취소하는 결과가 되기 때문에 부득이 합의서를 작성해 주었다"고 진술하였다. 이에 따라 검찰은 甲과 乙에 대해서 저작권법위반으로 공소를 제기하였다.

[주요논점]   1. 고소의 불가분 원칙이란 무엇인가?

2. 고소인 회사의 고소와 검사의 공소제기는 적법한가?

3. 검사의 공소제기에 대해 법원은 어떠한 조치를 취하여야 하는가?

[관련판례]   2004도4066; 93도1689

I. 의   의

1. 수사단서의 개념과 종류

1   수사기관은 범죄에 대한 주관적 혐의로 언제든지 수사에 착수할 수 있다(제 196조, 197조). 혐의를 가지게 된 원인은 묻지 않는다. 이와 같이 범죄혐의를 두게 된 원인을 수사의 단서라고 한다. 형사소송법은 수사개시의 단서 가운데 현행범체포, 고소와 고발, 변사자검시에 대해 규정하고 있고, 특별법에서 불심검문(경직법 제3조), 자동차검문(도교법 제47조) 등을 규정하고 있다. 그러나 수사단서는 이에 국한되지 않는다. 피해자나 제3자의 범죄신고, 진정, 신문·방송보도, 수사기관의 인지 등 다양하다.[1]

2. 내   사

2   (1) 내사와 입건   고소·고발·자수가 있으면 즉시 수사가 개시되지만, 그 밖의 경우에는 수사기관이 수사단서를 바탕으로 내사를 하여 구체적 범죄혐의를 인지한 경우에 비로소 수사가 개시된다. 수사개시의 형식적 절차는 보통 '입건'이라고 한다. 입건이란 수사기관의 수사자료표와 범죄인지보고서에 기초한 사건명부에의 등재절차를 말한다.[2]

3   수사는 수사기관이 범죄혐의가 있다고 사료(인식)하는 때에 그 혐의의 진위를 확인하는 조사활동을 말하고(제196조 ①항, 197조 ①항 참조), 내사는 수사기관이 아직 범죄의 혐의유무 자체가 확인되지 아니한 단계에서 수사의 개시 여부를 결정하기 위해 관련 정보 등을 수집·탐지하는 사전적인 조사활동을 말한다. 범

---

1) 2022년 범죄발생건수 1,575,007건을 수사 단서에 따라 분류하면 현행범 80,144건, 고소 285,223건, 고발 55,645건, 자수 4,521건, 피해자 신고 557,006건, 타인 신고 121,577건, 불심검문 62,684건, 변사체 305건 등이었다(대검찰청, 범죄분석 2023, 192-193면).

2) 신동운, 내사종결처분의 법적 성질, (서울대학교) 법학 제45권 제3호, 2004, 322면 이하 참조.

죄에 관한 신문 기타 출판물의 기사, 익명의 신고 또는 풍설이 있을 때 수사의 대상이 될 수 있는 범죄혐의 있는 사건의 존재 유무를 확인하기 위한 수사기관의 조사활동은 내사로서, 원칙적으로 형사소송법의 규율대상이 되지 않는다.

(2) **내사와 수사의 구별** 이러한 내사와 수사의 구분은 매우 어려운 문제 **4** 인데, 이와 관련하여 형식설과 실질설의 대립이 있다. 1) 형식설은 입건을 기준으로 그 이전은 내사, 그 이후는 수사라고 형식적으로 구분하는 견해이다. 형식적 기준에 의할 때, 내사단계에서 수사기관의 범죄혐의를 받는 자를 피내사자 또는 용의자라고 하고, 수사기관에 의해 입건된 이후의 범죄혐의자를 피의자라고 한다. 2) 실질설은 형식적인 입건을 기준으로 하지 않고 실질적으로 범죄를 인지한 시점을 기준으로 그 이전은 내사, 그 이후는 수사라고 실질적인 관점에서 구분하는 견해이다.1) 즉, 범죄혐의가 인정되어 실질적으로 피의사건에 해당하는 사건을 형식적으로 내사사건으로 분류하여 처리하는 것은 내사가 아닌 수사로 보는 것이다. 판례는 내사 명목의 편법적인 수사관행의 근절을 지향하는 실질설을 따르고 있다(2008도12127). 따라서 범죄인지서를 작성하여 사건수리절차를 밟은 때에 비로소 범죄를 인지하였다고 볼 것은 아니다(89도648). 이러한 실질설에 따르면 명목상의 내사는 순수한 의미의 내사(순수내사)와 내사를 빙자한 수사(비순수내사)로 구분되게 된다.

수사와 내사는 그 성질을 달리하므로, 피내사자에 대해서는 피의자의 경우 **5** 와는 달리 증거보전을 청구할 수 없고(79도792), 진정에 기한 내사사건의 내사종결처분에 대해서 진정인은 고소사건의 경우와는 달리 재정신청 또는 헌법소원을 제기할 수 없다(91모68; 89헌마277). 다만 변호인의 조력을 받을 권리를 실질적으로 보장하기 위하여는 변호인과의 접견교통권의 인정이 당연한 전제가 되므로, 임의동행의 형식으로 연행된 피내사자의 경우에도 접견교통권은 보장된다(?).

[2000도2968] 내사와 수사

검찰사건사무규칙 제2조 내지 제4조에 의하면, 검사가 범죄를 인지하는 경우에는 범죄인지서를 작성하여 사건을 수리하는 절차를 거치도록 되어 있으므로, 특별한 사정이 없는 한 수사기관이 그와 같은 절차를 거친 때에 범죄인지가 된 것으로 볼 것이나, 범죄의 인지는 실질적인 개념이고, 이 규칙의 규정은 검찰행정의 편의를 위한 사무처리절차 규정이므로, 검사가 그와 같은 절차를 거치기 전에 범죄의 혐의가

---

1) 신동운, 앞의 글, 323면.

있다고 보아 수사를 개시하는 행위를 한 때에는 이때에 범죄를 인지한 것으로 보아야 하고, 그 뒤 범죄인지서를 작성하여 사건수리 절차를 밟은 때에 비로소 범죄를 인지하였다고 볼 것이 아니며, 이러한 인지절차를 밟기 전에 수사를 하였다고 하더라도, 그 수사가 장차 인지의 가능성이 전혀 없는 상태하에서 행해졌다는 등의 특별한 사정이 없는 한, 인지절차가 이루어지기 전에 수사를 하였다는 이유만으로 그 수사가 위법하다고 볼 수는 없고, 따라서 그 수사과정에서 작성된 피의자신문조서나 진술조서 등의 증거능력도 이를 부인할 수 없다.

Ⅱ. 고　소

1. 고소의 의의

6　　⑴ **고소의 개념**　　고소는 범죄의 피해자 또는 그와 일정한 관계에 있는 고소권자가 1) 수사기관에 대하여, 2) 범죄사실을 신고하여, 3) 범인의 처벌을 구하는 의사표시를 말한다.

7　　㈎ **수사기관에 대한 신고**　　수사기관이 아닌 법원에 대하여, 진정서 등을 제출하거나 피고인의 처벌을 바란다고 증언하는 것은 고소가 아니다(84도709).

8　　㈏ **범죄사실의 신고**　　고소는 특정한 '범죄사실'을 신고하는 것이므로, 반드시 고소의 대상인 범죄사실이 특정되어야 한다. 특정의 정도는 고소인이 구체적으로 어떤 범죄사실을 지정하여 범인의 처벌을 구하고 있는지를 확정할 수 있으면 된다(87도1114; 97도1769; 2002도446 등). 범죄사실의 동일성을 식별할 수 있을 정도로 특정하면 되고, 범인의 성명, 범행일시·장소·방법 등을 명확하게 기술하지 않고 틀리는 사항이 있더라도, 고소의 효력에는 영향이 없다. 다만 상대적 친고죄에서는 신분관계가 있는 범인을 지정해야 한다.[1]

9　　㈐ **범인의 처벌을 구하는 의사표시**　　고소는 범인의 처벌을 구하는 의사표시이다. 따라서 단순히 범죄사실을 신고함에 그치고 범인의 처벌을 구하는 의사표시가 없는 것은 고소가 아니다(2007도4977). 고소는 의사표시이므로, 의사표시를 할 수 있는 소송능력, 즉 고소능력이 있어야 한다. 고소능력은 고소의 의미를 이해할 수 있는 사실상의 능력으로서, 민법상의 행위능력과 구별된다(2011도4451).[2]

---

1) 이재상/조균석/이창온 11/21; 이창현 237.
2) 이은모/김정환 183; 이재상/조균석/이창온 11/21; 이창현 237 이하.

[2007도4962] 고소능력

[1] 고소를 함에는 고소능력이 있어야 하는바, 이는 피해를 받은 사실을 이해하고 고소에 따른 사회생활상의 이해관계를 알아차릴 수 있는 사실상의 의사능력으로 충분하므로 민법상의 행위능력이 없는 자라도 위와 같은 능력을 갖춘 자에게는 고소능력이 인정되고, 범행 당시 고소능력이 없던 피해자가 그 후에 비로소 고소능력이 생겼다면 그 고소기간은 고소능력이 생긴 때로부터 기산하여야 한다.

[2] 강간 피해 당시 14세의 정신지체아가 범행일로부터 약 1년 5개월 후 담임교사 등 주위 사람들에게 피해사실을 말하고 비로소 그들로부터 고소의 의미와 취지를 설명듣고 고소에 이른 경우, 위 설명을 들은 때 고소능력이 생겼다고 본 사례.

(2) 친고죄   친고죄는 피해자 기타 고소권자의 고소가 있어야 공소를 제기 **10** 할 수 있는 범죄를 말한다. 형사소추권은 국가가 독점하여 피해자의 의사에 상관없이 직권으로 행사하지만, 예외적으로 피해자의 의사를 존중하여 국가의 형벌권에 일정한 제약을 두는 것이 친고죄이다. 따라서 범인의 처벌보다 피해자의 명예를 더욱 중시해야 하는 경우, 또는 법익침해가 경미하고 침해된 법익에 대한 피해자의 처분권이 인정되는 경우에는 이를 친고죄로 정하여 피해자의 의사에 따라 처벌 여부를 결정한다. 친고죄가 아닌 범죄에서는 피해자의 고소 여부가 형사소추에 절대적 영향력을 미치지 아니하고 다만 수사의 단서로서, 또 정상참작의 요소로서의 의미를 지닐 뿐이다. 그러나 친고죄에서는 고소가 형사소추의 전제조건이 되기 때문에 형사절차에서 고소의 문제는 친고죄와 관련하여 중요한 의미를 갖는다.

[친고죄의 유형과 반의사불벌죄]   친고죄는 절대적 친고죄와 상대적 친고죄로 구별 **11** 된다. 절대적 친고죄는 일반적 친고죄로서, 범인과 피해자 사이의 신분관계 여부와 상관없이 언제나 친고죄인 경우를 말한다. 현행 형법상 이러한 친고죄로는 사자死者의 명예훼손죄(제308조, 312조 ①항), 모욕죄(제311조, 312조 ①항), 비밀침해죄(제316조, 318조), 업무상비밀누설죄(제317조, 318조)가 있다.[1] 이에 반해 상대적 친고죄는 보통의 경우는 친고죄가 아니지만 범인과 피해자 사이에 일정한 신분관계가 있을 때 친고죄가 되는 경우를 말한다. 형법상 먼 친족에게 적용되는 친족상도례(제328조 ②항)가 그러하다.

한편 친고죄와 구별되는 개념으로 반의사불벌죄가 있다. 이는 피해자의 명시한 **12** 의사에 반하여 처벌할 수 없는 범죄이다. 피해자의 의사와 상관없이 형사소추는 가

---

1) 형법 이외의 법률에서 친고죄의 예로는 저작권법 제140조를 들 수 있다.

능하지만, 피해자가 처벌을 원하지 않는다는 의사표시를 하면 검사는 공소제기를 할 수 없고 법원은 공소를 기각하여야 한다. 국가형벌권의 행사 여부를 피해자의 의사에 종속시켜도 괜찮을 만큼 법익침해가 경미한 범죄유형을 반의사불벌죄로 정한다. 현행 형법상의 반의사불벌죄로는 폭행죄(제260조), 협박죄(제283조), 명예훼손죄(제307조), 출판물에 의한 명예훼손죄(제309조), 과실치상죄(제266조) 등이 있다.

2. 고소권자

13   고소는 고소권자만이 할 수 있다. 고소권자 아닌 자의 고소는 고소로서의 효력이 없다. 형사소송법상 고소권자는, 1) 범죄의 피해자, 2) 피해자의 법정대리인, 3) 피해자의 배우자·친족, 4) 지정고소권자로 제한되어 있다.

14   **(1) 피해자**   범죄로 인한 피해자는 고소할 수 있다(제223조). 여기서의 피해자는 범죄로 인하여 침해된 법익의 직접적인 귀속주체를 말한다. 법익의 귀속주체는 자연인은 물론, 법인, 법인격없는 사단·재단을 포함한다.[1] 범죄로 인한 직접적인 피해자에 제한되고, 간접적인 피해자는 제외된다. 보호법익의 주체뿐만 아니라 범죄행위의 객체가 된 자도 포함한다. 따라서 개인적 법익을 침해하는 범죄에서만 고소권이 발생하는 것이 원칙이나, 사회적 법익 또는 국가적 법익을 침해하는 범죄에서도 범죄행위의 객체가 된 자(방화죄에서 소훼된 건물의 소유자, 공무집행방해죄에서 폭행당한 공무원)도 피해자로서 고소권이 있다.[2] 고소권은 일신전속적 권리이다. 따라서 상속·양도의 대상이 되지 않는다. 다만 특허권·저작권과 같이 범죄로 인한 침해가 계속될 수 있는 경우에는, 권리의 이전에 따라 그 이전에 이루어진 침해에 대한 고소권도 이전될 수 있다.[3]

15   **(2) 피해자의 법정대리인**   피해자의 법정대리인도 '독립하여' 고소할 수 있다(제225조 ①항). 법정대리인은 미성년자의 친권자·후견인 등과 같이 무능력자의 행위를 일반적으로 대리할 수 있는 자를 말한다. 재산관리인·파산관재인 또는 법인의 대표자는 무능력자의 법정대리인이 아니기 때문에 고소권이 없다.[4] 다만, 재산관리인이 관리대상 재산에 관한 범죄행위에 대하여 법원으로부터 고소

---

[1] 법인이 피해자인 경우 그 대표자가 고소할 수 있다.

[2] 신동운 195.

[3] 94도2196: "상표권을 이전등록받은 승계인은 그 이전등록 이전에 발생한 침해에 대하여도 상표권의 성질상 그 권리의 주체로서 피해자인 지위를 승계한다." 이은모/김정환 184; 이재상/조균석/이창온 11/23; 이창현 240 참조.

[4] 신동운 195; 이재상/조균석/이창온 11/24; 이창현 242.

권 행사 허가를 받은 경우에는 독립하여 고소권을 가지는 법정대리인에 해당한다.[1] 법정대리인의 지위는 고소 시점에만 있으면 족하고, 범죄 당시에는 그 지위에 있지 않았거나 고소 후에 그 지위를 상실하더라도 고소의 효력에는 영향이 없다. '독립하여 고소할 수 있다'는 의미에 대하여, 고유권설과 독립대리권설이 대립한다.

(가) **고유권설**　　무능력자를 보호하기 위해 법정대리인에게 특별히 주어진 **16** 권리이므로, 법정대리인의 고유권이라는 견해이며,[2] 판례의 입장이다(87도857; 99도3784 등). 이에 따르면, 법정대리인은 피해자 본인의 명시·묵시의 의사에 반하여 고소할 수 있음은 물론, 피해자 본인의 고소권이 소멸하더라도 고소할 수 있으며, 설령 피해자 본인이 법정대리인의 고소를 취소하더라도 법정대리인의 고소는 그대로 유효하다. 또한 고소기간도 피해자의 고소권 소멸 여부와 관계없이 법정대리인이 범인을 알게 된 날로부터 진행한다.

(나) **독립대리권설**　　고소권은 원래 일신전속적인 것이고, 피해자 본인의 **17** 고소권이 소멸하였음에도 법정대리인의 고소권이 남아 있다고 해석하게 되면 친고죄에서 법률관계의 장기간 불안정을 피할 수 없게 되므로, 법정대리인에게 고소권을 부여하더라도, 이는 독립대리권에 불과하다는 견해이다.[3] 이에 따르면, 기본적으로 대리권이기 때문에 대리수권자를 필요로 하고, 피해자 본인의 고소권이 소멸하면 법정대리인의 고소권도 소멸하게 되며, 피해자 본인이 법정대리인의 고소를 취소하는 것도 가능하다는 것이다.

(다) **결 론**　　독립대리권설은 무능력자인 피해자 본인이 법정대리인의 고 **18** 소를 취소할 수 있게 되어, 무능력자를 마치 소송능력자로 간주하는 셈이 된다. 그러나 이는 무능력자인 피해자의 특별한 보호를 위하여 법정대리인에게 독립한 고소권을 부여한 제225조의 입법취지에 반한다. 또한 독자적으로 유효한 소송행위를 할 수 없는 무능력자인 피해자 본인이, 대리수권자가 될 수는 없다. 따라서 고유권설이 타당하다. 고유권설은 무능력자인 피해자를 더욱 철저하고

---

1) 2021도2488: 부재자 재산관리인의 권한은 원칙적으로 부재자의 재산에 대한 관리행위에 한정되나, 부재자 재산관리인은 재산관리를 위하여 필요한 경우 법원의 허가를 받아 관리행위의 범위를 넘는 행위를 하는 것도 가능하고, 여기에는 관리대상 재산에 관한 범죄행위에 대한 형사고소도 포함된다. 따라서 부재자 재산관리인은 관리대상이 아닌 사항에 관해서는 고소권이 없겠지만, 관리대상 재산에 관한 범죄행위에 대하여 법원으로부터 고소권 행사 허가를 받은 경우에는 독립하여 고소권을 가지는 법정대리인에 해당한다.

2) 강구진 163; 배종대/홍영기 [18] 11; 신동운 196; 이은모/김정환 185; 이창현 243.

3) 김기두 200; 백형구 409; 이재상/조균석/이창온 11/24.

두텁게 보호할 수 있다. 그러므로 법정대리인이 무능력자인 피해자의 명시한 의사에 반하여도 고소할 수 있음[1]은 물론, 피해자 본인의 고소권이 소멸하거나 피해자 본인이 법정대리인의 고소를 취소하더라도, 법정대리인의 고소권에는 영향이 없다.

19   (3) **피해자의 배우자·친족**   피해자의 배우자·친족도 아래와 같은 세 가지 경우에는 예외적으로 고소권자가 될 수 있다. 1) 피해자의 법정대리인이 피의자이거나, 법정대리인의 친족이 피의자인 때에는, 피해자의 친족이 독립하여 고소할 수 있다(제226조). 미성년자인 딸의 생모가 딸을 강제추행한 딸의 법정대리인을 고소한 경우가 이에 해당한다(86도1982). 친족의 지위는 고소시점에만 있으면 족하다. 고소 당시 이혼한 생모라도 피해자인 자녀의 친권자로서 독립하여 고소할 수 있다(87도1707). 법정대리인의 고소권이 고유권이라는 것과 마찬가지로 친족의 고소권도 고유권으로 보아야 한다. '독립하여 고소할 수 있다'고 명문으로 규정한 취지에 비추어 보더라도 당연하다.

20   2) **피해자가 사망한 때**에는, 그 배우자, 직계친족 또는 형제자매는 고소할 수 있다. 단, 피해자의 명시적 의사에는 반하지 못한다(제225조 ②항). 이러한 신분관계는 피해자의 사망시점을 기준으로 한다. 따라서 피해자가 사망하면 그 직계존속·형제자매가 고소할 수 있고, 이 경우의 고소권도 고유권에 속한다.[2] 원래의 고소권자인 피해자가 사망하였기 때문에 대리문제도 발생할 여지가 없다. 피해자가 사망하였음에도 그 배우자 등이 이미 사망한 피해자의 고소권을 대리하여 행사하는 것으로 의제하는 독립대리권설은, 논리적인 결함이 많다. 단서의 규정은, 피해자 본인이 이미 사망하였기 때문에 '고소하지 않겠다'는 의사를 생존 중에 명시적으로 표시하였다면 그 의사를 존중하도록, 일정한 한계를 설정하였다고 보는 것이 합리적이다.

21   3) **사자의 명예를 훼손한 범죄**에 대하여는 그 친족 또는 자손이 고소할 수 있다(제227조). 사자의 명예를 훼손한 범죄는 형법 제308조의 사자명예훼손죄를 의미하므로, 모욕죄 등에 대하여는 적용이 없다. 피해자가 생존중에 명예훼손을 당하였음에도 명예훼손죄로 고소하지 아니한 채 사망한 경우에는, 이 조항이 아

---

1) 고유권으로 보든, 독립대리권으로 보든 법정대리인은 피해자의 명시한 의사에 반해 고소할 수 있다.

2) 강구진 164; 백형구 409; 이은모/김정환 186; 이재상/조균석/이창온 11/25; 이창현 244. 독립대리권설로 보는 이견: 신동운 197. 그러나 이 경우에도 피해자가 명시한 의사를 표시하지 아니하고 사망한 경우에는 사실상 고유권에 준하는 성질을 가지게 된다고 보고 있다.

니라 제225조 ②항에 의하여, 피해자의 친족·자손이 아니라 배우자·직계친족·형제자매가 고소권을 행사하게 된다. 친족관계가 존재해야 할 시기에 대해서는, 사자명예훼손죄가 사자의 사망후 비로소 행해진 범죄인 점에 비추어 피해자의 사망시점을 기준으로 할 필요는 없으므로, 이러한 친족관계가 피해시점에만 있으면 족하다고 본다. 이 경우의 고소권의 성질은, 사자명예훼손죄의 보호법익을 유족의 추모감정이라고 보는 이상1) 당연히 고유권이다.2)

(4) 지정고소권자 친고죄에서 고소할 자가 없는 경우에 이해관계인의 신 **22** 청이 있으면 검사는 10일 이내에 고소할 수 있는 자를 지정해야 한다(제228조). 이를 지정고소권자라 한다. 고소할 자가 없게 된 사유는 법률상·사실상의 이유 그 어떤 것이라도 상관없다. 그러나 고소권자가 고소권을 상실하거나 고소하지 않을 의사를 분명히 하고 사망한 경우는 제외된다. 지정고소권은 고소권자가 없는 경우에 보충적으로 인정되는 제도이기 때문이다. 이해관계인은 법률상 또는 사실상 이해관계를 가진 자를 의미하고 단순한 감정상의 관계만으로는 부족하다.

3. 고소의 절차

(1) 고소방식 고소는 서면 또는 구술로 검사 또는 사법경찰관에게 하여 **23** 야 한다(제237조 ①항). 검사 또는 사법경찰관이 구술에 의한 고소를 받은 때에는 조서를 작성하여야 한다(같은 조 ②항). 고소조서에는 처벌을 희망하는 의사표시만 있으면 되기 때문에, 반드시 독립된 조서일 필요는 없다. 따라서 참고인으로 조사하는 과정에서 고소권자가 처벌을 희망하는 의사표시를 하여 이를 참고인진술조서에 기재하더라도 유효한 고소가 될 수 있다(2009도3860). 그러나 피해자가 경찰청 인터넷 홈페이지에 피고인에 대한 조사를 촉구하는 민원을 접수한 것은 적법한 고소라고 볼 수 없다(2010도9524). 고소에 조건을 붙일 수 있는가에 대해서는 견해가 대립한다. 소송진행에 영향을 주지 않는 범위 안에서 그 효력을 인정하는 견해도 있으나,3) 조건부 고소는 형사절차의 확실성을 해치고 국가형벌권의 행사를 지나치게 개인의 의사에 좌우하게 하므로, 허용하지 않는

---

1) 배종대, 형법각론, [49] 1.
2) 그 보호법익을 '역사적 존재로서의 사자의 인격적 가치' 즉 사망자 자신의 명예라고 보더라도, 친족의 고소권을 반드시 대리권이라고 해야 할 논리적 필연성은 없다고 본다.
3) 이재상/조균석/이창온 11/28; 이창현 247. 백형구 411은 조건을 제외하더라도 고소의 의사가 인정되는 경우에만 유효한 것으로 인정한다.

것이 옳다.1)

[2011도4451] 고소의 방식

친고죄에서 고소는, 고소권 있는 자가 수사기관에 대하여 범죄사실을 신고하고 범
인의 처벌을 구하는 의사표시로서 서면뿐만 아니라 구술로도 할 수 있고, 다만 구
술에 의한 고소를 받은 검사 또는 사법경찰관은 조서를 작성하여야 하지만 그 조서
가 독립된 조서일 필요는 없으며, 수사기관이 고소권자를 증인 또는 피해자로서 신
문한 경우에 그 진술에 범인의 처벌을 요구하는 의사표시가 포함되어 있고 그 의사
표시가 조서에 기재되면 고소는 적법하다.

24   **(2) 고소의 대리**   고소는 대리에 의해서도 가능하다(제236조). 대리권 수여
방식에는 특별한 제한이 없다. 따라서 대리인이 고소할 때 위임장을 제출하거나
대리라는 표시를 반드시 해야 하는 것도 아니다(2001도3081).

25   고소대리의 범위에 관하여는 학설대립이 있다. **표시대리설**은 고소의 의사표
시를 전달하는 표시대리만이 허용된다는 견해인데, 고소의 대리는 고소절차를
용이하게 하는 데 지나지 않고 고소 여부에 대한 결정권까지 위임하는 것은 아
니라는 것이 그 이유이다.2) 이에 반해 **의사대리설**은 형사소송법이 명문으로 고
소의 대리를 허용하고 있기 때문에 표시대리뿐만 아니라 의사표시의 결정 그
자체를 대리하는 의사대리까지도 허용된다는 견해이다.3)

26   이와 관련해서는 친고죄와 비친고죄의 경우를 구별하여 살펴 볼 필요가 있
다. 친고죄의 고소는 당사자들끼리의 자율적인 갈등해소가 실패하였다는 것을
의미하므로, 갈등당사자가 아닌 대리인이 고소 여부, 즉 자율적인 갈등해소 여
부를 결정하는 것은 부당하다. 형사소송법이 고소권자를 제한적으로 열거하고
있는 취지에 비추어도, 의사대리까지 허용하는 것은 문제이다. 따라서 표시대리
설이 타당하다.

27   **(3) 고소기간**   일반적으로 고소의 기간에는 일정한 제한이 없지만,4) 친고
죄에서는 고소할 수 있는 기간이 제한되어 있다. 즉 친고죄에 대하여는 범인을
알게 된 날로부터 6월을 경과하면 고소하지 못한다(제230조 ①항). 대리고소한 경

---

1) 배종대/홍영기 18/16; 신동운 204; 이은모/김정환 188.
2) 배종대/홍영기 [18] 15; 신동운 202; 이창현 246 이하.
3) 강구진 162; 이은모/김정환 188; 이재상/조균석/이창온 11/29.
4) 다만 공소시효에 따라 간접적으로 제한이 있을 뿐이다.

우에도 고소기간은 대리고소인이 아니라 정당한 고소권자가 범인을 알게 된 날을 기준으로 기산한다(2001도3081). 이처럼 고소기간을 둔 이유는, 친고죄의 고소는 소송조건이기 때문에, 공소제기 여부를 개인의 의사에 무한정 맡겨 둘 경우 법률관계의 불확정상태가 필요 이상으로 오랫동안 지속되기 때문이다.

(가) **고소기간의 시기**始期 　　고소기간은 '범인을 알게 된 날'로부터 시작된 **28** 다. '범인'은 정범과 교사범·방조범을 모두 포함한다. 수인數人의 공범이 있는 경우에는 공범 중 1인을 아는 것으로 충분하다. 여기서 범인을 '알게 된 날'이란, 범죄사실을 알게 된 것뿐만 아니라 범인이 누구인지를 아는 것도 포함한다. 그러나 범인의 주소, 성명 등 구체적 인적 사항까지 알아야 할 필요는 없다. 그것은 수사과정에서 밝혀야 할 내용이다. 상대적 친고죄는 신분관계 있는 범인을 알게 된 날로부터 고소기간이 진행된다. 범죄가 진행 중인 경우에는 범죄가 종료한 때로부터 고소기간이 진행된다.

(나) **예 외** 　　고소기간의 시기始期에는 예외가 있다. 1) 고소할 수 없는 불가 **29** 항력적인 사유가 있으면, 고소기간은 진행되지 않고, 그 사유가 없어진 날로부터 기산한다(제230조 ①항 단서). 물론 불가항력사유는 객관적인 것이어야 한다. 예컨대, 직장에서 해고될 것이 두려워 고소하지 못하는 경우1)는 불가항력의 사유에 해당하지 않는다. 피해자가 범행당시 고소능력이 없었다가 그 후에 비로소 고소능력이 생겼다면, 그 고소기간은 고소능력이 생긴 때로부터 기산된다. 2) 고소할 수 있는 자가 수인인 경우에는 1인의 기간해태期間懈怠가 타인의 고소에 영향을 미치지 않는다(제231조). 수인의 고소권자는 본래의 고소권자가 여러 사람이라는 것을 뜻하고 그 대리권자는 여기에 포함되지 않는다.

(4) **직계존속에 대한 고소의 제한** 　　자기 또는 배우자의 직계존속을 고소하 **30** 지 못한다(제224조). 형법에 의한 가정파괴를 막고 전통적인 가정의 질서를 보호하기 위한 의도로 해석할 수 있다. 헌법재판소도 이는 비속을 차별 취급하여 평등권을 침해하는 것은 아니라는 입장이다(2008헌바56). 그러나 피해자의 법정대리인이 피의자이거나 법정대리인의 친족이 피의자인 때에는 피해자의 친족이 독립하여 고소할 수 있다(제226조). 또한 성폭력범죄, 가정폭력범죄 및 아동학대범죄에 대하여는 피해자는 자기 또는 배우자의 직계존속을 고소할 수 있다(성폭

---

1) 85도1273: "자기의 피용자인 부녀를 간음하면서 불응하는 경우 해고할 것을 위협하였다 하더라도 이는 업무상 위력에 의한 간음죄의 구성요건일 뿐 그 경우 해고될 것이 두려워 고소를 하지 않은 것이 고소할 수 없는 불가항력적 사유에 해당한다고 할 수 없다."

력처벌법 제18조, 가정폭력처벌법 제6조 ②항, 아동학대처벌법 제10조의4 ②항).

4. 고소불가분의 원칙

31   (1) 의 의   고소불가분원칙은 친고죄에서 고소의 효력이 미치는 범위에
관한 원칙이다. 이는 두 가지로 구분된다. 먼저, 범인과 관련하여, 수인의 공범
중 1인 또는 수인에 대한 고소 또는 그 취소는 다른 공범자에게도 효력이 미친
다(제233조). 이를 '주관적 불가분원칙'이라 한다. 다음, 범죄사실과 관련하여, 하
나의 범죄의 일부에 대한 고소 또는 그 취소는 사건 전부에 대해서 효력이 발생
한다. 이를 '객관적 불가분원칙'이라 한다. 형사소송법은 주관적 불가분원칙에
대해서만 규정하고 있고, 객관적 불가분원칙은 공소제기의 불가분적 효력을 규
정한 제248조 ②항의 규정을 원용하여 이론적으로 논의되는 내용이다.

32   (2) 주관적 불가분의 원칙   친고죄의 공범 중 1인 또는 수인에 대한 고소
또는 그 취소는 다른 공범자에 대해서도 효력이 있다(제233조). 친고죄에서 주관
적 불가분원칙이 인정되는 이유는 고소권자가 처벌 여부뿐 아니라 처벌할 범인
의 범위까지 정하는 것은 형사처벌의 공평성을 지나치게 그르친다는 점에 있다.
절대적 친고죄와 상대적 친고죄로 나누어 공범의 불가분 문제를 살펴보기로 한다.

33   (가) 절대적 친고죄   절대적 친고죄에서는 주관적 불가분의 원칙이 그대로
타당하다. 따라서 절대적 친고죄의 공범 중 1인에 대한 고소 또는 그 취소의 효
력은 다른 공범 모두에 미친다. 공범 중 일부에 대하여만 처벌을 구하고 나머지
에 대하여는 처벌을 원하지 않는 내용의 고소는 고소불가분의 원칙상 적법한
고소라고 할 수 없다(2008도7462).

34   (나) 상대적 친고죄   상대적 친고죄에서는 비신분자에 대한 고소가 신분자
에게 효력이 미치지 않는다. 그리고 신분자에 대한 고소취소도 비신분자에게 효
력이 없다(64도481). 다만, 수인의 친족이 공범관계에 있을 경우에 친족 1인에 대
한 고소 또는 그 취소의 효력은 공범인 다른 친족에게도 미친다. 예컨대, 친족
상도례의 경우 공범자 중 1인만이 피해자와 동거하지 않는 친족이라면 비신분
자에 대한 고소가 그 동거친족에게는 효력이 없으나, 공범 전원이 동거하지 않
는 친족관계에 있다면, 그 친족 상호간에는 주관적 불가분원칙이 적용된다.

35   (다) 주관적 불가분원칙의 적용범위   친고죄와 유사한 반의사불벌죄에도
주관적 불가분원칙이 준용된다는 견해가 있다.[1] 그러나 반의사불벌죄는 그 법

---

1) 신동운 215.

익침해가 친고죄보다 더 중하고, 형사소송법상 고소의 주관적 불가분에 관한 규정을 반의사불벌죄에 준용할 것인지 여부는 입법정책의 문제인데, 이를 준용한다는 명문의 규정도 없다. 따라서 반의사불벌죄에는 주관적 불가분의 원칙이 인정되지 않는다고 본다. 판례도 같은 입장이다(93도1689; 99도900).

조세범죄나 관세범죄, 공정거래법위반범죄 등은 관계기관의 고발이 형사소 **36** 추의 조건이 되기 때문에 친고죄와 유사하다. 그러나 이러한 고발에도 고소불가분의 원칙이 적용되지 않는다는 것이 판례의 입장이다(71도1106; 2008도4762). 명문의 규정 없이 당사자에게 불리한 내용을 유추적용하는 것은 허용될 수 없으므로 판례의 입장이 타당하다.

한편 직접 위법행위를 한 자와 더불어 그 업무의 주체를 함께 처벌하도록 **37** 규정하는 양벌규정의 경우, 그 규정이 친고죄라면 행위자에 대한 고소는 양벌규정에 의해 함께 처벌받는 자에 대해서도 효력이 있다. 즉 불가분원칙이 적용되는 것이다.

[94도2423] 양벌규정과 주관적 불가분원칙

고소는 범죄의 피해자 또는 그와 일정한 관계가 있는 고소권자가 수사기관에 대하여 범죄사실을 신고하여 범인의 처벌을 구하는 의사표시이므로, 고소인은 범죄사실을 특정하여 신고하면 족하고 범인이 누구인지 나아가 범인 중 처벌을 구하는 자가 누구인지를 적시할 필요도 없는바, 저작권법 제103조[1]의 양벌규정은 직접 위법행위를 한 자 이외에 아무런 조건이나 면책조항 없이 그 업무의 주체 등을 당연하게 처벌하도록 되어 있는 규정으로서 당해 위법행위와 별개의 범죄를 규정한 것이라고는 할 수 없으므로, 친고죄의 경우에 있어서도 행위자의 범죄에 대한 고소가 있으면 족하고, 나아가 양벌규정에 의하여 처벌받는 자에 대하여 별도의 고소를 요한다고 할 수는 없다.

---

(3) 객관적 불가분의 원칙   친고죄에서 범죄사실의 일부분에 대한 고소나 **38** 그 취소는 범죄사실 전부에 대해 효력이 있다는 원칙을 말한다. 형사소송법은 이에 대해 특별한 규정을 두고 있지 않지만 이론상 인정된다. 왜냐하면 고소에서 범죄사실의 신고는 얼마든지 정확하지 않을 수도 있고, 고소권자의 범죄사실의 신고가 처벌범위까지 정할 수는 없기 때문이다. 이것은 '1개의 사건은

---

1) 현재는 저작권법 제141조에 해당한다.

나눌 수 없다'는, 형사소송의 전 과정을 관통하는 원칙의 한 표현이다. 다시 말해 이것은 공소제기의 효력, 기판력의 효력이 하나의 사건의 일부에만 미치지 않는 것과 마찬가지이다. 문제는 하나의 사건의 의미를 어떻게 이해하는가 하는 것인데, 통설은 형법의 죄수罪數 개념에 의해 하나의 사건의 의미를 이해한다.

39   따라서 단순일죄에서 객관적 불가분원칙은 예외 없이 적용된다. 즉, 단순일죄의 일부사실에 대한 고소는 전부에 대해 효력이 미친다(2002도5411). 반면에 형법상 실체적 경합관계에 있는 수개의 범죄는 범죄사실도 수개가 되므로 객관적 불가분원칙이 적용되지 않는다. 즉, 실체적 경합관계에 있는 범죄의 일부에 대한 고소나 그 취소의 효력은 다른 범죄에는 미치지 않는다.

40   1개의 행위가 수개의 죄에 해당하는 상상적 경합의 경우에는 객관적 불가분원칙의 적용 여부를 구체적으로 나누어보아야 한다. 1) 상상적 경합의 각 부분이 모두 친고죄이고 피해자가 모두 같은 경우라면, 객관적 불가분원칙은 그대로 타당하다. 예컨대, 동일한 피해자에 대한 사자명예훼손죄와 모욕죄가 상상적 경합관계에 있는 경우에, 모욕죄에 대하여 제기한 고소는 사자명예훼손죄에 대한 고소로서의 효력도 인정된다. 2) 그러나 상상적 경합의 각 부분이 모두 친고죄이기는 하나 피해자가 모두 다른 경우라면, 고소권자가 수인이 되고, 피해자 1인이 한 고소의 효력은 다른 피해자에 대한 범죄사실에는 미치지 않는다. 즉 객관적 불가분원칙이 적용되지 않는다. 예컨대, 1개의 행위로 수인의 피해자를 모욕한 경우에, 피해자 1인이 제기한 고소의 효력은 당해 고소인에 대한 범죄사실에 한정되고, 다른 피해자에 대한 범죄사실에는 미치지 않는다. 3) 상상적 경합의 일부분만이 친고죄이고 나머지는 비친고죄인 경우 비친고죄에 대한 고소는 친고죄에 대하여 효력이 없다. 예컨대, 모욕죄와 업무방해죄가 상상적 경합인 경우 피해자가 업무방해죄에 대해 고소하더라도 그 효력은 모욕죄에 미치지 않는다고 보아야 한다. 또한 역으로 피해자가 모욕죄에 대해 고소를 취소하더라도 그 효력은 업무방해죄에 미치지 않는다(83도323).

5. 고소의 취소

41   **(1) 고소취소의 기한**   고소는 제1심 판결선고 전까지 취소할 수 있다(제232조 ①항). 물론 여기서의 고소도 친고죄의 고소를 의미한다. 고소취소를 제1심 판결선고 전까지로 제한하는 이유는, 피해자와 범인 사이에 사적인 분쟁해결가

능성을 인정하면서도, 국가의 형사사법권의 발동이 너무 오랜 기간 동안 개인의 의사에 좌우되는 것을 방지하기 위함이다(2022도11786). 따라서 제1심판결이 선고되면, 해당 사건에 대한 고소는 더 이상 취소할 수 없다. 항소심에서 공소장 변경 또는 법원의 직권에 의하여 비친고죄를 친고죄로 인정하였더라도, 항소심에 이르러 고소를 취소하는 것은 친고죄에 대한 고소취소로서의 효력이 없다(96도1922 전합). 이는 반의사불벌죄에서 범인의 처벌을 희망하는 의사표시를 철회하는 경우에 대해서도 마찬가지로 적용된다(제232조 ③항). 항소심에서 반의사불벌죄로 공소장이 변경된 경우에도 항소심에서 처벌희망의 의사표시를 철회하는 것은 그 효력이 없다(85도2518). 다만, 상소심에서 제1심판결을 파기하고 사건을 제1심법원에 환송함에 따라 다시 제1심절차가 진행된 경우에는, 환송 후의 제1심판결 선고 전에 고소가 취소되면, 형사소송법 제327조 5호에 의하여 판결로써 공소를 기각하여야 한다(2009도9112). 종전의 제1심판결은 이미 파기되어 효력을 상실하였으므로 환송 후의 제1심판결 선고 전에는 고소취소의 제한사유가 되는 제1심판결 선고가 없는 경우에 해당하기 때문이다. 재심개시결정이 내려진 경우에도 피해자는 재심의 제1심판결 선고 전까지 처벌을 희망하는 의사표시를 철회할 수 있다(2022도11786).

(2) **고소취소의 방법**   고소취소의 방법은 고소의 경우와 같다(제239조). 공 **42** 소제기 후의 고소취소는 법원에 대하여 할 수 있다. 서면 또는 구술에 의한 고소취소가 가능하다. 구술에 의한 고소취소는 조서를 작성해야 한다. 검사가 참고인진술조서를 작성할 때 행한 고소취소의 의사표시도 효력이 있다. 고소취소는 수사기관이나 법원에 대하여 행해져야 하므로, 범인과 피해자 사이의 합의서 작성만으로는 고소취소가 될 수 없고, 합의서를 수사기관이나 법원에 제출함으로써 고소취소의 효력이 있다(2001도6777). 반의사불벌죄에서 처벌희망 의사의 철회는 피해자의 진정한 의사가 명백하고 믿을 수 있는 방법으로 표시되어야 한다(2017도8989).[1] 미성년자인 피해자도 의사능력이 있는 이상 단독으로 처벌희망의 의사표시를 철회할 수 있고, 법정대리인의 동의가 있어야 하는 것은 아니다(2009도6058 전합).

---

[1] 2001도1809: "피해자가 피고인을 고소한 다음 증인소환을 연기해 달라고 하거나 기일변경신청을 하고 출석하지 않은 것만으로는 처벌희망의사표시의 철회로 볼 수 없다."

[2011도17264] 고소취소의 방법

[1] 고소의 취소나 처벌을 희망하는 의사표시의 철회는 수사기관 또는 법원에 대한 법률행위적 소송행위이므로 공소제기 전에는 고소사건을 담당하는 수사기관에, 공소제기 후에는 고소사건의 수소법원에 대하여 이루어져야 한다.

[2] 피고인이 갑의 명예를 훼손하고 갑을 모욕하였다는 내용으로 기소된 사안에서, 공소제기 후에 피고인에 대한 다른 사건의 검찰 수사과정에서 피고인에 대한 이전의 모든 고소 등을 취소한다는 취지가 기재된 합의서가 작성되었으나 그것이 제1심 판결 선고 전에 법원에 제출되었다거나, 그 밖에 갑이 고소를 취소하고 처벌의사를 철회하였다고 볼 만한 자료가 없는데도, 이와 달리 보아 공소를 기각한 원심판결에 법리오해의 위법이 있다고 한 사례

43   (3) 고소취소의 효과   친고죄의 경우에 고소취소의 효과로서, 고소를 취소한 자는 다시 고소하지 못한다(제232조 ②항). 또한 반의사불벌죄에서 피해자의 처벌불원의사는 철회할 수 없다. 이는 피해자가 합의서를 가해자(피고인)에게 주고, 가해자가 합의서를 수사기관에게 제출하는 방식으로 표현된 경우에도 마찬가지이다(2001도4283). 고소취소가 있으면 검사는 불기소처분을 해야 하고 수소법원은 공소기각의 판결을 하여야 한다. 고소취소에 대해서도 고소불가분원칙이 적용된다.

44   (4) 공범자에 대한 제1심 판결선고 후의 고소취소   공범 중 1인에 대하여 제1심 판결이 선고되어 고소를 취소할 수 없게 되었을 때(제232조 ①항) 아직 제1심 판결이 선고되지 않은 다른 공범에 대해 고소취소가 가능한지 여부가 문제된다. 이에 대해 친고죄에서 피해자의 의사를 존중하여 아직 판결을 선고받지 않은 공범에게는 고소취소가 가능하되, 이미 제1심판결을 선고받은 자에게는 그 고소취소의 효력이 미치지 않는 견해도 있다. 그러나 통설[1]과 판례(85도1940)는 이를 부정한다. 공범 1인에 대한 제1심판결 선고 이후에는 그에 대한 고소취소가 불가능하므로, 불공평한 결과를 방지하기 위하여 아직 제1심판결을 선고받지 않은 다른 공범에 대한 고소취소도 불가능하다는 것이다. 생각건대 처벌의 공평, 고소 또는 그 취소의 불가분성, 형사사법권의 발동이 사인의 의사에 지나치게 좌우되는 위험의 방지라는 견지에서 통설과 판례의 입장이 타당하다.

---

1) 강구진 169; 배종대/홍영기 [18] 27; 이은모/김정환 192 이하; 이재상/조균석/이창온 11/42; 이창현 258.

6. 고소의 포기

고소 또는 고소권의 포기는, 친고죄의 고소기간 내에 미리 장차 고소권을　**45**
행사하지 않겠다는 의사표시를 하는 것을 말한다. 그리고 반의사불벌죄의 경우
에는 처벌을 희망하지 않는 의사표시를 미리 해두는 것을 의미한다. 이를 인정
하면, 고소권자는 고소권을 상실하게 되고 소송법적으로는 소송장애사유(제327
조 5·6호)가 된다. 고소권의 포기를 인정할 수 있는가를 둘러싸고 견해가 대립하
고 있다. 1) **적극설**은 고소취소를 인정하는 이상 고소포기도 인정해야 하고, 고
소포기를 인정해도 피해가 없으며, 고소포기를 인정하면 친고죄에 대한 수사를
신속하게 종결할 수 있는 장점이 있다고 한다.[1] 이에 반해 2) **소극설**은 고소권
은 공법상의 권리이므로 사적 처분은 허용될 수 없고, 고소취소와 달리 고소포
기에 대한 명문규정이 없으며, 고소권의 포기를 인정하면 고소권을 소멸시키기
위한 온갖 폐단이 우려된다는 점에서 고소포기를 인정할 수 없다고 한다.[2] 판
례는 소극설을 따른다(67도471). 한편 3) **절충설**은 고소권의 포기를 인정하되 고
소취소의 경우와 같이 법원 또는 수사기관에 대하여 하는 경우에만 인정된다고
한다.[3] 친고죄에서 고소의 포기가 없더라도 고소하지 않는 한 수사가 개시될
수 없으며, 법원 또는 수사기관에 대해 고소를 포기한다는 의사를 표시하는 것
은 고소의 취소와 다를 바 없다. 또한 비친고죄의 경우에는 고소의 포기 여부와
상관 없이 수사개시의 여부가 결정될 수 있으므로 고소의 포기를 인정할 실익
이 없다. 따라서 소극설이 타당하다.

Ⅲ. 고　발

1. 의　의

고발은 고소권자와 범인 이외의 제3자가 수사기관에 범죄사실을 신고하여　**46**
범인의 소추를 구하는 의사표시를 말한다. 범인의 처벌을 바라는 의사표시가 있
어야 하므로, 단순한 피해신고나 범죄사실의 신고는 고발이 되지 않는다. 고소
권자 아닌 자의 의사표시라는 점에서 고소와 구별되며 범인 본인의 의사표시가

---

[1] 정영석/이형국 160.
[2] 배종대/홍영기 [18] 24; 신동운 215; 이재상/조균석/이창온 11/48; 이창현 259 이하.
[3] 김기두 203; 백형구 417; 이은모/김정환 197.

아니라는 점에서 자수와도 구별된다. 고발은 원칙적으로 수사단서에 불과하다. 그러나 예외적으로 관세법(제284조 ①항)이나 조세범처벌법(제21조) 위반사건의 경우에는 소송조건이 되기도 한다.

2. 고발의 절차

47   고발은 범죄가 있다고 생각되면 누구든지 할 수 있다(제234조 ①항). 공무원은 그 직무를 행하면서 죄가 있다고 생각되면 고발해야 할 의무가 있다(같은 조 ②항). 그러나 직무집행과 관계없이 우연히 알게 된 범죄는 그렇지 않다. 고소의 경우와 마찬가지로 자기 또는 배우자의 직계존속을 고발하지 못한다(제224조, 235조). 고발의 방식과 취소의 절차 등은 고소의 경우와 같다(제237조, 238조, 239조). 다만 대리인에 의한 고발은 인정되지 않는다. 고발기간에도 제한이 없다. 고발은 취소한 후에도 다시 고발할 수 있다.

Ⅳ. 변사자의 검시

1. 의   의

48   변사자는 범죄발견의 단서가 되는 경우가 적지 않기 때문에 형사소송법은 검시제도를 두고 있다. 변사자 또는 변사의 의심이 있는 시체가 있으면 그 소재지를 관할하는 지방검찰청 검사가 검시하여야 한다(제222조 ①항). 검사는 사법경찰관에게 변사자검시와 검증의 처분을 명할 수 있다(같은 조 ③항).

2. 변 사 자

49   '변사자'는 통상의 병사 또는 자연사가 아닌 시체로서 범죄로 인한 사망의 의심이 있는 시체를 말한다.[1] 변사는 수사개시의 단서가 되기 때문에 그 개념을 특별히 제한해야 할 이유는 없다. 그러나 익사 또는 천재지변으로 인한 사망이 명백한 경우에는 검시대상에서 제외된다.

3. 검시와 검증

50   '검시'는 변사자 또는 변사의 의심이 있는 시체를 조사하여 그 사망이 범죄

---

1) 강구진 159; 김기두 198; 백형구 407; 이은모/김정환 201; 이재상/조균석/이창온 11/4; 이창현 235 등.

에 의한 것인가를 밝히는 행위를 말한다. 검시 결과 범죄혐의가 인정되면 수사
가 시작된다. 따라서 검시는 수사의 단서인 수사전의 처분이고 수사상의 처분인
검증과는 구별된다.

4. 강제처분과 영장주의

검시로 범죄혐의가 인정되면 수사절차로 이행하게 되며, 이때 긴급을 요하   **51**
는 경우엔 영장 없이 검증을 할 수 있다(제222조 ②항). 검시를 위하여 타인의 주
거에 들어가야 하는 경우에 영장이 필요한가에 관해서는 검시의 긴급성과 필요
성에 비추어 영장을 필요로 하지 않는다고 보는 견해가 있다.[1] 그러나 타인의
주거에 들어가는 것은 강제처분이고 영장주의의 예외가 인정되어야 할 특별한
이유가 없으므로, 주거권자의 동의가 없는 때에는 영장이 필요한 것으로 보아야
한다.[2] 또한 시체를 부검할 때에는 법관에 의한 검증영장이 발부되어야 한다.

V. 불심검문

1. 의   의

불심검문은 경찰관이 거동이 수상한 자를 정지시켜 질문하는 것을 말한다.   **52**
경찰관직무집행법(제3조 ①항)은 경찰관이 수상한 행동이나 그 밖의 주위 사정을
합리적으로 판단하여 볼 때 어떠한 죄를 범하였거나 범하려 하고 있다고 의심
할 만한 상당한 이유가 있는 사람 또는 이미 행하여진 범죄나 행하여지려고 하
는 범죄행위에 관한 사실을 안다고 인정되는 사람을 정지시켜 질문할 수 있다
고 규정하고 있다. 이것을 직무질문이라고 한다. 그 밖에 경찰관직무집행법이
인정하는 불심검문의 방법으로는 임의동행(같은 조 ②항)과 흉기소지검사(같은 조
③항)가 있다. 임의동행은 현장에서 직무질문하는 것이 본인에게 불리하거나 교
통에 방해가 될 경우에 질문을 위하여 부근 경찰관서에 동행하도록 요구하는
것을 말한다. 그리고 흉기소지검사는 직무질문대상자에게 질문하면서 흉기의
소지 여부를 조사하는 것을 말한다.

---

1) 김기두 198; 백형구 407.
2) 강구진 159; 신동운 190; 이은모/김정환 201 이하 이재상/조균석/이창온 11/6; 이창현 236.

2. 법적 성격

53   불심검문은 행정경찰작용에 속하면서 중요한 수사단서를 제공하는 경우가 적지 않다. 즉 불심검문은 발각되지 않은 범죄의 수사단서를 찾는 계기가 됨은 물론이고, 경찰관직무집행법상의 요건만 구비되면 특정범죄의 범인을 발견하는 계기도 될 수 있기 때문에 수사와 밀접한 관계가 있다. 어느 경우든지 불심검문에 의해 범죄혐의가 드러나면 수사기관은 언제든지 수사에 착수할 수 있다. 다시 말해 불심검문은 수사착수 이전까지의 단계는 행정경찰작용이며, 그 이후는 형사소송법에 의한 사법경찰작용이 된다.

3. 대 상 자

54   경찰관직무집행법이 규정하고 있는 불심검문의 대상자를 거동불심자라고 한다. 거동불심자의 요건인 '죄를 범하려고 하고 있다고 의심할 만한 상당한 이유가 있는 자'는 준현행범인(제211조 ②항)이나 체포(제200조의2) 또는 긴급체포(제200조의3)에 이를 정도로는 아직 범죄가 특정되지 않은 경우를 말한다(2011도13999). 즉 형사소송법상의 구체적 범죄혐의는 아직 없고 '범죄수사학적 범죄혐의'만 인정되는 자를 가리킨다. 거동불심자에 관한 판단은 행위자의 외부적 거동뿐만 아니라 경찰관의 사전정보에 의한 것이라도 상관없다.

4. 불심검문의 방법

55   **(1) 정지와 질문**   불심검문의 방법은 정지하여 질문하는 것과 필요한 경우 질문을 위하여 경찰관서에 동행을 요구하는 것이다. 정지는 직무질문을 위한 수단이다. 동행요구도 마찬가지이다. 거동불심자에게 질문하는 내용은 성명·주소·연령, 용건이나 행선지를 묻거나 신분증제시를 요구할 수 있다. 필요할 경우 소지품 내용을 물어서 수상한 점을 밝힐 수도 있다. 질문은 어디까지나 임의수단으로 신체구속 등에 의하여 답변을 강요하거나 의사에 반하는 강제동행을 요구하는 것은 허용되지 않는다(경직법 제3조 ⑦항). 그러므로 상대방이 답변을 거부하고 떠나려고 하는 경우 강제에 해당하지 않을 정도로 설득하여 의사를 번복하게 하는 방법밖에 없다. 불심검문은 임의처분이기 때문이다. 또한 질문을 행하기에 앞서 경찰관은 자신의 신분을 표시하는 증표를 제시하면서 소속과 성명을 밝히고 그 목적과 이유를 설명해야 하며, 동행장소도 밝혀야 한다(같은 조 ④항).

정지시킨 후 질문함이 없이 곧바로 소지품 검사를 하는 경우에도 이 증표제시 및 설명의무를 이행하지 않고서는 위법한 불심검문이 된다.

(2) **동행요구**   경찰관직무집행법상 동행요구는 정지한 장소에서의 질문이 **56** 상대방에게 불리하거나 교통에 방해가 된다고 인정되는 때에 한하여 질문을 위 해 부근의 경찰관서에 동행할 것을 요구하는 것을 말한다(경직법 제3조 ②항). 동 행은 상대방의 승낙이 있는 경우에만 가능하다. 그러므로 당해인은 경찰관의 동 행요구를 언제든지 거절할 수 있다(같은 항). 이 점에서 임의동행이라고 부르는 것이다. 경찰관직무집행법상의 임의동행은 형사소송법상의 임의수사 가운데 하 나인 임의동행과 구별해야 한다. 앞의 임의동행은 행정경찰작용이고 뒤의 임의 동행은 사법경찰작용, 즉 수사작용의 하나이다(2020도398).

임의동행을 한 경우 경찰관은 당해인의 가족 또는 친지 등에게 동행한 경 **57** 찰관의 신분, 동행장소, 동행목적과 이유를 고지하거나, 본인으로 하여금 즉시 연락할 수 있는 기회를 부여하여야 하며, 변호인의 조력을 받을 권리가 있음을 고지하여야 한다(같은 조 ⑤항). 임의동행을 한 경우에도 경찰관은 당해인을 6시 간을 초과하여 경찰관서에 머물게 해서는 안 된다(같은 조 ⑥항). 만일 경찰관이 이와 같은 의무를 위반하거나 직권을 남용하여 다른 사람에게 피해를 주었다고 인정되면 1년 이하의 징역이나 금고를 받을 수 있다(같은 법 제12조).

(3) **한 계**   만일 거동불심자가 정지요구에 응하지 않거나 질문 도중에 떠 **58** 나는 경우에 어느 정도의 실력행사를 할 수 있는가에 관해 학설이 대립하고 있 다. 1) 제한적 허용설은 사태의 긴급성, 혐의정도에 따라서 질문의 필요성과 수 단의 상당성을 고려하여 임의처분의 성격을 다치지 않는, 즉 신체구속에 이르지 않는 한 어느 정도의 실력행사는 허용된다고 한다.[1) 2) 예외적 허용설은 강제와 실력행사의 구별은 사실상 불가능하므로 정지에 실력을 행사하는 것은 원칙적 으로 허용되지 않지만, 1) 살인·강도 등의 중범죄에 한하여, 2) 긴급체포도 가 능하지만 신중을 기하기 위한 경우 등에는 예외적으로 실력행사가 인정된다고 한다.[2) 생각건대 정지요구는 행정경찰작용의 일환으로 이루어지는 것인데, 정 지요구에 수반되는 실력행사를 허용하는 법률규정이 없다는 점에서 문제가 된 다. 그러므로 필요하다면 불심검문의 목적달성에 필요한 최소한의 범위 안에서

---

1) 예컨대 길을 막거나 추적하거나 몸에 손을 대는 정도의 실력행사를 말한다. 다수설이다: 강 구진 174; 신동운 184; 이은모/김정환 204 이하; 이창현 267 이하.

2) 이재상/조균석/이창온 11/12.

실력행사를 인정하는 입법이 있어야 할 것이다.

[2020도398] 불심검문 1

임의동행은 경찰관 직무집행법 제3조 제2항에 따른 행정경찰 목적의 경찰활동으로 행하여지는 것 외에도 형사소송법 제199조 제1항에 따라 범죄 수사를 위하여 수사관이 동행에 앞서 피의자에게 동행을 거부할 수 있음을 알려 주었거나 동행한 피의자가 언제든지 자유로이 동행과정에서 이탈 또는 동행장소로부터 퇴거할 수 있었음이 인정되는 등 오로지 피의자의 자발적인 의사에 의하여 이루어진 경우에도 가능하다(대판 2020. 5. 14, 2020도398).

[2010도6203] 불심검문 2

[1] 경찰관직무집행법(이하 '법'이라 한다)의 목적, 법 제1조 제1항, 제2항, 제3조 제1항, 제2항, 제3항, 제7항의 규정 내용 및 체계 등을 종합하면, 경찰관은 법 제3조 제1항에 규정된 대상자에게 질문을 하기 위하여 범행의 경중, 범행과의 관련성, 상황의 긴박성, 혐의의 정도, 질문의 필요성 등에 비추어 목적 달성에 필요한 최소한의 범위 내에서 사회통념상 용인될 수 있는 상당한 방법으로 대상자를 정지시킬 수 있고 질문에 수반하여 흉기의 소지 여부도 조사할 수 있다.

[2] 검문 중이던 경찰관들이, 자전거를 이용한 날치기 사건 범인과 흡사한 인상착의의 피고인이 자전거를 타고 다가오는 것을 발견하고 정지를 요구하였으나 멈추지 않아, 앞을 가로막고 검문에 협조해 달라고 하였음에도 불응하고 그대로 전진하자, 따라가서 재차 앞을 막고 검문에 응하라고 요구하였는데, 이에 피고인이 경찰관들의 멱살을 잡아 밀치는 등 항의하여 공무집행방해 등으로 기소된 사안에서, 경찰관들의 행위는 적법한 불심검문에 해당한다고 보아야 하는데도, 이와 달리 보아 피고인에게 무죄를 선고한 원심판결에 법리오해의 위법이 있다고 한 사례

(4) 소지품검사

59　　(가) **의 의**　　소지품검사는 거동불심자에 대해 불심검문을 하면서 흉기 기타 물건을 소지하였는지를 확인하기 위해 그의 휴대품을 조사하는 것을 말한다. 소지품검사는 5단계로 이루어진다. 1) 외부에서 소지품을 관찰한다. 2) 소지품의 내용에 관해 질문한다. 3) 의복 또는 휴대품을 외부에서 손으로 가볍게 만지면서 질문한다. 4) 소지품의 내용제시를 요구한다. 5) 제시된 소지품을 검사한다.[1]

　　(나) **흉기 이외의 물건에 대한 조사**　　이러한 소지품검사의 법적 근거는 경

---

1) 이재상/조균석/이창온 11/14.

찰관직무집행법 제3조 ③항이다. 그러나 이 규정은 소지품검사의 목적을 '흉기 **60**
의 소지 여부'로 못박고 있다. 그렇기 때문에 흉기 이외의 다른 물건에 대한 조
사를 허용할 수 있는가에 관해 견해가 대립하고 있다. 1) **긍정설**은 소지품검사
는 불심검문에 수반된 행위로서, 불심검문의 안전을 확보하거나 질문의 실효성
을 유지하기 위한 범위 안에서 허용된다고 한다.1) 이 견해에 의하면 흉기검사
이외에 일반소지품의 조사도 침해법익과 공익의 비교, 범죄의 중대성과 긴급성
등을 종합하여 극히 예외적인 경우에는 수색에 이르지 않는 정도의 실력행사가
허용될 수 있다.2) 2) **부정설**은 소지품검사는 흉기조사의 조사에 국한되며, 흉기
소지에 수반하여 다른 소지품을 검사하는 경우가 있더라도 이는 흉기조사에 수
반되는 결과일 뿐이라고 한다.3)

긍정설은 '흉기의 소지 여부'라고 명시한 경찰관직무집행법의 규정과 맞지 **61**
않는다. 그러나 두 학설 모두 범죄수사를 위한 소지품검사는 허용되지 않는다는
데 견해가 일치하고 있다. 이것은 영장이 필요한 형사소송법상의 수색에 해당되
기 때문이다. 물론 흉기든 소지품이든 '강제'검사가 허용되지 않는 것은 강제수
사법정주의에 비추어 자명한 일이다. 또한 어떤 경우에도 '소지품검사'가 형사소
송법상의 수색으로 악용되어서는 안 된다. 소지품검사는 구체적 범죄혐의가 아
직 인지되기 전에 이루어지는 것이므로 수색과 같은 강제수사가 되어서는 안
된다. 그렇지 않으면 소지품검사는 형사소송법의 영장제도를 유명무실하게 만
들 위험성이 있다. 따라서 부정설이 타당하다.

(5) 자동차검문

(가) 개념과 유형   자동차검문은 범죄의 예방·검거를 위해 통행 중인 자동 **62**
차를 정지시켜서 운전자 또는 동승자에게 질문하는 것을 말한다. 자동차검문에
는 교통검문, 경계검문 그리고 긴급수배검문이 있다. 1) **교통검문**은 무면허운전,
음주운전 등 도로교통법위반을 단속하기 위하여 차를 일시정지시키는 것으로서
교통경찰작용이다. 2) **경계검문**은 불특정한 일반범죄의 예방과 검거를 목적으로
자동차를 정지시켜 운전자나 동승자에게 질문을 하는 것으로서 행정경찰작용에
속한다. 3) **긴급수배검문**은 특정범죄가 발생한 때 범인의 검거와 수사정보의 수
집을 목적으로 자동차를 일시정지시켜 운전자나 동승자에게 질문하는 것으로서

---

1) 강구진 174; 이재상/조균석/이창온 11/17 참조.
2) 이재상, 직무질문과 소지품검사, 영장에 의한 수색의 범위, 고시계 1998.9, 180면.
3) 배종대/홍영기 [19] 40; 신동운 187; 이은모/김정환 208; 이창현 272 이하.

사법경찰작용인 수사활동에 속한다.

63   **(나) 법적 근거**   교통검문은 도로교통법 제47조의 일시정지권에서 그 법적 근거를 찾을 수 있으나, 경계검문과 긴급수배검문은 명확한 법적 근거를 찾기가 어렵다. 이에 대해 경계검문은 도로교통법 제47조와 경찰관직무집행법 제3조 ①항에서, 그리고 긴급수배검문은 도로교통법 제47조, 경찰관직무집행법 제3조 ①항 및 형사소송법의 임의수사규정(제199조 ①항, 제200조, 241조, 242조 등)에서 각각 그 근거를 찾을 수 있다는 견해가 있다.[1] 다른 견해로는 경계검문이 행정경찰작용이라는 점에서 그 근거를 경찰관직무집행법 제3조에서 찾고, 긴급수배검문이 사법경찰작용이라는 점에서 형사소송법 제199조 등에서 찾는 견해가 있다.[2]

64   **(다) 입법의 필요성과 방향**   그러나 경계검문과 긴급수배검문은 구체적 범죄혐의가 없는 모든 시민에 대한 기본권제한이 수반된다는 점에서 위의 규정은 충분한 법적 근거가 될 수 없다. 따라서 범죄혐의와 관련한 자동차검문에 대해서는 따로 입법이 필요하고,[3] 다음과 같은 내용이 반영되어야 한다. 1) 경계검문과 긴급수배검문은 자동차를 이용한 중대범죄에 국한되어야 한다. 2) 그것도 범죄예방·검거에 필요한 최소한도에 그쳐야 한다.[4] 어떤 경우에도 자동차이용자의 자유가 필요 이상으로 제한되어서는 안 되기 때문이다. 3) 그리고 임의수단의 성격을 넘어서는 자동차에 대한 수색·압수는 법관의 영장을 받도록 해야 한다. 긴급한 경우에는 먼저 필요한 처분을 하고 사후에 영장을 발부받아야 할 것이다.

---

1) 정영석/이형국 152.
2) 신동운 188; 이재상/조균석/이창온 11/19.
3) 이재상/조균석/이창온 11/20.
4) 이은모/김정환 210 이하 참조.

[9] 제 2 수사의 조건

[사례 4] 2006도2339

A는 청송보호감호소에서 출소한 후 B와 함께 거주하여 왔는데, B는 서울중앙지방검찰청의 정보원으로 활동하여 오면서 5차례 가량 마약수사에 협조하여 마약사범을 검거한 대가로 포상금을 수령하였던 사실이 있다. A는 청송교도소에서 복역할 당시 甲을 알게 되었는데, 2005년 2월 초순경부터 10여 차례에 걸쳐 甲에게 "아는 여자가 메스암페타민(이하 '필로폰'이라 한다)을 구입하려고 하니 구해 달라"고 부탁하였다. 甲은 A의 부탁을 거절하여 오다가 2005년 2월 22일 청송보호감호소에서 만나 알고 지내던 C에게 필로폰을 매수할 수 있는지 여부를 문의하여 C로부터 "필로폰 20g을 6~700만 원에 판매하겠다는 사람이 있다"는 연락을 받고 A에게 그 사실을 알려 주었다. B는 A로부터 그 사실을 전해 듣고 서울중앙지방검찰청 마약수사관에게 전달하였는데, 당시 마약수사관이 필로폰을 위장매수할 자금을 마련하지 못하였다고 하자 A를 시켜 필로폰 거래를 연기하게 하였다. 그 후 필로폰을 위장매수할 자금이 마련되자 A는 2005년 2월 23일 甲과 다음날 만나 필로폰 거래를 하기로 약속한 다음 B에게 그 사실을 알려 주었다. B는 마약수사관에게 이를 제보하였고, 이에 마약수사관이 위장매수자금을 소지하고 동행자로 위장한 가운데 甲과 B가 C를 만나게 되었다. 그런데 필로폰 매도인인 E가 매수인인 B 등을 직접 만나 거래하기를 꺼려하는 등 쉽게 거래가 이루어지지 아니하자, 甲은 같은 날 13:00경 먼저 돌아가 버렸다. 甲이 돌아간 다음에도 C는 계속하여 거래를 알선하여 같은 날 18:00경 E로 하여금 B에게 필로폰을 판매하도록 하던 중 현장에 잠복 중인 마약수사관에게 검거되었다. 그 후 A는 B를 도와 필로폰 매매에 관한 정보를 제공하였다는 이유로 입건되지 아니하였고, B는 위 필로폰 매매에 관한 정보를 제공하여 마약사범을 검거한 대가로 포상금 100만 원을 지급받았다. 그러나 甲은 '마약류 관리에 관한 법률' 위반(매매알선) 혐의로 공소제기되었다. **甲에 대한 공소제기는 적법한가?**

[주요논점] 1. 수사의 조건에는 어떠한 것이 있는가?

2. 함정수사는 위법한 수사인가?

3. 위법한 함정수사의 법적 효과는 어떠한가?

[관련판례] 2004도1066; 2008도7362; 2007도1903

1   수사의 단서가 있다 하더라도 언제나 수사가 개시되는 것은 아니다. 수사
는 항상 기본권침해의 위험을 수반하기 때문이다. 기본권침해를 최소화하여 수
사라는 국가권력작용이 헌법상의 비례성원칙을 지키도록 하기 위해 수사는 일
정한 조건이 갖추어질 때 비로소 개시되어야 한다. 이러한 수사의 조건으로는
수사의 필요성과 상당성이 문제된다. 수사의 필요성이 인정되기 위해서는 1) 수
사기관이 범죄혐의를 인지해야 하고, 2) 소송조건이 존재해야 한다. 수사의 상
당성은 다시 1) 수사의 균형성과 2) 신의칙의 문제로 구체화된다.

I. 수사의 필요성

1. 범죄혐의의 인지

2   수사기관은 범죄혐의가 있다고 사료되면 수사에 착수하여야 한다(제196조).
여기서의 범죄혐의는 '구체적 범죄혐의'를 의미한다.[1] 즉 수사개시의 요건인 범
죄혐의는 '충분한 구체적 사실'에 근거를 둔 것이어야 한다. 구체적 사실에 근거
하지 않고 수사기관에서 범죄수사의 일반적 기법, 즉 범죄수사학(Kriminalistik)에
따라 추정하는 혐의는 '추상적 범죄혐의'라 하는데,[2] 추상적 범죄혐의만으로는
수사의 개시가 불가능하고 내사가 가능할 뿐이다. 물론 내사와 수사의 실질적
구분은 어렵지만 추상적 혐의가 구체적 혐의로 드러날 때 '입건'을 통해 수사가
개시되는 것이다.[3] 그러므로 내사의 대상인 용의자는 '추상적 범죄혐의'가 있는
자이지만, 수사의 대상인 피의자는 제196조의 '구체적 범죄혐의'가 있는 자라는
점에서 구별된다.

2. 소송조건이 구비되지 않은 경우의 수사

3   수사개시의 조건으로 한 가지 문제되는 것은 소송조건이 구비되지 않은 경
우에도 수사를 할 수 있는가 하는 점이다. 예컨대 친고죄 사건에서 고소가 없거
나 반의사불벌죄 사건에서 처벌희망의사표시가 철회되었을 때에도 수사기관이

---

1) 배종대/홍영기 [17] 4; 신동운 169; 이은모/김정환 176; 이재상/조균석/이창온 10/2; 이창현 216.
2) 예컨대 관할구역 내에서 강도사건이 발생하자 사법경찰관이 유사한 범죄수법을 가진 강도
   전과가 있는 출소자에게 혐의를 두는 것은 일반적 수사기법에 따른 추상적 혐의이다. 그런데
   만약 범죄현장 근처에서 그 출소자를 보았다는 구체적 사실을 진술하는 목격자가 나타난다면
   이제 그의 범죄혐의는 구체적 범죄혐의가 되는 것이다.
3) 위의 [8] 2 이하 참조.

수사를 할 수 있는가 하는 점이다. 이를 둘러싸고 견해대립이 있다.

(1) 전면허용설 친고죄의 고소가 없거나 반의사불벌죄의 처벌희망의사표 4
시를 철회한 경우에도 수사가 허용된다는 견해이다. 검사, 사법경찰관과 같은
수사기관은 국가형벌권을 실현하기 위해서 존재한다. 따라서 피해자 등 사인의
고소나 처벌희망의사 여부와 상관없이 수사를 해야 한다고 한다. 검사는 범죄혐
의가 있으면 수사를 하고 필요한 조사를 할 수 있다는 형사소송법규정(제196조,
199조)도 이러한 맥락에서 이해한다. 소송조건은 공소제기조건에 지나지 않으므
로 수사는 범죄성립과 상관없이 이루어져야 한다는 것이다.

(2) 전면부정설 친고죄의 고소가 없거나 반의사불벌죄의 처벌희망의사표 5
시가 철회되면 강제수사는 물론 임의수사도 할 수 없다는 견해이다. 친고죄와
반의사불벌죄의 입법취지는 개인의 이익을 보호하는 데 있고, 특히 수사는 공소
제기·유지를 위한 것이므로 공소제기가 불가능한 경우라면 처음부터 수사를 해
야 할 필요성이 없다는 것이다.[1]

(3) 제한허용설 위 두 견해를 절충하는 입장으로서 고소나 처벌희망의사 6
표시가 없어도 수사는 원칙적으로 허용된다는 견해이다. 다만 일정한 기준에 따
라서 그 범위가 제한된다고 한다. 기준의 내용에 대해서는 다시, 1) 고소의 가
능성 또는 공소제기의 가능성이 있을 경우에만 임의·강제수사가 가능하다는 견
해,[2] 2) 처벌의 의사표시와 상관없이 임의수사는 가능하지만 강제수사는 허용
되지 않는다고 보는 견해[3]로 나뉘어진다. 판례도 1)의 견해를 따르고 있다(94도
252; 2008도7724).

(4) 결 론 친고죄는 가해자와 피해자의 자율적인 갈등해소와 사생활의 7
비밀을 존중하기 위해 국가형법의 개입을 자제하는 데 그 목적이 있다. 이러한
목적을 실현하기 위해서는, 1) 고소가능성이 전혀 없을 경우, 예컨대, 고소기간
의 경과로 고소권이 소멸하거나(제230조), 고소취소나 합의서 등의 제출로 처벌
을 희망하지 않는 의사표시가 명백한 경우(제232조)에는 일체의 수사를 허용하지
않아야 한다. 2) 고소가능성이 남아 있는 경우는 원칙적으로 기본권침해가 없는
임의수사만을 허용하되, 3) 강제수사는 폭력범죄의 경우에 한하여 피해자의 고
소가능성이 있을 경우 허용하는 것이 수사비례원칙에 부합한다.

---

1) 강구진 150.
2) 배종대/홍영기 [17] 6 이하; 신동운 172; 이은모/김정환 176; 이재상/조균석/이창온 10/3 이
   하; 이창현 217 이하.
3) 강구진 161; 김기두 209.

[2008도7724] 고소 · 고발과 수사조건

법률에 의하여 고소나 고발이 있어야 논할 수 있는 죄에 있어서 고소 또는 고발은 이른바 소추조건에 불과하고 당해 범죄의 성립요건이나 수사의 조건은 아니므로, 위와 같은 범죄에 관하여 고소나 고발이 있기 전에 수사를 하였더라도, 그 수사가 장차 고소나 고발의 가능성이 없는 상태하에서 행해졌다는 등의 특단의 사정이 없는 한, 고소나 고발이 있기 전에 수사를 하였다는 이유만으로 그 수사가 위법하게 되는 것은 아니다. 그렇다면 일반사법경찰관리가 출입국사범에 대한 출입국관리사무소장 등의 고발이 있기 전에 수사를 하였더라도, 달리 위에서 본 특단의 사정이 없는 한 그 사유만으로 수사가 소급하여 위법하게 되는 것은 아니다.

3. 형면제사유와 수사의 필요성

8   친족상도례(형법 제328조 ①항)와 같이 필요적 형면제사유가 인정되는 범죄에 대해 피해자의 고소가 있는 경우, 검사는 일단 수사를 하여 그 범죄의 혐의를 밝힌 다음에 불기소처분을 해야 하는지, 아니면 입건만 하고 실질적인 수사는 하지 않은 채 공소권이 없음을 이유로 바로 불기소처분을 내려야 하는지가 문제된다. 형사소송법 제321조 ①항은 "피고사건에 대하여 범죄의 증명이 있는 때에는 형의 면제 또는 선고유예의 경우 외에는 판결로써 형을 선고하여야 한다"고 규정하므로 형면제판결은 유죄판결이고, 법원의 실무도 본안을 심리한 후 그 죄가 인정되지 아니한다면 무죄판결을, 죄가 인정된다면 유죄의 이유를 설시하고 형면제판결을 선고한다. 또한 형면제판결을 받은 피고인은 무죄판결을 받기 위해 상소할 수도 있다. 하지만 어차피 처벌할 수 없게 될 사건에 대해 검사가 공소제기하지 않는 것은[1] 공소권행사의 재량한계를 일탈한 것이 아닐 뿐만 아니라, 혐의를 밝히는 수사를 실질적으로 전개하지 않는 것도 적법하다고 보아야 한다(2003헌마448).

---

1) 이를 규정한 검찰사건사무규칙 제115조 ③항 4호 사목.

Ⅱ. 수사의 상당성

1. 수사의 균형성과 신의칙

(1) 수사의 균형성   수사의 필요성이 인정되는 경우에도 수사의 수단이 추   9
구하는 목적에 상당하지 않다고 판단되면 허용될 수 없다(98도3329). 아무리 정
당한 수사목적이라 할지라도 그로 인해 침해되는 피의자의 법익이 수사로써 달
성하려는 공익보다 더 중대하다고 판단될 경우에는 수사기관은 수사절차를 개
시해서는 안 된다. 예컨대 극히 경미한 범죄에 대한 수사개시가 그러한 경우이
다.1) 이는 수사비례원칙의 한 내용인 균형성원칙이 수사개시요건에 적용된 결
과이다.

(2) 수사의 신의칙   국가가 수사를 개시하는 경우에도 국민을 속이는 행동   10
을 해서는 안 된다. 이것을 수사의 신의칙 또는 '사술詐術금지원칙'이라고 한다.
이는 적법절차원칙(헌법 제12조 ①항)의 한 내용이다. 이 원칙에 위배되는 대표적
인 보기가 함정수사이다.

2. 함정수사

(1) 함정수사의 의의   함정수사는 수사기관이나 수사기관의 사주를 받은   11
정보원 등이 시민에게 범죄기회를 제공하고 시민이 그 기회를 이용하여 범죄를
할 때 체포하는 수사행위를 말한다.

(2) 함정수사의 유형   함정수사는 '기회제공형'과 '범의유발형'으로 구별된   12
다. 1) 기회제공형의 함정수사는 이미 범죄의사를 가진 자에게 범죄의 기회만을
제공하는 경우를 말한다. 2) 범의유발형의 함정수사는 본래 범죄의사를 가지지
아니한 자에 대하여 수사기관이 사술이나 계략 등을 써서 범의를 유발케 하여
범죄하도록 하는 경우이다.

(3) 함정수사의 법치국가적 문제점   함정수사는 법치국가원칙에서 도출되   13
는 적법절차원칙에 반한다. 왜냐하면 국가가 시민에게 범죄를 권유하고 그 권유
된 범죄행위로 한 시민을 처벌하는 것은 자기모순일 뿐만 아니라, 국가가 그와

---

1) 길바닥에 떨어진 100원짜리 동전을 줍고도 당국에 신고하지 않은 사람을 점유이탈물횡령죄
   로 입건하고 피의자신문을 위해 경찰서에 출석할 것을 요구한다면 그것은 범죄인지권의 남용
   으로 적법성이 없다고 해야 할 것이다. 이와 관련하여 범죄인지권남용론을 주장하는 견해로는
   백형구, 현대수사법의 기본문제, 육법사 1985, 103-104면.

같은 속임수를 쓰지 않는다는 "시민의 신뢰"를 깨뜨렸기 때문이다. 영미법에서
는 수사기관의 함정에 걸린 자는 함정의 증명이 있는 경우에는 '올가미의 항
변'(defence of entrapment)에 의해 무죄를 주장할 수 있다는 이론이 주장되고 있
다. 한국의 통설과 판례는 기회제공형의 함정수사는 상당성을 잃지 않는 반면,
범의유발형의 함정수사는 위법하다는 입장이다(2006도2339; 2013도1473 등). 다만,
판례는 범의를 유발한 주체가 누구냐에 따라 수사기관과 밀접한 관련을 가진
자가 범의를 유발한 경우는 위법한 함정수사이지만, 수사기관과 관련 없는 자가
범의를 유발한 경우는 위법한 함정수사가 아니라고 한다.

> **[2019도15987] 함정수사의 위법 여부**
>
> 본래 범의를 가지지 아니한 사람에 대하여 수사기관이 사술이나 계략 등을 써서 범
> 의를 유발하게 하여 범죄인을 검거하는 함정수사는 위법하다. 구체적인 사건에 있
> 어서 위법한 함정수사에 해당하는지 여부는, 해당 범죄의 종류와 성질, 유인자의 지
> 위와 역할, 유인의 경위와 방법, 유인에 따른 피유인자의 반응, 피유인자의 처벌 전
> 력 및 유인행위 자체의 위법성 등을 종합하여 판단하여야 한다. 수사기관과 직접
> 관련이 있는 유인자가 피유인자와의 개인적인 친밀관계를 이용하여 피유인자의 동
> 정심이나 감정에 호소하거나, 금전적·심리적 압박이나 위협 등을 가하거나, 거절하
> 기 힘든 유혹을 하거나, 또는 범행방법을 구체적으로 제시하고 범행에 사용될 금전
> 까지 제공하는 등으로 과도하게 개입함으로써 피유인자로 하여금 범의를 일으키게
> 하는 것은, 위법한 함정수사에 해당하여 허용되지 않는다. 그렇지만 유인자가 수사
> 기관과 직접적인 관련을 맺지 않은 상태에서 피유인자를 상대로 단순히 수차례 반
> 복적으로 범행을 부탁하였을 뿐, 수사기관이 사술이나 계략 등을 사용하였다고 볼
> 수 없는 경우에는 설령 그로 인하여 피유인자의 범의가 유발되었다 하더라도 위법
> 한 함정수사에 해당하지 않는다.

⑷ 위법한 함정수사의 소송법적 효과

14   ㈎ **절차법적 효과**   먼저 절차법적 효과로는 다음과 같은 세 가지를 생각
해 볼 수 있다. 1) 함정수사를 통해 얻어진 범죄혐의에 대해 검사는 수사를 개
시해서도 안 되고 공소를 제기해서도 안 된다. 2) 함정수사를 토대로 공소제기
가 이루어지면 수소법원은 소송조건의 흠결 또는 소송장애를 이유로 공소기각
판결(제327조)을 해야 한다.[1] 판례는 범의유발형의 함정수사에 기한 공소제기는

---

1) 강구진 179; 배종대/홍영기 [19] 21; 이은모/김정환 181.

그 절차가 법률의 규정에 위반하여 무효인 때에 해당한다고 본다(2005도1247; 2007도1903). 3) 수소법원의 실체심리를 인정하더라도 위법한 함정수사로 수집한 증거는 위법수집증거로 증거능력을 배제하여야 한다.[1)]

(나) **실체법적 효과** 다음으로 함정수사의 실체법적 효과에 대해서는 아래   15 와 같은 견해들이 있다. 1) **무죄판결설**은 함정수사를 가장 엄격하게 금지하려는 견해로, 함정수사는 국가기관이 범죄를 유발하였기 때문에 수사기관의 염결성 이 침해되었고 수사기관이 제공한 범죄의 동기와 기회를 일반시민이 뿌리치기 곤란하다는 점을 들어 피교사자의 행위를 무죄로 해야 한다고 주장한다.[2)] 따라 서 수소법원이 무죄판결을 내려야 한다고 한다. 2) **유죄판결설**은 함정수사를 광 범위하게 허용하는 견해로, 함정수사에 의해 범죄를 범한 자라도 함정에 걸렸다 는 사실만으로 위법성과 책임이 조각될 수 없고, 범의를 유발당한 자가 자유의 사로 범죄를 실행한 이상 실체법상 처벌이 가능하다고 한다.[3)]

(다) **결 론** 생각건대 함정수사의 함정에 빠진 자 하더라도 그것이 수사 기관의 강요된 행위로서 기대가능성이 배제되지 않는 한 그 행위를 무죄라고 할 수는 없다. 다만, 함정수사를 근거로 한 공소제기는 위법한 공소제기라고 보 아야 하므로 공소기각의 판결을 하는 것이 타당하다.

제 3 절 임의수사

[10] 제 1 수사의 방법

I. 임의수사와 강제수사

1. 의 의

수사의 방법에는 임의수사와 강제수사가 있다. 임의수사는 수사방법이 임   1 의적인 수사를 가리킨다. 즉, 수사의 대상이 되는 피의자 등에 대해 강제력을 행사하지 않고 그들의 임의적 참여를 통해 이루어지는 수사이다. 이에 반해 강

---

1) 강구진 179; 김기두 208; 배종대/홍영기 [19] 21; 신동운 178; 이재상/조균석/이창온 11/14.
2) 신동운 179; 이창현 233 이하.
3) 김진환, 함정수사에 의하여 수집한 증거, 고시계 1989.9, 97면; 이재상/조균석/이창온 11/13.

제수사는 강제처분에 의한 수사를 말하는데, 강제처분이란 소송절차의 진행이나 형벌의 집행을 확보하기 위하여 개인의 기본권을 제한하는 강제력을 사용하는 것을 말한다. 형사소송법은 임의수사를 원칙적으로 하고 강제수사는 법률에 특별한 규정이 있는 경우에 한하여 예외적으로 허용하고 있다(제199조 ①항).

2   **(1) 임의수사**   임의수사의 구체적 방법은 수사기관에서 결정한다(제199조 ①항 본문). 다만 형사소송법은 임의수사 가운데서도 피의자신문(제200조, 241조 이하), 참고인조사(제221조 ①항), 감정·통역·번역의 위촉(같은 조 ②항), 공무소 등에 대한 조회(제199조 ②항) 등에 관해서는 특별한 규정을 두고 있다.

3   **(2) 강제수사**   강제수사의 방법은 형사소송법이 규정하는 강제처분에 한정된다. 현행법에 규정된 강제처분에는 대인적 강제처분인 체포, 구속과 대물적 강제처분이라 할 수 있는 압수·수색·검증이 있다. 그 밖에 수사절차에는 강제처분의 성격을 지니는 수사상의 증거보전(제184조)과 증인신문청구(제221조의2)에 대한 규정이 있다. 이와 같은 강제처분은 다시 그 주체에 따라 법원에 의한 강제처분과 수사기관의 강제처분으로 구별된다. 형사소송법은 법원의 강제처분에 관해 우선 규정하고(제68조부터 145조), 수사기관의 강제처분(제200조의2부터 220조)에 대해서는 대부분 법원의 강제처분에 관한 규정을 준용한다(제209조, 219조).

2. 임의수사와 강제수사의 구별기준

4   **(1) 형식설과 실질설**   임의수사와 강제수사를 어떤 기준에 따라 구별할 것인가에 대해서는 견해차이가 있다. 먼저 1) **형식설**은 형사소송법이 규정한 강제처분의 유형만을 강제수사라고 하고 그 밖의 수사는 임의수사라는 입장이다. 형사소송법 제199조 ①항 단서 "이 법률에 특별한 규정이 있는 경우에 한하여" 강제처분을 할 수 있다는 규정을 문리적으로 해석한 결론이다. 이에 대해 2) **실질설**은 강제수사와 임의수사를 실질적 기준으로 구별하려고 한다. 실질적 기준으로는 물리적 강제력의 행사유무 또는 상대방의 의사에 반하는가의 여부[1] 등이 제시된다.

(2) 적법절차기준설   이 견해는 헌법이 선언하고 있는 적법절차원칙(헌법 제12조 ①·③항)을 근거로 수사기관의 처분이 법공동체가 공유하는 최저한도의 기본인권을 침해할 위험성이 있는 경우에는 영장주의가 적용되는 강제수사이고, 그렇지 않은 경우에는 임의수사로 본다.[2] 이에 덧붙여 목적론적 관점을

---

1) 백형구 424; 이재상/조균석/이창온 12/2.
2) 신동운 224.

도입하는 절충적 견해도 있다. 즉 영장의 요부라는 목적론적 관점에서 강제의　5
유무, 법적 의무부과의 여부, 법익침해의 유무를 기준으로 임의수사와 강제수사
를 구분하고,[1] 이것을 적법절차의 구체적 판단기준으로 하자는 견해가 곧 그것
이다.[2]

(3) 검 토　형식설은 형사소송법이 예상하지 못한 새로운 수사방법을 모　6
두 임의수사로 이해하여 인권침해를 통제할 수 없는 단점이 있다. 이 점은 실질
설 가운데서 물리적 강제력을 기준으로 하는 견해도 마찬가지이다. 적법절차기
준설은 수사에 대한 강력한 법치국가적 통제를 위해 강제수사의 범위는 가능한
넓게 잡는 장점은 있다. 그러나 적법절차 여부는 다양한 요소를 종합적으로 고
려하여 판단할 수 있는 것이기 때문에 강제수사와 임의수사를 구별하는 명확한
기준을 제공하지 못하는 문제점이 있다.

(4) 결 론　강제수사와 임의수사의 구별기준은 새로운 수사방법에 대한　7
법치국가적 통제가 가능하도록 강제수사의 범위를 될 수 있는 대로 넓게 잡으
면서 그 적용이 간명할 수 있어야 한다. 이것에 부합되는 것은 수사활동에 의한
기본권침해의 유무를 기준으로 하는 것이다. 이 기준은 강제수사법정주의가 형
사소송법에 반영된 공법상의 일반원칙인 법률유보라는 점에서 그 이론적 근거
를 찾을 수 있다. 즉 강제수사는 형사소송법률에 정해진 경우에만 허용된다는
제199조 ①항 단서의 규정은 국가활동이 국민의 기본권을 제한할 경우에는 법
률에 그 근거가 있어야 한다는 헌법 제37조 ②항이 형사절차에 구현된 것으로
이해할 수 있다.

Ⅱ. 임의수사와 강제수사의 한계영역

과학기술의 발달로 형사소송법이 예상하지 못한 새로운 수사방법이 계속　8
등장하고, 그로 인한 기본권침해도 무시할 수 없는 상황이 되었다. 여기에서 형
사소송법이 규정하지 않은 새로운 형태의 강제처분을 법률적으로 규제해야 할
필요가 발생한다. 새로운 형태의 강제처분은 형사소송법의 유추적용에 의하거나
또는 특별법에 의하여 통제할 수 있다. 나아가 형사법의 영역이 아닌 행정법의
영역에서 발생하는 조사활동이 수사의 방법으로 적용되는 경우가 있는데, 이러

---

1) 이은모/김정환 214; 이창현 279.
2) 신동운 225; 정영석/이형국 165.

한 경우에도 강제수사의 여부가 문제된다. 아래에서 몇 가지 유형을 살펴본다.

1. 전기통신의 감청

9   **(1) 의의와 법적 성격**   감청은 수사기관이 타인의 대화를 본인 몰래 청취하는 것을 말한다. 전화감청이 가장 일반적이고, 그 밖에 전자장비를 이용한 전자감청도 있다. 감청의 법적 성질에 관해서 임의수사설과 강제수사설[1]의 대립이 있었지만 통신비밀보호법의 제정으로 강제수사가 되었다. 이 법의 제정이 없더라도 감청은 비록 물리적 강제력을 사용하지 않지만 사생활의 비밀(헌법 제17조), 통신의 자유(제18조), 주거의 자유(제16조) 및 행복추구권(제10조)과 같은 기본권을 제한한다는 점에서 강제수사이다. 이들 헌법조항이 감청으로부터 보호하려는 기본권은 독일연방헌법재판소가 판시한 것처럼 '자신이 내뱉는 말에 대한 자기결정권'이라고 할 수 있다.[2]

10   **(2) 개념의 정의**   통신비밀보호법은 감청을 "전기통신에 대하여 당사자의 동의 없이 전자장치·기계장치 등을 사용하여 통신의 음향·문언·부호·영상을 청취·공독하여 그 내용을 지득 또는 채록하거나 전기통신의 송·수신을 방해하는 것"으로 정의한다(제2조 7호). 1) 여기서의 감청은 대상이 되는 전기통신의 송·수신과 동시에 이루어지는 경우만을 의미하고, 이미 수신이 완료된 전기통신의 내용을 지득하는 등의 행위는 포함되지 않는다(2011도12407; 2012도4644). 따라서 감청은 '전송 중이거나 장차 전송될 전산정보의 내용'을 대상으로 하고(같은 법 제6조)[3], 송·수신이 완료된 이메일 등 전산정보의 내용은 압수·수색의 대상이 된다(같은 법 제9조의3). 2) 감청은 '통신사실확인자료의 제공'과 구별된다. '통신사실확인자료'란 전기통신의 일시와 개시·종료시간, 통신 상대방의 가입자번호, 사용도수, 컴퓨터통신이나 인터넷의 로그기록자료, 정보통신기기의 위치추적자료, 정보통신 접속지 추적자료 등을 말하고(같은 법 제2조 11호), 이러한 자료

1) 강구진 223; 신동운 448; 이재상/조균석/이창온 14/63; 정영석/이형국 165.
2) BVerfGE 34, 238: "기본법 제2조 ①항은 모든 사람에게 자신의 인격을 자유롭게 전개할 권리를 보장한다. 이 기본권은 인격발전에 필수적인 법적 지위를 보장한다. 그런 지위에는 일정한 한계 안에서 자신의 초상이나 자기가 한 말에 대한 권리도 속한다. 그러므로 모든 사람은 누가 자신의 말을 들을 것인지, 녹음된 자신의 진술을 들어보게 할 것인지 또한 누구 앞에서 들어보게 할 것인지를 혼자서 자율적으로 결정할 수 있다."
3) 전송 중인 이메일 등의 증거를 수집하기 위해 수사기관은 '패킷감청'의 수사방법을 이용한다. 그런데 그 과정에서 인터넷망을 이용하는 암호화되지 않은 모든 통신내용을 감청할 수 있다. 판례는 이러한 패킷감청도 통신비밀보호법 제5조 제1항에서 정한 요건을 갖추면 허용된다는 입장이다(2012도7455).

의 열람이나 제출을 '제공'이라 한다(같은 법 제13조). 수사기관이 통신사실확인자료의 제공을 요청할 때에는 법원의 허가를 받아야 한다는 점에서 통신사실확인자료의 제공은 감청과 유사한 성질을 갖는다(같은 조 ⑨항).[1] 헌법재판소는 통신사실확인자료 제공요청도 통신제한조치와 마찬가지로 강제처분이기 때문에 영장주의가 적용된다고 판시하였다(2012헌마191등).

(3) 범죄수사를 위한 통신제한조치　　현행 통신비밀보호법은 통신제한조치의 **11** 내용으로 우편물의 검열과 전기통신의 감청을, 통신제한조치의 유형으로는 국가안전보장을 위한 통신제한조치와 범죄수사를 위한 통신제한조치를 규정하고 있다. 여기에서는 범죄수사를 위한 통신제한조치를 중심으로 살펴보기로 한다.

(개) 통신제한조치의 허가요건　　통신비밀보호법 제5조에 의하면 전기통신 **12** 감청의 허가요건은 범죄혐의의 상당성과 보충성이다. 즉 1) 그 조항에서 규정하는 범죄를 계획 또는 실행하고 있거나 실행하였다고 의심할 만한 충분한 이유가 있고, 2) 다른 방법으로는 그 범죄실행을 저지하거나 범인의 체포 또는 증거의 수집이 어려운 경우에 감청이 가능하다.[2]

(내) 통신제한조치의 청구　　검사는 법원에 대하여 통신제한조치를 허가하 **13** 여 줄 것을 청구할 수 있고, 사법경찰관은 그 허가를 검사에게 신청하여 검사의 청구에 의해야 한다(같은 법 제6조 ①·②항). 관할법원은 그 제한조치를 받을 통신당사자의 쌍방 또는 일방의 주소지·소재지, 범죄지 또는 통신당사자와 공범관계에 있는 자의 주소지·소재지를 관할하는 지방법원 또는 지원이다(같은 조 ③항). 청구서에는 통신제한조치의 종류, 목적, 대상, 범위, 기간, 집행장소, 방법 및 당해 통신제한조치가 허가요건을 충족하는 사유 등의 청구이유를 기재해야 하며, 청구이유는 소명자료를 첨부하여야 한다(같은 조 ④항).

(대) 통신제한조치의 허가　　법원은 청구가 이유 있다고 인정하는 경우에는 **14** 통신제한조치를 허가하고 이를 증명하는 허가서를 청구인에게 발부한다(같은 조 ⑤항).[3] 이 허가서에는 통신제한조치의 종류·목적·대상·범위·기간 및 집행장소

---

1) 2022년에는 7건의 통신제한조치와 46,346건의 통신사실확인자료제공이 허가되었다. 대법원, 사법연감 2023, 772면.

2) 이것은 전기통신의 감청이 과거의 범죄뿐만 아니라 범죄의 계획단계에서도 할 수 있음을 의미한다. 그 결과 범죄계획을 처벌하는 규정이 없는 범죄유형의 경우에는 범죄예방을 위해서도 도청이 허용되는 셈이 된다.

3) 통신비밀보호법이 영장이라는 용어 대신에 법원의 '허가서'라는 용어를 사용하고 있는 것은 문제이다. 이는 마치 강제처분의 권한이 검사에게 있는 것처럼 보이게 한다. 헌법 제12조 ③항은 강제처분을 하기 위해서는 법관이 발부한 영장이 있어야 한다고 규정하므로 도청이 강제처

와 방법을 특정하여 기재하여야 한다(같은 조 ⑥항). 통신제한조치의 기간은 2개월을 초과하지 못하지만, 허가요건이 존속하는 경우 검사는 허가서 발부의 절차에 따라 소명자료를 첨부하여 2개월의 범위 안에서 기간의 연장을 청구할 수 있다(같은 조 ⑦항). 반면 국가안전보장을 위한 통신제한조치는 4개월을 초과하지 못하지만, 4개월의 범위 안에서 기간의 연장을 청구할 수 있다(같은 법 제7조 ①·②항).

15   ㈃ **긴급통신제한조치**   검사, 사법경찰관 또는 정보수사시관의 장은 범죄수사를 위한 통신제한조치의 요건을 구비한 자에 대하여 허가서 발부의 절차를 거칠 수 없는 긴급한 사유가 있는 때에는 법원의 허가 없이 통신제한조치를 할 수 있으며, 통신제한조치 집행에 착수한 때로부터 36시간 이내에 허가서 발부의 절차에 따라 법원의 허가를 받아야 하며, 법원의 허가를 받지 못한 때에는 즉시 그 통신제한조치를 중지하고 해당 조치로 취득한 자료를 폐기하여야 한다(같은 법 제8조 ①·⑤항).

16   (4) **불법감청내용의 증거능력제한**   통신비밀보호법 제4조는 위법수집증거 배제법칙을 명문화하여 법원의 허가를 받지 않은 불법감청이나 허가서의 내용대로 집행되지 않은 감청의 내용은 재판 또는 징계절차에서 증거로 사용할 수 없다고 규정하고 있다.

17   (5) **동의에 의한 감청**   통화나 통신의 일방 당사자로부터 감청에 동의를 얻어 법원의 허가서 없이 하는 감청이 허용되는가 하는 문제가 있다. 여기에 관해서는 감청이 동의의 범위를 벗어나지 않는 한 허용된다는 견해1)가 있다. 동의를 하지 않은 다른 당사자는 자신의 말이 발신되면 그 내용이 상대방에 의해 타인에게 전파될 것을 당연히 예상하고 있기 때문에 문제가 되지 않는다고 한다. 그러나 독일연방헌법재판소의 판례에서 볼 수 있듯이, 동의하지 않은 다른 당사자에게는 동의상대방 이외의 다른 사람으로서 누가 자신의 말을 받을 수 있는지를 결정할 권리가 남아 있기 때문에 그런 도청은 불법감청에 해당한다.

2. 계좌추적

18   각종 경제범죄를 수사하기 위한 방법으로 계좌추적이 행해진다. 계좌추적은 정보지배권의 하나로 금융정보에 대한 개인의 자기결정권을 침해한다는 점에서 강제수사이며, 특히 압수·수색의 하나로 볼 수 있다. 따라서 개인의 계좌

분인 이상 통신비밀보호법상의 '허가서'는 영장으로 바뀌어야 한다.
  1) 이재상/조균석/이창온 14/71.

를 추적하기 위해서는 압수·수색영장을 발부받아야 한다. 그러나 현재 감사원
이나 금융감독원, 국세청 등은 관련법규1)에 근거하여 법관의 영장 없이 관할업
무의 수행을 위하여 필요한 경우에 계좌추적권을 갖고 있다. 이들 기관의 계좌
추적은 범죄의 수사 이외에 범죄의 예방, 더 나아가 행정목적의 달성을 위한 행
정조사의 의미를 갖는다. 문제는 검찰이 이미 발생한 경제범죄를 수사하는 방편
으로 계좌추적을 할 때에도 영장주의를 피해가는 수단으로 이들 기관의 협조를
받아 영장 없이 계좌추적을 한다는 점이다. 또한 계좌추적을 위하여 압수·수색
영장을 발부받는 경우에도 혐의계좌만 열람하는 것이 아니라 그 계좌와 거래된
다른 계좌들까지 무차별적으로 열람되는 형태의 일반영장이 발부된다는 점이
다. 행정목적의 달성을 위한 계좌추적에 대해서도 많은 비판이 쏟아지고 다양한
개선안이 강구되고 있는 현실을 감안하면, 수사편의주의에 물든 계좌추적은 지
양되어야 한다.

[2012도13607] 금융회사에 대한 정보요구와 영장주의

수사기관이 범죄 수사를 목적으로 금융실명거래 및 비밀보장에 관한 법률(이하 '금융
실명법'이라 한다) 제4조 ①항에 정한 '거래정보 등'을 획득하기 위해서는 법관의 영
장이 필요하고, 신용카드에 의하여 물품을 거래할 때 '금융회사 등'이 발행하는 매
출전표의 거래명의자에 관한 정보 또한 금융실명법에서 정하는 '거래정보 등'에 해
당하므로, 수사기관이 금융회사 등에 그와 같은 정보를 요구하는 경우에도 법관이
발부한 영장에 의하여야 한다. 그럼에도 수사기관이 영장에 의하지 아니하고 매출
전표의 거래명의자에 관한 정보를 획득하였다면, 그와 같이 수집된 증거는 원칙적
으로 형사소송법 제308조의2에서 정하는 '적법한 절차에 따르지 아니하고 수집한
증거'에 해당하여 유죄의 증거로 삼을 수 없다.

---

3. 음주운전측정

음주운전의 혐의가 인정되어 경찰관이 운전자에게 호흡식 음주운전측정을   19
요구하면, 운전자는 그것에 응하여야 한다.(도로교통법 제44조 ②항) 이를 거부할
경우에 음주측정거부죄가 성립한다(같은 법 제156조 12호). 이와 같은 음주운전측
정의 법적 성격에 대해서는 경우를 나누어 살펴보아야 한다. 1) 교통안전과 위

---

1) 예컨대 감사원법 제27조 ②항, 상속세 및 증여세법 제83조 ①·②항, 과세자료의 제출 및 관
  리에 관한 법률 제6조 ①항 등.

험방지를 위한 음주측정, 즉 음주운전 혐의를 발견하기 위한 음주측정은 경찰행
정작용이면서 수사의 단서에 해당한다.1) 따라서 운전자가 자발적으로 협력하지
않는 한 경찰관은 이를 강제할 권한은 없다. 이 경우 운전자가 자발적으로 응하
여 음주측정을 한 결과 음주운전 사실이 확인되거나 운전자가 측정을 거부하면
각각 음주운전죄와 음주측정거부죄의 현행범이 되어 그에 대한 수사에 착수할
수 있을 것이다. 2) 교통안전과 위험방지의 필요가 없음에도 주취운전의 혐의가
있다고 하여 음주측정을 하는 것은 이미 행하여진 음주운전죄에 대한 증거수집
을 위한 수사절차에 해당한다. 따라서 이때에는 수사상의 강제처분에 관한 형사
소송법상의 절차에 따라야 한다. 또한 음주측정 결과를 유죄의 증거로 삼으려면
측정결과의 정확성과 객관성이 담보될 수 있는 공정한 방법과 절차에 따라 이
루어져야 한다(2005도7528).

[2012도11162] 음주측정의 적법 여부

교통안전과 위험방지를 위한 필요가 없음에도 주취운전을 하였다고 인정할 만한 상
당한 이유가 있다는 이유만으로 이루어지는 음주측정은 이미 행하여진 주취운전이
라는 범죄행위에 대한 증거 수집을 위한 수사절차로서의 의미를 가지는 것인데 …
위와 같은 음주측정을 위하여 당해 운전자를 강제로 연행하기 위해서는 수사상의
강제처분에 관한 형사소송법상의 절차에 따라야 하고, 이러한 절차를 무시한 채 이
루어진 강제연행은 위법한 체포에 해당한다. 이와 같은 위법한 체포 상태에서 음주
측정요구가 이루어진 경우, 음주측정요구를 위한 위법한 체포와 그에 이은 음주측
정요구는 주취운전이라는 범죄행위에 대한 증거 수집을 위하여 연속하여 이루어진
것으로서 개별적으로 그 적법 여부를 평가하는 것은 적절하지 않으므로 그 일련의
과정을 전체적으로 보아 위법한 음주측정요구가 있었던 것으로 볼 수밖에 없고, 운
전자가 주취운전을 하였다고 인정할 만한 상당한 이유가 있다 하더라도 그 운전자
에게 경찰공무원의 이와 같은 위법한 음주측정요구에 대해서까지 그에 응할 의무가
있다고 보아 이를 강제하는 것은 부당하므로 그에 불응하였다고 하여 음주측정거부
에 관한 도로교통법 위반죄로 처벌할 수 없다.

---

1) 도로를 차단하고 불특정 다수인을 상대로 실시하는 일제단속식 음주단속은 수사비례원칙에 위배
된다. 그러나 헌법재판소는 일제단속식 음주단속 자체는 2005년 개정되기 이전의 구 도로교통법
제41조 ②항 전단에 근거를 둔 적법하고 합헌적인 경찰활동으로 본다. 다만 음주운전이 빈번할 것
으로 예상되는 장소와 시간 선택, 시민의 불편이 극심한 단속의 자제, 전방지점에서의 사전예고와
단시간내의 실시 등을 내용으로 하는 과잉금지원칙의 준수를 요구하고 있다(2002헌마293).

4. 사진 촬영

촬영되는 사람의 의사에 반하는 사진촬영은 초상권을 침해한다는 점에 20
서 강제수사이다.[1] 그러나 사진촬영이 사적 공간이 아닌 공공장소에서 이루어
질 경우에는 임의수사라는 견해가 있다.[2] 공개된 장소에 임하는 순간 사람은
누구나 자신의 용모가 타인에게 공개될 것을 예상하고, 촬영되는 사람에게 물리
적 강제력이 행사되거나 법적 의무가 부과되는 것도 아니므로 영장 없는 사진
촬영이 적법절차에 반한다고 볼 수 없다는 것이다. 그러나 강제수사의 여부는
기본권 침해 유무를 기준으로 판단해야 한다. 공공장소에 있는 것은 초상권에
대한 보호강도를 약화시킬 수는 있어도 초상권의 종국적인 포기를 의미할 수는
없다. 그러므로 본인의 동의를 받지 않는 한 수사기관의 사진촬영은 원칙적으로
강제수사이고, 압수·수색 또는 검증에 관한 영장주의 그리고 그 예외규정들(제
216조 이하)이 적용되어야 한다.[3] 판례는 일정한 요건을 갖춘 경우 영장 없는 사
진촬영을 위법하지 않다고 판시한 바 있다.

[99도2317] 사진촬영과 영장주의

누구든지 자기의 얼굴 기타 모습을 함부로 촬영당하지 않을 자유를 가지나 이러한
자유도 국가권력의 행사로부터 무제한으로 보호되는 것은 아니고 국가의 안전보장·
질서유지·공공복리를 위하여 필요한 경우에는 상당한 제한이 따르는 것이고, 수사
기관이 범죄를 수사함에 있어 현재 범행이 행하여지고 있거나 행하여진 직후이고,
증거보전의 필요성 및 긴급성이 있으며, 일반적으로 허용되는 상당한 방법에 의하
여 촬영을 한 경우라면 위 촬영이 영장 없이 이루어졌다 하여 이를 위법하다고 단
정할 수 없다.

5. 거짓말탐지기의 사용

(1) 의 의   거짓말탐지기(polygraph)는 피의자나 기타 검사받는 사람에게 21
피의사실과 관계있는 일정한 질문을 하고, 그에 대한 대답을 할 때 검사받는 사
람의 호흡·혈압·맥박·피부전기반사 등의 생리적 변화를 검사지에 기록하는 장

---

1) 이은모/김정환 214 이하; 이재상/조균석/이창온 12/23; 이창현 289 이하.
2) 신동운 1332.
3) 이은모/김정환 215 이하; 이재상/조균석/이창온 12/23; 이창현 290 이하.

치를 말한다. 수사실무에서 거짓말탐지기는 피의자가 범행을 부인하는 경우에 주로 사용된다. 이것은 검사결과가 피의자에 대한 자백권유나 강요수단으로 사용될 위험성이 있음을 말해준다.

22   **(2) 허용성**   거짓말탐지기는 사람의 심리를 기계의 검사대상으로 함으로써 근본적으로 인간존엄을 침해하는 문제점이 있다. 그러므로 수사방법으로 거짓말탐지기를 사용하는 것은 인격권에 대한 중대한 침해로서 원칙적으로 허용되지 않는 것으로 보아야 한다. 그러나 검사대상인 사람이 검사에 동의한 경우에는 거짓말탐지기의 사용을 제한해야 할 이유는 없다(83도3146; 87도968).[1] 검사결과는 피검사자에게 유리한 자료로 사용될 수도 있을 것이며 그러한 기회의 이용 여부를 피검사자가 자율적으로 결정하는 것이기 때문이다. 만일 피검사자의 동의가 있다면 거짓말탐지기의 사용은 기본권을 침해한다고 볼 수 없으므로 임의수사가 된다. 물론 사용동의의 임의성은 엄격하게 인정되어야 한다. 또한 검사 중이라도 피검사자가 거짓말탐지기사용을 거부할 경우는 거짓말탐지기사용은 더 이상 허용되지 않는다.

23   **(3) 증거능력과 증명력**   임의수사로서 거짓말탐지기 조사가 허용되더라도 그 조사결과는 엄격한 요건을 갖출 때에만 증거능력을 가지며(83도712; 85도2208), 증거능력이 있는 경우에도 검사를 받은 사람의 진술의 신빙성을 가늠하는 정황증거로서의 기능을 하는 데 그친다(87도968).

[2005도130] 거짓말탐지기 검사의 증거능력

거짓말탐지기의 검사 결과에 대하여 사실적 관련성을 가진 증거로서 증거능력을 인정할 수 있으려면, 첫째로 거짓말을 하면 반드시 일정한 심리상태의 변동이 일어나고, 둘째로 그 심리상태의 변동은 반드시 일정한 생리적 반응을 일으키며, 셋째로 그 생리적 반응에 의하여 피검사자의 말이 거짓인지 아닌지가 정확히 판정될 수 있다는 세 가지 전제요건이 충족되어야 할 것이며, 특히 마지막 생리적 반응에 대한 거짓 여부 판정은 거짓말탐지기가 검사에 동의한 피검사자의 생리적 반응을 정확히 측정할 수 있는 장치이어야 하고, 질문사항의 작성과 검사의 기술 및 방법이 합리적이어야 하며, 검사자가 탐지기의 측정내용을 객관성 있고 정확하게 판독할 능력을 갖춘 경우라야만 그 정확성을 확보할 수 있는 것이므로, 이상과 같은 여러 가지 요건이 충족되지 않는 한 거짓말탐지기 검사 결과에 대하여 형사소송법상 증거능력을 부여할 수는 없다.

---

1) 이재상/조균석/이창온 12/20; 이창현 289.

6. 임의동행

(1) 의 의   임의동행은 수사기관이 피의자의 동의를 얻어 피의자를 수사   24
기관까지 동행하는 것을 말한다. 임의동행에는 형사소송법(제199조 ①항)과 경찰
관직무집행법(제3조 ②항)에 의한 두 가지가 있다. 전자는 당사자의 동의를 전제
한 임의수사의 일종이고, 후자는 행정경찰작용으로서 직무질문을 위한 것이다
(2020도398). 소송법상의 임의동행이 긴급체포 또는 구속으로 발전하거나 경찰관
직무집행법상의 임의동행이 수사로 이어질 때 그 법적 성질을 둘러싸고 견해대
립이 있으나, 당사자의 의사에 반하는 기본권제한이 있는 순간부터 기본권제한
을 근거로 강제수사가 개시된다고 볼 수 있다.

(2) 법적 성격   임의동행의 법적 성격에 대해서는 임의수사설과 강제수사   25
설의 두 가지 견해가 있다. 임의수사설은 임의동행을 임의수사(제199조 ①항)의
한 형태로 인정하지만,[1] 강제수사설은 임의동행을 규정한 명문규정이 현행법에
없으므로 임의동행은 허용될 수 없다고 본다.[2] 임의수사의 내용에 관해서는 수
사기관이 형성의 자유를 갖고 있는 것이므로 만일 당사자의 진실한 동의만 전
제되면 임의동행도 이론상 임의수사의 한 형태가 될 수 있다. 더욱이 임의동행
은 피의자·용의자에게 수사관서에 가서 자신에 대한 범죄혐의를 적극적으로 반
박할 수 있는 기회를 제공할 수도 있다.

(3) 적법성의 요건   문제가 되는 것은 당사자의 진정한 동의의사가 없는데   26
도 임의동행을 가장하여 강제연행하는 경우이다. 이와 같은 임의동행은 영장에
의하지 아니하고 그 밖에 강제성을 띤 동행을 억제할 방법도 없어서 제도적으
로는 물론 현실적으로도 임의성이 보장되지 않을 뿐만 아니라, 아직 정식의 체
포·구속단계 이전이라는 이유로 상대방에게 헌법 및 형사소송법이 부여하는 각
종의 권리보장 장치가 제공되지 않는 등 형사소송법의 원리에 반하는 결과를
초래할 가능성이 크다(2005도6810; 2009도6717).

그러므로 '임의'동행이 되기 위해서는 수사관이 동행에 앞서 피의자에게 동   27
행을 거부할 수 있음을 알려 주었거나 동행한 피의자가 언제든지 자유로이 동
행과정에서 이탈 또는 동행장소로부터 퇴거할 수 있었음이 인정되는 등 오로지
피의자의 자발적인 의사에 의하여 수사관서 등에의 동행이 이루어졌음이 객관

---

1) 강구진 185; 이은모/김정환 216 이하; 이재상/조균석/이창온 12/15; 이창현 280 이하.
2) 신동운 235.

적인 사정에 의하여 명백하게 입증되어야 한다(2012도8890; 2020도398). 법원은 임의동행이 강제연행이 아니었는가를 세심하게 살피고, 강제연행으로 이루어진 피의자나 용의자의 진술은 그 증거능력을 배척하여야 한다. 이러한 요청이 철저하게 충족된다면 임의동행도 임의수사의 한 형태가 될 수 있을 것이다.

> **[2012도13611] 임의동행의 적법성**
>
> 피의자가 동행을 거부하는 의사를 표시하였음에도 불구하고 경찰관들이 영장에 의하지 아니하고 피의자를 강제로 연행한 행위는 수사상의 강제처분에 관한 형사소송법상의 절차를 무시한 채 이루어진 것으로 위법한 체포에 해당하고, 이와 같이 위법한 체포상태에서 마약 투약 혐의를 확인하기 위한 채뇨 요구가 이루어진 경우, 채뇨 요구를 위한 위법한 체포와 그에 이은 채뇨 요구는 마약 투약이라는 범죄행위에 대한 증거 수집을 위하여 연속하여 이루어진 것으로서 개별적으로 그 적법 여부를 평가하는 것은 적절하지 아니하므로 그 일련의 과정을 전체적으로 보아 위법한 채뇨 요구가 있었던 것으로 볼 수밖에 없다.

7. 보호실유치

28　　경찰서에서 사실상 설치·운영되고 있는 보호실은 현행법상 설치근거가 없다. 따라서 피의자의 의사와 관계없이 강제로 유치하는 강제유치는 실질적으로 구속에 해당된다. 그러므로 영장에 의하지 않으면 허용될 수 없다. 피의자의 승낙을 받아 유치하는 승낙유치는 이론적으로 보면 임의수사로 허용된다고 할 수도 있을 것이다. 그러나 다른 임의수사와 달리 대부분 철창으로 된 방에 구금되어 직접 신체의 자유를 박탈당하는 것에 대한 동의는 생각하기 어렵다. 왜냐하면 그런 동의를 할 피의자는 없을 것이기 때문이다. 수사실무에서 보아도 승낙유치는 대부분 실질적인 불법구속으로 악용되고 있다. 따라서 경찰관직무집행법의 보호조치(제4조), 형사소송법상 영장 없이 할 수 있는 현행범체포나 긴급체포에 해당되지 않는 한, 경찰서의 보호실유치는 강제유치, 승낙유치를 불문하고 허용되지 않는 것으로 보아야 한다(93도958). 따라서 피의자가 경찰의 강제유치를 거부하더라도 공무집행방해죄에 해당되지 않으며, 오히려 유치행위 자체가 불법체포·감금죄에 해당될 수 있다(85모16; 97도877).[1]

---

1) 이재상/조균석/이창온 12/18; 이창현 286 이하; 정영석/이형국 164.

[11] 제 2 현행법의 임의수사

Ⅰ. 피의자신문

1. 의　　의

(1) 개　념　　피의자신문은 검사, 사법경찰관 등이 수사에 필요한 경우 피의 1
자를 출석시켜 신문하고 진술을 듣는 것을 말한다(제200조). 피의자신문은 피의
자의 임의적 진술을 전제조건으로 하기 때문에 임의수사에 속한다.[1] 피의자는
출석의무가 없고 진술거부권이 보장되어 있기 때문이다. 다만 피의자의 범죄혐
의가 상당하고 정당한 이유 없이 출석요구에 응하지 않거나 응하지 아니할 우
려가 있는 경우 체포영장(제200조의2)에 의해 체포될 수 있으므로 그 한도 내에
서는 사실상 출석의무가 강제된다는 점이 문제된다.[2]

(2) 기　능　　피의자신문은 수사기관의 입장에서는 피의자의 자백과 같은 2
증거를 획득하여 진실을 밝힐 수 있는 기회가 되고, 피의자의 입장에서는 자기
에게 유리한 사실을 주장하여 수사기관의 혐의를 벗어날 수 있는 기회가 된
다.[3] 수사기관은 피의자에게 이익이 되는 사실을 진술할 수 있는 기회를 주어
야 한다는 규정(제242조)은 피의자신문의 이런 의미를 뒷받침해 준다. 그러나 수
사기관은 대개 피의자신문을 통해 자백을 얻어내려고 하기 때문에 인권침해의
가능성이 언제나 도사리고 있다. 따라서 형사소송법은 피의자신문에서 적법절
차의 이념을 실현하기 위한 다양한 규정들을 두고 있다.

---

1) 배종대/홍영기 [20] 1; 신동운 247; 이은모/김정환 221; 이재상/조균석/이창온 12/25; 이창현
292; 정영석/이형국 165.
2) 2013모160: 구속영장 발부에 의하여 적법하게 구금된 피의자가 피의자신문을 위한 출석요구
에 응하지 아니하면서 수사기관 조사실에 출석을 거부한다면 수사기관은 그 구속영장의 효력
에 의하여 피의자를 조사실로 구인할 수 있다고 보아야 한다. 다만 이러한 경우에도 그 피의자
신문 절차는 어디까지나 법 제199조 제1항 본문, 제200조의 규정에 따른 임의수사의 한 방법
으로 진행되어야 하므로, 피의자는 헌법 제12조 제2항과 법 제244조의3에 따라 일체의 진술을
하지 아니하거나 개개의 질문에 대하여 진술을 거부할 수 있고, 수사기관은 피의자를 신문하기
전에 그와 같은 권리를 알려주어야 한다.
3) 이러한 측면은 법적 청문권의 보장이라는 의미가 있다.

2. 피의자신문의 절차

3   **(1) 출석요구**   수사기관이 피의자를 신문하기 위해서는 먼저 피의자의 출석을 요구해야 한다(제200조). 출석요구의 방법은 원칙적으로 서면, 즉 출석요구서에 의하지만, 전화, 문자메시지, 그 밖의 상당한 방법에 의하더라도 상관없고(수사준칙규정 제19조 ③항), 수사기관이 피의자를 직접 찾아가서 신문할 수도 있다(같은 조 ⑤항). 출석을 요구하는 장소도 수사기관에 국한되지 않고 제3의 장소일 수도 있다. 그리고 피의자신문은 어디까지나 임의수사이므로 피의자가 출석요구에 응해야 할 의무는 없다. 따라서 피의자는 출석을 거부할 수 있고, 출석한 경우에도 언제든지 퇴거할 수 있다.

4   **(2) 피의자신문의 주체와 참여자**   피의자신문의 주체는 검사 또는 사법경찰관이다. 그리고 검사가 피의자를 신문할 때에는 검찰청 수사관 또는 서기관 등을 참여하게 해야 하며, 사법경찰관이 피의자를 신문할 때에는 사법경찰관리를 참여하게 해야 한다(제243조). 이는 조서기재의 정확성과 신문절차의 적법성을 보장하기 위한 것이지만1) 수사기관 상호간에 이루어지는 일종의 자기통제라는 점에서 그 실효성에 한계가 있다. 더구나 법에서는 사법경찰관(官)만을 피의자신문의 주체로 규정하고 있음에도 불구하고 실무에서는 사법경찰리(吏)도 사법경찰관사무취급이라는 개념으로 사법경찰관처럼 간주되어 피의자신문의 주체가 된다. 이는 판례에 의해서도 인정된 바 있다(82도1080; 2001헌바9). 이러한 점을 고려하면 피의자신문에서 적법절차보장은 더욱 문제시된다.

5   **(3) 진술거부권의 고지**   모든 국민은 형사상 자기에게 불리한 진술을 강요당하지 않을 권리를 가지고 있다(헌법 제12조 ②항 후단). 따라서 검사 또는 사법경찰관은 피의자를 신문할 때 진술거부권을 고지해야 한다(제244조의3). 진술거부권의 고지는 피의자를 신문하기 전에 이루어져야 하며, 그 내용은 1) 일체의 진술을 하지 아니하거나 개개의 질문에 대하여 진술을 하지 아니할 수 있다는 것, 2) 진술을 하지 아니하더라도 불이익을 받지 아니한다는 것, 3) 진술을 거부할 권리를 포기하고 행한 진술은 법정에서 유죄의 증거로 사용될 수 있다는 것, 4) 신문을 받을 때에는 변호인을 참여하게 하는 등 변호인의 조력을 받을 수 있다는 것이다(제244조의3 ①항). 검사 또는 사법경찰관은 진술거부권을 고지한 후에는 피의자가 진술을 거부할 권리와 변호인의 조력을 받을 권리를 행사할 것

---

1) 이재상/조균석/이창온 12/29; 이창현 294.

인지의 여부를 질문하고, 이에 대한 피의자의 답변을 조서에 기재하여야 한다
(같은 조 ②항).

　(4) **진술거부권의 내용**　　피의자가 거부할 수 있는 진술내용에는 제한이 없 **6**
다.1) 진술거부권을 고지하지 않고 작성한 피의자신문조서는 위법하게 수집된
증거로서 위법수집증거배제법칙(제308조의2)에 의해, 그 진술이 자백일 경우에는
자백배제법칙(제309조)에 의해 증거능력이 인정되지 아니한다(2008도8213; 2010도
8294 등).

　(5) **신문사항**　　피의자를 신문할 때 검사 또는 사법경찰관은 먼저 그 성 **7**
명·연령·등록기준지·주거와 직업을 물어 피의자가 틀림없는지 확인해야 한
다(제241조). 이것을 인정신문人定訊問이라고 한다. 피의자는 인정신문에 대해서도
진술을 거부할 수 있다. 피의자에 대한 신문사항은 범죄사실과 정상에 관해 필
요한 사항이며, 피의자에게 이익되는 사실을 진술할 수 있는 기회를 주어야 한
다(제242조). 수사기관은 단순히 피의자에 대립하는 반대당사자의 차원을 넘어
국가형벌권을 실현하는 국가기관이므로 객관적으로 업무를 수행해야 하기 때문
이다. 그리고 사실조사를 위해 필요한 경우 검사 또는 사법경찰관은 피의자와
다른 피의자 또는 피의자 아닌 자와 대질신문을 할 수 있다(제245조).

　(6) **피의자신문조서의 작성**　　피의자의 진술은 조서에 기재하여야 한다(제 **8**
244조 ①항). 작성된 피의자신문조서는 피의자에게 열람하게 하거나 읽어 들려주
어야 하며, 진술한 대로 기재되지 아니하였거나 사실과 다른 부분의 유무를 물
어 피의자가 증감 또는 변경의 청구 등 이의를 제기하거나 의견을 진술한 때에
는 이를 조서에 추가로 기재하여야 한다. 이 경우 피의자가 이의를 제기하였던
부분은 읽을 수 있도록 남겨두어야 한다(같은 조 ②항). 피의자가 조서에 대하여
이의나 의견이 없음을 진술한 때에는 피의자로 하여금 그 취지를 자필로 기재
하게 하고 조서에 간인한 후 기명날인 또는 서명하게 한다(같은 조 ③항). 다만
진술자가 서명날인을 거부하면 그 사유를 기재하여야 한다(제48조 ⑦항 단서). 피
의자신문조서에는 조서작성의 연월일시, 장소를 기재하고 그 조사를 행한 자와
참여한 수사관 등이 기명날인 또는 서명하여야 한다(제50조 참조).

---

1) 신동운 250; 이재상/조균석/이창온 12/27. 진술거부권에 대해 자세한 것은 아래의 [30] 44
　이하 참조.

3. 피의자신문의 투명성과 적법절차 보장

9   우리나라 수사실무는 피의자의 자백에 의존하는 경향이 강하고, 자백은 피의자신문에서 얻어내기 때문에 피의자신문에는 언제나 강압수사의 위험과 유혹이 뒤따른다. 또한 피의자신문은 공판정에서의 피고인 신문과 달리 공개된 장소에서 이루어지지 않고 소수의 이해관계자만 참석하므로 신문 결과의 왜곡과 은폐가 염려되기도 한다. 그렇기 때문에 피의자신문의 투명성과 적법절차를 보장하기 위한 규제장치가 필요한데, 이를 위해 형사소송법은 변호인의 피의자신문 참여권을 보장하고(제243조의2) 피의자와 신뢰관계에 있는 자의 동석을 허용하며(제244조의5), 수사과정을 기록하고(제244조의4), 피의자진술의 영상녹화가 가능하도록 하였다(제244조의2). 그 밖에도 피의자신문조서의 증거능력에 제한을 둠으로써 간접적 통제를 하고 있다.1)

10   **(1) 변호인의 피의자신문 참여**   변호인은 검사 또는 사법경찰관의 피의자신문에 참여할 수 있는 권리가 있다. 피의자, 변호인 등은 변호인의 피의자신문 참여를 신청할 수 있고, 수사기관은 정당한 사유가 없는 한 피의자신문에 참여하게 하여야 한다(제243조의2 ①항). 이는 그동안 학계에서 주장하고2) 판례가 인정하던(2003모402) 변호인의 권리를 2007년의 개정법률이 명문으로 정한 것이다.

11   **㈎ 신청권자 및 신청절차**   변호인의 피의자신문에 대한 신청권자는 피의자, 변호인, 법정대리인, 배우자, 직계친족, 형제자매이다. 신청이 있으면 검사 또는 사법경찰관은 변호인을 피의자와 접견하게 하거나 정당한 사유가 없는 한 피의자에 대한 신문에 참여하게 하여야 한다(같은 조 ①항). 신문에 참여하고자 하는 변호인이 2인 이상인 때에는 피의자가 신문에 참여할 변호인 1인을 지정한다. 지정이 없는 경우에는 검사 또는 사법경찰관이 이를 지정할 수 있다(같은 조 ②항). 변호인은 신문참여 전에 변호인선임에 관한 서면을 제출하여야 한다(검사규 제22조 ③항). 참여하게 한다는 것은 참여를 허용한다는 것이므로 수사기관이 변호인을 선정해 주어야 하는 것은 아니며, 참여의 기회를 주면 족한 것이므로 참여를 신청한 변호인이 출석하지 않으면 변호인 참여 없이 신문을 진행할 수 있다.3)

---

1) 증거능력의 제한과 관련하여서는 아래의 [52] 42 이하 참조.
2) 예컨대, 신동운 254; 정진연, 헌법상 변호인의 변호인의 조력을 받을 권리의 내용과 한계, 형사법의 신동향 2006.12, 18면.
3) 법무부, 개정 형사소송법, 2007, 117면.

(내) **신문참여 변호인의 권한**   신문에 참여한 변호인은 원칙적으로 수사기 **12** 관의 신문이 끝난 후에 의견을 진술할 수 있지만, 신문 중이라도 부당한 신문방법에 대하여 이의를 제기할 수 있고, 검사 또는 사법경찰관의 승인을 받아 의견을 진술할 수 있다(제243조의2 ③항). 또한 신문 중에 피의자의 요청에 따라 변호인이 조언과 상담을 하는 것은 변호인의 조력을 받을 권리의 핵심적 내용으로서 당연히 허용되는 것이기 때문에(2000헌마138) 개정법에 별도의 규정을 두지 아니한 것이므로[1] 피의자가 요청하면 피의자에 대한 조언과 상담은 언제라도 가능하며, 이를 위한 메모를 할 수 있다(수사준칙 제13조 ①항).

(다) **신문조서의 기재**   변호인의 신문 중 진술은 신문조서에 기재되며, 변 **13** 호인의 의견이 기재된 피의자신문조서는 변호인에게 열람하게 한 후 변호인으로 하여금 그 조서에 기명날인 또는 서명하게 하여야 한다(같은 조 ④항). 또한 검사 또는 사법경찰관은 변호인의 신문참여 및 그 제한에 관한 사항을 피의자 신문조서에 기재하여야 한다(같은 조 ⑤항). 수사기관의 자의적인 참여제한을 방지하려는 규정이다.[2]

(라) **피의자신문참여권의 제한**   정당한 사유가 있으면 변호인의 피의자신 **14** 문참여는 제한될 수 있다(같은 조 ①항). 여기서 정당한 사유란 변호인의 참여로 인하여 신문 방해, 수사기밀 누설 등 수사에 현저한 지장을 초래할 우려가 객관적으로 명백한 경우를 말한다(2015모237). 그리고 변호인이 피의자신문에 참여했다 하더라도 신문 방해나 수사기밀 누설 등 수사에 현저한 지장을 초래하는 사유가 있으면 신문 중이라도 참여를 제한할 수 있다(같은 조 ④항). 그러한 사유로는 1) 검사의 승인 없이 부당하게 신문에 개입하거나 모욕적인 언동 등을 행하는 경우, 2) 피의자를 대신하여 답변하거나 특정한 답변 또는 진술 번복을 유도하는 경우, 3) 부당하게 이의를 제기하는 경우,[3] 4) 피의자 신문내용을 촬영·녹음·기록하는 경우 등이다.

---

1) 법원행정처, 형사소송법 개정법률 해설, 2007, 48면.

2) 이재상/조균석/이창온 12/40.

3) 2015모2357: "형사소송법 제243조의2 제3항 단서는 피의자신문에 참여한 변호인은 신문 중이라도 부당한 신문방법에 대하여 이의를 제기할 수 있다고 규정하고 있으므로, 검사 또는 사법경찰관의 부당한 신문방법에 대한 이의제기는 고성, 폭언 등 그 방식이 부적절하거나 또는 합리적 근거 없이 반복적으로 이루어지는 등의 특별한 사정이 없는 한, 원칙적으로 변호인에게 인정된 권리의 행사에 해당하며, 신문을 방해하는 행위로는 볼 수 없다. 따라서 검사 또는 사법경찰관이 그러한 특별한 사정 없이, 단지 변호인이 피의자신문 중에 부당한 신문방법에 대한 이의제기를 하였다는 이유만으로 변호인을 조사실에서 퇴거시키는 조치는 정당한 사유 없이 변호인의 피의자신문 참여권을 제한하는 것으로서 허용될 수 없다."

15   ㈐ **피의자신문참여권 침해의 효과**   검사 또는 사법경찰관이 변호인의 참여를 제한하거나 참여한 변호인의 권한을 제한하는 경우 그 처분에 대하여 준항고를 제기할 수 있다(제417조). 그리고 변호인의 피의자신문참여권을 침해한 상태에서 작성한 피의자신문조서는 위법수집증거배제법칙(제308조의2)에 의해 증거능력이 부정된다.

[2008모793] 변호인의 피의자신문 참여

형사소송법 제243조의2 ①항에 의하면, 검사 또는 사법경찰관은 피의자 또는 변호인 등이 신청할 경우 정당한 사유가 없는 한 변호인을 피의자신문에 참여하게 하여야 한다고 규정하고 있는바, 여기에서 '정당한 사유'라 함은 변호인이 피의자신문을 방해하거나 수사기밀을 누설할 염려가 있음이 객관적으로 명백한 경우 등을 말하는 것이므로, 수사기관이 피의자신문을 하면서 위와 같은 정당한 사유가 없음에도 불구하고, 변호인에 대하여 피의자로부터 떨어진 곳으로 옮겨 앉으라고 지시를 한 다음 이러한 지시에 따르지 않았음을 이유로 변호인의 피의자신문 참여권을 제한하는 것은 허용될 수 없다.

---

16   **(2) 신뢰관계자의 동석**   검사 또는 사법경찰관은 특별히 보호를 요하는 자를 피의자로 신문하는 경우에는 직권 또는 피의자, 법정대리인의 신청에 따라 피의자와 신뢰관계에 있는 자(이하 '신뢰관계자')를 동석하게 할 수 있다(제244조의5).

17   ㈎ **신뢰관계자 동석의 요건**   신뢰관계자가 동석할 수 있는 경우로는 1) 피의자가 신체적 또는 정신적 장애로 사물을 변별하거나 의사를 결정·전달할 능력이 미약한 때와 2) 피의자의 연령·성별·국적 등의 사정을 고려하여 그 심리적 안정의 도모와 원활한 의사소통을 위하여 필요한 경우이다(같은 조). 그리고 신뢰관계에 있는 자란 피의자의 직계친족, 형제자매, 배우자, 가족, 동거인, 보호시설 또는 교육시설의 보호 또는 교육담당자 등 피의자의 심리적 안정과 원활한 의사소통에 도움을 줄 수 있는 사람을 말한다(검사규 제37조 ①항).

18   ㈏ **신뢰관계자 동석의 절차**   신뢰관계자가 동석을 신청하는 때에는 동석신청서와 신뢰관계 소명자료를 제출하여야 한다. 그러나 긴급한 경우에는 구두로 신청할 수 있으며 소명자료도 조사 이후에 제출할 수 있다(같은 항). 검사는 신뢰관계인의 동석으로 인하여 신문이 방해되거나, 수사기밀이 누설되는 등 정당한 사유가 있는 경우에는 동석을 거부할 수 있고, 수사에 현저한 지장을 초래

하는 경우에는 피의자신문 중에도 동석을 제한할 수 있다(같은 조 ③항).

[2009도1322] 신뢰관계자의 동석

형사소송법 제244조의5는 … 피의자와 신뢰관계에 있는 자를 동석하게 할 수 있도록 규정하고 있다. 구체적인 사안에서 위와 같은 동석을 허락할 것인지는 원칙적으로 검사 또는 사법경찰관이 피의자의 건강 상태 등 여러 사정을 고려하여 재량에 따라 판단하여야 할 것이나, 이를 허락하는 경우에도 동석한 사람으로 하여금 피의자를 대신하여 진술하도록 하여서는 안 된다. 만약 동석한 사람이 피의자를 대신하여 진술한 부분이 조서에 기재되어 있다면 그 부분은 피의자의 진술을 기재한 것이 아니라 동석한 사람의 진술을 기재한 조서에 해당하므로, 그 사람에 대한 진술조서로서의 증거능력을 취득하기 위한 요건을 충족하지 못하는 한 이를 유죄 인정의 증거로 사용할 수 없다.

---

(3) **피의자진술의 영상녹화**　　피의자의 진술은 영상녹화할 수 있다(제244조의 **19** 2 ①항). 이는 수사과정에서 혹시라도 있을 수 있는 가혹행위 등을 방지하기 위해 피의자조사 및 진술의 과정을 녹화함으로써 피의자신문의 절차를 사후적으로 통제하려는 목적에서 2007년의 개정법률이 신설한 규정이다. 한편으로 피의자진술의 영상녹화는 피고인이 진술함에 있어서 기억이 명백하지 않은 사항에 관하여 기억을 환기하기 위한 수단으로 사용될 수 있다(제318조의2 ②항). 참고로 이와 달리 참고인진술에 대한 영상녹화물은 참고인진술조서의 진정성립의 증명으로도 사용될 수 있다(제312조 ④항).

(가) **영상녹화의 절차**　　피의자의 진술을 영상녹화할 때에는 미리 영상녹화 **20** 사실을 피의자에게 알려주어야 하며,[1] 조사의 개시부터 종료까지의 전 과정 및 객관적 정황을 영상녹화하여야 한다(제244조의2 ①항). '조사의 개시부터 종료까지의 전 과정'이란 조사가 개시된 시점부터 조사가 종료되어 피의자가 조서에 기명날인 또는 서명을 마치는 시점까지 전 과정을 말하며, 조서 정리에 장시간을 요하는 때에는 조서정리과정을 녹화하지 않고 조서를 열람하는 때부터 영상녹화를 재개할 수 있다(검사규 제45조 ②항). 이렇게 전 과정을 영상녹화하도록 규정한 것은 만약 수사기관이 피의자를 신문하던 중에 영상녹화를 하기로 결정하고

---

1) 「검찰사건사무규칙」은 피의자에게 고지하여야 할 내용으로 '1. 조사자 및 참여자의 성명과 직책, 2. 영상녹화 사실 및 장소, 시작 및 종료 시각, 3. 진술거부권 등, 4. 조사를 중단하거나 재개하는 경우 중단 이유와 중단 시각, 중단 후 재개하는 시각'을 규정하고 있다(제45조 ③항).

영상녹화를 하는 경우 영상녹화 이전의 상황을 알 수 없기 때문이다.1) 다만 조사 도중 영상녹화의 필요성이 발생한 경우에는 그 시점에서 진행 중인 조사를 종료하고, 그 다음 조사의 시작부터 종료 시까지의 전 과정을 영상녹화하여야 한다(같은 조 ①항).

21   (나) **영상녹화 이후의 절차**   영상녹화가 완료된 때에는 피의자 또는 변호인 앞에서 지체 없이 그 원본을 봉인하고 피의자로 하여금 기명날인 또는 서명하게 하여야 한다(제244조의2 ②항). 이때 원본이라 함은 영상녹화파일을 이용하여 제작한 영상녹화물(CD, DVD 등)을 말한다고 보아야 하며, 영상녹화물 1개를 제작하고, 피조사자의 기명날인 또는 서명을 받아 피조사자 또는 변호인의 면전에서 봉인하여 수사기록에 편철한다(검사규 제46조 ①항). 피의자 또는 변호인의 요구가 있는 때에는 영상녹화물을 재생하여 시청하게 하여야 한다. 이 경우 그 내용에 대하여 이의를 진술하는 때에는 그 취지를 기재한 서면을 첨부하여야 한다(제244조의2 ③항).

22   (4) **수사과정의 기록**   개정법률은 수사과정의 투명화, 적법화를 위해 수사과정 기록제도를 도입하였다. 즉 검사 또는 사법경찰관은 피의자가 조사장소에 도착한 시각, 조사를 시작하고 마친 시각, 그 밖에 조사과정의 진행경과를 확인하기 위하여 필요한 사항을 피의자신문조서에 기록하거나 별도의 서면에 기록한 후 수사기록에 편철하여야 한다(제244조의4 ①항). 여기서 '조사과정의 진행경과'란 예컨대 피고인이 조사 중간에 휴식을 취한 시간, 식사를 한 시각, 대질신문의 경위 및 시간, 조사 중간에 진술서를 작성하게 한 경우 그 경위와 시간 등을 들 수 있다.2) 나아가 검사 또는 사법경찰관은 조서를 작성하는 경우에는 피의자가 조사장소에 도착한 시각, 조사의 시작 및 종료 시각, 조사장소에 도착한 시각과 조사를 시작한 시각에 상당한 시간적 차이가 있는 경우에는 그 이유, 조사가 중단되었다가 재개된 경우에는 그 이유와 중단 시각 및 재개 시각을 구체적으로 적어야 하고, 조서를 작성하지 않는 경우에는 피의자가 조사장소에 도착한 시각, 조사장소를 떠난 시각, 조서를 작성하지 않는 이유, 조사 외에 실시한 활동, 변호인 참여 여부를 별도의 서면에 기록한 후 수사기록에 편철하여야 한다(수사준칙 제26조 ①·②항). 뿐만 아니라 수사과정의 기록내용에 대해 피의자에게 열람하게 하거나 읽어 들려주게 하고, 이에 대하여 증감, 변경의 청구가 있

---

1) 법원행정처, 형사소송법 개정법률 해설, 2007, 50면 이하.
2) 법원행정처, 형사소송법 개정법률 해설, 2007, 55면.

는 때에는 이를 추가로 기재하여야 한다(제244조의4 ②항, 244조 ②항).

Ⅱ. 참고인조사

1. 의   의

검사 또는 사법경찰관은 수사에 필요하면 피의자 아닌 자도 출석시켜 진술 **23**
을 들을 수 있다(제221조 ①항 전단). 이것을 참고인조사라고 한다. 참고인은 피의
자 이외의 제3자라는 점에서 넓은 의미의 증인에 해당된다. 그러나 참고인은 수
사기관에 일정한 체험사실을 진술하고, 증인은 법원 또는 법관에 대해 진술한다
는 점에서 양자는 구별된다. 참고인은 증인과 달리 강제로 소환당하거나 신문당
하지 않는다. 과태료(제151조)도 부과되지 않고 구인(제152조)의 제재도 받지 않는
다. 참고인조사는 어디까지나 임의수사에 속하기 때문이다. 다만 범죄수사에 없
어서는 안 될 사실을 알고 있는 자가 출석 또는 진술을 거부하면, 검사는 제1회
공판기일 전에 한하여 판사에게 그에 대한 증인신문을 청구할 수 있다(제221조의
2 ①항). 예외적으로 국가보안법은 참고인 구인제도를 두고 있다. 즉 국가보안법
위반사건의 참고인이 검사 또는 사법경찰관으로부터 출석요구를 받고 정당한
이유 없이 2회 이상 출석요구에 불응한 때에는 관할법원판사의 구속영장을 발
부받아 구인할 수 있다(제18조).

2. 조사방법

참고인에 대한 조사와 조서작성의 방법은 피의자신문에 준한다(제48조 참 **24**
조). 다만 참고인에 대해서는 진술거부권을 고지할 필요가 없다. 그러나 참고인
조사에서도 고문금지(헌법 제12조 ②항 전단)와 진술거부권(같은 항 후단)은 그대로
보장된다. 참고인조사에서도 참고인의 동의를 얻어 영상녹화를 할 수 있도록 하
였다(제221조 ①항). 참고인진술에 대한 영상녹화물은 기억환기(제318조의2 ②항)
외에도 참고인진술조서의 진정성립의 증명(제312조 ④항)을 위해 사용될 수 있다.
또한 참고인을 조사하는 경우에도 수사과정 기록제도를 적용하도록 하였다(제
244조의4 ③항). 이 절차를 위반한 경우에는 특별한 사정이 없는 한 적법한 절차
와 방식에 따라 수사과정에서 진술서가 작성되었다 할 수 없으므로 증거능력을
부정한다(2013도3790).

[판례] 참고인조사와 진술거부권의 고지: 대판 2011. 11. 10, 2011도8125

피의자에 대한 진술거부권 고지는 피의자의 진술거부권을 실효적으로 보장하여 진술이 강요되는 것을 막기 위해 인정되는 것인데, 이러한 진술거부권 고지에 관한 형사소송법 규정내용 및 진술거부권 고지가 갖는 실질적인 의미를 고려하면 수사기관에 의한 진술거부권 고지 대상이 되는 피의자 지위는 수사기관이 조사대상자에 대한 범죄혐의를 인정하여 수사를 개시하는 행위를 한 때 인정되는 것으로 보아야 한다. 따라서 이러한 피의자 지위에 있지 아니한 자에 대하여는 진술거부권이 고지되지 아니하였더라도 진술의 증거능력을 부정할 것은 아니다.

3. 범인식별

25   참고인조사의 하나로서 용의자들을 보고 자신이 목격한 범인을 식별하게 하는 수사방법은 임의수사의 하나이다. 범인식별수사가 적법하기 위해서는 판례가 밝히듯 범인의 인상착의 등에 관한 목격자의 진술 내지 묘사를 사전에 상세히 기록화한 다음, 용의자를 포함하여 그와 인상착의가 비슷한 여러 사람을 동시에 목격자와 대면시켜 범인을 지목하도록 하여야 하고, 용의자와 목격자 및 비교대상자들이 상호 사전에 접촉하지 못하도록 하여야 하며, 사후에 증거가치를 평가할 수 있도록 대질 과정과 결과를 문자와 사진 등으로 서면화하는 등의 조치를 취하여야 할 것이고, 사진제시에 의한 범인식별 절차에 있어서도 기본적으로 이러한 원칙에 따라야 한다(2000도4946; 2003도7033). 즉, 판례에 의하면, 용의자의 인상착의 등에 의한 범인식별 절차에 있어 용의자 한 사람을 단독으로 목격자와 대질시키거나 용의자의 사진 한 장만을 목격자에게 제시하여 범인 여부를 확인하게 하는 방식에 의한 범인식별 절차에서의 목격자의 진술은, 그 용의자가 종전에 피해자와 안면이 있는 사람이라든가 피해자의 진술 외에도 그 용의자를 범인으로 의심할 만한 다른 정황이 존재한다든가 하는 등의 부가적인 사정이 없는 한, 그 신빙성이 낮다는 것이다(2007도1950). 이러한 목격자의 진술은 증거능력의 문제가 아니라 목격자 진술의 신빙성 즉 증명력의 문제임을 주의하여야 한다.

[2007도5201] 범인식별절차의 신빙성

강간 피해자가 수사기관이 제시한 47명의 사진 속에서 피고인을 범인으로 지목하자 이어진 범인식별 절차에서 수사기관이 피해자에게 피고인 한 사람만을 촬영한 동영상을 보여주거나 피고인 한 사람만을 직접 보여주어 피해자로부터 범인이 맞다는 진술을 받고, 다시 피고인을 포함한 3명을 동시에 피해자에게 대면시켜 피고인이 범인이라는 확인을 받은 사안에서, 위 피해자의 진술은 범인식별 절차에서 목격자 진술의 신빙성을 높이기 위하여 준수하여야 할 절차를 지키지 않은 상태에서 얻어진 것으로서 범인의 인상착의에 관한 피해자의 최초 진술과 피고인의 그것이 불일치하는 점이 많아 신빙성이 낮다고 본 사례.

Ⅲ. 기타의 임의수사

1. 감정·통역·번역의 위촉

검사 또는 사법경찰관은 수사에 필요한 경우 감정·통역 또는 번역을 위촉　**26** 할 수 있다(제221조 ②항). 위촉받은 자의 수락 여부는 그의 자유에 속한다. 또 출석을 거부하거나 출석 후 퇴거하는 것도 마찬가지이다. 임의수사이므로 이를 강제할 수 있는 방법은 없다. 강제한다고 하여 본인이 원치 않는 전문지식이 활용될 리도 없다. 거부하면 다른 사람에게 위촉하는 수밖에 없다.

감정을 위해 피고인유치가 필요하면 검사는 판사에게 감정유치를 청구하여　**27** 야 하고, 판사는 이 청구가 상당하다고 인정되면 유치처분을 하여야 한다(제221조의3). 또한 감정위촉을 받은 자는 판사의 허가가 있으면 감정에 필요한 처분을 할 수 있다(제221조의4). 감정결과를 기재한 서류는 형사소송법 제313조 ②항에 의해 증거능력이 인정된다. 감정·통역·번역의 내용을 분명히 하기 위해 이들을 신문할 수 있고, 이 경우에는 조서를 작성해야 한다(제48조, 50조 참조). 통역의 경우에는 통역인진술조서를 작성하는 이외에 피의자신문조서 또는 참고인진술조서에 통역인이 진술자와 공동으로 서명해야 한다.

2. 사실조회

28　　수사에 관해 공무소 기타 공사단체에 조회하여 필요한 사항의 보고를 요구할 수 있다(제199조 ②항). 대표적인 것으로 전과조회, 신원조회 등이 있다. 조회 내용에 대해서는 제한이 없다. 조회를 받은 상대방은 보고의무가 있다. 이 점에서 강제수사로 보는 견해도 있으나 다수견해는 강제처분은 아니라고 한다. 이행 강제의 방법이 없고, 영장에 의할 것을 요구하지도 않기 때문이다.[1]

---

1) 배종대/홍영기 [20] 16; 신동운 284; 이은모/김정환 237 이하; 이재상/조균석/이창온 12/45; 이창현 302 이하.

제2장
강제수사

제1절 인신구속제도

[12] 제1 인신구속절차 개관

Ⅰ. 인신구속제도의 의의와 종류

현행법의 인신구속제도에는 체포와 구속이 있다. 체포는 수사초기단계에서 **1**
피의자를 단기간 동안 수사관서 등 일정한 장소에 인치하는 강제처분이며, 구속
은 수사와 재판을 위해 피의자, 피고인의 신병을 확보하기 위한 강제처분으로
체포에 비하여 장기간에 걸쳐 구금된 자의 자유를 제한한다.[1] 구속에는 공판절
차에서 법원이 행하는 구속(제70조), 즉 피고인구속과 수사기관에 의한 구속(제
201조), 즉 피의자구속이 있는데, 형사소송법은 법원의 구속에 관해 주로 규정하
고 수사기관의 구속은 법원의 구속에 관한 규정을 준용하도록 하고 있다. 체포
는 수사기관에 의한 체포가 있으며, 이는 다시 영장에 의한 체포(제200조의2)와
영장 없이 행하는 긴급체포(제200조의3) 및 현행범체포(제212조)로 구별된다. 수사

---

[1] 이렇게 체포와 구속의 두 가지 인신구속장치를 운영하는 국가로는 일본과 한국의 예를 들 수
있다. 현행법의 인신구속제도가 일본 법제의 영향을 받아 규정된 탓이다. 그러나 일본은 구속
이전에 반드시 체포를 거쳐야 하는 '체포전치주의'를 취하고 있는 반면 한국은 체포 없이 바로
구속하는 것도 가능하다는 점에서 구별된다. 즉, 일본은 체포와 구속의 이중적 구조라고 한다
면 한국은 체포와 구속의 '이중적·이원적 구조'라 할 수 있다: 이에 대해서는 정승환, 형사소송
법의 체포제도에 대한 재검토 —형사소송법 개정안의 인신구속제도와 관련하여—, 법조,
2005.7, 71면 이하 참조. 대부분의 국가에서 체포는 구속과 별도의 인신구속제도가 아니라 구
속을 위해 피의자를 붙잡는 행위 정도로 이해된다.

기관은 체포를 거쳐 구속영장을 청구할 수도 있고(A), 체포 없이 바로 구속영장을 청구할 수도 있으며(B), 이와 별도로 법원은 피고인을 영장 청구 없이 구속할 수 있다(C). 따라서 인신구속의 경로는 세 가지 경로가 가능하다. 이와 같은 인신구속제도를 도표로 표현하면 아래와 같다.1)

[표]　인신구속절차 개관

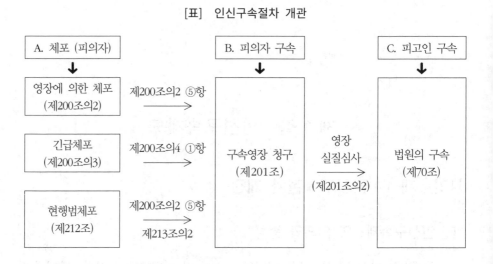

Ⅱ. 인신구속제도의 연혁

2　　　　인신구속의 문제는 법치국가적 형사절차에서 핵심적 문제라 할 수 있다. 이른바 '헌법적 형사소송법'의 중점적 규율내용은 인신구속절차에 관한 규정들이며, 형사소송법의 개정역사는 인신구속제도를 둘러싼 변화의 역사라 해도 과언이 아닐 만큼 인신구속절차는 끊임없이 논의의 중심이 되어 왔다. 그동안의 개정 역사를 보면 정치적 상황에 따라, 그리고 민주주의와 법치주의의 발전 여하에 따라 인신구속에 대한 적법절차 보장의 정도가 때로 후퇴하기도 했지만 전체적으로는 계속해서 발전하는 양상을 보이고 있다.

3　　　　현행 형사소송법의 인신구속제도는 1995년 12월 29일 개정되어 1997년 1월 1일부터 시행되어온 내용이 주요 얼개를 이루고 있다. 당시의 형사소송법 개

---

1) 2022년의 수사기관의 구속 인원은 17,551명인데, 그 중 구속영장에 의한 구속은 3,394명, 체포영장 후 구속은 6,089명, 긴급체포 후 구속은 3,150명, 현행범체포 후 구속은 4,918명이었다(대검찰청, 범죄분석 2023, 223면). 한편 2022년 제1심 법원의 법정구속 인원은 11,819명이었다(대법원, 사법연감 2023, 1158면).

정은 인신구속제도의 '획기적' 변화를 가져왔다고 평가되고 있다. 즉 "민주화의 결과에 따른 기본권보장의 강화요청에 실질적으로 부응하여 인신구속제도를 획기적으로 개선"하였다는 것이다.[1] 그리고 그 '개선'의 내용으로 드는 것이 체포제도의 도입과 구속전 피의자심문제도, 즉 구속영장실질심사제도의 도입이다. 더불어 체포제도의 도입에 대응하여 긴급구속제도를 긴급체포제도로 대체하였으며 체포된 자에 대해서도 적부심사청구를 인정한 것 등이 인신구속제도와 관련한 '개선'의 내용으로 제시된다.[2]

　　그런데 개정된 형사소송법이 시행된 이후 이러한 제도의 '개선'이 실질적으로 **4** 로 인신구속의 현실을 개선시켰는지에 대해서는 이론과 실무의 양 측면에서 부정적 평가들이 이어졌다. 우선 체포제도의 도입과 관련해서는 특히 긴급체포의 남용에 대한 지적이 상당하였다.[3] 체포영장제도의 도입에 대해서는 수사실무에서 관행처럼 자행되었던 임의동행이라는 위법한 형식에 의한 체포를 방지할 수 있게 되었다는 점에서 제도의 도입 자체는 긍정적으로 평가되었지만,[4] 체포영장제도에 대한 수사기관의 인식미비로 거의 활용되지 못하고 있었으며, 그것이 긴급체포의 남용을 가져오는 원인으로 지적되었다.[5] 한편으로 영장실질심사의 도입은 구속에서 적법절차의 보장을 강화하는 긍정적 변화였지만, 시행 후 1년이 되지 않아 신청에 의한 심사로 제한되었으며, '구속 전' 심문이란 점에서 일부 절차상의 모순이 있었다.

　　이러한 상황에서 2007년의 개정법률은 긴급체포의 남용을 방지하기 위해 **5** 긴급체포 후 '지체 없이' 구속영장을 청구하도록 하고(제200조의4), 긴급체포에 따른 영장 없는 압수·수색의 기간을 24시간으로 축소하였으며(제217조), 영장실질심사를 필요적 절차로 변경하였다(제201조의2). 그 밖에 보석의 조건을 다양하게 규정하였고, 구속영장의 집행절차(제81조)와 체포구속의 적부심절차를 일부 개선하였다(제214조의2). 더불어 구속사유의 심사기준을 규정하고(제70조) 구속기간을 연장하였는데, 이는 꼭 바람직한 변화라 할 수 없는 내용이다.

---

1) 국회 법제사법위원회, 형사소송법중개정법률안 심사보고서, 1995.12, 2면.
2) 앞의 글, 2면 이하 참조.
3) 예컨대 류지영, 긴급체포제도의 문제점과 개선방안, 형사법연구 제20호, 2003, 277면 이하; 황정근, 인신구속과 인권보호, 형사법연구 제14호, 2000, 37면 이하.
4) 류지영, 앞의 글, 277면; 한상훈, 형사소송법 개정법률안에 대한 비판적 검토, 민주법학 제9호, 1995, 324면.
5) 황정근, 앞의 글, 41면.

[13] 제 2 체 포

[사례 5] 2006도148

2002. 11. 25. 인천지방법원 부천지원에서 위증교사, 위조증거사용죄로 기소된 甲에 대하여 무죄가 선고되자 당시 공판검사이던 A는 이에 불복하여 항소한 후 위 무죄가 선고된 공소사실에 대한 보완수사를 한다며 甲의 변호사사무실 사무장이던 乙에게 2003. 1. 3. 인천지방검찰청 부천지청 408호 검사실로 출석하라고 요구하였다. 2003. 1. 3. 자진출석한 乙에 대하여 A검사는 참고인 조사를 하지 아니한 채 乙과 대질조사하기 위하여 공소외 C를 소환한 상태에서 곧바로 위증 및 위증교사 혐의로 피의자신문조서를 받기 시작하였는데, C는 甲의 위증교사 사건과 관련하여 "甲이 공소외 B에 대한 증인신문사항을 작성할 당시 B가 허위증언할 것이라는 것을 알고 있었을 것이라고 생각한다"는 취지로 진술한 자로서 C의 위 진술은 이미 위 인천지방법원 부천지원 사건의 판결에서 그 진술의 신빙성이 배척되었었다.

A검사의 조사에 대해 乙은 인적사항만을 진술한 후 A검사의 승낙하에 甲에게 전화를 하여 "검사가 나에 대해 위증 및 위증교사 혐의로 피의자신문조서를 받고 있으니 여기서 데리고 나가 달라"고 하였으며, 더 이상의 조사가 이루어지지 아니하는 사이 甲이 위 검사실로 찾아와서 A검사에게 "참고인 조사만을 한다고 하여 임의수사에 응한 것인데 乙을 피의자로 조사하는 데 대해서는 협조를 하지 않겠다"는 취지로 말하며 乙에게 검사실에서 나가라고 지시하였다. 이에 乙이 일어서서 검사실을 나가려 하자 A검사는 乙에게 "지금부터 긴급체포하겠다"고 말하면서 乙의 퇴거를 제지하려 하였고, 甲은 乙에게 계속 나가라고 지시하면서 乙을 붙잡으려는 A검사를 몸으로 밀어 이를 제지하였다. 이 과정에서 밀쳐 넘어진 검사에게 약간의 상해가 발생하였다.

문 1. 검사 A의 乙에 대한 긴급체포 행위는 적법한가?
문 2. 甲에게 공무집행방해 및 상해의 죄책이 인정되는가?

[주요논점]   1. 긴급체포의 요건은 무엇인가?
            2. 긴급체포의 요건 중 '긴급을 요한다'는 것은 무엇을 의미하는가?
[참고판례]   2000도5701; 2002모81

Ⅰ. 영장에 의한 체포

1. 의 의

(1) **개 념**　영장에 의한 체포란 상당한 범죄혐의가 있고 일정한 체포사유 　**1** 가 존재할 경우 사전영장에 의하여 일정한 시간 동안 구속(제201조)에 선행하여 피의자에게서 인신의 자유를 빼앗는 수사상의 강제처분을 말한다.

(2) **제도의 취지와 체포영장의 기능**　1995년의 개정으로 형사소송법에 들 　**2** 어 온 영장에 의한 체포제도(제200조의2)는 임의동행과 보호실유치 등의 탈법적 수사관행을 근절하고 인신구속의 적법한 수사절차확보를 위하여 헌법 제12조에 규정된 체포제도를 구체화한 것이다.

이러한 체포영장제도는 두 가지 기능을 갖는다.[1] 하나는 구인장으로서의 　**3** 기능이고 다른 하나는 구속의 전단계로서의 기능이다. 즉 한편으로는 수사초기 단계에서 임의수사에 불응하는 피의자에 대한 '간이한 인치제도'로서 기능하고, 다른 한편으로는 피의자를 수사하여야만 구속여부를 판단할 수 있는 때와 반드 시 구속할 필요는 없으나 사건수사를 위하여 피의자에 대한 조사가 꼭 필요한 때에 유용한 '구속 이전의 구금제도'로서 기능한다는 것이다.[2]

(3) **체포영장제도의 문제점**　체포영장제도의 도입은 인신구속의 구조가 이 　**4** 중적, 이원적 구조로 확대되었다는 문제점이 있다. 구속 외에 체포절차를 따로 둔 것은 실질적으로 수사기관의 구속기간이 48시간 연장될 수 있어 인신구속이 확대 되었다. 또한 체포의 사유 등을 고려하면 체포영장은 구속영장과 차이가 크지 않 다.[3] 따라서 두 가지 영장은 기능상 부조화를 이룰 수 있다. 인신구속이라는 본

---

1) 이에 대해서는 정승환, 형사소송법의 체포제도에 대한 재검토－형사소송법 개정안의 인신구 속제도와 관련하여, 법조 2005.7, 59면 이하 참조.

2) 영장에 의한 체포의 두 가지 기능은 개정법률안의 제안이유에서도 나타난다. 입법자는 "체포 제도는 피의자를 수사하여야만 구속여부를 판단할 수 있는 때와 반드시 구속할 필요는 없으나 사건수사를 위하여 피의자에 대한 조사가 꼭 필요한 때에 유용한 제도가 될 것으로 생각"했다 고 한다. 즉, 입법자의 의도는 영장에 의한 체포가 '간이한 인치제도'로서 피의자신문을 위한 구인의 기능과 구속을 위한 전단계로서의 기능을 함께 예정한 것이다. 국회 법제사법위원회, 형사소송법 중 개정법률안 심사보고서, 1995.12, 9면 이하 참조.

3) 2022년 체포영장에 의해 체포된 5,791명 중 5,696명이 기소되어 기소율이 98.3%에 이르고, 기소된 인원 중 5,477명이 구속기소되어 체포된 피의자의 구속률도 94.5%에 달한다(대검찰청, 범죄분석 2023, 386면). 그렇다면 조금 더 범죄혐의를 보완하여 사전구속영장을 직접 신청해도 되었다는 것이므로 체포영장과 구속영장의 기능이 중복된다는 것이다.

질은 같은데 체포영장은 구속영장보다 가벼운 처분이라는 상대적 인식에 따라 법원이 영장발부를 쉽게 할 수 있고,[1] 구속이 꼭 필요하지 않은데도 체포영장을 통해 인신구속을 하는 것은 남용의 여지가 있다는 것이다. 따라서 체포영장제도를 폐지하고 체포영장과 구속영장을 일원화할 것을 검토할 필요가 있다.[2]

2. 체포의 요건

5   **(1) 범죄혐의의 상당성**   피의자를 체포하기 위하여 피의자가 죄를 범하였다고 의심할 만한 상당한 이유가 있어야 한다(제200조의2 ①항). 여기서 상당한 이유란 구속의 경우와 마찬가지로 피의자가 구체적인 범죄를 저질렀을 고도의 개연성을 가리킨다. 이는 수사기관의 주관적인 혐의만으로는 부족하고 '구체적 사실'에 근거한 객관적 혐의가 있어야 한다. 다만 그 범죄혐의의 정도는 현실적으로 구속영장 발부에 비하여 낮은 정도의 혐의로도 족하다고 본다.

6   **(2) 출석요구불응 또는 불응의 우려**   피의자를 체포하기 위한 사유는 '정당한 이유 없이 수사기관의 피의자신문을 위한 출석요구에 응하지 아니하거나 응하지 아니할 우려'이다(제200조의2 ①항 본문). 출석요구불응의 우려도 수사기관의 주관적 판단에 의할 수밖에 없으나 구체적 사실에 근거를 두고 있어야 한다. 다만 다액 50만원 이하의 벌금, 구류 또는 과료에 해당하는 경미사건의 경우에는 피의자가 일정한 주거가 없는 경우 또는 수사기관의 출석요구에 불응한 경우에 한하여 체포할 수 있다(제200조의2 ①항 단서).

7   **(3) 체포의 필요성**   체포영장을 발부받기 위하여는 명백히 체포의 필요가 인정되지 아니하는 경우이어서는 안 된다(제200조의2 ②항 단서). 즉 체포영장의 청구를 받은 판사는 체포의 사유가 있다고 인정되는 경우에도 피의자의 연령과 경력, 가족관계나 교우관계, 범죄의 경중 및 태양 기타 제반 사정에 비추어 피의자가 도망할 염려가 없고 증거를 인멸할 염려가 없는 등 명백히 체포의 필요가 없다고 인정되는 때에는 체포영장의 청구를 기각하여야 한다(규칙 제96조의2). 즉, 도망 또는 증거인멸의 염려라는 구속사유의 존재는 체포의 적극적 요건이 아니라 소극적 요건에 불과하므로, 그러한 구속사유의 부존재가 명백한 경우에 한하여 체포의 필요성이 인정되지 않는다. 따라서 명백히 체포의 필요가 인정되

---

1) 2022년 구속영장의 발부율은 81.4%인 반면, 체포영장의 발부율은 98.1%이다(대법원, 사법연감 2023, 772면).

2) 자세한 것은 정승환, 앞의 글, 71─72면.

지 아니하는 경우란 구속사유의 부존재가 명백한 경우를 가리킨다. 구속사유의 부존재가 의문스러운 경우에는 '의심스러울 때는 피고인에게 유리하게(in dubio pro reo)'의 원칙에 따라 체포영장을 발부할 수 없다는 견해가 있으나 제200조의 2 ②항 단서가 체포의 소극적 요건으로서 체포필요성의 '명백한' 부존재만을 규정하고 있으므로 그러한 경우에도 체포의 요건은 충족된다고 보아야 한다.

3. 체포의 절차

(1) **체포영장의 청구**　　체포영장은 검사가 청구하고 관할지방법원판사가 발　**8** 부한다. 사법경찰관은 검사에게 신청하여 검사의 청구로 관할지방법원판사의 체포영장을 발부받아 피의자를 체포할 수 있다(제200조의2 ①항). 체포영장은 체포영장청구서에 범죄사실과 체포사유 등 일정사항을 기재하여 청구한다(규칙 제95조, 제99조 ③항). 그리고 체포영장의 청구에는 체포의 사유 및 필요를 인정할 수 있는 자료를 제출하여야 한다(규칙 제96조 ①항).

체포적부심사(제214조의2)를 청구하는 자는 체포영장의 청구를 받은 판사에　**9** 게 유리한 자료를 제출할 수 있다(규칙 제96조 ③항). 검사가 체포영장을 청구함에 있어서 동일한 범죄사실에 관하여 그 피의자에 대하여 전에 체포영장을 청구하였거나 발부받은 사실이 있는 때에는 다시 체포영장을 청구하는 취지 및 이유를 기재하여야 한다(제200조의2 ④항).

(2) **체포영장의 발부**　　체포영장의 청구를 받은 지방법원판사는 상당하다고　**10** 인정하는 때에는 체포영장을 발부한다(제200조의2 ②항 본문). 판사가 체포영장을 발부하지 아니할 때에는 청구서에 그 취지 및 이유를 기재하고 서명날인하여 청구한 검사에게 교부한다(같은 조 ③항). 체포영장의 방식은 구속영장의 방식에 관한 규정이 준용된다(제200조의6).

(3) **체포영장의 집행**　　체포영장은 검사의 지휘로 사법경찰관리 또는 교도　**11** 관(제81조 ①·③항, 200조의6)이 집행한다. 체포영장을 집행함에는 체포영장을 피의자에게 제시하여야 한다(제85조 ①항, 200조의6). 피의자를 체포할 때에는 피의사실의 요지, 체포의 이유와 변호인을 선임할 수 있음을 말하고 변명할 기회를 주어야 한다(제200조의5). 다만 영장을 소지하지 아니한 경우에 급속을 요하는 때에는 피의자에 대하여 피의사실의 요지와 영장이 발부되었음을 고지하고 집행을 완료한 후 신속히 체포영장을 제시하고 그 사본을 교부해야 한다(제85조 ③·④ 항, 200조의6; 2004도3212; 2013도2168).

[2017도10866] 체포영장의 제시 및 고지의 시기

사법경찰관 등이 체포영장을 소지하고 피의자를 체포하기 위해서는 체포영장을 피의자에게 제시하고, 피의사실의 요지, 체포의 이유와 변호인을 선임할 수 있음을 말하고 변명할 기회를 주어야 한다. 이와 같은 체포영장의 제시나 고지 등은 체포를 위한 실력행사에 들어가기 이전에 미리 하여야 하는 것이 원칙이다. 그러나 달아나는 피의자를 쫓아가 붙들거나 폭력으로 대항하는 피의자를 실력으로 제압하는 경우에는 붙들거나 제압하는 과정에서 하거나, 그것이 여의치 않은 경우에는 일단 붙들거나 제압한 후에 지체 없이 하여야 한다.

경찰관들이 체포영장을 소지하고 메트암페타민(일명 필로폰) 투약 등 혐의로 피고인을 체포하려고 하자, 피고인이 이에 거세게 저항하는 과정에서 경찰관들에게 상해를 가하였다고 하여 공무집행방해 및 상해의 공소사실로 기소된 사안에서, 경찰관들이 체포를 위한 실력행사에 나아가기 전에 체포영장을 제시하고 미란다 원칙을 고지할 여유가 있었음에도 애초부터 미란다 원칙을 체포 후에 고지할 생각으로 먼저 체포행위에 나선 행위는 적법한 공무집행이라고 보기 어렵다는 등의 이유로 무죄를 선고한 원심판단이 정당하다고 한 사례.

12　　　**(4) 체포에 수반하는 강제처분**　　체포영장을 집행함에는 영장 없이 타인의 주거 등에서 피의자를 수색하거나, 체포현장에서 압수·수색·검증을 할 수 있다(제216조 ①항). 다만, 피의자를 체포 또는 구속하는 경우의 피의자 수색은 미리 수색영장을 발부받기 어려운 긴급한 사정이 있는 때에 한정한다(같은 항 1호 단서).[1] 또한 피의자의 체포가 무기사용 이외의 다른 수단으로는 불가능하다고 인정되는 상당한 이유가 있으면 경찰관은 필요한 범위 내에서 실력행사를 할 수 있고 다른 체포수단이 없는 때에는 필요최소한의 범위 내에서 무기를 사용할 수 있다(경직법 제10조의4).

13　　　**(5) 집행 후의 절차**　　피의자를 체포한 때에는 변호인이 있는 경우에는 변호인에게, 변호인이 없는 경우에는 변호인 선임권자 가운데 피의자가 지정한 자에게 피의사건명, 체포일시·장소, 범죄사실의 요지, 체포의 이유와 변호인을 선임할 수 있음을 알려야 한다(제87조, 제200조의6). 체포된 피의자는 수사기관, 교

---

1) 헌법재판소는 체포영장에 의한 체포의 경우, '① 그 장소에 범죄혐의 등을 입증할 자료나 피의자가 존재할 개연성이 소명되고, ② 사전에 영장을 발부받기 어려운 긴급한 사정이 있는 경우에만 제한적으로' 영장 없이 피의자를 수색하는 것이 허용된다는 이유로 헌법불합치결정(2015헌바370 등)을 내렸고, 이에 따라 2019년 개정법률은 제216조 ①항 1호에 단서를 추가하였다.

도소장 또는 구치소장이나 그 대리자에게 변호사를 지정하여 변호인의 선임을 의뢰할 수 있고, 의뢰를 받은 사람은 급속히 피의자가 지정한 변호사에게 그 취지를 통지하여야 한다(제90조, 제200조의6). 그 밖에 체포된 피의자는 관련 법률이 정한 범위 내에서 타인과 접견하고 서류나 물건을 수수하며 의사의 진료를 받을 수 있다(제89조, 200조의6).

4. 체포 이후의 조치

피의자를 체포한 후 그를 다시 구속하고자 할 때에는 체포한 때로부터 48   **14** 시간 이내에 제201조에 따라 구속영장을 청구하여야 하고 그 기간 내에 구속영장을 청구하지 아니하는 때에는 피의자를 즉시 석방하여야 한다(제200조의2 ⑤항). 체포 후 피의자 등은 체포의 적부심사를 청구할 수 있고(제214조의2 ①항), 이때에는 법원이 수사관계서류와 증거물을 접수한 때부터 결정 후 검찰청에 반환된 때까지의 기간은 48시간의 청구제한기간에 산입하지 않는다(같은 조 ⑬항).

Ⅱ. 긴급체포

1. 긴급체포의 의의

긴급체포는 수사기관이 현행범(제211조)에 해당하지 않는 피의자에 대해 사   **15** 전영장을 발부받기 위해 시간을 지체할 수 없는 긴급한 경우에 영장 없는 체포를 일시적으로 허용하는 제도이다. 현행법은 긴급체포를 중대한 범죄에 대해서만 허용하고(제200조의3 ①항) 피의자를 체포한 후 구속을 계속할 필요가 있는 경우에는 영장을 발부받도록 하고 있다(헌법 제12조 ③항 단서, 법 제200조의4 ①항). 긴급체포는 중대범죄에 한하고, 범행과 체포 사이에 시간적 접착성을 요하지는 않는다는 점에서 현행범체포와 구별된다.

인신구속에 대해서는 영장주의를 원칙으로 하는 것이 '헌법적 형사소송법'   **16** 의 기본내용이지만, 긴급한 경우에는 영장 없는 구속이 불가피하기 때문에 대부분의 국가에서 긴급구속의 예외를 인정한다. 우리 형사소송법도 과거에는 영장 없는 예외적 구속을 '긴급구속'이라 하였으나, 1995년의 개정법률에서 체포제도가 도입되면서 그 명칭이 '긴급체포'가 되었다.

2. 긴급체포의 요건

17   (1) 범죄의 중대성   긴급체포는 사형, 무기 또는 장기 3년 이상의 징역이나 금고에 해당하는 죄를 범하였다고 의심할 만한 상당한 이유가 있을 때 허용된다(제200조의3 ①항). 즉, 긴급체포를 위해서는 상당한 범죄혐의가 있어야 한다는 일반적 인신구속 사유보다 더 엄격한 '중대한 범죄의 상당한 혐의'가 있어야 하는 것이다.

18   (2) 구속사유   긴급체포에도 구속사유가 있어야 한다. 즉 1) 피의자가 증거를 인멸할 염려가 있거나, 2) 피의자가 도망하거나 도망할 우려가 있어야 한다(같은 항). 긴급체포는 체포제도가 입법되기 전에는 '긴급구속'이었으므로 긴급한 체포라도 구속의 사유가 필요한 것은 당연한 일이다.

19   (3) 긴급성   긴급체포는 '긴급을 요하여' 지방법원판사의 체포영장을 받을 수 없는 때에 그 사유를 알리고 영장 없이 피의자를 체포하는 것이다. 이때 '긴급을 요한다' 함은 피의자를 우연히 발견한 경우 등과 같이 체포영장을 받을 시간적 여유가 없는 때를 말하는데,[1] 이는 영장을 받기 위해 시간을 지체하면 체포·구속이 불가능하게 되거나 현저히 곤란해지는 긴박한 상황을 말한다.[2]

3. 긴급체포의 절차

20   (1) 긴급체포의 방법   검사 또는 사법경찰관은 피의자에게 체포영장이나 구속영장을 받을 수 없는 사유를 알리고 긴급체포하여야 한다(제200조의3 ①항). 사법경찰관이 긴급체포를 한 경우에는 즉시 검사의 승인을 얻어야 한다(같은 조 ②항). 긴급체포할 때에는 구속과 마찬가지로 범죄사실의 요지와 변호인을 선임할 수 있음을 말하고 변명의 기회를 주어야 한다(제200조의5). 그리고 즉시 긴급체포서를 작성해야 한다(제200조의3 ③항). 이 긴급체포서에는 범죄사실의 요지, 긴급체포의 사유 등을 기재하여야 한다(같은 조 ④항).

21   (2) 긴급체포에 수반한 강제처분   피의자를 긴급체포할 때 영장 없이 타인

---

1) 2016도5814: "피고인이 마약에 관한 죄를 범하였다고 의심할 만한 상당한 이유가 있었더라도, 경찰관이 이미 피고인의 신원과 주거지 및 전화번호 등을 모두 파악하고 있었고, 당시 마약 투약의 범죄 증거가 급속하게 소멸될 상황도 아니었던 점 등의 사정을 감안하면, 긴급체포가 미리 체포영장을 받을 시간적 여유가 없었던 경우에 해당하지 않아 위법하다"
2) 제200조의3 ①항은 '체포영장을 받을 시간적 여유가 없는 때'라고만 규정하나 제200조의4 ①항이 구속영장청구를 규정하고 있으므로 구속영장을 받기에 급박한 경우도 당연히 포함된다.

의 주거 등에서 피의자를 수색하거나, 체포현장에서 압수·수색·검증을 할 수 있다(제216조 ①항). 또한 긴급체포된 피의자가 소유·소지 또는 보관하는 물건에 대해 긴급히 압수할 필요가 있는 경우에는 체포한 때부터 24시간 이내에 한하여 영장 없이 압수·수색·검증을 할 수 있다(제217조 ①항). 긴급체포 이후의 영장 없는 긴급압수·수색은 이전에는 체포 후 구속영장의 청구기간, 즉 48시간까지 가능하였으나 긴급체포의 남용을 방지하기 위해 2007년의 개정법률이 24시간으로 그 기간을 축소한 것이다. 나아가 개정법률은 긴급압수·수색 후 계속 압수의 필요가 있는 때에는 체포한 때부터 48시간 이내에 압수수색영장을 청구하도록 규정하고 있다(같은 조 ②항).[1)]

4. 체포 후의 조치

(1) **구속영장의 청구** 검사 또는 사법경찰관이 피의자를 긴급체포한 경우 **22**
'피의자를 구속하고자 할 때'에는 '지체 없이' 검사는 관할지방법원판사에게 구속영장을 청구하여야 하고, 사법경찰관은 검사에게 신청하여 검사의 청구로 관할지방법원판사에게 구속영장을 청구하여야 한다(제200조의4 ①항 1문). 구속영장은 '지체 없이' 청구해야 하지만 만약 그렇지 못하더라도 48시간 이내에 영장을 청구하여야 하고 그렇지 않으면 석방하여야 한다. 즉, 구속영장의 청구시한은 48시간이다(제200조의4 ①항 2문). 검사의 구속영장청구나 사법경찰관의 구속영장 신청에는 긴급체포서를 첨부하여야 한다(같은 문, 200조의3 ③항).

[**무영장인신구속제도인 긴급체포**] 무영장인신구속인 긴급체포는 1) 검사의 사전 판 **23**
단 없이 사법경찰관에게 독자적인 긴급체포 판단권한이 인정될 수 있다는 점(제200
조의3 ②항)과 2) 48시간 내에 구속영장을 발부받는 것이 아니라 청구하도록 되어
있고 판사의 구속영장발부 결정기간이 정해져 있지 않다는 점을 고려하면 사실상
경찰이 자기판단에 의해 적어도 [48시간+판사의 구속영장발부의 결정기간] 동안
시민을 영장 없이 체포할 수 있는 수단이 된다. 과거 임의동행을 빙자한 사실상 불
법체포감금의 인권침해는 긴급체포라는 합법의 옷을 입고 행해질 우려가 매우 높
다. 체포영장에 의한 체포를 원칙으로 한다면 긴급체포는 영장에 의한 체포의 예외
가 되며 그 체포기간도 더 짧아야 한다. 따라서 긴급체포의 경우에는 지체 없이 체
포영장이나 구속영장을 발부받도록 해야 한다. 2007년의 개정법률은 구속영장의
청구를 '지체 없이' 하도록 하였지만 최종적인 청구시한은 다시 48시간으로 규정함
으로써 하나마나한 개정이 되었다. 이러한 문제점을 개선하려면 긴급체포한 피의자

---

1) 압수·수색에서 영장주의의 예외에 대해 자세한 것은 아래의 [16] 30 이하 참조.

를 곧바로 법관에게 인치하여 구속영장실질심사를 받도록 하여야 한다.[1]

24   **(2) 법관의 심사**   체포의 남용을 방지하기 위하여 이론적으로 긴급체포는 체포의 일종이면서 동시에 '사후영장에 의한 구속'의 성격을 유지한다고 보아야 한다. 따라서 1) 실체형법적으로 긴급체포의 요건에 대한 의무합치적 심사 없는 자의적인 긴급체포는 불법체포감금죄(형법 제124조)를 구성한다. 또한 2) 소송법 적으로는 제200조의4 ①항에 의한 구속영장의 청구를 받은 판사는 i) 구속의 요 건뿐만 아니라 ii) 긴급체포의 적법성, 즉 체포 당시 긴급체포의 요건이 충족되 었는지에 대한 판단도 함께 하여 어느 한 요건이라도 충족되지 않는 경우에는 구속영장청구를 기각하여야 한다.

25   **(3) 피의자석방**   긴급체포한 후 48시간 이내에 구속영장을 청구하지 아니 하거나 영장청구를 하였지만 발부받지 못한 때에는 피의자를 즉시 석방하여야 한다(제200조의4 ②항). 검사가 구속영장을 청구하지 않고 피의자를 석방한 경우 에는 30일 이내에 '석방통지서'에 체포되었던 자의 인적사항과 긴급체포의 일시 와 장소, 체포의 구체적 사유 등 관련 사항을 기재하여 법원에 통지하여야 하고 (같은 조 ④항; 검사규 제69조 ①항), 사법경찰관이 구속영장을 신청하지 않고 석방 한 경우에는 즉시 검사에게 보고하여야 한다(제200조의4 ⑥항). 긴급체포의 남용 을 방지하기 위해 2007년의 개정법률이 신설한 규정이다. 사후보고이지만 이를 통해 긴급체포가 보다 신중하게 이루어지게 될 것으로 기대하는 것이다.[2]

26   **(4) 재긴급체포의 제한**   긴급체포한 후 구속영장을 청구하지 아니하거나 영장을 발부받지 못하여 석방된 자는 영장 없이는 동일한 범죄사실에 관하여 체포하지 못한다(같은 조 ③항). 이를 제한하지 않으면 긴급체포 후 영장을 청구 하지 않고 석방하였다가 다시 체포하는 등 체포와 석방의 반복으로 긴급체포가 남용될 수 있기 때문이다. 다만, 긴급체포되었다가 석방된 후 법원이 발부한 구 속영장에 의하여 다시 구속되는 경우에는 위법한 구속이라고 할 수 없다(2001도 4291).

---

1) '48시간 유예제도'의 문제점에 대해서는 정승환, 앞의 글, 73면 이하 참조.
2) 법원행정처, 형사소송법 개정법률 해설, 2007, 30면.

Ⅲ. 현행범체포

1. 의의와 연혁

(1) 의 의   범죄의 실행 중이거나 실행의 직후인 자를 현행범인이라고 한 **27**
다(제211조 ①항). 현행범인은 누구든지 영장 없이 체포할 수 있어, 긴급체포와
함께 영장주의의 예외에 속한다(헌법 제12조 ③항 단서, 법 제212조). 현행범인에 대
해 영장주의의 예외를 인정하는 것은 범행과 시간적으로 밀접해 있어서 범죄의
명백성이 인정되기 때문이다. 경찰관이 현장에 없거나 영장이 없다고 하여 현행
범을 방치할 경우 구속을 비롯한 수사활동이 불필요하게 어려워지거나 효율성
이 떨어지게 된다.

(2) 연 혁   역사적으로 현행범인에 대한 특례는 현행범에 대한 즉결처분 **28**
(furtum manifestum)을 인정한 로마법에서 유래한다고 한다. 그러나 근대 형사소
송법에서 현행범체포제도는 영장주의의 엄격성을 완화하는 예외로서 발전되어
왔다. 즉 범죄실행 중이거나 실행 직후에 발각된 현행범인에 대한 인신구속은
범죄증거가 명백하여 수사기관의 권한남용위험이 없고 또 초동수사의 필요성이
높다. 따라서 법관의 사전영장을 사후영장으로 대체하더라도 큰 문제가 없다고
판단한 것이다.

2. 현행범체포의 요건

(1) 현행범인   현행범인은 '범죄의 실행 중이거나 실행의 직후인 자'를 말 **29**
한다(제211조 ①항). 여기서 범죄는 형법상의 구성요건에 해당하고, 위법성조각사
유와 책임조각사유가 없음이 명백한 경우를 가리킨다. 따라서 형사미성년자를
현행범인으로 체포할 수는 없다. 친고죄의 경우 고소가 없더라도 현행범체포는
가능하다. 그러나 처음부터 고소가능성이 없는 경우에는 수사를 할 수 없으므로
현행범체포는 허용되지 않는 것으로 보아야 한다.[1]

범죄의 '실행중'이란 범죄실행에 착수하여 종료하지 못한 상태를 말한다. **30**
범죄의 '실행의 직후'인 자는 범죄행위의 실행행위를 종료한 직후의 자를 말하
는데, '실행직후'의 여부는 현행범에 대한 영장 없는 체포의 근거인 범죄의 명백
성, 즉 범죄혐의의 명백성과 범인의 명백성이 판단될 수 있을 정도의 시간적·

---

1) 신동운 325; 이창현 335.

장소적 접착성이 있는지에 따라 판단한다.[1] 판례는 '실행의 직후'를 '시간적으로나 장소적으로 보아 체포를 당하는 자가 방금 범죄를 실행한 범인이라는 점에관한 죄증이 명백히 존재하는 것으로 인정되는 경우'라고 한다(2001도300; 2005도7158; 2011도4763 등).

[2007도1249] 현행범의 개념

피고인이 음주운전을 종료한 후 40분 이상이 경과한 시점에서 길가에 앉아 있던 피고인에게서 술냄새가 난다는 점만을 근거로 피고인을 음주운전의 현행범으로 체포한 것은 피고인이 '방금 음주운전을 실행한 범인이라는 점에 관한 죄증이 명백하다고 할 수 없는 상태'에서 이루어진 것으로서 적법한 공무집행이라고 볼 수 없고, 그이후에 피고인에 대하여 음주측정을 요구한 것은 절차적 적법성을 구비하지 못한것이고 피고인에 대한 조사행위 역시 적법한 직무집행행위라고 볼 수 없다.

31   (2) 준현행범인   준현행범인은 현행범인은 아니지만 형사소송법에 의해 현행범인으로 간주되는 자를 말한다. 형사소송법(제211조 ②항)은 1) 범인으로 불리며 추적되고 있는 자, 2) 장물이나 범죄에 사용되었다고 인정하기에 충분한 흉기나 그 밖의 물건을 소지하고 있는 자, 3) 신체나 의복류에 증거가 될 만한 뚜렷한 흔적이 있는 자, 4) 누구인지 묻는데 도망하려 하는 자를 현행범인으로 간주하고 있다. 제4호는 주로 경찰관의 불심검문이 해당될 것이나 사인이 묻는 경우라도 상관없다. 그런데 이 요건은 범행에 대한 직접관련성이 희박할 수 있으므로 다른 상황과 종합하여 충분히 죄를 범하였다고 인정될 경우에만 준현행범인으로 간주하는 것이 옳다.[2]

[99도4341] 준현행범인

순찰 중이던 경찰관이 교통사고를 낸 차량이 도주하였다는 무전연락을 받고 주변을수색하다가 범퍼 등의 파손상태로 보아 사고차량으로 인정되는 차량에서 내리는 사람을 발견한 경우, 형사소송법 제211조 제2항 제2호 소정의 '장물이나 범죄에 사용되었다고 인정함에 충분한 흉기 기타의 물건을 소지하고 있는 때'에 해당하므로 준현행범으로서 영장 없이 체포할 수 있다고 한 사례.

32

---

1) 이재상/조균석/이창온 13/28; 이창현 333에서는 범인이 범행장소를 이탈한 때에는 시간적 접착성도 인정되지 않는다는 점에서 동시에 장소적 접착성도 요건으로 보아야 한다고 한다.

2) 이은모/김정환 253; 이재상/조균석/이창온 13/29; 이창현 333.

(3) **체포의 필요성**   현행범체포에서도 체포의 필요성으로서 구속사유, 즉 현행범인의 도주나 증거인멸의 우려가 있어야 하는지가 문제된다. 이에 대해서는 명문의 규정이 없어 적극설과 소극설이 대립한다. 적극설은 명문규정은 없지만 현행범체포를 위해서는 구속사유가 필요하다고 한다. 현행범인의 체포에 영장주의의 예외를 인정한 것은 사안의 긴급성 때문이지 구속사유를 확장시키기 위한 것이 아니라는 것이 그 이유이다.[1] 소극설은 형사소송법이 현행범체포를 영장에 의한 체포의 예외적인 경우로 규정하고 있고, 영장에 의한 체포에서도 구속사유는 체포요건이 아니라는 이유로 구속사유의 필요성을 부정한다.[2] 현행범체포는 범죄혐의가 명백함에도 신원이 불분명하고 도망의 염려가 있을 때 수사확보를 위해 혐의자의 행동자유를 일시적으로 박탈하는 제도이다. 따라서 현행범체포의 요건으로서 필요한 구속사유는 현행범이 도망의 염려가 있거나 그의 신분이 즉각 확인될 수 없을 때이고, 증거인멸의 염려는 현행범의 체포사유가 될 수 없는 것으로 보아야 한다.[3] 판례는 현행범인으로 체포하기 위하여는 체포의 필요성 즉, 도망 또는 증거인멸의 염려가 있어야 한다는 입장이다(98도3029; 2015도13726; 2021도12213).

[2011도3682] 현행범과 체포의 필요성

피고인이 경찰관의 불심검문을 받아 운전면허증을 교부한 후 경찰관에게 큰 소리로 욕설을 하였는데, 경찰관이 모욕죄의 현행범으로 체포하겠다고 고지한 후 피고인의 오른쪽 어깨를 붙잡자 반항하면서 경찰관에게 상해를 가한 사안에서, 피고인은 경찰관의 불심검문에 응하여 이미 운전면허증을 교부한 상태이고, 경찰관뿐 아니라 인근 주민도 욕설을 직접 들었으므로, 피고인이 도망하거나 증거를 인멸할 염려가 있다고 보기는 어렵고, 피고인의 모욕 범행은 불심검문에 항의하는 과정에서 저지른 일시적, 우발적인 행위로서 사안 자체가 경미할 뿐 아니라, 피해자인 경찰관이 범행현장에서 즉시 범인을 체포할 급박한 사정이 있다고 보기도 어려우므로, 경찰관이 피고인을 체포한 행위는 적법한 공무집행이라고 볼 수 없다.

---

1) 배종대/홍영기 [21] 21; 백형구 113; 이창현 337.
2) 신동운 325; 이은모/김정환 254; 이재상/조균석/이창온 13/33.
3) 독일 형사소송법 제127조 ①항은 현행범이 "도망할 우려가 있거나 그의 신원이 곧바로 확인될 수 없을 때"(wenn er der Flucht verdächtig ist oder seine Identität nicht sofort festgestellt werden kann)라고 분명하게 규정하고 있다.

33   **(4) 비례성**   경미범죄에 대해서는 인권보장의 취지에서 현행범체포가 제한
된다. 즉 다액 50만원 이하의 벌금, 구류 또는 과료에 해당하는 죄의 현행범인에
대해서는 범인의 주거가 분명하지 않을 경우에만 그 체포가 허용된다(제214조).
이는 비례성원칙의 표현이다. 그러나 현행범체포는 구속이 아니라 구속을 포함한
수사활동전반의 관철가능성을 확보하기 위한 일시적인 자유박탈이므로, 구속의
비례성에 위반되는 경미한 사건에서도 현행범체포의 비례성은 충족될 수 있다.

3. 현행범체포의 절차

34   **(1) 사법경찰관리의 체포**   사법경찰관이 현행범을 체포할 때에는 체포의
적법절차를 준수하여야 한다. 즉 사법경찰관은 현행범에 대하여 범죄사실의 요
지, 체포의 이유와 변호인을 선임할 수 있음을 말하고 변명할 기회를 준 후가
아니면 체포할 수 없다(제200조의5; 99도4341; 93도958). 또한 체포의 통지의무도 이
행하여야 한다(제87조, 제213조의2). 사법경찰관은 체포에 수반하는 권한으로 현행
범을 체포하기 위해 타인의 주거에 들어갈 수 있고(제216조 ①항 1호) 불가피한
경우에 필요한 최소한의 범위에서 무기를 사용할 수 있고(경직법 제10조의4), 체
포현장에서 압수·수색·검증을 할 수 있다(제216조 ①항 2호). 현행법은 신원을 확
인하기 위한 조치를 명문으로 규정하지 않으나 사진촬영이나 주민등록증을 확
인하여 현행범의 신원을 밝히는 조치를 할 수 있다.

35   **(2) 일반인의 현행범체포**   수사기관뿐 아니라 일반시민도 현행범체포를 할
수 있다(제212조). 일반인이 현행범을 체포할 때는 지켜야 할 절차나 형식성이
없다. 일반시민의 체포권한은 현행범을 검사나 사법경찰관리가 올 때까지 붙들
고 있거나 가장 가까운 검찰청·경찰서로 가서 즉시 검사 또는 사법경찰관리에
게 인도하는 것이다(제213조 ①항). 이를 위해 필요최소한도의 강제력이 사용될
수 있다. 여기서의 '즉시'란 반드시 체포시점과 시간적으로 밀착된 시점이어야
하는 것은 아니고, '정당한 이유 없이 인도를 지연하거나 체포를 계속하는 등으
로 불필요한 지체를 함이 없이'라는 뜻이다(2011도12927). 사법경찰관리가 현행범
인을 인도받으면 체포자의 성명, 주거, 체포사유를 묻고 필요한 경우 체포자에
게 경찰관서에 동행을 요구할 수 있다(같은 조 ②항). 그리고 사법경찰관리는 체
포된 자에 대해, 사법경찰관리가 체포한 경우와 같이, 체포의 이유 등을 고지하
고 체포에 대한 통지의무도 이행해야 한다(제213조의2, 200조의 5).

36   **(3) 체포 후의 조치**   현행범체포를 한 후 구속하고자 할 때에는 체포한 때

부터 48시간 이내에 구속영장을 청구하여야 하고 그 기간 이내에 구속영장을
청구하지 아니하는 때에는 피의자를 즉시 석방하여야 한다(제213조의2, 제200조의
2 ⑤항). 구속영장청구가 기각된 경우에도 마찬가지이다(규칙 제100조 ②항). 일반
인이 현행범을 체포한 경우에 위 48시간의 기산점은 체포시가 아니라 검사 등
이 현행범인을 인도받은 때이다(2011도12927).

> **[현행범체포에 관한 입법론]** 1995년 법률개정 이전의 제213조의2는 중대한 범죄에   **37**
> 제한되는 긴급구속기간 관련규정(제207조; 현재는 삭제)을 준용하고 있었다. 따라서
> 긴급구속은 중대한 범죄에 대해서만 인정되므로 현행범을 체포한 경찰관은 신원확
> 인조치를 취한 후에 긴급구속요건이 충족되는가를 판단하여 충족되지 않을 경우엔
> 즉시 석방시켜야 한다는 해석이 가능했다. 즉 현행범체포시간은 '신원확인조치를
> 취하고 긴급구속 여부를 판단·결정하는 데 필요한 시간'으로 제한될 수 있었다. 그
> 런데 1995년의 법률개정으로 제213조의2는 체포기간에 관련한 규정(제200조의2 ⑤
> 항)을 준용함으로써 현행범체포의 최대기간은 적어도 48시간 또는 그 이상, 즉 판
> 사의 구속영장발부에 대한 결정의 시간을 포함한 시간까지로 늘어나게 되었다. 심
> 지어 경미한 범죄라 할지라도 현행범은 경우에 따라 48시간 이상 체포할 수 있게
> 된 것이다. 그러나 경미한 범죄의 현행범은 불구속재판하는 것이 비례성원칙에 합
> 치한다. 제213조의2가 개정 전의 긴급구속에 해당하는 긴급체포에서의 영장청구기
> 간에 관한 규정인 제200조의4 ①항을 준용하지 않고 통상체포에서 영장청구기간규
> 정인 제200조의2 ⑤항을 준용한 것은 개악이라 할 수 있다. 제213조의2는 제200조
> 의4 ①항을 준용하도록 개정되어야 한다.

[14] 제 3 구   속

Ⅰ. 구속의 의의

1. 구속의 개념

구속은 형사절차를 관철시키기 위하여 피의자 또는 피고인의 신체자유를   **1**
제한하는 강제처분을 말한다. 피의자구속은 수사절차에서 수사기관이 법관의
영장을 발부받아 하는 구속이고, 피고인구속은 공소제기 후 법원이 피고인을 구
속하는 경우이다.[1] 구속은 구금과 구인을 포괄하는 개념이다(제69조). 구인은 피

---

1) 아래에서는 설명의 경제성을 위하여 피의자구속을 중심으로 설명하되 피고인구속에 관

고인을 법원 기타 장소에 인치하는 강제처분이다. 인치기간은 인치한 때로부터 최대 24시간이며, 그 전이라도 구금할 필요가 없으면 피고인을 석방하여야 한다 (제71조). 구금은 피고인 또는 피의자를 교도소 또는 구치소에 감금하는 처분이다. 구금은 미결구금을 뜻하고 형벌인 구류(형법 제41조 7호)와 구별된다.

2. 구속의 목적

2 구속의 목적은 공판절차의 실행이나 증거의 보존에 있다. 그러나 구속은 개인의 기본권을 중대하게 제한하기 때문에 형사소송법은 엄격한 구속요건을 규정하면서, 법관이 이 요건에 따라 발부하는 영장에 의해서만 할 수 있도록 하고 있다. 나아가 개정법률은 "피의자에 대한 수사는 불구속 상태에서 함을 원칙으로 한다"고 하여 불구속수사원칙을 천명하고 있다(제198조 ①항). 학설에서도 구속은 비례성원칙에 의한 제한을 받아야 한다는 견해가 지배적이다.[1]

Ⅱ. 구속의 요건

1. 범죄혐의의 상당한 이유

3 (1) 현저한 범죄혐의 피의자를 구속하려면 피의자가 죄를 범하였다고 의심할 만한 상당한 이유가 있어야 한다(제201조 ①항 본문). 수사개시의 단서가 될 수 있는 범죄혐의(제196조)만으로는 불충분하고 피의자가 유죄판결을 받을 '고도의 개연성'이 인정될 수 있는 정도의 범죄혐의, 즉 '현저한 범죄혐의'가 있어야 한다.[2] 구속은 대개 수사의 초기단계에서 이루어지므로 단편적이고 불완전한 증거만이 법관에게 판단자료로 제출된다. 그렇기 때문에 단편적이고 불완전한 증거만을 토대로 판단할 때 피의자의 현저한 범죄혐의를 인정할 수 없는데도 구속을 허용한다면 인신구속의 남용위험성이 높아지게 된다. 바로 이와 같은 이유에서 구속요건으로 요구되는 범죄혐의는 수사가 충분히 이루어진 후에 결정하는 공소제기에서 요구되는 범죄혐의, 즉 유죄판결을 받을 개연성인 '충분한 혐의'보다 높은 것이라고 볼 수 있다. 현저한 범죄혐의는 피의자가 유죄판결을

한 특별한 규율내용은 그때그때 설명을 첨가하기로 한다.

1) 비례성원칙을 구속제한의 기본원칙으로 인정하는 견해는 배종대/홍영기 [22] 2; 이은모/김정환 260; 이재상/조균석/이창온 13/51 이하; 이창현 346 이하 등.

2) 배종대/홍영기 [22] 2; 신동운 337; 이은모/김정환 258; 이재상/조균석/이창온 13/45; 이창현 344.

받을 수 있는 고도의 개연성이므로 위법성조각사유 또는 책임조각사유가 있는 경우뿐만 아니라 공소시효완성이나 공소권남용이 있는 경우에는 인정되지 않는다.

(2) **법관의 판단**   현저한 범죄혐의의 존재는 검사가 제출한 수사자료(제201 **4** 조 ②항)를 토대로 법관이 자유심증으로 판단한다. 법관은 필요한 경우 사실조사를 할 수 있고(제37조 ③항) , 구속 전 피의자심문이 필수절차가 되었으므로 심문의 과정에서 직접주의, 구술주의가 적용된다. 또한 이때에 증거배제법칙(제308조의2, 309조)과 자백의 보강법칙(제310조)이 적용된다고 보아야 한다.

2. 구속사유

(1) **주거부정**   제70조 ①항 1호는 피의자가 일정한 주거가 없는 것도 구속 **5** 사유로 규정하고 있다. 그러나 이것은 도망의 염려를 판단하는 구체적 사실의 하나가 될 뿐이고, 독자적 구속사유가 되지 않는 것으로 보아야 한다.1) 다시 말해 도망과 증거인멸의 염려가 없음에도 범죄혐의와 주거부정의 사유만으로 구속하는 것은 옳지 않다. 주거가 일정치 않더라도 도망의 염려만 없으면 구속해야 할 이유가 없기 때문이다. 그러므로 제70조 ①항 구속사유에서 주거부정은 삭제하는 것이 바람직하다.

그러나 주거부정이 다른 구속요건을 엄격하게 제한하는 것으로 사용되는 **6** 것은 무방하다. 예를 들어 제201조 ①항 단서는 다액 50만원 이하의 벌금, 구류 또는 과료에 해당하는 범죄에 관하여는 피의자의 주거가 일정치 않을 경우에 한하여 구속할 수 있도록 규정하고 있다. 이는 경미범죄의 피의자에 대해 구속이 남용되는 것을 방지하기 위해 현저한 범죄혐의와 도망 또는 증거인멸의 염려가 있더라도 주거만 일정하면 구속할 수 없도록 하려는 취지로 이해할 수 있다.

(2) **증거인멸의 염려**   증거인멸이란 인적·물적 증거방법에 대해 부정하게 **7** 영향을 미쳐서 법원 또는 수사기관의 진실발견을 어렵게 만드는 것을 말한다. 물적 증거수단에 대한 부정한 영향력 행사로는 증거물이나 증거서류 등을 위조·변조·은닉·손괴·멸실하는 행위를 들 수 있다. 인적 증거방법에 대한 것으로는 공범자·증인·감정인 등에 대해 허위진술을 부탁하는 경우가 있다.2)

증거인멸의 염려는 증거인멸이 이루어질 고도의 개연성을 가리킨다. 증거 **8**

---

1) 배종대/홍영기 [22] 4; 신동운 338; 이은모/김정환 259; 이재상/조균석/이창온 13/49; 이창현 346.
2) 신동운 337.

인멸의 염려는 구체적 사실을 기초로 피의자가 증거인멸을 할 수 있는 긴박한 위험성이 그의 행동으로부터 추론될 수 있어야 한다. 따라서 단지 수사가 종결되지 않았다거나, 피의자가 피의사실을 다투거나 자백을 거부한다는 이유만으로는 증거인멸의 염려가 있다고 할 수 없다.[1] 증거인멸의 염려는 수사가 완전히 종결되었거나 증거가 충분히 수집된 경우에는 인정할 수 없다.

9   (3) **도망 또는 도망할 염려**   도망은 형사절차를 지속적 또는 일시적으로 회피하는 것을 말한다. 그리고 도망의 염려는 피의자가 이처럼 행위할 고도의 개연성을 말한다. 잠적해 버리거나 외국으로 도피하거나 도피하려 하는 것이 전형적인 예이다. 도망의 염려는 단순한 추측이 아니라 '특정한 사실'로부터 추론될 수 있어야 한다. 피의자의 구체적인 도망준비행위가 확인되지 않으면 도망의 염려는 도망의 유인요소와 억제요소를 종합적으로 비교형량하여 판단하여야 한다.[2] 도망의 유인요소로는 심리적 상황·범죄의 종류·자수 여부·예상되는 형벌·범죄적 환경·주거부정 등을, 도망의 억제요소로는 사회적 환경이나 가족관계 등 인간관계에 의한 구속을 그 예로 들 수 있다. 어느 하나의 사정만을 근거로 도망의 염려를 직접 인정하는 도식적 판단은 지양해야 한다.

10   (4) **구속사유의 심사기준**   개정법률은 법원이 구속사유를 심사할 때 범죄의 중대성, 재범의 위험성, 피해자 및 중요 참고인 등에 대한 위해우려 등을 고려하여야 한다고 규정하였다(제70조 ②항).

11   (가) **개정배경**   이는 범죄의 중대성이나 재범위험성 등을 기존의 구속사유에 추가하여 독자적인 구속사유로 규정하여야 한다는 주장[3]에서 비롯된 것이다. 형사소송법에 규정되어 있지는 않지만 실무에서는 이러한 사유가 '숨은 구속사유'로서 사실상 더 중요한 역할을 하고 있으므로 이를 입법화하자는 것이다.

12   (나) **문제점**   그러나 이러한 주장에 대해서는 우선 '사안의 중대성'이라는 사유만으로 구속을 인정하는 것은 무죄추정원칙과 수사의 비례성원칙에 어긋난다는 비판이 제기된다.[4] 사안의 중대성은 수사의 비례성원칙에서 제한적 요소로 작용한다. 즉 다른 구속사유가 있더라도 사안이 중대하지 않으면 구속할 수 없으며(제70조 ②항), 다른 구속사유가 없는데도 사안의 중대성만으로 구속할 수

---

1) 이재상/조균석/이창온 13/50; 이창현 345.
2) 신동운 338.
3) 예컨대 2006. 2. 27 장윤석 의원이 대표 발의한 '형사소송법 일부개정법률안'이 그러하다. 법원행정처, 형사소송법 개정법률 해설, 2007, 1면 이하 참조.
4) 법원행정처, 앞의 책, 2면 이하 참조.

는 없다는 것이다. 말하자면 사안의 중대성은 구속의 필요조건은 될 수 있어도
충분조건은 될 수 없다.

또한 '재범의 위험성'을 구속사유로 하는 것은 무죄추정의 원칙에 반한다는   13
근본적인 문제가 있다. 수사 중인 사안을 '범죄'로 인정해야만 이후의 범죄가
'재범'이 될 수 있기 때문이다. 그러나 범죄의 여부는 판결의 확정에 의해서 결
정되는 것이고 구속 여부의 심사과정에서 결정할 일이 아니다.

이러한 점을 감안하여 개정법률은 범죄의 중대성 등을 독자적인 구속사유   14
로 정하지 않고 구속사유를 심사할 때 고려하여야 할 사항으로 규정하였다. 그
러나 법관의 인식구조에서 '구속사유'와 '구속사유 심사의 고려사항'을 엄밀하게
구별할 것을 기대할 수 없고, 실무에서는 이미 이러한 사항이 실제적 구속사유
가 되어 왔다는 것을 고려하면 비록 '고려사항'으로 입법했다 하더라도 위에서
제기한 문제는 그대로 남는다. 다시 검토되어야 할 문제이다.

[중범죄와 도망위험의 도식적 판단] 살인 등 중범죄의 경우 도주나 증거인멸의   15
염려가 없어도 구속을 허용하는 것은 특히 무죄추정원칙과 비례성원칙에 대한 위
반이다. 이에 대한 독일연방헌법재판소의 논거는 다음과 같다: 단지 '중형이 선고될
것이 기대된다는 이유만으로 도망의 염려를 인정'하는 것은 무죄추정원칙 위반으로
위헌이 아닐 수 없다. 구속은 비록 특정한 사실에 근거를 두지는 않더라도 사건의
구체적 사정을 고려하여 구속을 하지 않고는 진실발견과 형집행이 위태롭게 될 위
험성이 있을 경우에만 허용되어야 한다.[1)

3. 구속의 비례성

상당한 범죄혐의가 있고 도망이나 증거인멸의 위험이 있음에도 불구하고   16
법관은 영장을 발부할 때 구속의 목적과 구속이라는 수단 사이에 비례관계가
인정되지 않으면 영장을 발부할 수 없다. 구속요건의 하나로서 논의되는 구속의
비례성은 '균형성'의 문제에 국한된다. 구속요건으로 현저한 범죄혐의를 비롯한
구속사유의 존재 그리고 구속의 집행정지·보석 등도 구속제도에서 비례성원칙
을 실현하는 제도이기 때문이다. 균형성은 기대되는 형벌보다 구속에 의한 기본
권침해가 더 중대할 경우에 구속이라는 수단은 목적에 과잉된 것이 되어 깨지
고 만다.

---

1) BVerfGE 19, 342.

Ⅲ. 구속의 절차

1. 구속영장의 청구

17   **(1) 영장주의**   피의자와 피고인을 구속하기 위해서는 법관이 발부한 영장이 있어야 한다(제70조, 201조). 피의자구속은 원칙적으로 검사가 관할지방법원판사에게 청구하여 구속영장을 발부받아 시행한다(제201조 ①항). 사법경찰관은 검사를 경유하여야 한다. 구속영장청구는 서면으로 하며(규칙 제93조 ①항), 검사는 구속의 필요를 인정할 수 있는 자료를 제출하여야 한다(제201조 ②항). 또한 체포영장에 의하여 체포된 자 또는 현행범인으로 체포된 자에 대하여 구속영장을 청구하는 때에는 구속의 필요를 인정할 자료 이외에 체포영장, 또는 현행범인으로 체포되었다는 취지와 체포의 일시와 장소가 기재된 서류도 제출하여야 한다(규칙 제96조 ②항). 물론 피의자도 구속영장청구를 받은 판사에게 유리한 자료를 제출할 수 있다(같은 조 ③항). 검사가 구속영장을 청구할 때 동일한 범죄사실에 관하여 그 피의자에 대해 전에 구속영장을 청구하거나 발부받은 사실이 있는 경우에는 다시 구속영장을 청구하는 취지와 이유를 기재하여야 한다(제201조 ⑤항).

18   **(2) 구속영장의 법적 성질**   '피고인'에 대한 구속영장의 집행주체는 법원이며, 구속영장은 피고인을 구속하라는 명령장의 성격을 가지고 있다. 또한 판례에 의하면 법원이 피고인에게 구속영장을 발부할 경우 검사의 신청이 필요하지 않다(96모46). 즉 헌법 제12조 ③항의 "… 검사의 신청에 의하여 …"라는 문언은 범죄수사를 위하여 구속 등의 강제처분을 할 경우, 즉 피의자구속의 경우에만 적용된다.

19   '피의자'에 대한 구속영장의 법적 성질에 대해서는 그 집행주체가 검사이므로 법원이 구속해도 괜찮다고 허가하는 허가장이라고 보는 견해1)와 피고인과 마찬가지로 명령장이라는 견해2)가 대립하고 있다. 피의자구속영장을 명령장이라고 보는 견해는 피의자에 대한 구속영장을 재판의 일종인 명령으로서 검사가 집행해야 할 재판(제44조)으로 본다.3) 그러나 허가장설은 피의자구속이 엄밀한 의미에서 재판의 집행에 속하지 않는다고 한다. 수사기관을 강제수사의 주체로

---

1) 배종대/홍영기 [22] 8; 이재상/조균석/이창온 13/54; 이창현 353 이하.
2) 신동운 359.
3) 신동운 359.

본다. 큰 실익이 있는 학설대립은 아니지만 명령장설이 장점이 있는 것으로 보
인다. 인신구속권한을 법관에게 전속시킬 수 있고, 영장발부법관이 필요한 경우
사실조사(제37조 ③항)를 할 수 있는 근거를 제공하기 때문이다. 특히 한국의 형
사절차에서 모든 구속영장은 원칙적으로 법관의 실질심사를 거쳐 발부되기 때
문에 법원의 재판에 의한 명령으로 볼 여지가 있다.

2. 구속영장실질심사

(1) 의 의   구속영장실질심사란 구속영장의 청구를 받은 판사가 구속의 사   **20**
유를 판단하기 위하여 구속영장이 청구된 피의자를 직접 심문하는 제도를 말한
다. 구속 전에 피의자에 대한 사전심문을 실시한다는 점에서 '구속 전 피의자심
문'이라고도 한다(제201조의2). '실질심사'란 개념은 '형식심사'에 대비되는 개념이
다. '형식심사'가 검사가 제출한 서류만을 근거로 심사하는 데 반해 '실질심사'는
피의자를 직접 보고 심사한다는 것이다. 개정 형사소송법은 구속영장을 청구하
면 모든 피의자를 직접 심사하도록 하였으므로 현행법에서는 원칙적으로 '실질
심사'만을 규정한 것이라 할 수 있다.[1]

[구속영장실질심사제도의 연혁]   구속영장실질심사제도는 1995년의 개정법률   **21**
에 의해 도입되어 1997년부터 시행되었다. 이 제도의 도입은 실질적으로 인권
구속제도의 개선으로 평가할 만한 것이었지만, 채 1년의 시행기간이 지나지 않
아 검찰 등 수사기관의 반발로 그 내용이 크게 후퇴하였다. 즉 구속영장실질심
사를 체포된 피의자 등의 '신청에 의해서만 가능하도록 제한'하는 재개정 법률안이
1997년 12월에 국회를 통과한 것이다.[2] 이러한 후퇴와 더불어 현행의 영장실질심
사제도는 '구속 전' 피의자심문의 형태를 띠고 있기 때문에, "세계에서도 유례가 없
는" 입법례라는 이론적 비판을 검찰 측에서 받는 한편으로,[3] 실무상 체포되지 않은

---

1) 형식심사를 전제하지 않고 구속영장이 청구된 모든 피의자에 대해 '필요적' 실질심사를 규정한 개
정법률은 '입법례상 유례를 찾아보기 힘든 한국적 실험'이라 할 수 있다: 심희기, 긴장 속의 균형: 한
국형 구속영장실질심사제의 실험과 시행착오, 형사정책 제10호, 1998, 17면 참조. 그러나 이러한 '유
례 없음'이 피의자에게 유리하며 비례성원칙에 합당한 구속의 실무를 가져올지는 의문이다. 이에 대
해서 상세한 것은 정승환, 형사소송법의 체포제도에 대한 재검토, 법조 2005.7, 51면 이하 참조.
2) 국회법제사법위원회가 개정법률안을 제안한 이유는 당시까지의 구속영장실질심사가 법원의
직권에 의한 '임의적' 실질심사였음에도 불구하고 현실적으로 법원이 거의 모든 사안에 대하여
피의자심문을 함으로써 "민생치안확보 및 범죄수사에 투입되어야 할 수사인력이 피의자심문과
관련하여 사용되는 등의 문제가 발생"하고 있다는 것이었고, 이를 "보완·개선"하기 위해 1997년
의 개정법률은 피의자 등의 신청이 있을 때에 심문할 수 있도록 하였다: 국회 법제사법위원회,
형사소송법중개정법률안(대안), 1997.11, 2면 이하 참조.
3) 박영관, 현행 인신구속제도에 대한 비판, 형사정책연구 제32호, 1997, 69면; 송두환, 구속영장실질심

상태의 피의자에 대한 영장실질심사를 위해서는 구인을 위한 구속영장을 발부하여 피의자를 구인하는 절차를 거쳐야 하는(제201조의2 ②항) 절차상의 모순과 번거로움을 안고 있다. 2007년의 개정법률은 이러한 문제에 대해 '구속 전' 실질심사의 방식은 유지하면서 신청에 의한 실질심사제도를 필요적 실질심사로 개선하여 사전구속영장이 청구된 경우 피의자가 도피하여 심문할 수 없는 경우를 제외하고는 원칙적으로 모두 심문하도록 하고 있다(같은 항). 따라서 '구속 전 심사'가 갖는 문제점은 여전히 남아 있는 것이다.

22　　　(2) **심문주체**　　지방법원 또는 지원의 장은 구속영장청구에 대한 심사를 위한 전담법관을 지정할 수 있다(규칙 제96조의5). 실무에서는 경력이 풍부한 판사 중에서 영장전담법관을 운영하며 영장전담법관의 근무시간 외나 공휴일에는 당직법관이 업무를 처리하도록 하지만, 당직법관은 원칙적으로 심문회부 여부만을 결정하고 피의자심문과 구속 여부의 결정은 영장전담법관이 하도록 하고 있다.

23　　　(3) **피의자의 인치**　　판사가 구속 전의 피의자를 심문하려면 먼저 피의자를 법원에 인치하는 것이 필요하다. 체포된 피의자는 체포의 효력을 이용하여 법원에 인치할 수 있다(제201조의2 ①항). 이에 반하여 체포되지 아니한 피의자는 구인을 위한 구속영장을 발부하여 피의자를 구인해야 한다. 다만 피의자가 도망하는 등의 사유로 심문할 수 없는 경우에는 그러하지 아니하다(같은 조 ②항). 피의자를 구인할 때에는 구속에 관한 규정을 준용한다(같은 조 ⑩항).

24　　　(4) **심문기일과 장소의 지정·통지**　　구속영장을 청구받은 판사는 체포된 피의자에 대해서는 즉시, 체포되지 않은 피의자에 대해서는 피의자가 법원에 인치된 후 즉시 심문기일과 장소를 검사·피의자 및 변호인에게 통지하여야 한다(제201조의2 ③항). 이때 심문기일은 체포된 피의자는 특별한 사정이 없는 한 구속영장이 청구된 날의 다음 날까지 심문하여야 하며(같은 조 ①항), 체포되지 아니한 피의자의 경우에는 관계인에 대한 심문기일의 통지 및 그 출석에 소요되는 시간 등을 고려하여 피의자가 법원에 인치된 때로부터 가능한 한 빠른 일시로 지정하여야 한다(규칙 제96조의12 ②항). 또한 피의자심문의 장소는 법원청사 내이어야 한다. 다만 판사는 피의자가 출석을 거부하거나 질병 기타 부득이한 사유로 법원에 출석할 수 없는 때에는 경찰서, 구치소 기타 적당한 장소에서 심문할 수 있다(규칙 제96조의15).

사제도의 올바른 정착을 위하여, 형사정책연구 제32호, 1997, 106면 이하 참조.

⑸ **심문기일의 절차와 방법**

㈎ **피의자의 출석**   검사는 심문기일에 피의자를 출석시켜야 한다(제201조 **25**
의2 ③항). 그러나 피의자가 심문기일에의 출석을 거부하거나 질병 또는 기타 사
유로 출석이 현저하게 곤란한 때에는 피의자의 출석 없이 심문절차를 진행할
수 있으며(규칙 제96조의13 ①항), 검사는 피의자가 심문기일에의 출석을 거부하는
때에는 판사에게 그 취지 및 사유를 기재한 서면을 작성·제출하여야 한다(같은
조 ②항). 그리고 피의자의 출석 없이 심문절차를 진행할 경우에는 출석한 검사
및 변호인의 의견을 듣고, 수사기록 기타 적당하다고 인정하는 방법으로 구속사
유의 유무를 조사할 수 있다(같은 조 ③항).

㈏ **필요적 변호**   2007년의 개정법률은 영장실질심사에서도 필요적 변호 **26**
를 도입하였다. 지방법원판사는 심문할 피의자에게 변호인이 없는 때에는 직권
으로 변호인을 선정하여야 한다. 이 경우 변호인의 선정은 피의자에 대한 구속
영장청구가 기각되어 효력이 소멸한 경우를 제외하고는 제1심까지 효력이 있으
며, 변호인의 사정이나 그 밖의 사유로 변호인 선정결정이 취소되어 변호인이
없게 된 때에는 법원이 직권으로 변호인을 다시 선정할 수 있다(제201조의2 ⑧항,
⑨항). 피의자 심문에 참여할 변호인이 열람할 수 있는 서류 중 구속영장청구서
에 대해서는 지방법원 판사가 그 열람을 제한할 수 없다(규칙 제96조의21 ②항).

㈐ **심문의 절차**   1) 판사는 심문 이전에 피의자에게 구속영장청구서에 **27**
기재된 범죄사실의 요지를 고지하고, 피의자에게 일체의 진술을 하지 아니하거
나 개개의 질문에 대하여 진술을 거부할 수 있으며, 이익 되는 사실을 진술할
수 있음을 알려주어야 한다(규칙 제96조의16 ①항). 2) 검사와 변호인은 판사의 심
문이 끝난 후에 의견을 진술할 수 있다. 다만, 필요한 경우에는 심문 도중에도
판사의 허가를 얻어 의견을 진술할 수 있다(같은 조 ③항). 형사소송규칙의 개정
이전에는 검사와 변호사도 판사의 심문이 끝난 후 판사의 허가를 받아 피의자
를 심문할 수 있었으나 개정규칙은 이를 허용하지 않아 논란이 되고 있다. 3)
피의자는 판사의 심문 도중에도 변호인에게 조력을 구할 수 있다(같은 조 ④항).
4) 판사는 구속 여부의 판단을 위하여 필요하다고 인정하는 때에는 심문장소에
출석한 피해자 그 밖의 제3자를 심문할 수 있다(같은 조 ⑤항). 5) 또한 구속영장이
청구된 피의자의 법정대리인, 배우자, 직계친족, 형제자매나 가족, 동거인 또는
고용주는 판사의 허가를 얻어 사건에 관한 의견을 진술할 수 있다(같은 조 ⑥항).

㈑ **심문사항**   피의자심문은 영장주의가 법관의 사법적 판단에 의하여 피 **28**

의자의 구속을 규제하는 기능을 정상적으로 발휘할 수 있도록 하기 위한 제도이다. 따라서 영장심사법관은 피의자심문을 통하여 '구속의 사유'(제201조의2 ②항)는 물론이고 '범죄혐의의 상당성'에 대해서도 심문할 수 있다. 증거인멸 또는 도망의 염려를 판단하기 위하여 필요한 때에는 피의자의 경력, 가족관계나 교우관계 등 개인적인 사항에 관하여 심문할 수 있다(규칙 제96조의16 ②항).

29 ㈐ **심문의 방법**　 피의자에 대한 심문절차는 공개하지 아니한다. 다만, 판사는 상당하다고 인정하는 경우에는 피의자의 친족, 피해자 등 이해관계인의 방청을 허가할 수 있다(규칙 제96조의14). 그 밖에 지방법원판사는 심문을 함에 있어 공범의 분리심문 기타 수사상의 비밀보호를 위하여 필요한 조치를 취해야한다(제201조의2 ⑤항).

30 ㈑ **심문조서의 작성**　 심문기일에 피의자를 심문하는 경우 법원사무관 등은 심문의 요지 등을 조서로 작성하여야 한다(제201조의2 ⑥항). 피의자심문조서를 작성할 때에는 조서작성의 일반규정에 따라 작성하여야 한다(같은 조 ⑩항, 제48조, 51조). 그리고 이때의 조서는 제315조 제3호의 당연히 증거능력이 있는 서류에 해당하여 증거능력이 인정된다(2003도5693).

31 **(6) 심문 후의 피의자 유치**　 구인된 피의자의 구인기간은 24시간이므로(제201조의2 ⑩항, 71조), 피의자심문이 종결된 후 구속영장 발부 여부의 재판이 있을 때까지 그 시간의 범위 내에서 피의자를 유치장에 유치할 필요가 발생할 수 있다. 2007년의 개정법률은 이 경우 피의자를 교도소·구치소 또는 경찰서 유치장에 유치할 수 있도록 규정하였다(제201조의2 ⑩항, 71조의2). 만일 구속영장이 피의자가 구인된 지 24시간이 지나도록 발부되지 않을 때에는 피의자를 석방하여야한다.

3. 구속영장의 발부

32 　 영장청구를 받은 지방법원판사는 피의자를 심문한 후 피의자에게 구속의 요건이 충족되었다고 인정하는 때에 검사의 구속영장청구에 기하여 구금을 위한 구속영장을 발부한다(제201조 ④항 1문).[1] 이에 반해 관할지방법원판사가 구속영장을 발부하지 않을 때에는 구속영장청구서에 그 취지와 이유를 기재하고 서

---

1) 2022년에는 22,590건의 구속영장 청구 중 81.4%인 18,384건에 대해 구속영장이 발부되었다. 구속영장 발부율은 2009년 75% 이하를 기록한 이후 계속 증가하여 최근 5년에는 81–82% 정도의 비율을 나타내고 있다(대법원, 사법연감 2023, 869면).

명·날인하여 청구한 검사에게 교부한다(같은 항 2문). 영장청구를 기각하는 결정
에 대해서는 항고, 재항고가 허용되지 않는다(4290형항9). 그리고 피의자구속과
는 달리 피고인을 구속할 때에는 검사의 청구 없이 법원이 직권으로 구속영장
을 발부한다(제73조).

(1) **구속영장의 방식**　　구속영장에는 피고인 또는 피의자의 성명, 주거, 죄　**33**
명, 피의사실 또는 공소사실의 요지, 인치구금할 장소, 발부년월일, 유효기간과
그 유효기간이 경과되면 집행에 착수하지 못하며 영장을 반환해야 한다는 취지
를 기재하고 재판장 또는 수명법관이 서명날인해야 한다(제75조 ①항, 209조). 피
고인의 성명이 분명하지 않을 때에는 인상, 체격 기타 피고인을 특정할 수 있는
사항으로 피고인을 표시하고, 주거가 분명하지 않을 때에는 주거의 기재를 생략
할 수 있다(제75조 ②·③항, 209조). 구속영장에는 영장을 청구한 검사의 성명과
그의 청구에 의하여 발부한다는 취지를 기재하여야 한다(규칙 제94조). 구속영장
은 수통을 작성하여 사법경찰관리 수인에게 교부할 수 있으며, 이때에는 그 사
유를 구속영장에 기재해야 한다(제82조 ①·②항, 209조).

(2) **구속영장의 효력단위**　　구속영장의 효력은 원칙적으로 구속영장에 기재한　**34**
피의사실 또는 공소사실에 대하여 미친다. 여기서 구속영장의 효력이 미치는 피의
사실 또는 공소사실의 범위는 공소장변경의 허용요건인 공소사실의 동일성(제298
조 ①항)이나 일사부재리의 효력범위인 동일한 범죄(헌법 제13조 ①항)와 같은 개념이
다.[1] 구속영장의 효력단위와 관련하여 이른바 별건구속과 이중구속이 문제된다.

(개) **별건구속**　　별건구속이란 수사기관이 본래 의도하고 있는 사건의 수사　**35**
를 위해 피의자를 구속할 필요가 있으나 구속영장을 발부받기 어렵다고 판단될
때 영장발부가 가능한 다른 사건, 즉 별건으로 영장을 발부받아 피의자를 구속
한 후 본래 의도한 사건을 수사하는 경우를 말한다. 별건구속은 본건의 구속기
간에 대한 제한을 탈법적으로 우회하는 방편 또는 구속사유가 없는데도 자백강
요나 수사편의를 위해 피의자를 구속하는 방편으로 사용되기도 한다.[2] 이러한
별건구속은 영장주의에 반하는 위법수사이다.[3] 구속영장의 효력은 구속영장에
기재된 피의사실에 대해서만 효력이 미치기 때문이다. 또한 별건구속은 본건에

---

1) 대결 2001. 5. 25, 2001모81: 구속영장의 효력은 구속영장에 기재된 범죄사실 및 그 사실의
　기초가 되는 사회적 사실관계가 기본적인 점에서 동일한 공소사실에 미친다.
2) 배종대/홍영기 [22] 30; 신동운 340; 이은모/김정환 277 이하 이재상/조균석/이창온 13/73;
　이창현 370.
3) 배종대/홍영기 [22] 32; 신동운 340; 이은모/김정환 278; 이재상/조균석/이창온 13/73; 이창현 370.

대한 법관의 사전심사를 회피시킴으로써 영장주의를 무력화시킨다는 점1)에서
도 위법수사가 된다. 이 점을 반영하여 2022. 5. 9.의 법률개정을 통해 별건수사
를 금지하는 명문의 규정을 신설하였다. 따라서 수사기관은 수사 중인 사건의 범
죄혐의를 밝히기 위한 목적으로 합리적인 근거 없이 별개의 사건을 부당하게 수
사해서는 아니 되고, 다른 사건의 수사를 통하여 확보된 증거 또는 자료를 내세워
관련 없는 사건에 대한 자백이나 진술을 강요해서도 아니 된다(제198조 ④항). 그러
나 본건에 대한 적법한 구속영장으로 여죄를 수사하는 것은 문제될 것이 없다.

36　　　(나) **이중구속**　　이중구속이란 이미 구속된 피의자·피고인을 다른 형사절
차의 다른 사건으로 구속하는 경우를 말한다. 이중구속의 허용 여부에 대해서는
긍정설과 부정설이 있다. 1) 긍정설은 구속영장의 효력이 구속영장에 기재된 범
죄사실에만 미치고, 구속된 피의자 또는 피고인이 석방되는 경우를 대비하여 미
리 구속해 둘 필요가 있다는 것을 이유로 든다.2) 2) 부정설은 이미 구속된 자에
게 구속사유를 인정할 수는 없고, 피의자 또는 피고인이 석방되는 경우를 대비
하기 위한 것이라면 그들이 구속취소 또는 구속적부심 등으로 석방되기 전에
구속영장을 받아 두었다가 그때 가서 구속영장을 집행하면 될 것이라고 한다.
구속된 자에게 다른 범죄사실로 구속영장을 발부받을 수는 있어도 수개의 구속
영장을 동시에 집행할 수는 없다는 것이다.3) 생각건대 이중구속이 허용된다고
하면 하나의 범죄사실로 구속한 이후에 다른 범죄사실이 발견된 경우뿐 아니라
이미 여러 개의 범죄사실을 확인한 경우에도 구속기간을 연장하기 위한 편법으
로 범죄사실별로 나누어 구속영장을 청구할 염려가 있다. 따라서 이중구속은 허
용되지 않는다고 해석하여야 한다. 판례는 이중구속을 하였다는 사정만으로는
위법하지 않다고 하여 긍정설의 태도를 취하고 있다.

[2000모134] 이중구속의 위법 여부

구속의 효력은 원칙적으로 위 방식에 따라 작성된 구속영장에 기재된 범죄사실에만
미치는 것이므로, 구속기간이 만료될 무렵에 종전 구속영장에 기재된 범죄사실과
다른 범죄사실로 피고인을 구속하였다는 사정만으로는 피고인에 대한 구속이 위법
하다고 할 수 없다.

---

1) 이런 입장으로 임지봉, 별건체포·구속의 위헌성, 고시연구 2006.4, 17면; 오경식, 별건구속의
　형사소송법적 의의, 고시연구 2006.2, 43 – 47면.
2) 백형구 115; 배종대/홍영기 [22] 28; 신동운 1033; 이은모/김정환 276 이하; 이창현 369.
3) 이재상/조균석/이창온 13/72; 정영석/이형국 183.

(3) **구속영장의 유효기간**   구속영장의 유효기간은 7일로 한다. 다만, 법원 **37**
또는 법관이 상당하다고 인정하는 때에는 7일을 넘는 기간을 정할 수 있다(규칙
제178조).

4. 구속영장의 집행

(1) **집행의 주체**   구속영장은 검사의 지휘로 사법경찰관리가 집행한다. 교 **38**
도소 또는 구치소에 있는 피고인이나 피의자에 대해서는 검사의 지휘로 교도관
이 집행한다(제81조 ①·③항, 제209조). 다만 급속을 요하는 피고인 구속은 재판장·
수명법관 또는 수탁판사가 집행을 지휘할 수 있다(제81조 ①항 단서, 제209조). 검
사는 관할구역 외에서 집행을 지휘하거나 당해 관할구역의 검사에게 집행지휘
를 촉탁할 수 있다. 사법경찰관리는 필요한 경우 관할구역 밖에서 구속영장을
집행하거나 당해 관할구역의 사법경찰관리에게 집행을 촉탁할 수 있다(제83조,
209조). 피고인의 현재지가 분명하지 아니한 때에는 재판장은 고등검찰청검사장
또는 지방검찰청검사장에게 그 수사와 구속영장의 집행을 촉탁할 수 있다(제84조).
구속영장을 발부받은 후 피의자를 구속하지 않거나 구속한 피의자를 석방한 때
에는 검사는 지체 없이 영장을 발부한 법원에 그 사유를 서면으로 통지해야 한
다(제204조, 규칙 제96조의19).

(2) **고지의무**   피고인 또는 피의자에게 범죄사실의 요지, 구속이유, 변호 **39**
인을 선임할 수 있음을 말하고 변명할 기회를 준 후가 아니면 구속할 수 없다
(제200조의5). 이러한 고지를 받을 권리는 헌법 제12조 ⑤항에 기본권으로 규정
되어 있다. 사후고지로는 헌법 제12조 ⑤항과 형사소송법 제72조 위반의 위법
이 치유되지 않는다. 피고인 또는 피의자를 구속한 뒤에도 즉시 공소사실 또는
피의사실의 요지와 변호인을 선임할 수 있음을 알려야 한다는 규정(제88조)은 위
의 사전고지의무와 모순되는 것은 아니다. 오히려 구속집행에 관한 규정 뒤에
위치한 것으로 보아서 피고인 또는 피의자를 구치소나 교도소에 유치한 후 다
시 한번 권리를 환기시키도록 하는 데 그 취지가 있다고 볼 수 있다.

[2015모1032] 구속영장과 법관의 사전 청문

형사소송법 제72조의 규정은 피고인을 구속함에 있어서 법관에 의한 사전 청문절차
를 규정한 것으로서, 법원이 사전에 위 규정에 따른 절차를 거치지 아니한 채 피고
인에 대하여 구속영장을 발부하였다면 그 발부결정은 위법하다. 한편 위 규정은 피

고인의 절차적 권리를 보장하기 위한 규정이므로 이미 변호인을 선정하여 공판절차에서 변명과 증거의 제출을 다하고 그의 변호 아래 판결을 선고받은 경우 등과 같이 위 규정에서 정한 절차적 권리가 실질적으로 보장되었다고 볼 수 있는 경우에는 이에 해당하는 절차의 전부 또는 일부를 거치지 아니한 채 구속영장을 발부하였다 하더라도 이러한 점만으로 그 발부결정을 위법하다고 볼 것은 아니지만(2000모134; 2001도1154 참조), 위와 같이 사전 청문절차의 흠결에도 불구하고 구속영장 발부를 적법하다고 보는 이유는 공판절차에서 증거의 제출과 조사 및 변론 등을 거치면서 판결이 선고될 수 있을 정도로 범죄사실에 대한 충분한 소명과 공방이 이루어지고 그 과정에서 피고인에게 자신의 범죄사실 및 구속사유에 관하여 변명을 할 기회가 충분히 부여되기 때문이므로, 이와 동일시할 수 있을 정도의 사유가 아닌 이상 함부로 청문절차 흠결의 위법이 치유된다고 해석하여서는 아니 된다.

40   (3) **영장제시의무**   구속영장을 집행할 때에는 이를 피고인 또는 피의자에게 제시하고 그 사본을 교부하여야 하고 신속히 지정된 법원 기타 장소에 인치引致하여야 한다. 다만 구속영장을 소지하지 않고 급속을 요하는 경우에는 공소사실의 요지와 영장이 발부되었음을 알리고 집행할 수 있다. 이때에도 집행을 완료한 후에 신속히 구속영장을 제시하고 그 사본을 교부하여야 한다(제85조, 209조). 구속영장의 집행을 받은 피고인 또는 피의자를 호송할 경우에 필요하면 인접한 교도소 또는 구치소에 유치할 수 있다(제86조, 209조).

41   (4) **통지의무**   피의자나 피고인을 구속한 때에는 지체 없이 서면으로 변호인에게 변호인이 없는 경우에는 변호인 선임권자(제30조 ②항) 가운데 피고인 또는 피의자가 지정한 자에게 피고사건명, 구속일시·장소·범죄사실의 요지, 구속의 이유와 변호인을 선임할 수 있는 취지를 알려야 한다(제87조, 209조). 구속의 통지는 구속을 한 때로부터 늦어도 24시간 이내에 서면으로 하여야 한다. 통지받을 자가 없어 통지를 하지 못한 경우에는 그 취지를 기재한 서면을 기록에 철하여야 한다(규칙 제51조 ②항). 급속을 요하는 경우에는 구속되었다는 취지 및 구속의 일시·장소를 전화 또는 모사전송기 기타 상당한 방법에 의하여 통지할 수 있다. 이 경우에도 구속통지는 다시 서면으로 하여야 한다(같은 조 ③항). 이와 같은 통지제도는 국가권력에 의해 한 개인이 다른 사람이 모르는 사이에 사라지는 것을 방지하기 위한 것이다. 따라서 피구속자의 동의나 합목적적 고려를 근거로 구속사실을 통지하지 않는 것은 허용될 수 없다.[1]

---

1) 이재상/조균석/이창온 13/69.

(5) **변호인선임의뢰**   구속된 피의자나 피고인은 법원, 교도소 또는 구치소   **42**
장 또는 그 대리인에게 변호사를 지정하여 변호인의 선임을 의뢰할 수 있다. 이
때 의뢰를 받은 법원, 교도소장 또는 구치소장 또는 그 대리인은 급속히 피의자
가 지명한 변호사에게 그 취지를 통지하여야 한다(제90조, 209조).

(6) **구속영장등본 교부 청구**   구속된 피의자에 대한 구속적부심의 청구 여   **43**
부를 결정하기 위해 구속적부심청구권자(제214조의2 ①항)는 구속영장 또는 그 청
구서를 보관하고 있는 검사, 사법경찰관 또는 법원사무관 등에게 그 등본의 교
부를 청구할 수 있다(규칙 제101조).

Ⅳ. 구속기간

1. 구속기간 및 구속기간 연장

(1) **수사기관의 구속기간**   사법경찰관이 피의자를 구속한 때에는 10일 이   **44**
내에 피의자를 검사에게 인치하지 않으면 석방하여야 한다(제202조). 따라서 경
찰에서 피의자를 구속할 수 있는 기간은 10일이다. 검사가 피의자를 구속하거나
또는 사법경찰관으로부터 피의자를 인치받은 경우에는 10일 안에 공소를 제기
하지 않으면 석방하여야 한다(제203조). 검사는 지방법원판사의 허가를 얻어 10
일을 초과하지 않는 한도에서 1회에 한해 구속기간을 연장할 수 있다(제205조 ①
항). 따라서 검찰에서 피의자를 최대한 구속할 수 있는 기간은 20일이다. 검사의
구속기간과 경찰의 구속기간을 합치면 수사단계의 피의자 구속기간은 최대한
30일이다.[1] 다만 피의자심문을 한 경우에는 법원이 구속영장청구서·수사관계
서류 및 증거물을 접수한 날부터 구속영장을 발부하여 검찰청에 반환한 날까지
의 기간은 검사와 사법경찰관의 구속기간에 산입하지 아니한다(제201조의2 ⑦항).

(2) **법원의 구속기간**   법원의 피고인에 대한 구속기간은 2개월로 한다(제92   **45**
조 ①항). 제1심의 구속기간의 기산점은 공소제기시이다(같은 조 ③항). 그러나 특
히 구속을 계속할 필요가 있는 경우에는 심급마다 2개월 단위로 2차에 한하여
결정으로 갱신할 수 있다. 또한 상소심에서는 피고인 또는 변호인이 신청한 증
거의 조사, 상소이유를 보충하는 서면의 제출 등으로 추가 심리가 필요한 부득

---

1) 국가보안법에는 구속기간의 특칙이 있다. 즉, 국가보안법 제3조~제10조의 죄에 대해 지방법
원판사는 사법경찰관에게 1회, 검사에게 2회에 한하여 구속기간의 연장을 허가할 수 있다(같은
법 제19조). 따라서 국가보안법사건은 구속기간이 합계 20일이 더 연장가능하므로 최대기간은
50일이 된다.

이한 경우에는 3차에 한하여 갱신할 수 있다(제92조 ②항). 이렇게 되면 각 심급마다 최대구속기간은 6개월이다.

46   2007년의 개정법률은 상소심의 구속기간을 구법에 비해 2개월씩 연장하였다. 신속한 재판을 받을 피고인의 권리를 보장하기 위해 도입된 구속기간 제한제도가 오히려 실체적 진실발견과 피고인의 재판받을 권리에 장애가 되는 경우가 많고, 특히 상소심에서는 실제 심리가 가능한 기간이 지나치게 짧아 충실한 심리를 할 수가 없었기 때문이라는 것이 그 이유이다.1) 외국의 입법례를 보아도 구속기간 제한의 예가 드물다는 것도 구속기간 연장의 근거이다. 이렇게 연장된 구속기간에 따라 3심까지의 최장구속기간은 18개월이고, 구속재판을 하려면 이 기간 안에 재판을 마쳐야 한다.2) 그렇지 않고 이 기간이 경과되면 피고인을 석방하여 불구속재판을 하는 수밖에 없다(99헌가14).

47   구속기간연장의 허가결정이 있는 경우에 그 연장기간은 형사소송법 제203조의 규정에 의한 구속기간만료 다음 날부터 기산한다(규칙 제98조). 공판절차가 정지된 기간 및 공소제기 전의 체포·구인·구금 기간은 구속기간에 산입하지 않는다(제92조 ③항). 이 또한 2007년의 개정법률에 의해 구속기간이 실질적으로 연장되는 효과를 가져오게 된 규정이다. 이전에는 공판절차가 정지된 기간만 산입하지 않았는데 그 대상이 확대된 것이다.

2. 재구속의 제한

48   검사 또는 사법경찰관에 의해 구속되었다가 석방된 자는 다른 중요한 증거를 발견한 경우를 제외하고는 동일한 범죄사실에 대해 재차 구속할 수 없다(제208조 ①항). 이러한 재구속제한이 없다면 구속기간 제한규정은 무의미해지기 때문이다. 그리고 구속영장에 기재된 범죄사실과 다른 사건이라도 그것이 하나의 목적을 위해 동시 또는 수단·결과의 관계에서 행해진 행위는 동일한 범죄사실로 간주한다(같은 조 ②항). 다만 제208조 ①항의 "다른 중요한 증거"는 양형에 관한 증거도 포함한다고 해석하는 것이 옳다. 따라서 누범가중사유를 새로 발견한 데에 따른 재구속은 허용된다고 보아야 한다.3) 재구속의 제한은 검사 또는

---

1) 법원행정처, 형사소송법 개정법률 해설, 2007, 7면 이하.
2) 90도672: "구속사건에 대해서는 법원이 구속기간내에 재판을 하면 되는 것이고 구속만기 25일을 앞두고 제1회 공판이 있었다 하여 헌법에 정한 신속한 재판을 받을 권리를 침해하였다 할 수 없다."
3) 백형구, 구속의 제문제, 고시계 1995.3, 197면.

사법경찰관이 피의자를 구속하는 경우에만 적용되고, 법원이 피고인을 구속하는 경우에는 적용되지 않는다(85모12; 2000모134).

V. 구속의 집행정지와 실효

1. 구속의 집행정지

법원은 상당한 이유가 있을 경우에 결정으로 구속된 피고인을 친족·보호 **49**
단체 기타 적당한 자에게 부탁하거나 피고인의 주거를 제한하여 구속의 집행을
정지할 수 있다(제101조 ①항). 이를 구속의 집행정지라고 한다. 구속된 피의자에
대해서는 검사 또는 사법경찰관이 구속의 집행을 정지할 수 있다(같은 항, 제209조).

(1) 구속집행정지의 절차   법원이 피고인에 대한 구속집행정지를 결정할 **50**
때에는 검사의 의견을 물어야 한다. 다만 급속을 요할 때는 예외로 한다(제101조
②항).[1] 구속된 국회의원에 대한 국회의 석방요구가 있으면 당연히 구속영장의
집행이 정지된다(헌법 제44조 ②항, 법 제101조 ④항). 국회의 석방의결을 통보받은
검찰총장은 즉시 석방을 지휘하고 그 사유를 수소법원에 통지하여야 한다(제101
조 ⑤항).

(2) 구속집행정지의 취소   법원은 직권 또는 검사의 청구에 의하여 결정으 **51**
로 구속의 집행정지를 취소할 수 있다(제102조 ②항). 구속된 피의자에 대하여는
검사 또는 사법경찰관이 결정으로 구속의 집행정지를 취소할 수 있다(같은 항, 제
209조). 다만 국회의원이 국회의 석방요구로 구속집행이 정지된 경우에는 그 회
기중 구속집행정지를 취소하지 못한다(같은 항 단서).

2. 구속의 실효

(1) 구속취소   구속사유가 없거나 소멸된 때에는 법원이 직권 또는 검사·피 **52**
고인 또는 피의자·변호인과 변호인 선임권자의 청구에 의하여 결정으로 구속을
취소하여야 한다(제93조, 209조). '구속사유가 없거나 소멸된 때'란, 1) 도망 또는
증거인멸의 염려가 전혀 없게 된 경우, 2) 죄를 범했다고 의심할 만한 사유가
소멸한 경우, 3) 경미사건(제70조 ③항)으로서 일정한 주거가 없다는 이유로 구속

---

1) 종래에는 구속의 집행정지결정에 대해 검사가 즉시항고를 할 수 있었다. 그러나 헌법재판소
   의 위헌결정(2011헌가11)에 따라 2015. 7. 31 제101조 ③항이 삭제되어 이제는 즉시항고가 허
   용되지 않는다.

되었으나 주거 있음이 나중에 판명된 경우, 4) 구속기간이 경과하였으나 아직
석방되고 있지 않은 경우 등을 말한다.[1] 구속피고인이 집행유예기간 중에 있음
은 구속취소에 장애사유가 되지 않는다(91모25). 그러나 구속의 과정이나 구금의
집행에서 있었던 불법은 구속취소 사유에 해당하지 않는다(91모76).

53   법원은 구속취소 결정을 함에 필요한 경우에는 사실을 조사할 수 있고(제37
조 ③항), 증인신문 또는 감정을 명할 수 있다(규칙 제24조). 법원이 피고인에 대한
구속취소를 결정할 때에는 검사의 청구에 의하거나 급속을 요하는 경우 외에는
검사의 의견을 물어야 한다(제97조 ②항). 검사는 법원의 의견요청에 대하여 지체
없이 의견을 표명하여야 한다(같은 조 ③항). 검사는 구속취소결정에 대해 즉시항
고를 할 수 있다(같은 조 ④항). 반면에 구속취소청구 기각결정에 대하여 피고인
은 즉시항고를 할 수 없다.[2]

        (2) 구속의 당연실효

54   (가) **구속기간의 만료**   구속기간이 만료되면 구속영장의 효력은 당연히 상
실된다. 형사소송법이 구속기간을 제한하고 있는 취지에 비추어 보면 기간이 경
과한 구속영장은 당연히 실효되는 것으로 보아야 한다. 그러므로 구속기간이 만
료된 후의 구속은 불법구속이 된다.[3]

55   (나) **구속영장의 실효**   무죄, 면소, 형의 면제, 형의 선고유예, 집행유예,
공소기각 또는 벌금이나 과료를 과하는 판결이 선고된 때에는 구속영장은 효력
을 잃는다(제331조). 구속 중인 소년에 대한 피고사건에 관해 법원의 소년부송치
결정이 있는 경우에는 소년부 판사가 소년의 감호에 관한 결정을 한 때에 구속
영장은 효력을 상실한다(소년법 제52조 ①항).

56   (다) **사형·자유형의 확정**   사형 또는 자유형의 판결이 확정되면 구속영장
은 효력을 상실한다. 자유형이 확정되면 이제는 구속이 아닌 형의 집행이 시작
된다(제459조, 형법 제84조 ①항). 그리고 사형확정자는 집행이 있을 때까지 교도소
또는 구치소에 수용되지만(형집행법 제11조), 이것은 구속영장의 효력이 아니라
사형판결의 효력이다.

---

1) 신동운 1066.
2) 이를 위헌적인 입법부작위로 보지 않은 2003헌바31 참조.
3) 배종대/홍영기 [23] 40; 이은모/김정환 306; 이재상/조균석/이창온 14/124; 이창현 424.

[15]　제 4　체포·구속된 자의 권리

I. 접견교통권

1. 접견교통권의 의의

(1) 개 념　접견교통권은 피고인 또는 피의자가 변호인·가족·친지 등 타 　**1**
인과 접견하고, 서류 또는 물건을 수수하며, 의사의 진료를 받을 수 있는 권리
를 말한다. 접견교통권은 헌법상의 변호인의 조력을 받을 수 있는 권리(헌법 제
12조 ④항)1)에서 나오는 체포·구속된 피고인·피의자 또는 피내사자의 권리(제89
조, 209조, 213조의2)이며 동시에 변호인 또는 변호인이 되려고 하는 자의 고유권
(제34조)이다.

[96모18] 피내사자의 접견교통권

[1] 변호인의 조력을 받을 권리를 실질적으로 보장하기 위하여는 변호인과의 접견
교통권의 인정이 당연한 전제가 되므로, 임의동행의 형식으로 수사기관에 연행된
피의자에게도 변호인 또는 변호인이 되려는 자와의 접견교통권은 당연히 인정된다
고 보아야 하고, 임의동행의 형식으로 연행된 피내사자의 경우에도 이는 마찬가지
이다.
[2] 접견교통권은 피고인 또는 피의자나 피내사자의 인권보장과 방어준비를 위하여
필수불가결한 권리이므로 법령에 의한 제한이 없는 한 수사기관의 처분은 물론 법
원의 결정으로도 이를 제한할 수 없다.

---

(2) 기 능　접견교통권은 체포·구속된 피고인·피의자의 체포·구속으로 　**2**
인한 정신적·육체적 고통을 최소한도로 감소시키고 피의자·피고인 및 변호인
의 방어준비를 가능케 한다. 또한 피의자가 외부와 완전히 차단되면 자백강요에
쉽게 승복하게 된다. 따라서 접견교통권의 보장은 밀실수사에 뒤따르기 쉬운 강
압수사, 특히 자백강요를 막는 기능도 갖고 있다.2) 형사소송법은 변호인의 접견

---

1) 대법원은 접견교통권을 헌법 제10조(인간존엄과 가치, 행복추구권)에서 도출하고, 구속된 피
　고인·피의자는 헌법 제27조 ④항(무죄추정원칙)에 의해 일반시민과 똑같이 헌법 제10조를 향
　유할 수 있는 주체라는 입장을 취하고 있다(91누7552).
2) 이러한 점에 대한 상세한 연구로 심희기, 접견교통권의 침해와 그 구제방법, 형사판례연구 I,
　338－368면.

교통권(제34조)은 제한 없이 보장하지만 가족, 친지 등 비변호인의 접견교통권은
일정한 범위 안에서 제한하고 있다(제91조, 209조).

2. 변호인의 접견교통권

3		(1) 주 체		변호인으로서의 접견교통권을 갖는 주체는 변호인과 변호인
이 되려는 자1)이다(제34조). 변호인이 되려는 자는 주로 변호인 선임의뢰를 받았
으나 아직 변호인 선임신고가 되지 않은 사람을 가리킨다. 그러나 이와 상관없
이 스스로 변호인으로 활동하려는 자도 포함된다. 변호인이 되려고 하는 의사표
시는 반드시 문서로 할 필요가 없고, 구두로 표시해도 된다(2002다56628). 또한
국선변호인, 사선변호인 그리고 대법원 이외의 법원에서 변호사 아닌 자로서 변
호인으로 선임허가된 특별변호인(제31조 단서)도 접견교통권을 가진다.

4		(2) 상 대 방		변호인의 접견교통의 상대방은 구속영장에 의하여 구속된
자(제70조, 201조)뿐만 아니라 현행범인체포(제212조), 체포(제200조의2), 긴급체포
(제200조의3) 또는 감정유치(제172조 ③항, 221조의3)에 의하여 구속된 자와 임의동
행 형식으로 연행된 자도 포함한다(96모18). 이런 해석은 헌법 제12조 ④항이
"누구든지 체포·구속을 당한 때"라고 규정하고 있다는 데에서 근거를 찾을 수
있다.

5		(3) 접견교통권의 내용		변호인이나 변호인이 되려는 자는 신체가 구속된
피고인 또는 피의자와 접견하고, 서류나 물건을 수수할 수 있으며, 의사로 하여
금 피고인이나 피의자를 진료하게 할 수 있다(제34조). 접견의 과정에서 수수한
서류의 검열과 물건의 압수는 허용되지 않는다.2) 다만 미결수용시설의 질서유
지를 위해 최소한의 범위 안에서 무기 또는 위험한 물건의 수수를 금지하는 것
은 불가피한 조치이다. 그리고 변호인의 접견은 비밀이 보장되어야 한다(91헌마
111). 따라서 접견에 교도관, 경찰관이 참여하거나 그 내용을 청취 또는 녹취해
서는 안 된다(형집행법 제84조 ①항). 설사 기록되더라도 그 기록은 증거능력이 인
정되지 않는다.3) 다만 보이는 거리에서 감시하는 것은 가능하다(같은 항 단서).

---

1) 2015헌마1204: "피의자 등이 가지는 '변호인이 되려는 자'의 조력을 받을 권리가 실질적으로
   확보되기 위해서는 '변호인이 되려는 자'의 접견교통권 역시 헌법상 기본권으로서 보장되어야
   한다."
2) 배종대/홍영기 [23] 3; 신동운 142; 이재상/조균석/이창온 13/81.
3) 신동운 140; 이재상/조균석/이창온 13/81.

[2002다56628] 접견교통의 비밀보장

[1] 변호인이 피의자를 접견할 때 국가정보원 직원이 승낙 없이 사진촬영을 한 것은 접견교통권 침해에 해당한다고 한 사례.

[2] 변호인이 되려는 변호사는 국가정보원에게 변호인이 되려는 의사를 표시함에 있어, 국가정보원이 그 의사를 인식하는 데 적당한 방법을 사용하면 되고, 반드시 문서로서 그 의사를 표시하여야 할 필요는 없다.

(4) **접견교통권의 제한**   변호인의 피의자·피고인에 대한 접견교통은 현행   **6** 법상 아무런 제한이 없으므로(제91조의 반대해석) 절대적으로 보장된다. 따라서 법령에 의한 제한이 없는 한 수사기관의 처분은 물론, 법원의 결정으로도 이를 제한할 수 없다(89모37; 2000모112). 접견의 일시·장소를 지정하여 제한하는 것도 인정되지 않으며,1) 정당한 사유 없이 접견을 지연시키는 것도 접견교통권의 침해에 해당한다(89모37; 91모24). 다만, 구속장소의 질서유지를 위해 일요일이나 업무시간 이후 등 일반적인 시간제한을 하는 것은 허용된다.2)

[2006모656] 변호인 접견교통권의 제한

[1] (형사소송법이) 변호인의 접견교통권을 직접적으로 제한하는 규정을 따로 두고 있지 아니하므로, 수사기관의 일방적인 처분 등을 통하여 함부로 변호인의 접견교통권을 제한할 수는 없다.

[2] 나아가, 신체구속을 당한 피의자 또는 피고인이 범한 것으로 의심받고 있는 범죄행위에 해당 변호인이 관련되어 있다는 등의 사유에 기하여 그 변호인의 변호활동을 광범위하게 규제하는 변호인의 제척과 같은 제도를 두고 있지 아니한 우리 법제 아래에서는, 변호인의 접견교통의 상대방인 신체구속을 당한 사람이 그 변호인을 자신의 범죄행위에 공범으로 가담시키려고 하였다는 등의 사정만으로 그 변호인의 신체구속을 당한 사람과의 접견교통을 금지하는 것이 정당화될 수는 없다.

3. 피고인·피의자의 접견교통권

(1) **주체와 상대방**   구속된 피고인 또는 피의자는 관련 법률이 정한 범위   **7** 에서 타인과 접견하고 서류 또는 물건을 수수하며 의사의 진료를 받을 수 있다

---

1) 이재상/조균석/이창온 13/79 이하.
2) 강구진 237; 신동운 142.

(제89조, 209조). 여기서 구속된 피의자에는 체포(제200조의2, 200조의3, 212조)된 자는 물론 임의동행된 자도 포함된다. '타인'에 변호인이 포함되는가에 관해 견해 대립이 있지만 제외된다고 보는 것이 옳다. 제89조는 '관련 법률이 정한 범위에서' 접견교통을 제한할 수 있다고 규정하나 변호인 접견교통은 무제한적으로 보장되어야 하기 때문이다.

8   **(2) 접견교통권의 제한**   형사소송법 제91조는 구속된 피의자·피고인의 비변호인에 대한 접견교통을 제한하고 있다. 즉 이 규정에 의하면, 법원은 도망과 증거인멸의 상당한 염려가 있을 때에는 직권 또는 검사의 청구에 의해 결정으로 구속된 피고인과 비변호인의 접견을 금지할 수 있고, 서류나 그 밖의 물건을 수수하지 못하게 하거나 검열 또는 압수할 수 있다. 이 규정은 구속된 피의자에게도 준용된다(제209조). 여기서 "도망과 증거인멸의 염려"는 구체적 개연성이 있어야 한다. 그렇지 않고서는 수사기관이 접견교통을 방해하는 구실로 삼을 수 있기 때문이다.[1] 접견의 금지는 전면적 금지뿐 아니라 특정인을 제외시키는 개별적 금지도 가능하며, 조건부 또는 기한부 금지도 가능하다. 다만 의류·양식 또는 의료품의 수수를 금지하거나 압수하는 것은 허용되지 않는다(제91조 단서).

9   **(3) 제한의 절차**   피고인에 대한 접견교통권의 제한은 법원이 직권으로 하거나 검사의 청구에 의해서 법원이 결정으로 시행한다. 피의자에 대한 접견교통권의 제한을 수사기관이 독자적으로 결정할 수 있는가에 대해서는 견해가 대립한다. 1) 긍정설은 해석상 제209조를 근거로 한다.[2] 2) 부정설은 형사소송법 제209조는 그 근거가 될 수 없고, 피의자에 대한 접견교통을 제한하기 위해서는 법원의 결정이 있어야 한다고 한다. 제209조는 공판절차에서 구속의 판단주체인 법원과 구속의 집행기관인 검사의 관계를 수사상 피의자구속에 준용하기로 한 규정일 뿐이고, 수사기관이 접견교통권을 제한할 수 있는 법적 근거가 되지 않는다는 것이 그 이유이다.[3] 부정설이 타당하다.

4. 접견교통권의 침해에 대한 구제

10   접견교통권을 침해한 경우의 구제수단으로는 항고, 준항고 그리고 증거능력의 배제가 있다. 1) 법원의 접견교통권 제한 결정에 대한 불복이 있을 경우에

---

1) 강구진 239.
2) 이재상/조균석/이창온 13/86; 이창현 374. 입법론적으로는 법원의 결정에 의하는 것이 타당하다고 한다.; 이창현 374.
3) 신동운 137; 이은모/김정환 283 이하.

는 항고를 할 수 있다(제402조). 2) 검사 또는 사법경찰관의 접견교통권의 제한
은 구금에 대한 처분이므로 준항고에 의하여 취소 또는 변경을 요구할 수 있다(제
417조). 3) 접견교통권을 침해한 가운데 수집된 피고인·피의자의 자백이나 진술,
증거물은 위법수집증거로서 증거능력이 인정되지 않는다(90도1285; 90도1586 등).

Ⅱ. 체포·구속의 적부심사

1. 의　　의

(1) **개념과 성격**　　체포 또는 구속의 적부심사제도는 수사기관에 의해 체포　**11**
또는 구속된 피의자에 대하여 법원이 그 체포 또는 구속의 적법 여부를 심사하
여 석방하는 제도를 말한다(제214조의2 ①항). 피의자의 체포 또는 구속은 법관이
발부한 영장이 있어야 한다. 그런데 체포·구속적부심사제도는 그 영장을 발부
한 법원에 대해 다시 적법 여부의 심사를 요구하는 것이므로 재심절차 내지 항
고적 성격을 갖는다.[1]

(2) **구별개념**　　구속적부심사제도는 수사단계에서 구속의 부적법을 이유로　**12**
구속된 피의자를 석방시키는 제도라는 점에서 보석금의 납입에 의해 구속집행
의 필요성이 탈락함을 이유로 수소법원이 구속된 피고인을 석방시키는 보석제
도(제94조 이하)와 구별된다. 다만 구속적부청구가 있을 경우 법원의 재량으로 피
의자의 보석을 명할 수 있게 하고 있다(제214조의2 ⑤·⑥·⑦항). 또한 체포·구속
적부심제도는 피의자에게만 청구권이 있고 피의자를 심문하는 심리절차를 진행
한다는 점에서 피의자뿐 아니라 피고인 및 검사에게도 청구권이 있고 심리절차
없이 법원이 직권으로 결정하는 구속취소(제93조, 209조)와 구별된다.

[**구속적부심사제도의 연혁**] 구속적부심사제도가 우리나라에 도입된 것은 1948년 3　**13**
월 미군정법령 제176호에 의해서이다. 그리고 1948년 제헌헌법 제9조 ③항에서 헌
법상의 기본권으로 선언되고, 1954년 제정된 형사소송법에도 수용되었다. 그 뒤
1972년 유신헌법의 등장으로 형사소송법에서 삭제되었다. 제5공화국 헌법 제11조
⑤항이 구속적부심사제도를 부활시킴으로써 1980년 개정된 형사소송법 제214조의
2가 다시 도입되기에 이르렀다. 그러나 당시 형사소송법은 법률위반과 중대한 사정
변경을 청구이유로 제한하고 있었고 검사인지사건과 공안사건 및 법정형이 중한

---

1) 2016년 구속적부심사 청구건수는 2,437건이고, 석방된 건수는 367건으로 석방률은 15.1%였
다. 특기할 만한 것은 변호인이 청구한 경우의 석방률은 20.9%인 반면, 비변호인이 청구한 경
우의 석방률은 10.3%라는 점이다.

사건에 대해서는 청구권을 배제하였기 때문에 그 범위가 상당히 축소될 수밖에 없었다. 따라서 1988년 시행된 개정헌법 제12조 ⑥항은 "누구든지 체포·구속을 당한 때에는 적부의 심사를 법원에 청구할 권리를 가진다"고 규정하여 그 제한을 철폐하였다. 현행 형사소송법의 내용도 그에 따라서 변경된 것이다. 그리고 1997년부터 시행된 제8차 개정형사소송법 제214조의2에서는 적부심사의 대상을 구속뿐 아니라 체포까지 넓혔으며 같은 조에 피의자에 대한 법원의 직권·재량보석제도를 도입하였다.

2. 체포·구속적부심사의 청구

14　　(1) **청구권자**　　체포·구속적부심사의 청구권자는 체포 또는 구속된 피의자, 그 피의자의 변호인·법정대리인·배우자·직계친족·형제자매나 가족, 동거인 또는 고용주이다(제214조의2 ①항).

15　　(개) **피의자**　　체포 또는 구속된 피의자에는 영장에 의하지 않고 체포 또는 구속된 자도 포함된다. 개정 이전의 법률은 구속적부심의 청구권자를 '체포영장 또는 구속영장에 의하여 체포 또는 구속된 피의자'라 하였기 때문에 구속영장이 발부되지 않고 불법체포 또는 구속상태에 있는 피의자가 체포 또는 구속적부심사청구권을 갖는가에 대해 견해의 대립이 있었지만 개정법률은 '체포영장 또는 구속영장에 의하여' 부분을 삭제하여 이 문제를 해결한 것으로 보아야 한다. 다만 사인에 의한 불법구금은 구속적부심사의 대상이 될 수 없다.1) 구속적부심사는 수사로서 이루어진 체포·구속에 대해 적용되는 것이기 때문이다. 그리고 피의자에 국한되므로 공소제기 후의 피고인은 구속적부심사청구권이 없다.

16　　(내) **기 타**　　동거인은 주민등록부에 등재된 자에 국한되지 않고 사실상 동거하는 자이면 된다. 고용주는 어느 정도 계속적인 고용관계에 있는 일용노동자에 대해서도 청구권을 행사할 수 있다.

17　　(2) **청구권의 고지**　　피의자를 체포 또는 구속한 검사 또는 사법경찰관은 체포 또는 구속된 피의자와 그 밖의 청구권자 중에서 피의자가 지정하는 자에게 구속적부심사를 청구할 수 있음을 알려야 한다(같은 조 ②항). 개정법률이 신설한 규정이다.

18　　(3) **청구사유**　　체포·구속적부심사는 구속의 위법 여부에 대한 심사로서

---

1) 신동운 377; 이재상/조균석/이창온 13/100; 이창현 376. 이 경우도 형사소송법에서 고려했어야 한다는 견해로는 김기두 220.

체포 또는 구속의 적부가 심사대상이다. 하지만 체포 또는 구속의 위법 여부는 심사시를 기준으로 판단한다. 따라서 체포 또는 구속의 위법은 두 가지 유형, 즉 구속 자체의 위법과 구속의 계속의 위법으로 나뉘게 된다.

(가) **구속의 위법**　첫째 유형은 체포 또는 구속이 구속당시부터 불법적인 19 경우이다. 여기에는 1) 피의자가 적법한 체포영장 또는 구속영장에 의하지 않고 체포 또는 구속된 경우, 2) 발부된 체포영장 또는 구속영장이 적법한 요건을 갖추지 않은 경우, 3) 체포 또는 구속기간이 경과하였음에도 체포 또는 구속이 계속되는 경우(제202조 이하) 등이 해당한다.

(나) **구속의 계속의 위법**　두 번째 유형은 구속 당시는 적법하였으나 그 20 이후의 사정변경으로 구속의 계속이 위법한 구속이 되는 경우이다. 예를 들면 피해변상, 합의, 고소취소 등 양형인자의 변화로 예상되는 선고형이 경미해진 경우에 구속을 계속하는 것은 비례성원칙에 반하는 위법한 것이 될 수 있다. 이것은 심사 시를 기준으로 위법한 구속을 판단할 수 있는 경우이다.

(4) 청구방법　체포·구속적부심사 청구권자는 피의사건의 관할법원에 적 21 부심사를 청구하여야 한다(제214조의2 ①항). 체포·구속적부심사의 청구는 서면 또는 구술로 할 수 있다(규칙 제176조). 체포·구속적부심사청구서에는 1) 체포 또는 구속된 피의자의 성명, 주민등록번호 등, 주거, 2) 체포 또는 구속된 일자, 3) 청구의 취지 및 청구의 이유, 4) 청구인의 성명 및 체포 또는 구속된 피의자와의 관계를 기재해야 한다(규칙 제102조).

3. 법원의 심사

(1) 심사법원　체포·구속적부심사 청구사건은 지방법원 합의부 또는 단독 22 판사가 심사한다. 합의부사건의 경우에도 법원은 피의자의 심문을 합의부원에게 명할 수 있다. 체포영장 또는 구속영장을 발부한 법관은 심사에 관여하지 못한다. 다만 체포영장 또는 구속영장을 발부한 법관 외에는 심문·조사·결정을 할 판사가 없는 경우에는 그러하지 아니하다(제214조의2 ⑫항).

(2) 심문기일의 지정　체포·구속적부심사청구를 받은 법원은 지체없이 청 23 구인과 변호인, 검사 및 피의자를 구금하고 있는 관서의 장에게 심문기일과 장소를 통지하여야 한다(규칙 제104조 ①항). 심문은 청구서가 접수된 때부터 48시간 이내에 이루어져야 하므로(제214조의2 ④항) 심문기일은 그 기간 내로 정해져야 한다. 기일의 통지는 서면 외에 전화 또는 모사전송기 기타 상당한 방법에

의하여 할 수 있다. 이 경우 통지의 증명은 그 취지를 심문조서에 기재함으로써 할 수 있다(규칙 제104조 ③항, 54조의2 ③항).

24   (3) 심문의 진행   체포·구속적부심사청구를 받은 법원은 심문기일에 피의 자를 심문하고 수사관계서류와 증거물을 조사한다(제214조의2 ④항). 사건을 수사 중인 검사 또는 사법경찰관은 수사관계서류와 증거물을 심문기일까지 법원에 제출하여야 하고, 피의자를 구금하고 있는 관서의 장은 피의자를 출석시켜야 한 다(규칙 제104조 ②항 전단). 법원사무관 등은 체포적부심사 청구사건의 기록표지 에 수사관계서류와 증거물의 접수 및 반환의 시각을 기재하여야 한다(같은 항 후 단). 국선변호인이 선정된 경우에는 심문기일에 변호인이 반드시 출석해야 한다 (규칙 제19조 ①항). 피의자 출석 및 국선변호인 출석은 절차개시의 요건이다. 관 할법원은 심문을 할 때 공범의 분리심문이나 그 밖에 수사상의 비밀보호를 위 한 적절한 조치를 하여야 한다(제214조의2 ⑪항).

25   검사·변호인·청구인은 관할법원의 심문기일에 출석하여 법원의 심문이 끝 난 후 의견을 진술할 수 있고, 필요한 경우에는 심문 도중에도 판사의 허가를 얻어 의견을 진술할 수 있다(제214조의2 ⑨항, 규칙 제105조 ①항). 피의자는 판사의 심문 도중에도 변호인에게 조력을 구할 수 있다(규칙 제105조 ②항). 체포·구속 된 피의자·변호인·청구인은 피의자에게 유리한 자료를 제출할 수 있다(같은 조 ③항).

26   (4) 체포·구속적부심사조서의 작성   심문기일에 피의자를 심문하는 경우 법원사무관등은 심문의 요지 등을 조서로 작성하여야 한다(제214조의2 ⑭항, 201조 의2 ⑥항). 이때의 조서는 제315조 3호의 당연히 증거능력이 있는 서류에 해당하 여 증거능력이 인정된다.

[2003도5693] 구속적부심문조서의 증거능력

구속적부심문조서는 형사소송법 제311조가 규정한 문서에는 해당하지 않는다 할 것 이나, 특히 신용할 만한 정황에 의하여 작성된 문서라고 할 것이므로 특별한 사정 이 없는 한, 피고인이 증거로 함에 부동의하더라도 형사소송법 제315조 제3호에 의 하여 당연히 그 증거능력이 인정된다.

4. 법원의 결정

법원은 체포 또는 구속된 피의자에 대한 심문이 종료된 때로부터 24시간 **27** 이내에 체포·구속적부심사청구에 대한 결정을 해야 한다(규칙 제106조). 체포·구속적부심사청구에 대한 법원의 결정에는 기각결정과 석방결정이 있다. 이에 대해서는 항고할 수 없다(제214조의2 ⑧항).

(1) **기각결정**　법원은 심사결과 청구가 이유 없다고 인정되면 결정으로 그 **28** 청구를 기각해야 한다(제214조의2 ④항). 다만 1) 청구권자 아닌 자가 청구하거나 동일한 체포영장 또는 구속영장의 발부에 대해 재청구한 때, 2) 공범 또는 공동피의자의 순차청구가 수사방해의 목적임이 명백한 때에는 심문 없이 결정으로 청구를 기각할 수 있다(같은 조 ③항). 이것을 간이기각결정이라고 하며, 적부심사의 신속을 도모하고 청구권남용을 방지하기 위한 규정이다.

(2) **석방결정**　법원은 적부심사청구가 이유 있다고 인정되면 결정으로 구 **29** 속된 피의자의 석방을 명하여야 한다. 이는 심사청구 후 피의자에 대하여 공소제기가 있는 경우에도 마찬가지이다(같은 조 ④항). 석방결정은 그 결정서등본이 검찰청에 송달된 때에 효력을 발생한다(제42조, 44조).

[구속적부심사청구와 전격기소] 제214조의2 ④항 2문은 "심사 청구 후 피의자에 **30** 대하여 공소제기가 있는 경우에도 또한 같다"고 규정한다. 이는 피고인에게 구속적부심의 청구권한을 인정하지 않는 현행법의 문제점을 악용하여 검찰이 이른바 전격기소를 하는 데 대해 헌법재판소가 "헌법상 독립된 법관으로부터 심사를 받고자 하는 청구인의 절차적 기회"를 일방적으로 박탈하는 헌법불합치적인 행위로 결정 (2002헌바104)한 것을 반영하여 개정된 규정이다. 이로써 체포구속적부심을 청구한 뒤 법원이 석방결정을 하려 하거나, 또는 석방결정을 내렸지만 그 결정서등본이 검찰청에 송달되어 효력이 발생하기 직전에 검사가 전격적으로 공소제기하여 피의자의 신분을 피고인으로 바꾸더라도, 법원은 석방결정을 할 수 있으며, 이미 행한 석방결정은 그 효력을 유지한다. 그러나 이러한 임시방편의 개정은 바람직하지 않다. 근본적으로는 피고인에게도 구속적부심의 청구권한을 인정해야 한다.

5. 피의자의 보석

(1) **의 의**　구속적부심사의 청구가 있는 경우 법원이 내릴 수 있는 결정 **31** 에는 구속된 피의자에 대하여 출석을 보증할 만한 보증금의 납입을 조건으로

하여 석방을 명하는 것도 포함되어 있다(제214조의2 ⑤항). 이를 '피의자보석'이라 하며 이 보석결정은 공소제기 이후에도 그 효력이 유지된다. 이러한 피의자보석은 피의자에게 보석청구의 권한을 직접 인정한 것은 아니라는 점에서 직권보석이며, 보석 여부가 법원의 재량사항이라는 점에서 재량보석이다. 후술하는 바와 같이 피의자는 보석청구권이 없지만 법원의 직권에 의한 피의자보석이 가능하도록 하는 제도이다.

32　　　그러나 피의자보석제도가 도입된 것은 바람직하지만, 제214조의2 ⑤항은 두 가지 문제점이 있다. 1) 피의자구속적부는 구속의 부적법을 근거로 구속결정을 해제하는 것이지만 피의자보석은 구속의 유효성을 전제로 그 집행의 필요성이 없음을 이유로 구속을 정지하는 것이라는 점에서 체포 또는 구속의 적부심사규정인 제214조의2가 아닌 독립된 조항에 규정해야 한다. 즉 제214조의2 ⑤·⑥·⑦항은 입법기술적으로 '비체계적'이다. 2) 제214조의2 ⑤항은 직권재량보석으로서 피의자 등에게 보석에 대한 직접적인 청구권을 보장하지 않고 있다. 이는 피의자보석이 구속적부심사청구를 계기로 법원에 의한 시혜적 조치로 운영될 수 있는 우려를 낳는다.

33　　　**(2) 보석의 조건**　　피의자보석은 보석금액을 조건으로 한다. 보석금액은 피의자의 출석을 보증할 만한 금액이어야 하고 이를 정함에는 범죄의 성질, 죄상, 증거의 증명력, 피의자의 전과, 성격, 환경과 자산을 고려하여야 한다. 그리고 피의자의 자산정도로는 납부하기 불가능한 보석금액을 정해서는 안 된다(제214조의2 ⑦항, 제99조). 그리고 법원은 피의자보석을 결정하는 경우에 주거의 제한, 법원 또는 검사가 지정하는 일시·장소에 출석할 의무, 그 밖의 적당한 조건을 부가할 수 있다(제214조의2 ⑥항).

34　　　**(3) 보석불허사유**　　다만 범죄의 증거를 인멸할 염려가 있다고 믿을 만한 충분한 이유가 있거나 피해자, 당해 사건의 재판에 필요한 사실을 알고 있다고 인정되는 사람 또는 그 친족의 생명·신체나 재산에 해를 가하거나 가할 염려가 있다고 믿을 만한 충분한 이유가 있는 때에는 보석결정을 할 수 없다(같은 조 ⑤항 단서).

35　　　**(4) 보석집행절차**　　피의자보석의 집행에도 피고인보석의 집행절차(제100조)가 준용된다(제214조의2 ⑦항). 따라서 보석의 허가결정은 보석금을 납입한 후가 아니면 집행하지 못하며(제100조 ①항), 법원은 구속적부심청구권자 이외의 자에게 보증금의 납입을 허가할 수 있다(같은 조 ②항). 또한 유가증권 또는 피의자

이외의 자의 제출한 보증서로써 보증금에 갈음함을 허가할 수 있으며(같은 조 ③항), 이 보증서에는 보증금액을 언제든지 납입할 것을 기재하여야 한다(같은 조 ④항).

(5) 보석금의 몰수

(가) 임의적 몰수 법원의 보석결정에 의하여 피의자가 석방된 후, 1) 재체 **36** 포 및 재구속의 사유로 피의자를 재차 구속할 경우(제214조의4 ①항 1호), 2) 공소가 제기된 후 법원이 피의자보석결정에 의해 석방된 자를 동일한 범죄사실에 관하여 재차 구속할 경우(같은 항 2호)에 직권 또는 검사의 청구에 의하여 결정으로 피의자보석결정으로 납입된 보증금의 전부 또는 일부를 몰수할 수 있다.

(나) 필요적 몰수 법원은 보석결정으로 석방된 피의자가 동일한 범죄사실 **37** 에 관하여 형의 선고를 받고 그 판결이 확정된 후, 집행하기 위한 소환을 받고 정당한 이유 없이 출석하지 아니하거나 도망한 때에는 직권 또는 검사의 청구에 의하여 결정으로 보증금의 전부 또는 일부를 몰수하여야 한다(같은 조 ②항).

6. 재체포 및 재구속의 제한

체포 또는 구속적부심사결정에 의하여 석방된 피의자는 1) 도망하거나 2) **38** 범죄의 증거를 인멸하는 경우를 제외하고는 동일한 범죄사실로 재차 체포하거나 구속할 수 없다(제214조의3 ①항). 그리고 법원이 보석을 결정하여 석방된 피의자는 i) 도망한 때, ii) 도망하거나 범죄의 증거를 인멸할 염려가 있다고 믿을 만한 충분한 이유가 있는 때, iii) 출석요구를 받고 정당한 이유 없이 출석하지 아니한 때, iv) 주거의 제한이나 그 밖에 법원이 정한 조건을 위반한 때를 제외하고는 동일한 범죄사실로 재차 체포하거나 구속할 수 없다(같은 조 ②항).

7. 체포·구속적부심사제도의 개선점

(1) 피고인에 대한 청구권인정 현행 체포·구속적부심사의 개선방안으로 **39** 가장 먼저 논의되는 것은 피고인에 대한 확대의 문제이다. 다른 나라의 입법례1)는 구속적부심을 피의자뿐만 아니라 피고인에 대해서도 널리 인정하고 있다. 불법구속된 자의 신체의 자유를 회복한다는 점에서는 양자가 차이가 없기 때문이다. 더구나 구속적부심의 청구사유 중 구속의 계속의 위법 여부는 구속기간이 어느 정도 경과한 피고인에게 더 해당하는 사유라 할 수 있다. 그러므로 우리나라의 경우에도 적부심사의 청구범위를 피고인까지 확대하여야 한다.

---

1) 영미의 habeas corpus, 독일의 구속심사(Haftprüfung), 일본의 구류이유개시제도 등.

40　　　(2) 심사기간의 구속기간산입　　　체포·구속적부심사에서 법원이 수사 관계
서류와 증거물을 접수한 때부터 결정 후 검찰청에 반환된 때까지 소요된 기간
은 체포제한기간 또는 구속기간에 산입하지 않는다(제214조의2 ⑬항). 이는 적부
심사청구로 인하여 수사에 지장을 초래하는 것을 막고 전격기소의 폐해를 방지
하기 위한 것이라고 하는데,1) 이 규정은 폐지되어야 한다는 주장이 있다.2) 수
사를 방해하는 심사청구의 남용은 간이기각결정규정(같은 조 ③항)에 의하여 방
지할 수 있고, 구속적부심사청구가 기각된 때에는 사실상 구속피의자에 대한 구
속기간이 실질심리의 기간만큼 연장되는 효과가 발생하게 되어 헌법상 기본권
인 무죄추정의 권리(헌법 제27조 ④항) 및 구속적부심사청구권(같은 법 제12조 ⑥항)
에 위반되기 때문이다. 타당한 주장이다. 꼭 수사방해의 목적이 아니더라도 청
구에서 결정까지 통상 소요되는 3일 정도의 시간3)과 수사관계서류와 증거물이
검찰청에 반환될 때까지의 기간이 수사기간에서 제외되어야 할 이유가 없을 것
이다. 피의자의 이익과 수사의 연속적 효율성이라는 두 가지 상충되는 이익을
고려하여 구속기간산입 여부를 법원에서 결정하도록 하는 개선방안도 생각해
볼 수 있을 것이다.

41　　　(3) 기각결정에 대한 이유의 명시와 항고의 허용　　　체포·구속적부심사청구에
대한 법원의 기각결정에 대한 항고불허(제214조의2 ⑧항)는 하급법원의 독선적인
체포·구속적부심사를 막을 수 없고, 수사단계에서 신체구속에 대하여 시민의
적부심사청구권을 최대한 보장한다는 관점에서 폐지되어야 한다. 또한 체포·구
속적부심사청구에 대한 법원의 결정은 현재 항고를 불허하는 결정이 되어 그
이유를 명시하지 않고 있지만(제39조 단서), 만일 기각결정에 대한 항고가 허용될
경우에는 그 전제로서 법원은 체포·구속적부심사청구를 기각하는 결정을 함에
있어 그 이유를 명시하도록 해야 할 것이다.

---

1) 이재상/조균석/이창온 13/107; 이창현 381.
2) 신동운 390; 이재상/조균석/이창온 13/118.
3) 구속적부심청구를 받은 법원은 청구서가 접수된 때부터 48시간 이내에 피의자를 심문하여야
　한다(제214조의2 ④항). 그리고 결정은 심문이 종료한 때로부터 24시간 이내에 하여야 한다(규
　칙 제106조). 그러므로 구속적부심에 소요되는 전체 기간은 통상 3일로 보면 된다.

Ⅲ. 보 석

1. 보석의 의의

(1) **개 념** 보석(bail, Sicherheitsleistung)은 일정한 조건을 전제로 구속의 집 **42** 행을 정지하여 구속된 피고인 또는 피의자를 석방하는 제도를 말한다. 과거에는 보증금 납입을 조건으로 하였으나 개정법률은 다양한 조건에 의한 보석이 가능 하도록 규정하였다(제98조).

(2) **제도적 의미** 보석은 피고인 또는 피의자에게 공판절차 및 형집행을 **43** 위한 출석을 심리적으로 강제할 수 있는 조건을 요구함으로써 구속과 동일한 효과를 얻도록 하는 제도이다.[1] 구금이 아닌 다른 경미한 수단으로 구속의 목 적을 달성한다는 점에서 보석은 구속의 비례성원칙을 실현하는 제도라고 할 수 있다.[2] 또한 보석은 피고인으로 하여금 자유로운 가운데서 자신의 소송에 대한 방어준비를 할 수 있게 한다는 점에서 피고인의 방어권보장에도 충실한 제도이 다. 그리고 형사정책적으로는 구금에 의한 악영향을 배제하여 피고인을 보호할 수 있다는 장점이 있고, 부수적으로 구금에 소요되는 국가의 경비를 절감할 수 있는 이익도 있다.[3]

(3) **구별개념** 보석은 유효한 구속영장을 전제로 하여 그 집행을 정지시키 **44** 는 점에서는 구속집행정지(제101조)와 같다. 그러나 일정한 조건이 있고 피고인 측에 신청권이 있는 점에서 구속집행정지와 구별된다. 또한 보석은 유효한 구속 영장을 전제하여 구속만을 정지시키는 데 불과하다. 따라서 구속영장을 전면적 으로 실효시키는 구속취소와 구별된다.

2. 보석의 종류

(1) **필요적 보석과 임의적 보석** 보석에는 필요적 보석과 임의적 보석이 있 **45**

---

1) 신동운 1946; 이은모/김정환 293; 이재상/조균석/이창온 37/26.

2) 배종대/홍영기 [23] 25; 이창현 387 이하.

3) 대륙법계에서 보석은 돈 많은 자의 특권이라는 이유로 별로 활용되지 못하는 데 반해 영미에 서 보석권(right to bail)은 구속된 피의자와 피고인의 절대적 권리로 인정되어 광범위하게 활 용되고 있다. 우리나라에서도 대륙법계의 보석기피경향이 지배적인 듯하다. 그래서 실무에서는 법원이 보석을 허가하면 집행유예판결이 나온다는 '비공식적인 규칙'이 있는 듯 하다. 보석조건 의 다양화와 더불어 집행유예가 선고될 사건이 아니라도 보석을 허가함으로써 보석제도의 활 성화를 도모할 필요가 있다.

는데, 현행법은 필요적 보석을 원칙으로 하고 임의적 보석은 보충적으로 인정하고 있다. 필요적 보석은 피고인에 대해 보석의 청구가 있으면 법이 정하는 제외사유가 없는 한 보석을 허가해야 하는 경우를 말한다(제95조). 임의적 보석에는 피고인의 청구에 의해 또는 직권으로 법원의 재량에 의한 보석을 허가하는 경우(제96조)와 구속적부심을 청구한 피의자에 대해 법원이 직권적·재량적 보석을 결정하는 경우(제214조의2 ⑤항)가 있다.

(2) 필요적 보석의 제외사유

46　　(가) **중대한 범죄**　　피고인이 사형·무기 또는 장기 10년이 넘는 징역이나 금고에 해당하는 죄를 범한 때에는 보석이 허가되지 않는다(제95조 1호).[1] 중대한 죄를 범한 경우에는 그만큼 실형을 받을 개연성이 크다. 따라서 보석의 조건과 같은 경미한 수단으로 피고인의 출석을 확보하기 어렵기 때문에 제외사유로 인정된다. 피고인이 범한 죄는 공소장에 기재된 죄를 기준으로 한다. 공소장변경이 있는 경우에는 변경된 공소사실을 기준으로 한다. 공소사실과 죄명이 예비적·택일적으로 기재된 경우에는 그 중 일죄가 여기에 해당하면 된다.

47　　(나) **누범 또는 상습범**　　피고인이 누범에 해당하거나 상습범인 죄를 범한 때는 보석에서 제외된다(같은 조 2호). 이 기준 또한 실형선고의 높은 개연성으로 도망의 우려가 현저하기 때문에 인정되는 것이다.[2] 재범의 위험성으로부터 사회를 보호하기 위한 취지로 보는 견해[3]가 있으나 재범위험성은 현행법상 구속사유가 아니므로 타당하지 않다.

[90모22] 보석불허사유와 보석허가의 재량성

형사소송법 제95조는 그 제1 내지 5호[4] 이외의 경우에는 필요적으로 보석을 허가하여야 한다는 것이지 여기에 해당하는 경우에는 보석을 허가하지 아니할 것을 규정한 것이 아니므로 집행유예기간 중에 있는 피고인의 보석을 허가한 것이 누범과 상습범에 대하여는 보석을 허가하지 아니할 수 있다는 형사소송법 제95조 제2호의 취지에 위배되어 위법이라고 할 수 없다.

---

1) 미국은 사형에 해당하는 죄(capital case)만을 보석의 배제사유로 규정하고 있다. 그리고 일본은 사형·무기 또는 단기 1년 이상의 징역이나 금고가 제외기준이다.: 이재상/조균석/이창온 37/29.

2) 백형구 217; 김희옥, 보석제도, 고시계 1984.10, 82면.

3) 신동운 1053.

4) 1995. 12. 29.의 개정으로 현행법의 제6호가 추가되었다.

(대) **죄증인멸 또는 인멸의 염려** 피고인이 죄증을 인멸하거나 인멸할 염 **48**
려가 있다고 믿을 만한 충분한 이유가 있는 때에는 보석이 허가되지 않는다(같
은 조 3호).1) 죄증을 인멸할 염려는 구속사유에서의 증거인멸의 염려(제70조 ①항
2호)와 같은 의미이다. 죄증인멸의 염려는 해당 범죄의 객관적 사정, 공판진행과
정, 피고인의 지위와 활동 등을 고려하여 구체적으로 결정해야 한다. 죄증인멸
의 대상이 되는 사실은 범죄구성요건사실에 한하지 않고, 범죄의 배후사정이나
양형사실도 포함한다.

(라) **도망 또는 도망할 염려** 피고인이 도망하거나 도망할 염려가 있다고 **49**
믿을 만한 충분한 이유가 있는 때에도 보석은 제외된다(같은 조 4호). 이 사유는
보석의 조건으로 피고인의 출석을 확보할 수 없는 경우에 해당된다. 보석은 피
고인이 도망할 염려가 있음에도 일정한 조건에 의해 피고인이 출석하도록 심리
적 강제를 주는 제도이다. 그러므로 "도망염려"의 사유를 일률적으로 필요적 보
석에서 제외하는 것은 보석제도의 취지에 반한다고 볼 수 있다.2) 그러나 헌법
재판소는 제95조 제4호가 기본권을 침해하지 않는다고 한다(2002헌마756).

(마) **주거의 불분명** 피고인의 주거가 분명하지 않은 것도 보석의 제외사 **50**
유가 된다(같은 조 5호). 주거의 불분명은 법원이 피고인의 주거를 알 수 없는 경
우를 말한다. 피고인이 자기의 주거에 대해 진술거부권을 행사하고 있을 경우에
도, 법원이 그의 주거를 알고 있으면 필요적 보석에서 제외해야 할 이유는 없
다.3)

(바) **피해자 등에 대한 위해 및 위해의 염려** 피고인이 피해자, 당해 사건 **51**
의 재판에 필요한 사실을 알고 있다고 인정되는 자 또는 그 친족의 생명·신체
나 재산에 해를 가하거나 가할 염려가 있다고 믿을 만한 충분한 이유가 있을 때
에는 보석이 허가되지 않는다(같은 조 6호). 이는 피해자보호와 진실발견의 목적
에서 인정되는 제외사유이다.

[**보석불허사유의 판단에서 여죄**餘罪] 필요적 보석의 불허사유를 판단할 때 구속 **52**
영장에 기재된 범죄사실 이외의 죄를 판단자료에 포함시킬 것인가에 대해 견해대
립이 있다. 소극설은 구속은 구속영장에 기재된 사실에만 미치므로 여죄를 포함시
켜서는 안 된다고 하고, 적극설은 구속은 피고인에 대한 것이므로 여죄도 고려해야

---

1) 독일 형사소송법 제116조는 도망염려를 구속사유로 한 것에 대해서만 보석을 허용한다.
2) 강구진 212; 김희옥, 앞의 글, 84면; 신동운 1054; 반대견해 이재상/조균석/이창온 37/32; 이
  창현 392.
3) 이재상/조균석/이창온 37/33; 이창현 393.

한다고 한다. 그리고 이에 대한 절충설에는 병합심리중인 때에는 여죄를 고려할 수
있다는 견해와 형사소송법 제95조 1·2·4호의 사유에는 여죄를 고려할 수 있으나
3호의 경우에는 고려할 수 없다는 견해가 있다. 구속영장은 사건을 단위로 하는 것
이므로 소극설이 타당하다.

(3) 임의적 보석

53   (가) **피고인에 대한 임의적 보석**   필요적 보석의 제외사유에 해당하는 경
우에도 법원은 상당한 이유가 있으면 피고인에 대해 직권 또는 보석청구권자의
청구에 의하여 결정으로 보석을 허가할 수 있다(제96조).[1] 1995년의 개정 전에
제96조의 표제는 '임의적 보석'이 아니라 '직권보석'이었는데, 이를 두고 제96조
는 직권보석을 규정한 것으로 보는 견해[2] 또는 직권보석과 임의적 보석의 양자
를 규정한 것으로 보는 견해[3]가 있다. 그러나 제96조는 직권보석 이외에 청구
보석을 포함하고 둘 다 임의적 보석으로 해석하는 것이 옳다.[4]

54   (나) **피의자보석**   체포 또는 구속적부심사의 청구가 있을 때 법원은 구속
된 피의자에 대하여 피의자의 출석을 보증할 만한 보증금의 납입을 조건으로
하여 결정으로 석방할 수 있다(제214조의2 ⑤항). 이는 직권·재량보석이다. 그러
나 제95조 제3호와 제6호의 제외사유에 해당하는 경우에는 그러하지 아니하다
(제214조의2 ⑤항 단서).

3. 보석의 절차

55   (1) **보석의 청구**   보석청구권자는 피고인·변호인·법정대리인·배우자·직
계친족·형제자매·가족·동거인·고용주이다(제94조). 피고인은 구속집행 중인 자
와 구속집행정지 중인 자를 포함한다. 피고인 이외의 자의 보석청구권은 독립대
리권이다. 보석의 청구는 보석청구서에 의하여야 하며(규칙 제53조 ①항), 보석청
구인은 적합한 보석조건에 관한 의견을 밝히고 이에 관한 소명자료를 낼 수 있
다(규칙 제53조의2 ①항). 또한 보석의 청구인은 보석의 조건이 이행가능한 조건인
지 여부를 판단하는 데(제99조 ②항) 필요한 범위 내에서 피고인의 자력 또는 자
산 정도에 관한 서면을 제출하여야 한다(규칙 제53조의2 ②항).

        (2) **검사의 의견제출**   재판장은 보석에 관한 결정을 하기 전에 검사의 의

---

1) 실무에서 '상당한 이유'로 인정되는 것은 주로 피고인의 중대한 질병(이른바 병보석)이다.
2) 김기두 108.
3) 강구진 213; 김희옥, 앞의 글, 85면; 백형구 241.
4) 이재상/조균석/이창온 37/36; 정영석/이형국 206.

견을 물어야 한다(제97조 ①항). 검사에게 의견을 물을 때에는 보석청구서의 부본 **56** 을 첨부해야 한다(규칙 제53조 ③항). 검사는 재판장의 의견요청에 대해 지체없이 의견을 표명하여야 한다(제97조 ③항). 이때 검사는 보석에 관한 의견서와 소송서 류 및 증거물을 지체없이 법원에 제출하여야 하는데(규칙 제54조 ①항), 보석허가 가 상당하지 아니하다는 의견일 때에는 그 사유를 명시하여야 하고(같은 조 ② 항), 보석허가가 상당하다는 의견일 때에는 보석조건에 대한 의견을 나타낼 수 있다(같은 조 ③항). 검사의 의견은 법원을 구속하지 않는다. 또한 검사의 의견청 취절차는 보석에 관한 결정의 본질적 부분이 아니며, 따라서 검사의 의견을 듣 지 아니한 채 법원이 보석에 관한 결정을 했다고 하더라도 그 결정이 적정한 이 상, 그와 같은 절차상의 하자만으로 그 결정을 취소할 수는 없다(97모88).

   (3) 법원의 심리　　보석청구를 받은 법원은 지체없이 심문기일을 정하여 구 **57** 속된 피고인을 심문해야 한다(규칙 제54조의2 ①항). 다만, 1) 보석청구권자 이외 의 사람이 보석을 청구한 때, 2) 동일한 피고인에 대해 중복하여 보석을 청구하 거나 재청구한 때, 3) 공판준비 또는 공판기일에 피고인에게 그 이익되는 사실 을 진술할 기회를 준 때, 4) 이미 제출한 자료만으로 보석을 허가하거나 불허할 것이 명백한 때에는 피고인을 심문하지 않는다(같은 항 단서). 법원은 피고인심문 을 합의부원에게 명할 수 있다(같은 조 ⑦항). 심문기일을 정한 법원은 즉시 검사, 변호인, 보석청구인 및 피고인을 구금하고 있는 관서의 장에게 심문기일과 장소 를 통지하여야 하고, 피고인을 구금하고 있는 관서의 장은 위 심문기일에 피고 인을 출석시켜야 한다(같은 조 ②항). 이 통지는 서면 외에 전화 또는 모사전송기 기타 상당한 방법에 의하여 할 수 있고, 이 경우 통지의 증명은 그 취지를 심문 조서에 기재함으로써 할 수 있다(같은 조 ③항). 검사, 변호인, 보석청구인은 심문 기일에 출석하여 의견을 진술할 수 있고(같은 조 ⑤항), 피고인, 변호인, 보석청구 인은 피고인에게 유리한 자료를 제출할 수 있다(같은 조 ④항). 법원은 피고인, 변 호인 또는 보석청구인에게 보석조건을 결정함에 있어 필요한 자료의 제출을 요 구할 수 있으며(같은 조 ⑥항), 보석결정을 위해 사실조사를 할 수 있고(법 제37조 ③항) 증인을 신문하거나 감정을 명할 수 있다(규칙 제24조 ①항).

   (4) 법원의 결정　　법원은 특별한 사정이 없는 한 보석의 청구를 받은 날부 **58** 터 7일 이내에 보석의 여부에 대해 결정하여야 한다(규칙 제55조). 보석을 허가하 는 경우에는 필요하고 상당한 범위 안에서 제98조의 보석조건 중 하나 이상의 조건을 정하여야 한다. 보석청구가 이유 없을 경우에는 보석청구를 기각한다.

다만 필요적 보석의 경우에는 불허사유에 해당하지 않는 한 보석청구를 기각할 수 없다. 이 경우 보석을 허가하지 않는 결정을 할 때에는 결정이유에 불허사유를 명시해야 한다(규칙 제55조의2).[1] 보석허가결정에 대하여 검사는 즉시항고할 수 없다(제97조 ④항). 그러나 보석허가결정에 대하여 검사가 보통항고(제403조)의 방법으로 불복하는 것은 허용된다(97모26).

59   **(5) 보석의 조건**   보석을 허가할 때에는 보석의 조건을 정하여야 한다. 이전에는 보석보증금의 납입이 유일한 조건이었지만 2007년의 개정법률은 다양한 보석의 조건을 규정하여 보석의 가능성을 확대하였다(제98조).

(가) 보석조건의 종류

60   **1) 서약서의 제출**   제98조 1호의 보석조건은 '법원이 지정하는 일시·장소에 출석하고 증거를 인멸하지 아니하겠다는 서약서를 제출할 것'이다. 가장 간편하게 이행할 수 있는 보석조건이지만 출석을 담보하는 기능이 다른 조건에 비해 약하다고 할 수 있으므로 실무상으로는 다른 보석조건과 함께 부과되는 조건으로 활용될 것으로 보인다.[2]

61   **2) 약정서의 제출**   제98조 2호의 보석조건은 '법원이 정하는 보증금에 해당하는 금액을 납입할 것을 약속하는 약정서를 제출할 것'이다. 현실적으로 보증금을 납입할 필요는 없고 피고인이 정당한 이유 없이 재판기일에 출석하지 아니하는 경우 법원이 보석조건을 변경하여 8호에 따라 보증금을 정하면 이를 납부하겠다는 내용의 약정서를 제출하는 조건이다.[3]

62   **3) 주거의 제한 등**   같은 조 3호의 보석조건은 '법원이 지정하는 장소로 주거를 제한하고 주거를 변경할 필요가 있는 경우에는 법원의 허가를 받는 등 도주를 방지하기 위하여 행하는 조치를 받아들일 것'이다. 2007년의 개정법률 이전의 보석에서 보증금납부에 추가하여 부과되는 조건 중 가장 대표적인 것이었다. 이후로도 이 조건은 다른 조건과 함께 부과될 것으로 예상된다.

63   **4) 피해자 등에 대한 접근금지 등**   같은 조 4호의 보석조건은 '피해자, 당해 사건의 재판에 필요한 사실을 알고 있다고 인정되는 사람 또는 그 친족의 생명·신체·재산에 해를 가하는 행위를 하지 아니하고 주거·직장 등 그 주변에 접근하지 아니할 것'이다. 특히 성폭력범죄 피고인이나 가정폭력 관련 피고인,

---

1) 2022년 법원이 처리한 보석청구사건은 5,548건이고 그중 26.8%인 1,488건이 허가되었다. 이른바 직권보석은 349건이었다(대법원, 사법연감 2023, 774면).
2) 법원행정처, 형사소송법 개정법률 해설, 2007, 15면.
3) 법원행정처, 앞의 책, 같은 면.

피해자와의 관계에서 증거인멸의 염려가 있는 피고인 등에게 유효한 조건으로
예상된다.[1]

5) 출석보증서의 제출   같은 조 5호의 보석조건은 '피고인 아닌 자가 작 **64**
성한 출석보증서를 제출할 것'이다. 수사절차에서 체포 또는 구속된 피의자를
석방하면서 그 부모 등 신원보증인을 세우는 실무를 제도화한 것이다. 보증금의
납입 자력이 없는 피고인과 그 가족에게 유효적절하게 부과함으로써 보석을 활
성화하려는 취지가 있다.[2] 다만 보석조건의 실효성을 높이기 위해 출석보증인
에 대한 과태료규정도 신설하였다(제100조의2).

6) 출국금지의 서약   같은 조 6호의 보석조건은 '법원의 허가 없이 외국 **65**
으로 출국하지 아니할 것을 서약할 것'이다. 여권법에 의하면 장기 2년 이상의
형에 해당하는 죄로 인하여 기소된 자는 여권의 발급 등이 제한된다(여권법 제12
조 ①항 1호). 따라서 형사재판이 계속중인 피고인이 출국하기 위해서는 법원에
해외여행 허가신청을 하고, 법원이 이를 허가하면 그 결정을 근거로 여권을 발
급받아야 한다. 6호는 이와 관련하여 법원의 허가 없이 출국하지 않겠다는 서약
을 하는 것을 보석조건으로 입법화한 것이나, 단독의 보석조건이라기보다는 다
른 조건과 함께 부과되는 조건으로 활용될 가능성이 높다.

7) 금원의 공탁 또는 담보의 제공   같은 조 7호의 보석조건은 '법원이 지 **66**
정하는 방법으로 피해자의 권리회복에 필요한 금원을 공탁하거나 그에 상당한
담보를 제공할 것'이다. 종래에는 피해자와의 합의가 이루어지지 않으면 보석을
허가하는 데 한계가 있었으나, 2007년의 개정법률은 피해자와의 합의가 원만하
게 이루어지지 않거나 피해자가 피고인이 구속되어 있다는 궁박한 사정을 이용
하여 무리한 요구를 하는 경우에 금원의 공탁 등의 방법으로 보석을 가능하게
했다는 데 의미가 있다.[3]

8) 보증금의 납입 또는 담보의 제공   같은 조 8호의 보석조건은 '피고인 **67**
이나 법원이 지정하는 자가 보증금을 납입하거나 담보를 제공할 것'이다. 2007
년의 개정법률 이전의 전형적인 보석조건이었다.

9) 기 타   같은 조 9호에서는 '그 밖에 피고인의 출석을 보증하기 위하 **68**
여 법원이 정하는 적당한 조건을 이행할 것'을 보석조건으로 하고 있다. 보석조

---

1) 법원행정처, 앞의 책, 16면.
2) 법원행정처, 앞의 책, 같은 면.
3) 법원행정처, 앞의 책, 17면.

건은 사안과 시대상황의 변화에 따라 다양하게 변화할 수 있으므로 이러한 다양성을 포용할 수 있도록 한 것이다.[1]

69   (내) **보석조건의 결정에서 고려할 사항**   법원은 보석의 조건을 정할 때 1) 범죄의 성질 및 죄상, 2) 증거의 증명력, 3) 피고인의 전과·성격·환경 및 자산, 4) 피해자에 대한 배상 등 범행 후의 정황에 관련된 사항을 고려하여야 한다(제99조 ①항). 이때 법원은 피고인의 자금능력 또는 자산 정도로는 이행할 수 없는 조건을 정할 수 없다(같은 조 ②항). 이는 과다한 보증금의 금지를 의미한다.[2] 과다한 보증금은 보석제도를 무의미하게 만들기 때문이다. 이 때 과다한 보증금은 피고인이 그의 자산에 비추어 납입할 수 없는 보증금만 의미하는 것이 아니라 피고인의 출석을 확보하는 데 필요한 이상의 보증금을 가리킨다. 자산은 피고인 개인의 재산뿐만 아니라 피고인의 신용과 보호자의 자산도 고려한다.

70   (다) **보석조건의 효력 상실**   구속영장의 효력이 소멸한 때에는 보석조건은 즉시 그 효력을 상실한다(제104조의2 ①항). 보석이 취소된 경우에도 마찬가지이지만 제98조 제8호의 보증금 납부 및 담보제공의 조건은 효력을 상실하지 않는다(같은 조 ②항). 보석이 취소되는 경우 보증금은 몰취의 대상이 될 수 있기 때문이다(제103조 ①항).

71   (6) **보석의 집행**   보석의 조건 중 제98조 1·2·5·7호 및 8호의 조건은 이를 이행한 후가 아니면 보석허가결정을 집행하지 못하며, 법원은 필요하다고 인정하는 때에는 다른 조건에 관하여도 그 이행 이후 보석허가결정을 집행하도록 정할 수 있다(제100조 ①항). 법원은 보석청구권자 이외의 자에게 보증금의 납입을 허가할 수 있다(같은 조 ②항). 보석의 집행기관은 검사이므로 보증금은 검사에게 납입해야 한다. 보증금은 현금납입이 원칙이다. 그러나 법원은 유가증권이나 피고인 외의 자가 제출한 보증서로 보증금에 갈음하도록 허가할 수 있다. 이 보증서에는 보증금액을 언제든지 납입할 것을 기재하여야 한다(같은 조 ③, ④항). 따라서 법원은 보석허가결정의 집행전후를 불문하고 보증서제출인에게 보증금의 납부를 명할 수 있고 보증서 제출인은 보증금을 납부할 의무를 진다.

---

1) 법원행정처, 앞의 책, 같은 면.
2) 미국 수정헌법 제8조는 "과다한 보증금(excessive bail)을 붙여서는 안 된다"고 규정하고 있다.

4. 보석 조건의 변경과 보석의 취소·실효

(1) **보석 조건의 변경**   법원은 직권 또는 보석청구권자의 신청에 따라 결 **72**
정으로 피고인의 보석조건을 변경하거나 일정기간 동안 당해 조건의 이행을 유
예할 수 있다(제102조 ①항). 그리고 변경 또는 유예의 경우에는 그 취지를 검사
에게 지체없이 통지하여야 한다(규칙 제55조의4).

(2) **보석의 취소**   피고인이 1) 도망한 때, 2) 도망하거나 죄증을 인멸할 염 **73**
려가 있다고 믿을 만한 충분한 이유가 있을 경우, 3) 소환을 받고 정당한 이유
없이 출석하지 아니한 때, 4) 피해자, 당해 사건의 재판에 필요한 사실을 알고
있다고 인정되는 자 또는 그 친족의 생명·신체·재산에 해를 가하거나 가할 염
려가 있다고 믿을 만한 충분한 이유가 있는 때, 5) 법원이 정한 조건을 위반한
때에는 법원은 직권 또는 검사의 청구에 의하여 결정으로 보석을 취소할 수 있
다(제102조 ②항). 보석취소의 결정이나 검사의 보석취소청구에 대한 기각결정에
대해서는 피고인측과 검사 모두 항고할 수 있다(제403조 ②항). 보석을 취소한 때
에는 검사는 그 취소결정의 등본에 의하여 피고인을 재구금해야 한다(규칙 제56
조 ①항). 이 경우에는 새로운 구속영장은 필요 없으며 보석취소결정을 송달하지
않아도 된다. 또한 보석취소의 결정이 있는 때 급속을 요하는 경우에는 재판장,
수명법관 또는 수탁판사가 재구금을 지휘할 수 있다(같은 항 단서). 이 경우에 법
원사무관 등에게 그 집행을 명할 수 있고, 법원사무관 등은 그 집행에 관하여
필요한 때에는 사법경찰관리 또는 교도관에게 보조를 요구할 수 있으며 관할구
역 외에서도 집행할 수 있다(같은 조 ②항).

(3) **보석의 실효**   보석의 실효는 보석취소와 구속영장의 실효에 의해 발생 **74**
한다. 무죄나 면소판결 등이 선고되는 경우(제331조)뿐만 아니라 자유형이나 사
형이 확정되는 경우에도 구속영장이 실효되므로 보석도 효력을 잃는다. 수형자
가 형집행을 위한 소환에 불응하면 형집행장(제473조 ②항)에 의하여 구금된다.
그러나 보석 중의 피고인에 대해 제1심이나 제2심에서 실형이 선고되더라도 아
직 판결이 확정되지 않았으면 보석이 취소되지 않는 한 그 효력은 지속된다.

5. 보증금 등의 몰취·환부 및 과태료

(1) **보증금 등의 몰취**

(개) **임의적 몰취**   법원이 보석을 취소할 때에는 직권 또는 검사의 청구에 **75**

따라 결정으로 보증금 또는 담보의 전부 또는 일부를 몰취할 수 있다(제103조 ①
항). 이 경우의 보증금 몰취는 법원의 재량에 속하는 임의적 몰취이다. 그런데
이때 보증금 등의 몰취결정이 보석취소의 결정과 같이 이루어져야 하는가에 대
해서 견해대립이 있다. 보석취소 후에 보증금을 몰수할 수 있다는 명문의 규정
이 없고 보증금몰수라는 불이익을 부과할 경우에는 엄격한 해석이 요구되므로
보증금몰수와 보석취소결정은 동시에 해야 한다는 견해가 있고,[1] 과거의 판례도
같은 입장이었다(65모4). 그러나 대법원은 판례를 변경하여 보석취소 결정 후에
도 몰수결정을 할 수 있다고 한다(2000모22). 보증금은 형벌집행의 단계에서 신
병확보를 담보하는 기능도 있으며, 규정의 해석상 보석취소 후의 보증금몰수가
불가능하지 않다는 것이 그 이유이다.

76　　　(나) **필요적 몰취**　　법원은 보석된 자가 형의 선고를 받아 그 판결이 확정
된 후 집행을 위한 소환을 받고 정당한 이유 없이 출석하지 않거나 도망하면 직
권 또는 검사의 청구에 의하여 결정으로 보증금 또는 담보의 전부 또는 일부를
몰취하여야 한다(같은 조 ②항). 보증금의 몰취는 법원의 결정에 의하며 검사에게
결정서를 교부 또는 송달함으로써 즉시 집행할 수 있다.

77　　　(2) **보증금의 환부**　　법원은 구속 또는 보석을 취소하거나 구속영장의 효력
이 소멸되면 몰취하지 않은 보증금 또는 담보를 청구한 날로부터 7일 이내에
환부하여야 한다(제104조). 보석을 취소한 경우에는 그와 동시에 보증금몰취의
결정이 없으면 보증금의 전부를, 보증금의 일부만을 몰수하는 결정이 있으면 보
증금의 일부를 환부한다. 구속을 취소하거나 구속영장실효의 경우에는 보증금
을 전부 환부해야 한다.

78　　　(3) **과태료 및 감치**　　법원은 피고인이 정당한 사유 없이 보석조건을 위반
한 경우에는 결정으로 피고인에 대하여 1천만원 이하의 과태료를 부과하거나
20일 이내의 감치에 처할 수 있다(제102조 ③항). 출석보증인의 보증서를 보석조
건으로 석방된 피고인이 정당한 사유 없이 기일에 불출석하는 경우에는 결정으
로 그 출석보증인에 대하여 500만원 이하의 과태료를 부과할 수 있다(제100조의2
①항). 보석조건의 실효성을 담보하기 위해 2007년의 개정법률이 신설한 제재규
정들이다. 이와 같은 제재는 보석의 취소 여부와는 상관없이 부과할 수 있다.
석방조건을 위반한 피고인에 대하여 과태료, 감치 등에 처하는 것은 재구속을
대신하여 석방조건의 준수를 경고하는 수단으로 작용할 수 있고, 이를 통하여

---

1) 이은모/김정환 303 이하; 이재상/조균석/이창온 37/51; 이창현 412.

피고인을 불구속 상태로 재판받을 수 있게 하는 기능도 있다.[1] 법원의 제재결정에 대해서는 즉시항고를 할 수 있다(제100조의2 ②항, 제102조 ④항).

6. 보석제도의 개선점

(1) **필요적 보석의 제외사유**　현행법은 필요적 보석의 제외사유를 지나치 **79** 게 넓게 규정함으로써 구속집행의 비례성을 실현하기 위한 보석제도의 기능을 지나치게 축소하고 있다. 특히 제95조 3·4·5·6호를 보석의 제외사유에서 삭제하는 것이 바람직하다.

(2) **보석불허사유의 설명**　형사소송규칙 제55조의2는 보석불허결정을 할 **80** 때에 법원은 결정이유에 필요적 보석의 불허사유 가운데 어느 사유에 해당하는 지를 명시하도록 규정하고 있다. 그러나 보석불허사유의 명시는 단순히 법률에 규정된 사유를 적시하는 데 그칠 것이 아니라, 보석불허결정에 영향을 미친 제반사정을 검토할 수 있는 자료를 제시하여야 한다.[2] 대법원은 제95조에 열거된 사유를 그대로 언급한 것만으로도 규칙 제55조의2가 규정한 보석불허사유 명시 의무에 위반되지 않는 것으로 본다(91모53).

(3) **피의자의 보석청구권**　형사소송법은 법원의 직권·재량에 의한 피의자 **81** 보석만을 인정할 뿐 피의자에게 필요적 보석(제95조)의 청구권을 직접 인정하지 않는다. 그러나 무엇보다도 피의자의 보석은 초동수사단계에서 구속수사에 뒤따르기 쉬운 강압수사의 위험을 막을 수 있다. 이론적으로도 구속의 비례성을 실현하는 보석제도와 구속의 적법성을 실현하는 구속적부심사제도가 그 취지에서 다르다는 점에서 보석은 구속적부심사제도와 함께 형사절차의 전단계에서 인정되어야 한다.[3]

---

1) 법원행정처, 앞의 책, 23면.
2) 신동운 1064; 이창현 418 이하.
3) 신동운 390; 이재상/조균석/이창온 37/55.

제 2 절 대물적 강제처분

[16] 제 1 압수와 수색

[사례 6] 2008도763

○○도 선거관리위원회는 2006. 4. 25. ○○도청 소속의 공무원 甲과 乙이 현직 ○○ 도지사인 丙을 위해 선거운동의 기획에 참여하거나 그 실시에 관여하는 등 공직선거 법을 위반하였다는 점을 확인하고 검찰에 수사의뢰를 하였다. 이에 검사 A는 법원에 압수·수색·검증영장(아래에서는 '이 사건 영장'이라고 한다)을 청구하였고, 판사는 2006. 4. 26. 다음과 같은 내용의 수 통의 이 사건 영장을 발부하였다.

1. 영장번호: 2006－1226
2. 죄 명: 공직선거법 위반
3. 피의자(피내사자): 甲, 乙.
4. 압수, 수색, 검증을 요하는 사유(범죄사실 및 압수·수색을 필요로 하는 사유)
   ㉮ 범죄사실
   　　甲은 ○○도 기획관, 乙은 ○○도지사 특별보좌관인 자인바, 공무원은 선거운동의 기획에 참여 하거나 그 기획의 실시에 관여하는 행위를 할 수가 없음에도 불구하고 공모하여, 2006. 4. 25. 16:00경 도지사 관사에서 같은 날 18:30경 실시될 KBS 주최 선거 관련 토론회에 대비하여 현 도지사 겸 도지사선거 예비후보인 丙을 위한 대담, 토론 자료 및 예상질의답변 자료를 준비함 으로써 공무원이 선거운동의 기획에 참여하거나 그 실시에 관여하는 행위를 한 것이다.
   ㉯ 압수·수색을 필요로 하는 사유
   　　선관위는 첩보에 의거 ○○도지사 관사에 대한 단속을 실시하여 공무원인 피내사자들이 위 관 사에 모여 있으면서 현 지사 丙을 위한 예상질의답변 자료를 소지하고 있음을 적발. 예상답변 자료의 작성자 및 작성경위를 파악하고 범증확보를 위해 압수수색 필요.
5. 압수할 물건
   아래 압수·수색할 장소 내 보관중인 컴퓨터, 디스켓·씨디롬 등 외부기억장치, 선거 관련자료, 메모지, 일기장, 수첩, 일정표가 적혀진 달력 등 공무원으로서 선거에 관여한 것으로 추정되는 자료 일체.
6. 압수·수색할 장소
   ㉮ ○○도청 내 피내사자들 사무실 ㉯ 피내사자들 주거지 ㉰ ○○도지사 관사

　검사 A와 ○○지검 소속 수사관들인 B 등은 2006. 4. 27. 10:30경 ○○도청에 도착하여 이 사건 영장의 집행에 착수하였는데, 당시 피고인 甲은 외출 중이었다. 검사 A는 B 등과 함께 도지사 부속실 옆 대기실에 붙어 있는 정책특보 乙이 근무하는 사무실(아래에서는 '이 사건 사무실'이라고 한다)로 압수수색을 실시하기 위하여 들어갔는데,

당시 乙은 부재중이었다.

이 사건 사무실의 출입문에는 비서실장실 혹은 정책특보실이라는 별도의 표찰이 붙어 있지는 않으며, 그 내부는 칸막이로 좌우로 나뉘어져 있고 출입문쪽에서 왼편에 비서실장 C의 책상이, 가운데에 작은 컴퓨터 책상이, 오른편에 정책특보 乙의 책상이 놓여 있다. 검사 A와 수사관 B 등은 이 사건 사무실에 들어가 마침 그곳에서 근무 중이던 비서실장 C에게 신분증 및 이 사건 영장을 제시한 다음, C로부터 乙의 책상위치를 확인한 후 수사관 B로 하여금 乙의 책상을 압수수색하도록 하였다.

수사관 B가 乙의 책상을 압수수색하고 있던 무렵, 비서관 D가 도지사 집무실에 들어가 그곳에 보관 중이던 피고인 丙의 업무일지 등이 포함된 서류뭉치인 이 사건 압수물을 옆구리에 끼고서 가지고 나온 다음, 이 사건 사무실의 출입문을 열고 "비서실장님"이라고 부르면서 들어왔다. 이때 A검사가 D에게 검사라고 하고는 "들고 있는 서류를 압수하겠다"며 서류를 내놓으라고 하였고, 이에 D가 "지사님 방에 있는 서류인데 내줄 수 없다"고 거절하자 검사는 D에게 "그러면 검찰에 가서 조사를 받고서 서류를 주겠느냐"고 하여 D는 하는 수 없이 들고 있던 이 사건 압수물을 C의 책상 위에 놓고 이 사건 사무실을 나갔고, 검사는 이를 압수하였다.

B는 乙 책상의 압수수색을 마치고 다시 C의 책상을 수색하려고 하자, C가 "이곳은 제가 근무하는 방이다"라며 이의를 제기하였음에도 B는 C의 책상에 대하여 압수수색을 실시하고 나서, C를 통하여 D를 불러 진술서를 작성하게 하여 제출받은 후, 이 사건 압수물을 포함한 압수물건을 상자에 담아 가지고 이 사건 사무실을 떠났다.

이후 C와 D는 이 사건 공소제기 하루 전인 2006. 10. 18. 13:30경 OO지검 수사관으로부터 소환을 받고 OO지검으로 가서 수사관 B 명의의 압수목록을 교부받았다. 위 압수목록에는 교부일자가 '2006. . .'로 월, 일이 공란으로 기재되어 있고, 압수경위에 대하여는 공직선거법 위반 내사사건에 관하여 D로부터는 이 사건 압수물을, C로부터는 노트북 컴퓨터 등 6점을 각 임의제출 받아 압수한 것으로 기재되어 있다. 그런데 A검사가 작성한 이 사건 압수물에 대한 압수조서에는 OO도청 정책특보실에서 이 사건 영장에 의해 압수한 것으로, 이 사건 압수물의 소지자 또는 제출자는 C로 각 기재되어 있다.

검사는 제1심 공판과정에서 이 사건 압수물을 증거로 제출하였다.

문 1. 검사의 압수·수색에는 어떠한 위법이 있는가?

문 2. 검사가 제출한 이 사건 압수물은 증거능력이 있는가?

[관련판례] 2007도3061 전합; 2009도14376

I. 압수·수색의 의의

1. 대물적 강제처분으로서의 압수·수색

1   압수·수색은 증거방법으로 의미 있는 물건이나 몰수할 것으로 예상되는 물건 등을 수집·보전하는 강제처분으로서 검증과 함께 대물적 강제처분에 속한다.[1] 압수·수색·검증은 사람의 신체를 대상으로 행해질 수도 있기 때문에 대물적인 동시에 대인적인 강제처분으로 보기도 한다.[2] 그러나 신체 그 자체를 구속대상으로 하는 처분과 신체에서 범죄흔적을 비롯한 일정한 '물건'을 찾아내려고 하는 처분은 구별해야 하므로 대물적 강제처분으로만 보는 것이 옳다.

2. 압   수

2   압수는 증거방법으로 의미가 있는 물건이나 몰수가 예상되는 물건의 점유를 취득하는 강제처분이다. 압류, 영치 및 제출명령의 세 종류가 있다. 1) 압류는 강제력을 사용하여 유체물의 점유를 점유자 또는 소유자의 의사에 반하여 수사기관 또는 법원에 이전하는 강제처분을 말한다. 2) 영치는 소유자 등이 임의로 제출한 물건이나 유류한 물건을 계속하여 점유하는 것이다(제108조, 218조). 3) 제출명령(제106조 ②항)은 일정한 물건의 제출을 명하는 강제처분이다. 다만 수사기관의 강제처분에는 제출명령이 포함되지 않는다.

3. 수   색

3   수색은 압수할 물건이나 피의자 또는 피고인을 발견하기 위한 목적으로 사람의 신체나 물건 또는 일정한 장소를 뒤져 찾는 강제처분을 말한다. 수색은 주로 압수와 함께 행해지고 실무상으로도 압수수색영장이라는 단일영장을 사용하고 있다.

---

1) 이재상/조균석/이창온 14/6 이하; 이창현 435 이하; 정영석/이형국 183.
2) 신동운 396.

II. 압수·수색의 요건

1. 범죄혐의

압수·수색도 강제수사인 이상 범죄혐의가 있어야 한다. 범죄혐의는 충분한 **4**
'구체적 사실'에 의해 인정될 수 있어야 한다. 여기서 문제되는 것은 압수·수색
에 필요한 범죄혐의가 인신구속에서의 그것과 같은 정도의 혐의인가 하는 점이
다. 이에 대해서는 형사소송규칙이 압수영장의 기재사항으로 피의사실의 요지
를 들고 있는 점(제107조 ①항)을 이유로 압수·수색의 범죄혐의도 구속과 같은
정도의 고도의 개연성이 있어야 한다는 주장이 있다.[1] 그러나 구속에 수반되지
않은 압수·수색은 대개 구속에 앞서서 피의자를 특정하거나 구속요건을 충족시
키기 위한 수단으로 행하여진다. 또한 형사소송법은 체포와 구속의 사유로 범죄
혐의의 '상당한 이유'를 요구하고 있지만(제201조, 200조의2, 200조의3), 압수·수색
의 범죄혐의로는 '죄를 범하였다고 의심할 만한 정황'을 요구하고 있다(제215조).
따라서 압수·수색에 필요한 범죄혐의는 인신구속에서보다 낮은 정도의 범죄혐
의로 보아야 할 것이다.[2] 다만 압수·수색에 필요한 범죄혐의는 '추상적' 범죄혐
의로는 부족하고 수사를 개시할 정도의 범죄혐의, 즉 '구체적' 범죄혐의라고 보
아야 한다.

2. 압수·수색의 필요성

제106조와 제109조는 "필요한 때에는 피고사건과 관계가 있다고 인정할 수 **5**
있는 것에 한정하여", 제215조는 "범죄수사에 필요한 때에는 피의자가 죄를 범
하였다고 의심할 만한 정황이 있고 해당 사건과 관계가 있다고 인정할 수 있는
것에 한정하여" 압수·수색을 할 수 있다고 규정하고 있다.

(1) **관련성** 압수·수색은 그 대상이 범죄 혐의사실과 관련이 있을 때 허 **6**
용된다. 2011년의 개정법률은 제215조에 '해당 사건과 관계가 있다고 인정할 수
있는 것에 한정하여'라는 요건을 추가하여 이러한 점을 분명히 하였다. 압수·수
색의 범죄 혐의사실과 '관계있는 범죄'란 압수·수색영장에 기재한 혐의사실과

---

1) 차용석/최용성 248.
2) 이재상/조균석/이창온 14/3; 정영석/이형국 184는 그 밖에도 구속영장에는 죄명뿐만 아니라
   피의사실의 요지까지도 기재하지만(제209조, 75조 ①항), 압수·수색·검증영장에는 죄명만을
   기재하도록 하고 있다는 점(제219조, 114조 ①항)을 이유로 들기도 한다.

객관적 관련성이 있고 압수·수색영장 대상자와 피의자 사이에 인적 관련성이 있는 범죄를 의미한다. 1) **혐의사실과의 객관적 관련성**은 압수·수색영장에 기재된 혐의사실 자체 또는 그와 기본적 사실관계가 동일한 범행과 직접 관련되어 있는 경우는 물론 범행 동기와 경위, 범행 수단과 방법, 범행 시간과 장소 등을 증명하기 위한 간접증거나 정황증거 등으로 사용될 수 있는 경우에도 인정될 수 있다.[1) 2) **피의자와 사이의 인적 관련성**은 압수·수색영장에 기재된 대상자의 공동정범이나 교사범 등 공범이나 간접정범은 물론 필요적 공범 등에 대한 피고사건에 대해서도 인정될 수 있다(2017도13458; 2018도6252). 영장 발부의 사유로 된 범죄 혐의사실과 무관한 별개의 증거를 압수하고도 별도의 압수·수색영장을 발부받지 않으면 이를 유죄 인정의 증거로 사용할 수 없다(2013도7101; 2013도11233).

[2021모1586] 압수·수색의 '관련성'

[1] 수사기관은 압수의 목적물이 전자정보가 저장된 저장매체인 경우에는 압수·수색영장 발부의 사유로 된 범죄 혐의사실과 관련 있는 정보의 범위를 정하여 출력하거나 복제하여 이를 제출받아야 하고, 이러한 과정에서 혐의사실과 무관한 전자정보의 임의적인 복제 등을 막기 위한 적절한 조치를 취하는 등 영장주의 원칙과 적법절차를 준수하여야 한다. 따라서 저장매체의 소재지에서 압수·수색이 이루어지는 경우는 물론 예외적으로 저장매체에 들어 있는 전자파일 전부를 하드카피나 이미징(imaging) 등의 형태(이하 '복제본'이라 한다)로 수사기관 사무실 등으로 반출한 경우에도 반출한 저장매체 또는 복제본에서 혐의사실 관련성에 대한 구분 없이 임의로 저장된 전자정보를 문서로 출력하거나 파일로 복제하는 행위는 원칙적으로 영장주의 원칙에 반하는 위법한 압수가 된다.

[3] 법원은 압수·수색영장의 집행에 관하여 범죄 혐의사실과 관련 있는 전자정보의 탐색·복제·출력이 완료된 때에는 지체 없이 영장 기재 범죄 혐의사실과 관련이 없는 나머지 전자정보에 대해 삭제·폐기 또는 피압수자 등에게 반환할 것을 정할 수 있다. 수사기관이 범죄 혐의사실과 관련 있는 정보를 선별하여 압수한 후에도 그와 관련이 없는 나머지 정보를 삭제·폐기·반환하지 아니한 채 그대로 보관하고 있다면 범죄 혐의사실과 관련이 없는 부분에 대하여는 압수의 대상이 되는 전자정보의

---

1) 2019도14341: "이러한 객관적 관련성은 압수·수색영장에 기재된 혐의사실의 내용과 수사의 대상, 수사 경위 등을 종합하여 구체적·개별적 연관관계가 있는 경우에만 인정된다고 보아야 하고, 혐의사실과 단순히 동종 또는 유사 범행이라는 사유만으로 객관적 관련성이 있다고 할 것은 아니다."

범위를 넘어서는 전자정보를 영장 없이 압수·수색하여 취득한 것이어서 위법하고, 사후에 법원으로부터 압수·수색영장이 발부되었다거나 피고인이나 변호인이 이를 증거로 함에 동의하였다고 하여 그 위법성이 치유된다고 볼 수 없다.

(2) **발견혐의**   압수·수색의 필요성은 그 대상을 발견할 개연성, 즉 발견혐   **7** 의가 있을 때 인정된다. 즉 1) 압수·수색의 대상은 증거방법으로 의미가 있게 될 개연성이나 몰수될 개연성이 있어야 하고, 2) 수색은 압수할 물건을 발견하기 위한 것이어야 한다. 제109조 ②항은 피고인 아닌 자의 신체·물건·주거 또는 기타 장소에 대해서는 '압수할 물건이 있음을 인정할 수 있는 경우에 한하여' 수색할 수 있다고 규정하여 압수·수색을 위해서는 발견혐의가 있어야 함을 분명히 하고 있다.

3. 압수·수색의 비례성

제106조와 제109조 및 제215조의 '필요한 때'는 압수·수색의 필요성뿐만   **8** 아니라 비례성까지 압수·수색의 요건으로 규정한 것으로 해석할 수 있다. 그러므로 압수·수색은 1) 임의수사로써 같은 목적을 달성할 수 있는 경우에는 허용되지 않고(보충성원칙), 2) 증거물이나 몰수물의 수집·보전에 불가피한 범위에 그쳐야 하며(최소침해원칙), 3) 압수·수색에 의한 기본권침해는 피압수자가 받게 될 다양한 불이익의 정도와 균형관계를 이루어야 한다(균형성원칙). 판례도 같은 입장을 보이고 있다.

[2003모126] 압수의 비례성

형사소송법 제215조에 의하면 검사나 사법경찰관이 범죄수사에 필요한 때에는 영장에 의하여 압수를 할 수 있으나, 여기서 '범죄수사에 필요한 때'라 함은 단지 수사를 위해 필요할 뿐만 아니라 강제처분으로서 압수를 행하지 않으면 수사의 목적을 달성할 수 없는 경우를 말하고, 그 필요성이 인정되는 경우에도 무제한적으로 허용되는 것은 아니며, 압수물이 증거물 내지 몰수하여야 할 물건으로 보이는 것이라 하더라도, 범죄의 형태나 경중, 압수물의 증거가치 및 중요성, 증거인멸의 우려 유무, 압수로 인하여 피압수자가 받을 불이익의 정도 등 제반 사정을 종합적으로 고려하여 판단해야 할 것이다. 폐수무단방류 혐의를 근거로 피고인의 공장부지, 건물, 기계류 일체 및 폐수운반차량 7대에 대하여 한 압수처분은 수사상의 필요에서 행하는 압수의 본래의 취지를 넘는 것으로 상당성이 없을 뿐만 아니라, 수사상의 필요

와 그로 인한 개인의 재산권 침해의 정도를 비교형량해 보면 비례성의 원칙에 위배
되고 위법하다.

Ⅲ. 압수·수색의 절차

1. 압수의 대상

9   (1) 증거물과 몰수대상물   압수의 대상은 '증거물 또는 몰수할 것으로 사료
하는 물건'이 원칙이다(제106조 ①항, 219조). 물론 법률에 다른 규정이 있는 때에
는 예외이다(제106조 ①항, 219조). 증거물의 압수는 증거물의 멸실을 방지하여 장
래의 형사절차의 진행을 대비하기 위함이고, 몰수대상물의 압수는 장래의 형의
집행을 확보하기 위함이다.

10   (2) 디지털증거와 정보저장매체의 압수   디지털 증거는 일반적으로 '디지털
형태로 저장되거나 전송되는 증거가치 있는 정보'1)로 정의되는데, 컴퓨터에 저
장되어 있는 정보 그 자체는 압수의 대상인 '유체물' 또는 '물건'이라고 볼 수 없
다(2002도745). 따라서 무형의 디지털 증거가 압수의 대상이 되는지 여부에 관하
여 논란이 있어 왔는데, 2011년 제106조의 개정을 통하여 정보저장매체에 기억
된 정보도 압수의 대상이 될 수 있음을 명시하였다(제106조 ③항, 219조). 그리고
압수의 방법과 관련하여 압수의 목적물이 컴퓨터용디스크 그 밖에 이와 비슷한
정보저장매체인 경우 기억된 정보의 범위를 정하여 출력하거나 복제하여 제출
받도록 하였다. 다만, 범위를 정하여 출력 또는 복제하는 방법이 불가능하거나
압수의 목적을 달성하기에 현저히 곤란하다고 인정되는 때에는 정보저장매체
등을 압수할 수 있다(같은 조). 또한 수사기관은 정보저장매체 등의 압수를 통하
여 정보를 제공받은 경우 개인정보보호법 제2조 제3호에 따른 정보주체에게 해
당 사실을 지체 없이 알려야 한다(제106조 ④항, 219조).

11   '정보의 범위를 정하여 출력하거나 복제하여 제출'받도록 한 것은 디지털
증거에 대한 압수의 범위는 범죄혐의사실과 관련된 특정 정보만이 압수의 대상
이라는 것을 명백히 한 것이다. 따라서 복제의 방법에 의하더라도 저장매체 자
체의 하드카피 또는 '이미징'의 방법으로 저장매체 전체를 복제하는 것은 정보

---

1) 1998년 미국 법무부 마약수사청, 연방수사국, 국세청 범죄수사단, 관세청, 항공우주국 등 연
   방기관의 증거분석연구소들을 중심으로 구성된 디지털 증거에 관한 과학실무그룹(Scientific
   Working Group on Digital Evidence: SWGDE)에서 정의한 것이다.

저장매체를 압수하는 경우에 해당한다. 그리고 수사기관이 정보저장매체를 압수할 수 있는 예외조항을 남용하는 것을 방지하기 위하여 법원은 압수수색영장에 예외적 압수가 가능하다고 기재된 경우에만 정보저장매체나 그 복제본의 압수가 가능하다고 판시하였다(2009모1190). 판례에 의하면 이 경우에도 혐의사실과 관련된 전자정보 이외에 이와 무관한 전자정보를 탐색·복제·출력하는 것은 원칙적으로 위법한 압수·수색에 해당하므로 허용될 수 없다. 전자정보에 대한 압수·수색이 종료되기 전에 혐의사실과 관련된 전자정보를 적법하게 탐색하는 과정에서 별도의 범죄혐의와 관련된 전자정보를 우연히 발견한 경우라면, 수사기관은 더 이상의 추가 탐색을 중단하고 법원에서 별도의 범죄혐의에 대한 압수·수색영장을 발부받아야 그 정보를 압수·수색할 수 있다(2011모1839 전합). 또한, 저장매체 자체를 수사기관 사무실 등으로 옮긴 후 영장에 기재된 ·범죄 혐의 관련 전자정보를 탐색하여 해당 전자정보를 문서로 출력하거나 파일을 복사하는 과정 역시 압수·수색영장 집행에 포함된다고 보아야 하며, 그 과정에서 범죄혐의의 관련성을 구별하지 않고 임의로 전자정보를 출력 또는 복제하거나 피고인과 변호인 등 당사자의 참여권1)을 보장하지 않는 것은 위법한 절차에 해당한다(2015도12400; 2017도13263 등). 다만 수사기관이 정보저장매체에 기억된 정보 중에서 키워드 또는 확장자 검색 등을 통해 범죄 혐의사실과 관련 있는 정보를 선별한 다음 정보저장매체와 동일하게 비트열 방식으로 복제하여 생성한 파일('이미지 파일')을 제출받아 압수하였다면 이로써 압수의 목적물에 대한 압수·수색 절차는 종료된 것이므로, 수사기관이 수사기관 사무실에서 위와 같이 압수된 이미지 파일을 탐색·복제·출력하는 과정에서도 피의자 등에게 참여의 기회를 보장하여야 하는 것은 아니다(2017도13263).

(3) 이메일에 대한 압수·수색　　　한편 전자정보의 압수·수색과 관련하여 **12**
법원은 수사기관이 인터넷서비스 이용자인 피의자를 상대로 이메일 등 전자정보를 압수·수색하는 것도 대물적 강제처분으로 허용된다고 한다. 나아가 압수·수색할 전자정보가 압수·수색영장에 기재된 수색장소에 있는 컴퓨터 등 정보처

---

1) 2011모1839 전합: "별도의 압수·수색 절차는 최초의 압수·수색 절차와 구별되는 별개의 절차이고, 별도 범죄혐의와 관련된 전자정보는 최초의 압수·수색영장에 의한 압수·수색의 대상이 아니어서 저장매체의 원래 소재지에서 별도의 압수·수색영장에 기해 압수·수색을 진행하는 경우와 마찬가지로 피압수·수색 당사자는 최초의 압수·수색 이전부터 해당 전자정보를 관리하고 있던 자라 할 것이므로, 특별한 사정이 없는 한 피압수자에게 형사소송법 제219조, 제121조, 제129조에 따라 참여권을 보장하고 압수한 전자정보 목록을 교부하는 등 피압수자의 이익을 보호하기 위한 적절한 조치가 이루어져야 한다"

리장치 내에 있지 않고 제3자가 관리하는 원격지의 서버 등 저장매체에 저장되어 있는 경우, 판례는 수사기관이 적법하게 취득한 피의자의 이메일 계정 아이디와 비밀번호를 입력하는 등 피의자가 접근하는 통상적인 방법에 따라 원격지의 저장매체에 접속하고 그곳에 저장되어 있는 피의자의 전자정보를 수색장소의 정보처리장치로 내려 받거나 그 화면에 나타나게 하는 것도 압수·수색영장의 집행에 필요한 처분이라고 한다(2017도9747). 이는 원격지의 저장매체가 국외에 있는 경우에도 마찬가지이다.

13　　**(4) 우체물의 압수**　　현행법은 우체물의 압수에 관해서는 특칙을 두고 있다. 우체물압수는 통신의 비밀(헌법 제18조)을 제한한다. 수사기관은 필요한 때에는 피의사건과 관계가 있다고 인정할 수 있는 것에 한정하여 우체물 또는 통신비밀보호법 제2조 제3호에 따른 전기통신에 관한 것으로서 체신관서, 그 밖의 관련 기관 등이 소지 또는 보관하는 물건을 압수할 수 있다(제107조 ①항, 219조). 우체물을 압수할 때에는 발신인이나 수신인에게 그 취지를 통지해야 한다. 다만 심리나 수사에 방해가 될 염려가 있는 경우에는 예외로 한다(제107조 ③항, 219조).

14　　　　한편, 판례에 의하면, 우편물 통관검사절차에서 이루어지는 우편물의 개봉, 시료채취, 성분분석 등의 검사는 수출입물품에 대한 적정한 통관 등을 목적으로 한 행정조사의 성격을 가지는 것으로서 수사기관의 강제처분이라고 할 수 없고, 따라서 이러한 조사행위가 영장 없이 이루어졌다 하더라도 특별한 사정이 없는 한 위법하다고 할 수 없다(2013도771). 그러나 최근의 판례는 이러한 조사행위라도 수사기관의 요청에 의해 특정한 수출입물품을 개봉하여 검사하고 그 내용물의 점유를 취득한 행위는 범죄수사인 압수 또는 수색에 해당하여 사전 또는 사후에 영장을 받아야 한다고 판시하였다. 행정조사행위와 수사행위를 구별하여 영장주의 적용대상을 분명히 했다는 점에서 의미 있는 판결이라 할 수 있다.

[2014도8719] 우편물 통관검사절차와 압수·수색영장

수출입물품 통관검사절차에서 이루어지는 물품의 개봉, 시료채취, 성분분석 등의 검사는 수출입물품에 대한 적정한 통관 등을 목적으로 조사를 하는 것으로서 이를 수사기관의 강제처분이라고 할 수 없으므로, 세관공무원은 압수·수색영장 없이 이러한 검사를 진행할 수 있다. 세관공무원이 통관검사를 위하여 직무상 소지하거나 보관하는 물품을 수사기관에 임의로 제출한 경우에는 비록 소유자의 동의를 받지 않았더라도 수사기관이 강제로 점유를 취득하지 않은 이상 해당 물품을 압수하였다고 할 수 없다. 그러나 마약류 불법거래 방지에 관한 특례법 제4조 제1항에 따른 조치의 일환으로 특정한 수출입물품을 개봉하여 검사하고 그 내용물의 점유를 취득한 행위는 위에서 본 수출입물품에 대한 적정한 통관 등을 목적으로 조사를 하는 경우와는 달리, 범죄수사인 압수 또는 수색에 해당하여 사전 또는 사후에 영장을 받아야 한다.

2. 압수·수색영장의 발부

(1) 압수·수색영장의 청구　검사는 지방법원판사에게 청구하여 발부받은 **15** 영장에 의하여 압수·수색 또는 검증을 할 수 있고, 사법경찰관은 검사에게 신청하여 검사의 청구로 지방법원판사가 발부한 영장에 의하여 압수·수색 또는 검증을 할 수 있다(제215조 ①·②항).[1] 검사가 영장을 청구할 때에는 피의자에게 범죄혐의가 있다고 인정되는 자료와 압수의 필요 및 해당 사건과의 관련성을 인정할 수 있는 자료를 제출해야 한다(규칙 제108조 ①항). 법원이 행하는 압수·수색도 공판정 외에서 할 경우에는 압수·수색영장을 발부해야 한다(제113조).

(2) 영장의 청구시기　형사소송법은 검사가 압수·수색 영장을 청구할 수 **16** 있는 시기를 명시적으로 한정하고 있지 않다. 그러나 일단 공소가 제기된 후에는 피고사건에 관하여 검사로서는 제215조에 의하여 압수·수색을 할 수 없다. 그럼에도 검사가 공소제기 후 제215조에 따라 수소법원 이외의 지방법원 판사에게 청구하여 발부받은 영장에 의하여 압수·수색을 하였다면, 그와 같이 수집된 증거는 기본적 인권 보장을 위해 마련된 적법한 절차에 따르지 않은 것으로서 원칙적으로 유죄의 증거로 삼을 수 없다(2009도10412).

(3) 영장의 기재사항　압수·수색영장에는 피의자 또는 피고인의 성명·죄 **17** 명·압수할 물건·수색할 장소·신체·물건·영장발부연월일·유효기간과 그 기간이 지나면 집행에 착수할 수 없으며 영장을 반환해야 한다는 취지, 압수·수색의 사유를 기재하고 재판장이나 수명법관이 서명·날인해야 한다. 압수·수색할 물건이 전기통신에 관한 것인 경우에는 작성기간을 기재하여야 한다(제114조 ①항, 규칙 제58조). 피의자 또는 피고인의 성명이 분명하지 않은 경우에는 인상·체격, 기타 피의자 또는 피고인을 특정할 수 있는 사항으로 피의자 또는 피고인을 표시할 수 있다(제219조, 114조 ②항, 75조 ②항). '압수할 물건'을 특정하기 위하여

---

1) 2022년에 청구된 396,832건의 압수·수색·검증영장 중 91.1%인 361,630건에 대하여 압수·수색·검증영장이 발부되었다(대법원, 사법연감 2023, 772면).

기재한 문언은 엄격하게 해석하여야 하고, 함부로 피압수자 등에게 불리한 내용으로 확장 또는 유추 해석하여서는 안 된다. 따라서 압수·수색영장에서 압수할 물건을 '압수장소에 보관중인 물건'이라고 기재하고 있는 것을 '압수장소에 현존하는 물건'으로 해석할 수는 없다(2008도763). 수사기관이 압수·수색영장에 적힌 '수색할 장소'에 있는 컴퓨터 등 정보처리장치에 저장된 전자정보 외에 원격지 서버에 저장된 전자정보를 압수·수색하기 위해서는 압수·수색영장에 적힌 '압수할 물건'에 별도로 원격지 서버 저장 전자정보가 특정되어 있어야 한다. 따라서 압수·수색영장에 적힌 '압수할 물건'에 컴퓨터 등 정보처리장치 저장 전자정보만 기재되어 있다면 컴퓨터 등 정보처리장치를 이용하여 원격지 서버 저장 전자정보를 압수할 수는 없다(2022도1452).[1]

18　　　**(4) 영장의 유효기간**　　압수·수색영장의 유효기간은 7일이며, 법원 또는 법관이 상당하다고 인정하는 때에만 7일을 넘을 수 있다(규칙 제178조). 그러나 영장의 유효기간 중이어도 동일한 영장으로 같은 장소에서 여러 차례 압수·수색·검증을 할 수 없다. 압수·수색영장의 유효기간 내에 동일한 장소 또는 목적물에 대하여 다시 압수·수색할 필요가 있는 경우, 법원으로부터 새로운 압수·수색영장을 발부받아야 한다(2023도8752). 동일한 물건 또는 장소에 대한 처분인 때에도 영장기재사실과 다른 피의사실에 대해 영장을 사용할 수 없다. 압수·수색대상의 예비적 기재도 인정되지 않는다.

[판례] 효력을 상실한 영장에 의한 압수: 대판 2003. 5. 30, 2003도705

검찰이 2002. 3. 23.자 압수·수색영장에 의하여 2002. 3. 25. 피고인의 주거에 대한 압수·수색을 실시하여 그 집행을 종료함으로써 위 압수·수색영장이 효력을 상실하였음에도 2002. 3. 28. 위 압수·수색영장에 기하여 다시 피고인의 주거에 대한 압수·수색을 실시하여 현금 6,000만 원을 압수한 것은 위법하다고 한 사례.

3. 압수·수색영장의 집행

19　　　**(1) 집행기관**　　압수·수색영장은 검사의 지휘에 따라 사법경찰관리가 집행

---

1) 2020도14654: 피의자가 휴대전화를 임의제출하면서 휴대전화에 저장된 전자정보가 아닌 클라우드 등 제3자가 관리하는 원격지에 저장되어 있는 전자정보를 수사기관에 제출한다는 의사로 수사기관에게 클라우드 등에 접속하기 위한 아이디와 비밀번호를 임의로 제공하였다면 위 클라우드 등에 저장된 전자정보를 임의제출하는 것으로 볼 수 있다.

한다. 다만 필요한 경우에 재판장은 법원사무관 등에게 그 집행을 명할 수 있다. 법원사무관은 필요한 때에 사법경찰관리에게 보조를 청구할 수 있다. 검사는 필요에 의하여 관할구역 외에서 영장의 집행을 지휘하거나 당해 관할구역의 검사에게 집행지휘를 촉탁할 수 있다. 사법경찰관리도 마찬가지이다(제219조, 115조, 117조, 83조).

(2) **영장의 제시와 기타 필요한 처분**　　압수·수색처분을 받는 자에게 반드시　**20**
영장을 제시해야 하고, 처분을 받는 자가 피고인인 경우에는 그 사본을 교부해야 한다(제118조, 219조).[1] 현장에서 압수·수색을 당하는 사람이 여러 명일 경우에는 그 사람들 모두에게 개별적으로 영장을 제시하는 것이 원칙이다(2008도763; 2015도12400). 그러나 처분을 받는 자가 현장에 없는 등 영장의 제시나 그 사본의 교부가 현실적으로 불가능한 경우 또는 처분을 받는 자가 영장의 제시나 사본의 교부를 거부한 경우에는 예외를 인정한다(제118조 단서). 이는 2022년 신설된 규정으로, 그간 판례가 인정해온 예외를 명문화한 것이다(2014도10978 전합). 압수·수색영장의 집행 중에는 타인의 출입을 금지할 수 있으며, 이 금지를 위반한 자에게는 퇴거하게 하거나 집행종료시까지 간수자를 붙일 수 있다(제119조, 219조). 영장을 집행할 때에는 자물쇠를 열거나 개봉 기타 필요한 처분을 할 수 있다. 압수물에 대해서도 같은 처분을 할 수 있다(제120조, 219조). 압수·수색영장의 집행에는 타인의 비밀을 보호해야 하며, 처분받는 자의 명예를 해하지 않도록 주의해야 한다(제116조).

(3) **당사자·책임자 등의 참여**　　검사·피고인(피의자)·변호인은 압수·수색영　**21**
장의 집행에 참여할 수 있다(제121조, 219조). 압수·수색영장을 집행할 때에는 미리 집행일시와 장소를 참여권자에게 통지해야 한다. 다만 참여권자가 참여하지 않는다는 의사를 명시한 때 또는 급속을 요하는 때에는 예외로 한다(제122조, 219조). 검사 또는 사법경찰관이 압수를 할 때에는 각각 검찰서기 또는 사법경찰관리 등의 참여인(제243조)을 참여하게 해야 한다(규칙 제110조).

공무소, 군사용의 항공기 또는 선박·차량 안에서 압수·수색영장을 집행할　**22**
때에는 그 책임자에게 참여할 것을 통지하여야 한다. 이 이외의 타인의 주거, 간수자 있는 가옥·건조물·항공기 또는 선박·차량 안에서 압수·수색영장을 집

---

1) 2015도10648: "압수수색영장을 집행하면서 회사에 팩스로 영장 사본을 송신하기만 하고 영장 원본을 제시하거나 압수조서와 압수물 목록을 작성하여 피압수·수색 당사자에게 교부하지도 않은 채 피고인의 이메일을 압수하였다면 이 이메일은 증거능력이 없다."

행할 때에는 주거주·간수자 또는 이에 준하는 사람을 참여하게 하여야 한다. 주거주나 간수자 등을 참여하게 하지 못할 때에는 이웃 사람 또는 지방공공단체의 직원을 참여하게 해야 한다(제123조, 219조). 여자의 신체에 대하여 수색할 때에는 성년의 여자를 참여하게 해야 한다(제124조, 219조). 다만 압수·수색영장의 집행에 참여하는 자는 압수·수색의 의미를 이해할 수 있는 정도의 의사능력이 있어야 한다.

23   **(4) 야간집행의 제한**   일출 전 일몰 후에는 압수·수색영장에 야간집행을 할 수 있다는 기재가 없는 한 영장집행을 위해 타인의 주거, 간수자 있는 가옥·건조물·항공기 또는 선차 내에 들어가지 못한다(제125조, 219조). 다만 도박 기타 풍속을 해하는 행위에 상용되는 것으로 인정되는 장소나 여관·음식점 기타 야간에 공중이 출입할 수 있는 장소로서 공개된 시간 안에는 일출전 일몰후의 제한을 받지 않고 압수영장을 집행할 수 있다(제126조, 219조). 압수영장의 집행을 중지한 경우에 필요하면 집행종료 때까지 해당 장소를 폐쇄하거나 간수자를 둘 수 있다(제127조, 219조).

24   **(5) 수색증명서·압수목록의 작성·교부**   수색한 결과 증거물 또는 몰수할 물건이 없는 때에는 그 취지의 증명서를 교부하여야 한다(제128조, 219조). 압수한 경우에는 목록을 작성하여 소유자·소지자·보관자 그리고 기타 이에 준하는 자에게 교부하여야 한다(제129조, 219조). 압수목록은 압수 직후 현장에서 바로 작성하여 교부하는 것이 원칙이다(2008도763). 전자정보가 저장된 정보저장매체를 압수한 경우에는 정보의 파일명세를 특정하여 압수된 정보의 상세목록을 작성하여야 한다(2021모1586).

25   **(6) 압수조서 작성 및 압수목록의 교부**   증거물 또는 몰수할 물건을 압수하였을 때에는 압수조서 및 압수목록을 작성하여야 한다(제49조 ①항). 압수조서에는 품종, 외형상의 특징과 수량을 기재하여야 한다(제49조 ③항). 검사 또는 사법경찰관은 증거물 또는 몰수할 물건을 압수했을 때에는 압수의 일시·장소, 압수경위 등을 적은 압수조서와 압수물건의 품종·수량 등을 적은 압수목록을 작성하여야 한다. 다만, 피의자신문조서, 진술조서, 검증조서에 압수의 취지를 기재하여 압수조서에 갈음할 수 있다(수사준칙규정 제40조). 압수조서에는 조사 또는 처분의 연월일시와 장소를 기재하고 그 조사 또는 처분을 행한 자와 참여한 법원사무관 등이 기명날인 또는 서명하여야 한다(제50조).

4. 압수의 제한

형사소송법 제110조 내지 제112조는 압수금지의 세 가지 유형을 규정해 놓 **26**
고 있다. 이러한 압수금지 규정은 공무원 또는 공무원이었던 사람에게 인정되는
증인거부권(제147조)이나 비밀유지가 필요한 업무에 종사하는 사람들에게 인정
되는 증언거부권(제149조)과 보완관계에 있다. 즉, 이러한 사람들의 업무와 관련
한 자료의 압수를 허용하면 나중에 공판에서 증인거부권이나 증언거부권을 행
사하는 것이 사실상 무의미해지므로 이를 방지하려는 것이다.

(1) **군사상 비밀** 군사상 비밀을 요하는 장소에 소재하고 있는 물건은 그 **27**
책임자의 승낙 없이는 압수·수색할 수 없다. 다만 그 책임자는 국가의 중대한
이익을 해하는 경우를 제외하고는 승낙을 거부하지 못한다(제110조, 219조). 이것
으로써 형사소송법은 국가이익을 우선적으로 고려할 수 있는 길을 열어 놓고
있다.

(2) **공무상 비밀** 공무원 또는 공무원이었던 자가 소지 또는 보관하는 물 **28**
건에 관해서는 본인 또는 그 당해 공무소가 직무상의 비밀에 관한 것임을 신고
한 때에는 그 소속 공무소 또는 당해 감독관공서의 승낙 없이는 압수하지 못한
다. 이때 소속 공무소 또는 당해 감독관공서는 국가의 중대한 이익을 해하는 경
우를 제외하고는 승낙을 거부하지 못한다(제111조, 219조). 위의 군사상 비밀과
같은 동기에서 만들어진 예외규정이다.

(3) **업무상 비밀** 변호사, 변리사, 공증인, 공인회계사, 세무사, 대서업자, **29**
의사, 한의사, 치과의사, 약사, 약종상, 조산사, 간호사, 종교의 직에 있는 자 또
는 이러한 직에 있던 자가 그 업무상 위탁을 받아 소지 또는 보관하는 물건으로
타인의 비밀에 관한 것은 압수를 거부할 수 있다. 다만 그 타인의 승낙이 있거
나 중대한 공익상 필요가 있는 경우에는 예외로 한다(제112조, 219조). 이것은 위
직역에 속하는 업무자와 의뢰인 사이의 신뢰관계를 보호함으로써 궁극적으로
개인의 사생활을 지켜주기 위한 목적이 있다.[1]

---

1) 신동운 409.

Ⅳ. 압수·수색에서 영장주의의 예외

1. 체포·구속 목적의 피의자수색

30   **(1) 의 의**   검사 또는 사법경찰관은 영장에 의한 체포, 긴급체포, 구속 또는 현행범인 체포의 규정에 의하여 피의자를 체포·구속하는 경우에, 필요하면 영장 없이 타인의 주거나 타인이 간수하는 가옥·건조물·항공기·선박·차량 안에서 피의자를 수색할 수 있다(제216조 ①항 1호). 다만 미리 수색영장을 발부받기 어려운 긴급한 사정이 있어야 한다.1)

31   **(2) 수색의 범위**   수색할 수 있는 범위는 피의자와 제3자의 주거이다. 피의자를 추적하는 가운데 피의자를 따라 주거·건조물 등에 들어가는 것은 체포·구속에 포함되고, 위의 영장 없는 수색에 해당될 문제는 아니다. 왜냐하면 제216조 ①항 1호의 피의자수색이란 피의자의 발견을 위한 처분인데, 피의자를 추적하다 주거 등에 들어가는 것은 피의자의 '발견'이 필요한 경우에 해당하지 않기 때문이다. 그리고 피의자의 수색은 피의자를 체포·구속하기 위한 처분이므로 수색은 체포 전에 행해져야 하며 체포한 후에는 이 규정에 의한 수색은 인정되지 않는다. 물론 수색과 체포가 시간적으로 접속해야 할 필요는 없다. 피고인을 구속하기 위한 수색은 형사소송법 제137조에 의하여 허용된다.

32   **(3) 발견혐의**   이때의 피의자 수색을 위해서는 피의자가 들어가 있을 개연성, 즉 발견혐의가 있어야 한다. 발견혐의는 범죄혐의와 달리 원칙적으로 충분한 '구체적 사실'을 근거로 하여야 할 필요는 없다. 다만 제219조에 의해 제216조 ①항에도 준용되는 제109조는 ①항과 ②항에서 피의자·피고인의 주거를 수색하는 경우와 그 밖의 사람의 주거를 수색하는 경우를 구분하여 규정하고 있다. 이런 체계적 구분을 중시하고, 피의자·피고인이 아닌 자에 대한 수색의 기본권침해는 피의자·피고인에 비해 상대적으로 중대한 것이므로 발견혐의도 충

---

1) 헌법재판소는 2018. 4. 26. 2015헌바370 등 결정에서 제216조 제1항 제1호 중 제200조의2에 관한 부분, 즉 체포영장을 발부받아 피의자를 체포하는 경우에 필요한 때에는 영장 없이 타인의 주거 등에서 피의자 수사를 할 수 있다고 규정한 부분에 대해, "별도로 수색영장을 발부받기 어려운 긴급한 사정이 있는지 여부를 구별하지 아니하고 영장 없이 피의자 수색을 할 수 있도록 한 것은 헌법 제16조의 영장주의 예외 요건을 벗어나는 것으로서 영장주의에 위반된다."고 하여 헌법불합치 결정을 하였다. 이에 따라 2019년의 개정법률은 "다만, 제200조의2 또는 제201조에 따라 피의자를 체포 또는 구속하는 경우의 피의자 수색은 미리 수색영장을 발부받기 어려운 긴급한 사정이 있는 때에 한정한다"는 단서를 추가하였다.

분한 구체적인 사실[1]에 근거해야 한다.

2. 체포·구속 현장에서의 압수·수색·검증

(1) 의 의   검사 또는 사법경찰관이 피의자를 영장체포, 긴급체포 또는 **33** 구속하거나 현행범인을 체포하는 경우에 필요한 때에는 영장 없이 체포현장에 서 압수·수색·검증을 할 수 있다(제216조 ①항 2호). 이 처분에 대해서는 주거자 나 간수자 등의 참여(제123조 ②항)와 야간집행의 제한(제125조)이 적용되지 않는 다(제220조).

(2) **법적 성격**   이 제도의 법적 성질을 둘러싸고 견해가 대립하고 있다. 1) **34** 대소포함명제설은 구속영장은 가장 강력한 형태의 강제처분인 인신구속의 법적 통제장치이므로 구속영장이 발부되었거나 발부될 수 있는 경우에는 대는 소를 포함한다는 논리명제에 따라 구속보다 적은 기본권침해를 가져오는 압수·수색 ·검증은 별도의 영장이 필요치 않은 것으로 본다.[2] 2) **긴급행위설**은 구속하는 자의 안전을 위해 무기를 빼앗고, 피의자가 증거를 파괴·은닉하는 것을 예방하 기 위해 긴급한 경우에만 적용된다고 한다.[3]

긴급행위설에 따르면 제216조 ①항 2호는 사실상 체포되는 자의 몸수색과 **35** 흉기압수에 국한된다. 그러나 대소포함명제설은 그것을 넘어서 증거물이나 몰 수물에 대한 압수·수색도 허용되는 것으로 보며, 긴급행위설과 달리 증거나 무 기가 있다는 개연성이 없는 경우에도 제216조 ①항 2호가 적용된다. 따라서 대 물적 강제수사가 부당하게 확대될 위험이 있다.[4] 또한 영장은 개별주의가 원칙 이라는 점에서 하나의 영장에 포괄적 효력을 인정하는 것은 바람직하지 않다. 따라서 긴급행위설이 타당하다. 다만, 대물적 강제수사의 부당한 확대 여부는 이 조항의 법적 성격에 대한 논의보다는 실질적으로 제216조 ①항 2호의 '체포 현장'을 얼마나 넓게 해석하느냐에 달린 문제이다.

(3) **체포현장의 의미**   체포현장에서 압수·수색·검증을 한다는 것은, 1) 체 **36** 포와 이들 행위 사이에 시간적 접속이 있어야 하고, 2) 압수·수색·검증의 장소 가 피체포자의 신체와 그의 직접적 지배 아래 있는 장소에 국한되어야 함을 의 미한다. 다만 어느 정도의 시간적 접속이 있어야 하는가에 대해서는 견해가 대

---

1) 예컨대 피의자의 소재에 대한 목격자의 정보제공 등.
2) 신동운 431.
3) 이재상/조균석/이창온 14/26; 이창현 484.
4) 이재상/조균석/이창온 14/26.

립하고 있다.

37　　　(가) **견해의 차이**　　1) 시간적·장소적 접착설은 체포행위에 시간적·장소적으로 근접해 있으면 되고 체포전후를 묻지 않는다.[1] 2) 현장설은 압수·수색 당시에 피의자가 현장에 있어야 한다고 본다.[2] 3) 체포착수설은 피의자가 수색장소에 있고 체포가 현실적으로 착수되어야 한다고 본다.[3] 판례의 취지도 이 견해와 같다.[4] 4) 체포설은 피의자가 현실적으로 체포될 것을 요구한다.[5]

38　　　(나) **결 론**　　시간적·장소적 접착설에 의하면 체포현장에 피의자가 없더라도 체포행위와 근접한 시간과 장소에서 영장 없이 압수수색을 할 수 있다는 해석도 가능하다. 그러나 피의자가 없을 때 행해지는 압수·수색은 체포에 수반된 행위가 아니므로 허용될 수 없다. 또한 체포가 완료된 사후의 압수·수색도 허용될 수 없다. 피의자를 체포하지 못했거나 체포 도중에 도주한 경우에는 현장을 보존하고 사전영장을 발부받아 압수·수색하는 것이 바람직하다. 따라서 현장설이 가장 타당하다.

39　　　**(4) 압수·수색영장의 청구**　　검사 또는 사법경찰관은 체포현장에서 압수한 물건을 계속 압수할 필요가 있는 경우에는 '지체 없이' 압수·수색영장을 청구하여야 하고, 늦어도 체포한 때로부터 48시간 이내에 하여야 한다(제217조 ②항). 청구한 압수·수색영장을 발부받지 못한 때에는 압수한 물건을 즉시 반환하여야 한다(같은 조 ③항).

3. 피고인 구속현장에서의 압수·수색·검증

40　　　검사 또는 사법경찰관이 피고인에 대한 구속영장을 집행할 때 필요한 경우 그 체포현장에서 영장 없이 압수·수색·검증을 할 수 있다(제216조 ②항). 구속영장의 집행은 재판의 집행기관으로서 행하는 것이고, 구속현장의 압수·수색·검증은 수사기관의 수사처분으로 행하는 것이다.[6] 따라서 그 결과를 법관에게 보

---

1) 김기두 212; 정영석/이형국 196; 일본 판례의 입장.
2) 백형구 447.
3) 신동운 433; 이은모/김정환 341; 이재상/조균석/이창온 14/27; 이창현 484 이하.
4) 2014도16080: "이 사건 공소사실 중 공무집행방해 부분 기재 경찰관들의 행위는 형사소송법 제216조 제3항이 정한 '긴급을 요하여 법원 판사의 영장을 받을 수 없는 때'의 요건을 갖추지 못하였고, 또한 현행범 체포에 착수하지 아니한 상태여서 형사소송법 제216조 제1항 제2호, 제212조가 정하는 '체포현장에서의 압수·수색' 요건을 갖추지 못하였으므로, 영장 없는 압수·수색업무로서의 적법한 직무집행으로 볼 수 없다.
5) 강구진 221.
6) 이재상/조균석/이창온 14/30.

고하거나 압수물을 제출해야 할 필요는 없다. 이 규정은 증인에 대한 구인장집행에는 적용되지 않는다.

4. 범죄장소에서의 긴급압수·수색·검증

범행중 또는 범행직후의 범죄장소에서 긴급을 요하여 판사의 영장을 받을 **41** 수 없는 때에는 영장 없이 압수·수색 또는 검증을 할 수 있다. 그러나 이 경우에는 사후에 '지체 없이' 영장을 받아야 한다(제216조 ③항). 현행범체포시의 압수에 대해서는 별도의 규정(제216조 ①항 2호)이 있다. 그러므로 이 규정은 현행범체포가 되지 않은 상황에서 발생하는 긴급한 사정에 대처하기 위한 것이다. 현행범과 유사한 상황에 대한 사후영장제도를 인정한 것이다. 이 처분에 대해서는 주거자나 간수자 등의 참여(제123조 ②항)와 야간집행의 제한(제125조)이 적용되지 않는다(제220조). 즉 요급처분이 가능하다.

[2011도15258] '범죄장소'의 의미

음주운전 중 교통사고를 야기한 후 피의자가 의식불명 상태에 빠져 있는 등으로 도로교통법이 음주운전의 제1차적 수사방법으로 규정한 호흡조사에 의한 음주측정이 불가능하고 혈액 채취에 대한 동의를 받을 수도 없을 뿐만 아니라 법원으로부터 혈액 채취에 대한 감정처분허가장이나 사전 압수영장을 발부받을 시간적 여유도 없는 긴급한 상황이 생길 수 있다. 이러한 경우 피의자의 신체 내지 의복류에 주취로 인한 냄새가 강하게 나는 등 형사소송법 제211조 ②항 제3호가 정하는 범죄의 증적이 현저한 준현행범인의 요건이 갖추어져 있고 교통사고 발생 시각으로부터 사회통념상 범행 직후라고 볼 수 있는 시간 내라면, 피의자의 생명·신체를 구조하기 위하여 사고현장으로부터 곧바로 후송된 병원 응급실 등의 장소는 형사소송법 제216조 ③항의 범죄 장소에 준한다 할 것이므로, 검사 또는 사법경찰관은 피의자의 혈중알코올농도 등 증거의 수집을 위하여 의료법상 의료인의 자격이 있는 자로 하여금 필요 최소한의 한도 내에서 피의자의 혈액을 채취하게 한 후 그 혈액을 영장 없이 압수할 수 있다. 다만 이 경우에도 형사소송법 제216조 ③항 단서에 따라 사후에 지체 없이 법원으로부터 압수영장을 받아야 한다.

5. 긴급체포 후의 압수·수색·검증

42　　검사 또는 사법경찰관은 긴급체포된 자가 소유·소지 또는 보관하는 물건에 대해 긴급히 압수할 필요가 있는 경우에는 체포한 때부터 24시간 이내에 한하여 영장 없이 압수·수색·검증을 할 수 있다(제217조 ①항). 이때의 압수·수색·검증은 체포현장이 아닌 장소에서도 긴급체포된 자가 소유·소지 또는 보관하는 물건을 대상으로 할 수 있다.[1]

긴급체포된 자가 소유·소지 또는 보관하는 물건에 대하여 압수·수색·검증하는 경우에는, 요급처분(제220조)은 제216조 규정에 의한 처분을 하는 경우에만 허용되므로, 요급처분이 허용되지 않는다. 따라서 이 처분을 할 때에는 주거주, 간수자 또는 이에 준하는 사람을 참여하게 하여야 하고(제123조 ②항), 일출 전, 일몰 후에는 압수·수색·검증을 위해 타인의 주거, 간수자 있는 가옥, 건조물, 항공기 또는 선차 내에 들어가지 못한다(제125조).[2]

긴급압수 후 계속 압수의 필요가 있는 때에는 지체 없이 압수·수색영장을 청구하여야 한다. 이 경우 체포한 때부터 늦어도 48시간 이내에 영장을 청구하여야 하며(같은 조 ②항), 청구한 압수·수색영장을 발부받지 못한 때에는 압수한 물건을 즉시 반환하여야 한다(같은 조 ③항).

43　　긴급체포 이후의 영장 없는 긴급압수·수색은 이전에는 체포 후 구속영장의 청구기간, 즉 48시간까지 가능하였으나 긴급체포 남용의 문제를 방지하기 위해 2007년의 개정법률은 긴급압수·수색의 기한을 24시간으로 축소하고, 사후 압수·수색영장의 청구를 의무화하였다. 그러나 이와 같은 보완규정에도 불구하고 체포 자체에 수반하는 압수·수색·검증의 영장주의 예외와는 별개로 긴급체포에 대해서만 긴급압수·수색의 또 다른 예외를 허용하는 것은 정당한 이유를

---

1) 대판 2017. 9. 12, 2017도10309.

2) 다만 판례는 야간에 처분하였더라도 법원이 사후영장을 발부해주었다면 그 처분은 적법하다고 본 바 있다(대판 2017. 9. 12, 2017도10309: 경찰관들이 2016. 10. 5. 20:00 위장거래자와 만나서 마약류 거래를 하고 있는 피고인을 긴급체포한 뒤 현장에서 메트암페타민을 압수하고 같은 날 20:24경 영장 없이 체포현장에서 약 2km 떨어진 피고인의 주거지에서 메트암페타민을 추가로 찾아내어 압수하였으며, 이후 사법경찰관은 위 메트암페타민에 대한 계속 압수의 필요성을 이유로 영장전담판사로부터 2016. 10. 7. 사후 압수수색영장을 발부받은 사건). 이 사건에서 판례는, "피고인에 대한 긴급체포 사유, 압수·수색의 시각과 경위, 사후 영장의 발부 내역 등에 비추어 보면, 수사기관이 피고인의 주거지에서 긴급 압수한 메트암페타민 4.82g은 긴급체포의 사유가 된 범죄사실 수사에 필요한 범위 내의 것으로서 형사소송법 제217조에 따라 적법하게 압수되었다"고 보았다.

찾기 어렵다.[1] 개정법률은 긴급압수·수색의 대상자를 '긴급체포할 수 있는 자'
에서 '긴급체포된 자'로 변경하였는데, 피의자가 이미 체포된 상태라면 긴급한
압수수색의 필요는 거의 사라진 상태라고 보아야 한다. 따라서 사전영장에 의한
압수·수색으로도 충분히 목적을 달성할 수 있다.

[판례] 긴급체포 후의 압수: 대판 2008. 7. 10, 2008도2245

경찰관이 이른바 전화사기죄 범행의 혐의자를 긴급체포하면서 그가 보관하고 있던
다른 사람의 주민등록증, 운전면허증 등을 압수한 사안에서, 이는 형사소송법 제
217조 ①항에서 규정한 해당 범죄사실의 수사에 필요한 범위 내의 압수로서 적법하
므로, 이를 위 혐의자의 점유이탈물횡령죄 범행에 대한 증거로 인정한 사례.

6. 유류물 또는 임의제출물의 영치

(1) **영치의 개념과 효과**　법원은 소유자·소지자 또는 보관자가 임의로 제 **44**
출한 물건 또는 유류한 물건을 영장 없이 압수할 수 있다(제108조). 검사 또는 사
법경찰관도 피의자나 그 밖의 사람이 유류한 물건이나 소유자·소지자 또는 보
관자가 임의로 제출한 물건을 영장 없이 압수할 수 있다(제218조). 이것을 영치
라고 한다. 영치는 점유취득과정에 강제력이 행사되지는 않지만, 일단 영치되면
임의로 점유를 회복하지 못한다는 점에서 강제처분이 된다. 영치된 물건의 법률
효과는 압수와 동일하다. 영치목적물은 반드시 증거물 또는 몰수대상물에 한정
되지 않으며, 제출자인 소유자·소지자 또는 보관자가 반드시 적법한 권리자일
필요도 없다.

(2) **임의제출의 의미**　종래의 판례는 수사기관이 소유자, 소지자 또는 보관 **45**
자에게 임의제출을 요구하여 물건을 제출받더라도 이를 임의제출이라 하여 위
법한 것으로 보지 않았다.[2] 그러나 위법수집증거배제법칙이 물적 증거에도 적

---

1) 위의 판례에 의하면 이러한 예외규정은 수사기관이 피의자를 긴급체포한 상황에서 피의자가
   체포되었다는 사실이 공범이나 관련자들에게 알려짐으로써 관련자들이 증거를 파괴하거나 은
   닉하는 것을 방지하고, 범죄사실과 관련된 증거물을 신속히 확보할 수 있도록 하기 위한 것이
   라고 한다.
2) 98도968: 의료인이 진료 목적으로 채혈한 환자의 혈액을 수사기관에 임의로 제출하였다면 그
   혈액의 증거사용에 대하여도 환자의 사생활의 비밀 기타 인격적 법익이 침해되는 등의 특별한
   사정이 없는 한 반드시 그 환자의 동의를 받아야 하는 것이 아니고, 따라서 경찰관이 간호사로
   부터 진료 목적으로 이미 채혈되어 있던 피고인의 혈액 중 일부를 주취운전 여부에 대한 감정

용되면서 판례에서 이와 같은 임의제출의 위법성이 지적되고 있다(2009도2109). 바람직한 일이다. '임의제출'은 수사기관의 요구와 상관없이 당사자들이 자발적으로 제출하는 것으로 한정해야 한다. 수사기관에 요구에 의한 제출은 그것이 강압적이지 않더라도 형사소송법 제106조 ②항의 '제출명령'에 해당하는 것으로 수사기관의 경우는 압수에 해당한다. 따라서 수사기관이 영장에 의하지 않고 소유자 등에게 제출을 명하여 물건을 받으면 이는 위법한 압수로 보아야 한다. 한편 판례는 현행범 체포 현장이나 범죄 장소에서 소지자 등이 임의로 제출하는 물건은 영장 없이 압수할 수 있으며, 이 경우 검사나 사법경찰관이 사후에 영장을 받지 않아도 된다고 한다(2015도13726; 2019도17142).

[2009도14376] 임의제출과 압수

경찰이 피고인의 집에서 20m 떨어진 곳에서 피고인을 체포하여 수갑을 채운 후 피고인의 집으로 가서 집안을 수색하여 칼과 합의서를 압수하였을 뿐만 아니라 적법한 시간 내에 압수수색영장을 청구하여 발부받지도 않았음을 알 수 있는바, 이를 위 법리에 비추어 보면 위 칼과 합의서는 임의제출물이 아니라 영장 없이 위법하게 압수된 것으로서 증거능력이 없고, 따라서 이를 기초로 한 2차 증거인 임의제출동의서, 압수조서 및 목록, 압수품 사진 역시 증거능력이 없다고 할 것이다.

V. 압수물의 처리

1. 압수물의 보관

46 　　(1) 자청보관의 원칙 　　압수물의 보관은 압수영장의 집행작용 가운데 하나이므로 압수한 법원 또는 수사기관의 청사로 운반하여 보관하는 것이 원칙이다. 이를 자청自廳보관의 원칙이라고 한다. 법원 또는 수사기관은 압수물을 보관할 때 그 상실 또는 파손 등을 방지하기 위한 필요한 조치를 취해야 한다(제131조, 219조). 이 때 법원 또는 수사기관은 선량한 관리자의 주의의무를 진다.

47 　　(2) 위탁보관 　　그러나 필요한 경우 위탁보관도 가능하다. 즉 운반 또는 보관이 불편한 압수물은 간수자를 두거나 소유자 또는 적당한 자의 승낙을 얻어

을 목적으로 임의로 제출 받아 이를 압수한 경우, 당시 간호사가 위 혈액의 소지자 겸 보관자인 병원 또는 담당의사를 대리하여 혈액을 경찰관에게 임의로 제출할 수 있는 권한이 없었다고 볼 특별한 사정이 없는 이상, 그 압수절차가 피고인 또는 피고인의 가족의 동의 및 영장 없이 행하여졌다고 하더라도 이에 적법절차를 위반한 위법이 있다고 할 수 없다.

보관하게 할 수 있다(제130조 ①항, 219조, 검사규 제311조 ⑥항).

(3) 대가보관   몰수해야 할 압수물이 멸실, 파손 또는 부패의 염려가 있거   **48** 나 보관하기 불편한 경우에는 이를 매각한 대가를 보관할 수 있다(제132조, 219 조). 이것을 대가보관 또는 환가처분이라고 한다. 대가보관은 목적물의 재산권행 사에 중대한 영향을 미치므로 몰수해야 할 압수물에 대해서만 할 수 있다. 다 만, 압수물이 장물이어서 몰수할 수 없더라도 압수물이 멸실·파손되거나 경제 적 가치가 현저히 감손할 우려가 있을 때에는 이를 처분하여 대가를 보관할 수 있다(2000노473). 목적물이 증거물인 경우에는 그 자체의 존재가 소송법상 중요 하므로 대가보관을 할 수 없다.1) 대가보관을 할 때는 검사·피해자·피의자 또 는 변호인에게 미리 통지해야 한다(제135조). 사법경찰관이 대가보관의 처분을 할 때에는 검사의 지휘를 받아야 한다(제219조 단서). 대가를 보관하는 경우에는 대가보관금을 몰수 대상인 압수물과 동일시할 수 있다(96도2477). 따라서 몰수하 지 않을 때에는 그 매각대금을 소유자에게 인도해야 한다(97다58507).

2. 압수물의 폐기

위험발생의 염려가 있는 압수물은 폐기할 수 있다(제130조 ②항, 219조). 이것   **49** 을 폐기처분이라고 한다. 폐기처분은 개인의 재산권에 중대한 침해를 가져오므 로 신중하게 해야 할 필요가 있다. 따라서 위험발생의 염려는 폭발물이나 오염 된 어패류, 육류 등과 같이 위험발생의 개연성이 매우 높은 압수물에 국한된 다.2) 폐기처분이 위법한 경우에는 국가가 손해배상책임을 지게 된다.3)

3. 압수물의 환부·가환부

(1) 압수물의 환부   환부는 압수물을 소유자 또는 제출인에게 종국적으로   **50** 반환하는 것을 말한다. 법원은 공판절차를 진행함에 있어서 압수를 계속할 필요 가 없다고 인정되는 압수물을 피고사건 종결 전이라도 결정으로 환부하여야 한 다(제133조 ①항 전단). 환부가 가능한 물건은 증거물로 이용되지도 않고 동시에 몰수대상물도 아닌 물건이어야 한다.4) 환부는 법원의 직권에 속하는 사항이며,

---

1) 신동운 839; 정영석/이형국 190.
2) 백형구 256; 신동운 1077; 이재상/조균석/이창온 14/39.
3) 백형구 256.
4) 증거에 사용될 압수물은 가환부의 대상이지, 환부의 대상은 아니다(66모58; 2004도1610). 또 한 몰수대상이 되는 압수물을 환부하는 것은 위법이므로 항고 또는 준항고사유가 된다.: 이재

소유자 등의 청구가 있을 필요는 없다. 그러나 법원이 환부결정을 하면 검사, 피해자, 피고인 또는 변호인에게 미리 통지해야 한다(제135조).

51   환부에 의하여 압수는 그 효력을 상실한다. 압수물의 환부처분은 압수를 해제하는 효력을 가질 뿐이다. 환부처분에 의하여 환부받을 자에게 목적물에 대한 실체법상의 권리를 부여하거나 확정시키는 효력이 있는 것은 아니다(94모51 전합). 따라서 이해관계인은 민사소송절차에 의해 그 권리를 주장할 수 있다(제333조 ④항). 압수한 서류 또는 물품에 대하여 몰수선고가 없는 때에는 압수를 해제한 것으로 간주한다(제332조). 목적물을 환부받을 자의 소재가 불분명하거나 기타 사유로 인하여 환부를 할 수 없는 경우에는 검사는 그 사유를 관보에 공고하여야 한다. 공고한 후 3월 이내에 환부청구가 없는 때에는 그 물건은 국고에 귀속된다. 이 기간 안에도 가치 없는 물건은 폐기할 수 있고, 보관하기 곤란한 물건은 공매하여 그 대가를 보관할 수 있다(제486조, 219조).

52   압수물의 환부는 수사기관이 실체법상의 권리관계와는 관계없이 압수 당시의 소지인에게 행하는 형사소송법상 의무이므로, 피압수자가 압수 후 소유권포기의 의사를 표시하여도, 수사기관의 의무에 대응하는 압수물환부청구권은 소멸되지 않는다. 또한 절차법상의 권리인 압수물환부청구권을 포기하게 하는 방법으로 국가로 하여금 개인에 대한 절차법상의 의무를 면하게 하는 것은 인권보장 및 재산권보장의 헌법정신에 비추어 특별한 규정(제486조, 관세법 제299조, 313조, 국가보안법 제15조 ②항)이 있는 경우를 제외하고는 허용되지 않는다(94모51 전합; 97모25).

53   그 밖에 영장을 발부받지 못하는 경우에 행해지는 압수물의 환부가 있다. 검사 또는 사법경찰관이 긴급체포에 의하여 피의자를 체포하거나 현행범인을 체포하는 경우에 체포현장에서 압수한 물건(제216조 ①항 2호) 및 긴급체포에 의해 체포된 자가 소유, 소지 또는 보관하는 물건으로서 영장청구기간 내에 구속영장을 청구하여 법관으로부터 구속영장을 발부받지 못한 경우 압수한 물건은 즉시 환부해야 한다(제217조 ③항).

54   (2) **압수물의 가환부**   가환부는 압수의 효력을 그대로 존속시키면서 압수물의 경제적 이용을 위하여 소유자·소지자·보관자 또는 제출인에게 일시적·잠정적으로 돌려주는 것을 말한다. 가환부는 소유자 등의 청구가 있어야 한다. 법원의 가환부에는 임의적 가환부와 필요적 가환부가 있다. 법원은 압수계속의 필

상/조균석/이창온 14/44.

요가 있는 압수물인 경우에도 증거로 사용할 압수물은 소유자·소지자·보관자 또는 제출인의 청구에 의하여 가환부할 수 있다(제133 ①항). 이는 임의적 가환부이다. '증거로 사용할 압수물'에는 '증거물로서의 성격과 몰수할 것으로 사료되는 물건으로서의 성격을 가진 압수물'이 포함된다(97모25).[1] 증거에만 사용할 목적으로 압수한 물건으로서 그 소유자 또는 소지자가 계속 사용해야 할 물건은 사진촬영 기타 원형보존의 조치를 취하고 신속히 가환부하여야 한다(제133조 ②항, 219조). 이는 필요적 가환부이다. 법원이 가환부의 결정을 할 때에는 미리 이해관계인에게 통지해야 한다(제135조).

가환부는 압수 자체의 효력을 잃게 하는 것이 아니다. 따라서 가환부받 **55** 은 자는 압수물의 보관의무를 지며 법원 또는 수사기관의 요구가 있으면 제출해야 한다. 가환부한 장물에 대해 별단의 선고가 없으면 환부선고가 있는 것으로 간주한다(제333조 ③항). 그러나 검찰에 의해 압수된 후 피의자에게 환부된 물건에 대해서도 수소법원은 그 피의자였던 피고인에게 몰수를 선고할 수 있다(76도4001).

(3) 수사상 압수물의 환부·가환부 재산권의 신속한 회복이라는 관점에서 **56** 볼 때 압수물의 환부·가환부는 매우 중요하다. 이와 관련하여 2011년의 개정법률은 수사상 압수물의 환부·가환부제도를 일부 정비하였다. 이에 따라 검사는 사본을 확보한 경우 등 압수를 계속할 필요가 없다고 인정되는 압수물 및 증거에 사용할 압수물에 대하여 공소제기 전이라도 소유자, 소지자, 보관자 또는 제출인의 청구에 의하여 환부 또는 가환부하여야 한다(제218조의2 ①항). 이러한 청구에 대하여 검사가 이를 거부하는 경우에는 신청인은 해당 검사의 소속 검찰청에 대응한 법원에 압수물의 환부 또는 가환부 결정을 청구할 수 있다(같은 조 ②항). 이에 대하여 법원이 환부 또는 가환부를 결정하면 검사는 신청인에게 압수물을 환부 또는 가환부하여야 한다(같은 조 ③항).

물론 이와 같은 법개정 이전에도 압수대상자에게 수사기관의 압수처분에 **57** 대하여 가환부에 관한 청구권이 있었고, 환부에 대해서도 법률에 압수대상자의 청구권이 명시되지 않았지만 판례가 이를 긍정하였으며(94모51 전합), 압수대상자의 환부·가환부 청구에 대해 수사기관이 이를 거부하더라도 형사소송법 제417조의 규정에 의한 준항고가 가능하였다. 이러한 새로운 제도의 신설이 기존

---

1) 84모43: 가환부의 대상은 증거로 쓸 압수물이어야 하므로 몰수대상이 되는 압수물은 가환부할 수 없다.

제도에 비해 큰 실익이 있는 것은 아니지만, 기존의 압수물 환부제도나 준항고 제도의 활용실적이 저조하였던 현실을 극복하기 위한 입법적 조치라 할 수 있다(2017모236).

58　　　(4) 압수장물의 피해자환부　　압수한 장물이 피해자에게 환부할 이유가 명백한 때에는 피의(피고)사건의 종결 전이라도 피해자에게 환부할 수 있다(제134조, 219조 본문). 다만 사법경찰관이 압수장물을 피해자에게 환부할 때에는 검사의 지휘를 받아야 한다(제219조 단서). 이 규정은 범죄피해자의 신속한 권리구제를 위한 것이지만, 압수장물의 재산권행사를 둘러싼 분쟁이 발생할 우려가 있으므로 환부할 이유가 명백한 경우에 한정되어야 한다(84모38). 환부할 이유가 명백한 경우에는 판결로써 환부선고를 해야 한다(제333조 ①항). 압수한 장물을 처분했을 경우에는 판결로써 그 대가로 취득한 것을 피해자에게 교부하는 선고를 해야 한다(같은 조 ②항, 219조).

[17]　제 2　수사상 검증과 감정

I. 검　　증

1. 검증의 의의

1　　　검증은 사람, 물건, 장소의 성질·형상을 신체오관의 작용으로 인식하는 강제처분을 말한다. 형사소송법은 압수·수색과 마찬가지로 법원의 검증을 앞에 규정하고 수사상 검증에서 이 부분을 준용하고 있다(제219조). 법원이 행하는 검증은 증거조사나 증거보전의 방법으로 행해지고 영장을 필요로 하지 않는다(제139조, 184조). 그러나 수사기관이 행하는 검증은 증거를 수집·보전하기 위한 강제처분으로서, 원칙적으로 영장에 의해야 한다(제215조). 검증목적물에는 아무 제한이 없다. 신체오관의 작용에 의하여 인식가능하면 유체물, 무체물을 가리지 않는다. 인체와 시체, 장소 등 어떤 것이라도 상관없고, 검증목적물의 소유관계도 불문한다.

2. 검증의 절차

2　　　검사가 검증을 하기 위해서는 지방법원판사가 발부하는 영장이 있어야 한

다. 사법경찰관은 검사에게 신청하여 검사의 청구로 지방법원판사가 발부하는 영장에 의하여 검증을 할 수 있다(제215조). 수사상 검증에도 압수·수색에서 설명한 바와 같이, 사전영장에 의한 검증(제215조), 사후영장에 의한 검증(제216조 ③항), 영장 없이 행할 수 있는 검증(제216조 ①항 2호, 제217조 ①항)이 있다.

검증영장의 청구와 발부 그리고 집행도 압수·수색영장의 경우에 준한다(제 **3** 219조, 규칙 제107조 ①항). 신체검사를 내용으로 하는 검증을 위한 영장청구서에는 신체검사를 필요로 하는 이유와 신체검사를 받을 자의 성별, 건강상태를 기재하여야 한다(규칙 제107조 ②항).

그리고 검사가 변사자의 검시로 범죄혐의를 인정하고 긴급을 요할 때에는 **4** 영장 없이 검증할 수 있다(제222조 ②항). 이 경우 검사는 사법경찰관에게 검증에 필요한 처분을 명할 수 있다(같은 조 ③항). 검증을 할 때에는 신체검사, 시체해부, 분묘발굴, 물건의 파괴 기타 필요한 처분을 할 수 있다(제140조, 219조). 시체의 해부 또는 분묘의 발굴을 하는 때에는 예禮에 어긋나지 아니하도록 주의하고 미리 유족에게 통지해야 한다(제141조 ④항, 219조).

3. 검증조서

검증에 관해서는 검증결과를 기재하는 검증조서를 작성해야 한다(제49조 ① **5** 항). 검증조서에는 검증목적물의 현상을 명확하게 하기 위하여 도화나 사진을 첨부할 수 있다(같은 조 ②항). 검증조서에는 조사 또는 처분의 연월일시와 장소를 기재하고, 그 조사 또는 처분을 행한 자와 참여한 법원사무관 등이 기명날인 또는 서명하여야 한다(제50조). 검사 또는 사법경찰관이 검증결과를 기재한 조서는 공판준비 또는 공판기일에서 원진술자, 즉 검증을 행한 검사 또는 사법경찰관의 진술에 의하여 그 성립의 진정함이 인정된 때에는 증거로 할 수 있다(제312조 ⑥항).

4. 신체검사

(1) **검증으로서 신체검사**　검증에 필요한 처분으로 신체검사를 할 수 있다 **6** (제140조, 219조). 신체검사는 신체 자체를 검사대상으로 하므로 신체외부에서 증거물을 찾는 신체수색(제109조, 219조)과 구별된다. 또한 신체검사에는 검증인 신체검사 이외에 혈액채취나 X-선 촬영 같은 전문적 지식과 경험을 요하는 감정 (제221조의4)으로서 신체검사도 있을 수 있다.[1]

---

1) 이재상/조균석/이창온 14/73; 이창현 470.

7　　　신체검사를 할 경우에는 피검사자의 성별, 연령, 건강상태 기타 사정을 고려
하여 그 사람의 건강과 명예를 다치지 않도록 주의해야 한다(제141조 ①항, 219조).
피고인 또는 피의자 아닌 자의 신체검사는 증적의 존재를 확인할 수 있는 현저한
사유가 있는 경우에 한한다(제141조 ②항, 219조). 여자의 신체를 검사하는 경우에는
의사나 성년의 여자를 참여하게 해야 한다(제141조 ③항, 219조). 신체검사도 검증이
므로 영장을 필요로 하지만, 수사기관은 체포 또는 구속된 피의자에 대하여 체포
현장에서 영장 없이 지문 또는 족형을 채취하고 신장과 체중 등 신체상의 특징을
측정할 수 있다(제216조 ①항 2호).

8　　　[위험예방을 위한 신체검사]　피의자를 체포하여 경찰서에 유치시키는 경우에 경찰
청장이 발한 훈령인 피의자유치 및 호송규칙에 따라 신체검사가 행해진다. 이 신체
검사는 수용자의 생명·신체에 대한 위해의 방지, 유치장 시설내의 안전과 질서 유
지를 위해 흉기 등의 위험물 반입차단과 같은 행정목적을 달성하기 위한 조치(피의
자유치 및 호송규칙 제8조, 9조)이며, 경우에 따라 압수수색 및 검증의 성격을 띨 수
있다. 이를테면 현행범으로 체포된 여자피의자들을 유치장에 수용하면서 위와 같은
행정목적을 위해 경찰관에게 등을 보인 채 상의를 속옷과 함께 겨드랑이까지 올리
고 하의를 속옷과 함께 무릎까지 내린 상태에서 3회에 걸쳐 앉았다 일어서게 하는
신체검사는 범죄의 성격상 압수·수색이나 검증의 필요성이 인정되지 않는 경우로
서 수사는 아니며 단지 유치장수용의 행정처분일 뿐이다. 하지만 이런 경우의 신체
검사도 비례성원칙이 준수되어야 하며, 그와 같은 신체검사는 위법하다.1)

9　　　(2) 체내검사　　신체검사의 특수한 유형으로 체내검사가 있다. 체내검사는
다른 압수·수색·검증과 달리 인간존엄(헌법 제10조)을 침해할 위험성이 높다. 그
러므로 엄격한 수사비례원칙의 적용을 받아야 한다. 체내검사에는 두 가지가 있다.

10　　　(가) 구강 내 압수·연하물 배출 등　　첫째, 신체외부나 질내, 구강내, 항문
내 등 신체내부를 자연적으로 관찰하는 정도를 넘어가는, 신체에 대한 수색이면
서 동시에 검증의 성격을 띠는 경우이다. 피의자가 삼킨 물건, 즉 연하물이나
입 안에 물고 있는 물건을 강제로 배출하는 것이 그 예이다. 이런 경우에는 검
증영장과 함께 압수수색영장을 발부받아야 한다.

11　　　또한 이러한 검사방법은 그 대상자에 대한 기본권침해의 정도가 매우 중대
하므로 엄격한 비례성원칙이 요구된다. 구강 내 압수는 1) 압수대상물이 체내에

---

1) 헌법재판소는 이러한 신체검사가 인격권(헌법 제10조)과 신체의 자유(헌법 제12조)를 침해한
　것으로 판단하고 있다(2000헌마327).

존재할 개연성이 있고, 2) 검사방법이 사회통념상 상당하다고 인정되는 경우, 3) 건강을 침해하지 않는 필요최소한의 범위 내에서 행하여져야 한다. 그리고 연하물의 강제배출¹⁾은 1) 압수대상물의 체내존재가 명백하고, 2) 연하물에 대한 압수나 감정의 필요성이 있고, 3) 다른 증거가 충분치 않아 연하물이 증거로서 중요하고, 4) 연하물의 강제배출이 건강을 해치지 않는 범위 안에서 의사가 의학적 방법으로 시행할 것을 전제할 때에만 가능하다.²⁾

(나) **강제채혈 등**　둘째, 전문의료인의 특별한 감정이 필요한 경우이다. 강 **12** 제채혈이나 강제채뇨가 그 보기이다. 이런 체내검사는 감정의 성격을 띠게 되므로 압수·수색영장과 감정처분허가장(제221조의4)을 법관으로부터 발부받아야 한다.³⁾ 판례는 강제채혈의 법적 성질을 감정에 필요한 처분 또는 압수영장의 집행에 필요한 처분으로 이해한다. 따라서 이를 위해서는 감정처분허가장이나 압수영장을 받아야 한다고 한다(2011도15258). 강제채뇨를 위해서도 감정처분허가장 또는 압수영장이 있어야 한다(2018도6219). 다만 판례는 음주운전 혐의가 있는 운전자에 대해 호흡측정이 이루어졌으나 호흡측정 결과에 오류가 있다고 인정할 만한 사정이 있는 경우, 경찰관이 음주운전 혐의를 제대로 밝히기 위하여 운전자의 자발적인 동의를 얻어 혈액 채취에 의한 측정의 방법으로 다시 음주측정을 하는 것을 위법하다고 볼 수는 없다고 한다(2014도16051).

[2009도2109] 강제채혈의 법적 성격과 증거능력

[1] 수사기관이 법원으로부터 영장 또는 감정처분허가장을 발부받지 아니한 채 피의자의 동의 없이 피의자의 신체로부터 혈액을 채취하고 사후적으로도 지체 없이 이에 대한 영장을 발부받지도 아니한 채 강제채혈한 피의자의 혈액 중 알콜농도에 관한 감정이 이루어졌다면, 이러한 감정결과보고서 등은 형사소송법상 영장주의 원칙을 위반하여 수집되거나 그에 기초한 증거로서 그 절차 위반행위가 적법절차의 실질적인 내용을 침해하는 정도에 해당하고, 이러한 증거는 피고인이나 변호인의 증거동의가 있다고 하더라도 유죄의 증거로 사용할 수 없다.

[2] 피고인이 운전 중 교통사고를 내고 의식을 잃은 채 병원 응급실로 호송되자, 출

---

1) 미국연방대법원은 연하물의 강제배출(Stomach Pumping)은 "양심에 대한 충격"(shocks the conscience)이기 때문에 적법절차위반으로 허용될 수 없다고 판시한 바 있다(Rochin v. California 342 U.S. 165(1952)).

2) 이재상/조균석/이창온 14/76; 이창현 478; 백형구, 체내강제수사, 고시계 1994. 4, 198면에서는 연하물의 강제배출에도 감정처분허가장을 발부받아야 한다고 한다.

3) 백형구 449; 신동운 246.

동한 경찰관이 법원으로부터 압수·수색 또는 검증 영장을 발부받지 아니한 채 피고인의 동서로부터 채혈동의를 받고 의사로 하여금 채혈을 하도록 한 사안에서, 수집된 피고인의 혈액을 이용한 혈중알콜농도에 관한 감정서 및 이에 기초한 주취운전자적발보고서의 증거능력을 부정한 사례.[1]

Ⅱ. 수사상 감정

1. 감정의 의의

13　　(1) 개 념　　감정은 특별한 전문지식이 있는, 수사기관 이외의 제3자가 그 전문지식을 적용하여 일정한 사실판단을 하는 것을 말한다. 감정은 수사기관의 전문지식이나 경험부족 등을 보충하기 위해 필요하다. 검사 또는 사법경찰관은 수사에 필요한 경우에 감정을 위촉할 수 있다(제221조).

14　　수사상 감정위촉은 증거조사인 법원의 감정(제169조, 184조)과 구별된다. 수사기관으로부터 감정을 위촉받은 자는 선서의무도 없고 허위감정을 해도 허위감정죄(형법 제154조)에 해당되지 않는다. 절차적으로 소송관계인에 의한 반대신문의 기회도 부여되지 않는다. 법원의 감정인과 구별하기 위해 수사상 감정위촉을 받은 자를 수탁감정인, 또는 감정수탁자라고 한다.[2] 수사상 감정위촉은 임의수사이다(제221조).

15　　(2) 감정에 필요한 처분　　검사 또는 사법경찰관의 감정위촉을 받은 수탁감정인은 감정에 필요한 경우 판사의 허가를 얻어 타인의 주거·간수자 있는 가옥·건조물·항공기·선박·차량 안으로 들어갈 수 있고, 신체검사·시체해부·분묘발굴·물건파괴를 할 수 있다(제221조의4 ①항, 173조 ①항). 감정처분허가장의 청구는 검사가 하고(제221조의4 ②항), 판사는 검사의 청구가 상당한 이유가 있으면 허가장을 발부해야 한다(같은 조 ③항). 감정처분허가장에는 피의자의 성명·죄명·들어갈 장소·검사할 신체·해부할 시체·발굴할 분묘·파괴할 물건·수탁감정인의 성명과 유효기간을 기재하여야 한다(제173조 ②항, 221조의4 ④항). 수탁감정인은 감정에 필요한 처분을 받는 자에게 허가장을 제시해야 한다(제173조 ③항). 이 경우에는 신체검사에 관한 주의규정(제141조)과 야간집행제한 및 그 예외에 관한

---

1) 이와 달리 의료인이 채혈한 혈액을 임의제출 형식으로 제출받아 압수한 경우 위법이 없다고 한 판례: 98도968.
2) 강구진 226; 신동운 460.

규정(제173조 ⑤항, 221조의4 ④항)이 준용된다.

2. 감정유치

(1) 개 념   감정유치는 감정을 위하여 일정기간 동안 병원 기타 적당한 **16**
장소에 피의자를 유치하는 강제처분을 말한다(제172조 ③항). 검사가 감정을 위촉
하는 경우에 감정유치처분이 필요하면 판사에게 감정유치를 청구하여야 한다(제
221조의3 ①항). 수사상 감정유치는 피의자를 대상으로 하고 구속·불구속을 불문
한다. 피의자가 아닌 제3자나 피고인에게는 감정유치를 청구할 수 없다.[1] 감정
유치는 정신 또는 신체의 감정을 위하여 계속적인 유치와 관찰이 필요한 때에
인정되고 구속사유가 있어야 할 필요는 없다. 다만 감정유치도 피유치자의 자유
를 제한하고 피의자에 대해서만 인정되는 점에 비추어 범죄혐의는 있어야 가능
하다고 할 것이다.[2]

(2) **감정유치의 청구**   감정유치는 검사가 청구하고(같은 조 ①항), 감정유치 **17**
청구서에 의한다. 감정유치청구서에는 피의자의 성명·주민등록번호·직업·주
거, 피의자에게 변호인이 있는 때에는 그 성명, 죄명 및 범죄사실의 요지, 7일을
넘는 유효기간을 필요로 하는 때에는 그 취지 및 사유, 수통의 영장을 청구하는
때에는 그 취지 및 사유, 유치할 장소 및 유치기간, 감정의 목적 및 이유, 감정
인의 성명·직업을 기재하여야 한다(규칙 제113조).

(3) **판사의 처분**   판사는 검사의 청구가 상당하다고 인정되면 유치처분을 **18**
해야 한다(제221조의3 ②항). 유치처분을 할 때에는 감정유치장을 발부해야 한다
(제172조 ④항). 감정유치장에는 피의자의 성명·주민등록번호·직업·주거·죄명·
범죄사실의 요지·유치할 장소·유치기간·감정의 목적 및 유효기간을 명시하고
이 기간이 경과하면 집행에 착수하지 못하고 영장을 반환해야 한다는 취지를
기재하고 판사가 서명·날인해야 한다(규칙 제85조 ①항).[3]

(4) **감정유치장의 집행**   감정유치장의 집행에는 구속영장집행에 관한 규정 **19**
이 준용된다(제221조의3 ②항). 판사는 기간을 정하여 병원 기타 적당한 장소에
피의자를 유치할 수 있고, 감정이 완료되면 즉시 유치를 해제하여야 한다(제172

---

[1] 수사기관의 감정유치는 공소제기를 위하여 필요한 것이므로 공소제기 후에는 인정할 필요가
　 없다고 해석해야 한다. 이재상/조균석 20/54 참조.

[2] 이재상/조균석/이창온 15/79; 이창현 426.

[3] 2022년에 청구된 감정유치장 229건 전부에 대해 감정유치장이 발부되었다(대법원, 사법연감
　 2023, 772면).

조 ③항). 그리고 감정유치에서 필요하면 판사는 직권 또는 피의자를 수용할 병원 기타 장소의 관리자의 신청에 의하여 사법경찰관리에게 피의자의 간수를 명할 수 있다(같은 조 ⑤항).

20　　**(5) 감정유치의 기간**　　감정유치기간에는 제한이 없다.[1] 유치기간을 연장할 필요가 있을 때에는 검사의 청구에 의하여 판사가 결정한다(제172조 ⑥항). 감정유치기간은 미결구금일수를 산입할 때 구속으로 간주된다(제221조의3 ②항, 172조 ⑧항). 구속 중인 피의자에 대해 감정유치장이 집행된 경우에는 피의자가 유치되어 있는 기간 동안 구속은 그 집행이 정지된다(제221조의3 ②항, 172조의2 ①항). 수사상 감정유치에서 감정처분이 취소되거나 유치기간이 만료되면 구속의 집행정지가 취소된 것으로 간주된다(제221조의3 ②항, 172조의2 ②항).

제 3 절　증거보전과 증인신문청구

[18]　제 1　증거보전

Ⅰ. 증거보전의 의의

1. 증거보전절차의 의의

1　　증거보전은 수소법원이 공판정에서 정상적으로 증거를 조사할 때까지 기다릴 경우 그 증거의 사용이 불가능하거나 현저하게 곤란하게 될 염려가 있을 때 검사·피고인·피의자 또는 변호인이 청구하여 판사가 미리 증거조사를 하고 그 결과를 보전하여 공판에 사용할 수 있게 하는 제도이다(제184조).

2. 제도의 기능

2　　증거보전제도는 현행법상으로는 검사도 사용할 수 있게 되어 있지만, 특히 피의자·피고인에게 유리한 증거를 수집·보전하는 데 의미가 있다. 검사는 수사단계에서 유죄를 입증할 수 있는 증거를 수집·보전할 수 있는 다양한 강제처분

---

[1] 그러므로 감정유치가 구속기간의 만료를 회피하기 위한 수단으로 악용될 위험성이 있다. 제한규정을 두어야 한다는 견해도 있다. 신동운 461 참조.

권을 행사할 수 있는 반면, 피의자는 그에 맞설 수 있는 권한을 갖고 있지 않기 때문이다. 물론 검사는 피의자·피고인에게 유리한 증거도 수집할 객관적 의무가 있으나, 현실적으로 그것을 기대하기란 거의 불가능하다. 그러므로 피의자에게도 증거보전제도를 통하여 자기에게 유리한 증거를 수집·보전할 수 있는 길을 열어주는 것은 특히 수사절차에서 당사자의 무기대등원칙을 실현하는 데 매우 중요한 의미가 있다.[1] 그러나 현실에서는 증거보전의 청구가 많지 않다.[2]

Ⅱ. 증거보전의 요건

1. 증거보전의 필요성

증거보전은 미리 증거를 보전하지 않으면 그 증거를 사용하기 곤란한 사정   **3** 이 있는 경우에 제1회 공판기일 전에 한하여 인정된다(제184조 ①항). '증거를 사용하기 곤란한 사정'은 해당 증거의 증거조사가 불가능하거나 곤란한 경우뿐만 아니라 본래의 증명력에 변화가 예상되는 경우도 포함한다.[3] 증거물의 멸실·분산·은닉, 증인의 사망·질병·장기해외체류, 검증에서 현장의 보존이 불가능한 경우 그리고 감정대상의 멸실·훼손·변경의 경우 등의 사정이 여기에 해당될 수 있다.

2. 청구기간

증거보전은 제1회 공판기일 전에 한하여 할 수 있고 공소제기 전후를 불문   **4** 한다. 제1회 공판기일 후에는 수소법원이 직접 증거조사를 할 수 있으므로 증거보전의 필요가 없다. 제1회 공판기일 전에 증거보전청구가 있더라도 공판기일이 열리면 증거보전절차는 더 이상 허용되지 않는다.[4] '제1회 공판기일 전'의 의미에 대해서는 모두절차가 시작되기 전이라는 견해[5]와 검사의 모두진술이 끝난 때, 또는 모두절차가 끝난 때라고 보는 견해[6]가 대립한다. 제1회 공판기일은 수소법원에서 실질적인 증거조사가 가능한 단계를 의미하므로 개정법률에 의하

---

1) 이것을 수사절차의 소송구조화를 위한 제도 또는 당사자주의를 강화하기 위한 제도라고 설명하기도 한다. 이재상/조균석/이창온 15/3.

2) 2022년에는 297건의 증거보전이 청구되었다(대법원, 사법연감 2023, 871면).

3) 신동운 467; 이은모/김정환 360; 이재상/조균석/이창온 15/6; 이창현 517.

4) 배종대/홍영기 [26] 4; 신동운 468; 이은모/김정환 360; 이재상/조균석/이창온 15/7; 이창현 518.

5) 이창현 519.

6) 신동운 468; 이은모/김정환 360 이하; 이재상/조균석/이창온 15/8.

면 증거조사가 개시되기 전이라고 보는 것이 옳다(제290조 참조). 따라서 증거보전은 상소심이나 파기환송 후의 절차에서는 인정되지 않는다. 재심청구사건에서도 증거보전은 인정되지 않는다(84모15).

Ⅲ. 증거보전의 절차

1. 증거보전의 청구

5   (1) 증거보전의 청구권자   증거보전의 청구권자는 검사·피고인·피의자 또는 변호인이다. 피고인은 공소제기 후 제1회 공판기일이 열리기 이전의 피고인을 말한다. 피의자는 수사기관이 특정범죄사실의 범인으로 지목하여 객관적으로 수사대상으로 삼고 있는 자를 말한다. 다만 형사입건 되기 전에는 증거보전을 청구할 수 없고, 피의자신문에 해당하는 사항을 증거보전의 방법으로 청구할 수 없다(79도792). 변호인의 청구권은 피의자·피고인의 청구권을 전제로 하는 독립대리권이다.

6   (2) 청구방식   증거보전의 청구는, 1) 압수할 물건의 소재지, 2) 수색 또는 검증할 장소·신체 또는 물건의 소재지, 3) 증인의 주거지 또는 현재지, 4) 감정대상의 소재지 또는 현재지를 관할하는 지방법원판사에게 하여야 한다(규칙 제91조 ①항). 증거보전청구는 서면으로 한다. 증거보전청구서에는, 1) 사건의 개요, 2) 증명할 사실, 3) 증거 및 보전의 방법, 4) 증거보전을 필요로 하는 사유를 기재하여야 하고(규칙 제92조 ①항), 증거보전사유는 소명해야 한다(제184조 ③항).

7   (3) 청구의 내용   증거보전을 청구할 수 있는 것은 압수·수색·검증·증인신문 또는 감정이다(제184조 ①항). 피의자 또는 피고인에 대한 신문은 청구할 수 없다(72도2104; 77도2770). 그러나 증거보전절차를 이용하여 공동피고인 또는 공범자를 증인으로 신문하는 것은 가능하다(86도1646).

2. 증거보전의 처분

8   (1) 지방법원판사의 결정   증거보전청구를 받은 판사는 청구가 적법하고 필요하다고 인정될 경우 증거보전을 해야 한다. 이때 청구에 대한 재판을 할 필요는 없으며, 다만 청구가 적법하지 않거나 불필요하다고 인정되면 청구기각의 결정을 내려야 한다. 판례는 청구기각결정에 대한 항고, 준항고 또는 즉시항고를 인정하지 않았다(84모15; 86모25).[1] 그러나 개정법률은 증거보전의 청구를

기각하는 결정에 대해 3일 이내에 항고할 수 있도록 하여 항고를 인정하고 있다(제184조 ④항).

(2) **판사의 권한**　증거보전청구의 요건이 구비된 경우 관할지방법원판사는 **9** 압수·수색·검증·증인신문 또는 감정 등 증거보전을 하게 된다. 증거보전청구를 받은 판사는 그 처분에 관해 법원 또는 재판장과 동일한 권한이 있다(제184조 ②항). 따라서 판사는 증인신문의 전제가 되는 소환·구인을 할 수 있고, 공소제기후 수소법원이나 재판장이 행하는 바와 같이 압수·수색·검증·증인신문·감정에 관한 규정(제106조~제179조의2)이 그대로 준용된다. 예를 들어 증인신문을 할 때에는 검사 또는 피의자나 피고인의 참여권을 보장하여야 한다(제163조, 184조 ②항).

Ⅳ. 보전된 증거의 이용

증거보전에서 압수된 물건 또는 작성한 조서1)는 증거보전을 한 판사가 소 **10** 속한 법원에서 보관한다. 검사·피고인·피의자 또는 변호인은 판사의 허가를 얻어 증거보전에 관한 서류와 증거물을 열람 또는 등사할 수 있다(제185조). 공동피고인도 여기에 포함된다. 증거보전을 청구한 사람뿐만 아니라 그 상대방에게도 동일한 권한이 인정된다.

증거보전에 의해 작성된 조서는 법원 또는 법관의 조서로서 절대적 증거능 **11** 력이 인정된다(제311조). 증거보전에 의해 보전된 증거를 이용하려면 검사·피고인 또는 변호인이 그 서류나 증거물에 대한 증거신청을 해야 한다(제294조 참조). 이때 수소법원은 증거보전을 한 법원에서 기록과 증거물을 송부받아 증거조사를 하여야 한다. 증거보전절차에서 피의자와 변호인에게 참여기회를 주지 않은 때에는 증인신문조서의 증거능력이 인정되지 않는다.

---

1) 그러나 다른 견해는 신동운 469: 증거를 강제로 수집할 능력이 없는 피의자·피고인에게는 증거보전청구가 유일한 공권적 증거수집방법이라는 점, 증거보전청구를 받은 판사는 증거보전 처분에 관해 수소법원 또는 재판장과 동일한 권한을 가지는 점(제184조 ②항)에 비추어 판사의 기각결정에 대해 수소법원의 판결에 준하여 항고(제402조)할 수 있다고 보는 것이 바람직하다고 한다.

1) 압수·수색조서, 검증조서, 증인신문조서, 감정인신문조서, 감정서 등.

[19] 제 2 증인신문의 청구

I. 증인신문청구의 의의

1. 개　　념

1　　증인신문청구는 범죄의 수사에 없어서는 아니 될 사실을 안다고 명백히 인
정되는 참고인(증인, 피해자 등)이 출석·진술을 거부한 경우, 제1회 공판기일 전
까지 검사의 청구에 의하여 판사가 그를 증인으로 신문하고 그의 증언을 보전
하는 처분을 말한다(제221조의2). 대인적 강제처분의 하나이며, 증거보전과 비교
할 때 1) 검사에게만 청구권이 있고, 2) 증인신문 후 증인신문조서는 검사에게
송부하여 피의자, 피고인 및 변호인의 열람·등사권이 제한된다는 점1)에서 차
이가 있다.

2. 증인신문청구의 법적 성격과 위헌성

2　　증인신문청구는, 1) 표제어가 '증인신문'이고, 2) 판사가 법원 또는 재판장
과 동일한 권한이 있다(같은 조 ④항)는 점에서 증거보전과 같이 공판의 일부를
미리 실시하는 성격을 가지고 있다. 그러나 1) 신문이 끝나면 신문조서를 검사
에게 송부하여(같은 조 ⑥항) 당사자의 열람등사권이 제한된다는 점에서 '법원의
힘을 빌린 수사기관의 강제처분'의 성격을 가지고 있다. 증인신문청구는 제311
조에 따라 똑같이 절대적 증거능력을 보장받으면서도2) 증거보전보다 당사자의
방어권을 충분히 보장하지 않는다는 점에서, 제221조의2는 헌법 제12조 ①항의
적법절차조항에 위반된다는 지적이 있다.

---

1) 공소제기 이후에는 피고인과 변호인은 검사에게 증거개시를 청구할 수 있고(제266조의3), 법
원에 제출된 이후에는 소송 계속 중의 관계 서류로 열람 또는 등사할 수 있다(제35조 ①항).
2) 다만 증거로 이용하려면 검사가 증인신문조서를 수소법원에 제출하여 증거조사가 이뤄져야
한다.

II. 증인신문청구의 요건

1. 증인신문의 필요성

(1) **참고인의 출석·진술의 거부**   판사에게 증인신문을 청구하기 위해서는 3
범죄수사에 없어서는 안 될 사실을 안다고 명백히 인정되는 자가 수사기관의
출석요구에 응하지 않거나 진술을 거부하는 경우이어야 한다(제221조의2 ①항).

(개) **범죄수사에 없어서는 아니 될 사실**   이것은 유죄판결을 위해 증명이 4
필요한 범죄될 사실(제323조 ①항)보다 넓은 개념이다. 범죄의 성립 여부에 관한
사실과 정상에 관한 사실로서 기소·불기소와 양형에 영향을 미치는 사실도 포
함한다. 피의자의 소재를 알고 있는 자나 범죄의 증명에 없어서는 안 될 지식을
가지고 있는 참고인 또는 그의 소재를 알고 있는 자도 여기에 포함된다.[1] 그러
나 감정인은 여기에 해당될 여지가 없다. 공범자나 공동피의자는 다른 피의자에
대해 증인이 될 수 있으므로 여기에 해당된다.

(내) **출석 또는 진술의 거부**   여기의 거부는 정당한 이유가 있는 경우도 5
해당된다. 따라서 진술거부권이 있는 자에 대해서도 증인신문을 청구할 수 있
다. 진술의 일부도 증인신문의 대상이 된다. 참고인이 수사기관에 출석하여 진
술은 하였지만, 진술조서에 서명을 거부한 경우에도 진술거부에 준하여 증인신
문이 허용된다.[2]

(2) **범죄사실 또는 피의사실의 존재**   증인신문청구는 증인의 진술이 범죄수 6
사나 범죄증명에 없어서는 안 될 경우에 인정되므로 그 증인의 진술로서 증명
할 대상인 피의사실의 존재는 필수적인 요건이 된다.

[89도648] 증인신문청구와 피의사실의 존재

형사소송법 제221조의2 ②항에 의한 검사의 증인신문청구는 수사단계에서의 피의자
이외의 자의 진술이 범죄의 증명에 없어서는 안 될 것으로 인정되는 경우에 공소유
지를 위하여 이를 보전하려는 데 그 목적이 있으므로 이 증인신문청구를 하려면 증
인의 진술로서 증명할 대상인 피의사실이 존재하여야 하고, 피의사실은 수사기관이
어떤 자에 대하여 내심으로 혐의를 품고 있는 정도의 상태만으로는 존재한다고 할

---

1) 신동운 473; 이재상/조균석/이창온 15/20; 이창현 522 이하.
2) 신동운 473; 이재상/조균석/이창온 15/21; 이창현 523.

수 없고 고소, 고발 또는 자수를 받거나 또는 수사기관 스스로 범죄의 혐의가 있다고 보아 수사를 개시하는 범죄의 인지 등 수사의 대상으로 삼고 있음을 외부적으로 표현한 때에 비로소 그 존재를 인정할 수 있다.

2. 제1회 공판기일 전

7   증인신문청구는 제1회 공판기일 전에 한하여 허용되며 공소제기의 전후를 불문한다. 여기서 제1회 공판기일 전이란, 검사의 모두진술이 끝난 때라고 보는 견해도 있으나, 사실심리가 개시되기 전이라고 보는 것이 옳다.

Ⅲ. 증인신문의 절차

1. 증인신문청구의 방식

8   증인신문은 검사만이 청구할 수 있다(제221조의2 ①항). 그리고 증인신문을 청구할 때에는 서면으로 그 사유를 소명해야 한다(같은 조 ③항). 증인신문청구서에는 증인의 성명·직업·주거, 피의자 또는 피고인의 성명, 죄명 및 범죄사실의 요지, 증명할 사실, 신문사항, 증인신문청구의 요건이 되는 사실, 피의자 또는 피고인에게 변호인이 있는 때에는 그 성명을 기재하여야 한다(규칙 제111조).

2. 청구의 심사

9   증인신문을 청구받은 법관은 먼저 청구가 형식적 요건을 구비하였는가를 심사해야 한다. 청구절차가 적법하지 않거나 요건을 구비하지 않은 경우에는 기각결정을 하여 검사에게 통지해야 한다. 반대로 요건이 갖추어진 경우에는 즉시 증인을 신문해야 한다.[1] 청구기각결정에 대해서는 불복할 수 없다.

3. 증인신문의 방법

10   증인신문을 행하는 판사는 증인신문에 관하여 법원 또는 재판장과 동일한 권한이 있다(제221조의2 ④항). 따라서 법원 또는 재판장의 증인신문규정이 그대로 준용된다. 현행법상 판사는 증인신문기일을 정한 때에는 피고인·피의자 또는 변호인에게 이를 통지하여 증인신문에 참여할 수 있도록 하여야 한다(같은 조 ⑤항).

---

1) 신동운 474; 이재상/조균석/이창온 15/25; 이창현 527.

4. 증인신문 후의 조치

판사가 행하는 증인신문에 대해서 법원사무관 등은 증인신문조서를 작성해 **11**
야 하는데(제48조), 판사는 지체 없이 이 서류를 검사에게 송부해야 한다(제221조
의2 ⑥항). 이 경우 증거보전(제185조)과 달리 피고인·피의자·변호인에게 증인신
문에 관한 서류의 열람·등사권이 따로 규정되어 있지 않기 때문에, 피고인과
변호인은 공소제기 후 증거개시절차에 의해 해당 서류를 열람할 수밖에 없다(제
266조의3). 이 조서는 공판기일에 작성한 조서와 마찬가지로 증거능력이 인정된
다(제311조). 그리고 증인신문을 한 판사는 당해 사건의 직무집행에서 제척[1]된다
고 해석하여야 한다.

---

1) 법관의 제척에 대해서는 다음의 [32]3 참조.

제3장

수사의 종결과 공소의 제기

제1절 수사의 종결

[20] 제1 수사종결의 의의와 종류

I. 의   의

1. 개   념

1   범죄단서로부터 시작된 수사절차는 수사기관이 공소제기 여부를 판단할 수 있을 정도로 그 혐의가 해명됨으로써 종결된다. 즉, 수사는 공소를 제기하거나 제기하지 않는 것으로 종결된다. 물론 공소제기 후에도 검사는 공소유지를 위한 수사를 할 수 있으며, 불기소처분을 한 때에도 언제든지 수사를 재개할 수 있다.

2. 수사종결의 주체

2   일반사법경찰관은 1차 수사종결권을 갖는다. 일반사법경찰관은 범죄를 수사한 후 범죄혐의가 있다고 인정되는 경우에는 사건을 검사에게 송치하고, 그 밖의 경우에는 불송치결정을 한다(제245조의5).

3   대법원장, 대법관, 검찰총장, 판사, 검사, 경무관 이상 경찰공무원의 고위공직자범죄 및 관련범죄의 공소제기와 그 유지는 공수처가 담당한다(공수처법 제2조, 3조 ①항). 수사처 검사는 이외의 공소권이 없는 사건을 수사한 때에는 관계서류와 증거물을 지체 없이 서울중앙지방검찰청 소속 검사에게 송부하여야 한다(같은 법 제26조 ①항).

검사는 직접 수사한 사건에 대해 수사종결권을 가지며, 사법경찰관이나 공 **4**
수처 검사가 송치한 사건 및 검찰이 직접 수사한 사건에 대해 수사의 종국처분
으로서 공소제기 여부를 결정한다.[1]

[수사종결과 공소제기 여부의 결정] 2020년의 형사소송법 개정으로 경찰의 수사종 **5**
결권이 규정되기 전에는 검사에게만 수사종결권이 있었다. 수사종결은 곧 공소제기
여부의 결정이었고, 공소제기 여부의 결정은 검사의 고유권한이기 때문이다. 경찰
의 수사종결은 공소제기의 결정과는 다른 성격을 지니기 때문에 2020년의 개정법
률에 따라 수사종결은 두 가지 의미를 가지게 되었다. 바람직한 일은 아니다.

Ⅱ. 사법경찰관의 수사종결

1. 송치결정

사법경찰관은 범죄의 혐의가 있다고 인정되는 경우에는 지체 없이 검사에 **6**
게 사건을 송치하고, 관계 서류와 증거물을 검사에게 송부하여야 한다(제245조의
5 1호). 송치 받은 검사는 사건의 공소제기 여부 결정 또는 공소의 유지에 관하
여 필요한 경우에는 사법경찰관에게 보완수사를 요구할 수 있다(제197조의2 ①항
1호). 이 요구가 있는 때에는 사법경찰관은 정당한 이유가 없는 한 지체 없이 이
를 이행하고, 그 결과를 검사에게 통보하여야 한다(같은 조 ②항).

2. 불송치결정

(1) 의의

불송치결정에는 1) 혐의없음(범죄인정안됨, 증거불충분), 2) 죄가안됨, 3) 공소 **7**
권없음, 4) 각하가 해당한다(수사준칙 제51조 ①항 3호). 사법경찰관은 범죄의 혐의
가 인정되지 않거나 공소를 제기할 수 없는 사유가 있는 경우에는 그 이유를 명
시한 서면과 함께 관계 서류와 증거물을 지체 없이 검사에게 송부하여야 한다.
검사는 송부 받은 날부터 90일 이내에 관계 서류와 증거물을 사법경찰관에게
반환하여야 한다(제245조의5 2호).

(2) 불송치결정에 대한 통제

㈎ **검사의 재수사요청**   사법경찰관의 불송치결정을 위법 또는 부당하다 **8**

---

1) 다만 검찰청법 제4조 ②항에 따라 수사개시한 검사는 공소를 제기할 수 없다.

고 판단한 경우 검사는 그 이유를 문서로 명시하여 사법경찰관에게 재수사를
요청할 수 있다(제245조의8 ①항). 이 경우 검사는 송부 받은 관계 서류와 증거물
을 사법경찰관에게 반환하여야 한다(수사준칙규정 제63조 ②항). 따라서 일반적인
경우에는 검사는 제245조의5 2호에 따라 관계 서류와 증거물을 송부 받은 날부
터 90일 이내에 재수사를 요청하여야 한다. 다만, 1) 불송치 결정에 영향을 줄
수 있는 명백히 새로운 증거 또는 사실이 발견된 경우, 2) 증거 등의 허위, 위조
또는 변조를 인정할 만한 상당한 정황이 있는 경우에는 90일이 지난 후에도 재
수사를 요청할 수 있다(같은 조 ①항). 재수사 요청을 받은 사법경찰관은 요청이
접수된 날부터 3개월 이내에 재수사를 마쳐야 한다(제245조의8 ②항, 수사준칙규정
제63조 ④항). 재수사 결과 사법경찰관이 기존의 불송치 결정을 유지하는 경우에
는 재수사 결과서에 그 내용과 이유를 구체적으로 적어 검사에게 통보한다(같은
규정 제64조 ①항 2호). 그러면 검사는 이 사건에 대해서 다시 재수사를 요청하거
나 송치를 요구할 수 없다. 다만 검사는 사법경찰관이 사건을 송치하지 않은 위
법 또는 부당이 시정되지 않아 사건을 송치받아 수사할 필요가 있는 일정 경우
에 한하여1) 형사소송법 제197조의3에 따라 사건송치를 요구할 수 있다(같은 조
②항).

9   (나) **불송치결정의 통지**   사법경찰관은 불송치결정을 하여 관계 서류와 증
거물을 검사에게 송부한 날부터 7일 이내에 서면으로 고소인·고발인·피해자
또는 그 법정대리인2)에게 불송치 취지와 그 이유를 통지하여야 한다(제245조의6).

10   (다) **이의신청**   고발인을 제외한 위 통지를 받은 사람은 해당 사법경찰관
의 소속 관서의 장에게 이의를 신청할 수 있다. 이 이의신청이 있으면 사법경찰
관은 지체 없이 검사에게 사건을 송치하고 관계 서류와 증거물을 송부하여야
하며, 처리결과와 그 이유를 이의신청인에게 통지하여야 한다(제245조의7).

---

1) 1. 관련 법령 또는 법리에 위반된 경우, 2. 범죄 혐의의 유무를 명확히 하기 위해 재수사를
요청한 사항에 관하여 그 이행이 이루어지지 않은 경우(다만, 불송치 결정의 유지에 영향을 미
치지 않음이 명백한 경우는 제외한다), 3. 송부받은 관계 서류 및 증거물과 재수사 결과만으로
도 범죄의 혐의가 명백히 인정되는 경우, 4. 공소시효 또는 형사소추의 요건을 판단하는 데 오
류가 있는 경우
2) 피해자가 사망한 경우에는 그 배우자·직계친족·형제자매를 포함한다.

Ⅲ. 검사의 수사종결

1. 수사종결처분의 종류

(1) 공소제기

검사는 수사결과 범죄혐의가 충분하고 소송조건을 구비하여 유죄판결을 받 **11** 을 수 있다고 인정되면 공소를 제기한다(제246조). 공소제기는 공소장을 관할법 원에 제출함으로써 이루어진다(제254조 ①항, 검사규 제105조). 다만 검사는 벌금·과료 또는 몰수에 해당되는 사건에 대해서는 약식명령을 청구할 수 있다(제448 조 ①항, 검사규 제109조). 약식명령의 청구는 공소제기와 동시에 서면으로 한다(제 449조).[1]

(2) 불기소처분

불기소처분[2]은 수사결과 피의자에 대해 공소를 제기하지 않기로 결정하는 **12** 처분을 말한다. 불기소처분에는 협의의 불기소처분과 기소유예가 있다. 협의의 불기소처분은 피의사건이 범죄를 구성하지 않거나 공소를 제기할 만한 충분한 혐의가 없거나 기타 소송조건이 구비되지 않아서 적법한 공소를 제기할 수 없 는 경우를 말한다. 기소유예는 범죄의 객관적 혐의가 충분하고 소송조건이 갖추 어져 있음에도 검사가 형사정책적 이유에서 재량으로 공소를 제기하지 않는 경 우를 말한다(제247조, 형법 제51조).[3]

(개) 협의의 불기소처분

(ㄱ) 혐의 없음　　피의사실이 범죄를 구성하지 않거나 피의사실이 인정되지 **13** 않는 경우(범죄인정안됨), 피의사실을 인정할 만한 충분한 증거가 없는 경우(증거 불충분)에 혐의 없음의 결정을 한다(검사규 제115조 ③항 2호).

(ㄴ) 죄가 안 됨　　피의사실이 범죄구성요건에 해당하지만 법률상 범죄성립 **14** 조각사유가 있어서 범죄를 구성하지 않는 경우이다(같은 항 3호). 즉 위법성조각

---

1) 2022년 1,422,158명의 범죄자 중 공소제기된 인원은 572,086명으로 기소율은 40.2%였다. 그 중 399,583명에 대해 약식명령이 청구되었고, 172,503명에 대해 공판이 청구되었다. 구속기소 된 인원은 18,801명이었다(대검찰청, 범죄분석 2023, 226면).

2) 불기소처분은 법원의 재판이 아니므로 법원의 종국재판과 달리 일사부재리의 효과가 인정되 지 않는다(87도2020).

3) 2022년에 불기소 처분된 인원은 299,407명(21.1%)이고, 그중 혐의없음은 36,237명(2.5%), 죄 가 안 됨은 651명(0.04%), 공소권 없음은 51,037명(3.6%), 기소유예는 211,482명(14.9%)이었다 (대검찰청, 범죄분석 2023, 227면).

사유나 책임조각사유가 있는 경우를 말한다.

15　　　(ㄷ) **공소권 없음**　'공소권 없음'의 결정을 하는 경우는 다음과 같다: 1) 확정판결이 있는 경우, 2) 통고처분이 이행된 경우, 3) 소년법·가정폭력처벌법·성매매처벌법 또는 아동학대처벌법에 따른 보호처분이 확정된 경우,[1] 4) 사면이 있는 경우, 5) 공소의 시효가 완성된 경우, 6) 범죄 후 법령의 개폐로 형이 폐지된 경우, 7) 법률에 따라 형이 면제된 경우, 8) 피의자에 관하여 재판권이 없는 경우, 9) 같은 사건에 관하여 이미 공소가 제기된 경우,[2] 10) 친고죄 및 공무원의 고발이 있어야 논할 수 있는 죄의 경우에 고소 또는 고발이 없거나 그 고소 또는 고발이 무효 또는 취소된 경우, 11) 반의사불벌죄의 경우 처벌을 희망하지 않는 의사표시가 있거나 처벌을 희망하는 의사표시가 철회된 경우, 12) 피의자가 사망하거나 피의자인 법인이 존속하지 않게 된 경우(같은 항 4호).

16　　　(ㄹ) **각 하**　'각하'의 결정을 하는 경우는 다음과 같다: 1) 고소 또는 고발이 있는 사건에 관하여 고소인 또는 고발인의 진술이나 고소장 또는 고발장에 의하여 혐의 없음, 죄가 안 됨, 공소권 없음의 사유에 해당함이 명백한 경우, 2) 고소·고발이 형사소송법 제224조, 제232조 ②항 또는 제235조를 위반한 경우, 3) 같은 사건에 관하여 검사의 불기소결정이 있는 경우,[3] 4) 고소권자가 아닌 자가 고소한 경우, 5) 고소인 또는 고발인이 고소·고발장을 제출한 후 출석요구나 자료제출 등 혐의 확인을 위한 수사기관의 요청에 불응하거나 소재불명이 되는 등 고소·고발사실에 대한 수사를 개시·진행할 자료가 없는 경우, 6) 고발이 진위 여부가 불분명한 언론 보도나 인터넷 등 정보통신망의 게시물, 익명의 제보, 고발 내용과 직접적인 관련이 없는 제3자로부터의 전문(傳聞)이나 풍문 또는 고발인의 추측만을 근거로 한 경우 등으로서 수사를 개시할 만한 구체적인 사유나 정황이 충분하지 않은 경우, 7) 고소·고발 사건[4]의 사안의 경중 및 경위, 피해회복 및 처벌의사 여부, 고소인·고발인·피해자와 피고소인·피고발인·피의자와의 관계, 분쟁의 종국적 해결 여부 등을 고려할 때 수사 또는 소추에 관한 공공의 이익이 없거나 극히 적은 경우로서 수사를 개시·진행할 필요성이

---

1) 보호처분이 취소되어 검찰에 송치된 경우를 제외한다.

2) 공소를 취소한 경우를 포함한다. 다만, 공소를 취소한 후에 다른 중요한 증거를 발견한 경우에는 그러하지 아니하다.

3) 다만, 새로이 중요한 증거가 발견되어 고소인, 고발인 또는 피해자가 그 사유를 소명한 경우에는 그러하지 아니하다.

4) 진정 또는 신고를 단서로 수사개시된 사건을 포함한다.

인정되지 않는 경우(같은 항 5호).[1)]

(나) **기소유예**　피의사실이 인정되지만 형법 제51조 각호의 사항, 즉 범인 **17**
의 연령, 성행, 지능과 환경, 피해자에 대한 관계, 범행동기, 수단과 결과, 범행
후의 정황을 참작하여 공소를 제기하지 않는 경우를 말한다(제247조). 국가보안
법 제20조 ①항의 공소보류는 기소유예와 유사하지만 국가보안법 위반사건에만
한정되고 일정한 유예기간(같은 법 제20조 ②항)이 설정되어 있다는 점에서 기소유
예와 다르다.

(다) **기타 처분**

(ㄱ) **기소중지**　검사가 피의자의 소재불명 등의 사유로 수사를 종결할 수 **18**
없는 경우에는 그 사유가 해소될 때까지 불기소 사건기록 및 불기소 결정서에
따라 기소중지결정을 할 수 있다(검사규 제120조). 기소중지는 잠정적 수사종결처
분이기 때문에 협의의 불기소처분과 다르다.[2)] 피의자뿐만 아니라 고소인 또는
중요참고인의 소재가 불명인 때에도 기소중지를 할 수 있다.[3)]

(ㄴ) **공소보류**　검사가 국가보안법 제20조 ①항의 규정에 의하여 공소제기 **19**
를 보류하는 경우에는 불기소 사건기록 및 불기소 결정서에 따라 공소보류결정
을 하여야 한다(검사규 제125조). 공소보류는 기소유예의 특별한 형식에 속한다.

(ㄷ) **타관송치**　검사는 사건이 그 소속 검찰청에 대응하는 법원의 관할에 **20**
속하지 않는 경우에는 사건을 서류, 증거물과 함께 관할법원에 대응하는 검찰청
검사에게 송치해야 한다(제256조). 이것을 타관송치라고 한다. 그리고 검사는 사
건이 군사법원의 관할에 속하는 때에도 마찬가지로 사건을 서류, 증거물과 함께
재판권을 가진 관할 군검찰부 군검사에게 타관송치해야 한다. 이 경우 송치 전
에 행한 소송행위의 효력은 송치 후에도 변함이 없다(제256조의2). 검사는 소년에
대한 피의사건을 수사한 결과 보호처분에 해당하는 사유가 있다고 인정되는 경
우에는 사건을 가정법원 소년부 또는 지방법원 소년부 등 관할소년부에 송치해
야 한다(소년법 제49조 ①항).[4)]

---

1) 2007년과 2014년에 검찰사건사무규칙을 개정하여 고소 및 고발에 대해 각하할 수 있는 경우
　를 추가하였는데, 이는 고소·고발의 남용에 대처하기 위함이다.

2) 이은모/김정환 371; 이재상/조균석/이창온 16/21; 이창현 535.

3) 2022년 기소중지 인원은 8,031명(0.6%), 참고인중지는 330명(0.02%)이었다(대검찰청, 범죄분
　석 2023, 227면).

4) 2022년에는 소년보호송치 23,860명, 가정보호송치 21,104명, 성매매보호송치 139명, 아동보
　호송치 7,549명이 있었다(대검찰청, 범죄분석 2023, 226면).

2. 수사종결처분 이후의 절차

(1) 검사의 통지의무

21   검사는 범죄피해자를 비롯한 수사의 이해관계인에게 그가 행한 종결처분의 내용을 통지해야 할 의무가 있다. 이것은 공정한 수사종결을 보장할 수 있는 감시장치의 의미를 가지고 있다.

22   **(가) 고소인·고발인에 대한 통지**   검사가 고소 또는 고발에 의하여 범죄를 수사할 때에는 고소 또는 고발을 수리한 날로부터 3월 이내에 수사를 완료하여 공소제기의 여부를 결정하여야 한다(제257조). 이때 검사가 공소를 제기하거나 제기하지 아니하는 처분, 공소취소 또는 타관송치를 한 때에는 그 처분을 한 날로부터 7일 이내에 서면으로 고소인 또는 고발인에게 그 취지를 통지해야 한다(제258조 ①항). 그리고 공소를 제기하지 않는 처분을 한 경우 고소인·고발인의 청구가 있으면 7일 이내에 그들에게 불기소이유를 설명해야 한다(제259조). 고소인·고발인의 권리를 보호하기 위하여 검사의 기소독점주의에 부과한 의무조항이다. 고소인이 피해자가 아닌 경우에는 피해자에게 공소제기 여부를 통지하여야 한다(제259조의2). 2007년의 개정법률이 신설한 규정이다.

23   **(나) 피의자에 대한 처분통지**   검사는 불기소 또는 타관송치의 처분을 한 때에는 피의자에게 즉시 그 취지를 통지해야 한다(제258조 ②항).

(2) 불기소처분에 대한 불복

24   검사의 공소제기에 대해 피의자는 피고인이 되어 법원에서 공소제기의 적법 여부를 다툴 수 있다. 그러나 불기소처분이 있으면 법원에 사건이 계속되지 않으므로 별도의 불복절차를 마련해 두고 있다. 이러한 불복방법으로는 검찰청법의 항고·재항고제도(검찰청법 제10조)와 형사소송법상의 재정신청(제260조 이하)이 있다.

(가) 항고·재항고

25   **(ㄱ) 항 고**   검사의 불기소처분에 불복이 있는 고소인 또는 고발인은 그 검사가 속하는 지방검찰청 또는 지청을 거쳐 서면으로 관할 고등검찰청검사장에게 항고할 수 있다.[1] 이 경우 당해 지방검찰청 또는 지청의 검사는 항고가 이유 있다고 인정하는 때에는 그 처분을 경정하여야 한다(검찰청법 제10조 ①항). 또한 고등검찰청검사장은 항고가 이유 있다고 인정하는 때에는 소속 검사로 하여금 지방검찰청 또는 지청 검사의 불기소처분을 직접 경정하게 할 수 있다. 이

---

1) 항고의 경우에는 재정신청과 달리 공소시효정지(제262조의4)의 효력이 없다.

경우 고등검찰청 검사는 지방검찰청 또는 지청의 검사로서 직무를 수행하는 것으로 본다(같은 조 ②항).[1)]

    (ㄴ) **재항고**   항고를 한 자는 항고를 기각하는 처분에 불복하거나 항고를 **26** 한 날부터 항고에 대한 처분이 행하여지지 아니하고 3개월이 경과한 때에는 그 검사가 속하는 고등검찰청을 거쳐 서면으로 검찰총장에게 재항고할 수 있다. 이 경우 당해 고등검찰청의 검사는 재항고가 이유 있다고 인정하는 때에는 그 처분을 경정하여야 한다(같은 조 ③항).[2)]

    (ㄷ) **항고·재항고의 기간**   항고는 검사의 불기소처분 통지를 받은 날부터 **27** 30일 이내에 하여야 한다(같은 조 ④항). 재항고는 항고기각결정의 통지를 받은 날 또는 항고 후 항고에 대한 처분이 이루어지지 아니하고 3개월이 경과한 날 부터 30일 이내에 하여야 한다(같은 조 ⑤항). 항고 또는 재항고를 한 자에게 책임이 없는 사유로 인하여 그 기간 이내에 항고 또는 재항고를 하지 못한 것을 소명한 때에는 그 사유가 해소된 때부터 항고 또는 재항고 기간을 기산한다(같은 조 ⑥항). 이러한 기간을 경과하여 접수된 항고 또는 재항고는 기각하여야 한다. 다만, 새로이 중요한 증거가 발견된 경우에 고소인 또는 고발인이 그 사유를 소명한 때에는 그러하지 아니하다(같은 조 ⑦항).

    (나) **재정신청**   고소권자로서 고소를 한 자와 형법 제123조부터 제126조까 **28** 지의 죄에 대하여 고발을 한 자가 검사로부터 공소를 제기하지 아니한다는 통지를 받은 때에는 그 검사 소속의 지방검찰청 소재지를 관할하는 고등법원에 그 당부에 관한 재정裁定을 신청할 수 있다. 다만 형법 제126조의 죄에 대하여는 피공표자의 명시한 의사에 반하여 재정을 신청할 수 없다(제260조 ①항). 재정신청을 하려면 원칙적으로 검찰항고를 거쳐야 한다(같은 조 ②항). 2007년의 개정법률은 고소인이 모든 범죄에 대해 재정신청을 제기할 수 있도록 하였고, 재정신청이 전면 확대됨에 따라 우려되는 재정신청 남용의 폐해를 줄이고 재정신청제도의 효율성을 도모하기 위해 검찰항고전치주의를 채택하였다.[3)] 이에 대해서는 아래에서 공소의 제기와 관련하여 상세히 설명하기로 한다.

29

1) 2022년 처리된 항고·재항고사건은 17,338건이고, 그 중 기소명령 11건, 재기수사명령 1,294건이 있었다(대검찰청, 검찰연감 2023, 1374면).

2) 2022년 처리된 재항고사건은 899건이고, 그 중 재기수사명령 10건이 있었다(대검찰청, 검찰연감 2023, 1377면).

3) 법원행정처, 형사소송법 개정법률 해설, 2007, 57면 이하.

[불기소처분에 대한 헌법소원] 다음에 설명하는 것처럼1) 재정신청의 대상범죄가 극도로 제한되었던 상황에서는 검사의 불기소처분을 통지받은 고소인 등은 헌법재판소법에 의한 헌법소원을 검사의 처분에 대한 불복의 수단으로 활용하였다. 헌법소원은 공권력의 행사 또는 불행사로 인하여 헌법상 보장된 기본권을 침해받은 자가 헌법재판소에 그 권리구제를 청구하는 제도를 말한다(헌법 제111조 ①항 5호, 헌재법 제68조 ①항). 그러나 고소인의 재정신청 대상을 모든 범죄로 확대한 개정법률에 의하면 헌법소원은 더 이상 검사의 불기소처분에 대한 고소인의 불복방법이 될 수 없다. 헌법소원은 다른 법률에 구제절차가 있는 경우에는 그 절차를 모두 마친 후가 아니면 제기할 수 없고, 법원의 재판은 헌법소원의 청구대상에서 제외되는데(헌재법 제68조 ①항), 검사의 불기소처분에 대해서는 법원에 재정신청을 제기할 수 있게 되었으므로 재정신청절차를 거쳐야 하고, 재정결정에 대해서는 헌법소원을 청구할 수 없기 때문이다.2) 다만 검사의 불기소처분 중에서 기소유예처분에 대해서는 피의자가 헌법소원을 제기할 수 있다. 피의자는 재정신청을 할 수 없기 때문이다.3)

[21] 제 2 공소제기 후의 수사

I. 의　의

1　수사결과 검사가 피의자의 혐의를 인정하고 공소를 제기하면 수사는 원칙적으로 종결된다. 그러나 공소제기 후에도 공소유지를 위해 또는 공소유지 여부를 결정하기 위해 수사할 필요성은 여전히 존재한다.4) 그렇다고 공소제기 후의 수사를 무제한으로 허용할 수는 없다.5) 그렇지 않고서는 법원의 심리에 지장을 줄 뿐만 아니라 피고인의 당사자지위에 위협을 초래할 수도 있다. 즉 공소제기

---

1) 아래의 [26] 1 참조.

2) 이재상/조균석/이창온 16/27.

3) 2001헌마15: "피의자가 제기한 헌법소원에서도 범죄혐의가 명백한 사안을 놓고 자의적이고 타협적으로 기소유예 처분을 했다면 헌법이 금하고 있는 차별적인 공권력의 행사가 되어 그 처분을 받은 자는 당연히 소원적격을 갖게 된다."

4) 공소제기 후 피고인이 공소사실의 일부를 추가로 범한 것이 밝혀진 경우, 피고인이 공판정에서 알리바이를 주장하여 그 진실성을 확인할 필요가 있는 경우, 공범이나 진범이 검거된 경우가 이에 해당한다.

5) 다만 수사기관은 판결이 확정된 후에도 재심과 관련하여 증거를 수집할 수 있고, 재심청구시기는 제한이 없으므로 수사의 시간적 한계를 일률적으로 정할 수는 없다. 이재상/조균석/이창온 17/1.

로 피의자는 피고인의 지위를 갖게 되고 피고인은 검사와 대등한 위치에서 소송주체의 지위를 가져야 하는 것이다. 그럼에도 공소제기 후의 무제한적 수사는 피고인을 단순한 수사객체로 전락시킬 위험성이 있다.[1] 나아가서 공소제기 후에 강제수사를 허용하는 것은 피고인의 인권을 침해하는 것은 말할 것도 없고 강제수사법정주의에도 어긋난다.

Ⅱ. 공소제기 후의 강제수사

1. 피고인구속

공소제기 후의 피고인구속은 법원의 권한에 속한다(제70조). 따라서 불구속 **2** 으로 기소된 피고인이 증거를 인멸하거나 도주할 우려가 있어서 구속해야 할 필요성이 있는 경우에도 검사는 수소법원의 직권에 의한 구속을 촉구할 수 있을 뿐이다. 다만 그 근거에 관해서는, 1) 공판절차에서 피고인은 검사와 대등한 지위를 갖는 당사자이므로 당사자대등원칙의 관점에서 검사에게 피고인구속의 권한을 인정할 수 없다는 견해[2]와 2) 피고인이 강제처분(구속)의 대상이 되는 경우에는 당사자대등원칙이 적용되지 않게 되므로, 검사에게 피고인구속을 금지하는 근거는 그것을 허용하는 명문규정[3]이 없을 뿐만 아니라 강제처분법정주의(제199조 ①항 단서)에 의해 수사기관의 불구속피고인에 대한 구속영장청구(제201조 ①항)는 허용되지 않는다는 점에서 찾아야 한다는 견해[4]가 있다.

2. 압수 · 수색 · 검증

(1) 긍정설   공소제기 후 수사기관의 압수 · 수색 · 검증이 허용되는가에 관 **3** 해 긍정설과 부정설이 대립하고 있다. 긍정설의 논거는 다음과 같다. 1) 제215조는 수사기관의 압수 · 수색 · 검증에 대해 영장청구기간을 명시하지 않고 있다. 2) 압수 · 수색 · 검증은 피고인의 방어활동에 영향을 미치지 않는다. 3) 공소제기 후에도 수사기관이 법원에 의하지 않고 압수 · 수색 · 검증의 강제수사를 하는 것은 당사자주의와 공판중심주의에 배치되지 않는다. 다만 제1회 공판기일 후에

---

1) 신동운 602; 이재상/조균석/이창온 17/2; 이창현 557.
2) 신동운 603; 이재상/조균석/이창온 17/3.
3) 예를 들면 일본 형사소송법 제280조 ①항은 "공소제기 후 제1회 공판기일까지 구류에 관한 처분은 재판관이 행한다"라고 규정하고 있다.
4) 백형구, 공소제기 후의 수사, 고시계 1994.3, 198면 이하; 이창현 560.

는 법원에 의한 압수·수색·검증(제106조 이하)만이 허용된다.[1)]

4   **(2) 부정설**   이에 반해 부정설의 논거는 다음과 같다. 1) 공소제기에 의해 사건이 법원에 계속되므로 압수·수색·검증도 법원의 권한에 속한다. 2) 형사소송법 제215조 이하와 제106조 이하는 수사상 강제처분과 공판절차에서 법원의 강제처분을 나누어서 규정하고 있다. 3) 공소제기 후 제1회 공판기일 전에 압수·수색·검증의 긴급한 사정에 대비해 증거보전절차(제184조)가 별도로 규정되어 있으므로 제1회 공판기일 이후의 대물적 강제처분은 법원만 할 수 있다. 4) 제1회 공판기일 이전에 범죄혐의를 인정하는 자료제출을 인정하는 것은 법관의 예단배제를 위한 공소장일본주의(규칙 제118조 ②항)의 취지에 반한다.[2)]

5   **(3) 결 론**   부정설이 타당하다. 다만 검사 또는 사법경찰관이 피고인에 대한 구속영장을 집행하는 경우에는 그 집행현장에서 영장 없이 압수·수색·검증을 할 수 있다(제216조 ②항). 이때 검사와 사법경찰관은 구속영장을 집행하는 집행기관에 불과하다. 그러나 이것에 부수된 대물적 강제처분은 공소제기 후의 수사로 보는 것이 옳다. 압수·수색·검증은 수사에 속하는 강제처분이기 때문이다. 따라서 압수물 등은 법원에 제출하지 않고 수사기관에서 보관할 수 있다.

Ⅲ. 공소제기 후의 임의수사

6   형사소송법 제199조 ①항은 "수사에 관하여는 그 목적을 달성하기 위하여 필요한 조사를 할 수 있다"고 규정하고 있다. 이 규정에 따라 검사 또는 사법경찰관은 공소유지 또는 그 여부를 결정하기 위해 공소제기 후에도 임의수사를 할 수 있다고 보는 것이 일반적이다. 그러므로 감정·통역·번역의 위촉(제221조), 공무소 등에 대한 조회(제199조 ②항) 등은 제1회 공판기일 전후를 불문하고 허용된다.[3)] 그러나 임의수사라고 하여 무제한으로 허용될 수는 없다. 특히 공소제기

---

1) 강구진 245; 일본의 통설. 일본 형사소송법 제219조는 수사기관의 강제처분영장에 피의자 또는 피고인의 성명을 기재하도록 규정하고 있다. 따라서 피고인에 대한 대물적 강제처분도 가능하다. 그리고 같은 법 제179조는 증거보전청구권을 피의자·피고인·변호인에 대해서만 인정하고 있기 때문에 검사의 증거보전에 대한 보조수단으로 법관의 영장에 의한 수사기관의 대물적 강제처분이 인정된다.

2) 백형구 388; 배종대/홍영기 [30] 14; 신동운 604; 이은모/김정환 379; 이재상/조균석/이창온 17/6 아하; 이창현 563.

3) 신동운 607; 이재상/조균석/이창온 17/10. 그러나 정영석/이형국 222는 수사기관의 감정위촉은 법원의 감정위촉과 달리 감정인의 선서제도가 없고 감정에 대한 당사자의 참여도 보장되어 있지 않다는 점에서 제1회 공판기일 전에 한하여 허용된다고 한다.

후 피고인을 신문할 수 있는지, 참고인을 조사할 수 있는지가 문제된다.

1. 피고인신문

(1) **긍정설** 공소제기 후에도 제1회 공판기일의 전후를 불문하고 수사기   **7**
관이 피고인을 신문할 수 있다는 견해이다.1) 제199조에 임의수사의 시기에 대
한 법적 제한이 없다는 점을 근거로 든다. 판례도 이러한 입장인 것으로 보인다
(82도754).2)

(2) **제한적 긍정설** 피고인의 당사자지위와 공소제기 후 피고인신문의 필   **8**
요성을 합리적으로 조화시켜야 한다는 관점에서 제한적으로 피고인신문이 가능
하다는 견해이다. 구체적으로는 1) 당사자주의는 제1회 공판기일에 이르러 비로
소 발현되므로 그 이전인 제1회 공판기일 전에 한하여 가능하며, 2) 실체적 진
실발견을 위하여 검사의 피고인신문이 필요하거나 공소제기 후 진범이 검거됨
으로써 공소취소를 위하여 피고인신문이 필요할 경우 또는 피고인이 검사에게
신문을 요청한 경우 등 피고인신문을 할 필요성이 있는 경우에 가능하고, 3) 사
법경찰관리에게는 공소유지권한이 없으므로 오로지 검사가 주체가 되는 경우에
만 피고인을 신문할 수 있다고 한다.3)

(3) **부정설** 공소제기 후에 수사기관은 제1회 공판기일 전후를 불문하고   **9**
피고인을 신문할 수 없다는 견해이며 다수설이다.4) 그 이유는 1) 제200조는 '피
의자'신문을 규정하고 있을 뿐이므로 여기에 피고인이 포함될 수는 없으며, 2)
피고인에게는 사실상 공소제기 후 제1회 공판기일이 자신의 방어권을 준비할
수 있는 유일한 시간이 되므로 그 기간에 피고인신문을 허용하는 것은 피고인
의 당사자지위를 위협하는 것이며, 3) 공소제기 후에 수사기관의 피고인신문을
허용하게 되면 공판기일의 피고인신문절차(제296조의2)가 유명무실하게 되어 공
판절차의 소송적 구조가 파괴되고, 4) 수사기관에 의한 피고인신문에는 공판절
차에서 변호인이 갖는 권리인 반대신문권(같은 조 ①항)을 행사할 수 없으므로 변
호권에 대한 침해 또는 적법절차위반이 있게 된다. 그리고 5) 수사기관은 공소

---

1) 이창현 557 이하.
2) 84도1646: "진술조서가 공소제기 후에 작성된 것이라는 이유만으로 곧 증거능력이 없는 것이
   라고 할 수 없다."
3) 백형구, 앞의 글, 193면.
4) 강구진 245; 배종대/홍영기 [30] 6; 신동운 606; 이은모/김정환 380; 이재상/조균석/이창온
   17/15 이하.

를 제기할 때까지 충분한 수사시간을 갖고 있는데도 공소제기 후까지 피고인신문을 허용할 필요가 없기 때문이다.1)

10   **(4) 결 론**   이러한 이유들을 고려하면 부정설이 타당하다. 다만 부정설을 취하더라도 1) 피고인 스스로 검사의 면접을 요구한 경우, 2) 공범자 또는 진범이 발견되어 피고인에 대한 신문이 불가피한 경우에는 예외적으로 피고인신문이 인정된다.2) 피고인에게 이익이 되거나 피고인이 순수한 참고인의 지위를 가지는 데 지나지 않기 때문에 피고인신문을 부정해야 할 이유가 없다. 다만 조서의 형식은 피의자신문조서가 아니라 진술조서가 된다.

2. 참고인조사

11   참고인조사(제221조)는 공소제기 후에도 부인해야 할 이유가 없다. 다만 제1회 공판기일 이후에는 수소법원에 증인신문을 신청해야 한다. 그리고 피고인에게 유리한 증언을 한 증인을 수사기관이 법정 외에서 다시 참고인으로 조사하여 법정에서 행한 진술을 번복하게 하는 것은 적법절차에 위배되는 수사로서 허용되지 않는다(83도1632; 92도2171). 그리고 이러한 방식으로 작성된 진술조서는 피고인이 증거로 할 수 있음에 동의하지 않는 한 그 증거능력이 인정되지 않는다(99도1108 전합).3) 이 점에 관해서는 관련된 부분4)에서 다시 설명한다.

---

1) 이재상/조균석/이창온 17/16.

2) 강구진 234; 이재상/조균석/이창온 17/16; 정영석/이형국 222 참조.

3) 2013도6825: 제1심에서 피고인에 대하여 무죄판결이 선고되어 검사가 항소한 후, 수사기관이 항소심 공판기일에 증인으로 신청하여 신문할 수 있는 사람을 특별한 사정 없이 미리 수사기관에 소환하여 작성한 진술조서는 피고인이 증거로 할 수 있음에 동의하지 않는 한 증거능력이 없다. 검사가 공소를 제기한 후 참고인을 소환하여 피고인에게 불리한 진술을 기재한 진술조서를 작성하여 이를 공판절차에 증거로 제출할 수 있게 한다면, 피고인과 대등한 당사자의 지위에 있는 검사가 수사기관으로서의 권한을 이용하여 일방적으로 법정 밖에서 유리한 증거를 만들 수 있게 하는 것이므로 당사자주의·공판중심주의·직접심리주의에 반하고 피고인의 공정한 재판을 받을 권리를 침해하기 때문이다.

4) 아래의 [52] 72 참조.

제 2 절 공소의 제기

[22] 제 1 공소와 공소권

[사례 7] 2010도9349

피고인들은 A당 소속의 국회의원 보좌관 및 당직자들이다. 2008. 12. 26. B당 소속 국회의원과 보좌관 등 당직자들이 국회 본회의장 및 그 앞 로텐더 홀 점거농성을 시작하자 피고인들을 포함한 민주노동당 국회의원과 보좌관 등 당직자들은 2008. 12.30. 17:00경 위 농성에 합세하였다. 국회의장은 2009. 1. 3. 국회 경위 등에게 지시하여 위 농성 인원의 강제해산을 거듭 시도하였으나 결국 실패하였다. 2009. 1. 4. 13:50경 당시 로텐더 홀에는 A당 및 B당 국회의원 20여 명, 피고인들을 비롯한 A당 당직자 20여 명, B당 당직자 80여 명이 농성하고 있었는데, B당 국회의원과 당직자들은 2009. 1. 5. 01:00경 사실상 농성을 해산하였다. 그러나 이와 달리 농성을 계속한 피고인들을 포함한 A당 국회의원들과 당직자들이 3회에 걸친 퇴거요구를 받고도 응하지 않자, 국회사무총장의 지시를 받은 국회 경위들이 피고인들을 비롯한 A당 당직자 18명, B당 의원 보좌관 1명을 각 현행범인으로 체포하였다. 그 후 검사는 피고인들에 대하여 폭력행위처벌법위반(공동퇴거불응)의 혐의로 공소를 제기하였지만 B당 보좌관 및 당직자들에 대하여는 공소제기는 물론 입건조차 하지 아니하였다.

제1심 법원은 이와 같이 농성행위의 종료 시기는 다르지만 2008. 12. 30.부터 같은 장소에서 같은 목적으로 개시된 퇴거불응이라는 하나의 계속된 행위를 대부분 함께 한 행위자들 중 B당 보좌관 및 당직자는 기소하지 아니하고, A당 당직자들인 피고인들만 기소한 것은 헌법 제11조 ①항에서 금지하고 있는 사회적 신분에 따른 차별취급에 해당하고, 여러 가지 정황을 살펴볼 때 검사의 피고인들에 대한 이 사건 공소권 행사에는 미필적이나마 자의적 차별취급의 의도가 개재되어 있었다고 추정하기에 충분하다는 이유로, 이 사건 공소는 검사가 소추재량권을 현저히 일탈하여 공소권을 남용한 것으로서 공소제기의 절차가 법률의 규정에 위반하여 무효인 때에 해당한다고 판단하여 피고인들에 대하여 공소기각 판결을 선고하였다.

제1심 법원의 판결은 적법한가?

[주요논점] 1. 공소권의 본질과 성격은 무엇인가?

2. 공소권남용이란 무엇이며, 공소권남용은 인정될 수 있는가?

3. 선별기소나 누락기소는 공소권남용이라 할 수 있는가?

I. 의   의

1. 공   소

1   공소는 검사가 법원에 대해 특정한 형사사건의 심판을 요구하는 의사표시
를 말한다. 공소에 의해 수사는 종결되고, 사건은 공판절차로 넘어간다. 공판절
차에서는 법원의 주재 하에 진실발견이 추구된다. 그러나 공소제기 여부는 수사
결과에 기초하여 검사가 독자적으로 판단·결정하며(기소편의주의), 검찰의 공소
제기가 없는 한 법원은 그 사건에 대해 심리하지 못한다(불고불리원칙). 이처럼
형사절차의 목적인 진실발견의 주도적 역할을 검사로부터 법원으로 이행시키는
법률행위적 소송행위가 공소제기이다. 공소제기는 법원의 심판개시와 그 대상
을 결정한다.

2. 공 소 권

2   현행법은 공소제기의 권한을 검사에게 부여하고 있다(제246조). 이것은 국가
형벌권실현에서, 법무부에 속한 검찰과 사법부에 속한 법원 사이의 권력균형을
꾀하기 위한 권력분립원칙에서 비롯된다.

II. 공소권이론

1. 공소권이론의 의의

3   공소권이론이란 검사가 가지는 공소권의 본질과 성격을 규명하기 위한 이
론을 말한다. 그 목적은 공소권이라는 소송행위의 법적 근거와 내용을 밝히는
데 있다. 다음 세 가지 학설이 있다.

4   (1) 추상적 공소권설   추상적 공소권설은 공소권을 구체적 사건과 관계없
이 형사사건 일반에 대해 검사가 공소제기할 수 있는 권한으로 파악한다. 그러
나 이와 같은 추상적 공소권은 검사가 공소를 제기하여 수행한다는 국가소추주
의, 기소독점주의를 표현하는 것에 지나지 않는다. 따라서 형사소송법에서 공소
권의 구체적 내용을 밝히는 데는 의미가 없다는 비판을 받는다. 우리나라에서
추상적 공소권설을 취하는 학자는 없다.

5   (2) 구체적 공소권설   이 견해는 공소권을 검사가 구체적 사건에 대해 공

소를 제기할 수 있는 권한으로 이해한다. 구체적 공소권설은 공소권을 형식적 공소권과 실체적 공소권으로 구별한다. 형식적 공소권은 공소제기를 위한 형식적 요건을 구비한 경우의 공소권을 말한다. 예컨대, 해당 사건에 대한 재판권·관할권의 존재, 공소제기절차의 적법성, 친고죄에서 고소의 존재 등이 여기에 속한다. 이런 형식요건이 갖추어지지 않으면 법원은 관할위반의 판결(제319조), 공소기각의 판결(제327조), 공소기각의 결정(제328조)을 하게 된다. 이에 반해 실체적 공소권은 심판대상이 되는 사건의 범죄혐의가 충분하고 유죄판결을 받을 만한 객관적 실체를 갖추고 있을 때 발생하는 공소권을 의미한다. 예컨대 확정판결이 없을 것, 공소시효가 완성되지 않았을 것 등이 여기에 속한다. 실체적 공소권이 없는 공소제기는 면소판결(제326조)에 의해 형사절차가 종결된다. 구체적 공소권설에 대한 비판으로는 무죄판결에 대한 공소권의 설명이 곤란하고, 민사소송과는 달리 형사소송에서는 소의 이익이라는 개념이 일반화되어 있지 않기 때문에 구체적 공소권과 실체법상의 형벌청구권의 구별이 대동소이하며, 단일한 공소권개념이 형식적 공소권과 실체적 공소권으로 분류되는 것은 부당하다는 지적이 있다.1)

(3) **실체판결청구권설**   이 견해는 공소권을 검사가 구체적 사건에 대해 유   **6** 죄 또는 무죄의 실체판결을 청구하는 권리로 보는 입장이다.2) 일본의 통설이기도 하다. 구체적 공소권설에서 무죄판결에 대한 공소권의 설명이 곤란한 단점을 해소할 수 있는 것이 이 견해의 장점이라고 한다. 그러나 이 견해는 1) 민사소송의 본안판결청구권설을 기초로 함으로써 민사소송과 형사소송의 본질적 차이를 간과했다는 비판을 받는다.3) 또한 2) 공소권을 단순히 실체판결과 연결시킴으로써 검사의 공소권남용을 방지할 수 없고, 3) 구체적 공소권설도 유죄판결이 확실한 경우뿐만 아니라 그 개연성이 있는 경우의 공소권행사를 인정하기 때문에 무죄판결에 대한 공소권의 설명이 어렵다는 비판은 근거가 없다고 한다.4)

2. 공소권개념의 무용성과 필요성

이러한 공소권이론에 대해 공소권의 개념이 필요 없다는 견해도 있다. 즉   **7** 공소권이란 소송조건을 검사의 입장에서 바라본 것에 지나지 않으므로, 예컨대

---

1) 백형구 466; 이재상/조균석/이창온 18/7.
2) 강구진 58; 이은모/김정환 384; 이재상/조균석/이창온 18/8; 이창현 565.
3) 신동운 547.
4) 정영석/이형국 227.

유효한 공소제기의 조건은 소송조건의 문제로 다룰 수 있다고 한다. 이를 공소권이론 무용론(부인론)이라고 한다.[1] 공소권무용론은 1) 공소권은 수소법원의 관점에서 보면 소송이 성립하기 위한 소송조건의 하나에 지나지 않으며, 2) 공소권개념은 발전적 요소가 없기 때문에 형사절차의 동적·발전적 특성에 부합하지 않을 뿐만 아니라, 3) 형사절차의 동적·발전적 특성은 소송조건을 실체적 소송조건과 형식적 소송조건을 구분함으로써 더욱 잘 드러낼 수 있다는 점에서 그 근거를 찾는다. 그러나 공소권개념 또는 이론은 검사의 공소권을 피고인의 방어권에 대립시켜 검사의 공소권남용에 대한 법적 통제를 마련할 수 있다는 점에 그 유용성을 인정할 수 있다.[2]

Ⅲ. 공소권남용이론

1. 의   의

8   공소권남용은 형식적으로는 적법한 공소제기이지만 실질적으로는 검찰의 재량범위를 넘어선 공소권행사를 말한다. 그리고 공소권남용이론은 이와 같이 공소권이 남용된 경우에 공소기각의 판결이나 결정, 관할위반의 판결 그리고 면소판결과 같은 형식재판으로 소송을 종결시켜야 한다는 이론을 말한다. 현행 형사소송법에 의하면 검사의 공소제기가 형식적으로 적법하고 소송조건을 구비하고 있으면 법원은 단지 실체재판을 통해 유·무죄를 판단할 수 있을 뿐이다. 그런데 공소권남용이론은 이러한 현행법규정을 넘어서서 비록 형식적으로는 적법하나 실질적으로는 하자가 있는 공소제기에 대하여 형식재판으로써 통제하자는 이론이다. 판례도 공소권남용의 개념을 인정하지만, 실제 사안에서 공소권남용을 인정한 사례는 없다.[3]

---

1) 이은모/김정환 385; 이재상/조균석/이창온 18/9; 이창현 565.
2) 이은모/김정환 385; 이재상/조균석/이창온 18/10.
3) 2016도5423; 2018도10447: "검사가 자의적으로 공소권을 행사하여 피고인에게 실질적인 불이익을 줌으로써 소추재량권을 현저히 일탈하였다고 보이는 경우에는 이를 공소권의 남용으로 보아 공소제기의 효력을 부인할 수 있다. 그러나 여기에서 자의적인 공소권의 행사라 함은 단순히 직무상의 과실에 의한 것만으로는 부족하고 적어도 미필적이나마 어떤 의도가 있어야 한다. … 검사의 이 사건 공소제기가 자의적인 공소권의 행사로서 소추재량권을 현저히 일탈한 경우에 해당하지 않는다."

2. 공소권남용의 문제유형

(1) **혐의 없는 사건의 기소**   범죄의 객관적 혐의를 인정할 증거를 확보할 **9** 수 없음에도 불구하고 공소를 제기한 경우이다. 이러한 경우 법원이 어떠한 처분을 하여야 할지에 대해서는 아래와 같은 견해차이가 있다.

(가) **공소기각결정설**   공소기각결정설은 무혐의사건에 대한 공소제기는 **10** '공소장에 기재된 사실이 범죄가 될 만한 사실이 아닌 것'(제328조 ①항 4호)으로 보아서 공소기각의 결정을 해야 하는 것으로 본다.1) 그러나 이 규정은 실체법상 구성요건이 충족되지 않음으로써 처음부터 형사절차가 개시될 필요가 없는 경우를 말하고 무혐의사건과 관계가 없다.

(나) **공소기각판결설**   공소기각판결설은 무혐의사건에 대한 공소제기는 **11** '공소제기의 절차가 법률의 규정에 위반하여 무효인 때'(제327조 2호)에 해당되므로 공소기각의 판결을 하여야 한다는 견해이다.2) 그러나 무혐의사건을 절차의 하자로 볼 수 있을지는 의문이지만, 피고인을 빨리 소송절차에서 해방시킬 수 있는 장점은 있다.

(다) **무죄판결설**   무죄판결설은 혐의 없는 사건에 대한 기소는 공소권남용 **12** 이지만 제327조, 328조의 공소기각사유에는 해당하지 않으므로 실체심리를 진행하여 무죄판결을 선고해야 한다는 견해이다.3) 즉 혐의 없음이 판명되면 제325조 "피고사건이 범죄로 되지 아니하거나 범죄사실의 증명이 없는 때에는 판결로써 무죄를 선고하여야 한다"는 규정을 근거로 한다. 그러나 무죄판결설은 객관적으로 범죄혐의가 충분하지 못한 공소제기를 실체판단에 들어가기 전에 미리 배제함으로써 피고인에게 무용한 형사절차를 절약할 수 있는 장점을 살리지 못하는 흠이 있다.

(라) **검 토**   학설의 이론적 차이에도 불구하고 학설대립의 현실적 실익은 **13** 그렇게 높지 않은 것으로 보인다. 공소단계에서는 검사의 주관적 혐의가 기준이 되는 것이므로 검사가 공소제기한 모든 사건은 일단 실체재판을 받아야 할 가치가 있는 것으로 보인다. 그렇다면 수소법원은 원칙적으로 실체심리를 하여 무혐의가 밝혀질 때 무죄판결을 해야 한다.

---

1) 차용석/최용성 313.

2) 신동운 568; 이은모/김정환 387.

3) 배종대/홍영기 [31] 18; 이재상/조균석/이창온 18/16; 이창현 567; 정영석/이형국 228.

14   **(2) 경미한 사건의 기소**   사건이 경미하여 기소유예를 하는 것이 마땅한 사건을 기소한 경우이다. 이러한 경우 법원이 어떠한 처분을 하여야 하는지에 대해서는 공소기각판결설과 유죄판결설이 대립한다. 1) **공소기각판결설**은 검사의 소추재량은 자유재량이 아닌 기속재량이라고 한다. 따라서 기소유예를 하는 것이 마땅한 사건을 기소한 것은 소추재량을 남용한 것이므로 그 절차가 법률의 규정에 위반하여 무효인 때(제327조 2호)에 해당하여 공소기각의 판결을 하여야 한다는 입장이다.[1] 2) **유죄판결설**에 의하면 기소유예의 판단은 검사의 재량에 속하는 것이므로 기소유예를 내릴 수 있는 사건에 대해 공소를 제기했더라도 그 공소제기는 유효하다. 따라서 범죄의 증거가 충분하면 유죄판결로 절차를 종결해야 한다.[2] 기소유예의 결정은 현행법상 기소편의주의에 의해 검사의 재량범위 내에 있는 것이므로 유죄판결설이 타당하다.

15   **(3) 선별기소**   동일한 사건으로 입건된 공동피의자 중 일부만 기소하고 다른 일부는 불기소처분을 하는 경우이다. 이러한 경우 법원의 처분에 대해서는 아래와 같은 견해의 대립이 있다.

16   **㈎ 공소기각판결설**   검사의 선별기소는 평등원칙(헌법 제11조 ①항)에 위배된다는 점에서 '공소제기절차가 법률의 규정에 위반하여 무효인 때'(제327조 2호)에 해당하므로 수소법원은 공소기각의 판결을 선고해야 한다고 한다.[3]

17   **㈏ 실체판결설**   현행법은 기소편의주의(제247조)에 의해 검사에게 공소권 행사의 재량을 인정하기 때문에 검사의 선별기소가 명백히 불합리하더라도 수소법원은 유·무죄의 실체판결을 해야 한다고 한다.[4] 또한 만일 선별기소를 공소기각사유로 하면 공소제기되지 않은 사건까지 심리대상에 포함시키는 불합리한 결과를 가져오며 이는 불고불리원칙에 위배된다는 점에서도 실체판결설의 근거를 찾을 수 있다. 판례는 실체판결설을 취하긴 하나 검사의 기소재량상의 하자가 없음을 전제로 하는 것으로 보인다.[5]

---

1) 이은모/김정환 388; 차용석/최용성 314.
2) 배종대/홍영기 [31] 19; 신동운 570; 이재상/조균석/이창온 18/20; 이창현 568.
3) 신동운 571.
4) 배종대/홍영기 [31] 20; 이재상/조균석/이창온 18/24; 이창현 569.
5) 90도646: "똑같은 범죄구성요건에 해당하는 행위라고 하더라도 그 행위자 또는 그 행위 당시의 상황에 따라서 위법성이 조각되거나 책임성이 조각되는 경우도 있을 수 있는 것이므로, 자신의 행위가 범죄구성요건에 해당된다는 이유로 공소가 제기된 사람은 단순히 자신과 동일한 범죄구성요건에 해당하는 행위를 하였음에도 불구하고 공소가 제기되지 아니한 다른 사람이 있다는 사유만으로는 평등권이 침해되었다고 주장할 수는 없는 것이다…이와 같은 취지에서 검사가 공소권을 남용하여 이 사건 공소를 제기한 것이 아니다."

(다) **검 토**　　현행법은 기소편의주의를 취하고 있으므로 검사가 공소를 제 **18** 기할지의 여부와 공소제기의 대상을 결정하는 것은 검사의 재량에 속한다. 그러 나 검사가 같은 사건의 피의자 중에서 일부에 대해서만 공소를 제기하는 것이 헌법 제11조 ①항에서 금지하고 있는 차별적 취급에 해당하고, 그러한 차별취급 에 자의적 의도가 개입되어 있다면, 이는 검사가 소추재량권을 현저히 일탈하여 공소권을 남용한 것으로서 법원은 공소기각의 판결을 선고하여야 한다.[1)]

(4) **누락기소**　　피의자는 여러 개의 범행을 자백하였지만, 검사가 일부 범 **19** 죄사실을 제외하고 기소한 후, 기소된 범죄사실에 대한 확정판결이 나기 전 특 히 항소심판결선고 후에 제외되었던 범죄사실을 다시 기소하는 경우이다. 누락기 소가 공소권의 남용에 해당하는지에 대해서는 아래와 같은 견해의 차이가 있다.

(가) **이중위험금지설**　　헌법 제13조 ①항이 금지하는 이중위험금지의 법리 **20** 는 확정판결이 난 사건에 대해서뿐만 아니라 어떤 사건이 이미 기소되어 재판 절차를 마친 경우에도 그 사건과 관련사건에 대하여 다시 기소되어 재판을 받 을 위험까지 금지한다. 따라서 누락사건 기소는 이중위험금지원칙에 위반하는 공소제기로서 공소권남용에 해당한다.

(나) **실질적 기준설**　　피고인의 기본권보장, 법 앞에서 평등, 배분적 정 **21** 의 등 헌법적 요청을 포함한 실질적 관점을 공소권남용의 판단기준으로 삼 는 견해(실질적 기준설)에 의하면 누락사건에 대한 기소는 금반언禁反言의 법리에 위배된다는 점에서 공소권남용에 해당한다.[2)]

(다) **권리남용설**　　판례는 1) 공소권남용의 이론을 인정하고, 2) '검사의 자 **22** 의적인 공소권 행사로 인한 소추재량권의 현저한 일탈'을 그 판단기준으로 삼고 있으며, 3) 그 구체적인 판단에서는 '단순한 직무상 과실을 넘어서, 검사에게 적 어도 미필적이나마 어떤 의도가 있는 상태'에서 '검사의 태만 내지 부작위에 의 한 공소제기'가 행하여졌는지 그리고 '피고인에게 귀책사유가 있는지' 등을 고려 한다(2001도3026; 2004도482 등).

(라) **검 토**　　누락된 범죄사실에 대한 기소는 피고인에게 실질적 불이익을 **23** 준다는 점에서는 공소권남용으로 보아야 한다. 그리고 금반언의 법리는 사법상 의 원칙이고 기소편의주의와 공소변경주의를 채택한 형사소송법에서는 타당하

1) 서울남부지방법원 2010. 7. 2, 2009노2142 판결 참조.
2) 신동운, 항소심판결선고 후의 누락사건에 대한 공소제기와 공소권남용, 형사재판의 제문제 1997, 314면.

지 않다는 점에서 이중위험금지설이 그 근거로서 더 타당하다.

[94도2658] 누락기소와 공소권남용

형사소송법 제246조와 제247조가 검사에게 자의적으로 무제한적인 소추권을 부여한 것은 아니라고 할지라도 검사는 범죄의 구성요건에 해당하여 형사적 제재를 함이 상당하다고 판단되는 경우에는 공소를 제기할 수 있고 또 형법 제51조의 사항을 참작하여 공소를 제기하지 아니할 수 있는 재량권이 부여되어 있는 것이다.

이 사건 공소는 피고인이 징역 1년의 형을 선고받고 확정된 사건(이하 관련사건이라 한다)과 함께 입건되지 아니한 이 사건 범죄사실에 대하여 관할동장으로부터 고발조치가 있자 위 관련사건이 법원에 계류 중 이에 대하여 경찰 및 검찰이 별도로 수사를 진행하여 그 결과 제기된 것으로서, 비록 검사가 관련사건을 수사할 당시 이 사건 범죄사실이 확인된 경우 이를 입건하여 관련사건과 함께 기소하는 것이 상당하기는 하나 이를 간과하였다고 하여 검사가 자의적으로 공소권을 행사하여 소추재량권을 현저히 일탈한 위법이 있다고 보여지지 아니할 뿐 아니라, 이 사건 공소가 관련사건의 항소심판결 선고 이전에 행하여지지 아니하여 피고인이 관련사건과 병합하여 재판을 받지 못하게 되는 불이익을 받게 되었다고는 하나, 검사가 위 항소심판결 선고 이후에 이 사건 공소를 제기한 것이 검사의 태만 내지 위법한 부작위에 의한 것으로 인정되지 아니하며, … 이 사건 공소에 대하여 별도로 재판을 받는 데 대하여 피고인에게 아무런 책임이 없다고도 볼 수 없다. 그러함에도 불구하고 원심은 피고인이 관련사건의 재판 때 이 사건 범죄사실에 대하여 병합하여 재판을 받지 못하였다는 점에만 주목하여 이 사건 공소제기가 공소권의 남용에 해당한다고 만연히 인정하고 말았으니, 원심의 이러한 조치에는 필경 기소편의주의와 공소권남용에 관한 법리를 오해한 위법이 있다고 하지 아니할 수 없다.

[23] 제 2 공소제기의 기본원칙

I. 국가소추주의

1   국가소추주의란 공소제기의 주체가 개인이 아니라 국가임을 뜻한다. 형사소송법 제246조는 "공소는 검사가 제기하여 수행한다"고 하여 국가소추주의를 규정한다. 국가소추주의의 예외로는 미국의 공중소추주의와 독일의 사인소추제도를 들 수 있다. 미국에서는 연방과 대부분의 주에서 검사 이외의 소추기관으

로 대배심(Grand Jury)을 두어 정식기소를 맡게 하고 있는데, 이는 공중으로 하여금 소추를 담당케 하는 것이라 할 수 있다. 또 독일에서는 주거침입이나 비밀침해 등 개인의 사적 권리를 보호하는 데 중점이 있는 일정한 범죄에 대해 범죄피해자가 직접 소추하도록 하는 제도, 즉 사인소추제도를 두고 있다.1) 그러나 현행법은 국가소추주의만을 규정하고 있다.

Ⅱ. 기소독점주의

1. 개 념

국가소추주의를 전제로 국가기관 중에서도 검사만이 공소권을 갖는 것을 2 기소독점주의라고 부른다. 제246조는 국가소추주의와 함께 기소독점주의를 규정하고 있다.

2. 기소독점주의의 장·단점

기소독점주의의 장점으로 흔히 열거하는 것은 다음과 같다. 1) 공소권을 3 공익의 대표자이고 법률전문가인 검사에게 맡김으로써 공정한 공소제기를 할 수 있다. 2) 기소독점주의는 검사동일체원칙과 결합함으로써 전국적으로 통일된 공소권행사의 기준을 보장하여 결국 피의자의 권익을 보호하는 결과를 가져온다. 그러나 이에 대한 단점으로는, 1) 기소독점주의가 관료주의와 결합하게 되면 공소권행사가 자의적으로 이루어질 위험성이 있고, 2) 검찰의 정치적 중립성이 확보되지 않은 상황에서 이루어지는 공소권의 독점적 행사는 악이 될 수 있는 소지가 높다는 지적을 받는다. 우리나라의 실무현실을 진단해 보면 장점보다는 단점이 더욱 큰 것으로 보인다.

3. 기소독점주의에 대한 수정

여기에서 기소독점주의에 대한 법적 규제의 필요성이 등장한다. 독일연방 4 법원이 피력하듯이, 기소독점의 폐해에 대한 이론적인 평형추는 물론 기소법정주의이다.2) 즉 검사가 공소권을 독점하되, 그로 인하여 공소권행사가 자의적이

---

1) 독일 형사소송법 제374조 이하. 이에 대해 자세한 것은 정승환, 범죄피해자기본법의 제정과 형사절차에서 피해자의 지위회복, 인권과 정의, 2005.6, 82면 이하 참조.
2) 독일연방법원은 이 점을 분명히 하고 있다: "범죄에 대한 형사소추는, 명문의 예외규정이 없는 한 기소법정주의(Legalitätsgrundsatz)에 따른 관할기관의 법률적 의무이다. 이 소추의무가

고 편파적으로 흐르지 않아야 한다는 요청은 기소법정주의를 요구한다. 그러나 현행법은 기소편의주의(제247조)를 채택하고 있다. 다만 기소독점의 폐해를 다소라도 방지하기 위해 다음과 같은 수정장치를 두고 있다.

5　　　(1) 재정신청　　기소독점주의와 기소편의주의에 대한 가장 큰 법률적 수정장치는 재정신청이다. 즉 검사의 불기소처분에 불복이 있는 고소인 또는 고발인은 법원에 그 재정을 신청할 수 있다(제260조 이하). 재정신청이 법원에 의해 이유 있는 것으로 받아들여지는 경우에는 검사는 공소를 제기하여야 한다(제262조 ②·⑥항).1)

6　　　(2) 경찰서장의 즉결심판청구　　즉결심판에 대해서는 경찰서장이 청구하도록 하여(즉심법 제3조 ①항) 기소독점주의에 대한 예외를 인정한다. 경찰서장의 즉결심판청구권은 20만원 이하의 벌금, 구류 또는 과료에 처할 사건(법조법 제34조 ①항 3호)에 대하여 법원에 그 처벌을 구하는 의사표시로서 넓은 의미의 형사재판청구에 속한다. 즉결심판청구권은 경미한 사건을 신속하게 처리함으로써 번거로운 형사절차로부터 피의자를 보호하는 데 그 취지가 있다.

7　　　(3) 법정경찰권에 의한 제재　　법정경찰권에 의한 감치나 과태료의 제재(법조법 제61조 ①항)는 검사의 소추 없이 법원의 결정으로 이루어진다. 그러나 이것은 형벌이라기보다는 행정벌의 성격을 갖기 때문에 기소독점주의에 대한 수정이라고 보기는 어렵다.2)

8　　　(4) 불기소처분에 대한 통지 및 항고제도　　검사는 고소·고발사건에 대해 공소를 제기하지 않을 경우 고소인·고발인에게 그 취지를 통지해야 하고(제258조 ①항), 고소인 등의 청구가 있으면 7일 이내에 서면으로 이유를 설명해 주어야 할 의무도 있다(제259조). 그리고 검사의 불기소처분에 불복이 있는 고소인 또는 고발인은 그 검사가 속하는 지방검찰청 또는 지청을 거쳐 서면으로 관할 고등검찰청 검사장, 검찰총장에게 항고·재항고하여 검찰 스스로 부당한 불기소처분을 시정하게 할 수 있다(검찰청법 제10조). 이러한 통지와 항고에 관한 규정들도 이론적으로는 기소독점주의와 기소편의주의를 시정하고자 하는 제도이다.

없으면 검사의 공소권독점(Anklagemonopol)은 정당할 수 없다."(BGHSt 15, 159).
　1) 재정신청에 대한 자세한 것은 아래의 [26] 1 이하 참조.
　2) 이재상/조균석/이창온 19/8; 이창현 574 이하.

Ⅲ. 기소편의주의

1. 의   의

(1) 개 념   형사소송법 제247조는 "검사는 형법 제51조의 사항을 참작하 **9**
여 공소를 제기하지 아니할 수 있다"고 규정하여 기소편의주의를 채택하고 있
다. 기소편의주의는 검사에게 형사소추와 관련한 기소·불기소의 재량을 인정하
는 제도를 말한다. 이에 반대되는 개념은 기소법정주의이다. 기소법정주의는 수
사 결과 공소를 제기할 수 있는 충분한 범죄혐의가 인정되고 그 밖에 소송조건
을 구비한 경우에 반드시 공소를 제기해야 하는 원칙을 말한다. 기소법정주의는
검사의 소추재량권을 인정하지 않는다. 검사의 자의적 공소권행사를 제한하여
법 앞의 평등을 실현하며, 장기적으로 일반시민의 규범준수의식을 강화시킬 수
있다는 점에 근거하고 있다.

(2) **기소편의주의의 근거**   기소편의주의는 1) 구체적 사안의 특성에 따라 **10**
기소 여부를 탄력적으로 결정함으로써 구체적 정의를 실현할 수 있는 장점을
가지고 있다. 그리고 2) 형사사법의 업무를 감경시킬 수 있고, 3) 범죄투쟁의 효
율성도 도모할 수 있으며, 4) 형법규범과 한국사회의 전통사회규범 사이의 갈등
이 있을 때 이를 조정할 수 있게 한다.

(3) **기소편의주의의 문제점**   그러나 기소편의주의는 1) 법원의 범죄자에 **11**
대한 형벌부과권한을 침해한다는 점에서 권력분립원칙을 위태롭게 하고, 2) 형
사절차에서 공판절차의 비중을 떨어뜨리며, 3) 형사사법의 투명성을 박탈하여
형법규범의 효력에 대한 시민의 불신을 초래하는 문제점을 안고 있다. 우리의
현실을 보면 기소편의주의는 장점보다 단점의 비중이 더 큰 것으로 보인다. 형
사사법에 대한 국민의 냉소적인 태도는 바로 검찰의 불공정한 공소권행사에서
비롯된다고 해도 과언이 아니다. 이와 같은 폐단을 방지하기 위해서는 기소편의
주의에 기소법정주의적 요소를 가미하여 기소편의주의를 수정·견제할 필요가
있다. 독일과 같이 기소법정주의를 채택하고 있는 국가에서는 일정한 요건 아래
기소편의주의를 인정하고 있다.

2. 기소유예

12   기소편의주의에 근거한 현행법의 규율내용은 기소유예(제247조)와 공소취소
(제255조)이다. 여기서는 기소유예에 대해서만 설명하고 공소취소에 대해서는 공
소제기의 절차에서 설명한다.

13   (1) 개 념   기소유예는 범죄혐의가 충분하고 소송조건이 구비되었음에도
불구하고 형법 제51조의 사항을 참작하여 공소를 제기하지 않는 검사의 처분을
말한다(제247조). 기소편의주의는 바로 이와 같은 기소유예에 그 근거를 두고 있
다. 기소유예와 협의의 불기소처분(검사규 제115조 ③항)은 다르다. '혐의 없음',
'죄가 안 됨', '공소권 없음'에 해당되는 사건은 협의의 불기소처분으로 수사를
종결해야 하고 기소유예를 해서는 안 된다.[1] 범죄가 성립하지 않는 것을 범죄
로 만들 수 있는 검사의 재량권은 없기 때문이다. 협의의 불기소처분을 받은 피
의자는 형사보상청구권이 있는 반면, 기소유예처분을 받은 자에게는 그러한 청
구권이 인정되지 않는다(헌법 제28조, 형사보상법 제27조 ①항).

14   (2) 기소유예의 기준   검사는 범인의 연령·성행·지능·환경 그리고 피해자
에 대한 관계, 범행의 동기·수단·결과, 범행 후의 정황을 고려하여 기소유예를
할 수 있다(제247조, 형법 제51조). 여기에 규정된 사유 이외에 고려할 수 있는 것
으로는 범행에 대한 사회적 평가, 범행 후의 시간적 경과, 법령의 개폐 등이 있
다.[2] 그러나 법률에 규정되지 않은 사유는 독자적 기소유예사유가 되어서는 안
된다. 이것을 인정할 경우에는 검사가 소추재량권을 남용하여 법을 왜곡시키는
것을 방지할 수 없기 때문이다.

15   (3) 기소유예의 효과   검사의 불기소처분에 확정력이 발생하는 것은 아니
다. 따라서 검사가 기소유예처분을 하고 난 뒤에도 필요한 경우 수사를 재개할
수 있고 공소를 제기할 수도 있다.[3] 법원이 이에 대해 유죄판결을 선고하더라
도 일사부재리원칙에 어긋난다고 할 수 없다(83도2682; 87도2020). 다만 현행법에
서 기소유예의 기간을 정하고 있지 않기 때문에 기소유예 처분을 받은 피의자
의 지위가 불안정하다는 문제점이 있다. 기소유예의 기간을 정해서 그 기간이

---

1) 대결 1985. 7. 29, 85모16.
2) 이재상/조균석/이창온 19/16.
3) 94도2598: 검사의 무혐의결정이 있은 지 3년 후에야 비로소 고소인이 피고인을 동일한 혐의
로 고소함에 따라 검사가 새로이 수사를 제기하여 공소를 제기하였어도 적법한 공소제기이며
공소권을 남용한 경우로서 그 공소제기의 절차가 무효인 때에 해당한다고 볼 수 없다.

지나면 재기소를 엄격히 제한하는 내용의 입법을 검토할 필요가 있다. 검찰의 실무에서는 기소유예를 종국처분으로 보기 때문에 재기소하는 사례는 극히 드물다.

(4) 조건부 기소유예   기소유예를 허용하는 기소편의주의는 조건부 기소유 **16** 예까지 허용하는지가 문제된다. 조건부 기소유예는 검사가 피의자에게 피해배상 등의 일정한 의무를 부과하여 이를 준수하는 조건으로 기소유예하는 제도를 말한다. 그런데 이와 같은 강제적 의무사항의 부과는 적법절차의 요청에 비추어 볼 때 법관의 권한에 속한다. 따라서 법률에 특별한 규정이 없는 한1) 일정한 의무이행을 조건으로 하는 조건부 기소유예는 허용되지 않는다고 보아야 한다.2)

[24] 제 3 공소제기의 절차

[사례 8] 2009도7436 전원합의체 판결

피고인 甲은 항소심에서 유죄가 선고된 후 다음과 같은 이유로 상고를 제기하였다. 1) 이 사건 공소사실을 범죄 구성요건 사실의 특정 등에 필요한 정도로 적절히 기재해 보면, 주위적 공소사실은 "C당 대표인 피고인이 같은 당 재정국장 겸 총선승리본부 관리지원단 부단장인 공소외 2와 공모하여, 2008. 4. 9. 실시된 제18대 국회의원 선거에 공소외 1을 같은 당의 비례대표 후보자로 중앙선거관리위원회에 등록해 주고, 공소외 1로부터 2008. 3. 26. 6,000만원, 그달 28일 5억 5,500만원, 합계 6억 1,500만원의 공천헌금을 예금계좌로 입금 또는 송금받아, 위 정당이 위 공소외 1을 국회의원 비례대표 후보자로 추천하는 일과 관련하여 6억원(선거관리위원회 기탁금 1,500만 원 제외)을 제공받음과 동시에 같은 금액의 정치자금을 기부 받았다"는 것이 된다. 2) 검찰은 통상의 사건에서는 공소사실을 위와 같은 방식에 따라 구성요건을 이루는 사실만을 나열하여 간략하고 명료하게 기재하고 있으며, 이 사건 공소사실을 그와 같이 기재하는 경우 그 분량은 불과 1쪽을 넘기기 어려울 것으로 보인다. 그런

---

1) 소년범에 대해 검찰실무에서 시행해 온 이른바 선도조건부 기소유예(검사규 제118조 ③항)는 소년범이 선도위원의 선도에 따르지 않고 재범할 경우에 다시 공소를 제기하게 하는 제도이다. 이 제도는 실무에서 시행하고 있었지만 그 허용 여부에 대해 견해의 대립이 있었다. 그러나 2008년 6월부터 시행된 개정소년법이 제49조의3에서 선도조건부 기소유예를 규정함으로써 명시적인 법률의 근거가 마련되었다.

2) 신동운 497 참조.

데 이 사건에서 검사는 위 범죄사실 이전단계의 정황과 경위, 범행을 전후한 과정에서 관계자들이 주고받은 대화내용과 이메일 내용, 수첩의 메모내용, 세세한 주변사실, 이 사건 공소사실에 포함되지 않은 것으로 보이는 공소외 1 이외의 다른 비례대표 후보 지망자들로부터 이 사건과 유사한 방법으로 금품을 제공받은 내용 등을 장황하게 기재하여 그 분량이 무려 14쪽에 이르고 있다. 그리고 그 기재의 상당부분은 대화내용, 이메일 내용과 수첩의 기재내용을 인용부호까지 사용하면서 그대로 인용하는 형식으로 기재되어 있다. 3) 이러한 검찰의 공소장 기재는 공소장일본주의에 위배되는 것으로 법원은 공소기각의 판결을 하였어야 한다. **이와 같은 甲의 상고이유는 타당한가?**

[주요논점]   1. 공소장에 기재하여야 할 사항과 기재하지 말아야 할 사항은 무엇인가?
                  2. 공소장일본주의란 무엇인가?
                  3. 공소장의 기재방식을 위반한 공소제기의 효과는 어떠한가?

I. 공소제기의 방식

1. 공소장의 제출

1   공소를 제기할 때에는 공소장을 관할법원에 제출하여야 한다(제254조 ①항). 따라서 공소제기는 검사가 법원에 대해 서면으로 하는 소송행위에 속한다. 공소제기의 서면주의는 법원의 심판대상을 명확하게 하기 위한 필요적 규정이다. 법원은 불고불리의 원칙에 따라서 공소제기된 범죄사실에 대해서만 심판할 수 있기 때문이다. 또한 서면주의는 피고인으로 하여금 방어준비의 기초자료로 삼을 수 있게 하는 의미를 갖는다. 이를 위해서 검사는 공소장을 제출할 때 피고인의 수에 상응하는 부본을 첨부하여야 하며(같은 조 ②항), 법원은 이 공소장부본을 늦어도 제1회 공판기일 5일 전까지 피고인 또는 변호인에게 송달하여야 한다(제266조). 따라서 현행법에서는 구술로 하는 공소제기나 전보 또는 팩시밀리에 의한 공소제기는 허용되지 않으며, 공소사실의 일부를 전자문서로 작성한 다음 이를 CD 등 정보저장매체에 담아 공소장에 첨부하는 것도 허용되지 않는다(2016도19027).

2. 공소장의 필요적 기재사항

2   공소장에 반드시 기재하여야 하는 사항은 1) 피고인의 성명 기타 피고인을

특정할 수 있는 사항, 2) 죄명, 3) 공소사실, 4) 적용법조이며(제254조 ③항), 5) 피고인의 구속여부(규칙 제117조 ①항 2호)도 필요적 기재사항이다.

(1) 피고인의 성명 기타 피고인을 특정할 수 있는 사항   피고인을 특정하기 **3** 위한 사항으로는 피고인의 주민등록번호(또는 생년월일), 직업, 주거 및 등록기준지를 기재하여야 한다(규칙 제117조 ①항 1호). 만일 피고인이 법인인 경우에는 사무소 및 대표자의 성명과 주소를 기재하여야 한다(같은 호 단서). 이와 같은 사항이 명백하지 않을 때에는 그 취지를 공소장에 기재해야 한다(같은 조 ②항). 그 밖에 피고인을 특정하는 방법으로는 인상·체격을 기재하거나 사진을 첨부하는 등 어떤 방법을 사용해도 상관없다.

(2) 죄 명   죄명은 형법각칙과 특별형법에 규정되어 있는 범죄의 명칭을 **4** 말한다. 죄명의 기재가 틀린 경우에도 공소제기의 효력에는 영향이 없다. 심판대상의 법률적 구성은 수소법원의 권한에 속하고, 법원은 적용법조의 경우와 마찬가지로 죄명변경을 요구할 수도 있기 때문이다(제298조 ②항 참조).[1] 다만 죄명변경으로 인하여 피고인의 방어권행사에 실질적 영향이 있을 때에는 결정으로 필요한 기간 공판절차를 정지할 수 있다(같은 조 ④항).

(3) 공소사실   공소사실은 법원에 심판을 청구한 범죄사실을 말한다. 공소 **5** 사실은 범죄의 일시·장소와 방법을 명시하여 구체적으로 특정할 수 있어야 한다(제254조 ④항). 다만 피고인의 범죄사실은 공판절차에서 이루어지는 증거조사에 따라 그 내용이 역동적으로 변화하는 것이기 때문에 특정 정도에는 한계가 있을 것이다.

(가) 공소사실의 특정정도   공소사실의 특정은 법원의 심판대상을 명확히 **6** 하는 동시에 피고인이 충분한 방어준비를 할 수 있도록 하는 데 그 목적이 있다 (2003도8077; 2008도9327 등). 따라서 공소사실은 이 목적에 부합하는 정도로 특정되면 된다. 이를 위해서는, 적어도 공소사실이 다른 범죄사실과 구별될 수 있을 정도로 구체적인 범죄사실의 기재가 있어야 한다. 바꿔 말해 공소사실의 동일성을 인식할 수 있는 정도의 특정이 있어야 한다. 경합범으로 공소제기하는 경우에는 공소를 제기하는 개별 범죄사실을 구체적으로 기재하여야 하며(85도1449), 방조범의 공소사실에는 그 전제요건인 정범의 범죄구성요건을 충족하는 구체적 사실을 기재해야 한다(82도2840).

---

1) 신동운 578.

[2013도12803] 공소사실의 특정 정도

공소사실의 기재에 있어서 범죄의 일시, 장소, 방법을 명시하여 공소사실을 특정하도록 한 법의 취지는 법원에 대하여 심판의 대상을 한정하고 피고인에게 방어의 범위를 특정하여 그 방어권 행사를 쉽게 해주기 위한 데에 있다. 따라서 공소사실은 위와 같은 요소를 종합하여 구성요건 해당사실을 다른 사실과 구별할 수 있을 정도로 기재하면 족하고, 공소장에 범죄의 일시, 장소, 방법 등이 구체적으로 지적되지 않았더라도 위와 같이 공소사실을 특정하도록 한 법의 취지에 반하지 아니하고 공소 범죄의 성격에 비추어 그 개괄적 표시가 부득이한 경우에는, 그 공소 내용이 특정되지 않아 공소제기가 위법하다고 할 수 없다(2004도6646; 2004도4896 등).

원심은, 피해자에 대한 피고인의 성적 접촉행위는 1년여의 장기간 동안 10여 차례에 걸쳐 이루어졌고, 이에 따라 피해자는 처음 피해를 당한 날로부터 상당한 시간이 흐른 이후 피해사실을 진술하게 되어 일일이 그 날짜와 시간을 기억하는 것은 어려운 일이므로, 시일을 개괄적으로 표시하는 데 부득이한 사정이 있고, 피고인의 변소 역시 피해자와 만난 사실 자체를 다투는 것이 아니라 주로 추행의 정도와 강제력의 유무 등을 다투고 있어 범행일시의 특정이 피고인의 방어권행사에 지장을 초래할 것으로는 보이지 않는다는 이유로 이 사건 공소사실이 특정되었다고 판단하였다. 앞서 본 법리 및 원심이 적법하게 채택한 증거들에 비추어 살펴보면, 원심의 위와 같은 판단은 정당하고, 거기에 공소사실의 특정에 관한 법리를 오해한 위법은 없다.

7   (나) **개괄적 기재의 허용**   그러나 공소사실특정을 지나치게 세밀하게 요구할수록 공소의 제기·유지는 그만큼 어렵게 된다. 또한 피고인의 범죄사실에 관한 최종확정은 법원이 공판절차에서 행하는 것이므로 공소제기단계에서 이를 무제한적으로 요구할 수는 없다. 따라서 판례는 "공소범죄의 성격에 비추어 그 개괄적 표시가 부득이한 경우"에는 개괄적 기재가 허용된다고 한다(2002도2939; 2004도6646 등). 구체적으로 1) 범죄일시는 이중기소나 시효에 저촉되지 않을 정도,1) 2) 범죄장소는 토지관할을 가름할 수 있을 정도, 그리고 3) 범행방법은 범죄구성요건을 밝힐 수 있는 정도로 공소사실을 특정하면 충분하다고 한다(2002도807; 2007도11000).

---

1) 2022도8257: 범죄의 '일시'는 이중기소나 시효에 저촉되는지 식별할 수 있을 정도로 기재하여야 한다. 따라서 범죄의 '일시'가 공소시효 완성 여부를 판별할 수 없을 정도로 개괄적으로 기재되었다면 공소사실이 특정되었다고 볼 수 없다. '피고인 1은 제1심 공동피고인과 공모하여 2013. 12.경부터 2014. 1.경 사이에 밀양시에 있는 피해자가 운영하는 소주방에서, 약 10분 동안 소란을 피워 피해자의 정상적인 주점 영업 업무를 방해하였다.'는 취지의 공소사실은 공소사실이 특정되었다고 볼 수 없다.

마약류 범죄는 개괄적 기재가 허용되는 대표적인 경우이다. 이런 경우에는   8
공소장에 범죄의 일시, 장소, 방법 등이 구체적으로 적시되지 않았더라도 공소
사실의 불특정으로 인하여 공소제기가 위법한 것으로 되지는 않는다. 예컨대,
범죄의 일시·장소가 명확하지 않을 때에는 '몇 시경' 또는 '어디 부근'이라는 식
으로 어느 정도 개괄적으로 기재하는 것이 허용된다. 그러나 피고인의 방어권
행사에 지장을 초래할 위험성이 큰 정도의 개괄적 기재는 허용되지 않는다.

[마약류관리에 관한 법률 위반죄와 공소사실의 특정 정도]

[2009도9717] [1] 형사소송법 제254조 ④항이 "공소사실의 기재는 범죄의 시일,
장소와 방법을 명시하여 사실을 특정할 수 있도록 하여야 한다"라고 규정한 취지
는, 심판의 대상을 한정함으로써 심판의 능률과 신속을 꾀함과 동시에 방어의 범위
를 특정하여 피고인의 방어권 행사를 쉽게 해주기 위한 것이므로, 검사로서는 위
세 가지 특정요소를 종합하여 다른 사실과 식별할 수 있도록 범죄 구성요건에 해당
하는 구체적 사실을 기재하여야 한다. 이는 마약류취급자가 아니면서도 마약류를
투약하였음을 내용으로 하는 마약류관리에 관한 법률 위반죄의 공소사실에 관한 기
재에 있어서도 마찬가지이다.
[2] '2008. 8. 3.부터 2008. 10. 2. 사이에 피고인의 주거지 등지에서 일명 필로폰
0.03g을 투약하였다'는 공소사실의 경우, 위와 같은 기재만으로는 피고인의 방어권
행사에 지장을 초래할 위험이 크고, 공소 범죄사실의 특성상 복수의 투약가능성이
농후하여 심판대상이 한정되었다고 보기 어려워, 공소사실이 특정되었다고 볼 수
없다고 한 사례.
[2011도11817] 공소장에 범행일시를 모발감정 결과에 기초하여 투약가능기간을 역
으로 추정한 '2010. 11.경'으로, 투약장소를 '부산 사하구 이하 불상지'로 기재한 사
안에서, 마약류 투약범죄의 특성 등에 비추어 공소사실이 특정되었다고 보기 어렵
다고 한 사례.
[2010도4671] 메스암페타민의 양성반응이 나온 소변감정결과에 의하여 그 투약일
시를 '2009. 8. 10.부터 2009. 8. 19.까지 사이'로, 투약장소를 '서울 또는 부산 이하
불상'으로 공소장에 기재한 사안에서, 공소사실이 향정신성의약품투약 범죄의 특성
을 고려하여 합리적인 정도로 특정된 것으로 볼 수 있다고 한 사례.

포괄일죄에 대해서도 판례는 개개의 행위가 특정되지 않더라도 전체범행의   9
대상·방법 등이 특정되면 충분하다고 한다.[1] 그러나 이에 대해 포괄일죄는 실

1) 예컨대 업무상 횡령죄의 포괄일죄의 경우 업무상 횡령죄 전체의 시기와 종기, 범행방법, 범

질적으로 수죄이고, 포괄일죄를 구성하는 수개의 범죄행위를 특정하지 않으면 피고인의 방어권행사가 불가능하거나 곤란해지며, 공소사실이 구체적으로 명확히 특정되어야 피고인의 방어권행사가 용이해진다는 점을 고려하여 포괄일죄를 구성하는 개개의 범죄행위를 공소장에 특정해야 한다는 견해가 있다.[1]

10   판례가 이와 같이 개괄적 기재를 허용하는 것은 공소사실의 특정 정도를 너무 낮게 요구하는 것이어서 피고인의 방어권을 충실히 보장하는 데 어려움이 있을 뿐만 아니라 형벌권의 과도한 행사를 초래할 염려도 있다. 판례가 제시하는 일반적인 기준은 추측컨대 법원으로 하여금 공소사실의 특정 여부에 대한 판단을 '구체적 상황의 맥락' 속에서 탄력적으로 할 수 있게 한다. 다시 말하면 공소사실의 특정에 대한 요청은 '무조건적으로 또한 무제한적으로 구체적으로 기재하라는 요청'이 아니라 '구체적 상황의 맥락 속에서 특정될 수 있을 정도로 기재하라는 요청'으로 재해석된다.

11   (다) **공소사실 불특정의 효과**   공소사실의 특정은 공소제기의 유효조건에 속한다. 따라서 공소사실이 전혀 특정되지 않은 공소제기는 '공소제기절차가 법률의 규정에 위반하여 무효인 때'(제327조 2호)에 해당하여 공소기각판결로써 형사절차를 종결해야 한다. 그리고 공소제기 후 공소사실이 특정되지 않은 하자가 치유될 수는 없다. 다만 공소사실로서 구체적인 범죄구성요건사실이 표시되어 있지만, 그 특정된 내용이 부분적으로 불명확한 경우에 검사가 스스로 또는 법원의 석명에 의하여(규칙 제141조) 사후적으로 보정할 수 있다고 봄이 타당하다. 이렇게 할 때 피고인보호와 소송경제의 요청이 조화롭게 실현될 수 있기 때문이다.[2] 그리고 보정된 공소장의 부본은 피고인에게 송달하여야 한다. 더 나아가 공소장에 적용법조의 오기나 누락이 있는 경우에는 공소장 변경 없이 그리고 공소장보정절차를 거치지 않고 곧바로 공소장에 기재되어 있지 않은 법조를 적용할 수 있다. 예컨대 형법 제347조 ②항, ①항으로 기재할 것을 형법 제347조 ①항이라고 오기한 경우에 법원은 앞의 법조를 적용하여 판결할 수 있다(2005도 4085). 다만 공소사실이 일반법과 특별법에 모두 해당하지만 검사가 형이 보다 가벼운 일반법의 죄로 기소하였는데, 법원이 형이 더 무거운 특별법을 적용하여 특별법위반의 죄로 처단한다면 불고불리원칙에 위배된다(2005도9743).

행횟수 또는 피해액의 합계 및 피해자나 상대방을 명시하면 이로써 그 범죄사실은 특정된다고 한다(90도833; 92도1671; 97도2609).

1) 백형구 477.
2) 신동운 581.

(4) **적용법조** 적용법조의 명시기재는 공소사실의 특정을 뒷받침하기 위한 **12** 필수적 자료이다. 따라서 그 취지는 공소사실의 특정의 경우와 마찬가지이다. 적용법조에는 공소사실에 적용할 각칙 또는 특별형법의 법조뿐만 아니라 총칙 상의 미수·공범·부작위에 관한 법조도 기재해야 한다. 그 기재는 '제 몇 조 몇 항'이라는 식으로 명시적으로 하여야 한다. 다만 죄명·적용법조에 약간의 오기 가 있더라도 공소제기효력에는 영향이 없다. 공소장에 적용법조의 기재가 잘못 되었더라도 피고인의 방어권행사에 충분한 기회를 주고 법원의 소신에 따라 해 당 법조를 찾아서 처벌할 수 있다는 것이 판례의 입장이다.[1] 그러나 죄명이나 적용법조가 전부 누락되거나 또는 그 핵심부분이 기재되지 않아서 피고인이 어 떤 방어전략도 수립할 수 없는 경우에는 적용법조를 명시적으로 기재할 것을 요구한 제254조 ③항의 취지에 정면으로 배치되므로 제327조 2호에 따라 공소 기각판결을 선고해야 한다.[2]

3. 범죄사실과 적용법조의 예비적·택일적 기재

(1) **개 념** 공소장에는 수개의 범죄사실과 적용법조를 예비적 또는 택일 **13** 적으로 기재할 수 있다(제254조 ⑤항). 1) 예비적 기재란 수개의 범죄사실을 기재 하면서 그에 관한 심판순서를 정하는 기재방법을 말한다. 예를 들면 먼저 A사 실에 대한 심판을 청구하고, 이것이 성립하지 않을 경우 B사실을 심판해 달라 는 기재방식을 말한다. 이때 A사실을 주위적 공소사실 또는 본위적 공소사실이 라 하고 B사실을 예비적 공소사실이라 한다. 법원은 예비적 공소사실을 주위적 공소사실보다 먼저 심판해서는 안 된다(75도3238).[3] 주위적 공소사실을 인정하 지 않을 경우에만 예비적 공소사실을 심판할 수 있을 뿐이다. 2) 택일적 기재는 심판순서를 정하지 않고 수개의 범죄사실에 대한 심판을 구하는 기재방법을 말 한다. 택일적 기재에서 법원은 어느 사실부터 먼저 심판하더라도 상관없다.

(2) **취 지** 이처럼 범죄사실과 적용법조의 예비적·택일적 기재를 허용하 **14** 는 것은 공소단계의 범죄사실은 범죄의 개연적 혐의에 불과하고 검사의 심증형 성이 충분하지 않을 수도 있기 때문이다. 이런 경우에 공소장의 기재방법에 융 통성을 두어서 검사의 공소제기와 공소유지를 용이하게 하는 데 그 취지가 있

---

1) 예를 들어 강도강간죄로 공소제기된 사건에 대해 공소장변경 없이 특수강도미수죄와 강간죄 를 인정한다고 하여 피고인의 방어권행사에 불이익을 주는 것은 아니라고 한다(87도792).
2) 신동운 581; 이은모/김정환 405; 이재상/조균석/이창온 20/12.
3) 대판 1975. 12. 23, 75도3238.

다. 같은 취지에서 제298조는 공소제기 후에도 공소장변경에 의하여 공소사실
이나 적용법조를 추가·철회 또는 변경할 수 있도록 규정하고 있다.

15 　　 **(3) 허용범위** 　　 수개의 범죄사실을 예비적·택일적으로 기재하는 것은 그
범죄사실들 사이에 동일성이 인정되는 경우를 전제한다. 범죄사실 사이에 동일
성이 없는 경우에도 그들을 예비적·택일적 공소사실로 하는 공소제기를 허용할
것인가에 관해서는 긍정설과 부정설이 대립한다.

16 　　 **(개) 긍정설** 　　 공소사실의 예비적·택일적 기재는 범죄사실의 동일성이 인
정되지 않는 실체적 경합관계에 있는 수개의 범죄사실 사이에서도 인정된다는
견해이다.[1] 그 근거는 다음과 같다. 1) 제254조 ⑤항이 '수개의 범죄사실'을 예
비적·택일적으로 기재할 수 있다고 규정하고 있을 뿐, 공소사실의 동일성을 요
구하는 규정이 없다. 2) 공소사실의 예비적·택일적 기재는 소송경제를 도모할
목적으로 이루어지는 것이다. 3) 따라서 기소편의주의(제247조)의 연장선상에서
인정되는 제도이므로 동일한 범죄사실의 실체형성과정에서 발생하는 변동상황
에 대처하기 위한 공소장변경제도(제298조)와 구별된다. 판례는 처음에 수개의
범죄사실 사이에 동일성이 인정되는 경우에만 예비적·택일적 기재가 허용되는
것으로 보았다(62도66). 그 후 판례변경을 통하여 동일성을 요건으로 할 필요가
없다는 견해를 취하고 있다(65도114 전합).

17 　　 **(내) 부정설** 　　 공소사실의 예비적·택일적 기재는 범죄사실의 동일성이 인정
되는 범위 안에서만 허용된다는 견해이다.[2] 그 근거는 다음과 같다. 1) 제254조
⑤항의 '수개의 범죄사실'은 입법의 착오이고, 2) 예비적·택일적 기재제도는 소
송경제를 도모하는 것이 아니라 무죄판결을 방지하려는 데 그 목적이 있다. 3)
동일성이 인정되지 않는 수개의 범죄사실을 예비적·택일적으로 공소장에 기재
하는 것은 일종의 조건부 공소제기를 허용하는 것이 되어 불확정적인 공소제기
를 인정하는 셈이 된다. 4) 공소장의 예비적·택일적 기재(제254조 ⑤항)이든 공소
장변경에 의한 공소사실의 예비적 변경·택일적 추가(제298조)이든 모두 법원의
심판범위를 정하는 문제이면서 동시에 피고인의 방어권보장과 직결된다는 점을
감안하면 양자를 달리 취급해야 할 이유가 없다.

18 　　 **(대) 결 론** 　　 긍정설에 의하면 예를 들어 경범죄와 강도죄·방화죄 등의 중

---

1) 배종대/홍영기 [32] 18; 신동운 584; 이창현 588.
2) 강구진 272; 김기두 238; 백형구 479; 이은모/김정환 406; 이재상/조균석/이창온 20/15; 정영
　 석/이형국 241.

범죄가 예비적·택일적으로 기소될 수 있고, 경범죄가 주위적 또는 택일적 공소사실로 처벌받을 경우 강도와 방화죄에도 일사부재리효력이 미친다는 점에서 피고인에게 유리한 장점이 있다. 그리고 긍정설의 단점으로 지적되는 피고인의 과중한 방어부담은, 검사가 예비적·택일적 공소사실을 처음부터 경합범으로 기소한 경우에 비하여 더 큰 것이라고 할 수 없다. 따라서 이론적으로는 긍정설이 더 많은 장점을 가지고 있는 것으로 보인다.

　　그러나 피고인의 과중한 방어부담을 이유로 부정설을 따르는 경우에 법원 **19** 이 공소사실의 동일성이 없는 예비적·택일적 기재에 대해 취할 수 있는 조치로는 다음과 같은 것이 있다고 한다. 1) 경합범에 대한 기소로 보아 유·무죄의 실체판결을 하는 방안, 2) 검사가 스스로 또는 법원이 석명권(규칙 제141조)을 행사하여 검사로 하여금 공소장을 경합범의 형식으로 보정하는 절차를 취하게 하는 방안, 그리고 3) 공소제기절차가 법률의 규정에 위반하여 무효인 때로서 공소기각판결(제327조 2호)을 하는 방안이 있다. 그러나 1)의 방안은 형사소송의 형식적 확실성을 해치고, 3)은 불필요한 절차를 반복케 하여 소송경제를 해친다는 점에서 2)의 방안이 가장 바람직하다고 한다.[1] 이렇게 되면 결국 부정설과 긍정설의 실질적인 차이는 없어지게 된다.

　(4) **법원의 심리방법**　　예비적·택일적으로 기재된 모든 범죄사실은 법원의 **20** 심판대상이 된다. 이때 어느 하나의 범죄사실에 대해 판결주문에서 유죄를 선고하면, 다른 범죄사실은 저절로 배척되므로 이에 관해 특별히 무죄선고를 해야 할 필요가 없다. 그러면 판결이유에서 언급해야 할 필요성이 있는가에 대해서는 다음과 같이 경우를 나누어 살펴보아야 한다. 1) 택일적 기재의 경우는 판결이유에서도 다른 사실에 대한 판단은 필요 없다. 심판청구 자체가 택일적으로 되었기 때문이다. 따라서 검사는 다른 범죄사실을 유죄로 인정하지 않았다는 이유로 상소할 수 없다(81도1269; 2004도7232). 2) 예비적 기재에서 주위적 공소사실을 유죄로 인정한 경우에도 마찬가지이다. 3) 예비적 공소사실을 유죄로 인정한 경우에는, 판결이유에서 주위적 공소사실에 대한 판단이 필요 없다고 해석하는 견해도 있으나,[2] 판례(76도1126; 75도3228)와 다수설은 예비적 기재는 택일적 기재와 달리 판단순서를 정하여 공소제기한 것이기 때문에 주위적 공소사실을 받아

---

1) 이재상/조균석/이창온 20/15. 살인의 점을 주위적 공소사실로, 범인도피의 점을 예비적 공소사실로 한 경우이다.
2) 강구진 273; 김기두 238; 정영석/이형국 242.

들이지 않은 이유를 설시할 필요가 있다고 한다.[1] 그렇지 않으면 검사의 항소권행사에 지장이 있을 뿐만 아니라 택일적 기재와 예비적 기재의 차이도 없어질 것이기 때문이다. 4) 만일 예비적·택일적으로 기재된 모든 공소사실에 대해 무죄선고를 할 경우에는 판결이유 가운데 이에 대한 설명이 있어야 한다.

Ⅱ. 공소장일본주의

1. 의　　　의

21　　(1) 개　념　　공소장일본주의는 검사가 공소를 제기할 때에는 원칙적으로 공소장 하나만을 제출하여야 하고 그 밖에 사건에 관하여 법원에 예단을 생기게 할 수 있는 서류 기타 물건을 첨부하거나 그 내용을 인용하여서는 안 된다는 원칙이다(규칙 제118조 ②항).

22　　(2) 이론적 근거　　공소장일본주의는 법원이 공소제기단계에서 수사기관의 일방적 범죄심증으로부터 벗어나 공판정에서 양 당사자가 주도적으로 제출하는 증거를 직접 조사하여 비로소 심증을 형성하도록 하는 제도이다. 공소장일본주의의 이론적 근거는 다음 세 가지 원칙으로 설명할 수 있다.

23　　(개) 예단배제의 원칙　　사건을 심판할 때 법관에게 미리 부당한 심증을 형성할 수 있는 유형적 사유를 제거하여 법적으로 공정한 재판을 보장하려는 원칙을 예단배제원칙이라고 한다.[2] 법관이 백지의 심증상태에서 공판심리에 임하도록 하는 공소장일본주의는 법관의 기피신청이나 증거조사의 합리성보장 등과 함께 예단배제원칙을 표현하고 있다.

24　　(내) 공판중심주의　　공판중심주의는, 법관의 심증형성은 직접주의와 구두변론주의가 지배하는 공판기일의 심리에 의하여야 한다는 원칙을 말한다. 공소장일본주의는 법관이 그와 같은 공판기일의 심리가 아닌 공소장을 통해 심증을 형성하지 못하도록 한다는 점에서 공판중심주의를 실현하는 것이다.

25　　(대) 위법증거의 배제　　예컨대 수사기록은 전문증거로서 공판기일에 증거능력이 인정되지 않을 수도 있다. 그런데 공판 전에 법원이 수사기록을 접하면 증거능력이 없는 증거에 의해 심증을 형성하는 셈이 되므로 위법증거를 배제하

---

1) 배종대/홍영기 [32] 20; 신동운 585; 이은모/김정환 408; 이재상/조균석/이창온 20/18; 이창현 592.

2) 배종대/홍영기 [32] 23; 이은모/김정환 409; 이재상/조균석/이창온 20/22.

려는 현행법의 많은 규정들이 무의미해진다. 그러므로 위법증거의 배제를 위해서도 공소장일본주의가 요구된다.

[소송구조론과 공소장일본주의] 직권주의 소송구조인 독일에서는 공소장에 수사의 **26** 중요한 결과와 증거를 기재하고, 공소제기와 동시에 법원에 수사기록을 제출하도록 하고 있다(독일 형사소송법 제199조 ②항, 200조). 그러므로 공소장일본주의는 채택되지 않고 있다. 이에 반해 당사자주의 소송구조가 지배하는 영미의 재판, 특히 배심재판에서 배심원들은 범죄혐의를 부인하는 사건에 대해 공판정에 나타난 증거만을 가지고 유·무죄를 판단해야 하므로 공소장일본주의가 논리적으로 전제되고 있다. 그래서 당사자주의 소송구조는 공소장일본주의의 이론적 근거로 제시된다. 그러나 직업법관에 의한 직권주의적 형사소송에서도 직접주의와 구술주의를 철저하게 관철하려면 공소장일본주의가 요구되므로1) 직권주의적 소송에서는 곧 공소장일본주의가 배제된다는 도식적 추론은 필연적인 것이 아니다.

2. 공소장일본주의의 내용

(1) **첨부와 인용의 금지**   공소장일본주의는 사건에 관하여 법원의 예단을 **27** 발생시킬 수 있는 서류 기타 물건을 첨부하거나 그 내용을 인용하는 것을 금지한다(규칙 제118조 ②항).

(카) **첨부의 금지**   사건에 관하여 법원의 예단을 발생시킬 수 있는 서류 **28** 기타 물건이란 사건의 실체심리에 앞서서 법관의 심증형성에 영향을 줄 수 있는 자료를 말한다. 따라서 공소제기시에 공소사건에 관한 사건기록을 제출해서는 안 될 뿐만 아니라 공소사실을 증명하는 소송서류나 증거물의 일부를 제출하는 것도 허용되지 않는다. 그러나 예단을 줄 염려가 없는 물건을 공소장에 첨부하는 것은 상관없다. 형사소송규칙도 공소장에 변호인선임서 또는 보조인신고서, 특별대리인 선임결정등본을, 그리고 공소제기당시 피고인이 구속되어 있거나 체포 또는 구속된 후 석방된 경우에는 체포영장, 긴급체포서, 구속영장 기타 구속에 관한 서류를 첨부하여야 한다는 규정을 두고 있다(규칙 제118조 ①항).

(나) **인용의 금지**   공소장일본주의는 공소장에 증거 기타 예단을 발생시킬 **29** 수 있는 문서내용을 인용하는 것도 금지한다. 그러나 증거물의 인용이 금지되는 경우에도, 문서를 수단으로 한 협박·공갈·명예훼손 등의 사건에서는 문서의 기재내용 그 자체가 범죄구성요건에 해당하는 중요한 요소이므로 공소사실을 특

---

1) 같은 관점으로 신동운 588.

정하기 위하여 문서의 전부 또는 일부를 인용하는 것은 적법하다.[1]

(2) 여사餘事기재의 금지

30   **(가) 전과의 기재**   전과가 예단을 생기게 할 수 있는 사항인 점에는 의문이 없다. 따라서 상습범의 예처럼 전과가 범죄구성요건에 해당하는 경우나 전과를 수단으로 공갈하는 등 사실상 범죄사실의 내용을 이루는 경우 이외에는 공소장에 전과를 기재하는 것은 공소장일본주의에 반한다.[2] 공소사실과 다른 종류의 전과를 기재하는 경우에는 삭제하는 것으로 충분하다는 견해도 있다.[3] 그러나 비록 강도의 차이는 있더라도 법관의 심증형성에 영향을 주기는 마찬가지이므로 공소사실과 동종의 전과이든 이종의 전과이든 공소사실과 함께 기재해서는 안 된다. 그러나 대법원은 전과의 기재가 '피고인의 특정하는 사항'에 해당하는 것으로 허용된다는 입장이다(90도1813).

31   **(나) 전과 이외의 악성격·경력·소행의 기재**   전과 이외의 피고인의 나쁜 성격이나 경력을 기재하는 것도 그것이 범죄구성요건의 요소가 되는 경우나 구성요건적 행위와 밀접불가분의 관계에 있는 경우를 제외하고는 기재가 허용되지 않는다.

32   **(다) 범죄동기의 기재**   범죄의 동기·원인은 범죄사실이 아니므로 일반적으로 기재가 허용되지 않는다. 그러나 살인죄·방화죄와 같은 동기범죄나 중대범죄에서는 동기가 공소사실과 밀접한 관련이 있고, 공소사실을 명확하게 하기 위해 필요하므로 이를 기재하는 것은 허용된다. 다만 직접동기의 범위를 벗어나는 것은 허용되지 않는다.

33   **(라) 여죄의 기재**   심판대상이 되는 범죄사실 이외의 다른 범죄사실, 즉 여죄의 기재는 법관에게 예단을 생기게 할 수 있으므로 원칙적으로 허용되지 않는다. 다만 구체적 범죄사실의 기재가 없는 여죄존재의 지적은 단순한 여사餘事기재로 공소장의 보정을 통해 삭제를 명하면 족하다는 견해[4]가 있다. 그러나 이것도 무죄추정원칙(헌법 제27조 ④항, 법 제275조의2)에 비추어 공소장일본주의에 반한다고 할 것이다. 따라서 공소기각판결(제327조 2호)을 내려야 한다.[5]

---

1) 이은모/김정환 410; 이재상/조균석/이창온 20/29; 이창현 594.

2) 강구진 280; 신동운 592; 이은모/김정환 411; 이재상/조균석/이창온 20/31; 이창현 594.

3) 이재상/조균석/이창온 20/31.

4) 이재상/조균석/이창온 20/34; 정영석/이형국 245.

5) 신동운 593; 이은모/김정환 412; 이창현 596.

3. 공소장일본주의의 적용범위

(1) **공소제기** 공소장일본주의는 공소제기에 한하여 인정되는 것이므로 공 **34**
판절차갱신 후의 절차, 상소심의 절차, 파기환송 후의 절차에는 적용되지 않는다.

(2) **정식재판절차** 공소장일본주의는 정식재판절차에만 적용된다. 검사가 **35**
약식명령을 청구하는 때에는 공소제기와 동시에 수사기록과 증거물을 제출하여
야 한다(제449조, 규칙 제170조). 이는 약식절차가 서면심리에 의한 재판이라는 특
징을 가지고 있기 때문에 공소장일본주의의 예외를 인정한 것이다. 다만 약식명
령의 청구가 있는 경우에도, 법원이 약식명령을 할 수 없거나 부적당하다고 인
정하여 공판절차에 의하여 심판하거나(제450조), 정식재판의 청구(제453조)가 있
는 때에는 다시 공소장일본주의가 적용된다. 그러나 즉결심판에 대하여 정식재
판의 청구가 있는 경우에는 사건기록과 증거물을 지체없이 관할법원에 송부하
여야 한다(즉심법 제14조 ③항). 즉 이 경우는 공소장일본주의의 예외이다.

(3) **공판기일 전의 증거제출** 제273조는 공판기일 전의 증거조사, 제274조 **36**
는 당사자의 공판기일 전의 증거제출을 인정하고 있다. 이러한 공판기일전의 증
거제출이 공소장일본주의에 반하는 것이 아닌가 하는 의문이 있다. 공판기일 전
의 증거조사와 증거제출은 공판절차에서 심리의 집중과 정리를 위해 필요한 범위
에서 허용된다는 견해1)가 있다. 그러나 증거보전절차(제184조)에 대한 관계에 비
추어 제273조, 274조의 공판기일 전은 제1회 공판기일 이후의 공판기일 전을 의
미하는 것으로 보아서 공소장일본주의와 조화를 꾀할 수 있을 것으로 생각한다.2)

4. 공소장일본주의 위반의 효과

공소장일본주의에 대한 위반은 공소제기방식의 중대한 위반이므로 공소제 **37**
기는 무효가 된다. 따라서 법원은 공소기각판결을 내려야 한다(제327조 2호). 이
에 반해 예단을 생기게 할 염려가 없는 단순한 여사기재는 검사가 스스로 또는
법원이 삭제를 명하여 공소장을 보완하면 공소장일본주의 위반의 하자가 치유
될 수 있다는 견해가 있다. 여사기재로 인한 예단위험을 지나치게 강조하는 것
은 바람직하지 않기 때문이라 한다. 물론 단순한 여사기재가 실제로 예단형성의
위험이 전혀 없다면 처음부터 공소장일본주의의 적용대상이 아니며 법원에 의

---

1) 이창현 597.
2) 강구진 342; 김기두 256; 이은모/김정환 413; 이재상/조균석/이창온 21/42; 정영석/이형국 245.

한 삭제명령과 같은 공소장보정명령의 대상이 될 수 있을 것이다. 그러나 예단 형성의 위험이 있으면 공소장일본주의에 위반되고, 그 하자는 치유될 수 없다.[1]

Ⅲ. 공소취소

1. 의   의

38　　(1) **공소변경주의**　　공소취소는 검사가 공소제기를 철회하는 법률행위적 소송행위를 말한다. 공소취소를 인정하는 입법태도를 공소변경주의라고 하고, 인정하지 않는 입법태도를 공소불변경주의라고 한다. 제255조 ①항은 "공소는 제1심 판결선고 전까지 취소할 수 있다"고 규정하고 있다. 공소취소를 인정하지 않으면 공소제기 후에 변경된 사정을 반영할 수 없을 뿐만 아니라, 수사가 인적·물적·시간적 제반사정으로 완벽할 수 없는 한계를 간과하게 된다는 점에 그 근거를 두고 있다.[2]

39　　이와 같은 공소변경주의는 기소편의주의의 논리일관된 입법태도라고 할 수 있다. 둘 다 검사에게 소송물에 대한 처분권을 부여한다는 원칙, 즉 처분권주의의 표현이기 때문이다. 이와 반대로 기소법정주의와 공소불변경주의는 검사에게 소송물에 관한 처분권을 인정하지 않는 원칙의 표현이라고 할 수 있다.[3]

40　　(2) **공소사실의 철회와 구별**　　공소취소와 공소사실의 철회는 구별된다. 공소취소는 소송법상 동일성이 인정되지 않는 '수개의 공소사실'의 전부·일부에 대한 법원의 소송계속을 종결시키는 검사의 소송행위이다(88도67; 91도1438 등). 이에 반해 공소사실의 철회(제298조 ①항)는 공소장변경의 한 형태로서 동일성이 인정되는 '하나의 범죄사실'의 일부에 대한 판단요구를 철회하는 의사표시를 말한다. 해당 사건에 대한 법원의 소송계속에는 변함이 없다. 공소취소는 검사가 공판정에서 구술로써도 할 수 있다(제255조 ②항 단서). 그러나 공소사실의 철회는 원칙적으로 서면에 의해야 한다(규칙 제142조 ①항). 검사가 수개의 공소사실의 일부를 공소취소하면, 법원은 공소장변경절차를 밟지 않고 그 부분에 대한 공소기각결정(제328조 ①항 1호)을 한다.

---

1) 신동운 594.
2) 공소취소제도를 반대하는 견해도 있다. 피고인이 무죄판결을 받아서 자신의 결백을 입증할 수 있는 기회가 박탈된다는 것이 주된 이유이다.
3) 독일에서 Offizialprinzip(국가소추주의)은 소송물의 처분권주의와 대립되는 개념으로 사용되는 것이기도 하다.

[2004도3203] 공소사실의 일부철회와 공소취소

공소사실의 동일성이 인정되지 아니하고 실체적 경합관계에 있는 수개의 공소사실의 전부 또는 일부를 철회하는 공소취소의 경우 그에 따라 공소기각의 결정이 확정된 때에는 그 범죄사실에 대하여는 형사소송법 제329조의 규정에 의하여 다른 중요한 증거가 발견되지 않는 한 재기소가 허용되지 아니하지만, 이와 달리 포괄일죄로 기소된 공소사실 중 일부에 대하여 형사소송법 제298조 소정의 공소장변경의 방식으로 이루어지는 공소사실의 일부 철회의 경우에는 그러한 제한이 적용되지 아니한다 할 것이다.

피고인이 그가 상무로 재직하던 신용협동조합에서 이 사건 피해자를 비롯한 다수의 사람들로부터 대출 명의를 빌려 변제능력이 없는 사람들에게 대출을 함으로써 조합에 손해를 가한 혐의로 업무상 배임의 포괄일죄로 기소되어 1심 재판을 받던 중, 이 사건 피해자 명의로 이루어진 대출의 경우 그 대출금이 위 조합의 시재금 부족분에 충당되었을 뿐 피고인이 이를 현실로 인출, 사용한 적이 없다는 이유로 그 부분 공소사실이 철회되고 나머지 공소사실에 관하여 유죄의 확정판결을 받았다가, 그 후 위 대출행위로 말미암아 위 조합에 대하여 법률상 채무를 부담하게 된 피해자의 고소에 의하여 피해자에 대한 사기죄로 이 사건 공소가 제기된 사건에 대해 위 공소사실의 철회는 공소의 취소에 해당하지 아니하여 형사소송법 제329조의 제한을 받지 아니한다고 한 사례.

2. 공소취소의 절차

(1) **공소취소사유**　공소취소사유는 법률상 제한이 없다. 공소제기 후에 변 **41** 경된 사정으로 불기소처분을 하는 것이 상당하다고 인정되는 경우이면 된다. 따라서 증거불충분이나 소송조건의 결여 등 어떤 사유로도 공소취소는 가능하다.

(2) **공소취소의 방식**　공소취소는 이유를 기재한 서면으로 하여야 한다. 다 **42** 만 공판정에서는 구술로 할 수 있다(제255조 ②항). 공소취소이유를 기재하지 않은 경우에도 공소취소는 유효하다. 또한 공소를 취소한 때에는 검사는 7일 이내에 서면으로 고소인 또는 고발인에게 그 취지를 통지하여야 한다(제258조 ①항).

(3) **공소취소의 기한**　공소취소는 제1심 판결선고 전까지만 가능하다(제255 **43** 조 ①항). 이처럼 취소시기에 제한을 둔 것은 검사의 처분에 의하여 재판의 효력이 좌우되는 일이 없도록 하기 위한 취지이다. 그렇지 않고서는 법원의 무의미한 수고를 막을 방법이 없다. 여기서 제1심 판결선고는 제1심 판결의 고지를 의

미할 뿐 실체판결인가 형식판결인가는 묻지 않는다.[1) 따라서 유·무죄의 판결뿐
만 아니라 면소판결이나 공소기각의 판결이 선고된 경우에도 공소취소는 불가
능하다. 또한 제1심 판결에 대해 상소심의 파기환송이나 이송의 판결이 있는 경
우에도 공소는 취소할 수 없다. 제1심 판결이 선고된 이상 이에 대한 재심소송
절차가 진행 중에 있는 경우에도 공소는 취소할 수 없다(76도3203). 약식명령도
법원의 종국판단이므로 그 발부 후에는 공소취소가 허용되지 않는다. 다만 정식
재판의 청구로 공판절차가 개시된 경우에는 공소취소가 가능하다.

3. 공소취소의 효과

44   공소가 취소되면 결정으로 공소를 기각하여야 한다(제328조 ①항 1호). 공소
취소에 의한 공소기각의 결정이 확정된 때에는 공소취소 후 그 범죄사실에 대
한 다른 중요한 증거가 발견된 경우가 아니면 다시 공소를 제기하지 못한다(제
329조). 이처럼 동일사건에 대한 재기소의 제한을 둔 이유는 법적 안정성과 인권
보호를 위한 것이다.[2) 여기에서 '다른 중요한 증거'는 같은 사건에 대해 기존증
거에 추가하여 새롭게 유죄인정을 가능케 하는 증거를 말한다. 이는 단순일죄인
범죄사실에 대하여 공소가 제기되었다가 공소취소에 의한 공소기각결정이 확정
된 후 다시 종전 범죄사실 그대로 재기소하는 경우뿐만 아니라, 범죄의 태양,
수단, 피해의 정도, 범죄로 얻은 이익 등 범죄사실의 내용을 추가 변경하여 재
기소하는 경우에도 마찬가지로 적용된다. 따라서 단순일죄인 범죄사실에 대하
여 공소취소로 인한 공소기각결정이 확정된 후에 종전의 범죄사실을 변경하여
재기소하기 위하여는 변경된 범죄사실에 대한 다른 중요한 증거가 발견되어야
한다(2008도9634). 이에 위반하여 다시 공소가 제기된 때에는 판결로써 공소기각
의 선고를 하여야 한다(제327조 4호).

45   이와 관련하여 증거불충분에 의한 공소취소의 경우에는 재기소를 허용하지
않는 것이 바람직하다는 견해가 있다.[3) 현행법상 공소취소사유의 제한은 없기
때문에 증거불충분도 공소취소의 사유가 된다. 그리고 공소가 취소된 후 새로운
증거를 확보하여 기소하면 재기소금지에도 위반되지 않는다(제329조). 따라서 법
원은 실체심리를 진행하여야 한다. 그러나 검사의 공소취소사유가 증거불충분

---

1) 백형구 489; 신동운 675.
2) 백형구 490; 이재상/조균석/이창온 19/31; 이창현 705; 정영석/이형국 233.
3) 김기두 231; 이재상/조균석/이창온 19/31.

인 경우에 피고인 입장에서는 그 절차를 그대로 진행하여 무죄판결을 받을 개연성이 있고, 그런 상태에 이르기까지 피고인이 전개한 방어활동은 무죄판결이 선고될 것에 대한 신뢰 속에서 이루어졌다고 볼 수 있다. 피고인의 그런 신뢰를 저버릴 만큼 검사에게 소송물에 관한 처분권을 인정하는 것은 피고인의 자유이익을 지나치게 침해하는 것이라고 할 수 있다. 그러므로 증거불충분의 경우 피고인의 무죄판결에 대한 신뢰는 보호할 가치가 있다.

Ⅳ. 공소시효

1. 의   의

공소시효는 검사가 일정기간 공소를 제기하지 않고 형사사건을 방치하는 **46** 경우에 국가의 소추권이 소멸되는 제도를 말한다. 공소시효와 형의 시효(형법 제77조~80조)는 구별된다. 양자가 모두 형사시효의 일종이지만 공소시효는 확정판결 전에 형사소추권의 소멸로 형벌권의 행사를 불가능하게 하는 형사소송법상의 제도(제249조 이하)인 데 반해, 형의 시효는 확정판결 후에 형벌권의 효력을 소멸시키는 형법상의 제도(형법 제77조 이하)이다. 그리고 공소시효의 완성은 면소판결사유(제326조 3호)가 되지만, 형의 시효가 완성되면 형의 집행이 면제된다(형법 제77조).

2. 제도의 취지

공소시효제도를 둔 취지는, 1) 범행 후 시간이 오래 흐를수록 증거가 멸실 **47** 되어 진실발견이 이미 심각하게 어렵게 되고, 2) 범죄행위에 의해 초래된 법질서의 파괴가 오랜 시간의 경과로 상당부분 회복되어 처벌필요성이 감소하였다는 데 있다. 즉 범행 후 오랜 시간이 흘러 범죄자의 발견과 처벌을 통한 법질서의 회복이라는 형사절차의 목표가 이미 사라졌을 뿐만 아니라 그 목표를 추구할 가능성도 현저하게 위태로워진 상태에서 형사절차를 진행하는 것은 기본권만 침해할 가능성이 높다. 공소시효제도는 이러한 폐해를 막기 위한 제도이다.

3. 공소시효의 본질

(1) **실체법설**　공소시효는 시간의 경과에 따라 사회의 응보감정이나 범인 **48** 의 악성이 소멸함을 이유로 국가형벌권을 소멸시키는 사유라고 보는 견해이다.

따라서 공판절차에서 수소법원은 공소시효완성을 확인한 경우에는 무죄판결을
선고해야 한다. 그리고 공소시효의 효력범위도 실체법상의 죄수를 기준으로 정
하게 된다.[1]

49   (2) **소송법설**   공소시효는 형벌권을 소멸시키는 것이 아니라 시간의 경과
에 따라 증거멸실 등을 이유로 국가의 소추권만 상실시키는 소송조건으로 보는
견해이다. 따라서 수소법원은 공소시효가 완성되면 소송장애를 이유로 면소판
결을 내려야 한다. 그리고 이 견해에 따르면 공소시효의 효력범위도 과형상 일
죄를 기준으로 정해진다.[2]

50   (3) **결합설**   공소시효는 형벌필요성을 탈락시키는 사유인 동시에 증거멸
실로 인한 소추권의 소멸을 가져오는 소송조건으로 보는 견해이다. 공소시효완
성의 범위는 실체법상의 죄수를 기준으로 결정된다. 그러나 공소시효는 실체형
성과 관련된 소송조건의 의미를 가지므로 그 완성은 면소판결의 대상이 되는
것으로 본다.[3]

51   (4) **검 토**   위 학설은 독일의 학설대립을 반영하고 있다. 그런데 독일에
서 공소시효는 형법전(제78조 내지 제78조c)에 규정되어 있지만, 우리나라에서는
형사소송법전에 규정되어 있고, 시효완성의 효과에 대해서도 면소판결을 하도
록 규정하고 있으므로(제326조 3호) 실체법설은 취할 바가 못 된다. 독일에서 소
송법설과 결합설의 대립은 공소시효기간을 연장하는 개정법률이 이미 공소시효
가 완성된 범죄에 대해 소급효를 가질 수 있는가에 관한 적극적 입장과 소극적
입장을 대변한다.[4] 즉 소송법설은 소급효금지가 소송법에 대해 적용되지 않는
다는 소급효금지의 통설적 이해에 따라 공소시효기간 연장도 소급효가 있다고
본다. 이에 반해 결합설은 공소시효완성이 소추권을 소멸케 할 뿐만 아니라 범
죄행위에 의해 파괴된 법질서의 회복을 의미하는 것으로 본다. 따라서 공소시효
완성으로 형벌필요성이 탈락하므로 공소시효를 연장하는 개정법률을 소급적용
하는 것은 국가형벌권의 남용에 해당하게 된다. 이러한 점을 고려하면 결합설이
타당한 견해이다. 소송법적 규정이라 하더라도 공소시효와 같이 범죄의 성립과

---

1) 김기두 232; 정영석/이형국 234. 이 견해는 독일제국법원이 취한 입장이었다(RGSt 12, 436).
2) 강구진 264; 백형구 491; 이재상/조균석/이창온 22/5. 현재 독일 판례(BGHSt 2, 300; 11,
   393; BVerfGE 25, 269)의 입장에 속한다.
3) 신동운 553; 이은모/김정환 416.
4) 신동운 553에서는 결합설을 취하면서, 공소시효는 소송조건에 지나지 않으므로 공소시효를
   연장하는 법률개정은 실체형법의 경우와 달리 소급효가 인정된다고 본다.

처벌에 관련된 실체법적 효과를 좌우하는 규정에 대해서는 소급효를 인정하지 않는 것이 바람직하기 때문이다. 2007년의 개정법률은 공소시효의 기간을 연장하면서(제249조 ①항) 소급효를 인정하지 않는다는 것을 명문으로 규정하였고(부칙 제3조), 2015년의 개정법률은 사람을 살해한 범죄로 사형에 해당하는 범죄에 대해 공소시효를 배제하는 규정을 신설(제253조의2)하면서 법 시행 전에 공소시효가 완성된 범죄에 대해서는 소급효를 인정하지 않는다는 것을 명확히 했는데(부칙 제2조), 이는 결합설의 입장을 반영한 것이라고도 할 수 있다.1)

[2015도1362] 공소시효와 소급효

공소시효를 정지·연장·배제하는 내용의 특례조항을 신설하면서 소급적용에 관한 명시적인 경과규정을 두지 아니한 경우에 그 조항을 소급하여 적용할 수 있다고 볼 것인지에 관하여는 이를 해결할 보편타당한 일반원칙이 존재할 수 없는 터이므로 적법절차원칙과 소급금지원칙을 천명한 헌법 제12조 ①항과 제13조 ①항의 정신을 바탕으로 하여 법적 안정성과 신뢰보호원칙을 포함한 법치주의 이념을 훼손하지 아니하도록 신중히 판단하여야 한다.
2011. 11. 17.의 성폭력처벌법 개정법률이 13세 미만의 여자 및 장애가 있는 여자를 대상으로 하는 형법 제297조 강간 또는 제299조 준강간의 죄에 대해 공소시효를 배제하는 조항(제20조 제3항)을 신설하면서 공소시효에 관한 경과규정을 두지 않았는데, 이 경우 소급효가 인정되지 않는다고 한 사례.

---

4. 공소시효기간

(1) 시효기간 공소시효는 개별구성요건이 규정하고 있는 법정형을 기준 **52** 으로 다음 기간이 경과하면 완성된다(제249조 ①항). 즉 1) 사형에 해당하는 범죄에는 25년, 2) 무기징역 또는 무기금고에 해당하는 범죄에는 15년, 3) 장기 10년 이상의 징역 또는 금고에 해당하는 범죄에는 10년, 4) 장기 10년 미만의 징역 또는 금고에 해당하는 범죄에는 7년, 5) 장기 5년 미만의 징역 또는 금고, 장기 10년 이상의 자격정지 또는 벌금에 해당하는 범죄에는 5년, 6) 장기 5년 이상의 자격정지에 해당하는 범죄에는 3년, 7) 장기 5년 미만의 자격정지, 구류,

---

1) 2010. 4. 15.의 성폭력처벌법 개정법률도 미성년자에 대한 성폭력범죄와 관련한 공소시효 정지·연장조항을 신설하면서(제20조 ①·②항) 법 시행 전에 공소시효가 완성된 성폭력범죄에 대해서는 소급효를 인정하지 않는 규정을 두었다(부칙 제3조).

과료 또는 몰수에 해당하는 범죄에는 1년의 기간이다. 한편, 공소가 제기된 범죄는 판결이 확정되지 않고 공소를 제기한 때로부터 25년이 경과하면 공소시효가 완성된 것으로 간주한다(같은 조 ②항).[1] 이것을 의제공소시효라고 한다.[2]

⑵ 공소시효기간의 결정기준

53   ㈎ **법정형기준**   공소시효기간은 법정형을 기준으로 결정한다. 2개 이상의 형을 병과하거나 2개 이상의 형에서 그 1개를 과할 범죄에는 중한 형을 기준으로 공소시효기간을 결정한다(제250조). 이때 2개 이상의 형을 병과할 때라 함은 2개 이상의 주형主刑이 병과되는 경우를 말한다. 또 2개 이상의 형에서 그 1개를 과할 범죄는 수개의 형이 선택적으로 규정되어 있는 범죄를 말한다.

54   형법에 의하여 형을 가중·감경할 경우에는 가중 또는 감경하지 아니한 형을 기준으로 시효기간을 결정한다(제251조). 가중·감경은 필요적인 경우와 임의적인 경우를 모두 포함한다. 특별법에 의한 형의 가중·감경은 특별법상의 법정형을 기준으로 공소시효의 기간을 결정한다.[3] 법률의 변경에 의하여 법정형이 변경된 경우에는 재판시법설, 행위시법설, 절충설이 있다. 절충설은 형법 제1조에 따라 가벼운 법정형이 공소시효의 기준이 되며,[4] 법정형의 변경에 의하여 공소시효기간이 연장되더라도 소급효금지원칙은 적용되지 않는다는 견해이다. 판례는 범죄 후 법률의 개정으로 법정형이 가벼워진 경우에는 형법 제1조 제2항에 따라 가벼운 신법의 법정형이 공소시효기간의 기준이 된다고 한다(2008도4376).

55   교사범·종범은 정범의 법정형을 기준으로 한다. 그러나 필요적 공범은 개별행위자를 기준으로 공소시효를 결정한다. 양벌규정에 의하여 종업원 이외에 법인이나 사업주를 처벌하는 경우에 이들에 대한 공소시효는 양벌규정의 구성

---

1) 판례는 범인이 형사처분을 면할 목적으로 국외에 있는 기간 동안 공소시효를 정지시키는 제253조 ③항은 의제공소시효(제249조 ②항)에는 적용되지 않는다고 해석한다. 따라서 공소제기 후 피고인이 처벌을 면할 목적으로 국외에 있는 경우에도, 그 기간 동안 제249조 제2항에서 정한 기간(25년)의 진행이 정지되지는 않는다(2020도13547).

2) 이것은 우리 형사소송법에만 있는 제도이다. 의제공소시효는 피고인 소재불명 등의 사유로 인한 영구미제사건을 종결하기 위한 실무적 구상에서 마련된 제도이다. 그러나 법원이 정치적 이유에서 사법판단을 회피하기 위한 수단으로 악용할 경우에는 부작용을 가져올 수도 있다. 아직 경험적으로 보고된 것은 없으나, 이렇게 될 경우 법원의 사법판단의무를 규정한 헌법 제101조에 반하고, 신속한 공개재판을 받을 권리(헌법 제27조 ③항)를 침해하게 된다. 따라서 의제공소시효제도는 형사실무의 편의만을 고려한 것으로서 권력분립의 헌법정신과 실체적 진실규명을 지향하는 형사소송법의 이념에 부합하지 않기 때문에 폐지하는 것이 바람직하다는 견해(신동운 554)가 있다.

3) 대판 1973. 3. 13, 72도2976.

4) 이재상/조균석/이창온 22/13; 이창현 607 이하.

요건상 행위주체가 되는 종업원에 대한 법정형을 기준으로 결정한다.1) 사업주
와 종업원의 처벌에 일관성을 유지하기 위해서이다.

(나) **예비적·택일적 기재의 경우**   공소장에 수개의 범죄사실이 예비적·택   **56**
일적으로 기재되는 경우(제254조 ⑤항)에 공소시효는 각 범죄사실을 단위로 개별
적으로 결정된다. 판례에 의하면 공소사실의 예비적·택일적 기재는 수개의 범
죄사실에 대해서도 가능하기 때문이다.

(다) **기 타**   1) 공소제기후 공소장변경이 행해진 경우(제298조)에 공소제기   **57**
효력은 공소장에 기재된 공소사실과 동일성이 인정되는 사실에 대해서도 미치
므로, 공소제기시를 기준으로 변경된 공소사실의 공소시효의 완성 여부를 결정
하는 것이 타당하다(2001도2902; 2013도6182 등). 2) 과형상 일죄는 가장 중한 죄에
정한 법정형을 기준으로 결정하자는 견해2)도 있으나, 과형상 일죄는 실체법상
수죄에 해당되므로 각 범죄사실에 따라 공소시효를 결정하는 것이 옳다.3)

(3) **공소시효의 계산방법**   공소시효는 '범죄'행위를 '종료'한 때로부터 진행   **58**
한다(제252조 ①항). '범죄행위가 종료한 때'는 구성요건에 해당하는 행위를 한 때
가 아니라, 구성요건에 해당하는 결과가 발생한 때를 의미한다(2002도3924). 계속
범의 경우에는 법익침해의 종료시점을 기준으로 하고, 결과적 가중범의 경우에
도 중한 결과가 발생한 시점을 시효기산점으로 한다. 미수범의 범죄행위는 행위
를 종료하지 못하였거나 결과가 발생하지 아니하여 더 이상 범죄가 진행될 수
없는 때에 종료하고, 그때부터 미수범의 공소시효가 진행한다(2011도7282; 2016도
14820). 공범의 경우에는 최종행위가 종료한 때로부터 공범 전체에 대한 시효기
간이 진행한다(같은 조 ②항).

공소시효의 초일은 시간을 계산하지 않고 1일로 산정한다(제66조 ①항 단서).   **59**
공소시효기간의 말일이 공휴일이거나 토요일이더라도 그 날은 공소시효기간에
산입된다(같은 조 ③항 단서 참조). 한편 제252조 ①항에도 불구하고 미성년자에
대한 성폭력범죄의 공소시효는 해당 성폭력범죄로 피해를 당한 미성년자가 성
년에 달한 날부터 진행하며(성폭력처벌법 제21조 ①항), 아동학대범죄의 공소시효
도 해당 아동학대범죄의 피해아동이 성년에 달한 날부터 진행한다(아동학대처벌
법 제34조 ①항).

---

1) 신동운 556.
2) 김기두 234.
3) 신동운 556; 이재상/조균석/이창온 22/15; 이창현 606.

5. 공소시효의 정지

60 일정한 사유가 있으면 공소시효는 그 진행이 정지된다. 시효정지는 해당 사유가 존재하는 동안에만 이루어지고 그 사유가 없어지면 나머지 기간 동안 다시 진행된다. 따라서 중단사유가 소멸하면 시효가 처음부터 다시 진행되는 시효중단과 구별된다.

(1) 공소시효정지의 사유

61 (가) **공소의 제기** 공소시효는 공소제기로 진행이 정지되고 공소기각 또는 관할위반의 재판이 확정된 때로부터 다시 진행한다(제253조 ①항). 이때 공소제기는 반드시 유효하거나 적법하지 않아도 상관없다. 즉, 공소제기가 소송조건을 구비하지 않은 경우에도 공소시효는 정지된다.

62 (나) **국외도피** 공소시효는 범인이 형사처분을 면할 목적으로 국외에 있는 경우에 그 기간 동안 정지된다(제253조 ③항). 여기에는 범인이 국내에서 범죄를 저지르고 형사처분을 면할 목적으로 국외로 도피한 경우뿐만 아니라 범인이 국외에서 범죄를 저지르고 형사처분을 면할 목적으로 국외에서 체류를 계속하는 경우도 포함된다.[1] 이때 범인의 국외체류의 목적이 오로지 형사처분을 면할 목적만으로 국외에 체류하는 것에 한정되는 것은 아니고 범인이 가지는 여러 국외체류 목적 중 형사처분을 면할 목적이 포함되어 있으면 족하다(2002도4994; 2015도5916 등). 그러나 국외에 체류중인 범인에게 형사처분을 면할 목적이 계속 존재하였는지가 의심스러운 사정이 발생한 경우, 그 기간 동안 형사처분을 면할 목적이 있었는지 여부는 당해 범죄의 공소시효의 기간, 범인이 귀국할 수 없는 사정이 초래된 경위, 피고인의 생활근거지가 어느 곳인지 등의 제반 사정을 참작하여 판단하여야 한다. 그리고 그러한 목적이 유지되고 있었다는 점은 검사가 입증하여야 한다.[2]

---

1) 2015도5916; 2022도857: 피고인(중국 국적)이 자신의 본국(중국)에 체류하는 것이 국내(대한민국)에서의 형사처분을 면하기 위한 방편이었다면 마찬가지로 공소시효가 정지된다.

2) 2008도4101: 법정최고형이 징역 5년인 부정수표단속법 위반죄를 범한 사람이 중국으로 출국하여 체류하다가 그곳에서 징역 14년을 선고받고 8년 이상 복역한 후 우리나라로 추방되어 위 죄로 공소제기된 사안에서, 위 수감기간 동안에는 '형사처분을 면할 목적'을 인정할 수 없어 공소시효의 진행이 정지되지 않는다고 한 사례.

[2011도8462] 국외도피와 공소시효

피고인이 출국에 필요한 유효한 증명 없이 일본으로 밀항하였다고 하여 밀항단속법 위반으로 기소된 사안에서, 피고인의 출국 자체가 형사처분을 면할 목적이 아니라 생업에 종사하기 위함이고, 피고인이 의도했던 국외 체류기간이나 실제 체류기간이 모두 밀항단속법 위반죄의 법정형이나 공소시효기간에 비해 매우 장기인 점, 피고인이 다시 국내로 입국하게 된 경위 등 제반 사정에 비추어 피고인이 밀항단속법 위반죄에 대한 형사처분을 면할 목적으로 일본에 있었다고 인정하기에 부족하여 공소시효 진행이 정지되지 않는다는 이유로 면소를 선고한 제1심판결을 유지한 원심의 조치가 정당하다고 한 사례.

　　(대) **재정신청**　　검사의 불기소처분에 대해 재정신청(제260조)이 있으면 고 **63** 등법원의 재정결정이 있을 때까지 공소시효진행은 정지된다(제262조의4). 그러나 검사의 불기소처분에 대한 검찰항고(검찰청법 제10조)를 제기하거나 헌법소원의 심판(헌재법 제68조 ①항)을 청구하는 경우에는 시효가 정지되지 않는다.

　　(라) **소년보호사건과 아동보호사건**　　소년부 판사가 소년보호사건의 심리 **64** 개시결정을 하면(소년법 제20조 ①항) 그 심리개시결정이 있은 때로부터 그 사건에 대한 보호처분의 결정이 확정될 때까지 공소시효진행은 정지된다(같은 법 제54조). 또한 아동학대범죄에 대한 공소시효는 해당 아동보호사건이 법원에 송치된 때부터 시효 진행이 정지된다(아동학대처벌법 제34조 ②항).

　　(마) **5·18특별법에 의한 공소시효의 정지**　　1995. 12. 21. 공포발효된 5·18 **65** 민주화운동 등에 관한 특별법은 1979년 12월 12일과 1980년 5월 18일을 전후하여 발생한 헌정질서파괴범죄행위에 대하여 해당 범죄행위의 종료일부터 1993년 2월 24일까지의 기간은 공소시효의 진행이 정지된 것으로 본다(5·18민주화운동법 제2조).

　　(2) **공소시효정지의 효력범위**　　공소시효정지는 주관적으로는 공소제기된 **66** 피고인에 대해서만 효력이 미친다. 따라서 진범이 아닌 자에 대한 공소제기는 시효진행을 정지시키지 못한다.[1] 공범의 1인에 대한 공소의 제기로 인한 시효정지는 다른 공범자에게도 효력이 미치고, 당해 사건의 재판이 확정된 때로부터 진행한다(제253조 ②항). 공범처벌의 일관성과 공평성을 기하기 위해서이다. 그러나 이 조항은 공소제기 효력의 인적 범위를 확장하는 예외를 마련하여 놓은 것

---

1) 이은모/김정환 423; 이재상/조균석/이창온 22/22; 이창현 614.

이므로 원칙적으로 엄격하게 해석하여야 하고, 따라서 여기의 '공범'에는 뇌물공
여죄와 뇌물수수죄 사이와 같은 대향범 관계에 있는 자는 포함되지 않는다(2012
도4842). 한편 공소시효 정지의 객관적 효력범위는 소송법상 사건의 단일성, 즉
실체법상의 죄수를 기준으로 결정된다.[1]

6. 공소시효완성의 효과

67   공소제기 없이 공소시효기간이 경과하거나(제249조 ①항) 공소가 제기된 경
우에도 판결이 확정되지 않고 25년이 경과하거나(같은 조 ②항) 또는 공소제기 후
공소기각 또는 관할위반의 재판이 확정된 때로부터 다시 공소시효가 진행하여
나머지 공소시효기간을 경과한 경우(제253조 ①항)에는 공소시효가 완성된다. 공
소시효가 완성된 사건에 대해 공소가 제기되면 법원은 판결로써 면소의 선고를
하여야 한다(제326조 3호). 공소시효는 공소제기의 조건에 속하기 때문이다. 만일
면소판결을 하지 않고 유·무죄의 실체판결을 하면 위법한 것이 되고 항소 또는
상고이유가 된다(제361조의5 1호, 제383조 1호).

7. 공소시효의 배제

68   제249조에도 불구하고 공소시효가 적용되지 않고 끝까지 소추와 처벌의 대
상이 되는 범죄들이 있다. 이는 헌정질서파괴범죄와 반인륜범죄, 흉악범죄 등이
공소시효를 이유로 처벌되지 않는 현실에 대한 부정적 국민감정이 반영된 것이
지만, 법적 안정성의 관점에서는 공소시효 배제의 대상을 확대하는 최근의 경향
은 긍정적 의미만 갖는다고 할 수 없다.

69   공소시효가 적용되지 않는 범죄로는 1) 사람을 살해한 범죄(종범은 제외)로
사형에 해당하는 범죄(제253조의2), 2) 헌정질서파괴범죄인 형법상 내란의 죄와
외환의 죄, 군형법상 반란의 죄와 이적의 죄, 그리고 살인죄로서 「집단살해죄의
방지와 처벌에 관한 협약」에 규정된 집단살해에 해당하는 범죄(헌정질서파괴범죄
의 공소시효 등에 관한 특례법 제2조, 3조), 3) 국제형사재판소 관할 범죄의 처벌 등에
관한 법률상 집단살해죄(제6조), 4) 형법, 성폭력처벌법, 청소년성보호법상 강간
등살인죄(성폭력처벌법 제21조 ④항, 청소년성보호법 제20조 ④항), 5) 13세 미만의 사
람과 신체적 또는 정신적 장애가 있는 사람을 대상으로 한 형법상 강간죄, 미성
년자 간음·추행죄 등 일부 강간과 추행의 죄,[2] 성폭력처벌법상 강간등상해·치

---

1) 신동운 563 이하.

상, 강간등살인·치사, 유사성행위와 청소년성보호법상 강간등상해·치상, 강간
등살인·치사죄(성폭력처벌법 제21조 ③항, 청소년성보호법 제20조 ③항), 5) 아동·청소
년성착취물 제작·수입·수출죄(청소년성보호법 제20조 ④항, 11조 ①항)에 대해서는
공소시효의 적용이 배제된다.

[25] 제 4 공소제기의 효과

공소제기에 의해 형사절차는 검사가 주재하는 수사절차로부터 법원이 주재　　1
하는 공판절차로 넘어간다. 공소제기로 인해 피의자는 피고인으로 전환되어 법
원, 검사와 더불어 소송주체의 지위를 가지게 된다. 공소가 제기된 이상 수사기
관은 원칙적으로 수사를 전개할 수 없으며 공소시효의 진행도 정지된다. 법원의
심판범위 또한 검사의 공소제기에 의하여 한정된다.

Ⅰ. 소송계속

1. 의　　의

(1) 개　념　　검사의 공소제기에 의하여 피고사건이 수소법원의 심리와 재　　2
판의 대상이 되는 상태를 가리켜 소송계속訴訟係屬이라 한다. 소송계속이 발생하
면 피의자는 피고인으로 그 법적 지위가 변하고, 수소법원은 피고사건에 대해
검사의 의견에 구속되지 않고 독자적인 판단으로 심리와 재판을 진행한다. 검사
는 소송계속중인 피고인을 구속하거나 구속기소한 피고인을 석방하지 못한다.

(2) 종　류　　검사의 공소제기가 실체적·형식적 소송조건을 구비하여 수소　　3
법원이 유·무죄의 실체판결을 행할 수 있는 상태의 소송계속을 실체적 소송계
속이라 한다. 이에 반해 실체적 소송조건이 결여되어 수소법원이 면소판결(제
326조)을 해야 할 경우 또는 형식적 소송조건이 결여되어 관할위반판결(제319조),
공소기각판결(제327조) 또는 공소기각결정(제328조)을 해야 하는 경우의 소송계속을
형식적 소송계속이라고 한다. 형식적 소송계속은 검사의 공소제기가 없는데도
수소법원이 공소제기가 있는 것으로 오인하여 심리를 개시한 경우에도 발생한

---

2) 형법 제297조(강간), 제298조(강제추행), 제299조(준강간, 준강제추행), 제301조(강간등 상해·
　치상), 제301조의2(강간등 살인·치사) 또는 제305조(미성년자에 대한 간음, 추행)의 죄.

다. 이 경우 법원은 형식재판에 의하여 피고인을 소송관계에서 배제하여야 한다.

2. 소송계속의 효과

4   **(1) 적극적 효과**   공소제기에 의하여 법원은 당해 사건을 심리하고 재판할 수 있는 권리와 의무를 진다. 그리고 검사와 피고인은 당사자로서 심리에 관여하고 법원의 심판을 받아야 하는 권리·의무를 갖게 된다. 이러한 권리와 의무는 공소제기의 적법·부적법과는 관계가 없다. 공소제기가 적법·유효한 경우는 물론 공소제기가 부적법·무효인 경우에도 형식적 소송계속이 발생하여, 법원은 면소·공소기각·관할위반과 같은 형식재판을 할 권리와 의무를 지니기 때문이다.

5   **(2) 소극적 효과**   공소제기가 있는 때에는 동일사건에 대하여 다시 공소를 제기할 수 없다. 이를 이중기소 금지라고 한다. 따라서 동일사건이 법원에 이중으로 공소가 제기되면 공소기각판결을 하여야 한다(제327조 3호).¹⁾ 또한 동일한 사건을 수개의 법원에 대하여 이중으로 기소할 수도 없다. 사물관할을 달리하는 법원간에 동일한 사건이 소송계속된 경우에는 법원합의부가 심판하고(제12조), 사물관할을 같이하는 법원간에 동일한 사건이 소송계속된 경우에는 원칙적으로 먼저 공소를 받은 법원이 심판한다(제13조). 물론 이러한 경우 심판할 수 없게 된 법원은 공소기각결정을 하여야 한다(제328조 3호).

Ⅱ. 공소제기의 효력이 미치는 범위

1. 공소제기의 인적 효력범위

6   공소는 검사가 피고인으로 지정한 사람 외의 다른 사람에게는 그 효력이 미치지 아니한다(제248조 ①항). 따라서 공소제기 후에 진범이 발견되어도 공소제기의 효력은 진범에게 미치지 아니하고, 공범 중 1인에 대한 공소제기가 있어도 다른 공범자에게는 효력이 미치지 않는다. 이 점은 고소의 효력(제233조)과 차이가 나는 점이다. 다만 공소제기로 인한 시효정지의 효력은 다른 공범자에게도 미친다(제253조 ②항).

---

1) 2001도2196: "상습사기죄로 공소를 제기한 후 그 고소의 효력이 미치는 위 기준시까지의 사기행위 일부를 별개의 독립된 사기죄로 공소를 제기하는 것은…이중기소에 해당되어 허용될 수 없다."

(1) 피고인의 특정

(개) **학설의 대립** '검사가 지정한 피고인'의 의미에 관하여 학설대립이 있 **7**
다. 검사의 의사를 기준으로 하여야 한다는 입장을 의사설, 공소장에 피고인으
로 표시된 자가 피고인이라는 입장을 표시설, 실제로 피고인으로 행위하거나 피
고인으로 취급된 자가 피고인이라는 입장을 행위설이라 부른다. 통설은 절충설
이다. 절충하는 방법으로, 1) 표시설과 행위설을 결합하여 피고인을 정해야 한
다는 견해1)와 2) 표시설을 중심으로 하면서도 행위설과 의사설을 고려하여 피
고인을 결정해야 한다는 견해2)가 있다. 2)의 견해는 검사의 의사를 고려하지
않으면 성명모용의 경우 모용자가 피고인으로 행위하기 전에는 그를 피고인이
라 할 수 없는 부당한 결과가 초래된다는 점을 그 논거로 든다.

(내) **검토와 결론** 표시설과 행위설은 절차의 확실성을 중시하는 견해라고 **8**
할 수 있다. 형식적 진실만으로 만족하는 민사소송에서는 표시설이 통설로 되어
있다. 그러나 형사소송은 절차의 확실성보다는 실체적 진실 또는 정의가 더 중
요하다. 그러므로 원칙적으로 형사소송에서 피고인은 검사의 의사를 중시할 필
요가 있다. 다만 검사의 의사를 기준으로 진정피고인(또는 실질적 피고인)이 아닐
지라도 법원에 의해 피고인으로 취급되거나 또는 본인 스스로 피고인으로 행동
하는 경우에는 그에 대한 '사실상의 소송계속'이 발생한다. 이와 같은 사람을 부
진정피고인(또는 형식적 피고인)이라고 할 수 있다. 부진정피고인에게는 검사의 공
소제기효과가 가상적으로 미친다고 보아야 한다. 그래야만 법원은 그를 형식재
판으로 절차에서 배제함으로써 그의 불안정한 지위를 제거해 줄 수 있다. 표시
설이나 행위설은 바로 그 한도 안에서 의미를 갖는다. 이와 같이 의사설을 원칙
으로 하되 표시설과 행위설을 소송절차의 단계·형태·경과 등을 고려하여 구체
적인 경우마다 합리적으로 사용해야 한다는 견해를 실질적 표시설이라고 할 수
있다.3) 이러한 피고인특정에 관한 이론은 성명모용과 위장출석의 경우에 특히
문제가 된다.

(2) 성명모용

(개) **개 념** 수사절차에서 피의자(A)가 타인(B)의 성명을 모용(사칭)함으로 **9**
써 그 타인, 즉 피모용자(B)의 이름으로 공소가 제기된 경우, 의사설에 의하면

---

1) 강구진 108; 김기두 59; 정영석/이형국 71.
2) 신동운 609; 이은모/김정환 438; 이재상/조균석/이창온 28/3; 이창현 96.
3) 설명방식은 다르지만 예컨대 표시설을 중심으로 하면서도 행위설과 의사설을 고려하여 피고
   인을 결정해야 한다는 견해도 이와 같은 견해라고 할 수 있다.

공소제기의 효력은 명의를 사칭한 자, 즉 모용자(A)에게만 미치고 피모용자(B)에게는 미치지 않는다(97도2215 등)1).

10   (나) **검사와 법원의 처리**   이러한 경우 1) 검사는 공소장의 인적사항의 기재를 정정하여 피고인의 표시를 피모용자(B)에서 모용자(A)로 바로 잡아 피고인을 특정하여야 한다. 이는 피고인의 표시상의 착오를 정정하는 것이지 공소장을 변경하는 것이 아니므로, 이에 대해 법원의 허가를 받아야 할 필요는 없다(85도756; 92도2554 등). 2) 만일 검사가 공소장의 피고인 표시를 정정하여 모용관계를 바로 잡지 아니한 경우에는, 외형상 피모용자(B) 명의로 공소가 제기된 것으로되어 있어 그 기재는 모용자(A)를 특정할 수 없는 것이어서, 공소제기의 방식이 제254조 규정에 위반하여 무효가 되므로, 법원은 피모용자(B)로 기재된 공소를 기각하는 판결(제327조 2호)을 선고하여야 한다(82도2078; 92도2554). 3) 검사가 피고인 표시를 바로 잡은 경우에는, 처음부터 모용자(A)에 대한 공소의 제기가 있었고 피모용자(B)에 대한 공소의 제기가 있었던 것이 아니므로, 법원은 모용자(A)에 대하여 심리하고 재판을 하면 되고 피모용자(B)는 위 모용관계가 바로 잡혀 피고인의 지위에 있지 않게 되었으므로 원칙적으로 피모용자(B)에 대하여 심판할 것은 아니다(92도2554).2) 4) 피모용자(B)가 실제로 피고인으로 행동하거나 피고인으로 취급받는 등 사실상의 소송계속이 발생하고 형식상 또는 외관상 피고인의 지위를 갖게 된 경우에는, 법원으로서는 예외적으로 피모용자(B)를 절차에서 배제하는 공소기각판결을 하여야 한다. 즉, 피모용자(B)에게 적법한 공소의 제기가 없었음을 밝혀주는 의미에서 제327조 2호를 유추적용하여 공소기각의 판결을 함으로써 피모용자의 불안정한 지위를 명확히 해소해 주어야 한다(92도2554; 97도2215).

---

1) 2023도751: 형사소송법 제248조에 따라 공소는 검사가 피고인으로 지정한 이외의 다른 사람에게 그 효력이 미치지 아니하는 것이므로 공소제기의 효력은 검사가 피고인으로 지정한 자에 대하여만 미치는 것이고, 따라서 피의자가 다른 사람의 성명을 모용한 탓으로 공소장에 피모용자가 피고인으로 표시되었더라도 이는 당사자의 표시상의 착오일 뿐이고, 검사는 모용자에 대하여 공소를 제기한 것이므로 모용자가 피고인이 되고 피모용자에게 공소의 효력이 미친다고는 할 수 없다. 이와 같은 법리는 「경범죄 처벌법」에 따른 경찰서장의 통고처분의 효력에도 마찬가지로 적용된다고 보아야 한다.

2) 84도1610: 이러한 경우 피모용자(B)에 대하여는 단순배제로 족하고 공소기각의 판결을 요하지 아니한다. 그럼에도 불구하고 피모용자(B)에 대하여 제327조 2호에 의하여 공소기각의 판결을 선고하는 것은, 기소되지 아니한 사람에 대하여 심판한 것이 되어 위법하다.

[92도2554] 약식명령과 성명모용

피모용자가 약식명령에 대하여 정식재판을 청구하여 피모용자를 상대로 심리를 하는 과정에서 성명모용 사실이 발각되어 검사가 공소장을 정정하는 등 사실상의 소송계속이 발생하고 형식상 또는 외관상 피고인의 지위를 갖게 된 경우에 법원으로서는 피모용자에게 적법한 공소의 제기가 없었음을 밝혀 주는 의미에서 형사소송법 제327조 제2호를 유추적용하여 공소기각의 판결을 함으로써 피모용자의 불안정한 지위를 명확히 해소해 주어야 하고, 피모용자가 정식재판을 청구하였다 하여도 모용자에게는 아직 약식명령의 송달이 없었다 할 것이어서 검사는 공소장에 기재된 피고인의 표시를 정정할 수 있으며, 법원은 이에 따라 약식명령의 피고인 표시를 경정할 수 있고, 본래의 약식명령정본과 함께 이 경정결정을 모용자에게 송달하면 이때에 약식명령의 적법한 송달이 있다고 볼 것이며, 이에 대하여 소정의 기간 내에 정식재판의 청구가 없으면 약식명령은 확정된다.

⑶ 위장출석

(개) **개 념** 공소장에 검사가 피고인(甲)으로 삼은 사람의 인적 사항이 **11** 기재되어 있음에도 불구하고 타인(乙)이 출석하여 재판을 받은 경우에 공소장에 표시된 피고인(甲)은 진정피고인이고, 위장출석하여 소송에 관여한 자(乙)는 부진정피고인이 된다. 이때 공소제기의 효력은 진정피고인(甲)에 대해서만 발생한다.

(내) **법원의 처리** 1) 위장출석사실이 인정신문단계에서 밝혀진 경우 법원 **12** 은 위장출석한 부진정피고인(乙)을 퇴정시켜 소송절차에서 배제하고 진정피고인 (甲)을 소환하여 공판심리절차를 진행하여야 한다.[1) 2) 위장출석자(乙)에 대한 피고인신문과 증거조사 등 사실심리가 이루어진 단계에서 위장출석사실이 밝혀진 경우에는 위장출석자에 대해 사실상의 소송계속이 발생하였으므로 제327조 2호를 유추적용하여 공소기각판결을 내려 절차를 종결시켜야 한다.[2) 그리고 진정피고인(甲)에 대해 공소제기 이후의 제1심 절차를 다시 진행하여야 한다. 위장출석이 상소심의 심리 중에 판명된 경우에도 마찬가지이다. 3) 유죄판결이 확정된 후에 위장출석사실이 밝혀진 경우 위장출석자는, '유죄선고를 받은 자에 대하여 무죄를 인정할 명백한 증거가 새로 발견된 때'(제420조 5호)에 해당하는

---

1) 백형구 134; 신동운 612; 이재상/조균석 10/5.

2) 백형구, 위장출석·성명모용의 소송관계, 고시연구 1994. 2, 177면. 그리고 제327조 2호의 직접적용설은 신동운 612; 정영석/이형국 72.

것으로 보아 재심청구로써 무죄판결을 다시 선고받을 수 있다는 견해1)와 비상
상고에 의해서 구제받을 수 있다는 견해2)가 대립하고 있다. 위장출석이 명백하
다면 절차가 더 간단한 후자의 견해가 타당하다.

2. 공소제기의 물적 효력범위

13   (1) **공소불가분의 원칙**   범죄사실의 일부에 대한 공소는 그 전부에 대하여
효력이 미친다(제248조 ②항). 이를 공소불가분의 원칙이라 한다. 공소제기의 효
력은 단일성이 인정되는 사건 전체에 미치고 동일성이 인정되는 한 그 효력이
계속 유지된다는 것이다. 여기서 공소사실의 단일성은 소송법적 사건의 단일성
을 의미하고, 동일성은 기본적 사실의 동일성을 의미한다.3) 즉 공소제기의 효력
은 공소사실의 단일성·동일성이 인정되는 사실의 전체에 대해서 미친다. 다만
이 범위에 있는 경우에도 공소사실과 다른 범죄사실을 심판하려면 피고인의 방
어에 불이익을 초래하는 한 공소장변경(제298조)을 거쳐야 한다. 이런 의미에서
공소제기의 물적 효력범위는 법원의 잠재적 심판범위를 의미한다. 동시에 공소
장변경의 범위(제298조 ①항)와 기판력의 객관적 범위(헌법 제13조 ①항, 법 제326조
1호)를 의미하는 것이기도 하다.

14   (2) **일죄의 일부에 대한 공소제기**   소송법상 일죄로 취급되는 단순일죄 또
는 과형상의 일죄의 일부에 대한 공소제기가 허용되는가 하는 점이 문제된다.
예컨대 강도상해 전부에 대해 범죄혐의가 인정되고 소송조건이 구비된 경우에
검사가 그 일부인 강도에 대해서만 공소를 제기하는 것이 허용되는가 하는 문
제이다. 이에 대해서는 다음과 같은 세 가지 견해가 대립하고 있다.

15   (가) **소극설**   일죄의 일부에 대한 공소제기를 허용하면 실체적 진실발견을
무시하고 검사의 자의를 인정하는 결과가 되기 때문에 허용해서는 안 된다는
견해이다.4) 따라서 일죄의 일부에 대한 기소는 공소불가분원칙에 의해 그 사건
의 전부에 대해 효력을 미친다.

16   (나) **적극설**   제248조 ②항이 일죄의 일부에 대한 공소제기를 허용하는 것
으로 해석하여5) 일죄의 일부에 대한 공소제기를 허용하자는 견해이다.6) 이에

---

1) 백형구 134; 이은모/김정환 78; 이창현 100.
2) 신동운 612; 이재상/조균석/이창온 28/5.
3) 이재상/조균석/이창온 21/14.
4) 김기두 240; 이은모/김정환 440; 정영석/이형국 247.
5) 이재상/조균석/이창온 21/16.

대한 근거로는 변론주의에 의하여 검사에게 소송물의 처분권이 있다는 관점[1]과 공소제기가 검사의 재량에 속한다는 입장[2]이 있다. 물론 적극설에 따를 때에도 법원의 현실적 심판대상은 공소장에 기재된 일죄의 일부에 제한되므로, 법원은 검사의 공소장변경신청이 있는 경우에 한하여 일죄의 전부를 심판할 수 있다.

(다) **절충설**　일죄의 일부에 대한 공소제기는 원칙적으로 허용되지 않으나 **17** 검사가 범죄사실의 일부를 예비적·택일적으로 기재한 경우에만 예외적으로 허용하자는 견해[3]이다.

(라) **검 토**　검사가 공소사실을 예비적·택일적으로 기재한 경우는 일죄의 **18** 일부에 대한 기소가 아니므로 절충설은 사실상 소극설과 같다. 기소편의주의(제247조)와 공소취소제도(제255조) 등에서 검사에게 소송대상에 관한 처분권을 부여하고 있지만, 진실발견이라는 형사소송의 목표에 비추어 가능한 한 검사의 처분권은 제한적으로 해석하는 것이 바람직하다. 이런 점에서 검사가 일죄의 일부에 대해서만 공소를 제기하는 것은 원칙적으로 허용되지 않는다고 보아야 한다. 그러나 검사가 일죄의 일부에 대해서만 공소를 제기하더라도 제248조 ②항에 의해 그 효력은 범죄사실 전부에 미치므로 법원의 심판대상은 일부에 국한되지 않는다. 따라서 이는 허용되느냐 아니냐의 문제로 볼 것은 아니다. 말하자면 검사의 의도적 일부 기소는 원칙적으로 허용되지 않는다는 점에서는 소극설이 타당하지만, 그러한 공소제기에도 불구하고 심판대상은 범죄사실 전부가 되므로 결과에 있어서는 적극설에 따른 결론이 되는 것이다. 법원은 "하나의 행위가 여러 범죄의 구성요건을 동시에 충족하는 경우 공소제기권자가 증명의 난이 등 여러 사정을 고려하여 그 중 일부 범죄에 관해서만 공소를 제기할 수도 있다"고 하여 적극설을 취하지만, '소추 재량을 현저히 벗어났다는 등의 특별한 사정이 없는 한'이라고 하여 의도적 일부 기소는 허용되지 않는다는 점을 단서로 명시하고 있다(2017도13458).

---

6) 강구진 288; 배종대/홍영기 [33] 17; 이재상/조균석/이창온 21/16; 이창현 621.
1) 강구진 288.
2) 이재상/조균석/이창온 21/16; 이창현 621.
3) 신동운 635.

[26] 제 5 재정신청

I. 재정신청제도의 의의와 연혁

1. 의   의

1   재정신청은 검사의 불기소처분에 불복하는 고소인 또는 고발인이 법원에
공소제기의 여부를 재판으로 결정해 줄 것을 신청하는 제도를 말한다(제260조 이하).
법원의 공소제기 결정이 있으면 검사는 공소를 제기하여야 하고 이렇게 제기된
공소에 대해서는 공소취소를 할 수 없기 때문에 기소강제절차의 성격을 지니며,
기소편의주의 및 기소독점주의에 대한 견제장치로서의 의미를 갖는다.[1]

2   [재정신청과 준기소절차] 개정법률 이전의 재정신청제도는 재정신청을 받은 법원
이 검사의 불기소처분이 부당하다고 판단하여 법원의 심판에 회부하는 결정, 즉 부
심판결정을 내리면 그것이 곧 공소제기의 효과를 갖는다고 하여 '준기소절차'로 불
리웠다. 하지만 개정법률에 의하면 법원의 공소제기 결정은 '준기소'의 효과를 갖지
않고 검사의 공소제기를 강제하는 효과가 있기 때문에 새로운 재정신청제도는 '준
기소절차'가 아닌 '기소강제절차'라 할 수 있다.

3   현행법은 기소독점주의(제246조)와 함께 기소편의주의(제247조)를 채택하고
있어 공소권을 독점하고 있는 검사의 공소제기가 독선과 자의에 의해 행사될
우려가 있다. 이와 같은 검사의 공소권행사에 대한 규제장치로 검사의 부당한
불기소처분에 불복하는 고소인 또는 고발인을 위하여 검찰청법은 항고·재항고
제도를 두고 있다(검찰청법 제10조). 그러나 항고·재항고는 검사동일체원칙이 적
용되는 검찰조직 내부의 자기통제장치이므로 검사의 공소권행사의 적정성을 보
장하기에는 미흡하다. 바로 이것을 보완하기 위한 제도가 재정신청이다.

2. 연   혁

4   1954년 형사소송법은 모든 범죄에 대하여 재정신청을 인정하였으나 1973
년 유신헌법 시행에 따른 형사소송법 개정으로 재정신청의 대상은 형법 제123
조 내지 제125조의 공무원의 직권남용죄로 제한되었다. 그 결과 재정신청에 의

---

[1] 2022년에는 6,877건의 재정신청이 있었으며, 그중 법원의 결정대상이 된 사건은 5,203건이었
고, 공소제기결정은 68건이 있었다(대검찰청, 검찰연감 2023, 1378면).

한 기소독점주의와 기소편의주의의 견제는 매우 미미하였다. 이런 상황에서 1987년 개정된 헌법 제27조 ⑤항은 범죄피해자의 법정진술권을 기본권으로 인정하였고, 이를 기초로 헌법재판소에 검사의 불기소처분에 대한 심사를 구하는 헌법소원(헌법 제111조 ①항 5호, 헌재법 제68조 ①항)이 검사의 독점적 공소권행사에 대한 견제장치로 중요한 의미를 갖게 되었다. 그러나 검사의 불기소처분에 대해 재정신청이 허용되지 않는 고소인 등이 헌법소원을 제기하는 상황은 한편으로는 재정신청제도의 취지에 반하고, 다른 한편으로 헌법재판소의 심판업무에 부담을 주는 왜곡된 결과를 가져왔다. 그리하여 입법론으로 재정신청의 대상을 모든 범죄로 확대하자는 주장이 계속 제기되었다.[1] 2007년의 개정법률은 이러한 주장을 반영하여 모든 고소인이 재정신청을 할 수 있도록 재정신청의 대상범죄를 전면 확대하였다. 다만 고발인에게까지 재정신청을 전면 확대하는 것은 재정신청의 남발을 초래할 우려가 있어 고발인은 이전처럼 형법 제123조 내지 제125조의 범죄와 특별법에서 재정신청 대상으로 규정한 죄[2]에 대해서만 재정신청이 가능하도록 하였다. 2011년 형사소송법 개정을 통하여 형법 제126조(피의사실공표)의 죄가 고발인의 재정신청 대상범죄에 포함되었다(제260조 ①항).

Ⅱ. 재정신청절차

1. 재정신청

(1) **재정신청권자와 대상범죄**   재정신청권자는 검사로부터 불기소처분의   **5**
통지를 받은 고소인 또는 고발인이다(제260조 ①항). 그러나 고소·고발을 취소한 자는 재정신청을 할 수 없다. 고소인은 모든 범죄에 대해 재정신청이 가능하지만 고발인은 형법 제123조 내지 제126조의 범죄와 특별법에서 재정신청 대상으로 규정한 죄에 대해서만 재정신청이 가능하다. 다만 형법 제126조의 죄는 피공표자의 명시한 의사에 반하여 재정을 신청할 수 없다(같은 항 단서).[3]

---

1) 예를 들어 김태명, 재정신청제도의 의의와 범위의 확대, 형사법연구 제21호, 2004, 333면 이하.
2) 「5·18 민주화운동 등에 관한 특별법」 제3조 ①항, 「헌정질서 파괴범죄의 공소시효 등에 관한 특례법」 제4조 ①항, 「부패방지 및 국민권익위원회의 설치와 운영에 관한 법률」 제61조 ①항, 「공직선거법」 제273조 ①항, 「고위공직자범죄수사처 설치 및 운영에 관한 법률」 제29조 ①항 등이 그것이다.
3) 다만 법원이 재정신청 대상 사건이 아님에도 이를 간과한 채 형사소송법 제262조 ②항 2호에 따라 공소제기결정을 하였더라도, 그에 따른 공소가 제기되어 본안사건의 절차가 개시된 후에는 다른 특별한 사정이 없는 한 본안사건에서 위와 같은 잘못을 다툴 수 없다(2017도

6　　　(2) **검찰항고전치주의**　　재정신청의 전면확대에 따른 남용의 방지와 재정신청 제도의 효율성을 위해 고소인 등이 재정신청을 하려면 검찰청법 제10조에 따른 항고를 거치도록 하였다(제260조 ②항). 다만 1) 항고 이후 재기수사가 이루어진 다음에 다시 공소를 제기하지 아니한다는 통지를 받은 경우, 2) 항고신청 후 항고에 대한 처분이 행하여지지 아니하고 3개월이 경과한 경우, 3) 검사가 공소시효 만료일 30일 전까지 공소를 제기하지 아니하는 경우에는 검찰항고를 거치지 않고 재정신청을 할 수 있다(같은 항 단서). 검찰항고를 거치는 것이 무의미한 절차의 반복이 되거나 재정신청의 장애물이 되는 것을 방지해야 할 필요성이 있는 경우, 그리고 검찰항고를 거칠 시간적 여유가 없는 경우에 대해 예외를 인정한 것이다.

7　　　(3) **재정신청기간**　　재정신청을 하려는 자는 검찰의 항고기각 결정을 통지받은 날로부터 10일 이내에 신청하여야 한다. 제260조 ②항 단서에 따라 검찰항고를 거치지 않는 경우에는 각 사유가 발생한 날부터 10일 이내에 재정을 신청하여야 한다. 다만 공소시효의 만료시점이 임박한 경우에는 만료인 전날까지 재정을 신청하여야 한다(같은 조 ③항).

8　　　(4) **재정신청방식**　　재정신청을 하려는 자는 재정신청 기간 내에 지방검찰청검사장 또는 지청장에게 재정신청서를 제출하여야 한다. 재정신청서에는 재정신청의 대상이 되는 사건의 범죄사실 및 증거 등 재정신청을 이유 있게 하는 사유를 기재하여야 한다(제260조 ③·④항). 재정신청 사유를 기재하지 않으면 법률의 방식 위배로 신청의 기각 사유가 된다(2000모216). 신청은 대리인에 의해서도 가능하며 공동신청권자 중 1인의 신청은 그 전원을 위하여 효력을 발생한다(제264조 ①항).

9　　　(5) **재정신청의 취소**　　재정신청은 법원의 재정결정이 있을 때까지 취소할 수 있으며, 취소한 자는 다시 재정신청을 할 수 없다(제264조 ②항). 공동신청권자 중 1인의 취소는 다른 공동신청권자에게 효력을 미치지 아니한다(같은 조 ③항). 취소는 관할고등법원에 서면으로 하여야 한다. 다만 기록이 관할고등법원에 송부되기 전에는 그 기록이 있는 검찰청 검사장 또는 지청장에게 하여야 한다(규칙 제121조 ①항). 취소서를 제출받은 고등법원의 법원사무관 등은 즉시 관할고등검찰청 검사장 및 피의자에게 그 사유를 통지하여야 한다(같은 조 ②항).

13465).

2. 지방검찰청 검사장 또는 지청장의 처리

재정신청서를 제출받은 지방검찰청 검사장 또는 지청장은 재정신청서를 제 **10** 출받은 날부터 7일 이내에 재정신청서·의견서·수사 관계 서류 및 증거물을 관할 고등검찰청을 경유하여 관할 고등법원에 송부하여야 한다. 다만, 제260조 ② 항에 따라 검찰항고를 거치지 않은 재정신청에 대해서는 1) 신청이 이유 있는 것으로 인정하는 때에는 즉시 공소를 제기하고 그 취지를 관할 고등법원과 재 정신청인에게 통지하며, 2) 신청이 이유 없는 것으로 인정하는 때에는 30일 이 내에 관할 고등법원에 송부한다(제261조).

Ⅲ. 고등법원의 재정결정

1. 재정결정의 의의와 절차법적 성격

(1) 의 의　재정신청을 수리한 고등법원은 검사의 불기소처분의 불법·부 **11** 당여부를 심사하여 공소제기의 여부를 결정하게 되는데, 이때 고등법원의 심리 절차를 재정결정절차라고 한다.

(2) 법적 성격

(가) **학설의 대립**　재정결정절차의 절차법적 성격에 대해서는 재정신청법 **12** 원, 피의자 및 이해관계인의 절차상 역할과 관련하여 수사설, 항고소송설, 중간 설 및 형사소송유사설의 견해가 대립하고 있다. 1) 수사설은 재정결정절차는 공 소제기전의 수사절차이므로 신청인의 절차관여는 배제되어야 한다는 견해이다. 2) 항고소송설은 재정결정절차를 검사의 불기소처분의 당부를 심판대상으로 하 는 행정사건의 항고소송(행정소송법 제4조 2호)에 준하는 소송절차로 파악한다. 이 에 의하면 신청인과 검사는 대립당사자의 지위를 가지고 절차에 관여한다. 3) 중간설은 재정결정절차가 수사와 항고소송의 성격을 모두 가진다는 견해이다.[1] 그 근거로는 재정결정절차가 불기소처분의 위법·부당을 심사하는 점에서 항고 소송의 측면을 가지고 있고, 동시에 수사의 속행적 성격을 갖는다는 점을 들고 있다. 4) 형사소송유사설은 재정결정절차는 수사절차가 아닌 재판절차로서 특히 형사소송에 유사한 재판절차라는 견해이다.[2] 다만 당사자가 대립하는 구조의

---

1) 강구진 254; 백형구 498.
2) 신동운 513; 이은모/김정환 430; 이재상/조균석/이창온 19/45; 이창현 546.

소송절차가 아니라 밀행성원칙과 직권주의가 지배하는 소송절차라고 한다.1)

13   (나) 검 토   중간설과 형사소송유사설의 어느 학설을 따르든 재정신청인 이나 피의자에게는 대립당사자의 지위가 인정되지 않으므로 독자적인 증거신청 권이나 서류증거물의 열람등사권, 증인신문참여권 및 신문권 등이 인정되지 않 는다는 점에서 큰 실제적 차이는 없다. 다만 제262조 ②항이 재정신청을 수리한 고등법원은 항고(제402조 이하)의 절차에 준하여 재정결정을 하여야 한다고 규정 하고 있음을 중시하면, 재정결정절차는 항고의 구조를 갖는다고 할 수 있다. 따 라서 고등법원은 구두변론 없이 재정결정절차를 진행할 수 있고, 필요한 경우에 는 사실과 증거를 조사할 수 있을 뿐이다(제262조 ②항 2문, 37조 ② · ③항).

2. 재정신청사건의 심리와 결정

14   (1) 재정신청사건의 관할과 통지   재정신청사건은 불기소처분을 한 검사 소 속의 지방검찰청 소재지를 관할하는 고등법원이 관할한다(제260조 ①항). 관할법 원은 재정신청서를 송부받은 때에는 송부받은 날부터 10일 이내에 피의자에게 그 사실을 통지하여야 하며(제262조 ①항), 피의자 이외에 재정신청인에게도 그 사유를 통지하여야 한다(규칙 제120조).2)

15   (2) 사건의 심리   심리는 원칙적으로 비공개로 진행한다(제262조 ③항). 법원 은 필요한 때 사실과 증거를 조사할 수 있으므로(같은 조 ②항 2문, 37조 ③항) 피의 자신문이나 참고인조사, 검증 등을 행할 수 있다. 재정결정절차에서 고등법원은 피의자에게 구속 · 압수 · 수색 · 검증과 같은 강제처분을 행할 수 없다고 보는 견 해가 있다.3) 그러나 필요한 경우에 사실과 증거조사를 할 수 있도록 규정한 형 사소송법의 취지에 비추어, 수소법원의 증거조사권과 강제처분권에 준하여 고 등법원에도 이와 같은 권한을 인정하는 것이 바람직하다.4) 재정신청사건의 피 의자가 법관에 대하여 기피신청을 할 수 있는가에 대해서도, 1) 기피신청권은 피고인에게만 인정되는 권리라는 이유로 부정하는 견해5)와 2) 재정결정도 재판

---

1) 이재상/조균석/이창온 19/45.
2) 다만 법원이 재정신청서를 송부받은 날부터 10일 이내에 피의자에게 그 사실을 통지하지 아 니한 채 공소제기결정을 하였더라도, 본안사건의 절차가 개시된 후에는 다른 특별한 사정이 없 는 한 본안사건에서 위와 같은 잘못을 다툴 수 없다(2013도16162).
3) 백형구 500.
4) 강구진 256; 신동운 515; 이은모/김정환 432; 이재상/조균석/이창온 19/47; 이창현 547 이하; 정영석/이형국 251.
5) 신동운 516.

의 일종이므로 긍정하는 견해1)가 대립한다. 긍정설이 타당하다.

(3) **재정결정**　법원은 재정신청서를 송부받은 날부터 3개월 이내에 항고의　**16**
절차에 준하여 재정결정을 하여야 한다. 재정결정에는 기각결정과 공소제기결
정의 두 가지가 있다.

(개) **기각결정**　재정신청이 법률상의 방식에 위배되거나 이유 없는 때에는　**17**
신청을 기각한다(제262조 ②항 1호). 1) '법률상의 방식에 위배'된 때란 신청권자
아닌 자가 재정신청을 한 경우나, 신청기간이 경과한 후의 재정신청 및 검찰항
고를 거치지 않은 재정신청 등을 가리킨다. 다만 재정신청서를 직접 고등법원에
제출한 경우에는 그 신청을 기각할 것이 아니라 재정신청서를 관할 지검검사장
또는 지청장에게 송부하여야 한다.2) 2) '신청이 이유 없는 때'란 검사의 불기소
처분이 정당하였음을 말한다. 뿐만 아니라 검사의 무혐의 불기소처분이 위법하
다 하더라도 기록에 나타난 여러 가지 사정을 고려하여 기소유예의 처분을 할
만한 사건이라고 인정되는 경우에도 재정신청을 기각할 수 있다(96모53; 97모30
등). 검사의 불기소처분 당시 공소시효가 완성되어 공소권이 없는 경우에도 재
정신청은 허용되지 않는다(90모34). 재정신청의 이유유무는 재정결정의 시점을
표준으로 결정하여야 하므로3) 불기소처분 후에 발견된 증거도 판단자료로 삼을
수 있다.4)

(내) **공소제기 결정**　재정신청이 이유 있는 때에는 사건에 대한 공소제기　**18**
를 결정한다(같은 항 2호). 공소제기를 결정하는 때에는 죄명과 공소사실이 특정
될 수 있도록 이유를 명시하여야 한다(규칙 제122조). 법원의 공소제기 결정은 검
사에 의한 공소제기를 강제하는 의미를 지닌다.5)

(다) **재정결정의 효력**　법원은 재정결정을 한 때에는 즉시 그 정본을 재정　**19**
신청인·피의자와 관할 지방검찰청 검사장 또는 지청장에게 송부하여야 한다.
공소제기의 결정을 한 때에는 관할 지방검찰청 검사장 또는 지청장에게 사건기
록을 함께 송부하여야 한다(제262조 ⑤항). 재정신청을 기각하는 결정이 확정된
사건에 대하여는 다른 중요한 증거를 발견한 경우를 제외하고는 다시 소추하지

---

1) 강구진 257; 백형구 501; 이은모/김정환 432; 이재상/조균석/이창온 19/47; 이창현 548; 정영
　석/이형국 251.
2) 신동운 517; 이재상/조균석/이창온 19/48; 이창현 549.
3) 신동운 516; 이재상/조균석/이창온 19/48; 이창현 549; 정영석/이형국 251.
4) 백형구 501.
5) 개정법률 이전에는 공소제기의 결정이 아닌 법원의 심판에 회부하는 부심판결정을 하고, 부
　심판결정이 있는 때에는 그 사건에 대하여 공소가 제기된 것으로 의제되었다.

못한다(같은 조 ④항 2문). 이는 검사의 불기소처분에 일사부재리효과가 인정되지 않는 것과 균형을 맞추기 위한 것으로 보인다. 다른 피해자의 고소가 있었던 경우도 마찬가지이다(66도1222). 다만 여기서 말하는 '기각결정이 확정된 사건'은 재정신청사건을 담당하는 법원에서 공소제기의 가능성과 필요성 등에 관한 심리와 판단이 현실적으로 이루어져 기각결정의 대상이 된 사건만을 의미한다. 따라서 재정신청 기각결정의 대상이 되지 않은 사건은 이에 해당하지 않고, 기각결정의 대상이 되지 않은 사건이 고소인의 고소내용에 포함되어 있었다 하더라도 마찬가지이다(2012도14755).

20　　　㈃ **재정결정에 대한 불복**　　법원의 공소제기결정에 대해서는 불복할 수 없고, 기각결정에 대해서는 제415조에 따른 즉시항고를 할 수 있다(제262조 ④항 1문). 과거 제262조 ④항은 재정신청의 남용을 막기 위해 "법원의 재정결정에 대해 불복할 수 없다"고 규정하였었다. 그러나 대법원은 '재정신청이 법률상의 방식을 준수하였음에도 법원이 잘못 보아 형식적인 사유로 기각한 경우'에는 불복할 수 있다고 결정한 바 있고(2009모407), 헌법재판소는 제262조 ④항의 '불복'에 제415조에 따른 재항고가 포함되는 것으로 해석하는 한 헌법에 위반된다는 결정을 하였다(2008헌마578). 이에 따라 2016년 법률개정을 통해 재정신청에 대한 법원의 기각결정에 대해 즉시항고를 할 수 있도록 하였다. 다만 공소제기결정에 잘못이 있는 경우에는 본안사건의 재판을 통하여 법원의 판단을 받을 수 있으므로 공소제기결정에 대해서는 여전히 불복이 허용되지 않는다(2012모1090). 나아가 공소제기 결정에 절차상의 하자가 있다 하더라도 특별한 사정이 없는 한 본안사건의 절차에서 그 하자에 대해 다툴 수 없다(2013도16162).[1]

Ⅳ. 사건의 공소제기

21　　　법원의 공소제기 결정에 따른 재정결정서를 송부받은 관할 지방검찰청 검사장 또는 지청장은 지체 없이 담당 검사를 지정하고 지정받은 검사는 공소를 제기하여야 한다(제262조 ⑥항). 이 경우 검사는 공소를 취소할 수 없다(제264조의 2). 2007년의 개정법률 이전에는 법원의 부심판결정에 의해 공소제기의 효과가 발생하면 검사가 아닌 '지정변호사'가 공소유지를 담당하였으나 개정법률은 공

---

1) 예를 들어 재정신청 대상 사건이 아님에도 이를 간과한 채 공소제기결정을 한 경우(2017도13465); 재정신청 사유를 기재하지 아니하여 법률의 방식에 위배된 재정신청에 대해 공소제기 결정을 한 경우(2009도224).

소유지 변호사 대신 검사가 공소를 제기하고 공소를 유지하도록 하였다. 이에 대해서는 한 번 불기소처분을 한 검사가 법원의 공소제기 결정에 의한 공소를 성실하게 유지할 것을 기대하기 어렵다는 부정적 견해도 있었으나, 재정신청의 대상범죄가 전면확대되면서 재정신청사건이 증가할 경우 공소유지 변호사의 지정과 그 지위의 유지 등에 많은 비용과 절차가 소요될 것 등을 고려하여 검사가 공소를 유지하는 것으로 하였다.[1]

V. 재정신청절차의 특칙

1. 공소시효의 정지

재정신청이 있으면 법원의 재정결정이 확정될 때까지 공소시효의 진행이 **22** 정지된다(제262조의4 ①항). 법원의 심리결과 공소제기의 결정이 있는 때에는 공소시효에 관하여는 그 결정이 있는 날에 공소가 제기된 것으로 본다(같은 조 ②항).

2. 재정신청사건 기록의 열람·등사 제한

재정신청사건의 심리 중에는 관련 서류 및 증거물을 열람 또는 등사할 수 **23** 없다. 다만 법원은 재정신청사건의 증거조사 과정에서 작성된 서류의 전부 또는 일부의 열람 또는 등사를 허가할 수 있다(제262조의2). 재정결정절차의 법적 성격에 대해서는 형사소송에 유사한 재판절차라는 것이 유력한 견해이지만, 아직 정식 기소가 되지 않은 수사기록에 대하여 피의자나 고소인 등 이해관계인이 무분별하게 기록을 열람·등사하는 경우 수사의 비밀을 해칠 우려가 있을 뿐만 아니라 경우에 따라서는 수사기록의 열람·등사를 위해 재정신청을 남발할 우려도 있어[2] 개정법률이 사건 기록 등의 열람·등사를 제한한 것이다.

3. 재정신청의 비용부담

재정신청 대상범죄의 전면확대에 따라 이 제도의 남용을 억제하기 위한 장 **24** 치도 필요하게 되었는데, 개정법률은 외국의 입법례를 참고하여 재정신청인에게 재정신청절차에 소요되는 비용을 부담시킬 수 있는 근거규정을 마련하였다. 즉 법원은 재정신청 기각의 결정 또는 재정신청의 취소가 있는 경우에는 결정

---

1) 법원행정처, 형사소송법 개정법률 해설, 2007, 70면 이하 참조.
2) 법원행정처, 앞의 책, 66면.

으로 재정신청인에게 신청절차에 의하여 생긴 비용의 전부 또는 일부를 부담하게 할 수 있으며(제262조의3 ①항), 직권 또는 피의자의 신청에 따라 재정신청인에게 피의자가 재정신청절차에서 부담하였거나 부담할 변호인선임료 등 비용의 전부 또는 일부의 지급을 명할 수도 있다(같은 조 ②항). 다만 이러한 법원의 결정에 대해서는 즉시항고를 할 수 있도록 함으로써(같은 조 ③항) 재정신청인에게도 항변의 기회를 제공하였다.

제3편

공 판

제1장
소송의 주체와 소송행위

공소가 제기되면 피고사건에 대한 소송은 법원, 검사, 피고인의 세 주체를 최소단위로 하여 진행된다. 소송주체는 소송법상 독자적인 권리를 갖고 그 행위에 의하여 소송을 형성해 나간다. 따라서 소송주체는 소송법률관계를 형성하는 주체라 할 수 있다. 소송주체로서 법원은 재판권의 주체이고, 검사는 공소권의 주체이며, 피고인은 방어권의 주체이다. 검사와 피고인을 넓은 의미로 '당사자'라고도 한다. 변호인은 소송주체가 아니고 대리인과 함께 피고인 또는 피의자의 '보조자'가 된다. 그러나 변호인은 필요적 변호사건에서는 형식적으로도 소송주체가 되며, 그 밖의 사건에서는 비록 형식적으로는 소송주체가 아니지만 실질적으로는 소송주체로 볼 수 있다. 앞에서 검사에 대해 설명했으므로 여기서는 법원과 피고인, 그리고 변호인에 대해 차례로 살펴본다.

제 1 절 법   원

[27] 제 1 법원의 의의와 구성

Ⅰ. 법원의 의의

법원은 사법권을 행사하는 국가기관이다. 사법권은 법률상의 쟁송에 관하여 이를 심리·재판하는 권한과 이에 부수되는 권한을 말한다. 헌법은 사법권이 법관으로 구성된 법원에 속한다고 규정하고(헌법 제101조 ①항), 법관은 헌법과 법

1

률에 의하여 그 양심에 따라 독립하여 심판한다고 규정하여 사법권의 독립을 보장하고 있다(같은 법 제103조). 사법권을 행사하는 법원은 권력분립원칙에 따라서 입법권, 행정권으로부터 독립되어 있다. 사법권의 독립은 법치국가원리의 핵심요소이다. 공정한 재판과 개인의 자유·권리의 보장을 위해 법원은 신분과 직무의 독립성이 보장된 법관에 의해 구성되어야 한다. 이와 같은 법원은 그 개념상 국법상 의미의 법원과 소송법상 의미의 법원으로 구별된다.

Ⅱ. 국법상 의미의 법원

1. 의   의

2   국법상 의미의 법원은 사법행정상의 법원을 말한다. 이는 다시 사법행정상의 관청인 법원과 관서가 되는 법원으로 구별된다. 전자는 사법행정에 관한 의사표시의 주체라는 의미를 갖는 반면, 후자는 그 자체로서는 아무런 권한을 가지고 있지 않은 사법행정상의 단위를 가리킨다. 법원조직법에서 법원이라고 할 때에는 대체로 이 국법상 의미의 법원을 가리킨다.

2. 각급법원의 종류와 구성

3   법원에는 최고법원인 대법원을 비롯하여 고등법원, 특허법원, 지방법원, 가정법원, 행정법원, 회생법원이 있다(헌법 제101조 ②항, 법조법 제3조). 또한 지방법원 및 가정법원의 사무의 일부를 처리하기 위해 그 관할구역 안에 지원과 가정지원, 시·군법원 및 등기소를 둘 수 있다. 다만 지방법원 및 가정법원의 지원은 2개를 합하여 1개의 지원으로 할 수 있다(법조법 제3조 ②항).

4   대법원은 최고법원으로서 서울특별시에 둔다(법조법 제11조, 12조). 대법원장은 대법원의 일반사무를 관장하며, 대법원 직원과 각급 직원 및 그 소속기관의 사법행정사무에 관하여 직원을 지휘·감독한다(법조법 제13조 ②항). 대법원에는 대법관을 두며, 대법관의 수는 대법원장을 포함하여 14명으로 한다(법조법 제4조). 다만 법률이 정하는 바에 의하여 대법관이 아닌 법관을 둘 수 있다(헌법 제102조 ②항). 또한 대법원에는 사법행정사무를 관장하기 위하여 법원행정처를 둔다(법조법 제19조 ①항). 법원행정처는 법원의 인사·예산·회계·시설·통계·송무·등기·가족관계등록·공탁·집행관·법무사·법령조사 및 사법제도연구에 관한 사무를 관장한다(같은 조 ②항).

3. 법　관

　법관은 대법원장과 대법관 및 판사를 포함하는 개념이다. 법원조직법 제5조　**5**
①항은, "대법원장과 대법관이 아닌 법관을 판사로 한다"고 규정하고 있다.[1] 대
법관은 수명법관이 될 수 있으나, 수탁판사가 될 수는 없다. 사법권독립을 실질
적으로 보장하기 위해 법관의 임용에는 엄격한 자격이 요구되고, 임용된 법관의
신분은 분명하게 보장되어야 한다.

　(1) 법관의 임용자격　　판사는 10년 이상 i) 판사·검사·변호사, ii) 변호사　**6**
자격이 있는 사람으로서 국가기관, 지방자치단체, 공공기관, 그 밖의 법인에서
법률에 관한 사무에 종사한 사람, iii) 변호사 자격이 있는 사람으로서 공인된
대학의 법률학 조교수 이상으로 재직한 사람 중에서 임용한다(법조법 제42조 ①·②
항). 대법원장과 대법관은 20년 이상 위의 직에 있던 45세 이상의 사람 중에서
임용한다(같은 조 ①항).

　(2) 법관의 임명과 보직　　대법원장은 국회의 동의를 얻어 대통령이 임명한　**7**
다(헌법 제104조 ①항, 법조법 제41조 ①항). 대법관은 대법원장의 제청으로 국회의
동의를 얻어 대통령이 임명한다(헌법 제104조 ②항, 법조법 제41조 ②항). 판사는 인
사위원회의 심의를 거치고 대법관회의의 동의를 얻어 대법원장이 임명한다(헌법
제104조 ③항, 법조법 제41조 ③항). 판사의 보직은 대법원장이 행하며, 사법연수원
장·고등법원장·특허법원장·법원행정처차장·지방법원장·가정법원장·행정법
원장·회생법원장은 15년 이상 위 i), ii), iii)의 직에 있던 사람 중에서 보한다(법
조법 제44조).

　(3) 판사의 직무대리　　대법원장은 판사로 하여금 다른 고등법원·특허법원·　**8**
지방법원·가정법원·행정법원 또는 회생법원의 판사의 직무를 대리하게 할 수
있고(법조법 제6조 ①항), 고등법원장 또는 지방법원장은 그 관할구역으로 한정하
여 판사로 하여금 위 판사의 직무를 대리하게 할 수 있다. 다만, 대리기간이 6
개월을 초과하는 경우에는 대법원장의 허가를 받아야 한다(같은 조 ②항).

　(4) 법관의 신분보장　　법관은 탄핵결정 또는 금고 이상의 형의 선고에 의　**9**
하지 않고는 파면되지 아니하며, 징계처분에 의하지 아니하고는 정직·감봉 또
는 기타 불리한 처분을 받지 않는다(헌법 제106조 ①항, 법조법 제46조 ①항). 법관이
중대한 심신상의 장해로 직무를 수행할 수 없을 때에는, 대법관인 경우에는 대

---

1) 「각급 법원 판사정원법」에 의한 판사의 정원은 3,214명이다.

법원장의 제청으로 대통령이, 판사인 경우에는 인사위원회의 심의를 거쳐 대법원장이 퇴직을 명할 수 있다(헌법 제106조 ②항, 법조법 제47조). 대법원장과 대법관의 임기는 6년, 기타 법관의 임기는 10년이다. 대법원장 이외의 법관은 연임할 수 있다(헌법 제105조 ②·③항, 법조법 제45조 ②·③항). 법관은 종신직이 아니므로 정년에 이른 때에는 퇴직하며, 대법원장과 대법관의 정년은 각각 70세, 판사의 정년은 65세로 한다(법조법 제45조 ④항). 또한 법관의 보수는 직무와 품위에 상응하도록 따로 법률로써 정한다(같은 법 제46조 ②항). 대법원장은 법관을 사건의 심판 외의 직에 보하거나1) 그 직을 겸임하게 할 수 있다(같은 법 제52조 ①항). 그 밖에 다른 국가기관으로부터 법관의 파견근무요청이 있을 경우에는 업무의 성질상 법관을 파견하는 것이 타당하다고 인정되고 당해 법관이 이에 동의하는 경우에 그 기간을 정하여 이를 허가할 수 있다(같은 법 제50조).

10   **(5) 법관의 금지사항**   법관은 재직 중 다음과 같은 행위를 할 수 없다. 1) 국회 또는 지방의회의 의원이 되는 일, 2) 행정부서의 공무원이 되는 일, 3) 정치운동에 관여하는 일, 4) 대법원장의 허가 없이 보수를 받는 직무에 종사하는 일, 5) 금전상의 이익을 목적으로 하는 업무에 종사하는 일, 6) 대법원장의 허가를 받지 아니하고 보수의 유무에 상관없이 국가기관 외의 법인·단체 등의 고문·임원·직원 등의 직위에 취임하는 일, 7) 기타 대법원규칙으로 정하는 일을 할 수 없다(법조법 제49조).

4. 기타 법원의 직원

11   국법상의 법원에는 재판을 행하는 직원인 법관 이외에 사건심리, 재판에 관한 조사·연구업무를 담당하는 재판연구관(법조법 제24조)이 있고, 재판집행·서류송달과 그 밖의 사무에 종사하는 집행관을 둔다(같은 법 제55조 ①·②항). 그 밖에도 법정에서 법관이 명하는 사무와 그 밖에 대법원장이 정하는 사무를 집행하는 법정경위가 있다(같은 법 제64조 ①·②항).

Ⅲ. 소송법상 의미의 법원

1. 의   의

12   소송법상 의미의 법원은 구체적 사건에 대해 재판권을 행사하는 주체, 즉

---

1) 예컨대 재판연구관 등.

재판기관이 되는 법원을 말한다. 형사소송법에서 법원이라고 할 때에는 보통 이 의미의 법원을 가리킨다. 개개의 소송사건에 대해 재판권을 행사하는 법원, 즉 합의부 또는 단독판사는 소송법상 의미의 법원이므로 국법상 의미의 법원 안에는 하나 또는 수개의 소송법적 의미의 법원이 설치되어 있다.

2. 단독제와 합의제

(1) 단독제와 합의제의 의의　형사소송법상의 법원은 그 구성에 따라 단독 **13** 제와 합의제로 나뉜다. 단독제는 1인의 법관으로 구성된다. 단독제는 합의제에 비하여 소송절차를 신속하게 진행시킬 수 있고, 법관의 책임감을 강하게 하는 장점이 있지만, 사건심리가 신중·공정하지 못하게 될 우려가 있다. 합의제는 2 인 이상의 법관으로 구성된다. 합의제는 단독제에 비해 사건심리의 신중과 공정을 도모할 수 있지만 소송절차의 진행이 지연되고 법관의 책임감이 약화될 위험성이 있다.

(2) 단독제와 합의제의 적용　지방법원·가정법원·회생법원과 지방법원 및 **14** 가정법원의 지원, 가정지원 및 시·군법원의 심판권은 단독판사가 행사한다(법조법 제7조 ④항). 대법원의 심판사건, 고등법원·특허법원·행정법원의 심판사건 그리고 지방법원·가정법원·회생법원과 지방법원 및 가정법원의 지원, 가정지원에서 합의심판을 요하는 경우에는 합의부에서 심판권을 행사한다(같은 조 ①·③·⑤항). 즉 제1심 법원에서는 단독제와 합의제를 병용하나 단독제가 원칙인 반면, 상소법원은 합의제에 의한다. 대법원은 원칙적으로 대법관 전원의 3분의 2 이상의 합의체에서 심판권을 행사하며, 대법원장이 재판장이 된다. 그러나 대법관 3인 이상으로 구성되는 부에서 먼저 사건을 심리하여 의견이 일치된 경우에는 일정 경우1)를 제외하고 부에서 심판할 수 있다(법조법 제7조 ①항).

Ⅳ. 소송법상 법원의 구성원

1. 재 판 장

법원이 합의체인 경우 그 구성원 가운데 1인이 재판장이 된다. 재판장 이 **15**

---

1) 1. 명령 또는 규칙이 헌법에 위반된다고 인정하는 경우, 2. 명령 또는 규칙이 법률에 위반된다고 인정하는 경우, 3. 종전에 대법원에서 판시(判示)한 헌법·법률·명령 또는 규칙의 해석 적용에 관한 의견을 변경할 필요가 있다고 인정하는 경우, 4. 부에서 재판하는 것이 적당하지 아니하다고 인정하는 경우.

외의 합의체 구성법관은 합의부원(배석판사)이라고 한다. 재판장은 합의체의 기관으로 또는 독립하여 권한을 가진다. 재판장은 합의체기관으로서 공판기일지정권(제267조), 소송지휘권(제279조) 또는 법정경찰권(제281조 ②항, 법조법 제58조) 등의 권한을 가진다. 또한 독립해서는 급속을 요하는 경우에 피고인을 소환·구속할 수 있는 권한을 가진다(제80조). 재판장은 소송절차의 진행과 관련한 권한만을 가지며, 피고사건의 심리·재판에서는 다른 법관과 동등한 권한을 가진다.

2. 수명법관·수탁판사·수임판사

16　　1) 수명법관이란 합의체 법원이 그 구성원인 법관에게 특정한 소송행위를 하도록 명하였을 때, 그 법관을 말한다(제37조 ④항, 136조). 2) 수탁판사란 한 법원이 다른 법원의 법관에게 일정한 소송행위를 하도록 촉탁한 경우, 그 촉탁받은 법관을 말한다(제37조 ④항, 136조). 촉탁받은 법관은 일정한 경우 다른 법원의 판사에게 다시 촉탁할 수 있다(제77조 ②항, 136조 ②항). 전촉轉囑을 받은 판사도 역시 수탁판사이다. 3) 수임판사란 수소법원과 독립하여 소송법상의 권한을 행사할 수 있는 개개의 법관을 말한다. 수사기관의 청구에 의해 각종 영장을 발부하는 판사(제201조), 증거보전절차를 행하는 판사(제184조) 또는 수사상의 증인신문을 행하는 판사(제221조의2)가 이에 해당된다.

3. 전문심리위원

17　　(1) 의 의　　전문심리위원이란 첨단분야 등에 대한 전문적 지식을 가진 자로서 법원의 지정을 받아 공판에 참여하여 법관의 재판을 돕는 자를 말한다. 2007년 12월의 개정법률은 첨단산업분야, 지적재산권, 국제금융 기타 전문적인 지식이 필요한 사건에서 법관이 전문가의 조력을 받아 재판을 보다 충실하게 할 필요가 있어 전문심리위원 제도를 도입하였다.

18　　(2) 전문심리위원의 참여 및 지정　　법원은 소송관계를 분명하게 하거나 소송절차를 원활하게 진행하기 위하여 필요한 경우에는 직권으로 또는 검사, 피고인 또는 변호인의 신청에 의하여 결정으로 전문심리위원을 지정하여 공판준비 및 공판기일 등 소송절차에 참여하게 할 수 있다(제279조의2 ①항). 이 경우 법원은 검사, 피고인 또는 변호인의 의견을 들어 각 사건마다 1인 이상의 전문심리위원을 지정한다(제279조의4 ①항).

19　　(3) 전문심리위원의 권한　　전문심리위원은 전문적인 지식에 의한 설명 또

는 의견을 기재한 서면을 제출하거나 기일에 전문적인 지식에 의하여 설명이나 의견을 진술할 수 있지만 재판의 합의에는 참여할 수 없다(제279조의2 ②항). 또한 전문심리위원은 기일에 재판장의 허가를 받아 피고인 또는 변호인, 증인 또는 감정인 등 소송관계인에게 소송관계를 분명하게 하기 위하여 필요한 사항에 관하여 직접 질문할 수 있다(같은 조 ③항).

(4) **전문심리위원 참여공판의 절차**　법원은 전문심리위원이 제출한 서면이 **20** 나 전문심리위원의 설명 또는 의견의 진술에 관하여 검사, 피고인 또는 변호인에게 구술 또는 서면에 의한 의견진술의 기회를 주어야 한다(같은 조 ④항). 또한 재판장이 기일 외에서 전문심리위원에 대하여 설명 또는 의견을 요구한 사항이 소송관계를 분명하게 하는 데 중요한 사항일 때에는 법원사무관 등은 검사, 피고인 또는 변호인에게 그 사항을 통지하여야 한다(규칙 제126조의8).

재판장은 전문심리위원의 말이 증인의 증언에 영향을 미치지 않게 하기 위 **21** 하여 필요하다고 인정할 때에는 직권 또는 검사, 피고인 또는 변호인의 신청에 따라 증인의 퇴정 등 적절한 조치를 취할 수 있다(규칙 제126조의11). 전문심리위원이 공판준비기일 또는 공판기일에 참여한 때에는 조서에 그 성명을 기재하여야 하며, 전문심리위원이 재판장, 수명법관 또는 수탁판사의 허가를 받아 소송관계인에게 질문을 한 때에는 조서에 그 취지를 기재하여야 한다(규칙 제126조의12).

(5) **전문심리위원 참여결정의 취소**　법원은 상당하다고 인정하는 때에는 검 **22** 사, 피고인 또는 변호인의 신청이나 직권으로 전문심리위원 참여의 결정을 취소할 수 있으며(제279조의3 ①항), 검사와 피고인 또는 변호인이 합의하여 취소할 것을 신청한 때에는 그 결정을 취소하여야 한다(같은 조 ②항). 취소의 신청은 기일에서 하는 경우를 제외하고는 서면으로 하여야 하며(규칙 제126조의13 ①항), 신청을 할 때에는 신청 이유를 밝혀야 한다. 다만, 검사와 피고인 또는 변호인이 동시에 신청할 때에는 그러하지 아니하다(같은 조 ②항).

(6) **전문심리위원에 대한 제척·기피 및 벌칙**　법원직원의 제척 및 기피에 **23** 관한 규정(제17조 내지 제20조, 23조)은 전문심리위원에게 준용된다(제279조의5 ① 항). 제척 또는 기피 신청이 있는 전문심리위원은 그 신청에 관한 결정이 확정될 때까지 그 신청이 있는 사건의 소송절차에 참여할 수 없다. 이 경우 전문심리위원은 해당 제척 또는 기피 신청에 대하여 의견을 진술할 수 있다(같은 조 ②항).

전문심리위원 또는 전문심리위원이었던 자가 그 직무수행 중에 알게 된 다 **24** 른 사람의 비밀을 누설한 때에는 2년 이하의 징역이나 금고 또는 1천만원 이하의 벌금에 처한다(제279조의7). 또한 전문심리위원은 형법 제129조부터 제132조까지의 규정에 따른 벌칙의 적용에서는 공무원으로 의제한다(제279조의8).

[28] 제 2 법원직원의 제척·기피·회피

[사례 9] 99도155

甲은 A정당의 지구당 위원장으로서, 당원집회를 개최하는 때에는 집회 장소에 관한 선거관리위원회의 검인을 받아 당원집회임을 표시하는 표지를 게시하여야 함에도 불구하고, 1998년 지방선거에 대비하여 당원 등 450여 명을 참석시킨 가운데 당원단합대회를 개최하면서 당원집회의 표지를 게시하지 아니하여 정당법과 공직선거법 제256조, 제141조 위반의 혐의로 기소되었다. 제1심과 항소심은 유죄를 선고하였는데, 甲은 "항소심 재판에 관여한 법관 중 한 사람이 선거관리위원장으로서 甲의 공직선거법 위반 혐의사실에 대해 수사기관에 수사를 의뢰한 법관이었으므로 항소심 판결은 형사소송법 제17조 제6호, 제7호를 위반한 위법이 있다"며 상고하였다. 甲의 상고이유는 정당한가?

[주요논점] 1. 법관의 제척사유의 성격은 무엇인가?
　　　　　　 2. 법관의 제척사유와 기피사유의 차이는 무엇인가?

I. 제척·기피·회피의 의의

1. 공평한 법원의 구성

1　　재판은 공정해야 한다. 이는 국가형법제도의 전제일 뿐만 아니라 피고인이 형벌에 승복할 수 있는 전제이기도 하다. 나아가서 이것은 국민이 국가권력에 대해 신뢰를 가질 수 있는 필수적 요소이기도 하다. 그런데 공정한 재판은 다시 공평한 법원의 존재를 전제로 한다. 공평한 법원이란 조직·구성에서 편파적인 재판을 할 우려가 없는 법원을 의미한다. 공평한 법원의 구성을 위해서는, 1) 사법권독립이 보장되고 자격 있는 법관에 의하여 법원이 구성되어야 한다. 이는 공평한 법원구성을 위한 일반적 보장이다. 2) 공평한 법원의 구성을 구체적으로

보장하기 위해서는 법관이 피고사건과 개인적 특별관계가 없어야 한다. 만일 일
정한 관계가 있으면 인간적인 면에서도 법관에게 공정한 재판을 기대하기 어려울
뿐만 아니라 피고인이 그의 심리와 재판에 대해 승복하기도 어렵기 때문이다.
따라서 구체적 사건에서 불공정한 재판을 할 우려가 있는 법관은 법원의 구성
에서 배제할 필요가 있다. 이것을 제도적으로 보장하는 것이 바로 제척·기피·
회피이다.

2. 제도의 확대적용

제척·기피·회피제도는 우선적으로 피고사건의 심판을 담당하는 법관을 두　**2**
고 마련된 제도이나, 현행법은 재판의 공정성에 영향을 미칠 가능성이 있는 법
원사무관등과 통역인에 대해서도 이 제도를 확대적용하고 있다(제25조). 그리고
이론적으로는 검사에 대해서도 이 제도를 준용할 수 있는가 하는 점이 논란이
되고 있다.

Ⅱ. 제　　척

1. 제척의 의의

(1) **제척의 개념**　　제척이란 구체적인 사건심판에서 불공평한 재판을 할 우　**3**
려가 큰 경우를 유형적으로 규정하여 놓고, 그 사유에 해당하는 법관을 법원이
직무집행에서 자동적으로 배제시키는 제도이다. 제척의 효과는 법률의 규정에
의해 당연히 발생한다. 이 점에서 제척은 당사자 또는 법관 자신의 신청이 있을
경우에 재판으로 법관이 직무집행에서 배제되는 기피·회피와 구별된다.

(2) **제척의 적용범위**　　제척은 피고인에 대한 공판사건을 심판하는 법관 이　**4**
외에 피고인에 대한 약식명령 또는 즉결심판을 행하는 법관에게도 적용된다. 또
한 공소제기 후의 증거보전이나 참고인에 대한 증인신문을 행하는 법관에게도
제척은 적용된다.

2. 제척의 원인

제척의 원인, 즉 제척사유는 형사소송법 제17조에 제한적으로 열거되어 있　**5**
다. 제척사유는 열거된 사유이기 때문에 제17조에 열거되지 않는 한 아무리 불
공평한 재판을 할 우려가 큰 경우일지라도 제척사유가 될 수는 없다. 제17조의

제척사유는 다음과 같다.

6   (1) 법관이 피해자인 때   법관이 해당 사건의 피해자인 경우에는 그 사건을 심판하는 법관이 될 수는 없다(제17조 1호). 여기서 피해자는 직접피해자만을 의미한다. 간접피해자를 포함할 때에는 그 범위가 불명확하여 법적 안정성을 해할 염려가 있기 때문이다. 다만 법관이 간접피해자일 경우 기피사유는 될 수 있을 것이다. 피해자에는 보호법익의 주체뿐만 아니라 행위객체도 포함된다. 또한 피해범죄는 개인적 법익에 대한 죄는 물론 사회적·국가적 법익에 대한 죄도 포함한다.

7   (2) 법관이 피고인 또는 피해자와 특별한 관계에 있는 때   법관이 피고인 또는 피해자와 친족 또는 친족관계가 있었던 자이거나(같은 조 2호), 피고인 또는 피해자의 법정대리인·후견감독인인 때(같은 조 3호), 그리고 법관이 사건에 관하여 피해자의 대리인(같은 조 4호 후단) 또는 피고인의 대리인·변호인·보조인으로 된 때(같은 조 5호)에는 법관은 당해 사건에서 제척된다. 여기서 친족 또는 친족관계의 개념과 법정대리인·후견감독인의 개념은 민법에 의해 결정된다. 또한 '피해자의 대리인이 된 때'란 법관이 고소 또는 재정신청의 대리인이 된 때이다. 피고인의 대리인에는 피고인인 법인의 대표자(제27조)를 포함하며, 변호인에는 사선 및 국선변호인은 물론 특별변호인(제31조 단서)까지 포함한다.

8   (3) 법관이 사건에 관하여 증인·감정인으로 된 때   법관도 증인 또는 감정인이 될 수 있으나 이 경우 당해 사건에 대한 제척사유에 해당된다(같은 조 4호 전단). 여기서 '사건'은 당해 형사사건을 말하므로 민사소송, 기타 절차에서 증인·감정인이 된 경우에는 해당되지 않는다. 당해 사건인 이상 피고사건뿐만 아니라 피의사건도 포함한다. 따라서 증거보전절차(제184조) 또는 증인신문절차(제221조의2)에서 증인·감정인이 된 때에도 이에 해당한다. '증인·감정인이 된 때'란 증인·감정인으로서 증언 또는 감정한 때를 말한다. 따라서 증인·감정인으로 신청되어 소환된 것만으로는 이에 속하지 않는다. 수사기관에서 참고인으로 조사받거나 감정수탁인으로 관여한 경우는 증인·감정인이 아니므로 이에 포함되지 않는다는 것이 다수견해이다.[1]

9   (4) 사건에 관하여 검사 또는 사법경찰관의 직무를 행한 때   법관이 사건에 관하여 검사 또는 사법경찰관의 직무를 행한 때에도 당해 사건에 대한 제척사유가 된다(같은 조 6호). 법관은 사건에 관하여 검사 또는 사법경찰관의 직무를

---

1) 강구진 38; 신동운 783; 이은모/김정환 54; 이재상/조균석/이창온 27/50; 이창현 69.

동시에 행할 수 없다. 따라서 이 사유는 법관 임관 전에 검사 또는 사법경찰관으로 범죄를 수사하거나 공소를 제기·유지한 경우에 제한된다.

(5) 법관이 사건에 관하여 전심재판 또는 그 기초되는 조사·심리에 관여한 때   **10**

법관이 당해 사건의 조사나 심리 또는 판결에 이미 관여하였을 때에는 사건에 대한 선입견을 가질 수 있기 때문에 공정한 재판을 기대할 수 없으므로 제척사유가 된다(같은 조 7호).

(개) 전심재판의 의미   전심前審은 상소에 의해 불복이 신청된 재판을 말한   **11**
다. 즉 제2심에 대한 1심, 제3심에 대한 2심 또는 1심을 말하고, 재판은 판결과 결정을 묻지 않고 종국재판을 말한다. 또한 전심재판은 당해 사건과 전심재판 사이에 상소제기에 의한 소송계속繫屬의 이전이 발생하는 경우를 가리킨다. 그러므로 상소제기에 의한 소송계속의 이전, 즉 절차의 연결성이 인정되지 않는 절차는 제17조 7호의 전심재판에 해당하지 않는다. 예컨대, 파기환송 전의 원심에 관여한 법관이 파기환송 후의 재판에 관여한 경우(78도3204), 재심청구의 대상인 확정판결에 관여한 법관이 재심청구사건을 처리하는 경우(82모12), 구속영장을 발부한 법관이 피고사건을 심판하는 경우(89도612) 등을 들 수 있다. 또한 전심재판은 소송계속이 이전된 당해 피고사건에 제한된다. 따라서 다수의 공범자 가운데 일부의 자에 대한 재판에 관여한 법관이 분리심리된 다른 공범자의 재판을 담당하는 것은 제척사유에 해당하지 않는다.1)

(내) 약식명령·즉결심판의 전심재판 여부   약식명령을 한 판사가 정식재   **12**
판을 담당한 경우도 전심재판에 관여한 때에 해당되는가 하는 문제가 있다. 이는 즉결심판을 한 판사가 정식재판에 관여한 때에도 마찬가지이다. 이에 대해 1) 적극설은 약식명령의 경우에도 판사는 사건의 실체에 대해 조사·심리함으로써 선입견을 가질 가능성이 있으므로 전심재판에 관여한 때로 보아야 한다고 하고,2) 2) 소극설은 약식명령은 정식재판과 심급을 같이 하는 재판이므로 약식명령을 한 판사가 정식재판을 담당하였다고 하여 전심재판에 관여하였다고 볼 수 없다고 한다.3) 판례는 약식명령을 발부한 법관이 정식재판절차의 제1심판결에 관여한 경우에는 제척사유에 해당하지 않지만(2002도944), 정식재판의 항소심에 관여한 때에는 제척사유가 된다고 한다(85도281; 2011도17).

---

1) 신동운 784; 이재상/조균석/이창온 27/54; 이창현 70.
2) 강구진 84; 김기두 41.
3) 백형구 89; 이은모/김정환 54; 이재상/조균석/이창온 27/53; 이창현 71; 정영석/이형국 44.

[85도281] 약식명령을 한 판사의 항소심관여와 제척사유

약식명령을 발부하고 그 정식재판 절차의 항소심 공판에는 관여하였으나 그 판결에는 관여하지 않은 경우, 제척. 기피의 사유에 해당하는지 여부(소극): 약식명령을 발부한 법관이 그 정식재판 절차의 항소심판결에 관여함은 형사소송법 제17조 제7호, 제18조 ①항 제1호 소정의 법관이 사건에 관하여 전심재판 또는 그 기초되는 조사 심리에 관여한 때에 해당하여 제척, 기피의 원인이 되나, 제척 또는 기피되는 재판은 불복이 신청된 당해 사건의 판결절차를 말하는 것이므로 약식명령을 발부한 법관이 그 정식재판 절차의 항소심 공판에 관여한 바 있어도 후에 경질되어 그 판결에는 관여하지 아니한 경우는 전심재판에 관여한 법관이 불복이 신청된 당해 사건의 재판에 관여하였다고 할 수 없다.

13   (다) **전심재판에 '관여한 때'**   전심재판에 '관여한 때'란 전심재판의 내부적 성립에 실질적으로 관여한 때를 말한다. 재판선고에만 관여한 때나 사실심리나 증거조사 없이 공판기일 연기재판에만 관여한 때(4286형상141), 공판에 관여했으나 판결선고 전에 경질된 때(85도281)는 이에 해당하지 않는다.

14   (라) **전심재판의 기초되는 조사·심리에 관여한 때**   전심재판의 기초되는 조사·심리란 전심재판의 내용형성에 직접 영향을 미친 경우이다. 공소제기의 전후를 불문한다. 수탁판사로서 증거조사를 한 경우, 공소제기 후 증거보전절차나 증인신문절차에 관여한 경우, 재정신청 사건에서 공소제기결정을 한 경우를 들 수 있다. 이에 반해 구속영장발부(89도612), 구속적부심사(4293형상166) 또는 보석허가결정에 관여한 경우는 이에 해당하지 않는다. 또한 판례는 공소제기 전의 피의사건의 심판, 즉 증거보전절차(제184조)나 증인신문절차(제221조의2)에 관여한 경우도 이에 해당하지 않는 것으로 본다(71도974). 그러나 해당 절차에서 작성된 법관의 조서가 절대적 증거능력을 가지는 것을 고려할 때(제311조) 수사절차에 관여하는 법관에게도 제척제도를 적용하는 것이 옳을 것으로 생각한다.[1]

15   (6) 법관이 퇴직한 법무법인 등이 피고인 또는 피해자 측과 일정 이해관계가 있는 때   법관이 사건에 관하여 피고인의 변호인이거나 피고인·피해자의 대리인인 법무법인, 법무법인(유한), 법무조합, 법률사무소, 외국법자문사법 제2조 9호에 따른 합작법무법인에서 퇴직한 날부터 2년이 지나지 아니한 때(제17조 8호), 법관이 피고인인 법인·기관·단체에서 임원 또는 직원으로 퇴직한 날부터 2년

---

1) 신동운 782.

이 지나지 아니한 때(같은 조 9호)에는 당해 사건에서 제척된다. 이른바 후관예우를 방지하기 위한 제척사유이다.

3. 제척의 효과

제척사유에 해당하는 법관은 당해 사건의 직무집행에서 당연히 배제된다. **16** 법관이나 당사자가 그 사유를 알 필요도 없다. 배제되는 직무집행의 범위는 당해 사건에 관한 모든 소송행위에 미친다. 제척사유 있는 법관은 스스로 회피해야 하며(제24조 ①항), 당사자도 기피신청을 할 수 있다(제18조 ①항). 제척사유 있는 법관이 재판에 관여한 때에는 절대적 항소이유(제361조의5 7호)와 상고이유(제383조 1호)가 된다.

Ⅲ. 기   피

1. 의   의

기피는 법관이 제척사유가 있는데도 재판에 관여하는 경우나 불공평한 재 **17** 판을 할 염려가 있는 경우에 당사자의 신청에 의해 그 법관을 직무집행에서 탈퇴하게 하는 제도를 말한다(제18조). 제척사유는 유형적으로 제한되어 있고, 그 효과는 법률규정에 의해 당연히 발생한다. 반면에 기피사유는 비유형적이고 일반조항적이며, 당사자가 신청하여 법원이 결정함으로써 발생한다. 이 점에서 기피는 제척을 보충하는 제도라고 할 수 있다. 또한 기피는 검사 또는 피고인의 신청을 기초로 하는 점에서 법관 본인의 의사를 기초로 하는 회피와 구별된다.

2. 기피사유

(1) **법관이 제척사유에 해당되는 때**(제18조 ①항 1호)   제척효과는 법률규정 **18** 에 의해 당연히 발생하므로 제척사유의 존부는 직권으로 심리하여야 한다. 그러나 이를 기피사유로 규정한 것은 제척사유의 존부가 불분명하거나 법관이 이를 간과한 경우, 법원에 대하여 제척사유의 존부에 대한 심리를 요구할 필요에서 나온 것이다. 제18조 ①항 1호는 당사자의 신청에 법원이 제척사유의 존부를 심사하여 결정을 내려야 할 의무를 발생시키는 데 의의가 있다.

(2) **법관이 불공평한 재판을 할 염려가 있을 때**(같은 항 2호)   기피원인의 핵 **19** 심은 법관이 불공평한 재판을 할 염려가 있는 경우이다. 판례에 의하면 이것은

"통상인의 판단으로서 법관과 사건의 관계로 보아 불공평한 재판을 할 것이라는 의혹을 갖는 것이 합리적이라고 인정할 만한 객관적인 사정이 있는 때"를 말한다(95모93; 2001모2 등). 기피신청은 제척사유로 포섭할 수 없는 비정형적 사유에 대비하기 위한 것이므로 불공평한 재판을 할 염려의 유무는 구체적 사정을 종합하여 판단하여야 한다. 예컨대 법관이 심리 중에 유죄를 예단하는 말을 하거나(74모68) 피고인에게 매우 모욕적인 말을 하는 경우, 법관이 피고인의 진술을 강요한 경우 등이 있다.

20   이에 반하여 법관의 종교, 세계관, 정치적 신념, 성별, 소송지휘권의 행사1) 등은 기피사유가 되지 않는다. 다만 소송지휘권의 행사가 자의적인 권리침해로 등장하는 경우에는 기피사유를 인정하는 것이 옳다. 예컨대, 증거신청기각사유도 존재하지 않는데 기각했다면 당사자의 증거신청권을 자의적으로 침해하는 경우이고, 이때에는 불공평한 재판의 우려를 근거짓는 객관적인 사정을 인정할 수 있기 때문이다.

[2001모2] 증거신청기각과 기피사유

[1] 기피신청이 소송의 지연을 목적으로 함이 명백한 경우에는 그 신청 자체가 부적법한 것이므로 신청을 받은 법원 또는 법관은 이를 결정으로 기각할 수 있는 것이고, 소송지연을 목적으로 함이 명백한 기피신청인지의 여부는 기피신청인이 제출한 소명방법만에 의하여 판단할 것은 아니고, 당해 법원에 현저한 사실이거나 당해 사건기록에 나타나 있는 제반 사정들을 종합하여 판단할 수 있다: 원심에서 1999. 11. 17. 제1회 공판기일이 개시된 이래 이 사건 기피신청이 행해진 2000. 12. 21. 제11회 공판기일에 이르기까지 변호인의 신청에 의하여 전후 6회에 걸쳐 공판기일이 변경되었거나 연기되었으며 증인도 그 동안 도합 9명이 채택되어 신문을 마친 사실 및 위 제11회 공판기일에서 원심법원이 검사의 공소장변경신청을 불허하고 이미 증거로 채택하지 않기로 결정한 ○○○에 대한 변호인의 증인신청을 기각하자 변호인이 구두로 이 사건 기피신청을 한 사실을 각 알 수 있는바, 위 형사피고사건을 담당하여 진행해 오던 원심법원이 위와 같은 재판진행 경과와 상황 등을 종합하여, 이 사건 기피신청은 소송지연을 목적으로 한 것이라는 이유로 기각한 것은 수긍할 수 있고, 원심법원이 기피신청인의 소명자료 제출을 기다리지 아니하고 이를 기각하였다 하여 거기에 형사소송법 제20조 ①항에 관한 법리오해의 위법이 있다고 할 수 없다.

---

1) 신동운 788.

[2] 기피원인에 관한 형사소송법 제18조 ①항 제2호 소정의 '불공정한 재판을 할 염려가 있는 때'라고 함은 당사자가 불공평한 재판이 될지도 모른다고 추측할 만한 주관적인 사정이 있는 때를 말하는 것이 아니라, 통상인의 판단으로서 법관과 사건과의 관계상 불공평한 재판을 할 것이라는 의혹을 갖는 것이 합리적이라고 인정할 만한 객관적인 사정이 있는 때를 말하는 것이다.

그 밖에도 판례에 의하면 법관이 피고인에게 공판기일에 어김없이 출석하 **21** 라고 촉구하거나(68모57), 검사의 공소장변경허가신청에 대하여 불허가결정을 한 경우(2001모2), 피고인의 소송기록열람신청에 대하여 국선변호인이 선임되어 있으니 국선변호인을 통하여 소송기록의 열람 및 등사신청을 하도록 한 경우(95모93)에도 기피사유는 인정되지 않는다. 그러나 그것은 피고인의 소송관계서류 열람권(제55조 ①항)에 대한 자의적인 침해에 해당하고, 기피사유로 인정해야 한다. 판례는 변호인이 소송기록열람 등을 통하여 변론을 충실히 하지 않을 경우에 피고인은 변호인을 해임하면 된다고 하나ㅊ; 92헌바31), 변론을 충실하게 준비하고 있는지를 판단하기 위해서는 피고인이 독자적으로 소송기록을 열람·등사해 볼 필요가 있다. 다만 판례는 피고인의 공판조서 열람·등사 청구권이 침해된 경우 그 조서에 기재된 당해 피고인이나 증인의 진술은 증거능력이 없다고 보고 있다(2003도3282).

3. 기피신청의 절차

(1) **신청권자** 신청권자는 검사와 피고인이다(제18조 ①항). 변호인도 피고 **22** 인의 명시한 의사에 반하지 않는 한 기피신청을 할 수 있다(같은 조 ②항). 변호인의 기피신청권은 대리권이므로 피고인이 기피신청권을 포기하면 변호인의 기피신청권도 소멸된다. 공소제기 전의 증거보전절차나 증인신문절차에 관여하는 법관에게도 제척·기피제도가 적용되어야 한다는 견해에 따르면, 명문규정은 없으나 피의자도 기피신청권을 가지는 것으로 보아야 한다.1)

(2) **기피신청의 대상** 기피신청의 대상은 불공평한 재판을 할 염려가 있다 **23** 고 주장되는 법관이다. 재판부 자체에 대한 기피신청은 인정되지 않으나, 합의부법관 전원에 대한 기피신청은 가능하다. 그러나 대법원의 전원합의체를 구성하는 대법관 전원에 대한 기피신청은 이를 판단할 법원을 구성할 수 없기 때문

---

1) 신동운 788.

에 허용되지 않는다.

24   **(3) 기피신청의 방법**   기피신청은 서면 또는 구두로 할 수 있다(규칙 제176
조 ①항). 합의법원의 법관에 대한 기피는 그 법관의 소속법원에 신청하고 수명
법관·수탁판사 또는 단독판사에 대한 기피는 당해 법관에게 신청해야 한다(제
19조 ①항). 기피신청을 할 때는 기피원인이 되는 사실을 구체적으로 명시하여야
한다(규칙 제9조 ①항). 기피사유는 신청한 날로부터 3일 이내에 서면으로 소명하
여야 한다(제19조 ②항). 소명이란 기피신청의 주장이 진실로 추정될 수 있는 자
료의 제출을 말하며, 기피신청서에 기재된 이유만으로는 소명자료가 될 수 없다
(87모10).

25   **(4) 기피신청시기**   기피신청시기는 민사소송에서와 달리(민소법 제43조 ②항)
제한이 없다. 이는 공정한 법원을 전제하지 않고서는 진실발견을 기대하기 어렵
고, 진실에 기초하지 않은 형벌권의 행사는 법치국가원칙의 관점에서 용납할 수
없기 때문이다. 학설은 해석상 판결시까지 또는 판결의 선고시까지 기피신청이
가능한 것으로 본다.[1] 판례도 같다.[2] 그러나 기피신청권을 보장하면서도 남용
방지를 위해, 기피신청은 변론종결시까지만 가능하고 판결선고기일에는 허용되
지 않는다고 보는 것이 옳다.[3]

4. 기피신청의 재판

26   **(1) 간이기각결정**   기피신청이 소송지연만을 목적으로 함이 명백하거나 기
피신청이 부적법한 때에는 신청을 받은 법원 또는 법관은 결정으로 이를 기각
한다(제20조 ①항). 기피신청이 부적법한 때란 신청권자 아닌 자가 신청한 경우,
기피의 원인되는 사실을 구체적으로 명시하지 않은 경우, 3일 이내에 기피사유
를 서면으로 소명하지 않은 경우 등을 가리킨다. 소송지연만을 목적으로 함이
명백한 기피신청에 대한 간이기각결정은 판례(87모20; 91모79 등)가 해석으로 인
정해 온 것을 1995년의 개정법률이 명문으로 입법한 것이다. 그러나 간이기각
결정은 기피당한 법관이 자신에 대한 기피신청을 기각하는 일종의 자기심판의

---

1) 이은모/김정환 60; 이재상/조균석/이창온 27/62; 이창현 76.
2) 85모19: 피고사건의 판결선고절차가 시작되어 재판장이 이유의 요지 중 상당부분을 설명하는
  도중 피고인이 동 공판에 참여한 법원사무관에 대한 기피신청과 동시에 선고절차의 정지를 요
  구하는 것은 소송지연을 목적으로 한 것으로서 부적법한 것이다.
3) 독일 형사소송법 제25조, 일본 형사소송법 제22조는 입법으로 기피신청시기에 제한을 두고
  있다.

제도이므로 그 사유는 신청방식의 형식적 하자에 국한하는 것이 타당하다. 더욱이 소송지연의 목적이란 주관적 의도이므로 기피사유 소명자료나 사건기록, 재판진행의 경과 등 수많은 구체적인 상황요소를 신중하게 판단해야 한다(2001모2). 그러므로 기피신청을 당한 법관을 제외하고 그 법관의 소속법원 합의부에서 심사하도록 하는 것이 타당하다.

(2) **의견서의 제출**　기피당한 법관은 기피신청이 부적합한 경우를 제외하 **27** 고는 지체 없이 기피신청에 대한 의견서를 제출하여야 한다(제20조 ②항). 기피당한 법관이 기피신청을 이유 있다고 인정하는 때에는 기피결정이 있는 것으로 간주되어(같은 조 ③항) 그것으로써 기피신청사건은 종결된다.

(3) **소송진행의 정지**　기피신청이 있는 경우는 간이기각결정의 경우를 제 **28** 외하고는 소송진행을 정지해야 한다. 다만 '급속을 요하는 경우'에는 예외로 한다(제22조). 판례에 의하면 정지해야 하는 소송진행은 실체재판에 도달할 것을 직접 목적으로 하는 본안의 소송절차를 말하고, '구속기간의 갱신절차'(86모57)나 '판결의 선고'(94모77; 2002도4893)는 이에 해당하지 않는다고 한다. 그러나 법관이 불공정한 재판을 할 염려가 있어 기피신청을 하는데 판결선고의 진행을 정지시키지 않는 것은 기피제도의 취지에 반한다. 따라서 정지해야 할 소송절차를 본안소송의 절차에 한정해야 할 이유가 없다.[1)]

한편 '급속을 요하는 경우'로는 예컨대 멸실의 우려가 있는 증거를 조사해 **29** 야 하는 경우를 들 수 있다. 구속기간의 만료가 임박한 사정도 소송진행정지의 예외에 속하는 것으로 본 판례가 있다(90도646; 94도142). 하지만 이후 1995년의 개정법률은 기피신청으로 인해 공판절차가 정지된 기간은 심급별 구속기간에 산입하지 않도록 하였다(제92조 ③항). 따라서 이제는 예외사유에 해당하지 않는 것으로 보아야 한다. 이 개정은 기피신청에 대한 간접적 제한이 될 수 있다는 점에서 바람직하다고 할 수 없다. 한편, 공판절차가 정지된 상태의 구금기간 전부를 형기에 산입할 것인지와 관련하여 판례는 산입여부가 법원의 자유재량이라고 하였다(2005도4758). 그러나 2014년의 형법 제57조 개정 이후에는 미결구금일수 전부를 필요적으로 형기에 산입하여야 한다.

(4) **기피신청사건의 관할**　기피신청사건에 대한 재판은 기피당한 법관의 **30** 소속법원 합의부에서 결정으로 행한다(제21조 ①항). 기피당한 법관은 이 결정에 관여하지 못한다(같은 조 ②항). 기피당한 판사의 소속법원이 합의부를 구성하지

---

1) 이은모/김정환 59; 이은모/김정환 54; 이재상/조균석/이창온 27/64; 이창현 78.

못할 때에는 직근 상급법원이 결정한다(같은 조 ③항).

31   (5) 기피신청에 대한 재판   기피신청에 대한 재판은 결정으로 한다. 기피신청이 이유 없다고 인정한 때에는 기피신청을 기각한다. 기각결정에 대해서는 즉시항고를 할 수 있다(제23조 ①항). 다만 기피신청을 기각하는 결정(제20조)에 대한 즉시항고는 재판집행을 정지하는 효력이 인정되지 않는다(제23조 ②항). 또한 재판장 또는 수명법관이 기피신청을 기각한 재판을 고지한 경우에 불복이 있으면 그 법관 소속의 법원에 간이기각결정의 취소를 구하는 준항고를 할 수 있다(제416조 ①항 1호). 기피신청이 이유 있다고 인정한 때에는 해당 법관의 소속법원 합의부가 기피당한 법관을 당해 사건의 절차에서 배제하는 결정을 한다(제21조 ①항). 이 인용결정에 대하여는 항고하지 못한다(제403조).

5. 기피의 효과

32   기피신청이 이유 있다는 결정이 있을 때에는 법관은 당해 사건의 직무집행으로부터 탈퇴된다. 그리고 그 사건은 새로운 법관에게 재배당된다. 그 법관이 사건의 심판에 관여한 때에는 절대적 항소이유(제361조의5 7호)와 상고이유(제383조 1호)가 인정된다. 기피당한 법관이 기피신청을 이유 있다고 인정한 때에도 같다. 탈퇴효력이 발생하는 시기에 관해서는 원인시설, 신청시설, 결정시설 등이 있다. 다수설은 제척원인이 그 이유인 때에는 그 원인이 발생한 때이고, 불공평한 재판의 염려가 그 원인인 때에는 결정시에 효력이 발생한다고 한다.[1]

Ⅳ. 회 피

1. 회피의 의의

33   회피란 법관이 스스로 기피원인이 있다고 판단한 때, 즉 제척사유나 그 밖의 불공평한 재판을 할 염려가 있다고 판단한 때에 자발적으로 직무집행에서 탈퇴하는 제도이다(제24조 ①항). 그러나 법관의 회피는 개별 법관의 독자적 권한이 아니라 직무상 의무이며, 소속법원의 결정이 있어야 비로소 가능하다. 이러한 회피는, 법관이 회피사유가 있다고 판단됨에도 불구하고 사건재배당이나 합의부원의 재구성 등 법원 내부적 해결이 실행되지 않은 경우에 이루어진다.

---

1) 강구진 87; 이은모/김정환 61; 이재상/조균석/이창온 27/67.

2. 회피의 절차와 효과

회피신청은 소속법원에 서면으로 한다(제24조 ②항). 신청시기에는 제한이 **34** 없다. 회피신청에 대한 결정에는 기피에 관한 규정이 준용된다(같은 조 ③항). 이 때 회피신청에 대한 법원의 결정에 대하여는 항고할 수 없다. 또한 법관이 회피 신청을 하지 않았다고 상소이유가 인정되는 것도 아니다.

V. 법원사무관 등에 대한 제척·기피·회피

법관의 제척·기피·회피에 관한 규정은 원칙적으로 법원서기관·법원사무관· **35** 법원주사 또는 법원주사보와 통역인에 준용된다(제25조 ①항). 이것은 법원 직원들 이 비록 사건을 직접 심리·재판하는 기관은 아니지만, 재판에 밀접한 관련을 가진 직무를 수행하기 때문에 간접적으로 재판에 영향을 줄 가능성이 있기 때문이다.

법원서기관 등에 대한 기피신청의 재판은 그 소속법원의 결정으로 한다. **36** 다만 기피신청이 소송지연을 목적으로 함이 명백하거나 형식요건을 결하여 제 20조 ①항의 기각결정을 하는 때에는 기피당한 자의 소속법관이 한다(제25조 ②항).

[29] 제 3 법원의 관할

[사례 10] 2006초기335 전원합의체 결정

甲은 무고죄로 서울중앙지방법원에 기소되어 단독재판부의 심판을 받게 되었고, 더 불어 다른 무고죄로 수원지방법원 성남지원 단독재판부에 기소되었다. 이 두 사건은 관련사건으로서 甲은 이 두 사건을 같은 법원에서 병합심리받고 싶다. 그런데 토지 관할을 달리하는 수 개의 관련사건이 각각 다른 법원에 계속된 때에는 형사소송법 제6조에 따라 '공통되는 직급 상급법원'에 병합심리를 신청하여 그 상급법원이 결정 하도록 하여야 한다. 甲은 어떤 법원에 병합심리의 결정을 신청하여야 하는가?

[주요논점] 1. 법원의 관할을 결정하는 기준은 무엇인가?
　　　　　　2. 형사소송법 제6조의 '공통되는 직급 상급법원'은 어떻게 해석되는가?

[참고판례] 90초112

Ⅰ. 관할의 의의와 종류

1. 관할의 의의

1　　(1) **개　념**　관할이란 각 법원에 대한 재판권의 분배, 즉 특정법원이 특정 사건을 재판할 수 있는 권한을 말한다. 구체적 피고사건이 특정법원의 관할에 속하게 되면, 그 법원은 해당 사건에 대한 심리와 재판의 권한을 가지게 된다. 그러므로 법원조직법은 관할을 '심판권'으로 표현하고 있다(법조법 제7조).

2　　(2) **구별개념**　관할은 재판권과 구별되어야 한다. 재판권은 전체법원의 일반적·추상적 심판권을 의미하는 국법상의 개념인 반면, 관할권은 재판권을 전제로 특정사건에 대해 특정법원이 재판권을 행사할 수 있는 구체적 한계를 정하는 소송법상의 개념이다. 재판권이 없을 때에는 공소기각판결을 해야 하지만(제327조 1호), 관할권이 없는 경우에는 관할위반의 판결을 하여야 한다(제319조).

3　　또한 관할은 법원내부의 사무분배와 구별하여야 한다. 구체적 법원 내에는 다수의 재판부가 설치되어 있어 그 법원장이 특정재판부에 피고사건의 처리를 할당하게 된다. 이것을 '사건배당'이라고도 한다. 사건배당은 재판권의 분배가 아니라 일종의 사법행정사무에 불과하다는 점에서 관할과 다르다. 그러나 사건배당이 구체적 피고사건의 처리에 영향을 미치는 일도 적지 않기 때문에, 사건배당도 행정편의나 자의적 기준으로 이루어져서는 안 되며 '관할에 준하는 일반적 기준의 설정'이 필요하다.

4　　[**형사재판권의 범위**]　우리나라 법원의 형사재판권은 대한민국의 형벌권이 적용되는 모든 범죄사건에 미친다. 형사재판권은 원칙적으로 일반법원이 행사하지만 헌법은 군사법원의 설치를 인정하고 있으므로(헌법 제110조 ①항) 형사재판권은 일반법원의 형사재판권과 군사법원의 재판권으로 나뉘어진다. 다만 군사법원의 상고심은 대법원에서 관할함으로써(같은 조 ②항) 재판권의 통일적 행사가 보장되고 있다. 또한 재판권은 조약이나 국제법에 의하여 제한되는 경우가 있다. 대표적인 보기로, 1) 한미행정협정 제22조는 우리나라와 미합중국 군당국이 각각 전속적으로 재판권을 행사할 수 있는 경우와 양국의 재판권이 경합하는 경우에 그 우선순위를 정하고 있다. 2) 외교관계에 관한 비엔나협약 제31조는 외교관은 접수국의 형사재판관할권으로부터 면제를 향유한다고 규정하고 있다.

2. 관할의 결정기준

관할은 구체적 사건에 대한 특정법원의 업무부담을 결정하는 기준으로서　5
법원의 심리편의와 피고인의 방어권행사에 중요한 의미를 가진다. 따라서 관할
기준은 일반적·추상적으로 법률에 의해 규정되어야 한다. 그러나 구체적 사건
의 고유한 사정에 따라서는 일반적 기준에 따라 정해지는 관할이 법원의 심리
에 도움이 되지 않을 뿐만 아니라 피고인의 방어권행사에도 불리한 경우가 있
을 수 있다. 그런 경우에는 예외적으로 관할을 변경할 필요가 있다. 물론 예외
적으로 관할을 변경하는 경우에도 법원의 재판에 의해야 한다. 그렇게 함으로써
재판을 받을 권리(헌법 제27조 ①항)에 대한 침해를 막을 수 있기 때문이다.

3. 관할의 종류

(1) 사건관할과 직무관할　　사건관할이란 피고사건의 심판에 관한 관할을　6
뜻한다. 일반적으로 관할이라고 할 때는 이것을 의미한다. 이에 반해 직무관할
은 특별절차의 심판에 관한 관할을 말한다. 예를 들면 재심(제423조), 비상상고
(제441조), 재정신청사건(제260조)에 대한 관할이 이에 속한다.

(2) 법정관할과 재정관할　　법정관할은 법률규정에 의해 직접 정해지는 관　7
할이다. 재정관할은 법원의 재판에 의해 결정되는 관할을 말하는데, 법정관할이
없는 경우 또는 법정관할은 있으나 구체적 사정이 있을 때 관할을 창설하거나
변경하는 제도이다. 법정관할에는 피고사건에 대해 직접적으로 규정되는 고유
관할과 사건들 사이에 일정한 관계가 있기 때문에 관할이 인정되는 관련사건의
관할이 있다. 고유관할은 다시 사물관할, 토지관할 및 심급관할로 구별된다. 그
리고 재정관할에는 관할의 지정·이전이 있다.

Ⅱ. 법정관할

1. 고유관할

(1) 사물관할　　사물관할이란 사건의 경중이나 성질에 따른 제1심 법원의　8
관할분배를 말한다. 제1심 법원의 관할분배라는 점에서 심급관할과 구별된다.
사물관할은 제1심 법원 중 단독판사와 합의부 사이의 관할분배의 문제로서 법
원조직법에 규정되어 있다.

9   (가) **단독판사**   지방법원 또는 지원의 형사사건과 시·군법원의 형사사건
에 대한 심판권은 원칙적으로 단독판사가 행사한다(법조법 제7조 ④항).

10   (나) **합의부**   그러나 다음과 같은 사건은 지방법원과 그 지원의 합의부에
서 심판한다. 1) 합의부에서 심판할 것으로 합의부가 스스로 결정한 사건, 2) 사
형·무기 또는 단기 1년 이상의 징역이나 금고에 해당하는 사건과 이와 동시에
심판할 공범사건,[1] 3) 지방법원판사에 대한 제척·기피사건, 4) 다른 법률에 의
하여 지방법원 합의부의 권한에 속하는 사건(법조법 제32조 ①항) 등이다.

11   (다) **시·군법원**   대법원장은 지방법원 또는 그 지원 소속판사 중에서 그
관할구역에 있는 시·군법원의 판사를 지명하여 시·군법원의 관할사건을 심판
하게 한다(법조법 제33조 ①항). 시·군법원은 20만원 이하의 벌금 또는 구류나 과
료에 처할 범죄사건과 그에 해당하는 즉결심판을 담당한다(같은 법 제34조 ①항 3
호 및 ③항). 이 시·군 법원의 사건이 불복신청으로 제1심법원에 계속하게 된 경
우에는 그 지역을 관할하는 지방법원 또는 그 지원이 관할한다. 다만, 소액사건
심판법을 적용받는 사건은 그 시·군법원에서 관할한다(같은 법 제34조 ②항).

      (2) 토지관할

12   (가) **개 념**   토지관할이란 동급법원 사이에서 사건의 지역적 관계에 의한
관할분배를 의미한다.[2] 이를 재판적裁判籍이라고도 한다. 토지관할은 제1심 법
원의 관할에 한정되고, 상소심관할은 원심법원에 의해 결정된다는 견해도 있
다.[3] 그러나 예를 들어 관련사건의 병합심리와 같이 항소심법원 상호간에도 토
지관할의 유무를 논할 필요가 있으므로(규칙 제4조의2 ①항 2문) 토지관할을 제1심
법원에 한정할 필요는 없다.[4]

13   (나) **법원의 관할구역과 토지관할**   토지관할이 「각급 법원의 설치와 관할

---

1) 다만, 다음 사건은 단독판사의 사물관할에 속한다(법조법 제32조 ①항 3호 단서): 가. 형법
제258조의2 ①항, 제331조, 제332조(제331조의 상습범으로 한정한다)와 그 각 미수죄, 제350조
의2와 그 미수죄, 제363조에 해당하는 사건, 나. 폭력행위처벌법 제2조 ③항 2호·3호, 제6조
(제2조 ③항 2호·3호의 미수죄로 한정한다) 및 제9조에 해당하는 사건, 다. 병역법 위반사건,
라. 특정범죄가중처벌법 제5조의3 ①항, 제5조의4 ⑤항 1호·3호 및 제5조의11에 해당하는 사
건, 마. 보건범죄 단속에 관한 특별조치법 제5조에 해당하는 사건, 바. 부정수표 단속법 제5조
에 해당하는 사건, 사. 도로교통법 제148조의2 ①항·②항 및 ③항 1·2호에 해당하는 사건,
아. 중대재해 처벌 등에 관한 법률 제6조 ①·③항 및 제10조 ①항에 해당하는 사건.
2) '토지관할(örtliche Zuständigkeit)'은 일본사람들이 독일어 Ort의 의미연관을 따지지 않고 잘
못 번역한 것을 우리의 법률 가운데 무비판적으로 받아들인 결과이다. 심판권이 미치는 지역적
법위라는 의미에서 '지역관할'이라고 번역하여야 한다.
3) 백형구 106.
4) 신동운 764; 이재상/조균석/이창온 27/18; 이창현 49.

구역에 관한 법률」 제4조에서 규정한 관할구역과 같은 것인지가 문제된다. 이를 긍정하는 견해도 있다.[1] 하지만, 1) 관할구역은 피고사건뿐만 아니라 사법행정권의 지역적 행사범위, 즉 국법상의 개념이고, 2) 토지관할(제4조)은 피고사건에 관한 재판권의 지역적 행사범위, 즉 소송법상의 개념이므로 양자는 구별하는 것이 옳다. 따라서 제1심 형사사건에 관하여 지방법원 본원과 지방법원 지원은 소송법상 별개의 법원이자 각각 일정한 토지관할 구역을 나누어 가지는 대등한 관계에 있고, 지방법원 본원과 지방법원 지원 사이의 관할의 분배도 소송법상 토지관할의 분배에 해당한다. 그러므로 형사소송법 제4조에 의하여 지방법원 본원에 제1심 토지관할이 인정된다고 볼 특별한 사정이 없는 한, 지방법원 지원에 제1심 토지관할이 인정된다는 사정만으로 당연히 지방법원 본원에도 제1심 토지관할이 인정된다고 볼 수는 없다(2015도1803).

(다) **토지관할의 결정기준**   토지관할은 심리의 편의와 사건의 능률적 처리   **14** 라는 절차적 요구뿐만 아니라 피고인의 출석과 방어권 행사의 편의라는 방어상의 이익도 충분히 고려하여 결정하여야 하고, 특히 자의적 사건처리를 방지하기 위하여 법률에 규정된 추상적 기준에 따라 획일적으로 결정하여야 한다(2015도 1803). 형사소송법은 토지관할은 범죄지, 피고인의 주소·거소 또는 현재지로 한다고 규정하고 있다(제4조 ①항).

1) 범죄지   범죄지란 범죄사실, 즉 범죄사실에 해당하는 사실의 전부 또   **15** 는 일부가 발생한 장소이다. 따라서 범죄실행장소, 결과발생장소 및 중간지도 포함된다. 범죄지에는 범죄에 대한 증거가 존재하고, 심리의 능률과 신속에 도움이 된다는 점에서 토지관할의 기준이 되고 있다.

[범죄지의 구체적 내용] 1) 범죄사실은 구성요건에 해당하는 사실이므로 예비·음   **16** 모의 장소는 원칙적으로 범죄지가 아니다. 그러나 예비·음모를 처벌하는 경우에는 예비·음모장소도 범죄지가 된다. 2) 부작위범의 경우에는 부작위의 장소, 작위의무를 행하여야 할 장소, 결과발생의 장소가 모두 범죄지가 될 수 있다. 3) 공동정범에서는 범죄사실의 전부 또는 일부가 발생한 장소는 모든 공동정범자에 대해 범죄지가 된다. 공모공동정범에서는 공모지도 포함된다. 4) 간접정범의 경우는 이용자의 이용행위장소와 피이용자의 실행행위 및 결과발생장소가 모두 범죄지가 된다.[2] 5) 교사범과 방조범의 경우에는 교사·방조의 장소와 정범의 실행행위 및 결과발생장소가 모두 범죄지가 된다.

---

1) 신동운 767; 이재상/조균석/이창온 27/18; 이창현 49.
2) 신동운 765; 이은모/김정환 40; 이재상/조균석/이창온 27/19; 이창현 50.

17   2) 주소와 거소   주소와 거소는 민법상의 개념에 의한다(민법 제18조, 19조). 즉 주소는 피고인의 생활근거가 되는 곳이고, 거소는 다소 계속적으로 거주하는 곳을 말한다. 주소와 거소는 공소제기시에 법원의 관할구역 안에 있으면 족하고, 공소제기 후에 발생한 주소와 거소의 변동은 토지관할에 영향을 미치지 않는다.

18   3) 현재지   현재지란 공소제기 당시에 피고인이 실제로 위치하고 있는 장소를 의미한다. 피고인의 현재지인 이상 범죄지·주소지가 아니더라도 토지관할이 인정된다. 임의에 의한 현재지는 물론, 적법한 강제에 의한 현재지도 이에 해당한다(2011도12927). 불법연행된 장소는 현재지에 포함되지 않는다고 보아야 한다.[1] 현재지 여부는 공소제기시를 기준으로 판단한다. 공소제기 당시 현재지임이 인정되면, 그 후 석방되거나 도망하여도 일단 발생된 토지관할에는 영향을 미치지 않는다.

19   (라) **선박·항공기 내 범죄의 특칙**   국외에 있는 대한민국 선박 내에서 범한 죄에 관해서는 주소지 등 이외에 선적지 또는 범죄 후의 선착지에 대해서도 토지관할이 인정된다(제4조 ②항). 국외에 있는 대한민국 항공기 내에서 범한 죄에 관하여도 같다(같은 조 ③항).

20   (3) **심급관할**   심급관할이란 상소관계에서의 관할을 말한다. 즉 상소심법원의 심판권을 의미한다. 상소에는 항소와 상고 및 항고가 있고, 상소심을 담당하는 법원은 지방법원 합의부와 고등법원, 대법원이다.

21   (가) **지방법원 본원 합의부**   지방법원 본원 합의부 및 춘천지방법원 강릉지원 합의부는 지방법원단독판사의 판결·결정·명령에 대한 항소 또는 항고사건을 제2심으로 심판한다(법조법 제32조 ②항).

22   (나) **고등법원**   고등법원은, 1) 지방법원합의부의 제1심 판결에 대한 항소사건, 2) 지방법원합의부의 제1심 결정·명령에 대한 항고사건, 3) 다른 법률에 의하여 고등법원의 권한에 속하는 사건[2]을 심판한다(법조법 제28조).

23   (다) **대법원**   대법원은, 1) 고등법원 또는 항소법원의 판결에 대한 상고사건, 2) 항고법원·고등법원 또는 항소법원의 결정·명령에 대한 재항고사건, 그리고 3) 다른 법률에 의하여 대법원의 권한에 속하는 사건을 심판한다(법조법 제14조).

---

1) 강구진 76; 신동운 765; 이은모/김정환 41; 이재상/조균석/이창온 27/21; 이창현 51.
2) 고등법원과 대법원이 '다른 법률에 의하여 그들의 권한에 속하는 사건'을 심판한다는 것은 엄밀한 의미에서 심급관할은 아니다.

2. 관련사건의 관할

(1) **관련사건**   관련사건이란 관할이 인정된 하나의 피고사건을 전제로 그   **24**
사건과 주관적(인적) 또는 객관적(물적) 관련성이 인정되는 사건을 말한다. 여기
서 주관적(인적) 관련이란 1인이 범한 수죄를 의미하고, 객관적(물적) 관련은 수
인이 공동하여 범한 죄(판결의 모순저촉 방지)를 의미한다. 물론 양자의 결합도 가
능하다. 형사소송법은 관련사건의 경우에는, 이를 이유로 관할권이 없는 법원도
관할을 가질 수 있도록 고유의 법정관할을 수정하고 있다.

형사소송법이 관련사건으로 인정하는 경우는 1) 1인이 범한 수죄, 2) 수인   **25**
이 공동으로 범한 죄, 3) 수인이 동시에 동일장소에서 범한 죄, 즉 동시범, 4)
범인은닉죄, 증거인멸죄, 위증죄, 허위감정통역죄 또는 장물에 관한 죄와 그 본
범의 죄1)이다(제11조). '1인이 범한 수죄'에서 수죄는 소송법상의 의미이다. 따라
서 경합범은 관련사건에 속하나, 상상적 경합은 소송법상 1죄이므로 이에 속하
지 않는다. '수인이 공동으로 범한 죄'에는 형법총칙에 규정된 공범뿐만 아니라
합동범, 필요적 공범 등 각칙에 규정된 경우도 포함된다. 이러한 범죄행위의 공
동관계가 아닌 일가친척관계는 여기에 속하지 않는다.

(2) **관련사건 관할의 병합**   관련사건에 대해서는 고유의 법정관할이 없는   **26**
법원도 병합관할을 가지게 된다. 다시 말해 1개의 사건에 대해 관할권이 있는
법원은 관련사건에 대해서도 관할권을 갖는다. 이처럼 병합관할에 의해 고유관
할을 수정하는 취지는, 1) 인적 관련사건에서는 동일한 피고인에 대한 불필요한
이중심리를 피하고, 2) 물적 관련사건에서는 동일한 사건에 대한 모순된 판결을
피하기 위한 목적을 가지고 있다.2) 또한 피고인의 입장에서도 수개의 범죄에
대한 전체형이 선고될 경우 따로따로 선고될 경우에 비해 형이 가벼워지는 이
익을 누릴 수 있다. 관련사건의 병합관할은 사물관할과 토지관할에 인정된다.

(가) **사물관할의 병합**   사물관할을 달리 하는 수개의 사건이 관련된 때는   **27**
법원합의부가 병합관할한다. 다만 결정으로 관할권 있는 법원의 단독판사에게
이송할 수 있다(제9조). 따라서 검사가 합의부사건과 단독판사사건을 병합하여
하나의 공소장으로 기소하면 합의부는 두 사건을 병합하여 심판할 수 있다. 물
론 사물관할의 병합관할은 제1심의 관할에 관한 규정이지만, 그 취지에 비추어

---

1) 이들 범죄는 본범과 사이에 공통되는 증거가 많다는 데서 관련사건으로 취급된다.: 신동운 768.
2) 신동운 768; 이재상/조균석/이창온 27/25; 이창현 54 이하; 정영석/이형국 53.

심급의 이익을 해하지 않는 한 항소심에서도 인정할 수 있을 것이다.[1] 또한 고유의 관할사건에 대하여 무죄·면소·공소기각의 재판이 선고된 경우에도 이미 발생한 관련사건의 관할은 소멸하지 않는다.[2]

28　　　(나) **토지관할의 병합**　　토지관할을 달리 하는 수개의 사건이 관련된 때에는 1개의 사건에 관하여 관할권 있는 법원은 다른 사건까지 관할할 수 있다(제5조). 토지관할에 대한 병합관할은 동일한 사물관할을 가진 법원 사이에 한정된다. 따라서 검사는 토지관할이 다른 수개의 관련사건을 병합관할이 있는 어느 한 법원에 일괄적으로 기소할 수 있다. 토지관할의 병합은 항소심에 대해서도 준용된다고 본다.[3]

　　　(3) 관련사건 심리의 병합과 분리

29　　　(가) **사물관할의 병합심리**　　사물관할을 달리하는 수개의 관련사건이 각 법원 합의부와 단독판사에 계속된 때에는 합의부는 결정으로 단독판사에 속한 사건을 병합하여 심리할 수 있다(제10조). 토지관할을 달리하는 경우에도 같다(규칙 제4조 ①항). 항소사건의 경우 사물관할을 달리하는 관련사건이 각각 고등법원과 지방법원 합의부에 계속된 때에는 고등법원은 결정으로 지방법원 합의부에 계속된 사건을 병합하여 심리할 수 있다(규칙 제4조의2 ①항).

30　　　(나) **토지관할의 병합심리**　　토지관할이 다른 여러 개의 관련사건이 각각 다른 법원에 계속된 때에는, 공통되는 바로 위의 상급법원은 검사나 피고인의 신청에 의하여 결정으로 한 개 법원으로 하여금 병합심리하게 할 수 있다(제6조). 1) '각각 다른 법원'은 사물관할이 같을 것을 전제로 한다. 즉 사물관할은 같으나 토지관할을 달리하는 동종·동등의 법원을 의미한다(90초56). 그리고 2) '공통되는 바로 위의 상급법원'이란 소송법상의 법원이 아니라 「각급 법원의 설치와 관할구역에 관한 법률」에 의하여 정해진다(2006초기335 전합). 예컨대, 서울중앙지방법원과 수원지방법원의 공통되는 바로 위의 상급법원은 서울고등법원이고, 수원지방법원과 대전지방법원의 공통되는 바로 위의 상급법원은 대법원이다.

---

1) 신동운 770; 이은모/김정환 44; 이재상/조균석/이창온 27/26; 이창현 56; 정영석/이형국 53.
2) 백형구 108; 이재상/조균석/이창온 27/26; 정영석/이형국 54.
3) 신동운 770; 이재상/조균석/이창온 27/26; 정영석/이형국 54.

[90초56] 토지관할의 병합심리와 사물관할

관련사건이 마산지방법원 항소부와 부산고등법원에 각각 계속된 경우에 형사소송법 제6조에 의한 병합이 가능한지 여부(소극): 형사소송법 제6조는 토지관할을 달리하는 수개의 관련사건이 각각 다른 법원에 계속된 때에는 공통되는 직근 상급법원은 검사 또는 피고인의 신청에 의하여 결정으로 1개 법원으로 하여금 병합심리하게 할 수 있다고 규정하고 있는데 여기서 말하는 "각각 다른 법원"이란 사물관할은 같으나 토지관할을 달리 하는 동종, 동등의 법원을 말하는 것이므로 사건이 각각 계속된 마산지방법원 항소부와 부산고등법원은 심급은 같을지언정 사물관할을 같이하지 아니하여 여기에 해당하지 아니한다.

　　토지관할의 병합심리는 당사자의 신청에 의한다(규칙 제2조 ①항)는 점에서　**31**
법원의 직권에 의하여 결정되는 사물관할의 병합심리와 구별된다. 또한 법원은 토지관할의 병합심리신청이 제기된 경우에는 그 신청에 대한 결정이 있기까지 소송절차를 정지하여야 한다. 다만 급속을 요하는 경우에는 그러하지 아니하다 (규칙 제7조). 병합심리신청을 받은 법원이 신청을 이유 있다고 인정한 때에는, 관련사건을 병합심리할 법원을 지정하여 그 법원으로 하여금 병합심리하게 하는 취지의 결정을 하고, 이유 없다고 인정하는 때에는 신청을 기각하는 취지의 결정을 하고 그 결정등본을 신청인과 그 상대방에게 송달하고 사건계속법원에 송부하여야 한다(규칙 제3조 ①항). 병합심리하게 된 법원 이외의 법원은 그 결정등본을 송부받은 날로부터 7일 이내에 소송기록과 증거물을 병합심리하게 된 법원에 송부하여야 한다(같은 조 ②항).

　　㈐ **심리의 분리**　　토지관할을 달리하는 수개의 관련사건이 동일법원에 계　**32**
속된 경우에 병합심리의 필요가 없으면 법원은 결정으로 이를 분리하여 관할권 있는 다른 법원에 이송할 수 있다(제7조).

Ⅲ. 재정관할

1. 관할의 지정

　⑴ **관할지정의 의의**　　관할의 지정은 관할법원이 명확하지 않거나 관할법　**33**
원이 없는 경우에 상급법원이 사건을 심판할 법원을 지정하는 것을 말한다. 관할의 지정은 관할이 없거나 명확하지 않은 경우에도 형사절차를 가능하게 하기 위한 장치이다.

34   **(2) 관할지정의 사유**   관할지정의 사유는 1) 법원의 관할이 명확하지 않은 때와, 2) 관할위반을 선고한 재판이 확정된 사건에 관해 다른 관할법원이 없을 때이다(제14조). 관할이 명확하지 않은 때란 관할구역의 근거가 되는 행정구역 자체가 불명확한 때를 말한다.[1] 이에 대해 행정구역이 불명확할 때뿐만 아니라 범죄사실이나 범죄지가 불명확하여 관할이 명확하지 않은 때를 포함한다는 견해도 있다.[2] 그러나 그런 경우에는 공소사실의 불특정을 이유로 공소기각판결(제327조 2호)을 해야 할 것이다.

35   **(3) 관할지정의 절차**   관할지정은 검사가 관계있는 제1심 법원에 공통되는 바로 위의 상급법원에 신청하여야 한다(제14조). 신청은 사유를 기재한 신청서를 제출하는 방식에 의한다(제16조 ①항). 신청은 공소제기의 전후를 불문한다. 다만 공소제기 후에 신청할 때에는 즉시 공소를 접수한 법원에 통지해야 한다(같은 조 ②항). 관할지정신청이 있으면 공판절차는 정지된다. 다만 급속을 요하는 경우에는 그러하지 아니하다(규칙 제7조). 관할지정신청을 받은 바로 위의 상급법원은 신청이 이유 있다고 인정하면 관할법원을 정하는 결정을 하고, 그렇지 않을 경우에는 신청기각결정을 한다.[3] 관할지정의 심리절차와 관할지정 후의 절차에 대해서는 규칙 제5조와 제6조에 각각 규정되어 있다.

2. 관할의 이전

36   **(1) 관할이전의 의의**   관할의 이전이란 관할법원이 재판권을 행사할 수 없거나 재판의 공평을 유지하기 어려운 경우에 검사 또는 피고인의 신청에 의하여 그 법원의 관할권을 관할권 없는 다른 법원으로 옮기는 것을 말한다. 관할이전은 관할권 있는 법원에 사건의 심리를 옮기는 사건의 이송(제7조~9조, 16조의2)과 구별된다. 관할이전은 그 성질상 토지관할에 대해서만 인정된다. 물론 제1심뿐만 아니라 항소심에서도 관할이전이 인정된다.[4]

37   **(2) 관할이전의 사유**   관할이전의 사유는 1) 관할법원이 법률상 이유 또는 특별한 사정으로 재판권을 행사할 수 없는 때, 2) 범죄의 성질·지방의 민심·소송의 상황 기타 사정으로 재판의 공평을 유지하기 어려운 염려가 있는 때이다

---

1) 강구진 77; 신동운 771; 이은모/김정환 45; 이재상/조균석/이창온 27/31; 정영석/이형국 55.
2) 이재상/조균석/이창온 27/31; 이창현 60.
3) 신동운 772.
4) 이은모/김정환 46; 이재상/조균석/이창온 27/33; 이창현 61.

(제15조).

제1호에서 법률상의 이유란 법관의 제척·기피·회피로 인하여 소송법적 의   **38**
미의 법원을 구성할 수 없는 경우를 말하고, 특별한 사정이란 천재지변 또는 법
관의 질병이나 사망 등으로 장기간 재판을 할 수 없는 경우를 말한다. 제2호에
서 재판의 공평을 유지하기 어려운 염려는 객관적 사정에 의한 것이어야 한다.
예를 들어 그 지방 주민의 피고인에 대한 증오나 동정여론이 재판에 중대한 영
향을 미칠 수 있는 상황이 여기에 해당된다. 그러나 검사의 공소장변경을 허용
하였다는 사정만으로는 재판의 공평을 유지하기 어렵다는 염려는 인정되지 않
는다(84초45).

(3) 관할이전의 절차   관할이전은 검사 또는 피고인의 신청에 의한다(제15   **39**
조). 피고인도 신청권이 있다는 점은 관할지정과 구별된다. 검사의 신청은 공소
제기 전후를 불문하나, 피고인은 공소제기 후에 한하여 신청할 수 있다. 관할이
전을 신청할 때에는 사유를 기재한 신청서를 바로 위의 상급법원에 제출하여야
한다. 공소제기 후에 신청하는 때는 즉시 공소를 접수한 법원에 통지해야 한다
(제16조). 그 밖에 소송절차의 정지(규칙 제7조), 관할이전의 심리절차 및 처리 후
의 절차(규칙 제5조, 6조)는 관할지정의 경우와 같다.

Ⅳ. 관할의 경합

1. 의   의

법원의 관할은 여러 기준에 의해 결정되기 때문에 동일사건에 대해 둘 이   **40**
상의 법원이 관할권을 가지는 경우가 있다. 이를 관할의 경합이라고 한다. 이
경우 검사는 어느 법원에나 공소를 제기할 수 있는데, 어느 한 법원에 공소를
제기하여도 다른 법원의 관할권이 소멸하지는 않는다. 그러나 동일사건에 대해
서로 다른 법원이 이중심리나 모순된 판결을 내리는 것은 소송경제원칙에 반할
뿐만 아니라 재판에 대한 일반시민의 신뢰를 무너뜨린다. 이러한 위험을 방지하
기 위하여 형사소송법은 관할권이 경합할 경우에 일정한 우선순위원칙을 세워
놓고 있다.

2. 관할의 경합에서 우선순위원칙

(1) 합의부우선원칙   동일사건이 사물관할을 달리하는 수개의 법원에 계속   **41**

된 때에는 법원합의부가 심판한다(제12조). 제12조는 수개의 소송계속이 모두 1
심에 있는 경우를 예정한 것이나, 동일사건이 항소법원과 제1심 법원에 각각 계
속된 경우에도 제12조를 준용하여 항소법원에서 심판하여야 한다.1)

42   **(2) 선착수우선원칙**   같은 사건이 사물관할이 같은 여러 개의 법원에 계속
된 때에는 먼저 공소를 받은 법원이 심판한다(제13조 본문). 이를 선착수의 원칙
이라고 한다. 다만 검사나 피고인의 신청이 있는 경우, 각 법원에 공통되는 바
로 위의 상급법원은 결정으로 뒤에 공소를 받은 법원이 심판하도록 할 수 있다
(같은 조 단서).

3. 우선순위원칙 적용의 법적 효과

43   합의부우선원칙을 적용할 경우 단독판사는 합의부의 소송계속사실이 명확
하게 되면 즉시 공소기각결정을 해야 하고(제328조 ①항 3호), 단독판사가 판결을
하고 그 판결이 확정되면 합의부는 면소판결(제326조 1호)을 해야 한다. 수개의
법원이 각각 판결을 행하고 모두 확정되면 나중에 확정된 판결은 당연무효가
된다.

44   선착수우선원칙을 적용하더라도 동일한 법적 효과가 발생한다. 즉 나중에
소송계속이 발생한 법원은 다른 법원에 동일한 사건이 먼저 기소되었음이 명백
하게 되는 즉시 공소기각결정을 해야 하고(제328조 ①항 3호), 나중에 공소제기된
사건의 판결을 행하고 그 판결이 확정되면 먼저 공소제기된 법원은 면소판결을
해야 한다(제326조 1호). 그리고 동일사건을 수개 법원에서 판결하여 모두 확정된
경우에는 나중에 확정된 판결은 당연무효가 된다.2)

V. 사건의 이송

1. 사건이송의 의의

45   사건이송이란 수소법원이 계속중인 사건을 다른 법원이 심판하도록 소송계
속을 이전하는 것을 말한다. 사건이송은 관할과 관련된 것이 대부분이지만 그렇
지 않은 군사법원이송과 소년부송치의 경우도 있다. 사건이송에는 다양한 유형
이 있으나 여기에서는 사건의 직권이송(제8조)만을 검토한다.

---

1) 신동운 774; 이재상/조균석/이창온 27/37; 이창현 63.
2) 신동운 774; 이재상/조균석/이창온 27/37; 이창현 63; 정영석/이형국 58.

[관할과 관련된 사건이송의 유형]　사건이송은 관할과 관련하여 다음과 같은 유형이 **46**
있다. 1) 토지관할의 병합심리결정에 의해 병합심리하게 된 법원에 대하여 다른 법
원이 하는 사건의 이송, 2) 사물관할의 병합결정에 의해 단독판사가 합의부에 대하
여 행하는 사건의 이송, 3) 항소사건에서 병합심리결정이 있는 경우에 지방법원 본
원합의부가 고등법원에 대하여 하는 사건의 이송, 4) 공소가 제기된 사건에 관하여
관할지정 또는 관할이전의 결정이 있는 경우에 사건계속법원이 관할지정 또는 관
할이전을 받은 법원에 대하여 하는 사건의 이송, 5) 관할인정이 법률에 위반됨을
이유로 항소심법원 또는 상고심법원이 원심판결을 파기하는 때에 판결로서 관할법
원에 하는 사건의 이송 등이 그것이다.

2. 사건의 직권이송

(1) 현재지관할에 대한 이송　피고인이 관할구역 내에 현재하지 않는 경우 **47**
에 특별한 사정이 있으면 법원은 결정으로 사건을 피고인의 현재지를 관할하는
동급법원에 이송할 수 있다(제8조 ①항). 이는 피고인의 이익과 법원의 심리에 편
의를 도모하기 위한 것이다. 사건이송은 관할법원 상호간에 소송계속을 이전하
는 것이고, 관할이전은 관할 없는 법원에 소송계속을 이전한다는 점에서 양자는
구별된다. 이송여부는 법원의 재량사항이다.

(2) 합의부에 대한 이송　1) 단독판사가 공판심리 중 공소장변경에 의하여 **48**
합의부의 관할사건으로 변경된 경우에 법원은 결정으로 관할권이 있는 법원에
이송한다(제8조 ②항). 이는 소송경제를 위한 것이며, 사건이송은 법원의 의무에
속한다. 2) 항소심에서 공소장변경에 의하여 단독판사의 관할사건이 합의부 관
할사건으로 된 경우에도, 법원은 사건을 관할권이 있는 법원에 이송하여야 하
고, 항소심에서 변경된 위 합의부 관할사건에 대한 관할권이 있는 법원은 고등
법원이다(97도2463).

3. 사건의 군사법원이송

일반법원과 군사법원 사이의 재판권분배는 원래 관할문제가 아니라 재판권의 **49**
문제이다. 그러나 형사소송법은, 일반법원에 공소제기된 사건에 대해 군사법원
이 재판권을 가지게 되었거나 재판권을 가졌음이 판명된 때에는 법원이 결정으
로 사건을 재판권이 있는 같은 심급의 군사법원으로 이송하도록 규정하고 있다
(제16조의2 1문). 여기서 '군사법원이 재판권을 가졌음이 판명된 때'란 공소제기

당시에 이미 군사법원이 재판권을 가지고 있던 경우를 포함한다(76도2820). 그리고 사건을 군사법원에 이송할 경우에 이송 전에 행한 소송행위는 이송 후에도 그 효력에 영향이 없다(같은 조 2문).[1] 따라서 피고인이 군인이라는 사실이 인정되면 군사법원에 이송해야 하며 공소기각판결을 선고해서는 안 된다(73도1296).[2]

4. 사건의 소년부송치

50   법원은 소년에 대한 피고사건을 심리한 결과 보호처분에 해당할 사유가 있다고 인정한 때에는 결정으로써 사건을 관할 소년부에 송치하여야 한다(소년법 제50조). 소년부는 형사법원에 의하여 송치받은 사건을 조사 또는 심리한 결과 본인이 19세 이상인 것이 판명된 때에는 결정으로써 송치한 법원에 사건을 다시 이송하여야 한다(같은 법 제51조).

VI. 관할위반의 효과

1. 관할권의 조사

51   관할권은 소송조건의 하나이다. 따라서 법원은 직권으로 관할유무를 조사하여야 한다(제1조). 관할권 존재의 결정시기는, 토지관할에서는 공소제기시를 기준으로 하지만 나중에 관할권이 생기면 그 하자는 치유된다. 반면 사물관할은 공소제기시부터 재판종결까지 심리의 전 과정에 존재하여야 한다.[3]

2. 관할위반의 판결

52   법원은 관할권 없음이 명백한 때에는 판결로써 관할위반을 선고해야 한다(제319조). 그러나 이에는 다음 2가지 예외가 있다.

53   (1) 토지관할의 위반   토지관할에 관하여 법원은 피고인의 신청이 없으면 관할위반선고를 하지 못하며, 피고인의 관할위반신청은 피고사건에 대한 진술

---

1) 82도1072: 제1심법원에 공소가 제기되기 이전부터 군법피적용자의 신분을 보유하고 있던 피고인에 대한 제1심법원의 판결선고 후에 항소심사건을 이송받은 고등군법회의로서는 제1심법원이 피고인에 대한 재판권이 없었다는 이유로 제1심판결을 파기할 수 없다.

2) 이 점은 군사법원으로부터 일반법원에 사건이송이 행하여지는 경우에도 마찬가지이다(군사법원법 제2조 ③항). 그러나 이 경우 군사법원의 소송행위가 일반법원의 절차에서 그 효력이 인정되면 헌법상 일반국민의 군사법원의 재판을 받지 아니할 권리(헌법 제27조 ②항)를 침해하게 된다. 신동운 759.

3) 신동운 779; 이재상/조균석/이창온 27/38; 이창현 63.

전에 해야 한다(제320조). 토지관할이 다르더라도 동급법원에서 심판하면 심리정도가 동일하므로 피고인에게 실질적 불이익이 없고, 불필요한 소송지연을 방지하여 소송경제를 도모할 수 있기 때문이다.[1] 따라서 토지관할은 일종의 기한부 소송조건이라고 할 수 있다.

(2) 관할구역 외에서의 직무　　법원 또는 법관은 원칙적으로 관할구역 내에 54
서만 소송행위를 할 수 있다. 그러나 사실발견을 위해 필요하거나 긴급을 요하는 때에는 법원은 관할구역 외에서 직무를 행하거나 사실조사에 필요한 처분을 할 수 있다(제3조). 이 경우 관할위반판결을 하지 않아도 된다.

3. 관할위반과 소송행위의 효과

관할위반의 경우에도 그동안 행해진 소송행위는 그 효력에 영향이 없다(제2조). 55
그러나 이는 소송경제를 위하여 절차를 조성하는 개개의 소송행위가 유효하다는 의미일 뿐이며, 관할권 없는 법원이 실체재판을 할 수 있는 것은 아니다.

관할을 위반하여 선고한 판결은 절대적 항소이유(제361조의5 3호)와 상고이 56
유(제383조 1호)가 된다. 상고심에서 관할위반의 인정이 법률에 위반됨을 이유로 원심판결 또는 제1심 판결을 파기하는 경우에는 대법원은 판결로써 사건을 원심법원 또는 제1심 법원에 환송하여야 한다(제395조). 관할인정이 법률에 위반됨을 이유로 원심판결 또는 제1심 판결을 파기하는 경우에는 대법원은 판결로써 사건을 관할 있는 법원에 이송하여야 한다(제394조).

---

1) 신동운 779; 이재상/조균석/이창온 27/39; 이창현 64; 정영석/이형국 58.

제 2 절 피고인과 변호인

[30] 제 1 피 고 인

[사례 11] 2001도192

甲은 乙, 丙과 공모하여 강도살인죄를 범한 혐의로 구속기소되어 제1, 2심에서 유죄판결을 선고받고 상고하였다. 대법원은 '강도살인죄의 살인의 고의가 인정되기 어렵다'며 사건을 파기환송하였다. 제2차 항소심에서 검사는 강도살인죄를 강도치사죄로 공소장 변경을 신청하였다. 항소심은 이 신청을 허가한 후 변경된 공소사실을 전부 유죄로 인정하고 "甲이 시종 범행의 죄책을 회피하는 태도로 일관하는 등 반성의 빛을 찾아볼 수 없다"면서 제1심 판결을 직권으로 파기하고 공범들 중에서 범행을 시인한 乙, 丙보다 甲에게 중한 형을 선고하였다. 甲의 변호인은 "甲의 태도를 고려한 것은 甲의 범행부인권 행사를 이유로 양형을 불리하게 한 것이어서 이는 결과적으로 甲에게 불리한 진술을 강요한 것이 되어 헌법 제12조 ②항이 규정하고 있는 '형사상 자기에게 불리한 진술을 강요받지 않을 권리'를 침해한 위법이 있고 이는 판결 결과에 영향을 미쳤다"며 다시 상고하였다. **원심의 판결은 위법한가?**

[주요논점] 1. 피고인의 진술거부권은 어떤 성격을 갖는가?
　　　　　　 2. 형사소송법이 피고인의 진술거부권을 보장하기 위해서 마련한 실체법적, 절차법적 장치에는 어떤 것들이 있는가?

Ⅰ. 피고인의 의의

1. 개   념

1　　　피고인은 검사에 의하여 형사책임을 져야 할 자로 공소제기된 자를 말한다. 피고인이 되려면 공소제기된 자이면 충분하고, 진범 여부, 당사자능력의 유무나 소송능력의 유무 또는 공소제기의 유효성 등은 문제되지 않는다. 경찰서장에 의하여 즉결심판이 청구된 자도 피고인에 해당한다(즉심법 제3조).

2　　　피고인은 공소제기 전에 수사기관의 수사대상이 되는 피의자 그리고 유죄판결이 확정된 수형자와 구별된다. 즉 피의자는 공소제기에 의해 피고인이 되

고, 피고인은 형의 확정에 의해 수형자가 된다.

2. 공동피고인

　동일한 소송절차에서 공동으로 심판받는 수인의 피고인을 공동피고인이라 　**3**
고 한다. 실무에서는 공동피고인의 한 사람에 대해 다른 피고인을 가리킬 때 상
피고인이라고도 하나, 공동피고인이라는 용어가 더욱 바람직하다. 공동피고인은
반드시 공범자임을 요하지 않는다. 공동피고인은 각 피고인의 사건이 동일법원
에 계속된 경우에 불과하기 때문이다. 따라서 공동피고인에 대한 소송관계는 각
피고인마다 별도로 존재하며, 그 1인에 대해 발생한 사유는 원칙적으로 다른 피
고인에게 영향을 미치지 않는다. 다만 상소심에서 피고인의 이익을 위하여 원심
판결을 파기하는 경우에 파기이유가 항소 또는 상고한 공동피고인에게 공통되
는 때에는 그 공동피고인에 대해서도 원심판결을 파기하는 예외도 인정된다(제
364조의2, 392조).

Ⅱ. 피고인의 당사자능력과 소송능력

1. 당사자능력

　(1) 당사자능력의 의의　　당사자능력이란 소송법상 당사자가 될 수 있는 일 　**4**
반적인 능력을 말한다. 당사자 개념을 부인하는 견해에서는 소송주체가 될 수
있는 자격으로 이해한다. 일정한 자격 있는 자 가운데에서 임명된 국가기관인
검사는 당사자능력이 문제될 여지가 없다. 주로 피고인의 당사자능력이 문제된다.

　(2) 구별개념　　당사자능력은 일반적·추상적으로 당사자가 될 수 있는 능 　**5**
력을 의미하므로 구체적 특정사건에서 당사자가 될 수 있는 자격인 당사자적격
과 구별된다. 형사소송에서는 사건 자체의 특수한 성격을 이유로 피고인이 될
자격을 제한하는 규정이 없으므로 당사자적격은 문제되지 않는다.[1] 한편 소송
법상의 능력인 당사자능력은 형법상의 책임능력과 구별된다. 당사자능력의 부
존재는 공소기각사유인 반면, 책임능력의 부존재는 무죄판결의 이유가 된다.

　(3) 당사자능력이 있는 자　　형사소추는 형벌의 실현이 그 목적이므로 형벌 　**6**
을 받을 가능성이 있는 자에게는 원칙적으로 당사자능력, 다시 말해 형사절차에
서 소송주체로 등장할 수 있는 자격이 인정된다.

---

1) 신동운 797; 이재상/조균석/이창온 28/20; 이창현 100.

7   ㈎ **자연인의 당사자능력**   자연인은 연령이나 책임능력의 여하를 불문하고 언제나 당사자능력을 가진다. 따라서 14세 미만의 형사미성년자(형법 제9조)도 공소가 제기되면 당사자능력을 갖는다. 책임무능력자도 특별법1)에 의하여 처벌될 가능성이 있기 때문이다. 그러나 태아나 사망자는 당사자능력이 없다. 다만 재심절차에서는 피고인의 사망이 영향을 미치지 않는다(제424조 4호, 438조 ②항 1호).

8   ㈏ **법인의 당사자능력**   법인에 대한 처벌규정이 있는 한, 이것의 형법이론적 문제점2)은 별개의 문제로 차치하고, 법인이 형사절차상 당사자능력을 가질 수 있음은 물론이다. 그러나 법인처벌규정이 없는 경우에도 법인의 당사자능력을 인정할 것인가에 대해서는 다음과 같은 견해가 있다. 1) 부정설은 명문규정이 없는 한 형사처벌대상이 되지 않으므로 범죄능력은 물론 당사자능력도 없다고 본다.3) 2) 긍정설은 명문규정이 없어도 법인은 형사처벌을 받을 가능성이 있으며, 당사자능력은 일반적·추상적 능력을 의미하므로 이 경우에도 법인에게는 당사자능력이 인정되어야 한다고 본다.4) 3) 당사자적격설은 법인의 당사자능력은 인정하되, 법인의 처벌문제는 구체적 사건을 전제로 하여 논해지므로 당사자적격의 문제로 보아야 한다고 한다.5) 법인처벌규정이 없는데도 법인에 대하여 공소제기된 경우, 긍정설에 의하면 범죄능력 없음을 이유로 무죄판결(제325조)을 선고할 수 있게 되지만, 부정설과 당사자적격설에 의하면 공소기각판결(제327조 2호)을 선고하게 된다는 이론상 차이가 있다.

(4) 당사자능력의 소멸

9   ㈎ **피고인의 사망**   당사자능력은 피고인의 존재를 전제로 하기 때문에 피고인이 사망하면 당사자능력도 소멸한다. 이 경우 법원은 공소기각결정을 해야 한다(제328조 ①항 2호).

10   ㈏ **법인의 합병 또는 해산**   피고인인 법인이 존속하지 않게 되었을 때(같은 호 후단)에는 그 법인의 당사자능력도 소멸한다. 다만 당사자능력의 소멸시점이 문제될 수 있다. 법인이 합병에 의하여 해산하는 경우에는 합병시에 법인이 소멸하므로 당사자능력의 소멸시점도 그때가 되는 것은 분명하다. 그러나 법인

---

1) 예컨대 담배사업법 제31조.
2) 이 점에 관해서는 정승환, 형법학입문, [10] 4 이하 참조.
3) 김기두 62; 정영석/이형국 82.
4) 백형구 150; 신동운 798; 이재상/조균석/이창온 28/23; 이창현 101.
5) 강구진 111.

이 청산법인으로 존속하는 경우(민법 제81조)에는 제328조 ①항 2호 후단의 '법인이 존속하지 아니하게 된 때'에 해당하는지가 문제된다. 이에 대해서는 1) 법인해산과 동시에 당사자능력이 소멸된다는 견해, 2) 청산의 실질적 종결이 있을 때 당사자능력이 소멸된다는 견해가 대립한다. 민법상 청산법인을 인정한 취지와 법률관계의 명확성에 비추어 2)의 견해가 타당하다.[1] 판례도 피고사건의 소송이 계속되고 있는 한 청산종료의 등기가 있더라도 그 법인의 형사소송법상 당사자능력은 그대로 존속하는 것으로 본다(84도693; 2018도14261 등).

(5) **당사자능력 흠결의 법적 효과** 당사자능력은 소송조건이므로 법원은 당 **11** 사자능력의 유무를 직권으로 조사하여 피고인에게 당사자능력이 없는 때에는 공소기각재판을 해야 한다. 소송계속 중 당사자능력이 소멸한 때에는 제328조 ①항 2호의 명문규정에 따라 공소기각결정을 해야 한다. 그러나 공소를 제기할 때 이미 당사자능력이 존재하지 않았던 경우에 어떤 조치를 내려야 하는가에 대해서는 명문규정이 없다. 이에 관하여는 1) 제328조 ①항 2호를 준용하여 공소기각결정을 해야 한다는 견해[2]와, 2) 제327조 2호에 따라서 공소기각판결을 해야 한다는 견해[3]가 대립한다. 제327조 2호는 공소제기의 유효조건에 관한 일반조항이므로 명문규정이 없는 이상 공소를 제기할 때 당사자능력이 존재하지 않은 경우에 적용될 수는 있다. 그러나 공소제기 이후에 당사자능력이 소멸된 경우에는 결정으로 공소를 기각하면서, 공소제기시에 이미 당사자능력이 없었던 경우에는 판결로 공소를 기각해야 하는 것은 소송경제에 어긋나는 면이 있다. 그러므로 제328조 ①항 2호를 유추적용하는 것이 타당하다.

2. 소송능력

(1) **소송능력의 개념** 소송능력은 피고인이 소송당사자로서 유효하게 소송 **12** 행위를 할 수 있는 능력을 말한다. 소송능력은 피고인이, 자신이 처한 소송상황과 구체적 이해관계를 이해하고 자신을 위하여 적절한 방어행위를 할 수 있는 의사능력을 의미한다. 검사는 법률에 의하여 그 자격과 지위가 인정되므로 사실상 소송능력이 거의 문제되지 않는다. 소송행위는 형사절차의 전 과정에서 행해

---

1) 강구진 111; 김기두 62; 신동운 799; 이재상/조균석/이창온 28/24; 이창현 102; 정영석/이형국 83.

2) 김기두 62; 배종대/홍영기 [13] 37; 신동운 800; 이은모/김정환 81; 이재상/조균석/이창온 28/25; 이창현 103.

3) 강구진 111; 백형구 538.

지므로 피고인뿐만 아니라 피의자에게도 소송능력이 문제될 수 있다. 피고인이 소송의 객체였던 규문절차에서는 소송능력이 문제되지 않았지만, 피고인이 소송주체로서 방어권, 참여권 및 인격권 등 다양한 권리를 누리게 된 탄핵절차의 형사소송에서는 피고인의 소송능력이 중요한 의미를 가지게 되었다.

13　　　(2) **구별개념**　　　소송능력은 의사능력을 본질적 내용으로 하는 점에서 형법상의 책임능력(형법 제10조, 11조)과 유사하다. 그러나 소송능력은 소송수행상의 이해득실을 판단하여 그것에 따라 행동할 수 있는 능력으로서 소송행위시에 존재해야 하지만, 책임능력은 불법을 통찰하고 그에 따라 행위할 수 있는 능력으로서 범죄행위시에 그 존부가 문제되는 점에서 양자는 구별된다.[1] 또한 소송능력은 소송행위를 유효하게 할 수 있는 구체적 능력이라는 점에서, 형사절차에서 피고인으로 될 수 있는 일반적 자격인 당사자능력과 다르다. 당사자능력이 결여되면 공소기각재판에 의하여 절차가 종료되지만, 소송능력이 결여되면 단지 공판절차가 정지(제306조 ①항)될 뿐이다. 그 밖에 소송능력은 변론능력과도 구별된다. 변론능력은 법원에 대해 사실문제나 법률문제에 관하여 적절한 공격과 방어를 행할 수 있는 능력을 말한다. 현행법은 상고심에서 변호인에게만 변론능력을 인정한다(제387조). 그러나 소송능력은 형사절차의 심급과 무관하게 모든 소송행위의 유효조건이 된다.

　　　(3) **소송능력 흠결의 효과**

14　　　(가) **소송행위의 무효**　　　소송능력은 소송행위의 유효요건이다. 따라서 소송능력이 없는 피고인의 소송행위는 무효가 된다. 다만 소송능력은 소송조건이 아님을 유의해야 한다. 따라서 소송능력 없는 자에 대한 공소제기가 있어도 당사자능력 흠결의 경우처럼 공소기각재판을 할 수는 없다. 또한 소송능력 없는 자에 대한 공소장부본의 송달도 유효하다.

15　　　(나) **공판절차의 정지**　　　피고인이 계속적으로 소송능력이 없는 상태에 있을 때에도 공판절차를 진행한다면, 이것은 피고인보호에 중대한 장애가 될 수 있다. 따라서 현행법은 그럴 경우 공판절차를 정지하도록 하고 있다. 즉 피고인이 사물의 변별 또는 의사결정의 능력이 없는 상태에 있는 때에는, 법원은 검사와 변호인의 의견을 들어서 결정으로 그 상태가 계속하는 기간 공판절차를 정지하여야 한다(제306조 ①항). 따라서 제1회 공판기일의 모두에 변호인으로부터 피고인에게 소송능력이 없다는 주장이 있을 경우에는 법원은 직권으로 소송능력의

---

1) 신동운 802; 이재상/조균석/이창온 28/26; 이창현 103;

유무를 조사하여 소송능력이 없음이 명백한 때에는 즉시 공판절차를 정지하여
야 한다.[1]

(4) 특 칙   그러나 소송무능력자인 피고인에 대해서도 다음 세 가지 경우 16
에는 공판절차를 진행할 수 있다.

(가) **무죄·면소·형면제·공소기각 등의 재판을 할 경우**   피고사건에 대하 17
여 무죄·면소·형면제·공소기각의 재판을 할 것이 명백한 때에는, 피고인에게
소송능력이 없는 경우에도 피고인의 출정 없이 재판할 수 있다(제306조 ④항). 공
판절차의 정지는 피고인의 이익보호를 위한 것인데, 이들 재판은 피고인에게 유
리한 것이므로 공판절차의 정지 없이 가능한 것이다.

(나) **의사무능력자와 소송행위의 대리**   형법 제9조부터 제11조의 적용을 18
받지 않는 범죄사건[2])에 관하여 피고인 또는 피의자가 의사능력이 없는 때에는
그 법정대리인이 소송행위를 대리한다(제26조). 법정대리인이 없는 때에는 법원
이 특별대리인을 선임하여야 한다(제28조). 이 경우의 대리를 대표와 같은 뜻으
로 해석하여, 피고인을 대신하여 피고인에게 불리한 진술을 할 수 있다는 견해
가 있으나 대리라고 보는 것이 통설이다.[3]

(다) **피고인인 법인의 대표**   의사능력 없는 법인 기타 단체는 소송능력이 19
없으므로 법인이 피고인인 때에는 자연인인 그 대표자가 소송행위를 대표한다
(제27조 ①항). 대표자가 수인인 경우에는 각자 대표권을 행사한다(같은 조 ②항).
법인에 대표자가 없는 경우, 법원은 직권 또는 검사의 청구에 의하여 특별대리
인을 선임해야 하며, 특별대리인은 대표자가 있을 때까지 그 임무를 행한다(제
28조).

Ⅲ. 피고인의 소송법적 지위

1. 소송구조론과 피고인의 지위

피고인은 근대 형사소송법체계가 성립하기 이전의 규문절차에서는 검찰과 20
법관의 역할을 함께 수행한 규문판사의 조사객체였을 뿐 소송주체의 지위에서
자기의 정당한 이익을 방어할 권리를 누릴 수 없었다. 19세기 자유주의의 영향

---

1) 이은모/김정환 83; 이재상/조균석/이창온 28/28; 이창현 104.
2) 예컨대 세법위반과 같은 각종 행정범.
3) 이은모/김정환 83; 이재상/조균석/이창온 28/30; 이창현 104; 정영석/이형국 84.

과 권력분립이념에 따라 국가형벌권을 검찰과 법원에 각각 분담시키고 상호견제와 균형의 관계에 놓이게 함으로써 국가형벌권의 남용을 억제하는 한편, 피고인에게도 점차 소송주체의 지위를 인정하게 되었다. 이와 같은 형사절차의 특성을 탄핵주의라고 하며, 이는 오늘날 문명국가의 형사사법이 취하는 기본적 구조가 되고 있다. 탄핵주의 형사소송구조에서도 대륙법계의 직권주의와 영미의 당사자주의에 따라 피고인의 지위가 달라진다.

21   (1) **당사자주의의 소송구조**   당사자주의 소송구조에서 피고인은 검사와 대등한 당사자의 지위를 누린다. 소송절차는 당사자들이 지배적으로 수행하고 법원은 '변론주의'에 따라 객관적인 제3자로서 당사자의 변론활동을 관찰하여 유·무죄의 판단을 할 뿐 심리에 개입하지는 않는다. 또한 '처분권주의'에 의해 민사소송처럼 소송물을 처분할 권리가 당사자에게 인정된다. 따라서 피고인신문제도는 존재하지 않는다.

22   (2) **직권주의 소송구조**   이에 반해 직권주의 소송구조에서는 '국가처벌주의'에 따라 진실발견의 의무를 지는 법원이 소송절차를 주도하며 피고인이나 검사·변호인은 소송물을 자유로이 처분할 수 있는 권한이 없다. 또한 '직권탐지주의'에 의해 피고인은 공판절차에서 신문을 받을 뿐만 아니라 법원·검사도 피고인에게 유리한 사실주장이나 증거수집의 의무를 진다. 따라서 피고인에게는 검사·변호인의 경우와 마찬가지로 영미법상의 의미에서 '당사자'라는 지위를 인정할 수 없다. 단지 소송의 주체일 뿐이다.

2. 현행법상 피고인의 지위에 관한 이론

23   (1) **당사자지위론**   다수 학자들은 현행 형사소송법을 직권주의와 당사자주의의 절충적 구조로 이해하고 소송법상 피고인을 능동적 당사자인 검사에 대립하는 수동적 당사자로 인정할 정도로 당사자주의가 현행법에 도입되어 있다고 본다. 이것을 당사자지위론이라고 한다. 그리고 피고인의 소송법상 지위를 1) 당사자의 지위, 2) 증거방법의 지위, 3) 절차대상의 지위로 분류한다.[1)]

24   (2) **소송주체지위론**   이것은 피고인을 영미법적인 의미의 당사자가 아니라 소송주체일 뿐이라고 보는 견해이다. 이에 따르면 피고인의 소송주체지위는 1) 피고인 자신의 방어를 위한 권리향유의 주체인 적극적 지위와, 2) 피고인이 자

---

1) 강구진 126; 김기두 60; 백형구 137; 이은모/김정환 85 이하; 이재상/조균석/이창온 278/8 이하; 이창현 105; 정영석/이형국 74.

신의 의사와 관계없이 형사절차의 진행에 대해 부담하는 의무주체인 소극적 지
위로 나뉜다.

(3) **결 론**　　현행 형사소송법의 체계는 변론주의와 처분권주의가 지배하는 **25**
완전한 의미의 당사자주의 소송구조라 할 수 없으므로1) 피고인은 당사자주의
소송의 당사자는 아니고 직권주의 소송의 한 주체로 이해하여야 한다. 피고인을
진정한 의미의 당사자로 볼 수 없는 이유는 다음 네 가지로 요약할 수 있다.

(가) **역사적 이유**　　피고인을 당사자로 파악하는 것은 미국식 형사절차를 **26**
형사소송법개혁의 모델로 삼은 2차대전 후의 일본에서 형사소송법학계가 당사
자개념을 널리 사용한 데서 영향을 받은 결과이다. 이러한 영향은 [피고인의 참
여권확대와 인권보장＝미국법＝당사자주의]라는 도식적 사고로 요약될 수 있
다. 그러나 피고인의 참여권확대와 인권보장은 직권주의 소송구조에서도 헌법
상의 기본권을 실현하는 것으로써 가능하다.

(나) **이론적 이유**　　실체적 진실발견을 목표로 하는 형사소송에서 당사자라 **27**
는 피고인의 변론활동에 의해 유·무죄가 좌우되는 것은 아니다. 나아가서 법원
·검사도 피고인의 이익을 위한 사실주장과 증거수집의무를 지는 점에서도 피고
인을 검사에 대립하는 '반대당사자'라고 볼 수는 없다.

(다) **실정법적·정책적 이유**　　피고인신문절차(제296조의2)나 법원의 직권증 **28**
거조사(제295조) 등이 허용되는 것도 피고인을 영미법적 의미의 당사자로 파악하
기 어렵게 만든다. 그런데도 피고인을 당사자개념으로 파악하는 것은 '법원의
역할을 소극적 심판자로 제한하고 공판절차의 검찰사법화를 조장하여 피고인의
방어권보호에 소홀할 수 있는 역기능'2)을 초래할 수 있다.

다만 피고인을 당사자로 부르는 것이 소송주체로서 참여권을 더욱 철저하 **29**
게 보장해야 한다는 점을 강조하기 위한, 다시 말해 대립당사자가 아니라 '소송
주체의 적극적 지위'를 강조하는 편의적 방편이라면 '당사자'라는 표현을 사용해
도 무방할 것이다. 또한 이런 전제에서 비롯된 당사자지위론의 분류, 즉 피고인
의 지위를 1) 당사자, 2) 증거방법, 3) 절차대상으로 나누어 검토하는 것이 가능
하다.

---

1) 이에 대해서는 앞의 [4] 8 참조.
2) 신동운 805.

3. 당사자로서의 지위

30　　　(1) 방어권　　피고인은 공소권의 주체인 검사에 대해 자기의 정당한 이익을 방어할 수 있는 권리를 가진다. 피고인의 모든 권리가 방어목적을 추구한다는 점에서 보면 방어권이지만, 여기서는 다른 권리와 구분하기 위해 편의상 피고인이 자신을 변론하는 기회를 본격적으로 누릴 수 있게 하는 권리만을 가리키는 것으로 본다. 피고인의 방어권에는 다음과 같은 것이 있다.

31　　　(가) **방어준비를 위한 권리**　　현행법은 공소장의 기재내용을 특정하고(제254조), 공소장변경에도 일정한 절차를 요하도록 하여(제298조) 심판대상을 한정한다. 또한 제1회 공판기일의 유예기간(제269조)과 피고인에게 공소장부본을 송달받을 권리(제266조), 공소장변경사유를 고지받을 권리(제298조 ③항), 공판기일변경신청권(제270조), 공판조서열람권을 인정한다(제55조).

32　　　(나) **진술권과 진술거부권**　　피고인은 진술거부권(제283조의2 ①항)과 자신에게 이익이 되는 사실을 진술할 권리(제286조 ②항) 및 최후진술권(제303조)을 갖는다. 재판장은 피고인에게 진술권과 진술거부권을 고지해야 한다(규칙 제127조).

33　　　(다) **증거조사의 방어권**　　증거조사에서 피고인은 증거신청권(제294조), 의견진술권(제293조), 이의신청권(제296조), 증인신문권(제161조의2)을 행사함으로써 법관의 심증형성에 영향을 미칠 수 있다.

34　　　(라) **방어의 실효성을 위한 권리**　　피고인은 방어권을 실효성 있게 행사하기 위하여 헌법상 변호인의 조력을 받을 권리(헌법 제12조 ④항)를 가지며, 변호인선임권(제30조)과 변호인선임의뢰권(제90조), 접견교통권(제34조, 89조) 그리고 국선변호인선정청구권(헌법 제12조 ④항 단서, 법 제33조 ②항)과 중대한 사건의 경우 국선변호인의 조력을 받을 권리(제282조, 283조)를 누린다.

　　　(2) 소송참여권

35　　　(가) **법원의 구성에 관여할 권리**　　피고인은 헌법과 법률이 정한 법관에 의한 재판을 받을 권리를 갖는다(헌법 제27조 ①항). 형사소송법은 피고인에게 토지관할위반의 신청권(제320조), 관할이전신청권(제15조), 관련사건의 병합심리신청권(제6조), 기피신청권(제18조) 및 변론의 분리·병합·재개신청권(제300조, 305조)을 보장함으로써 재판부의 구성에 관여할 수 있도록 하고 있다.

36　　　(나) **공판정출석권**　　피고인은 공판정에 출석할 의무뿐만 아니라 권리를 가진다(제276조). 피고인이 공판정에 출석하지 않으면 원칙적으로 개정하지 못한

다. 다만 경미사건(제277조)이나 구속된 피고인의 출석거부(제277조의2) 등에 대하여 예외가 인정된다.

(대) **증거조사 및 강제처분절차 참여권**   피고인은 증인신문과 검증·감정 **37** 등에 대한 참여권을 가진다(제145조, 163조, 176조, 183조). 공판준비절차의 증거조사(제273조)와 증거보전절차의 증거조사(제184조)에 대해서도 피고인은 참여권을 가진다. 또한 검사에 의한 증인신문청구에 대해서도 피고인은 증인신문참여권을 갖는다(제221조의2 ⑤항). 또한 피고인은 증거수집과 밀접한 관계가 있는 압수·수색영장의 집행에 대한 참여권을 가지며(제121조), 법원의 검증에도 참여할 수 있다(제145조).

(라) **불복수단**   피고인은 상소권과 상소의 포기·취하권(제338조, 349조) 및 **38** 약식명령에 대한 정식재판청구권(제453조)을 갖는다.

(3) **인격권**   피고인은 형사절차에서 국가로부터 자신의 인격을 보호받을 권 **39** 리, 특히 사적 영역을 침해당하지 않을 인격권을 갖는다. 이는 인간의 존엄·가치(헌법 제10조)와 법치국가의 요청인 비례성원칙으로부터 나온다. 비례성원칙은 형사절차에서 진실발견의 이익과 피고인의 인격권이 비례관계에 있을 것을 요구한다. 공판절차의 매스컴 비공개를 요구할 권리나 인격의 본질적 내용을 침해하는 증거수집[1]을 금지하는 정보지배권은 피고인의 인격권으로부터 나오는 권리이다.

4. 증거방법으로서의 지위

피고인의 임의진술은 그에게 유리하거나 불리한 증거로 될 수 있고, 피고 **40** 인의 신체는 검증대상이 될 수도 있다. 피고인은 앞의 경우에는 인적 증거방법, 뒤의 경우에는 물적 증거방법이 된다. 증거방법이 될 때 피고인은 주로 소송주체의 소극적 지위에 서지만 얼마간은 적극적 주체의 지위도 누린다.

(1) **인적 증거방법**   피고인은 공소사실의 가장 직접적인 체험자이므로 임 **41** 의진술에는 증거능력을 인정할 수 있다. 따라서 피고인에게 증거방법의 지위를 인정하는 것은 당연하다.[2] 피고인신문제도(제296조의2)가 그 보기이다. 피고인은 피고인신문에서 자신의 무죄를 변론하여 법관의 무죄심증을 유도할 수 있다는 점에서 얼마간 소송주체의 적극적 지위도 누린다. 그러나 피고인이 증인으로 진술할 수는 없다. 영미법과 달리 현행법은 피고인의 증인적격을 인정하지 않는

---

1) 예컨대 일기장의 증거사용.
2) 신동운 809; 이은모/김정환 87; 이재상/조균석/이창온 28/13; 이창현 108; 정영석/이형국 76.

다. 이는 피고인에게 증인적격을 인정하여 진술의무를 강제하는 것은 그의 진술
거부권을 무의미하게 하여 당사자지위를 침해할 수 있기 때문이다.[1]

42   (2) **물적 증거방법**   피고인의 정신상태나 신체는 법원이 행하는 검증(제139
조)의 대상이 된다. 또한 피고인은 증인신문에서 대질의 대상(제162조 ③항)이 되거
나 신체감정(제172조 ③항)의 대상이 될 수도 있다. 신체에 대한 직접처분을 수반하
기 때문에 인격보호가 문제가 되고, 그의 인격권이 심리의 한계로 작용한다.[2]

5. 절차의 대상으로서의 지위

43   피고인은 소환(제68조)이나 구속(제69조), 압수·수색(제106조) 등 강제처분의
객체가 된다. 이러한 점을 피고인의 절차대상으로서의 지위라고 부른다.[3] 피고
인은 주로 진실발견을 위하여 그러한 강제처분을 수인해야 할 의무를 진다. 그
러나 이 경우에도 피고인은 인격권의 주체로서 자신의 인격가치에 대한 침해를
방지하거나 배제할 것을 요구할 수 있는 권리를 가진다. 강제처분대상은 범행이
지 피고인 자체는 아니기 때문이다.

Ⅳ. 피고인의 진술거부권

1. 진술거부권의 의의

44   (1) **개 념**   피고인·피의자가 공판절차 또는 수사절차에서 법원 또는 수사
기관의 신문에 대하여 진술을 거부할 수 있는 권리를 진술거부권이라고 한다.
헌법은 제12조 ②항에서 "모든 국민은 고문을 받지 아니하며 형사상 자기에게
불리한 진술을 강요당하지 아니한다"고 규정하여 진술거부권을 기본권으로 보
장하고 있다. 이에 따라 형사소송법도 피고인(제283조의2)과 피의자(제244조의3)의
진술거부권을 규정하고 있다. 형벌 기타의 제재에 의한 진술강요의 금지는 진술
거부권의 본질적 내용이다. 법률로써 진술을 강요할 수 없음은 물론이다.[4]

45   (2) **진술거부권의 주체**   헌법 제12조 ②항은 모든 국민에게 진술거부권을

---

1) 신동운 810; 이재상/조균석/이창온 28/15; 이창현 108.
2) 신동운 810; 이재상/조균석/이창온 28/16; 이창현 108.
3) 강구진 129; 김기두 61; 신동운 810; 이재상/조균석/이창온 28/17; 이창현 108; 정영석/이형
국 77.
4) 89헌가118: 법률이 범법자에게 자기의 범죄사실을 반드시 신고하도록 명시하고 그 미신고를
이유로 처벌하는 벌칙을 규정하는 것은 헌법상 보장된 국민의 기본권인 진술거부권을 침해하
는 것이 된다.

보장하고 있으므로 진술거부권의 주체에는 제한이 없다. 피고인과 피의자는 물론, 피고인·피의자가 의사무능력자일 경우 그 대리인(제26조, 28조), 피고인인 법인의 대표자(제27조, 28조)도 진술거부권을 가진다.[1] 또한 외국인에게도 진술거부권이 인정됨은 물론이다.

(3) 진술거부권의 기능

(가) **인권보장**　　진술거부권은 피고인 또는 피의자의 인권을 보장한다. 진 **46** 술거부권의 보장은 자백을 얻어내기 위한 일체의 위법수사를 배제하기 때문이다. 이런 의미에서 진술거부권은 강제된 자백에 대한 문명적 보장책[2]이라고 부르기도 한다.

(나) **공정한 재판의 보장**　　진술거부권은 피고인 또는 피의자와 검사 사이 **47** 에 무기대등을 도모하여 공정한 재판의 이념을 실현한다. 진술거부권을 인정하지 않으면 피고인·피의자는 검사 또는 법원의 신문에 일방적인 객체로 전락할 수밖에 없다. 그렇게 되면 피고인·피의자는 검사에 대한 공격방어에서 법적·사실적으로 대등한 지위에 놓이기 어렵다. 실무적으로 볼 때 진술거부는 범행을 숨기기 위한 것일 수도 있지만, 수사기관의 부당한 공격에 대한 전면적 항변이거나, 변호인의 변호를 받을 권리를 보장받기 위한 것일 수도 있다. 그러므로 진술거부권을 단지 '진실을 제한하는 실정법적 규준'[3]이라고 보는 것은 잘못이다. 오히려 진정한 진실발견에 필수적인 제도라고 보아야 한다. 진술거부권 때문에 진실발견이 제한받는 것이 아니라 오히려 적정하게 실현된다고 할 수 있다.

(4) 진술거부권과 자백배제법칙의 관계

(가) **구별설**　　양자를 엄격히 구별하는 견해[4]에 따르면, 1) 진술거부권은 **48** 17세기에 확립되었고, 자백배제법칙은 18세기 보통법에 의해 형성된 것이다. 2) 진술거부권은 진술내용을 문제삼지 않는 증거법칙이지만, 자백배제법칙은 허위배제를 존재이유로 하는 진실발견을 위한 증거법칙이다. 3) 진술거부권은 공판정에 출석한 피고인을 대상으로 하는 것이나, 자백배제법칙은 여기에 제한되지 않는다는 차이를 주장한다. 그 밖에 4) 진술거부권이 진술의무를 과하여 진술을 강요하는 것을 금하는 것인 반면, 자백배제법칙은 폭행·협박·기망 등 사실상의 불법행위에 의한 자백강요를 금지하는 것이라는 차이도 있다고 한다.

---

1) 신동운 1015; 이재상/조균석/이창온 9/17; 이창현 113; 정영석/이형국 78.
2) 이재상/조균석/이창온 9/14.
3) 이재상/조균석/이창온 9/14.
4) 신동운 1015.

49　　(나) **비구별설**　구별설에서 말하는 차이는, 진술거부권과 자백배제법칙의 차이
라기보다는, 진술거부권과 1960년대 이전 영미법상의 자백임의성법칙(Voluntariness
Test)의 차이일 뿐이다. 그러나 1) 1960년대 이후 미국에서도 자백임의성법칙은
자백획득과정의 적정절차를 실현하는 원칙으로 발전하여 허위자백만이 아니라
위법하게 수집된 자백을 배제하는 원칙이 되었고, 적법절차에 위반하여 수집된
자백은 공판에서도 증거로 사용할 수 없게 되어 증거법칙의 하나가 되었다.[1]
2) 현행법상으로는 자백배제법칙(제309조)뿐만 아니라 진술거부권도 공판정의
피고인은 물론 수사절차단계의 피의자에게 인정되고 있으며, 자백배제법칙이
형사소송법의 증거편에 규정되어 있다는 점에서 명백히 증거법칙의 하나이다.
또한 진술거부권에 대한 침해는 제309조 '기타 방법'에 해당하는 것으로 볼 수
있다. 그러므로 진술거부권과 자백배제법칙은 하나로 통합되어 있다고 보는 것
이 타당하다.

2. 진술거부권의 범위

50　　(1) **진술증거**　피고인 또는 피의자가 거부할 수 있는 것은 진술에 한한다.
지문과 족형足形의 채취, 신체의 측정, 사진촬영, 신체검사 음주운전단속을 위한
호흡식 음주측정[2] 등에는 진술거부권이 미치지 않는다. 다만 검증·감정은 그
허용성이 문제될 수 있다. 또한 진술인 이상 구두뿐만 아니라 서면에 대해서도
적용되므로 피의자는 수사기관의 진술서 제출요구에 대해서도 거부할 수 있다.[3]

51　　(2) **거짓말탐지기**　거짓말탐지기에 의한 검사에 대해서는, 신체의 생리적
변화를 검증하는 것이지 진술증거는 아니므로 진술거부권이 적용되지 않는다는
견해가 있다. 그러나 생리변화 그 자체가 증거가 되는 것이 아니라 각 질문에
대한 대응관계에서 거짓말탐지기에 나타난 생리변화의 의미가 형성된다는 점에
서 거짓말탐지기의 검사결과는 넓은 의미의 진술에 속한다고 해석해야 한다.[4]

---

1) 이재상/조균석/이창온 9/16.
2) 96헌가11: 도로교통법 제44조 ②항에 규정된 음주측정은 호흡측정기에 입을 대고 호흡을 불
   어넣음으로써 신체의 물리적, 사실적 상태를 그대로 드러내는 행위에 불과하므로 이를 두고 진
   술이라 할 수 없고, 따라서 주취운전의 혐의자에게 호흡측정기에 의한 주취 여부의 측정에 응
   할 것을 요구하고 이에 불응할 경우 처벌한다고 하여도 이는 형사상 불리한 진술을 강요하는
   것에 해당한다고 할 수 없으므로 헌법 제12조 ②항의 진술거부권조항에 위배되지 아니한다.
3) 신동운 1015; 이재상/조균석/이창온 9/18; 이창현 113; 정영석/이형국 79.
4) 이재상/조균석/이창온 9/19 참조.

(3) 거부할 수 있는 진술의 범위

(가) **일체의 진술**　　피고인·피의자는 개개의 질문에 대해 진술을 거부할 수 **52**
있을 뿐만 아니라 신문 전체에 대하여 침묵할 수 있다(제283조의2 ①항, 244조의3
①항 1호). 따라서 불이익한 진술은 물론 이익이 되는 진술도 거부할 수 있으며,
형사책임에 관한 한 범죄사실은 물론 간접사실, 범죄단서 등에 대한 진술도 거
부할 수 있다. 헌법 제12조 ②항은 형사상 자기에게 불리한 진술의 강요를 금지
하고 있지만, 형사소송법 제283조의2, 제244조의3은 일체의 진술을 거부할 수
있는 것으로 규정하여 불리한 진술에 국한하지 않고 있다. 형사소송법은 헌법상
의 진술거부권의 범위를 확장하고 있는 것이다.[1) 이처럼 진술거부는 그 내용이
불리한 진술에 국한되지 않는다는 점에서 증인의 증언거부권이 자기에게 불리
한 증언에 제한되어 있는 것과 구별된다. 이러한 차이는 증인과 피고인의 소송
법상 지위의 차이에서 비롯된다. 즉 증인은 소송주체가 아니고 단지 증거방법인
반면, 피고인은 소송주체로서 진술 또는 침묵 가운데 어떤 형태로 진실발견에
참여할 것인가를 결정할 수 있다.

(나) **인정신문과 진술거부권**　　피고인 또는 피의자의 인적 사항에 대한 신 **53**
문, 즉 인정신문에 대해서도 진술을 거부할 수 있는지의 문제가 있었다. 다수견
해[2)는 인정신문에도 진술거부권이 인정된다고 하며, 타당한 견해이다. 2007년
의 개정법률은 제284조 '인정신문' 앞에 피고인의 진술거부권에 관한 제283조의
2를 신설하였고, 2007. 10. 29. 개정된 형사소송규칙 제127조는 '인정신문을 하
기 전에' 진술거부권을 고지하도록 규정함으로써 다수견해의 입장에 따라 인정
신문에 대해서도 진술을 거부할 수 있음을 분명히 하였다.

3. 진술거부권의 고지

피고인·피의자가 진술거부권을 알지 못하는 관계로 그 권리를 행사하지 **54**
못하는 경우가 있다. 따라서 진술거부권을 실질적으로 보장하려면 진술거부권
이 있음을 피고인·피의자에게 고지할 필요가 있다. 형사소송법은 수사기관에게
피의자신문 전에 미리 진술거부권을 고지할 의무를 명문으로 부과하고 있으며
(제244조의3), 형사소송규칙도 재판장이 인정신문을 하기 전에 피고인에게 진술
거부권을 고지하도록 규정하고 있다(규칙 제127조).

---

1) 강구진 233; 김기두 206; 신동운 1016; 이재상/조균석/이창온 9/20.
2) 배종대/홍영기 [13] 20; 이은모/김정환 94; 이재상/조균석/이창온 9/21; 이창현 116.

55   **(1) 고지방법**   진술거부권의 고지는 피의자·피고인에게 진술거부권이 있음을 이해할 수 있도록 적극적·명시적으로 해야 한다. 피고인에 대해서는 인정신문 이전에 한 차례 고지하면 되지만 공판절차를 갱신하는 때에는 다시 해야 한다(규칙 제144조 ①항 1호). 피의자에 대해서는 피의자를 신문하기 전에 고지하되, 동일한 수사기관의 일련의 수사과정에서 신문할 때마다 고지할 필요는 없다. 다만 신문중단의 시간적 간격이 길거나 조사자가 경질된 때는 다시 고지해야 한다.[1] 그리고 수사기관은 진술거부권을 고지한 후 피의자가 진술거부권을 행사할 것인지를 질문하고 이에 대한 피의자의 답변을 조서에 기재하여야 한다(제244조의3 ②항).

56   **(2) 고지의 내용**   재판장은 피고인에게 진술을 하지 아니하거나 개개의 질문에 대하여 진술을 거부할 수 있고, 이익 되는 사실을 진술할 수 있음을 알려주어야 한다(규칙 제127조). 그리고 검사 또는 사법경찰관이 피의자에게 고지해야 할 내용은 1) 일체의 진술을 하지 아니하거나 개개의 질문에 대하여 진술을 하지 아니할 수 있다는 것, 2) 진술을 하지 아니하더라도 불이익을 받지 아니한다는 것, 3) 진술을 거부할 권리를 포기하고 행한 진술은 법정에서 유죄의 증거로 사용될 수 있다는 것, 4) 신문을 받을 때에는 변호인을 참여하게 하는 등 변호인의 조력을 받을 수 있다는 것 등이다(제244조의3 ①항).

57   **(3) 고지 대상인 피의자의 지위가 인정되는 시기**   수사기관에 의한 진술거부권 고지 대상이 되는 피의자 지위는 수사기관이 조사대상자에 대한 범죄혐의를 인정하여 수사를 개시하는 행위를 한 때 인정된다. 따라서 이러한 피의자 지위에 있지 아니한 자에 대하여는 진술거부권이 고지되지 아니하였더라도 진술의 증거능력을 부정할 것은 아니다.

[2011도8125] 진술거부권의 고지대상인 피의자의 지위

피고인들이 중국에 있는 갑과 공모한 후 중국에서 입국하는 을을 통하여 필로폰이 들어 있는 곡물포대를 배달받는 방법으로 필로폰을 수입하였다고 하여 주위적으로 기소되었는데 검사가 을에게서 곡물포대를 건네받아 피고인들에게 전달하는 역할을 한 참고인 병에 대한 검사 작성 진술조서를 증거로 신청한 사안에서, 병이 검찰 조사를 받을 당시 또는 그 후라도 검사가 병에 대한 범죄혐의를 인정하고 수사를 개

---

[1] 피의자신문조서에 부동문자로 진술거부권을 고지했다고 기재한 경우에도 진술거부권의 고지가 추정되는 것은 아니며, 자수한 피의자에게도 진술거부권은 고지되어야 한다.

시하여 피의자 지위에 있게 되었다고 단정할 수 없고, 검사가 병에 대한 수사를 개
시할 수 있는 상태이었는데도 진술거부권 고지를 잠탈할 의도로 피의자 신문이 아
닌 참고인 조사의 형식을 취한 것으로 볼 만한 사정도 기록상 찾을 수 없으며, 피
고인들의 수입에 관한 범의를 명백하게 하기 위하여 병을 참고인으로 조사한 것이
라면, 병은 수사기관에 의해 범죄혐의를 인정받아 수사가 개시된 피의자의 지위에
있었다고 할 수 없고 참고인으로서 조사를 받으면서 수사기관에게서 진술거부권을
고지받지 않았다는 이유만으로 그 진술조서가 위법수집증거로서 증거능력이 없다고
할 수 없다고 한 사례.

4. 진술거부권의 포기

(1) **진술거부권 포기의 허용여부** 진술거부권의 포기라는 개념을 인정할 것 **58**
인가에 관해 1) 피고인·피의자가 진술거부권을 포기하고 피고·피의사건에 관
하여 진술할 수 있음은 당연하다는 견해1)와, 2) 포기가 인정되지 않는다는 견
해2)가 대립하고 있다. 긍정설은 포기와 불행사를 구분하지 못한 데서 비롯된다.
피고인·피의자가 진술거부권을 행사하지 않고 진술할 수 있음은 당연하다. 일
단 진술을 시작한 경우에도 피고인·피의자는 각개의 신문에 대해 진술을 거부
할 수 있기 때문이다. 그러나 이는 진술거부권의 (부분적) 불행사에 해당할 뿐이
다. 이에 반해 포기란 진술거부권의 권리주체의 지위를 단념하는 것을 말하는
데, 이것은 허용될 수 없다. 진술거부권은 헌법상의 기본권이기 때문이다. 따라
서 부정설이 타당하다.

(2) **진술거부권의 포기가 문제되는 경우**

(가) **피고인의 증인적격** 이것은 피고인이 진술거부권을 포기하고 자기의 **59**
피고사건에 관하여 증인으로 증언할 수 있는가 하는 문제이다. 만일 이것을 인
정하면 피고인은 증인으로서 증언의무를 지게 되고, 이는 진술거부권의 포기를
인정하는 셈이 된다. 영미법과 달리 현행 형사소송법에서 피고인은 당해 소송에
서 제3자가 아니고, 피고인의 증인적격을 인정할 경우 진술거부권은 무의미하
게 되므로 피고인의 증인적격은 부정해야 한다.3)

(나) **형사면책과 진술거부권** 형사면책을 보장하여 진술거부권을 소멸시

---

1) 백형구 545.
2) 신동운 1012; 이은모/김정환 95; 이재상/조균석/이창온 9/25; 이창현 120; 정영석/이형국 81.
3) 강구진 446; 김기두 61; 신동운 1012; 이재상/조균석/이창온 9/26; 이창현 120; 정영석/이형
   국 81.

60 키고 진술을 강제하는 것이 허용될 수 있는지 문제된다. 이 문제는 주로 공범자인 한 공동피고인에 대해 형사면책을 보장하고 다른 공동피고인 사건에 대한 증언을 강요할 수 있는가 하는 공동피고인의 증인적격문제로 논의된다. 이를 인정하면, 1) 한 공범자가 자신이 면책되기 위해 다른 무고한 사람을 공범자로 만들 위험이 있고, 2) 현행법은 기소사실인부절차(arraignment)를 인정하지 않기 때문에 공범자인 공동피고인의 증인적격은 부정해야 한다.

61   (대) **법률상의 기록·보고의무**   행정상의 단속목적을 위하여 각종 행정법규가 일정한 기장記帳·보고·신고·등록의 의무를 규정하고 있는 것이 진술거부권을 침해하는 것인지 문제가 된다. 첫째, 행정상의 단속목적을 달성하기 위해 필요한 경우에 적법행위의 신고를 요구하는 것은 진술거부권과 관계가 없다. 둘째, 도로교통법 제54조와 같이 교통사고 운전자에게 부과하는 신고의무가 형사처벌위험을 초래하는 경우에 그 의무는 진술거부권에 대한 침해로서 위헌이 된다.[1]

5. 진술거부권의 효과

62   (1) 증거능력의 배제   진술을 강요하거나, 진술거부권을 고지하지 않거나 거부권고지의 절차에 위반하는 등 진술거부권을 침해하여 얻은 증거는 증거능력이 배제된다. 강요에 의해 받은 자백은 임의성이 없거나 적어도 임의성을 의심할 만한 자백이므로 자백배제법칙(제309조)에 의하여 증거능력이 부정된다. 진술거부권을 침해하여 자백 이외의 증거를 획득한 경우에는 그 증거는 위법수집증거배제법칙(제308조의2)에 의하여 증거능력이 배제된다. 진술거부권을 고지하지 않고 얻은 자백에 대해서도 증거능력이 인정되지 않는데, 그 근거에 대해서는 위법수집증거배제법칙에 의해 증거능력이 부정된다는 견해와 자백배제법칙에 의해 증거능력을 부정해야 한다는 견해[2]가 있다. 판례는 위법수집증거배제법칙을 원용하고 있다(92도682; 2010도1755 등). 진술거부권을 고지하지 않는 것은 명백한 위법이므로 위법수집증거배제법칙에 의해 증거능력을 부정하는 것이 좀 더 명확한 법률상의 근거에 의하는 것이 된다.

---

1) 89헌가118: "도로교통법 제50조(현행 제54조) ②항의 신고의무규정을 형사책임과 관련되는 사항까지 확대·적용하게 되면, 운전자 등은 자기의 형사책임을 추궁당할 위험을 부담하게 되어 헌법 제12조 ②항의 규정에 위반되는 소지가 없지 않다. … 따라서 도로교통법 제50조 ②항, 제111조 3호는 피해자의 구호 및 교통질서의 회복을 위한 조치가 필요한 상황에서만 적용되는 것이고, 형사책임과 관련되는 사항의 신고에는 적용되지 않는 것으로 해석하는 한 헌법에 위반되지 아니한다."

2) 이재상/조균석/이창온 9/24; 이창현 120; 정영석/이형국 80.

(2) 불이익한 추정의 금지

(가) **피고인에 불리한 심증형성의 금지**　　진술거부권의 행사를 피고인에게 **63** 불리한 간접증거로 하거나 이를 근거로 유죄추정을 하는 것은 허용되지 않는다. 그렇지 않으면 진술거부권의 보장은 무의미하게 된다. 이 의미에서 진술거부권의 행사는 자유심증주의의 예외가 된다.

(나) **구속사유의 인정 여부**　　진술거부의 사실을 근거로 구속 또는 보석불 **64** 허의 사유인 증거인멸의 염려가 있는가를 판단하는 것이 허용된다는 견해가 있다.[1) 그러나 진술거부 자체가 증거인멸의 개연성을 근거짓는 구체적 사실이 되는 것은 아니다. 진술거부권을 행사하는 피고인·피의자는 구속이나 보석의 불허 위험을 감수해야 하는 부담을 안게 되고, 이것은 진술거부권행사에 영향을 미칠 수 있기 때문이다.[2)

(다) **양형에서 불이익평가의 금지**　　진술거부권의 행사를 양형에서 고려할 **65** 수 있는지 문제된다. 다수설에 의하면 자백은 일종의 개전의 정이나 회오를 말하므로 자백에 의하여 개전의 정을 표시한 자와 진술거부권을 행사한 자를 같이 처벌하는 것은 불합리하므로 진술거부권행사를 양형에 고려할 수 있는 것으로 본다.[3) 이는 우리 실무현실이기도 하다. 그러나 비록 자백에 개전의 요소가 포함되어 있더라도 진술거부권행사를 곧 개전의 정이 없는 것으로 보는 것은 잘못이다. 진술거부권도 다른 권리와 마찬가지로 자유로이 행사될 수 있어야 한다. 이와 같이 형사절차의 공정성의 정도가 높아져야만 피고인이 형사절차의 결론에 승복할 수 있는 가능성도 그만큼 높아지게 된다. 그러므로 진술거부권행사는 양형에서도 피고인에게 불리하게 작용해서는 안 된다.[4)

---

1) 강구진 236; 이재상/조균석/이창온 9/29.
2) 신동운 1022.
3) 강구진 236; 백형구 544; 이재상/조균석/이창온 9/29; 이창현 122; 정영석/이형국 81.
4) 같은 견해 이은모/김정환 97.

[31] 제 2 변 호 인

[사례 12] 2009모1044 전원합의체 결정

피고인 甲은 제1심판결에 불복하여 항소심법원에 항소하였는데, 甲이 73세이어서 甲의 사건은 형사소송법 제33조 ①항 제3호에 의한 필요적 변호사건에 해당하였다. 항소심 법원은 甲의 항소이유서 제출기간이 경과한 후 비로소 국선변호인 A를 선정하고 A에게 소송기록접수통지를 하였으나 A가 법정기간 내에 항소이유서를 제출하지 아니하였다. 그러자 항소심 법원은 甲과 A가 모두 그 제출기간 내에 항소이유서를 제출하지 아니하였고 제1심판결에 직권조사사유가 없다는 등의 이유로 형사소송법 제361조의4 ①항에 따라 결정으로 甲의 항소를 기각하였다. 항소심 법원의 결정은 적법한가?

[주요논점] 1. 변호인의 조력을 받을 권리의 실질적 의미는 무엇인가?
　　　　　　 2. 국선변호인의 선정 사유는 무엇인가?
　　　　　　 3. 국선변호인의 실질적 조력을 받을 수 있도록 하는 형사소송법의 규정
　　　　　　　에는 어떠한 것이 있는가?

[참고판례] 2010도881; 2010도4629.

Ⅰ. 변호인의 의의

1. 변호인의 개념과 지위

1　　변호인은 피고인·피의자의 방어권을 보충하는 것을 임무로 하는 보조자를 말한다. 변호인은 형식적으로는 소송주체가 아니고, 소송주체인 피고인 또는 피의자의 보조자에 지나지 않는다. 그러나 변호인이 사법기관의 역할을 수행하거나, 변호인의 출석이 강제되어 있는 사건(제282조)에서는 변호인이 실질적인 소송주체의 기능을 수행한다고 볼 수 있다.

2. 공정한 재판과 무기대등원칙

2　　피고인은 검사의 공격으로부터 자신을 방어하는 수동적 당사자라고 할 수 있다. 그러나 법률전문가이며 국가권력기관인 검사와 달리, 법률문외한이며 일

반시민인 피고인·피의자는 검사와 대등하게 자신을 변론할 사실상의 능력이 없
다. 게다가 구속된 피고인·피의자는 범죄혐의 이외에도 온갖 심리적 불안·공포
에 휩싸이기 때문에 그의 방어능력은 현저하게 줄어들 수밖에 없다. 여기에서
피고인과 일정한 신뢰관계를 유지하면서 검사와 대등한 법률지식을 갖춘 법률
전문가로 하여금 피고인을 보조하게 할 필요가 있다. 바로 변호인이 이와 같은
역할을 담당한다. 변호인에 의하여 피고인·피의자는 검사의 공격에 맞설 수 있
는 방어무기의 대등성을 확보할 수 있고, 공정한 재판도 기대될 수 있다.

3. 변호인제도의 강화

이런 맥락에서 서양의 근대적 형사소송법이 성립한 이후 공정한 재판이념   3
을 실현하여 온 형사소송법의 역사는 곧 변호권확대의 역사라고도 할 수 있다.
현행 헌법도 구속된 피고인·피의자가 변호인의 도움을 받을 수 있는 권리를 기
본권의 하나로 규정하고 있다(헌법 제12조 ④항). 이에 따라서 형사소송법도 피고
인·피의자에게 변호인선임권을 인정하며(제30조), 변호인을 선임하지 못하는 피
고인·피의자에게는 국선변호인 선임청구권을 보장하는 등(제33조, 201조의2 ⑧항,
214조의2 ⑩항) 변호권의 범위를 확대·강화하고 있다.

4. 선임방법에 따른 변호인의 구별

변호인이 형사절차에 관여하기 위해서는 변호인 선임절차가 필요하다. 그   4
선임방법에 따라서 변호인은 사선변호인과 국선변호인으로 나뉜다. 사선변호인
은 피의자·피고인이 또는 그와 일정한 관계가 있는 사인이 선임한 변호인을 말
한다. 국선변호인은 피고인 또는 피의자가 경제적 빈곤 등의 사유로 사선변호인
을 선임할 수 없는 때에 변호인제도를 강화하여 피고인의 방어권을 실질적으로
보장하기 위해 국가가 선정하는 변호인을 말한다.1) 아래에서 차례로 자세히 살
펴본다.

---

1) 2022년 312,972명의 피고인 중에서 211,017명(67.42%)이 변호인을 선임했으며, 그 중
   121,043명(57.36%)이 국선변호인을, 89,974명(42.63%)이 사선변호인을 선임하였다(대법원, 사
   법연감 2023, 765면).

Ⅱ. 사선변호인

1. 선임권자

5　　　(1) 고유의 선임권자　　고유의 선임권자는 피고인 또는 피의자이다. 피고인·피의자는 언제든지 변호인을 선임할 수 있다(제30조 ①항). 특히 구속된 피고인이나 피의자에게는 변호인을 선임할 수 있음을 고지하여야 하며(제87조, 209조), 변호인선임의뢰권이 보장되어 있다(제90조, 209조).

6　　　(2) 선임대리권자　　피고인 또는 피의자의 법정대리인·배우자·직계친족과 형제자매는 독립하여 변호인을 선임할 수 있다(제30조 ②항). 피고인 또는 피의자 이외의 자가 행하는 변호인선임은 피고인 또는 피의자의 선임권의 대리행사로 보아야 한다. 통설은 배우자가 법률상의 배우자를 의미한다고 하여[1] 내연의 처를 선임권자에서 제외한다. 그러나 내연의 처라고 하여 제외할 이유는 없다. 선임권 없는 자가 행한 변호인선임은 효력이 없다. 그리고 '독립하여'란 본인의 명시·묵시의 의사에 반하여 변호인을 선임을 할 수 있다는 의미이다. 본인의 의사에 반한 변호인선임도 선임효과가 본인에게 발생하지만, 본인은 변호인을 해임할 수 있다. 그러나 선임대리권자는 본인의 의사에 반하여 변호인을 해임하지 못한다.

2. 피선임자

7　　　(1) 변호인의 자격　　변호인은 변호사 중에서 선임하여야 한다(제31조 본문). 변호인이 피고인 또는 피의자의 방어권을 보충하기 위해서는 검사와 대등한 전문적 법률지식을 필요로 하기 때문이다. 다만 대법원 아닌 법원은 특별한 사정이 있으면 변호사 아닌 자를 변호인으로 선임하는 것을 허가할 수 있다(같은 조 단서). 이를 특별변호인이라고 한다. 다만 법률심인 상고심에서는 변호사 아닌 자를 변호인으로 선임하지 못한다(제386조).

8　　　(2) 변호인의 수　　1인의 피고인 또는 피의자가 선임할 수 있는 변호인의 수에는 제한이 없다. 다만 수인의 변호인이 있을 경우 재판장은 피고인·피의자 또는 변호인의 신청이나 직권으로 대표변호인을 지정할 수 있고, 그 지정을 철회 또는 변경할 수도 있다(제32조의2 ①·②항). 이때 대표변호인은 3인을 초과할

---

1) 신동운 98; 이은모/김정환 100; 이재상/조균석/이창온 29/6; 이창현 124.

수 없다(같은 조 ③항). 대표변호인의 지정, 지정의 철회 또는 변경의 신청은 그
사유를 기재한 서면으로 한다(규칙 제13조의2). 대표변호인이 지정된 경우 대표변
호인에 대한 통지 또는 서류의 송달은 변호인 전원에 대하여 효력이 있다(제32
조의2 ④항). 이상의 내용은 피의자에게 수인의 변호인이 있을 경우 검사가 대표
변호인을 지정하는 경우에도 준용된다(같은 조 ⑤항). 검사에 의한 대표변호인의
지정은 기소 후에도 그 효력이 있다(규칙 제13조의4).

   (3) 이익충돌의 방지   한 변호인이 수인의 피고인을 동시에 변호하면 경우   **9**
에 따라서는 한 피고인에게 유리한 변호가 다른 피고인에게는 불리한 이익충돌
의 상황이 발생할 수도 있다.[1] 이러한 이익충돌의 방지는 변호제도의 본질에
비추어 적법절차(헌법 제12조 ①항)의 한 내용으로 이해할 수 있으며, 형사소송규
칙이 피고인 또는 피의자 수인 간에 이해가 상반되지 아니할 때에 한하여 그 수
인의 피고인 또는 피의자를 위하여 동일한 국선변호인을 선정할 수 있도록 규
정하고 있는 점(규칙 제15조 ②항)을 고려하면 사선변호인에게도 같은 내용이 적
용된다고 할 수 있다. 판례는 이해관계가 상반되는 공동피고인들에 대해 동일한
국선변호인을 선정한 것은 위법이라고 하는 반면,[2] 사선변호인에게 수임제한
규정(변호사법 제31조 ①항 1호)을 위반한 위법이 있더라도 피고인이 스스로 그 변
호인을 선임한 경우에는 다른 특별한 사정이 없는 한 위와 같은 위법으로 인하
여 변호인의 조력을 받을 권리가 침해되었다거나 그 소송절차가 무효로 된다고
볼 수는 없다고 한다(2008도9812).

[2014도13797] 공동피고인과 국선변호인

공범관계에 있지 않은 공동피고인들 사이에서도 공소사실의 기재 자체로 보아 어느
피고인에 대한 유리한 변론이 다른 피고인에 대하여는 불리한 결과를 초래하는 사
건에서는 공동피고인들 사이에 이해가 상반된다고 할 것이어서, 그 공동피고인들에
대하여 선정된 동일한 국선변호인이 공동피고인들을 함께 변론한 경우에는 형사소
송규칙 제15조 ②항에 위반된다. 그리고 그러한 공동피고인들 사이의 이해상반 여
부의 판단은 모든 사정을 종합적으로 판단하여야 하는 것은 아니지만, 적어도 공동

---

1) 독일 형사소송법 제146조는 "한 변호인은 동일한 범죄의 다수피고인들을 동시에 변호할 수
   없다. 한 변호인이 하나의 형사절차에서 각기 다른 범죄의 피고인 다수를 동시에 변호할 수 없
   다"고 규정하고 있다. 이를 '동시변호의 금지'라고 한다.
2) 2014도13797: 부부싸움 중 서로 상해를 가한 공동피고인에게 동일한 국선변호인을 선임한
   것은 위법하다고 한 사례.

피고인들에 대하여 형을 정할 경우에 영향을 미친다고 보이는 구체적 사정을 종합
하여 실질적으로 판단하여야 한다.

3. 선임방식

10　　변호인의 선임은 변호인과 선임자가 연명·날인한 변호인선임서를 공소제
기 전에는 사건을 취급하는 검사 또는 사법경찰관에게 제출하고, 공소제기 후에
는 법원에 제출함으로써 이루어진다(제32조 ①항). 변호인의 선임은 법원 또는 수
사기관에 대한 소송행위이므로 그 기초가 되는 선임자와 변호인 사이의 민법상
의 계약과 구별해야 한다. 따라서 위임계약이 무효 또는 취소되더라도 변호인선
임의 효력에는 영향이 없다.

4. 선임의 효과

11　　변호인선임에 의하여 변호인의 권리·의무가 발생한다. 예를 들어 변호인선
임서를 제출하기 전에 제출된 변호인의 항소이유서 또는 상고이유서는 적법·유
효하다고 할 수 없다(2014도12737; 2017모1377). 변호인선임의 효과가 미치는 범위
와 관련하여 다음과 같은 문제가 있다.

12　　**(1) 변호인선임과 사건의 관계**　　변호인선임은 사건을 단위로 하는 것이므
로 그 효력은 소송법상 하나의 사건, 즉 공소사실의 동일성이 인정되는 사건 전
부에 미치는 것이 원칙이다. 공소장변경에 의하여 공소사실이 변경된 경우에도
선임효력에는 영향이 없다.

13　　**㈎ 사건의 일부에 대한 변호임선임의 효력**　　한 사건의 일부분을 다른 부
분과 나눌 수 있고, 그 부분만 변호인을 선임하는 것이 합리적이라고 인정되는
경우에는 사건의 일부에 대한 변호인선임이 허용된다는 견해가 있다.[1] 그러나
피고인 등 변호인을 선임하는 자와 변호인이 사건의 일부에 대해서만 변호인
선임을 계약하였더라도 법원에 대한 소송행위로서의 변호인선임의 효과는 사건
의 전부에 미친다고 보는 것이 타당하다. 변호인이 실질적으로 사건의 일부에
대해서만 변론활동을 하는 것은 별개의 문제이다.

14　　**㈏ 다수의 사건과 변호인선임의 효력**　　피고인 또는 변호인이 다른 의사
표시를 하지 않는 한, 하나의 사건에 관하여 한 변호인 선임은 동일법원의 동일

---

1) 이은모/김정환 102; 이재상/조균석/이창온 29/13; 이창현 126. 반대견해 신동운 101.

피고인에 대하여 병합된 다른 사건에 관하여도 그 효력이 있다(규칙 제13조). 이는 그와 같은 경우에 피고인은 새로운 사건에 대해서도 기존의 변호인이 변호하도록 하는 의사를 갖는 것이 통상적이라는 점을 이유로 한다. 그럼에도 다시 변호인선임서를 제출토록 한다면 서면제출의 지연이나 불이행으로 피고인보호의 공백이 생길 수 있고 절차도 그만큼 지연될 것이기 때문이다.

(2) **변호인선임과 심급의 관계**   변호인선임은 해당 심급에 대해서만 효력   15 이 있다. 따라서 변호인은 심급마다 선임하여야 한다(제32조 ①항). 한 심급이 끝나는 시점은 그 심급을 관할하는 법원의 종국판결선고시가 아니라 상소에 의해 이심移審의 효력이 발생한 때로 보아야 한다.[1] 그 이유는, 1) 형사소송법 제341조 ①항이 원심변호인에게 상소권을 인정하고 있고, 2) 종국판결이 확정되거나 상소제기에 의하여 이심의 효력이 발생할 때까지 소송계속은 원심에 있는 것이며, 3) 종국판결시부터 이심의 효력이 발생할 때까지 변호인 없는 공백기간이 있는 것은 피고인보호에 바람직하지 않다는 점을 들 수 있다. 변호인선임과 심급의 관계에는 다음 두 가지 특칙이 있다.

(카) **수사절차에서 변호인선임의 효력**   공소제기 전의 변호인선임은 제1   16 심에도 그 효력이 있다(제32조 ②항). 수사절차는 공판절차와 별개의 절차이긴 하지만 법원의 공적 판단은 한 차례에 그치므로 이를 하나의 단위로 묶어 파악한 것으로 이해할 수 있다.

(나) **환송 또는 이송 후의 절차**   원심의 변호인선임은 상소심의 파기환송   17 (제366조) 또는 파기이송(제367조)이 있은 후에도 효력이 있다(규칙 제158조). 파기환송 또는 파기이송이 있으면 원심판결선고가 없는 상태로 돌아가므로 선임의 효과가 유지되는 것이라고 할 수 있다.

Ⅲ. 국선변호인

1. 국선변호인제도의 의의

(1) **사회국가적 기본권**   법원에 의하여 선정된 변호인을 국선변호인이라고   18 한다. 변호인은 진실발견이나 공정한 재판이념을 실현하기 위한 필수적 전제이며 피고인의 방어권보장의 출발인 동시에 기초가 된다. 그러므로 피고인·피의

---

1) 강구진 139; 김기두 67; 신동운 68; 이재상/조균석/이창온 29/11; 이창현 127; 정영석/이형국 87.

자에게 변호인선임권을 보장하는 경우에도 경제적 빈곤 등의 사유로 사선변호인을 선임할 수 없는 때에는 사회국가의 이념상 국가가 변호인을 선정하여 피고인의 변호권을 실질적으로 보장해 줄 필요가 있다. 헌법은 "형사피고인이 스스로 변호인을 구할 수 없을 때에는 국가가 변호인을 붙인다."고 규정하여 국선변호를 보장하고 있다(헌법 제12조 ④항 단서).

19   **(2) 사선변호인의 보충**   국선변호인제도는 형사절차에서 사회국가이념을 구현하는 장치이다. 그러므로 사선변호인의 선임이 있으면 원칙적으로 국선변호인을 선정할 수 없다. 따라서 법원이 국선변호인을 선정한 후 피의자 또는 피고인이 사선변호인을 선임한 경우에는 국선변호인선정을 취소하여야 한다(규칙 제18조 ①항 1호). 다만 예외적으로 국선변호인 선정사유에 해당하는 사건(제33조, 282조)의 공판기일 또는 피의자심문기일에 이미 선임된 변호인이 출석하지 않거나 퇴정한 경우 등 부득이한 사정이 있을 때에는 국선변호인이 선정될 수도 있다(제283조, 규칙 제19조).

2. 국선변호인의 선정사유

(1) 직권에 의한 선정

20   **(가) 제33조 제1항의 선정사유**   법원은 피고인이 1) 구속된 때, 2) 미성년자인 때, 3) 70세 이상인 때, 4) 듣거나 말하는 데 모두 장애가 있는 사람인 때, 5) 심신장애가 있는 것으로 의심되는 때에는 직권으로 변호인을 선정하여야 한다(제33조 ①항 1~5호). 이는 피고인의 열악한 방어능력을 고려한 것이다. 또한 법원은 6) 피고인이 사형·무기 또는 단기 3년 이상의 징역이나 금고에 해당하는 사건으로 기소된 때에는 직권으로 변호인을 선정해야 한다(같은 항 6호). 이는 피고사건의 중대성을 고려한 것이다. 여기서의 형량은 법정형을 기준으로 하는데(2002도5748), 다만 '단기 3년 이상의 징역·금고'를 어떻게 이해할 것인가의 문제가 있다.

21   단기 3년 이상이란, 1) 법정최저형이 3년 이상의 자유형인 경우, 2) 법정최저형은 3년 이하이지만 사형·무기징역·금고가 함께 규정된 경우, 3) 법정최저형이 규정되어 있지 않으나 법정최고형이 법원으로 하여금 3년 이상의 선고형을 부과할 가능성을 열어주고 있는 경우를 생각할 수 있다. 제282조의 '단기'가 법정최저형을 뜻한다고 보면 1)의 의미로 이해할 수 있다. 실무에서는 2)의 경우까지만 필요적 변호사건으로 본다. 그러나 피고인의 변호받을 권리를 더욱 강

하게 보장하기 위해서는 3)의 경우까지도 필요적 변호사건으로 이해하는 것이
타당하다.

　(나) **영장실질심사**　구속영장을 청구받은 피의자에 대해 판사가 실질심사 **22**
를 하는 경우(제201조의2) 심문할 피의자에게 변호인이 없는 때에는 지방법원판
사는 직권으로 변호인을 선정하여야 한다(같은 조 ⑧항). 이 경우 변호인의 선정
은 피의자에 대한 구속영장 청구가 기각되어 효력이 소멸한 경우를 제외하고는
제1심까지 효력이 있다. 또한 법원은 변호인의 사정이나 그 밖의 사유로 변호인
선정결정이 취소되어 변호인이 없게 된 때에는 직권으로 변호인을 다시 선정할
수 있다(같은 조 ⑨항).

　(2) **청구 및 재량에 의한 선정**　피고인이 빈곤이나 그 밖의 사유로 변호인 **23**
을 선임할 수 없는 경우에 피고인이 청구하면 변호인을 선정하여야 하며(제33조
②항), 피고인의 나이·지능 및 교육 정도 등을 참작하여 권리보호를 위하여 필
요하다고 인정하면 피고인의 명시적 의사에 반하지 아니하는 범위 안에서 변호
인을 선정하여야 한다(같은 조 ③항). 최근에는 지체장애(2010도18103)나 청각장애
(2010도4629), 시각장애(2010도881)가 청구에 의한 선정의 '기타 사유'나 재량에 의
한 선정의 사유가 되고 있다.

　(3) **필요적 변호**　국선변호인 직권선정사유에 해당하는 사건(제33조 ①항)과 **24**
피고인의 청구(같은 조 ②항) 및 법원의 재량(같은 조 ③항)에 의해 국선변호인이
선정된 사건에서는 변호인 없이 개정하지 못한다(제282조). 이 경우 변호인이 출
석하지 않은 때에는 법원이 직권으로 변호인을 선정하여야 한다(제283조). 또한
치료감호법에 의하여 치료감호의 청구가 있는 사건도 변호인 없이 개정할 수
없으므로 변호인이 없거나 출석하지 아니한 때에는 국선변호인을 선정하여야
한다(치료감호법 제15조 ②항).[1)]

---

1) 2008도11486: 필요적 변호사건에서 법원이 정당한 이유 없이 국선변호인을 선정하지 않고
　있는 사이에 피고인 스스로 변호인을 선임하였으나 그때는 이미 피고인에 대한 항소이유서 제
　출기간이 도과해버린 후이어서 그 사선변호인이 피고인을 위하여 항소이유서를 작성·제출할
　시간적 여유가 없는 경우, 법원은 사선변호인에게도 소송기록접수통지를 함으로써 그 사선변
　호인이 통지를 받은 날로부터 기산하여 소정의 기간 내에 피고인을 위하여 항소이유서를 작성·
　제출할 수 있는 기회를 주어야 한다.

[2008도2621] 필요적 변호규정 위반과 항소심의 조치

형사소송법 제282조에 규정된 필요적 변호사건에 해당하는 사건에서 제1심의 공판
절차가 변호인 없이 이루어진 경우, 그와 같은 위법한 공판절차에서 이루어진 소송
행위는 무효이므로, 이러한 경우 항소심으로서는 변호인이 있는 상태에서 소송행위
를 새로이 한 후 위법한 제1심 판결을 파기하고, 항소심에서의 진술 및 증거조사등
심리결과에 기하여 다시 판결하여야 한다.
변호인은 위와 같은 필요적 변호사건에서 제1심의 공판절차가 변호인 없이 이루어
진 경우 항소심으로서는 피고인의 심급의 이익을 박탈하지 않기 위하여 위법한 제1
심 판결을 파기하고 사건을 제1심 법원으로 환송하여야 한다고 주장한다. 그러나
형사소송법은 공소기각 또는 관할위반의 재판이 법률에 위반됨을 이유로 파기하는
때에는 원심판결을 파기하고 원심법원에 환송하여야 하지만, 일반적인 재판을 파기
하는 경우에는 원심판결을 파기하고 항소심에서 다시 판결을 하여야 한다고 규정하
고 있으므로(제366조, 제364조 참조), 위 상고이유 주장은 이유 없다.

25 　 **(4) 구속적부심사 등** 　 국선변호인의 선정에 대한 제33조의 규정은 체포 또
는 구속의 적부심사를 청구한 피의자에게 변호인이 없는 때에도 준용되며(제214
조의2 ⑩항), 재심개시결정이 확정된 사건과 관련하여 1) 사망자 또는 회복할 수
없는 심신장애자를 위하여 재심청구가 있는 때, 2) 유죄선고를 받은 자가 재심
판결 전에 사망하거나 회복할 수 없는 심신장애인으로 된 때에 재심청구자가
변호인을 선임하지 않으면 재판장은 직권으로 국선변호인을 선임하여야 한다(제
438조 ④항).[1]

3. 국선변호인의 선정절차

26 　 **(1) 공소제기 전의 선정절차** 　 구속 전 피의자 심문(제201조의2)에서 심문할
피의자에게 변호인이 없거나, 체포·구속의 적부심사(제214조의2)가 청구된 피의
자에게 변호인이 없는 때에는, 법원 또는 지방법원 판사는 지체 없이 국선변호
인을 선정하고 피의자와 변호인에게 그 뜻을 고지하여야 한다(규칙 제16조 ①항).
이 경우 국선변호인에게 피의사실의 요지 및 피의자의 연락처 등을 함께 고지

---

1) 2022년의 국선변호인 선정사유를 보면, 2호 사유(미성년자) 836명; 3호 사유(70세 이상의
자) 7,308명; 4호 사유(듣거나 말하는 데 모두 장애가 있는 사람) 46명; 5호 사유(심신장애인)
118명; 6호 사유(사형, 무기 또는 단기 3년 이상 징역·금고에 해당하는 사건으로 기소된 사람)
4,717명; 기타 109,496명이었다. 기타 사유에는 치료감호처분 사건 25명과 체포구속적부심사
청구사건 1,473명이 포함되었다(대법원, 사법연감 2023, 763면).

할 수 있다(같은 조 ②항). 구속영장이 청구된 후 또는 체포·구속의 적부심사 청구 후에 변호인이 없게 된 때에도 마찬가지이다(같은 조 ④항).

(2) 공소제기의 경우　　재판장은 공소제기가 있는 때에는 변호인 없는 피고　**27** 인에게 1) 제33조 ①항 1호 내지 6호의 어느 하나에 해당하는 때에는 변호인 없이 개정할 수 없는 취지와 피고인 스스로 변호인을 선임하지 아니할 경우에는 법원이 국선변호인을 선정하게 된다는 취지, 2) 제33조 ②항에 해당하는 때에는 법원에 대하여 국선변호인의 선정을 청구할 수 있다는 취지, 3) 제33조 ③항에 해당하는 때에는 법원에 대하여 국선변호인의 선정을 희망하지 아니한다는 의사를 표시할 수 있다는 취지를 서면으로 고지하여야 한다(규칙 제17조 ①·②항). 고지를 받은 피고인이 변호인을 선임하지 아니하거나, 제33조 ②항에 의하여 국선변호인 선정을 청구하거나, 제33조 ③항에 의하여 국선변호인을 선정하여야 할 때에는, 법원은 지체 없이 국선변호인을 선정하고 피고인 및 변호인에게 그 뜻을 고지하여야 한다(같은 조 ③항). 이는 공소제기가 있은 후 변호인이 없게 된 때에도 마찬가지이다(같은 조 ④항). 제33조 ②항에 의하여 국선변호인 선정을 청구하는 피고인은 소명자료를 제출하여야 한다. 다만, 기록에 의하여 그 사유가 소명되었다고 인정될 때에는 그러하지 아니하다(규칙 제17조의2).

(3) 법정에서의 선정　　피고인에게 이미 선임된 변호인 또는 선정된 국선변　**28** 호인이 출석하지 아니하거나 퇴정한 경우에 부득이한 때에는 피고인 또는 피의자의 의견을 들어 재정在廷 중인 변호사 등 국선변호인의 자격 있는 사람을 국선변호인으로 선정할 수 있다(규칙 제19조 ①항). 이 경우 이미 선정되었던 국선변호인에 대하여 그 선정을 취소할 수 있다(같은 조 ②항). 국선변호인은 공판기일 또는 피의자 심문기일에 출석할 수 없는 사유가 발생한 때에는 지체 없이 법원 또는 지방법원 판사에게 그 사유를 소명하여 통지하여야 한다(같은 조 ③항).

(4) 국선변호인의 자격과 수　　국선변호인은 법원의 관할구역에 사무소를　**29** 둔 변호사, 그 관할구역 안에서 근무하는 공익법무관 또는 그 관할구역 안에서 수습중인 사법연수생 중에서 선정한다. 부득이한 때에는 변호사 아닌 자 중에서 선정할 수도 있다(규칙 제14조). 한편 법원은 기간을 정하여 법원의 관할구역 안에 사무소를 둔 변호사 중에서 '국선변호전담변호사'를 지정할 수 있다(규칙 제15조의2).

국선변호인은 원칙적으로 피고인 또는 피의자마다 1인을 선정한다. 그러나　**30** 사건의 특수성에 비추어 필요하다고 인정되면 1인의 피고인 또는 피의자에게

수인의 국선변호인을 선정할 수도 있다(규칙 제15조 ①항). 그리고 피고인 또는 피
의자 수인간에 이해가 상반되지 아니할 때에는 그 수인의 피고인 또는 피의자
를 위하여 동일한 국선변호인을 선정할 수 있다(같은 조 ②항).

(5) 선정의 법적 성질

31 　　(개) **재판설**　　국선변호인의 선정은 재판장 또는 법원이 소송법에 의하여
행하는 단독의 의사표시인 명령이라고 보는 견해이다.[1] 이것에 따르면 국선변
호인선정에 당사자의 동의가 필요 없고, 한 번 선정된 변호인은 재판장의 해임
명령이 없는 한 해임되지 않는다고 한다.

32 　　(내) **공법상의 일방행위설**　　국선변호인선임은 피선임변호인의 승낙을 전
제로 재판장이 행하는 일방적 의사표시로 보는 견해이다. 이 견해는 재판장의
해임명령에 의해서만 국선변호인이 그 지위를 떠날 수 있다는 점은 재판설과
동일하다.

33 　　(대) **공법상의 계약설**　　국선변호인선정은 재판장과 국선변호인 사이의 피
고인을 위한 공법상의 계약이라고 보는 견해이다. 이 견해에 의할 경우 선임효
과가 발생하려면 변호인의 승낙이 있어야 하고, 변호인은 일방적 의사표시로 국
선변호를 사임할 수 있다.

34 　　(래) **결 론**　　계약설과 일방행위설은 변호인의 승낙거절에 의한 국선변호
인제도의 무력화가 우려된다.[2] 국선변호인제도의 효율적 운영과 절차의 명확성
을 위하여 재판설이 가장 타당한 것으로 보인다. 형사소송규칙도 국선변호인의
사임에는 법원의 허가가 필요하다고 규정함으로써(규칙 제20조) 재판설을 뒷받침
하고 있다.

4. 국선변호인의 선정취소와 사임

35 　　(1) **선정의 취소**　　법원은 1) 피고인 또는 피의자에게 변호인이 선임된 때,
2) 국선변호인이 자격을 상실한 때, 3) 국선변호인의 사임을 허가한 때에는 국
선변호인의 선정을 취소하여야 한다(규칙 제18조 ①항). 이 이외에도 1) 국선변호
인이 그 직무를 성실히 수행하지 않거나, 2) 피고인 또는 피의자의 국선변호인
변경 신청이 상당하다고 인정하는 때, 3) 그 밖에 상당한 이유가 있는 때에는
국선변호인의 선정을 취소할 수 있다(같은 조 ②항). 법원이 국선변호인의 선정을

---

1) 신동운 113; 이은모/김정환 103; 이재상/조균석/이창온 29/20; 이창현 128; 정영석/이형국 88.
2) 신동운 113.

취소한 때에는 지체 없이 그 뜻을 해당 국선변호인과 피고인·피의자에게 통지해야 한다(같은 조 ③항).

(2) **국선변호인의 사임**   국선변호인도 정당한 이유가 있는 때에는 사임할 **36** 수 있다고 해야 한다. 다만 국선변호인의 사임에는 법원의 허가가 필요하다(규칙 제20조). 국선변호인의 사임사유로는 1) 질병 또는 장기여행으로 인해 그 직무를 수행하기 곤란할 때, 2) 피고인·피의자로부터 폭행·협박 또는 모욕을 당하여 신뢰관계를 지속할 수 없을 때, 3) 피고인·피의자로부터 부정한 행위를 할 것을 종용받았을 때, 4) 그 밖에 국선변호인으로서의 직무를 수행하는 것이 어렵다고 인정할 만한 상당한 사유가 있을 때이다(같은 조). 이러한 사유가 있으면 법원은 사임을 허가하고 국선변호인선정을 취소하여야 한다(규칙 제18조 ①항 3호).

Ⅳ. 변호인의 지위

1. 변호인의 이중적 지위

변호인은 피고인, 피의자의 이익을 대변하는 보호자로서의 지위를 갖는 것 **37** 은 물론, 다른 한편으로 법원, 검찰과 함께 법조의 한 기관으로서 형사사건의 실체적 진실발견에 기여해야 하는 공익적 지위를 갖는다.[1] 변호인이 갖는 이러한 이중적 지위는 서로 조화되기 어려운 측면이 있다. 공익적 지위를 강조하면 의뢰인의 이익에 반할 수 있고, 의뢰인의 이익을 대변하는 데 중점을 둔다면 형사절차에서 실체적 진실을 발견하려는 공익적 목표가 외면받을 수 있다. 따라서 형사절차에서 변호인의 지위에 대한 이해는 이러한 이중적 지위를 어떻게 조화하느냐에 따라 달라질 수 있다. 변호인의 이중적 지위에 따른 변호의 개념과 변호인의 행동원칙 등을 살펴보면 아래와 같다.

(1) **변호의 개념**   변호인이 공익적 지위에서 전개하는 변호의 의미에는 두 **38** 가지가 있다. 1) 검사와 법원이 수사절차·공판절차에서 범죄사실을 올바르게 인정하도록 그 과정에 독자적으로 개입하여 통제하여야 한다. 2) 수사와 공판절차에 대한 피의자·피고인의 방어적 참여를 전문지식으로 도와주어야 한다. 이 두 가지를 요약하여, 변호인은 범죄사실의 올바른 인정을 도모하는 일을 한다고 말할 수 있다. 이에 반해 변호인이 피의자·피고인의 이익대표자로서 전개하는 변호의 의미는, 형법의 집행이 피의자·피고인에게 초래하는 침해를 적절히 방

---

1) 신동운 118 이하; 이재상/조균석/이창온 29/28 이하 참조.

어하여 무죄석방 또는 경미한 처벌이라는 개인적 이익을 실현하는 것을 뜻한다.

39   (2) **행동원칙**   변호인이 공익적 지위에서 변호활동을 전개할 때에는 사법정의의 원칙에 따라 행동하여야 한다. 즉 형사사법이 지금까지 형성해 온 규범의 총체에 구속된다. 이에 반해 변호인이 이익대표자로 변호활동을 전개할 때에는 계약원칙에 따라서 행동해야 한다. 즉 변호인은 피의자·피고인의 이익을 위해서 행동하여야 하고, 이를 위하여 변호인은 언제든지 해임될 수 있고 또한 그의 지시에 구속되어야 한다.

40   (3) **기본의무**   변호인이 공익적 지위에서 변호할 때에는 진실을 적극적으로 왜곡해서는 안 된다. 그리고 변호활동으로 알게 된 사실에 관하여 비밀을 유지하여야 할 의무가 있다. 이에 반해 변호인이 이익대표자로서 변호할 때에는 피의자·피고인에게 법적 조언을 하고 진술거부권 행사와 같은 적절한 방어행위를 지시해 준다. 그리고 증거조사를 하거나 상소 등을 함으로써 피의자·피고인의 무죄석방이나 가벼운 처벌을 도모해야 한다. 나아가 피의자·피고인의 유죄를 확신하는 경우에도 그것을 검사나 법원에 알려야 할 의무가 없다. 물론 침묵의무는 이익대표자의 지위에 속하는 것으로도 이해될 수 있다. 변호인의 이중적 지위에 따른 각각의 의무를 자세히 살펴보면 아래와 같다.

2. 이익대표자의 지위

41   이익대표자의 지위에서 변호인은 보호의무와 침묵의무를 부담한다. 변호인이 이익대표자의 역할을 다하기 위해서는 피의자·피고인과 변호인 사이에 신뢰관계가 전제되어야 한다. 신뢰관계가 유지되지 않을 경우 피고인·피의자는 변호인을 해임함으로써 변호인에 대한 불신을 해소할 수 있다. 통설은 국선변호인도 사선변호를 보충하여 변호권을 확대하고 빈곤한 피고인·피의자의 이익을 보호하기 위한 피고인의 보호자라고 한다.[1] 그러나 국선변호인은 피고인의 의사와 관계없이 법원이 직권으로 선정하고, 피고인은 그를 해임할 수도 없다. 그렇기 때문에 국선변호인은 피고인의 보호자라기보다는 재판진행을 가능하게 하기 위하여 법원을 돕는 법원의 보조자인 것이 현실이다. 따라서 국선변호인도 피고인·피의자와 신뢰관계를 형성할 수 있도록 국선변호인제도를 개선할 필요가 있다.

42   (1) **보호의무**   변호인은 피의자 또는 피고인을 보호할 의무를 진다. 여기

---

1) 강구진 131; 이재상/조균석/이창온 29/25; 정영석/이형국 88.

서 보호는 피고인·피의자의 열악한 방어능력을 보충하여 그의 정당한 법적 이
익을 보호하는 것을 말한다. 따라서 1) 변호인은 피의자·피고인과 접견을 통해
심리적 불안을 해소하고, 2) 그에게 유리한 증거를 수집·제출하고 유리한 사실
을 주장하여야 하며, 3) 부족한 법률지식을 제공하여 적절한 방어활동을 할 수
있도록 도와주어야 한다.

변호인이 보호의무를 갖는다는 것은 민사소송과 달리 형사소송에서는 피고 **43**
인의 소송대리인에 그치지 않고 피의자·피고인을 보호하는 사람이라는 것을 의
미한다. 즉 변호인과 피의자·피고인의 관계는 단순한 대리관계를 넘어서는 보
호관계라 할 수 있다. 따라서 변호인은 피고인의 의사에 종속되지 않고 그에 대
한 관계에서도 독립된 지위를 가진다. 변호인이 피고인의 소송행위에 대해 포괄
대리권을 가지는 이외에 독립대리권과 고유권을 가지는 것도 이 때문이다.

(2) 침묵의무   변호인은 피고인이 유죄임을 아는 경우에도 이를 검사나 법 **44**
원에 고지할 의무가 없다. 이를 변호인의 침묵의무라고 한다.[1] 이러한 침묵의무
를 인정하는 이유는 1) 그렇지 않고는 변호인과 피의자·피고인 사이에 신뢰관
계가 형성되기 어렵고, 2) 피고인이 변호인에게 자백한 경우에도 증거가 불충분
하다면, 피고인은 무죄추정원칙(헌법 제27조 ④항)과 그것으로부터 도출되는 '의심
스러울 때에는 피고인에게 유리하게'의 원칙에 따라서 무죄석방될 '법적 이익'을
갖기 때문이다. 따라서 침묵의무는 보호의무의 연장으로 이해할 수 있고, 법윤
리적으로도 아무런 문제가 없다.

3. 공익적 지위

변호인은 법원, 검찰과 함께 법조의 한 기관으로서 형사사법의 올바른 실 **45**
현에 기여해야 하는 공익적 지위를 갖는다. 그러므로 변호인은 형사소송법을 준
수하여야 한다. 변호사법은 "변호사는 기본적 인권을 옹호하고 사회정의를 실현
함을 사명으로 한다"(제1조 ①항), "변호사는 그 직무를 수행할 때에 진실을 은폐
하거나 거짓진술을 하여서는 아니 된다"(제24조 ②항)고 규정하고 있다. 변호인은
공익적 지위에서 진실의무와 비밀유지의무를 부담한다.[2]

(1) 소극적 진실의무   변호인의 공익적 지위는 검사·법원의 지위와 달리 **46**

---

[1] 이것을 비밀유지의무라고 하기도 한다(이재상/조균석 11/34). 그러나 변호업무를 통해 알게
된 사적 사항에 관한 비밀유지의무(형법 제317조)와 구별이 어려운 결함이 있다.
[2] 비밀유지의무는 변호인의 이익대표자적 지위에 속하는 것으로 볼 수도 있다.

피고인의 방어권을 보충하는 수동적·소극적 지위에 그친다. 진실발견에 대한 변호인의 기여는 피고인·피의자의 정당한 법적 이익을 보호하는 한도에서만 인정된다. 이를 통해 변호인은 형사소송에서 국가기관과 시민 사이에 권력의 균형이 실현되도록 하는 역할을 담당한다. 변호인은 다른 형사사법기관과 마찬가지로 증거를 인멸·조작하거나 허위사실을 주장하는 등 진실을 왜곡해서는 안 되지만, 변호인이 피고인에게 불리한 진실까지 적극적으로 밝혀야 하는 것은 아니다. 소극적 진실의무와 관련한 구체적 문제는 아래와 같은 경우를 들 수 있다.

47   (가) **법적 조언**   변호인이 피고인에게 소송법상의 권리를 알려주고 실체법·소송법적 지식에 대해 조언하는 것은, 비록 피고인이 이를 악용하더라도 제한 없이 허용된다.[1] 변호인이 피고인에게 증언내용, 증거와 같은 사실 또는 이에 대한 판단을 가르쳐 주는 것도 마찬가지이다.

48   (나) **진술거부권행사에 대한 지시**   변호인이 피고인에게 소송법상 인정된 권리행사를 권하는 것은 당연히 허용된다. 진술거부권은 헌법과 형사소송법에 보장된 피고인의 권리이기 때문에 그 행사를 권고하는 것은 진실의무에 반한다고 할 수 없다.[2] 판례도 같은 취지이다.

> **[2006모656] 변호인의 진실의무와 진술거부권행사 권고**
>
> 변호사인 변호인에게는 변호사법이 정하는 바에 따라서 이른바 진실의무가 인정되는 것이지만, 변호인이 신체구속을 당한 사람에게 법률적 조언을 하는 것은 그 권리이자 의무이므로 변호인이 적극적으로 피고인 또는 피의자로 하여금 허위진술을 하도록 하는 것이 아니라 단순히 헌법상 권리인 진술거부권이 있음을 알려 주고 그 행사를 권고하는 것을 가리켜 변호사로서의 진실의무에 위배되는 것이라고는 할 수 없다.

49   (다) **증거조사**   피고인에게 유리한 증거를 수집하여 제출하는 것은 변호인의 당연한 의무에 속한다. 따라서 변호인이 증인을 법정 이외의 장소에서 사전에 신문하는 것은 진실의무에 반하지 않는다. 그러나 변호인이 증인에게 위증을 교사하거나 증거인멸을 지시하는 것은 공익적 지위에 위배된다. 다만 증언거부권 있는 증인에게 그 권리행사를 권고하는 것은 금지되지 않는다. 물론 변호인

---

1) 이재상/조균석/이창온 29/31. 반대견해는 신동운 120.
2) 신동운 120; 이재상/조균석/이창온 29/32; 이창현 139; 정영석/이형국 91.

은 피고인에게 불리한 증거를 법원에 제출해야 할 의무는 없다. 변호인의 진실
의무는 피고인보호를 위한 일면적인 것이다. 변호인이 고소인·피해자를 만나
합의나 고소취하를 시도하는 것도 허용된다.

(2) **비밀유지의무**   변호인은 피고인에 대해 비밀유지의무를 진다. 이는 변   **50**
호인과 피고인 사이의 신뢰관계를 보호하기 위한 것이다. 비밀을 유지해야 하는
사항에는 해당 소송에서 알게 된 사실뿐만 아니라 다른 소송에서 알게 된 사실
도 포함한다. 변호인은 변호업무로 알게 된 사실로서 타인의 비밀에 관한 것은
증언을 거부할 수 있다(제149조).

(가) **법적 성격**   통설은 변호인의 비밀유지의무를 이익대표자의 지위에 속   **51**
하는 것으로 이해한다.[1] 신뢰관계의 보호라는 측면에서 보면 통설은 타당하다.
그러나 비밀유지의무는 변호인의 공익적 지위에서 나오는 것으로도 이해할 수
있다. 형사절차에 휘말리게 된 개인의 비밀을 지켜주는 것은 형사사법이 범죄투
쟁을 전개하는 경우에 지켜야 할 행동한계의 하나이기 때문이다.

(나) **위반의 법적 효과**   비밀유지의무를 위반하여 변호인이 업무처리 중에   **52**
알게 된 타인의 비밀을 누설하면 업무상비밀누설죄(형법 제317조)가 성립한다. 그
리고 변호사법에 의한 징계의 대상이 될 수도 있다(변호사법 제26조, 91조). 업무상
비밀누설죄에 해당하는 변호사의 증언은 비록 절차법에 위반되지 않더라도 실
체형법위반의 위법수집증거로 인정하여 그 증거능력을 배제하는 것이 타당하다.

V. 변호인의 권한

피고인의 보호자로서 변호인의 소송활동을 보장하기 위하여 변호인에게는   **53**
여러 가지 권한이 부여된다. 변호인의 권한은 피고인·피의자의 소송행위를 대
리하는 권한인 대리권과 변호인에게 인정되는 고유한 권한인 고유권으로 구별
된다.

1. 대 리 권

(1) **대리의 허용범위**   변호인은 피고인·피의자가 당사자로서 행할 수 있는   **54**
소송행위 가운데 성질상 대리가 허용되는 모든 소송행위에 대해 포괄적 대리권

---

[1] 신동운 118; 이은모/김정환 111; 이재상/조균석/이창온 29/34; 이창현 138; 정영석/이형국
90.

을 가진다. 이 점에 대해서는 명문규정은 없으나 변호인제도의 본질상 당연히 인정되는 것이다. 이에 반해 피고인·피의자가 증거방법으로서 하는 행위는 대리가 허용되지 않는다.

55   (2) **대리권의 종류**   변호인의 대리권에는 본인의 의사에 종속하여야 하는 종속대리권과 본인의 의사에 반해서도 행사할 수 있는 독립대리권이 있다. 또한 독립대리권에는 '본인의 명시의사에도 반하여 행사할 수 있는 것'과 '명시의사에는 반할 수 없으나 묵시의사에는 반하여 행사할 수 있는 것'이 있다.

56   (3) **독립대리권의 인정여부와 그 범위**   종속대리권과 고유권 이외에 독립대리권의 개념을 따로 인정할 것인가에 대해서는 견해대립이 있다. 독립대리권은 고유권과 그 개념이 중복될 수 있기 때문이다.

57   (가) **부정설**   독립대리권 개념은 피고인의 권리가 소멸할 때에는 변호인의 권리도 소멸되는 점에서 변호인의 지위를 약하게 만드는 개념이다. 따라서 변호인의 법적 권리로 형사소송법이 규정한 것은 모두 고유권으로 해석해야 한다는 견해이다.[1]

58   (나) **긍정설**   그러나 긍정설은 다음과 같은 이유로 변호인에게 독립대리권을 인정하는 것이 타당하다고 한다. 1) 법률에 특별한 규정이 없는 한 변호인의 모든 법적 권리를 고유권으로 이해할 경우, 피의자·피고인이 권리를 상실하더라도 변호인의 권리가 잔존하게 됨으로써 소송주체간의 법률관계가 불명확하게 되고 절차에 혼란을 초래할 수 있다. 2) 종속대리권과 고유권 이외에 독립대리권을 인정하는 것이 변호인의 보호자적 지위를 도외시하는 것은 아니다. 3) 형사소송법 제36조 단서가 법률에 다른 규정이 있는 경우를 예정하고 있다.[2]

59   (다) **결 론**   독립대리권 부정설은 변호권강화를 근거로 한다. 그러나 변호권의 강화는 자기목적적인 것이 아니라 피고인·피의자를 보호하기 위한 수단에 지나지 않는다. 그런데 변호인의 전문적 판단이 피고인·피의자보호에 중요할 뿐만 아니라, 본인의 의사내용도 역시 중요한 소송행위영역이 있다. 그런 영역에서는 변호인의 전문적 판단에 대한 존중과 본인의사에 대한 존중이 적절히 조화를 이룰 때 비로소 본인에게 유리한 결과가 도출될 수 있다. 그러한 조화를 위해서 한편으로는 변호인의 권리를 본인의 권리에서 도출되는 대리권으로 파

---

1) 강구진 141.
2) 김기두 80; 배종대/홍영기 [14] 25 이하; 신동운 123; 이은모/김정환 113; 이재상/조균석/이창온 29/37; 이창현 141; 정영석/이형국 92.

악함으로써 변호인의 권리를 본인의 권리에 종속시키되, 다른 한편으로는 변호
인의 권리행사가 본인의 명시의사 또는 묵시의사에 반할 수 있게 함으로써 그
의 전문성을 존중하는 장치가 필요하다. 독립대리권은 바로 그런 장치라고 할
수 있다. 그러므로 고유권과 종속대리권 이외에 독립대리권개념을 인정하는 것
이 타당하다. 다만 어떤 소송행위에 독립대리권을 인정할 것인가는 구체적인 영
역에서 본인의사의 중요성, 변호인의 전문적 판단의 중요성을 비교형량하여 정
책적으로 결정할 수밖에 없다.[1]

(4) 종속대리권과 독립대리권의 구별기준　다수설에 따라 현행법상 종속대　**60**
리권과 독립대리권으로 분류할 수 있는 변호인의 법적 권리에는 다음과 같은
것이 있다. 종속대리권은, 1) 법률문언으로부터 변호인의 소송행위가 피고인의
의사에 종속되어 이루어져야 함을 추론할 수 있고, 동시에 2) 변호인의 전문적
판단보다는 피고인의 의사가 더 중요한 소송행위의 경우에 인정될 수 있다. 종
속대리권이 아니면서 동시에 고유권도 아닌 변호인의 대리권은 독립대리권이
된다. 다수설에 따르면 현행법상 종속대리권과 독립대리권은 다음과 같다.

(개) 종속대리권　관할이전신청(제15조), 관할위반신청(제320조), 증거동의(제　**61**
318조), 상소취하(제349조) 및 정식재판청구(제453조) 등이 있다.

(내) 독립대리권　1) '명시적 의사에도 반할 수 있는' 독립대리권으로는 구　**62**
속취소의 청구(제93조), 보석의 청구(제94조), 증거보전의 청구(제184조), 공판기일
변경신청(제270조 ①항) 및 증거조사에 대한 이의신청(제296조 ①항) 등이 있다. 2)
'명시적 의사에는 반할 수 없으나, 묵시적 의사에는 반할 수 있는' 독립대리권으
로는 기피신청(제18조 ②항)이나 상소제기(제341조) 등이 있다.

2. 고 유 권

(1) 고유권의 의의　고유권은 변호인의 권리로 특별히 규정된 것 중에서　**63**
성질상 대리권으로 볼 수 없는 경우를 말한다. 변호인의 고유권은 1) 법률문언
이 일정한 권리행사의 주체로 피고인과 변호인을 함께 규정하거나 또는 변호인
만을 규정하고 있는 경우, 2) 변호인의 전문적 판단이 피고인·피의자의 권리행
사에 유리하거나 또는 그들의 의사와 별개의 독자성을 인정하는 것이 피고인·

---

1) 예를 들어 신동운 교수(123)가 독립대리권으로 보는 변호인의 증거제출 및 신청권(제294조,
274조)은 피고인보호에서 변호인의 전문적 판단이 더 중요한 역할을 하는 경우라고 볼 수 있
다. 따라서 고유권으로 보는 것이 타당하다.

피의자의 보호에 유리한 경우에 인정될 수 있다.

64 (2) **고유권의 종류** 고유권에는 1) 변호인이 피고인·피의자와 중복하여 가지는 권리와 2) 변호인만 가지는 고유권이 있다. 1)의 예로는 서류·증거물의 열람등사권(제35조), 압수·수색영장집행의 참여(제145조, 121조)[1], 감정의 참여(제176조), 증인신문의 참여(제163조), 증인신문(제161조의2), 증거제출·증인신문신청(제294조) 및 최종의견진술(제303조) 등을, 2)의 예로는 피고인·피의자에 대한 접견교통권(제34조) 및 피의자신문참여권(제243조의2 ①항), 피고인에 대한 신문권(제296조의2), 상고심의 변론(제387조) 등을 들 수 있다. 이러한 변호인의 고유권 가운데 중요한 것은 접견교통권과 피의자신문참여권, 기록열람·등사권이다.

65 (3) **변호인의 접견교통권** 변호인 또는 변호인이 되려는 자는 신체가 구속된 피고인·피의자와 접견하고 서류나 물건을 수수할 수 있으며, 의사로 하여금 피고인·피의자를 진료하게 할 수 있다(제34조). 이를 변호인의 접견교통권이라고 한다. 변호인이 피고인의 이익을 보호하고 방어활동을 협의하기 위해서는 접견교통권이 필수적 요건이다. 이러한 의미에서 접견교통권은 구속된 피고인·피의자가 변호인의 조력을 받을 수 있는 가장 기본적 권리에 속한다.

66 변호인의 접견교통권은 감시받지 않는 자유로운 접견교통을 내용으로 한다. 변호인에 대한 접견은 비밀이 보장되어야 한다. 입회나 감시, 수수한 서류나 물건의 압수는 허용되지 않는다. 접견교통권을 침해하여 얻은 증거의 증거능력은 부정된다. 또한 변호인의 접견교통권은 법원의 결정이나 수사기관의 처분에 의해 제한할 수 없다.

67 (4) **피의자신문참여권** 수사기관의 피의자신문은 외부와 접견교통이 차단된 채 이루어진다. 이러한 상황은 피의자에게 심리적으로 자포자기할 가능성을 높이고, 수사기관으로 하여금 각종 위법을 자행하도록 만든다.

68 이와 같은 수사기관의 피의자신문에 변호인의 참여권을 인정할 수 있는가에 대해서는 긍정하는 견해와 부정하는 견해가 있었고, 판례는 헌법과 법률이 보장하는 접견교통권과 변호인의 조력을 받을 권리 규정을 유추적용하고 '구금된' 경우에 한하여 피의자의 신문에 대한 변호인의 참여권을 인정한 바 있다

---

1) 2020도10729: "형사소송법 제219조, 제121조가 규정한 변호인의 참여권은 피압수자의 보호를 위하여 변호인에게 주어진 고유권이다. 따라서 설령 피압수자가 수사기관에 압수·수색영장의 집행에 참여하지 않는다는 의사를 명시하였다고 하더라도, 특별한 사정이 없는 한 그 변호인에게는 형사소송법 제219조, 제122조에 따라 미리 집행의 일시와 장소를 통지하는 등으로 압수·수색영장의 집행에 참여할 기회를 별도로 보장하여야 한다."

(2003모402). 개정법률은 이러한 점을 고려하여 변호인의 피의자신문참여권을 명문으로 규정하였고(제243조의2 ①항), 이에 대해서는 앞에서 서술하였다.[1]

(5) **변호인의 기록열람·복사권**   변호인은 소송계속중의 관계서류 또는 증 **69** 거물을 열람 또는 복사할 수 있다(제35조). 변호인의 기록열람·복사권은, 1) 변호인이 피고인·피의자에 대한 혐의내용과 수사결과 및 증거를 파악하여 방어진략을 수립하는 데 필수적이다. 2) 변호인이 공판절차에서 예상되는 쟁점을 정리하고 효율적인 변론활동을 준비할 수 있게 함으로써 공판절차의 원활한 진행을 촉진한다. 3) 피고인에 대한 검사의 기습적 공격을 방지하여 공정한 재판의 이념을 더욱 충실하게 실현할 수 있도록 한다.[2] 이러한 취지에서 인정되는 변호인의 기록열람·복사권의 범위는 형사절차의 단계에 따라 아래와 같이 구별된다.

(개) **공소제기 후 법원에 제출한 서류 등**   이에 대해서는 제35조가 명문으 **70** 로 인정하고 있다. 피고인과 변호인은 소송계속 중의 관계 서류 또는 증거물을 열람하거나 복사할 수 있다(같은 조 ①항). 뿐만 아니라 피고인의 법정대리인, 특별대리인, 보조인 또는 피고인의 배우자·직계친족·형제자매로서 피고인의 위임장 및 신분관계를 증명하는 문서를 제출한 자에게도 열람·복사의 권한이 인정된다(같은 조 ②항). 이전에는 변호인만이 소송관계 서류 등을 열람·복사할 수 있었으나 2007년의 개정법률이 그 범위를 확대하여 변호인은 물론 피고인과 대리인 등에게도 열람·복사의 권한을 인정한 것이다.

(내) **공소제기 후 검사가 보관하고 있는 서류 등**   이에 대해서는 그동안 **71** 소송법에 명확한 규정이 없어 견해의 차이가 있었다. 즉 제35조가 말하는 '소송계속중의 관계서류'의 범위에 대해 1) 공소제기 후에 법원에 제출된 서류만을 의미한다는 견해와, 2) 공소제기된 사건의 기록이라는 견해(다수설)[3]가 대립한 것이다. 이 견해대립은 규칙 제118조 ②항이 공소장일본주의에 따라서 제1회 공판기일 전에는 수사기록이나 증거물을 여전히 검사가 보관하도록 하는 데서 기인한다. 그러나 제35조가 소송계속중이라고 규정할 뿐 서류의 보관장소에 대한 제한을 두지 않기 때문에 이 조항의 해석에서는 다수견해가 타당하며, 헌법재판소도 변호인의 조력을 받을 권리를 근거로 이를 긍정하였다.[4] 2007년의 개

---

1) 자세한 것은 위의 [11] 10 이하 참조.
2) 신동운 147.
3) 이재상/조균석/이창온 29/44; 정영석/이형국 94.
4) 94헌마60: "변호인의 조력을 받을 권리는 변호인과의 자유로운 접견교통권에 그치지 아니하고 더 나아가 변호인을 통하여 수사서류를 포함한 소송관계 서류를 열람·등사하고 이에 대한

정법률은 이러한 점을 고려하여 증거개시절차의 하나로 공소제기 후 검사가 보관하고 있는 서류에 대한 변호인의 열람·등사 권한을 명문으로 규정하였다(제266조의3).[1]

72 (다) **공소제기 전의 수사기록 등** 변호인의 열람과 복사가 허용되는 기록의 범위는 원칙적으로 소송계속중의 관계서류 또는 증거물에 제한되므로 소송계속이 발생하기 전, 즉 공소제기 전에 수사기관에서 수사 중인 수사서류와 증거물에 대한 열람·복사권은 제35조를 근거로 인정되지는 않는다. 아직 수사 중인 사건에 대한 기록 등을 유출할 경우 수사기관의 수사활동을 방해하고 수사의 목적을 위태롭게 할 수 있기 때문이다. 그러나 헌법재판소는 기소 전 체포·구속의 적부심사 단계에서는 수사기록의 열람·복사를 부분적으로 인정한다. 즉 구속적부심 피의자의 변호인에게 수사기록 중 고소장과 피의자신문조서의 열람·복사권이 인정된다고 한 것이다(2000헌마474). 따라서 수사 중인 사건의 서류와 증거물일지라도 변호인의 변호활동에 필수적이며, 그 내용을 공개하는 것이 수사를 방해하지 않는 기록과 증거물에 대해서는 변호인의 열람·복사를 허용해야 할 것이다.

Ⅵ. 보조인

1. 보조인의 의의

73 (1) **개 념** 보조인이란 피고인·피의자와 일정한 신분관계에 있는 자로서 피고인·피의자의 이익을 보호하는 자를 말한다. 보조인은 피고인·피의자에 대한 개인적인 정의情誼관계에 있는 자라는 점에서 원칙적으로 법률전문가인 변호사 가운데 선임되는 변호인과 구별된다. 그리고 보조인은 법원에 신고함으로써 그 지위가 발생하는 점에서(제29조 ③항), 법원의 허가에 의해 변호인지위를 얻는 특별변호인과 구별된다(제31조 단서).

74 (2) **보조인의 역할** 보조인제도는 피고인·피의자와 개인적 정의와 신뢰관계에 있는 사람으로 하여금 조력하게 함으로써 이들의 심리적 불안을 해소할 뿐만 아니라 방어권행사도 다소 용이하게 해 줄 수 있다. 그러므로 법률전문가

검토결과를 토대로 공격과 방어의 준비를 할 수 있는 권리도 포함된다고 보아야 할 것이므로 변호인의 수사기록 열람·등사에 대한 지나친 제한은 결국 피고인에게 보장된 변호인의 조력을 받을 권리를 침해하는 것이다."

1) 자세한 것은 아래의 [37] 참조.

의 수가 부족한 우리 사회의 현실을 감안할 때 보조인제도는 변호인제도를 보충하는 역할을 해 준다. 그러나 변호사에 의한 변호를 받을 기회가 확대될수록 보조인제도의 의미는 감소할 수밖에 없을 것이다.

2. 보조인의 자격과 권한

(1) **보조인의 자격**   피고인 또는 피의자의 법정대리인·배우자·직계친족과   **75**
형제자매는 보조인이 될 수 있다(제29조 ①항). 보조인이 될 수 있는 자가 없거나 장애 등의 사유로 보조인으로서 역할을 할 수 없는 경우에는 피고인 또는 피의자와 신뢰관계 있는 자가 보조인이 될 수 있다(같은 조 ②항). 보조인은 변호인과 같이 선임되는 것이 아니라 보조인이 되고자 하는 자가 심급별로 그 취지를 신고함으로써 그 자격이 주어진다(같은 조 ③항). 보조인의 신고는 보조인이 되고자 하는 자와 피고인·피의자 사이의 신분관계를 소명하는 서면을 첨부하여 하여야 한다(규칙 제11조 ①항). 보조인의 신고도 심급에 한하여 효력이 있다. 그러나 공소제기 전의 보조인신고는 제1심에서도 그 효력이 있다(같은 조 ②항).

(2) **보조인의 권한**   보조인에게는 변호인과 같은 광범위한 권한이 인정되   **76**
지 않는다. 보조인은 독립하여 피고인·피의자의 명시한 의사에 반하지 않는 소송행위를 할 수 있다. 다만 법률에 다른 규정이 있을 때에는 예외로 한다(제29조 ④항). 즉 보조인은 독립대리권을 가지지만, 변호인과 달리 피의자·피고인의 명시적 의사에 반하는 소송행위는 할 수 없다. 또한 소송관계서류 또는 증거물에 대한 열람권(제35조 ②항)을 제외하고는 고유권도 없다.

제 3 절　소송행위

[32]　제 1　소송행위의 의의와 일반요소

[사례 13-1] 2021도11126 전원합의체 판결

甲은 2018. 11. 19. 자전거를 운행하던 중 전방주시의무를 게을리하여 진행한 과실로 전방에서 보행하고 있던 V(남, 69세)를 보지 못하고 자전거 앞바퀴 부분으로 피해자를 들이받아 넘어지게 하였다. 결국 피고인은 업무상 과실로 V에게 뇌손상 등의 중상해를 입게 하였다. V는 위 사고로 의식불명이 되었고 치료를 받던 중인 2019. 6. 14.경 담당의사로부터 의사표현이 불가능한 식물인간 상태라는 취지의 진단을 받았다. V는 제1심 변론종결일 무렵인 2020. 9. 21.경까지도 의식을 회복하지 못하였다. V에 대하여 2019. 6. 20. 수원가정법원 심판으로 성년후견이 개시되면서 성년후견인으로 V의 법률상 배우자인 A가 선임되었다. 위 법원은 성년후견인의 법정대리권의 범위에 '소송행위'를 포함시키고 그 대리권 행사에 법원의 허가를 받도록 정하였다. A는 甲으로부터 합의금을 수령한 후 제1심 판결선고 전인 2020. 11. 10. 제1심법원에 "피해자는 4,000만 원을 지급받고 피고인의 형사처벌을 원하지 않는다."라는 내용의 서면을 제출하였다.

원심은 형사소송절차에서는 명문의 규정이 없으면 소송행위의 법정대리가 허용되지 않는다는 이유로 피해자가 의사능력이 없더라도 피해자의 성년후견인이 반의사불벌죄에 관해서 피해자를 대리하거나 독립하여, 처벌불원의사를 표시하거나 처벌희망 의사표시를 철회하는 것은 허용되지 않는다면서 공소사실을 유죄로 인정한 제1심판결을 그대로 유지하였다. 법원의 판결은 적법한가?

[사례13-2] 2013도2118 판결

甲은 2011. 2. 24. 02:30경 오토바이를 운전하여 가다가 교통사고를 일으키고 의식을 잃은 채 병원 응급실로 후송되었다. 병원 응급실로 출동한 경찰관 P는 사고 시각으로부터 약 1시간 20분 후인 2011. 2. 24. 03:50경 법원으로부터 압수·수색 또는 검증 영장이나 감정처분허가장을 발부받지 아니한 채 甲의 아버지의 동의만 받고서 응급실에 의식을 잃고 누워 있는 甲으로부터 채혈하였다.

원심 법원은 위 채혈에 관하여 사후적으로라도 영장을 발부받지 아니하였으므로 甲의 혈중 알코올농도에 대한 국립과학수사연구소의 감정의뢰회보와 이에 기초한 다른 증거는 위법수집증거로서 증거능력이 없고, 甲의 자백 외에 달리 이를 보강할 만한 증거가 없다는 이유로 이 부분 공소사실을 무죄로 판단하였다. 원심 법원의 판단은 적법한가?

[주요논점] 1. 소송행위의 특징은 무엇인가?
         2. 소송행위의 대리는 허용되는가?

I. 소송행위의 의의와 절차유지원칙

1. 소송행위의 의의

소송행위는 소송절차를 형성하는, 소송주체나 소송관계인의 행위로서 소송 **1** 법상 일정한 효과가 인정되는 행위를 말한다. 그러므로 소송에 관계있는 행위일지라도 소송절차 자체를 형성하는 행위가 아니거나[1], 소송절차 자체를 형성하는 행위일지라도 소송법적 효과가 인정되지 않는 것[2]은 소송행위가 아니다. 이에 대해 소송법상 의미 있는 모든 행위를 소송행위로 간주하여 피고인·증인·감정인의 사실에 대한 진술이 법관의 확신에 기여하는 한 소송행위에 포함된다고 보는 견해가 있다.[3] 그러나 소송행위의 개념을 그렇게 이해할 경우 절차법적으로 의미 있는 행위의 효력요건을 정립하기 힘든 문제점이 있다.

소송행위는 공소제기부터 확정판결에 이르는 공판절차를 형성하는 행위뿐 **2** 만 아니라, 수사와 형집행절차를 형성하는 행위도 포괄한다. 그리고 소송행위에는 소송법상의 효과와 실체법상의 효과가 동시에 인정되는 소송행위[4]도 있는데, 이러한 소송행위를 이중기능적 소송행위라고 한다.

2. 절차유지원칙

소송행위는 판결과 집행이라는 소송목적을 달성하기 위해 연속적으로 이루 **3** 어지는 행위이다. 즉 형사절차는 연속적으로 이루어지는 수많은 소송행위의 총집합이라고 할 수 있다. 하나의 소송행위는 앞선 소송행위를 전제하므로 앞선 소송행위가 무효가 되면 그 후에 이루어지는 소송행위도 역시 무효가 된다. 그러나 하나의 개별소송행위의 무효로 인하여 형사절차 전체가 무효로 되는 것은

---

1) 예컨대 법관의 임면, 사법사무의 분배 등.
2) 예컨대 법정경위의 법정정리 또는 개정준비행위 등.
3) 이재상/조균석/이창온 31/8; 이창현 161.
4) 예컨대 자수, 자백.

형사사법의 막대한 비경제를 초래한다. 따라서 소송행위의 하자에 대해서는 사법의 법률행위이론, 특히 의사의 하자에 관한 이론이 그대로 적용될 수는 없고 제한적으로 적용되어야 한다. 이를 절차유지원칙이라고 한다. 물론 절차유지원칙이 적법절차나 진실발견의 소송목적을 위태롭게 해서는 안 된다. 절차유지원칙은 특히 소송행위하자의 치유문제로 논의된다.

Ⅱ. 소송행위의 일반적 요소

4   형사절차는 동적·발전적 과정이기 때문에 형사절차를 형성하는 소송행위도 동적·발전적 성격을 갖는다. 따라서 소송행위는 개별적 소송행위에 대해 요구되는 정형성을 갖추고 있어야 할 뿐만 아니라, 모든 소송행위에 일반적으로 요구되는 정형성도 있어야 한다. 모든 소송행위가 갖추어야 할 정형성은 주체·내용·방식·일시·장소에 따라 각각 아래와 같은 내용을 가진다.

1. 소송행위적격

5   소송행위주체가 자신의 이름으로 소송행위를 할 수 있는 자격을 소송행위적격이라고 한다. 소송행위적격은 일반적 소송행위적격과 특별한 소송행위적격으로 나뉜다. 일반적 소송행위적격은 소송행위의 주체가 될 수 있는 자격으로서 소송행위 일반에 대해 요구되는 것을 말한다. 소송행위의 주체가 되기 위해서는 소송능력을 구비하여 소송행위의 의미를 이해하고, 자신의 이익·권리를 방어할 수 있는 사실상·법률상의 소송행위능력 또는 변론능력을 가지고 있어야 한다. 또한 소송행위를 대리할 경우에는 대리권이 있어야 한다.

6   **특별한 소송행위적격**은 소송행위주체가 될 수 있는 자격으로서 개개의 소송행위에 요구되는 것을 말한다. 여기에는 두 가지 경우가 있다. 1) 소송행위의 개념요소로 일정한 주체가 특징되어 있는 경우(예컨대 공소제기의 주체는 검사), 소송행위적격이 없는 자의 소송행위는 소송행위로 성립조차 하지 않는다. 이에 반해, 2) 단지 소송행위를 일정한 자의 권한으로만 규정하고 있는 경우(예컨대 고소주체는 고소권자)에 소송행위적격이 없는 자의 소송행위는 일단 소송행위로 성립하지만 무효인 소송행위에 해당된다.[1]

---

1) 이재상/조균석/이창온 32/3; 이창현 164.

2. 소송행위의 대리

(1) **개　념**　대리는 본인 이외의 제3자가 본인을 위해 소송행위를 하고　**7**
그 효과가 본인에게 미치는 것을 말한다. 소송행위에는 소송행위적격이 요구되
므로 소송행위의 대리문제는 소송행위적격자를 대리하여 제3자가 소송행위를
할 수 있는가, 즉 소송행위적격자의 대리가 허용될 수 있는가 하는 문제가 된
다. 소송행위는 형사절차에서 연속성을 가져야 하고, 이것은 다수인의 이해와
관련을 맺는다. 그러므로 소송행위의 대리는 의사표시를 본질적 요소로 하는 법
률행위적 소송행위에 한하여 허용되는데, 그 범위에 대해서는 다음과 같은 문제
가 있다.

(2) **대리의 허용범위**

(개) **명문의 허용규정이 있는 경우**　소송행위의 대리를 인정하는 명문의　**8**
규정이 있는 경우에는 대리의 허용 여부가 문제되지 않는다. 여기에는 포괄적
대리와 개별소송행위의 대리가 있다. 1) **포괄적 대리**는 의사무능력자의 법정대
리인이 행하는 소송행위의 대리(제26조), 법인의 대표자가 행하는 소송행위의 대
리(제27조), 경미사건의 경우 피고인의 대리인에 의한 소송행위의 대리(제277조)
등을 말한다. 2) **개별적 대리**는 고소 또는 고소취소의 대리(제236조), 구속적부심
사청구의 대리(제214조의2), 재정신청의 대리(제264조), 변호인선임의 대리(제30조),
상소의 대리(제341조) 등을 말한다.

(내) **명문의 규정이 없는 경우의 허용 여부**　대리를 인정하는 명문의 규정　**9**
이 없는 경우 소송행위의 대리를 인정할 것인가에 대해서는 견해의 대립이 있
다. **긍정설**의 논거는 다음과 같다. 1) 대리인의 권한이 분명한 경우에는 형사절
차의 형식적 명확성을 해칠 염려가 없고, 이해관계인의 지위도 위태롭게 할 우
려가 없다. 2) 대리를 허용하는 규정을 두었다고 하여 명문규정이 없으면 언제
나 대리가 금지된다고 해석해야 하는 것은 아니다. 3) 소송행위가 반드시 일신
전속적 성격을 가지는 것은 아니다. 4) 대리를 허용하면 실체진실의 발견에 지
장을 초래한다는 비판은 절차형성행위에 대해서는 적용될 수 없다. 그러므로 대
리의 허용 여부에 대한 판단은 개별적 소송행위의 의미·목적에 따라 내려져야
할 것이라고 한다.1)

이에 대해 **부정설**의 논거는 다음과 같다. 1) 형사소송법이 대리에 관한 명　**10**

---

1) 강구진 42; 김기두 86; 이은모/김정환 130; 이재상/조균석/이창온 32/6; 정영석/이형국 118.

문규정을 두고 있을 때에는, 그러한 규정이 없으면 대리가 허용될 수 없다는 것을 전제로 한다. 2) 명문규정이 없음에도 소송행위의 대리를 인정하게 되면 형사소송의 형식적 확실성을 침해하고 이해관계인의 지위를 불안하게 할 수 있는 위험성이 있다. 3) 소송행위는 일신전속적 성격을 가지기 때문에 대리와 친숙하기 힘들다. 4) 실체적 진실발견에도 지장을 초래한다.[1] 판례도 부정설의 입장이라 할 수 있다.[2] 대리를 허용함으로써 피의자·피고인 및 제3자의 이익을 보호해야 할 필요성이 큰 경우는 대부분 형사소송법에 명문규정이 있다. 그러므로 견해대립의 실익은 크지 않고, 부정설의 논거가 타당하다.

(3) 대리권의 행사

11   **(가) 대리의 종속성·독립성**   대리가 허용되는 경우에도 대리권의 행사는 본인의 의사에 따라야 한다. 그러나 본인의 명시 또는 묵시의 의사에 반하여 대리권을 행사할 수 있는 경우도 있다(제30조 ②항, 340조, 341조 ②항). 이는 피의자·피고인에 대한 후견적 보호의 관점에서 인정되는 것이며 독립대리권에 속한다. 변호인은 법률에 다른 규정이 없는 경우에는 독립하여 소송행위를 할 수 있다(제36조).

12   **(나) 무권대리의 법적 효과**   대리권 없는 자가 행한 소송행위는 무효이다. 또한 대리권의 행사가 본인의 의사를 따라야 하는 경우에, 소송행위가 본인의 의사에 반하면 그 소송행위는 무효가 된다. 그러나 본인이 추인하면 무효가 치유될 수 있다.

3. 소송행위의 내용적 명확성

13   **(1) 내용적 명확성의 요구**   소송행위는 동적·발전적인 형사절차를 형성한

---

1) 백형구 205; 배종대/홍영기 [5] 7; 신동운 697; 이창현 166.
2) 2013도1228: "피의자에게 의사능력이 있으면 직접 소송행위를 하는 것이 원칙이고, 피의자에게 의사능력이 없는 경우에는 형법 제9조 내지 제11조의 규정의 적용을 받지 아니하는 범죄사건에 한하여 예외적으로 법정대리인이 소송행위를 대리할 수 있다(형사소송법 제26조). 따라서 음주운전과 관련한 도로교통법 위반죄의 범죄수사를 위하여 미성년자인 피의자의 혈액채취가 필요한 경우에도 피의자에게 의사능력이 있다면 피의자 본인만이 혈액채취에 관한 유효한 동의를 할 수 있고, 피의자에게 의사능력이 없는 경우에도 명문의 규정이 없는 이상 법정대리인이 피의자를 대리하여 동의할 수는 없다."
2021도11126 전합: "반의사불벌죄에서 성년후견인은 명문의 규정이 없는 한 의사무능력자인 피해자를 대리하여 피고인 또는 피의자에 대하여 처벌을 희망하지 않는다는 의사를 결정하거나 처벌을 희망하는 의사표시를 철회하는 행위를 할 수 없다. 이는 성년후견인의 법정대리권 범위에 통상적인 소송행위가 포함되어 있거나 성년후견개시심판에서 정하는 바에 따라 성년후견인이 소송행위를 할 때 가정법원의 허가를 얻었더라도 마찬가지이다."

다. 따라서 절차의 명확성·안정성을 확보하기 위해서는 소송행위에 대해서도 형식적 확실성이 요구된다. 이를 위해 많은 경우에 소송행위로 표시되는 내용은 소송행위 자체에 명확하게 나타날 수 있어야 한다.

(2) 조건·부관의 허용 여부　이와 같이 소송행위는 내용의 명확성이 요구 **14** 되므로 소송행위에 조건이나 부관을 붙일 수 있는지 문제된다. 제한적 긍정설에 의하면 민사소송과 달리 형사소송에서 소송행위는 부관과 친숙할 수 없으므로 조건부·기한부 소송행위는 원칙적으로 허용되지 않지만, 형식적 확실성을 침해하지 않고 피고인의 이익에 중대한 영향이 없는 범위 안에서는 조건부 소송행위도 허용될 수 있다고 한다.[1] 그러나 **부정설**은 소송행위에 조건이나 기한을 붙이는 것은 형사절차의 명확성·안정성 그리고 소송관계인의 이익보호를 위해 허용되지 않는다는 입장이다. 다만 법령에 조건이나 기한설정이 허용되어 있는 경우[2]에는 예외적으로 소송행위에 부관설정이 가능하다고 한다.[3] 부정설에 따라 법령에서 허용하는 경우를 제외하고 조건부·기한부 소송행위를 인정하지 않는 것이 타당하다.

4. 소송행위의 방식

소송행위는 법률이 각 소송행위마다 규정해 놓은 일정한 방식에 따라서 이 **15** 루어져야 한다. 그렇게 함으로써 형사절차의 형식적 확실성이 보장되고 피고인의 기본권이 지켜질 수 있다. 그리고 국민들은 형사사법을 신뢰할 수 있게 된다. 소송행위의 일반적 방식으로는 구두주의와 서면주의가 있다.

(1) 구두주의와 서면주의의 적용기준　일반적인 기준을 말하자면, 피고사 **16** 건에 관한 법원의 심증형성에 직접 영향을 미치는 실체형성 소송행위는 구두주의에 의하고(제37조①항), 절차형성 소송행위는 서면주의에 의하는 것이 원칙이다. 그러나 실체형성행위일지라도 소송경제를 도모하거나 심리자료로 활용하기 위해 서면주의를 적용하는 예외도 가능하다. 구체적인 것은 법률의 규정에 따라서 결정한다. 다만, 의사표시의 신속성·선명성 그리고 증거의 신빙성판단에 필요한 태도증거의 확보가 절차의 명확성·안정성보다 상대적으로 더 중요할 경우에는 구두주의가 적용되고, 그 반대의 경우일수록 서면주의가 지배한다고 보면

---

1) 예컨대 조건부 또는 택일적 증거신청. 이은모/김정환 131; 이재상/조균석/이창온 32/9; 이창현 167; 정영석/이형국 118.
2) 예컨대 공소제기에서 공소사실 및 적용법조의 예비적·택일적 기재
3) 신동운 698.

된다. 만일 상반된 양자의 이념이 대등한 가치를 가질 경우에는 서면주의와 구두주의가 모두 적용된다.

(2) 구두주의와 서면주의의 적용례

17   (가) **구두주의**   법률은 실체형성행위1) 이외에도 소송지휘2)와 판결선고3) 등도 구두의 형식을 취하도록 하고 있다. 이 밖에 공판정에서 내려지는 결정·명령도 구두에 의한다.

18   (나) **서면주의**   서면주의가 적용되는 절차형성행위로는 공소제기(제254조), 약식명령청구(제449조), 정식재판청구(제453조 ②항), 상소제기(제343조 ①항), 준항고(제418조), 비상상고(제442조), 영장청구(규칙 제93조 ①항)나 영장발부(제75조, 114조, 209조, 219조), 변호인선임신고(제32조 ①항), 증거보전신청(규칙 제92조), 불기소처분통지 및 이유통지(제258조, 259조), 재정신청(제260조), 토지관할의 병합심리신청(규칙 제2조), 관할지정 및 관할이전신청(제16조), 공소장변경신청(규칙 제142조 ①항), 판결정정신청(제400조) 등이 있다.

19   (다) **서면 또는 구두주의**   구술 또는 서면 어느 방식에 의하더라도 무방한 소송행위로는 고소, 고발 및 그 취소(제237조 ①항, 239조), 공소취소(제255조), 상소의 포기 또는 취하(제352조), 정식재판청구의 취하(제458조), 즉결심판에 대한 정식재판의 포기 또는 취하(즉심법 제14조 ④항) 등을 들 수 있다. 기피신청(제18조), 국선변호인 선정청구(제33조 ②항), 증거조사신청(제273조, 294조), 증거조사에 대한 이의신청(제296조), 재판장의 처분에 대한 이의신청(제304조), 공소장변경시 공판절차정지의 청구(제298조 ④항), 변론의 분리와 병합신청(제300조), 변론재개신청(제305조) 등과 같은 법원 또는 법관에 대한 신청이나 진술도 특별한 규정이 없는 한 구두 또는 서면 두 가지 방식이 모두 허용되는 경우이다(규칙 제176조 ①항). 다만 구술에 의하여 신청 기타의 진술을 할 때에는 법원사무관 등의 면전에서 하여야 하고, 이 경우 법원사무관 등은 조서를 작성하고 기명날인하여야 한다(같은 조 ②·③항).

20   (라) **방식위반의 효과**   이상과 같은 구두주의·서면주의에 관한 규정에 위반한 소송행위는 그 규정이 효력규정인 때에는 무효가 된다. 예를 들어 구두에 의한 공소제기나 서면에 의한 판결선고는 무효인 소송행위가 된다.

---

1) 예컨대 제285조, 286조, 287조, 293조, 302조, 303조 및 제161조의2.
2) 예컨대 제281조, 284조, 299조.
3) 예컨대 제43조, 324조, 규칙 제147조.

5. 소송서류

(1) 소송서류의 의의

(가) **개 념**   소송서류는 특정한 소송과 관련하여 작성된 일체의 서류를 가 **21** 리킨다. 여기의 서류에는 법원에서 작성된 것뿐만 아니라 소송관계인이 작성하여 법원에 제출한 서류도 포함된다. 작성되거나 제출된 서류이어야 하므로 압수된 서류는 단순한 증거물일 뿐 소송서류는 아니다. 그리고 소송서류를 소송절차에 따라 법원이 편철한 것을 소송기록이라고 한다.[1]

(나) **비공개의 원칙**   소송서류는 공판의 개정 전에는 공개하지 못한다. 그 **22** 러나 공익상 필요하거나 기타 상당한 이유가 있는 경우에는 공개할 수 있다(제47조). 여기에서 공판개정 전이란 제1회 공판기일 전뿐만 아니라 제2회 공판기일에도 제1회 공판기일에 공개하지 않았던 서류나 그 후에 작성된 서류는 역시 공판개정 전까지 공개하지 못한다는 것을 의미한다.

(2) 소송서류의 종류

(가) **의사표시적 문서와 보고적 문서**   의사표시적 문서는 일정한 소송법적 **23** 효과의 발생을 의사표시의 내용으로 하는 문서를 가리킨다.[2] 이에 반해 보고적 문서는 단순히 일정한 사실의 보고만을 내용으로 하는 문서를 말한다.[3] 의사표시적 문서는 당해 형사절차에 있어서 증거능력이 인정되지 않는다.

(나) **공무원의 서류와 비공무원의 서류**   소송서류의 작성주체에 따라서 공 **24** 무원이 작성하는 공무원의 서류와 공무원 아닌 자가 작성하는 비공무원의 서류가 있다. 공무원의 서류에는 다시 법원에서 작성하는 서류와 법원 이외의 기관이 작성하는 서류가 있다. 공무원이 작성하는 서류는 법률에 다른 규정이 없는 때에는 작성 연월일과 소속공무소를 기재하고 기명날인 또는 서명하여야 하고,[4] 서류는 간인하거나 이에 준하는 조치를 하여야 한다(제57조 ①·②항)[5] 공무원이

---

1) 법원실무제요(형사), 149.
2) 예컨대 공소장·고소장·고발장·상소장·변호인선임계 등.
3) 예컨대 공판조서·검증조서 또는 각종의 신문조서.
4) 서명은 자기의 성명을 자필하는 것을 말한다. 기명은 방식에 제한 없이 성명을 기재하는 것을 말한다. 즉 기명방식으로는 자필 이외의 타인에 의한 기재, 고무인·인쇄·타자 등에 의한 것도 무방하다.
5) 간인이란 하나의 서류가 여러 장의 종이로 구성되거나 수개의 서류를 연결하여 작성하는 경우에 그 계속의 진정을 확증하기 위해 서류를 철한 곳 또는 연결한 부분에 하나의 인장을 겹쳐 찍는 것을 말한다.

서류를 작성할 때에는 문자를 변개하지 못하며, 삽입·삭제 또는 난외기재를 할 경우에는 그 기재한 곳에 날인하고 자수를 기재하여야 한다(제58조). 그리고 공무원 아닌 자가 작성하는 서류에는 연월일을 기재하고 기명날인 또는 서명해야 하며, 인장이 없는 경우에는 지장으로 한다(제59조).

(3) 조 서

25　　(가) 개 념　　조서란 보고적 문서 중 일정한 절차·사실을 인증하기 위해 작성된 공권적 문서를 말한다. 조서는 상대방의 진술을 받아적는 형태로 작성된다. 하지만 진술을 그대로 적는 것이 아니라 그 요지를 기재한다는 점에서 속기록과 구별된다.

　　(나) **작성방법**　　피고인·피의자·증인·감정인·통역인 또는 번역인을 신문
26 하는 때에는 신문에 참여한 법원사무관 등이 조서를 작성하여야 한다(제48조 ① 항). 조서에는 피고인·피의자·증인·감정인 등의 진술과 증인·감정인·통역인 또는 번역인이 선서를 하지 아니한 때에는 그 사유를 기재하여야 한다(같은 조 ②항). 조서는 진술자에게 읽어주거나 열람하게 하여 그 기재 내용이 정확한지를 물어야 한다(같은 조 ③항). 진술자가 조서에 대하여 추가, 삭제 또는 변경의 청구를 한 때에는 그 진술 내용을 조서에 기재하여야 한다(같은 조 ④항). 신문에 참여한 검사·피고인·피의자 또는 변호인이 조서 기재내용의 정확성에 대해 이의를 진술한 때에는 그 진술의 요지를 조서에 기재하여야 한다(같은 조 ⑤항). 이 경우에는 재판장이나 신문한 법관은 그 진술에 대한 의견을 기재하게 할 수 있다(같은 조 ⑥항). 조서에는 진술자로 하여금 간인한 후 서명날인하게 하여야 한다. 다만 진술자가 서명날인을 거부한 때에는 그 사유를 기재하여야 한다(같은 조 ⑦항). 그리고 검증·압수·수색에 관해서는 조서를 작성하여야 한다(제49조 ① 항). 검증조서에는 검증목적물의 현상을 명확하게 하기 위하여 도화나 사진을 첨부할 수 있다(같은 조 ②항). 압수조서에는 품종, 외형상의 특징과 수량을 기재하여야 한다(같은 조 ③항). 이러한 각 조서의 기재요건으로는 조사 또는 처분의 연월일시와 장소를 기재하여야 하며, 그 조사 또는 처분을 행한 자와 참여한 법원사무관 등이 기명날인 또는 서명하여야 한다. 다만 공판기일 외에 법원이 조사 또는 처분을 행한 때에는 재판장 또는 법관과 참여한 법원사무관 등이 기명날인 또는 서명하여야 한다(제50조).

27　　(다) **공판조서**　　공판조서는 공판기일의 소송절차가 법정의 방식에 따라 적법하게 행하여졌는지 여부를 확인하기 위하여 공판기일의 소송절차에 참여한

법원사무관 등이 작성하는 조서이다(제51조 ①항). 공판조서에는 공판을 행한 일시와 법원, 법관·검사·법원사무관 등의 관직 및 성명, 피고인·대리인·대표자·변호인·보조인과 통역인의 성명, 피고인의 출석여부 등의 기재사항과 모든 소송절차를 기재하여야 한다(제51조 ②항).

　　공판조서와 공판기일 외의 증인신문조서에는 진술자의 확인 등 조서작성의 **28** 정확성을 담보하기 위한 제48조 ③항 내지 ⑦항이 적용되지 않는다. 다만 진술자의 청구가 있는 때에는 그 진술에 관한 부분을 읽어주고 증감변경의 청구가 있는 때에는 그 진술을 기재하여야 한다(제52조). 이를 공판조서작성상의 특례라고 한다.

　　공판조서에는 재판장과 참여한 법원사무관 등이 기명날인 또는 서명하여야 **29** 한다(제53조 ①항). 재판장이 기명날인 또는 서명할 수 없는 때에는 다른 법관이 그 사유를 부기하고 기명날인 또는 서명하여야 하며 법관 전원이 기명날인 또는 서명할 수 없는 때에는 참여한 법원사무관 등이 그 사유를 부기하고 기명날인 또는 서명하여야 한다(같은 조 ②항).

　　공판조서는 각 공판기일 후 신속히 정리하여야 하며(제54조 ①항), 다음 회의 **30** 공판기일에는 전회의 공판심리에 관한 주요사항의 요지를 조서로 고지하여야 한다. 다만 다음 회의 공판기일까지 전회의 공판조서가 정리되지 아니한 때에는 조서에 의하지 아니하고 고지할 수 있다(같은 조 ②항). 또한 검사, 피고인 또는 변호인은 공판조서의 기재에 대하여 변경을 청구하거나 이의를 제기할 수 있다(같은 조 ③항). 이때 그 청구나 이의의 취지와 이에 대한 재판장의 의견을 기재한 조서를 당해 공판조서에 첨부하여야 한다(같은 조 ④항). 피고인은 공판조서의 열람 또는 등사를 청구할 수 있다(제55조 ①항). 피고인이 공판조서를 읽지 못할 경우에는 공판조서의 낭독을 청구할 수 있다(같은 조 ②항). 낭독은 재판장의 명에 의하여 법원사무관 등이 한다(규칙 제30조).

　　㈃ **조서작성방식 위반의 효과**　　이상에서 설명한 각종의 조서작성방법을 **31** 위반하면 그 조서는 원칙적으로 무효가 된다. 소송경제를 고려하여 서류작성에 진정성이 명백한 경우는 그 조서의 효력을 인정할 수 있다는 견해도 있다.[1] 그러나 위반한 작성방법 관련규정이 효력규정인 한, 그 조서는 무효로 보는 것이 옳다.

---

1) 이재상/조균석/이창온 32/20.

[82도2940] 조서작성방식위반의 효과

형사소송법 제51조, 제53조, 제56조 등의 규정을 모아보면 공판기일의 소송절차에 관하여는 참여한 서기관 또는 서기가 공판조서를 작성하여야 하며 이 공판조서에는 재판장과 참여한 서기관이나 서기가 서명날인 하여야 하고 공판조서에는 공판에 관여한 법관, 검사, 서기관 또는 서기의 관직과 성명을 비롯하여 모든 소송절차를 기재하여야 하며 공판기일의 소송절차로서 공판조서에 기재된 것은 그 공판조서만이 이를 증명할 수 있는바 공판조서에 서명날인할 재판장은 당해 공판기일에 열석한 재판장이어야 하므로 당해 공판기일에 열석하지 아니한 판사가 재판장으로서 서명날인한 공판조서는 적식의 공판조서라고 할 수 없어 이와 같은 공판조서는 소송법상 무효라 할 것이며 따라서 공판기일에 있어서의 소송절차를 증명할 공판조서로서의 증명력이 없는 것이므로 당해 공판기일에 있어서의 소송절차는 증명이 되지 않는다고 할 것이다.

32   **(4) 속기와 녹취**   법원은 검사, 피고인 또는 변호인의 신청이 있는 때에는 특별한 사정이 없는 한 공판정에서의 심리의 전부 또는 일부를 속기사로 하여금 속기하게 하거나 녹음장치 또는 영상녹화장치를 사용하여 녹음 또는 영상녹화(녹음이 포함된 것)하여야 하며, 필요하다고 인정하는 때에는 직권으로 이를 명할 수 있다(제56조의2 ①항). 속기를 하게 한 경우에 재판장은 법원사무관 등으로 하여금 속기록의 전부 또는 일부를 조서에 인용하고 소송기록에 첨부하여 조서의 일부로 하게 할 수 있다(규칙 제33조). 재판장은 필요하다고 인정하는 때에는 법원사무관 등 또는 속기사 등에게 녹음 또는 영상녹화된 내용의 전부 또는 일부를 녹취할 것을 명할 수 있으며(규칙 제38조 ①항), 법원사무관 등으로 하여금 ①항에 따라 작성된 녹취서의 전부 또는 일부를 조서에 인용하고 소송기록에 첨부하여 조서의 일부로 하게 할 수 있다(같은 조 ②항). 법원은 속기록·녹음물 또는 영상녹화물을 공판조서와 별도로 보관하여야 하고(제56조의2 ②항), 검사, 피고인 또는 변호인은 비용을 부담하고 별도로 보관된 속기록·녹음물 또는 영상녹화물의 사본을 청구할 수 있다(같은 조 ③항).

    (5) 소송서류의 송달

33   **(개) 송달의 개념**   송달은 법원 또는 법관이 검사·피고인·변호인 기타 소송관계인에 대해 법률에 정한 방식에 따라 소송서류의 내용을 알리는 직권적 소송행위를 말한다. 송달에는 소송법상의 일정한 효과가 강제적으로 부여된다. 송달은 법률이 정한 방식에 따라야 하는 점에서 특별한 방식이 정해져 있지 않

은 통지와 구별된다. 또한 송달은 상대방이 특정되어 있다는 점에서 불특정인을 대상으로 하는 공시 또는 공고와 구별된다. 서류의 송달은 법률에 다른 규정이 없을 때에는 민사소송법을 준용한다(제65조, 민소법 제174조 이하).

(나) **송달의 방법**　　송달방법에는 다음의 다섯 가지 방법이 있다. 1) **교부송** 34 달은 송달받을 자에게 서류를 교부하는 방법이다. 송달은 특별한 규정이 없으면 교부송달에 의한다(민소법 제178조). 2) **보충송달**은 송달받을 자와 관련 있는 제3 자에게 교부하는 방법이다. 근무장소 외의 송달할 장소에서 송달받을 사람을 만나지 못한 때에는 그 사무원, 피용자 또는 동거인으로서 사리를 분별할 지능이 있는 사람에게 서류를 교부할 수 있다(민소법 제186조 ①항).[1] 근무장소에서 송달받을 사람을 만나지 못한 때에는 송달받을 사람이 고용·위임 그 밖에 법률상 행위로 취업하고 있는 다른 사람 또는 그 법정대리인이나 피용자 그 밖의 종업원으로서 사리를 분별할 지능이 있는 사람이 서류의 수령을 거부하지 아니하면 그에게 서류를 교부할 수 있다(같은 조 ②항). 3) **유치송달**은 서류를 송달받을 사람이 정당한 사유 없이 송달받기를 거부한다면 송달할 장소에 서류를 놓아두는 방법이다(같은 조 ③항). 4) **우편송달**은 우편으로 송달하는 방법이다. 주거·사무소 또는 송달영수인의 선임을 신고하여야 할 자가 그 신고를 하지 아니하는 때에는 법원사무관 등은 서류를 우체에 부치거나 기타 적당한 방법에 의하여 송달할 수 있다. 서류를 우체에 부친 경우에는 도달된 때에 송달된 것으로 간주한다(제61조). 검사에 대한 송달은 소속검찰청으로 하여야 한다(제62조). 교도소 또는 구치소에 구속된 자에 대한 송달은 그 소장에게 한다(민소법 제182조). 이때 구속된 자에게 전달되었는가는 불문한다.[2]

5) **공시송달**은 법원사무관등이 송달할 서류를 보관하고 그 사유를 법원게시 35 장에 공시하는 방법이다(제64조 ②항). 공시송달은 피고인의 방어권행사에 사실상 중대한 장애를 초래할 수 있다. 따라서 그 요건은 엄격하게 하고 절차는 신중하게 하여야 한다. 공시송달은 대법원규칙이 정하는 바에 따라 법원이 명하는

---

1) 96모32: 피고인의 아들이 이 사건 송달 당시 10세 정도라면 송달로 인하여 생기는 형사소송 절차에 있어서의 효력까지 이해하였다고 볼 수는 없으나 그 송달 자체의 취지를 이해하고 영수한 서류를 송달을 받을 아버지(피고인)에게 교부하는 것을 기대할 수 있는 능력 정도는 있다고 볼 것이므로, 피고인에 대한 소송기록접수통지서의 보충송달은 적법하다고 본 사례.

2) 2017모1680: 구치소에 재감 중인 재항고인이 제1심판결에 대하여 항소하였는데, 항소심법원이 구치소로 소송기록접수통지서를 송달하면서 송달받을 사람을 구치소의 장이 아닌 재항고인으로 하였고 구치소 서무계원이 이를 수령한 사안에서, 소송기록접수의 통지는 효력이 없다고 한 사례.

때에 한하여 할 수 있으며(제64조 ①항), 피고인의 주거·사무소·현재지를 알 수 없는 때[1] 또는 피고인이 재판권이 미치지 않는 장소에 있기 때문에 다른 방법으로 송달할 수 없는 경우에 적용된다(제63조). 또한 소송촉진 등에 관한 특례법 제23조와 같은 법 시행규칙 제19조 제1항에 의하면, 피고인의 소재를 확인하기 위하여 필요한 조치를 취하였음에도 불구하고 피고인에 대한 송달불능보고서가 접수된 때로부터 6월이 경과하도록 피고인의 소재가 확인되지 아니한 때에 비로소 공시송달의 방법이 허용된다.[2]

[2017모2162] 재소자 또는 재감자에 대한 송달

수감된 사람에게 할 송달을 교도소·구치소 또는 국가경찰관서의 장에게 하지 아니하고 수감되기 전의 종전 주·거소에 하였다면 부적법하여 무효이고, 법원이 피고인의 수감 사실을 모른 채 종전 주·거소에 송달하였다고 하여도 마찬가지로 송달의 효력은 발생하지 않는다. 그리고 송달명의인이 체포 또는 구속된 날 소송기록접수통지서 등의 송달서류가 송달명의인의 종전 주·거소에 송달되었다면 송달의 효력 발생 여부는 체포 또는 구속된 시각과 송달된 시각의 선후에 의하여 결정하되, 선후관계가 명백하지 않다면 송달의 효력은 발생하지 않는 것으로 보아야 한다.

---

36   **(다) 송달영수인의 신고**   송달은 받을 자의 주소·거소·영업소 또는 사무소에서 하는 것이 원칙이다(민소법 제183조 ①항). 그러나 피고인·대리인·대표자·변호인 또는 보조인이 법원소재지에 서류의 송달을 받을 수 있는 주거 또는 사무소를 두지 아니한 때에는 법원소재지에 주거 또는 사무소가 있는 자를 송달영수인으로 선임하여 연명한 서면으로 신고하여야 한다(제60조 ①항). 송달영수인은 송달에 관해서는 본인으로 간주된다(같은 조 ②항). 그리고 그의 주거 또는 사무소는 본인의 주거 또는 사무소로 간주된다. 송달영수인의 선임은 같은 지역

---

1) 2003도4983: 피고인이 검사에게 피의자 진술할 때 동거녀의 휴대폰 번호를 진술하였음에도, 송달불능과 소재탐지수사 후의 공시송달 결정을 할 때 그 전화번호로 연락을 해보는 조치를 취하지 않았다면 제63조 ①항에 위배된다.

2) 2014모1557: 피고인 주소지에 피고인이 거주하지 아니한다는 이유로 구속영장이 여러 차례에 걸쳐 집행불능되어 반환된 바 있었다고 하더라도 이를 소송촉진 등에 관한 특례법이 정한 '송달불능보고서의 접수'로 볼 수는 없다. 반면에 소재탐지불능보고서의 경우는 경찰관이 직접 송달 주소를 방문하여 거주자나 인근 주민 등에 대한 탐문 등의 방법으로 피고인의 소재 여부를 확인하므로 송달불능보고서보다 더 정확하게 피고인의 소재 여부를 확인할 수 있기 때문에 송달불능보고서와 동일한 기능을 한다고 볼 수 있으므로 소재탐지불능보고서의 접수는 소송촉진 등에 관한 특례법이 정한 '송달불능보고서의 접수'로 볼 수 있다.

에 있는 각 심급법원에 대해 효력이 있다(같은 조 ②·③항). 그러나 송달영수인에 관한 규정은 신체구속을 당한 자에게는 적용되지 않는다(같은 조 ④항). 여기에서 신체구속을 당한 자란 당해 형사사건에서 구속된 자를 말하고, 다른 사건으로 구속된 자는 포함하지 않는다(76모69).

6. 소송행위의 일시와 장소

(1) 기 일 기일은 법률이나 법관에 의해 소송행위가 가능하도록 지정된 37 때를 말한다.[1] 기일은 일日과 시時로써 지정된다. 기일은 지정된 시각에 개시되지만 종기終期에는 제한이 없다.

(2) 기 간

(개) 기 간 기간은 법률이나 법관에 의해 일정한 소송행위를 할 수 있는, 38 첫시점에서 끝시점에 이르는 시간의 길이를 말한다. 기간은 행위기간과 불행위기간, 법정기간과 재정기간, 불변기간과 훈시기간으로 각각 구별된다. 1) 행위기간은 적법한 소송행위가 가능한 일정한 기간이고,[2] 불행위기간은 소송행위를 할 수 없는 일정한 기간이다.[3] 2) 법정기간은 법률에 의해 길이가 정해져 있는 기간이고,[4] 재정기간은 법원의 재판에 의해 정해지는 기간이다.[5] 3) 불변기간 또는 효력기간은 기간경과 후에 행한 소송행위가 무효가 되는 경우로서 연장이 허용되지 않는 기간이며,[6] 훈시기간은 기간이 경과한 후에 소송행위를 하더라도 그 효력에 영향이 없는 기간이다.[7]

(나) 불변기간인 법정기간의 특칙 불변기간인 법정기간은 그 기간의 도과 39 에 따라 소송행위를 할 수 없으므로 소송관계인의 이익에 중대한 영향을 미친다. 상황의 특수성을 고려하지 않은 불변기간의 엄격한 적용은 소송관계인에게 지나친 희생을 요구하기 때문에 형사소송법은 소송관계인을 보호하기 위한 특칙을 두고 있다. 즉 소송행위를 할 자의 주거 또는 사무소의 소재지와 법원 또는 검찰청 소재지와의 거리 및 교통통신의 불편 정도에 따라 형사소송규칙(규칙

---

1) 예컨대 공판기일·증인신문기일·검증기일.
2) 예컨대 고소기간(제230조), 상소기간(제358조, 374조), 영장의 유효기간(규칙 제178조).
3) 예컨대 제1회 공판기일의 유예기간(제269조).
4) 예컨대 구속기간(제92조), 상소제기기간(제358조, 374조).
5) 예컨대 감정유치기간(제172조, 221조의3), 영장의 유효기간의 연장(제75조, 114조, 209조, 219조, 규칙 제178조).
6) 예컨대 고소기간(제230조), 재정신청기간(제260조) 등.
7) 예컨대 재정결정기간(제262조), 재판기간(소촉법 제21조, 22조, 규칙 제146조).

제44조)으로 법정기간을 연장할 수 있다(제67조). 이러한 법정기간의 연장은 행위기간에 대해서만 적용된다.[1)]

40 (다) **기간의 계산**   기간계산을 할 때 시로 계산하는 것은 즉시부터 기산하고, 일·월·연으로 계산하는 것은 초일을 산입하지 아니한다. 다만 시효와 구속기간의 초일은 시간을 계산하지 아니하고 1일로 산정한다. 연·월로 정한 기간은 연 또는 월 단위로 계산한다. 기간의 말일이 공휴일이거나 토요일이면 그 날은 기간에 산입하지 않는다. 다만 시효와 구속기간에 관하여는 예외로 한다(제66조).

41 (3) **소송행위의 장소**   공판기일의 소송행위는 법원 또는 지원의 건물 안에 있는 법정에서 행한다(제275조 ①항, 법조법 제56조 ①항). 법원 외의 장소에서 개정할 필요가 있는 경우에는 법원장의 허가를 받아야 한다(법조법 제56조 ②항).

[33] 제 2 소송행위의 성립과 효력

[사례 14] 2003도2735

甲은 시내버스 운전업무에 종사하는 자인데, 2002. 8. 26. 안전운전의무 불이행(난폭운전)을 이유로 2002. 9. 5.을 1차 납부기한으로 하는 범칙금부과처분을 받았다. 이에 대해 갑은 이의를 신청하였고, ○○경찰서장 A는 2002. 9. 4. 도로교통법 제44조(안전운전의무) 위반을 이유로 서울지방법원에 갑에 대한 즉결심판을 청구하였다. 서울지방법원의 즉결심판 담당판사 B는 같은 날 甲의 사건이 즉결심판절차로 심판함이 적당하지 아니하다고 하여 결정으로 A의 즉결심판 청구를 기각하였다. A는 사건기록을 서울지방검찰청 검사장에게 송부하였는데, 사건을 배당받은 검사 C는 A가 사건기록을 송부한 것을 갑이 정식재판을 청구한 것으로 오인하여 2002. 11. 16. 그대로 사건기록을 서울지방법원에 송부하였다. 이 사건을 배당받은 서울지방법원은 외관상 정식재판청구로 보이므로 공소제기가 있는 것으로 보고 사건번호를 부여한 후 공판기일을 정하여 甲을 소환하였다. 2002. 12. 27. 제1회 공판기일에 법원은 甲을 상대로 인정신문을 한 다음 공판기일을 연기하였고, 검사는 2003. 1. 21. 甲에게 벌금 5만원의 형을 구하는 약식명령을 청구하였다. 법원은 2003. 1. 22. 제2회 공판기일에

[1)] 예컨대 즉시항고의 제출기간(82모52), 상고기간(76모56), 항소이유서(85모47) 및 상고이유서의 제출기간(64도87) 등.

甲에 대해 다시 인정신문을 한 다음 甲에게 진술거부권을 고지하고 피고인 신문절차를 진행하였다. 甲은 공소사실을 부인하였고, 법원은 검사로부터 증거를 제출받아 증거조사를 거치는 등 공판기일을 진행한 후, 검사의 '공소제기 절차가 법률의 규정에 위반하여 무효인 때(제327조 제2호)에 해당한다'고 하여 공소기각의 판결을 선고하였다. 법원의 공소기각 판결은 적법한가?

[주요논점]   1. 소송행위의 성립요건은 무엇이며 불성립의 효과는 무엇인가?
            2. 소송행위의 불성립과 무효의 차이는 무엇인가?
            3. 무효인 소송행위를 치유하는 방법은 무엇인가?

[참고판례] 2008도11813

I. 소송행위의 성립·불성립

1. 개   념

소송행위의 성립여부는 소송행위의 본질적 구성요소를 갖추었는가에 따라   1
서 판단된다. 소송행위의 본질적 구성요소를 구비하지 않음으로써 소송행위의 정형이 인정될 수 없는 경우에는 소송행위가 성립하지 않는다. 다만 어느 정도의 본질적 구성요소를 갖추어 소송행위의 외관을 구비하였으면 일단 소송행위가 성립한 것으로 본다.

2. 법적 효과

1) 소송행위가 성립하지 않으면 객관적으로 소송행위가 존재하지 않는 것   2
이기 때문에 법원·당사자 기타 소송관계인이 이를 무시하거나 방치할 수 있다. 이에 반해 소송행위가 일단 성립한 경우에는 그 소송행위가 무효일지라도 방치할 수 없고, 법원이 유·무효의 판단을 내려야 한다. 2) 소송행위가 일단 성립하면 무효일지라도 일정한 법률효과가 발생할 수 있다. 3) 소송행위가 성립하면 하자의 치유 문제가 생긴다.

Ⅱ. 소송행위의 유효·무효

1. 유효·무효의 의의

3   **(1) 개 념**   소송행위의 유·무효에 대한 판단은 소송행위의 성립을 전제하여, 그것에 대해 소송행위가 의도하는 본래적 효력을 인정할 것인가에 대한 판단을 말한다. 무효의 소송행위에 대해서는 그 소송행위가 의도한 본래적 효력이 발생하지 않을 뿐이고 그 밖의 법적 효과가 발생하지 않는 것은 아니다. 예컨대 무효인 공소제기는 실체심판을 받을 효력은 없지만 공소시효 정지효력(제253조)은 인정된다. 법원은 무효인 공소제기에 대해서도 공소기각판결을 해야 한다(제327조 2호).

4   **(2) 무효의 종류**   소송행위의 무효에는 무효선언을 하지 않아도 되는 당연무효1)와 법원의 공권적 무효선언이 필요한 경우가 있다. 그 밖에 당사자의 신청이 있을 때 비로소 무효가 되는 경우도 있다.2)

2. 무효의 원인

5   **(1) 소송행위적격의 부존재**   소송행위주체가 소송행위능력·행위적격·대리권 등을 구비하지 않고 행한 소송행위는 무효가 된다. 무효가 되는 범위에 대해서는 견해가 갈린다. 1) 실체형성행위·절차형성행위를 구별하지 않고 무효가 된다는 견해가 있다.3) 2) 절차형성행위는 무효이지만 실체형성행위4)는 무효가 아니라고 보는 견해도 있다.5)

6   **(2) 의사표시의 하자**   소송행위에 착오·사기·강박 등과 같은 의사표시의 하자가 있을 때, 실체형성행위의 경우는 무효원인이 인정되지 않는다. 실체형성행위에 중요한 것은 의사의 합치가 아니라 실체에 대한 합치이기 때문이다. 그러나 절차형성행위의 경우에 대해서는 다음과 같은 견해대립이 있다.

7   **㈎ 효력긍정설**   절차형성행위에 대해서도 의사표시의 하자는 무효원인이

---

1) 예컨대 기재사항을 전혀 기재하지 않은 검사의 공소제기, 상소취하 후에 행한 법원의 상소심 판결.
2) 예컨대 판결.
3) 강구진 52; 백형구 216; 신동운 707.
4) 예컨대 피고인의 진술, 증인선서무능력자의 증언.
5) 김기두 93; 이은모/김정환 136; 이재상/조균석/이창온 33/6; 정영석/이형국 131.

되지 않는다는 견해이다.1) 소송절차의 형식적 확실성을 위하여 외부에 표시된
것에 따라서 판단해야 하기 때문이라고 한다.

　　(나) **효력부정설**　　피고인의 이익·정의가 소송행위의 형식적 확실성으로　8
인해 희생될 수는 없으므로 원칙적으로 무효가 된다는 견해이다. 다만 착오가
책임있는 사유로 인한 것일 때는 무효로 인정할 수 없다고 한다.2)

　　(다) **적정절차설**　　소송행위에는 형식적 확실성이 요구된다는 점에서 사법　9
상 의사표시의 하자에 관한 규정이 그대로 소송행위에 적용될 수는 없고, 따라
서 원칙적으로 무효원인이 되지 않는다는 견해이다. 그러나 소송행위가 적정절
차원칙에 위반하여 이루어진 경우에는3) 무효원인이 될 수 있다고 한다.4)

　　(라) **결　론**　　적정절차설이 타당하다. 다만 사기·강박의 경우뿐만 아니라　10
신뢰배반의 경우에도 무효원인을 인정하는 것이 타당하다. 판례는 다음과 같은
경우는 착오로 인한 소송행위의 무효를 인정한다(92모1; 95모49). 즉 1) 통상인의
판단을 기준으로 행위자에게 착오가 없었다면, 그러한 소송행위를 하지 않았으
리라고 인정되는 경우, 2) 착오가 행위자나 대리인이 책임질 수 없는 사유로 인
해 발생한 경우, 3) 그 행위를 유효로 하는 것이 현저히 정의에 반하는 것으로
인정될 경우 등이 여기에 속한다.

[92모1] 착오로 인한 소송행위의 효력

[1] 절차형성적 소송행위가 착오로 인하여 행하여진 경우, 절차의 형식적 확실성를
강조하면서도 피고인의 이익과 정의의 희생이 커서는 안 된다는 측면에서 그 소송
행위의 효력을 고려할 필요가 있으므로 착오에 의한 소송행위가 무효로 되기 위하
여서는 첫째 통상인의 판단을 기준으로 하여 만일 착오가 없었다면 그러한 소송행
위를 하지 않았으리라고 인정되는 중요한 점(동기를 포함)에 관하여 착오가 있고, 둘
째 착오가 행위자 또는 대리인이 책임질 수 없는 사유로 인하여 발생하였으며, 셋
째 그 행위를 유효로 하는 것이 현저히 정의에 반한다고 인정될 것 등 세 가지 요
건을 필요로 한다.
[2] 보호감호를 선고받은 피고인이 보호감호가 선고된 것으로 알고 일단 상고를 제
기하였다가 보호감호청구가 기각되었다는 취지의 교도관의 말과 공판출정 교도관이

---

1) 정영석/이형국 131.
2) 강구진 52; 김기두 93.
3) 예컨대 사기·강박이 법원이나 검사에 의한 경우.
4) 신동운 708; 이은모/김정환 137; 이재상/조균석/이창온 33/7; 이창현 185.

작성한 판결선고결과보고서의 기재를 믿은 나머지 착오에 빠져 판결등본송달을 기다리지 않고 상고취하를 함으로써 위 보호감호처분이 확정된 경우 위 상고취하에 피고인의 과실이 없었다고 단정할 수 없어 이를 무효로 볼 수 없다는 이유로 피고인의 상소절차속행신청을 기각한 사례.

(3) 소송행위 자체에 관한 무효원인

11   **(가) 내용상의 무효원인**   소송행위의 내용이 법률상·사실상 불능인 경우[1]에 소송행위는 무효가 된다. 그 밖에 이익이 없는 소송행위[2] 또는 소송행위의 내용이 불분명한 경우에도 무효가 된다.

12   **(나) 방식상의 무효원인**   법률이 소송행위에 일정한 방식을 요구하고 있고, 그 요구의 목적과 필요성에 비추어 그 법률규정이 효력규정으로 판단되는 경우에는, 그러한 방식위반의 소송행위는 위법을 이유로 무효가 된다.

3. 무효의 치유

13   **(1) 무효의 치유의 의의**   소송행위의 유·무효판단은 소송행위시를 기준으로 한다. 무효의 치유란 소송행위가 행위시에는 무효였지만, 소송행위 이후의 사정변경으로 인하여 유효로 되는 것을 말한다. 무효의 치유는 1) 소송행위가 추완追完된 경우와 2) 소송절차에 비추어 소급하여 무효로 하는 것이 소송경제에 심각하게 반하는 경우로 나뉜다. 먼저 후자를 설명한 후, 소송행위의 추완에 대해서 따로 상세히 서술한다.

14   **(2) 절차유지의 원칙**   무효원인이 있는 소송행위가 있은 후 절차가 상당히 진행되고 나면 그 하자의 중대성과 소송경제이념에 비추어 그 소송행위의 무효원인을 더 이상 문제삼지 않게 되는 경우가 있다. 예를 들어 1) 판결이 확정되면 심판절차에 하자가 있어도 재심이나 비상상고 등 비상구제절차에 의하지 않고서는 그 판결은 다툴 수 없다. 2) 또한 피고사건에 대한 진술 후에는 토지관할에 대한 관할위반신청이 허용되지 않는다(제320조 ②항). 3) 당사자가 상당한 시기 안에 이의를 제기하지 않으면, 공소장부본송달의 하자(91도3272; 2013도9498), 공판기일지정의 하자(66도1751), 증인신문절차의 하자(80도306)[3]는 치유된다.

---

1) 예컨대 법정형을 넘는 형을 선고한 유죄판결, 허무인에 대한 공소제기, 존재하지 않는 재판에 대한 상소 등.

2) 예컨대 이중기소.

3) 4294형상127: "당사자에게 통지하지 않고 증인신문을 시행하였음은 위법이나, 피고인 등은

4. 소송행위의 추완

(1) 의 의　　소송행위의 추완이란 법정기간이 경과한 후에 이루어져 무효인　15
소송행위에 대해 그 법정기간 안에 행해진 소송행위와 같이 효력을 인정하는
제도를 말한다. 이러한 소송행위의 추완이 인정되는지가 문제되는데, 이는 단순
추완과 보정적 추완을 구별하여 논의된다.

(2) 단순추완

(개) **명문규정이 있는 경우**　　단순추완은 추완행위에 의해 하자 있는 소송　16
행위 자체가 유효하게 되는 경우를 말한다. 예컨대 상소기간만료 후의 상소권회
복청구(제345조)와 약식명령에 대한 정식재판청구권회복청구(제458조)에 의해 각
각 다시 상소를 제기하거나 정식재판을 청구하는 경우를 들 수 있다. 이처럼 형
사소송법이 명문으로 허용하는 경우에는 단순추완이 인정된다.

[2003모451] 상소권회복청구

상소권회복은 자기 또는 대리인이 책임질 수 없는 사유로 인하여 상소제기기간 내
에 상소를 하지 못한 사람이 이를 청구하는 것이므로, 상소권을 포기한 후 상소제
기기간이 도과하기 전에 상소포기의 효력을 다투면서 상소를 제기한 자는 원심 또
는 상소심에서 그 상소의 적법 여부에 대한 판단을 받으면 되고, 별도로 상소권회
복청구를 할 여지는 없다고 할 것이나, 상소권을 포기한 후 상소제기기간이 도과한
다음에 상소포기의 효력을 다투는 한편, 자기 또는 대리인이 책임질 수 없는 사유
로 인하여 상소제기기간 내에 상소를 하지 못하였다고 주장하는 사람은 상소를 제
기함과 동시에 상소권회복청구를 할 수 있고, 그 경우 상소포기가 부존재 또는 무
효라고 인정되지 아니하거나 자기 또는 대리인이 책임질 수 없는 사유로 인하여 상
소제기기간을 준수하지 못하였다고 인정되지 아니한다면 상소권회복청구를 받은 원
심으로서는 상소권회복청구를 기각함과 동시에 상소기각결정을 하여야 한다.

(내) **명문규정이 없는 경우**　　반면 명문규정이 없는 경우에 단순추완을 인　17
정할 수 있는가에 대해서는 견해의 대립이 있다. 긍정설은 소송절차의 형식적
확실성과 법적 안정성을 침해하지 않는 한 명문규정이 없더라도 단순추완을 인
정해야 한다는 견해이다.[1] 부정설은 원칙적으로 소송행위가 법정기간을 경과하

위의 증인신문조서의 증거조사에 대해 아무런 이의가 없다고 진술하고 있음이 명백하므로 위
　의 하자는 책문권의 포기로 치유되었다고 할 것이다."
1) 강구진 53; 김기두 91; 이은모/김정환 138; 이재상/조균석/이창온 33/11; 이창현 186. 예를

면 무효이므로 형사절차의 동적·발전적 성격과 다른 소송관계인의 이익보호라는 점을 고려하여 명문규정이 없는 한 단순추완은 허용되지 않는다는 견해이다.[1]

18 이 문제는 법정기간을 인정함으로써 기대되는 법적 안정성을 개별사건의 구체적 타당성의 관점에서 어느 정도 완화시킬 수 있는가 하는 점과 관련을 맺는다. 소송법이 단순추완이 가능한 경우를 명문으로 규정한 것은 그밖의 경우에는 추완을 인정하지 않겠다는 것으로 이해되어야 한다는 점, 그리고 법정기간의 성격을 고려하면 부정설이 타당하다.

19 **(3) 보정적 추완** 보정적 추완은 추완행위에 의해 다른 소송행위의 하자를 보정하는 것을 말한다. 보정적 추완을 구체적으로 어느 범위까지 인정할 것인가에 대해서는 논란이 있다. 문제가 되는 것은 특히 다음 세 가지 경우이다.

20 **(가) 변호인선임의 추완** 변호인선임 이전에 변호인으로서 한 소송행위가 변호인 선임신고에 의해 유효하게 될 수 있는가 하는 문제이다. 1) 부정설은 변호인 선임신고의 소송법적 중요성을 고려할 때 변호인 선임신고의 추완에 의해서는 선임신고 전의 변호인 소송행위의 효력은 보정되지 않는다고 한다.[2] 판례도 부정설의 입장이다(2003모429; 2017모1377). 2) 긍정설은 피고인의 이익을 보호하기 위하여 선임신고에 의한 보정적 추완을 인정하자는 입장인데,[3] 절차의 반복을 회피하는 등 소송경제의 관점에서도 긍정설이 타당하다.

21 **(나) 공소장의 추완** 공소장의 기재는 법원의 심판범위와 피고인의 방어대상 등을 결정하므로 엄격한 형식성을 요구한다(제254조). 이에 위반한 공소제기에 대하여는 공소기각판결을 내려야 한다(제327조 2호). 그러므로 재기소절차를 방지하여 소송경제를 도모해야 할 필요가 있는 경우[4]를 제외하고는 공소장의 보정에 의한 공소제기의 하자치유는 인정될 수 없다.[5] 공소사실이 특정되지 않은 경우에 대해서는 공소장변경에 의해 보정적 추완이 될 수 있다고 보는 견해

들어 상소권회복청구에 관한 규정이 소송비용집행면제의 신청(제487조)에 대해서도 준용된다고 한다.

1) 신동운 709.
2) 신동운 709.
3) 이은모/김정환 139; 이재상/조균석/이창온 33/13; 이창현 187; 정영석/이형국 134.
4) 예컨대 성명모용이나 범행의 일시·장소 등에 사소한 오기가 있는 경우.
5) 2021도13108: "공소장의 기재가 불분명한 경우에는 법원은 형사소송규칙 제141조에 따라 검사에게 석명을 한 다음, 그래도 검사가 이를 명확하게 하지 않은 때에야 공소사실의 불특정을 이유로 공소를 기각해야 한다."

도 있지만, 공소제기시에 이미 어느 정도 공소사실이 특정되고, 피고인의 방어
권보장에 특별한 영향이 없는 경우에만 공소장변경에 의한 공소사실의 추완을
인정하자는 입장이다.[1] 공소제기시에 공소사실이 특정되지 않은 경우에도 공소
장변경절차로 보정하면 공소제기에 요구되는 형식성이 사실상 무시될 위험성이
있다. 따라서 공소사실의 불특정은 공소장변경절차에 의해 그 하자가 치유될 수
없는 것으로 보아야 하고, 공소기각판결의 사유가 된다.

　　(다) **고소의 추완**　　친고죄에서 고소는 소송조건이다. 이러한 친고죄에 대 **22**
해 고소 없이 공소를 제기하면 그 공소제기는 무효이지만 공소제기 후 고소하
여 무효인 공소제기를 치유할 수 있는가 하는 문제를 고소의 추완이라고 한다.
이에 대해서는 견해의 대립이 있다. 1) **긍정설**은 다음과 같은 논거를 제시한
다.[2] i) 피고사건의 친고죄 여부는 공소를 제기할 때 판명되기보다는 공판절차
의 진행과정에서 비로소 판명되는 경우가 적지 않기 때문에 공소를 제기할 때
고소의 존재를 절대적으로 필요로 하는 것은 적합하지 않다. ii) 고소가 없는 공
소제기에 대해 일단 고소 없음을 이유로 공소기각판결을 하고, 고소와 함께 친
고죄의 공소제기를 기다려 다시 공판절차를 진행하는 것은 소송경제와 절차유
지원칙에 반한다. 이에 대해 2) **부정설**의 논거는 다음과 같다. i) 친고죄에서 공
소제기는 고소가 있어야만 적법·유효하게 되므로 고소가 없는 공소제기는 무효
가 되어야 한다. ii) 공소제기는 절차의 형식적 확실성이 중요한 소송행위이므로
무효의 치유를 인정해서는 안 된다. iii) 검사의 공소를 규제하고, 피고인을 당해
절차로부터 해방시키는 기능을 다하기 위해서도 고소의 추완을 인정할 수 없
다.[3] 한편 3) **제한적 긍정설**은 공소제기의 시점을 기준으로 공소사실이 친고죄
임을 알면서도 고소 없이 공소를 제기한 경우에는 고소의 추완을 인정하지 않
는다. 그러나 공소를 제기할 때는 비친고죄로 알고 공소를 제기하였으나 사건의
심리결과 친고죄로 판명된 경우 또는 공소제기 후 친고죄가 추가된 경우에는
고소의 추완을 인정해야 한다고 한다.[4]

　　친고죄에서 고소의 추완을 인정하면 수사기관이 피해자의 의사와 상관없이 **23**
수사 및 공소제기를 한 후 피해자의 고소를 종용할 우려가 있다. 법률이 친고죄
를 인정한 것은 범죄의 처벌 못지않게 피해자의 의사를 존중하겠다는 취지이므

---

1) 신동운 710; 이재상/조균석/이창온 33/14; 이창현 189.
2) 백형구 218.
3) 강구진 55; 신동운 711; 이재상/조균석/이창온 33/19; 이창현 190.
4) 김기두 203.

로 이러한 취지를 훼손할 수 있는 고소의 추완은 인정하지 않는 것이 타당하다. 판례도 부정설을 취하여 i) 세무공무원의 고발 없이 조세범칙사건의 공소가 제기된 후에 세무공무원이 고발한 경우는 추완이 인정될 수 없다고 하며(70도942), ii) 비친고죄로 공소가 제기되었다가 친고죄로 공소장이 변경된 때에도 고소의 추완은 인정될 수 없다고 한다.1)

5. 소송행위의 취소와 철회

24   **(1) 취소와 철회의 의의**   소송행위의 취소는 소송행위의 효력을 소급하여 소멸시키는 것을 말한다. 이에 반해 소송행위의 철회는 소송행위의 효력을 장래에 향하여 상실시키는 것을 말한다. 한편 실정법상 취소 또는 취하라는 용어를 쓰는 경우가 있는데 공소취소(제255조), 고소취소(제232조), 재정신청의 취소(제264조), 상소취하(제349조), 재심청구의 취하(제429조), 정식재판청구의 취하(제454조) 등이 그 예이다. 이러한 취소 또는 취하는 엄격하게 말하면 철회에 해당한다.

(2) 취소와 철회의 허용 여부 및 범위

25   **(가) 취소금지설**   소송행위의 취소는 절차유지를 위하여 원칙적으로 허용되지 않는다는 견해이다. 이 견해에 의하면 철회의 경우 절차형성행위에 대해서는 명문규정이 없더라도 절차안정을 해하지 않는 한 널리 인정할 수 있지만,2) 실체형성행위에 대해서는 허용되지 않는다고 한다.3)

26   **(나) 취소허용설**   형사절차의 실체면은 부동적으로 변화·발전하는 성질을 가지므로 실체형성행위는 사정변경에 유연하게 대처할 수 있어야 하고, 또한 실체적 진실발견을 위해서도 실체형성행위에 대해서는 취소를 인정하여야 한다는 견해이다. 그러나 절차형성행위에 대한 취소는 절차유지원칙을 엄격히 준수하기 위하여 허용하지 않아야 한다고 하며, 소송행위의 철회는 장래에 대하여 소송행위의 효력을 상실케 하는 것이므로 명문규정이 없더라도 절차의 안정을 해하지 않는 범위 안에서 허용된다고 한다.4)

27   **(다) 결 론**   실체형성에 기여하거나 절차형성과 실체형성 두 측면 모두에 기여하는 소송행위5)는 취소를 허용해야 한다.6) 진실발견이나 적법절차의 이념

---

1) 강간치사죄로 기소되었으나 강간죄로 변경된 사건(82도1504). 현재 강간죄는 친고죄가 아니다.
2) 예컨대 증거조사신청(제294조)이나 증거동의(제318조)의 철회.
3) 이은모/김정환 141; 이재상/조균석/이창온 33/21; 이창현 192; 정영석/이형국 134.
4) 예컨대 구속적부심사신청(제214조의2), 증거보전신청(제184조), 기피신청(제18조), 보석청구(제94조), 병합심리청구(제300조), 변론재개신청(제305조) 등의 철회. 신동운 699.

이 절차유지원칙보다 더욱 중요하기 때문이다. 이에 반해 순수한 절차형성행위의 취소는 소송의 동적·발전적 성격에 정면으로 반하므로 허용되지 않는다. 또한 소송의 동적·발전적 성격에 모순되지 않는 철회는 명문규정이 없더라도 절차안정을 해하지 않는 범위에서 허용하는 것이 타당하다.

Ⅲ. 소송행위의 적법·부적법

1. 적법·부적법의 의의

　소송행위의 적법·부적법은 소송행위가 법률에서 형식적·객관적으로 규정 **28** 된 요건을 갖추었는가에 대한 판단이다. 즉 소송행위가 법률요건을 갖추었으면 적법이고, 그렇지 않은 경우에는 부적법한 것이 된다. 소송행위의 적법·부적법에 대한 판단도 일단 소송행위가 성립한 후의 판단이라는 점에서는 유효·무효와 동일하다. 그러나 소송행위의 적법·부적법판단은 소송행위의 형식적·객관적 요건과 방식에 관한 판단이지만, 유효·무효는 소송행위가 추구하는 본래적 효과를 인정할 것인가에 대한 판단이다. 소송이유의 유무판단에서 소송행위의 적법·부적법판단은 그 전제가 된다.

2. 효력규정과 훈시규정

　소송행위의 요건과 방식을 규율하는 법률은 크게 효력규정과 훈시규정으로 **29** 구분된다. 소송행위는 효력규정에 위반한 경우뿐만 아니라 훈시규정에 위반한 경우에도 부적법한 것이 된다. 효력규정에 위반한 소송행위는 부적법할 뿐만 아니라 무효인 반면, 훈시규정에 위반한 소송행위는 비록 부적법하긴 하지만 유효할 수가 있다. 법률은 부적법하지만 유효한 경우를 명시하기도 한다.[1] 법률이 명시하지 않은 경우에도 부적법하지만 유효한 소송행위를 인정할 수 있다.

---

5) 예컨대 증거조사신청(제294조), 증거동의(제318조).
6) 철회금지설은 증거조사신청이나 증거동의를 단순히 절차형성행위로만 보고 있으나 이는 잘못된 생각이다. 두 소송행위는 법관의 심증형성에 직접 영향을 미치는 소송행위라는 점에서 실체형성에 기여하기 때문이다.
1) 예컨대 관할권 없는 법원이 행한 소송행위(제2조) 및 재판권 없는 법원의 소송행위(제16조의2).

Ⅳ. 소송행위의 이유의 유무

1. 이유유무의 의의

30　　소송행위의 이유의 유무는 법률행위적 소송행위에 관하여 적법성이 인정되는 것을 전제로 의사표시내용이 사실적·법률적·논리적 관점에서 정당한가에 대한 판단을 말한다.

2. 이유유무판단의 적용범위

31　　이러한 이유유무에 대한 판단은 법률행위적 소송행위 가운데서 법원의 재판을 구하는 효과요구 소송행위에 대하여 행해진다.[1] 이유유무의 판단은 특히 당사자가 하는 신청과 청구에 대해 이루어진다. 이유유무는 소송행위의 적법성이 전제되어야 한다. 재판도 이유유무의 판단대상이 될 수 있는가 하는 점이 논란이 된다. 긍정하는 견해도 있지만,[2] 상소에 대한 이유유무의 판단은 상소라는 효과요구 소송행위에 대한 것이므로 재판과 같은 효과부여 소송행위에 대하여는 이유유무를 판단할 수 없다고 보는 것이 옳다.[3]

3. 이유유무의 판단형식

32　　소송행위가 실질적 타당성이 없다고 판단되면, 법원은 신청 또는 청구에 대해 "이유 없으므로 기각한다"는 재판을 내린다. 소송행위가 실질적 타당성이 있다고 판단되면, 법원은 '이유 있음'을 인정하여 소송행위주체가 원하는 바대로 소송법적 효과를 발생시키는 재판을 하게 된다.

---

1) 강구진 57; 이재상/조균석/이창온 33/23.
2) 김기두 95.
3) 신동운 714; 이재상/조균석/이창온 33/23; 이창현 193.

제 2 장
공판의 절차

제 1 절 공판의 기초

[34] 제 1 공판절차의 의의와 기본원칙

I. 공판절차의 의의

1. 공판절차의 개념

공판절차란 넓은 의미로는 공소가 제기되어 사건이 법원에 계속(係屬)된 후부 **1** 터 소송절차가 종료할 때까지의 모든 절차를 말한다. 이 가운데 특히 공판기일 의 절차만을 가리켜 좁은 의미의 공판절차라고 한다.

[용어정리] **공판·공판절차·공판정·공판기일** 엄밀히 말해 공판은 법원이 증거조 **2** 사를 통하여 피고사건에 대해 심증을 형성하는 활동을 가리킨다. 그리고 공판'절차' 는 공판이 이루어지는 형사절차의 한 단락을 의미한다. 즉 공판이 이론적 개념이라 면 공판절차는 체계적 개념이다. 공판정은 공판이 공개적으로 이루어지는 법정을 말하며, 공판기일은 공판정에서 공판이 이루어지는 날을 의미한다.

2. 공판중심주의

공소가 제기된 사건에 대한 법원의 심리는 공판절차에서 이루어진다. 특히 **3** 피고사건의 실체에 대한 법관의 심증 형성은 공판기일에 공판정에서 진행되는 심리를 중심으로 이루어져야 한다. 법관이 공판정에서의 심리 이전에 미리 피고 사건에 대한 예단을 가져서는 안 된다는 것이다. 이를 가리켜 공판중심주의라고 한다. 공판중심주의는 공개주의, 구두변론주의, 직접주의, 집중심리주의 등 공판절차의 기본원칙을 바탕으로 한다. 즉, 공판절차의 기본원칙과 공판중심주의는 서로 밀접한 관련이 있다. 사건에 대한 법관의 심증은 공개된 법정에서 구두변론을 통한 당사자의 주장을 직접 심리하고, 공판절차 이전에 공판정 외에서 수집된 증거도 공판정에서 직접 조사하는 과정에서 형성되어야만 사건의 실체적 진실, 즉 절차적 진실에 다가갈 수 있다는 것이다.

4   이러한 공판중심주의는 형사소송의 역사적 과정에서 형성된 원칙이기도 하다. 과거 일제강점기의 형사소송법은 예심제도를 두어 예심판사가 공판기일 전에 비공개로 직권에 의해 피고사건에 관한 실체심리를 행하고, 이를 조서로 기재하여 제출하면 공판법원은 이것을 기초로 재판에 임하였다. 그러므로 공판기일의 심리는 형식적 의미밖에 없었다. 현행법은 제정 때부터 예심제도를 폐지하는1) 동시에 공소장일본주의(규칙 제118조 ②항)를 채택하였다. 이것으로써 법원의 피고사건에 관한 심증형성은 모두 공판절차과정에서 이루어져야 한다는 원칙이 성립하였다.2) 그러나 소송의 현실은 이러한 원칙과 괴리되어 있었다. 과거 예심판사의 역할을 검사가 수행하면서 검사가 수사절차에서 작성한 조서가 법관의 심증형성에 중요한 역할을 하였던 것이다. 이러한 현실은 '조서재판'이라 비판하고, 이를 극복하기 위해 2007년의 개정법률은 공판중심주의를 강화하는 것을 개정의 목표로 설정하였다.3)

Ⅱ. 공판절차의 기본원칙

1. 공개주의

(1) 공개주의의 의의

5   (카) **개 념**   공개주의는 밀행주의4)와 당사자공개주의5)에 대립되는 개념으로서 일반 국민에게 법원의 재판과정에 대한 방청을 허용하는 것을 말한다. 공개주의는 19세기 프랑스혁명 이후 각국 형사절차에서 기본원칙으로 확립되었고, 우리나라에서는 헌법과 법원조직법에 이에 대한 명문규정이 있다. 즉 헌법

---

1) 1948년 군정법령 제176호 '형사소송법의 개정.'
2) 이은모/김정환 443; 이재상/조균석/이창온 35/1; 이창현 627; 정영석/이형국 257.
3) 자세한 것은 앞의 [2] 4 이하 참조.
4) 일체의 방청을 허용하지 않고 비밀리에 재판을 진행하는 것을 의미한다.
5) 재판과 일정한 관계가 있는 사람에게만 방청을 허용하는 것을 의미한다.

제27조 ③항은 공개재판을 받을 권리를, 제109조는 공개재판의 원칙을 각각 선
언하고, 법원조직법 제57조 ①항도 "재판의 심리와 판결은 공개한다"는 규정을
두고 있다.

　(나) **기　능**　법치국가의 기본제도에 속하는 공개주의는 1) 재판의 투명성　**6**
을 보장하는 동시에 미약하고 부분적이나마 재판에 대한 시민의 민주적 참여를
보장함으로써 형사사법의 국민적 신뢰를 확고히 하고, 2) 사법기관의 책임을 강
조하며, 3) 재판에 대한 외부세력이나 외부상황의 영향을 차단하는 기능을 한다.

　(2) **공개주의의 내용**

　(가) **공판일시·장소의 정보화와 출입의 기회보장**　공개주의는 누구나 방　**7**
청인으로서 공판절차에 참여할 수 있다는 것을 의미한다. 이것을 일반공개주의
라고 부르기도 한다. 이러한 공개주의의 실현을 위해서는 누구든지 공판의 일시
·장소를 알 수 있어야 하고, 관심 있는 사람의 공판정출입을 보장해야 한다. 그
러나 이러한 정보화가능성과 출입기회의 보장은 일반적인 가능성의 보장이지
모든 사람에 대한 예외 없는 현실적 보장은 아니다. 즉 법원이 사용가능한 공판
정의 크기에 따라서 방청객수를 제한한다고 해서 공개주의를 위반한 것은 아니
다. 물론 단 한 사람의 방청만이 가능한 크기의 법정을 운영하는 것 또는 특정
한 집단에게만 방청을 허용하는 것은 공개주의에 위반된다.

　(나) **매스컴공개의 배제**　공개주의는 공판정의 공개를 의미할 뿐 TV나 라　**8**
디오 등 매스컴의 중계에 의한 공개를 뜻하는 것은 아니다. 공개주의의 진정한
의미는 재판에 대한 외부의 영향을 배제하는 데 있다. 그러나 매스컴공개를 널
리 허용할 경우 피고인이나 증인의 행동에 예측할 수 없는 영향을 미칠 뿐만 아
니라, 법원도 때로는 왜곡된 여론의 영향을 받지 않을 수 없게 된다. 그리고 무
엇보다도 재판과정의 매스컴공개는 형사절차에서 보호되어야 할 피고인의 인격
권을 중대하게 침해하는 결과를 가져오며 피고인의 사회복귀에도 큰 장애가 된
다는 점에서 허용되어서는 안 된다. 그러나 공익과 관련된 사건으로서 국민의
알 권리가 인정될 경우에 심리와 재판의 결과를 구두 또는 서면으로 다른 사람
에게 전달할 수 있게 하는 것은 공개주의에 위배되지 않는다. 이것을 간접적 공
개라고 한다.[1]

　(3) **특정인에 대한 공개주의의 예외**

　(가) **방청인의 제한**　재판장은 법정질서를 유지하기 위하여 필요하다고 인　**9**

---

1) 신동운 822.

정되면 방청석만큼 방청권을 발행하여 그 소지자에 한해 방청을 허용할 수 있다. 그리고 법정경위에게 방청인의 의복 또는 소지품을 검사하게 하고 위험물 기타 법정에서 소지할 수 없다고 인정되는 물품 소지인의 입정을 금지시킬 수 있다(법정 방청 및 촬영 등에 관한 규칙 제2조). 이것은 법정경찰권의 행사에 불가피하게 수반되는 공개주의의 제한이다.

10   (나) **퇴정명령**   재판장은 법정의 존엄과 질서를 해할 우려가 있는 자의 입정금지 또는 퇴정을 명할 수 있다(법조법 제58조 ②항, 법정 방청 및 촬영 등에 관한 규칙 제3조).[1] 정당한 퇴정명령에 의하여 특정인에 대한 공개주의의 배제가 허용되는 것이다.

11   (다) **피해자진술시의 피고인퇴정**   재판장은 증인 또는 감정인이 피고인 또는 어떤 재정인의 면전에서 충분한 진술을 할 수 없다고 인정한 때에는 그를 퇴정하게 하고 진술하게 할 수 있다. 피고인이 다른 피고인의 면전에서 충분한 진술을 할 수 없다고 인정한 때에도 같다(제297조).

12   **(4) 특정사건에 대한 공개주의의 예외**   재판의 심리가 국가의 안전보장 또는 안녕질서를 방해하거나 선량한 풍속을 해칠 우려가 있는 경우에는, 법원은 결정으로 재판을 공개하지 않을 수 있다(헌법 제109조 단서, 법조법 제57조 ①항 단서). 이 경우에도 재판장은 적당하다고 인정되는 사람에 대해서는 법정 안에 있는 것을 허가할 수 있다(법조법 제57조 ③항). 그러나 판결선고의 비공개는 어떤 경우에도 허용되지 않는다.[2]

13   (가) **증인보호와 공개주의의 배제**   비공개의 기준이 되는 안녕질서의 개념에 대해서는 해석상 논란의 여지가 많다. 독일연방법원은 피고인이나 증인이 진실한 진술을 하면 자신이나 그와 가까운 친지의 생명·신체에 위험을 초래하는 경우 등이 여기에 해당한다고 한다.[3] 한국의 실무에서도 강력사건의 증인을 보호하기 위해 증인신문을 비공개로 하는 경우가 흔히 있다.[4]

14   (나) **비공개의 이유설시**   법원이 특정사건에 관해 비공개를 결정하는 경우에는 그 이유를 밝혀 선고하여야 한다(법조법 제57조 ②항). 국가안전보장, 안녕질

---

1) 재판장은 모자·외투를 착용한 자, 음식 또는 흡연을 하는 자, 단정한 자세로 정숙하지 아니하고 소란을 피우거나 함부로 이석을 하는 자 등에 대하여 퇴정을 명할 수 있다.

2) 강구진 326; 배종대/홍영기 [34] 3; 이은모/김정환 445; 이재상/조균석/이창온 35/7; 이창현 629.

3) BGHSt 3, 344; 9, 284.

4) 그리고 증인의 출석을 유도하기 위해 증인에 대한 소환장에 '비공개로 증인신문할 예정입니다'는 내용을 부기하거나, 재판장 명의의 '비공개 증인신문에 대한 안내서'를 첨부하기도 한다.

서 또는 선량한 풍속을 해칠 우려가 있는 경우의 세 가지 공개배제사유(같은 조 ①항) 가운데 어느 사유를 특정하는 것만으로 충분하고, 그런 사유를 인정하게 된 구체적인 사실이나 사정에 관해서는 설명하지 않아도 된다. 그렇지 않으면 공개되지 않아야 될 사항이 공개되는 위험이 발생하기 때문이다.

(다) **특정사건의 매스컴공개**　　법원조직법 제59조는 "누구든지 법정 인에서　15 는 재판장의 허가 없이 녹화·촬영·중계방송 등의 행위를 하지 못한다"고 규정 하고 있다. 그리고 「법정 방청 및 촬영 등에 관한 규칙」 제4조는 "법원조직법 제59조의 규정에 의한 허가를 받고자 하는 자는 녹화 등 행위의 목적·종류·대 상·시간 및 소속기관명 또는 성명을 명시한 신청서를 재판기일 전날까지 제출 하여야 한다. 재판장은 피고인의 동의가 있는 때에 한하여 신청에 대한 허가를 할 수 있다. 다만 피고인의 동의 여부에 불구하고 촬영 등 행위를 허가함이 공 공의 이익을 위하여 상당하다고 인정되는 경우에는 그러하지 아니하다"고 규정 한다. 즉 피고인의 동의와 재판장의 허가 또는 공공의 이익과 재판장의 허가라 는 요건을 충족할 경우에는 매스컴공개가 예외적으로 허용되는 것이다.

(5) **공개주의위반**의 효과　　공개주의에 위반한 공판절차는 절대적 항소이유　16 (제361조의5 9호)이자 상고이유(제383조 1호)가 된다. 다만 제361조의5 9호의 발생 사적 맥락인 밀실재판을 배제하려는 취지를 고려할 때, 부당한 매스컴공개에 의 한 공개주의위반은 이에 해당하지 않고 상대적 항소이유(제361조의5 1호)가 된다. 따라서 판결이 매스컴공개에 의해 영향을 받은 경우에만 항소이유가 인정된다. 또한 법원의 비공개결정에 그 이유를 설시하지 않은 경우도 제361조의5 1호가 적용되지 않고 9호가 적용된다.

2. 구두변론주의

구두변론주의는 판결은 법률에 다른 규정이 없으면 구두변론에 의거하여야　17 하며(제37조 ①항), 공판정에서의 변론은 구두로 하여야 한다(제275조의3)는 원칙 을 말한다. 다시 말해 법원은 공판정에서 당사자가 구두로 펼치는 변론을 근거 로 심리·재판해야 한다. 구두변론주의는 보통 구두주의와 변론주의 양자로 나 누어 볼 수 있다.[1)]

[1) 강구진 324; 김기두 248; 신동운 831; 이재상/조균석/이창온 35/10; 이창현 630; 정영석/이형 국 258.]

(1) 구두주의

18   (개) **의 의**   구두주의 또는 구술주의는 구술에 의해 제공된 소송자료를 근거로 재판해야 한다는 원칙을 말한다. 구두주의는 규문절차의 극단적 서면심리주의의 위험을 극복하기 위한 원칙으로 공개주의의 기초가 된다. 또한 구두주의는 피고인신문이나 각종 증거조사에서 관련당사자들의 살아있는 반응을 통하여 증거의 증명력 판단에 필요한 증거를 획득할 수 있게 한다.

19   (내) **서면주의에 의한 보충**   구두주의는 서면에 의한 진실왜곡의 위험성을 극복하고 실체형성에 도움을 주는 장점이 있는 반면, 시간경과에 따라 기억이 흐려지고 변론내용을 증명하기 곤란하다는 단점도 있다.[1] 따라서 현행법은 엄격한 기재의 정확성을 요건으로 하는 공판조서의 작성(제51조)을 통해 이러한 결점을 보충하고 있다. 다시 말해 구두주의는 공판심리의 실체형성행위에 관한 원칙이므로 절차형성행위에 관해서는 절차의 정확성을 담보하기 위한 서면주의를 보충원칙으로 하더라도 구두주의와 모순되는 것은 아니다.[2]

20   서면주의가 허용되는 경우로는 1) 각종 신청이 해당한다. 즉 관할이전의 신청(제15조), 기피신청(제18조), 증거조사의 신청(제294조), 변론의 분리·병합의 신청(제300조), 관할위반의 신청(제320조) 등은 서면에 의한다. 다음으로 2) 상소심의 심리 중 항소심에서는 예외적으로(제364조 ⑤항), 상고심에서는 원칙적으로 (제390조) 서면심리에 의한 판결이 허용된다. 또한 3) 약식절차는 공판심리절차가 아니므로 서면심리주의가 지배한다.[3]

(2) 변론주의

21   (개) **의 의**   구두변론주의에서 말하는 변론주의는 당사자의 변론에 의해 재판하는 원칙을 말한다. 즉 당사자 상호간의 공격·방어인 주장과 입증에 의해 형사절차를 진행하는 것을 의미한다.

22   (내) **변론주의의 발현형태**   형사소송법상 변론주의를 실현하는 규정으로는 검사·피고인의 출석(제275조 ③항, 276조), 국선변호제도(제33조)와 필요적 변호(제282조), 검사의 모두진술(제285조), 피고인의 이익사실진술(제286조), 검사·피고인의 증거신청(제294조),[4] 증거조사에 대한 이의신청(제296조), 증인에 대한 상호신문제도(제161조의2 ①항), 공소장변경제도(제298조), 검사의 논고(제302조), 피고인

---

1) 신동운 700; 이은모/김정환 446; 이재상/조균석/이창온 35/12; 이창현 630; 정영석/이형국 258.
2) 신동운 700; 이창현 630; 정영석/이형국 258.
3) 이창현 631.
4) 법원은 검사·피고인의 증거신청에 대해 반드시 결정을 해야 한다(제295조).

및 변호인의 최후진술(제303조), 피고인의 심신상실 또는 질병으로 인한 피고인
에 대한 공판절차의 정지(제306) 등을 들 수 있다.

　(다) **변론주의의 재해석**　　이러한 의미의 변론주의는 민사소송의 기본원칙인　**23**
변론주의와 다른 의미를 가지고 있다. 민사소송의 변론주의는 소송자료의 제출책
임을 당사자에게 맡겨 당사자가 수집·제출한 소송자료만을 재판의 기초로 삼는다
는 원칙을 말한다. 이에 반해 형사소송에서는 법원이 진실을 발견하기 위하여 직
권으로 사실과 증거를 수집할 의무를 지니고 있다. 이를 직권탐지주의라고 한다.[1]

　제37조 ①항에서 말하는 구두변론에 의거하여야 한다는 것은 법원이 당사　**24**
자의 주장이나 또는 그가 수집하여 제출한 증거를 소송자료로 삼아 진실을 발
견하여야 한다는 것을 뜻한다. 제3자인 법원보다 사건의 당사자인 피고인측과
수사를 담당했던 검사측에 의한 소송자료의 수집이 효과적일 수밖에 없다. 따라
서 법원이 이들의 변론활동을 마다하고 독자적으로 소송자료를 수집하여 재판
하는 것은 불가능할 뿐만 아니라 비경제적이기도 하다. 따라서 제37조 ①항에서
말하는 변론주의는 직권탐지주의가 독점탐지주의로 변질되지 않도록 당사자들
의 심리참여를 활성화한다는 요청을 담고 있다.

3. 직접주의

　(1) **직접주의의 의의**　　직접주의 또는 직접심리주의는 법원이 공판기일에　**25**
공판정에서 직접 조사한 증거만을 재판의 기초로 삼는다는 원칙을 말한다. 직접
주의와 관련된 규정으로는, 공판개정 후 판사경질이 있을 때의 공판절차의 갱신
(제301조), 공판정 내 피고인·증인에 대한 직접신문(제296조의2, 161조의2), 전문증
거의 증거능력의 원칙적 배제(제310조의2), 수사서류의 증거능력제한(제312, 313조)
등을 들 수 있다.[2]

　(2) **직접주의의 기능**　　직접주의는 법원이 공판기일에 공판정에서 직접 증　**26**
인을 신문하고 증거를 조사함으로써 피고사건에 관한 심증을 형성하도록 한다.
이로써 피고인에게는 직접적인 의견진술의 기회를 비롯한 기타 참여권이 보장
된다. 그리고 일반인은 공판을 감시할 수 있고 또한 법원의 심증형성도 합리성
을 가질 수 있게 된다. 즉 직접주의는 심증형성의 합리성 또는 진실발견이념에

---

　1) 이와 같은 법원의 책무는 피고인자백에 대한 보강증거의 요구(헌법 제12조 ⑦항, 법 제310
　　조), 증거동의의 제한(제318조 ①항), 법원의 직권에 의한 증거조사(제295조), 법관의 증인신문
　　(제161조의2), 법원의 공소장변경요구권(제298조 ②항) 등으로부터 도출할 수 있다.
　2) 신동운 834 이하; 이재상/조균석/이창온 35/15; 이창현 632 등.

봉사하고, 피고인의 방어권을 충실히 보장하며1) 공개주의를 실현하는 바탕이
된다.

(3) 직접주의의 종류와 예외

27   (가) **형식적 직접주의**   형식적 직접주의는 피고사건에 관한 심증형성의 주
체, 시간, 장소가 각각 법원, 공판기일, 공판정이어야 한다는 요청을 말한다. 따
라서 수소법원이 아닌 수명법관이나 수탁판사에 의한 증거조사(제167조), 공판정
밖에서 행하는 법원의 증거조사(제165조), 공판기일 전에 행하는 법원의 증거조
사(제273조) 등은 형식적 직접주의의 예외가 된다.

28   (나) **실질적 직접주의**   실질적 직접주의는 법원이 공판기일에 공판정에서
조사하는 증거는 증명대상이 되는 사실과 가장 근접한 원본증거를 재판의 기초
로 삼아야 한다는 것을 말한다.2) 따라서 타인의 진술을 내용으로 하는 서류나
진술의 증거능력을 배제하는 전문법칙은 실질적 직접주의의 한 내용이 된다. 따
라서 전문법칙을 규정한 제310조의2는 실질적 직접주의를 실현하는 규정이다.3)
실질적 직접주의에 대한 예외로서 제311조 내지 제316조가 있다. 또한 당사자
의 증거동의(제318조)가 있는 서류나 물건도 직접주의에 대한 예외로서 증거능력
이 인정된다. 간이공판절차에는 직접주의가 적용되지 않는다(제318조의3).

[2008도7917] 직접심리주의

[1] 우리 형사소송법은 형사사건의 실체에 대한 유죄·무죄의 심증 형성은 법정에서
의 심리에 의하여야 한다는 공판중심주의의 한 요소로서, 법관의 면전에서 직접 조
사한 증거만을 재판의 기초로 삼을 수 있고 증명 대상이 되는 사실과 가장 가까운
원본 증거를 재판의 기초로 삼아야 하며, 원본 증거의 대체물 사용은 원칙적으로
허용되어서는 안 된다는 실질적 직접심리주의를 채택하고 있는바, 이는 법관이 법
정에서 직접 원본 증거를 조사하는 방법을 통하여 사건에 대한 신선하고 정확한 심
증을 형성할 수 있고 피고인에게 원본 증거에 관한 직접적인 의견진술의 기회를 부
여함으로써 실체적 진실을 발견하고 공정한 재판을 실현할 수 있기 때문이다. 형사
소송절차를 주재하는 법원으로서는 형사소송절차의 진행과 심리 과정에서 법정을
중심으로 특히, 당사자의 주장과 증거조사가 이루어지는 원칙적인 절차인 제1심의

---

1) 신동운 833 이하; 이은모/김정환 447; 이재상/조균석/이창온 35/15; 이창현 632; 정영석/이형
　국 259.
2) 신동운 834 이하; 이은모/김정환 448; 이재상/조균석/이창온 35/15; 이창현 632.
3) 신동운 834.

법정에서 위와 같은 실질적 직접심리주의의 정신이 충분하고도 완벽하게 구현될 수 있도록 하여야 한다.

[2] 원래 제1심이 증인신문 절차를 진행한 뒤 그 진술의 신빙성 유무를 판단함에 있어서는, 진술 내용 자체의 합리성·논리성·모순 또는 경험칙 부합 여부나 물증 또는 제3자의 진술과의 부합 여부 등은 물론, 법관의 면전에서 선서한 후 공개된 법정에서 진술에 임하고 있는 증인의 모습이나 태도, 진술의 뉘앙스 등 증인신문조서에는 기록하기 어려운 여러 사정을 직접 관찰함으로써 얻게 된 심증까지 모두 고려하여 신빙성 유무를 평가하게 된다. 이에 비하여, 현행 형사소송법상 제1심 증인이 한 진술에 대한 항소심의 신빙성 유무 판단은 원칙적으로 증인신문조서를 포함한 기록만을 그 자료로 삼게 되므로, 진술의 신빙성 유무 판단에 있어 가장 중요한 요소 중의 하나라 할 수 있는 진술 당시 증인의 모습이나 태도, 진술의 뉘앙스 등을 신빙성 유무 평가에 반영할 수 없다는 본질적인 한계를 지니게 된다.

[3] 피해자가 술에 취하여 잠을 자거나 피곤해서 잠을 자는 상태를 이용하여 3회 간음하고 처녀막파열상을 입힌 사안에서, 증인 진술의 신빙성에 대한 제1심의 판단을 뒤집은 항소심의 조치에 공판중심주의와 직접심리주의의 원칙에 어긋남으로써 채증법칙을 위반한 위법이 있다고 한 사례.

4. 신속한 재판의 원칙

(1) 의 의   헌법 제27조 ③항은 신속한 재판의 원칙을 기본권의 하나로 **29** 규정하고 있다. 신속한 재판은 피고인의 이익을 보호할 뿐만 아니라 진실발견, 소송경제, 재판의 신뢰성과 형벌목적의 달성이라는 공익의 실현에도 도움이 된다. 신속한 재판은 피고인의 장기에 걸친 미결구금을 방지할 수 있고, 피고인의 심리적 불안과 사회적 비난을 최소화하며, 방어능력상실(예컨대 증인의 잠적이나 사망)을 방지할 수 있기 때문이다.

(2) 경제성원칙으로 변질   그러나 과중한 업무로 시달리고 있는 오늘의 형 **30** 사실무에서 신속한 재판의 원칙은 피고인의 이익보다 형사사법의 경제성과 효율성을 도모하는 제도로 변질되어 가고 있다. 즉 '신속한 재판은 곧 소송경제'라는 등식이 성립하는 것처럼 이해되고 있다. 신속재판원칙의 이러한 기능변질은 신속한 재판의 원칙을 적법절차에서 빼내어, 그것과 독립된 근본원칙으로 인정하는 이론의 변화와 함께 이루어지고 있다.[1] 이렇게 되면 신속재판원칙은 적법절차원칙과 갈등관계에 놓일 수 있으며, 또한 어느 정도의 갈등관계를 감수할

---

1) 백형구 39; 이재상/조균석/이창온 4/24.

수밖에 없다. 이와 같은 기능의 변질과 체계의 갈등을 피하기 위해서는 신속한 재판원칙을 적법절차의 한 내용으로 편입시켜 이해하는 것이 바람직하다. 신속한 재판은 어디까지나 형사절차의 합리성, 즉 적법절차를 도모하기 위한 제도이어야 하기 때문이다.

(3) 신속한 재판원칙의 구체적 내용

31   (가) **공판절차의 신속**   신속한 공판절차의 진행을 위해 현행법은 1) 공판준비를 위한 공소장부본의 송달(제266조), 공판기일 전의 증거조사와 증거제출(제273, 274조) 등의 절차를 두고 있으며, 나아가 2) 심판범위의 한정, 3) 궐석재판제도(소촉법 제23조), 4) 집중심리주의(제267조의2; 특강법 제10조)를 위한 규정들을 두고 있다. 또한 5) 재판장의 소송지휘권에 따라 공판기일의 지정(제267조)과 변경(제270조), 증거신청에 대한 결정(제295조), 불필요한 변론의 제한(제299조), 변론의 분리와 병합(제300조) 등을 할 수 있으며, 6) 변호인의 소송기록열람권(제35조), 7) 구속기간(제92조)과 판결선고기간의 제한(소촉법 제21조, 22조, 규칙 제146조, 특강법 제13조) 등의 규정도 신속한 공판진행을 위한 것이라 할 수 있다.

32   (나) **상소심재판의 신속**   신속한 상소심재판을 위해 현행법은 1) 상소기간의 제한(제358조, 374조), 상소기록의 송부기간제한(제361조, 377조), 상소이유서·답변서 제출기간제한(제361조의3, 379조) 등 각종의 제한규정을 두고 있다. 또한 2) 상소심의 구조를 항소심은 속심, 상고심은 사후심의 구조를 띠게 한 것도 신속한 재판을 위한 것이다.

33   (다) **특수한 공판절차**   신속한 재판을 위한 특수한 공판절차도 있다. 즉 1) 간이공판절차, 2) 약식절차, 3) 즉결심판절차(즉심법 제6조) 등이 그것이다. 특히 약식절차에서는 서면심리를 원칙으로 하며, 약식결정에 대한 정식재판 청구기간을 제한하고(제453조), 제1심 판결선고 전까지 정식재판청구의 취하를 허용한다(제454조).

34   **(4) 소송지연의 소송법적 효과**   신속재판원칙을 위반한 소송지연에 대해 미국 연방형사소송규칙과 판례는 공소기각을 하여야 한다는 입장이다.[1] 이에 대해 독일연방법원은 재판지연은 소송조건이 되지 못하므로 형식재판으로 소송을 종결할 수는 없고, 다만 양형에서 고려할 수 있는 사항이라고 판시하고 있다.[2] 우리나라 형사소송법은 명문규정을 두고 있지 않다. 그러나 재판이 지연되지 않아야 한다는 요청을 소송조건으로 이해하면 소송조건의 불명확성이 초래되어

---

1) 이재상/조균석/이창온 4/49 참조.
2) BGHSt 27, 274.

법적 안정성을 해치게 되므로 소송지연은 소송조건이 될 수 없고, 다만 양형에
서 고려하는 것이 타당하다.1)

5. 집중심리주의

(1) 의 의　　집중심리주의 또는 계속심리주의란 법원이 공판기일에 하나의　**35**
사건을 집중적으로 심리하고, 공판기일이 연장되는 경우에도 시간적 간격을 두
지 않고 계속적으로 심리해야 한다는 원칙을 말한다. 2007년의 개정법률은 '공
판기일의 심리는 집중되어야 한다'고 하여 집중심리주의의 원칙을 천명하였다
(제267조의2 ①항).

(2) **집중심리의 내용**　　집중심리를 위하여 법원은 심리에 2일 이상이 필요　**36**
한 경우에는 부득이한 사정이 없는 한 매일 계속 개정하여야 한다(같은 조 ②항).
재판장은 여러 공판기일을 일괄하여 지정할 수 있으며, 부득이한 사정으로 매일
계속 개정하지 못하는 경우에도 특별한 사정이 없는 한 전회의 공판기일부터
14일 이내로 다음 공판기일을 지정하여야 한다(같은 조 ③·④항). 소송관계인은
기일을 준수하고 심리에 지장을 초래하지 아니하도록 하여야 하며, 재판장은 이
에 필요한 조치를 할 수 있다(같은 조 ⑤항).

(3) **집중심리주의의 기능과 문제점**　　집중심리주의는 무엇보다도 신속한 재　**37**
판의 이념을 실현한다(헌법 제27조 ③항). 그리고 심리중단으로 법관심증이 약화
되는 것을 방지하여 공정한 재판과 심증형성의 합리성을 확보할 수 있다. 그러
나 지나친 집중심리는 오히려 많은 역기능을 가질 수 있다. 즉 1) 당사자, 특히
피고인의 공판준비활동을 어렵게 한다. 2) 강력범죄의 경우에 국민여론을 의식
하여 졸속재판을 할 우려가 있다. 3) 현실적으로 법원의 업무처리량을 고려할
때에도 상당한 무리가 아닐 수 없다. 집중심리주의의 역기능이 심화되지 않도록
운영할 필요가 있다.

---

1) 이재상/조균석/이창온 4/49; 이창현 28.

[35] 제 2 공판심리의 범위

[사례 15] 93도2080 전원합의체 판결

甲과 乙은 서로 공모를 하고 1992. 9. 23. 23:40경 서울 구로구 구로동 번지불상 앞 길에서 甲은 망을 보고 乙은 술에 취하여 졸고 있던 V에게 다가가 주먹과 발로 V의 얼굴 및 몸통 부위를 수회 때리고 차 V의 반항을 억압한 후 V의 호주머니에서 현금 6만원과 신용카드 4매를 꺼내어 이를 강취하고, 그로 인하여 V에게 치료일수 미상의 안면부타박상 등을 입혔다. 이후 甲과 乙은 각자 도주하였다가 다음 날인 1992. 9. 24. 02:00경 다시 만나 甲은 V의 신용카드를 가지고 乙은 강취한 현금을 가진 후 헤 어졌는데, 甲은 1992년 9월 29일 서울 명동의 한 상점에서 신용카드를 사용하다가 발각이 되어 경찰에게 긴급체포되었다. 甲은 자신의 친구인 乙이 절취한 카드를 방 금 받아서 사용했을 뿐이라고 진술했고, 검사는 甲에 대해 장물취득죄, 사기죄, 신용 카드부정사용죄의 범죄사실로 공소를 제기하였다. 1992. 11. 30. 甲은 제1심에서 징 역 장기 1년 단기 10월의 형을 선고받고 항소를 제기하였는데, 항소심 계속 중 공범 인 乙이 검거되면서 강도상해의 증거가 수집이 되자 검사가 갑의 범죄사실 중 장물 취득의 혐의를 강도상해죄로 변경하는 공소장변경신청을 하였다.[1] 그러자 甲은 항소 심 제1회 공판을 한 후인 2013. 3. 18. 항소를 취하하여 제1심 판결이 확정되었다. 이에 검사는 갑에 대해 강도상해의 범죄사실로 다시 공소를 제기하였다.

　　문1. 甲에 대한 항소심에서 법원은 검사의 공소장변경 신청을 허가하여야 하는가?
　　문2. 검사가 甲에 대해 강도상해의 범죄사실로 다시 공소를 제기한 데 대해 법원 은 어떠한 처분을 하여야 하는가?

[주요논점]　1. 공소사실 및 공소사실과 동일성이 있는 사실이란 무엇인가?
　　　　　　2. 공소사실의 동일성을 판단하는 기준은 무엇인가?
　　　　　　3. 공판심리의 범위와 기판력의 범위는 어떠한 관계인가?
[참고판례]　2002도2642; 2006도514; 2010도2414

---

1) 원래의 판례사안에서 변경한 사안임.

Ⅰ. 심판의 대상

1. 의　　의

(1) **불고불리원칙과 방어권보장**　　탄핵주의의 이념에 따라 법원은 공소가　**1**
제기되지 않은 사건에 대해서는 심판할 수 없다. 이것을 불고불리의 원칙(nemo
iudex sine actore)이라고 한다. 검사는 법원에 공소장을 제출함으로써 공소를 제
기하고, 공소장의 공소사실은 범죄일시·장소·방법을 명시하여 사실을 특정하
여야 한다(제254조 ①·④항). 그리고 공판절차에서 법원의 심판대상은 공소가 제
기된 피고인과 공소사실에 한정된다. 이렇게 법원의 심판대상을 검사의 공소제
기 대상에 한정하는 것은 다른 한편으로 피고인의 방어대상을 분명히 하는 의
미가 있다. 현행 형사소송법은 현실적 심판의 대상을 공소장에 기재된 공소사실
로 한정하여 피고인의 방어권행사를 용이하게 하고 있다.

(2) **심판대상의 유동성**　　그러나 공소사실은 검사가 수사결과를 토대로 내　**2**
린 피고인의 범죄사실에 관한 잠정적인 결론일 뿐이다. 법원은 공판절차에서 수
사자료 이외의 다른 증거를 수집하여 공소사실과 차이가 나는 범죄사실을 확신
할 수도 있고, 그에 따라 적용법령도 달라질 수 있다. 이처럼 심판대상은 소송
진행에 따라 유동적으로 변화하는 것이다. 이것을 형사소송의 동적·발전적 성
격이라고 부르기도 한다. 여기에서 법원의 심판대상이 검사가 공소장에 기재한
공소사실에 한정되는가 아니면 공소사실과 동일성이 인정되는 모든 범죄사실에
미치는가 하는 문제가 발생한다.

물론 공소사실과 동일성이 없는 범죄사실은 법원의 심판대상이 될 수 없　**3**
다. 이에 대해 법원의 심판을 구하려면 검사는 별도의 공소제기를 하여야 한다.
아울러 현행법은 공소장에 기재된 범죄사실과 동일성이 인정되는 범죄사실도
공소장변경(제298조)을 통해서만 법원의 심판대상이 될 수 있도록 규정하고 있
다. 이것은 피고인의 방어권보장을 위한 배려이다.

(3) **심판대상의 기능**　　심판대상의 확정문제는 넓게 보아서 공소제기의 효　**4**
력범위(제248조), 수소법원의 심판범위, 공소장변경의 허용범위(제298조), 확정판
결의 효력범위(헌법 제13조 ①항, 법 제326조 1호)를 결정하는 표준이 될 수 있다.

2. 심판대상에 관한 이론

5   **(1) 공소사실대상설**   공소장에 기재된 범죄사실과 단일성, 동일성이 인정되는 모든 사실이 심판대상으로 된다는 견해1)로, 범죄사실대상설이라고도 한다. 이 학설은 공소제기에 의해 법원이 심판하게 될 사건의 범위는 범죄사실 전체라고 보기 때문에, 검사의 공소제기의 효력범위, 법원의 심판범위 그리고 확정판결의 효력범위가 모두 일치하게 된다. 공판심리의 인적 범위는 불고불리의 원칙에 의해 한정되고, 범죄사실의 일부에 대한 공소는 그 효력이 전부에 미치므로(제248조) 물적 범위는 공소불가분원칙에 의해 규율된다. 이 학설은 공소제기 이후의 실체발견의 권한과 책임을 법원에 일임하는 직권주의적 소송구조를 기초로 하는 이론이다. 따라서 공소장변경절차(제298조)는 피고인의 방어권보장을 위한 절차적 담보장치가 되고, 형사소송물 자체에는 영향을 미치지 않게 된다.2)

6   **(2) 이원설**   공소장에 기재된 공소사실이 현실적 심판대상이고, 공소사실과 동일성이 인정되는 사실은 잠재적 심판대상이라고 보는 견해이다. 그리고 잠재적 심판대상은 공소장변경에 의하여 현실적 심판대상으로 될 수 있다고 본다.3) 판례 또한 이원설을 취하고 있다(82도2119; 85도1435; 96도1922 전합 등). 이원설은 공소장에 기재된 공소사실만 현실적 심판대상으로 이해하는 점에서 공소사실대상설과 구별된다.4) 이원설에 따르면 공소장변경제도는 잠재적 심판대상을 현실적 심판대상으로 전환시키는 점에서 소송물의 처분이라는 측면이 있고, 동시에 피고인의 방어권을 보장하는 기능을 담당하게 된다.5)

[4292형상36] 법원의 심판대상

현행 형사소송법 하에서는 법원의 실체적 심판범위는 잠재적으로는 공소사실과 단일성 및 동일성이 인정되는 한 그러한 사실의 전부에 미칠 것이나, 현실적 심판대상은 공소장에 예비적 또는 택일적으로 기재되었거나 소송의 발전에 따라 그 후 추가·철회 또는 변경된 사실에 한한다고 해석하는 것이 동법 제254조 ⑤항, 제298조

---

1) 김기두 251; 신동운 625; 염정철 357.
2) 신동운 627.
3) 다수견해: 백형구 140; 이은모/김정환 453; 이재상/조균석/이창온 23/5 이하 이창현 638 이하 정영석/이형국 265.
4) 이재상/조균석/이창온 23/5.
5) 신동운 625.

①항의 해석상 타당할 것이므로 공소사실과 인정되는 사실일지라도 검사의 주장, 즉 소송진행에 의하여 현실로 심판대상이 되지 아니한 이상 이것을 심판하지 아니하였다 한들 심판의 청구가 있는 사건을 심판하지 아니하였다고 할 수 없다.

(3) 학설의 검토

(가) 공소사실대상설에 대한 비판　　이 견해는 1) 공소사실과 동일성이 있 **7**
는 사실도 공소장변경 없이는 심판의 현실적 대상이 되지 않는다는 점에 비추어 공소장변경제도를 무의미하게 만든다. 2) 심판범위를 공소사실과 동일성이 인정되는 모든 사실에 확대하게 되어 피고인의 방어권에 중대한 위험을 초래할 수 있다.[1] 즉 공소사실대상설은 공소불가분원칙에 관한 제248조 ②항에 치중한 나머지 제254조 및 제298조를 완전히 무시한 이론이라는 것이다.[2]

(나) 이원설에 대한 비판　　주로 공소사실대상설의 입장에서 이루어지는 다 **8**
음과 같은 비판이 있다. 즉 제248조 ②항에 따라 공소불가분원칙이 적용되는 범죄사실 전체에 대해 법원은 직접적·현실적 심판권한과 의무를 지게 되는데, 왜 이러한 의무가 잠재적인 것이 되는지에 대한 논거가 부족하다는 것이다. 더구나 우리 형사소송법은 명시적으로 심판범위를 전체범죄사실로 규정하고 있기 때문에 잠재적 심판대상이라는 개념 자체가 필요 없다는 주장도 있다.[3]

(다) 결　론　　'공소장에 기재된 범죄사실'을 A라고 하고 'A와 동일성이 인정 **9**
되는 범죄사실'을 B라고 하면 공소사실대상설과 이원설은 공소제기의 효력과 법원의 심판대상, 그리고 기판력의 범위가 궁극적으로는 B에까지 해당한다는 점에서는 차이가 없다. 다만 공소장변경의 의미를 어떻게 이해하느냐에 대해 공소사실대상설은 심판대상의 변경이 아니라 단지 확인하는 의미로 이해하는 반면, 이원설은 공소장변경을 통해 B가 비로소 법원의 현실적 심판대상이 된다는 입장이다. 현행법이 공소장변경 제도를 두고 있는 취지와 피고인의 방어권을 고려하면 이원설이 더 타당한 견해라고 할 수 있다.

---

1) 이재상/조균석/이창온 24/8; 정영석/이형국 263. 한편 신동운 교수(626)는 이러한 비판에 대해 연속범, 견련범 개념이 없는 우리나라 형법에서는 범죄사실 전체를 기준으로 하더라도 피고인의 방어권을 침해하는 일이 없으며, 오히려 범죄사실대상설은 소송대상을 분명하게 제시함으로써 형사소송 전과정의 법적 안정성 확보에 기여한다고 한다.
2) 이재상/조균석/이창온 24/8. 이에 대해 신동운 교수(627)는 피고인의 방어권보호는 공소장변경의 고지, 방어준비를 위한 공판절차정지 등의 절차적 장치를 통해 현실화하는 것이 바람직하며, 소송물 자체의 범위를 제한하는 것은 옳지 않다고 한다.
3) 신동운 626.

Ⅱ. 공소장변경

1. 공소장변경의 의의

10   **(1) 개 념**   공소장변경은 검사가 공소사실의 동일성을 침해하지 않는 범위 안에서 법원의 허가를 얻어 공소장에 기재된 공소사실 또는 적용법조를 추가·철회 또는 변경하는 것을 말한다(제298조 ①항). 여기서 추가는 공소장에 기재된 공소사실 이외에 새로운 공소사실과 그에 대한 적용법조를 부가하는 것을 말한다. 철회는 공소장에 기재된 수개의 공소사실이나 적용법조 가운데 일부를 제외하는 것이다. 그리고 변경은 기존의 공소사실과 적용법조를 새로운 공소사실과 적용법조로 대체하는 것을 뜻한다.

(2) 구별개념

11   **(가) 추가기소 및 일부공소취소**   공소장변경은 공소사실의 동일성이 인정되는 범위 안에서만 허용된다. 따라서 공소사실과 동일성이 인정되지 않는 사실은 공소장변경을 통해서가 아니라 추가기소를 통해 심판대상이 되어야 한다. 또한 공소장에 기재된 수개의 공소사실이 경합범의 관계에 있어서 동일성이 인정되지 않을 경우, 그 중 일부에 대한 공소를 철회하려면 공소장변경이 아니라 공소취소(제255조)의 절차에 따라야 한다.

12   **(나) 공소장정정**   공소장변경은 법원의 심판대상에 변경을 가하는 점에서 공소장에 기재된 일시나 피고인의 성명 등에 명백한 오기가 있을 경우에 이를 고치는 공소장정정과 구별된다(84도1610; 92도2554).

(3) 공소장변경제도의 취지

13   **(가) 피고인의 방어권보장**   다수견해와 판례에 의하면 공소사실과 동일성이 인정되는 범죄사실은 법원의 심판대상이 된다. 그러나 법원이 공소장에 기재된 공소사실 이외의 범죄사실을 피고인에게 사전에 알리지 않고 심판하면 피고인의 방어활동은 무의미해진다. 피고인은 공소장에 나타난 공소사실에 초점을 맞추어 방어활동을 전개하기 때문이다. 따라서 법원은 심리의 경과에 비추어 상당하다고 인정할 때에는 검사에게 공소장변경을 요구하거나(제298조 ②항), 검사의 공소장변경신청을 기다려야 하고(같은 조 ①항), 공소장변경이 있을 때에는 그 사유를 신속히 피고인 또는 변호인에게 고지하여야 한다(같은 조 ③항). 그리고 피고인의 방어준비가 필요하면 직권 또는 피고인이나 변호인의 청구에 의해 공

판절차를 정지할 수 있다(같은 조 ④항). 이러한 일련의 절차를 규정한 것은 공소
사실의 변경이 피고인의 방어활동에 매우 중대한 사항이기 때문이다.

   (나) **형벌권의 적정실현**　　불고불리원칙을 엄격하게 따르면 법원의 심판은　**14**
공소장에 기재된 공소사실에 국한되어야 한다. 그러나 일사부재리의 효력은 공
소사실과 동일성이 인정되는 범위의 범죄사실까지 미친다. 따라서 일사부재리
의 효력이 미치는 범위, 즉 공소사실의 동일성이 인정되는 범위 안에 있는 범죄
사실에 대해 같은 절차에서 심판할 수 없다면 형벌권이 지나치게 축소된다. 그
러므로 공소장변경제도는 일사부재리의 효력에 의해 차단될 수 있는 형벌권의
행사를 가능하게 하는 것이라고 할 수 있다.

2. 공소장변경의 필요성

   (1) **의 의**　　법원이 공소장에 기재된 사실과 동일성이 인정되는 사실을 심판　**15**
할 때에 언제나 공소장변경이 필요한 것은 아니다. 공소장에 기재되지는 않았지
만 이미 기재된 것과 다름없는 사실이라면 굳이 공소장변경의 절차를 거칠 필요
없이 바로 심판할 수 있다. 즉, 잠재적 심판대상이 아닌 현실적 심판대상으로 볼
수 있으면 소송경제의 관점에서 공소장변경 없이 바로 심판할 수 있는 것이다.

   (가) **불고불리원칙과 정의의 실현**　　법원이 공소장변경 없이 공소장에 기재　**16**
된 범죄사실과 다른 범죄사실을 인정할 수 있는 권한을 갖는다면 그 한도 안에
서 불고불리원칙에 대한 위반의 문제가 발생한다. 통설과 판례(97도3079; 2007도
4749 등)는 공소사실과 다른 범죄사실의 인정이 공소사실의 동일성범위 안에서
이루어지고 피고인의 방어권행사에 실질적 불이익을 주지 않는 한 불고불리원
칙에 위배되는 것은 아니라고 본다. 이처럼 실질적 불이익을 주지 않고, 공소장
이 변경되지 않았다는 이유로 이를 처벌하지 않는 것이 현저히 정의와 형평에
반하는 것으로 인정되는 경우에는 법원이 공소장 변경 없이 직권으로 그 범죄
사실을 인정할 수 있다(2005도9268; 2021도9043 등).

   (나) **소송경제와 방어권보장의 조화**　　공소장변경이 필요한 범위를 넓게 인　**17**
정할수록 소송경제에는 반하지만 피고인의 방어권은 더욱 충실히 보장된다. 이
와는 반대로 공소장변경이 필요한 범위를 좁게 인정할수록 소송경제에는 이롭
지만 피고인의 방어권은 상대적으로 약화될 수밖에 없다. 따라서 공소장변경이
필요한 범위를 어디까지로 볼 것이냐가 문제된다.

(2) 공소장변경 필요성의 기준에 관한 학설

18   (가) **동일구성요건설**   구체적 사실관계가 다른 경우에도 그 구성요건에 변경이 없는 한 공소장을 변경할 필요가 없다는 견해이다. 이에 따르면 범죄의 일시·장소가 다를지라도 적용될 구성요건이 같으면 법원은 공소장변경 없이 공소장에 기재된 사실과 다른 사실을 인정할 수 있다. 그러나 절도죄가 횡령죄로, 사기죄가 공갈죄로 바뀌는 경우와 같이 적용구성요건이 달라지면 공소장변경이 필요하게 된다.

19   (나) **법률구성설**   법률구성설은 구체적 사실관계가 다른 경우에도 그 법률구성에 영향이 없을 때에는 공소장변경 없이 공소장에 기재된 사실과 다른 사실을 인정할 수 있다는 견해이다. 공소사실의 법률적 평가에 중점을 둔다는 점에서 구성요건동일설과 같으나, 구성요건의 동일성을 넘어서 범죄사실에 대한 법률적 구성전반에 걸친 동일성을 판단기준으로 삼는다는 점에서 차이가 있다.

20   (다) **사실기재설**   사실기재설은 공소사실을 구성요건에 해당하는 구체적 사실의 주장이라고 파악하여 그 사실적 측면을 강조함으로써 공소장에 기재되어 있는 사실과 다른 사실을 인정할 때에는 구성요건 또는 법률구성에 변경이 없더라도 공소장변경을 필요로 한다는 견해이다.[1] 판례도 같은 입장이다(2003도2252; 2010도2414 등). 다만 모든 사실의 차이에 공소장변경을 요구하는 것은 소송경제에 지나치게 반하므로, 실질적으로 피고인의 방어권행사에 불이익을 초래하는 경우에 한하여 공소장변경이 필요하다고 본다.

21   (라) **결 론**   공소장변경은 피고인의 방어권보장을 위한 절차이다. 따라서 법률구성에 대한 변화 없이 사실인정에만 차이가 있는 경우에도 피고인의 방어권행사에 실질적으로 불이익이 된다면 공소장변경이 필요하다는 사실기재설이 타당하다. 사실기재설에 따라 구성요건이 같은 경우와 다른 경우를 구별하여 공소장변경의 필요성 여부를 살펴보면 다음과 같다.

(3) 구성요건이 같은 경우 공소장변경의 필요성

22   (가) **범죄의 일시·장소**   범죄의 일시와 장소는 공소사실의 특정을 위해 필수적인 요소이고 피고인의 방어권행사에도 영향을 미치므로 명백한 오기가 아닌 한 원칙적으로 공소장변경을 필요로 한다(2001도970; 2003도1060 등). 다만 판례에 따르면 범죄일시는 공소사실의 특정을 위한 것이지 범죄사실의 기본요소

---

1) 김기두 254; 배종대/홍영기 [36] 12; 신동운 656; 이은모/김정환 463; 이재상/조균석/이창온 24/22; 이창현 667; 정영석/이형국 273.

는 아니므로 동일범죄사실에 대해 그 일시가 다소 다르다 하여 공소장변경의 절차를 요하는 것은 아니라고 하며, 다만 범죄일시의 간격이 길고 범죄의 인정 여부에 중대한 관계가 있는 경우에는 피고인의 방어에 실질적 불이익을 가져다 줄 염려가 있으므로 공소장변경이 필요하다고 한다(2016도17679; 2018도17656 등).

(나) **범죄의 수단·방법**　범죄의 수단 또는 방법이 변경되는 경우는 피고인 **23** 의 방어권행사에 영향을 미치는 사실변경이므로 원칙적으로 공소장변경이 필요 하다.

(다) **범죄의 객체**　범죄의 객체가 달라지는 경우에도 피고인의 방어권 행 **24** 사에 영향을 미치기 때문에 원칙적으로 공소장변경이 필요하다. 다만 판례는 객 체가 달라진 경우에도 피고인의 방어권 행사에 실질적 불이익이 없다면 공소장 변경이 필요 없다고 한다. 재물편취의 사기죄로 기소되었으나 이익편취의 사기 죄를 인정하는 경우(84도312; 2003도7828), 공소장 기재의 피해자와 다른 실제의 피해자를 인정하는 경우(2013도564) 등이 그러한 예이다.

(라) **기 타**　단독범으로 기소된 것을 법원이 다른 사람과 공모하여 동일한 **25** 내용의 범행을 한 것으로 인정하는 경우(96도1185; 2007도309)와 하나의 포괄일죄 를 구성하는 개개의 공소사실들 가운데 기존의 일부사실을 철회하고 새로운 사 실을 추가하는 경우(2006도514; 2022도8806)에는 공소장변경이 필요하다. 그러나 직권으로 간접정범을 인정하는 경우(2016도21075), 단순한 상해정도의 차이(84도 1803)나 뇌물전달자가 다른 경우, 인과관계의 진행에 차이가 있는 경우(89도 1557), 수뢰후 부정처사죄에서 뇌물을 전달한 사람의 차이(2003도1060) 등에는 공 소장변경이 필요하지 않다.

(4) 구성요건이 다른 경우 공소장변경의 필요성

공소사실과 법원이 인정하는 범죄사실에 실체법상 다른 구성요건이 적용되 **26** 는 때에는 사실의 변경과 함께 적용법조까지 달라지게 된다. 이것은 피고인의 방어권행사에 중대한 영향을 미치므로 원칙적으로 공소장변경이 필요하다.[1] 다 만 구성요건이 다르더라도 다음과 같은 경우는 공소장변경이 필요하지 않을 수

---

1) 판례에 의하면 예컨대, 공소사실과 법원의 인정사실이 특수절도에서 장물운반으로(64도681), 특수강도에서 특수공갈로(68도995), 강간치상에서 강제추행치상으로(68도776), 명예훼손에서 모욕으로(70도1859), 강제집행면탈에서 권리행사방해로(72도1090), 사기에서 상습사기로(77도 2233; 99도4797), 강도상해교사에서 공갈교사로(92도3156), 살인에서 폭행치사로(81도1489; 2001도1091), 장물보관에서 업무상과실장물보관으로(83도3334), 사실적시 명예훼손죄에서 허 위사실적시 명예훼손죄로(2001도5008), 신용카드 절취에서 신용카드 사용사기로(2003도2252) 변경되는 경우에는 공소장변경이 필요하다.

있다.

(개) 축소사실의 인정

27   1) 공소장변경의 필요성   구성요건을 달리하는 사실이 공소사실에 포함되는 경우에는 '대大는 소小를 포함한다'는 이론에 의하여 공소장변경을 필요로하지 않는다.1) 예컨대, 법원은 공소장변경절차를 거치지 않고도, 강간치상의 공소사실을 강간으로(2001도6777), 특수절도를 절도로(73도1256), 강도강간을 강간으로(87도792), 강도상해를 주거침입 및 상해로(96도755), 특수강도강간미수를 특수강도(96도1232)로 인정할 수 있다. 그러나 축소사실의 인정이라 하더라도 그것이피고인의 방어권행사에 실질적 불이익을 초래하는 경우에는 공소장 변경 없이심판할 수 없다.

[2008도2409] 축소사실의 인정의 한계

[1] 법원이 공소장 변경 없이 직권으로 공소장에 기재된 공소사실과 다른 범죄사실을 인정하기 위해서는 공소사실의 동일성이 인정되는 범위 내이어야 할 뿐만 아니라 피고인의 방어권 행사에 실질적 불이익을 초래할 염려가 없어야 한다.
[2] 성폭력범죄의 처벌 및 피해자보호 등에 관한 법률 제5조 ①항의 주거침입에 의한 강간미수죄와 주거침입에 의한 강제추행죄의 법정형은 동일하지만, 전자의 경우형법 제25조 ②항에 의한 미수감경을 할 수 있어 법원의 감경 여부에 따라 처단형의 하한에 차이가 발생할 수 있다. 따라서 법원이 성폭력범죄의 처벌 및 피해자보호 등에 관한 법률상 주거침입강간미수의 공소사실을 공소장 변경 없이 직권으로같은 법의 주거침입강제추행죄로 인정하여 미수감경의 가능성을 배제하는 것은 피고인의 방어권 행사에 실질적인 불이익을 초래할 염려가 있어 위법하다.

28   2) 공동정범과 방조범의 경우   공동정범으로 기소된 피고인을 같은 구성요건 또는 다른 구성요건의 방조범으로 심판하는 것은 어떠한가? 방조범으로 처벌하기 위해서는 방조의 고의와 행위가 있었다는 점에 대한 적극적인 증명이있어야 하므로, 그 점에 대하여 피고인에게 방어의 기회가 제공되는 등 심리의경과 등에 비추어 피고인의 방어에 실질적인 불이익을 주지 아니한 경우에만공소장변경 없이 직권으로 방조범으로 인정하는 것이 가능하다.2) 따라서 공동

---

1) 신동운 661; 이재상/조균석/이창온 24/30.
2) 2009도7166: 공동정범으로 기소된 사안의 심리과정에서 방조범의 인정 가능성에 대해서는
   전혀 언급되거나 공방이 이루어지지 아니하였고, 공소장변경과 관련된 논의도 없었음에도, 공
   동정범으로는 인정되지 않지만 방조범으로는 인정된다고 하여 직권으로 방조범의 성립을 인정

정범으로 기소된 피고인 본인이 방조범임을 주장하여 방어활동을 전개한 경우
에는 공소장변경 없이 방조범으로 처벌할 수 있다(2012도2628; 2018도7658 등).

　　3) 법원의 의무 여부　　판례는 축소사실에 대한 유죄판단은 법원의 의무가 **29**
아니라 재량이라고 보지만(90도1090; 98도2061 등), 축소사실의 사안이 중대하여
공소장이 변경되지 않았다는 이유로 이를 처벌하지 않으면 현저히 정의와 형평
에 반하는 것으로 인정되는 경우에는 법원은 유죄판결을 할 의무가 있다고 한
다(94도1684; 2006도5041). (이하 삭제)

　　(나) **법률적 구성만 달리하는 경우**　　사실관계의 변화 없이 법적 평가만을 **30**
달리하는 경우에 법률적용은 최종적으로 법원의 권한이자 의무이므로 공소장변
경이 필요하지 않는다는 견해가 있다. 그러나 법적 평가의 변경도 피고인에게는
공격이 될 수 있으므로 피고인의 방어권보장을 위해 이 경우에도 원칙적으로
공소장변경이 필요한 것으로 보는 것이 옳다.[1] 특히 법정형이 중하게 될 때에
는 공소장변경이 반드시 필요하다(2010도14391; 2019도4608). 다만 법적 평가의 변
경이 피고인의 방어권행사에 실질적 불이익이 없는 경우에는 공소장변경이 필
요치 않다. 예컨대, 특정범죄가중법위반의 공소사실에 대해 수뢰죄·관세법위반
·준강도죄(82도1716) 또는 절도죄(84도34)를 적용하는 경우, 장물을 건네받아 점
유한 사실에 대한 법적 평가가 장물취득죄에서 장물보관죄로 달라지는 경우
(2003도1366) 등이 여기에 해당된다.

　　(다) **죄수 평가만 달리하는 경우**　　또한 같은 이유에서 죄수에 대한 평가만 **31**
을 달리하는 경우에도 공소장변경은 필요 없다. 예컨대, 경합범으로 공소제기된
것을 포괄일죄나 상상적 경합[2]으로 인정하는 경우, 포괄일죄의 공소사실을 경
합범으로 인정하는 경우(87도527)가 그러하다.

3. 공소장변경의 한계

　　(1) **공소사실의 동일성**　　공소장변경은 공소사실의 동일성을 해하지 않는 범 **32**
위 안에서만 허용된다(제298조 ①항). 이런 의미에서 공소사실의 동일성은 공소제
기의 효력과 기판력이 미치는 범위를 결정할 뿐만 아니라 심판범위를 결정하는
기능도 가지고 있다. 공소사실의 동일성의 의미는 무엇이며, 그 판단기준은 무

하는 것은 공소장변경에 관한 법리를 오해한 위법에 해당한다.
　1) 신동운 660; 이종갑, 공소장변경과 방어권의 보장-형사판례의 연구II, 이재상화갑기념, 228면.
　2) 대판 1984. 2. 28, 84도34.

엇인지에 대해서는 견해의 차이가 있다.

33   (2) 공소사실의 동일성의 의미   다수견해에 의하면 공소사실의 동일성은 공소사실의 단일성과 협의의 동일성을 포함하는 개념이다.[1] 공소사실의 단일성을 결정하는 기준은 형법상의 죄수론이 아니라 형사소송법상의 사건개념이므로 경합범이라 할지라도 예컨대 역사적 사실로서 하나로 인정될 때에는 단일성을 인정할 여지가 있다는 것이다. 이에 반해 소수설은 공소사실의 단일성은 실체법상의 죄수문제이므로 소송법상 다루어지는 공소사실의 동일성은 좁은 의미의 동일성만을 의미한다고 한다.[2] 소수설에 대해 다수설은 i) 공소사실의 동일성은 사건의 시간적 전후동일성을 의미하는 반면, 단일성은 객관적 자기동일성을 뜻하므로 동일성과 단일성 사이에 가치 차이가 있는 것이며, ii) 공소사실의 단일성이 대부분 죄수론에 의하여 결정된다고 하여 그것이 형법의 죄수론과 반드시 일치하는 것도 아니라고 비판한다.[3]

34   법원의 심판범위와 일사부재리의 효력범위가 같다고 보는 한, 제298조 '공소사실의 동일성'은 헌법 제13조 ①항 '동일한 범죄'의 개념과 같다. 즉 변경을 구하는 새로운 범죄사실이 일반인의 생활경험상 공소장에 기재된 공소사실과 '하나의 사건'으로 취급되어야 한다. 그것은 형법상의 죄수개념과 반드시 일치하는 것은 아니므로 다수견해에 따라 공소사실의 단일성과 동일성으로 이해하는 것이 바람직하다.

> **[2016도21342] 공소사실의 단일성과 동일성**
>
> 포괄일죄인 영업범에서 공소제기의 효력은 공소가 제기된 범죄사실과 동일성이 인정되는 범죄사실의 전체에 미치므로, 공판심리 중에 그 범죄사실과 동일성이 인정되는 범죄사실이 추가로 발견된 경우에 검사는 공소장변경절차에 의하여 그 범죄사실을 공소사실로 추가할 수 있다. 그러나 공소제기된 범죄사실과 추가로 발견된 범죄사실 사이에 그 범죄사실들과 동일성이 인정되는 또 다른 범죄사실에 대한 유죄의 확정판결이 있는 때에는, 추가로 발견된 확정판결 후의 범죄사실은 공소제기된 범죄사실과 분단되어 동일성이 없는 별개의 범죄가 된다. 따라서 이때 검사는 공소장변경절차에 의하여 확정판결 후의 범죄사실을 공소사실로 추가할 수는 없고 별개의 독립된 범죄로 공소를 제기하여야 한다.

---

1) 김기두 251; 이은모/김정환 455; 이재상/조균석/이창온 24/5; 이창현 642; 정영석/이형국 264.
2) 강구진 317.
3) 이재상/조균석/이창온 24/5.

(3) 공소사실의 동일성의 판단기준

㈎ 기본적 사실동일설   공소사실을 그 기초가 되는 사회적 사실로 환원   35
하여 그러한 사실 사이에 다소의 차이가 있더라도 기본적인 점에서 동일하면
동일성을 인정해야 한다는 견해이다.1) 이 견해는 범죄사실의 동일성을 자연적·
전법률적 관점에서 판단한다는 점에 특색이 있다. 그러나 사실관계의 기본적인
점과 지엽적인 점을 구별하는 기준이 불명확하여 동일성의 범위를 지나치게 확
대한다는 비판을 받는다. 기본적 사실동일설은 이전의 판례(86도2396; 92도2033
등)가 취하는 입장이기도 하다.

㈏ 사실적·규범적 사건개념설   대법원은 최근 기본적 사실관계의 동일   36
성을 판단함에 있어서는 그 사실의 동일성이 갖는 기능을 염두에 두고 피고인
의 행위와 그 사회적인 사실관계를 기본으로 하되, 규범적 요소도 아울러 고려
하여야 한다는 수정된 입장을 보이고 있다(2017도744; 2018도6252 등). 하지만 판
례는 규범적 요소, 즉 불법차원의 상응성이 어떤 기준으로 인정되는지를 분명히
하지는 못하고 있다.2)

㈐ 구성요건공통설   공소장변경 전후의 두 범죄사실에 대해 적용되는 구   37
성요건을 비교하여 양자가 상당정도 부합하는 때에 공소사실의 동일성을 인정
하자는 견해이다. 여기서 양 구성요건이 죄질을 같이 하거나 공통된 특징을 가
질 필요는 없다. 이 견해에 따르면 공갈죄와 수뢰죄, 사기죄와 공갈죄, 재산죄
상호간, 공무집행방해죄와 소요죄 사이에도 동일성을 인정할 수 있는 가능성이
높다. 이 견해의 논거는 주로 공소사실의 규범적 성격을 유지하면서 검사와 피
고인의 이익을 조화하기 위해서는 동일성의 범위를 부당하게 좁게 해서는 안
된다는 데 있다. 그러나 이 견해는 1) 공소사실은 구성요건 자체가 아니라 어디
까지나 사실의 주장에 지나지 않으므로 공소사실의 규범적 성격을 강조해야 할
이유가 없고, 2) 동일성의 범위가 넓게 인정된다고 하여 피고인에게 불리하다고
할 수만은 없기 때문에 동일성의 범위를 좁힘으로써 검사와 피고인의 이익을

---

1) 배종대/홍영기 [36] 29; 신동운 627; 이은모/김정환 456; 이재상/조균석/이창온 24/6 이하;
   정영석/이형국 268.
2) 예컨대 판례는, 주범이 강취 행위를 할 때 망을 본 다음 약 2, 3시간 후 다른 장소에서 주범
   으로부터 장물의 일부를 교부받은 사람이 장물취득죄로 심판받은 후 강도상해의 공동정범으로
   다시 심판받는 경우는 각기 별개의 사건으로 보았지만(93도2080), 멱살을 잡고 구타하여 상해
   를 가했으나 경범죄처벌법 위반죄로 심판받는 경우와 상해죄로 심판받는 경우는 동일한 사건
   으로 보았다(2002도2642).

조화시킨다는 것은 타당치 않으며,1) 3) 구성요건이 상당정도 부합할 때에 동일성이 인정된다고 하나 상당부합에 대한 기준제시가 없다는 비판을 받는다.

38　　　㈑ **결　론**　　공소사실의 동일성의 기준에 대한 학설의 차이는 공소사실의 동일성 여부를 사실적 관점에서 볼 것인지, 아니면 법률적 관점에서 볼 것인지의 문제이다. 그런데 앞에서 설명한 바와 같이, 법원의 심판범위와 헌법 제13조 ①항의 일사부재리 효력에서 말하는 '동일한 범죄'의 개념은 같은 것으로 보아야 한다. 그 경우에만 피고인의 방어권보장과 형벌권의 실현은 균형을 이룰 수 있다. 그리고 헌법 제13조 ①항에서 말하는 범죄의 동일성 여부는 일반시민의 관점에서 판단되어야 한다. 따라서 변경을 구하는 새로운 범죄사실은 일반시민의 관점, 즉 일반인의 생활경험에 비추어 공소장에 기재된 공소사실과 '같은 사건'으로 취급될 수 있는 것이어야 한다. 그러므로 공소사실의 동일성 여부에 대한 판단은 순수한 사회적 사실관계의 동일성을 기준으로 하는 기본적 사실동일설에 의하는 것이 타당하다.

39　　　대법원은 기본적 사실동일설을 취하여 '공소사실의 동일성은 그 사실의 기초가 되는 사회적 사실관계가 기본적인 점에서 동일한 것인가에 따라서 판단한다'고 하면서도 기본적 사실의 동일성을 판단할 때 '규범적 요소를 전적으로 배제한 채 순수하게 사회적 · 전법률적인 관점에서만 파악할 수는 없고, 규범적 요소도 기본적 사실관계 동일성의 실질적 내용의 일부를 이루는 것'이라고 한다 (93도2080 전합 등). 그러나 판례가 말하는 '규범적 요소'는 그 기준이 모호하며, 사실상 형사소송에서 발생하는 문제를 그때그때 해결하기 위한 법원의 자의적 기준이 되기 쉽다.2) 기본적 사실동일설은 법률적 관점에서 어떤 범죄의 구성요소를 기본적인 것으로 정하고 그것의 동일 여부를 판단하는 것이 아니다. 오히려 법률적으로 어떻게 구성되든 그 대상이 되는 사회적 사건을 일반인의 관점에서 볼 때 하나의 사건인지를 판단하는 것이다. 따라서 기본적 사실관계의 동

---

1) 이재상/조균석/이창온 24/14.

2) 판례가 공소사실의 동일성을 판단할 때 규범적 요소를 함께 고려해야 한다고 한 경우는 대부분 공소장변경과 관련한 문제가 아니고 기판력의 범위와 관련한 문제이다. 예컨대 강도상해죄와 장물취득죄 사이에 공소사실의 동일성을 부정하여 강도상해죄에 대한 기판력이 인정되지 않는다고 한 판례(위의 93도2080)에서, 만약 그것이 공소장변경의 문제였다면, 즉 장물취득으로 공소제기된 피고인에 대해 공판진행의 과정에서 강도상해의 공소사실로 공소장변경이 신청되었다면 법원은 이를 동일성이 있는 사실이라고 하여 공소장변경을 허가하였을 것이다. 해당 판례에서는 처벌이 너무 가벼웠다는 '규범적' 결론에 따라 공소사실의 동일성을 '규범적으로' 부정하여 기판력을 인정하지 않은 것이라 하지 않을 수 없다.

일성을 판단할 때에는 규범적 요소를 고려하지 말아야 한다.

4. 공소장변경의 절차

(1) 검사의 신청에 의한 공소장변경

(개) **공소장변경신청**   공소장변경은 검사의 신청에 의한다(제298조 ①항). 이   **40**
신청은 법원이 공판심리를 종결하기 전에 해야 한다. 공판심리를 종결한 뒤에
신청이 있더라도 법원은 반드시 심리를 재개하여 공소장변경을 허가해야 할 필
요는 없다(2000도565). 검사의 공소장변경신청은 공소장변경허가신청서를 법원에
제출함으로써 이루어진다(규칙 제142조 ①항). 공소장변경허가신청서에는 피고인의
수에 상응하는 부본을 첨부하여야 한다(같은 조 ②항). 검사는 공소사실 등을 예비
적·택일적으로 변경할 수도 있다. 다만 주의할 것은, 예외적으로 법원은 피고인
이 재정하는 공판정에서는 피고인에게 이익이 되거나 피고인이 동의하는 경우
구술에 의한 공소장변경을 허가할 수 있다(같은 조 ⑤항)는 점이다. 즉 이렇게 함
으로써 1) 공소장변경신청서제출과 부본의 첨부, 2) 피고인 또는 변호인에 대한
부본의 즉시송달, 3)공판기일에 공소장변경허가신청서에 의한 기소요지진술의
과정이 생략될 수 있다. 따라서 구술에 의한 공소장변경은 공판기일의 공전을
방지하고 절차의 신속을 도모한다고 말할 수 있다. 그러나 공소장변경은 심판대
상의 변경이라는 중대한 사항이므로 절차의 신속과 경제성만이 아니라 절차의
신중과 공정성을 도모해야 한다. 따라서 서면주의를 철저하게 관철할 필요가 있다.

(내) **피고인에 대한 고지의무**   검사의 공소장변경허가신청이 있으면 법원   **41**
은 신속히 그 사유를 피고인 또는 변호인에게 고지해야 한다(제298조 ③항).[1] 그
고지는 검사가 제출한 공소장변경허가신청서의 부본을 송달함으로써 이루어진
다(규칙 제142조 ③항). 다만 부본이 공판정에서 교부된 경우에도 피고인이 충분히
진술·변론한 때에는 판결에 영향을 미치지 않는다(85도1041). 피고인에게 충분
한 방어준비시간을 주기 위하여 부본의 송달은 허가재판을 기다리지 않고 즉시
하여야 한다.

(대) **법원의 허가결정**   검사의 공소장변경신청이 공소사실의 동일성을 해   **42**

---

1) 2014도14843: 형사소송규칙 제142조 제3항은 공소장변경허가신청서가 제출된 경우에 법원은
   그 부본을 피고인 또는 변호인에게 즉시 송달하여야 한다고 규정하고 있는데, 피고인과 변호인
   모두에게 부본을 송달하여야 하는 취지가 아님은 문언상 명백하므로, 공소장변경신청서 부본
   을 피고인과 변호인 중 어느 한 쪽에 대해서만 송달하였다고 하여 절차상 잘못이 있다고 할
   수 없다.

하지 않는 때에는 법원은 결정으로 이를 허가하여야 한다. 이 경우 법원의 허가
는 의무이다(98도1438; 2018도9810). 그러나 검사의 공소장허가변경신청의 시기가
현저히 늦거나, 부적합한 공소사실로 변경하는 때에는 법원은 검사의 공소장변
경신청을 기각할 수 있다. 판례는 공판심리를 종결하고 선고기일까지 고지한 후
에 검사가 변론재개신청을 하면서 함께 신청한 공소장변경을 허가할 의무가 없
다고 한다(2001도6484; 2022도4624).

43   (라) **허가의 취소와 상소불허**   공소사실의 동일성이 없는 등 공소장변경허
가결정에 위법사유가 있는 경우 법원은 스스로 결정을 취소할 수 있다(2001도
116). 법원의 허가결정은 판결 전의 소송절차에 관한 결정이므로 그 결정에 대
해 독립하여 항고할 수 없다(제403조 ①항). 다만 허가결정의 위법이 판결에 영향
을 미친 경우에 판결에 대해 상소할 수 있을 뿐이다.

(2) 법원의 공소장변경요구

44   (가) **의 의**   법원은 심리경과에 비추어 상당하다고 인정할 경우 검사에 대
해 공소사실 또는 적용법조의 추가 또는 변경을 요구하여야 한다(제298조 ②항).
검사가 필요한 공소장변경신청을 하지 않는다면 법원은 공소사실과 다른 범죄
사실로 심판할 수 없으며, 그 다른 범죄사실에 대해 확신을 가져도 피고인에게
무죄를 선고해야 한다. 이것은 국가형벌권의 실현을 지나치게 위축시키는 결과
가 된다. 제298조 ②항은 바로 이와 같은 폐단을 막기 위한 제도이다.

45   (나) **요구의 시기와 방법**   법원의 공소장변경요구는 소송지휘의 성격을 띠
는 결정이므로 공판정에서 구두에 의하여 고지하는 것이 실무관행으로 되어 있
다. 그리고 그 시기는 법원이 공소사실과 다른 범죄사실에 관해 어느 정도 심증
을 가지고 있어야 하므로 심리가 상당히 진행된 이후가 될 수밖에 없다. 예를
들어 제1회 공판기일 전에 공소장변경요구를 할 수는 없다. 물론 제1심뿐만 아
니라 항소심에서도 공소장변경을 요구할 수 있고 공판심리를 종결한 후에도 이
를 재개하여 요구할 수도 있다.

(다) 공소장변경요구의 법적 성격

46   1) 의무설   공소장변경요구가 법원의 의무라고 해석하는 견해이다.[1] 그
이유로 제298조 ②항의 '하여야 한다'의 문리해석상 당연하다는 것과 법원의 직
권개입을 보충적으로 인정하는 취지에도 적합하다는 것을 든다. 이에 의하면 검
사가 공소장변경신청을 하지 않는 경우에 법원에서 공소장변경요구를 하지 않

---

1) 이창현 701 아하.

고 무죄판결을 하면 심리미진의 위법이 있게 된다.

  2) 재량설   법원의 공소장변경요구는 권리일 뿐이고 의무는 아니라는 견 **47**
해이다.[1] 즉 공소사실의 변경은 검사의 권한에 속하는 것이므로 법원은 검사가
제기한 공소사실의 범위 안에서 판결하면 족하고 적극적으로 공소장변경을 요
구할 의무는 없다는 것이다. 판례도 이 견해와 같은 입장으로서, 공소장의 변경
을 요구할 것인지 여부는 법원의 재량에 속하는 것이며, 공소장변경요구를 하지
않았다고 하여 위법이 있는 것은 아니라고 한다(84도137; 97도1516 등).

  3) 예외적 의무설   공소장변경요구는 원칙적으로 법원의 재량에 속하지 **48**
만 공소장변경요구를 하지 않고 무죄판결을 하는 것이 현저히 정의에 반하는
경우에는 예외적으로 법원의 의무가 된다는 견해이다.[2] 그 기준으로는 증거의
명백성과 범죄의 중대성을 든다. 범죄의 중대성은 법정형만을 기준으로 하지 않
고 사건의 죄질·태양·결과 등을 고려하여 결정한다.

  4) 결 론   의무설은 자칫하면 검사가 태만히 한 공소유지활동을 법원이 **49**
의무적으로 보완하게 함으로써 탄핵주의를 파괴하고 소추자와 심판자의 구분을
흐리게 할 위험이 있다. 그리고 공소장변경제도가 표명의무(규칙 제141조)의 이행
을 통한 피고인의 방어권 보호장치에서 피고인을 처벌하기 위한 장치로 변질될
위험도 안고 있다.[3] 재량설은 제298조 ②항의 법문을 무시하고, 공소사실의 동
일성이 인정되는 범죄사실은 법원의 심판대상으로서 진실발견의무가 있다는 점
을 간과하는 문제점이 있다. 따라서 예외적 의무설이 법원의 진실발견의무와 피
고인의 방어권보장을 조화시킬 수 있는 견해이고 그 점에서 가장 타당하다.

  ㈑ **공소장변경요구의 구속력**   법원이 공소장변경을 검사에게 요구하였 **50**
으나 검사가 법원의 요구대로 공소장변경신청을 하지 않는 경우에, 법원의 공소
장변경요구에 어떤 효력을 부여할 것인지 하는 문제가 발생한다. 이 점에 관해
세 가지 학설이 있다. 1) **형성력설**은 검사가 공소장변경요구에 불응하면 법원의
요구에 바로 공소장을 변경시키는 효력이 발생한다고 본다. 2) **권고효설**은 법원
의 공소장변경요구는 권고적 의미를 갖는 데 그치며, 검사에게 복종의무가 있는
것은 아니라고 한다.[4] 3) **명령효설**은 법원의 공소장변경요구는 법원의 소송지

---

1) 강구진 310; 이재상/조균석/이창온 24/40.
2) 백형구 529; 신동운 667; 이은모/김정환 470 이하; 정영석/이형국 271; 하태훈, 포괄일죄의
   경우 추가기소의 처리방안과 공소장변경 - 형사판례의 연구II, 이재상화갑기념, 145면.
3) 신동운 668.
4) 백형구 568.

휘권에 의한 결정이므로 공소장변경요구에 대해 검사는 복종의무가 있다고 본
다.1) 형성력설이 검사의 공소장변경 신청권한(제298조 ①항)을 무의미하게 만드
는 반면, 권고효설은 법원의 공소장변경요구제도를 유명무실하게 만든다. 공소
장변경요구가 소송지휘의 결정이라면 검사는 그에 복종할 의무가 있는 점에서
명령효설이 타당하다. 만일 법원의 요구에 복종하지 않으면 검사로서는 무죄판
결의 불이익을 감수해야 한다.

(3) 상소심과 공소장변경

51　　　　(개) **공소장변경의 허용 여부**　　공소장변경은 법률심인 상고심에서는 허용
되지 않는다. 상고심은 독자적인 증거조사를 하지 않는 사후심이므로 변경된 범
죄사실에 관해 직접 증거조사를 하여 심증형성을 할 수 없기 때문이다. 이에 반
해 항소심에서의 공소장변경 허용 여부에 관해서는 여러 가지 견해가 있다. 1)
항소심은 사후심이므로 공소장변경이 허용되지 않는다는 견해,2) 2) 항소심에서
원심판결을 파기한 경우에만 허용된다는 견해,3) 3) 항소심은 속심이고 항소심
의 사후심적 구조는 소송경제를 위한 제한에 불과하므로 항소심에서도 공소장
변경이 당연히 인정된다는 견해4)가 있다. 항소심에서 증거조사를 통한 독자적
인 심증형성이 이루어지는 한 공소장변경은 허용된다고 보는 것이 옳다. 판례도
같은 입장이며(94도3297; 2017도7843 등), 항소심의 변론이 종결된 후 다시 변론을
재개하여 공판심리를 하게 된 경우에도 공소장변경은 허용되고(94도1520), 상고
심의 파기환송 후 환송받은 항소심에서도 공소장변경이 허용된다고 한다(2003도
8153). 또한 일죄의 관계에 있는 여러 범죄사실 중 일부 범죄사실에 대하여 공소
가 제기된 뒤 항소심에서 나머지 부분을 추가한 경우에도 공소장변경을 허가하
여야 한다고 한다(2013도8118). 다만 항소심에서 새로이 추가·변경된 공소사실은
제1심의 심판을 받지 않았다는 점에서 피고인은 심급의 이익을 일부 잃어버리
게 된다는 점이 문제되는데, 법원은 심급이익의 상실을 인정하지 않는다.

[94도3297] 항소심의 공소장변경과 심급의 이익
항소심 법원이 공소장 변경을 허가한 경우, 피고인의 제1심 판결 받을 기회를 박탈

---

1) 강구진 311; 신동운 670; 이은모/김정환 471; 이재상/조균석/이창온 24/42.
2) 강구진 322.
3) 김기두 254.
4) 배종대/홍영기 [36] 50; 신동운 673; 이은모/김정환 472; 이재상/조균석/이창온 24/43; 이창현 703.

하여 헌법상 재판받을 권리를 침해한 위법이 있다고 할 수 있는지 여부: 변경된 공소사실이 당초의 공소사실과 기본적 사실관계에서 동일하다고 보는 이상 설사 그것이 새로운 공소의 추가적 제기와 다를 바 없다고 하더라도, 현행법상 형사항소심의 구조가 오로지 사후심으로서의 성격만을 가지고 있는 것은 아니어서 공소장의 변경은 항소심에서도 할 수 있는 것이므로 이를 허가한 항소심 법원의 조처에 피고인의 제1심 판결을 받을 기회를 박탈하여 헌법 제27조 ①항의 법률에 의한 재판을 받을 권리를 침해한 위법이 있다고 할 수 없다.

(나) **공소장변경으로 인한 관할변경**　항소심에서 공소장변경으로 사물관 **52** 할이 변경되는 경우, 즉 제1심에서는 단독판사 관할 사건이었으나 항소심에서 합의부 관할 사건으로 변경되는 경우 항소심을 어느 법원이 관할해야 하는지가 문제된다. 이에 대해서는 1) 지방법원 합의부에서 그대로 심판해야 한다는 견해, 2) 사건을 고등법원으로 이송해야 한다는 견해, 3) 지방법원합의부가 제1심으로 다시 심리해야 한다는 견해가 대립한다. 1)의 견해는 소송경제의 측면에 충실한 반면 3)의 견해는 피고인의 재판받을 권리와 심급이익에 충실한 견해라 할 수 있다. 판례는 2)의 견해에 따라 제8조 ②항을 적용하여 항소심의 관할권이 있는 고등법원에 사건을 이송해야 한다는 입장이다.[1]

5. 공소장변경의 효과

(1) **공소제기시점**　공소장변경절차에 의하여 공소사실이 변경되고 나면 새 **53** 로운 공소사실은 원래의 공소사실과 동일성이 유지되므로 마치 처음 공소제기한 시점에 공소제기된 것처럼 취급된다. 따라서 공소시효의 완성 여부나 친고죄의 고소여부 등도 그 시점을 기준으로 판단된다. 따라서 새로운 공소사실에 대한 법정형을 기준으로 판단할 때 처음 공소제기할 당시에 이미 공소시효가 완성되었다면 수소법원은 새로운 공소사실에 대해 면소판결을 선고해야 한다(2001도2902; 2013도6182).

(2) **변경허가 후의 절차**　법원이 공소장변경을 허가한 때에는 재판장은 공 **54** 판기일에 검사로 하여금 공소장변경허가신청서에 의하여 공소장변경의 요지를 진술하게 할 수 있다(규칙 제142조 ④항). 그리고 공소장변경이 피고인의 방어에 불이익을 증가시킬 염려가 있다고 인정될 때에는 법원은 직권 또는 피고인이나

---

1) 97도2463: 제1심에서 단독판사에 의해 상습사기의 공소사실로 유죄를 선고받고 항소했는데, 지방법원 항소부에 의해 심리되던 중 특정경제범죄법위반죄(사기)로 공소사실이 변경된 경우.

변호인의 청구에 의하여 결정으로 피고인으로 하여금 방어준비를 할 수 있도록 필요한 기간 공판절차를 정지할 수 있다(제298조 ④항).

제 2 절   공판의 준비절차

[36] 제 1 공판의 준비

Ⅰ. 공판준비의 의의와 종류

1. 의   의

1   공판의 준비란 공판기일의 심리준비를 위해 수소법원이 행하는 일련의 절차를 말한다. 공판준비는 제1회 공판기일전은 물론 제1회 공판기일 이후에도 행할 수 있다(제266조의15). 수소법원이 하는 절차이므로 지방법원판사가 하는 증거보전절차(제184조), 증인신문절차(제221조의2) 그리고 각종의 영장발부는 공판준비에 포함되지 않는다.

2. 종   류

2   공판준비는 넓은 의미의 공판준비와 좁은 의미의 공판준비로 구별할 수 있다. 넓은 의미의 공판준비는 공판준비절차라는 형식적 절차와 상관없이 공판기일 전에 공판을 준비하는 일련의 모든 절차를 의미한다. 여기에는 공소장의 부본송달(제266조)과 공판기일의 지정(제267조) 등 공판준비를 위한 기본적 절차와 의견서제출(제266조의2), 증거개시절차(제266조의3) 등 2007년의 개정법률에 의해 신설된 절차가 포함된다. 좁은 의미는 공판준비는 특별히 공판준비절차의 형식적 절차에 의해 진행되는 절차를 말한다. 2007년의 개정법률은 '공판준비절차'에 관한 규정을 신설하여 공판준비 중에서도 일정한 형식적 절차에 의한 준비의 과정을 마련하였다(제266조의5). 아래에서는 공판준비의 일반적 절차를 살펴본 후 증거개시절차와 좁은 의미의 공판준비절차에 대해 따로 설명한다.

3. 공판중심주의의 요청

직접주의, 공개주의, 구두변론주의의 원칙이 실현되기 위해서는 공판기일, **3**
공판정에서 행하는 법원의 심리가 심증형성의 중심이 되어야 한다. 공판준비는
바로 공판기일, 공판정에서 행하는 법원의 심리가 신속하고 능률적으로 이루어
질 수 있도록 준비하는 것에 불과하다. 따라서 공판준비절차에서 행하는 심리가
지나쳐서 공판기일, 공판정의 심리절차가 형식적 절차로 유명무실하게 되어서
는 안 된다. 특히 공판기일 전의 증거조사는 공판중심주의의 요청에 비추어 가
능한 한 제한된 범위에서 이루어져야 한다.

Ⅱ. 공판준비의 내용

1. 공소장부본의 송달

법원은 공소제기가 있으면 지체 없이 공소장부본을 피고인 또는 변호인에 **4**
게 송달하여야 한다. 단 제1회 공판기일전 5일까지 송달되어야 한다(제266조).
이것은 피고인에게 충분한 방어준비시간을 주기 위한 것이다. 피고인의 방어전
략은 공소사실을 바탕으로 이루어지기 때문이다.[1)]

공소장부본의 송달이 없거나 제1회 공판기일 전 5일의 유예기간을 두지 아 **5**
니한 송달이 있는 때에 피고인은 공판기일의 모두진술冒頭陳述시점(제286조)까지
심리개시에 대해 이의신청을 할 수 있다. 이 경우 법원은 다시 공소장부본을 송
달하거나 공판기일의 지정을 취소하거나 이를 변경하여야 한다. 피고인이 이의를
제기하지 않고 사건의 실체에 대해 진술하면 그 하자는 치유되는 것으로 본다.[2)]

2. 의견서의 제출

(1) 의 의 의견서의 제출 절차는 공소사실에 대한 피고인의 입장을 조기 **6**
에 확인하여 심리계획의 수립을 용이하게 하고 피고인으로서도 공소장에 대한
의사표시의 기회로 활용하여 방어에 도움이 되게 하기 위해 2007년의 개정법률
이 신설한 제도이다. 이는 공소가 제기된 사건 중 피고인이 자백하는 사건과 쟁
점이 복잡하고 피고인이 다투는 사건을 미리 분류하여 절차를 진행함으로써 효

---

1) 이재상/조균석/이창온 36/4.
2) 백형구 532; 이은모/김정환 473 이하; 이재상/조균석/이창온 36/4.

율적 재판진행이 가능하도록 하고자 하는 취지에서 도입된 것이다.[1] 그러나 피고인에게는 진술거부권이 있으므로 의견서를 제출하지 않는다고 하여 이를 강제하거나 불이익을 줄 수 없다.

7　　　(2) 절 차　　피고인 또는 변호인은 공소장 부본을 송달받은 날부터 7일 이내에 공소사실에 대한 인정 여부, 공판준비절차에 관한 의견 등을 기재한 의견서를 법원에 제출하여야 한다. 다만, 피고인이 진술을 거부하는 경우에는 그 취지를 기재한 의견서를 제출할 수 있다(제266조의2 ①항). 법원은 의견서가 제출된 때에는 이를 검사에게 송부하여야 한다(같은 조 ②항).

3. 국선변호인선정에 관한 고지

8　　　필요적 변호사건의 공소제기가 있는 때 재판장은 변호인이 없는 피고인에게 국선변호인을 선정하게 한다는 취지, 국선변호인의 선정을 청구할 수 있다는 취지 또는 국선변호인의 선정을 희망하지 아니한다는 의사를 표시할 수 있다는 취지를 서면으로 고지하여야 한다(규칙 제17조 ①·②항). 법원은 국선변호인의 선정에 관한 고지를 받은 피고인이 변호인을 선임하지 아니한 때 및 빈곤 등의 사유(제33조 ②항)에 해당하는 피고인의 국선변호인 선정청구가 있거나 피고인의 나이·지능 및 교육 정도 등을 참작해 국선변호인을 선정하여야 할 때(같은 조 ③항)에는 지체 없이 국선변호인을 선정하고, 피고인 및 변호인에게 그 뜻을 고지하여야 한다(규칙 제17조 ③항).

4. 공판기일의 지정과 변경

9　　　(1) 공판기일의 지정　　공소장부본이 송달되고 국선변호인선정절차가 완료되면 재판장은 공판기일을 정해야 한다(제267조 ①항). 공판기일은 가능한 한 각 사건에 대한 개정시간을 구분하여 정하여야 한다(규칙 제124조).

10　　　(2) 피고인의 소환　　공판기일에는 피고인·대표자 또는 대리인을 소환하여야 한다(제267조 ②항). 소환당한 자는 출석의무를 지며 정당한 이유 없이 소환에 불응하면 구속영장이 발부되는 등의 불이익을 받게 된다(제74조). 피고인의 소환은 소환장을 발부하여야 하며(제73조), 소환장은 송달하여야 한다(제76조 ①항).

---

1) 법원행정처, 형사소송법 개정법률 해설, 2007, 72면 이하. 의견서 제출절차는 법개정 이전에는 대법원의 재판예규인 '의견서 제출에 관한 예규(재형 2002－1)'에 의해 시행되었으나 강제적 효력이 없다는 한계가 있었다.

다만 법원의 구내에 있는 피고인에 대해 공판기일을 통지한 때에는 소환장송달
의 효력이 있다(제268조). 제1회 공판기일은 소환장의 송달후 5일 이상의 유예기
간을 두어야 한다. 그러나 피고인의 이의가 없는 때에는 유예기간을 두지 않을
수 있다(제269조). 다만 이의는 검사가 모두진술(제285조)한 후에 지체 없이 하여
야 한다(제286조). 공판기일에 소환 또는 통지서를 받은 자가 질병 기타의 사유
로 출석하지 못할 때에는 의사의 진단서 또는 기타 자료를 제출하여야 한다(제
271조).

　(3) **공판기일의 통지**　　공판기일은 검사·변호인과 보조인에게 통지하여야　**11**
한다(제267조 ③항). 이들은 피고인의 경우와 달리 강제적인 출석의무를 부담하지
않으므로 소환이 아닌 통지의 방법에 의하도록 하는 것이다.

　(4) **공판기일의 변경**　　재판장은 직권 또는 검사·피고인이나 변호인의 신청　**12**
에 의하여 공판기일을 변경할 수 있다(제270조 ①항). 공판기일의 변경은 먼저 지
정한 공판기일을 취소하고 새로운 공판기일을 지정하는 것을 말한다. 기일이 도
래하여 일단 공판을 개정한 후 실질적 심리에 들어가지 않고 다음 기일을 지정
하는 것을 기일의 연기라고 한다. 공판기일변경신청에는 공판기일의 변경을 필
요로 하는 사유와 그 사유가 계속되리라고 예상되는 기간을 명시하여야 하며,
진단서 기타의 자료로 이를 소명하여야 한다(규칙 제125조). 공판기일변경신청을
기각한 명령은 송달하지 아니한다(제270조 ②항).

5. 공판기일 전의 증거조사

　(1) **증거조사의 범위**　　법원은 검사·피고인 또는 변호인의 신청에 의하여　**13**
공판준비에 필요하다고 인정되는 경우에는 공판기일 전에 피고인 또는 증인을
신문할 수 있고 검증·감정 또는 번역을 명할 수 있다(제273조 ①항). 즉 증거조사
는 당사자의 신청이 있는 때에만 할 수 있다. 재판장은 부원으로 하여금 증거조
사하게 할 수 있고(같은 조 ②항), 신청을 기각할 때에는 결정으로 하여야 한다(같
은 조 ③항). 또한 검사·피고인 또는 변호인은 공판기일 전에 서류나 물건을 증
거로 법원에 제출할 수 있다(제274조).

　㈎ **증인신문 등의 증거조사**　　공판기일 전의 증거조사는 법정 외에서 이　**14**
루어지는 경우가 많다. 이에 대한 근거규정으로는 법정 외에서 행하는 증인신문
(제165조), 감정(제165조, 177조), 통역과 번역(제165조, 183조) 등이 있다. 따라서 공
판기일 전에 법원이 법정 밖에서 증인신문을 하면 제165조와 제273조가 동시에

적용되어야 한다.1)

15   **(나) 피고인신문**   피고인신문이 공판기일 전에 이루어질 수 있다는 규정은
있어도(제273조) 공판정 밖에서 행하여질 수 있다는 근거규정은 없다. 따라서 제
273조의 피고인신문은 실체심리의 일환으로 행하여지는 피고인신문이 아니라
'공판준비에 필요하다고 인정하는 한도' 안에서 행하는 피고인신문, 즉 증거결정
에 대한 피고인의 입장을 묻고(규칙 제134조) 이익사실의 진술기회를 부여하기
위한 신문(제286조)이라고 해석하는 것이 타당하다.2)

16   **(2) 공소장일본주의에 대한 관계**   공판기일전의 증거조사가 제1회 공판기
일도 열리기 전에 이루어진다면, 법원의 예단을 금지하는 공소장일본주의(규칙
제118조 ②항)는 유명무실해질 수 있다. 따라서 공판기일 전에 증거조사가 가능한
공판기일은 제1회 공판기일 이후의 공판기일을 의미한다고 해석하는 것이 옳
다.3) 반면 제1회 공판기일의 전후를 불문하고 공판준비절차의 증거조사가 인정
된다고 보는 견해도 있다.4) 효율적인 공판준비는 신속한 재판을 가능케 하여
피고인에게도 유리할 수 있으므로 규칙에 규정되어 있는 공소장일본주의가 형
사소송법(제273조, 274조)이 예정하고 있는 공판준비절차에 우선할 수 없다는 것
이 그 이유이다. 그러나 그와 같은 제한은 규칙이 법률에 우선해서가 아니라 법
률의 합리적인 축소해석에 따른 결과라고 봄이 타당하다.

6. 공무소 등에 대한 조회

17   법원은 직권 또는 검사·피고인이나 변호인의 신청에 의하여 공무소 또는
공사단체公私團體에 조회하여 필요한 사항의 보고 또는 그 보관서류의 송부를 요
구할 수 있다(제272조 ①항). 예컨대, 교도소에 전과사실, 출소일자 등을 조회하는
경우를 들 수 있다. 이는 공판기일 전에 증거를 수집·정리하여 공판기일에 신
속한 심리가 이루어지도록 하기 위한 것이다. 법원은 공무소 등에 대한 조회신
청이 이유 있다고 판단하거나 직권으로 조회를 하는 경우에는 조회공문을 발송
하며, 조회신청이 부적법하거나 이유 없다고 판단하는 경우에는 결정으로 신청
을 기각한다(같은 조 ②항).

---

1) 신동운 870은 이때 제273조가 적용되지 않는 것으로 이해한다.
2) 비슷한 견해로 신동운 869.
3) 이은모/김정환 477; 이재상/조균석/이창온 36/9.
4) 신동운 871; 이창현 710 이하.

[37] 제 2 증거개시와 공판준비절차

[사례 16] 2005헌마396 전원재판부 결정

검사 A는 ○○아파트 재건축조합의 조합장인 피고인 甲이 ○○산업의 운영자인 B로부터 2002. 7.경부터 2004. 4.경까지 합계 144,000,000원 상당의 뇌물을 받았다는 것을 공소사실로 하여 甲을 도시 및 주거환경정비법 제84조에 따라 형법상 뇌물죄의 적용에 있어 공무원으로 보아, 2005. 1. 21. 특정범죄가중처벌 등에 관한 법률 위반(뇌물수수)죄로 기소하였다. 이후 A는 2005. 2. 16. 진행된 제1회 공판기일에서 공판중심주의에 따라 공판을 진행한다며 관련 수사기록을 제출하지 아니하였고, 같은 날 공판이 진행된 다음 甲의 변호인 C가 법원에 이 사건 수사기록에 대하여 인증등본 송부촉탁 신청을 하고, 이에 법원이 A에 대하여 송부촉탁을 명하였으나 이에 따르지 아니하였다. 또한 A는 그 후의 공판기일에서 변호인이 여러 차례에 걸쳐 이 사건 수사기록에 대하여 열람·등사를 요청하였음에도 이를 모두 거부하였다.

이에 변호인 C가 2005. 3. 19. 이 사건 수사기록에 대한 등사신청서를 작성하여 우송하고 2005. 3. 21. A가 이를 수령하였는데도 이에 대하여 아무런 조치가 없자, 甲은 변호인이 2005. 4. 1. 이 사건 수사기록의 열람·등사의 허가 여부를 문의한 데 대하여 A가 이를 거부하였다며, A가 한 이 사건 수사기록에 대한 열람·등사 거부처분에 대하여 2005. 4. 18. 그 위헌 확인을 구하는 이 사건 헌법소원심판을 청구하였다.

그러자 A는 2005. 4. 28. 이 사건 수사기록 중 청구인이 제출한 진술서 2부와 청구인에 대한 각 피의자신문조서 중 타인의 진술을 제외한 나머지 부분만을 등사하여 변호인에게 교부하고, 그 나머지 서류들에 대하여는 열람·등사를 거부하면서, '불허부분' 및 '불허이유'(사건관계인의 명예를 해할 우려 등 ① 내지 ⑧의 사유들이 인쇄되어 있음)로 정형화된 표의 '불허부분' 해당 난 중 ① '기록의 공개로 인하여 사건관계인의 명예나 사생활의 비밀 또는 생명·신체의 안전이나 생활의 평온을 해할 우려가 있음' 난에는 '피의자신문조서 등'으로, ⑧-가. '수사기관의 내부문서임' 난에는 '수사보고서 등'으로, ⑧-나. '관련사건의 수사에 현저한 지장을 초래할 우려가 있음' 난에는 '피의자신문조서, 진술조서 등'으로 기재하는 등 극히 개괄적인 방법으로 열람·등사 불허가통지서를 작성하여 변호인에게 송부하였다. 이러한 검사의 처분은 정당한가?

[주요논점] 1. 증거개시란 무엇이며 그 대상과 범위는 어떠한가?
2. 증거개시를 제한할 때의 사유와 그 절차는 어떠한가?
3. 증거개시에 관한 법원의 결정에 대하여 불복할 수 있는가?

[관련판례] 2012모1393

Ⅰ. 증거개시

1. 증거개시의 의의

1   증거개시開示란 소송의 당사자가 서로 가진 증거를 공판기일 전에 공개하여 공판에서의 방어준비에 충실하도록 하고 공판절차를 효율적으로 진행하도록 하는 절차를 말한다. 2007년의 개정법률은 검사와 피고인 간의 무기대등의 원칙을 통한 피고인의 방어권 보장을 실현하고 재판을 신속히 진행해 나갈 수 있도록 하기 위해서 증거개시제도를 도입하였다(제266조의3). 피고인 또는 변호인이 공소제기 후 검사가 보관하고 있는 서류나 물건 등을 열람·등사할 수 있는 근거를 마련하고 검사에게도 피고인 또는 변호인이 보관하는 서류나 물건을 열람·등사할 수 있도록 한 것이다.

2. 증거개시의 대상

(1) 검사의 증거개시 범위

2   (가) **원 칙**   검사의 증거개시 범위는 검사가 신청할 예정인 증거 이외에 피고인에게 유리한 증거까지 포함하는 전면적 개시를 원칙으로 한다.

3   (나) **대 상**   구체적인 증거개시의 대상으로는 먼저 1) 공소제기된 사건에 관한 서류 또는 물건의 목록이 있다(제266조의3 ①항). 이는 필수적인 개시대상이다(같은 조 ⑤항). 다음으로 2) 공소사실의 인정 또는 양형에 영향을 미칠 수 있는 서류 등이 개시대상이 되는데, i) 검사가 증거로 신청할 서류 등, ii) 검사가 증인으로 신청할 사람의 성명, 사건과의 관계 등을 기재한 서면 또는 그 사람이 공판기일 전에 행한 진술을 기재한 서류 등, iii) 서면 또는 서류 등의 증명력과 관련된 서류 등, iv) 피고인 또는 변호인이 행한 법률상·사실상 주장과 관련된 서류 등이 이에 해당한다(같은 조 ①항 1-4호). 여기서의 서류 등은 도면·사진·녹음테이프·비디오테이프·컴퓨터용 디스크, 그 밖에 정보를 담기 위하여 만들어진 물건으로서 문서가 아닌 특수매체를 포함한다. 다만 특수매체에 대한 등사는 필요한 최소한의 범위에 한한다(같은 조 ⑥항).

4   (다) **증거개시의 방법**   증거개시의 방법은 서류 등의 열람, 등사 또는 서면의 교부이다. 다만 변호인이 있는 피고인은 열람만이 가능하다(같은 조 ①항).

5   (라) **증거개시의 제한**   검사는 국가안보, 증인보호의 필요성, 증거인멸의

염려, 관련 사건의 수사에 장애를 가져올 것으로 예상되는 구체적인 사유 등 열람·등사 또는 서면의 교부를 허용하지 아니할 상당한 이유가 있다고 인정하는 때에는 열람·등사 또는 서면의 교부를 거부하거나 그 범위를 제한할 수 있다(같은 조 ②항). 검사가 증거개시를 제한할 때에는 지체 없이 그 이유를 서면으로 통지하여야 한다(같은 조 ③항).

그러나 검사는 증거개시를 제한하는 경우에도 서류 등의 목록에 대하여는   **6** 열람·등사를 거부할 수 없다(같은 조 ⑤항). 이는 비록 서류 등의 내용을 열람할 수 없더라도 검사에게 어떤 증거가 있는지를 확인할 수 있도록 함으로써 증거개시제도의 실효성을 확보하려는 규정이다. 그러나 검사에게 서류 등의 목록작성의무를 규정했던 애초의 개정안이 국회 법사위 논의과정에서 삭제됨으로써 이 규정의 실효성을 확보하기 어려워졌다.[1] 앞으로 보완이 필요한 부분이다.

(2) 피고인·변호인의 증거개시

(가) 제한적 개시   개정법률은 검사의 증거개시에 대응하여 검사와 피고인   **7** 측이 서로 균형을 이루도록 피고인 및 변호인의 증거개시를 규정하였다(제266조의11). 다만 검사의 증거개시가 원칙적으로 전면적 개시인 데 반하여 피고인측의 증거개시는 일정한 사유를 전제로 하는 제한적 개시라는 점에서 구별된다.

(나) 증거개시의 사유와 대상   검사는 피고인 또는 변호인이 공판기일 또   **8** 는 공판준비절차에서 현장부재·심신상실 또는 심신미약 등 법률상·사실상의 주장을 한 때에 피고인 또는 변호인에게 서류 등의 열람·등사 또는 서면의 교부를 요구할 수 있다(같은 조 ①항). 증거개시의 대상이 되는 서류 등은 검사의 경우와 같다(같은 항 1-4호).

(다) 증거개시의 거부   피고인 또는 변호인은 검사가 검사측의 서류 등에   **9** 대한 증거개시를 거부한 때에는 피고인측의 서류 등의 열람·등사 또는 서면의 교부를 거부할 수 있다. 다만, 피고인·변호인이 검사측의 증거개시를 허용하도록 신청한 데 대해 법원이 그 신청을 기각하는 결정을 한 때에는 그러하지 아니하다(같은 조 ②항).

3. 증거개시에 관한 법원의 결정

(1) 법원 결정의 신청   피고인 또는 변호인은 검사가 서류 등의 증거개시   **10** 를 거부하거나 그 범위를 제한한 때에는 법원에 그 서류 등의 증거개시를 허용

---

1) 법원행정처, 형사소송법 개정법률 해설, 2007, 81면.

하도록 할 것을 신청할 수 있다(제266조의4 ①항). 이에 대응하여 검사도 피고인 또는 변호인이 증거개시를 거부하면 법원에 그 서류 등의 열람·등사 또는 서면의 교부를 허용하도록 할 것을 신청할 수 있다(제266조의11 ③항).

11   **(2) 법원의 결정**   법원은 당사자의 신청이 있는 때에는 열람·등사 또는 서면의 교부를 허용하는 경우에 생길 폐해의 유형·정도, 피고인의 방어 또는 재판의 신속한 진행을 위한 필요성 및 해당 서류 등의 중요성 등을 고려하여 증거개시를 허용할 것을 명할 수 있다. 이 경우 열람 또는 등사의 시기·방법을 지정하거나 조건·의무를 부과할 수 있다(제266조의4 ②항). 법원이 이러한 결정을 하는 때에는 상대방에게 의견을 제시할 수 있는 기회를 부여하여야 한다(같은 조 ③항). 또한 법원은 필요하다고 인정하는 때에는 상대방에게 해당 서류 등의 제시를 요구할 수 있고, 증거개시의 신청인 등을 심문할 수 있다(같은 조 ④항).

12   **(3) 법원 결정의 효력**   증거개시에 관한 법원의 결정을 지체없이 이행하지 아니한 당사자는 해당 증인 및 서류 등에 대한 증거신청을 할 수 없다(같은 조 ⑤항). 법원의 증거개시 결정의 실효성을 담보하기 위한 규정이다.

4. 증거개시의 남용금지

13   피고인 또는 변호인이나 피고인 또는 변호인이었던 자는 검사가 증거개시에 의해 열람 및 등사하도록 한 서면 및 서류 등의 사본을 당해 사건 또는 관련 소송의 준비에 사용할 목적이 아닌 다른 목적으로 다른 사람에게 교부 또는 제시하여서는 안 된다. 전기통신설비를 이용하여 제공하는 것도 금지된다. 2007년의 개정법률은 증거개시의 남용을 방지하기 위해 이러한 규정을 마련하고 이를 위반하는 때에는 1년 이하의 징역 또는 500만원 이하의 벌금에 처하도록 하고 있다(제266조의16).

Ⅱ. 공판준비절차

1. 의   의

14   **(1) 개념과 취지**   재판장은 공판기일의 효율적이고 집중적인 심리를 위해 사건을 공판준비절차에 부칠 수 있다(제266조의5 ①항). 넓은 의미의 공판준비 중에서 이와 같이 법원이 특히 형식적으로 공판준비절차에 부치는 경우를 좁은 의미의 공판준비절차라 할 수 있다. 공소가 제기된 사건은 피고인이 자백한 사

건과 당사자가 복잡한 쟁점을 두고 다투는 사건 등 다양한데, 각 사건의 특성에 따라 효율적으로 공판절차를 진행하기 위해서는 사전에 준비절차를 거칠 필요가 있다. 이러한 필요에서 개정법률은 사건의 심리방향을 설정하기 위해 쟁점을 정리하고 당사자의 주장 및 입증계획 등을 준비하게 하거나 이를 위해 공판준비기일을 열 수 있는 근거규정을 마련하였다. 그리고 그 실효성을 확보하기 위해 검사, 피고인 또는 변호인에게 증거를 미리 수집·정리하는 등 공판준비절차가 원활하게 진행될 수 있도록 협력하여야 할 의무를 규정하였다(같은 조 ③항).

(2) **공판준비절차의 유형**　　공판준비절차에는 주장 및 입증계획 등을 서면　**15** 으로 준비하게 하는 경우와 공판준비기일을 열어 진행하는 경우의 두 가지 유형이 있다(같은 조 ②항). 이러한 형식적 공판준비절차는 법원이 필요하다고 인정하는 경우에 거칠 수 있는 임의적 절차이지만 국민참여재판에서는 반드시 거쳐야 하는 필수적 절차이다(참여재판법 제36조 ①항).

2. 서면제출에 의한 공판준비

(1) **당사자의 서면제출**　　검사, 피고인 또는 변호인은 법률상·사실상 주장　**16** 의 요지 및 입증취지 등이 기재된 서면을 법원에 제출할 수 있다(제266조의6 ① 항). 또한 재판장이 검사, 피고인 또는 변호인에 대하여 위의 서면을 제출하도록 명할 수도 있다(같은 조 ②항).

(2) **법원의 처분**　　법원은 당사자의 서면이 제출된 때에는 그 부본을 상대　**17** 방에게 송달하여야 하며(같은 조 ③항), 재판장은 검사, 피고인 또는 변호인에게 공소장 등 법원에 제출된 서면에 대한 설명을 요구하거나 그 밖에 공판준비에 필요한 명령을 할 수 있다(같은 조 ④항).

3. 공판준비기일의 공판준비

법원은 사건의 쟁점을 파악하고 양 당사자의 입증계획을 미리 받아 공판절　**18** 차에서 효율적이고 집중적인 심리를 진행하기 위해 공판준비기일을 열어 진행할 수 있다(제266조의7).

(1) **공판준비기일의 지정**　　효율적인 공판준비기일의 운영을 위해서는 당사　**19** 자의 협력이 필수적이므로 법원은 공판준비기일을 지정할 때 검사, 피고인 또는 변호인의 의견을 들어 지정한다(같은 조 ①항). 또한 검사, 피고인 또는 변호인은 법원에 대하여 공판준비기일의 지정을 신청할 수 있다. 이 경우 당해 신청에 관

한 법원의 결정에 대하여는 불복할 수 없다(같은 조 ②항).

20   **(2) 당사자의 출석**   공판준비기일에 검사 및 변호인의 출석은 필수요건이며, 이를 위해 법원은 검사, 피고인 및 변호인에게 공판준비기일을 통지하여야한다(제266조의8 ①·③항). 또한 법원은 공판준비기일이 지정된 사건에 관하여 변호인이 없는 때에는 직권으로 변호인을 선정하여야 한다(같은 조 ④항). 피고인의 출석은 임의사항으로, 법원이 필요하다고 인정하는 때에 피고인을 소환할 수 있으며, 피고인은 법원의 소환이 없는 때에도 공판준비기일에 출석할 수 있다(같은 조 ⑤항). 피고인이 출석하면 재판장은 피고인에게 진술을 거부할 수 있음을 알려주어야 한다(같은 조 ⑥항).

21   **(3) 공판준비기일의 절차**   공판준비기일은 공개진행을 원칙으로 하되, 공개하는 것이 절차의 진행을 방해할 우려가 있는 때에는 비공개로 진행할 수 있다(제266조의7 ④항). 법원은 합의부원으로 하여금 공판준비기일을 진행하게 할 수 있으며, 이 경우 수명법관은 공판준비기일에 관하여 법원 또는 재판장과 동일한 권한이 있다(같은 조 ③항). 그리고 공판준비기일에는 법원사무관 등이 참여한다(제266조의8 ②항).

22   **(4) 공판준비기일 결과의 확인**   법원은 공판준비기일을 종료하는 때에는 검사, 피고인 또는 변호인에게 쟁점 및 증거에 관한 정리결과를 고지하고, 이에 대한 이의의 유무를 확인하여야 한다(제266조의10 ①항). 또한 법원은 쟁점 및 증거에 관한 정리결과를 공판준비기일조서에 기재하여야 한다(같은 조 ②항).

4. 공판준비에 관한 사항

23   서면제출이나 공판준비기일에 의한 공판준비절차에서 할 수 있는 공판준비의 행위는 다음과 같은 사항이다(제266조의9 ①항).

24   **(1) 공소장의 보완과 변경**   법원은 검사에게 1) 공소사실 또는 적용법조를 명확하게 하는 행위와 2) 공소사실 또는 적용법조의 추가·철회 또는 변경을 허가하는 행위를 할 수 있다(같은 항 1·2호).

25   **(2) 쟁점의 정리**   법원은 검사, 피고인 및 변호인에 대하여 공소사실과 관련하여 주장할 내용을 명확히 하여 사건의 쟁점을 정리하도록 할 수 있으며, 그 밖에 공소사실에 포함된 수치의 계산 내용이나 복잡한 내용에 관하여 설명하도록 할 수 있다(같은 항 3·4호).

26   **(3) 증거의 신청 및 증거결정**   법원은 공판준비절차에서 당사자에게 증거

신청을 하도록 하는 행위, 신청된 증거와 관련하여 입증 취지 및 내용 등을 명확하게 하는 행위, 증거신청에 관한 의견을 확인하는 행위, 증거의 채부採否, 즉 증거채택의 여부를 결정하는 행위, 그리고 증거조사의 순서 및 방법을 정하는 행위(같은 항 5-9호)를 할 수 있다.

(4) 기 타 그 밖에 법원은 당사자의 증거개시와 관련한 결정, 즉 서류 **27** 등의 열람 또는 등사와 관련된 신청의 당부를 결정하는 행위를 할 수 있으며(같은 항 10호), 공판기일을 지정 또는 변경하는 행위와 기타 공판절차의 진행에 필요한 사항을 정하는 행위를 할 수 있다(같은 항 11·12호).

(5) **공판준비사항에 대한 이의신청** 공판준비절차에서 이루어지는 증거조 **28** 사에 대해서도 당사자는 이의신청을 할 수 있다(제266조의9 ②항, 296조 ①항). 또한 검사, 피고인 및 변호인은 공판준비절차에서의 재판장의 처분에 대해 이의신청을 할 수 있으며, 재판장은 이의신청에 대해 결정을 하여야 한다(제266조의9 ②항, 304조).

5. 공판준비절차의 종결

(1) **종결의 사유** 법원은 1) 쟁점 및 증거의 정리가 완료된 때에는 공판준 **29** 비절차를 종결하여야 한다(제266조의12 1호). 또한 2) 사건을 공판준비절차에 부친 뒤 3개월이 지난 때와 3) 검사·변호인 또는 소환받은 피고인이 출석하지 아니한 때에도 공판준비절차를 종결하여야 하지만(같은 조 2·3호), 이 경우 공판의 준비를 계속하여야 할 상당한 이유가 있는 때에는 그러하지 아니하다(같은 조 단서).

(2) **종결의 효과** 개정법률은 공판준비절차에 관한 규정을 신설하면서 공 **30** 판준비절차의 실효성을 담보하기 위해 실권효 규정을 신설하였다. 즉 공판준비기일에서 신청하지 못한 증거는 1) 그 신청으로 인하여 소송을 현저히 지연시키지 아니하는 때와 2) 중대한 과실 없이 공판준비기일에 제출하지 못하는 등 부득이한 사유를 소명한 때에 한하여 공판기일에 신청할 수 있다(제266조의13 ①항). 다만 법원은 실체적 진실발견을 위하여 이에 구애받지 않고 공판절차에서 직권으로 증거를 조사할 수 있다(같은 조 ②항).

(3) **공판준비기일의 재개와 기일간 공판준비절차** 법원은 필요하다고 인정 **31** 하는 때에는 직권 또는 당사자의 신청에 의하여 결정으로 종결한 공판준비기일을 재개할 수 있다(제266조의14, 305조). 또한 법원은 쟁점 및 증거의 정리를 위하여 필요한 경우에는 제1회 공판기일 후에도 사건을 공판준비절차에 부칠 수 있

다(제266조의15).

제 3 절   공판정의 심리

공판의 준비가 끝나면 법원은 공판기일에 공판정에서 피고사건에 대한 심리를 행한다(제275조 ①항). 공판정이란 공판을 행하는 법정을 말하며, 법원에서 개정하는 것이 원칙이다(법조법 제56조 ①항). 공판정의 심리를 위해서는 공판정이 구성되어야 하며, 재판장의 소송지휘가 필요하다. 공판정을 구성하는 것은 물리적 공간의 구성을 의미하는 것이 아니라 소송의 당사자가 출석하여 소송이 가능한 구조를 형성하는 것을 말한다. 공판정이 구성되면 재판장은 공판기일의 절차를 개시하는데, 공판기일의 절차는 크게 모두절차, 사실심리절차, 판결의 선고절차로 구별된다.

[38] 제 1 공판정의 구성

Ⅰ. 피고인의 출석

1. 피고인의 출석권

1   (1) 출석의 권리와 의무   피고인이 공판기일에 출석하지 않으면 특별한 규정이 없는 한 개정하지 못한다(제276조). 피고인이 공판정에 출석하는 것은 피고인의 의무일 뿐만 아니라 권리이기도 하다. 출석한 피고인은 재판장의 허가 없이 퇴정하지 못하는 재정在廷의무도 있다(제281조 ①항).

2   (2) 신뢰관계에 있는 자의 동석   재판장 또는 법관은 피고인을 신문할 때 1) 피고인이 신체적 또는 정신적 장애로 사물을 변별하거나 의사를 결정·전달할 능력이 미약한 경우, 2) 피고인의 연령·성별·국적 등의 사정을 고려하여 그 심리적 안정의 도모와 원활한 의사소통을 위하여 필요한 경우에는 직권 또는 피고인·법정대리인·검사의 신청에 따라 피고인과 신뢰관계에 있는 자를 동석

하게 할 수 있다(제276조의2 ①항). 2007년의 개정법률이 장애인 등 특별히 보호가 필요한 피고인을 위해 신설한 규정이다. 여기서 신뢰관계에 있는 자란 피고인의 배우자, 직계친족, 형제자매, 가족, 동거인, 고용주 그 밖에 피고인의 심리적 안정과 원활한 의사소통에 도움을 줄 수 있는 자를 말한다(규칙 제126조의2 ①항). 신뢰관계자가 동석을 신청할 때에는 동석하고자 하는 자와 피고인 사이의 관계, 동석이 필요한 사유 등을 밝혀야 하고, 피고인과 동석한 신뢰관계에 있는 자는 재판의 진행을 방해하여서는 아니 되며, 재판장은 동석한 신뢰관계 있는 자가 부당하게 재판의 진행을 방해하는 때에는 동석을 중지시킬 수 있다(같은 조 ②·③항).

2. 피고인출석의 예외

(1) 피고인이 의사무능력자이거나 법인인 경우

(가) **피고인이 의사무능력자인 경우**　형법의 제9조 내지 제11조의 책임능력에 관한 규정이 적용되지 않는 사건의 피고인이 의사무능력자인 경우에는 법정대리인 또는 직권 혹은 검사의 청구에 의한 특별대리인이 출석한 경우에는 피고인의 출석이 요구되지 않는다(제26조, 28조). 이들 법정대리인 또는 특별대리인의 출석은 공판개정의 요건이 된다. 또 치료감호법상 치료감호가 청구된 자가 형법 제10조 ①항에 의한 심신장애로 감호청구사건의 공판기일에 출석이 불가능한 경우 법원은 피치료감호인의 출석 없이 공판을 개정할 수 있다(치료감호법 제9조). **3**

(나) **피고인이 법인인 경우**　법인은 소송행위를 할 수 없으므로 대표자 또는 특별대리인이 출석한다(제27조 ①항, 28조). 대리인이 출석해도 무방하다(제276조 단서). 다만 대리인이 공판기일에 출석하는 경우에는 대리권을 증명할 서면을 법원에 제출하여야 한다(규칙 제126조). **4**

(2) 경미한 사건 등의 경우

(가) **벌금 또는 과료에 해당하는 사건**　법정형이 최고 500만원 이하의 벌금 또는 과료에 해당되는 사건의 공판에는 피고인의 출석을 요하지 않고 대리인이 출석할 수 있다(제277조 1호). 그렇다고 피고인에게 출석권이 배제되는 것은 아니다. 단지, 법원이 피고인을 소환하면 피고인이 대리인을 출석시킬 수 있는 권리를 누린다는 것이다. **5**

(나) **피고인의 신청에 의한 불출석**　장기 3년 이하의 징역 또는 금고, 다 **6**

액 500만원을 초과하는 벌금 또는 구류에 해당하는 사건에서 피고인의 불출석 허가신청이 있고 법원이 피고인의 불출석이 그의 권리를 보호함에 지장이 없다고 인정하여 이를 허가한 사건에서도 피고인의 출석 없이 개정할 수 있다. 다만 이 경우에도 피고인은 자신에 대한 인정신문(제284조)과 판결을 선고하는 공판기일에는 출석하여야 한다(제277조 3호). 2007년의 개정법률이 피고인의 편의를 도모하기 위해 신설한 규정이다. 불출석허가신청은 공판기일에 출석하여 구술로 하거나 공판기일 외에서 서면으로 할 수 있다(규칙 제126조의3 ①항). 법원은 피고인의 불출석허가신청에 대한 허가 여부를 결정하여야 하며, 피고인의 불출석을 허가한 경우에도 피고인의 권리보호 등을 위하여 그 출석이 필요하다고 인정되는 때에는 불출석 허가를 취소할 수 있다(같은 조 ②·③항).

7 　　(대) **피고인만 정식재판을 청구하여 판결을 선고하는 사건**　　이 경우에도 피고인의 출석 없이도 판결을 선고할 수 있다(제277조 4호). 약식명령에 대해 피고인만 정식재판을 청구한 사건에서 법원이 심리 후 판결선고기일을 따로 잡을 경우 피고인의 출석부담을 경감하기 위해 2007년의 개정법률이 신설한 규정이다.

8 　　(래) **즉결심판사건**　　즉결심판사건에서 벌금이나 과료를 선고하는 경우에도 피고인의 출석이 요구되지 않는다(즉심법 제8조의2 ①항).

　　(3) 재판결과가 피고인에게 유리할 것이 확실한 경우

9 　　(가) **공소기각이나 면소의 재판**　　공소기각(제327조, 328조)이나 면소(제326조)의 재판을 할 것이 명백한 경우에는 피고인의 출석을 요하지 않고, 대리인을 출석하게 할 수 있다(제277조 2호).

10 　　(나) **심신상실 또는 질병의 상태하에 있는 피고인에 대한 무죄판결**　　피고인에게 사물의 변별능력 또는 의사결정능력이 없는 경우, 피고인이 질병으로 출정할 수 없는 경우에는 공판절차를 정지하여야 한다(제306조). 그러나 피고인에게 무죄·면소·형의 면제·공소기각의 재판을 할 것이 명백한 때에는 피고인이 출석하지 않아도 된다(같은 조 ④항). 피고인에게 절대적으로 유리한 재판이기 때문이다.

　　(4) 피고인이 퇴정하거나 퇴정명령을 받은 경우

11 　　(가) **퇴정명령과 무단퇴정**　　피고인이 재판장의 허가 없이 퇴정하거나 재판정의 질서유지를 위해 퇴정명령을 받은 경우에는 피고인의 진술 없이 판결할 수 있다(제330조). 그러나 이 경우 공판심리, 증거사용의 허용 여부와 그 범위에 관하여 의견대립이 있다.

1) **방어권남용설** 판례가 취하는 견해로, 피고인이 재판장의 허가 없이 **12** 퇴정하거나 재판장의 적법한 퇴정명령에 의하여 퇴정당한 경우는 피고인측이 방어권을 남용한 상황이므로 법원은 제330조를 적용해야 한다고 한다. 따라서 i) 판결뿐만 아니라 심리도 피고인의 출석 없이 할 수 있으며,1) ii) 제318조 ② 항의 규정상 피고인의 진의와 관계없이 제318조 ①항의 동의가 있는 것으로 간 주해야 한다고 본다. 따라서 피고인이 증거동의하지 않은 검사측의 증거를 사용 하여 유죄를 인정할 수 있게 된다(91도865; 2007도5776).

2) **공정성설** 피고인이 허가 없이 퇴정하거나 재판장의 적법한 퇴정명령 **13** 에 의하여 퇴정당한 경우 제330조가 적용된다고 보는 점은 방어권남용설과 같 다. 다만 i) 판결, 증거조사 그리고 최종변론 등은 피고인의 출석 없이 할 수 있 으나, ii) 형사재판의 공정이라는 관점에서 피고인의 퇴정을 반대신문권의 포기 로 보아서는 안 된다는 것이 차이점이다. 따라서 제318조 ②항에 의한 증거동의 의 의제는 인정되지 않는다.2)

3) **결 론** 피고인의 무단퇴정이나 퇴정명령이 내려지는 상황은 피고인이 **14** 재판의 공정성에 회의를 품는 경우가 대부분이다. 따라서 제318조 ②항에 의한 증거동의를 의제하는 것은 지나치다. 공정성설이 피고인을 보호할 수 있는 타당 한 해석이다.

(나) **일시퇴정** 재판장은 증인 또는 감정인이 피고인 앞에서 충분한 진술 **15** 을 할 수 없다고 판단될 때에는 피고인에게 일시퇴정을 명령할 수 있다(제297조 ①항). 이 경우 증인이나 감정인, 공동피고인의 진술이 끝난 후에는 피고인을 입 정시켜 공판을 진행할 때 법원사무관 등으로 하여금 진술요지를 고지하게 하여 야 한다(같은 조 ②항). 이러한 경우에도 피고인에게 실질적인 반대신문의 기회를 부여하지 아니한 채 피고인의 반대신문권을 배제하는 것은 허용될 수 없다(2009 도9344; 2011도15608). 성폭력피해자의 증인신문에 그와 신뢰관계에 있는 자가 동 석하는 경우(성폭력처벌법 제34조 ①항)에도 피고인을 일시퇴정시키면 방어권의 현 저한 제한이 발생하므로, 그 경우에는 제297조 ①항의 적용을 제한할 필요가 있다.

(5) **피고인이 출석하지 않는 경우**

(가) **피고인의 소재를 확인할 수 없는 때** 소송촉진법 제23조에 의하면, **16** 제1심 공판절차에서 피고인에 대한 송달불능보고서가 접수된 때로부터 6개월이

---

1) 김기두 259; 이은모/김정환 493; 이재상/조균석/이창온 37/11.
2) 배종대/홍영기 [39] 9; 이창현 734.

경과하도록 피고인의 소재를 확인할 수 없는 때에는 피고인의 진술 없이 재판할 수 있다. 다만 사형, 무기 또는 장기 10년이 넘는 징역이나 금고에 해당하는 사건의 경우에는 그러하지 아니하다.

17		이 규정에 대해서는 피고인에게 귀책사유가 있는지를 고려하지 않고 소송경제만을 이유로 불출석재판을 허용하는 것이 헌법의 '재판받을 권리'(헌법 제27조)에 대한 중대한 침해를 가져온다는 비판이 있었고,[1] 헌법재판소는 이 규정에 대해 위헌결정을 하였다(97헌바22). 그에 따라 같은 법 제23조의2를 신설하여 소재불명 상태에서 불출석재판으로 유죄판결이 확정된 자가 책임질 수 없는 사유로 출석할 수 없었던 경우에는 제1심 법원에 재심을 청구할 수 있도록 하였다. 그러나 이러한 법개정이 헌법재판소의 결정취지를 제대로 반영한 것인지 의문이다.

18		(나) **구속된 피고인의 출석거부**		구속된 피고인이 정당한 사유 없이 출석을 거부하고, 교도관에 의한 인치引致가 불가능하거나 현저히 곤란하다고 인정되는 때에는 피고인의 출석 없이 공판절차를 진행할 수 있다(제277조의2 ①항). 이 경우에는 출석한 검사 및 변호인의 의견을 들어야 한다(같은 조 ②항). 이 규정은 피고인의 출석거부의사가 명확하게 확인되지 않을 경우 남용의 여지가 있다. 그래서 형사소송규칙은 이 규정의 남용을 막기 위한 장치를 두고 있다. 즉, 피고인이 출석거부를 할 경우 교도소장은 그 취지를 즉시 법원에 통지하여야 하고(규칙 제126조의4), 법원은 피고인의 출석거부로 인하여 피고인의 출석 없이 공판절차를 진행하고자 하는 경우에는 미리 그런 사유가 존재하는가의 여부를 조사하여야 한다(규칙 제126조의5 ①항). 이 조사는 출석거부사유가 정당한 것인지 여부뿐만 아니라 교도관에 의한 인치가 불가능하거나 현저히 곤란하였는지 여부도 포함하여야 한다(2001도114). 또한 피고인의 출석거부로 인하여 피고인의 출석 없이 공판절차를 진행하는 경우 재판장은 공판정에서 소송관계인에게 그 취지를 고지하여야 한다(규칙 제126조의6).

19		(다) **항소심의 특칙**		항소심에서 피고인이 공판기일에 출정하지 아니한 경우 다시 공판기일을 정하여야 한다. 그러나 피고인이 다시 정한 기일에 정당한 사유 없이 출정하지 않으면 피고인의 진술 없이 재판을 진행할 수 있다(제365조 ①·②항). 이때 불출석의 책임을 피고인에게 귀속시키려면 피고인이 적법한 공판기일소환장을 받고도 정당한 사유 없이 2회 이상 연속하여 출정하지 않아야 한다(2019도5426; 2022도7940 등).

---

1) 강구진 344.

[2011도16166] 정식재판청구사건과 피고인의 불출석

형사소송법 제370조, 제276조에 의하면 항소심에서도 공판기일에 피고인의 출석 없이는 개정하지 못하나, 같은 법 제365조가 피고인이 항소심 공판기일에 출석하지 아니한 때에는 다시 기일을 정하고, 피고인이 정당한 사유 없이 다시 정한 기일에도 출석하지 아니한 때에는 피고인의 진술 없이 판결할 수 있도록 정하고 있으므로 피고인의 출석 없이 개정하려면 불출석이 2회 이상 계속된 바가 있어야 한다.

피고인들이 제1회 공판기일에 불출석하였으나 제2회 공판기일에는 출석하였으므로 원심으로서는 피고인들이 제3회 공판기일에 불출석하였다고 하여 바로 개정할 수 없고 제4회 공판기일을 다시 정하여 제4회 공판기일에도 불출석한 때 비로소 피고인들의 출석 없이 개정할 수 있다고 할 것인데, 원심이 피고인들의 출석 없이 제3회 공판기일을 개정한 것은 위법이라고 한 사례.

　　(라) **정식재판청구사건의 특칙**　　제365조의 규정은 정식재판절차의 공판기　**20** 일에 정식재판을 청구한 피고인이 출석하지 아니한 경우에 이를 준용한다(제458조 ②항). 따라서 정식재판절차의 공판기일에 정식재판을 청구한 피고인이 출석하지 아니한 경우 다시 기일을 정하여야 하고, 그 피고인이 정당한 사유 없이 다시 정한 기일에 출정하지 아니한 때에는 피고인의 진술 없이 판결을 할 수 있다(2011도16166).

　　(6) **상고심의 경우**　　상고심의 공판기일에는 피고인의 출석을 요하지 아니　**21** 한다(제389조의2). 이에 대한 이유로 보통 상고심은 법률심이기 때문에 변호사만이 변론할 수 있다는 것을 든다.[1] 그러나 그보다는 상고심은 사후심으로서 서면심리원칙이 지배하므로 피고인의 변론이 필요 없다는 데서 그 이유를 찾는 것이 타당하다. 그러나 상고심에서도 사실오인에 대한 판단을 할 수 있으므로 (제383조 4호) 극히 드문 예이긴 하지만 상고심에서도 피고인의 출석을 명령할 수 있다.

II. 검사와 변호인의 출석

1. 검사의 출석

검사의 출석은 공판개정의 요건이다(제275조 ②항). 검사의 출석 없이 개정　**22**

---

1) 신동운 879; 이은모/김정환 492 이하; 이재상/조균석/이창온 37/17; 이창현 732.

한 때에는 소송절차에 관한 법령위반에 해당되고(66도276), 항소나 상고이유가 된다(제361조의5 1호, 제383조 1호). 그러나 검사가 공판기일의 통지를 2회 이상 받고도 출석하지 아니한 때에는 검사의 출석 없이 개정할 수 있다(제278조 전단). 이때 재판장은 공판정에서 소송관계인에게 그 취지를 고지하여야 한다(규칙 제126조의6). 이는 검사의 불출석으로 인한 공판절차의 지연을 방지하기 위함이다. 2회에 걸쳐 출석하지 않은 때에는 그 2회의 공판기일에 바로 개정할 수 있다. 또한 판결만을 선고하는 때에는 검사의 출석 없이 개정할 수 있다(제278조 후단).

[66도1710] 검사의 불출석과 공판정의 기일고지

검사는 원심에서 1966. 8. 18 의 공판기일의 통지를 받고 출석하지 아니하였고, 또 두번째로 1966. 10. 20 의 공판기일의 통지를 받고도 출석하지 아니한 사실이 명백하므로, 원심이 형사소송법 제278조에 의하여 위 1966. 10. 20 의 공판기일을 검사의 출석 없이 개정하였다하여, 위법하다 할 수 없고 합법적인 기일소환 내지 통지 아래 적법히 개정된 동 공판에서 다음 기일을 1966. 11. 10 오전 9시라고 고지한 이상 그 기일고지는 출석을 명령받은 소송관계인 전원에 대하여 그 현실의 출석 여부를 불문하고, 효력이 있다 할 것이며, 기일을 해태한 검사에게 별도로 공판기일통지를 하여야 하는 것은 아니므로, 원심 소송절차에 법령위반의 잘못이 있다고 할 수 없다.

2. 변호인 등의 출석

23　　(1) **원 칙**　변호인·보조인 등은 소송주체가 아니므로 이들의 출석은 공판개정의 요건이 아니다. 따라서 변호인이 공판기일통지를 받고 출석하지 않은 때에는 변호인의 출석 없이 개정할 수 있다.

24　　(2) **필요적 변호사건의 예외**　다만 필요적 변호사건(제33조, 282조)의 경우에 변호인의 출석은 공판개정의 요건이 된다. 필요적 변호사건에서 변호인이 출석하지 않은 때에는 법원은 직권으로 변호인을 선정하여야 한다(제283조).[1] 그러나 판결만을 선고하는 경우에는 예외로 한다(제282조 단서).

---

1) 90도1571: "필요적 변호사건의 사선변호인에 대한 기일통지를 하지 아니함으로써 사선변호인의 출석 없이 제1회 공판기일을 진행하였더라도, 그 공판기일에 국선변호인이 출석하였다면 변호인 없이 재판한 잘못이 있다 할 수 없고 또한 사선변호인이 제2회 공판기일부터는 계속 출석하여 변호권을 행사하였다면 사선변호인으로부터 변호받을 수 있는 기회가 박탈되었다거나 사선변호인의 변호권을 제한하였다 할 수 없다."

(3) 변호인의 임의퇴정 등의 경우　필요적 변호사건에서 변호인이 재판장의 **25**
허가 없이 퇴정하거나, 재판장의 퇴정명령을 받은 경우 제330조와 제318조 ②
항을 유추적용할 수 있는지에 대해 다음과 같은 견해가 있다.

(가) 적극설　판례는 변호인이 재판장의 허가 없이 임의로 퇴정한 것은 방 **26**
어권의 남용 내지 변호권의 포기로 보아야 한다고 한다. 그러므로 제330조를 유
추적용하여 변호인의 재정在廷 없이도 심리할 수 있고, 이 경우 제318조 ②항도
적용되어 제318조 ①항에 의한 증거동의의 의제도 이루어진다고 한다(90도646;
91도865).

(나) 소극설　피고인에게 불리한 방향으로 제330조를 유추적용하는 것을 **27**
허용해서는 안 된다는 견해이다. 따라서 변호인이 임의로 퇴정한 경우 법원은
국선변호인을 직권으로 선정할 수 있고(제283조), 또한 필요적 변호사건(제282조)
을 변호인 없이 심리하는 것은 적법절차에도 위배된다는 점에서 변호인 없는
심리는 위법하다고 한다.[1]

(다) 결 론　소극설이 타당하다. 적극설에 따라 제330조의 유추적용을 허 **28**
용하더라도 제330조가 공판절차나 증거 편에 규정되어 있지 않고 제3장 제3절
재판 편에 규정되어 있음을 고려해야 할 필요가 있다. 따라서 피고인의 경우와
마찬가지로 심리가 끝난 경우에만 제330조에 대한 유추적용을 허용하는 것이
타당하다(제한적 적극설).

[91도865] 필요적 변호사건과 변호인의 임의퇴정

가. 필요적 변호사건이라 하여도 피고인이 재판거부의 의사를 표시하고 재판장의 허
가 없이 퇴정하고 변호인마저 이에 동조하여 퇴정해 버린 것은 모두 피고인측의 방
어권의 남용 내지 변호권의 포기로 볼 수밖에 없는 것이므로 수소법원으로서는 형사
소송법 제330조에 의하여 피고인이나 변호인의 재정 없이도 심리판결 할 수 있다.
나. 위 '가'항과 같이 피고인과 변호인들이 출석하지 않은 상태에서 증거조사를 할
수밖에 없는 경우에는 형사소송법 제318조 ②항의 규정상 피고인의 진의와는 관계
없이 형사소송법 제318조 ①항의 동의가 있는 것으로 간주하게 되어 있다.

---

1) 이창현 736.

III. 공판정의 좌석 및 신체구속금지

29   공판정에서 소송에 참여하는 소송관계인들의 역학관계와 상호작용은 법관
의 사실인식에 일정한 영향을 미친다. 따라서 소송당사자가 대등한 변론활동을
할 수 있는 기본적 환경의 조성이 필요하다. 이러한 점에서 개정법률은 소송 당
사자의 좌석에 관한 규정을 개정하였다. 이와 더불어 형사소송법이 공판정에서
피고인의 신체를 구속하지 못하도록 규정한 것도 피고인의 소송당사자로서의
지위를 보장하기 위한 것이다.

1. 공판정의 좌석

30   **(1) 당사자의 좌석**   검사의 좌석과 피고인 및 변호인의 좌석은 대등하며,
법대의 좌우측에 마주 보고 위치한다. 다만 피고인신문을 하는 때에는 피고인은
증인석에 좌석한다(제275조 ③항). 이는 2007년의 개정법률이 공판중심주의적 심
리와 피고인의 지위보호를 위해 마련한 규정이다. 이전에는 검사와 변호인의 좌
석은 서로 마주보고 피고인의 좌석은 재판장의 정면에 위치하도록 규정하고 있
었다. 그러나 이는 검사와 피고인이 대등한 당사자라는 형사소송법의 이념에 반
할 뿐 아니라 형사소송절차의 한 당사자인 피고인이 절차의 객체 또는 신문의
대상으로 인식되도록 하는 문제점이 있었고, 변호인과의 좌석이 떨어져 있어 변
호인의 조력을 실질적으로 받기 어렵다는 문제점이 있었다. 이러한 문제점을 개
정법률은 개선하고자 한 것이다.[1]

31   **(2) 증인의 좌석**   증인의 좌석은 법대의 정면에 위치한다(제275조 ③항). 종
래에는 증인의 좌석에 대한 소송법의 규정이 없었으나 개정법률이 피고인의 좌
석에 대한 규정을 개정하면서 이에 상응하게 증인의 좌석에 대한 규정을 마련
하였다.

2. 공판정에서 신체구속의 금지

32   공판정에서는 피고인의 신체를 구속하지 못한다. 다만, 재판장은 피고인이
폭력을 행사하거나 도망할 염려가 있다고 인정하는 때에는 피고인의 신체의 구
속을 명하거나 기타 필요한 조치를 할 수 있다(제280조). 공판정에서 피고인이
죄수복을 입고 포승 등으로 결박되어 있는 모습은 무죄추정의 원칙에 반할 뿐

---

1) 법원행정처, 형사소송법 개정법률 해설, 2007, 104면 이하.

아니라, 법관의 사실인정에서 피고인에게 불리한 심증을 형성할 수 있다. 그러므로 공판정에서 피고인은 상대방인 검사와 동등한 지위에서 변론할 수 있도록 좌석이 대등할 뿐 아니라 외양에서도 대등하여야 한다. 이를 위해 신체구속이 금지되어야 하고 더 나아가 죄수복의 착용도 금지되어야 한다.1) 다만 위험방지와 질서유지를 위해 불가피한 때에는 필요한 조치를 취해야 하지만, 그 경우에도 신체구속은 최후수단이 되어야 한다.

[39] 제 2 소송지휘권

I. 소송지휘권의 의의

1. 개 념

소송지휘권은 소송절차를 질서 있게 유지하고 소송진행을 순조롭게 하기 **1** 위한 법원의 합목적적인 활동권한을 말한다. 소송지휘권은 원래 법원이 갖는 것이지만, 공판기일에는 소송의 신속, 효율적인 진행을 위해 재판장에게 부여한다 (제279조). 소송지휘권은 법률에 의해 개별소송의 재판장에게 주어지는 것이 아니라, 사법권에 포함되는 본질적 권한이다. 사법권의 보편적 원리에 의한 법원의 고유권이라고 할 수 있다.2) 따라서 공판기일에 재판장이 소송지휘권을 행사하는 것은 법원이 소송지휘권을 포괄적으로 위임하는 것이라고 할 수 있다.

2. 법정경찰작용에 대한 구별

법정경찰권은 공판정의 질서를 유지하고 심리와 재판을 방해하는 행위를 **2** 방지하기 위한 권력작용이다. 법정경찰작용은 넓은 의미의 소송지휘에 속한다고 볼 수 있다. 특히 법정경찰작용이 피고인이나 변호인에게 이루어지는 경우에는 소송지휘와 분리할 수 없게 된다. 다만 소송지휘권은 피고사건의 실체심리와

---

1) 현행규정에 의하면 구속재판 중인 피고인이 공판정에서 죄수복이 아닌 사복을 착용할 수 있다고 할 뿐, 죄수복 착용을 금지하는 것은 아니기 때문에 구속재판 중인 대부분의 피고인이 죄수복을 착용하고 공판정에 출석한다. 이는 여러 가지 사정이 있지만 법관이 양형에서 불리한 심증을 가질지 모른다는 염려에서 그러한 경우도 있다. 즉 사복을 착용하면 범죄 후 뉘우치지 않는다는 인상을 줄 수 있다는 것이다. 제도적 개정이 요구된다.
2) 강구진 331; 이재상/조균석/이창온 37/58; 이창현 738; 정영석/이형국 282.

직접 관계가 있는 재판작용의 하나인 반면, 법정경찰은 사건의 실체와 관계없이 법정의 질서유지만을 목적으로 하는 일종의 사법행정작용이라는 점에서 구별된다.1)

Ⅱ. 소송지휘권의 내용

3　　　소송지휘권은 재판장의 소송지휘권과 법원의 소송지휘권으로 나눌 수 있다. 또한 소송지휘권은 공판기일의 지정과 휴정 등 공판진행의 절차적 사항에 관한 것과 각종 신문이나 변론의 제한 등 사건의 심리 자체에 관한 것으로 나눌 수 있다.

1. 재판장의 소송지휘권

4　　　공판기일의 소송지휘권은 재판장에게 있다(제279조). 그 주된 내용으로는 공판기일의 지정·변경(제267조, 270조), 인정신문(제284조), 증인신문순서의 변경(제161조의2 ③·④항), 불필요한 변론의 제한(제299조), 석명권(규칙 제141조) 등이 있다. 여기에서 실무상 특히 문제가 되는 것으로는 변론의 제한과 석명권이다.

5　　　(1) 불필요한 변론의 제한　　재판장은 소송관계인의 진술 또는 신문이 중복된 사항이거나 그 소송에 관계없는 사항인 때에는 소송관계인의 본질적인 권리를 해하지 않는 범위 안에서 이를 제한할 수 있다(제299조). 여기에서 소송에 관계없는 사항이란 피고사건과 관련이 없는 사항을 말한다.2)

6　　　(2) 석명권의 행사　　석명이란 소송관계를 분명하게 하기 위해 검사·피고인 또는 변호인에게 사실상·법률상의 사항에 관해 질문하고, 주장이나 진술을 보충·정정하게 하며, 필요한 사항에 대해서는 입증을 하도록 하는 소송지휘를 말한다. 석명권은 재판장뿐만 아니라 합의부원에게도 인정된다. 즉 재판장은 검사·피고인 또는 변호인에게 석명을 구하거나 입증을 촉구할 수 있고, 합의부원은 재판장에게 말하고 석명을 구하거나 입증을 촉구할 수 있다(규칙 제141조 ①·②항). 이는 공판의 신속한 진행과 진실발견의 필요에 의해 인정된 것이다. 또한 검사·피고인·변호인은 재판장에 대해 석명을 위한 발문發問을 요구할 수 있다(같은 조 ③항). 법원은 진실발견의무가 있으므로 석명은 권리이자 의무이다.

---

1) 김기두 260; 이재상/조균석/이창온 37/66; 이창현 741.
2) 이재상/조균석/이창온 37/60; 이창현 739.

[2017도3448] 재판장의 석명의무

검사는 공소장의 공소사실과 적용법조 등을 명백히 함으로써 공소제기의 취지를 명확히 하여야 하는데, 검사가 어떠한 행위를 기소한 것인지는 기본적으로 공소장의 기재 자체를 기준으로 하되, 심리의 경과 및 검사의 주장내용 등도 고려하여 판단하여야 한다. 공소제기의 취지가 명료할 경우 법원이 이에 대하여 석명권을 행사할 필요는 없으나, 공소제기의 취지가 오해를 불러일으키거나 명료하지 못한 경우라면 법원은 형사소송규칙 제141조에 의하여 검사에 대하여 석명권을 행사하여 그 취지를 명확하게 하여야 한다.

2. 법원의 소송지휘권

공판기일의 소송지휘에 관한 것이라도 중요사항은 법률로써 법원에 유보되 **7** 어 있다. 예를 들면 국선변호인의 선임(제283조), 특별대리인의 선임(제28조), 증거신청에 대한 결정(제295조), 공소장변경의 요구와 허가(제298조 ①·②항), 공소장변경시 공판절차의 정지신청에 대한 결정(같은 조 ④항), 증거조사에 대한 이의신청에 대한 결정(제296조 ②항), 재판장의 처분에 대한 이의신청에 대한 결정(제304조 ②항), 의사무능력 또는 질병을 이유로 한 공판절차의 정지(제306조 ①·②항), 변론의 분리, 병합, 재개(제300조, 305조) 등이 그러하다.

3. 소송지휘권의 행사와 불복방법

(1) **소송지휘권의 행사방법**　재판장은 법률의 명문규정에 의하여, 그리고 **8** 법원(합의부)의 의사에 반하지 않는 범위 안에서만 소송지휘권을 행사할 수 있다. 소송지휘권은 원래 법원의 권한이기 때문이다. 따라서 재판장의 소송지휘권으로 규정된 경우에도 재판장은 합의부원의 의견을 물어 사실상 합의를 거쳐 행사하는 것이 바람직하다.[1] 재판장의 소송지휘권은 명령의 형식을 취하지만, 법원의 소송지휘권은 결정의 형식으로 행사된다.

(2) **소송지휘권행사에 대한 불복방법**　재판장의 소송지휘처분에 대하여 검 **9** 사, 피고인 또는 변호인은 이의를 신청할 수 있다(제304조 ①항).

(개) **법령위반**　증거조사에 관한 이의신청(제296조 ①항)은 법령위반이 있거 **10** 나 상당하지 아니함을 이유로 할 수 있지만(규칙 제135조의2), 법원의 증거결정(제

---

1) 이재상/조균석/이창온 37/63.

295조)이나 재판장의 소송지휘에 대한 이의신청은 법령위반이 있을 때에만 허용
된다(규칙 제135조의2 단서, 136조). 따라서 합목적성을 결한 부당한 소송지휘는 이
의신청의 대상이 되지 않는다. 그러나 재량한계를 일탈한 경우에는 부당한 소송
지휘도 위법한 것이 되어 이의신청의 대상이 된다고 봄이 타당하다.

11   (나) **이의신청의 방법**   이의신청은 개개의 행위, 처분 또는 결정이 있을 때
마다 그 이유를 간결하게 명시하여 이를 즉시 하여야 하며, 이의신청에 대한 법
원의 결정은 이의신청 후 즉시 하여야 한다(규칙 제137조, 138조). 이에 반해 법원
의 소송지휘권행사에 대한 불복방법은 규정이 없다(제403조 참조).

III. 법정경찰권

1. 법정경찰권의 의의

12   (1) **개 념**   법정경찰권은 법정질서를 유지하기 위해 공판심리의 방해를
예방·배제하거나 법정질서 소란자를 제재하는 권력작용을 뜻한다. 원래 법정경
찰권은 법원에 속하는 권한이지만, 질서유지의 신속성과 기동성을 위하여 재판
장의 권한으로 규정되어 있다(법조법 제58조 ①항). 법정경찰은 넓은 의미에서는
소송지휘의 내용이 되지만 사건의 실체와 직접적인 관계가 없다는 점에서 소송
지휘와 구별된다.

(2) 법정경찰권의 적용범위

13   (가) **인적 범위**   법정경찰권은 공판진행과 관계되는 모든 사람에게 행사할
수 있다. 방청인은 물론 검사·피고인·변호인이나 법원사무관·배석판사에 대해
서도 법정경찰권은 행사될 수 있다.

14   (나) **시간적 범위**   법정경찰권의 시간적 범위는 그 목적을 달성하기 위한
모든 범위에서 가능하다. 공판기일의 심리를 개시할 때부터 종료에 이르는 시점
은 물론 그와 인접한 전후시점에도 행사할 수 있다.

15   (다) **장소적 범위**   법정경찰권은 법정 안에서 행사하는 것이 원칙이지만,
법관이 법정 밖에서 직무를 행할 때에는 그 장소에서도 행사할 수 있다(법조법
제63조).

2. 법정경찰권의 내용

16   (1) **예방조치**   재판장은 법정질서와 존엄을 해할 우려가 있는 자의 입정금

지 또는 퇴정을 명하거나 기타 법정의 질서유지를 위한 필요한 명령을 내릴 수
있다(법조법 제58조 ②항). 방청권의 발행과 소지품검사 등(법정 방청 및 촬영 등에 관
한 규칙 제2조), 피고인에 대한 신체구속 등의 조치(제280조) 등도 이러한 조치와
같은 기능을 한다.

　(2) **방해배제조치**　　재판장은 법정질서와 존엄을 회복하기 위해 방해행위를 **17**
배제할 수 있다. 피고인의 퇴정을 제지하거나 법정의 질서유지를 위해 필요한
처분을 할 수 있다(제281조 ②항). 법정질서를 깨뜨리는 피고인이나 변호인 또는
방청인에 대한 퇴정명령을 내릴 수도 있으며(법조법 제58조 ②항), 질서유지를 위
해 필요한 경우 경찰서장에게 경찰공무원의 파견을 요구할 수 있고, 파견된 경
찰공무원을 지휘할 수 있다(법조법 제60조).

　(3) **제재조치**　　법원은 법정내외의 질서유지를 위해 재판장이 한 명령(같은 **18**
법 제58조 ②항) 또는 녹화 등의 금지규정(같은 법 제59조)에 위반되는 행위를 하거
나, 폭언·소란 등의 행위로 법원의 심리를 방해하거나, 재판의 위신을 현저히
훼손한 자에 대해서는 20일 이내의 감치 또는 100만원 이하의 과태료에 처하거
나 이를 병과할 수 있다(같은 법 제61조 ①항). 이는 형사범죄인 법정모욕죄(형법 제
138조)와 달리 검사의 공소제기없이 부과가 가능한 사법행정상의 질서벌이다.
감치를 위해 법원은 법원직원, 교도관, 또는 경찰공무원으로 하여금 즉시 행위
자를 구속하게 할 수 있으며, 구속한 때로부터 24시간 이내에 감치에 처하는 재
판을 하지 않으면 즉시 석방해야 한다(법조법 제61조 ②항). 감치는 경찰서 유치
장, 교도소, 또는 구치소에 유치함으로써 집행한다(같은 조 ③항). 감치에 처하는
재판에 대해서는 항고 또는 특별항고를 할 수 있다(같은 조 ⑤항).

[40]　제 3　공판기일의 절차

　공판기일의 절차, 즉 제1심의 공판절차는 크게 모두冒頭절차, 사실심리절차, **1**
판결선고절차로 나눌 수 있다.

모두절차		사실심리절차		판결선고절차
1. 진술거부권 등의 고지 2. 인정신문 3. 검사의 모두진술 4. 피고인의 모두진술 5. 재판장의 쟁점정리 등	→	1. 증거조사 2. 피고인신문 3. 소송관계인의 의견진술 (최종변론)	→	1. 판결의 심의 2. 판결의 선고

Ⅰ. 모두절차

1. 진술거부권의 고지

2   피고인은 진술하지 아니하거나 개개의 질문에 대하여 진술을 거부할 수 있으며, 재판장은 피고인에게 진술을 거부할 수 있음을 고지하여야 한다(제283조의 2). 2007년의 개정법률은 피고인의 진술거부권에 관한 규정을 신설하고 그 규정을 인정신문에 대한 규정(제284조) 앞에 두어 재판장이 공판기일을 개시할 때 먼저 진술거부권을 고지하도록 하였다. 즉 재판장은 인정신문을 하기 전에 피고인에게 진술을 하지 아니하거나 개개의 질문에 대하여 진술을 거부할 수 있고, 이익 되는 사실을 진술할 수 있음을 알려주어야 한다(규칙 제127조). 이에 따라 피고인은 인정신문부터 진술거부권을 행사할 수 있음은 앞에서 서술한 바와 같다.[1]

2. 인정신문

3   재판장은 피고인의 성명·연령·등록기준지·주거와 직업을 물어서 피고인임에 틀림없음을 확인하여야 한다(제284조). 이와 같이 실질적인 심리에 들어가기에 앞서서 피고인으로 출석한 사람이 공소장에 기재된 피고인과 동일인인가를 확인하는 절차를 인정신문이라 한다.

3. 검사의 모두진술

4   (1) 의 의   검사가 행하는 모두진술은 사실심리에 들어가기에 앞서 검사가 사건의 개요와 입증방침을 밝히는 것을 말한다. 말하자면 소송의 주제와 쟁점을 공개된 법정에서 명확하게 하는 것이다. 이를 통해 법원은 소송지휘의 기

---

1) 앞의 [30] 53 참조.

초를 마련할 수 있고, 피고인은 적절한 방어준비를 할 수 있다. 그리고 방청객
은 공판에서 문제가 되는 점을 확실하게 알 수 있다.

(2) 내 용　　인정신문이 끝나면 검사는 공소장에 의하여 공소사실·죄명　5
및 적용법조를 낭독하여야 한다. 다만 재판장은 필요하다고 인정하는 때에는 검
사에게 공소의 요지를 진술하게 할 수 있다(제285조). 2007년의 법률개정 이전에
는 검사의 모두진술을 임의적인 절차로 하여 재판장의 재량에 따라 결정하도록
하였다. 그러나 공판중심주의의 요청과 국민참여재판 등의 도입에 따른 배심원
재판의 특성을 고려하여 개정법률은 검사의 공소장 낭독을 필요적 사항으로 정
하되 재판장의 재량으로 그 요지를 진술할 수 있도록 한 것이다.

4. 피고인의 모두진술

(1) 의 의　　피고인은 진술거부권을 행사하는 경우를 제외하고는 검사의　6
모두진술이 끝난 뒤에 공소사실의 인정 여부를 진술하여야 한다(제286조 ①항).
그리고 피고인 및 변호인은 이익이 되는 사실 등을 진술할 수 있다(같은 조 ②
항). 이와 같이 피고인이 공소사실의 인정여부와 이익이 되는 사실 등에 대해 진
술하는 것을 피고인의 모두진술이라 한다. 피고인이 모두진술단계에서 공소사
실에 대해 자백하면 간이공판절차로 이행하는 계기가 된다(제286조의2). 2007년
의 개정법률은 공소사실의 인정여부에 대해 피고인이 진술하도록 하는 규정을
신설하는 한편, 이익사실의 진술에 대해서도 '재판장이 기회를 주도록' 한 것에
서 피고인 및 변호인의 임의적 권리로 규정하였다.

(2) 이익사실진술의 내용　　피고인은 이익사실진술의 기회를 이용하여 관할　7
이전신청(제15조), 기피신청(제18조), 국선변호인의 선임신청(제33조 ②항), 공판기
일변경신청(제270조), 변론의 병합·분리의 신청(제300조) 등을 할 수 있다. 특히
토지관할위반의 신청(제320조 ②항), 공소장부본송달(제266조)의 하자에 대한 이의
신청, 제1회 공판기일의 유예기간(제269조)에 대한 이의신청 등은 늦어도 피고인
의 모두진술단계까지 하여야 한다. 피고인이 이때까지 이의신청을 하지 않으면
그 하자가 치유되어 더 이상 다툴 수 없게 된다.

5. 재판장의 쟁점정리 등

재판장은 피고인의 모두진술이 끝난 다음에 피고인 또는 변호인에게 쟁점　8
의 정리를 위하여 필요한 질문을 할 수 있다(제287조 ①항). 또한 재판장은 증거

조사를 하기에 앞서 검사 및 변호인으로 하여금 공소사실 등의 증명과 관련된 주장 및 입증계획 등을 진술하게 할 수 있다. 다만, 증거로 할 수 없거나 증거로 신청할 의사가 없는 자료에 기초하여 법원에 사건에 대한 예단 또는 편견을 발생하게 할 염려가 있는 사항은 진술할 수 없다(같은 조 ②항). 피고인의 모두진술이 끝나면 사실심리절차를 진행하게 되는데, 그 전에 사건의 쟁점을 정리하고 입증계획 등을 검토하여 이어지는 증거조사절차에서 효율적인 심리를 할 수 있도록 하기 위하여 2007년의 개정법률이 신설한 규정이다.

Ⅱ. 사실심리절차

1. 사실심리절차의 순서와 공판중심주의

9　　　　사실심리절차는 증거조사를 한 후 피고인신문을 하고 소송관계인의 의견진술을 듣는 순서로 이루어진다. 이전에는 피고인신문을 먼저 한 후 증거조사를 실시하여 사실심리절차가 피고인신문을 위주로 운영되었으며, 피고인신문은 수사기관에서 피의자였던 피고인의 신문조서를 확인하는 일에 그치는 경향이 있었다. 이러한 공판절차의 현실은 피고인의 지위가 대등한 당사자로서의 지위가 아닌 검사와 법원의 신문의 대상, 심리의 객체로 전락하는 문제를 낳았고, 공판절차와 증거가 사실확인의 중심이 되지 못하고 수사단계에서 작성된 조서와 피고인의 진술에만 의존하여 이른바 '조서재판'이라는 비판을 받아 왔다. 이러한 문제점을 극복하여 피고인의 당사자 지위를 보장하고 공판절차의 증거조사가 사실확인의 중심이 되는 공판중심주의를 확립하기 위해 개정법률은 사실심리에서 증거조사를 먼저 하고 증거조사에서 불충분한 부분만 피고인 신문에서 확인하도록 하였다.[1]

2. 증거조사

10　　　　**(1) 개　념**　　　재판장의 쟁점정리와 검사 및 변호인의 증거관계 등에 대한 진술이 끝나면 증거조사를 실시한다(제290조). 증거조사란 법원이 피고인의 범죄

---

[1] 원래의 정부 개정안은 "검사 또는 변호인은 법원에 신청하여 피고인에게 공소사실 및 정상에 관하여 필요한 사항을 심문할 수 있다"고 하여 증거조사 후의 피고인신문을 법원의 소송지휘 하에 임의로 이루어지는 절차로 규정하였다. 그러나 국회 법사위의 논의과정에서 피고인신문 절차를 순차적 절차로 변경하였다. 애초의 원안에서 크게 후퇴한 것이지만 입법취지를 감안한 제도의 운영이 요구된다: 법원행정처, 형사소송법 개정법률 해설, 2007, 118면 이하 참조.

사실과 양형에 관한 심증을 얻기 위해서 인증·서증·물증 등 각종 증거방법을 조사하여 그 내용을 알아내는 소송행위를 말한다. 넓은 의미로는 이와 같은 목적을 이루기 위한 증거신청, 증거결정, 이의신청 등 모든 관련절차도 포함하는 개념이다. 그러나 수사기관에 의한 증거수집이나 검증은 주체가 법원이 아니라는 점에서 증거조사와 구별된다.

(2) 증거조사의 원칙 증거조사는 법원이 공판기일에 공판정에서 하는 것 **11** 이 원칙이다. 따라서 수소법원이 아닌 수명법관이나 수탁판사가 행하거나(제167조), 법정외(제165조) 또는 공판기일전(제273조)에 행하는 것은 예외적으로만 허용된다. 그런 예외의 경우 증거조사결과를 담은 조서가 작성되며, 그 조서는 다음 공판기일에 공판정에서 서류증거로서 조사된다. 증거조사는 공개된 법정에서 구술에 의하여 이루어진다. 그리고 증거조사는 증거의 자격을 갖춘 증거에 대해서만 할 수 있고, 조사방법도 법률에 엄격하게 규정되어 있다. 이와 같이 증거의 자격을 엄격하게 제한하고 증거조사방법을 법으로 정하는 것은 법원으로 하여금 피고사건에 대해 합리적으로 심증을 형성하게 할 뿐만 아니라 검사와 피고인이 공격과 방어를 공평하게 전개하도록 만드는 데에도 그 목적이 있다. 증거조사는 사실심리절차의 핵심이므로 여기에서는 그 의의만을 서술하고 구체적 순서와 방법 등은 아래의 제4절에서 설명한다.

3. 피고인신문

(1) 의 의 피고인신문은 피고인에게 공소사실과 양형에 필요한 사항을 **12** 신문하는 절차를 말한다. 이 제도는 피고인이 소송당사자일 뿐만 아니라 사건을 직접 겪은 증거방법이라는 점에 바탕을 두고 있다. 따라서 피고인신문은 증인신문과 동일한 방법·절차에 의해 진실을 발견하고자 하는 목적을 가지고 있다. 그러나 피고인신문으로 인하여 당사자지위가 부정되어서는 안 되기 때문에 피고인에게는 증인과는 달리 진술거부권이 인정된다(제283조의2). 한편 간이공판절차로 이행하기 위한 전제인 피고인의 공소사실에 대한 자백(제286조의2)은 모두 진술단계뿐만 아니라 피고인신문단계에서도 할 수 있다.

이러한 피고인신문제도는 형사재판의 주체인 피고인을 심리의 객체로 전락 **13** 시키고, 법관에게 불필요한 예단을 심어주며, 피고인 자백중심의 재판인 규문주의의 잔재로서 폐지되어야 한다는 의견이 있다.[1] 그러나 이 견해는 피고인신문

---

1) 신동운, 형사사법개혁의 쟁점과 동향－21세기 형사사법개혁의 방향과 대국민 법률서비스 개

제도가 가지는 순기능을 무시한 채 당사자주의 실현이라는 명분만을 고집하여 예상되는 사법비용 증가문제나, 대륙법계 국가들에서도 피고인신문제도를 두고 있다는 점, 영미에서는 피고인신문제도는 없지만 피고인증언제도 등 우리와 전혀 다른 여러 제도를 두고 있다는 점을 간과한 것이라는 비판을 받는다.[1)

14　　　대안으로 피고인신문절차를 폐지하는 대신에 이 절차를 피고인이 논리적 답변을 통해 자신에 대한 혐의가 사실이 아니며 검사의 유죄심증의 불합리한 점을 충분히 밝힐 수 있는 구조로 진행하는 것을 생각할 수 있다. 다시 말해 피고인신문이 피고인의 유죄를 추궁하는 과정만이 아니라 동시에 피고인의 무죄변론을 면밀하게 청취하는 과정이 되도록 하는 것이다. 이를 위해서는 지금과 같이 피고인으로 하여금 "예" 또는 "아니오" 등의 양자택일 식의 단답형 대답을 유도하는 개괄적 질문을 지양하고, 피고인이 자기방어를 위하여 자유롭고 충분한 진술을 할 수 있도록 질문을 구성하며, 신문절차도 증인신문과 유사한 상호신문의 절차로 진행하게 할 필요가 있다.

15　　　**(2) 피고인신문의 순서**　　　검사 또는 변호인은 증거조사 종료 후에 순차로 피고인에게 공소사실 및 정상에 관하여 필요한 사항을 신문할 수 있다. 다만, 재판장은 필요하다고 인정하는 때에는 증거조사가 완료되기 전이라도 이를 허가할 수 있다(제296조의2 ①항). 재판장은 필요하다고 인정하는 때에는 어느 때에나 피고인을 신문할 수 있으며, 위의 순서를 변경할 수도 있다(같은 조 ②·③항, 161조의2 ③항). 과거에는 피고인신문의 순서를 변경할 수 없었지만 개정법률은 피고인신문절차의 위상변화를 고려하여 신문순서의 변경이 가능하도록 하였다. 이전의 법률이 사실심리절차의 첫 머리에서 검사가 피고인을 신문하도록 고정한 것은 당사자 중의 하나인 피고인을 검사가 일방적으로 공격하도록 함으로써 당사자 또는 소송주체로서의 피고인의 지위와 법관의 객관적 사실인식에 부정적인 영향을 주었기 때문이다.

4. 최종변론

16　　　증거조사와 피고인신문이 끝나면 당사자의 의견진술이 있는데, 이것을 최종변론이라고 한다. 재판장은 필요하다고 인정하는 경우 검사, 피고인 또는 변

선방안II, 2004, 한국형사정책연구원, 84−85면.
1) 피고인신문제도의 폐지에 반대하는 안성수, 피고인신문제도와 미국의 피고인증언제도, 법조, 2005.7, 137면.

호인의 본질적인 권리를 해치지 아니하는 범위 안에서 의견진술시간을 제한할 수 있다(규칙 제145조). 의견진술은 검사의 의견진술(제302조), 피고인과 변호인의 최후진술(제303조)의 순서로 진행된다.

(1) **검사의 의견진술**　증거조사절차와 피고인신문이 종료되면 검사는 사실 **17** 과 법률적용에 관하여 의견을 진술하여야 한다(제302조).[1] 다만 검사의 출석 없이 개정한 때(제278조)에는 공소장의 기재사항에 의하여 의견진술이 있는 것으로 간주한다(제302조 단서). 이를 검사의 논고라고 하며, 특히 양형에 관한 검사의 의견을 구형이라고 한다. 검사의 의견진술은 권고적 의미를 가질 뿐이며 법원을 구속하는 것은 아니다. 그러므로 법원은 얼마든지 검사의 구형을 초과하는 형을 선고할 수 있다(83도1789; 2010도7404).

(2) **피고인과 변호인의 의견진술**　재판장은 검사의 의견을 들은 후 피고인 **18** 과 변호인에게 최종의 의견을 진술할 기회를 부여하여야 한다(제303조). 최종의 견진술의 기회가 피고인이나 변호인 중 어느 한쪽에만 주어지거나 또는 그것이 생략된 채 심리를 마치고 판결을 선고하는 것은 위법한 절차가 된다(75도1010; 2018도327).

Ⅲ. 판결의 심의와 선고

피고인의 최종진술을 끝으로 변론은 종결되고 판결선고절차만 남게 된 **19** 다.[2] 그러나 법원은 필요하다고 인정하는 때에는 직권 또는 검사, 피고인이나 변호인의 신청에 의하여 결정으로 종결한 변론을 재개할 수도 있다(제305조).

1. 판결의 심의

피고사건에 대한 심리가 종료되면 법원은 판결을 위한 심의를 한다. 법원 **20** 이 단독판사로 구성된 경우는 별다른 절차 없이 판결내용을 정할 수 있지만, 합의부로 구성된 경우에는 판결내용을 결정하기 위한 합의가 필요하다. 합의는 공개하지 아니하며(법조법 제65조), 헌법과 법률에 다른 규정이 없으면 과반수로 결

---

1) 개정법률에서 증거조사절차와 피고인신문절차의 순서가 변경되었는데도 불구하고 제302조는 여전히 "피고인 신문과 증거조사가 종료한 때에는 검사는 사실과 법률적용에 관하여 의견을 진술하여야 한다"고 규정하고 있다. 입법의 작은 흠결이므로 검사의 의견진술은 피고인신문 이후에 이루어져야 한다.

2) 이를 실무에서는 결심(結審)이라고 한다.

정한다(같은 법 제66조 ①항). 피고사건의 합의에 관한 의견이 분립하여 각각 과반수에 달하지 못하는 때에는 과반수에 이르기까지 피고인에게 가장 불리한 의견의 수에 차례로 유리한 의견의 수를 더하여 가장 유리한 의견에 의한다(같은 조 ②항 2호).

2. 판결의 선고

21　　(1) **판결선고의 기일과 판결서의 작성**　　공판절차는 판결을 선고함으로써 끝난다. 판결의 선고는 변론을 종결한 기일에 하여야 한다(즉일선고의 원칙).[1] 다만, 특별한 사정이 있는 때에는 변론종결 후 14일 이내의 기한 내에서 따로 선고기일을 지정할 수 있다(제318조의4 ①·③항). 변론을 종결한 기일에 판결을 선고하는 경우에는 판결의 선고 후에 판결서를 작성할 수 있는데, 이 경우에는 선고 후 5일 내에 판결서를 작성하여야 한다(같은 조 ②항, 규칙 제146조). 판결선고의 기일에 관한 규정은 형사소송규칙에 있었으나 2007년의 개정법률은 집중심리의 원칙(제267조의2)을 규정하면서 판결선고를 원칙적으로 변론종결기일에 하도록 하였고(즉일선고의 원칙), 그 경우 판결서는 사후에 작성할 수 있도록 하였다. 여기에는 국민참여재판의 공판절차도 고려된 것이라 할 수 있다.

22　　(2) **판결선고의 방법**　　판결은 공판정에서 재판서에 의하여 선고한다(제42조). 판결의 선고는 재판장이 하며 주문主文을 낭독하고 이유요지를 설명해야 한다(제43조). 재판장은 판결을 선고하면서 피고인에게 적절한 훈계를 할 수 있다(규칙 제147조). 형을 선고하는 경우에는 재판장은 피고인에게 상소할 기간과 상소할 법원을 알려주어야 한다(제324조). 판결선고로써 공판절차는 그 심급에서 종료되며, 그 때부터는 상소기간이 진행된다(제358조, 374조). 그리고 판결을 선고한 사실은 공판조서에 기재하여야 한다(제51조 ②항 14호).

23　　(3) **피고인의 출석**　　판결을 선고하는 공판기일에도 피고인이 출석하여야 한다. 다만 피고인이 진술하지 않거나 재판장의 허가 없이 퇴정하거나 재판정의 질서유지를 위한 퇴정명령을 받은 때에는 피고인의 출석 없이 판결할 수 있다(제330조). 피고인의 출석 없이 개정할 수 있는 경우에도 마찬가지이다.

24　　(4) **선고후의 조치**　　판결을 선고한 때에는 선고일부터 7일 이내에 피고인에게 그 판결서 등본을 송달하여야 한다(규칙 제148조). 또한 판결선고 후에도 법

---

1) 2022년 형사공판사건 제1심의 피고인 수는 223,504명이었고, 그 중 즉일선고 피고인 수는 11,202명으로 5.01%였다(대법원, 사법연감 2023, 765면).

원은 소송기록이 상소법원에 도달하기 전까지는 상소기간 중 또는 상소 중의 사건에 관하여 피고인의 구속, 구속기간의 갱신, 구속의 취소, 보석, 보석의 취소, 구속의 집행정지와 그 정지의 취소에 대한 결정 등을 하여야 한다(제105조, 규칙 제57조). 그러나 이는 상소절차의 일부이다.

제 4 절　증거조사절차

[41]　제 1　증거조사의 순서와 방법

Ⅰ. 증거조사의 절차

1. 증거조사의 순서

　　법원은 검사가 신청한 증거를 조사한 후 피고인 또는 변호인이 신청한 증　**1**
거를 조사하고, 그 후 법원이 직권으로 결정한 증거를 조사한다(제291조의2 ①·②항). 다만 법원은 직권 또는 검사, 피고인·변호인의 신청에 따라 위의 순서를 변경할 수 있다(같은 조 ③항). 2007년의 개정법률 이전에는 증거조사의 순서에 관한 명문의 규정이 없고 형사소송규칙에서 검사가 증거신청을 먼저 한 후 피고인 또는 변호인이 증거신청을 하는 규정을 두었을 뿐이지만, 개정법률이 증거조사의 순서에 대한 규정을 신설하였다. 이에 따라 증거조사는 당사자의 신청에 의한 증거조사와 법원의 직권에 의한 증거조사의 순서로 진행된다.

2. 당사자의 신청에 의한 증거조사

　　검사, 피고인 또는 변호인은 서류나 물건을 증거로 제출할 수 있고, 증인·　**2**
감정인·통역인 또는 번역인의 신문을 신청할 수 있다(제294조 ①항). 법원은 이러한 신청에 대하여 결정을 하여야 한다(제295조). 이와 같이 소송법이 당사자의 증거신청권과 그에 대한 결정의무를 원칙적인 증거수집의 모델로 삼고 있는 것은 사건에 관해 더 자세하고 직접적인 정보를 가진 당사자들의 증거수집역량을 최대한 활용함으로써 법원에 의한 증거수집의 독단성과 비능률성을 극복하고

사실인정의 합리성을 도모하려는 데 그 입법취지가 있다고 볼 수 있다. 더불어 이 규정은 법원의 진실발견의무 이외에 당사자가 증거조사를 통해 법원의 심증을 함께 형성할 수 있는 참여권을 보장한 것이기도 하다.

(1) 증거조사의 신청

3   **(개) 증거신청의 시기**   증거신청의 시기는 제한이 없다. 다만 법원은 검사, 피고인 또는 변호인이 고의로 증거를 뒤늦게 신청함으로써 공판의 완결을 지연하는 것으로 인정할 때에는 직권 또는 상대방의 신청에 따라 결정으로 이를 각하할 수 있다(제294조 ②항). 증거조사의 신청은 실체적 공판준비의 일환으로 예외적으로 공판기일 전에 허용되기도 한다(제273조). 범죄피해자가 자신에 대한 증인신문을 신청할 경우에도 시기에 대한 제한은 없다.

4   **(내) 증거신청의 순서**   공판기일에 재판장의 쟁점정리 등이 끝난 뒤 증거조사에 들어가는 경우 증거신청은 검사가 먼저 하고 다음에 피고인 또는 변호인이 한다(규칙 제133조). 그러나 공판기일 외에 증거신청이 이루어지는 경우에는 이 순서를 지켜야 필요는 없다.

5   **(대) 증거신청의 방식**   1) 증거신청은 구술, 서면 등 어떤 방법으로 하더라도 상관없다(규칙 제176조 ①항). 그러나 법원이 필요로 할 때에는 서면의 제출을 요구할 수 있다(규칙 제132조의2 ④항). 검사·피고인 또는 변호인은 특별한 사정이 없 6 는 한 필요한 증거를 일괄하여 신청하여야 한다(규칙 제132조). 2) 증거조사를 신청할 때에는 그 증거와 증명하려는 사실의 관계, 즉 입증취지를 구체적으로 명시하여야 한다(규칙 제132조의2 ①항). 입증취지는 법원의 증거결정의 판단자료가 되고 당사자 사이에 공격방어의 쟁점을 명확히 해주기 때문이다. 피고인의 자백을 보강하는 증거나 정상에 관한 증거는 보강증거 또는 정상에 관한 증거라는 취지를 특히 명시하여 그 조사를 신청해야 한다(같은 조 ②항). 3) 서류나 물건의 일부에 대한 증거신청을 함에 있어서는 증거로 할 부분을 특정하여 명시하여야 한다(같은 조 ③항). 4) 법원은 필요하다고 인정되면 증거신청을 한 자에게 신문할 증인·감정인·통역인 또는 번역인의 성명·주소·서류나 물건의 표목標目 및 규칙 제132조의2 ①항 내지 ③항에 규정된 사항을 기재한 서면의 제출을 명할 수 있다(같은 조 ④항).[1]

(2) 법원의 증거결정

(개) 증거결정의 법적 성질

7   1) 자유재량설   증거결정을 법원의 재량행위로 보는 견해로서 판례의 입

---

1) 기타의 증거신청방식에 대한 것은 형사소송규칙 제132조의3, 제132조의4 참조.

장이다(95도826; 2003도3282). 법원의 증거결정은 법원의 소송지휘권에 근거하는 것이고, 형사소송법에는 증거결정에 대한 기준이 없다고 한다. 따라서 당사자가 신청한 증거에 법원이 구속될 필요는 없으므로 증거결정은 법원의 재량행위가 된다고 한다.

2) 기속재량설 법원의 증거결정을 기속재량으로 보는 견해이다. 법원 **8** 의 증거결정에 대한 재량은 제한 없이 허용될 수는 없고, 증거평가에 대한 법원의 자유심증(제308조)과 같은 정도의 제한은 있어야 한다고 한다.[1] 한편 제294조의2에서 범죄피해자의 진술신청에 대한 증거결정의 법률적 기준을 제시하는 것으로 미루어, 증거조사범위에 대한 법원의 결정은 일정한 기준에 의해 합리적으로 행사되어야 할 기속재량으로 보아야 한다는 근거를 제시하기도 한다.[2]

3) 결 론 기속재량설이 타당하다. 증거신청은 당사자, 특히 피고인이 **9** 사실인정에 관한 법원의 심증형성에 영향을 미칠 수 있는 참여권이므로 정당한 이유 없이 이 권리를 침해하는 가운데 이루어지는 재판은 공정한 재판이 될 수 없기 때문이다. 따라서 정당한 이유가 없는 한 법원은 당사자의 증거신청을 기각해서는 안 된다.

(내) **증거결정의 절차** 법원은 증거결정을 내릴 때 필요하다고 인정되면 **10** 그 증거에 대한 검사·피고인·변호인의 의견을 들을 수 있다(규칙 제134조 ①항). 이는 필수적인 것이 아니다. 그러나 서류 또는 물건이 증거로 제출된 경우에 이에 관한 증거결정을 할 때에는 제출자로 하여금 그 서류 또는 물건을 상대방에게 제시하게 하여 상대방이 그 서류 또는 물건의 증거능력 유무에 관한 의견을 진술하도록 하여야 한다(같은 조 ②항). 이는 필수적인 것이다. '서류나 물건'에 대한 상대방의 '증거능력 유무에 관한 의견진술'은 증거조사의 범위와 방향을 정하기 위하여 반드시 필요한 절차이고, 증거능력 없는 증거에 대한 불필요한 증거조사를 예방할 필요가 있기 때문이다. 즉, 임의성 없는 자백, 위법수집증거, 전문증거는 증거능력이 제한되는 한편, 전문증거는 당사자가 증거로 함에 동의하거나 그 진정 성립을 인정하는 경우 등에는 그 제한이 완화되기도 한다. 이러한 증거능력의 제한 또는 완화 여부는 유죄 또는 무죄의 판단에 극히 중요한 의미를 가지므로, 법원으로 하여금 반드시 상대방의 의견을 청취하도록 한 것이

---

1) 이재상/조균석/이창온 38/13; 이창현 754.
2) 신동운 906.

다.1) 이러한 의견진술 청취의 전제로서, 법원이 서류 또는 물건의 제출자로 하여금 그 증거를 상대방에게 제시하게 하도록 규정하고 있다. 여기서의 제시는 증거결정 전의 증거능력 유무에 관한 의견진술에 불과하므로, 증거결정 후의 증거조사 실시 단계에서 행해지는 제시(제292조의2 ①항)와는 명백히 구분된다.

11   (다) **증거신청의 기각**   증거결정이 기속재량이어야 한다는 것은, 정당한 이유가 없는 한 법원은 원칙적으로 당사자의 모든 증거신청에 대해 채택결정을 하여야 함을 뜻한다. 법원의 진실발견 또는 합리적인 심증형성은 서로 모순·배척되는 모든 증거를 충분히 숙고한 후에나 가능하기 때문이다. 법원이 예외적으로 증거신청을 기각할 수 있는 정당한 이유는 다음과 같은 세 가지 유형이 있다.

12   1) 증거신청방식의 위반   당사자의 증거신청이 앞에서 설명한 증거신청 방식(규칙 제132조의2 ①~④항)에 위반한 경우에 법원은 증거신청을 기각할 수 있다(같은 조 ⑤항). 이 경우 법원은 진실발견에 필요하다고 판단되면 방식위반의 부분에 대한 보정을 명하거나 직권으로 증거조사(제295조)를 할 수 있다.

13   2) 증거능력 없는 증거   유죄의 증거로 사용할 수 있는 자격, 즉 증거능력이 없는 증거는 증거조사에서 배제되어야 한다. 예를 들어 임의성이 의심스러운 자백(제309조), 전문법칙에 의해 증거능력이 없는 전문증거(제310조의2) 또는 위법수사에 의해 수집된 증거(제308조의2)가 여기에 속한다.

14   3) 증거신청기각사유의 존재   위의 사유가 없는 경우에도 법원은 다음과 같이 증거신청의 기각사유가 되는 증거에 대해서는 기각결정을 내릴 수 있다. 즉 ① 무관련성: 소송대상과 관련이 없는 증거, ② 무의미성: 소송대상과 관련은 있지만 사실인정에 아무 의미가 없는 증거, ③ 명백성: 법원이나 일반인이 이미 그 존재를 알고 있는 자명한 사실에 대한 증거, ④ 증명완료: 법원의 확신이 이미 완료된 사실을 입증하는 증거, ⑤ 부적합성: 요증사실의 증명에 적합하지 않은 증거, ⑥ 수집불가능성: 법원이 모든 수단을 다 해도 수집·조사할 가능성이 없는 증거, 또는 ⑦ 소송지연: 오로지 공판종결을 장기간 지연시키려는 의도에서 신청하는 증거 등이 그러한 예이다.

15   (라) **증거결정에 대한 불복**   증거결정은 판결 전의 소송절차에 관한 결정이므로 이의신청(제296조 ①항) 이외에는 달리 불복할 수 있는 방법은 없다. 다만

---

1) 그러나 간이공판절차에 의하여 심판하는 사건에 있어 동의가 있는 것으로 간주되는 증거에 대하여는(제318조의3) 증거능력 유무의 조사가 불필요하므로, 제시 및 의견진술의 절차는 필요 없다(규칙 제134조 ②항 단서).

그로 말미암아 사실을 오인하여 판결에 영향을 미치게 된 경우에는 이를 상소 이유로 삼을 수 있다(90도646). 규칙 제135조의2 단서는 증거결정에 대한 이의신청은 법령위반의 경우에만 할 수 있다고 규정하고 있다. 그러나 증거신청기각사유가 존재하지 않음에도 증거신청을 기각하면 재량의 하자로서 위법이 인정된다. 따라서 규칙 제135조의2 단서에도 불구하고 증거신청기각결정에 대한 이의신청이 가능한 것으로 보아야 한다.

3. 직권에 의한 증거조사

(1) 의　의　　증거조사는 법원의 직권에 의해서도 이루어질 수 있다(제295조 **16** 후단). 실체적 진실발견을 목적으로 하는 형사소송에서 그 최종적인 책임자인 법원이 직권으로 증거조사를 할 수 있는 것은 너무나 당연하다. 이러한 법원의 직권에 의한 증거조사의 성격에 관해서 여러 가지 견해가 있다. 1) 법원의 권한에 불과하다고 보는 견해가 있다.[1] 2) 그러나 직권증거조사는 법원의 권한인 동시에 의무로 보는 것이 옳다.[2] 판례도 법원이 직권증거조사를 충분히 하지 아니한 경우에는 심리미진의 위법이 있는 것으로 본다(73도2522). 따라서 제295조에 대한 위반은 상대적 항소이유 또는 상고이유가 된다.

(2) 증거조사의 범위　　다만 직권증거조사를 법원의 의무로 보는 경우에도 **17** 당사자의 증거수집이 진실발견에 더 적합한 것은 사실이다. 따라서 법원의 직권 증거조사는 당사자의 신청에 의한 증거조사에 대해 보충적으로 행하는 것이 바람직하다. 그러므로 당사자의 입증활동이 불충분한 경우에는 석명권(규칙 제141조)을 행사하여 그 활동을 최대화하는 것이 필요하다. 다만 피고인에게 유리한 증거는 법원이 처음부터 직권으로 조사할 수 있을 것이다.[3] 그러나 현행 실무에서 이것을 기대하기란 매우 어려운 실정이다.

II. 증거조사의 실시방법

증거조사의 방법은 서류와 물건 등(제291조 이하), 증인신문(제146조 이하), 감 **18** 정(제169조 이하), 검증(제139조 이하), 통역과 번역(제180조 이하)으로 나뉘어 규정되

---

1) 김기두 265.
2) 강구진 353; 신동운 901; 이은모/김정환 513; 이재상/조균석/이창온 38/15; 이창현 753; 정영석/이형국 287.
3) 같은 의견으로는 이재상/조균석/이창온 38/16.

어 있다. 현행법은 서류와 물건 등의 증거조사에 대해서는 제2편 제3장의 '공판'편에 규정하는 반면, 나머지의 조사방법에 대해서는 제1편의 '총칙'에 규정하고 있다. 이러한 편제가 절대적인 것은 아니겠지만 여기서는 편의상 서류와 물건에 대한 증거조사방법만 살피고 나머지는 항을 바꾸어 각 해당 항목에서 설명한다.

1. 서류 및 물건 등에 대한 증거조사

19   **(1) 지시설명**   소송관계인이 증거로 제출한 서류나 물건, 또는 공무소 등에 대한 조회(제272조)나 공판기일 전의 증거조사(제273조)에 의하여 송부 또는 작성된 서류는 검사, 피고인 또는 변호인이 공판정에서 개별적으로 지시설명하여 조사하여야 한다(제291조 ①항). 재판장은 직권으로 증거결정을 한 서류나 물건을 공판정에서 조사할 수 있다(같은 조 ②항). 여기서 지시설명은 엄밀한 의미의 증거조사 그 자체가 아니라 증거조사의 대상이 될 서류 또는 물건의 표목을 특정하는 것을 말한다.[1]

20   **(2) 증거서류의 조사방식**   당사자의 신청에 따라 조사하는 증거서류는 신청인이, 법원이 직권으로 조사하는 증거서류는 소지인 또는 재판장이 이를 낭독하여야 한다(제292조 ①·②항). 그러나 재판장이 필요하다고 인정하는 때에는 그 내용을 고지하는 방법으로 조사할 수 있으며, 법원사무관 등으로 하여금 증거서류의 낭독이나 그 내용의 고지를 대신하게 할 수 있다(같은 조 ③·④항). 또한 재판장은 열람이 다른 방법보다 적절하다고 인정하는 때에는 증거서류를 제시하여 열람하게 하는 방법으로 조사할 수 있다(같은 조 ⑤항).

21   2007년의 개정법률 이전에는 증거서류의 요지 등을 고지하는 주체를 재판장으로 규정하고 있었다. 이에 따르면 재판장이 증거서류를 미리 검토해 오지 않으면 그 요지를 고지하는 것이 불가능하고, 증거서류를 미리 검토하는 것은 공소장일본주의에 반하거나 성립의 진정이 인정되지 않아 증거능력이 없는 증거를 사전에 조사하는 결과를 초래하게 된다. 이러한 문제를 고려하여 개정법률은 증거서류의 내용을 고지하는 주체를 증거신청인으로 함으로써 공판중심주의의 요청에 충실하고자 하였다.[2]

22   **(3) 증거물의 조사방식**   당사자의 신청에 따라 조사하는 증거물은 신청인이, 법원이 직권으로 조사하는 증거물은 소지인 또는 재판장이 이를 제시하여야

---

1) 법원실무제요(형사), 409.
2) 법원행정처, 형사소송법 개정법률 해설, 2007, 114면 이하 참조.

한다(제292조의2 ①·②항). 그러나 재판장은 법원사무관 등으로 하여금 증거물을 제시하게 할 수 있다(같은 조 ③항).

(4) 컴퓨터디스크 등에 대한 조사　　도면·사진·녹음테이프·비디오테이프·　23 컴퓨터용 디스크, 그 밖에 정보를 담기 위하여 만들어진 물건으로서 문서가 아닌 증거의 조사에 관하여는 형사소송규칙에서 따로 규정한다(제292조의3).

(가) **정보저장매체**　　컴퓨터용 디스크와 그 밖에 이와 비슷한 정보저장매체　24 에 기억된 문자정보를 증거자료로 하는 경우에는 읽을 수 있도록 출력하여 인증한 등본을 낼 수 있다(규칙 제134조의7 ①항). 그리고 이러한 증거에 대한 조사를 신청한 당사자는 법원이 명하거나 상대방이 요구한 때에는 컴퓨터디스크 등에 입력한 사람과 입력한 일시, 출력한 사람과 출력한 일시를 밝혀야 한다(같은 조 ②항).

(나) **녹음·녹화매체**　　녹음·녹화테이프, 컴퓨터용 디스크, 그 밖에 이와 비　25 슷한 방법으로 음성이나 영상을 녹음 또는 녹화하여 재생할 수 있는 매체에 대한 증거조사를 신청하는 때에는 음성이나 영상이 녹음·녹화 등이 된 사람, 녹음·녹화 등을 한 사람 및 녹음·녹화 등을 한 일시·장소를 밝혀야 한다(규칙 제134조의8 ①항). 그리고 녹음·녹화매체 등에 대한 증거조사를 신청한 당사자는 법원이 명하거나 상대방이 요구한 때에는 녹음·녹화매체 등의 녹취서나 그 밖에 그 내용을 설명하는 서면을 제출하여야 한다(같은 조 ②항). 녹음·녹화매체 등에 대한 증거조사는 녹음·녹화매체 등을 재생하여 청취 또는 시청하는 방법으로 한다(같은 조 ③항).

2. 증거조사에 관한 이의신청

(1) **의　의**　　검사·피고인 또는 변호인은 증거조사에 관하여 이의신청을　26 할 수 있다(제296조 ①항). 법원은 이의신청에 대한 결정을 내려야 한다(같은 조 ②항). 이는 법원 이외의 소송주체가 증거조사절차의 적법한 진행을 감시·통제할 수 있도록 하기 위함이다.

(2) **이의신청의 대상과 사유**　　이의신청은 증거조사의 절차뿐만 아니라 증　27 거조사단계에서 행하여지는 모든 처분을 대상으로 한다. 따라서 증거신청, 증거결정, 증거조사의 순서와 방법, 증거능력의 유무 등이 모두 이의신청의 대상이 된다. 또한 이의신청은 증거조사가 법령을 위반한 경우뿐만 아니라 상당하지 아니한 경우에도 할 수 있다(규칙 제135조의2 본문). 다만 증거결정에 대한 이의신청

은 법령위반을 이유로 해야만 가능하다(같은 조 단서).

28   (3) 이의신청의 시기와 방법   이의신청은 개개의 행위·처분 또는 결정시마다 즉시 하여야 한다(규칙 제137조). 증거조사의 절차상 하자를 즉각 시정하지 않으면 실효가 없을 뿐만 아니라 절차상의 혼란도 초래될 염려가 있기 때문이다.1) 이의신청은 서면 또는 구술로 할 수 있으며(규칙 제176조 ①항), 그 이유를 간결하게 명시하여야 한다.

29   (4) 이의신청에 대한 법원의 결정   법원은 이의신청이 있을 때마다 즉시 결정하여야 한다(규칙 제138조). 이의신청에 대한 결정으로 판단된 사항에 대해서는 다시 이의신청할 수 없다(규칙 제140조). 1) 법원은 이의신청이 시기에 늦거나 소송지연을 목적으로 한 때에는 기각결정을 할 수 있다. 다만 이의신청이 중요한 사항을 대상으로 하는 경우에는 시기가 늦었다는 이유만으로 기각해서는 안 된다(규칙 제139조 ①항). 또한 이의신청이 이유 없다고 인정되는 경우에도 결정으로 기각하여야 한다. 2) 이의신청이 이유 있는 경우에는 결정으로 이의신청의 대상이 된 행위·처분 또는 결정을 중지·철회·취소 또는 변경하는 등 그 이의신청에 상응하는 조치를 취하여야 한다(같은 조 ③항). 3) 증거조사 후에 증거가 증거능력이 없다는 이유로 이의신청을 한 경우에는 법원이 이유 있다고 판단하면 증거의 일부나 전부를 배제하는 결정을 하여야 한다(같은 조 ④항).

3. 증거조사결과와 피고인의 의견

30   재판장은 피고인에게 각종 증거조사결과에 대한 의견을 묻고 권리를 보호하는 데 필요한 증거조사를 신청할 수 있음을 고지하여야 한다(제293조). 이는 증거조사의 결과 법원이 피고인에게 불리한 심증형성을 하게 될 경우, 피고인의 변론을 통해 그 증거결과에 의한 심증형성에 영향을 미칠 가능성을 보장하기 위함이다. 이 의견진술권은 법적 청문권의 한 내용이 된다. 그러나 간이공판절차에는 제293조가 적용되지 않는다(제297조의2, 286조의2).

---

1) 법원실무제요(형사), 171.

[42] 제 2 증인신문

[사례 17] 2008도3300

甲은 게임장 종업원으로서 게임장 운영자인 乙과 공모하여 관할관청의 허가를 받지
않고 게임장 영업행위를 하였다. 이로 인하여 甲과 乙은 게임산업진흥에 관한 법률
위반의 공소사실로 공동으로 기소되어 심리가 진행되었는데, 제4회 공판기일에 甲과
乙에 대한 변론이 분리되지 아니한 상태에서 甲이 乙에 대한 공소사실에 관한 증인
으로 채택되어 선서한 후 증언하게 되었다. 이때 甲은 판사가 "증인이 게임장의 실제
업주가 맞는가요?"라고 질문하자 "예"라고 답변하였고, 다시 판사가 "乙의 입장에서
증인에게 호의를 베푼 셈이 되는데 증인은 게임장을 운영하여 수익이 생기면 어떻게
하려고 하였나요?"라고 질문하자 "증인은 관리만 하고 수익은 乙이 관리하겠다고 하
였습니다"라고 답변하였다.

그러나 이는 사실이 아니었고 검사는 위 사건과는 별도로 甲에 대해 "사실은 乙이
게임장의 실제 업주이고, 甲은 단순히 위 게임장을 관리하였을 뿐이며, 위 게임장의
수익금은 乙에게 지급하기로 하였고, 달리 乙에게 수익금을 관리하도록 한 사실이
없음에도 불구하고 기억에 반하는 허위의 진술을 하여 위증하였다"는 취지의 공소사
실로 공소를 제기하였다. 제1심 법원은 이러한 공소사실에 대하여 위증죄의 유죄를
인정하고 甲에게 징역 4월을 선고하였다. **제1심 법원의 유죄판결은 적법한가?**

[주요논점]　1. 공범인 공동피고인에게 증인적격이 있는가?
　　　　　　　2. 증인적격이 없는 자가 위증하면 위증죄가 성립하는가?
　　　　　　　3. 공범 아닌 공동피고인은 증인적격이 있는가?

[관련판례]　2009도11249; 2012도6848

I. 증인과 증인신문

1. 증　인

　증인이란 자신이 과거에 경험한 범죄와 관련한 사실을 법원 또는 법관에게　1
진술하는 소송의 제3자를 말한다. 경험사실에 대한 진술뿐만 아니라 그 경험사
실로부터 추측한 사실을 진술하는 자도 증인에 속한다.

　(1) **참고인에 대한 구별**　증인은 법원 또는 법관에 대해 진술하는 제3자라　2

는 점에서 수사기관에 대해 진술하는 참고인과 구별된다.

3　　(2) 감정인에 대한 구별　　증인은 자신의 과거경험사실을 그대로 진술하기 때문에 다른 사람에 의해 대체될 수 없다. 그러나 감정인은 전문지식과 경험에 의해 법원이 지시하는 사실에 관한 전문적 판단결과를 보고하는 자이므로, 같은 전문지식과 경험을 가진 다른 감정인에 의해 얼마든지 대체될 수 있다는 점에서 증인과 구별된다. 다만 전문지식과 경험은 증인과 감정인의 구별기준이 되지 않는다. 증인도 특별한 전문지식과 경험에 의해 과거사실을 경험할 수 있기 때문이다. 그런 증인을 감정증인이라고 한다. 따라서 감정증인은 증인신문절차에 따라서 신문한다(제179조).

2. 증인신문

4　　(1) 개 념　　증인신문은 요증사실에 관한 증인의 경험을 내용으로 하는 진술을 얻는 증거조사를 말한다. 증인에 대한 조사는 증인의 진술내용뿐만 아니라 진술할 때의 목소리, 표정과 태도까지 법관의 심증형성에 큰 영향을 미치는 가장 중요한 증거방법이다. 형사소송법은 증인에게 법정에 출석해야 할 의무와 선서의무 및 증언의무를 규정하고 있고, 이와 같은 의무를 다하지 않을 때에는 직접·간접으로 강제를 가하도록 하고 있다. 이 점에서 증인신문은 강제처분의 성질을 가지고 있다.[1]

5　　(2) 증인신문절차　　증인신문도 검사, 피고인, 변호인의 신청이나 법원의 직권에 의해 행해지는 절차이다(제294조, 295조). 피해자의 신청에 의한 증인신문도 가능하다(제294조의2). 증인신문은 피고사건에 대한 공판절차에서 진실발견을 위해 행해지는 것이지만, 법원이 결정이나 명령을 하기 위한 사실조사의 방편으로 행해지기도 한다(제37조 ③항, 규칙 제24조 ①항). 그 밖에 증거보전에 필요한 경우 판사에 의하여 행해질 수도 있다(제184조, 221조의2 ①항). 증인신문은 직접주의, 구술주의에 따라 공판기일에 공판정에서 수소법원에 의해 이루어지는 것이 원칙이다. 그러나 예외적으로 증인의 연령, 직업, 건강상태 기타 사정을 고려하여 검사, 피고인 또는 변호인의 의견을 묻고 법정 외에 소환하거나 현재지에서 신문할 수도 있고(제165조), 법원이 아닌 수명법관 또는 수탁판사가 증인신문을 할 수도 있다(제167조). 또한 법원은 검사, 피고인 또는 변호인의 신청에 의하여 공판준비에 필요하다고 인정한 때에는 공판기일 전에 증인을 신문할 수 있다(제

---

1) 강구진 354; 김기두 160; 이재상/조균석/이창온 39/2; 정영석/이형국 393.

273조 ①항).

Ⅱ. 증인적격

1. 증인적격의 의의와 증인거부권

(1) **증인적격의 의의**　　증인적격이란 증인으로 선서하고 진술할 수 있는 자　**6**
격을 말한다. 법원은 법률에 다른 규정이 없으면 누구든지 증인으로 신문할 수
있다(제146조). 즉 책임무능력자나 어린아이, 피고인의 친·인척, 피고인과 적대
적 또는 우호적 관계에 있는 자 모두 원칙적으로 증인적격이 인정된다. 그러나
예외적으로 증인거부권(제147조)이 인정되는 경우와 증인적격의 인정 여부가 문
제되는 경우가 있다. 증인적격이 없는 증인에 대한 신문에서 증인이 행한 증언
은 증거능력이 인정되지 않는다.

(2) **증인거부권**　　공무원이나 공무원이었던 자가 그 직무에 관해서 알게 된　**7**
사실에 관해, 본인 또는 당해 공무소가 직무상 비밀에 속한 사항임을 신고한 때
에는, 그 소속공무소 또는 감독관공서의 승낙 없이는 증인으로 신문하지 못한다
(제147조 ①항). 그러나 그 자의 소속공무소 또는 당해 감독관공소는 국가의 중대
한 이익을 해하는 경우를 제외하고는 승낙을 거부하지 못한다(같은 조 ②항). 이
규정은 특별한 사유가 있는 경우에는 형사소송의 진실발견보다 국가이익을 우
선시키지만, 그 밖의 경우에는 진실발견과 국가형벌권의 적정행사를 도모하도
록 하는 데 그 취지가 있다.

2. 법관·검사·변호인의 증인적격

(1) **법　관**　　법관은 자신이 담당하는 사건에 대해 증인적격이 없다. 만약　**8**
법관이 직무에서 벗어나 자기가 맡은 사건에 관해 증인으로 된다면 제척사유가
인정될 것이므로 그 법관은 피고사건의 직무집행에서 자동적으로 배제된다(제17
조 4호). 피고사건의 공판절차에 관여하고 있는 법원서기관 등도 그 사건의 증인
이 될 수 없다. 법원서기관 등이 당해 사건에서 증언을 행하면, 그 사건의 직무
에서 자동적으로 배제된다(제25조 ①항, 17조 4호).

(2) **검　사**

(가) **견해의 차이**　　검사의 증인적격에 대해서는 긍정설과 부정설이 대립한　**9**
다. 긍정설은 1) 검사의 증인적격을 부정하는 법규가 없고, 2) 실체적 진실발견

을 위해 검사의 증인적격을 인정해야 할 필요가 있는 경우가 있을 수 있으며, 3) 검사의 증언은 이후의 공소유지절차에 지장을 주지 않는다는 점을 들어 검사의 증인적격을 인정한다.[1] 반면에 부정설은 1) 기본적으로 소송당사자인 검사는 제3자가 될 수 없고, 2) 검사를 공판관여검사의 지위에서 물러나게 할 강제적인 방법이 없으며, 3) 검사의 증인적격을 인정하면 증인으로 신문당한 검사가 공소유지자로서 임무를 수행할 수 있는가 하는 점에 대한 의문이 있다는 점에서 검사의 증인적격을 부정한다.[2]

10   (나) **결 론**   소송주체의 지위와 증인의 지위는 서로 모순되므로 검사에게 증인적격을 인정하지 않는 것이 옳다. 다만 예외적으로 진실발견을 위해서 검사를 증인으로 신문해야 할 필요성이 있는 때에 한하여 증인적격을 인정할 수 있다. 이때에는 검사의 역할보다 증인의 역할이 선행한다고 할 수 있다.

11   그러나 검사를 증인신문한 이후에는 검사의 증언이 법관의 심증형성과 필연적·내적 관련이 없는 경우[3]를 제외하고는 법관의 제척·기피에 관한 규정을 유추적용하여 증언한 검사를 당해 절차에서 배제시켜야 할 것이다. 만일 그렇지 않을 경우에는 판결에 영향을 미친 법령위반을 이유로 상소이유가 인정될 수 있다. 이에 반해 검사에게는 제척제도가 명문으로 인정되지 않으므로 증언한 검사가 당해 사건에 계속 관여할 수 있다고 보는 견해도 있다.[4] 그러나 이 견해는 법관의 심증형성과 필연적인 내적 관련이 있는 증언을 한 검사가 당해사건에 계속 관여하는 것은 준사법기관인 검사의 객관의무와 일치할 수 없다는 점에서 타당하다고 볼 수 없다.

(3) **변호인**

12   (가) **견해의 차이**   변호인의 증인적격에 대해서도 긍정하는 견해와 부정하는 견해가 대립한다. 긍정설은 1) 변호인의 증인적격을 부정하는 명문규정이 없고, 2) 실체적 진실발견과 피고인의 이익보호를 위해 변호인에 대한 증인신문이 필요한 경우가 있다는 점에서 변호인의 증인적격을 인정한다.[5] 반면에 부정설은 1) 변호인이 증인을 겸하는 것은 변호인 역할의 혼동을 초래하고, 2) 변호인은 피고인의 이익보호자로서 피고인에 준하는 지위를 가지기 때문에 소송의 제

---

1) 신동운 938.
2) 강구진 446; 이재상/조균석/이창온 39/8; 이창현 762; 정영석/이형국 394.
3) 예컨대 검사의 직무수행의 적법성에 관한 증언.
4) 정영석/이형국 394.
5) 신동운 939.

3자로 보기 어렵다는 이유에서 변호인의 증인적격을 부정한다.[1]

(나) **결　론**　　변호인도 검사와 마찬가지로 진실발견과 피고인의 이익보호　**13**
를 위해 꼭 필요한 경우에는 증인으로 신문받을 수 있어야 한다. 변호인은 증언
거부권(제149조)을 행사하여 피고인에게 불리한 증언을 거부함으로써 그에 대한
신뢰관계를 유지할 수 있을 것이다. 이처럼 피고인에게 유리한 증언만을 행하였
을지라도 변호인은 검사와 달리 증언 후에도 변호인의 지위를 사임해야 할 필
요는 없다고 본다. 계약상 변호인이 지는 피고인 보호의무는 변호제도의 본질에
속하기 때문이다.

3. 피고인의 증인적격

(1) **피고인**　　피고인의 증인적격에 대해서도 영미법의 영향을 받아 이를 인　**14**
정하는 견해가 있다. 그러나 1) 피고인은 소송주체로서 증인적격의 본질적 요소
인 제3자성이 없으며, 2) 피고인이 증인이 된다면 증언의무로 인하여 피고인의
진술거부권(헌법 제12조 ②항, 법 제283조의2)이 침해될 수 있다는 점에서 증인적격
을 부정하는 것이 타당하다. 같은 이유로 피고인의 법정대리인(제26조), 특별대
리인(제28조), 대리인(제276조 단서, 277조), 피고인인 법인의 대표자(제27조) 등도
증인적격이 인정되지 않는다.

(2) **공동피고인**　　공동피고인의 진술은 다른 피고인사건에 관하여 제3자의　**15**
진술이 되지만, 자기와 관련된 사건부분에 대한 진술에서는 피고인의 진술이기
도 하다는 특성을 갖고 있다. 공동피고인의 증인적격에 대해서는 견해가 나뉘고
있다.

(가) **긍정설**　　공동피고인은 다른 피고인에 대한 관계에서 제3자이므로 병　**16**
합심리중에 있는 공동피고인도 증인으로 신문할 수 있다는 견해이다.[2] 이 견해
는 증인도 형사상 자기에게 불리한 진술을 거부할 권리(제148조)를 갖기 때문에
자신과 관련된 사건의 증인이 된다 해도 공동피고인의 권리는 보호될 수 있다
고 강조한다.

(나) **부정설**　　공동피고인의 공범관계여부와 상관없이 변론을 분리하지 않　**17**
는 한 증인적격이 인정되지 않는다는 견해이다.[3] 이 견해는 사건에 관계된 공

---

1) 강구진 446; 이은모/김정환 525; 이재상/조균석/이창온 39/10; 이창현 763; 정영석/이형국 394.
2) 김기두 162; 차용석/최용성 651.
3) 강구진 446; 정영석/이형국 396.

동피고인은 모두 진술거부권(헌법 제12조 ②항, 법 제283조의2)을 갖기 때문에 변론을 분리하지 않는 한 공동피고인에게 증인적격을 인정할 수 없다는 논거를 내세운다.

18   (다) **절충설**   공범인 공동피고인은 증인적격이 없으나, 자기의 피고사건과 실질적인 관계가 없는 사건에 대하여는 공동피고인이더라도 증인이 될 수 있다는 견해이다.[1]

19   (라) **결 론**   부정설처럼 변론의 분리 여부에 따라 공동피고인의 증인적격 여부가 달라지게 되는 것은 지나치게 기술적이고 작위적이다. 또한 긍정설은 공동피고인의 피고인지위와 증인의 진실의무의 지위가 갖는 모순관계를 경시하는 문제점이 있다. 따라서 절충설이 가장 타당하다. 다만 절충설은 약간의 수정과 보완이 필요하다. 즉 공동피고인에게 증인적격을 인정하기 위해서는 1) 공동피고인에 대한 책임비난의 상호관련성이 없어야 하고, 2) 공동피고인에 대한 변론을 분리하여 증인신문을 실시하여야 한다.

   (마) **판 례**

20   1) 공범인 공동피고인   이 경우에는 실질적으로 범죄사실이 동일하여 자신의 범죄사실에 대한 진술도 되므로, 공범인 공동피고인 사이에는 증인적격을 인정하지 않는다.[2] 공범인 공동피고인(B)의 법정에서의 진술은 피고인(A)의 반대신문권이 보장되어 있어 증인으로 신문한 경우와 다를 바 없으므로 독립한 증거능력이 있고, 피고인들 사이에 이해관계가 상반된다고 하여도 마찬가지라는 것이다(92도917; 2006도1944). 따라서 공범인 공동피고인(B)은 당해 소송절차에서는 피고인의 지위에 있어 다른 피고인(A)에 대한 관계에서 증인이 될 수 없으나, 소송절차가 분리되어 피고인의 지위에서 벗어나게 되면 다른 공동피고인에 대한 공소사실에 관하여 증인이 될 수 있다는 것이 판례의 입장이다(2009도11249; 2012도6848 등).

21   2) 공범 아닌 공동피고인   이 경우에는 공동피고인의 증인적격을 인정한다. 즉, 피고인(A)과 별개의 범죄사실로 기소되어 단순히 병합심리 중인 공범 아닌 공동피고인(B)은 피고인의 범죄사실에 관하여는 증인의 지위에 있고, 따라서 선서 없이 한 공동피고인의 법정진술이나 피고인이 증거로 함에 동의한 바 없는 공동피고인에 대한 피의자신문조서는 피고인의 범죄사실을 인정하는 증거로

---

1) 신동운 942; 이은모/김정환 526 이하 이재상/조균석/이창온 39/13; 이창현 763 이하.
2) 법원실무제요(형사 II), 192 참조.

사용할 수 없다(82도1000; 2005도7601).

4. 수사경찰의 증인적격

피의자에 대한 수사를 담당한 경찰공무원의 증인적격을 인정할 수 있는지 **22** 도 문제된다. 법원은 당해 사건의 수사경찰관을 증인으로 신문하는 것을 위법이 라 할 수 없다고 판시한 바 있다(2000도2933). 또한 헌법재판소는 경찰공무원의 증인적격을 인정한다고 하여 무죄추정원칙이나 적법절차원칙에 위배되거나 피 고인의 진술거부권을 침해하는 것은 아니라고 하였는데, 그 이유로는 경찰공무 원은 피고인에 대한 공판절차에서는 제3자이고, 그에 대한 증인신문이 진실발 견을 위해 필요하고, 피고인 또는 변호인의 반대신문권이 보장되어 있기 때문이 라고 한다(2001헌바41). 2007년의 개정법률은 이른바 '조사자 증언제도'를 도입하 여 공소제기 전에 피고인을 피의자로 조사하였거나 그 조사에 참여하였던 자가 공판절차에서 피고인의 진술을 전문증언하면 일정한 요건 아래 증거능력을 인 정할 수 있도록 하였다(제316조 ①항). 생각건대, 수사를 한 경찰공무원은 소송의 주체가 아니므로 증인적격은 인정할 수 있다. 다만 피의자신문조서가 전문법칙 의 예외규정(제312조 ③항)에 의해 증거능력이 배제되는 상황에서 신문을 행한 경찰관에 대한 증인신문은 그 조서에 기재된 피고인의 진술을 증거로 삼는 탈 법적인 수단이 된다. 그러므로 피고인의 진술을 내용으로 하는 경찰공무원의 증 언은 전문법칙 예외규정(제316조 ①항)이 적용되지 않는 것으로 보아야 한다.[1]

Ⅲ. 증인의 소송법상 의무와 권리

1. 증인의 소송법상 의무

(1) 출석의무

(개) **출석의무와 그 대상** 증인은 법원이 소환하면 출석해야 할 의무가 있 **23** 다. 공판기일에 증인소환을 받은 사람은 물론 공판기일전의 증거조사(제273조)나 증거보전절차(제184조)의 증인신문 또는 수사상 증인신문(제221조의2)에 소환받은 증인도 출석의무가 있다. 다만 증인거부권자(제147조)는 출석의무가 없으며, 증 언거부권자(제148조, 149조)는 증언을 거부할 수 있을 뿐 출석 자체를 거부할 수 는 없다.[2] 물론 증인의 출석의무는 소환이 적법한 경우에만 인정된다. 소환방법

---

1) 이에 대해서는 아래의 [52] 121 이하 참조.

이 위법하거나 무효인 경우에는 증인의 출석의무가 없다.

24   (내) **증인의 동행명령**   법원은 필요한 때에는 결정으로 지정한 장소에 증인의 동행을 명할 수 있다(제166조 ①항). 이는 원래 법원 내에서 신문할 예정으로 소환한 증인을 법정 밖에서 신문할 필요가 있을 경우에 행하는 것이므로 처음부터 법정 밖으로 소환한 경우(제165조)와 구별된다.

   (대) **출석의무위반에 대한 제재**

25   1) 소송비용의 부담과 과태료 부과   증인이 정당한 사유없이 출석하지 아니한 경우에는 당해 불출석으로 인한 소송비용을 증인이 부담하도록 명하고, 500만원 이하의 과태료를 부과할 수 있다(제151조 ①항). 그러나 동행명령을 거부한 경우에는 과태료나 비용배상을 부과할 수 없다. 이러한 제재는 법원의 재량사항이다.

26   2) 감치 처분   증인이 과태료 재판을 받고도 정당한 사유없이 다시 출석하지 아니한 때에는 결정으로 증인을 7일 이내의 감치에 처한다(같은 조 ②항). 과태료의 부과만으로는 증인의 출석을 확보할 수 없는 현실을 고려하여 2007년의 개정법률이 신설한 제재조치이다.[1] 감치를 위한 재판절차는 법원의 감치재판개시결정에 따라 개시된다. 이 경우 감치사유가 발생한 날부터 20일이 지난 때에는 감치재판개시결정을 할 수 없다(규칙 제68조의4 ①항). 감치재판절차를 개시한 후 감치결정 전에 그 증인이 증언을 하거나 그 밖에 감치에 처하는 것이 상당하지 아니하다고 인정되는 때에는 법원은 불처벌결정을 하여야 한다(같은 조 ②항). 법원은 감치재판기일에 증인을 소환하여 과태료 결정에도 불구하고 출석하지 않은 데 정당한 사유가 있는지의 여부를 심리하여야 한다(제151조 ③항). 증인이 감치에 처하는 재판을 받으면 감치는 그 재판을 한 법원의 재판장의 명령에 따라 사법경찰관리·교도관·법원경위 또는 법원사무관등이 교도소·구치소 또는 경찰서유치장에 유치하여 집행하고, 증인이 이러한 감치시설에 유치되면 그 시설의 장은 즉시 그 사실을 법원에 통보하여야 한다(같은 조 ④·⑤항). 감치시설의 장의 통보를 받은 법원은 지체 없이 증인신문기일을 열어야 하며, 감치의 재판을 받은 증인이 감치의 집행 중에 증언을 한 때에는 즉시 감치결정을 취소하고 그 증인을 석방하도록 명하여야 한다(같은 조 ⑥·⑦항).

        3) 즉시항고   법원이 비용배상과 과태료의 결정이나 감치의 재판을 한 때에

---

2) 신동운 944.

1) 법원행정처, 형사소송법 개정법률 해설, 2007, 97면 이하 참조.

는 즉시항고를 할 수 있다. 다만 집행정지의 효력은 인정되지 않는다(같은 조 ⑧항). 27

(2) 선서의 의무

(가) **선서의 의의**   출석한 증인은 신문에 앞서 증인선서를 하여야 한다(제 28
156조). 증인선서란 증인이 법원에 대해서 진실만을 말할 것을 맹세하는 것이다.
증인이 선서한 후에 거짓증언을 하면 위증죄로 처벌을 빈는다(형법 제152조 이하).
이는 증언의 진실성과 확실성을 담보하기 위한 것이다. 따라서 선서능력 있는
증인일지라도 선서 없이 증언을 하였다면 그 증언은 증거능력이 인정되지 않는다.

(나) **선서무능력자**   선서무능력자, 즉 16세 미만의 자와 선서취지를 이해 29
하지 못하는 자는 선서를 하게 하지 않고 신문하여야 한다(제159조). 여기서 선
서취지를 이해하지 못하는 자란 정신능력의 이상으로 선서의 뜻을 알지 못하는
사람을 말한다. 선서능력에 의문이 있을 때에는 선서 전에 그 점에 대하여 묻
고, 필요하다고 인정할 때에는 선서취지를 설명하여야 한다(규칙 제72조). 선서무
능력자가 한 선서는 효력이 없고, 따라서 거짓이 있다 하여도 위증죄가 성립하
지 않는다. 그러나 증언 자체의 효력은 변함이 없다(84도619). 한편, 형사소송에
서는 민사소송(민소법 제324조)과 달리 선서능력이 있는 증인이 선서만을 거부하
고 증언하는 것은 허용되지 않는다.

(다) **선서의 방법**   선서는 증인신문에 앞서 행하며 재판장은 선서 전에 위 30
증의 벌을 경고하여야 한다(제158조). 선서는 선서서宣誓書에 따라 하여야 한다(제
157조 ①항). 선서서는 "양심에 따라 숨김과 보탬이 없이 사실 그대로 말하고, 만
일 거짓말이 있으면 위증의 벌을 받기로 맹세합니다"라고 기재한다(같은 조 ②
항). 재판장은 증인에게 선서서를 낭독하고 기명날인하거나 서명하게 하여야 한
다. 다만 증인의 낭독 및 서명이 불가능한 경우에는 법원사무관 등이 대신할 수
있다(같은 조 ③항). 선서는 일어서서 엄숙하게 하여야 한다(같은 조 ④항).

동일심급에서 한 증인에 대한 선서는 한 번으로 족하다. 따라서 그 증인이 31
피고사건에 대해 선서를 한 후 신문이 중단되었다가 다시 이어서 속개되더라도
다시 선서해야 할 필요는 없다. 그러나 새로운 증거결정으로 같은 증인을 다시
신문할 경우에는 별개의 증인신문에 해당하므로 다시 선서해야 한다.1) 선서는
모든 증인마다 개별적으로 해야 하며 대표선서는 허용되지 않는다.

(라) **선서의무위반에 대한 제재**   증인이 정당한 이유 없이 선서를 거부할 32
때에는 결정으로 50만원 이하의 과태료에 처할 수 있다. 이 결정에 대해서는 즉

---

1) 신동운 948; 이은모/김정환 530; 이재상/조균석/이창온 39/19.

시항고할 수 있다(제161조).

(3) 증언의 의무

33   (개) **증언의무의 의의**   증인은 신문받은 사항에 대해 양심에 따라 숨김과 보탬이 없이 증언할 의무가 있다(제157조 ②항). 법원 또는 법관의 신문뿐만 아니라 검사와 피고인·변호인의 신문에 대해서도 증언하여야 한다. 양심에 따라 숨김과 보탬이 없는 증언이란 증인의 판단으로 볼 때 진실한 사실의 진술을 말한다. 또한 주신문과 반대신문에 모두 증언해야 한다. 주신문에 대한 증언만 하고 반대신문에 대한 증언을 하지 않은 경우에는 반대신문의 기회가 없어서 정확성이 의심스러우므로 증거능력이 인정될 수 없다.[1]

34   (내) **증언능력**   증인에게는 증언능력이 있어야 한다. 증언능력이란 증인으로서 법정에 나온 사람이 자신이 과거에 경험한 바를 이해하고 타인에게 전달할 수 있는 능력을 의미한다. 증언능력은 증인적격과 구별된다. 증인적격은 피고사건에 대해 증인이 될 수 있는 일반적인 자격이지만, 증언능력은 구체적인 경험내용의 개별적인 전달능력을 말한다. 따라서 증인적격이 있는 사람도 증언능력이 없을 수 있다. 형사미성년자도 증언능력이 있을 수 있다(99도3786; 2001도2891; 2004도3161 등). 판례에 의하면 미성년자, 특히 유아의 증언능력의 유무는 단지 연령만에 의할 것이 아니라, 경험한 과거의 사실이 증인의 이해력, 판단력 등에 의하여 변식될 수 있는 범위 내에 속하는가의 여부도 충분히 고려하여 판단하여야 한다.[2]

35   (대) **증언의무위반에 대한 제재**   증인이 정당한 이유 없이 증언을 거부한 때에는 50만원 이하의 과태료에 처할 수 있다(제161조 ①항). 이때의 정당한 이유는 법률상 증언을 거부할 수 있는 경우라고 해석하는 것이 타당하다.[3] 예컨대 증인에게 증인거부권(제147조)이나 증언거부권(제148조, 149조)이 있는 경우가 이에 해당한다.

---

1) 신동운 948; 이재상/조균석/이창온 39/22; 이창현 769.
2) 2005도9561: "증인의 증언능력은 증인 자신이 과거에 경험한 사실을 그 기억에 따라 공술할 수 있는 정신적인 능력이라 할 것이므로, 유아의 증언능력에 관해서도 그 유무는 단지 공술자의 연령만에 의할 것이 아니라 그의 지적수준에 따라 개별적이고 구체적으로 결정되어야 함은 물론 공술의 태도 및 내용 등을 구체적으로 검토하고, 경험한 과거의 사실이 공술자의 이해력, 판단력 등에 의하여 변식될 수 있는 범위 내에 속하는가의 여부도 충분히 고려하여 판단하여야 한다." 사고 당시 만 3세 3개월 내지 만 3세 7개월 가량이던 피해자인 여아의 증언능력 및 그 진술의 신빙성을 인정한 사례.
3) 이은모/김정환 531; 이재상/조균석/이창온 39/23; 이창현 770.

2. 증인의 소송법상 권리

(1) 증언거부권

(가) **증언거부권의 의의**   증언거부권이란 일단 증언의무가 인정되는 증인 **36** 이 일정한 사유를 근거로 증언을 거부할 수 있는 권리를 말한다. 증언거부권이 있는 증인은 증언을 거부할 수 있을 뿐이고, 출석 자체를 거부할 수 있는 것은 아니다. 또한 출석한 후 선서만을 거부할 수도 없다. 다만 증언거부권자의 선서 거부는 증언거부로 이해할 수 있다.[1] 이에 반해 증인거부권(제147조)은 증인이 증인신문 자체를 거부할 수 있는 권리를 의미하는 것이므로 출석까지 거부할 수 있다.

(나) **자기 또는 근친자의 형사책임과 관련한 증언거부**   누구든지 자기나 **37** 친족이거나 친족이었던 사람 또는 법정대리인·후견감독인의 어느 하나에 해당 하는 자가 형사소추 또는 공소제기를 당하거나 유죄판결을 받을 사실이 드러날 염려가 있는 경우에는 증언을 거부할 수 있다(제148조). 자기에게 불리한 진술을 하지 않을 권리는 헌법상의 진술거부권(헌법 제12조 ②항)에서 근거를 찾을 수 있 으며, 근친자 등에 관련한 증언거부권은 가족관계 등 특별하게 밀접한 사회적 관계를 보호하기 위하여 형사처벌의 공익을 후퇴시키는 제도라고 할 수 있다.

증언거부는 공소제기의 전후를 묻지 않고 행사할 수 있다. 여기서 '공소제 **38** 기'는 약식명령의 청구, 즉결심판의 청구 등을 모두 포함하는 개념이다.[2] 그리 고 '형사소추 또는 공소제기를 당할 염려 있는 증언'이란 공소제기 전에 타인의 사건에서 증언하면 자기나 근친자 등에 대해 공소제기가 가능한 자료를 주게 되는 경우를 말한다. '유죄판결을 받을 사실이 발로될 염려 있는 증언'은 공소제 기 후 아직 판결선고가 없는 상태에서 타인의 사건에 대한 증언을 함으로써 자 기 또는 근친자에게 유죄인정의 자료를 제공하게 되는 경우를 의미한다.

증언거부의 대상이 되는 증언은 형사책임의 존부와 양형에서 불이익이 미 **39** 칠 수 있는 모든 사실이다. 즉 범죄구성요건에 관한 진술은 물론이고 누범·상 습범인정의 기초가 되는 사실, 형의 가중사유에 해당하거나 형의 선고유예나 집 행유예판결의 실효나 취소에 해당하는 사실 등이 여기에 해당된다. 형사소추나 유죄판결 가능성을 새롭게 발생시키는 경우뿐만 아니라 그 가능성을 단지 높이

---

1) 신동운 949.
2) 신동운 950.

는 경우에도 증언거부는 가능하다. 이에 반해 이미 유죄·무죄 또는 면소판결이 확정되어 더 이상 공소제기나 유죄판결의 가능성이 없는 경우에는 증언을 거부할 수 없다.[1)

40   (다) **업무상 비밀과 증언거부권**   변호사, 변리사, 공증인, 공인회계사, 세무사, 대서업자, 의사, 한의사, 치과의사, 약사, 약종상, 조산사, 간호사, 종교의 직에 있는 자 또는 이러한 직에 있었던 자가 그 업무상 위탁을 받은 관계로 알게 된 사실로서 타인의 비밀에 관한 것은 증언을 거부할 수 있다. 다만 본인의 승낙이 있거나 중대한 공익상 필요가 있는 때에는 예외로 한다(제149조). 이러한 업무에서 그 위탁자의 비밀은 사생활의 비밀(헌법 제17조)에 속하는 사항이고, 이에 대한 업무종사자들의 비밀준수는 직업윤리에 속한다고 할 수 있다. 따라서 제149조의 증언거부권은 사생활의 비밀과 직업윤리를 보호하기 위한 것이다.

41   이 조항의 증언거부권자로 규정된 업종은 제한적으로 열거한 것이라고 보는 것이 통설이다.[2)] 증언거부권이 인정되는 직업군을 넓힐수록 형사사법의 기능이 더욱 많이 침해되기 때문이다. 그러나 제149조에 열거된 직업종사자를 보조하는 사람도 그 직업종사자의 증언거부권이 미치는 범위 안에서 증언거부를 할 수 있다고 보는 것이 타당하다. 또한 증언거부권은 제149조의 직업종사자의 업무활동내용뿐만 아니라 업무활동이 개시되는 과정이나 상황에 대한 것에도 미친다고 보아야 한다.

42   (라) **증언거부권의 고지**   증인이 증언거부권자에 해당하는 경우에는 재판장은 신문 전에 증언을 거부할 수 있음을 고지하여야 한다(제160조, 148조, 149조). 판례는 증언거부권을 고지하지 않고 신문을 하여 얻은 증언도 증거능력이 있다고 한다(4290형상23). 그러나 증언거부권이라는 절차적 보장수단을 고지하지 않고 신문하는 것은 적법절차원리(헌법 제12조 ①항)에 비추어 위법한 증거수집으로서 증거능력이 없다고 보아야 한다.[3)

43   (마) **증언거부권의 행사와 포기**   증언거부권은 증인의 권리일 뿐 의무는 아니다. 따라서 증언거부권자는 거부권을 포기하고 증언할 수 있다. 그러나 증언거부권을 포기할 때에는 자신이 경험한 바를 진실하게 그리고 완전하게 증언하여야 할 의무가 있다. 따라서 증언할 내용 가운데 일부사실에 대해서만 증언

---

1) 신동운 950; 이재상/조균석/이창온 39/28; 이창현 771.
2) 신동운 952; 이은모/김정환 533; 이재상/조균석/이창온 39/29; 이창현 772.
3) 이은모/김정환 533; 이재상/조균석/이창온 39/30; 이창현 773.

하는 것은 허용되지 않는다. 예컨대 증인이 주신문에 대해 증언한 후 반대신문에 대한 증언을 거부할 수는 없다.[1]

(2) **비용청구권**　소환받은 증인은 법률이 규정한 바에 따라 여비, 일당과 **44**
숙박료를 청구할 수 있다. 다만 정당한 사유 없이 선서 또는 증언을 거부한 자는 예외로 한다(제168조). 구체적인 액수는 형사소송비용 등에 관한 법률 제3조 내지 제6조 및 제8조에 따라 형사소송비용 등에 관한 규칙으로 정하는 범위에서 법원이 정한다. 증언을 거부한 자에는 증언의 일부를 거부한 사람도 포함된다. 그러나 이미 법원 구내에 있던 증인, 즉 구내증인은 비용청구권이 없다. 소환받은 증인만 비용청구권이 있기 때문이다.

(3) **증인신문조서열람권**　증인은 자신에 대한 증인신문조서의 열람 또는 **45**
등사를 청구할 수 있다(규칙 제84조의2).

Ⅳ. 증인신문의 절차와 방법

1. 당사자의 참여와 증인신문의 준비절차

(1) **당사자의 참여와 신문의 권리**　검사, 피고인 또는 변호인은 증인신문에 **46**
참여할 수 있다(제163조 ①항). 이는 당사자에게 증인신문에 대한 참여와 신문의 권리가 있음을 규정한 것이다. 증인신문은 가장 중요한 증거조사이기 때문에 당사자의 참여권이 철저하게 보장되어야 한다.

(가) **당사자에 대한 통지**　이러한 권리를 보장하기 위해 검사, 피고인 또는 **47**
변호인에게 증인신문의 시일과 장소를 미리 통지하여야 한다. 다만 참여하지 아니한다는 의사가 명백할 때에는 예외로 한다(같은 조 ②항). 검사, 피고인, 변호인이 참여하지 아니할 경우에는 법원에 대해서 필요한 사항의 신문을 청구할 수 있고, 법원은 피고인에게 예기하지 아니한 불이익의 증언이 진술된 때에는 그 내용을 피고인 또는 변호인에게 알려주어야 한다(제164조).

(나) **참여권 침해의 효과**　판례에 따르면 1) 증인신문의 시일과 장소를 당 **48**
사자에게 통지하지 아니하고 증인신문이 이루어진 경우(73도2967; 86도1646 등), 2) 피고인의 참여 없이 증인신문이 이루어진 경우(91도2337 등), 3) 변호인이 없는 피고인을 일시 퇴정하게 하고 피고인에게 실질적인 반대신문권의 기회를 부여하지 아니한 채 증인신문이 이루어진 경우(2009도9344)에 그 증언은 증거능력

---

1) 이재상/조균석/이창온 39/31.

이 없다. 다만, 공판기일에 피고인과 변호인이 그 증인신문조서에 대하여 '변경할 점과 이의할 점이 없다'고 진술하였다면, 책문권의 포기로서 하자가 치유된다고 한다(2009도9344).1) 그러나 책문권의 포기로 인해 증인신문의 위법이 치유되는 민사소송과 달리, 형사소송에서 법원은 진실발견의무뿐만 아니라 적법절차(헌법 제12조 ①항)를 유지하여야 할 의무도 지고 있다. 따라서 증인신문의 절차를 지키지 않은 증인신문은 적법절차에 위반한 것이 되므로 위법수집증거배제법칙에 의하여 증거능력이 인정되지 않는다고 보아야 한다.

49   (2) 증인의 소환   증인의 출석은 소환에 의한다. 즉 소환은 출석의무의 전제가 된다. 법원은 소환장의 송달, 전화, 전자우편, 그 밖의 상당한 방법으로 증인을 소환하고, 증인을 신청한 자는 증인이 출석하도록 합리적인 노력을 할 의무가 있다(제150조의2). 공판중심주의의 확립과 효율적이고 집중적인 심리를 위해서는 증인의 출석이 확보되어야 하므로 개정법률이 소환의 방법을 다양하게 규정하는 한편, 증인의 출석을 위한 증인신청자의 협력의무를 새로이 명시한 것이다. 이에 따라 증인을 신청하는 자는 증인의 소재, 연락처와 출석 가능성 및 출석 가능 일시 그 밖에 증인의 소환에 필요한 사항을 미리 확인하는 등 증인출석을 위한 합리적인 노력을 다하여야 한다(규칙 제67조의2 ②항). 그리고 증인이 출석요구를 받고 기일에 출석할 수 없을 경우에는 법원에 바로 그 사유를 밝혀 신고하여야 한다(규칙 제68조의2). 증인에 대한 소환장은 급속을 요하는 경우를 제외하고 늦어도 출석일시의 24시간 이전에 송달하도록 하여야 하며(규칙 제70조), 증인이 법원의 구내에 있는 때, 즉 구내증인에 대해서는 소환하지 않고 신문할 수 있다(제154조).

50   (3) 증인신문의 준비절차   증인이 출석하면 재판장은 1) 증인으로부터 신분증을 제시받거나 그 밖의 적당한 방법으로 증인의 동일성을 확인하고(규칙 제71조), 2) 선서할 증인에 대하여 위증의 벌을 경고하고(제158조), 이어서 3) 증인이 선서를 한 후(제157조), 4) 증인이 증언거부권자에 해당하는 경우 재판장이 증언거부권을 고지(제160조)한 다음에 증인을 신문한다.

2. 증인신문의 방법

51   (1) 개별신문과 대질   증인신문은 각 증인에게 개별적으로 하여야 하며, 신문하지 아니한 증인이 재정한 때에는 퇴정을 명하여야 한다. 그러나 필요한 경

---

1) 판례의 입장에 동의하는 견해로는 이재상/조균석/이창온 39/34.

우에는 다른 증인 또는 피고인과 대질하게 할 수 있다(제162조). 다른 증인의 퇴
정여부에 대한 결정은 법원의 재량에 속하므로, 다른 증인 앞에서 증인을 신문
하게 했다고 해서 증인신문이 위법한 것은 아니다(4292형상725).

(2) 증인신문의 원칙

(가) 구술주의 증인신문은 원칙적으로 말로 해야 한다. 그러나 증인이 들 **52**
을 수 없거나 말을 할 수 없을 때에는 구술주의의 예외가 인정된다. 즉 증인이
들을 수 없을 때에는 서면으로 묻고, 말할 수 없는 때에는 서면으로 답하게 할
수 있다(규칙 제73조).

(나) 포괄신문금지원칙 증인을 신문할 때에는 증명할 사항에 관하여 가능 **53**
한 한 증인으로 하여금 개별적이고 구체적인 내용을 진술하게 하여야 한다(규칙
제74조 ①항). 따라서 2개 이상의 사항을 하나에 담고 있는 복합질문이나 포괄적
이고 막연한 질문은 허용되지 않는다.

(다) 비례성원칙 증인의 명예를 손상하거나 사생활영역에 관계되는 사실 **54**
또는 전과에 관한 증인신문은 그것이 진실발견에 꼭 필요하고 다른 증거방법에
의한 증명이 불가능한 경우에만 보충적으로 행해져야 한다.

(라) 공정처우원칙 증인은 신문을 받을 때에 공정한 처우를 받아야 한다. **55**
증인신문에서도 피고인신문에서 금지되는 위법한 신문방법은 허용되지 않는다.
위협적이거나 모욕적인 신문을 해서는 아니 된다. 그리고 정당한 이유가 없는
한, 이전의 신문과 중복되는 신문, 의견을 묻거나 의논에 해당하는 신문, 증인이
경험하지 아니한 사항에 해당하는 신문은 허용되지 않는다(규칙 제74조 ②항).[1]

3. 증인신문의 순서: 교호신문

(1) 교호신문제도의 의의 증인의 인적 사항에 대한 신문은 재판장이 행한 **56**
다. 그러나 사실에 대한 신문은 증인을 신청한 당사자가 먼저 신문하고 그 다음
에 반대편 당사자가 신문하며 재판장은 당사자의 신문이 끝난 뒤에 신문할 수
있다(제161조의2 ①·②항). 이를 교호신문이라고 한다. 영미의 교호신문(cross ex-
amination)은 검사와 변호인에 의해 이루어지며, 법원은 직권으로 증인신문을 행
하지도 않을 뿐만 아니라 당사자의 증인신문에 개입하지 않는다. 반면, 독일의

---

1) 99헌마496: "검사가 법원의 증인으로 채택된 수감자를 증언하기 전까지 거의 매일 검사실로
   하루 종일 소환하여 피고인측 변호인이 접근하는 것을 차단하고, 검찰에서의 진술을 번복하는
   증언을 하지 않도록 회유·압박하고, 검사실에서 그에게 편의를 제공하는 행위는 피고인의 공
   정한 재판을 받을 권리와 적법절차원칙을 침해한다."

교호신문(Kreuzverhör)은 재판장이 증인신문을 주도하고 검사, 피고인 및 변호인은 질문권(Fragerecht)을 행사하는 방식으로 이루어진다. 우리나라 교호신문은 법원에 의한 직권증인신문이 가능하며, 당사자들에 의해 증인신문이 주도되고 재판장의 증인신문은 보충적이라는 점에서 영미식의 당사자주의와 독일식의 직권주의의 중간에 위치하는 제도라고 할 수 있다.

57　　　(2) **교호신문제도의 장점과 단점**　　교호신문은 당사자들이 각자의 주장을 뒷받침하는 증언에 대해 그 문제점을 직접 지적·공격하게 함으로써 구술주의를 활성화하고 증인의 진술내용을 그만큼 풍부하게 하는 장점이 있다. 뿐만 아니라 증인의 표정이나 목소리 등 증언의 신빙성판단에 필요한 증거도 최대한 확보할 수 있게 함으로써 직접주의를 활성화한다. 그러나 교호신문은 검사보다 변호인의 신문능력이 떨어질 경우에는 증인신문을 검사의 일방적인 무대로 만들 위험성도 있다. 그리고 그만큼 증인의 인격권과 사생활의 비밀에 대한 침해의 위험성도 높다. 그러므로 재판장은 특히 비례성원칙과 공정처우원칙의 실현에 주의하지 않으면 안 된다.

(3) **교호신문의 순서와 방법**

58　　　(가) **주신문**　　주신문이란 증인을 신청한 당사자가 신문하는 것을 말한다. 주신문은 증인을 신청한 당사자에게 유리한 증언을 얻기 위한 신문이다. 주신문은 직접신문이라고도 한다. 주신문은 증명할 사항과 이와 관련된 사항에 대하여 한다(규칙 제75조 ①항). 증명할 사항이란 증인신문신청의 입증취지였던 사항(규칙 제132조의2 ①항)을 가리키고, 이와 관련한 사항은 증언의 증명력을 보강하거나 다투기 위하여(규칙 제77조) 필요한 사항을 말한다.

59　　　주신문에서 유도신문은 금지된다(규칙 제75조 ②항 본문). 유도신문이란 신문자가 바라는 방향으로 진술하도록 증인을 유인하는 신문을 말한다. 주신문에서 신문자와 증인은 긴밀한 관계가 있고, 그런 관계에서 유도신문을 허용하면 증인이 경험한 바를 있는 그대로 증언하기 어렵게 만들기 때문이다. 다만 이러한 염려가 없는 경우, 즉 1) 증인과 피고인의 관계, 증인의 경력, 교우관계 등 실질적인 내용에 앞서 미리 밝혀두는 준비적인 사항에 관한 신문, 2) 당사자 사이에 다툼이 없는 명백한 사항에 관한 신문, 3) 증인이 주신문을 하는 자에게 적의나 반감을 보이는 경우, 4) 증인이 종전의 진술과 다른 내용의 진술을 하는 경우 그 종전진술에 관한 신문, 5) 기타 증인이 내용을 적절히 표현하지 못하는 경우와 같이 유도신문이 필요한 경우 등에는 유도신문이 허용된다(같은 조 ②항 단서).

만일 주신문자가 유도신문을 할 경우 재판장은 이를 제지하여야 하며 그 신문 방법을 제한할 수 있다(같은 조 ③항).

(나) **반대신문**　　반대신문은 주신문을 한 후에 반대편 당사자가 하는 신문 **60** 을 가리킨다. 반대신문은 주로 주신문의 모순을 지적하고 주신문에 대한 증언에서 누락된 부분을 말하게 함으로써 그때까지 반대편 당사자에게 불리하였던 진술을 유리하게 바꾸는 데 그 목적이 있다. 반대신문은 주신문에서 나타난 사항과 이와 관련한 사항 및 증언의 증명력을 다투기 위한 사항에 관하여 할 수 있다(규칙 제76조 ①항, 77조). 반대신문에 의해 새로운 사항을 신문하는 것은 재판장의 허가가 있을 때에만 허용된다(규칙 제76조 ④항). 그러한 경우에는 반대신문은 주신문이 된다(같은 조 ⑤항). 반대신문에서는 필요한 경우에 유도신문이 허용된다(같은 조 ②항). 반대신문은 신문자와 증인 사이에 긴밀한 관계가 없을 뿐만 아니라 주신문의 모순을 드러내고 증언의 의미를 반전시키는 새로운 증언을 얻어내기 위한 신문이기 때문이다.

(다) **재 주신문**　　재 주신문은 반대신문 후에 주신문자가 반대신문에서 드러 **61** 난 사항에 관해 묻는 것을 말한다. 재 주신문은 주신문의 예에 의하여 행하며, 이때에도 새로운 사항에 관한 신문은 재판장의 허가가 있을 때에만 허용된다(규칙 제78조).

(라) **추가신문**　　형사소송규칙은 교호신문의 기본적인 모형을 주신문－반대 **62** 신문－재주신문으로 구성하고 있다. 그러나 검사, 피고인 또는 변호인은 재주신문이 끝난 후에도 재판장의 허가를 얻어 다시 신문할 수 있다(규칙 제79조).

(4) 교호신문의 직권주의적 수정　　형사소송법은 진실발견에 대한 법원의 의 **63** 무를 고려하여 영미법의 경우와 달리 법원의 직권에 의한 증인신문활동을 인정하고 있다. 법원은 직권으로 증인을 신문할 수 있고(제295조), 이 경우 신문할 증인의 신문방식은 재판장이 정하는 바에 의한다(제161조의2 ④항 전단). 이때 당사자의 신문은 반대신문의 예에 의한다(규칙 제81조). 검사, 피고인이나 변호인이 신청한 증인을 신문하는 경우에도 재판장은 필요하다고 인정하면 어느 때나 신문할 수 있고, 이때 증인신문의 순서도 변경할 수 있다(제161조의2 ③항). 한편, 피해자의 신청에 의하여 행하는 증인신문에서는 재판장이 증인의 신문방식을 정한다(제161조의2 ④항 후단). 이때에도 당사자의 신문은 반대신문의 예에 의한다(규칙 제81조).

(5) 증인신문사항의 제출　　재판장은 피해자 및 증인의 인적사항의 공개 또 **64**

는 누설을 방지하거나 그 밖에 피해자 및 증인의 안전을 위하여 필요하다고 인정할 때에는 증인의 신문을 청구한 자에 대하여 사전에 신문사항을 기재한 서면의 제출을 명할 수 있고(규칙 제66조), 재판장의 명을 받은 자가 신속히 그 서면을 제출하지 아니한 경우에는 증거결정을 취소할 수 있다(규칙 제67조). 이를 증인신문사항의 제출제도라 한다.

65　　　그러나 증인신문사항의 제출제도(규칙 제66조)는 1) 증인신문조서의 작성을 편리하게 하기 위하여 증인의 진술이 '예, 아니오'로 대답될 수 있는 형태로 증인신문사항이 구성되는 실무를 고려할 때, 교호신문의 본래기능을 퇴색하게 한다. 또한 2) 법관은 미리 제출된 증인신문사항만을 보고 증인신문시 증인이 보이는 태도나 표정 등의 신빙성판단에 필요한 증거를 얻는 데 게을리 하게 된다는 점에서 직접주의 또는 구술주의의 취지를 흐리는 결과를 가져온다. 이런 점에서 증인신문사항의 제출제도는 적법절차(헌법 제12조 ①·③항)나 재판을 받을 권리(같은 법 제27조)를 중대하게 침해하는 제도라고 할 수 있다. 더 나아가 증인신문사항의 미제출을 증인에 대한 증거결정의 취소사유로 삼는 것(규칙 제67조)은 법원의 진실발견의무에 반한다.[1]

4. 증인신문에서 직접주의의 예외와 한계

66　　　직접주의와 구술주의 및 공개주의를 충실하게 실현하기 위하여 증인신문은 수소법원이 공판기일에 공판정에서 행하여야 한다. 그러나 현행법은 증인보호나 그 밖의 부득이한 사유가 있을 경우에 한하여 특히 형식적 직접주의의 예외를 인정하고 있다.

67　　　(1) 법정 외 신문　법원은 증인의 연령, 직업, 건강상태 기타 사정을 고려하여 검사, 피고인 또는 변호인의 의견을 묻고 법정 외에 소환하거나 현재지에서 신문할 수 있다(제165조). 법원은 필요한 경우에 결정으로 지정한 장소에 증인의 동행을 명할 수 있다. 증인이 정당한 사유없이 동행을 거부한 때에는 구인할 수 있다(제166조).

68　　　(2) 수명법관 등에 의한 신문　법원은 합의부원에게 법정 외의 증인신문을 명할 수 있고, 증인 현재지의 지방법원 판사에게 그 신문을 촉탁할 수 있다(제

---

1) 이재상/조균석/이창온 39/47. 이러한 문제를 고려하여 개정 형사소송규칙은 신문사항 제출의 요건을 명시하였다. 즉 이전에는 '재판장이 필요하다고 인정할 때'라고 하여 포괄적으로 그 요건을 규정한 반면, 개정규칙은 피해자 및 증인의 안전 등의 요건을 규정한 것이다. 그럼에도 불구하고 제도의 문제점은 여전하다 할 것이다.

167조 ①항). 전자의 명을 받은 법관을 수명법관, 후자는 수탁판사라고 한다. 수탁판사는 증인이 관할구역 내에 현재하지 아니할 때에는 그 현재지의 지방법원 판사에게 전촉轉嘱할 수 있다(같은 조 ②항). 수명법관 또는 수탁판사는 증인의 신문에 관하여 법원 또는 재판장의 권한에 속하는 처분을 할 수 있다(같은 조 ③항).

　　(3) 비디오 등 중계장치 등에 의한 신문　　1)「아동복지법」제71조 ①항 1호 **69** 부터 제3호까지에 해당하는 죄의 피해자, 2)「아동·청소년의 성보호에 관한 법률」제7조, 제8조, 제11조부터 제15조까지 및 제17조 ①항의 규정에 해당하는 죄의 대상이 되는 아동·청소년 또는 피해자, 그리고 3) 범죄의 성질, 증인의 나이, 심신의 상태, 피고인과의 관계, 그 밖의 사정으로 인하여 피고인 등과 대면하여 진술하는 경우 심리적인 부담으로 정신의 평온을 현저하게 잃을 우려가 있다고 인정되는 자를 증인으로 신문하는 경우 상당하다고 인정하는 때에는 검사와 피고인 또는 변호인의 의견을 들어 비디오 등 중계장치에 의한 중계시설을 통하여 신문하거나 가림 시설 등을 설치하고 신문할 수 있다(제165조의2). 이는 구 성폭력법 제22조의4 ①항과 그 규칙에서 성폭력범죄의 피해자에 대해 규정하던 것인데, 성폭력범죄의 피해자 이외의 범죄피해자도 경우에 따라 피고인을 대면하지 않는 것이 증인보호를 위해 필요하다는 인식에 따라 2007년 개정 법률이 신설한 규정이다. 이러한 이른바 '중계신문' 등에 의해 증인을 신문할 경우 피고인의 증인대면권이 제한되기는 하지만 반대신문권 자체는 보장된다.[1]

　　(가) 중계신문 등의 결정　　법원은 이러한 사유에 해당하는 자를 증인으로 **70** 신문하는 결정을 할 때 비디오 등의 중계시설 또는 가림 시설을 통한 신문 여부를 함께 결정하여야 한다. 물론 법원은 증인신문 전 또는 증인신문 중에도 중계신문 등을 결정할 수 있다. 이러한 결정을 할 때에는 증인의 나이, 증언할 당시의 정신적·심리적 상태, 범행의 수단과 결과 및 범행 후의 피고인이나 사건관계인의 태도 등을 고려하여 판단하여야 한다(규칙 제84조의4).[2]

　　(나) 중계신문 등의 방법　　1) 비디오 등 중계장치에 의한 중계시설은 법원 **71** 청사 안에 설치하되, 필요한 경우 법원 청사 밖의 적당한 곳에 설치할 수 있다. 중계신문을 할 때 증인을 중계시설에 출석하게 하거나 인터넷 화상장치를 이용하여 지정된 인터넷주소에 접속하게 하고, 영상과 음향의 송수신에 의하여 법

---

1) 법원행정처, 형사소송법 개정법률 해설, 2007, 151면.
2) 형사소송규칙은 여전히 '차폐시설', '연령'으로 규정하고 있으나, 형사소송법 개정에 따라 '가림 시설', '나이'로 수정 표기함.

관, 검사, 변호인이 상대방을 인식할 수 있는 방법으로 한다(규칙 제84조의5, 123조의13 ①·②항). 중계장치를 통하여 증인이 피고인을 대면하거나 피고인이 증인을 대면하는 것이 증인의 보호를 위하여 상당하지 않다고 인정되는 경우 재판장은 검사, 변호인의 의견을 들어 증인 또는 피고인이 상대방을 영상으로 인식할 수 있는 장치의 작동을 중지시킬 수 있다(규칙 제84조의9 ②항). 그리고 법원이 증인과 신뢰관계에 있는 자를 동석하게 할 때에는 그를 중계시설(증언실)에 동석하게 한다(규칙 제84조의7 ①항). 2) 가림 시설을 설치한다는 것은 피고인과 증인이 서로의 모습을 볼 수 없도록 필요한 조치를 취하는 것을 말한다(규칙 제84조의9 ①항). 그러나 판례는 제165조의2 제3호의 요건이 충족될 경우 형사소송규칙의 규정에도 불구하고 피고인뿐만 아니라 검사, 변호인, 방청인 등에 대하여도 가림 시설 등을 설치하는 방식으로 증인신문을 할 수 있다고 한다(2014도18006). 증인이나 피고인과의 관계에 따라서는 피고인뿐 아니라 방청인 등 다른 사람도 증인이 대면하여 진술함에 있어 심리적인 부담으로 정신의 평온을 현저하게 잃을 우려가 있기 때문이라고 하는데, 변호인의 변론권 행사에 지장을 줄 수 있다는 문제점이 있다.

72   (대) **심리의 비공개 등**   중계신문 등의 방법으로 신문할 때 법원은 증인의 보호를 위하여 필요하다고 인정하는 경우에는 결정으로 이를 공개하지 아니할 수 있다(규칙 제84조의6 ①항). 또한 증인으로 소환받은 증인과 그 가족은 증인보호 등의 사유로 증인신문의 비공개를 신청할 수 있으며, 재판장은 이러한 신청이 있으면 그 허가 여부와 방식 등에 대해 결정해야 한다(같은 조 ②·③항). 다만 비공개심리의 경우에도 재판장은 적당하다고 인정되는 자의 재정在廷을 허가할 수 있다(같은 조 ④항). 그 밖에 중계신문 등을 하는 경우 증인은 증언을 보조할 수 있는 인형, 그림 그 밖에 적절한 도구를 사용할 수 있으며, 증언을 하는 동안 담요, 장난감, 인형 등 증인이 선택하는 물품을 소지할 수 있다(규칙 제84조의8).

73   **(4) 한 계**   이와 같은 증인신문에는 일반시민의 참여가 사실상 제한되므로 공개주의에 대한 제한도 부수적으로 뒤따르게 된다. 또한 이처럼 증인의 이익을 보호하기 위한 직접주의와 공개주의의 제한은 피고인에게는 방어권의 실질적 약화를 초래한다. 공판정에서 하는 증인신문과 달리 피고인측의 참여가 증인신문의 전제요건이 아니고 방청객에 의한 감시가 거의 불가능하므로 피고인의 방어권보장은 위축된다고 할 수 있다. 따라서 공판정 밖이나 공판기일 외의 신문, 수탁판사 등에 의한 신문, 중계신문 등은 필요최소한도에 그쳐야 할 것이다.

V. 피해자 증인

1. 피해자의 진술권

(1) 의 의   피해자는 원래 증인의 한 사람으로서 법원이 그를 증인으로 **74** 신문할 수 있음은 당연하다. 그러나 헌법은 여기서 더 나아가 피해자에게 자신이 피해자인 사건에 관하여 공판정에서 증언할 수 있는 기회를 보장하고 있다 (헌법 제27조 ⑤항). 이를 피해자의 진술권이라 한다. 형사소송법 제294조의2는 "법원은 범죄로 인한 피해자의 신청이 있는 경우에는 그 피해자를 증인으로 신문하여야 한다"고 규정하고 있다. 이는 피해자에게 형사사법의 적정한 실현에 대한 감시권을 부여하고 형사절차에서 피해자의 지위를 강화하기 위한 제도이다.[1]

(2) 피해자의 형사절차상 지위   형사소송법이 피해자에게 부여하고 있는 형 **75** 사절차상의 권한으로는 고소권(제223조) 및 고소취소권(제232조)과 배상명령신청권(소촉법 제25조 ①항) 등이 있고 이와 더불어 법정진술권, 즉 일종의 증거신청권이 인정된다. 2007년의 개정법률은 이에 더하여 피해자의 법정진술권을 강화하고 공판기록의 열람등사권을 신설하였으며, 그 밖에 몇 가지 피해자보호와 지위강화를 위한 규정을 마련하였다. 여기서 더 나아가 피해자에게 출석권과 변호인의 도움을 받을 권리까지 보장해야 한다는 견해도 있다.[2] 다만 피해자가 형사사법체계에서 중심역할을 담당하게 될수록 형사사법체계는 피해자의 사적인 보복감정에 좌우되기 쉽고, 피고인의 방어권보장도 그만큼 위축되기 쉽다는 점에 유의할 필요가 있다.

2. 피해자 진술을 위한 관련규정

피해자가 법정진술권을 행사하기 위해서는 범죄피해를 당한 사건의 절차적 **76** 진행상황과 그 내용을 알 수 있어야 한다. 이를 위해 개정법률은 피해자에 대한 통지제도와 피해자의 공판기록 열람등사권에 관한 규정을 신설하였다.

---

1) 근대이전의 형사절차에서는 피해자가 원고가 되어 소송의 주체로서 절차에 참여하였으나 근대국가에서 국가가 형벌권을 독점하면서 피해자는 보이지 않는 위치에서 제3자의 지위에 머물러야 했다. 그러나 최근에는 형사절차에서 피해자의 지위를 회복해야 한다는 주장이 제기되고 있고, 실정법에서 일부 실현되고 있다. 이에 대해 자세한 것은 정승환, 범죄피해자기본법의 제정과 형사절차에서 피해자의 지위 회복, 인권과 정의 2005.6, 69면 이하 참조.

2) 김성돈, 피해자변호인제도의 도입방안, 피해자학연구 제10권 제2호, 2002, 123면 이하; 이재상/조균석 34/54. 이 주장은 독일에서 일부 학자들에 의해 제기되는 바와 같이 피해자를 소송주체로서 재발견하자는 것이다.

77   **(1) 피해자 통지제도**   검사는 범죄로 인한 피해자 또는 그 법정대리인의 신청이 있는 때에는 당해 사건의 공소제기 여부, 공판의 일시·장소, 재판결과, 피의자·피고인의 구속·석방 등 구금에 관한 사실 등을 신속하게 통지하여야 한다(제259조의2).

    (2) 피해자 등의 공판기록 열람·등사권

78   **(개) 열람·등사의 신청**   피해자 등은 소송기록의 열람 또는 등사를 재판장에게 신청할 수 있다. 신청권이 있는 자는 구체적으로 1) 소송계속 중인 사건의 피해자, 2) 피해자가 사망하거나 그 심신에 중대한 장애가 있는 경우에는 그 배우자·직계친족 및 형제자매, 3) 피해자 본인의 법정대리인 또는 4) 이들로부터 위임을 받은 피해자 본인의 배우자·직계친족·형제자매·변호사이다(제294조의4 ①항).

79   **(내) 재판장의 결정**   재판장은 피해자 등의 신청이 있는 때에는 지체없이 검사, 피고인 또는 변호인에게 그 취지를 통지하여야 한다(같은 조 ②항). 재판장은 1) 피해자 등의 권리구제를 위하여 필요하다고 인정하거나 그 밖의 정당한 사유가 있는 경우 2) 범죄의 성질, 심리의 상황, 그 밖의 사정을 고려하여 상당하다고 인정하는 때에는 열람 또는 등사를 허가할 수 있고(같은 조 ③항), 등사를 허가하는 경우에는 등사한 소송기록의 사용목적을 제한하거나 적당하다고 인정하는 조건을 붙일 수 있다(같은 조 ④항). 재판장의 결정에 대해서는 불복할 수 없으며(같은 조 ⑥항), 소송기록을 열람 또는 등사한 자는 열람 또는 등사에 의하여 알게 된 사항을 사용함에 있어서 부당히 관계인의 명예나 생활의 평온을 해하거나 수사와 재판에 지장을 주지 아니하도록 하여야 한다(같은 조 ⑤항).

3. 피해자 진술권의 행사절차

80   **(1) 진술의 신청**   피해자의 진술권행사는 증인신문절차에 의한다. 따라서 피해자가 진술권을 행사하려면 피해자의 진술신청과 이에 대한 법원의 결정이 필요하다(제295조). 피해자 진술의 신청권자는 피해자 또는 법정대리인, 그리고 피해자가 사망한 경우에는 그 배우자, 직계친족, 형제자매이다(제294조의2 ①항).

81   **(2) 법원의 결정**   피해자 등의 신청이 있으면 법원은 증거결정을 하여야 하는데, 다음의 제외사유에 해당하지 않는 한 그 피해자 등을 증인으로 신문하여야 한다(같은 항). 즉 여기서 법원의 증거결정은 기속재량이라 할 수 있다. 제외사유는 1) 피해자 등이 이미 당해 사건에 관하여 공판절차에서 충분히 진술

하여 다시 진술할 필요가 없다고 인정되는 경우와 2) 피해자 등의 진술로 인하여 공판절차가 현저하게 지연될 우려가 있는 경우이다(같은 항 2·3호).[1] 진술을 신청한 피해자가 소환을 받고도 정당한 이유 없이 출석하지 아니한 때에는 그 신청을 철회한 것으로 본다(같은 조 ④항).

(3) **피해자 증인신문의 방법**   법원은 피해자 등을 증인으로 신문하는 경우 **82** 피해의 정도 및 결과, 피고인의 처벌에 관한 의견, 그 밖에 당해 사건에 관한 의견을 진술할 기회를 주어야 한다(같은 조 ②항). 한편, 법원은 동일한 범죄사실에서 피해자 진술의 신청인이 여러 명인 경우에는 진술할 자의 수를 제한할 수 있다(같은 조 ③항). 피해자의 신청에 의한 증인신문은 교호신문방식에 의하지 아니하고 재판장이 정하는 바에 의한다(제161조의2 ④항). 법원은 당해 피해자·법정대리인 또는 검사의 신청에 따라 피해자의 사생활의 비밀이나 신변보호를 위하여 필요하다고 인정하는 때에는 결정으로 심리를 공개하지 아니할 수 있다(제294조의3 ①항). 또한 법원은 검사와 피고인 또는 변호인의 의견을 들어 비디오중계 등의 방식으로 신문할 수 있다(제165조의2).

(4) **신뢰관계자의 동석**   법원은 범죄로 인한 피해자를 증인으로 신문하는 **83** 경우 증인의 연령, 심신의 상태, 그 밖의 사정을 고려하여 증인이 현저하게 불안 또는 긴장을 느낄 우려가 있다고 인정하는 때에는 직권 또는 피해자·법정대리인·검사의 신청에 따라 피해자와 신뢰관계에 있는 자를 동석하게 할 수 있다(제163조의2 ①항). 피해자 보호를 위해 2007년의 개정법률이 신설한 규정이다.

(개) **신뢰관계자 동석의 신청**   피해자 등이 신뢰관계자의 동석을 신청할 때 **84** 에는 동석하고자 하는 자와 피해자 사이의 관계, 동석이 필요한 사유 등을 명시하여야 한다(규칙 제84조의3 ②항). 피해자와 동석할 수 있는 신뢰관계에 있는 자는 피해자의 배우자, 직계친족, 형제자매, 가족, 동거인, 고용주 그 밖에 피해자의 심리적 안정과 원활한 의사소통에 도움을 줄 수 있는 자를 말한다(같은 조 ①항).

(내) **신뢰관계자 동석의 결정**   신뢰관계자의 동석 여부는 법원의 재량에 **85** 의한 결정사항이지만(제163조의2 ①항), 법원은 범죄로 인한 피해자가 13세 미만이거나 신체적 또는 정신적 장애로 사물을 변별하거나 의사를 결정할 능력이 미약한 경우에 재판에 지장을 초래할 우려가 있는 등 부득이한 경우가 아닌 한 피해자와 신뢰관계에 있는 자를 동석하게 하여야 한다(같은 조 ②항).

---

1) 개정법률은 피해자 진술의 신청권자를 피해자 이외에 법정대리인 등으로 확대하고, 피해자 진술의 제한 사유를 축소하여 피해자진술권을 강화하고자 하였다.

86 (대) **신뢰관계자 동석의 중지**   피해자 증인신문에 동석한 자는 법원·소송관계인의 신문 또는 증인의 진술을 방해하거나 그 진술의 내용에 부당한 영향을 미칠 수 있는 행위를 하여서는 아니 되며(같은 조 ③항), 이에 위반하여 부당하게 재판의 진행을 방해하는 때에는 동석을 중지시킬 수 있다(규칙 제84조의3 ③항).

[43] 제 3 검증과 감정

Ⅰ. 검 증

1. 검증의 의의

1   **(1) 개 념**   검증이란 법원 또는 법관이 감각기관의 작용에 의하여 물건이나 신체의 존재, 상태 등을 직접 인지하는 증거조사방법을 의미한다. 검증 가운데 범죄가 일어난 장소나 기타 법원 이외의 장소에서 하는 검증을 현장검증이라고 한다.

2   **(2) 법적 성격과 영장주의**   검증은 그 대상이 되는 사람이나 물건 및 장소의 소유자나 점유자의 의사에 반하여 이루어지기도 하므로 강제처분의 성질을 갖는다. 따라서 수사기관이 검증을 실시할 경우 원칙적으로 법관의 영장을 발부받아야 한다(제215조). 그러나 법원의 검증은 증거조사의 한 방법일 뿐이며 영장주의는 적용되지 않는다.

2. 검증의 절차와 방법

3   **(1) 검증의 요건**   법원의 검증은 사실을 발견하기 위하여 필요한 경우에 행한다(제139조). 법원의 검증에는 영장이 필요 없다. 또한 검증의 목적물에는 제한이 없다. 감각기관의 작용에 의하여 직접 인지할 수 있는 것이면 고체, 액체, 기체, 생물, 무생물, 사람의 신체나 시체 등 모두 검증객체가 될 수 있다. 다만 피고인 아닌 사람에 대한 신체검사는 증거가 될 만한 흔적을 확인할 수 있는 현저한 사유가 있는 경우에만 할 수 있다(제141조 ②항).

(2) 검증의 준비

4   (가) **검증기일의 지정**   공판기일 이외의 일시·장소에서 검증을 하려면 검증기일을 지정하여야 한다.

(나) **검증일시와 장소의 통지**　검증을 실시함에는 미리 검증의 일시·장소 **5**
를 검증참여권자에게 통지하여야 한다. 다만 검증참여권자가 참여하지 아니한
다는 의사를 명시한 때 또는 급속을 요하는 때에는 예외로 한다(제122조, 145조).
검사, 피고인 또는 변호인은 검증에 참여할 권리를 가진다(제121조, 145조). 또한
공무소, 군사용 항공기 또는 선박·차량 안에서 검증을 실시할 때에는 그 책임
자에게 참여할 것을 통지하여야 한다(제123조 ①항, 145조).

(다) **신체검사와 소환장의 발부**　사람의 신체를 대상으로 하는 검증, 즉 **6**
신체검사를 하기 위해서는 그 대상자에게 소환장을 발부하여야 한다(제142조).
소환장에는 신체검사의 취지를 기재하여야 한다(규칙 제64조, 65조). 법원은 신체를
검사하기 위하여 피고인 아닌 자를 법원 기타 지정한 장소에 소환할 수 있다(제
142조). 피고인 아닌 자에 대한 신체검사를 하기 위한 소환장에는 그 성명 및 주
거, 피고인의 성명, 죄명, 출석일시 및 장소와 신체검사를 하기 위하여 소환한다
는 취지를 기재하고 재판장 또는 수명법관이 기명날인하여야 한다(규칙 제65조).

(3) **검증의 실시방법**

(가) **검증에 필요한 처분**　검증을 할 때에는 신체의 검사, 시체의 해부, 분 **7**
묘의 발굴, 물건의 파괴, 기타 필요한 처분을 할 수 있다(제140조). 시체의 해부
또는 분묘의 발굴을 하는 때에는 예에 어긋나지 아니하도록 주의하고 미리 유
족에게 통지하여야 한다(제141조 ④항). 그 밖에 검증실시 중 타인의 출입을 금지
할 수 있고(제119조, 145조), 검증을 중지한 경우 필요한 때에는 검증이 종료될 때
까지 그 장소를 폐쇄하거나 간수자를 둘 수 있다(제127조, 145조). 또한 검증에 있
어 자물쇠를 열거나 개봉 기타 필요한 처분을 할 수 있다(제120조, 145조). 그 밖
에 검증을 함에 필요한 때에는 사법경찰관리에게 보조를 명할 수 있다(제144조).

(나) **신체검사에 대한 특칙**　신체검사는 검사를 당하는 자의 성별, 나이, **8**
건강상태, 그 밖의 사정을 고려하여 그 사람의 건강과 명예를 해하지 아니하도
록 주의하여야 한다(제141조 ①항). 여자의 신체를 검사하는 경우에는 의사나 성
년의 여자를 참여하게 하여야 한다(같은 조 ①·③항).

(다) **검증시각의 제한**　일출 전이나 일몰 후에는 가주家主, 간수자 또는 이 **9**
에 준하는 자의 승낙이 없으면 검증을 위해 타인의 주거, 간수자 있는 가옥, 건
조물, 항공기, 선박·차량 안으로 들어가지 못한다. 단 일출 후에는 검증목적을
달성할 수 없는 염려가 있는 경우에는 그러하지 아니하다(제143조 ①항). 일몰 전
에 검증에 착수한 경우에는 일몰 후라도 검증을 계속할 수 있다(같은 조 ②항).

그러나 도박 기타 풍속을 해하는 행위에 상용된다고 인정하는 장소나 여관, 음식점 기타 야간에 공중이 출입할 수 있는 장소(제126조)에 관하여는 그러하지 아니하다(같은 조 ③항).

3. 검증조서

10 검증에 관하여는 검증결과를 기재한 검증조서를 작성하여야 한다(제49조 ①항). 검증조서에는 검증목적물의 현상을 명확하게 하기 위하여 도화나 사진을 첨부할 수 있다(같은 조 ②항). 공판정에서 행한 검증은 공판조서(제51조 ②항 10호)에 기재되고 수소법원이 그 검증에 의해 취득한 결과는 바로 증거가 된다. 그러나 공판기일외에서 검증이 행하여진 경우에는 검증조서가 작성된다. 이 검증조서는 법원이나 법관의 검증결과를 기재한 검증조서이므로 제311조에 의해 무조건 증거능력이 있다.

Ⅱ. 감 정

1. 감정의 의의

11 **(1) 감정과 감정인** 감정이란 전문지식과 그에 따른 경험을 가진 제3자가 그 지식과 경험을 활용하여 얻은 판단을 법원에 보고하는 것을 말한다. 법원으로부터 감정의 명을 받은 자를 감정인이라 한다. 감정인의 신문은 증거조사의 성질을 가진다. 따라서 구인에 관한 규정을 제외하고 증인신문에 대한 규정이 감정에 준용된다(제177조).

12 **(2) 구별개념** 수사기관으로부터 감정을 위탁받은 자는 감정인이라 하지 않고 감정수탁자 또는 수탁감정인(제221조 참조)이라고 한다. 감정수탁자는 선서의무가 없고 허위감정죄로 처벌받지 않는다. 또한 감정인은 증인과 구별된다. 1) 증인은 사실을 전달하지만, 감정인은 전문적 지식을 적용한 판단을 전달한다. 2) 증인은 소송절차 밖에서 이루어진 경험내용을 보고하지만, 감정인은 소송절차에서 법원을 위해 지각활동을 한다는 점에서 구분된다. 그러나 3) 증인과 감정인의 가장 중요한 구별기준은 증인의 경험이 다른 사람에 의해 대체불가능한 것인 반면, 감정인의 지각은 다른 사람에 의해 대체가능한 것이라는 점에 있다. 감정증인 역시 감정인과 구별된다. 특별한 전문지식에 의해 알게 된 과거의 사실에 관하여 신문받는 자를 감정증인이라 하는데, 감정증인은 과거사실에 대

한 지각내용이 전문지식을 활용함으로써 가능하였다는 점에서는 감정인과 유사하다. 그러나 그의 지각내용은 다른 감정인에 의해 대체될 수 없는 것이므로 증인으로 분류되어야 한다. 따라서 감정증인에 대하여는 증인에 관한 규정이 적용된다(제179조).

(3) **감정의 기능**　과학과 기술이 고도로 발달함으로써 법원은 사실인정에 **13** 서 더욱 과학자나 전문가의 지식에 의존하게 되었다. 그렇기 때문에 감정인은 많은 경우 법원의 사실인정에 결정적인 지식을 제공하여 '법관 뒤의 법관'의 지위를 누리기도 한다. 그러나 특정한 사실에 관한 감정인의 전문적 판단은 증거자료의 하나에 불과하고, 그 증거자료의 의미에 관한 판단은 법원의 권한이자 의무이다 (68도400). 따라서 법원은 감정인의 감정결과에 구속되지 않는다. 이 점은 감정인이 법원의 보조라는 법률적 측면뿐만 아니라 전문적 과학적 판단도 과학이론과 학설에 따라 다를 수 있다는 점을 고려할 때 그 합리성을 인정할 수 있다.

2. 감정의 절차와 방법

(1) 감정인의 선정과 소환

(가) **감정인 선정**　법원은 학식·경험 있는 자에게 감정을 명할 수 있다(제 **14** 169조). 감정인에 대해서는 증인에 관한 규정이 준용되므로(제177조), 감정인적격에 대한 내용은 증인적격의 경우와 같다. 감정거부권도 증언거부권(제148조, 149조)의 규정이 준용된다.

(나) **당사자의 감정인신청권**　소송당사자가 특정한 사람을 지명하여 감정 **15** 인으로 신청할 수 있는가에 대해 긍정설과 부정설이 있다. 긍정설은 1) 민사소송법 제308조와 달리 형사소송법 제294조는 감정인신문의 신청을 규정하고 있고, 2) 공판에서 검사 및 피고인측이 소송주체로서 전개하는 변론활동을 최대한 보장하기 위해 당사자는 특정감정인에 대한 신문을 신청할 수 있어야 한다고 본다.[1] 반면, 실무에서는 민사소송의 감정과 마찬가지로 당사자는 감정 자체의 신청을 하고 감정인의 선정은 법원의 전권이라는 부정설이 굳게 자리잡고 있다.[2] 감정인의 특정은 법원에 대한 희망의 의사표시에 불과하다.

누가 감정인이 되는가는 감정의 결과에 중요한 요소로 작용하기 때문에 궁 **16** 극적으로는 재판의 향방에 중대한 영향을 미친다. 그런데도 감정결과는 감정인

---

1) 신동운 994.
2) 법원실무제요(형사), 384.

이 감정을 함에 있어 의거한 과학적 지식이나 이론에 따라 다르게 나타날 수 있다. 따라서 당사자로 하여금 각자에게 유리한 과학지식과 이론에 의한 감정을 해 줄 감정인에 대한 신청권을 보장하지 않는다면, 법원은 편협한 전문지식에 예속되고 증명의 합리성은 기대될 수 없다. 법률적으로 보면 법원은 감정인선정(제169조)에서 당사자의 희망사항에 구속되지 않는다. 그러나 당사자가 자신이 희망하는 감정인에 대한 신문을 증거신청(제294조)의 일환으로 신청할 경우, 법원은 증거신청기각사유가 존재하지 않는 한 이를 허가하여야 할 것이다. 즉 제169조는 제294조를 제한하는 근거가 될 수 없다.

17   (다) **감정인의 소환**   감정인이 선정되면 감정인신문을 위하여 감정인을 출석시켜야 한다. 감정인의 소환은 증인소환방법에 의한다(제177조). 다만 감정인은 증인과 달리 대체성이 있으므로 감정인의 구인은 허용되지 않는다.

(2) 감정인선서

18   (가) **선서의 절차**   감정인에게는 감정 전에 선서하게 하여야 하며, 선서는 선서서에 의한다(제170조 ①·②항). 선서서에는 "양심에 따라 성실히 감정하고 만일 거짓이 있으면 허위감정의 벌을 받기로 맹서합니다"라고 기재하여야 한다(같은 조 ③항). 선서하지 않은 감정인의 감정은 증거능력이 없다.

19   (나) **무선서감정제도**   법원은 필요하다고 인정하는 때에는 공무소·학교·병원 기타 상당한 설비가 있는 단체 또는 기관에 대하여 감정을 촉탁할 수 있는데, 이 경우에는 선서에 관한 규정이 적용되지 않는다(제179조의2 ①항). 필요하다고 인정하는 때란 감정을 할 공무원, 의사, 교수 등이 피고인 또는 고소인 등 소송관계인으로부터 허위감정죄(형법 제154조)로 고소당할 것을 염려하여 감정을 거부할 개연성이 높은 경우를 가리킨다. 무선서감정제도는 감정인을 보호하는 반면, 감정의 진실성에 대한 절차적 보장(제170조)을 배제함으로써 감정의 진실성 보장에는 부정적인 영향을 미칠 수 있다는 문제가 있다.

20   [감정의 정확성 보장방법] 형사소송에서 감정의 정확성은 다음 두 가지의 제도적 장치에 의해 확보된다. 1) 감정다원주의의 보장: 감정결과는 감정인이 누구이며, 어떤 이론과 어떤 감정방법에 의하느냐에 따라 크게 달라진다. 따라서 적어도 당사자에게 감정인 신청권을 보장함으로써 법원은 다양한 감정결과를 고려할 수 있어야한다. 2) 감정의 진실성 보장: 감정이 아무리 이론과 방법에 따라 그 결과가 달라질수는 있다고 할지라도 감정인은 자신이 판단하기에 검증되었다고 보이는 이론과방법에 의해 감정을 행하고 그 결과를 거짓 없이 보고해야 한다. 감정다원주의를

보장하는 것은 제294조(감정인신문신청권) 또는 제169조이고, 감정의 진실성을 보장하는 것은 제170조(선서)와 형법 제154조(허위감정죄)이다. 제179조의2에 의한 선서 없는 감정의 촉탁은 바로 감정의 진실성에 대한 절차적 보장을 배제한다. 이러한 절차적 보장의 약화는 민사소송법 제341조(감정의 촉탁)를 모델로 하고 있다. 그러나 형사소송은 민사소송이 형식적 진실에 만족할 수 있는 바와는 달리 진실발견의 목표를 추구해야 하기 때문에, 형사소송에서 감정의 정확성을 담보하는 절차적 보장도 민사소송의 경우보다 더 강화된 것이어야 한다. 그러므로 감정의 진실성에 대한 절차적 보장을 민사소송의 수준으로 낮추는 제179조의2는 타당하지 않다. 이 점은 민사소송법 제336조의 감정인기피와 같은 또 다른 절차적 보장제도가 형사소송에는 없다는 점을 고려하면 더욱 더 설득력을 갖는다. 따라서 감정선서제도는 형사소송에서 예외 없이 지켜져야 한다.

(3) 감정인신문　감정인신문에는 두 가지가 있다. 감정인을 최초로 소환하 **21** 여 선서를 시킨 후 감정사항을 알리고 서면에 의한 감정결과를 보고하도록 명하는 절차와, 감정인이 감정서를 제출한 후 법원이 그 감정인으로부터 설명을 듣기 위하여 감정인을 신문하는 절차(제171조 ④항)가 그것이다. 앞의 감정인신문은 필수적이나 뒤의 감정인신문은 필요한 경우에만 행하는 임의적 신문이다. 감정인에 대한 신문은 증인신문에 관한 규정이 준용된다(제177조). 따라서 재판장이 직권으로 감정인의 학력, 경력, 감정경험 등 감정을 명하는 데 적합한 능력이 있는지를 확인하는 신문을 한 후 증인신문과 마찬가지로 주신문, 반대신문, 재주신문의 순서로 신문이 이루어진다.

(4) 법원 외에서 행하는 감정과 물건교부　법원은 필요한 때에는 감정인으 **22** 로 하여금 법원 외에서 감정하게 할 수 있다. 실무에서 감정에 필요한 사실행위는 거의 법정 외에서 행해진다. 이 경우에 법원은 감정을 요하는 물건을 감정인에게 교부할 수 있다(제172조 ①·②항). 재판장은 필요하다고 인정하는 때에는 감정인에게 소송기록에 있는 감정에 참고가 될 자료를 제공할 수 있다(규칙 제89조의2).

3. 감정인의 권한

(1) 감정에 필요한 처분　감정인은 감정에 필요한 때에는 법원의 허가를 얻 **23** 어 타인의 주거, 간수자 있는 가옥, 건조물, 항공기, 선차 내에 들어갈 수 있고, 신체의 검사, 시체의 해부, 분묘의 발굴, 물건의 파괴를 할 수 있다(제173조 ①

항). 이러한 처분에는 허가장이 필요하고, 처분을 받는 자에게 이를 제시하여야 한다. 단 공판정에서 행할 때에는 그러하지 아니하다(같은 조 ②·③·④항).

24   (2) 열람등사권 등   감정인은 감정에 관하여 필요한 경우에는 재판장의 허가를 얻어 서류와 증거물을 열람 또는 등사하고 피고인 또는 증인의 신문에 참여할 수 있다(제174조 ①항). 이때 피고인이나 증인의 신문을 구하거나 재판장의 허가를 얻어 직접 발문發問할 수 있다(같은 조 ②항). 또한 감정인은 법률이 정하는 바에 의하여 여비, 일당, 숙박비 외에 감정료와 체당금의 변상을 청구할 수 있다(제178조).

4. 감정의 보고

25   (1) 서면보고원칙   감정의 경과와 결과는 감정인으로 하여금 서면(감정서)으로 제출하도록 하여야 한다(제171조 ①항). 따라서 당사자의 증거동의(제318조)가 없는 한 감정인이 공판준비기일 또는 공판기일에 감정서에 대하여 성립의 진정을 인정하여야 증거로 사용할 수 있다(제313조 ②항). 감정인이 수인인 경우 감정서는 각각 또는 공동으로 제출하게 할 수 있고(제171조 ②항) 감정결과에는 그 판단의 이유를 명시하여야 한다(같은 조 ③항).

26   (2) 감정서설명을 위한 감정인신문   법원은 감정서의 제출이 있는 경우 필요한 때에는 감정인에게 설명하게 할 수 있다(같은 조 ④항). 그리고 이 감정인신문이 공판기일에 이루어지면 그 진술이 바로 증거가 되지만, 공판기일 외에서 이루어지면 그 진술은 감정인신문조서에 기재되며, 다음 번 공판기일에 그 감정인신문조서는 서류증거로서 증거조사된다. 무선서감정을 촉탁할 경우 법원은 당해 공무소·학교·병원 기타 상당한 설비가 있는 단체 또는 기관이 지정한 자로 하여금 감정서의 설명을 하게 할 수 있다(제179조의2 ②항). 이 설명에는 검사, 피고인 또는 변호인을 참여하게 하여야 하고(규칙 제89조의3 ①항), 설명의 요지는 조서에 기재하여야 한다(같은 조 ②항). 이는 무선서감정제도에 의해 약화된 감정의 진실성보장을 미약하나마 어느 정도 강화하기 위한 것이다.

5. 통역과 번역

27   공판정에서는 국어를 사용한다(법조법 제62조). 그러므로 외국인에게는 통역이 필요하고 외국어로 된 서류는 번역이 필요하다. 특히 국어에 통하지 않는 외국인 피고인의 경우에 통역은 방어권행사의 기본전제가 된다.

(1) **통 역**　국어에 통하지 않는 자의 진술에는 통역인으로 하여금 통역하　**28**
게 하여야 한다(제180조). 외국인이라도 국어에 통하면 통역인이 필요 없다. 또한
듣거나 말하는 데 장애가 있는 사람의 진술에 대해서는 통역인으로 하여금 통
역하게 할 수 있다(제181조).

(2) **번 역**　국어 아닌 문자 또는 부호는 번역하게 하여야 한다(제182조).　**29**
국어 아닌 문자 또는 부호란 우리나라에서 일반적으로 통하지 않는 말을 말한
다. 따라서 방언이나 널리 통용되는 외래어는 번역의 대상이 아니다.

(3) **감정에 관한 규정의 준용**　통역과 번역은 외국어에 관한 특별한 지식이　**30**
있는 자가 할 수 있으므로 감정과 유사한 성격을 가진다. 따라서 통역·번역에
는 감정에 관한 규정이 준용된다(제183조).

제 5 절　공판절차의 특수문제

[44] 제 1　간이공판절차

Ⅰ. 간이공판절차의 의의

1. 간이공판절차의 개념

간이공판절차란 피고인이 공판정에서 공소사실을 자백한 경우 일정한 요건　**1**
을 전제로 형사소송법이 규정하는 증거조사절차를 간소화하고 증거능력제한을
완화하여 심리를 신속하게 진행할 수 있도록 하는 공판절차를 말한다. 제286조
의2는 "피고인이 공판정에서 공소사실에 대하여 자백한 때에는 법원은 그 공소
사실에 한하여 간이공판절차에 의하여 심판할 것을 결정할 수 있다"고 규정하
고 있다.

[간이공판의 비교법적 고찰]　피고인이 자백한 사건에 대해 공판절차를 간이화하는　**2**
외국제도의 보기를 들면 다음과 같다. 1) 미국 형사소송법상의 기소인부절차
(arraignment)는 피고인이 유죄를 인정한다는 답변(plea of guilty)을 하면 배심에 의
한 유죄평결과 같은 효력이 발생하여 증거조사를 하지 않고 바로 양형절차로 넘어

간다. 이것은 사건의 중대성여부와 상관없이 적용된다. 그러나 우리나라의 간이공판절차는 증거조사를 거칠 뿐만 아니라, 무죄판결도 제도적으로는 가능하다는 점에서 기소인부절차와 구별된다.[1) 2)] 독일 형사소송법 제417조부터 제420조에 규정된 신속절차(beschleunigtes Verfahren)는 구두로 공소제기를 하고 공소제기 이후 즉시 공판을 개정하여 판결할 수 있으며 1년 이하의 자유형만을 부과할 수 있게 한다. 우리나라의 간이공판절차에서는 구두공소제기나 공소제기 후의 즉시 공판과 판결 가능성 등이 인정되지 않는다는 점에서 차이가 있다.

3   비교법적 고찰을 토대로 볼 때 간이공판절차는 소송물에 관한 처분권을 당사자에게 부여하는 당사자처분권주의를 인정하는 것이 아님을 알 수 있다. 우리나라의 간이공판절차는 직접적으로는 일본의 간이공판절차(일본 형소법 제291조의2, 291조의3)에서 유래한 것으로 보는 것이 타당할 듯하다.[2)]

2. 간이공판절차의 입법취지

4   간이공판제도는 1) 신속한 재판과 사건의 능률적인 처리를 가능하게 하고, 2) 유·무죄가 첨예하게 대립하지 않는 단순한 사건의 심리를 신속하게 처리함으로써 다툼이 많은 사건에 더 충실하고 완전한 심리를 하기 위한 목적에서 만들어졌다. 그러나 간이공판제도의 내용은 공정한 재판과 적법절차이념에 정면으로 배치되는 문제점을 안고 있다. 이에 대해 자백사건은 단순명백한 사건이므로 간소한 심리로도 진실을 밝힐 수 있다는 이론이 제시될 수 있다. 그러나 오늘날 자백이 대부분 수사기관과 피의자·피고인측의 왜곡된 협상에서 비롯된다는 점을 고려하면, 자백이 사건의 단순명백성이 낳은 결과가 아님을 알 수 있다. 결국 간이공판은 공정한 재판의 포기라는 성격을 떨쳐 버리기 어렵다. 그러므로 간이공판은 폐지되거나, 적어도 경미한 범죄유형에 국한하여 적용되어야 할 필요가 있다.[3)]

---

1) 정영석/이형국 297은 간이공판절차가 기소인부절차에 시사를 받았다고 본다.
2) 이은모/김정환 561; 이재상/조균석/이창온 41/3; 이창현 794면 이하.
3) 2022년에 처리된 제1심 형사공판 223,504건 중 간이공판절차에 의하여 심판된 사건은 5,631건으로 처리건수의 2.5%를 차지하였다(대법원, 사법연감 2023, 761면).

II. 간이공판절차개시의 요건

1. 적용범죄

간이공판은 모든 범죄유형에 대하여 적용될 수 있다. 1973년 처음 도입될 **5**
당시 간이공판절차는 지방법원 또는 지방법원지원 단독판사의 관할사건에 대해
서만 개시될 수 있었다. 즉 지방법원 및 지원의 합의부가 심판할 사건이 아니어
야 한다.[1] 따라서 1) 사형, 무기 또는 단기 1년 이상의 징역 또는 금고에 해당
하는 사건, 2) 이러한 사건과 동시에 심판해야 하는 공범사건, 3) 합의부에서 심
판할 것을 합의부 스스로 결정한 사건(법조법 제32조) 등에 대해서는 간이공판절
차를 개시할 수 없었다. 그러나 1990년 12월 31일에 간이공판은 특정강력범죄
법이 적용되는 사건이나 특정강력범죄와 병합되는 사건에도 확대적용되었고(특
강법 제12조 ①항), 1994년에는 성폭력처벌법이 적용되는 사건에 대해서도 간이공
판절차의 개시가 가능해졌다(성폭력법 제22조). 그리고 1995년의 개정법률에 의하
여 간이공판은 마침내 모든 범죄에 확대적용되게 되었다.

2. 제1심의 사건

상소심에서도 간이공판절차가 가능할 수 있는지 문제가 된다. 제370조가 **6**
"제2편 중 공판에 관한 규정은 본 장에 특별한 규정이 없으면 항소의 심판에 준
용한다"고 규정하고 있다는 점에서 상소심에도 간이공판이 가능하다고 해석할
여지가 있다. 또한 명문으로 "제1심으로 심판할 사건"이라고 규정하고 있었던
제286조의2 단서가 1995년의 개정에서 삭제되었다는 점도 그러한 해석을 뒷받
침해 주기도 한다. 그러나 법정책적으로 간이공판의 축소운영이 바람직하다는
점에서 항소심준용(제370조)을 허용하지 않는 것이 타당하다.

3. 피고인이 공판정에서 자백한 사건

(1) **자백의 주체**   간이공판절차는 피고인이 공판정에서 자백한 사건의 경 **7**
우에만 개시될 수 있다(제286조의2). 자백은 피고인 자신이 공판정에서 하여야 한
다. 따라서 변호인이 대신 자백하거나 피고인의 출석 없이 개정할 수 있는 사건
(제277조, 277조의2)에서도 피고인이 출석하지 않는 한 간이공판절차에 의할 수
없다. 다만 피고인이 법인인 경우에는 대표자가 이를 할 수 있다. 더 나아가 피

---

1) 1995년 개정전의 제286조의2 단서.

고인이 의사무능력자인 경우에는 법정대리인(제26조)이나 특별대리인(제28조)이 피고인을 대신하여 자백주체가 될 수 있다고 본다(다수설).1) 그러나 간이공판이 사실상 유죄를 인정하는 것임을 고려할 때, 자백의 대리는 헌법상 보장된 피고인의 재판받을 권리(헌법 제27조)의 본질적 내용(같은 법 제37조 ②항)까지 침해하는 것이라고 할 수 있다. 그러므로 자백에 대해 제26조나 제28조는 적용될 수 없다고 보는 것이 옳다.

8   **(2) 자백의 내용**   피고인이 하는 자백은 자기의 형사책임을 승인하는 내용이어야 한다. 따라서 단순히 공소사실을 인정할 뿐만 아니라 위법성조각사유나 책임조각사유의 부존재도 인정하는 진술이어야 한다(2004도2116). 물론 위법성조각사유나 책임사유의 부존재는 사실상 추정되기 때문에 피고인이 이러한 사유를 적극적으로 주장하지 않은 채 공소사실을 인정하면 간이공판절차를 개시할 수 있다. 자신이 유죄임을 명시적으로 진술할 필요는 없다(81도2422; 87도1269 등). 양형사유의 주장 또는 죄명이나 적용법조만을 다투는 경우는 여기서 말하는 자백인정에 영향을 주지 않는다. 그러나 피고인이 범의를 부인하는 경우(81도775; 95도2297)와 상습범죄에서 상습성에 대해 다투는 경우(2004도6176)에는 간이공판절차에 의하여 심판할 수 없다. 또한 피고인이 검사가 신문할 때에는 자백하였으나 변호인이 신문할 때에는 공소사실을 부인한 경우에는 간이공판절차가 개시될 수 없다(95도1883; 97도3421).

[2004도2116] 책임조각사유의 주장과 간이공판절차

피고인이 법정에서 "공소사실은 모두 사실과 다름없다"고 하면서 술에 만취되어 기억이 없다는 취지로 진술한 경우에, 피고인이 음주상태로 운전하다가 교통사고를 내었고, 또한 사고 후에 도주까지 하였다고 하더라도 피고인이 술에 만취되어 사고 사실을 몰랐다고 범의를 부인함과 동시에 그 범행 당시 심신상실 또는 심신미약의 상태에 있었다는 주장으로서 형사소송법 제323조 ②항에 정하여진 법률상 범죄의 성립을 조각하거나 형의 감면의 이유가 되는 사실의 진술에 해당하므로 피고인은 적어도 공소사실을 부인하거나 심신상실의 책임조각사유를 주장하고 있는 것으로 볼 여지가 충분하므로 간이공판절차에 의하여 심판할 대상에 해당하지 아니한다고 한 사례.

---

1) 강구진 388; 신동운 1084; 이은모/김정환 562; 이재상/조균석/이창온 41/5; 이창현 795.

(3) **자백의 장소와 시기** 간이공판절차의 개시요건으로서 자백은 공판기일 9
에 공판정에서 한 것이어야 한다. 따라서 수사절차나 공판준비절차에서 행한 자
백을 근거로 간이공판절차를 적용할 수 없다.

그런데 자백의 시기, 즉 공판정에서 행해지는 공판절차의 진행순서 중에서 10
도 언제 자백이 이루어져야 하는지에 대해서는 견해의 차이기 있었다. 즉, 공판
절차가 개시된 때부터 변론종결시까지 가능하다고 하는 견해1)와 피고인신문의
종결시점이 기준이 되어야 한다는 견해가 그것인데, 이러한 견해차이는 개정법
률이 공판절차의 순서를 변경하면서 그 실익이 사라졌다. 즉, 개정된 공판절차
의 순서에 따르면 증거조사 후에 피고인신문이 진행되므로 피고인신문의 종결
시점과 변론종결시점은 거의 차이가 없다. 개정법률이 피고인의 모두진술에서
공소사실의 인정 여부를 진술하도록 규정하고 있으므로 자백의 시점은 모두진
술시까지라고 하는 것이 타당하다.2) 간이공판이 법정책적으로 폐지되거나 축소
운영되어야 한다는 관점에서 보아도 간이공판개시가 가능한 시점은 좁게 설정
해야 하므로 개정법률의 내용을 이와 같이 해석하는 것이 바람직하다.

(4) **자백과 죄수관계** 공소사실이 경합범인 피고인이 여러 개의 공소사실 11
가운데 일부는 자백하고 나머지는 부인하는 경우에는 그 자백부분에 관련되는
것만 간이공판심리를 하는 것은 가능하다. 그러나 일부만 자백한 여러 개의 공
소사실이 과형상의 일죄나 포괄일죄, 과형상의 일죄로서 공소사실이 예비적·택
일적으로 기재된 경우에는 그 자백부분만을 따로 분리하여 간이공판에 의할 경
우―비록 이론적으로는 가능하다고 하더라도3)―실제로는 절차가 오히려 복잡
하게 되므로, 그 전체를 간이공판절차에 의하지 않는 것이 바람직하다.4)

(5) **공동피고인 중 일부의 자백** 공동피고인 중 일부 피고인만 자백한 경우 12
에는 원칙적으로 그 자에 한하여 간이공판절차를 개시할 수 있다. 이때 절차의
분리는 필요하지 않다. 그러나 예외적으로 공동피고인이 공범관계에 있는 경우
라면 절차의 분리 없이 자백한 공동피고인에 대해서만 간이공판절차를 개시하
는 것은 불가능하다. 그런 경우에는 범죄사실의 일부 또는 전부가 겹치기 때문
이다.

---

1) 강구진 389; 이재상/조균석/이창온 41/8.
2) 신동운 1084; 이은모/김정환 563.
3) 강구진 388.
4) 백형구 547; 신동운 1083; 이재상/조균석/이창온 41/7; 이창현 796.

4. 간이공판취소사유의 부존재

13   제286조의3은 간이공판개시결정을 한 후에라도 "피고인의 자백이 신빙할
수 없다고 인정되거나 간이공판절차로 심판하는 것이 현저히 부당하다고 인정
할 때에는 검사의 의견을 들어 그 결정을 취소하여야 한다."고 규정한다. 그러
므로 법원은 간이공판절차의 개시여부를 심사할 때 취소사유가 존재하는가를
살핀 후에 간이공판절차의 개시결정을 하여야 한다.

Ⅲ. 간이공판절차의 개시결정

1. 결정의 재량

14   간이공판절차의 요건이 구비되면 법원은 그 공소사실에 대해 간이공판절차
에 의한 심판을 할 것을 결정할 수 있다(제286조의2). 간이공판절차요건이 갖추어
졌을 때 법원의 개시결정 여부는 요건이 갖추어지면 반드시 이를 결정해야 한
다는 견해도 있다. 그러나 간이공판절차의 적용은 되도록 제한되어야 한다는 법
정책적 관점에서 보면, 요건이 갖추어진 경우에도 정식재판에 의한 심리가능성
을 열어 놓기 위해 개시결정 여부는 법원의 재량사항이라고 보는 것이 옳다.[1]
제286조의2는 '결정할 수 있다'는 법문을 통해 간이공판회부가 재량사항임을 분
명히 하고 있다.

2. 결정의 방법

15   법원이 간이공판절차를 결정하고자 할 때에는 재판장은 미리 피고인에게
간이공판절차의 취지를 설명하여야 한다(규칙 제131조). 간이공판절차의 개시결
정은 공판정에서 구두로 할 수 있다. 다만 이때 개시결정의 취지는 공판조서에
기재하여야 한다(제38조, 51조 ②항 14호).

3. 불복방법

16   간이공판절차의 개시결정은 판결전의 소송절차에 대한 결정이므로 항고할
수 없다(제403조 ①항). 따라서 간이공판절차요건을 갖추지 않았음에도 불구하고

---

1) 강구진 391; 신동운 1085; 이은모/김정환 563; 이재상/조균석/이창온 41/10; 이창현 797; 정
영석/이형국 298.

간이공판절차로 심판하여 판결을 내렸다면 그 판결에 대해서는 판결에 영향을 미친 법령위반을 이유로 항소 또는 상고할 수 있다(제361조의5 1호, 383조 1호).

Ⅳ. 간이공판절차의 특칙

1. 증거능력의 완화

간이공판절차에서는 직접심리주의와 전문법칙에 의하여 증거능력이 부인 **17** 되는 증거(제310조의2, 312~314조, 316조)에 대하여 제318조 ①항의 동의가 있는 것으로 간주된다. 그러나 검사, 피고인 또는 변호인이 증거로 하는 것에 이의가 있을 경우에는 그러하지 아니하다(제318조의3). 이러한 증거능력의 완화는 자백사건에 대해서는 개개의 증거에 관하여 피고인측이 다툴 의사가 없는 것으로 추정되기 때문에 당사자들이 이의의 의사표시를 하지 않는 한 그 증거능력을 인정하자는 취지이다. 여기서 이의는 적극적인 의사표시이어야 하나 반드시 명시적일 필요는 없다.

2. 증거조사방식의 간이화

(1) **엄격한 증거조사방식의 배제**　간이공판절차에서 증거조사는 법원이 상 **18** 당하다고 인정되는 방법에 의하면 된다(제297조의2). 따라서 통상의 절차와 같은 엄격한 증거조사방식을 따르지 않아도 된다. 예를 들면 1) 간이공판절차에서는 교호신문(제161조의2)이 적용되지 않고 법원이 상당하다고 인정하는 방법으로 증인신문을 행할 수 있다(제297조의2). 2) 서류나 물건을 조사할 때에도 개별적으로 지시·설명하지 않아도 된다(제291조의 적용배제). 3) 서류나 물건의 증거조사방법도 반드시 제시, 요지의 고지·낭독 등의 형식을 갖추지 않아도 된다(제292조의 적용배제). 그 밖에 4) 증거조사의 종료시에 피고인에게 증거조사에 관한 의견을 묻거나 증거신청권을 알려줄 필요가 없다(제293조의 적용배제). 5) 증인·감정인·공동피고인을 신문할 때에 피고인을 퇴정시키지 않아도 된다(제297조의 적용배제).

(2) **상당한 방법**　엄격한 증거조사를 대신하는 '상당한 방법'의 증거조사란 **19** 공개주의이념에 비추어 볼 때 적어도 당사자나 방청인이 증거내용을 알 수 있도록 하는 것이어야 한다는 견해가 지배적이다.[1] 이에 반해 대법원은 공판조서

---

1) 강구진 396; 김기두 276; 이은모/김정환 564 이하; 이재상/조균석/이창온 41/15; 이창현 798; 정영석/이형국 299.

의 일부인 증거목록에 증거방법을 표시하고 '증거조사함'이라는 파란색 스탬프를 찍을 뿐 입증취지와 의견을 기재하지 않은 경우도 상당한 방법의 증거조사라고 인정한다.[1] 그러나 이와 같은 방법으로 증거조사를 대체하는 것은 지나치게 공판을 형해화하는 것이므로 허용되어서는 곤란하다.

3. 공판절차의 특칙

20   우리 형사소송법은 간이공판절차에 대해 증거능력과 증거조사에 관한 위와 같은 특례만을 두고 있기 때문에 그 밖의 공판절차에 대한 일반규정은 그대로 적용된다. 예를 들면 위법수집증거배제법칙이나 자백배제법칙(제309조, 헌법 제12조 ⑦항 전단)은 여전히 적용된다. 자백의 증명력제한도 변함이 없으므로 자백의 보강법칙(제310조, 헌법 제12조 ⑦항 후단)도 그대로 적용된다. 또한 재판서의 간이 작성도 인정되지 않으며 유죄판결은 물론 공소기각, 관할위반 또는 무죄판결도 선고할 수 있다.[2] 그리고 공소장변경도 가능하다.

V. 간이공판절차의 취소

1. 취소사유

21   법원은 간이공판절차에 의하여 심판할 것을 결정한 사건에 대해 피고인의 자백이 신빙할 수 없다고 인정되거나, 간이공판절차로 심판하는 것이 현저히 부당하다고 인정할 때에는 그 결정을 취소하여야 한다(제286조의3). 취소사유의 부존재는 간이공판개시결정의 요건으로 심사되어야 하나, 개시결정이 있은 이후에 비로소 취소사유가 밝혀진 경우에는 간이공판결정을 취소하여야 한다.

22   (1) 피고인의 자백이 신빙할 수 없는 때   피고인의 자백이 신빙할 수 없는 때란 피고인의 자백이 진의가 아니었던 경우를 말한다. 자백의 임의성이 의심되는 경우도 이에 해당된다. 자백의 보강증거가 없는 경우도 간이공판절차 개시결정의 취소사유가 된다는 견해가 있다.[3] 그러나 간이공판절차에 의하더라도 무죄판결이 가능하기 때문에 보강증거가 없다는 이유로 간이공판절차 개시결정을 취소할 수 없다는 견해가 다수설이다.[4] 자백의 보강법칙(제310조, 헌법 제27조 ⑦

---

1) 대판 1980. 4. 22, 80도333; 신동운 1086.
2) 강구진 397; 김기두 276; 신동운 1087; 이재상/조균석/이창온 41/17.
3) 강구진 398.

항 후단)은 자백의 신빙성이 인정되는 경우에도 법원의 유죄확신을 배제하는 원칙이다. 즉 자백의 보강법칙은 개념논리적으로 이미 신빙성의 개념 밖에 있는 법원칙이기 때문에 보강증거의 유무에 의해 간이공판개시결정의 취소 여부를 결정할 필요는 없다. 따라서 다수설이 타당하다.

(2) **간이공판절차로 심판하는 것이 현저히 부당한 때**   간이공판절차로 심판 **23** 하는 것이 현저히 부당한 때로 일반적으로 다음 두 가지 경우를 든다. 1) 간이공판절차의 요건이 갖추어지지 않은 경우이다. 처음부터 요건이 흠결된 경우[1]뿐만 아니라 후발적으로 요건이 구비되지 않게 된 경우[2]가 포함된다. 2) 간이공판의 요건은 충족되었지만 간이공판절차로 심판하는 것이 제도의 취지, 즉 공판의 신속한 진행목표에 비추어 부당한 때이다. 예컨대 공범의 일부가 자백하거나, 과형상의 일죄 가운데 일부에 대해서만 자백을 한 경우에 일부를 간이공판절차로 떼어 내지 않고 같이 심판하는 것이 효율적인 경우를 말한다.[3]

그러나 간이공판절차로 심판하는 것이 현저히 부당한 때라 함은 이처럼 **24** '간이공판제도의 입법취지에 부적합하다'는 뜻이 아니라, 그런 경우는 물론이고 '사건의 중요성에 비추어 간이공판으로 하는 것이 공정한 재판을 보장하는 데 적합하지 않은 경우'까지 가리킨다고 보는 것이 옳다.

2. 취소절차

간이공판절차의 취소는 법원의 직권에 의하여 한다. 다만 취소하기 전에는 **25** 검사의 의견을 들어야 한다(제286조의3). 이는 검사의 의견을 참고하라는 의미일 뿐이며, 법원이 그 의견에 구속되어야 하는 것은 아니다. 취소도 법원의 결정에 의하여야 하며, 취소사유가 있는 때에는 법원은 반드시 취소해야만 한다.[4] 즉 개시결정은 법원의 재량이지만 취소결정은 법원의 의무이다. 취소결정은 공판정에서 하는 것이 원칙이지만 공판기일 아닌 때에는 결정서의 작성에 의하여 할 수도 있다(제38조).

---

4) 신동운 1087; 이은모/김정환 565; 이재상/조균석/이창온 41/19; 이창현 799.
1) 예컨대 피고인이 자백하지 않은 사건.
2) 예컨대 공소장변경에 따라 변경된 공소사실에 대해 피고인이 부인하거나 피고인이 자신의 자백을 철회한 경우.
3) 강구진 398; 신동운 1087; 이은모/김정환 566; 이재상/조균석/이창온 41/20; 이창현 800.
4) 이은모/김정환 566; 이재상/조균석/이창온 41/21; 이창현 800.

3. 공판절차의 갱신

26   간이공판절차의 결정이 취소된 때에는 공판절차를 갱신하여야 한다(제301조
의2). 갱신 전에 했던 증거조사의 위법을 없애기 위해 전면적으로 증거조사절차
를 다시 밟는 것이 원칙이다. 그러나 검사, 피고인 또는 변호인이 이의가 없는
때에는 간이공판절차가 취소되더라도 공판절차를 갱신하지 않을 수 있다(같은
조 단서). 이러한 경우에는 간이공판절차에서 행해진 증거조사가 그대로 효력을
유지한다. 전문증거의 경우도 물론 그 증거조사의 효력이 유지된다. 이처럼 이
의 없다는 의사표시는 중대한 효과가 있으므로 적극적이며 명시적인 형태로 이
루어져야 한다.

[45] 제 2 공판절차의 정지와 갱신 등

I. 공판절차의 정지

1. 의   의

1   (1) 개 념   공판절차의 정지란 심리를 진행할 수 없는 일정한 사유가 있
는 경우에 그 사유가 없어질 때까지 법원의 결정으로 심리를 진행하지 않는 것
을 말한다. 공판절차의 정지는 '법률상' 공판절차의 진행이 정지된다는 점에서
법원이 사실상 공판절차를 진행하지 않는 경우와 구분된다.

2   (2) 제도의 취지   공판절차는 판결의 선고에 이르기까지 가능한 중단 없이
진행되어야 한다. 이는 집중심리주의, 구술주의, 직접주의의 요청이다. 공판절차
가 오랜 시간 중단될수록 심리가 방만해질 뿐만 아니라 법관의 심증형성도 기
억보다는 공판조서에 의존하여 이루어지게 되기 때문이다. 그러나 예를 들어 피
고인의 의사능력이 없어진 경우나 질병으로 출석할 수 없는 경우 또는 공소장
이 변경되어 방어활동의 목표와 전략을 수정해야만 하는 경우에도 공판절차가
계속 진행된다면 피고인의 방어권이 침해되거나 현저하게 위태롭게 된다. 공판
절차의 정지는 이처럼 피고인이 방어활동을 정상적으로 하지 못할 상황에 놓인
경우 피고인의 방어권을 보호하는 제도이다.

2. 공판절차정지의 사유

(1) 피고인의 심신상실과 질병   법원은 피고인이 사물변별이나 의사결정의   3
능력이 없는 상태에 있을 때에는 검사와 변호인의 의견을 들어서 결정으로 그
상태가 계속되는 기간 공판절차를 정지하여야 한다(제306조 ①항). 피고인이 질병
으로 출정할 수 없을 때에도 마찬가지이다(같은 조 ②항). 이들 경우에 법원은 의
사의 의견도 들어야 한다(같은 조 ③항). 그러나 피고사건에 대하여 무죄, 면소,
형의 면제 또는 공소기각의 재판을 할 것이 명백한 때에는 피고인이 심신상실
이나 질병의 상태에 있어도 피고인의 출정 없이 재판할 수 있다(같은 조 ④항).
그러나 이 가운데 유죄판결의 일종인 형의 면제를 포함한 것은 옳지 않으므로
형의 면제는 삭제되어야 할 것이다.[1] 제277조에 의하여 대리인이 출정할 수 있
는 경미사건의 경우에는 공판절차가 정지되지 않는다(같은 조 ⑤항).

(2) 공소장의 변경   법원은 공소사실 또는 적용법조의 추가·철회 또는 변   4
경이 피고인의 불이익을 증가시킬 염려가 있다고 인정되면 직권 또는 피고인이
나 변호인의 청구에 의하여 피고인으로 하여금 필요한 방어준비를 하게 하기
위해 결정으로 필요한 기간 공판절차를 정지할 수 있다(제298조 ④항). 피고인측
에게 정지청구권이 인정되고 검사의 의견을 들을 필요가 없다는 점에서 피고인
의 심신상실이나 질병에 의한 경우와 구별된다.

(3) 소송절차의 정지에 따른 공판절차의 정지

㈎ 기피신청   기피신청이 있으면 기피신청이 부적법하여 기각하는 경우   5
(제20조 ①항) 외에는 소송진행을 정지하여야 한다. 다만 급속을 요하는 경우에는
예외로 한다(제22조).

㈏ 병합심리신청   법원은 계속중인 사건에 관하여 토지관할의 병합심리   6
신청(제6조), 관할지정신청(제14조) 또는 관할이전신청(제15조)이 제기된 경우에는
그 신청에 대한 결정이 있을 때까지 소송절차를 정지하여야 한다. 다만 급속을
요하는 경우는 예외로 한다(규칙 제7조).

㈐ 재심청구의 경합   재심청구가 경합된 경우에 항소법원 또는 상고법원   7
은 하급법원의 소송절차가 종료할 때까지 소송절차를 정지하여야 한다(규칙 제
169조).

㈑ 위헌법률심판의 제청   법원이 법률의 위헌 여부의 심판을 헌법재판소   8

---

1) 같은 지적은 이재상/조균석/이창온 41/24.

에 제청한 때에는 당해 소송사건의 재판은 위헌 여부의 결정이 있을 때까지 정지된다. 다만 법원이 긴급하다고 인정하는 경우에는 종국재판 이외의 소송절차를 진행할 수 있다(헌재법 제42조 ①항). 이때 재판정지기간은 구속기간에 산입되지 않는다(같은 조 ②항).[1]

3. 공판절차정지의 절차와 효과

9   (1) 절 차   공판절차의 정지는 법원의 결정으로 한다. 공판절차의 정지는 원칙적으로 법원이 직권으로 하는 것이지만, 공소장변경의 경우만은 피고인이나 변호인의 청구에 의할 수 있다. 정지기간에는 제한이 없으며 법원은 일정기간을 정지기간으로 정할 수도 있다. 또한 피고인의 심신상실이나 질병을 이유로 하는 경우에는 의사의 의견을 들어야 한다(제306조 ③항).

10   (2) 정지기간   공판절차의 정지기간은 결정주문에 기간이 명시된 경우에는 그 기간만료시까지 진행되고, 기간이 명시되지 않은 경우에는 정지결정이 취소될 때까지 계속된다. 공판절차의 정지기간이 경과하거나 결정이 취소된 때에는 법원은 공판절차를 다시 진행해야 한다. 이 경우에 공판절차를 갱신할 필요는 없다. 다만 피고인이 사물을 변별하지 못하거나 의사능력이 없는 경우에는 그 정지사유가 없어진 다음 공판기일에 공판절차를 갱신하여야 한다(규칙 제143조).

11   (3) 효 과   공판절차가 정지된 기간에는 공판절차를 진행할 수 없으나, 구속이나 보석에 관한 재판 또는 공판준비는 이 정지기간 중에도 할 수 있다.[2] 공판절차의 정지사유가 없는데도 공판절차가 법원의 결정으로 정지되었거나, 정지사유가 있는데도 공판절차의 정지결정이 이루어지지 않은 경우는 판결에 영향이 있는 법령위반에 해당하므로 항소이유 또는 상고이유가 인정된다(제361조의5 1호, 383조 1호).

---

1) 헌재법 제42조 ②항은 피고인의 귀책사유유무에 따라 구속기간 산입 여부를 결정할 수 있도록 개정되어야 마땅하다. 신동운 1090 참조.
2) 신동운 1089; 이재상/조균석/이창온 41/28; 이창현 802.

Ⅱ. 공판절차의 갱신

1. 공판절차갱신의 의의

(1) 개 념　공판절차의 갱신이란 법원이 피고사건에 대해 이미 진행한 공 　12
판절차를 판결선고 이전에 다시 진행하는 것을 말한다. 따라서 파기환송이나 이
송판결에 의해서 하급법원이 다시 사건을 맡아 공판절차를 진행하는 경우나 이
송받은 법원이 다시 공판절차를 진행하는 것과 구별된다.

(2) 제도의 취지　공판절차의 갱신은 이미 행하여진 심리를 다시 한다는 　13
점에서 볼 때 소송경제에 반하는 제도이다. 그럼에도 불구하고 공판절차의 갱신
은 이미 행하여진 심리가 수소법원의 올바른 심증형성의 기초가 될 수 없는 특
별한 장애상황이 달리 극복될 수 없을 때에는 불가피한 조치일 수밖에 없다.

2. 공판절차 갱신의 사유

(1) 판사의 경질　공판개정 후 판사의 경질이 있는 때에는 공판절차를 갱 　14
신하여야 한다(제301조 본문). 새로이 사건을 맡은 판사는 이전에 다른 판사에 의
해 진행된 심리에 대해 구술주의와 직접주의에 근거한 심리를 하지 못하였기
때문이다. 그러므로 이미 공판심리가 종결되어 재판의 내부적 성립이 있고 오직
판결의 선고절차만 남기고 있는 경우에는 공판절차의 갱신이 필요치 않다(같은
조 단서). 여기서 판사의 경질은 전보에 의한 경우가 대부분이겠지만 퇴임이나
질환 등에 의한 경우도 포함한다. 판사의 경질이 있는데도 공판절차가 갱신되지
않으면 절대적 항소이유(제361조의5 8호)가 인정된다.

(2) 간이공판절차의 취소　간이공판절차의 결정이 취소된 경우에는 공판절 　15
차를 갱신하여야 한다. 다만 검사·피고인 또는 변호인의 이의가 없는 때에는
그러하지 아니하다(제301조의2). 이는 판사경질과 달리 간이공판절차결정의 취소
로 인한 공판절차갱신에는 직접주의·구술주의의 위반이 없기 때문이다. 물론
여기서 '이의가 없는 때'는 양 당사자 모두의 이의가 없는 경우를 뜻한다. 이의
없다는 의사표시는 중대한 효과가 있으므로 적극적이며 명시적인 형태로 이루
어져야 한다. 간이공판절차를 취소하였음에도 절차를 갱신하지 않으면 상대적
항소이유(제361조의5 1호)와 상고이유(제383조 1호)가 된다.

(3) 심신상실로 인한 공판절차정지　피고인의 심신상실로 인한 공판절차의 　16

정지가 있는 경우에는 그 정지사유가 소멸한 후의 공판기일에 공판절차를 갱신하여야 한다(규칙 제143조). 이러한 규정을 둔 이유로는, 정지 전의 소송행위가 무효일 가능성이 높기 때문이라는 점[1]과 피고인이 정지 전의 소송행위를 충분히 기억하지 못하기 때문이라는 점[2]을 들 수 있다.

3. 공판절차갱신의 절차

17   **(1) 진술거부권 고지와 인정신문**   재판장은 피고인에게 진술거부권을 고지한 후 인정신문(제284조)을 하여 피고인임에 틀림없음을 확인하여야 한다(규칙 제144조 ①항 1호).

18   **(2) 당사자의 모두진술**   재판장은 검사로 하여금 공소장 또는 공소장변경허가신청서에 의하여 공소사실, 죄명 및 적용법조를 낭독하게 하거나 그 요지를 진술하게 하고, 이어서 피고인에게 공소사실의 인정 여부 및 정상에 관하여 진술할 기회를 주어야 한다(같은 항 2·3호).

19   **(3) 증거조사**   재판장은 갱신전의 공판기일에서의 피고인이나 피고인이 아닌 자의 진술 또는 법원의 검증결과를 기재한 조서에 관하여 증거조사를 하여야 한다(같은 항 4호). 또한 재판장은 갱신전의 공판기일에서 증거조사된 서류 또는 물건에 관하여 다시 증거조사를 하여야 한다. 다만, 증거능력 없다고 인정되는 서류 또는 물건과 증거로 함이 상당하지 아니하다고 인정되고 검사, 피고인 및 변호인이 이의를 하지 아니하는 서류 또는 물건에 대하여는 그러하지 아니하다(같은 항 5호). 재판장은 이상의 서류 또는 물건에 관하여 증거조사를 할 때 검사·피고인 및 변호인의 동의가 있는 때에는 그 전부 또는 일부에 관하여 낭독과 제시 등 정식의 증거조사방식(제292조 내지 제292조의3)에 갈음하여 상당하다고 인정하는 방법으로 할 수 있다(규칙 제144조 ②항).

4. 갱신 전 소송행위의 효력

20   공판절차의 갱신은 종래의 절차진행을 무효로 하고 처음부터 공판을 다시 진행하는 것이 원칙이나 공판절차갱신의 목적을 해하지 않는 범위 안에서 절차의 반복을 피함으로써 소송경제를 도모하는 것은 허용될 수 있다.

21   **(1) 판사경질의 경우**   공판개정 후 판사의 경질이 있을 때에는 구두변론주

---

1) 신동운 1092.
2) 이재상/조균석/이창온 41/32.

의와 직접주의의 이념에 비추어 효력을 상실하는 갱신전의 심리는 실체형성행위에 국한된다고 보는 것이 옳다. 따라서 절차형성행위는 효력을 유지한다. 다만 규칙 제144조 ①항 4호는 실체형성행위라도 법원이 피고인신문, 증인신문, 검증 등을 행한 경우에는 그 결과를 기재한 조서가 당연히 증거능력을 가지므로(제311조), 그 조서를 서증으로 조사하면 충분하다고 규정하고 있다.

(2) 간이공판절차가 취소된 경우　간이공판절차가 취소되었을 때에는 간이 **22** 공판절차에 의한 심리가 부적법하거나 매우 부당한 경우이므로(제286조의3) 실체형성행위뿐만 아니라 절차형성행위도 모두 무효가 된다고 본다.

(3) 공판절차정지의 경우　피고인의 심신상실 때문에 공판절차가 정지된 **23** 때에는 이전의 절차에서 행한 피고인의 행위가 모두 무효였을 가능성이 높고 또 피고인이 기억도 제대로 하기 어려워서 공판절차를 갱신하는 것이므로 실체형성행위뿐만 아니라 절차형성행위도 모두 무효가 된다고 보는 것이 타당하다.

Ⅲ. 변론의 병합·분리와 재개

1. 변론의 병합과 분리

(1) 개 념　법원은 필요하다고 인정한 때에는 직권 또는 검사, 피고인 또 **24** 는 변호인의 신청에 의하여 결정으로 변론을 분리하거나 병합할 수 있다(제300조). 변론의 병합이란 수개의 관련사건(제11조)이 사물관할을 같이 하는 (조직법상) 동일한 법원에 계속되어 있는 경우에 그 사건들을 같은 공판절차에서 한 사건으로 심리하는 것을 말한다. 같은 법원 내에 여러 재판부에 계속되었던 사건이라도 변론의 병합이 가능하다. 그러나 여러 사건들이 사물관할을 달리할 경우에는 관할의 병합(제10조)만이 문제된다. 그리고 변론의 분리란 병합되어 있는 수개의 관련사건(제11조)을 분리하여 각각 별도의 공판절차에서 심리하는 것을 말한다.

(2) 제도의 취지　변론의 병합은 다수의 관련사건이 하나의 재판부에 계속 **25** 되어 있는 상황에서 소송경제를 도모하는 제도이다. 또한 변론의 병합은 피고인의 입장에서 보면 특히 경합범의 양형규정(형법 제38조)이 적용됨으로써 이익을 얻을 수도 있다. 이에 반해 변론의 분리는 수개의 관련사건의 무리한 병합심리로 인해 진실발견과 공정한 재판이 위태롭게 되는 것을 막는 제도이다.

(3) 병합과 분리의 절차

26　　(가) **병합과 분리의 신청과 결정**　　변론의 병합과 분리는 법원의 직권이나 검사, 피고인 또는 변호인의 신청에 의하여 법원의 결정으로 행해진다(제300조). 변론의 병합과 분리는 신청방식에 제한이 없으나 보통 서면에 의하며, 검사가 추가기소할 경우에는 공소장 앞에 변론병합신청서를 붙여 제출하는 것이 관행이다. 병합대상사건이 동일한 재판부에 배당되어 있으면 별 문제가 없으나, 각각 다른 재판부에 배당되어 있는 경우에는 병합결정에 앞서 사건의 재배당이 이루어져야 한다. 그러나 변론분리에는 사건재배당의 문제가 발생하지 않는다. 병합과 분리의 결정은 공판기일 외에서는 재판서를 작성하고 할 수도 있고, 공판기일에 할 수도 있다(제38조).

27　　변론의 분리·병합은 수개의 사건을 전제로 하기 때문에 추가기소된 사건이나 다른 법원으로부터 이송(제8조)되어 온 사건은 병합결정이 있어야만 병합이 되며, 그렇지 않을 경우에는 별개의 공판절차에서 심리된다. 수개의 관련사건이 한 통의 공소장에 기소된 경우에도 이론적으로는 병합결정이 필요하지만, 실무상 그런 경우는 대개 병합결정 없이 병합심리하며, 오히려 그 중 일부를 따로 떼 내어 심리하고자 할 때에만 변론의 분리결정을 한다.

28　　(나) **기속재량**　　법원은 필요하다고 인정하는 때에는 변론의 병합과 분리를 결정하며, 이는 법원의 재량사항에 속한다(87도706). 따라서 동일한 피고인에 대하여 여러 개의 사건이 별도로 공소제기된 경우에도 법원은 반드시 병합심리해야 할 필요는 없다(94도2354; 2004도5529). 다만 동일한 피고인에 대한 수개의 범죄사실이 별도로 기소되어 제1심 법원이 사건별로 별개의 형을 선고한 후, 그 사건이 모두 항소되어 항소심이 병합심리하게 되었고 그 수개의 범죄사실이 경합범관계에 있는 경우 항소심은 제1심 판결 모두를 파기하고 형법 제37조 전단의 경합범 규정에 따라 병합심리한다(98모89). 변론의 병합과 분리는 수개의 사건을 전제로 하는 것이므로 피고인이 한 명이고 사건도 하나인 사건을 분리하거나 상상적 경합, 과형상의 일죄, 포괄일죄의 일부를 분리하는 것은 재량한계를 일탈한 것이므로 허용되지 않는다.[1]

2. 변론의 재개

29　　(1) 의 의　　법원은 필요하다고 인정한 때에는 직권 또는 검사·피고인 또

---

[1] 신동운 1094; 이재상/조균석/이창온 41/37.

는 변호인의 신청에 의하여 결정으로 종결한 변론을 재개할 수 있다(제305조). 변론이 재개되면 변론은 종결전의 상태로 돌아가서 앞서 있었던 변론과 일체를 이루게 된다.

(2) 절 차   변론재개의 결정은 공판 외에 재판서를 작성하여 하거나 판결 **30** 선고기일에 법정에서 구술로 할 수도 있다(제38조). 변론재개 후의 절차는 검사의 의견진술(제302조) 이전의 상태로 돌아간다. 따라서 필요한 심리를 마친 후에는 검사의 의견진술과 피고인, 변호인의 최종진술(제303조)이 다시 행해지게 된다. 변론의 재개 여부는 법원의 재량사항으로서, 변론종결 후에 변론재개신청을 받아들이지 않더라도 특별한 사정이 없는 한 위법이 아니라는 것이 판례의 입장이다(86도769; 2014도1414).

[46] 제 3 국민참여재판

[사례 18] 2012도1225

피고인 갑은 특정범죄 가중처벌 등에 관한 법률 위반(강도) 등의 범죄사실로 기소되었다. 제1심 법원은 이 사건 공소사실 중 특가법위반(강도)의 점이 국민참여재판법 제 5조 ①항 제3호, 규칙 제2조 제3호에 의하여 국민참여재판의 대상사건에 해당함에도, 피고인에 대하여 같은 법 제8조 ①항, 규칙 제3조 ①항에서 정한 절차에 따라 국민참여재판을 원하는지를 확인하지 아니한 채 통상의 공판절차에 따라 재판을 진행하고 갑에 대해 유죄를 선고하였다. 갑과 변호인이 항소하였는데, 항소심법원은 제1회 공판기일에 갑과 변호인이 "1심에서 국민참여재판에 관하여 고지되지 않고 일반 형사재판을 받은 것에 대하여 이의 없다"라고 진술하자 제1심 공판절차의 위법이 더이상 문제되지 않는다고 보고 같은 날 변론을 종결한 후 제2회 공판기일에 갑의 항소를 기각하는 판결을 선고하였다. 항소심법원의 판결은 적법한가?

[주요논점] 1. 국민참여재판의 시행취지와 그 대상사건은 무엇인가?
2. 피고인에게 국민참여재판을 받을 권리를 보장하는 절차에는 어떠한 것이 있는가?
3. 국민참여재판의 개시절차를 위반한 판결의 효력은 어떠한가?

[관련판례] 2011도7106; 2011도15484; 2012도13896

Ⅰ. 국민참여재판의 의의

1. 개념과 도입취지

1   **(1) 개 념**   국민참여재판이란 「국민의 형사재판 참여에 관한 법률(이하에서는 '국민참여재판법')」에 따라 형사재판에 참여하도록 선정된 사람, 즉 배심원이 참여하는 재판을 말한다(제2조).

2   **(2) 도입취지**   국민참여재판은 2007년 6월 사법제도개혁의 하나로 제정된 국민참여재판법에 의해 도입되고 2008년 1월부터 시행되었다. 국민이 형사재판에 참여한 제도의 목적은 사법의 민주적 정당성과 신뢰를 높이기 위한 것이다(국민참여재판법 제1조). 그동안 한국의 사법제도는 헌법상 신분과 독립이 보장되는 직업법관에 의해 소송이 심리, 종결되는 형태로 국한되었다. 따라서 일반 국민들이 재판에 참여하는 것은 허용되지 않았고, 사건에 대한 최종판단은 전적으로 직업법관에게 귀속되었다(헌법 제27조 ①항). 그러나 사법부와 직업법관의 재판이 국민의 신뢰를 얻지 못하였고, 직업법관이 재판을 독점하는 방식에 대한 비판이 제기되었다. 이에 따라 국민참여재판은 1) 국가권력의 한 부분인 사법권의 영역에서 국민의 참여를 보장하고, 2) 국민의 상식과 경험을 재판절차에 반영하여 사법에 대한 신뢰를 증진시키며, 3) 국민이 재판절차와 법제도를 보다 가까이 경험하고 이해하도록 하여 법치주의를 확대하려는 취지에서 도입되었다.1) 이와 더불어 형사재판에서 공판중심주의를 실현하려고 하는 형사소송법 개정의 큰 방향도 함께 고려되었다.2)

2. 국민참여재판의 제도적 특징

3   국민이 사법절차에 참여하는 방식을 입법례에 따라 살펴보면 배심제와 참

---

1) 법원행정처, 국민의 형사재판참여에 관한 법률 해설, 2007, 8면.

2) 국민참여재판 접수 건수는 2017년 712건, 2018년 665건, 2019년 630건, 2020년 865건, 2021년 767건이었다. 2012년 법 개정으로 국민참여재판 대상사건이 합의부 관할사건으로 확대되어 국민참여재판 신청 건수가 대폭 증가하였다. 2011년 접수 건수는 489건이었다. 신청된 사건 중 2017년 295건(37.2%), 2018년 180건(28.8%), 2019년 175건(28.0%), 2020년 96건(12.4%), 2021년 84건(10.7%)이 국민참여재판으로 선고되었다. 국민참여재판 신청에 대하여 철회, 배제 결정, 통상절차회부를 하지 않고 선고된 비율이 2017년 37.2%에서 2021년 10.7%로 감소하였음을 알 수 있다. 제외 사유로는 피고인 철회가 가장 높은 비율(2021년 50.2%)을 차지하고 있다(법무연수원, 범죄백서 2022, 321－322면).

심제로 구별된다. 국민참여재판은 배심제와 참심제가 갖는 각각의 특성을 여러 가지로 고려하고 한국의 법제와 현실에 맞도록 양 제도를 혼합하고 수정한 것이라 할 수 있다.

(1) 배 심 제

(가) **의의와 연혁**　배심제란 일반인이 배심원단을 구성하여 직업법관과 독 **4** 립하여 사실문제에 대한 평결을 내리고 법관이 그 결과에 구속되어 재판하는 제도를 말한다. 배심원의 평결대상이 되는 사실문제는 형사재판에서는 유·무죄 판단의 문제이고, 민사재판에서는 피고의 책임 정도를 판단한다. 배심제는 13세기 무렵 영국에서 시작되었으며, 배심원이 증거로부터 사실을 인정하는 근대적 형태의 배심제는 18세기경에 확립되었다. 오늘날 형사배심은 영국, 미국, 캐나다, 호주, 러시아, 스페인, 홍콩, 스리랑카, 사이판 등 50여 국가에서 실시되고 있다.1)

(나) **배심제의 장단점**　1) 배심제의 장점으로는 ① 국민이 직접 사법에 참 **5** 여한다는 점에서 민주주의 원리에 부합하며, 국민에 대한 법률교육효과를 기대할 수 있다는 것과, ② 배심원의 평결은 상식에 기초하므로, 일반인이 쉽게 납득할 수 있는 재판결과를 기대할 수 있다는 점, ③ 구두변론주의·증거재판주의·직접주의·집중심리에 충실할 수 있다는 점 등을 들 수 있다. 2) 배심제의 단점은 ① 배심원단을 유지하고 관리하는 데 상당한 시간과 비용이 소요되어 직업법관에 의한 재판과 비교할 때 효율성이 뒤처진다는 점, ② 법률전문가가 아닌 배심원들이 언론이나 여론 또는 자신의 입장이나 선입관, 기타 혈연·학연·지연 등의 영향으로 사실인정을 그르칠 염려가 있다는 점, ③ 배심원을 선정할 때 사회공동체의 진정한 대표성을 갖추도록 하는 일이 매우 어렵다는 점 등이 지적된다.

(2) 참 심 제

(가) **의의와 연혁**　참심제란 일반인이 참심원으로서 법관과 함께 재판부의 **6** 일원으로 참여하여 법관과 동등한 권한을 가지고 사실문제 및 법률문제를 모두 판단하는 제도를 말한다. 참심제는 유럽대륙에서 널리 사용되고 있는 제도로서 13세기경부터 실시된 스웨덴이 가장 오랜 전통을 지니고 있고, 프랑스, 독일, 이탈리아, 덴마크, 노르웨이, 핀란드, 일본 등이 대표적으로 참심제를 시행하는 국가이다.2)

---

1) 법원행정처, 앞의 책, 3면 이하.
2) 프랑스와 독일은 처음에는 배심제를 도입하였다가 참심제로 전환하였으며, 덴마크 등 일부국

7   (나) **참심제의 장단점**   시민의 사법참여를 보장한다는 점에서 참심제는 배심제와 같은 내용을 장점을 지니고 있고, 나아가 배심제와 비교할 때 1) 참심제의 장점은 i) 배심제에 비해 비용이 적게 들고 효율적이라는 점, ii) 전문지식이 필요한 소송에서 전문가를 활용할 수 있다는 점 등이 있다. 반면 2) 참심제의 단점으로는 i) 배심제에 비하여 참심원으로 참여하는 시민의 수가 상대적으로 적기 때문에 일반시민의 사법참여가 명목적인 데 그치고 일부 영향력 있는 시민의 전유물이 될 염려가 있다는 점, ii) 직업법관과 일반시민인 참심원이 대등한 위치에서 합의한다는 것은 사실상 기대하기 곤란하므로 참심원이 직업법관의 영향 아래 놓이는 들러리의 역할에 그칠 수 있다는 점, iii) 일반시민 중 임기제의 참심원을 선발하는 방식을 정하는 것이 쉽지 않고, 신뢰성 없는 참심원이 선발될 수 있다는 점 등을 들 수 있다.

8   **(3) 국민참여재판의 성격**   국민이 사법에 참여하는 방식을 배심제와 참심제 중 어느 방식으로 할 것이냐에 대해 사법개혁의 과정에서 많은 논의가 있었으나 최종적으로는 배심제에 참심제의 요소를 반영하여 혼합된, 또는 수정된 형태의 제도를 입법하였다.[1] 국민참여재판에서 참심제적 요소라 할 수 있는 부분은 1) 배심원의 수를 5인, 7인, 9인 중에서 다양하게 정하도록 한 점(같은 법 제13조), 2) 배심원의 평의 과정에 법관이 참여하여 의견을 제시할 수 있도록 한 점(같은 법 제46조 ②·③항), 3) 배심원이 사실에 대한 평결뿐 아니라 양형에 대한 토의에 참여할 수 있도록 한 점(같은 조 ④항), 4) 배심원의 평결이 법원을 기속하지 않고 권고적 효력을 갖는 점(같은 조 ⑤항) 등이다.

Ⅱ. 대상사건 및 관할

1. 대상사건

9   **(1) 대상사건의 범위**   국민참여재판의 대상사건은 2012. 1. 17.의 법개정으로 확대되었다. 즉, 1) 법원조직법 제32조 ①항(제2호 및 제5호는 제외한다)에 따른 합의부 관할 사건, 2) 위 사건의 미수죄·교사죄·방조죄·예비죄·음모죄에 해당하는 사건, 3) 이상의 사건과 관련 사건으로서 병합하여 심리하는 사건이 그것

가는 배심제를 병용하고 있기도 하다. 한국과 같은 대륙법계 국가인 일본은 1928년부터 15년간 배심제를 시행하였으나, 제2차 세계대전 중에 그 시행을 중단하였다가 2004년 5월 '재판원이 참가하는 형사재판에 관한 법률'을 제정하여 '재판원제'라는 이름의 참심제를 도입하였다.

1) 자세한 내용은 법원행정처, 앞의 책, 6면 이하 참조.

이다(같은 법 제5조 ①항).[1]

(2) **공소사실의 변경**　법원은 공소사실의 일부 철회 또는 변경으로 인하여　10
대상사건에 해당하지 아니하게 된 경우에도 이 법에 따른 재판을 계속 진행한
다. 다만, 법원은 심리의 상황이나 그 밖의 사정을 고려하여 국민참여재판으로
진행하는 것이 적당하지 아니하다고 인정하는 때에는 결정으로 당해 사건을 지
방법원 본원 합의부가 국민참여재판에 의하지 아니하고 심판하게 할 수 있다(같
은 법 제6조 ①항). 이러한 법원의 결정에 대하여는 불복할 수 없으며(같은 조 ②항),
법원의 결정 전에 행한 소송행위는 그 결정 이후에도 그 효력에 영향이 없다(같
은 조 ④항).

(3) **필요적 변호사건**　국민참여재판에 관하여 변호인이 없는 때에는 법원　11
은 직권으로 변호인을 선정하여야 한다(같은 법 제7조). 따라서 국민참여재판의
대상사건은 모두 필요적 변호사건이다.

2. 피고인 의사의 확인

(1) **필요적 절차**　법원은 대상사건의 피고인에 대하여 국민참여재판을 원　12
하는지 여부에 관한 의사를 서면 등의 방법으로 반드시 확인하여 피고인의 국
민참여재판을 받을 권리가 최대한 보장되도록 하여야 한다(같은 법 제8조 ①항).
이를 위해 법원은 대상사건에 대한 공소의 제기가 있는 때에는 공소장 부본과
함께 피고인 또는 변호인에게 국민참여재판의 절차, 피고인의 의사를 표시하는
서면의 제출(같은 조 ②항), 피고인의 의사번복의 제한(같은 조 ④항), 그 밖의 주의
사항이 기재된 국민참여재판에 관한 안내서를 송달하여야 한다(국민참여재판규칙
제3조 ①항).

(2) **서면에 의한 확인**　피고인은 공소장 부본을 송달받은 날부터 7일 이내　13
에 국민참여재판을 원하는지 여부에 관한 의사가 기재된 서면을 제출하여야 한
다. 이 경우 피고인이 서면을 우편으로 발송한 때, 교도소 또는 구치소에 있는
피고인이 서면을 교도소장·구치소장 또는 그 직무를 대리하는 자에게 제출한
때에 법원에 제출한 것으로 본다(같은 법 제8조 ②항). 피고인이 서면을 제출하지
아니한 때에는 국민참여재판을 원하지 아니하는 것으로 본다(같은 조 ③항). 피고
인이 서면을 제출한 때에는 법원은 검사에게 그 취지와 서면의 내용을 통지하

---

1) 2021년에 국민참여재판이 신청된 767건 중에는 살인 등 42건, 강도 등 33건, 상해치사 등 84
　건, 성범죄 등 189건, 기타 419건이 있었다(법무연수원, 범죄백서 2022, 323면).

여야 한다(같은 규칙 제3조 ③항). 법원에서 피고인이 국민참여재판을 원하는지에 관한 의사 확인절차를 거치지 아니한 채 통상의 공판절차로 재판을 진행하였다면, 이는 피고인의 국민참여재판을 받을 권리에 대한 중대한 침해로서 그 절차는 위법하고 이러한 위법한 공판절차에서 이루어진 소송행위도 무효이다.1)

14　　　(3) 심문기일에 의한 확인　　피고인이 제출한 서면만으로는 피고인의 의사를 확인할 수 없는 경우(피고인이 위 서면을 제출하지 아니한 경우 포함)에는 법원은 심문기일을 정하여 피고인을 심문하거나 서면 기타 상당한 방법으로 피고인의 의사를 확인하여야 한다.(같은 규칙 제4조 ①항 참조). 법원은 심문기일을 정한 때에는 검사, 피고인 또는 변호인, 피고인을 구금하고 있는 관서의 장에게 심문기일과 장소를 통지하여야 하고, 피고인을 구금하고 있는 관서의 장은 위 심문기일에 피고인을 출석시켜야 한다(같은 조 ②항). 법원은 피고인의 심문을 합의부원에게 명할 수 있다(같은 조 ④항).

15　　　(4) 피고인의 의사번복의 제한　　피고인은 법원의 국민참여재판 배제결정(같은 법 제9조 ①항) 또는 회부결정(같은 법 제10조 ①항)이 있거나 공판준비기일이 종결되거나 제1회 공판기일이 열린 이후에는 종전의 의사를 바꿀 수 없다(같은 법 제8조 ④항). 이 규정의 취지를 반대해석하면 공소장 부본을 송달받은 날부터 7일 이내에 의사확인서를 제출하지 아니한 피고인도 제1회 공판기일이 열리기 전까지는 국민참여재판 신청을 할 수 있다.

[2009모1032] 국민참여재판 개시결정에 대한 항고

[1] 국민의 형사재판 참여에 관한 법률에 의하면 제1심 법원이 국민참여재판 대상 사건을 피고인의 의사에 따라 국민참여재판으로 진행함에 있어 별도의 국민참여재판 개시결정을 할 필요는 없고, 그에 관한 이의가 있어 제1심 법원이 국민참여재판으로 진행하기로 하는 결정에 이른 경우 이는 판결 전의 소송절차에 관한 결정에 해당하며, 그에 대하여 특별히 즉시항고를 허용하는 규정이 없으므로 위 결정에 대하여는 항고할 수 없다. 따라서 국민참여재판으로 진행하기로 하는 제1심 법원의 결정에 대한 항고는 항고의 제기가 법률상의 방식을 위반한 때에 해당하여 위 결정을 한 법원이 항고를 기각하여야 하고, 위 결정을 한 법원이 항고기각의 결정을 하지 아니한 때에는 항고법원은 결정으로 항고를 기각하여야 한다.

[2] 국민의 형사재판 참여에 관한 법률 제8조는 피고인이 공소장 부본을 송달받은 날부터 7일 이내에 국민참여재판을 원하는지 여부에 관한 의사가 기재된 서면(이하

---

1) 위 [사례 18]의 관련판례 참조.

'의사확인서')을 제출하도록 하고, 피고인이 그 기간 내에 의사확인서를 제출하지 아니한 때에는 국민참여재판을 원하지 아니하는 것으로 보며, 공판준비기일이 종결되거나 제1회 공판기일이 열린 이후 등에는 종전의 의사를 바꿀 수 없도록 규정하고 있다. 위 규정의 취지를 위 기한이 지나면 피고인이 국민참여재판 신청을 할 수 없도록 하려는 것으로는 보기 어려운 점 등에 비추어 볼 때, 공소장 부본을 송달받은 날부터 7일 이내에 의사확인서를 제출하지 아니한 피고인도 제1회 공판기일이 열리기 전까지는 국민참여재판 신청을 할 수 있고, 법원은 그 의사를 확인하여 국민참여재판으로 진행할 수 있다고 봄이 상당하다.

3. 국민참여재판의 배제결정

(1) 배제사유   법원은 1) 배심원·예비배심원·배심원후보자 또는 그 친족 **16**의 생명·신체·재산에 대한 침해 또는 침해의 우려가 있어서 출석의 어려움이 있거나 이 법에 따른 직무를 공정하게 수행하지 못할 염려가 있다고 인정되는 경우, 2) 공범 관계에 있는 피고인들 중 일부가 국민참여재판을 원하지 아니하여 국민참여재판의 진행에 어려움이 있다고 인정되는 경우, 3) 성폭력처벌법 제2조의 범죄로 인한 피해자 또는 법정대리인이 국민참여재판을 원하지 아니하는 경우,[1] 4) 그 밖에 국민참여재판으로 진행하는 것이 적절하지 아니하다고 인정되는 경우 중의 어느 하나에 해당하는 사유가 있으면 국민참여재판을 하지 아니하기로 하는 결정을 할 수 있다(같은 법 제9조 ①항).

[2015모2898] 피해자의 의사와 국민참여재판 배제

국민참여재판을 도입한 취지나 국민참여재판을 받을 피고인의 권리 등에 비추어 볼 때, 피고인이 국민참여재판을 원하는 사건에서 국민의 형사재판 참여에 관한 법률 제9조 ①항 제3호를 근거로 국민참여재판 배제결정을 하기 위해서는 성폭력범죄 피해자나 법정대리인이 국민참여재판을 원하지 아니하는 구체적인 이유가 무엇인지, 피고인과 피해자의 관계, 피해자의 나이나 정신상태, 국민참여재판을 할 경우 형사소송법과 성폭력범죄의 처벌 등에 관한 특례법 및 아동·청소년의 성보호에 관한

---

1) 이는 2012. 1. 17. 개정으로 추가된 배제사유이다. 성폭력범죄의 피해자 등이 국민참여재판을 원치 않는 경우가 많음에도 불구하고 피해자의 이러한 의사를 반영할 수 있는 명문의 규정이 없어 2차적 피해가 우려되므로, 성폭력범죄 피해자가 국민참여재판을 원하지 않는 경우 또는 성폭력범죄 피해자를 보호할 필요가 경우에는 국민참여재판 배제결정 또는 통상절차 회부결정을 할 수 있도록 한 것이다.

법률 등에서 피해자 보호를 위해 마련한 제도를 활용하더라도 피해자에 대한 추가
적인 피해를 방지하기에 부족한지 등 여러 사정을 고려하여 신중하게 판단하여야
한다. 따라서 이러한 사정을 고려함이 없이 성폭력범죄 피해자나 법정대리인이 국
민참여재판을 원하지 아니한다는 이유만으로 국민참여재판 배제결정을 하는 것은
바람직하다고 할 수 없다.

17   **(2) 배제결정의 절차**   법원의 배제결정은 공소제기 후부터 공판준비기일이
종결된 다음 날까지 할 수 있다(같은 조 ①항). 법원은 배제결정을 하기 전에 검
사·피고인 또는 변호인의 의견을 들어야 하고, 법원의 결정에 대해서는 즉시항
고를 할 수 있다(같은 조 ②·③항). 피고인이 법원에 국민참여재판을 신청하였는
데도 법원이 배제결정도 하지 않은 채 통상의 공판절차로 재판을 진행하는 것
은 피고인의 국민참여재판을 받을 권리 및 법원의 배제결정에 대한 항고권 등
중대한 절차적 권리를 침해한 것으로서 위법하고, 이와 같이 위법한 공판절차에
서 이루어진 소송행위는 무효이다(2011도7106; 2012도1225).

4. 통상절차 회부

18   **(1) 통상절차 회부의 사유**   법원은 1) 피고인의 질병 등으로 공판절차가 장
기간 정지되거나, 2) 피고인에 대한 구속기간이 만료되거나, 3) 성폭력범죄 피
해자를 보호하거나, 4) 그 밖에 심리의 제반 상황에 비추어 국민참여재판을 계속
진행하는 것이 부적절하다고 인정하는 경우에는 대상사건을 국민참여재판에 의하
지 아니하고 지방법원 본원 합의부가 심판하게 할 수 있다(같은 법 제11조 ①항).

19   **(2) 회부의 절차**   법원은 직권 또는 검사·피고인·변호인이나 성폭력범죄
피해자 또는 법정대리인의 신청에 따라 결정으로 대상사건을 통상절차에 회부
한다(같은 항). 법원은 결정을 하기 전에 당사자의 의견을 들어야 하며, 법원의
결정에 대하여는 불복할 수 없다(같은 조 ②·③항).

Ⅲ. 배 심 원

1. 배심원의 의의

20   배심원이란 국민참여재판법에 따라 형사재판에 참여하도록 선정된 사람을
말한다(같은 법 제2조 1호). 국민참여재판이 전형적인 배심제의 형태가 아니기 때

문에 '배심원'의 명칭을 사용하는 것이 부적절하다는 문제점도 있지만, 널리 알려진 명칭으로 국민들이 쉽게 적응할 수 있는 용어라는 점과 국민참여재판의 핵심적 절차는 전통적인 배심제의 요소를 담고 있다는 점을 고려하여 형사재판에 참여하는 사람의 명칭을 '배심원'으로 규정하였다.

2. 배심원의 권한과 의무

(1) 배심원의 권한　배심원은 국민참여재판을 하는 사건에 관하여 사실의 **21** 인정, 법령의 적용 및 형의 양정에 관한 의견을 제시할 권한이 있다(같은 법 제12조 ①항). 국민참여재판에서 배심원의 이러한 권한은 1) 사실의 인정뿐 아니라 법령의 적용 및 양형에 관여한다는 점에서 전형적인 배심제의 배심원과 구별되며, 2) 사실인정과 양형 등에 관한 배심원의 의견이 법관을 기속하지 않는다는 점(같은 법 제46조 ⑤항)에서는 참심제의 참심원과 구별된다.

(2) 배심원의 의무　한편으로 배심원은 법령을 준수하고 독립하여 성실히 **22** 직무를 수행하여야 하는 의무와 직무상 알게 된 비밀을 누설하거나 재판의 공정을 해하는 행위를 하지 아니할 의무를 지닌다(같은 법 제12조 ②·③항). 배심원은 이러한 기본적 의무 이외에 국민참여재판의 절차에 따른 구체적 의무를 부담하며, 의무의 위반에 대해서는 경우에 따라 형사처벌이 가능하다(같은 법 제58조, 59조).

3. 배심원의 자격과 수

(1) 배심원의 자격　배심원은 만 20세 이상의 국민 중에서 무작위로 선정 **23** 하되(같은 법 제16조), 피성년후견인 등 결격사유(같은 법 제17조)가 있는 자, 공무원·변호사 등 직업에 의한 제외사유(같은 법 제18조)에 해당하는 자, 대상사건 및 그 피고인과 일정한 관계가 있어 제척사유(같은 법 제19조)에 해당하는 자는 배심원으로 선정할 수 없다. 또한 만 70세 이상인 사람 등에 대하여는 법원이 직권 또는 신청에 따라 배심원 직무의 수행을 면제할 수 있다(같은 법 제20조).

(2) 배심원의 수　배심원은 사건의 경중에 따라 9인, 7인, 5인으로 구성된 **24** 다. 법정형이 사형·무기징역 또는 무기금고에 해당하는 대상사건에 대한 국민참여재판에는 9인의 배심원이 참여하고, 그 외의 대상사건에 대한 국민참여재판에는 7인의 배심원이 참여한다. 다만, 법원은 피고인 또는 변호인이 공판준비절차에서 공소사실의 주요내용을 인정한 때에는 5인의 배심원이 참여하게 할

수 있다(같은 법 제13조 ①항). 또한 법원은 사건의 내용에 비추어 특별한 사정이 있다고 인정되고 검사·피고인 또는 변호인의 동의가 있는 경우에 한하여 결정으로 배심원의 수를 7인에서 9인으로 늘릴 수도 있고, 9인에서 7인으로 줄일 수도 있다(같은 조 ②항).

25   배심원의 수가 많아지면 합리적 토론과 안정적 평결이 가능하지만, 국민참여재판의 운영이나 효율성에 지장을 줄 수 있고, 배심원의 수가 적어지면 그 반대가 된다는 점을 고려하여 대상사건의 특성에 따라 다양한 배심원의 수가 가능하도록 규정한 것이다. 또한 배심원의 수가 9인이면 배심제에 가까워지고, 5인이면 참심제에 가까워진다는 점도 고려되었다.1)

26   (3) 예비배심원   법원은 배심원이 해임되거나 사임하여 결원이 생기는 경우에 대비하여 5인 이내의 예비배심원을 둘 수 있다(같은 법 제14조 ①항). 예비배심원은 평의와 평결 및 양형에 관한 토의에 참여할 수 없다는 것을 제외하고는 배심원과 동일한 권리와 의무를 가지므로 배심원에 대한 규정은 그 성질에 반하지 않는 한 예비배심원에 대하여 준용된다(같은 조 ②항).

4. 배심원의 선정절차

(1) 선정기일 이전의 절차

27   (가) 배심원후보예정자명부 작성   지방법원장은 매년 주민등록자료를 활용하여 배심원후보예정자명부를 작성한다(같은 법 제22조 ③항). 이를 위해 지방법원장은 행정안전부장관에게 매년 그 관할 구역 내에 거주하는 만 20세 이상 국민의 주민등록정보에서 일정한 수의 배심원후보예정자의 성명·생년월일·주소 및 성별에 관한 주민등록정보를 추출하여 전자파일의 형태로 송부하여 줄 것을 요청할 수 있다(같은 조 ①항). 지방법원장의 요청을 받은 행정안전부장관은 30일 이내에 주민등록자료를 지방법원장에게 송부하여야 한다(같은 조 ②항).

28   (나) 배심원후보자의 결정과 선정기일의 통지   법원은 배심원후보예정자명부 중에서 필요한 수의 배심원후보자를 무작위 추출 방식으로 정하여 배심원과 예비배심원의 선정기일을 통지하여야 한다(같은 법 제23조 ①항). 통지를 받은 배심원후보자는 선정기일에 출석하여야 한다(같은 조 ②항). 이와 더불어 검사, 피고인 또는 변호인에게 선정기일을 통지하여야 하며(같은 법 제27조 ①항), 검사와 변호인에게 선정기일 2일 전까지 배심원후보자의 명부를 송부하여야 한다(같

---

1) 법원행정처, 국민의 형사재판참여에 관한 법률 해설, 2007, 28면 이하.

은 법 제26조 ①항).

(2) 선정기일의 절차

(가) **선정기일의 참여자**　검사와 변호인은 선정기일에 출석하여야 하며, **29** 피고인은 법원의 허가를 받아 출석할 수 있다(같은 법 제27조 ②항). 검사와 변호 인은 필요적으로 참여해야 하기 때문에 법원은 변호인이 선정기일에 출석하지 아니한 경우 국선변호인을 선정하여야 한다(같은 조 ③항).

(나) **선정기일절차의 방식**　선정기일의 절차는 비공개로 진행하며(같은 법 **30** 제24조 ②항), 합의부원으로 하여금 선정기일의 절차를 진행하게 할 수 있다. 이 경우 수명법관은 선정기일에 관하여 법원 또는 재판장과 동일한 권한이 있다(같 은 조 ①항).

(다) **배심원후보자에 대한 질문과 질문표**　법원은 배심원후보자가 결격사 **31** 유, 제외사유, 제척사유 또는 면제사유 등(같은 법 제17조 내지 제20조)에 해당하는 지 여부 또는 불공평한 판단을 할 우려가 있는지 여부 등을 판단하기 위하여 배 심원후보자에게 질문을 할 수 있다. 검사·피고인 또는 변호인은 법원으로 하여 금 필요한 질문을 하도록 요청할 수 있고, 법원은 검사 또는 변호인으로 하여금 직접 질문하게 할 수 있다(같은 법 제28조 ①항). 배심원후보자는 질문에 대하여 정당한 사유 없이 진술을 거부하거나 거짓 진술을 하여서는 아니 되고(같은 조 ②항), 법원 등의 질문은 배심원을 공정하게 선정하기 위하여 필요한 범위에 한 정되어야 하고, 배심원후보자의 명예나 사생활이 침해되지 않도록 하여야 한다 (같은 규칙 제20조).

　법원은 배심원후보자가 위의 사유에 해당하는지의 여부를 판단하기 위하여 **32** 질문표를 사용할 수 있다(같은 법 제25조 ①항). 질문표를 이용하는 방식은 질문표 를 선정기일 통지서와 함께 송달하고 배심원후보자가 질문표의 질문에 답하여 선정기일 이전에 미리 제출하는 사전송달 방식과 출석한 배심원후보자들에게 즉석에서 작성하여 제출하도록 하는 당일배포 방식이 있다. 배심원후보자는 정 당한 사유가 없는 한 질문표에 기재된 질문에 답하여 이를 법원에 제출하여야 하며(같은 조 ②항), 허위의 내용을 기재하여 제출하는 경우에는 과태료가 부과될 수 있다(같은 법 제60조 ①항 3호).

(라) **기피신청**　법원은 배심원후보자가 결격사유 등에 해당하거나 불공평 **33** 한 판단을 할 우려가 있다고 인정되는 때에는 직권 또는 검사·피고인·변호인 의 기피신청에 따라 당해 배심원후보자에 대하여 불선정결정을 하여야 한다. 검

사·피고인 또는 변호인의 기피신청을 기각하는 경우에는 이유를 고지하여야 한
다(같은 법 제28조 ③항). 기피신청을 기각하는 법원의 결정에 대하여는 즉시 이의
신청을 할 수 있으며, 이때 이의신청에 대한 결정은 기피신청 기각결정을 한 법
원이 하고, 이의신청에 대한 결정에 대하여는 불복할 수 없다(같은 법 제29조).

34　　　㈔ **무이유부**無理由附**기피신청**　　검사와 변호인은 1) 배심원이 9인인 경우
는 5인, 2) 배심원이 7인인 경우는 4인, 3) 배심원이 5인인 경우는 3인의 범위
내에서 배심원후보자에 대하여 이유를 제시하지 아니하는 기피신청을 할 수 있
다(같은 법 제30조 ①항). 법원은 검사·피고인 또는 변호인에게 순서를 바꿔가며
무이유부기피신청을 할 수 있는 기회를 주어야 하며, 무이유부기피신청이 있는
때에는 법원은 당해 배심원후보자를 배심원으로 선정할 수 없다(같은 조 ②·③
항). 피고인이 2인 이상인 때에는 피고인별로 무이유부기피신청을 할 수 있는
인원을 정할 수 있다. 다만, 이때에 피고인별로 무이유부기피신청할 수 있는 인
원은 같아야 한다(같은 규칙 제21조 ②항). 무이유부기피신청을 할 때에는 편견에
기초하거나 배심원후보자들을 의도적으로 차별해서는 아니 된다(같은 조 ①항).

35　　　[무이유부기피신청의 연혁, 필요성, 문제점]　무이유부기피신청(peremptory challenge)
은 배심제가 정착된 미국에서 헌법상의 권리는 아니지만 전통적으로 자격을 갖추
고 편견이 없는 배심원을 확보하는 장치의 하나로 뿌리 깊게 자리잡고 있는 제도로
인식된다. 식민지시대에는 정치적 목적에서 비롯된 부당한 기소로부터 국민들을 보
호하기 위하여 무이유부기피신청이 필요하였다고 한다. 그러나 무이유부기피신청
이 악용되는 사례가 증가하였고, 미국 연방대법원은 위헌적인 무이유부기피신청을
통제하기 위한 노력을 계속해왔다. 무이유부기피신청의 필요성은 1) 이유를 제시한
기피신청에 대한 법원의 기각 결정이 잘못된 경우에 즉각적인 구제수단이 필요하
고, 2) 공정하지 않을 것이라고 의심은 되지만 기피신청을 정당화하기에는 충분하
지 않은 배심원후보자를 배제할 수 있어야 한다는 점 등에 의해 주장된다. 반면에
배심원 선발의 주된 목적은 공정한 재판을 보장하기 위한 것이고, 당사자의 직관을
만족시키거나 어느 한 당사자에게 호의적인 배심원을 선발하려는 것이 아니기 때
문에 기피신청 이외의 배심원후보자 배제절차를 두는 것은 정당화될 수 없다는 반
론도 제기된다.[1]

---

1) 법원행정처, 앞의 책, 51면 이하 참조.

(3) 선정결정 및 불선정결정

(가) **선정과 불선정의 방식** 법원은 출석한 배심원후보자 중에서 당해 재 **36**
판에서 필요한 배심원과 예비배심원의 수에 해당하는 배심원후보자를 무작위로
뽑고 이들을 대상으로 직권, 기피신청 또는 무이유부기피신청에 따른 불선정결
정을 한다(같은 법 제31조 ①항). 이때 불선정결정이 있으면 그 수만큼 위의 절차
를 반복한다(같은 조 ②항). 국민참여재판은 배심원후보자에 대한 선정기일을 진
행하는 주된 목적이 부적격자를 제외하는 데 있다는 점과 무이유부기피신청의
실효성을 제고할 필요가 있다는 점을 고려하여 이른바 순차기피방식(Jury Box
System)에 의한 선정절차를 규정하였다. 이는 출석한 후보자 중에서 필요한 수만
큼의 후보자를 무작위로 선정하여 배심원석에 앉게 하고 이들에 대하여 기피신
청을 한 후, 기피된 수만큼의 배심원후보자를 다시 추첨하여 배심원석에 앉게
하고, 다시 기피를 반복하여 양 당사자가 더 이상 기피할 수 없을 때 남아 있는
후보자가 최종적으로 배심원이 되는 방식이다.[1]

(나) **배심원과 예비배심원 선정** 선정과 불선정의 절차를 거쳐 필요한 수 **37**
의 배심원과 예비배심원 후보자가 확정되면 법원은 무작위의 방법으로 배심원
과 예비배심원을 선정한다. 예비배심원이 2인 이상인 경우에는 그 순번을 정하
여야 한다(같은 조 ③항). 법원은 배심원과 예비배심원에게 누가 배심원으로 선정
되었는지 여부를 알리지 아니할 수 있으며(같은 조 ④항), 검사·피고인 또는 변호
인에게 누가 배심원 또는 예비배심원으로 선정되었는지를 변론종결시까지 알리
지 아니할 수 있다(같은 규칙 제22조).

5. 배심원의 해임과 사임 등

(1) 배심원의 해임

(가) **해임사유** 법원은 배심원 또는 예비배심원이 1) 선서를 하지 아니한 **38**
때, 2) 배심원의 절차상 의무(같은 법 제41조 ②항)를 위반하여 그 직무를 담당하
게 하는 것이 적당하지 아니하다고 인정되는 때, 3) 출석의무에 위반하고 계속
하여 그 직무를 행하는 것이 적당하지 아니한 때, 4) 결격사유 등(같은 법 제17조
내지 제20조)에 해당하는 사실이 있거나 불공평한 판단을 할 우려가 있는 때, 5)

---

1) 이에 반하여 출석한 배심원후보자 전체에 대하여 일괄적으로 기피를 하고 나서 남은 후보자
가 배심원이 되는 방식도 있는데, 이를 '일괄기피방식(Struck Jury)'이라 한다.: 법원행정처, 앞
의 책, 55면 이하 참조.

질문표에 거짓 기재를 하거나 선정절차에서의 질문에 대하여 정당한 사유 없이 진술을 거부하거나 거짓의 진술을 한 것이 밝혀지고 계속하여 그 직무를 행하는 것이 적당하지 아니한 때, 6) 법정에서 재판장이 명한 사항을 따르지 아니하거나 폭언 또는 그 밖의 부당한 언행을 하는 등 공판절차의 진행을 방해한 때에는 배심원 또는 예비배심원을 해임하는 결정을 할 수 있다(같은 법 제32조 ①항).

39　　　　(나) **해임절차**　　법원은 배심원 또는 예비배심원에게 해임사유가 있을 때 직권 또는 검사·피고인 또는 변호인의 신청에 따라 해임결정을 할 수 있다(같은 항). 해임결정 전에는 검사·피고인 또는 변호인의 의견을 묻고 출석한 해당 배심원 또는 예비배심원에게 진술의 기회를 부여해야 한다(같은 조 ②항). 법원의 결정에 대해 불복할 수 없다(같은 조 ③항).

40　　　　**(2) 배심원의 사임**　　배심원과 예비배심원은 직무를 계속 수행하기 어려운 사정이 있는 때에는 법원에 사임을 신청할 수 있고, 법원은 신청에 이유가 있다고 인정하는 때에는 당해 배심원 또는 예비배심원을 해임하는 결정을 할 수 있다(같은 법 제33조 ①·②항). 해임결정을 할 때에는 검사·피고인 또는 변호인의 의견을 들어야 하고, 결정에 대하여는 불복할 수 없다(같은 조 ③·④항).

41　　　　**(3) 배심원의 추가선정**　　배심원의 해임과 사임에 따라 배심원이 부족하게 된 경우 예비배심원은 미리 정한 순서에 따라 배심원이 된다. 이때 배심원이 될 예비배심원이 없는 경우 배심원을 추가로 선정한다(같은 법 제34조 ①항). 그러나 국민참여재판 도중 심리의 진행 정도에 비추어 배심원을 추가선정하여 재판에 관여하게 하는 것이 부적절하다고 판단되는 경우 법원은 남은 배심원만으로 계속하여 국민참여재판을 진행하는 결정을 할 수 있다. 이 경우 1인의 배심원이 부족한 때에는 검사·피고인 또는 변호인의 의견을 들어야 하고, 2인 이상의 배심원이 부족한 때에는 검사·피고인 또는 변호인의 동의를 받아야 한다. 다만, 배심원이 5인 미만이 되는 경우에는 그러하지 아니하다(같은 조 ②항).

42　　　　**(4) 배심원의 임무종료**　　배심원과 예비배심원의 임무는 1) 종국재판을 고지한 때와 2) 통상절차 회부결정(같은 법 제6조 ①항, 11조)을 고지한 때에 종료한다(같은 법 제35조).

6. 배심원 등의 보호를 위한 조치

43　　　　**(1) 불이익한 처우의 금지**　　누구든지 배심원·예비배심원 또는 배심원후보자인 사실을 이유로 해고하거나 그 밖의 불이익한 처우를 하여서는 아니 된다

(같은 법 제50조). 국민참여재판에 배심원으로 적극 참여할 수 있도록 특히 해고 등의 불이익으로부터 국민들을 보호하기 위한 규정이다. 다만 이에 위반하는 경우에 대한 제재장치가 없어 그 실효성이 의문시되는 문제가 있다.

(2) 배심원 등에 대한 접촉의 규제   누구든지 당해 재판에 영향을 미치거나 **44** 배심원 또는 예비배심원이 직무상 취득한 비밀을 알아낼 목적으로 배심원 또는 예비배심원과 접촉하여서는 아니 되며, 연구에 필요한 경우를 제외하고는 그러한 목적으로 배심원 또는 예비배심원의 직무에 종사하였던 사람과 접촉하여서는 아니 된다(같은 법 제51조).

(3) 배심원 등의 개인정보 공개 금지   법령으로 정하는 경우를 제외하고는 **45** 누구든지 배심원·예비배심원 또는 배심원후보자의 성명·주소와 그 밖의 개인 정보를 공개하여서는 아니 되고, 배심원·예비배심원 또는 배심원후보자의 직무를 수행하였던 사람들의 개인정보에 대하여는 본인이 동의하는 경우에 한하여 공개할 수 있다(같은 법 제52조). 여기서의 개인정보는 배심원·예비배심원 또는 배심원후보자에 관한 정보로서 당해 정보에 포함되어 있는 성명·주민등록번호·주소 등의 사항에 의하여 당해 개인을 식별할 수 있는 정보를 말한다(같은 규칙 제44조 ①항).

(4) 배심원 등에 대한 신변보호조치   재판장은 배심원 또는 예비배심원이 **46** 피고인이나 그 밖의 사람으로부터 위해를 받거나 받을 염려가 있다고 인정하는 때 또는 공정한 심리나 평의에 지장을 초래하거나 초래할 염려가 있다고 인정하는 때에는 배심원 또는 예비배심원의 신변안전을 위하여 보호, 격리, 숙박, 그밖에 필요한 조치를 취할 수 있다(같은 법 제53조 ①항). 또한 검사, 피고인, 변호인, 배심원 또는 예비배심원은 재판장에게 신변보호조치를 취하도록 요청할 수 있다(같은 조 ②항). 배심원과 예비배심원을 격리하는 경우에는 신문·방송 시청 금지, 전화·인터넷 사용 금지 등의 필요한 조치를 취할 수 있다(같은 규칙 제45조 ①항). 신변보호조치를 요청할 때에는 서면으로 하되, 선정기일 또는 공판기일에서는 구술로 할 수 있다(같은 조 ②항).

Ⅳ. 국민참여재판의 공판절차

1. 공판전 준비절차

(1) 준비절차의 개시와 종결   재판장은 피고인이 국민참여재판을 원하는 **47**

의사를 표시한 경우에 사건을 공판준비절차에 부쳐야 한다. 다만, 공판준비절차에 부치기 전에 법원의 배제결정(같은 법 제9조 ①항)이 있는 때에는 그러하지 아니하다(같은 법 제36조 ①항). 일반 형사재판에서의 공판준비절차는 임의적 절차인데 반해, 배심원이 심리에 참여하는 국민참여재판에서는 그 성격상 공판준비절차를 필요적 절차로 규정하였다. 국민참여재판은 일반 형사재판보다 더 충실한 집중심리를 통해 재판이 신속하게 종결되도록 함으로써 배심원의 출석 부담을 줄여야 할 필요가 있고, 공정한 평결을 위해 배심원에게 증거능력 없는 증거가 현출되지 않도록 공판준비절차에서 사전에 정리하여야 하기 때문이다. 이를 위해 검사·피고인 또는 변호인은 증거를 미리 수집·정리하는 등 공판준비절차가 원활하게 진행되도록 협력하여야 한다(같은 조 ④항). 공판준비절차에 부친 이후 피고인이 국민참여재판을 원하지 아니하는 의사를 표시하거나 법원의 배제결정이 있는 때에는 공판준비절차를 종결할 수 있으며(같은 조 ②항), 공판준비절차는 배심원 선정기일 이전에 종료하여야 한다(같은 규칙 제27조).

48　　(2) **공판준비기일**　　법원은 주장과 증거를 정리하고 심리계획을 수립하기 위하여 공판준비기일을 지정하여야 한다(같은 법 제37조 ①항). 통상의 재판과 달리 국민참여재판에서는 공판준비절차가 필수적 절차인 것처럼 공판준비절차의 하나인 공판준비기일의 개정도 일반 형사재판에서는 임의적 절차이지만 국민참여재판에서는 필수적 절차이다. 법원은 합의부원으로 하여금 공판준비기일을 진행하게 할 수 있고, 이 경우 수명법관은 공판준비기일에 관하여 법원 또는 재판장과 동일한 권한이 있다(같은 조 ②항). 공판준비기일은 공개하지만, 법원은 공개함으로써 절차의 진행이 방해될 우려가 있는 때에는 공판준비기일을 공개하지 아니할 수 있다(같은 조 ③항). 그리고 공판준비기일에는 배심원이 참여하지 아니한다(같은 조 ④항). 이는 배심원의 예단을 막기 위한 것으로 당연한 규정이라 할 것인데, 이 규정에 의해 공판준비기일을 배심원선정기일 이후에 진행할 수 있다고 할 수는 없으며, 오히려 공판준비절차는 배심원선정기일 이전에 마쳐야 하기 때문에(같은 규칙 제27조) 이는 다만 공판기일 사이에 공판준비기일이 진행되는 경우를 대비한 것이라고 해석하는 것이 타당하다.[1]

2. 공판정의 구성

49　　(1) **공판기일의 통지**　　재판장은 특별한 사정이 없는 한 배심원 선정기일이

---

[1] 법원행정처, 앞의 책, 66면.

종료된 후 연속하여 제1회 공판기일이 진행되도록 기일을 지정하여야 하고(같은 규칙 제29조), 공판기일은 배심원과 예비배심원에게 통지하여야 한다(같은 법 제38조). 배심원과 예비배심원은 공판정 외에서 검증, 증인신문 등 증거조사가 이루어지는 경우에도 출석하여야 하기 때문에 법원은 배심원과 예비배심원에게 공판정 외 증거조사기일의 일시와 장소도 통지하여야 한다(같은 규칙 제36조).

(2) 배심원 등의 출석과 좌석 공판정은 판사·배심원·예비배심원·검사· **50** 변호인이 출석하여 개정한다(같은 법 제39조 ①항). 검사와 피고인 및 변호인은 대등하게 마주 보고 위치한다. 다만, 피고인신문을 하는 때에는 피고인은 증인석에 위치한다(같은 조 ②항). 배심원과 예비배심원은 재판장과 검사·피고인 및 변호인의 사이 왼쪽에 위치하고, 증인석은 재판장과 검사·피고인 및 변호인의 사이 오른쪽에 배심원과 예비배심원을 마주 보고 위치한다(같은 조 ③·④항).

3. 모두절차

(1) 배심원의 선서 국민참여재판에서는 피고인에게 진술거부권을 고지하 **51** 기 전에 배심원과 예비배심원으로 하여금 선서하게 하고, 재판장이 모두설명을 하여야 한다(같은 규칙 제35조). 먼저 배심원은 법률에 따라 공정하게 그 직무를 수행할 것을 다짐하는 취지의 선서를 하여야 한다(같은 법 제42조 ①항).

(2) 재판장의 모두설명 이어서 재판장은 배심원과 예비배심원에 대하여 **52** 그들의 권한·의무·재판절차, 그 밖에 직무수행을 원활히 하는 데 필요한 사항을 설명하여야 한다(같은 조 ②항). 여기서의 설명은 변론의 종결 후 평의에 도움을 주기 위해 행하여지는 재판장의 설명(같은 법 제46조 ①항)과는 구별되는 것으로, 재판절차에 익숙하지 않은 배심원 등을 배려하는 차원의 설명이다.

4. 배심원의 공판절차상 권리와 의무

(1) 신문요청권 배심원과 예비배심원은 피고인·증인에 대하여 필요한 사 **53** 항을 신문하여 줄 것을 재판장에게 요청할 수 있다(같은 법 제41조 ①항 1호). 전통적인 배심제를 실시하는 나라에서 배심원은 수동적인 사실발견자의 역할을 수행할 뿐 신문요청권이 인정되지 않았지만, 배심제의 개선방안의 하나로 신문요청권의 인정 여부가 논의되고 미국의 경우 연방과 여러 주에서 배심원의 신문요청권이 허용되고 있다. 신문요청권의 허용은 1) 배심원이 능동적 지위를 갖게 되어 심리에 더 집중할 수 있고, 2) 검사, 피고인 또는 변호인의 입장에서는 배

심원이 잘못된 인식을 하고 있거나 중점을 두고 있는 부분을 확인하여 효과적인 변론을 할 수 있다는 긍정적 측면이 있다. 반면에 배심원의 신문요청이 재판의 원활한 진행을 방해할 수 있다는 부정적 측면도 있다.1) 국민참여재판법은 신문요청권의 긍정적 측면을 고려하여 배심원의 신문요청권을 인정하되, 부정적 측면을 보완하기 위해 1) 신문요청은 피고인 또는 증인에 대한 신문이 종료된 직후 서면에 의하도록 하고, 2) 공판의 원활한 진행을 위하여 필요한 때에는 재판장이 배심원 또는 예비배심원에 의하여 요청된 신문 사항을 수정하여 신문하거나 신문하지 아니할 수 있도록 하였다(같은 규칙 제33조).

54　　　**(2) 필 기**　　배심원과 예비배심원은 필요하다고 인정되는 경우 재판장의 허가를 받아 각자 필기를 하여 이를 평의에 사용할 수 있다(같은 법 제41조 ①항 2호). 배심원에게 필기를 허용할 것인지의 문제에 대해서도 찬성과 반대의 주장이 대립하고 있다. 찬성하는 입장에서는 1) 심리 중 배심원들의 집중도 증가, 2) 특히 평의단계에서 배심원들의 기억력 향상, 3) 평의 도중 법원에 증인의 증언 내용을 다시 확인하여 줄 것을 요청하는 횟수 감소 등의 논거를 든다. 반면에 반대하는 사람들은 1) 필기를 하다가 오히려 중요한 진술을 놓칠 수 있고, 2) 증인의 신빙성을 판단하는 데 더 중요한 증인의 태도 등에 집중하지 않을 수 있으며, 3) 평의 단계에서 필기를 한 배심원의 의견이 그렇지 않은 배심원의 의견보다 더 비중을 갖게 되는 문제 등을 지적하고 있다.2) 국민참여재판법은 이러한 점을 고려하여 배심원에게 필기를 허용하되, 공판 진행에 지장을 초래하는 등 필요하다고 인정되는 경우에는 재판장이 허용한 필기를 언제든지 다시 금지할 수 있도록 하였다. 또한 재판장이 필기를 하여 이를 평의에 사용하도록 허용한 경우에는 배심원과 예비배심원에게 평의 도중을 제외한 어떤 경우에도 자신의 필기 내용을 다른 사람이 알 수 없도록 할 것을 주지시키도록 하였다(같은 규칙 제34조).

55　　　**(3) 배심원의 절차상 의무**　　배심원과 예비배심원은 1) 심리 도중에 법정을 떠나거나 평의·평결 또는 토의가 완결되기 전에 재판장의 허락 없이 평의·평결 또는 토의 장소를 떠나는 행위, 2) 평의가 시작되기 전에 당해 사건에 관한 자신의 견해를 밝히거나 의논하는 행위, 3) 재판절차 외에서 당해 사건에 관한 정보를 수집하거나 조사하는 행위, 4) 평의·평결 또는 토의에 관한 비밀을 누

---

1) 법원행정처, 앞의 책, 74면 이하 참조.
2) 법원행정처, 앞의 책, 76면 이하.

설하는 행위를 하여서는 아니 된다(같은 법 제41조 ②항).

5. 평의, 평결 및 양형의 토의

(1) 변론의 종결과 재판장의 설명   재판장은 변론이 종결된 후 법정에서 배 **56**
심원에게 공소사실의 요지와 적용법조, 피고인과 변호인 주장의 요지, 증거능
력, 그 밖에 유의할 사항에 관하여 설명하여야 한다. 필요한 때에는 증거의 요
지에 관하여 설명할 수 있다(같은 법 제46조 ①항). 또한 재판장의 설명에는 1) 피
고인의 무죄추정(제275조의2), 증거재판주의(제307조), 자유심증주의(제308조)의 각
원칙, 2) 피고인의 증거제출 거부나 법정에서의 진술거부가 피고인의 유죄를 뒷
받침하는 것으로 해석될 수 없다는 점, 3) 형사소송법의 규정에 의하여 증거능
력이 배제된 증거를 무시하여야 한다는 점, 4) 배심원의 절차상 의무, 5) 평의
및 평결의 방법, 6) 배심원 대표를 선출하여야 하는 취지 및 그 방법 등이 포함
되어야 한다(같은 규칙 제37조 ①항). 검사·피고인 또는 변호인은 재판장에게 당해
사건과 관련하여 설명이 필요한 법률적 사항을 특정하여 설명에 포함하여 줄
것을 서면으로 요청할 수 있다(같은 조 ②항).

(2) 평의와 평결의 기일과 장소   재판장의 설명을 들은 후 배심원은 유·무 **57**
죄에 관하여 평의한 후 평결한다(같은 법 제46조 ②항). 평의·평결 및 양형에 관한
토의는 변론이 종결된 후 연속하여 진행하여야 한다. 다만, 재판장은 평의 등에
소요되는 시간 등을 고려하여 필요하다고 인정하는 때에는 변론 종결일로부터
3일 이내의 범위 내에서 평의·평결 및 양형에 관한 토의를 위한 기일을 따로
지정할 수 있다(같은 규칙 제39조 ①항). 평의·평결 및 양형에 관한 토의는 평의실
에서 행하고, 재판장의 허가를 받지 아니하고는 배심원 이외의 누구도 평의실에
출입할 수 없다(같은 조 ②항).

(3) 평의와 평결의 방법   평의와 평결의 방법은 두 가지로 구별된다. 1) 먼 **58**
저 전원의 의견이 일치하면 그에 따라 평결하되, 배심원 과반수의 요청이 있으
면 심리에 관여한 판사의 의견을 들을 수 있다(같은 법 제46조 ②항). 2) 그러나 유
·무죄에 관하여 전원의 의견이 일치하지 아니하는 때에는 평결을 하기 전에 심
리에 관여한 판사의 의견을 들어야 한다. 이 경우 유·무죄의 평결은 다수결의
방법으로 한다. 심리에 관여한 판사는 평의에 참석하여 의견을 진술한 경우에도
평결에는 참여할 수 없다(같은 조 ③항).

(4) 양형의 토의   평결이 유죄인 경우 배심원은 심리에 관여한 판사와 함 **59**

께 양형에 관하여 토의하고 그에 관한 의견을 개진한다. 재판장은 양형에 관한 토의 전에 처벌의 범위와 양형의 조건 등을 설명하여야 한다(같은 조 ④항).

6. 평결의 효과와 판결의 선고

60   **(1) 평결의 효과**   배심원의 평결과 의견은 법원을 기속하지 않는다(같은 조 ⑤항). 다만 평결결과와 양형에 관한 의견을 집계한 서면을 소송기록에 편철하고(같은 조 ⑥항), 판결을 선고할 때 배심원의 평결과 다른 판결을 선고하는 때에는 그 이유를 설명하도록 함으로써(같은 법 제48조 ④항) 간접적으로 법원을 구속하는 효과가 있을 뿐이다.

61   **(2) 판결의 선고**   판결의 선고는 변론을 종결한 기일에 하여야 하며, 이 경우 판결서를 선고 후에 작성할 수 있다(같은 법 제48조 ①·②항). 다만, 특별한 사정이 있는 때에는 변론종결 후 14일 이내로 따로 선고기일을 지정할 수 있다(같은 조 ①·③항). 재판장은 판결을 선고할 때 피고인에게 배심원의 평결결과를 고지하여야 하며, 배심원의 평결결과와 다른 판결을 선고하는 때에는 피고인에게 그 이유를 설명하여야 한다(같은 조 ④항).

62   **(3) 판결서의 기재사항**   판결서에는 배심원이 재판에 참여하였다는 취지를 기재하여야 하고, 배심원의 의견을 기재할 수 있다(같은 법 제49조 ①항). 그리고 배심원의 평결결과와 다른 판결을 선고하는 때에는 판결서에 그 이유를 기재하여야 한다(같은 조 ②항).

7. 공판절차상의 특칙

63   **(1) 간이공판절차 규정의 배제**   피고인이 공판정에서 공소사실에 대하여 자백하는 때에는 간이공판절차에 의하여 심판할 수 있지만(제286조의2), 국민참여재판의 경우 간이공판절차로 진행하면 배심원과 예비배심원이 증거를 제대로 파악하기 어렵게 되므로 피고인이 자백하더라도 간이공판절차를 적용하지 않는다(같은 법 제43조).

64   **(2) 배심원의 증거능력 판단 배제**   배심원 또는 예비배심원은 법원의 증거능력에 관한 심리에 관여할 수 없다(같은 법 제44조). 법률전문가가 아닌 배심원이 증거능력에 관한 심리에 관여하면 증거능력 없는 증거의 영향을 완전하게 배제할 수 없기 때문이다.

65   **(3) 공판절차의 갱신**   공판절차가 개시된 후 새로 재판에 참여하는 배심원

또는 예비배심원이 있는 때에는 공판절차를 갱신하여야 한다(같은 법 제45조 ① 항). 이때 그 절차는 새로 참여한 배심원 또는 예비배심원이 쟁점 및 조사한 증거를 이해할 수 있도록 하되, 그 부담이 과중하지 아니하도록 하여야 한다(같은 조 ②항).

제 3 장
증   거

제 1 절 증거법의 기초

[47] 제 1 증거의 기본개념

I. 증거의 의의

1. 증거와 증명

1   증거란 사실관계의 확정에 사용되는 자료, 즉 사실인정의 근거가 되는 자료를 말한다. 사실관계의 확정은 형사소송에서 가장 중요한 과제이고, 사실의 인정은 증거에 의하여야 한다(제307조 ①항).

2   증명이란 증거에 의해 사실인 인정되는 과정과 그 결과를 말한다. 즉, 과정으로서의 증명은 당사자와 법원이 증거를 통해 사실을 입증하는 활동을 의미하고, 결과로서의 증명은 증거에 의하여 사실의 존재에 대한 확신이 발생한 상태를 말한다. 형사소송에서 요구되는 증명의 정도는, 민사소송과는 달리, 합리적 의심이 없는 정도의 고도의 증명이어야 한다(같은 조 ②항).

2. 증거방법·증거자료·증거결과

3   형사소송에서 증거는 증거방법, 증거자료 및 증거결과의 의미를 포함한다. 1) 증거방법, 또는 증거수단은 사실인정의 수단이 되는 물건이나 사람을 말한다.[1] 2) 증거자료는 증거방법을 조사하여 알게 된 내용을 말한다.[2] 3) 증거결과

---

1) 예를 들어 증인, 증거서류, 증거물.
2) 예를 들면 증인신문으로 얻은 증언내용, 증거서류의 열람 또는 낭독으로 알게 된 증거서류의

는 증거자료는 물론 증거조사를 통해 얻는 그 밖의 비언어적 자료를 포괄한다.1)

Ⅱ. 증거의 종류

1. 직접증거와 간접증거

(1) 개 념 직접증거는 범죄사실에 직접 관련된 사실, 즉 주요사실 자체를   4
직접 증명하는 증거를 말한다.2) 한편 주요사실을 간접적으로 추측하게 하는 사
실을 간접사실이라고 하고, 간접사실을 증명함으로써 주요사실을 인정하게 할
수도 있는데, 간접증거는 간접사실을 증명하는 증거를 말한다.3) 간접증거는 범
죄정황에 관한 사실을 증명하는 자료라는 의미에서 정황증거라고도 한다. 직접
증거와 간접증거를 '주요사실의 증거'와 '간접사실의 증거'라고 일컫기도 한다.

(2) 구별의 실익 형사소송법은 증거의 증명력을 법관의 자유판단에 맡기   5
는 자유심증주의를 채택하고 있기 때문에(제308조) 직접증거와 간접증거(또는 '주
요사실의 증거'와 '간접사실의 증거') 사이에 증명력의 차이는 없다(2011도1902; 2017도
1549 등). 결국 그 구별에 특별한 실익이 있는 것은 아니다. 그러나 간접증거의
증명력에 한계가 있는 경우, 예컨대 피고인에게 살인의 '혐의'를 인정할 간접증
거는 있으나 그 살인의 '동기'가 발견되지 않는 상황이라면, 간접증거로써 어떤
살인동기를 단정할 것이 아니라 반대로 간접증거의 증명력이 떨어진다고 평가
하는 것이 합리적인 심증형성이 된다(2005도8675; 2022도2236 등).

[2013도4172] 간접증거의 증명력

형사재판에 있어서 유죄의 인정은 법관으로 하여금 합리적인 의심을 할 여지가 없
을 정도로 공소사실이 진실한 것이라는 확신을 가지게 할 수 있는 증명력을 가진
증거에 의하여야 하고 이러한 정도의 심증을 형성하는 증거가 없다면 설령 피고인
에게 유죄의 의심이 간다 하더라도 피고인의 이익으로 판단할 수밖에 없다. 다만
그와 같은 심증이 반드시 직접증거에 의하여 형성되어야만 하는 것은 아니고 경험
칙과 논리법칙에 위반되지 아니하는 한 간접증거에 의하여 형성되어도 되는 것이
며, 간접증거가 개별적으로는 범죄사실에 대한 완전한 증명력을 가지지 못하더라도

기재내용, 증거물조사로 알게 된 증거물의 성질.
1) 예를 들어 증인신문에서 나타난 증인의 표정·태도 등.
2) 예를 들면 피고인의 자백, 범행현장을 직접 목격한 증인의 증언, 통화위조의 범죄사실에서
   위조통화 등.
3) 예를 들어 알리바이, 범행현장에서 채취된 피고인의 지문 등.

전체 증거를 상호 관련하에 종합적으로 고찰할 경우 그 단독으로는 가지지 못하는 종합적 증명력이 있는 것으로 판단되면 그에 의하여도 범죄사실을 인정할 수가 있다. 여기서 합리적 의심이라 함은 모든 의문, 불신을 포함하는 것이 아니라 논리와 경험칙에 기하여 요증사실과 양립할 수 없는 사실의 개연성에 대한 합리적 의문을 의미하는 것으로서, 피고인에게 유리한 정황을 사실인정과 관련하여 파악한 이성적 추론에 그 근거를 두어야 하는 것이므로, 단순히 관념적인 의심이나 추상적인 가능성에 기초한 의심은 합리적 의심에 포함된다고 할 수 없다.

2. 인적 증거와 물적 증거

6   **(1) 인적 증거**   인적 증거는 사람의 진술내용이 증거로 되는 것(예컨대, 증인의 증언, 감정인의 감정, 피고인의 진술)을 말한다. 인적 증거는 인증이라고도 한다.[1] 인적 증거에 대한 증거조사는 신문의 방법에 의한다(증인신문, 감정인신문, 피고인신문).

7   **(2) 물적 증거**   물적 증거는 물건의 존재 또는 상태가 증거로 되는 것(예컨대, 범행에 사용된 흉기, 범행으로 취득한 장물)을 말한다. 물적 증거는 물증이라고도 한다.[2] 물적 증거에 대한 증거조사는 제시의 방법에 의한다(제292조의2 ①항).

3. 증거서류와 증거물인 서면

8   **(1) 개 념**   증거서류는 서면의 내용이 증거로 되는 것(예컨대, 공판조서, 검증조서, 피의자신문조서, 참고인진술조서, 의사의 진단서 등)을 말한다. '증거물인 서면'은 서면의 내용과 동시에 그 서면의 존재 또는 상태가 증거가 되는 것(예컨대, 위조죄의 위조문서, 무고죄의 허위고소장, 협박죄의 협박편지, 명예훼손죄의 수단인 인쇄물, 음란문서반포죄의 음란문서, 부동산사기죄의 매매계약서 등)을 말한다. 양자를 총칭하여 서증(documentary evidence)이라고 한다.

(2) 증거서류와 증거물인 서면의 구별기준

9   **(개) 작성자기준설**   당해 소송절차에서 법원 또는 법관의 면전에서 법령에 의해 작성된 서류는 '증거서류'이고, 그 밖의 서류는 '증거물인 서면'이라는 견해이다.[3] 이에 따르면 공판심리절차 또는 공판준비절차에서 법원에 의하여 작성

---

1) 인적 증거와 인증을 구별하여, 인증은 사람이 증거방법이 되는 경우를 말한다고 보는 견해도 있다(신동운 1098). 이에 따르면 증인, 감정인, 피고인 등이 인증에 해당한다.

2) 물적 증거와 물증을 구별하여, 물증은 사람 이외의 유체물이 증거방법으로 되는 경우를 말한다고 보는 견해도 있다(신동운 1098).

3) 김기두 121; 정영석/이형국 304. 이러한 구분 자체가 불필요하다고 한다.

된 서류는 물론, 증거보전절차나 참고인에 대한 증인신문절차에서 작성된 증인
신문조서·검증조서는 '증거서류'이지만, 수사기관이 작성한 피의자신문조서·진
술조서·실황조사서와 법원에 의하여 작성된 조서라도 다른 사건에서 작성된 조
서는 '증거물인 서면'에 해당한다. 이 견해는 '증거서류'와 '증거물인 서면'의 구
별기준을 증거능력의 요건인 진정성립을 검토할 필요성이 있는가 하는 목적론
적 관점에서 찾는 것이라고 할 수 있다.

(나) **내용기준설**　　서류의 내용이 증거로 되는 것은 증거서류이고, 서류의　**10**
내용과 동시에 그 존재 또는 상태가 증거로 되는 것은 '증거물인 서면'이라는 견
해이다. 이에 따르면 법원의 공판조서·검증조서는 물론, 수사기관 작성의 피의
자신문조서·진술조서와 의사의 진단서는 보고적 문서로서 '증거서류'가 된다.
그러나 위조죄의 위조문서, 무고죄의 허위고소장, 협박죄의 협박편지, 명예훼손
죄의 수단인 인쇄물과 같은 문서는 '증거물인 서면'이 된다. 이 견해는 증거물인
서면에 대하여 제시를 요구하는 것은 성립의 진정을 확인하기 위한 것이 아니
라, 서면의 존재와 상태를 확인하기 위한 것임을 논거로 한다. 다수설[1]과 법
원[2]은 이 입장을 따르고 있다.

(다) **결　론**　　'증거서류'와 '증거물인 서면'을 구별하는 실제적인 의미는 증　**11**
거능력과 증거조사의 방법에서 차이가 발생하기 때문이다. 작성자기준설에 의
할 경우 법원이 작성하지 않은 모든 서류는 증거능력의 평가를 위해 진정성립
의 여부를 따져보아야 한다. 그러나 진정성립의 여부는 서류에 기재된 내용과
관계되는데, 서류의 내용이 증명대상이 되는 것이 아니라 서류의 존재 자체가
증명대상이 되는 경우에는 진정성립의 여부는 중요하지 않다. 따라서 내용기준
설에 의한 구별이 타당하다.

(3) **조사방법의 차이**　　따라서 증거서류와 증거물인 서면은 증거조사 방법　**12**
에서 차이가 있다. 증거서류는 원칙적으로 그 내용을 법정에서 낭독해야 하고
예외적으로 내용의 요지를 고지하거나 열람할 수 있지만(제292조), 증거물인 서
면은 원칙적으로 법정에서 제시하는 방법으로 조사한다(제292조의2).

---

1) 신동운 985; 이은모/김정환 591; 이재상/조균석/이창온 43/5 이하; 이창현 809 등.

2) 법원실무제요(형사), 372.

[2015도2275] 증거물인 서면

피고인이 수표를 발행하였으나 예금부족 또는 거래정지처분으로 지급되지 아니하게 하였다는 부정수표단속법위반의 공소사실을 증명하기 위하여 제출되는 수표는 그 서류의 존재 또는 상태 자체가 증거가 되는 것이어서 증거물인 서면에 해당하고 어떠한 사실을 직접 경험한 사람의 진술에 갈음하는 대체물이 아니므로, 증거능력은 증거물의 예에 의하여 판단하여야 하고, 이에 대하여는 형사소송법 제310조의2에서 정한 전문법칙이 적용될 여지가 없다. 이때 수표 원본이 아니라 전자복사기를 사용하여 복사한 사본이 증거로 제출되었고 피고인이 이를 증거로 하는 데 부동의한 경우 위 수표 사본을 증거로 사용하기 위해서는 수표 원본을 법정에 제출할 수 없거나 제출이 곤란한 사정이 있고 수표 원본이 존재하거나 존재하였으며 증거로 제출된 수표 사본이 이를 정확하게 전사한 것이라는 사실이 증명되어야 한다.

4. 그 밖의 분류

13   (1) **진술증거·비진술증거**   진술증거는 사람의 진술이 증거가 되는 것을 말한다. 진술증거에는 구두에 의한 진술증거(구술증거)와 서면에 의한 진술증거(진술기재서면)가 포함된다. 진술증거 이외의 서증과 물적 증거는 비진술증거라고 한다. 여기에는 단순한 증거물이나 사람의 신체상태 등이 증거로 되는 것이 포함된다.

14   (2) **원본증거·전문증거**   진술증거는 다시 원본증거와 전문증거로 나누어진다. 증인이 직접 경험한 사실을 진술하는 것이 원본증거 또는 본래증거이며, 타인으로부터 전해들은 사실을 진술하는 것이 전문증거이다. 전문증거는 원칙적으로 증거가 될 수 없다. 이를 전문법칙이라 한다(제310조의2).

15   (3) **실질증거·보조증거**   실질증거는 주요사실의 존부를 직접·간접으로 증명하기 위해 사용되는 증거(예컨대, 범행을 목격한 A증인의 증언)를 말하고, 보조증거는 실질증거의 증명력을 다투기 위해 사용되는 증거(예컨대, A증인의 약한 기억력에 관한 B증인의 증언)를 말한다. 따라서 보조증거만으로는 주요사실을 증명할 수 없다. 보조증거에는 보강증거와 탄핵증거가 있다. 보강증거는 실질증거의 증명력을 증강시키는 보조증거이고, 탄핵증거는 그 증명력을 감쇄시키는 보조증거를 말한다.

16   (4) **본증·반증**   본증은 증명책임을 지는 당사자가 제출하는 증거를 말하고, 반증은 본증에 의해 증명될 사실을 상대방이 부정하기 위하여 제출하는 증

거를 말한다. 형사소송에서 증명책임은 원칙적으로 검사에게 있으므로, 검사가 제출하는 증거가 본증이 되고, 피고인이 제출하는 증거는 반증이 된다.[1] 그러나 피고인에게 증명책임이 있는 경우에는 피고인이 제출하는 증거가 본증이 된다.[2]

Ⅲ. 증거능력과 증명력

1. 증거능력

(1) 개 념   증거능력은 어떤 증거가 엄격한 증명의 자료로 사용될 수 있 **17** 는 법률상의 자격을 말한다. 증거능력은 미리 법률에 의하여 형식적으로 규정되어 있기 때문에 증거능력 없는 증거는 사실인정의 자료로 사용될 수 없다. 예컨 대, 위법수집증거배제법칙(제308조의2), 자백배제법칙(제309조), 전문법칙(제310조의 2)에 의해 증거능력 없는 증거는 사실인정의 자료로 사용될 수 없다. 제307조(증 거재판주의)는 바로 사실인정이 증거능력 있는 증거에 의해야 함을 선언한 규정 이다. 따라서 실질적으로 아무리 증거가치가 있는 증거라 할지라도, 증거능력 없는 증거는 공판정에서 증거조사하는 것도 허용되지 않는다.

(2) **증거능력 제한의 유형**   증거능력의 제한에는 절대적 제한과 상대적 제 **18** 한이 있다. 자백의 증거능력 제한은 절대적 제한에 해당하나, 전문증거의 증거 능력 제한은 당사자의 동의가 있는 때에는 증거로 할 수 있으므로 상대적 제한 에 해당한다.

2. 증 명 력

(1) 개 념   증명력은 증거자료가 사실의 인정에 기여하는 정도, 즉 증거의 **19** 실질적 가치를 말한다. 증거능력이 미리 법률에 의하여 형식적으로 결정되는 반 면, 증명력은 법관의 자유심증에 맡겨져 있다. 제308조는 "증거의 증명력은 법 관의 자유판단에 의한다"고 하여 자유심증주의를 선언하고 있다. 따라서 증거능 력 있는 증거가 제출되면 증거의 실질적 가치에 대한 판단은 법관의 주관적 자

---

1) 이은모/김정환 592; 이재상/조균석/이창온 43/9; 이창현 810; 정영석/이형국 305.
2) 형사소송에서 검사는 객관의무에 따라 피고인에게 유리한 사실의 주장과 증거도 제출해야 하고 나아가 법원도 직권증거조사의 권한과 의무를 부담하므로 본증과 반증의 논의실익이 없 다는 견해도 있다(신동운 1101). 형사소송에서 증명책임 개념을 인정하지 않는 입장에서도 같 은 결론에 이르게 된다. 물론 이런 입장에서도 이론적으로만 본다면 일정한 사실을 주장하는 당사자가 제출하는 증거가 본증이 되고, 그 증거가 증명하는 사실을 부정하기 위해 반대당사자 가 제출하는 증거가 반증이 된다고 볼 수는 있다.

유판단에 의하므로, 제출자나 신청자의 입증취지에 구속되지 않는다. 제출된 증거가 얼마든지 제출자에게 불리하게 사용될 수도 있다. 이를 증거공통의 원칙이라고 한다. 다만, 증거공통의 원칙이란 증거의 증명력이 그 제출자나 신청자의 입증취지에 구속되지 않는다는 것을 의미하는 개념적 용어에 불과할 뿐, 형사소송법에 의하여 서증에 필요한 증거능력이나 증거조사절차를 불필요하게 할 수 있는 힘은 없다. 따라서 피고인이나 변호인이 무죄에 관한 자료로 제출한 증거 가운데 도리어 유죄임을 뒷받침하는 내용이 있다 하여도, 법원은 상대방의 원용(동의)이 없는 한 그 서류의 진정성립 여부 등을 조사하고 아울러 그 서류에 대한 피고인이나 변호인의 의견과 변명의 기회를 준 다음이 아니면 그 증거를 유죄인정의 증거로 쓸 수 없다(87도966; 2013도12155 등).

20   **(2) 자유심증의 한계**   그러나 증명력에 관한 법관의 자유판단에도 내재적 한계가 있다. 또한 자백의 보강법칙(제310조) 및 공판조서의 증명력(제56조)에 관한 규정과 같이, 법관의 자유로운 증명력 판단을 제한하는 법률상 한계가 있다.

[48] 제 2 증명책임

[사례 19] 2003도5255

검사 A는 고물중개업에 종사하는 甲과 乙에 대해 다음과 같은 범죄사실로 공소를 제기하였다. 1) 甲과 乙은 합동하여, 2002. 8. 20.경 피해자 V가 경영하는 고물상에서 그곳에 적치되어 있던 V 소유의 스텐 고물 약 780kg, 시가 금 500만원 상당을 화물차량에 싣고 가 이를 절취하고, 2) V가 위 고물상을 단독으로 운영하여 피고인들은 위 고물상을 V와 동업으로 운영한 사실이 없을 뿐만 아니라 V의 부모인 공소외 1, 공소외 2가 피고인들의 고물상 영업을 방해하거나 피고인들의 재물을 강취한 사실 등이 없음에도 불구하고, 공모하여, 2002. 8. 30.경 서울 노량진경찰서 민원실에서, 같은 해 8.경 위 고물상에서 위 공소외 1, 공소외 2가 피고인들의 고물상 영업을 방해하고, 피고인들을 협박하여 피고인들의 소유인 고물 등 재산을 강취하였다는 내용의 허위사실을 기재한 고소장을 접수하여 위 공소외 1, 공소외 2를 무고하고, 3) 2003. 2. 6. 수원지방검찰청 안산지청 405호 검사실에서 "위 V가 2002. 8. 24.경 시흥경찰서 민원실에서 '피고인들이 2002. 8. 20.경 위 소명스텐 고물상에서 스텐 고물 시가 금 500만원 상당을 절취하였다'라는 취지로 고소장을 접수하여 피고인들을 무고하였다"는 내용의 허위사실을 기재한 고소장을 위 405호 검사실 조사관에게 제출하여 위 V를 무고하였다.

원심은, 甲과 乙이 합동하여 V 소유의 스텐 고물 780㎏을 절취하고, 공소사실 기재와 같이 공소외 1, 공소외 2, V를 무고한 사실을 인정할 수 있으며, 피고인들 및 변호인이 동업계약 존재의 근거로 제시하고 있는 주장들에 대하여는 이를 믿을 수 없다고 하여 이 사건 각 공소사실을 유죄로 인정한 제1심 판결을 그대로 유지하였다. **원심의 판결은 적법한가?**

[주요논점] 1. 증명책임이란 무엇인가?

2. 형사소송에서 증명책임은 누가 부담하는가?

[관련판례] 2005도8822

Ⅰ. 증명책임의 의의

1. 증명책임의 개념

증명책임1)은 사실의 존재가 증명되지 않을 경우 불이익을 받게 되는 당사 **1** 자의 법적 지위를 말한다. 법원은 당사자가 제출한 증거와 직권으로 조사한 증거에 의하여 사실의 존부에 관한 심증을 형성한다. 그러나 이러한 증거에 의해 확신을 갖지 못할 때에는 증명곤란으로 인한 불이익을 소송관계인 어느 일방에게 주지 않을 수 없다. 이러한 불이익을 받을 위험부담이 바로 증명책임이다. 예컨대 검사에게 증명책임이 있는 경우 검사가 적극적으로 그 사실을 증명하지 못하면, 이러한 증명불능은 피고인의 이익으로 돌아간다. 그 반대의 경우도 마찬가지이다.

2. 증명책임의 종류

(1) 실질적 증명책임   위에서 설명한 증명책임의 내용은 보통 실질적 증명 **2** 책임에 속하는 것이다. 실질적 증명책임은 종국판결에 작용하는 위험부담을 의미하므로, 소송의 진행과정과 관계없이 소송의 개시부터 종결까지 고정되어 있다. 실질적 증명책임은 다른 말로 객관적 증명책임이라고도 한다.

(2) 형식적 증명책임   소송의 진행과정에 따라 어느 사실이 증명되지 않으 **3**

---

1) '거증책임' 또는 '입증책임'이라고도 하는데, 법원도 입증책임 또는 증명책임이라는 용어를 혼용하다가 최근에는 '증명책임'이라는 용어를 주로 사용하고 있다. 2007도6553; 2009도7455; 2010도1189 전합 등 참조.

면 당사자에게 불리한 판단이 내려질 가능성이 높아진다. 이때 불리한 판단을 받을 염려가 있는 당사자는 그 불이익을 면하기 위하여 당해 사실을 증명해야 할 부담을 지게 된다. 이를 형식적 증명책임 또는 입증의 부담이라고 한다. 입증의 부담은 소송의 진행과정에 따라 수시로 이전 또는 반전된다는 점에서 실질적 증명책임과 구별된다. 예컨대, 검사가 구성요건해당성을 증명하면 위법성과 책임은 사실상 추정되므로 위법성조각사유와 책임조각사유에 대하여는 피고인이 입증의 부담을 지게 된다. 다만 검사와 피고인의 입증부담은 정도의 차이가 있다. 검사는 법관에게 유죄확신을 갖게 할 정도로 입증해야 할 부담을 지지만, 피고인의 경우에는 법관에게 의심을 일으키게 할 정도로만 증명활동을 하면 된다.

3. 증명책임의 인정 여부

4　　　(1) **증명책임부정론**　　민사소송과 달리 형사소송에서는 증명책임의 개념을 인정할 수 없다는 견해가 있다.[1] 이러한 견해는 형사소송의 구조가 직권주의 소송구조라는 것을 전제로 한다. 검사와 피고인이 대립당사자의 지위에 있고 법원은 제3자의 입장에서 당사자가 제출한 증거를 바탕으로 사건을 심판한다고 보는 당사자주의 소송구조에서는 증명책임이 당연히 인정되지만, 피고사건의 실체적 진실발견을 법원의 의무로 보는 직권주의 소송구조에서는 증명책임 개념이 인정될 여지가 없다는 것이다. 법원이 심증을 형성하지 못할 경우에는 '의심스러울 때에는 피고인의 이익으로'(in dubio pro reo) 원칙이 적용된다고 한다.[2]

5　　　(2) **증명책임긍정론**　　그러나 다수설은 증명책임을 당사자주의 소송구조뿐만 아니라 직권주의 소송구조에서도 필요한 개념이라고 한다. 법원의 직권심리의무(제295조)는 재판진행 중에 법원이 부담하는 증거조사의무이고, 증명책임은 종국판결시에 작용하는 위험부담을 의미하여 그 적용단계를 달리한다는 점을 근거로 한다.[3]

6　　　(3) **결 론**　　직권주의적 소송구조를 전제로 하면 부정론이 이론적으로 타당하다. 즉, 공판절차에서 진실발견의 책임과 권한이 법원에게 주어지는 한, 진

---

1) 신양균/조기영 684.
2) 독일의 통설도 실체적 진실발견은 법원의 의무이고 검사나 피고인이 증명해야 하는 것은 아니라는 이유로 증명책임 개념을 부정한다.
3) 강구진 428; 김기두 129; 배종대/홍영기 [45] 4; 이은모/김정환 602; 이재상/조균석/이창온 44/26 이하; 이창현 820; 정영석/이형국 318.

실해명의 불가능성도 법원의 부담이 되어야 한다. 그러나 당사자주의적 요소를 배제할 수 없는 현재의 소송구조를 감안하면 증명책임을 인정하되 증명책임의 부담을 검사에게 지우는 것이 바람직하다. 판례는 증명책임을 긍정하고, 형사재판에서 증명책임은 검사에게 있다고 본다(2001도2823; 2005도4737; 2018도20188 등).

> **[2010도9633] 증명책임**
>
> 형사재판에서 공소제기된 범죄사실에 대한 증명책임은 검사에게 있는 것이고 유죄의 인정은 법관으로 하여금 합리적 의심의 여지가 없을 정도로 공소사실이 진실한 것이라는 확신을 가지게 하는 증명력을 가진 증거에 의하여야 하므로, 그와 같은 증거가 없다면 설령 피고인에게 유죄의 의심이 간다 하더라도 피고인의 이익으로 판단할 수밖에 없다.

Ⅱ. 증명책임의 구체적 문제

1. 실체법적 사실

(1) 범죄사실

(가) **범죄사실의 존재**   위에서 살펴본 바와 같이 증명책임을 긍정하는 다 **7** 수설과 판례에 의하면 범죄사실의 존재에 대한 증명책임은 검사에게 있다. 검사는 구성요건해당사실의 존재뿐만 아니라 위법성 및 책임의 존재에 대하여도 증명책임을 진다. 공소범죄사실에는 범죄성립요소인 사실의 존재뿐만 아니라 범죄조각사유의 부존재도 포함된다. 따라서 피고인이 위법성조각사유 또는 책임조각사유의 존재를 주장하면, 검사는 그 부존재에 대하여 증명책임을 진다.

동일사건의 민사재판이었더라면 그 쟁점이 된 사항에 대하여 피고인이 증 **8** 명책임을 지는 것이라도 형사재판에서는 그것이 공소범죄사실인 한 검사가 증명책임을 진다. 즉, 민사재판이었더라면 증명책임을 지게 되었을 피고인이 그 쟁점이 된 사항에 대하여 그러한 증명책임을 불이행하였다고 하여 형사재판에서 피고인에게 불이익하게 작용하지는 않는다(2003도5255).

(나) **알리바이의 증명**   알리바이의 증명에 대해서는 증명책임을 긍정하더 **9** 라도 다시 견해가 나뉠 수 있다. 먼저 1) 알리바이는 주요사실에 대한 간접적 반대증거가 될 수 있는 간접사실이므로 피고인이 엄격한 증명에 의하여 알리바

이를 입증하여야 한다는 견해1)가 있다. 반면 2) 알리바이는 피고인의 구성요건 해당사실의 존재에 대한 다툼이며 이에 대한 증명책임은 검사에게 있다고 보면, 검사가 알리바이의 부존재를 입증하지 못하는 한, 법원은 피고인에게 유죄를 선고할 수 없다. 형사사건의 증명책임은 검사에게 있다는 원칙을 견지한다면 후자의 견해가 타당하다.

10   그런데 법원이 알리바이의 존재에 관한 확신도 갖지 못하고 부존재에 관한 확신도 갖지 못한 경우에 in dubio pro reo 원칙을 적용할 것인지가 문제된다. 독일연방법원은 이 원칙의 적용을 부정하고 알리바이에 대한 의심은 피고인의 부담으로 돌아간다는 입장을 보이고 있다.2) 그러나 알리바이의 증명에도 이 원칙을 적용하게 되면 법원은 유죄를 선고할 수 없게 된다.3)

11   **(2) 처벌조건 및 형의 가중·감면의 사유인 사실**   처벌조건인 사실4)은 형벌권 발생의 요건이 되므로 검사에게 증명책임이 있다. 또한 누범전과 등 형의 가중사유가 되는 사실은 형벌권의 범위에 영향을 미치는 사유이므로 그 존재에 대하여 검사에게 증명책임이 있다. 뿐만 아니라 심신미약이나 자수 등과 같이 형의 감면사유가 되는 사실도 형벌권의 범위에 영향을 미치는 사유이므로 그 부존재에 대하여 검사가 증명하여야 한다.

2. 소송법적 사실

12   **(1) 소송조건에 관한 사실**   소송조건은 법원이 적법하게 심리와 재판을 행하기 위한 조건으로 법원의 직권조사사항에 속하기 때문에 증명책임의 문제가 아니라는 견해가 있다. 그러나 소송조건은 공소제기의 적법·유효요건이므로 소송조건의 존부에 대한 증명책임은 검사에게 있다고 보아야 한다. 따라서 친고죄나 반의사불벌죄에서의 고소 및 고소취소, 공소시효의 완성, 사면 등에 관한 사실의 존부가 불분명한 경우에는 그 불이익이 검사에게 돌아간다.

13   **(2) 증거능력의 전제되는 사실**   증명책임 긍정론의 입장에서 증거능력의 전제가 되는 사실에 대한 증명책임은 그 사실을 주장하는 당사자에게 있다고 보는 견해가 있다.5) 그 이유는 증거를 자기의 이익으로 이용하려는 당사자가 그

---

1) 이재상/조균석/이창온 43/31; 이창현 822.
2) BGHSt 25, 287.
3) 같은 취지로 신동운 1399 이하 참조.
4) 예컨대 친족상도례에서 일정한 친족관계의 존재, 파산범죄에서 파산선고의 확정 등.
5) 신동운 1122; 이재상/조균석/이창온 43/35.

기초사실에 대한 증명책임을 부담하는 것이 공평의 이념에 합치하기 때문이라고 한다. 그러나 이러한 견해는 불합리하다. 그것은 1) 피고인이 자신에게 유리한 사실을 주장하면서 증명책임을 진다는 것은 피고인의 증거수집능력에 비추어 가혹하며, 2) 법원이 직권으로 조사하는 증거에 대해서는 증명책임의 분배를 정하는 것이 곤란하기 때문이다. 따라서 증거능력의 전제사실은 그 사실을 누가 주장하든 검사에게 증명책임이 있다고 보아야 한다. 예컨대 피고인이 강요에 의한 자백임을 주장한다면 검사가 강요가 없었다는 사실을 증명해야 한다.

Ⅲ. 증명책임의 전환

1. 증명책임 전환의 의의

(1) **증명책임 전환의 개념**   증명책임은 원칙적으로 검사가 부담하지만 법   **14**
률의 특별한 규정에 의해 피고인에게 증명책임을 부담지우는 경우가 있다. 이것을 증명책임의 전환이라고 한다. 한편 증명책임의 개념을 부정하는 견해에 의하면 증명책임 전환은 무죄추정원칙(제275조의2; 헌법 제27조 ④항)에서 유래하는 '의심스러울 때에는 피고인의 이익으로'라는 원칙이 여러 가지 정책적 이유로 법률에 의해 '의심스러울 때에는 피고인에게 불리하게(in dubio contra reo)'라는 원칙으로 반전되는 것으로 이해된다.[1]

(2) **증명책임 전환의 법적 허용성**   어느 견해에 의하든 증명책임 전환은 헌   **15**
법의 무죄추정원칙에 대한 예외를 인정하는 결과를 가져온다. 따라서 증명책임 전환을 위해서는 1) 이에 대한 명문규정이 있어야 하고, 2) 증명책임의 예외를 뒷받침할 만한 합리적 근거가 있어야 한다는 견해[2]가 제시되기도 한다. 그러나 헌법상의 무죄추정원칙은 '처분불가능한 원칙'으로 보아야 하고, 증명책임 전환이 법률에 규정되는 경우에도 그것은 헌법에 반하는 것으로 보아야 한다. 뿐만 아니라 증명책임의 예외를 뒷받침할 만한 합리적 근거는 어디서에서도 찾을 수 없다. 그러므로 형사소송에서는 증명책임 전환이 법적으로 허용되어서는 안 된다.

2. 현행법상의 증명책임전환

(1) **상해죄의 동시범 특례**   형법 제263조는 "독립행위가 경합하여 상해의   **16**

---

[1] 신동운 880; 신양균/조기영 688.
[2] 이은모/김정환 604; 이재상/조균석/이창온 43/36.

결과를 발생하게 한 경우에 있어서 원인된 행위가 판명되지 아니한 때에는 공동정범의 예에 의한다"고 규정하고 있다. 형법 제19조 독립행위의 경합에 대한 예외라는 점에서 상해죄의 동시범특례라고 한다. 이러한 특례의 절차법적 성질에 대해 다수설은 증명책임이 검사로부터 행위자에게 전환된다고 본다. 즉, 행위자가 자신의 행위에 의하여 상해결과가 발생하지 않았다는 것을 증명해야 하는 증명책임을 부담한다는 것이다.¹⁾ 그 근거로는 형법 제263조의 규정이 있다는 점과, 2인 이상이 동일인에게 폭행한 때에는 검사가 인과관계를 입증하는 것이 매우 곤란하고, 폭행에 의해 상해결과가 발생하는 것이 일반적이라는 점을 든다.

17   그러나 증명책임전환을 논하기 이전에, 형법 제263조는 위헌적인 법률이다. 상해의 동시범에서만 형법 제19조의 예외를 인정해야 할 필연적 이유를 찾을 수 없다.²⁾ 형법 제263조는 공동정범의 성립요건인 의사연락을 의제하는 규정이며 동시에 인과관계입증에 대해서는 in dubio pro reo 원칙을 폐기한 규정이다. 의사연락의 의제는 책임원칙에 반하고, in dubio pro reo 원칙의 폐기는 헌법 제27조 ④항에 위반된다.

18   **(2) 명예훼손죄에서 사실의 증명**   형법 제310조는 형법 제307조 ①항의 명예훼손행위가 "진실한 사실로서 오로지 공공의 이익에 관한 때에는 처벌하지 아니한다"고 규정하고 있다. 이 규정도 적시한 사실의 진실성과 공익성에 대해 피고인에게 증명책임이 전환되는 것이라고 이해하는 견해가 있다.³⁾ 판례도 명예훼손행위가 형법 제310조의 규정에 따라서 위법성이 조각되기 위해서는 "그것이 진실한 사실로서 오로지 공공의 이익에 관한 때에 해당된다는 점을 행위자가 증명하여야 하는 것이고, 형법 제310조 소정의 위법성조각사유의 요건이 입증되지 않는다면 그 불이익은 피고인이 부담하는 것"(2004도1497; 2006도8544 등)이라고 하여 형법 제310조를 증명책임 전환규정으로 보고 있다.⁴⁾

그러나 형법 제310조는 언론의 자유(헌법 제21조 ①항)를 보장할 목적에서 특

---

1) 김기두 130; 신동운 1125; 이은모/김정환 604; 이재상/조균석/이창온 44/37; 이창현 824.

2) 상세한 설명은 정승환, 형법학입문, [14] 59 이하 참조.

3) 김기두 130; 신동운 1127은 명예훼손죄가 피해자의 명예보호를 위해 진실한 사실이 적시되는 경우에도 성립한다는 점과 형법 제310조의 사유를 증명하는 것이 형사재판실무에서 용이하지 않으므로 실체법적으로는 위법성조각사유를 규정한 것이지만 소송법적으로는 증명책임의 전환을 규정한 것이라고 한다.

4) 다만 판례는 피고인의 증명부담을 완화하기 위하여 그 증명은 엄격한 증명을 요하지 아니하고 자유로운 증명으로 족하며 증거능력 없는 전문증거의 사용도 허용하는 입장이다.

수한 위법성조각사유를 규정한 것으로, 증명책임 전환과는 무관한 규정이라고　19
보아야 한다.[1] 또한 이 규정은 독일이나 일본의 경우와 달리 증명문제에 대하
여 아무런 언급이 없다.[2] 따라서 형법 제310조에 관하여 in dubio pro reo 원
칙을 폐기하는 해석을 하는 것은 부당하다. 그러므로 피고인이 형법 제310조의
위법성조각사유를 주장하면, 검사는 적시사실의 비진실성과 비공익성에 관하여
증명하여야 한다. 만일 그렇지 못하면 그 불이익은 검사가 감수해야 한다.

　(3) 양벌규정에서 사업주의 무과실　　양벌규정이 있는 법률에는 "사업주의　20
대리인, 사용인, 그 밖의 종업원이 해당 사업의 근로자에 관한 사항에 대하여
일정한 위반행위를 하면 그 행위자를 벌하는 외에 그 사업주에게도 해당 조문
의 벌금형을 과한다. 다만, 사업주가 그 위반행위를 방지하기 위하여 해당 업무
에 관하여 상당한 주의와 감독을 게을리 하지 아니한 경우에는 그러하지 아니
하다"는 식의 규정(근로기준법 제115조)이 흔히 있다.[3] 이러한 양벌규정에 대하여
무과실의 증명책임을 피고인이 부담한다는 견해가 있다.[4] 그러나 위에서 설명
한 것과 같은 이유로 이러한 양벌규정은 증명책임 전환규정이라고 볼 수 없으
므로, 역시 검사가 사업주의 과실을 증명해야 한다고 보는 것이 타당하다.

---

1) 강구진 430; 배종대/홍영기 [45] 16; 이은모/김정환 605; 이재상/조균석/이창온 44/38.
2) 일본형법 제230조의2 ①항은 "공익에 관련되고 진실이라는 증명이 있을 때 벌하지 않는다"
　고 규정하고 독일형법 제186조도 "진실한 사실이라고 증명되지 않을 때는 처벌한다"고 하여
　증명책임 전환을 명시적으로 선언하고 있다. 우리나라와 법률내용이 다르다는 점을 유의해야
　한다.
3) 헌법재판소는 사업주의 과실책임을 명확하게 규정하지 않은 양벌규정에 대해 책임주의에 위
　반된다는 이유로 위헌결정을 내린 바 있다(2008헌가10).
4) 이창현 829면 참조.

제 2 절   증거능력

[49]   제 1   증거재판주의

Ⅰ. 증거재판주의의 의의

1. 증거재판주의의 개념

1   형사소송법 제307조 ①항은 "사실의 인정은 증거에 의하여야 한다"고 규정하고 있다. 즉 공소사실 등 주요사실을 인정할 때는 법관의 자의에 의한 사실인정이 허용될 수 없고, 반드시 증거능력 있는, 그리고 법률이 정한 적법한 증거조사절차를 거친 증거에 의하여야 한다. 이를 증거재판주의라고 한다. 같은 조 ②항은 여기에 "범죄사실의 인정은 합리적인 의심이 없는 정도의 증명에 이르러야 한다"는 원칙 규정을 신설하였다. 이는 종래 학설과 판례(2002도6110; 2005도8675 등)의 내용을 명문으로 규정한 것이다.

> **[2022도14645] 증거재판주의**
>
> 형사재판에 있어서 사실의 인정은 증거에 의하여야 하고(형사소송법 제307조), 이는 증거능력 있고 적법한 증거조사를 거친 증거에 의해서만 공소가 제기된 범죄사실을 인정할 수 있음을 뜻한다. 나아가 형사재판에서 범죄사실의 인정은 법관으로 하여금 합리적인 의심을 할 여지가 없을 정도의 확신을 가지게 하는 증명력을 가진 엄격한 증거에 의하여야 하므로, 검사의 증명이 그만한 확신을 가지게 하는 정도에 이르지 못한 경우에는 설령 피고인의 주장이나 변명이 모순되거나 석연치 않은 면이 있어 유죄의 의심이 가는 등의 사정이 있다고 하더라도 피고인의 이익으로 판단하여야 한다.

2. 증거재판주의의 취지

2   **(1) 증거재판주의와 엄격한 증명**   증거재판주의는 근대 이후 형사소송법의 기본원칙으로 자리잡은 원칙이다. 증거재판주의는 역사적으로는 '신판神判'과 같은 비합리적 사실판단이나 '자백에 의존한 사실인정'을 배제하는 원칙으로 출발하였다. 그러나 오늘날에는 이와 같은 소극적 의미를 넘어서는 특수한 규범적 기능을 갖는다. 즉 사실의 인정은 법률상 증거능력이 있고 적법한 증거조사절차

를 거친 증거에 의해서만 가능하도록 하고 있는 것이다. 이것을 엄격한 증명이라고 하고, 증거재판주의는 엄격한 증명을 통한 사실의 인정을 요구하는 것이라고 할 수 있다.

(2) **증거재판주의의 기능**　엄격한 증명의 원칙으로 재해석되는 증거재판주 **3** 의는 기본권제한의 비례성 및 사실인정의 합리성 실현을 위해 기능한다. 즉, 증거재판주의는 1) 증거능력의 법률적 제한(예컨대 제308조의2)을 통해 국가권력의 증거수집활동에 수반되는 시민의 기본권제한을 비례성원칙에 부합하는 범위로 국한시키고, 2) 증거조사방식의 정형화(예컨대 제161조의2)를 통해 같은 증거방법으로부터 최대의 정보를 창출할 수 있게 함으로써 사실인정의 합리성을 도모한다.

3. 증거재판주의의 적용범위

(1) **'사　실'**　증거재판주의의 적용범위, 즉 엄격한 증명의 적용범위는 제 **4** 307조 ①항에서 말하는 '사실'의 범위에 따라서 결정된다. 다수견해는 제307조 ①항의 '사실'을 법원이 판결이유에서 설시해야 하는 제323조 ①항의 '범죄될 사실'과 같은 범위의 사실로 본다.[1] 그러나 제307조 ①항의 사실과 제323조 ①항의 사실을 같은 범위의 것으로 보아야 할 필연적 이유는 없다. 자백의 임의성을 의심케 하는 이유에 관한 사실은 범죄될 사실에는 속하지 않지만 엄격한 증명의 대상으로는 삼을 수 있기 때문이다.

(2) **증명의 두 가지 유형**　제307조 증거재판주의가 적용되지 않는 사실은 **5** 증거능력 있는 증거에 의하지 않거나 적법한 증거조사방법에 의하지 않더라도 상관없다. 이를 엄격한 증명과 대칭되는 개념으로 '자유로운 증명'이라고 한다. 다시 말하면, 자유로운 증명이란 증거능력이나 적법한 증거조사를 요하지 않는 증거에 의한 증명을 의미한다. 다만 자유로운 증명이라도 당사자의 면전에 현출되지 않은 증거로 사실을 인정하는 것은 당사자주의에 반하므로 증거조사는 거쳐야 한다는 견해도 있다.[2] 그러나 그와 같은 의미의 당사자주의가 적용되어야 할 사실이라면 엄격한 증명의 대상으로 삼아야 할 필요가 있을 것이고, 그렇지 않은 사실이라면 법원의 재량에 맡겨도 무방하고 소송경제에도 도움이 될 것이다. 물론 엄격한 증명과 자유로운 증명은 증거능력의 유무와 증거조사방법에 차이가 있을 뿐, 심증의 정도에는 차이가 없다. 즉 엄격한 증명과 자유로운 증명

---

1) 강구진 416; 김기두 124; 백형구 270; 이재상/조균석/이창온 44/2.
2) 이재상/조균석/이창온 44/3의 각주 참조.

모두 합리적 의심이 없는 정도의 증명을 요구한다.

6   **[증명과 소명]** 증명은 요증사실에 대하여 법관이 합리적 의심을 할 여지가 없을
정도로 확신을 갖는 것을 말한다. 이와 구별되는 개념으로 소명이 있다. 소명은 요
증사실에 대하여 법관이 확신에 미치지 못하는 대강의 심증만으로 족한 경우를 말
한다. 즉 법관이 요증사실에 대하여 확신을 얻지는 못하지만 요증사실의 존재나 부
존재가 개연적이라는 판단을 내리게 되는 경우를 말한다. 증명이 '진실하다'는 확신
으로 이루어진다면, 소명은 '진실일 가능성이 있다 또는 높다'는 정도로 충분하다.
소명절차는 원칙적으로 엄격한 증명과 같은 형식이나 방식에 의하지 않더라도 무
방하다. 예컨대 증인의 진술을 서면으로 제출하는 것도 허용된다. 소명은 범죄사실
에 대한 것이 아니라 절차와 관련된 사실에 대해 주로 적용된다. 현행법은 소송법
적 사실 가운데 특별히 신속한 처리가 요구되고 엄격한 증명의 대상처럼 비중도 높
지 않은 경우를 개별적으로 소명의 대상으로 규정하고 있다.1)

Ⅱ. 엄격한 증명의 대상과 자유로운 증명의 대상

1. 엄격한 증명의 대상

7   제307조의 사실은 엄격한 증명의 대상이 되는 사실, 즉 주요사실이다. 형사
소송법의 기본이념에 비추어 볼 때 형벌권의 존부와 그 범위에 관한 사실, 즉
가벌성의 실체적 요건에 속하는 사실이 엄격한 증명의 대상이 된다. 엄격한 증
명의 대상이 되는 사실을 구체적으로 살펴보면 아래와 같다.

8   **(1) 구성요건해당사실**   구성요건에 해당하는 사실은 객관적·주관적 구성
요건요소 모두 엄격한 증명의 대상이 된다. 따라서 행위의 주체·객체·결과발생
·인과관계 등의 객관적 구성요건사실뿐만 아니라, 고의·과실·목적·공모공동
정범의 공모 등과 같은 주관적 구성요건사실도 엄격한 증명의 대상이 된다(88도
1114). 과거 판례는 범의의 증명은 엄격한 증명을 요하지 않는다고 판시한 바 있
으나(69도99), 고의야말로 범죄성립의 가장 핵심적인 요소로서 엄격한 증명의 대
상이 되어야 한다. 판례도 이런 입장으로 선회하였다(2001도606; 2004도7359 등).
다만 주관적 구성요건사실은 범의와 상당한 관련성이 있는 간접사실을 증명하
는 방법에 의할 수밖에 없으므로, 그 증명방법은 간접사실을 엄격한 증명으로

---

1) 기피사유의 소명(제19조 ②항), 증거보전청구사유의 소명(제184조 ③항), 증인신문청구사유
의 소명(제221조의2 ③항) 등.

증명하고, 그 간접사실들로부터 고의의 유무를 경험칙에 바탕을 두고 합리적으로 추론할 수밖에 없다. 간접사실로부터 추론할 수 있는 사실이 범죄성립에 관한 주요사실인 경우 그 간접사실은 엄격한 증명대상이 된다고 보아야 한다.

(2) **위법성과 책임에 관한 사실** 구성요건에 해당하는 사실이 증명되면 그 **9** 위법성과 책임은 사실상 추정된다. 그러나 이러한 추정을 깨뜨리는 피고인의 위법성 또는 책임조각사유의 주장이 있으면, 위법성조각사유나 책임조각사유에 해당하는 사실의 부존재도 엄격한 증명의 대상이 된다. 따라서 정당방위·긴급피난·책임무능력·강요된 행위 등의 요건이 되는 사실의 부존재는 엄격한 증명의 대상이 된다.

(3) **처벌조건** 처벌조건은 공소범죄사실 자체는 아니지만, 실체법상 범죄 **10** 성립요소로서 형벌권의 발생에 직접 기초되는 사실이므로 엄격한 증명의 대상이 된다. 따라서 파산범죄에서 파산선고의 확정, 친족상도례의 경우 일정한 친족관계의 존재는 엄격한 증명의 대상이 된다.

(4) **법률상 형의 가중·감면이 되는 사실** 법률상 형의 가중·감면의 근거가 **11** 되는 사실은, 범죄될 사실 그 자체는 아니지만 범죄사실과 같은 중요성을 갖는 것이므로, 범죄사실에 준하여 엄격한 증명의 대상이 된다(통설).1) 즉 누범전과, 상습범가중의 경우에 상습성은 물론, 심신미약, 장애미수, 중지미수, 불능미수, 자수·자복 등에 관한 사실도 엄격한 증명의 대상이 된다.2)

(5) **소송법적 사실** 소송법적 사실이면서도 그 존재 여부가 피고인의 범죄 **12** 사실 인정 여부에 중대한 영향을 미치는 사실은 엄격한 증명의 대상이 된다. 특히 자백의 임의성의 기초가 되는 사실에 관해서는, 그것이 1) 피고인에게 중대한 불이익을 초래하고 당사자에게 반대신문의 기회를 주어야 한다는 점에서 엄격한 증명을 요한다는 견해3)와 2) 자백의 임의성에 관한 사실도 소송법적 사실에 속하기 때문에 자유로운 증명으로 족하다는 견해4)가 대립한다. 판례는 자유로운 증명으로 족하다는 입장이다(83도1718; 2003도705; 2012도15405 등).5) 여기에

---

1) 김기두 125; 백형구 269; 신동운 1107; 신양균/조기영 681; 이재상/조균석/이창온 44/10; 이창현 815; 정영석/이형국 314.
2) 법률상 형의 가중·감면의 근거가 되는 사실을 범죄 후에 발생한 것과 범죄행위에 내재하는 것으로 구별하여 전자는 자유로운 증명, 후자는 엄격한 증명의 대상이 된다고 하는 견해도 있다(강구진 419).
3) 김기두 126; 신동운 1110.
4) 이재상/조균석/이창온 44/18; 이창현 817 이하; 대판 1986. 11. 25, 83도1718.
5) 87도929; "피고인이 공판정에서 그 진정성립을 인정한 검사작성의 피고인에 대한 피의자신문

서 자백의 임의성의 기초가 되는 사실은 고문·폭행·협박·기망 그리고 신체구속의 부당한 장기화 등을 의미한다. 그리고 임의성의 기초사실의 증명은 이와 같은 행위가 있었다는 사실에 대한 증명을 말한다. 이와 관련하여 1) 고문 등의 사실에 대한 증명책임이 피고인에게 있다고 전제하는 경우에는, 임의성의 기초사실에 대한 증명은 법원의 자유로운 증명으로 충분하다고 보는 것이 옳다. '피고인 보호를 위해서'1) 임의성의 기초사실을 엄격한 증명의 대상이라고 하는 것은 모순이다. 고문 등이 있었다는 사실에 대한 엄격한 증명을 요구해서는 피고인이 보호될 수 없기 때문이다. 2) 그러나 검사에게 증명책임이 있다고 보면 피고인이 자백의 임의성을 다툴 때, 즉 고문 등에 의하여 강제로 자백하였다는 주장을 할 때, 검사가 그러한 위법행위가 없었다는 사실을 엄격증명의 방법으로 입증하여야 한다. 검사의 입증활동과 법원의 보충적인 직권증거조사에도 불구하고 고문 등의 사실의 부존재가 확신에 이를 정도로 증명되지 않는 경우에는, 법원은 in dubio pro reo 원칙에 따라 고문 등의 사실의 존재를 인정하여야 한다.

[2004도7900] 진술의 임의성의 증명

[1] 임의성 없는 진술의 증거능력을 부정하는 취지는, 허위진술을 유발 또는 강요할 위험성이 있는 상태하에서 행하여진 진술은 그 자체가 실체적 진실에 부합하지 아니하여 오판을 일으킬 소지가 있을 뿐만 아니라 그 진위를 떠나서 진술자의 기본적 인권을 침해하는 위법 부당한 압박이 가하여지는 것을 사전에 막기 위한 것이므로, 그 임의성에 다툼이 있을 때에는 그 임의성을 의심할 만한 합리적이고 구체적인 사실을 피고인이 증명할 것이 아니고 검사가 그 임의성의 의문점을 없애는 증명을 하여야 할 것이고, 검사가 그 임의성의 의문점을 없애는 증명을 하지 못한 경우에는 그 진술증거는 증거능력이 부정된다.

[2] 기록상 진술증거의 임의성에 관하여 의심할 만한 사정이 나타나 있는 경우에는 법원은 직권으로 그 임의성 여부에 관하여 조사를 하여야 하고, 임의성이 인정되지 아니하여 증거능력이 없는 진술증거는 피고인이 증거로 함에 동의하더라도 증거로 삼을 수 없다.

[3] 기록에 의하면 참고인에 대한 검찰 진술조서가 강압상태 내지 강압수사로 인한

조서라도 그 조서에 기재된 피고인의 진술이 임의로 되지 아니한 것이라거나 특히 신빙할 수 없는 상태에서 된 것이라고 의심할 만한 사유가 있으면 증거능력이 없다 할 것이고, 그 임의성 유무가 다투어지는 경우에 법원은 구체적인 사건에 따라 증거조사의 방법이나 증거능력의 제한을 받지 아니하고 당해 조서의 형식과 내용, 진술자의 학력, 경력, 지능정도 등 모든 사정을 참작하여 자유로운 심증으로 그 임의성 유무를 판정할 수 있다."

1) 신동운 1110.

정신적 강압상태가 계속된 상태에서 작성된 것으로 의심되어 그 임의성을 의심할 만한 사정이 있는데도, 검사가 그 임의성의 의문점을 없애는 증명을 하지 못하였으므로 증거능력이 없다고 한 사례.

2. 자유로운 증명의 대상

(1) 몰수·추징에 관한 사실　　판례는 몰수나 추징대상이 되는 여부 그리고 **13** 추징액은 자유로운 증명으로 족하다고 본다(91도3346; 2015도1233 등). 그러나 몰수나 추징은 부가형으로서 형벌의 일종이므로 엄격한 증명의 대상으로 보는 것이 타당하다.[1]

(2) 일반적 양형사유　　통설에 의하면, 선고유예·집행유예의 사유가 되는 **14** 사실이나 일반적인 정상관계사실, 즉 피고인의 경력,[2] 성격, 환경, 범죄 후의 정황(형법 제51조) 등은, 양형이 그 성질상 법원의 재량에 속하므로 소송경제의 관점에서 엄격한 증명을 요하지 않는다고 한다.[3] 그러나 일반적인 정상관계사실도 형벌권의 범위를 정하는 사실로서 피고인에게는 형벌권의 존재 여부만큼이나 절실한 이해관계가 있다. 따라서 정상관계사실 가운데 피고인에게 유리한 것은 자유로운 증명으로 족하다고 보아도 되지만, 피고인에게 불리한 것은 엄격한 증명을 요한다고 보아야 한다.[4] 판례는 사형을 선고할 때에는 양형요소에 대한 충분한 심리를 할 것을 요구한다(2003도924; 2023도2043 등).

(3) 순수한 소송법적 사실　　순수한 소송법적 사실은 자유로운 증명으로 족 **15** 하다. 예컨대, 친고죄의 경우에 고소의 유무(67도1181), 피고인의 구속기간, 공소제기, 공판개시, 피고인신문이 적법하게 행하여졌는가 등은 자유로운 증명으로 족하다.

3. 간접사실·보조사실·경험법칙·법규

(1) 간접사실　　간접사실은 주요사실의 존부를 간접적으로 추인하는 사실을 **16** 말한다. 요증사실이 주요사실인 경우에는 간접사실도 엄격한 증명의 대상이 된다.

---

1) 신동운 1108; 정영석/이형국 315.
2) 누범전과나 상습범가중에 해당하지 않는 전과도 이에 포함된다.
3) 김기두 125; 신동운 1108; 이은모/김정환 599; 이재상/조균석/이창온 44/16; 이창현 817; 정영석/이형국 315.
4) 피고인에게 유리한 사실은 '자유로운 증명'에 의하여, 불리한 사실은 '상당한 증명'에 의하여 입증하여야 한다고 보는 견해(강구진 421)도 있다.

17   (2) **보조사실**   보조사실은 증거의 증명력에 영향을 미치는 사실(예컨대, 증인의 전력이나 시각·청각의 상태와 같이 증언의 신빙성에 영향을 미치는 사실)을 말한다. 보조사실에는 증거의 증명력을 증강시키는 사실과 그 증명력을 감쇄시키는 사실이 포함된다. 증거의 증명력을 증강시키는 보조사실이라면, 그 증거의 입증취지가 엄격한 증명의 대상이 되는 사실이라면 보조사실도 엄격한 증명의 대상이 되고,1) 자유로운 증명의 대상이 되는 사실이라면 보조사실도 자유로운 증명의 대상이 된다고 보아야 한다. 증거의 증명력을 감쇄시키는 보조사실이라면, 그 보조사실은 자유로운 증명으로 족하다(97도1770; 2013도12507 등).

18   (3) **경험법칙**   경험법칙은 사실 자체가 아니라 사실판단의 전제가 되는 지식을 말한다. 경험법칙에는 일반인 누구나 알고 있는 일반적 경험법칙과 특정한 사람에게만 알려져 있는 특별한 경험법칙이 있다. 일반적 경험법칙은 일종의 공지의 사실이라고 할 수 있기 때문에 증명을 요하지 않는다. 그러나 특별한 경험법칙은 엄격한 증명을 요구하는 사실의 인정에 기초가 될 경우에는 엄격한 증명이 필요하다.

19   (4) **법 규**   법규의 존재나 내용은 법원의 직권조사사항이므로 증명의 대상이 되지 않는다. 그러나 외국법이나 관습법, 자치법규와 같이 법규내용이 명백하지 않고 외국법 등이 엄격한 증명을 요하는 사실판단의 전제가 될 때에는 엄격한 증명의 대상이 된다(2011도6507 등).

Ⅲ. 불요증사실

1. 불요증사실의 의의

20   (1) **개 념**   불요증사실은 흔히 '사실 자체의 성질에 비추어 별도의 증명이 필요없는 사실'이라고 이해된다. 엄격한 증명은 물론 자유로운 증명조차 필요없는 사실을 말한다. 불요증사실로는 흔히 '공지의 사실'과 '추정된 사실'이 열거된다.

21   (2) **진실발견의무와의 관계**   형사소송에서 법원은 민사소송과 달리 공소사실의 진실을 '완전하게' 밝힐 의무를 진다. 이를 위하여 사안에 더 가까이 있는 피고인과 검사의 증거수집능력을 최대한 활용하고(제294조), 필요한 경우 직권으로 증거를 수집하여야 한다(제295조). 또한 법원은 수집된 증거를 최대한 활용하

---

1) 이은모/김정환 598; 이재상/조균석/이창온 44/19; 이창현 816; 정영석/이형국 316.

여 심증을 합리적으로 형성할 의무를 진다(제308조).

한편으로 형사소송에서는 진실발견의 경제성도 고려하지 않을 수 없다. 불 **22**
요증사실이라는 개념은 소송경제를 실현하는 제도의 하나이다. 그러나 소송의
궁극적인 목적은 진실을 발견하는 데에 있지, 진실발견의 부담을 줄이는 데에
있지 않다. 즉, 소송경제는 진실발견의 이념과 조화를 이루어야 한다. 이를 불요
증사실의 문제에 적용해 보면, 불요증사실의 인정을 통하여 법원은 진실발견부
담을 줄이고, 공판을 효율적으로 진행할 수 있지만, 그로 인해 '합리적 심증'을
불가능하게 하거나 위태롭게 해서는 안 된다는 결론이 도출된다. 다시 말해서
불요증사실은 합리적 심증을 위태롭게 하지 않은 채 진실발견과 소송경제를 어
떻게 조화시키느냐에 따라 그 인정 여부와 범위가 달라진다.

2. 불요증사실의 내용

(1) **공지의 사실**   일반적인 공지의 사실은 보통의 지식과 경험이 있는 사 **23**
람이면 누구나 의심하지 않고 알고 있는 사실을 말한다. 사실뿐만 아니라 경험
법칙도 공지의 사실이 될 수 있다. 예컨대, 역사상 명백한 사실이나 신뢰할 수
있는 정보원으로부터 언제든지 알 수 있는 사실[1]이나 경험법칙이 그러하다. 요
증사실의 반대사실이 공지의 사실인 경우에 요증사실도 공지의 사실이 된다. 보
편타당한 경험법칙뿐만 아니라 통계적인 개연성이 인정되는 경험법칙[2]도 불요
증사실로 인정되기도 한다. 다만 개연적인 경험법칙은 그 사용이 구체적인 사안
에 적절하게 이루어지는지 여부가 엄격하게 통제되어야 한다. 이러한 경험법칙
은 특별한 경험법칙이라고 부를 수 있다. 특별한 경험법칙은 그것이 엄격한 증
명의 대상이 되는 사실에 기초가 되는 경우에는 그 자체도 엄격한 증명의 대상
이 된다.

그러나 공지의 사실이라고 하여 반드시 모든 국민이 알고 있거나 모든 지 **24**
방에 알려져 있어야 하는 것은 아니다. 일정한 지역, 집단, 시간 속의 사람들에
게 알려져 있는 것으로도 공지의 사실이 될 수 있다. 이 경우 법관이 어떤 사실
을 공지의 사실로 취급하려면 자신이 그 공지된 사람의 범위에 속하거나 적어
도 일반적으로 접근가능하고 신뢰가능한 정보원으로부터 공지의 사실에 대한
인식을 얻을 수 있어야 한다.

---

1) 예: 사전, 지도, 달력 등, 여러 일간지의 일치된 보도'사실'.
2) 예: DNA분석에 사용되는 법칙적 지식.

(2) 추정된 사실

25   **(가) 법률상 추정된 사실**   법률상 추정은 법률상 추정규정을 적용하여 행하는 추정을 말한다. 예컨대 A사실의 존재가 증명되면, B사실의 존재가 증명된 것으로 취급하도록 법률상 규정되어 있는 경우를 말한다. 따라서 법률상 추정된 B사실에 대하여 별도의 증명을 요하지 않는다. 그러나 법률상 추정된 B사실에 대하여도 그 추정된 B사실이 진실이 아니라는 적극적인 반증이 허용되며, 추정을 깨뜨리는 반증에 의하여 B사실의 존재에 대하여 의심이 생긴 때에는 별도로 B사실의 존재에 대한 증명이 필요하게 된다.

26   현행법상 법률상 추정이 규정되어 있는 경우로는 상해죄의 동시범 특례(형법 제263조), 환경범죄 등의 단속 및 가중처벌에 관한 법률상의 인과관계의 추정(제11조),[1] 공무원범죄에 관한 몰수 특례법상의 불법재산의 증명(제7조) 등이 있다. 그러나 이론적으로 형사소송에서의 법률상 추정은 법원의 진실발견의무를 지나치게 편의적으로 축소시키고, 자유심증주의를 왜곡하며, 특히 무죄추정원칙에 반한다는 점에서 폐지되어야 한다.[2]

27   **(나) 사실상 추정된 사실**   사실상 추정은 일반 경험칙을 적용하여 행하는 추정을 말한다. 즉 A사실의 존재가 증명되면, 특별한 합리적 의심이 없는 경우에 경험칙에 의하여 B사실의 존재를 논리적으로 추론하는 경우를 말한다. 예컨대 구성요건해당사실로부터 위법성과 책임의 존재가 사실상 추정되는 경우를 말한다. 사실상 추정된 B사실은 원칙적으로 증명을 요하지 않지만, 그 존재에 대하여 의심이 생기면, 별도로 B사실의 존재에 대한 증명이 당연히 필요하게 된다. 사실상 추정은 추정되는 사실의 존부를 소송관계인이 다투기만 하면 그 추정은 즉시 깨진다. 예컨대 피고인이 위법성조각사유나 책임조각사유를 주장하는 경우에는 검사가 위법성과 책임에 대하여 별도의 증명을 하여야 한다. 이 점에서 사실상 추정은 반드시 반증의 형식에 의하여만 추정이 깨어지는 법률상 추정과 구별된다.

28   **(3) 증명금지사실**   불요증사실의 한 유형으로 증명금지사실이 있다. 증명금지사실은 증명으로 얻게 될 소송법적 이익보다 초소송법적 이익이 더욱 크기

---

1) 환경오염물질의 불법배출에 의하여 사람의 생명, 신체, 상수원 또는 자연생태계 등에 대한 위해가 발생할 수 있는 지역에서 불법배출된 것과 같은 종류의 오염물질로 인하여 생명, 신체 등에 위해가 발생하고 그 불법배출과 발생한 위해 사이에 상당한 개연성이 있는 때에는 그 위해는 그 불법배출한 물질에 의하여 발생한 것으로 추정하고 있다.
2) 비슷한 견해로는 이재상/조균석/이창온 44/23.

때문에 법에 의해 증명이 금지된 사실을 말한다.[1]

또한 증거능력의 제한으로 사실상 증명될 수 없는 사실이 있을 수 있다. 예 **29**
컨대 일기장에 기재한 피고인의 고백사실은 인격권의 본질적 내용을 침해한다
는 점에서 증거로 삼을 수 없다. 즉 인격권의 본질적 내용이 시작하는 곳에서
법원의 진실발견의무는 끝난다. 그러나 고백사실은 그 자체로서 불요증사실이
아니나. 다른 증거방법에 의해 일기장에 고백한 내용과 동일한 사실들이 범죄의
성립에 의미가 있는 한 증거조사될 수 있다.

(4) 양형요소

㈎ 양형요소의 증명방법   피고인의 경력, 성격, 환경, 범죄 후의 정황 등 **30**
과 같은 일반적인 양형요소(형법 제51조)에 해당하는 사실에 대해서는 소송경제
의 관점에서 자유로운 증명의 대상이 된다는 견해와 엄격한 증명의 대상이 된
다는 견해가 대립한다. 어떤 견해도 양형요소인 사실을 불요증사실로 보지는 않
는다.

㈏ 비핵심적인 양형요건사실   하지만 양형요소인 사실은, 그 증명의 형 **31**
태가 어떤 것이든, 법원의 진실발견의무를 범죄성립요건사실의 경우와 비교할
때 가벼운 방향으로 변형시킨다. 법원이 양형에 의미있는 모든 사실, 특히 피고
인의 인격형성에 관계하는 요소들을 소송에서 낱낱이 밝히는 것은 애당초 불가
능하기 때문이다. 따라서 법원은 양형요소를 엄격한 증명의 대상으로 보는 경우
에도 양형의 구체적인 준거점이 되는 사실만을 밝힐 의무가 있을 뿐이다. 양형
의 구체적인 준거점이 되는 사실은 핵심적인 양형요건사실이라고 할 수 있다.
즉 비핵심적인 양형요건사실은 일종의 변형된 불요증사실이 된다.

3. 불요증사실의 효과

(1) 진실발견의무에 대한 효과   범죄사실의 인정에 의미 있는 어떤 사실이 **32**
불요증사실에 해당한다고 하여 법원의 진실발견의무가 언제나 사라지는 것은
아니다. 불요증사실로 인정된 사실은 진실 그 자체는 아니며, '진실에 대한 강력
한 징표'의 의미만을 갖기 때문이다.

㈎ 합리적 의문과 반증의 허용   불요증사실의 진실성에 대한 '합리적인 **33**

---

1) 예컨대, 공무원의 직무상 비밀에 속하는 사실(제147조 ①항). 그러나 그러한 사실도 국가의
   중대한 이익을 위한 경우(같은 조 ②항) 외에는 증거조사대상이 되며, 법원은 그 사실을 밝혀
   야 할 의무를 진다.

의문'이 들게 되면, 법원은 증거를 조사해야 하고, 그 의문을 해소하기 위한 당사자의 증거신청을 기각해서도 안 된다. 다시 말해 불요증사실에 대한 증거조사는 '불필요한 것'일 뿐, 금지되는 것은 아니다. 즉 불요증사실에 대한 반증은 금지되지 않는다. 반증의 방법은 반증되는 사실, 즉 불요증사실의 반대사실이 엄격한 증명의 대상이면 엄격한 증명으로, 자유로운 증명의 대상이면 자유로운 증명의 대상이 되어야 한다. 법률상 추정을 번복시키는 증명은 증거능력 있는 증거에 의해 증거조사절차를 거쳐서 행해져야 한다.1) 다만 합리적 의문이 들지 않는다면, 불요증사실에 대한 반증의 신청은 '증명완료'라는 증거신청기각사유에 의해 기각할 수 있다.

34		**(나) 당사자의 다툼과 추정된 사실의 입증**		'사실상 추정된 사실'의 경우는 이보다도 법원의 진실발견의무를 넓게 남겨둔다. 즉 당사자가 범죄성립조각사유의 존재를 주장하고 얼마간의 입증활동으로 그 사유의 부존재에 대하여 합리적 의심을 품게 하면 범죄성립조각사유의 부존재는 더 이상 불요증사실로 남지 않는다. 그렇게 되면 법원은 범죄성립조각사유의 부존재에 대해 '당사자가 증거신청을 하든 하지 않든', 진실발견을 위한 모든 활동을 적극적으로 펼쳐야 한다.

35		**(다) 개연적인 경험법칙의 반증 허용**		예외적으로 개연적인 경험법칙을 사용하는 경우에는 그 법칙적 지식과는 다른 법칙적 지식을 사용하여 입증하려는 당사자의 증거신청은 이미 사용한 경험법칙에 의한 사실인정에 대해 '합리적 의문이 발생하지 않은 경우'에도 불요증사실에 대한 증거신청이라는 이유로 기각되어서는 안 된다. 통계적 불확실성이 남아 있는 경험법칙을 반증하기 위한 다른 경험법칙의 수집까지 외면하는 것은 진실발견의 가능성을 매우 위태롭게 할 수 있기 때문이다.

36		**(2) 변론의무**		불요증사실로 인정되면, 그 사실에 대한 증명이 필요하지 않게 되는 것일 뿐, 그 사실에 대한 변론까지 생략되는 것은 아니다. 변론의무는 주로 공지사실과 추정사실에 대해 의미가 있다. 즉 법원은 일반적인 공지의 사실이나 범죄성립조각사유의 부존재사실에 대해 증거조사를 할 필요는 없지만 그 사실에 대해 공판정에서 언급하고 당사자로부터 의견을 듣는 절차를 밟아야 한다.2) 제37조 ①항은 이러한 변론의무의 기초가 된다.

---

1) 신동운 1113.
2) BverfGE 10, 177 참조.

[50] 제 2 위법수집증거배제법칙

[사례 20] 2008도10914

사법경찰리 A는 2007. 10. 23. 피의자 甲에 대해 정보통신망 이용촉진 및 정보보호 등에 관한 법률 위반(음란물유포)의 범죄혐의를 이유로 아래와 같은 요지의 압수·수색영장을 발부받았다.

> ─수색·검증할 장소, 신체 또는 물건: 주거지(주소생략), 사업장(주소생략)
> ─압수할 물건: 범죄행위에 제공되었거나 범죄행위에 관련된 컴퓨터 및 주변기기, 하드디스크,
> USB메모리, 플로피 디스크, 시디, 장부, 서류, 수첩

A가 이 영장에 기하여 甲의 주거지를 수색하는데 甲의 집에서 대마가 발견되었고, A는 甲을 마약류관리에 관한 법률 위반(대마)죄의 현행범으로 체포하면서 위 대마를 압수하였다. 그리고 현행범으로 체포된 甲에 대해 구속영장을 신청하였으나 甲은 구속되지 않고 다음날인 2007. 10. 24. 석방되었다. 그런데 그 후 A는 甲에게서 압수한 대마에 대해 사후 압수·수색영장을 받지 아니하고 다만 압수조서에 '위 대마를 피고인에게서 압수하였다'는 취지의 기재를 하여 대마를 증거물로 계속 압수하였다. 공소제기 후 검사가 이 사건 대마를 증거로 제출하였다.

이 사건 대마와 위 압수조서는 피고인 甲의 마약류관리에 관한 법률 위반죄에 대해 증거능력이 있는가?

[주요논점] 1. 위법수집증거배제법칙이란 무엇인가?
               2. 위법수집증거배제의 근거와 기준은 무엇인가?
               3. 위법수집증거에 의한 2차 증거는 증거능력이 있는가?

I. 의   의

1. 개   념

위법수집증거배제법칙(exclusionary rules of illegally obtained evidence)이란 적   **1**
법한 절차에 따르지 아니하고 수집한 증거, 즉 위법수집증거와 그 증거를 원인으로 얻은 2차적 증거에 대해 증거능력을 부정하는 법칙을 말한다. 제308조의2는 "적법한 절차에 따르지 아니하고 수집한 증거는 증거로 할 수 없다"고 규정하여 위법수집증거배제법칙을 선언하고 있다. 여기에서 위법수집증거는 보통

수사기관이 위법한 절차로 수집한 증거를 말하지만, 법원의 절차위법에 의한 경우도 포함한다.

2   제308조의2가 배제의 기준으로 설정한 '적법한 절차'는 헌법상 '적법한 절차'와 동일한 의미를 갖는다. 헌법재판소는 적법절차의 원칙을 '공권력에 의한 국민의 생명·자유·재산의 침해는 반드시 합리적이고 정당한 법률에 의거해서 정당한 절차를 밟은 경우에만 유효하다는 원칙'(2001헌바4)이라고 정의하고, '적법한 절차'를 '기본권보장을 위한 정당한 절차, 즉 근본적 공정성을 담보하는 절차'(94헌바1)라고 판시한 바 있다. 따라서 헌법과 형사소송법이 정한 절차에 따르지 아니하고 수집한 증거는 기본적 인권보장을 위해 마련된 적법한 절차에 따르지 않은 것으로서 원칙적으로 유죄인정의 증거로 삼을 수 없다.

2. 인정근거

3   형사소송의 목표는 진실발견이다. 그러나 진실발견을 위하여 어떤 대가라도 치를 수 있는 것은 아니다. 수사기관과 법원의 진실발견활동은 인간의 존엄과 가치(헌법 제10조)를 존중하고 비례성원칙(같은 법 제37조 ②항)을 충족하는 한도 내에서만 이루어져야 한다.[1] 그렇지 않으면 국가의 진실발견활동 자체가 범죄보다도 더 큰 기본권침해를 시민들에게 초래할 것이기 때문이다. 따라서 진실발견목표는 법치국가적 적법절차의 요청보다 우월한 이익이 될 수 없다.[2] 헌법과 형사소송법의 많은 규정은 법치국가적 요청을 반영하는 것으로서 진실발견활동으로 인한 기본권침해를 필요최소한으로 제한하는 기능을 가지고 있다. 이와 같은 규정을 준수하지 않은 위법절차로 수집한 증거의 증거능력을 인정하면, 이 규정이 추구하는 법치국가적 요청의 실현은 불가능해진다. 그러므로 위법수집증거의 증거능력배제는 형사소송에서 '적법절차이념의 관철'을 통해 법치국가적 요청을 실현하고, 장기적으로는 '수사기관의 위법수사 억제'라는 기능을 수행한다.

3. 비교법적 고찰

4   (1) 미 국   위법수집증거배제법칙은 미국법에서 유래한다. 보통법(common law)에서는 원래 증거취득수단의 위법이 증거의 허용성에 영향을 미치지 않았다. 그러나 미국연방대법원이 1886년 보이드(Boyd)사건에 대한 선구적인

---

1) BGHSt 14, 365.
2) BGHSt 19, 329.

판결1)을 내린 이후 1914년 윅스(Weeks)사건2)에서도 위법하게 압수된 물건을 증거로 삼는 경우는 수정헌법 제4조에 위배된다고 판시함으로써 위법수집증거 배제법칙이 연방헌법의 요청임을 명백히 하였다. 더 나아가 1961년 맵(Mapp)사건 판결3)에서는 윅스사건 판결에서 확립한 위법수집증거배제법칙이 연방사건뿐만 아니라 연방헌법 제14조를 통하여 각 주의 사건에도 적용된다고 판시하였다. 이로써 위법수집증거배제법칙은 미국법에서 확고한 원칙으로 자리잡게 되었다.

(2) 독 일   현재 독일에서는 증거금지(Beweisverbote)가 증거능력제한의 이   5
론으로 논의되고 있다. 증거금지는 증거수집금지(Beweiserhebungsverbot)와 증거사용금지(Beweisverwertungsverbot)로 이루어진다. 1) 증거수집금지는 일정한 대상에 대한 증거수집의 금지, 일정한 증거방법의 사용금지, 특정한 증거수집방법의 금지 그리고 특정한 사람만에 의한 증거수집의 허용 등을 내용으로 한다. 2) 증거사용금지는 증거수집금지에 위반하여 수집된 증거의 사용을 금지하는 것을 말한다. 증거사용금지가 영미의 위법수집증거배제법칙과 같은 내용이라고 할 수 있다. 독일에서 증거금지는 1903년 벨링(Beling)이 "형사소송의 진실발견의 한계로서 증거금지"4)라는 저술을 통해 처음으로 제창하였다. 그리고 그 이후 위법수집증거배제법칙에 해당하는 '증거사용금지'는 1958년 연방법원이 증언의 증거능력에 대한 증언거부권고지의무위반의 효과에 관하여 권리영역이론 (Rechtskreistheorie)을 전개한 판결5)과 사적 대화를 비밀리에 녹음한 테이프의 증거능력을 부인한 1960년 판결6)에 의해서 확립되었다. 독일연방법원이 확립한 권리영역이론은 증거수집이 형사소송법에 위반하여 이루어진 경우에 그 위반이 피의자·피고인의 권리영역을 본질적으로 침해하는 것일 때 그것을 증거로 할 수 없다는 이론이다. 그러나 오늘날 독일 학계에서는 피의자·피고인에게 직접적인 이해관계가 없는 규정일 경우에도 형사소송의 적법절차와 관련되는 것일 때에는 그 규정에 대한 위반은 증거사용금지효과를 가져와야 한다는 의견이 지

---

1) Boyd v. U.S., 116 U.S. 616(1886).
2) Weeks v. U.S., 232 U.S. 388(1914).
3) Mapp v. Ohio., 367 U.S. 643(1961).
4) Beling, Die Beweisverbote als Grenzen der Wahrheitserforschung im Strafprozeß, 1903.
5) BGHSt 11, 213. 그러나 이 판결은 재판장이 증언거부권고지의무(독일 형사소송법 제55조)를 이행하지 않은 경우에 그 규정의 준수에 대해 피고인은 법적으로 보호할 만한 이익을 갖고 있지 않다고 하여 그 증언의 증거사용을 긍정하였다.
6) BGHSt 14, 258.

배적이다. 왜냐하면 모든 피의자·피고인은 형사소송이 적법절차로 진행되어야 한다는 점에 대한 권리를 가지고 있기 때문이다.

6   (3) 일 본   일본 학계는 미국판례의 영향을 받아 위법수집증거배제법칙을 인정해 왔다. 그러나 판례는 위법한 절차에 의해 취득한 압수물의 증거능력을 인정하는 태도를 오랫동안 견지하였다. 그러다 1978년 최고재판소의 판결[1]을 통해 위법수집증거배제법칙을 수용하게 되었다.

4. 법률개정의 경과

7   위법수집증거배제법칙은 형사소송법 개정 이전에 이미 부분적으로 명문화되어 있었다. 예컨대 헌법 제12조 ⑦항 전단과 형사소송법 제309조의 자백배제법칙이 그것이다. 그리고 견해에 따라서는 전문증거의 증거능력 인정요건으로 원진술의 임의성을 요구하는 제317조도 위법수집증거배제법칙을 제도화한 것으로 이해할 수 있다. 그 밖에 통신비밀보호법 제4조("불법검열에 의하여 취득한 우편물이나 그 내용 및 불법감청에 의하여 지득知得 또는 채록된 전기통신의 내용은 재판 또는 징계절차에서 증거로 사용할 수 없다")도 같은 근거가 될 수 있다. 이와 같은 규정들을 근거로 학설은 일치된 의견으로 위법수집증거배제법칙을 인정하고 있었다.[2]

8   그리고 마침내 2007년 형사소송법 제308조의2는 "적법한 절차에 따르지 아니하고 수집한 증거는 증거로 할 수 없다"고 규정하여, 이제까지 간접적 형태로 규정되어 있던 위법수집증거배제법칙에 대해 명문의 직접규정을 마련하였다.[3] 그런데 위 규정은 적법절차라는 추상적 배제기준만을 제시하고 있을 뿐, 그 배제되는 증거의 범위, 배제기준인 위법의 정도, 사인의 위법에도 적용되는지 여부, 위법수집증거에 대해 증거동의가 허용되는지 여부 등 개별적인 문제에 대해서는 법문 자체로 명백하지 않으므로 해석론을 통하여 구체화되어야 한다.

5. 판례의 변화

9   (1) 진술증거   판례는 진술증거에 대해서는 오래 전부터 위법수집증거배제

---

1) 日最判 1978. 9. 7[刑集 32－6, 1672].

2) 강구진 506; 김기두 132; 백형구 308; 신동운 1319 이하; 이재상/조균석/이창온 46/5; 정영석/이형국 325.

3) 다만 개정법률은 '위법하게 수집한 증거'가 아니라 '적법한 절차에 의하지 아니하고 수집한 증거'라고 규정함으로써 위법수집증거 배제의 범위에 관한 법원의 판단 여지를 두고 있다. 자세한 것은 법원행정처, 형사소송법 개정법률 해설, 2007, 124면.

법칙을 적용하여 왔다. 그리하여 변호인의 접견권이 침해된 상태에서 작성된 피의자신문조서(90도1285), 진술거부권이 고지되지 않은 채 진행된 피의자와 담당 검사와의 대화내용을 녹화한 비디오테이프의 녹화내용과 그 비디오테이프에 대한 법원의 검증조서(92도682), 검사의 서명날인이 누락된 검사 작성의 피의자신문조서(2001도4091), 위법한 긴급체포 중에 작성된 피의자신문조서(2000도5701) 등의 경우 모두 증거능력을 부정하였다. 반면 영장주의에 위반하여 압수한 증거물의 증거능력과 관련해서는 "압수물은 압수절차가 위법이라 하더라도 물건 자체의 성질·형상에 변경을 가져오는 것은 아니므로 그 형상 등에 관한 증거가치에는 변함이 없다 할 것이므로 증거능력이 인정된다"고 하여 비진술증거의 경우 위법수집증거라도 증거능력을 인정하는 태도를 보였었다(93도3318; 96초88 등).

(2) **비진술증거**   그러나 대법원은 개정된 형사소송법의 시행을 앞두고   **10**
2007년 기존 판례를 변경하여 수집절차가 위법한 압수물에 대해서도 원칙적으로 증거능력을 부인하는 판결을 선고하였다. 즉 "헌법과 형사소송법이 정한 절차에 따르지 아니하고 수집한 증거는 기본적 인권보장을 위해 마련된 적법한 절차에 따르지 않은 것으로서 원칙적으로 유죄인정의 증거로 삼을 수 없다"고 판시한 것이다(2007도3061 전합). 이후 많은 판결에서 위법하게 수집된 물적 증거에 대해 증거능력을 부인함으로써 위법수집증거배제법칙의 적용범위가 개정법률에 부합하게 확대되었다(2008도10914; , 2009도11401 등).

(3) **원칙적 배제와 예외적 허용**   다만 대법원은 위법하게 수집된 증거일지   **11**
라도 예외적으로 증거능력을 인정할 수 있는 여지를 남겨 두고 있다. 즉 1) 수사기관의 절차 위반행위가 적법절차의 실질적인 내용을 침해하는 경우에 해당하지 아니하고, 오히려 2) 그 증거의 증거능력을 배제하는 것이 적법절차의 원칙과 실체적 진실 규명의 조화를 도모하고 이를 통하여 '형사사법 정의를 실현하려 한 취지에 반하는 결과를 초래하는 것으로 평가되는 예외적인 경우'에는 법원이 그 증거를 유죄인정의 증거로 사용할 수 있다는 것이다(2007도3061 전합; 2020도10729 등).

법원의 입장은 실체적 진실 규명을 통한 정당한 형벌권의 실현도 헌법과   **12**
형사소송법이 형사소송절차를 통하여 달성하려는 중요한 목표이자 이념이므로, 형식적으로 보아 정해진 절차에 따르지 아니하고 수집한 증거라는 이유만을 내세워 획일적으로 그 증거의 증거능력을 부정하는 것 역시 헌법과 형사소송법이 형사소송에 관한 절차 조항을 마련한 취지에 맞다고 볼 수 없다는 것이다. 따라

서 위법의 정도가 경미한 사소한 절차위반 등과 같이 위법행위에 근본적 공정
성을 위태롭게 하는 실질적 위법성이 없는 경우에까지 그 증거의 사용을 배제
하는 것은 타당하지 못하다고 한다.

[2007도3061 전합] 위법수집증거배제법칙

㈎ 기본적 인권보장을 위하여 압수수색에 관한 적법절차와 영장주의의 근간을 선언
한 헌법과 이를 이어받아 실체적 진실 규명과 개인의 권리보호 이념을 조화롭게 실
현할 수 있도록 압수수색절차에 관한 구체적 기준을 마련하고 있는 형사소송법의
규범력은 확고히 유지되어야 한다. 그러므로 헌법과 형사소송법이 정한 절차에 따
르지 아니하고 수집한 증거는 기본적 인권보장을 위해 마련된 적법한 절차에 따르
지 않은 것으로서 원칙적으로 유죄인정의 증거로 삼을 수 없다. 수사기관의 위법한
압수수색을 억제하고 재발을 방지하는 가장 효과적이고 확실한 대응책은 이를 통하
여 수집한 증거는 물론 이를 기초로 하여 획득한 2차적 증거를 유죄인정의 증거로
삼을 수 없도록 하는 것이다.

㈏ 다만, 법이 정한 절차에 따르지 아니하고 수집한 압수물의 증거능력 인정 여부
를 최종적으로 판단함에 있어서는, 실체적 진실 규명을 통한 정당한 형벌권의 실현
도 헌법과 형사소송법이 형사소송절차를 통하여 달성하려는 중요한 목표이자 이념
이므로, 형식적으로 보아 정해진 절차에 따르지 아니하고 수집한 증거라는 이유만
을 내세워 획일적으로 그 증거의 증거능력을 부정하는 것 역시 헌법과 형사소송법
이 형사소송에 관한 절차 조항을 마련한 취지에 맞는다고 볼 수 없다. 따라서 수사
기관의 증거수집과정에서 이루어진 절차 위반행위와 관련된 모든 사정, 즉 절차 조
항의 취지와 그 위반의 내용 및 정도, 구체적인 위반 경위와 회피가능성, 절차 조항
이 보호하고자 하는 권리 또는 법익의 성질과 침해 정도 및 피고인과의 관련성, 절
차 위반행위와 증거수집 사이의 인과관계 등 관련성의 정도, 수사기관의 인식과 의
도 등을 전체적·종합적으로 살펴볼 때, 수사기관의 절차 위반행위가 적법절차의 실
질적인 내용을 침해하는 경우에 해당하지 아니하고, 오히려 그 증거의 증거능력을
배제하는 것이 헌법과 형사소송법이 형사소송에 관한 절차 조항을 마련하여 적법절
차의 원칙과 실체적 진실 규명의 조화를 도모하고 이를 통하여 형사사법 정의를 실
현하려 한 취지에 반하는 결과를 초래하는 것으로 평가되는 예외적인 경우라면, 법
원은 그 증거를 유죄인정의 증거로 사용할 수 있다고 보아야 한다.

II. 위법수집증거배제의 범위

1. 헌법위반과 위법수집증거배제

증거의 수집에서 적법한 절차를 따르지 않는 경우에는 1) 헌법의 기본권을 **13** 침해하는 경우와 2) 형사소송법의 규정을 위반한 경우가 있다. 다만 형사소송법의 규정은 헌법상의 기본권을 구체화하는 것이기 때문에 1)의 경우는 형사소송법에 구체화되지 않은 기본권을 침해한 경우로 이해된다. 다만 모든 기본권의 침해가 곧바로 그 증거의 증거능력을 배제하는 것이라고 할 수는 없다. 위법수집증거배제법칙의 적용 여부는 1) 범죄의 중대성, 2) 증거내용의 성격, 3) 다른 증거의 사용가능성, 4) 증거사용이 피고인에게 유리하게 작용할 수 있는 가능성 등을 종합적으로 고려하여야 한다.

2. 형사소송법위반과 위법수집증거배제

형사소송법의 모든 규정이 그에 위반하여 수집된 증거를 위법증거로 하는 **14** 것은 아니다. 흔히 효력규정이라고 불리거나 적법절차를 구성하는 규정(헌법 제 12조 ①·③항) 또는 법치국가원칙을 실현하는 규정들만이 그에 위반하여 수집된 증거를 위법증거로 만든다. 따라서 이러한 규정을 위반한 증거수집은 금지되고, 이러한 규정에 위반하여 수집한 증거는 원칙적으로 증거능력이 인정되지 않는다. 다만 사소한 위반의 경우에는 그렇지 않다.[1]

3. 위법증거배제의 개별적 유형

(1) **영장주의 위반**　영장주의는 헌법상 보장이므로 영장주의에 위반하여 **15** 수집된 증거는 증거능력이 부정된다는 것이 통설이다. 따라서 1) 영장 없이 압수·수색·검증한 물건, 2) 영장 자체에 중대한 하자가 있는 경우(압수대상물의 미기재·불특정 등), 3) 영장기재 압수물건에 포함되지 않은 다른 물건(2007도3061 전합), 4) 체포의 요건 등을 위반한 압수·수색 등으로 수집된 물건(90도1263; 2009도 11401 등)에 대해서는 증거능력이 부정된다. 그러나 영장의 기재방식 또는 집행

---

1) 단순한 절차상 위법, 예컨대 영장에 발부일자를 기재하지 않은 경우나 압수목록을 틀리게 기재·교부한 경우 또는 증인의 신문방식을 위반한 경우, 증인소환절차에 흠이 있는 경우, 위증의 벌을 경고하지 않고 선서한 증인의 발언과 같이 절차위반의 하자가 사소한 경우에는 증거능력에 영향이 없다. 이재상/조균석/이창온 46/13; 이창현 838; 정영석/이형국 327.

방식의 위법이 사소한 경우에는 수집된 증거의 증거능력을 인정할 수 있다.

[영장주의 위반과 위법수집증거배제법칙]

1) 2009도10092: 형사소송법 제218조는 "사법경찰관은 소유자, 소지자 또는 보관자가 임의로 제출한 물건을 영장 없이 압수할 수 있다"고 규정하고 있는바, 위 규정을 위반하여 소유자, 소지자 또는 보관자가 아닌 자로부터 제출받은 물건을 영장 없이 압수한 경우 그 '압수물' 및 '압수물을 찍은 사진'은 이를 유죄인정의 증거로 사용할 수 없다.

2) 2009도14376: 경찰이 피고인의 집에서 20m 떨어진 곳에서 피고인을 체포한 후 피고인의 집안을 수색하여 칼과 합의서를 압수하였을 뿐만 아니라 적법한 시간 내에 압수수색영장을 청구하여 발부받지도 않은 사안에서, 위 칼과 합의서는 위법하게 압수된 것으로서 증거능력이 없고, 이를 기초로 한 2차 증거인 '임의제출동의서', '압수조서 및 목록', '압수품 사진' 역시 증거능력이 없다고 한 사례.

3) 2011도15258: 수사기관이 법원으로부터 영장 또는 감정처분허가장을 발부받지 아니한 채 피의자의 동의 없이 피의자의 신체로부터 혈액을 채취하고 사후에도 지체 없이 영장을 발부받지 아니한 채 혈액 중 알코올농도에 관한 감정을 의뢰하였다면, 이러한 과정을 거쳐 얻은 감정의뢰회보 등은 형사소송법상 영장주의 원칙을 위반하여 수집하거나 그에 기초하여 획득한 증거로서, 원칙적으로 절차위반행위가 적법절차의 실질적인 내용을 침해하여 피고인이나 변호인의 동의가 있더라도 유죄의 증거로 사용할 수 없다.

16   **(2) 적법절차 위반**   적법절차에 위반하여 수집된 증거도 증거능력이 부정된다. 따라서 1) 야간압수·수색금지규정에 위반한 압수·수색, 2) 당사자의 참여권을 보장하지 않은 검증·감정, 3) 의사나 성년 여자를 참여시키지 않은 여자의 신체검사의 결과, 4) 당사자의 참여권과 신문권을 침해한 증인신문의 결과(2005도5854), 5) 위법한 함정수사의 결과로 수집한 증거(2005도1247; 2006도2339)에 대해서도 증거능력이 부정된다.

[적법절차 위반과 위법수집증거배제법칙]

1) 2010도9016: 수사기관이 갑으로부터 피고인의 마약류관리에 관한 법률 위반(향정) 범행에 대한 진술을 듣고 추가적인 증거를 확보할 목적으로, 구속수감되어 있던 갑에게 그의 압수된 휴대전화를 제공하여 피고인과 통화하고 위 범행에 관한 통화내용을 녹음하게 한 행위는 불법감청에 해당하므로, 그 녹음 자체는 물론 이를 근

거로 작성된 녹취록 첨부 수사보고는 피고인의 증거동의에 상관없이 그 증거능력이 없다고 한 사례.

2) 2009도10412: 일단 공소가 제기된 후에는 피고사건에 관하여 검사로서는 형사소송법 제215조에 의하여 압수·수색을 할 수 없다고 보아야 하며, 그럼에도 검사가 공소제기 후 형사소송법 제215조에 따라 수소법원 이외의 지방법원 판사에게 청구하여 발부받은 영장에 의하여 압수·수색을 하였다면, 그와 같이 수집된 증거는 기본적 인권보장을 위해 마련된 적법한 절차에 따르지 않은 것으로서 원칙적으로 유죄의 증거로 삼을 수 없다.

3) 2009도6717: 경찰이 피고인 아닌 갑, 을을 사실상 강제연행한 상태에서 받은 각 자술서 및 이들에 대하여 작성한 각 진술조서는 위법수사로 얻은 진술증거에 해당하여 증거능력이 없다는 이유로, 이를 피고인들에 대한 유죄인정의 증거로 삼을 수 없다고 한 사례.

(3) 형사소송법의 효력규정 위반　증거조사절차가 위법하여 무효인 경우 이　**17** 로 인하여 수집한 증거는 증거능력이 없다. 따라서 1) 거절권을 침해한 압수·수색, 2) 선서 없는 증인신문·감정·통역·번역의 결과에 대해서는 증거능력이 부정된다. 그러나 증인의 소환절차에 잘못이 있거나 위증의 벌을 경고하지 않고 선서한 증인의 증언은 증거능력을 인정할 수 있다.

4. 위법수집증거에 의한 2차 증거의 증거능력

(1) 증거능력의 인정 여부　위법하게 수집한 증거를 통해 알게 된 사실을　**18** 바탕으로 수집한 파생증거, 즉 2차적 증거의 증거능력을 인정할 것인지의 여부가 문제된다. 2차 증거 자체는 위법수집증거가 아니지만 그 증거를 낳은 1차 증거가 위법수집증거이기 때문에 2차 증거에 대해서도 위법수집증거배제법칙이 적용되느냐 하는 문제이다. 이에 대해서는 위법수집증거를 기초로 수집한 다른 증거의 증거능력을 인정하면 위법수집증거배제법칙이 무의미해지므로 2차 증거의 증거능력을 부정해야 한다는 견해가 다수설이다.[1) 이러한 학설의 태도는 이른바 독나무열매이론에서 비롯된 것이다.

(2) 독나무열매이론　독나무열매이론(毒樹果實理論, fruit of the poisonous tree　**19** doctrine)이란 위법하게 수집된 제1차 증거(독나무)에 의해 발견된 제2차 증거(열매)의 증거능력을 배제하는 이론을 말한다. 이 이론은 1920년 미국의 실버돈

---

1) 강구진 509; 신동운 1350; 이은모/김정환 622; 이재상/조균석/이창온 46/15; 이창현 840 이하 등.

(Silverthorne)사건에서 확립된 이론이다. 위법하게 수집한 증거를 토대로 다른 증거를 적법한 절차에 의해 수집한 경우, 그 다른 증거의 증거능력을 인정하면 수사기관의 위법한 증거수집을 막을 수 없다는 데 그 근거가 있다. 다시 말하면 수사기관으로 하여금 위법수사를 하지 못하도록 유도하고 교육하기 위해서 독나무열매이론이 필요하다는 것이다. 대륙법계인 독일에서도 이미 오래 전부터 같은 문제를 증거사용금지의 '먼거리효과(Fernwirkung)'라는 개념으로 해결하고 있다. 즉 위법수집증거에 대한 증거사용금지는 그 증거에 기초하여 적법한 절차로 수집한 다른 증거에 대해서도 효력을 미친다는 것이다.

20   (3) **독나무열매이론의 문제점과 제한이론**   수사기관은 법률의 범위 안에서 사건의 진실을 규명해야 할 의무를 지니며, 피의자·피고인에게 불리한 증거뿐만 아니라 유리한 증거도 수집해야 할 의무도 함께 지고 있다. 그러므로 수사기관에 대한 교육기능만을 일방적으로 강조하여 독나무열매이론을 무제한으로 인정하는 것은 문제가 있다. 즉 독나무열매이론이나 먼거리효과이론은 형사정책적으로 바람직하지 못한 결과를 초래할 수도 있으며, 이론적으로는 검사가 자신의 객관의무에 비추어 일방적인 훈육의 대상이 될 수 없다는 점에서 얼마간의 제한이 필요하다. 이에 따라 독나무열매이론의 제한을 위한 몇 가지 이론이 제시되었다.

21   ㈎ **선의이론(good faith)**   수사기관이 수색영장을 적법한 것으로 신뢰하여 수색하였으나 그 후 영장이 형식적·실질적 요건을 결여하여 무효임이 밝혀지더라도 당해 수색으로 수집한 증거는 증거능력을 인정할 수 있다는 이론이다. 위법은 경찰관에게 있는 것이 아니라 판사에게 있고, 위법수집증거배제법칙은 경찰관의 행위를 통제하기 위한 법리라는 점을 근거로 한다. 선의이론은 수사기관이 법률을 신뢰하여 그 법률에 따라 증거물을 압수하였으나 그 후 당해 법률이 위헌 선언된 경우에까지 확장되었다.

22   ㈏ **불가피한 발견이론(inevitable discovery exception)**   위법수사에 의한 오염된 제1차적 증거가 없었더라도 파생적 증거가 다른 경로를 통해 불가피하게 발견되었을 것임을 증명할 수 있는 경우에는 위법수사와 인과관계가 단절되기 때문에 그 증거능력을 인정할 수 있다는 이론이다. 예컨대, 피의자에 대한 위법한 신문으로 그가 살해한 자의 시체의 소재를 안 경우에 경찰관이 다른 방법에 의해서도 시체를 틀림없이 발견했을 것으로 증명되는 경우에는 증거능력이 인정된다.

(다) **희석이론**(purged taint exception)   피고인이 자유의사에 의해 행한   23
행위는 위법증거와 인과관계가 단절되기 때문에 위법수사로 인한 제1차적 증거
의 오염성이 점차 희석되어 파생적 증거에 영향을 미치지 않는다는 이론이다.
예컨대, 경찰관이 위법하게 피의자의 집에 침입하여 자백을 받은 경우에도 피의
자가 며칠 후에 경찰서에 출석하여 자백조서에 서명한 경우는 증거능력이 인정
된다.

(라) **독립된 증거원이론**(independent untainted source exception)   위   24
법수사가 있었더라도 이와 관계없는 독립된 근원에 의하여 수집될 수 있었던
증거임이 증명될 수 있을 경우에는 위법수사와 인과관계가 단절되기 때문에 그
파생적 증거의 증거능력을 인정할 수 있다는 이론이다. 예컨대, 위법한 수색에
의하여 피고인의 집에서 유괴된 소녀를 발견한 경우에도, 유괴된 소녀의 진술은
독립된 근원에 의하여 발생한 증거이므로 증거능력이 인정된다.

(4) **판 례**   판례 또한 위법수집증거를 기초로 획득한 2차적 증거에 대해   25
원칙적으로 증거능력을 부인하고 있으며, 독나무열매이론의 제한이론을 수용하
여 "절차에 따르지 아니한 증거수집과 2차적 증거수집 사이의 인과관계의 희석
또는 단절 여부를 중심으로 2차적 증거수집과 관련된 모든 사정을 전체적·종합
적으로 고려하여 예외적인 경우에는 유죄인정의 증거로 사용할 수 있다"고 한
다(2007도3061 전합; 2009도11401).

[2차적 증거의 증거능력]

2008도11437: [1] 형사소송법 제308조의2는 "적법한 절차에 따르지 아니하고 수집
한 증거는 증거로 할 수 없다"고 규정하고 있는바, 수사기관이 헌법과 형사소송법
이 정한 절차에 따르지 아니하고 수집한 증거는 물론, 이를 기초로 하여 획득한 2
차적 증거 역시 유죄인정의 증거로 삼을 수 없는 것이 원칙이다.

[2] 구체적인 사안에서 2차적 증거들의 증거능력 인정 여부는 제반사정을 전체적·
종합적으로 고려하여 판단하여야 한다. 예컨대 진술거부권을 고지하지 않은 것이
단지 수사기관의 실수일 뿐 피의자의 자백을 이끌어내기 위한 의도적이고 기술적인
증거확보의 방법으로 이용되지 않았고, 그 이후 이루어진 신문에서는 진술거부권을
고지하여 잘못이 시정되는 등 수사 절차가 적법하게 진행되었다는 사정, 최초 자백
이후 구금되었던 피고인이 석방되었다거나 변호인으로부터 충분한 조력을 받은 가
운데 상당한 시간이 경과하였음에도 다시 자발적으로 계속하여 동일한 내용의 자백
을 하였다는 사정, 최초 자백 외에도 다른 독립된 제3자의 행위나 자료 등도 물적

증거나 증인의 증언 등 2차적 증거수집의 기초가 되었다는 사정, 증인이 그의 독립적인 판단에 의해 형사소송법이 정한 절차에 따라 소환을 받고 임의로 출석하여 증언하였다는 사정 등은 통상 2차적 증거의 증거능력을 인정할 만한 정황에 속한다.

[3] 강도 현행범으로 체포된 피고인에게 진술거부권을 고지하지 아니한 채 강도범행에 대한 자백을 받고, 이를 기초로 여죄에 대한 진술과 증거물을 확보한 후 진술거부권을 고지하여 피고인의 임의자백 및 피해자의 피해사실에 대한 진술을 수집한 사안에서, 제1심 법정에서의 피고인의 자백은 진술거부권을 고지받지 않은 상태에서 이루어진 최초 자백 이후 40여 일이 지난 후에 변호인의 충분한 조력을 받으면서 공개된 법정에서 임의로 이루어진 것이고, 피해자의 진술은 법원의 적법한 소환에 따라 자발적으로 출석하여 위증의 벌을 경고받고 선서한 후 공개된 법정에서 임의로 이루어진 것이어서, 예외적으로 유죄인정의 증거로 사용할 수 있는 2차적 증거에 해당한다고 한 사례.

2) 2010도2094: 위법한 강제연행 상태에서 호흡측정 방법에 의한 음주측정을 한 다음 강제연행 상태로부터 시간적·장소적으로 단절되었다고 볼 수도 없고 피의자의 심적 상태 또한 강제연행 상태로부터 완전히 벗어났다고 볼 수 없는 상황에서 피의자가 호흡측정 결과에 대한 탄핵을 하기 위하여 스스로 혈액채취 방법에 의한 측정을 할 것을 요구하여 혈액채취가 이루어졌다고 하더라도 그 사이에 위법한 체포 상태에 의한 영향이 완전하게 배제되고 피의자의 의사결정의 자유가 확실하게 보장되었다고 볼 만한 다른 사정이 개입되지 않은 이상 불법체포와 증거수집 사이의 인과관계가 단절된 것으로 볼 수는 없다. 따라서 그러한 혈액채취에 의한 측정 결과 역시 유죄인정의 증거로 쓸 수 없다고 보아야 한다.

Ⅲ. 관련문제

1. 사인에 의한 위법수집증거의 증거능력

26   위법수집증거배제법칙은 국가기관에 의한 기본권침해와 탈법적 수사를 방지하고자 하는 데서 출발한 원칙이다. 따라서 국가기관이 아닌 사인私人이 법률을 위반하여 수집한 증거의 경우에도 증거능력이 부정되는지가 문제된다. 이에 대해서는 증거능력을 부정하는 견해와 긍정하는 견해, 절충적 견해가 대립한다.

27   (1) 증거능력 긍정설   사인의 위법수집증거에 대해 증거능력을 긍정하는 견해는 위법수집증거배제법칙은 원래 국가기관인 수사기관의 위법수집증거에

적용되는 법칙이기 때문에 사인의 증거수집행위에 대해서는 이 법칙이 적용될
여지가 없다고 한다.1) 이러한 견해는 형사소송법은 국가적 형사소추기관을 대
상으로 하기 때문에 사인은 형사소송법의 수명자가 아니며, 미국의 위법수집증
거배제법칙이나 독일의 증거금지는 원칙적으로 사인을 수명자로 하지 않는다는
점을 근거로 든다.

(2) **증거능력 부정설**   반면에 부정설은 기본권침해를 이유로 한 증거능력   **28**
의 배제는 수사기관뿐만 아니라 사인에 의해 위법하게 수집된 증거에 대해서도
적용되어야 한다는 입장이다. 이는 기본권의 대사인적 효력을 유지하기 위해서
이기도 하지만 그러한 증거를 국가가 사용하는 것 자체가 기본권침해를 확대하
는 것이기 때문이라고 한다.2)

(3) **절충설**   그러나 증거능력을 일률적으로 긍정하거나 부정하는 견해는   **29**
많지 않고 일정한 조건을 전제로 증거능력의 인정 여부를 결정하는 절충적 견
해가 다수이며 판례의 입장인 것으로 보인다. 그러한 절충적 견해로는 권리범위
설과 이익형량설이 있다. 1) 권리범위설은 침해되는 권리의 중요성을 기준으로
기본권의 핵심적 영역을 침해하는 경우에는 사인의 위법수집증거에 대해서도
증거능력을 부정해야 한다는 견해이다.3) 2) 이익형량설은 효과적인 형사소추
및 형사소송에서의 진실발견이라는 공익과 피고인의 개인적 이익을 비교형량하
여 증거능력의 여부를 결정하여야 한다는 견해이다. 판례는 대체적으로 사인의
위법수집증거에 대해 증거능력을 인정하면서도 이익형량을 그 근거로 제시하고
있어 이익형량설의 입장에 있다고 볼 수 있다.

[사인의 위법수집증거]

1) 2008도3990:   [1] 국민의 인간으로서의 존엄과 가치를 보장하는 것은 국가기관
의 기본적인 의무에 속하는 것이고 이는 형사절차에서도 당연히 구현되어야 하는
것이지만, 국민의 사생활 영역에 관계된 모든 증거의 제출이 곧바로 금지되는 것으
로 볼 수는 없으므로, 법원으로서는 효과적인 형사소추 및 형사소송에서의 진실발
견이라는 공익과 개인의 인격적 이익 등의 보호이익을 비교형량하여 그 허용 여부
를 결정하여야 한다.4)

---

1) 이재상/조균석/이창온 46/22.
2) 이상돈, 사례연습 형사소송법, 법문사 2002, 360면 참조.
3) 신양균/조기영 770.
4) 2010도12244: 이때 법원이 그 비교형량을 함에 있어서는 증거수집 절차와 관련된 모든 사

[2] 피고인 갑, 을의 간통 범행을 고소한 갑의 남편 병이 갑의 주거에 침입하여 수집한 후 수사기관에 제출한 혈흔이 묻은 휴지들 및 침대시트를 목적물로 하여 이루어진 감정의뢰회보에 대하여, 병이 갑의 주거에 침입한 시점은 갑이 그 주거에서의 실제상 거주를 종료한 이후이고, 위 회보는 피고인들에 대한 형사소추를 위하여 반드시 필요한 증거이므로 공익의 실현을 위해서 증거로 제출하는 것이 허용되어야 하고, 이로 말미암아 갑의 주거의 자유나 사생활의 비밀이 일정 정도 침해되는 결과를 초래하더라도 이는 갑이 수인하여야 할 기본권의 제한에 해당된다는 이유로, 위 회보의 증거능력을 인정한 사례.

2) 2008도1584: 소송사기의 피해자가 증거로 제출한 업무일지에 대해, 설령 그것이 제3자에 의하여 절취된 것으로서 위 소송사기 등의 피해자 측이 이를 수사기관에 증거자료로 제출하기 위하여 대가를 지급하였다 하더라도, 공익의 실현을 위하여는 이 사건 업무일지를 범죄의 증거로 제출하는 것이 허용되어야 하고, 이로 말미암아 피고인의 사생활 영역을 침해하는 결과가 초래된다 하더라도 이는 피고인이 수인하여야 할 기본권의 제한에 해당된다고 한 사례.

2. 위법수집증거와 증거동의 및 탄핵증거

30   **(1) 증거동의의 가부**   적법한 절차에 따르지 아니하고 수집한 증거라 할지라도 당사자가 그 증거의 사용에 동의할 경우에 증거능력을 인정할 수 있는가 하는 점이 문제된다. 선서나 영장주의 등의 공익이나 진실발견을 위한 절차에 위반한 경우에는 동의 여부와 상관없이 증거능력이 인정될 수 없는 반면, 개인의 이익보호를 목적으로 하는 절차인 경우에는 당사자의 동의가 있으면 증거능력이 인정될 수 있다는 견해가 있다.[1] 예컨대 피의자에 대한 고문, 증인선서의 결여, 영장주의위반 등과 같은 절차의 본질적 위법의 경우에 그것의 증거능력이 부정되고, 진술거부권의 불고지, 증언거부권의 불고지, 증인신문권의 침해와 같은 비본질적 위법의 경우에는 증거능력이 인정되지 않는다고 보는 것이다. 그러나 형사소송에서 피고인 개인의 이익 보호는 곧 적법절차를 실현한다는 공익을 언제나 갖고 있다. 또한 대체로 중대한 위법이 있을 경우에 한하여 위법수집증거배제법칙이 적용된다는 점을 고려할 때, 당사자의 동의에 의하여 또 다른 예

정... 등을 전체적·종합적으로 고려하여야 하고, 단지 형사소추에 필요한 증거라는 사정만을 들어 곧바로 형사소송에서 진실발견이라는 공익이 개인의 인격적 이익 등 보호이익보다 우월한 것으로 섣불리 단정하여서는 아니 된다.

1) 이재상/조균석/이창온 46/24의 각주 참조.

외를 만든다면 위법수집증거배제법칙의 실효성을 위태롭게 할 염려가 있다. 따라서 양자 모두 부정하는 것이 옳다.[1] 판례도 같은 입장에서 "적법한 절차에 따르지 아니하고 수집한 증거로서 증거능력이 없는 경우에는 피고인이나 변호인이 이를 증거로 함에 동의하였다고 하더라도 달리 볼 것은 아니다"(2009도10092)라고 판시하고 있다.

(2) 탄핵증거의 가부   증거능력 없는 위법수집증거는 탄핵증거로도 사용할 31
수 없다고 보아야 한다. 위법수집증거를 탄핵증거로 사용할 수 있게 한다면, 사실상 증거배제의 효과를 회피하는 결과가 되기 때문이다.

[51] 제 3 자백배제법칙

[사례 21] 2004도517

검사는 피고인 甲의 특가법위반(뇌물)의 범죄사실을 입증하기 위해 공소외 A와 B의 진술조서를 증거로 제출하였다. 그런데 A는 별건으로 1998. 6. 10. 구속되어 같은 달 6.26. 기소되었다. 검찰은 그 직후인 1998. 6. 27.부터 1999. 10. 5.까지 거의 매일 조사한다는 명목으로 수감 중인 A를 무려 270회나 검찰청에 소환하여 밤늦은 시각 또는 그 다음날 새벽에 구치소에 돌아가게 하였고, 그 사이에 작성된 A에 대한 진술조서 등을 증거로 하여 공소외 C를 기소하였다. 甲의 혐의에 대해 증거로 제출된 검사 작성의 A에 대한 각 진술조서는 1998. 9. 1.부터 1998. 11. 18.까지 사이에 3회에 걸쳐 작성된 것인데, 그 전후 및 그 기간 동안에도 A는 검찰청에 빈번하게 소환되어 밤늦게 또는 다음날 새벽에 구치소로 돌아가곤 하였다.

한편 B는 1998. 9. 9. 최초로 검찰에서 조사를 받으면서 제1회 진술조서를 작성하였고, 다음날인 1998. 9. 10. 연이어 제2회 진술조서를 작성한 다음, 1998. 9. 26. 마지막으로 제3회 진술조서를 작성하였다. B는 법정에서, "1998. 9. 9. 09:00 집에서 잠을 자다 서울지검 특수부 소속이라는 수사관 3명에 의하여 영문도 모르고 서울지검 특수부로 끌려가 밤 12시경까지 조사실에서 외부와 단절된 채 혼자 갇혀 있었는데 공포감과 불안감으로 견딜 수 없을 만큼 고통스러웠다. 자정이 넘어 수사관 2명이 들어와 연행이유를 설명하면서 진술서를 작성하라고 하여 기억나는 대로 진술서를 작성하였으나, 수사관들은 A의 진술내용과 다르다며 이를 찢어버리고 거짓말한다며 욕설을 하고 새로 진술서를 작성할 것을 강요하였다. 옆방에서는 누군가가 연신 얻어

---

1) 이은모/김정환 629; 이재상/조균석/이창온 46/24; 정영석/이형국 329.

맞는 소리가 들렸고, 수사관들은 알선수재 혐의로 구속시킨다고 협박하면서 본인이 기억하지 못하는 날짜 등을 알려주기도 하였다. 1998. 9. 10. 04:00경 A와 대질신문이 이루어졌는데, A는 며칠 동안 잠을 자지 못했는지 눈은 초점을 잃고 있었고 멍한 상태로 이미 자포자기한 듯이 보였다. 같은 날 06:00경 경찰관 P가 들어와 '이 사건은 정치적으로 해결될 것이고 흐지부지될 것이니 부담가질 필요 없다'며 A의 진술내용에 맞춰 진술할 것을 회유하였고, 알선수재죄로 구속하겠다고 협박하기도 하였다. 당시 본인은 미국 영주권을 신청해 놓은 상태였고 가족들도 미국에 체류 중이어서 구속될 경우 영주권 취득은 물론 가족들 생계조차 걱정할 수밖에 없는 절박한 상황이었다. 결국 본인은 검사 앞에서 진술조서를 작성하면서 검찰이 원하는 내용대로 허위진술을 할 수밖에 없었다. 본인은 1998. 9. 10. 19:00~20:00 서울지검 특수부에서 풀려났고, 그 후 풀려난 지 3~4일이 지난 후 서울지검에 출국금지해제신청서를 제출하였는데, 당시 검찰 수사관이 만약 피고인 측과 연락하면 다시 출국금지를 시키겠다고 협박하였다"는 요지로 진술하였다.

검사 작성의 A와 B에 대한 진술조서는 증거능력이 있는가?

[주요논점]   1. 자백배제법칙이란 무엇이며, 그 취지는 무엇인가?
2. 제309조의 '기타의 방법'에는 어떠한 것이 있는가?
3. 자백의 임의성에 대한 증명책임은 누구에게 있는가?

I. 자백배제법칙의 의의

1. 개   념

1   형사소송법 제309조는 "피고인의 자백이 고문, 폭행, 협박, 신체구속의 부당한 장기화 또는 기망 기타의 방법으로 임의로 진술한 것이 아니라고 의심할 만한 이유가 있는 때에는 이를 유죄의 증거로 할 수 없다"고 규정하고 있다. 헌법 제12조 ⑦항도 '임의로 진술한 것이 아니라고 의심할 만한 이유가 있는 때'를 '자의로 진술된 것이 아니라고 인정될 때'로 규정하여 그 문언의 차이가 있을 뿐 같은 취지의 내용을 규정하고 있다. 이와 같이 임의성이 의심스러운 자백의 증거능력을 부정하는 원칙을 자백배제법칙이라고 한다.

2. 자백배제법칙의 기능

2   자백은 유죄인정의 가장 중요한 증거이며, 수사기관의 증거수집도 자백을

바탕으로 할 때 가장 효율적일 수 있다. 자백은 법원으로 하여금 유죄심증을 쉽게 형성할 수 있게 할 뿐만 아니라, 일정한 요건을 갖춘 경우에는 간이공판(제286조의2)에 의해 심판할 수 있는 길도 열어준다. 이는 법원의 업무부담을 덜어주는 결과를 가져온다. 그렇기 때문에 수사기관은 물론 법원도 자백에 의존하고 싶은 유혹을 강하게 받기 마련이다. 수사활동의 자백의존도가 커질수록 수사기관의 가혹행위의 위험성은 그만큼 높아지게 된다. 그리고 지나치게 자백에 의존하는 법원의 심판활동은 공정한 재판의 이념을 퇴색시키기 쉽다. 이와 같은 위험성을 방지하기 위해 자백의 수집과정에 고문이나 기타 위법수사가 행해졌을 경우 해당 자백을 증거로 사용할 수 없도록 해야 할 필요가 있다. 그렇게 함으로써 수사기관의 자백편중의 수사나 무리하게 자백을 얻어내려는 위법수사에 제동을 걸 수 있다. 그 결과 법원이 유죄의 심증형성에서 자백에 의존하는 경향도 줄어들게 된다.

3. 비교법적 고찰

자백배제법칙은 직접적으로는 영미법에서 유래한다. 17세기까지 영국에서 자백은 아무런 제한을 받지 않고 사용이 가능한 '증거의 왕'이었다. 그러나 18세기 후반부터 자백획득을 위해 국가기관이 고문, 폭행, 협박 등의 수단으로 부당하게 유인한 자백에 대해 임의성을 의심함으로써 그 증거능력을 제한하기 시작했다. 이와 같이 임의성 없는 자백을 배제하는 허위배제적 관점의 자백법칙은 미국법에 계수되어 대부분의 주州에서 증거법상의 기본원칙으로 자리잡게 되었다. 그러다가 1940년대부터 50년대에 걸쳐 미국연방대법원은 자백획득을 목적으로 하는 위법수사를 배제하는 이론으로 자백배제법칙을 발전시켰다. 1960년대에는 Rogers사건(1961), Escobedo사건(1964) 그리고 Miranda사건(1966)의 판결을 통해 자백배제법칙은 자백의 허위배제나 수사기관의 강압수사의 배제라는 차원을 넘어 자백수집과정에 있는 모든 위법을 배제하는 기본원칙으로 자리잡게 되었다. 대륙의 형사소송법에서 자백은 법관의 자유심증주의에 의해 그 증명력을 제한하려고 했을 뿐 직접 그 증거능력을 제한하는 제도를 채택하지는 않았다. 그러나 1950년 독일은 형사소송법개정을 통해 증거금지(Beweisverbote)의 하나로 제136조a에서 금지된 신문방법(verbotene Vernehmungsmethoden)의 유형을 규정하였다. 이 규정은 피고인의 의사결정자유와 의사활동자유를 보장하기 위한 소송법적 근본규범으로서 이에 위반하여 수집한 자백은 증거로 사용할 수 없다.

4. 자백배제법칙의 근거

4   **(1) 허위배제설**   허위배제설은 임의성이 의심되는 자백에는 허위가 숨어들 위험성이 크고, 이를 증거로 사용하는 것은 실체적 진실발견을 저해하기 때문에 그 증거능력이 부정된다고 보는 견해이다. 영국 보통법(common law)에서 자백배제법칙을 인정하는 전통적 근거이다. 이 견해에 의하면 자백배제법칙의 적용 여부는 자백의 진실성 또는 신뢰성에 따라서 결정된다. 그 결과 자백이 비록 고문, 폭행, 유인, 사술 등에 의해 이루어진 경우에도 자백내용의 진실성이 입증되면 증거능력을 인정받게 된다.

5   허위배제설에 대해서는 1) 자백의 임의성을 내용의 진실성에 따라 판단하는 것은 자백의 증거능력과 증명력을 혼동한 것이고,[1] 2) 자백이 강제나 고문에 의한 것이라도 그 자백에 근거한 다른 증거에 의해 자백내용의 진실성이 입증되면 이러한 자백의 증거능력을 인정할 수밖에 없는데, 이때 그 증거능력을 배제할 이유를 설명할 수 없다는 비판이 가능하다.[2] 이 학설에 의하면 결국 자백배제법칙의 적용범위가 크게 축소되는 결과를 낳는다.

6   **[자백의 임의성과 신빙성의 구별]**   자백의 임의성과 신빙성은 구별되어야 한다. 신빙성은 자백의 증거능력이 아니라 증명력을 나타내는 개념이므로 제309조의 적용 여부를 논하는 것은 잘못된 생각이다. 판례는 과거에 임의성의 문제를 신빙성의 문제로 판단한 바 있는데(88도680), 이후에는 자백의 임의성과 신빙성의 개념을 좀 더 세밀하게 구별하는 경향을 보이고 있다.[3]

7   **(2) 인권옹호설**   인권옹호설은 자백배제법칙의 근거를 피고인의 묵비권을 중심으로 한 피고인의 인권, 즉 내심의 의사결정과 표현에 관한 자기결정권을

---

1) 신동운 1362; 이재상/조균석/이창온 45/7은 증거능력이 객관적 형식적 기준의 문제인 것은 사실이지만, 입법자는 진실왜곡의 우려가 큰 증거를 정형화하여 증거능력을 제한해 두고 예외적으로 진실성이 담보되는 경우에 다시 증거능력의 제한을 해제할 수 있다고 볼 것이기 때문에 이러한 비판이 적절한 것이 아니라고 본다.

2) 신동운 1362; 이재상/조균석/이창온 45/7.

3) 2007도4959: 검찰에서의 피고인의 자백이 임의성이 있어 그 증거능력이 부여된다 하여 자백의 진실성과 신빙성까지도 당연히 인정되어야 하는 것은 아니므로 그 자백이 증명력이 있다고 하기 위해서는 그 자백의 진술내용 자체가 객관적인 합리성을 띠고 있는가, 그 자백의 동기나 이유 및 자백에 이르게 된 경위가 어떠한가, 자백 외의 정황증거 중 자백과 저촉되거나 모순되는 것이 없는가 하는 점을 합리적으로 따져 보아야 한다.

보호하는 데서 찾는다. 따라서 이러한 기본 인권이 침해된 상태에서 행해진 자백은 피고인의 인권보장을 위해 증거능력을 부인해야 한다고 본다. 독일 형사소송법 제136조a의 기초가 되는 사상이라고 할 수 있다. 이 견해에 따르면 자백이 진실한 경우에도 그 자백이 진술의 자유를 침해하는 상황에서 이루어진 것이면 증거로 사용할 수 없게 된다. 물론 그런 상황은 강압수사뿐만 아니라 그 밖의 사정에 의해서도 발생할 수 있으며, 진술의 자유에 영향을 미칠 수 있는 사정과 임의성 사이에는 인과관계가 있어야 한다.

인권옹호설은 1) 자백배제법칙과 진술거부권의 보장을 동일시하는 것은 부 **8** 당하고,1) 2) 임의성 없는 자백이 되기 위해서는 피고인의 진술자유가 침해되어야 하는데, 그러한 점은 자백자의 내면적 상태에 관한 사항으로서 그 판단이 주관적일 수밖에 없는 한계가 있으며,2) 3) 진술에 관한 피고인의 주체적 자기결정권이 침해되는 이외의 사유로 자백의 증거능력을 제한해야 할 필요가 있는 경우에 대비하기 어렵다는 비판을 받는다.3)

(3) **위법배제설** 자백배제법칙이 자백취득과정에서 적법절차(due process) **9** 를 보장하기 위한 증거법상의 원칙이라고 이해하는 견해이다.4) 이 견해에 의하면 자백의 진실성, 임의성과 상관없이 적법절차의 요청에 위반하여 위법하게 취득된 자백은 제309조에 의해 증거능력이 부정된다. 다시 말해 고문, 폭행, 협박 등 임의성에 영향을 미칠 수 있는 사유가 확인되면 곧바로 자백의 증거능력이 배제된다. 물론 그러한 사유와 임의성 사이에는 별도의 인과관계가 있을 필요가 없다.

위법배제설에 대해서는 1) 형사소송법 제309조의 입법취지를 무시하는 견 **10** 해라는 비판이 있다. 즉 위법배제설은 임의성 없는 자백의 증거능력을 부인하는 이유를 임의성에서 찾지 않음으로써 자백의 임의성이라는 측면을 도외시하는 결과를 가져온다는 것이다. 2) 또한 위법배제설은 자백에 임의성이 없는 경우와 임의성은 인정되면서도 진술거부권 불고지(제244조의3, 규칙 제127조 위반) 등의 사유로 자백획득절차가 위법한 경우의 질적 차이를 설명하기 어렵다는 지적5)과

---

1) 강구진 490. 그러나 이러한 비판에 대해서는, 자백배제법칙이 허위의 자백만을 금지하는 것도 아니므로 이론적으로 양자를 엄격히 구별하는 것은 타당하지 못하다는 반대의견이 있다(이재상/조균석/이창온 45/8).
2) 신동운 1364; 이재상/조균석/이창온 45/8.
3) 신동운 1364.
4) 강구진 491; 이은모/김정환 638; 이재상/조균석/이창온 45/15; 이창현 872; 정영석/이형국 336.
5) 이재상/조균석/이창온 45/15의 각주; 이창현 872 참조.

3) 자백배제법칙이 갖는 헌법상의 독자적인 의미를 간과하고 단순히 증거법상의 보조수단으로 파악함으로써 헌법이 자백배제법칙을 기본권 차원으로 격상시켜 그 독자적 의의를 강조하고 있는 것에 상응하지 못한다는 비판1)도 있다.

11   (4) 종합설   종합설은 허위배제설과 인권옹호설, 위법배제설을 자백배제법칙의 근거로 포괄하는 견해이다.2) 이 견해에 의하면 자백배제법칙은 형사소송법상의 증거법칙의 의미를 넘어서 헌법상의 기본권(헌법 제12조 ⑦항 전단)이라는 독자적 의미를 갖고 있으며, 자백에 편중된 형사절차의 관행을 극복하고 제309조의 적용범위를 사인私人의 영역까지 확대적용하기 위해서는 허위배제설, 인권옹호설 및 위법배제설을 상호보완적으로 사용할 필요가 있다고 한다.

12   종합설에 대해서는 허위배제설과 인권옹호설의 문제점만을 결합시킬 염려가 있으며, 신문과정에서 야기되는 위법의 여부에 대해 명백한 기준을 제시하지 못하고 전체상황의 판단에 맡김으로써 법관의 주관이 개입할 여지를 제공한다는 비판이 제기된다.3)

13   (5) 판 례   자백배제법칙의 취지에 대해 과거의 판례는 허위배제(68도379; 77도210) 또는 위법배제(82도241; 82도3248) 등의 입장을 각각 나타냈지만, 최근에는 허위배제와 함께 인권옹호나 위법배제의 입장에서 판시하는 경향을 보이고 있다. 말하자면 종합설과 같은 태도라 할 수 있다.4)

[2004도517] 자백배제법칙의 취지

임의성 없는 자백의 증거능력을 부정하는 취지는, 허위진술을 유발 또는 강요할 위험성이 있는 상태하에서 행하여진 자백은 그 자체가 실체적 진실에 부합하지 아니할 소지가 있으므로 그 증거능력을 부정함으로써 오판의 소지를 없애려고 하는 데에 있을 뿐만 아니라, 그 진위 여부를 떠나서 진술자의 기본적 인권을 침해하는 위법 부당한 압박이 가하여지는 것을 사전에 막기 위한 것이므로, 그 임의성에 다툼이 있을 때에는 그 임의성을 의심할 만한 합리적이고 구체적인 사실을 피고인이 증명할 것이 아니고 검사가 그 임의성의 의문점을 해소하는 증명을 하여야 한다.5)

---

1) 신동운 1363.
2) 김기두 134; 신동운 1365; 신양균/조기영 784; 정영석/이형국 335. 여기에서 종합설은 이른바 '절충설'을 포괄하는 개념이다.
3) 이은모/김정환 636 이하; 이재상/조균석/이창온 45/14;
4) 판례가 절충설의 입장을 명확히 취하고 있다는 견해도 있다(이재상/조균석/이창온 45/12).
5) 같은 취지는 99도4940; 2004도517; 2010도3029 등.

(6) **결 론**   최근에는 허위배제설이나 인권옹호설만 주장하는 견해는 없   **14**
다. 결국 위법배제설과 종합설의 견해 차이가 있을 뿐이다. 위법배제설에 의하
면 위법한 형사절차를 견제하는 강력한 효과를 기대할 수 있다. 그러나 '위법'
개념은 형사사법기관의 행위와 현행의 법질서를 전제로 하기 때문에 사인의 인
권침해 행위와 국가기관의 행위 중 현행법상 '위법'은 아니지만 인권침해가 수
반되는 행위를 포섭하는 데 한계가 있을 수 있다. 제309조의 '기타의 방법'에는
위법이 아니지만 인권침해가 수반되는 방법도 포함되어야 한다. 따라서 임의성
없는 자백을 증거에서 배제하는 근거가 확대되는 종합설을 취하는 것이 바람직
하다.

Ⅱ. 자백배제법칙의 내용

1. 피고인의 자백

(1) **자백의 개념**   자백은 피고인 또는 피의자가 범죄사실의 전부 또는 일   **15**
부를 인정하는 진술을 말한다.[1] 영미법에서 자백(confession)은 범죄사실에 대한
자기의 형사책임을 인정하는 진술을 가리키는 것으로서, 단지 자기에게 불이익
한 사실을 인정하는 자인(admission)과 구별하고 있다. 그러나 우리 형사소송법
에서 자백은 양자를 구별하지 않고 '유·무죄의 판단에 의미 있는 사실을 인정
하는 진술'로 넓게 이해하는 것이 옳다.

(2) **자백의 구체적 범위**   그러므로 제309조가 적용되는 자백에는, 1) 구성   **16**
요건에 해당하는 사실을 긍정하면서 위법성조각사유나 책임조각사유의 존재를
주장하는 경우도 해당된다.[2] 2) 자백은 진술주체의 지위를 문제삼지 않는다. 따
라서 형사소송법 제309조가 '피고인의 자백'이라고 규정하고 있으나, 피고인이
피의자나 증인, 참고인, 일반인의 지위에서 행한 진술 역시 자백에 해당한다. 3)
또한 자백은 그 형식이나 상대방을 묻지 않는다. 즉 서면과 구술에 의한 자백
모두 가능하다. 자백의 상대방은 법원 또는 법관, 그리고 수사기관이 될 수 있
으며, 범인이 일기장에 범죄사실을 고백한 경우와 같이 상대방 없는 자백도 가
능하다. 4) 모두절차(제286조)에서 공소사실을 시인하는 피고인의 진술이 자백인
가에 대해서는 견해가 대립한다. 이를 자백으로 보는 견해는 자백이 구체적 사

---

1) 배종대/홍영기 [50] 1; 신동운 1357; 이은모/김정환 630; 이재상/조균석/이창온 45/1.
2) 배종대/홍영기 [50] 1; 신동운 1358; 이은모/김정환 631; 이재상/조균석/이창온 45/1.

실의 진술일 필요가 없다는 점을 이유로 든다.1) 그러나 이 경우에는 수사기관에서 행한 진술이나 검사·변호인의 신문에 대한 전후의 진술을 종합하여 자백 여부를 판단하여야 한다(84도141; 89도1569 등).

2. 고문·폭행·협박·신체구속의 부당한 장기화로 인한 자백

(1) 고문·폭행·협박에 의한 자백

17　　(가) 개 념　　고문은 사람의 정신이나 신체에 대해 비인도적·비정상적 고통을 가하는 것을 말하고, 폭행은 신체에 대한 유형력의 행사를 말한다. 협박은 해악을 고지하여 공포심을 일으키는 것을 말한다. 그러나 이것들은 개념상 엄격히 구별될 수 없으며, 실제로 고문, 폭행, 협박은 함께 이루어지기 때문에 구별의 실익도 없다. 다만 협박과 단순한 경고는 구별해야 하므로, 단순한 경고에 의한 자백은 위법절차에 의한 자백으로 볼 수 없다. 고문, 폭행, 협박의 형태에는 제한이 없다.

18　　(나) 임의성 없는 심리상태의 계속과 자백　　고문행위와 자백의 시점은 일치하지 않을 수도 있다. 예컨대, 경찰에서 고문으로 자백한 후 다시 검사 앞에서 동일한 자백을 하는 경우가 그러하다. 판례는 경찰의 고문에 의한 임의성 없는 심리상태가 검사의 조사단계까지 계속되었다면, 검사 앞에서 행한 자백도 임의성이 없는 것으로 보아 그 증거능력이 부정된다고 한다(2002도4469; 2009도1603 등).

[2010도3029] 임의성 없는 심리상태의 계속과 자백

피고인이 수사기관에서 가혹행위 등으로 인하여 임의성 없는 자백을 하고 그 후 법정에서도 임의성 없는 심리상태가 계속되어 동일한 내용의 자백을 하였다면 법정에서의 자백도 임의성 없는 자백이라고 보아야 한다.

피고인들은 장기간 불법 구금된 상태에서 수사관들에 의하여 가혹행위를 당하여 임의성 없는 자백을 하였고, 그 후 검사의 수사 및 법원의 재판 단계에서도 임의성 없는 심리상태가 계속되어 동일한 내용의 자백을 한 것으로 볼 수 있으므로, 피고인들에 대한 검사 작성의 각 피의자신문조서의 기재 및 법정 자백은 임의성이 없어 증거로 사용할 수 없고, 공소사실에 부합하는 참고인들에 대한 진술조서(일부 진술서 포함) 역시 수사관들의 가혹행위에 의해 작성된 것으로 임의성이 없거나 그 내용을 신빙할 수 없어 유죄의 증거로 사용할 수 없다.

---

1) 강구진 488.

(2) 신체구속의 부당한 장기화로 인한 자백　신체구속의 부당한 장기화로 **19**
인한 자백은 그 증거능력이 부정된다. 여기에는 구속기간만료 후의 부당한 장기
구속은 물론, 처음부터 불법으로 행해진 구속에 기인한 자백도 포함된다. 이 경
우 자백의 증거능력이 부정되는 것은 자백의 임의성과 상관없이 구속의 위법성
때문이다. 신체구속의 부당한 장기화가 어느 정도에 이르러야 하는가는 구체적
사정을 바탕으로 구속의 필요성과 비례성을 기준으로 판단해야 한다.1)

3. 기망에 의한 자백

(1) 개　념　기망에 의한 자백은 기망 또는 위계를 사용하여 상대방을 착 **20**
오에 빠뜨려 얻은 자백을 말한다. 기망은 사실에 관한 것과 법률문제에 관한 것
모두를 포함한다. 다만 적극적 사술이 있어야 하고 단순히 착오를 이용하는 것
으로는 부족하다.

기망에 의한 자백의 증거능력을 부정하는 제309조의 근거에 관해 학설에 따 **21**
라 결론을 달리한다. 허위배제설은 기망으로 허위자백을 유발했거나 유발할 개연
성이 있다는 점에서, 인권옹호설은 기망으로 진술의 자유(의사결정의 자유)가 침해
된다는 점에서, 그리고 위법배제설은 자백획득과정의 위법이 국가기관의 위법한
신문방법에 연유하고 있다는 점에서 각각 증거능력배제의 근거가 있다고 한다.

(2) 구체적 예　기망에 의한 자백의 예를 들면, 1) 공범자가 이미 자백하였 **22**
다고 거짓말하거나, 2) 물증이 발견되었다고 기망하여 자백하게 하는 경우, 3)
자백하더라도 그 진술이 공판절차에서 증거로 사용될 수 없다고 거짓말하는 경
우 등이다. 그러나 사실이나 증거상황에 관한 단순한 침묵은 그것이 간계奸計한
것일지라도 기망에 해당하지는 않는다. 그렇지만 기망이 반드시 중대한 것이어
야 하는 것은 아니다. 기망이 '사소한 경우'가 아니라면 원칙적으로 기망에 해당
한다고 보아야 한다.

[85도2182] 기망에 의한 자백
피고인이 범죄사실을 자백한 것으로 기재되어 있는 검사작성의 피의자신문조서(3회)
는 당시 신문에 참여한 검찰 주사가 모든 피의사실을 자백하면 원심판시 범죄사실
을 불문에 붙이고 공동피고인 1과 합동하여 소매치기하였다는 피의사실부분은 가볍
게 처리할 것이며 피고인에 대하여 보호감호의 청구를 하지 않겠다는 각서를 작성

---

1) 신동운 1369; 이재상/조균석/이창온 45/20.

하여 주면서 피고인의 자백을 유도한 사실이 인정되므로 위 자백은 기망에 의하여 임의로 진술한 것이 아니라고 의심할 만한 이유가 있는 때에 해당하여 형사소송법 제309조 및 제312조 ①항의 각 규정에 따라 피의자신문조서의 기재를 증거로 할 수 없다.

4. 기타 방법에 의한 자백

23　　(1) 의 의　　제309조 후단은 '기타의 방법으로 임의로 진술한 것이 아니라고 의심할 만한 이유가 있는 때'에도 자백의 증거능력을 부정하고 있다. 이로써 제309조는 정형적인 자백배제사유뿐만 아니라 비정형적인 자백배제사유도 규정하고 있는 셈이며,[1] 이를 기초로 자백배제법칙의 적용범위는 확대될 수 있다. 여기서 기타의 방법은 모든 형태의 위법수단과 위법 여부를 떠나 인권침해적인 방법을 의미하는 것으로 해석해야 한다.

24　　(2) 이익의 약속에 의한 자백　　피고인이 자백하는 대가로 일정한 이익을 제공할 것을 약속하여 얻은 자백도 임의성을 의심할 만한 이유로 보아야 한다. 자백에 대한 대가로 약속된 이익이 실제로 제공된 경우에는 여기에 해당하고, 이익이 제공되지 않은 경우는 기망에 의한 자백에 속한다.

25　　제공을 약속한 이익은 자백에 영향을 미칠 수 있는 것이면 어떤 형태라도 상관없다. 반드시 형사처벌과 관계가 있어야 할 필요는 없고, 가족의 보호 등과 같은 일반적·세속적 이익도 포함한다. 다만 약속은 구체적이고 특수한 것이어야 한다. 또한 이익제공이 법률상 허용되지 않은 것이어야 한다는 견해[2]도 있으나, 법률상 허용된 이익제공도 포함된다고 보아야 한다. 자백의 배제이유는 약속된 이익의 위법적 성격에 있는 것이 아니라 이익제공과 자백이 거래될 경우 임의성이 의심된다는 점에 있기 때문이다.

[83도2782] 약속에 의한 자백유도

피고인이 처음 검찰조사 시에 범행을 부인하다가 뒤에 자백을 하는 과정에서 금 200만원을 뇌물로 받은 것으로 하면 특정범죄가중처벌등에관한법률 위반으로 중형을 받게 되니 금 200만원 중 금 30만원을 술값을 갚은 것으로 조서를 허위작성한

---

1) 신동운 1370.
2) 신동운 1370.

것이라면 이는 단순 수뢰죄의 가벼운 형으로 처벌되도록 하겠다고 약속하고 자백을 유도한 것으로 위와 같은 상황하에서 한 자백은 그 임의성에 의심이 가고 따라서 진실성이 없다는 취지에서 이를 배척하였다 하여 자유심증주의의 한계를 벗어난 위법이 있다고는 할 수 없다.[1]

(3) 피로에 의한 자백   정상적인 판단능력을 상실할 정도의 수면부족 또는 **26** 피로에 이른 상태에서 얻은 자백은 증거능력이 부정되어야 한다. 수사본질상 허용될 수 있는 정도의 추궁에 의한 신문이나 야간신문 자체가 위법하다고 볼 수는 없지만, 장시간 잠을 재우지 않고 신문하는 행위처럼 심한 피로를 이용하는 것은 고문에 해당하거나, 엄격한 의미의 고문에 해당되지 않더라도 인권침해적 수사방법이다. 따라서 '기타의 방법'에 해당한다.

[95도1964] 잠을 재우지 아니한 상태에서의 자백

피고인의 검찰에서의 자백은 피고인이 검찰에 연행된 때로부터 약 30시간 동안 잠을 재우지 아니한 채 검사 2명이 교대로 신문을 하면서 회유한 끝에 받아낸 것으로 임의로 진술한 것이 아니라고 의심할 만한 이유가 있는 때에 해당한다고 보아, 형사소송법 제309조의 규정에 의하여 그 피의자신문조서는 증거능력이 없다고 본 사례.[2]

(4) 거짓말탐지기·마취분석에 의한 자백

(가) **거짓말탐지기에 의한 자백**   거짓말탐지기의 검사결과로 취득한 자백 **27** 에 대해 증거능력을 인정할 수 있는가 하는 문제가 있다. 이에 대해 1) 부정설은 거짓말탐지기의 사용은 인간의 존엄과 가치를 침해하는 것이므로 그것을 이용하여 얻은 자백은 모두 증거능력이 없다고 하고, 2) 제한적 긍정설은 피검사자의 동의가 있는 경우에는 위법한 침해가 아니므로 증거능력을 인정할 수 있다고 한다.[3] 자백배제법칙의 근거를 종합설에 의해 이해하는 한 거짓말탐지기 검사의 위법성 여부를 떠나 1)의 견해가 타당하다. 판례는 엄격한 조건을 전제로 거짓말탐지기 검사 결과의 증거능력을 인정하지만(84도2277; 85도306 등), 이는 자백진술이 아닌 기타의 진술에 대한 것으로서 설령 증거능력이 인정되더라도 진술의 신빙성에 대한 정황증거로 인정될 수 있을 뿐이다. 따라서 거짓말탐지기

---

1) 같은 취지는 87도317.
2) 같은 취지는 97도3234; 2004도517 등.
3) 이은모/김정환 642; 이재상/조균석/이창온 45/26.

를 사용하여 자백을 받아냈다면 그 자백의 증거능력은 부정되어야 한다. 또한 검사결과를 거짓으로 말함으로써 자백을 얻어낸 경우에는 기망에 의한 자백으로 증거능력이 부정된다.

28   (나) **마취분석 등에 의한 자백**   마취분석은 약물을 투여한 상태에서 진술을 얻는 수사방법이다. 이는 인간의 의사지배능력을 배제하고 인간의 인격권(헌법 제10조, 37조 ①항)을 침해하며, 진술거부권을 침해하는 수사방법이다. 이 방법은 상대방의 동의 유무와 상관없이 제309조에 의해 증거능력이 부정된다.

Ⅲ. 입증의 문제

1. 인과관계의 필요 여부

29   (1) **필요설**   자백의 임의성에 영향을 미치는 사유와 자백 사이에 인과관계가 있어야 한다는 견해가 있다.1) 원인행위와 무관한 자백까지 증거능력을 배제해야 할 이유가 없다는 것이 그 이유이다. 이러한 견해는 제309조의 실제적 작용가능성을 좁히는 결과를 가져온다. 판례의 입장이라 할 수 있고(84도846), 자백배제법칙의 근거를 허위배제설과 인권옹호설에서 찾는 견해도 인과관계를 요구하는 필요설을 지지한다.2)

30   (2) **불요설**   반면에 제309조의 사유가 인정되면 자백사실에 대한 인과관계를 묻지 않고 증거능력을 부정해야 한다는 견해가 있다. 위법배제설이 지지하는 입장이며, 정책적 필요에 의해 인과관계를 요구하지 않는다. 다시 말해 일단 발생한 국가기관의 위법행위를 장래적으로 방지하기 위하여 위법사유가 임의성에 영향을 주었는가를 묻지 않고 곧바로 증거능력을 부정해야 한다는 것이다.3)

31   (3) **결 론**   임의성을 의심하게 하는 사유와 자백의 배제를 인과관계로 연결하려는 것은 자백배제법칙의 본질에 어긋나는 것이다. 제309조의 자백배제법칙은 증거능력에 관한 규정이기는 하지만 헌법 제12조 ⑦항의 자백배제법칙은 증거능력의 문제 이전에 위법적 수사방지와 인권보장을 위한 규정이다. 인과관계를 요구하는 것은 헌법적 차원의 자백배제법칙을 위반하는 것이다. 위법하거

---

1) 김기두 135; 신동운 1374; 이재상/조균석/이창온 45/27; 이창현 880.
2) 신동운 1374에서는 자백배제법칙의 근거에 관한 종합설을 취하면 인과관계를 요구하게 되지만, 다만 인과관계의 입증을 용이하게 함으로써 자백배제법칙의 적용을 실질적으로 촉진하여야 한다는 견해를 제시한다.
3) 이은모/김정환 644; 정영석/이형국 340.

나 인권침해적인 수단이 사용되었다면 인과관계와 상관없이 자백의 증거능력은 부정되어야 한다.

2. 임의성을 의심케 하는 사유의 증명

(1) 증명책임의 주체

⑺ **학 설**　피고인이 자백의 임의성을 의심케 하는 사유의 존재를 주장하 **32** 는 경우, 다시 말하면 피고인이 자백의 임의성을 다투는 경우에는 그 증명책임 이 누구에게 있는가 하는 문제가 생긴다. 이에 대해 증명책임을 긍정하는 견해 는 증명책임 개념을 인정하면서도 제309조가 '임의로 진술한 것이 아니라고 의 심할 만한 이유가 있는 때'라고 규정하고 있음을 근거로, 자백의 임의성에 대한 증명책임이 검사에게 있다고 본다.[1] 한편 증명책임 개념을 부정하는 견해는 임 의성에 대한 증명이 불분명할 경우에는 in dubio pro reo 원칙에 따라 자백의 증거능력을 부정해야 한다고 본다.

⑻ **판 례**　과거 판례는 진술의 임의성을 잃게 하는 사정은 헌법이나 형 **33** 사소송법 등의 규정에 비추어 특히 이례적인 것에 속하므로 일단 진술의 임의 성은 추정된다고 하였다(82도3248). 그리하여 피고인이 자백의 임의성에 대해 다 투려면 임의성을 의심할 만한 구체적 사실을 들어야 하고, 그에 의하여 자백의 임의성에 합리적이고 상당한 정도의 의심이 있을 때 비로소 검사에게 그에 대 한 증명책임이 돌아간다는 태도를 취하였다(84도748; 84도1139). 그러나 최근 판례 는 그러한 전제 없이 임의성에 다툼이 있는 경우 검사가 임의성의 의문점을 해 소하여 입증해야 한다는 입장을 취하고 있다(2004도517; 2012도9879 등).

[97도3234] 자백의 임의성의 증명책임

[1] 자백의 임의성에 다툼이 있을 때에는 그 임의성을 의심할 만한 합리적이고, 구 체적인 사실을 피고인이 입증할 것이 아니고 검사가 그 임의성의 의문점을 해소하 는 입증을 하여야 한다.
[2] 자백한 경위, 그 구체적 내용 및 자백 후의 정황 등에 비추어 볼 때, 검찰에서 의 자백이 잠을 재우지 아니한 상태에서 임의로 진술된 것이 아니라고 의심할 만한 상당한 이유가 있음에도 그에 관하여 심리·판단 없이 이를 유죄의 증거로 삼은 원 심판결을 파기한 사례.

---

[1] 배종대/홍영기 [50] 9; 이은모/김정환 644; 이재상/조균석/이창온 45/28; 이창현 881.

34   (다) **결 론**   생각건대 제309조의 임의성을 의심케 하는 사실은 피고인이 쉽게 증명할 수 있는 대상이 아니다. 그러므로 피고인은 임의성의 기초사실을 다투기만 하면 증명책임을 이행하지 못했을지라도 합리적 의문은 발생한 것으로 보고, in dubio pro reo 원칙에 따라 검사가 임의성을 의심케 하는 사실이 존재하지 않았음을 증명하여야 한다.

35   (2) **증명의 방법**   자백의 임의성에 대한 증명의 방법에 대해서는 1) 엄격한 증명에 의해야 한다는 견해[1]와 2) 자백의 임의성은 소송법적 사실이므로 자유로운 증명으로 충분하다는 견해[2]가 있다. 판례는 일반적인 자백의 임의성에 대해 후자의 입장을 취한다(2003도705; 2010도3029 등). 한편, 절충적 견해로는 소송법적 사실과 실체법적 사실을 구별하는 것은 지나치게 형식적이므로 위법사유의 정도에 따라 달리 해결해야 한다는 견해가 있다. 즉 고문, 폭행, 협박, 신체구속의 부당한 장기화, 기망 등의 사유로 임의성이 침해된 때는 엄격한 증명을 필요로 하고, 기타의 사유에 기인하는 때는 자유로운 증명으로 족하다고 한다.[3]

36   순수한 소송법적 사실과 달리 제309조의 요건에 해당하는 사실의 존부는 유죄인정의 결정적 증거인 자백진술의 사용을 좌우하며, 자백진술의 증거사용 여부는 피고인의 유·무죄에 대한 판단을 실질적으로 좌우한다. 따라서 고문 등 자백의 임의성을 의심하게 하는 사유가 없는 경우에는 자백의 임의성을 판례에 따라 자유로운 증명으로 판단할 수 있겠지만, 자백의 임의성을 의심하게 하는 사유를 피고인이 주장하면 그러한 사유가 없었다는 것이 엄격한 증명의 방법으로 증명되어야 한다.

> **[2009도1603] 자백의 임의성의 증명방법**
>
> 피고인이 피의자신문조서에 기재된 피고인의 진술 및 공판기일에서의 피고인의 진술의 임의성을 다투면서 그것이 허위자백이라고 다투는 경우, 법원은 구체적인 사건에 따라 피고인의 학력, 경력, 직업, 사회적 지위, 지능 정도, 진술의 내용, 피의자신문조서의 경우 그 조서의 형식 등 제반사정을 참작하여 자유로운 심증으로 위 진술이 임의로 된 것인지의 여부를 판단하면 된다.

---

1) 강구진 496; 김기두 126; 이은모/김정환 645.
2) 배종대/홍영기 [50] 11; 이재상/조균석/이창온 45/1; 이창현 882.
3) 신동운 1377.

Ⅳ. 자백배제법칙의 효과

1. 증거능력의 절대적 배제

임의성을 의심할 만한 이유가 있는 자백은 제309조에 의해 증거능력이 없 **37** 다. 이러한 증거능력제한의 효과는 절대적이다. 증거능력의 절대적 배제는 헌법 제12조 ⑦항 전단이 규정하고 있다. 따라서 이러한 자백에 대해 피고인이 동의 하더라도 증거능력이 인정되지 않는다. 이는 전문법칙에 의한 증거능력제한(제 310조의2)과 구별되는 점이다. 또한 임의성을 의심할 만한 이유가 있는 자백은 탄핵증거(제318조의2)로도 사용될 수 없다. 이러한 자백을 근거로 유죄판결을 내 리면 이는 법령위반으로서 상대적 항소이유(제361조의5 1호) 및 상고이유(제383조 1호)에 해당된다.1)

2. 파생증거의 증거능력

증거능력이 인정되지 않는 자백에 의해 수집된 파생증거의 증거능력도 부 **38** 정할 것인가에 대해 견해의 대립이 있다. 1) 전면부정설은, 파생증거도 결국 위 법하게 수집된 증거이므로 증거능력이 인정되지 않는다고 본다(통설).2) 2) 제한 부정설은, 고문, 폭행, 협박, 신체구속의 부당한 장기화와 같이 중대한 위법수사 의 경우에는 파생증거의 증거능력을 부정해야 하지만, 기망 기타 방법에 의한 자백의 경우에는 실체진실발견의 관점에서 인정해도 무방한 것으로 본다.

파생증거의 증거능력을 인정하면 제309조의 입법취지는 실현될 수 없다. **39** 따라서 파생증거에 대해서도 제309조의 법적 효과가 미치는 것으로 보아야 한 다. 이는 자백배제법칙의 먼거리효과 또는 독나무열매이론에 의한 효과라고 할 수 있다.

---

1) 배종대/홍영기 [50] 12; 신동운 1379; 이은모/김정환 645; 이창현 882.
2) 강구진 509; 김기두 136; 배종대/홍영기 [50] 12; 이은모/김정환 645; 이재상/조균석/이창온 45/30; 정영석/이형국 342.

[52] 제 4 전문법칙

I. 전문증거와 전문법칙

1. 전문증거

1   (1) 개 념   전문傳聞증거(Hearsay evidence), 즉 '전해들은 증거' 또는 '법관이 전해 듣는 증거'는 사실인정의 기초가 되는 사실을 경험한 경험자 자신이 법원에 그 경험내용을 직접 보고하지 않고 다른 제3의 매체를 통하여 간접적으로 보고하는 경우 그 제3의 매체를 말한다.1) 제3의 매체가 사람인 경우를 전문증인, 서류인 경우를 전문서류라고 한다. 전문서류는 경험자가 그 경험내용을 직접 기재한 '진술서'와 경험자의 진술내용을 타인이 서면에 기재한 '진술조서'로 구분된다.

(2) 전문증거의 범위

2   (카) **진술증거**   전문증거는 요증사실을 직접 경험한 자의 진술을 내용으로 하는 증거, 즉 진술증거이므로 비진술증거인 물적 증거2)는 전문증거가 아니다.

3   [전문으로서의 행동]   甲은 乙에게 절도죄 현행범으로 A를 지목하였다. 乙이 법정에서 甲의 지시행동을 증언할 경우, 甲의 지시행동은 비언어적 행동이지만, 이러한 지시행동에 '진술'이 포함된 것, 즉 전문으로서의 행동(conduct as hearsay)으로 볼 수 있는가 하는 점이 문제가 된다. 1) 이를 긍정하여 乙의 증언을 전문증언이라고 보는 견해가 다수견해이다.3) 2) 다만 도망이나 침묵과 같이 특정한 의사를 표현하려는 의도를 가지지 않은 행동은 전문증거가 아니라 정황증거로 보아야 할 것이다.4)

4   [언어적 행동]   甲은 공무원 A에게 선물을 하면서 '이것은 뇌물이 아니다'라고 말했다. 甲의 이러한 말을 전해들은 乙이 그 내용을 증언할 경우, 乙의 증언이 甲의 말을 옮기는 것이긴 하지만, 여기서 甲의 말은 甲의 행동에 부수된 것으로서 그 행동

---

1) 미국 연방증거법(Federal Rules of Evidence) 제801조 C항은 "전문증거란 공판정 또는 심리에서 조사받은 진술자에 의해 이루어진 것이 아닌 주장사실의 진실을 증명하기 위해 제공된 진술을 의미한다"고 하면서, 같은 조 A항에서 "진술은 구두 또는 서면에 의한 주장 또는 주장하려는 자의 비언어적 행동"이라고 규정하고 있다. 주광일, 전문법칙연구, 법전출판사 1979, 14면 이하 참조.
2) 예컨대, 흉기나 지문과 같은 증거물, 위조문서와 같은 서증, 검증대상이 되는 물건이나 장소 등.
3) 배종대/홍영기 [51] 2; 이은모/김정환 665 이하; 이재상/조균석/이창온 47/16; 이창현 884.
4) 이은모/김정환 666; 이재상/조균석/이창온 47/16; 이창현 884.

의 의미를 설명하기 위한 방편으로 사용되고 있다. 따라서 乙의 증언은 전문증거가 되지 않는다. 이를 언어적 행동(verbal act)이라고 한다.

(내) **전문증거와 원본증거**　　원본증거는 사실인정의 기초가 되는 사실을 경 **5** 험한 자가 법원에 그 경험내용을 직접 보고하는 경우를 말한다. 판례에서는 이를 '본래증거'라 한다. 어떤 증거가 전문증거인지 원본증거인지의 여부는 요증사실과의 관계에서 결정된다. 타인의 진술이나 서류에 포함된 원진술의 내용인 사실이 요증사실인 경우에는 전문증거이지만, 원진술의 존재 자체가 요증사실인 경우에는 원본증거 또는 본래증거이고, 전문증거가 아니다.

[원본증거와 전문증거의 구별]

1) **2008도8007**: 乙이 전화를 통하여 피고인 甲으로부터 "2006. 2.경 건축허가 담당 공무원이 4,000만원을 요구하는데 사례비로 2,000만원을 주어야 한다"는 말을 들었다는 취지로 수사기관 및 법정에서 진술한 경우에, 피고인 甲의 위와 같은 원진술의 존재 자체가 이 사건 알선수재죄에서의 요증사실이므로, 이를 직접 경험한 乙이 피고인 甲으로부터 위와 같은 말을 들었다고 하는 진술은 전문증거가 아니라 본래증거에 해당된다.

2) **2012도2937**: 乙이 제1심법정에서 '피고인 甲이 88체육관 부지를 공시지가로 매입하게 해 주고 KBS와의 시설이주 협의도 2개월 내로 완료하겠다고 말하였다'고 진술한 경우에, 피고인 甲의 위와 같은 원진술의 존재 자체가 이 부분 각 사기죄 또는 변호사법 위반죄에서의 요증사실이므로, 이를 직접 경험한 乙이 피고인 甲으로부터 위와 같은 말을 들었다고 하는 진술은 전문증거가 아니라 본래증거에 해당한다.

(다) **정황증거**　　전문증거는 그것이 사실인정의 자료로 사용될 때 문제가 **6** 되므로 원진술자의 말이 원진술자의 심리적·정신적 상황을 증명하기 위한 정황증거로 사용되는 경우에는 전문증거가 문제되지 않는다.

2. 전문법칙

(1) **제310조의2와 전문법칙**　　전문법칙은 "전문증거는 증거가 될 수 없다 **7** (Hearsay is no evidence)"는 원칙을 말한다. 제310조의2는 "제311조 내지 제316조에 규정한 것 이외에는 공판준비 또는 공판기일에서의 진술에 대신하여 진술을 기재한 서류나 공판준비 또는 공판기일 외에서의 타인의 진술을 내용으로 하는 진술은 이를 증거로 할 수 없다"고 규정하고 있다. 전문증거는 증거능력이 없으

므로, 1) 사실인정의 자료로 사용될 수 없을 뿐만 아니라, 2) 증거조사 자체도 허용되지 않는다.

(2) 전문법칙의 근거

8		**㈎ 반대신문권의 보장**		다수의 견해에 의하면, 전문증거는 기억과 표현의 과정에서 오류가 개입될 위험이 높음에도 불구하고 원진술의 진실성을 당사자의 반대신문으로 점검할 수 있는 기회가 주어지지 않기 때문에 증거능력이 부정된다.[1] 전문진술은 물론 전문서류의 경우에도 원진술자에 대한 반대신문의 기회가 박탈되므로 모두 증거능력이 부정된다는 것이다.

9		**㈏ 신용성의 결여**		다른 견해에 의하면, 전문증거는 그 가치가 증인 자신의 신용성에서 발생하는 것이 아니라 타인의 성실성과 능력에 의존하여 와전될 가능성이 많아 신용성이 희박하기 때문에 증거능력이 부정된다고 한다.[2] 다만 이 견해에 의하면 신용성의 결여는 반대신문권의 보장을 포함하는 개념이므로, 전문법칙의 가장 중요한 근거가 반대신문권의 보장에 있다는 점을 부정할 수 없다고 한다.

10		**㈐ 직접주의의 요청**		이 견해는, 법원은 원진술자의 진술을 공판정에서 직접 증거조사해야만 그 진술내용뿐만 아니라 진술태도를 관찰할 수 있고, 그러한 태도증거로부터 정확한 심증을 형성할 수 있는 것인데, 전문증거는 이를 가로막기 때문에 증거로 사용할 수 없다고 한다.[3]

11		**㈑ 결 론**		위의 세 견해 중 어느 하나가 제310조의2의 입법취지를 설명하는 유일한 학설이 될 수는 없다. 세 견해는 각기 제310조의2가 추구하는 목표의 여러 측면을 설명하는 것으로 이해하여야 한다. 1) 현행법의 전문법칙은 이론적·체계적 관점에서 보면, 단순히 영미법계 증거법의 전문법칙을 계수한 것이라기보다는 독일 형사소송법의 직접주의를 수용한 것으로 이해할 수 있다. 현행법은 독일법과 유사하게 형식적 직접주의[4]에 관한 예외규정(예컨대 제165조, 167조, 273조 등)을 두고 있고, 실질적 직접주의[5]에 관해서도 독일법(형사소송법 제250조, 251조 등)과 문언과 형식에서 대단히 유사한 형태의 예외규정(예컨대 특히 제314조, 316조 등)을 두고 있기 때문이다. 2) 제310조의2는 영미증거법상의 전문

---

1) 강구진 448; 백형구 288; 이은모/김정환 664; 이창현 886; 정영석/이형국 343.
2) 김기두 137; 이재상/조균석/이창온 47/10.
3) 신동운 1143; 이창현 886.
4) 증거조사는 '법원'이 '공판기일'에 '공판정'에서 해야 한다는 원칙.
5) 법원의 증거조사는 원본증거에 대해 직접 조사할 때 비로소 실질화될 수 있다는 원칙.

법칙의 근거1)라고 하는 반대신문권의 보장을 입법취지로 삼고 있다고 볼 수도 있다. 당사자의 반대신문이 활발할 때 법원은 증거조사에서 더욱 많은 증거, 특히 태도증거를 확보할 수 있기 때문이다. 3) 신용성의 결여도 제310조의2와 무관하지 않다. 그러나 신용성이란 전문증거를 배제하는 증거조사절차의 일반적 속성에 불과하고 전문증거를 배척하는 원인이 될 수는 없다. 시간이 흐를수록 전문증거가 원본증거보다 신용성이 더욱 높을 수도 있기 때문이다.2)

> **[2004헌바45] 전문법칙의 근거**
> 형사소송법 제310조의2는 공개법정의 법관의 면전에서 진술되지 아니하고, 피고인에게 반대신문의 기회를 부여하지 않은 전문증거의 증거능력을 배척함으로써 피고인의 반대신문기회를 보장하고, 직접심리주의에서 공판중심주의를 철저히 함으로써, 피고인의 공정한 재판을 받을 권리를 보장하기 위한 것이다.

(3) 전문법칙의 적용범위　전문법칙은 전문증거에 대해서만 적용된다. 따라 **12** 서 전문법칙은 전문증거가 아닌 증거에 대해서는 적용되지 않으며, 전문증거라 할지라도 탄핵증거로 사용되거나 증거동의가 있는 경우에는 전문법칙이 적용되지 않는다.

(가) 탄핵증거　증인의 신용성을 탄핵하기 위해 공판정 외에서 행한 모순 **13** 된 진술을 증거로 제출하는 경우에는 전문법칙이 적용되지 않는다(제318조의2). 원진술의 진실성을 적극적으로 증명하기 위한 경우가 아니기 때문이다.

(나) 증거동의　당사자가 증거로 하는 데 동의한 경우에는 전문법칙이 적 **14** 용되지 않는다(제318조). 간이공판절차에서는 증거동의가 있는 것으로 간주된다(제318조의3).

3. 전문법칙의 예외

(1) 예외의 필요성　형사재판에서 모든 전문증거를 완전히 배제한다면, 사 **15** 실인정의 자료를 지나치게 제한하여 형사사법의 진실발견활동에 중대한 장애를

---

1) 전문법칙은 영미법계의 증거법에서 유래하는 원칙이라고 하는데, 영미법상 전문법칙의 근거로는 1) 전문증거는 원진술자의 법정선서가 결여되어 있다는 점, 2) 원진술자를 법정에서 직접 대면할 수 없다는 점, 3) 당사자의 반대신문권이 보장되지 않는다는 점, 4) 신빙성이 문제 된다는 점 등이 제시된다. 주광일 21 이하 참조.

2) 예컨대, 증인의 진술을 기재한 서류가 기억이 희미해져 가는 증인보다 신용성이 더욱 높을 수 있다.

초래할 수 있다. 또한 당사자의 반대신문이 없더라도 증거의 진실성을 인정할 수 있는 경우가 얼마든지 있을 수 있고, 이러한 경우까지 법원이 증인·감정인 등을 소환하여 직접 증거조사를 해야 한다면, 과도한 시간과 에너지의 불필요한 낭비를 초래하게 되어 소송경제에도 반한다. 따라서 진실발견과 소송경제의 관점에서 전문법칙의 예외를 인정해야 할 필요가 있다.[1] 형사소송법은 제311조 내지 제316조에서 전문법칙의 예외를 규정하고 있다. 제311조 내지 제315조는 원진술자의 진술을 대신하는 전문서류에 관한 것이고 제316조는 전문진술에 관한 것이다. 아래에서 이를 차례로 살펴보기 전에 먼저 예외인정의 일반적 기준과 법정책을 언급한다.

16   **(2) 예외인정의 일반적 기준**   우리 학계에서는 일반적으로 전문법칙의 예외인정기준으로 '신용성의 정황적 보장'과 '필요성'을 들고 있다. 이것은 영미증거법에서 판례를 통해 형성된 원칙이다.

17   **(가) 신용성의 정황적 보장**   이는 원진술자의 진술이 비록 공판정 밖에서 행해진 것이지만 당시의 여러 정황에 비추어 그 진실성이 담보될 수 있는 경우를 말한다. 즉 공판정에서 상대방에게 원진술자에 대한 반대신문의 기회를 주지 않더라도 원진술 당시의 정황에 비추어 허위의 위험성이 없는 경우이다. 물론 여기서의 신용성은 증거능력과 관련된 것이므로 진술내용 자체의 진실성을 의미하는 것이 아니라, 그 진실성을 담보할 만한 외부적 정황을 의미하는 것이다. 신용성의 정황적 보장인 강한 진술은 대개 자연적·반사적 진술이다. 예컨대, 사건 직후 정신적·신체적 고통 가운데서 행한 진술, 사건 중 또는 사건 직후의 객관적 사실에 대한 충동적 진술, 임종의 진술, 이익에 반하는 진술, 업무상 관련된 서류 등이다.

18   **(나) 필요성**   이는 원진술과 같은 가치의 증거를 찾는 것이 어렵기 때문에 진실발견을 위해서는 어쩔 수 없이 전문증거라도 사용할 필요가 있는 것을 말한다. 물론 여기서의 필요성은 전문증거가 진실발견을 위하여 사용이 필요하다는 것을 의미하는 것이 아니라, 원진술자를 공판정에 출석시켜 다시 진술하게 하는 것이 불가능하거나 현저하게 곤란하다는 것을 의미한다. 필요성이 있는 경우는 예컨대, 원진술자가 사망·질병 또는 행방불명 등으로 공판정에서 진술할 수 없는 경우 등이다(제314조, 316조 ②항).

---

1) 배종대/홍영기 [51] 17; 신동운 1147; 이은모/김정환 668; 이재상/조균석/이창온 47/23; 정영석/이형국 347.

⒜ **양자의 관계**   전문법칙의 예외가 인정되기 위해서는 이 두 가지 요건 19
이 모두 요구되나, 모든 경우 동시에 같은 정도로 엄격하게 충족되어야 할 필요
는 없다. 어느 하나의 요청을 강하게 충족하면 다른 것은 약하더라도 상관이 없
다고 한다. 즉 양자의 충족정도는 상호보완 내지 반비례관계에 있다.[1] 그러나
필요성만을 지나치게 강조하면 실질적으로 피고인의 방어권 행사에 중대한 지
장을 초래할 수 있으므로, 필요성에 의한 증거능력 인정은 매우 신중하여야 함
을 유념할 필요가 있다.

20

[전문법칙의 예외규정]

예외사항		예외요건
제311조	법원 또는 법관의 조서	없음
제312조	①항 ③항	검사/검사 이외 수사기관 작성 (피고인이 된) 피의자신문조서	1) 작성절차의 적법 2) 피의자였던 피고인 또는 변호인의 내용인정
	④항	검사/사법경찰관이 피고인이 아닌 자의 진술을 기재한 조서	1) 작성절차의 적법 2) 실질적 성립의 진정 3) 피고인 또는 변호인의 신문기회 4) 특신상태의 증명
	⑤항	피고인/피고인 아닌 자가 수사과정에서 작성한 진술서	위의 제①③④항 준용
	⑥항	검사/사법경찰관의 검증조서	1) 작성절차의 적법 2) 작성자의 진정성립 인정
제313조	①항	피고인/피고인 아닌 자의 진술서, 피고인 아닌 자에 대한 진술기재서	작성자/진술자에 의한 성립의 진정 증명
	단서	피고인에 대한 진술기재서	성립의 진정＋특신상태
	②항	작성자의 진정성립부정	과학적 분석 등 객관적 증명
	단서	피고인 아닌 자의 진술서	과학적 분석 등 객관적 증명＋ 피고인 또는 변호인의 신문기회

1) 강구진 53; 김기두 139; 신동운 1149; 이은모/김정환 669; 이재상/조균석/이창온 47/24; 이창
현 888.

	③항	감정서	성립의 진정
제314조		312조/제313조에서 원진술자의 진술 불능	특신상태
제315조		당연히 증거능력이 있는 서류	없음
제316조	①항	피고인 아닌 자의 전문진술이 – 피고인의 진술을 내용으로 하는 경우	특신상태
	②항	피고인 아닌 자의 전문진술이 – 피고인 아닌 자의 진술을 내용으로 하는 경우	1) 원진술자의 진술불능 2) 특신상태

Ⅱ. 제311조 법원 또는 법관의 조서

1. 의　　의

21　　(1) 증거능력의 당연 인정　　제311조에 의하면, 공판준비 또는 공판기일에 피고인이나 피고인 아닌 자의 진술을 기재한 조서와 법원 또는 법관의 검증조서는, 전문서류이지만 증거로 할 수 있으며, 증거보전의 청구(제184조) 및 증인신문의 청구(제221조의2)에 의해 작성한 조서도 마찬가지이다. 법원 또는 법관의 면전에서 행한 진술을 기재한 조서이므로 그 성립이 진정하고 신용성의 정황적 보장도 높기 때문에, 조건 없이 증거능력을 인정하는 것이다(2004도4428).

22　　(2) 증거능력 인정의 근거　　제311조의 근거에 대해서는 견해의 차이가 존재한다. 즉 1) 당사자가 참여권(제163조 ①항)과 신문권(제161조의2)을 가지고 있어 반대신문기회가 보장되어 있으므로 전문법칙이 적용되지 않는다고 보는 견해,[1] 2) 직접주의의 예외라고 보는 견해,[2] 3) 전문법칙의 예외를 규정한 것이라고 보는 견해[3]가 대립한다. 세 가지 견해 모두 타당하다. 다만 제311조 2문의 증거보전절차(제184조)와 증인신문청구절차(제221조의2)를 통해 작성한 조서에 대해서는 이와 같은 대립이 없다. 그러나 증인신문청구절차에서도 피의자·변호인 등의

---

1) 정영석/이형국 350의 주 1.
2) 강구진 454, 459; 신동운 1150.
3) 김기두 140; 신양균/조기영 742; 이재상/조균석/이창온 47/30; 차용석/최용성 576.

참여권이 보장되므로 제311조 1문의 성질에 대한 견해대립이 동일하게 적용될
수 있다.

2. 피고인의 진술을 기재한 조서

(1) 공판준비 또는 공판기일에 '피고인의 진술'을 기재한 조서   공판준비에서 **23**
피고인의 진술을 기재한 조서'는 공판준비절차에서 공판기일 전의 피고인을 신
문한 조서, 공판기일 전 법원의 검증조서(제273조 ①항) 중 피고인의 진술을 기재
한 부분을 말한다. 그리고 '공판기일에서 피고인의 진술을 기재한 조서'는 공판
조서를 말한다. 여기에는 공판절차갱신 전의 공판조서, 상소심에 의한 파기환송
전의 공판조서, 이송된 사건의 이송 전의 공판조서, 관할위반의 재판이 확정된
후에 재기소된 경우의 공판조서 등이 있다. 물론 공판정에서 피고인이 행한 진
술은, 그 자체가 증거가 되므로 전문법칙이 문제되지 않는다.

(2) 다른 사건의 공판준비조서 또는 공판조서   피고인의 진술을 기재한 조 **24**
서가 당해 사건의 조서에 제한되는가에 대해서는, 1) 제311조의 적용을 받는 피
고인진술을 기재한 조서는 당해 사건의 조서에 제한된다는 견해,1) 2) 다른 사
건의 조서라도 피고인진술을 기재한 것이면 제311조의 적용대상이 된다는 견
해2)가 대립한다. 판례에 의하면 구속적부심에서 피의자의 진술을 기재한 구속
적부심문조서는 제311조가 규정한 조서에 해당하지 않고, 제315조 3호에 의해
증거능력이 인정된다(2003도5693). 같은 취지에서 다른 사건의 조서는 제315조 3
호에 의해 증거능력이 인정될 수도 있으므로 제311조는 당해 사건의 공판조서
에 대해서만 적용되는 것으로 해석하는 것이 더 명확하다.

3. 피고인 아닌 자의 진술을 기재한 조서

(1) '피고인 아닌 자의 진술'   '공판준비에서 피고인 아닌 자의 진술을 기재 **25**
한 조서'는 제273조에 의해 당해 사건의 공판준비절차에서 증인·감정인·통역
인·번역인 등을 신문한 조서를 의미한다. '공판기일에서 피고인 아닌 자의 진술
을 기재한 조서'는 공판조서를 의미한다. 여기에는 공판절차갱신 전의 공판조서
나 파기환송·이송 전의 공판조서 등이 있다. 그리고 '피고인 아닌 자'란 피고인

---

1) 김기두 140; 신동운 1151; 이은모/김정환 671; 이재상/조균석/이창온 47/32; 이창현 889; 차
   용석/최용성 577.
2) 이창현 889의 각주 참조.

을 제외한 제3자, 즉 증인·감정인뿐만 아니라 공범과 공동피고인도 포함한다.

(2) 공동피고인의 진술을 기재한 조서

26   (가) 공범인 공동피고인   '공범인 공동피고인'도 '피고인 아닌 자'이므로 공
판정에서 공동피고인의 진술을 기재한 조서는 증거능력이 인정된다(66도316).
'공범인 공동피고인'의 공판정에서의 피고인으로서의 진술은 이에 대한 피고인
의 반대신문권이 보장되어 있어 증인으로 신문한 경우와 다를 바 없으므로 독
립한 증거능력이 있기 때문이다(92도917; 2006도1944 등). 판례는 여기의 공범에는
공동정범, 교사범, 종범은 물론, 합동범, 필요적 공범도 포함되는 것으로 보고
있다.

27   (나) 공범 아닌 공동피고인   '공범 아닌 공동피고인'은 당해 피고인에 대한
관계에서는 증인의 지위에 있으므로, 피고인의 공소사실에 대해 증인으로 선서
하지 않은 상태에서 이루어진 '공범 아닌 공동피고인'의 공판정에서의 진술은
피고인에 대한 관계에서는 증거능력이 없다(82도1000; 2005도7601 등). 따라서 '공
범 아닌 공동피고인'의 법정 진술을 기재한 공판조서도 증언에 해당하지 않는
한 피고인의 공소사실에 대한 증거로 사용할 수 없다.

28   (3) 다른 사건의 공판준비조서 또는 공판조서   이 규정의 '공판준비 또는 공
판조서'가 당해 사건의 조서를 의미한다는 데는 견해가 일치한다.[1] 따라서 피고
인 아닌 자의 진술을 기재한 다른 사건의 공판준비조서 또는 공판조서는 제311
조는 적용되지 않고 제315조 3호가 적용된다.[2] 판례도 같은 입장이다(66도617;
2004도4428 등).

4. 법원·법관의 검증조서

29   (1) 검증조서의 의의   검증조서란 법원 또는 수사기관이 검증을 행하고 검
증결과를 기재한 조서를 말한다. 검증에 관하여는 조서를 작성해야 하며, 검증
조서에는 검증목적물의 현장을 명확하게 하기 위하여 도화나 사진을 첨부할 수
있다(제49조 ①·②항). 검증조서는 검증 당시 법원이나 수사기관이 직접 지각知覺
한 내용을 기재한 조서이기 때문에 지각한 자의 기억보다 더 정확할 수 있다.
따라서 현행법은 검증조서에 대해 전문법칙의 예외를 인정하고 있다. 수사기관
의 검증조서는 제312조 ⑥항에 의해 증거능력이 인정될 수 있다. 다만 법원 또

---

1) 김기두 140; 백형구 293; 이은모/김정환 671; 이재상/조균석/이창온 47/32; 이창현 889 등.
2) 백형구 293; 이은모/김정환 671; 이재상/조균석/이창온 47/32.

는 법관의 검증조서(제311조)와 수사기관의 검증조서(제312조 ⑥항)는 증거능력의 인정요건에서 차이가 난다.

(2) **증거능력의 당연인정**   '공판준비 또는 공판기일에 법원 또는 법관의 검 **30** 증결과를 기재한 조서'는 증거능력이 인정된다(제311조). 수소법원 또는 수명법관·수탁판사가 검증을 행한 경우의 검증조서는 물론, 증거보전을 위하여 판사가 검증을 행한 제184조의 검증조서도 증거능력이 인정된다(제311조 2문). 법원 또는 법관의 검증조서에 당연히 증거능력이 인정되는 이유는, 공평한 제3자인 법원 또는 법관이 직접 검증을 행하고 검증에 당사자의 참여권(제145조, 121조)이 인정되므로, 검증결과에 신용성의 정황적 보장이 있고 기재의 정확성이 추정될 수 있기 때문이다.[1] 그러나 법원 또는 법관의 검증조서라 하더라도 검증조서에 서명·날인이 없는 경우처럼 검증조서 자체가 무효인 경우에는 제311조가 적용될 수 없다. 그리고 검증절차에 중대한 위법이 있는 경우에는 위법수집증거여서 그 증거능력이 인정되지 않는다.[2]

(3) **다른 사건의 검증조서**   제311조의 검증조서가 당해 사건의 검증조서뿐 **31** 만 아니라 다른 사건의 검증조서도 포함하는가에 관하여, 적극설[3]과 소극설[4]이 대립한다. 소극설이 타당하다. 제311조가 조건 없이 증거능력을 인정하는 것은 법관의 검증에 당사자가 참여한다는 점에 그 근거가 있는 것인데, 다른 사건의 검증에는 재판중인 피고사건의 당사자가 참여하지 않았기 때문이다.

(4) **검증조서에 기재된 참여인 진술의 증거능력**   검증을 효과적으로 수행하 **32** 기 위하여 검증에 사건관계인을 참여시키는 경우가 있다. 검증조서에 기재된 참여인의 진술은 단지 진술일 뿐이며 검증결과는 아니다. 참여인의 진술에는 현장지시와 현장진술의 두 가지가 있다. 현장지시는 검증대상을 지시하는 진술(예컨대, 검증의 목적물이나 장소를 확정하기 위한 진술)이고, 현장진술은 검증현장을 이용하여 행하여지는 현장지시 아닌 진술(예컨대, 검증현장에서 검증상황에 따라 사건 당시의 상황을 진술하는 것)을 말한다. 참여인의 진술의 증거능력에 관해 다음과 같은 의견대립이 있다.

(가) **검증조서부정설**   현장지시와 현장진술을 구별하지 않고, 검증조서에 **33** 기재된 진술은 당연히 증거능력이 인정되지 않으며 진술자의 서명·날인이 있는

---

1) 이재상/조균석/이창온 47/39; 이창현 939.
2) 강구진 455; 신동운 1154; 이창현 939.
3) 정영석/이형국 351.
4) 신동운 1155; 이은모/김정환 689; 이재상/조균석/이창온 47/40; 이창현 939.

경우에 한하여 제313조 ①항에 준하여 증거능력의 유무를 판단한다는 견해이다.1)

34 (내) **구분설** 현장지시는 검증조서와 일체를 이루기 때문에 검증조서로서 증거능력을 인정하지만, 현장진술은 진술조서로 취급하여야 한다는 견해이다.2) 그리고 현장진술이 법원이나 법관의 면전에서 이루어진 경우에는 제311조 1문 전단에 의해 증거능력이 인정된다고 한다.3)

35 (대) **수정설** 현장지시가 법원의 검증활동의 동기를 설명하는 비진술증거로 이용되는 때에는 검증조서와 일체를 이루지만, 현장지시 자체가 범죄사실을 인정하기 위한 진술증거로 이용되는 때에는 현장진술과 같이 취급되고, 현장진술은 법원이나 법관의 면전에서 이루어진 것이므로 제311조 1문 전단에 의하여 증거능력이 인정된다는 견해로서 구분설을 수정한 입장이다.4)

36 (래) **결 론** 법원·법관의 검증조서는 신용성이 담보된 서류이므로 부정설은 부당하고, 검증조서에 기재된 진술을 검증결과와 동일시할 수 없으므로 구분설도 부당하다. 검증조서의 성격과 진술조서의 성격을 구분하는 수정설이 타당하다.

5. 증거보전절차·증인신문청구절차에서 작성한 조서

37 '증거보전절차(제184조)에서 작성한 조서'와 '증인신문청구절차(제221조의2)에서 작성한 조서'도 제311조에 의해 당연히 증거능력이 인정된다(76도2143). 공범인 공동피고인이 증거보전절차에서 증인으로서 증언한 증인신문조서도 마찬가지이다(86도1646; 91도2337).

[84도508] 증거보전절차에서 피의자의 진술내용

증인신문조서가 증거보전절차에서 피고인이 증인으로서 증언한 내용을 기재한 것이 아니라 증인(갑)의 증언내용을 기재한 것이고 다만 피의자였던 피고인이 당사자로 참여하여 자신의 범행사실을 시인하는 전제하에 위 증인에게 반대신문한 내용이 기재되어 있을 뿐이라면, 위 조서는 공판준비 또는 공판기일에 피고인 등의 진술을 기재한 조서도 아니고, 반대신문과정에서 피의자가 한 진술에 관한 한 형사소송법 제184조에 의한 증인신문조서도 아니므로 위 조서 중 피의자의 진술기재부분에 대하여는 형사소송법 제311조에 의한 증거능력을 인정할 수 없다.

---

1) 신동운 1207.
2) 이은모/김정환 689 이하.
3) 이재상/조균석/이창온 47/41.
4) 이재상/조균석/이창온 47/41.

Ⅲ. 제312조 수사기관의 전문서류

[사례 22] 2009도1889

甲과 乙, 丙은 유사휘발유를 제조 및 판매한 혐의(석유및석유대체연료사업법위반)로 공소제기되었다. 그런데 丙은 공판에서 자기는 D1에게 乙을 소개해 준 것뿐이고 유사휘발유 판매에 가담하지 않았다고 혐의사실을 부인하였다. 이에 대해 검사는 乙에 대한 사법경찰관 작성의 피의자신문조서를 증거로 제출하였는데, 거기에는 丙이 함께 공모하여 유사휘발유를 판매하였다는 乙의 진술이 기재되어 있었다. 그러나 丙은 乙의 피의자신문조서에 담긴 내용을 부인하였다. 그러자 검사는 乙을 증인으로 신청하였고, 乙은 丙이 함께 공모하여 유사휘발유를 제조 및 판매하였다는 내용의 증언을 하였다.

법원은 乙에 대한 피의자신문조서 및 乙의 증언을 丙에 대한 유죄인정의 증거로 사용할 수 있는가?

[주요논점] 1. 사법경찰관 작성 피의자신문조서의 증거능력의 요건은?
　　　　　2. 제312조 ③항에서 내용인정의 주체는 누구인가?

[참고판례] 2003도7185 전합; 2008도5189

1. 수사기관의 전문서류와 제312조의 정당성

(1) 수사기관의 전문서류　　제312조는 수사기관이 수사과정에서 작성하여 **38** 법원에 전달되는 서류 중 진술증거가 되는 일정한 서류들에 대해 일정한 조건을 전제로 증거능력을 인정하고 있다. 여기에는 1) 피고인이 된 피의자의 진술을 기재한 조서, 즉 피의자신문조서(같은 조 ①·③항), 2) 피고인 아닌 자의 진술을 기재한 조서, 즉 진술조서(같은 조 ④항), 3) 피고인 또는 피고인 아닌 자가 수사과정에서 작성한 진술서(같은 조 ⑤항), 4) 수사기관의 검증조서(같은 조 ⑥항)가 해당한다.

(2) 제312조의 성격　　제312조의 성격에 대해서는 직접주의의 예외라는 견 **39** 해와 전문법칙의 예외라는 견해가 있다. 전자는 수사기관의 전문서류 중 피의자신문조서의 경우 원진술자는 피고인 자신이므로 피고인의 반대신문권을 보장하는 것은 의미가 없고 신문주체인 검사의 반대신문을 보장할 필요도 없으므로,

제312조는 전문법칙의 예외가 아니라 직접주의의 예외라고 보는 견해이다.[1] 후자는 수사기관의 전문서류도 공판기일의 진술에 대신할 만한 신용성이 보장되는 증거가 아니라는 점에서 전문증거이며, 제312조는 신용성과 필요성을 조건으로 증거능력을 예외적으로 인정하는 전문법칙의 예외규정이라고 보는 견해이다.[2]

40　　　그러나 이러한 견해대립은 별 의미가 없다. 제312조가 제310조의2 이하에 규정된 점으로 미루어 볼 때 전문법칙의 예외임을 인정할 수 있고, 피고인의 법정진술을 제쳐 두고 그의 진술을 담은 전문서류인 피의자신문조서를 증거로 사용하는 것은 직접주의의 예외라고 할 수 있기 때문이다. 즉 두 견해는 제312조가 갖는 두 가지 성격을 지적하고 있을 뿐이다. 중요한 것은 제312조의 전문법칙 예외인정이 정당성을 가질 수 있는가 하는 법정책적 문제이다.

41　　　**(3) 제312조의 정당성 여부와 개정법률의 입장**　　　형사소송법의 개정논의에서 공판중심주의를 강화하기 위해 수사기관이 작성한 피의자신문조서 등 전문서류의 증거능력을 전면 부정해야 한다는 주장이 확산되었다. 이른바 조서재판, 즉 수사기관이 작성한 조서에 의존하여 조서가 사실인정의 절대적 자료가 되는 재판의 폐해를 극복하기 위한 것이 공판중심주의를 위한 소송법 개정의 핵심이라고 보았기 때문이다. 그러나 피의자신문조서의 증거능력을 전면적으로 부정할 경우 피고인이 피의자로서 한 진술을 법정에서 모두 다시 해야 하는데, 이는 소송경제에 반한다는 현실적 문제가 있다.[3]

42　　　그리하여 2007년의 개정법률은 공판중심주의의 요청과 피의자신문조서 등의 증거사용의 필요성을 고려하여 수사기관의 전문서류에 대한 증거능력 인정의 요건을 강화하는 방향으로 제312조를 개정하였다. 다만 피고인이 피의자신

---

1) 신동운 1162.

2) 배종대/홍영기 [53] 2; 이재상/조균석/이창온 47/45.

3) 헌법재판소는 구 형사소송법의 제312조 ①항(2004년 개정 전 규정; 2007년 개정 전 규정과 동일한 내용)을 원진술자의 진술에 의하여 형식적 진정성립뿐만 아니라 실질적 진정성립까지 인정된 때에 한하여 비로소 그 성립의 진정함이 인정되어 증거로 사용할 수 있다고 해석하면 피고인의 방어권 행사가 부당하게 곤란하게 된다든지 평등원칙을 위배하여 공정한 재판을 받을 권리가 침해된다고 할 수 없다고 본다. 또한 피고인이 내용을 부인하는 경우에도 성립의 진정과 특신상태의 존재를 요건으로 하여 그 증거능력을 인정하는 제312조 ①항 단서 역시 적법절차에 의한 실체적 진실의 발견과 신속한 재판을 위한 것으로서 그 목적의 정당성이 인정되고, 법원으로 하여금 특신상태의 존재 여부를 심사하게 한 후 그 존재가 인정되는 경우에만 증거능력을 부여함으로써 그 적용범위를 목적달성에 필요한 범위내로 한정하고 있으므로, 그 내용에 있어서 합리성과 정당성을 갖춘 규정이라고 보았다(2003헌가7).

문조서의 내용을 부인할 때 증거능력이 상실되는 것은 여전히 검사 이외의 수사기관이 해당 조서를 작성한 경우에 한정하였다.

이후 검·경 수사권 조정 및 검찰개혁의 일환으로 2020. 2. 4. 형사소송법 **43** 이 개정되면서, 검사 작성 피의자신문조서도 경찰 작성 피의자신문조서와 동일하게, 공판준비 또는 공판기일에 그 피의자였던 피고인 또는 변호인이 그 내용을 인정할 때에 한하여 증거능력이 인정되게 되었다. 위 개정은 근본적으로 조서재판의 문제점을 해소하기 위해 이루어진 것이다. 그런데 조서재판의 문제점은 피의자신문조서의 증거능력 여부에 있는 것이 아니라 그것이 실질적으로 법관의 심증을 사실상 지배하고 결정하는 현실에 있으므로, 이러한 문제를 지양해 나가면서 조서의 증거능력을 논의하여야 하고, 증거능력을 부여하는 것이 증명력을 인정하는 것이 아님을 유의하여야 할 것이다.

2. 피의자신문조서

검사 또는 검사 이외의 수사기관이 작성한 피의자신문조서는 1) 적법한 절 **44** 차와 방식에 따라 작성된 것으로서 2) 공판준비 또는 공판기일에 그 피의자였던 피고인 또는 변호인이 그 내용을 인정할 때에 한하여 증거로 할 수 있다(제312조 ①·③항).[1] 그리고 일반적 전제요건으로서 3) 진술의 임의성(제317조)이 인정되어야 한다.

(1) **'검사'가 작성한 '신문조서'** 검사가 작성한 조서라 함은 검찰이 수사하 **45** 는 사건에 대해 검사가 직접 조서작성에 참여한 경우를 말한다. 따라서 1) 사건이 검찰에 송치되기 전에 피의자를 상대로 검사가 작성한 피의자신문조서, 2) 검찰의 수사과정에서 검찰주사가 단독으로 작성한 조서(90도1483; 2002도4372)는 여기에 해당하지 않는다. 그러나 검사직무대리(검찰청법 제32조)가 작성한 피의자신문조서(2010도1107)와 고위공직자범죄수사처의 검사가 작성한 피의자신문조서(공수처법 제47조)는 검사 작성의 피의자신문조서에 포함된다. 그리고 검사가 피의자의 진술을 기재한 서류라면, 그 명칭이 진술조서·진술서·자술서라는 형식

---

1) 2020. 2. 4. 형사소송법을 개정하면서 그 시행일을 2022. 1. 1.로 정하였다. 시행에 앞서 2021. 12. 21. 개정법률은 제312조 ①항은 2022. 1. 1. 이후 공소제기된 사건부터 적용한다는 부칙 제1조의2를 신설하였다. 따라서 2021. 12. 31.까지 공소제기된 사건에서 검사가 피고인이 된 피의자의 진술을 기재한 조서(즉 검사 작성의 피의자신문조서)는 구 형사소송법에 따라 1) 적법한 절차와 장식에 의한 작성, 2) 피고인의 진술에 의한 실질적 진정성립의 인정, 3) 특신상태의 증명 등 세 가지 요건을 갖출 때 증거로 할 수 있다(제312조 ①항). 또한 일반적 전제요건으로서 3) 진술의 임의성(제317조)이 인정되어야 한다.

을 취하는 경우에도 피의자신문조서로 보아야 한다(제312조 ⑤항; 2014도5939; 2020
도9370 등). 검사가 피의자를 신문하면서 나눈 대화내용과 장면을 녹음하거나 비
디오테이프에 녹화한 경우, 녹음내용을 녹취한 서류나 녹화테이프 등도 피의자
신문조서로 취급된다(92도682).

46		(2) **적법한 절차와 방식**		적법한 절차와 방식에 따라 작성되었다 함은 조서
작성의 절차와 방식에 관한 규정, 즉 피의자신문과 참여자(제243조), 피의자신문
조서의 작성(제244조), 변호인의 신문참여(제243조의2), 진술거부권 등의 고지(제
244조의3), 수사과정의 기록(제244조의4) 등에 관한 규정에 따라 적법하게 작성된
것을 의미한다.[1] 그러나 적법한 절차와 방식에 따르지 않고 작성된 피의자신문
조서는 위법수집증거배제법칙(제308조의2)에 의해서도 증거능력을 상실하므로,
제312조에서 적법한 절차와 방식을 요건으로 규정한 것이 개정 전의 규정에서
신문조서의 진정성립을 증거능력의 요건으로 한 것 이외에 다른 실질적 의미를
갖는지는 의문이다.

(3) **내용의 인정**

47		내용의 인정은 조서의 진정성립 뿐만 아니라 조서의 기재내용이 객관적으
로 실제 사실과 부합한다고 인정하는 것을 의미한다(2010도5040; 2023도2102; 2023
도1096 등). 내용인정은 피의자였던 피고인이나 변호인의 진술에 의하여 이루어
져야 한다. 피고인 또는 변호인이 피의자신문조서의 내용을 부인하거나, 피고인
의 진술내용과 배치되는 조서내용을 부인하면[2] 당해 조서의 증거능력은 부정된
다. 이와 관련된 문제는 아래와 같다.

48		(㉮) **공범에 대한 피의자신문조서**		제312조 ①항과 ③항은 피고인과 공범
관계가 있는 다른 피고인 또는 피의자에 대한 피의자신문조서를 피고인에 대한
유죄의 증거로 하는 경우에도 적용된다(93도3612; 2003도7185 전합). 따라서 피고
인과 공범관계에 있는 공동피고인에 대하여 수사기관이 작성한 피의자신문조서
는 공범인 공동피고인이 자신에 대한 피의자신문조서의 내용을 인정하더라도
피고인이 그 내용을 부인하면 그 조서를 피고인에 대한 공소사실의 증거로 사
용할 수 없다(2009도2865; 2009도10139 등).

49		이와 같이 공범에 대한 피의자신문조서에 대해서도 피고인의 내용인정을

---

1) 법무부, 개정 형사소송법, 2007, 236면; 이재상/조균석 40/41.
2) 2001도3997: 설령 공판조서에 피고인이 자신에 대한 경찰 작성 피의자신문조서의 내용을 인
   정하였다고 기재되어 있더라도 피고인이 공소사실을 일관되게 부인하면 그 기재는 착오 등에
   의한 것으로서 피의자신문조서는 증거능력이 인정되지 않는다.

요구하는 이유는 다음과 같다. 1) 공범에 대한 피의자신문조서는 피고인에 대한 피의자신문조서의 내용과 다름없다. 2) 피고인과 공범의 형사재판이 각각 별도로 이루어진 경우, 공범이 자신의 사건과 관련하여 자신에 대한 피의자신문조서의 내용을 부인하여 증거능력이 부정되었지만, 피고인의 사건과 관련해서는 그 내용을 인정하여 증거능력이 부여된다면 불합리하고 불공평한 결과가 야기된다. 제312조 ①항 개정에 따라, 공범에 대한 검사 작성 피의자신문조서에 대해서도 동일하게, 피고인이 내용을 부인하면 증거능력이 없다고 보아야 할 것이다. 판례도 같은 입장이다(2023도3741).

반대의 경우, 즉 공범이 사법경찰관 작성의 공범에 대한 피의자신문조서의 **50** 내용을 부인하더라도 피고인이 그 내용을 인정하면 그 조서는 피고인에 대한 공소사실의 증거로 사용할 수 있다. 피고인은 공범과 별개의 이해관계에서 독자적으로 그 내용을 인정할 수도 있기 때문이다.

(나) **별개 사건**　제312조 ①항과 ③항은 당해 사건에서 피의자였던 피고인 **51** 에 대한 피의자신문조서에만 적용되는 것은 아니라, 다른 사건에서 피의자였던 피고인에 대한 사법경찰관 작성의 피의자신문조서도 그 적용대상이 된다. 예컨대, 피고인이 A 사건으로 공소제기되었는데, 그 이전에 B 사건에서 작성된 자신에 대한 피의자신문조서가 A 사건에 대한 증거로 제출된 경우, 피고인이 그 조서의 내용을 부인하면 그 조서는 증거능력이 부정된다(94도2287).

(다) **증거능력의 절대적 제한**　피고인이 피의자신문조서에 대하여 그 내 **52** 용을 부인한 경우, 피고인을 조사한 담당 경찰관이 법정에 출석하여 피고인이 경찰에서 조서에 기재된 대로 진술하였다는 취지로 증언하더라도 그 피의자신문조서는 증거능력이 부정되고(97도2211), 같은 내용의 담당 경찰관에 대한 검사 작성의 참고인진술조서(79도493) 또는 담당 경찰관 작성의 검증조서(2003도6548)도 마찬가지로 증거능력이 없다. 사법경찰관의 조사 당시 사법경찰관 작성의 피의자신문조서에 기재된 피의자의 진술과 동일한 내용의 진술을 직접 보고 들었다는 증인의 증언 및 그들에 대한 진술조서도, 피고인이 공판정에서 경찰에서의 진술내용을 부인하는 이상 증거능력이 없다(94도1905; 2002도2112 등).

(4) **임의성**　피의자신문조서의 증거능력이 인정되려면 조서에 기재된 진술 **53** 이 임의성을 가져야 한다(2004도805 등). 진술내용이 자백인 경우에는 제309조가 적용되고, 자백 이외의 진술인 때에는 제317조가 적용된다. 다만 제309조는 제317조와 달리 임의성의 부존재를 자백의 증거배제사유로 규정하지 않고 '임의

로 진술한 것이 아니라고 의심할 만한 이유'를 자백의 증거배제사유로 규정하고 있음에 주의할 필요가 있다. 피고인이 그 진술을 임의로 한 것이 아니라고 다투는 경우, 판례는 법원이 구체적인 사건에 따라 당해 조서의 형식·내용, 진술자의 학력·경력·지능정도 등 제반사정을 참작하여 자유로운 심증으로 판단하면 족하다고 한다(2003도8077; 2007도7760 등).

3. 수사기관 작성의 피고인 아닌 자의 진술조서

54   검사 또는 사법경찰관이 피고인 아닌 자의 진술을 기재한 조서는 1) 적법한 절차와 방식에 따라 작성된 것으로서, 2) 그 조서가 검사 또는 사법경찰관 앞에서 진술한 내용과 동일하게 기재되어 있음이 원진술자의 공판준비 또는 공판기일에서의 진술이나 영상녹화물 또는 그 밖의 객관적인 방법에 의하여 증명되고, 3) 피고인 또는 변호인이 공판준비 또는 공판기일에 그 기재 내용에 관하여 원진술자를 신문할 수 있었던 때에는 증거로 할 수 있다. 다만, 4) 그 조서에 기재된 진술이 특히 신빙할 수 있는 상태하에서 행하여졌음이 증명된 때에 한한다(제312조 ④항).

55   (1) '피고인 아닌 자'의 진술조서   피고인 아닌 자에 대한 진술조서는 주로 참고인에 대한 진술조서를 말하지만, 여기에는 피고인이 아닌 자의 피의자신문조서, 공동피고인에 대한 피의자신문조서 등이 포함된다. 특히 문제가 되는 것은 아래와 같은 경우이다.

56   (가) 공범 아닌 공동피고인에 대한 피의자신문조서   공범에 대한 피의자신문조서는, 앞에서 서술한 것처럼, 검사 작성의 경우 제312조 ①항이, 검사 이외 수사기관 작성의 경우는 제312조 ③항이 적용된다. 그러나 '공범 아닌 공동피고인'에 대한 피의자신문조서를 피고인이 증거로 함에 동의하지 않는 경우에는, 제312조 ④항이 적용된다.

57   (나) 수사기관이 공소제기 후 피고인의 진술을 기재한 진술조서   수사기관이 공소제기 후 피고인을 법정 외에서 신문하여 그 진술을 기재한 조서의 증거능력이 문제된다. 형식적으로만 보면 이 경우는 '피고인'에 대한 진술조서이기 때문에 '피의자'의 진술을 기재한 조서에 해당하지 않게 되어 제312조 ①·③항을 적용할 수 없고, '피고인 아닌 자'에도 해당하지 않기 때문에 같은 조 ④항을 적용할 수도 없다. 그렇기 때문에 이 경우는 제313조 ①항을 적용하는 것을 생각해 볼 수 있지만, 그렇게 되면 공소제기 후의 피고인진술조서에 대해 피의자

신문조서보다 더욱 손쉽게 증거능력을 인정하는 모순이 발생한다. 따라서 이에 대해서는 다음과 같은 두 가지 견해가 대립한다.

　　1) 위법수집증거설　　공소제기 후 수사기관이 피고인을 조사하는 것은 위 **58** 법수사이기 때문에, 그러한 조사에서 수사기관이 작성한 피고인진술조서는 위법수집증거배제법칙에 의해 증거능력이 인정되지 않는다는 견해이다.[1] 공소제기 후의 피고인 조사는 공소제기와 함께 형사절차의 주재자가 검사에서 법원으로 넘어가는 탄핵주의원칙에 반하는 것이며, 피고인의 당사자 지위와 모순되고, 변호인의 반대신문권을 침해한다는 점에서 위법한 수사이다.[2] 따라서 위법수집증거로 보는 것이 타당하다. 다만 피고인이 스스로 요청하는 경우 등 위법성이 없는 경우에는 아래의 견해처럼 피의자신문조서에 관한 규정을 준용할 수 있을 것이다.

　　2) 피의자신문조서 준용설　　피고인진술조서는 진술조서가 아니며 수사 **59** 기관 작성의 피의자신문조서와 동일한 요건하에 증거능력을 인정해야 한다는 견해[3]이다. 이 견해에 의하면 피고인에 대한 진술조서는 비록 진술조서의 형식을 취하더라도 피의자신문조서에 관한 규정을 준용하여 검사 작성의 경우는 제312조 ①항, 사법경찰관 작성의 경우는 같은 조 ③항에 따라 증거능력을 인정할 수 있다. 판례는 검사 작성의 피고인진술조서에 대해 기소 후에 작성된 것이라는 이유만으로 곧 증거능력이 없는 것은 아니라고 한다(82도754; 84도1646).

　　㈐ 증언한 증인에 대한 검사 작성의 진술조서　　검사가 이미 법정에서 **60** 증언을 마친 증인을 다시 소환하여 작성한 진술조서가 제312조 ④항에 의해 증거능력이 인정될 수 있는가 하는 문제가 있다. 다수견해[4]와 판례(99도1108 전합; 2012도13665)는 공판중심주의와 변호권보장을 근거로 이러한 조서 작성은 위법한 수사이므로 그 조서는 위법수집증거배제법칙에 의해 증거능력이 부정된다는 입장이다. 이러한 법리는 검사가 공판준비기일 또는 공판기일에서 이미 증언을 마친 증인을 소환하여 본인의 증언 내용을 번복하는 내용의 '진술서'를 작성하도록 하여 법원에 제출한 경우에도 마찬가지로 적용된다(2012도534).

---

1) 이은모/김정환 679; 이재상/조균석/이창온 47/65.
2) 앞의 [21] 7 이하 참조.
3) 신동운 1159; 이창현 926.
4) 강구진 245; 이은모/김정환 679; 이재상/조균석/이창온 47/65.

[99도1108 전합] 증인에 대한 검사 작성의 진술조서

공판준비 또는 공판기일에서 이미 증언을 마친 증인을 검사가 소환한 후 피고인에게 유리한 그 증언 내용을 추궁하여 이를 일방적으로 번복시키는 방식으로 작성한 진술조서를 유죄의 증거로 삼는 것은 당사자주의·공판중심주의·직접주의를 지향하는 현행 형사소송법의 소송구조에 어긋나는 것일 뿐만 아니라, 헌법 제27조가 보장하는 기본권, 즉 법관의 면전에서 모든 증거자료가 조사·진술되고 이에 대하여 피고인이 공격·방어할 수 있는 기회가 실질적으로 부여되는 재판을 받을 권리를 침해하는 것이므로, 이러한 진술조서는 피고인이 증거로 할 수 있음에 동의하지 아니하는 한 그 증거능력이 없다고 하여야 할 것이고, 그 후 원진술자인 종전 증인이 다시 법정에 출석하여 증언을 하면서 그 진술조서의 성립의 진정함을 인정하고 피고인 측에 반대신문의 기회가 부여되었다고 하더라도 그 증언 자체를 유죄의 증거로 할 수 있음은 별론으로 하고 위와 같은 진술조서의 증거능력이 없다는 결론은 달리할 것이 아니다.

61　　　(2) **적법한 절차와 방식**　　　수사기관이 피고인 아닌 자의 진술을 기재한 조서는 적법한 절차와 방식에 따라 작성된 것이어야 한다. 적법한 절차와 방식에 따라 작성한다는 것은 형사소송법이 피고인 아닌 사람의 진술에 대한 조서 작성 과정에서 지켜야 한다고 정한 여러 절차를 준수하고 조서의 작성 방식에도 어긋나지 않아야 한다는 것을 의미한다(2015도12981). 따라서 서명·날인이 없는 진술조서는 적법한 방식에 의해 작성된 것이 아니므로 증거능력이 인정되지 않는다(92도2908; 99도237). 여기서 서명·날인은 진술자 본인의 것이어야 한다(96도2865). 다만 수사기관이 진술자의 성명을 가명으로 기재하여 진술조서를 작성하였다고 하더라도, 그 이유만으로 '적법한 절차와 방식'에 따라 작성되지 않았다고 할 수는 없다. 형사소송법은 조서에 진술자의 성명 등 인적사항을 확인하여 이를 그대로 밝혀 기재할 것을 요구하는 규정을 따로 두고 있지는 않기 때문이다(2011도7757).

62　　　(3) **실질적 진정성립의 증명**

　　　수사기관이 피고인 아닌 자의 진술을 기재한 조서는 그 진술조서의 기재내용이 수사기관 앞에서 진술한 내용과 동일하게 기재되어 있음이 원진술자의 공판준비 또는 공판기일에서의 진술이나 영상녹화물 또는 그 밖의 객관적인 방법에 의하여 증명되어야 한다.

63　　　㈎ **실질적 진정성립**　　　'진술조서의 기재내용이 수사기관 앞에서 진술한

내용과 동일하게 기재되어 있음'을 실질적 진정성립이라 한다. '성립의 진정'에
는 '형식적 성립의 진정'과 '실질적 성립의 진정'이 있고, 이는 '내용의 인정'(같은
조 ③항)과 구별된다. '형식적 진정성립'은 간인·서명·날인 등이 피의자의 것임
에 틀림없다는 것으로서 조서 성립의 형식적 요건이 갖추어진 것을 말한다. 그
리고 '실질적 진정성립'은 조서의 기재내용이 피의자의 진술내용과 일치한다는
것을 말한다. 형식적 진정성립이 인정된다고 하여, 실질적 진정성립까지 추정되
는 것은 아니다(2002도537 전합). '내용인정'이란 조서의 기재내용이 실제의 사실
과 부합한다는 것으로서 조서 기재내용의 진실성을 말한다. 피의자가 "진술한
대로 조서에 기재되기는 하였으나, 당시에는 사실대로 진술한 것이 아니다"라고
주장하는 경우, 실질적 진정성립은 인정한 것이지만 내용인정까지 한 것은 아니
다. 제312조 ④항은 그 중 '실질적 진정성립'을 증거능력의 요건으로 규정하고
있는 것이다.

[**진정성립의 의미**] 과거에는 진정성립의 의미에 대해 1) 형식적 진정성립 이외에   **64**
조서의 기재내용이 진실과 부합된다는 취지의 내용의 진정도 필요하다는 소수견
해1)와 2) 성립의 진정과 내용의 진정을 엄격히 구별하는 형사소송법의 입장에 따
라, 형식적 진정성립 이외에 그 조서의 기재내용과 진술자의 진술내용이 일치한다
는 실질적 진정성립까지만 필요하다는 다수견해2)가 대립하였다. 판례는 종래 내용
적 성립의 진정이 필요하다는 입장을 따르다가(82도1865) 형식적 성립의 진정과 실
질적 성립의 진정이 필요하다는 입장으로 태도를 변경하였다(92도2636 등). 또한 형
식적 진정성립이 인정되면 특별한 사정이 없는 한 실질적 진정성립은 추정된다는
입장을 따르다가(2001도1049 등) 원진술자의 진술에 의하여 형식적 진정성립뿐만 아
니라 실질적 진정성립까지 인정된 때에 한하여 비로소 그 성립의 진정함이 인정되
어 증거로 사용할 수 있다는 입장으로 태도를 변경하였다(2002도537 전합). 실질적
진정성립의 전제조건은 형식적 진정성립이고, 이는 적법한 절차와 방식에 의한 작
성이라는 요건에 포함되었다 할 수 있으므로, 결국 성립의 진정이란 형식적 진정성
립과 실질적 진정성립 의미하는 것이라고 하겠다.

(ㄴ) **원진술자의 진술에 의한 증명** 실질적 성립의 진정은 먼저 원진술자의   **65**
진술에 의해 증명될 수 있다. 원진술자가 공판기일에 실질적 진정성립을 인정한
이상, 나중에 원진술자가 내용을 부인하거나 조서내용과 다른 진술을 하여도 진

---

1) 김기두 141.
2) 강구진 456; 백형구 296; 신동운 1162; 이은모/김정환 677; 이재상/조균석/이창온 47/48; 정
  영석/이형국 351.

술조서의 증거능력이 인정된다(85도1843; 2001도1550). 반면에 원진술자가 공판기일에 증인으로 출석하여 조서의 기재내용을 열람하거나 고지받지 못한 채, "사실대로 진술하고 서명날인한 사실이 있다"거나 "검찰, 경찰에서 진술한 내용이 틀림없다"는 취지의 증언을 한 것만으로는 그 취지가 분명하지 아니하여, 조서의 실질적 진정성립이 인정되지 않는다(96도1301).

66   (다) **영상녹화물에 의한 증명**   실질적 진정성립은 영상녹화물로 증명할 수도 있다. 여기서 '영상녹화물'은 형사소송법(제221조 ①항 후문) 및 형사소송규칙(제134조의2, 134조의3)에 규정된 방식과 절차에 따라 제작되어 조사 신청된 영상녹화물이어야 한다. 따라서 1) 영상녹화를 시작하기 전에 피고인 아닌 자의 동의를 받고 그에 관해서 피고인 아닌 자가 기명날인 또는 서명한 영상녹화 동의서를 첨부하여야 하고, 2) 조사가 개시된 시점부터 조사가 종료되어 참고인이 조서에 기명날인 또는 서명을 마치는 시점까지 조사 전 과정이 영상녹화되어야 한다. 그리고 3) 영상녹화물은 조사가 행해지는 동안 조사실 전체를 확인할 수 있도록 녹화된 것으로 진술자의 얼굴을 식별할 수 있는 것이어야 하며, 4) 영상녹화물의 재생 화면에는 녹화 당시의 날짜와 시간이 실시간으로 표시되어야 한다. 이를 위반한 영상녹화물에 의하여는 특별한 사정이 없는 한 피고인 아닌 자의 진술을 기재한 조서의 실질적 진정성립을 증명할 수 없다(2022도364).[1)]

67   (라) **그 밖의 객관적 방법에 의한 증명**   '그 밖의 객관적 방법'은 영상녹화물에 준할 정도로 피고인의 진술을 과학적·기계적·객관적으로 재현해 낼 수 있는 방법을 의미하고, 그 외에 조사관 또는 조사 과정에 참여한 통역인 등의 증언은 이에 해당한다고 볼 수 없다(2015도16586). 다만 '기타 객관적 방법'의 구체적 의미와 범위에 대한 해석이 열려져 있어 자칫 실질적 진정성립의 인정요건이 완화될 소지가 있다.

[2015도16586] 그 밖의 객관적 방법에 의한 증명

영상녹화물의 경우 형사소송법 및 형사소송규칙에 의하여 영상녹화의 과정, 방식 및 절차 등이 엄격하게 규정되어 있는데다 피의자의 진술을 비롯하여 검사의 신문

---

1) 2020도13957: "다만 형사소송법 등이 정한 봉인절차를 제대로 지키지 못했더라도 영상녹화물 자체에 원본으로서 동일성과 무결성을 담보할 수 있는 수단이나 장치가 있어 조작가능성에 대한 합리적 의심을 배제할 수 있는 경우에는 그 영상녹화물을 법정 등에서 재생·시청하는 방법으로 조사하여 영상녹화물의 조작 여부를 확인함과 동시에 위 조서에 대한 실질적 진정성립의 인정 여부를 판단할 수 있다고 보아야 한다."

방식 및 피의자의 답변 태도 등 조사의 전 과정이 모두 담겨 있어 피고인이 된 피의자의 진술 내용 및 취지를 과학적·기계적으로 재현해 낼 수 있으므로 조서의 내용과 검사 앞에서의 진술 내용을 대조할 수 있는 수단으로서의 객관성이 보장되어 있다고 볼 수 있으나, 피고인을 피의자로 조사하였거나 조사에 참여하였던 자들의 증언은 오로지 증언자의 주관적 기억 능력에 의존할 수밖에 없어 객관성이 보장되어 있다고 보기 어렵다. 결국 검사 작성의 피의자신문조서에 대한 실질적 진정성립을 증명할 수 있는 수단으로서 형사소송법 제312조 ②항에 규정된 '영상녹화물이나 그 밖의 객관적인 방법'이란 형사소송법 및 형사소송규칙에 규정된 방식과 절차에 따라 제작된 영상녹화물 또는 그러한 영상녹화물에 준할 정도로 피고인의 진술을 과학적·기계적·객관적으로 재현해 낼 수 있는 방법만을 의미하고, 그 외에 조사관 또는 조사 과정에 참여한 통역인 등의 증언은 이에 해당한다고 볼 수 없다.

(4) **반대신문의 기회보장**　진술조서는 피고인 또는 변호인이 공판준비 또는 **68** 공판기일에 그 개재내용에 관하여 원진술자를 신문할 수 있었어야 증거능력이 인정된다. 한다. 다만 반드시 원진술자에 대한 반대신문이 실제로 이루어져야 하는 것은 아니고, 반대신문의 가능성, 즉 반대신문의 기회가 보장되면 족하다.

(5) **특신상태의 증명**　수사기관이 피고인 아닌 자의 진술을 기재한 조서 **69** 가 증거능력을 갖추기 위한 네 번째 요건은 '그 조서에 기재된 진술이 특히 신빙할 수 있는 상태하에서 행하여졌음이 증명된 때', 즉 이른바 '특신상태'의 증명이다. 제312조 ④항의 법문에 따라 특신상태의 증명이 없으면 앞의 세 가지 요건이 갖추어졌더라도 증거능력을 인정할 수 없다. 따라서 특신상태는 증거능력 인정의 가중적 요건이다.

(개) **특신상태의 의미**　'특히 신빙할 수 있는 상태'의 의미에 대해서는 '신 **70** 용성의 정황적 보장'이라는 견해1)와 '적법절차의 준수'라는 견해2)가 있다. 그런데 특신상태의 의미를 적법절차의 준수 여부로 이해하는 것은 제312조 ④항의 요건 중 첫 번째 요건인 '적법절차에 의한 작성'과 중복되는 해석이므로 타당하지 않다. 따라서 특신상태란 신용성을 보장할 수 있는 객관적 정황이 인정되는 상태라고 이해할 수 있다. 판례도 같은 입장이다.3)

---

1) 이은모/김정환 682; 이재상/조균석/이창온 47/49; 이창현 909; 정영석/이형국 352. 이 입장을 기본으로 적법절차설을 절충하는 견해는 신양균/조기영 837.
2) 신동운 1178.
3) 2012도2937: "형사소송법 제312조 제4항에서 '특히 신빙할 수 있는 상태'란 진술 내용이나 조서 작성에 허위개입의 여지가 거의 없고, 진술 내용의 신빙성이나 임의성을 담보할 구체적이고 외부적인 정황이 있는 것을 말한다. 그리고 이러한 '특히 신빙할 수 있는 상태'는 증거능력

71　　　㈏ **특신상태의 증명 주체와 방법**　　이러한 '특히 신빙할 수 있는 상태'는 증거능력의 요건에 해당하므로 검사가 그 존재에 대하여 구체적으로 주장·입증하여야 하는 것이지만, 이는 소송상의 사실에 관한 것이므로 엄격한 증명을 요하지 아니하고 자유로운 증명으로 족하다(2012도2937 등).

[2011도3809] 참고인진술조서와 특신상태의 증명

검찰관이 피고인을 뇌물수수 혐의로 기소한 후, 형사사법공조절차를 거치지 아니한 채 과테말라공화국에 현지출장하여 그곳 호텔에서 뇌물공여자 甲을 상대로 참고인진술조서를 작성한 사안에서, 甲이 자유스러운 분위기에서 임의수사 형태로 조사에 응하였고 조서에 직접 서명·무인하였다는 사정만으로 특신상태를 인정하기에 부족할 뿐만 아니라, 검찰관이 군사법원의 증거조사절차 외에서, 그것도 형사사법공조절차나 과테말라공화국 주재 우리나라 영사를 통한 조사 등의 방법을 택하지 않고 직접 현지에 가서 조사를 실시한 것은 수사의 정형적 형태를 벗어난 것이라고 볼 수 있는 점 등 제반사정에 비추어 볼 때, 진술이 특별히 신빙할 수 있는 상태에서 이루어졌다는 점에 관한 증명이 있다고 보기 어려워 甲의 진술조서는 증거능력이 인정되지 아니하므로, 이를 유죄의 증거로 삼을 수 없다고 한 사례.

---

4. 수사과정에서 작성한 진술서

72　　　(1) **진술서의 의의와 종류**　　진술서는 그 작성자가 스스로 자기의 의사·사상·관념 및 사실관계 등을 기재한 서면을 말한다. 명칭이나 작성장소는 문제가 되지 않는다. 진술서는 작성주체에 따라 피고인진술서, 피의자진술서, 참고인진술서 등으로 나눌 수 있고, 작성과정에 따라 공판심리 중 작성된 진술서, 수사단계에서 작성된 진술서로 구분된다. 또한 작성동기에 따라 수사기관의 요청과 상관없이 스스로 작성한 자진형 진술서, 수사기관의 요구에 따라 작성된 요구형 진술서로 나누기도 한다. 제312조 ⑤항은 '피고인 또는 피고인이 아닌 자가 수사과정에서 작성한 진술서'라 하여 작성주체와 상관없이, 그리고 자진형과 요구형을 구별하지 않고, 수사과정에서 작성된 일체의 진술서를 대상으로 하고 있다.1)

　　의 요건에 해당하므로 검사가 그 존재에 대하여 구체적으로 주장·증명하여야 하지만, 이는 소송상의 사실에 관한 것이므로 엄격한 증명을 요하지 아니하고 자유로운 증명으로 족하다."

1) 2022도9510: 형사소송법 제312조 제5항의 적용대상인 '수사과정에서 작성한 진술서'란 수사

(2) 증거능력의 요건   피고인 또는 피고인이 아닌 자가 수사과정에서 작성 **73**
한 진술서1)의 증거능력은 제312조 ①항부터 ④항까지의 규정에 의해 증거능력
이 인정된다(같은 조 ⑤항). 즉, 수사기관의 진술조서에 관한 규정을 준용하여 증
거능력을 인정하는 것이다. 따라서 피고인이 검사의 수사과정에서 작성한 진술
서는 제312조 ①항이, 사법경찰관의 수사과정에서 작성한 진술서는 제312조 ③
항이 각각 적용되며, 피고인 아닌 자가 수사과정에서 작성한 진술서는 제312조
④항이 적용된다.

6. 수사기관의 검증조서

(1) 개 념   수사기관의 검증조서는 검사 또는 사법경찰관이 검증을 행하 **74**
고 그 검증결과를 기재한 조서를 말한다. 수사기관의 검증에는 영장에 의한 검
증(제215조, 216조 ③항)과 영장에 의하지 아니한 강제처분인 검증(제216조 ①·②항,
217조 ①항)이 있다. 이외에 영장 없이 피검자被檢者의 승낙에 의하여 검증한 결과
를 기재한 서면도 제312조 ⑥항의 검증조서가 될 수 있다.2) 검증조서에 첨부된
도화나 사진은 검증조서와 일체를 이룬다.

(2) 증거능력의 요건   검사 또는 사법경찰관이 검증의 결과를 기재한 조 **75**
서는 적법한 절차와 방식에 따라 작성된 것으로서 공판준비 또는 공판기일에
서의 작성자의 진술에 따라 그 성립의 진정함이 증명된 때에 증거로 할 수
있다(제312조 ⑥항). 작성자는 당해 검증조서를 작성한 검사 또는 사법경찰관
을 말하고, 단순히 검증에 참여한 경찰관은 포함되지 않는다(76도500; 89도
2567).3) 이처럼 증거능력의 요건이 법원의 검증조서(제311조)에 비해 강화되
는 것은, 법원 또는 법관의 검증과 달리 수사기관의 검증에는 당사자의 참여
권이 인정되지 않기 때문이다. 이 점에서 당해 사건에 관해 작성된 검증조서
뿐만 아니라, 다른 사건의 검증조서도 제312조 ⑥항의 적용을 받는다고 할

가 시작된 이후에 수사기관의 관여 아래 작성된 것이거나, 개시된 수사와 관련하여 수사과정에
제출할 목적으로 작성한 것으로, 작성 시기와 경위 등 여러 사정에 비추어 그 실질이 이에 해
당하는 이상 명칭이나 작성된 장소 여부를 불문한다.

1) 2019도13290: 현행범 체포 당시 임의제출 방식으로 압수된 피고인 소유 휴대전화기에 대한
압수조서 중 '압수경위'란에 사법경찰관이 기재한 내용은 피고인이 범행을 저지르는 현장을 직
접 목격한 사람의 진술이 담긴 것으로서 '피고인이 아닌 자가 수사과정에서 작성한 진술서'에
준하는 것으로 볼 수 있다.

2) 승낙에 의한 검증의 결과를 기재한 서면에 대해서도 제312조 ⑥항의 적용을 반대하는 견해
로는 정영석/이형국 353.

3) 신동운 1202; 이은모/김정환 691; 이재상/조균석/이창온 47/68.

수 있다.

76 **(3) 검증조서에 기재된 진술의 증거능력** 검증조서에 기재된 피의자 또는 피의자 아닌 자의 진술의 증거능력에 관해서는, 법원의 검증조서와 마찬가지의 견해대립이 있다.

77 **(가) 검증조서부정설** 현장지시와 현장진술을 구별하지 않고, 검증조서에 기재된 진술은 검증조서가 아니라고 보아 그 작성주체만을 기준으로 증거능력을 판단하는 견해이다. 예컨대 검사 작성의 검증조서에 피의자의 진술이 기재된 경우에는 제312조 ①항에 의하여, 사법경찰관 작성의 검증조서에 피의자의 진술이 기재된 경우에는 제312조 ③항에 의하여, 검사/사법경찰관 작성의 검증조서에 참고인의 진술이 기재된 경우에는 제312조 ④항에 의하여 증거능력을 판단한다고 한다.1)

78 **(나) 구분설** 현장지시는 검증조서와 일체를 이루므로 제312조 ⑥항에 따라 증거능력을 판단하고, 현장진술은 진술증거로서 실질적으로는 참고인진술조서 또는 피의자신문조서이므로 조서의 작성주체와 진술자에 따라 제312조 내지 제313조를 적용하여 증거능력을 판단하는 견해이다.2)

79 **(다) 수정설** 이 견해는 구분설을 수정한 것이다. 즉, 현장지시가 검증활동의 동기를 설명하는 비진술증거로 이용되는 때에는 검증조서와 일체를 이루므로 제312조 ⑥항을 적용한다. 그러나 현장지시 자체가 범죄사실을 인정하기 위한 진술증거로 이용되는 때에는 현장진술과 같이 취급한다.3)

80 **(라) 결 론** 검증조서와 진술조서의 성격을 가장 잘 구분하는 수정설이 타당하다. 따라서 현장지시가 비진술증거로 이용되는 때에는 검증조서와 일체를 이루므로 제312조 ⑥항을 적용한다. 그러나 현장지시 자체가 진술증거로 이용되는 때에는 현장진술과 같이 취급한다. 검사 작성의 검증조서 중 피의자의 현장진술은 제312조 ①항, 피의자 아닌 자의 현장진술은 제312조 ④항에 의하여 증거능력이 인정되고, 사법경찰관 작성의 검증조서 중 피의자의 현장진술은 제312조 ③항, 피의자 아닌 자의 현장진술은 제312조 ④항에 의하여 증거능력이 인정된다.

81 판례는 사법경찰관이 작성한 검증조서에 기재된 피고인의 현장진술에 대해

---

1) 백형구, 검증조서 실황조사서의 증거능력, 사법행정 351호, 24면; 정영석/이형국 353.
2) 김주형, 사법경찰관작성의 검증조서 중 피고인의 진술기재부분과 범행재연의 사진영상부분의 증거능력, 대법원판례해설 9, 473-475면; 신동운 1207.
3) 이재상/조균석/이창온 47/69.

검증조서에 관한 규정을 적용한 경우도 있지만(81도343; 83도3032), 당시에는 사법경찰관 작성의 피의자신문조서와 검증조서가 같은 조항에 규정되어 증거능력의 요건에 차이가 없었다. 이후의 판례에서는 사법경찰관이 작성한 검증조서에 기재된 '피고인의 진술내용' 및 '범행을 재연한 부분'을 검증조서와 구별해서 증거능력 여부를 판단하고 있다(98도159; 2007도1794 등).

> **[판례] 검증조서에 기재된 피고인의 진술: 대판 1998. 3. 13, 98도159**
> 사법경찰관 작성의 검증조서에 대하여 피고인이 증거로 함에 동의만 하였을 뿐 공판정에서 검증조서에 기재된 진술내용 및 범행을 재연한 부분에 대하여 그 성립의 진정 및 내용을 인정한 흔적을 찾아 볼 수 없고 오히려 이를 부인하고 있는 경우에는 그 증거능력을 인정할 수 없으므로, 위 검증조서 중 범행에 부합되는 피고인의 진술을 기재한 부분과 범행을 재연한 부분을 제외한 나머지 부분만을 증거로 채용하여야 함에도 이를 구분하지 아니한 채 그 전부를 유죄의 증거로 인용한 항소심의 조치는 위법하다.

(4) 관련문제

(카) 실황조사서   실황조사서는 교통사고·화재사고 등 각종 재난사고 직후 **82** 에 수사기관이 사고현장의 상황을 조사하여 그 결과를 기재한 서류를 말한다. 실황조사서에 수사기관의 검증조서에 관한 전문법칙의 예외규정인 제312조 ⑥ 항을 적용할 것인가에 관해 견해대립이 있다.

1) 부정설   부정설의 논거는 다음과 같다.[1] i) 제312조 ⑥항은 검증결과 **83** 를 기재한 서면이 '조서'일 것을 요구한다. ii) 조서란 법령의 근거에 의하여 일정한 방식을 갖추어 작성된 서면이어야 한다. iii) 검증은 강제수사로서 강제수사법정주의의 지배를 받는다. 그러나 실황조사서는 그 작성에 관한 명문규정이 없으므로 제312조 ⑥항의 적용대상이 되지 않는다.

2) 긍정설   긍정설의 논거는 다음과 같다.[2] i) 강제처분법정주의를 규정 **84** 한 헌법 제12조 ①항은 형사소송법 제215조와는 달리 검증을 규정하지 않고 있다. 이것은 검증이 타인의 신체나 재산을 제한·침해하지 않고, 즉 임의수사의 형태로 이루어질 수 있음을 의미한다. ii) 또한 실황조사서는 법령(검찰청법 제11

---

1) 신동운 1205; 정영석/이형국 353.
2) 이은모/김정환 693; 이재상/조균석/이창온 47/71; 이창현 944.

조, 검사규 제51조 별지 59호)에 의해 수사기관이 일정서식으로 작성하는 서류이다. 그러므로 실황조사는 현행법상 임의수사적 성격의 검증으로 인정할 수 있다. iii) 실황조사서가 검증조서보다 정확성에서 뒤지지 않는다. 따라서 제312조 ⑥항의 취지는 실황조사서가 실질적으로 검증결과인 이상, 그러한 검증이 임의처분이냐 강제처분이냐에 따라 달라지는 것은 아니다.

85   3) 결 론   제312조 ⑥항의 전문법칙 예외근거를 검증조서가 검증을 실시한 수사기관의 법정진술보다 정확성이 높다는 점에서 찾는다면, 실황조사서에 대해서도 같은 규정을 목적론적으로 해석·적용하는 것은 타당하다고 생각한다. 다만 긍정설이 실황조사의 임의수사성을 강조하는 것은 잘못이다. 실황조사가 비록 타인의 재산·신체에 대한 물리적 침해가 없다고 하더라도 강제수사와 임의수사의 구분기준인 기본권의 제한·침해가 언제나 전혀 없는 것은 아니기 때문이다. 그러므로 실황조사서에는 제312조를 적용하되, 적법절차원칙으로 실황조사를 통제할 필요가 있다. i) 실황조사는 실질적인 검증에 해당되므로 영장주의의 적용을 받아야 한다. 따라서 사후영장을 받지 않은 실황조사서는 유죄의 증거로 삼을 수 없다(88도1399). ii) 제219조가 준용하는 제122조에 따라서 실황조사를 실시할 경우에는 피의자나 변호인에게 미리 일시·장소를 통지하여야 한다. 다만 제122조의 단서에 따라 실황조사의 성격상 급속을 요하는 경우에는 예외로 할 수 있다.

86   4) 판 례   판례는 피의자였던 피고인이 사법경찰관의 면전에서 자백한 범행내용을 현장에 따라 진술·재연하고 사법경찰관이 그 진술·재연의 상황을 기재한 실황조사서에 대해 피고인이 공판정에서 그 진술내용 및 범행재연의 상황을 모두 부인하면 증거능력이 없다고 하여(89도1557) 실황조사서의 실질적 내용에 따라 전문증거에 관한 규정을 적용한 바 있다.

87   (ㄴ) **수사보고서**   실무상 작성되는 수사보고서에 검증의 결과에 해당하는 기재가 있는 경우가 때때로 있다. 그러나 수사보고서는 수사의 경위 및 결과를 내부적으로 보고하기 위하여 작성된 서류에 불과하다. 따라서 검증의 결과를 기재한 부분은 제312조 ⑥항의 검증조서에 해당하지 않는다고 보아야 한다. 판례는 제312조는 물론이고 제313조 ①항의 진술서나 제311조, 제315조 등의 전문서류에도 해당하지 않는다고 보고, 그 기재부분의 증거능력을 부정하였다(2000도2933).

Ⅳ. 제313조 진술서·진술기재서·감정서

1. 진술서와 진술기재서

(1) 개 념　　진술서는 원진술자가 스스로 자기의 의사·사상·관념 및 사실 **88** 관계 등을 직접 기재한 서면을 말한다. 명칭이나 작성장소는 문제가 되지 않는다. 이에 대하여 진술기재서는 원진술자의 진술을 제3자가 기재한 서류를 말한다.1) 수사과정에서 작성한 진술서 또는 진술조서는 제312조의 적용대상이 되므로 제313조 ①항의 적용대상은 수사과정 이외에서 작성된 진술서 또는 진술기재서가 된다. 사인인 의사가 작성한 진단서는 당연히 증거능력이 인정되는 서류가 아니므로, 제313조 ①항에 따라 증거능력이 판단되어야 한다(69도179). '고소장'도 제313조 ①항의 서류에 해당한다(2012도2937). 그리고 진술서나 진술기재서에는 피고인 또는 피고인 아닌 자가 작성하였거나 진술한 내용이 포함된 문자·사진·영상 등의 정보로서 컴퓨터용 디스크, 그 밖에 이와 비슷한 정보저장매체에 저장된 것을 포함한다(제313조 ①항 본문).

(2) **증거능력의 요건**　　피고인 또는 피고인이 아닌 자가 작성한 진술서나 **89** 그 진술을 기재한 서류로서 그 작성자 또는 진술자의 자필이거나 그 서명 또는 날인이 있는 것은 공판준비나 공판기일에서의 그 작성자 또는 진술자의 진술에 의하여 그 성립의 진정함이 증명된 때에는 증거로 할 수 있다. 그리고 성립의 진정은 제312조 ④항의 그것과 마찬가지로 형식적 진정성립과 실질적 진정성립을 의미한다(95도1761).

진술서는 반드시 자필로 작성될 필요는 없으며, 타이프나 부동문자로 작성 **90** 된 서류에 서명 또는 날인이 있으면 진술서에 해당한다. 판례는 작성자의 기명 아래에 서명이 있는 경우에도 진술서의 증거능력을 인정한다(79도1431). 진술기재서의 경우 제313조 ①항 본문이 '그 작성자 또는 진술자의 진술'을 규정하고 있어 원진술자 외에 진술기재서 작성자의 진술로도 성립의 진정을 증명할 수 있는지가 문제될 수 있으나, '작성자'는 '진술서'에, '진술자'는 '진술기재서'에 각 대응하는 것이므로 진술서든 진술기재서이든 언제나 '원진술자'의 진술에 의해

---

1) 제312조에서 수사기관이 작성하는 서류는 '조서'라 규정하지만, 제313조 ①항에서 수사기관 이외의 자가 작성하는 서류는 '서류'라 규정하므로 수사기관의 '진술조서'와 구별하는 의미에서 '진술기재서'라고 함이 타당하다.

성립의 진정이 증명되어야 한다(95도1761).

91　　한편, 진술서의 작성자가 성립의 진정을 부인하는 경우에는 과학적 분석결과에 기초한 디지털포렌식 자료, 감정 등 객관적 방법으로 성립의 진정함이 증명되는 때에 증거능력을 인정한다. 다만, 피고인 아닌 자가 작성한 진술서는 피고인 또는 변호인이 공판준비 또는 공판기일에 그 기재 내용에 관하여 작성자를 신문할 수 있었을 것을 요한다(같은 조 ②항).1)

92　　**(3) 피고인의 진술을 기재한 서류의 증거능력**　　피고인의 진술을 기재한 서류는 공판준비 또는 공판기일에서의 그 작성자의 진술에 의하여 그 성립의 진정함이 증명되고 그 진술이 특히 신빙할 수 있는 상태하에서 행하여 진 때에 한하여 피고인의 공판준비 또는 공판기일에서의 진술에 불구하고 증거로 할 수 있다(같은 조 ①항 단서).

93　　**(가) 성립의 진정**　　피고인의 진술을 기재한 서류는 '작성자'의 진술에 의해 성립의 진정이 증명되어야 하는데, 여기서의 '작성자'의 의미에 대해서는 원진술자인 피고인을 의미한다는 견해2)와 진술기재서를 작성한 제3자라는 견해3)가 대립한다. '피고인의 진술에 불구하고' 증거능력을 인정하는 법조문의 취지를 고려하면 여기서의 '작성자'는, 같은 항의 본문에 대한 해석과는 달리, 진술기재서를 작성한 제3자로 이해하는 것이 타당하다.

94　　판례는 피고인의 진술이 녹음된 녹음테이프의 진술내용을 증거로 사용하기 위해서는 형사소송법 제313조 ①항 단서에 따라 그 '작성자인 고소인'의 진술에 의해 녹음테이프에 녹음된 피고인의 진술내용이 피고인이 진술한 대로 녹음된 것이라는 점이 증명되어야 한다고 하여(2005도2945) 여기서의 '작성자'를 진술기재서를 작성한 제3자로 해석하고 있다.

95　　**(나) 특신상태**　　여기서의 특신상태는, 제312조 ④항의 그것과 마찬가지로 신용성의 정황적 보장을 의미한다.4) 그리고 특신상태가 인정되면 피고인의 '진

---

1) 2016. 5. 29. 개정법률에 의해 신설된 내용이다.

2) 신동운 1223.

3) 서희석, 우리 형사소송법상의 전문법칙, 형사증거법(상), 284면 이하.

4) 2018도3914: 피고인이 피고인의 진술을 기재한 서류를 증거로 할 수 있음에 동의하지 않은 이상 그 서류에 기재된 피고인의 진술 내용을 증거로 사용하려면 형사소송법 제313조 제1항 단서에 따라 공판준비 또는 공판기일에서 작성자의 진술에 의하여 그 서류에 기재된 피고인의 진술 내용이 피고인이 진술한 대로 기재된 것임이 증명되고 나아가 진술이 특히 신빙할 수 있는 상태하에서 행하여진 것임이 인정되어야 한다. 여기서 '특히 신빙할 수 있는 상태'라 함은 진술 내용이나 서류의 작성에 허위개입의 여지가 거의 없고, 진술 내용의 신빙성이나 임의성을 담보할 구체적이고 외부적인 정황이 있는 것을 말한다.

술에도 불구하고' 증거능력이 인정되는데, 그 의미에 대해 '진정성립을 부인하는 진술에도 불구하고'라는 견해와 '내용을 부인하는 진술에도 불구하고'라는 견해가 대립한다. 전자는 현행 형사소송법이 구두변론주의와 직접심리주의를 강화하고 있는 취지에 역행하는 것으로서, 특신상태를 이유로 진정성립의 요건을 포기하는 결과가 되어 부당하다. 후자가 타당하다고 본다.[1]

2. 감 정 서

감정서는 감정의 경과와 결과를 기재한 서류를 말한다. 감정은 법원의 명 **96**
령에 의한 경우(제169조)와 수사기관의 촉탁에 의한 경우(제221조)가 있다. 법원의 감정명령을 받은 감정인은 감정보고서를 제출하여야 하고(제171조), 수사기관의 촉탁을 받은 감정수탁자도 감정결과를 감정서로 보고한다.

제313조 ③항은 "감정의 경과와 결과를 기재한 서류도 제1항 및 제2항과 **97**
같다"고 규정함으로써, 감정서는 진술서에 준하여 증거능력이 인정된다. 즉 감정서는 1) 감정인의 자필이거나 서명 또는 날인이 있어야 하고, 2) 공판준비 또는 공판기일에서의 감정인의 진술에 의하여 그 성립의 진정함이 증명되어야만 증거로 할 수 있다. 여기서의 성립의 진정은 형식적 진정성립 및 실질적 진정성립을 포함한다.[2]

V. 제314조 전문서류의 증거능력에 대한 예외

1. 의 의

제314조는 "제312조 또는 제313조의 경우에 공판준비 또는 공판기일에 진 **98**
술을 요하는 자가 사망·질병·외국거주·소재불명, 그 밖에 이에 준하는 사유로 인하여 진술할 수 없는 때에는 그 조서 및 그 밖의 서류를 증거로 할 수 있다. 다만, 그 진술 또는 작성이 특히 신빙할 수 있는 상태하에서 행하여졌음이 증명된 때에 한한다"고 규정한다.

수사기관 또는 수사기관 이외의 자가 작성한 전문서류는 제312조 또는 제 **99**
313조에 의해 원진술자가 공판기일에 성립의 진정을 인정하는 등의 진술을 해

---

1) 같은 취지는 신동운 1219. 구 형소법 제312조 ①항 단서의 '피고인의 진술에 불구하고'와 관련하여 헌법재판소는 내용부인설을 취한 바 있다(2003헌가7).
2) 실무에서 감정의뢰를 사실조회의 형식으로 하고 감정서를 사실조회회보의 형식으로 받는 경우가 있는데, 이 경우 사실조회회보도 감정서로 취급된다(94도1680).

야만 증거능력이 인정된다. 그러나 원진술자가 이러한 진술을 할 수 없는 불가 피한 사정이 있는 경우에는 그럼에도 불구하고 실체적 진실발견과 소송경제의 측면에서 증거능력을 인정할 필요가 발생할 수도 있다. 제314조는 그러한 사정 을 고려하여 다시 예외규정을 둔 것이며, 그 예외인정의 요건으로 진술불능(필요 성)과 특신상태를 규정하고 있다.

2. 예외인정의 요건

100   **(1) 필요성**   제314조는 원진술자가 사망, 질병,[1] 외국거주, 소재불명, 그 밖에 이에 준하는 사유로 인하여 진술할 수 없을 것을 요건으로 한다. 이러한 사유가 있을 때 원진술자의 법정진술은 불가능하므로 예외인정의 필요성이 발 생하는 것이다.

101   **(가) 외국거주**   외국거주는 소환을 위해 취할 수 있는 모든 조치를 취하더 라도 외국에 있는 자를 법정에 출석시킬 수 없는 경우를 가리킨다. 따라서 단순 히 외국에 있다는 점만으로는 부족하고, 적어도 그런 조치를 실제로 취하지 않 아도 외국에 있는 진술을 요할 자를 법정에 출석시킬 것을 기대하기 어려운 사 정이 있어야 한다(2001도5666).

[2015도17115] '외국거주'의 적용요건

'외국거주'란 진술을 요하는 자가 외국에 있다는 것만으로는 부족하고, … 그를 공판정에 출석시켜 진술하게 할 모든 수단을 강구하는 등 가능하고 상당한 수단을 다하더라도 진 술을 요할 자를 법정에 출석하게 할 수 없는 사정이 있어야 예외적으로 적용이 있다. 나아가 진술을 요하는 자가 외국에 거주하고 있어 공판정 출석을 거부하면서 공판 정에 출석할 수 없는 사정을 밝히고 있더라도 증언 자체를 거부하는 의사가 분명한 경우가 아닌 한 거주하는 외국의 주소나 연락처 등이 파악되고, 해당 국가와 대한 민국 간에 국제형사사법공조조약이 체결된 상태라면 우선 사법공조의 절차에 의하 여 증인을 소환할 수 있는지를 검토해 보아야 하고, 소환을 할 수 없는 경우라도 외국의 법원에 사법공조로 증인신문을 실시하도록 요청하는 등의 절차를 거쳐야 하 고, 이러한 절차를 전혀 시도해 보지도 아니한 것은 가능하고 상당한 수단을 다하 더라도 진술을 요하는 자를 법정에 출석하게 할 수 없는 사정이 있는 때에 해당한 다고 보기 어렵다.

---

1) 2004도3619: "필요성의 요건 중 '질병'은 진술을 요할 자가 공판이 계속되는 동안 임상신문이 나 출장신문도 불가능할 정도의 중병임을 요한다."

(나) **소재불명** '소재불명'은 소환장이 송달불능이고 소재탐지촉탁에 의해 **102**
서도 무단전출, 주민등록직권말소 등의 사유로 증인의 소재를 확인할 수 없는
경우를 말한다(96도575; 98도1923 등).[1] 소환장이 송달불능된 자에 대해 소재탐사
도 하지 않거나 소환을 받고 출석하지 않은 자에 대해 구인신청도 하지 않고 검
사가 소환신청을 철회한 경우(69도364), 증인에 대한 소환장이 송달불능되자 검
사가 그 소재탐지촉탁을 하지 않았거나 소재탐지촉탁을 하였으나 그 회보가 오
지 않은 경우(96도575; 2003도171), 주거지 아닌 곳에서 소재탐지를 한 경우(73도
2124) 등은 여기에 해당하지 않는다.

(다) **그 밖에 이에 준하는 사유** '그 밖에 이에 준하는 사유'로는 증인으로 **103**
소환될 당시부터 기억력이나 분별력의 상실 상태에 있다거나, 증인소환장을 송
달받고 출석하지 아니하여 구인을 명하였으나 끝내 구인의 집행이 되지 아니하
는 등의 사유를 들 수 있다(95도523; 2004도3619 등). 판례는 수사기관에서 진술한
피해자인 유아가 공판정에서 진술을 하였더라도 증인신문 당시 일정한 사항에
관하여 기억이 나지 않는다는 취지로 진술하여 그 진술의 일부가 재현 불가능
하게 된 경우도 제314조의 그 밖에 이에 준하는 사유에 해당한다고 하였다(2005
도9561).[2]

한편, 증인에 대해 구인장의 집행이 불가능한 상황을 제314조의 '기타 사 **104**
유'에 해당한다고 인정할 수 있으려면, 형식적으로 구인장 집행이 불가능하다는
취지의 서면이 제출되었다는 것만으로는 부족하고, 증인에 대한 구인장의 강제
력에 기하여 증인의 법정 출석을 위한 가능하고도 충분한 노력을 다하였음에도
불구하고, 부득이 증인의 법정 출석이 불가능하게 되었다는 사정을 검사가 입증
한 경우여야 한다(2006도7228). 전문법칙의 예외에 다시 예외를 인정하는 제314
조의 요건 충족 여부는 엄격히 심사하여야 하기 때문이다.

(라) **증언거부** 증인이 법정에 출석하여 증언거부권을 행사한 때도 '그 밖 **105**
의 이에 준하는 사유'에 해당하는지가 문제된다. 특히 공범이 증언을 거부할 때
그 공범에 대한 피의자신문조서 등이 예외의 적용을 받아 증거가 될 수 있는지

---

1) '소재불명'의 사유는 2007년의 법개정으로 추가된 사유이며, 그전에는 '기타 사유'로서 판례에
의해 구체화되던 사유였다.
2) 반면, 만 5세 무렵에 당한 성추행으로 인하여 외상 후 스트레스 증후군을 앓고 있다는 등의
이유로 공판정에 출석하지 아니한 약 10세 남짓의 성추행 피해자에 대한 진술조서는 형사소송
법 제314조에 정한 필요성의 요건과 신용성 정황적 보장의 요건을 모두 갖추지 못하여 증거능
력이 없다고 하였다(2004도3619).

가 문제된다. 이에 대해서는 소극설과 적극설이 대립한다. 소극설1)은 법관 면전의 증인의 진술거부에 대해서는 별도로 제재규정이 마련되어 있고(제161조), 전문법칙의 예외규정은 가능한 한 제한적으로 해석하여야 한다는 관점에서 볼 때 출석한 증인의 진술거부는 제314조 '그 밖에 이에 준하는 사유'에 해당하지 않는다고 본다. 반면 적극설2)은 제314조는 서증書證의 증거능력을 지나치게 제한하여 사실인정의 자료로 사용하지 못하게 되면 확실한 범죄인을 처벌하지 못할 우려가 있다는 점을 고려한 규정이므로 제148조나 제149조에 의한 증언거부는 제314조의 '그 밖에 이에 준하는 사유'에 해당한다고 본다. 적극설은 증언거부권을 무력화한다는 점에서 찬성하기 힘들다. 기타 사유는 사망·질병 등과 같이 물리적으로 증언이 불가능한 경우에 국한하는 것이 바람직하다.

106　　　판례는 과거에는 적극설의 입장이었으나(92도1244 등), 소극설의 입장으로 변경되었다(2009도6788 전합). 따라서 증인이 '정당하게 증언거부권을 행사하여' 증언을 거부한 경우는 '그 밖에 이에 준하는 사유로 인하여 진술할 수 없는 때'에 해당하지 않는다. 또한 증인이 '정당하게 증언거부권을 행사한 것이 아닌' 경우에도, '피고인이 증인의 증언거부 상황을 초래하였다는 등의 특별한 사정이 없는 한' '그 밖에 이에 준하는 사유로 인하여 진술할 수 없는 때'에 해당하지 않는다(2018도13945 전합).

[2009도6788 전합] 증언거부권 행사와 제314조

[1] [다수의견] 현행 형사소송법 제314조의 문언과 개정 취지, 증언거부권 관련 규정의 내용 등에 비추어 보면, 법정에 출석한 증인이 형사소송법 제148조, 제149조 등에서 정한 바에 따라 정당하게 증언거부권을 행사하여 증언을 거부한 경우는 형사소송법 제314조의 '그 밖에 이에 준하는 사유로 인하여 진술할 수 없는 때'에 해당하지 아니한다.

[2] 갑 주식회사 및 그 직원인 피고인들이 구 건설산업기본법 위반으로 기소되었는데, 변호사가 법률자문 과정에서 작성하여 갑 회사 측에 전송한 '법률의견서'에 대하여 피고인들이 증거로 함에 동의하지 아니하고, 변호사가 원심 공판기일에 증인으로 출석하였으나 증언할 내용이 갑 회사로부터 업무상 위탁을 받은 관계로 알게 된 타인의 비밀에 관한 것임을 소명한 후 증언을 거부한 사안에서, 위 법률의견서

---

1) 신동운 1231.
2) 김희옥, 증언거부와 형사소송법 제314조의 기타 사유로 인하여 진술할 수 없는 때, 형사판례연구 II, 327-328면.

는 실질에 있어서 형사소송법 제313조 ①항에 규정된 '피고인 아닌 자가 작성한 진술서'에 해당하는데, 공판준비 또는 공판기일에서 작성자 또는 진술자인 변호사의 진술에 의하여 성립의 진정함이 증명되지 아니하였으므로 위 규정에 의하여 증거능력을 인정할 수 없고, 나아가 원심 공판기일에 출석한 변호사가 그 진정성립 등에 관하여 진술하지 아니한 것은 형사소송법 제149조에서 정한 바에 따라 정당하게 증언거부권을 행사한 경우에 해당하므로 형사소송법 제314조에 의하여 증거능력을 인정할 수도 없다는 이유로, 원심이 이른바 변호인·의뢰인 특권에 근거하여 위 의견서의 증거능력을 부정한 것은 적절하다고 할 수 없으나, 위 의견서의 증거능력을 부정하고 나머지 증거들만으로 유죄를 인정하기 어렵다고 본 결론은 정당하다고 한 사례.

(2) 특신상태   조서 또는 서류는 그 진술 또는 작성이 특히 신빙할 수 있 **107** 는 상태에서 행해진 경우에 증거능력이 인정된다. 여기서 '특히 신빙할 수 있는 상태'란 '신용성의 정황적 보장'이라는 의미이다(2004도3619).

3. 제314조의 적용범위

제314조는 '제312조 또는 제313조의 경우에' 원진술자가 공판준비 또는 공 **108** 판기일에 진술이 불가능한 사유가 있을 때 각각의 증거능력 인정요건에서 예외를 인정하고 있다. 그러나 두 조항에 규정된 전문서류들에 대해 제314조가 적용되는지의 여부는 개별적인 경우에 따라 살펴보아야 한다.

(1) 피고인에 대한 피의자신문조서   피고인의 출석 없이는 원칙적으로 개 **109** 정할 수 없고, 예외적으로 피고인의 출석 없이 증거조사할 수 있는 경우에는 피고인의 증거동의가 있는 것으로 간주되기 때문에(제318조 ②항) 제314조를 근거로 당해 피고인에 대한 피의자신문조서의 증거능력을 인정하는 것은 타당하지 않다. 따라서 피고인이 된 피의자에 대한 신문조서(제312조 ①·③항)에 대해서는 제314조가 적용되지 않는다고 보는 것이 타당하다.[1]

(2) '공범' 또는 '공범 아닌 자'에 대한 피의자신문조서   검사 또는 사법경찰 **110** 관이 작성한 '공범관계가 없는' 다른 피의자에 대한 피의자신문조서(제312조 ④항)는 제314조에 의해 증거능력이 인정될 수 있다(83도2945 등). 문제는 당해 피고인과 공범관계에 있는 피의자에 대한 피의자신문조서도 제314조의 적용을 받는가 하는 점이다. 공범에 대한 사법경찰관 작성의 피의자신문조서는 공범의 법

---

1) 이은모/김정환 676; 이재상/조균석/이창온 47/85.

정진술에 의하여 그 성립의 진정이 인정되더라도 피고인이 그 조서의 내용을 부인하면 증거능력이 부정된다(96도667 등). 따라서 당연한 결과로 피고인과 공범관계에 있는 피의자에 대한 사법경찰관 작성의 신문조서에 대해서는 제314조가 적용되지 않는다(2003도7185 전합; 2016도9367).[1)]

[판례] 사경 작성 공범의 피신조서와 제314조: 대판 2009. 11. 26, 2009도6602
형사소송법 제312조 ③항은 검사 이외의 수사기관이 작성한 당해 피고인에 대한 피의자신문조서를 유죄의 증거로 하는 경우뿐만 아니라 검사 이외의 수사기관이 작성한 당해 피고인과 공범관계에 있는 다른 피고인이나 피의자에 대한 피의자신문조서 또는 공동피의자에 대한 피의자신문조서를 당해 피고인에 대한 유죄의 증거로 채택할 경우에도 적용되는바, 당해 피고인과 공범관계가 있는 다른 피의자에 대한 검사 이외의 수사기관 작성의 피의자신문조서는 그 피의자의 법정진술에 의하여 그 성립의 진정이 인정되더라도 당해 피고인이 공판기일에서 그 조서의 내용을 부인하면 증거능력이 부정되므로, 그 당연한 결과로 그 피의자신문조서에 대하여는 사망 등 사유로 인하여 법정에서 진술할 수 없는 때에 예외적으로 증거능력을 인정하는 규정인 형사소송법 제314조가 적용되지 않는다.

111		(3) 진술조서·검증조서·진술서·감정서 등		검사 또는 사법경찰관이 작성한 참고인진술조서(제312조 ④항)와 검증조서(같은 조 ⑥항)에 대해서는 제314조가 적용된다는 데 이견이 없다. 판례에 의하면 우리나라 법원의 형사사법공조요청에 따라 외국법원의 지명을 받은 검사가 작성한 피해자에 대한 증언녹취서(deposition)는 제312조 또는 제313조에 해당하는 조서로서 그 원진술자가 외국 거주를 이유로 공판기일에서 진술할 수 없고, 특신상태가 인정되면 제314조에 따라 증거능력이 인정된다(97도1351).

112		진술서와 감정서도 그 작성자가 법정에서 진술할 수 없는 불가피한 사유가 있을 때에는 제314조가 적용된다. 다만 피고인이 수사과정에서 작성한 진술서(같은 조 ⑤항)는 피고인에 대한 피의자신문조서의 경우처럼 제314조가 적용되지 않는다.

---

1) 참고로 2022. 2. 4. 법개정 이전 판례는 공범에 대한 검사 작성의 피의자신문조서에 대하여는 제314조가 적용된다고 보았다(83도2945; 92도1211).

Ⅵ. 제315조 당연히 증거능력이 있는 서류

1. 제315조의 입법취지

진술서 가운데 공무원이 직무상 작성하는 문서 또는 업무자가 업무상 필요 **113** 로 작성하는 문서는, 원래 진술서로서 제313조에 따라 증거능력이 판단되어야 한다. 그러나 이러한 문서는 그 성립의 진정을 추정할 수 있을 뿐만 아니라, 내용은 대개 작성자의 경험내용을 그대로 반영하므로 공무원·업무자를 증인으로 소환하여 신문하는 것은 소송경제에 반한다. 따라서 제315조는 이들이 직무상 또는 업무상 통상적으로 작성하는 문서에 대해 전문법칙의 일반적인 예외를 인정하고 있다.

2. 제315조의 적용범위

(1) **공무원이 작성한 직무상 증명할 수 있는 사항에 관한 문서**　가족관계기 **114** 록사항에 관한 증명서, 공정증서등본 기타 공무원 또는 외국공무원이 직무상 증명할 수 있는 사항에 관하여 작성한 문서는 당연히 증거능력이 있다(제315조 1호). 이러한 서류는 공권적 증명문서로 신용성이 보장되며, 원본제출이나 공무원에 대한 증인신문이 어렵다는 필요성 때문에 증거능력이 인정된다.[1] 예컨대, 등기부등(초)본, 인감증명, 전과조회회보, 신원증명서, 세관공무원의 시가市價감정서(85도225), 외국공무원의 범칙물건감정서등본 및 분석회답서등본(83도3145), 법원의 판결문사본(81도2591) 등이다. 그러나 수사기관이 작성한 문서, 즉 공소장 또는 외국수사기관의 수사결과는 여기에 해당하지 않는다(79도1852).

(2) **업무상 필요로 작성한 통상문서**　상업장부, 항해일지 기타 업무상 필요 **115** 로 작성한 통상문서도 당연히 증거능력이 있다(제315조 2호). 이러한 서류는 업무상 신용도 유지를 위한 정확한 기재가 기대되고, 그 기재가 기계적으로 이루어지기 때문에 허위기재의 염려 또한 적으며, 작성자를 일일이 소환하는 것은 소송경제에 반하기 때문에 당연히 증거능력이 있다. 예컨대, 금전출납부, 전표, 통계표, 전산자료, 의사의 진료부, 지출내역을 기재한 비밀장부(94도2865 전합), 성매매업소에서 작성한 영업용 메모리카드의 내용(2007도3219) 등이다. 군의관 작성의 진단서는 공무원이 작성한 문서이므로 제315조 1호에 해당하여 당연히 증

---

1) 이은모/김정환 695; 이재상/조균석/이창온 47/88; 이창현 947.

거능력이 있다. 그러나 사인인 의사 작성의 진단서나 피고인 작성의 상업장부는 이 규정에 해당되지 않는다.[1)]

116 **(3) 기타 특히 신용할 만한 정황에 의하여 작성된 문서** 제315조 1호나 2호에 해당되지 않더라도 그에 준할 정도로 신용할 만한 정황에 의하여 작성된 문서는 3호에 의하여 당연히 증거능력이 있다. 따라서 3호는 1호나 2호에서 전문법칙의 일반적 예외를 인정하는 근거를 일반조항의 형식으로 규정한 것인데, 1호나 2호와 유사한 성격의 서류로서 고도의 신용성이 보장되는 문서를 의미한다. 예컨대, 공공기록, 보고서, 역서曆書, 정기간행물의 시장가격표, 스포츠기록, 공무소작성의 통계·연감, 다른 피고사건의 공판조서(2004도4428) 등이다. 그러나 판례는 주민들의 진정서 사본(83도2613), 사무처리의 편의를 위해 자신의 경험사실을 기재해 놓은 업무수첩[2)]은 여기에 해당하지 않는 것으로 본다.

Ⅶ. 제316조 전문진술

[사례 23] 2000도159

甲은 1997년 8월 일자불상경 피고인의 집에서 피해자 V(당시 생후 30개월 가량)의 하의를 벗기고 강제로 추행하였다는 공소사실로 기소되었다. 甲은 경찰, 검찰, 제1심 및 제2심에 이르기까지 일관하여 이 사건 공소사실을 부인하고 있는데, 제2심의 증거들은 증인 V와 V의 모 A 및 부 B의 각 진술, 제1심 제3회 공판조서 중 증인 A의 진술기재, 압수된 녹음테이프(증 제1호)에 대한 제1심의 검증결과 중 피해자의 진술부분, 수사기관 작성의 A와 △△성폭력상담소 상담원인 C에 대한 각 진술조서의 진술기재가 있을 뿐이다.
제2심의 증거들 중 1) A의 수사기관에서부터 원심법정에 이르기까지의 진술은 모두 1998. 4. 12. V로부터, V가 피고인으로부터 공소사실 기재와 같은 내용의 추행을 당하였다는 이야기를 들었다는 것이다. 그런데 V는 제2심에 증인으로 출석하여 이름과

---

1) 김기두 143; 이은모/김정환 696; 이재상/조균석/이창온 47/89; 이창현 948.
2) 2018도13792 전합: "전문법칙에 관한 규정 체계·입법 취지와 함께 형사소송법 제315조의 규정형식을 살펴보면, 형사소송법 제315조 제3호에서 정한 문서는 제1호와 제2호에서 열거된 공권적 증명문서와 업무상 통상문서에 준하여 '굳이 반대신문의 기회 부여가 문제 되지 않을 정도로 고도의 신용성에 관한 정황적 보장이 있는 문서'를 뜻한다. 피고인 2의 업무수첩은 피고인 2가 사무처리의 편의를 위하여 자신이 경험한 사실 등을 기재해 놓은 것에 지나지 않는다. 이것은 '굳이 반대신문의 기회 부여가 문제 되지 않을 정도로 고도의 신용성에 관한 정황적 보장이 있는 문서'라고 보기는 어려우므로, 형사소송법 제315조 제3호의 '기타 특히 신용할 만한 정황에 의하여 작성된 문서'에 해당하지 않는다."

나이 등을 묻는 재판장의 질문에만 대답하였을 뿐, 피고인이나 피고인의 가족을 알고 있느냐는 질문에 대하여는 모른다고 하거나 대답하기 싫다고 하였다. 그리고 2) B의 제2심 법정에서의 진술과 3) △△성폭력상담소 상담원인 C의 검찰에서의 진술을 기재한 조서는, A가 V로부터 들었다는 V의 피해사실을 A로부터 다시 전해 들어서 알게 되었다는 것을 내용으로 하고 있다.

문1. 1)에서 A의 진술이 증거능력을 갖추기 위한 요건은 무엇인가?

문2. 2)에서 B의 법정 진술과 C에 대한 검찰 작성의 참고인진술조서는 증거능력이 있는가?

[주요논점] 1. 전문진술이란 무엇이며, 전문진술이 증거능력을 갖추기 위한 요건은 무엇인가?

2. 전문진술을 내용으로 하는 재전문진술과 전문진술이 기재된 서류는 증거능력이 있는가?

[참고판례] 2003도171; 2004도805; 2005도9561

제316조는 '피고인 아닌 자의 진술이 피고인의 진술을 내용으로 하는 경우' **117** 와 '피고인 아닌 자의 진술이 피고인 아닌 타인의 진술을 내용으로 하는 경우'에 예외적으로 전문진술의 증거능력을 인정한다. 진술의 형식을 취한다는 점에서 제311조에서 제315조까지 규정된 서면의 형식에 의한 전문증거의 예외규정과 구별된다.

1. 피고인 아닌 자의 전문진술

(1) **피고인의 진술을 내용으로 하는 경우**   피고인 아닌 자의 공판준비 또는 **118** 공판기일의 진술이 피고인의 진술을 내용으로 하는 것인 때에는 그 진술이 특히 신빙할 수 있는 상태에서 행하여진 때에 한하여 이를 증거로 할 수 있다(제316조 ①항). 이 때 '피고인이 아닌 자'에는 공소제기 전에 피고인을 피의자로 조사하였거나 그 조사에 참여하였던 자를 포함한다.

(가) **제316조 ①항의 성격**   제316조 ①항의 성격에 관해 통설은 전문법칙 **119** 의 예외규정이라고 본다.[1] 통설은 다시 1) 검사가 진술거부권(제283조의2)이 보

---

1) 강구진 460; 백형구 290; 이은모/김정환 697; 이재상/조균석/이창온 47/93; 이창현 952; 정영석/이형국 358.

장되어 있는 피고인에 대한 반대신문권을 보장받기는 어려우므로 전문법칙의 예외가 인정되는 경우라고 보는 견해,[1] 2) 증인에 대한 피고인의 반대신문권을 보장하기 위한 규정이라는 견해,[2] 3) 신용성이 결여된 전문진술은 증거능력이 부정되지만 일정한 조건 하에서 증거능력을 인정하는 규정이라는 견해[3]로 세분된다. 이에 반해 제316조 ①항을 직접심리주의의 예외규정이라고 보는 견해가 있다. 이 견해는 다시 1) 원진술자가 피고인이므로 당사자의 반대신문권은 무의미하기 때문이라는 견해,[4] 2) 피고인신문은 공판정에서 이루어지는 것이 원칙이지만 실체적 진실발견을 위해 예외적으로 전문진술이 '특히 신빙할 수 있는 상태하에서' 이루어진 때에 한하여 증거능력을 인정하자는 견해[5]로 나뉜다. 전문법칙을 직접주의의 한 내용으로 바라보는 한, 여기 제시된 견해들은 제316조 ①항이 전문진술의 증거능력을 인정하는 근거를 여러 측면에서 설명하는 것이라고 할 수 있다.

120   (나) **증거능력의 요건**   여기서의 피고인은 '당해 피고인'만을 의미한다. 따라서 공동피고인이나 공범은 '피고인 아닌 타인'에 속한다. '피고인의 진술'은 피고인의 지위에서 행해진 것에 국한하지 않고 피의자·참고인·증인·기타 지위에서 행해진 것도 포함한다. 이러한 피고인의 진술은 '특히 신빙할 수 있는 상태하에서 행하여졌음이 증명된 때에 한하여' 증거능력이 있다. 판례는 이때의 특신상태란 신용성의 정황적 보장, 즉 '그 진술을 하였다는 것에 허위개입의 여지가 거의 없고, 그 진술내용이 신빙성이나 임의성을 담보할 구체적이고 외부적인 정황이 있는 경우'를 가리킨다고 본다(2004도482).

121   (다) **'조사자증언'의 문제**   피고인의 진술을 전달하는 자의 범위와 관련하여 이전의 학설과 판례(83도2820 등)는 피고인이 피의자 단계에서 조사받을 때 한 진술을 사법경찰관이 전문진술하는 경우에 대해서는 제316조 ①항을 적용하지 않고, 구 형사소송법의 제312조 ②항(현재의 ③항)을 적용하여 피고인이 그 내용을 부인하면 증거능력을 인정할 수 없다는 데 견해가 일치하였다. 그러나 개정법률은 피고인을 조사한 조사자의 전문진술도 조사자가 위증죄의 부담을 안고 피고인 측의 반대신문을 받으면서 증언을 하는 경우 증거능력을 부여할 수

---

1) 정영석/이형국 358.
2) 강구진 460.
3) 이재상/조균석/이창온 47/93.
4) 김기두 139.
5) 신동운 1238.

있는 근거를 마련하였다. 이는 조사자의 증언을 허용하는 독일과 미국, 일본의 입법례를 따른 것으로, 실체적 진실발견과 피고인의 방어권 사이에서 조화를 도모한 것이라고 한다.[1]

그러나 조사자의 전문진술을 허용한 제316조 ①항은 이전의 판례 및 제312 **122** 조 ③항의 내용과 충돌되는 부분이 있다. 즉 사법경찰관 작성의 피의자신문조서에 대해 피고인이 그 내용을 부인하여 제312조 ③항에 따라 해당 조서의 증거능력이 부인된 상황에서 검사가 피고인을 조사한 사법경찰관을 증인으로 신청하여 조서에 담긴 피고인의 진술에 대해 증언하도록 할 경우에도 조사자의 전문진술에 대해 증거능력을 인정할 것인가 하는 문제이다. 이를 긍정하는 견해도 있지만 그렇게 되면 1) 제312조 ③항에 의해 부인된 피의자신문조서의 증거능력을 우회적으로 인정하는 결과가 되어 사법경찰관 작성의 피의자신문조서에 대해 엄격한 증거능력의 요건을 규정한 동 조항의 취지를 벗어나게 된다. 또한 2) 제316조 ①항에 의해 증거능력을 얻으려면 피고인의 진술이 특신상태에서 행하여졌음이 증명되어야 하는데, 피고인이 그 내용을 부인한 진술에 대해 특신상태를 인정한다는 것도 모순되는 일이다. 3) 조사자가 위증죄의 부담을 안고 증언하기 때문에 증거능력을 인정해야 한다는 것도 수긍할 수 없는 논거이다. 그러한 논거라면 피고인이 내용을 부인한 피의자신문조서도 조사자가 허위공문서작성죄의 부담을 안고 작성한 것이니 증거능력을 인정해야 할 것이다. 따라서 조사단계에서 진술한 대로 조서가 작성되었더라도 피고인 스스로 그 진술의 내용을 부인하면 증거능력을 부정하는 제312조 ③항의 취지를 고려한다면, 조사 당시의 진술 그대로를 조사자가 전달하더라도 피고인이 그 내용을 부인하는 부분에 대해서는 증거능력을 부정하여야 한다. 그러므로 제316조 ①항의 개정에도 불구하고 조사자의 전문진술이 제312조 ③항과 충돌할 때에는 그 전문진술의 증거능력을 부인하여야 한다.

판례는, 앞에서 살펴본 바와 같이, 피고인이 사법경찰관 작성의 피의자신문 **123** 조서에 대하여 그 내용을 부인한 경우, 1) 피고인이 조서에 기재된 대로 진술하였다는 취지의 조사 담당 경찰관의 증언에도 불구하고 그 피의자신문조서의 증거능력을 부정하였고(97도2211), 2) 같은 내용의 담당 경찰관에 대한 검사 작성의 참고인진술조서(2002도2112), 3) 사법경찰관의 조사 당시 사법경찰관 작성의

---

1) 법무부, 개정 형사소송법, 2007, 242면 이하; 법원행정처, 형사소송법 개정법률 해설, 2007, 142면.

피의자신문조서에 기재된 피의자의 진술과 동일한 내용의 진술을 직접 보고 들었다는 다른 증인의 증언 및 그들에 대한 진술조서의 증거능력을 모두 부정한 바 있다(94도1905 등). 같은 취지에서 피고인이 부인한 피의자신문조서의 내용과 같은 내용의 조사자증언은 증거능력을 부정하여야 하는 것이다.

124　　　(2) '피고인 아닌 타인의 진술'을 내용으로 하는 경우　　피고인 아닌 자의 진술이 '피고인 아닌 타인의 진술'을 내용으로 하는 것인 때에는 그 피고인 아닌 타인(원진술자)이 사망, 질병, 외국거주, 소재불명 그 밖에 이에 준하는 사유로 인하여 진술할 수 없고, 그 진술이 특히 신빙할 수 있는 상태하에서 행하여진 때에 한하여 이를 증거로 할 수 있다(제316조 ②항). 제314조와 같은 요건이라 할 수 있다. 여기서 '피고인 아닌 타인'에는 앞서 본 바와 같이 공범과 공동피고인이 모두 포함된다(2004도8654; 2011도7173 등). 따라서 '피고인 아닌 타인'이 공동피고인인 경우 그가 법정에서 공소사실을 부인하고 있다면, '원진술자가 진술할 수 없는 때'에 해당하지 않으므로, 공동피고인의 진술을 내용으로 하는 전문진술은 증거능력이 없다(99도5679).

> **[2008도6985] 제316조 ②항과 조사자의 전문진술**
>
> 조사자의 증언에 증거능력이 인정되기 위해서는 원진술자가 사망, 질병, 외국거주, 소재불명, 그 밖에 이에 준하는 사유로 인하여 진술할 수 없어야 하는 것이라서, 원진술자가 법정에 출석하여 수사기관에서 한 진술을 부인하는 취지로 증언한 이상, 원진술자의 진술을 내용으로 하는 조사자의 증언은 증거능력이 없다.

2. 피고인의 전문진술

125　　　피고인이 공판준비 또는 공판기일에 행한 진술이 '피고인 아닌 자의 진술'을 내용으로 하는 경우에 관해서는 명문의 규정이 없다. 이에 다수견해는 제316조 ②항을 유추적용해야 한다는 입장이다.[1] 판례도 같은 입장이다. B가 개별면담자 C와 나눈 대화를 A에게 말해주자 A가 그 내용을 자신의 업무수첩에 기재한 사건에서, 판례는 A의 업무수첩의 대화 내용 부분이 B와 C의 대화 내용을 증명하기 위한 진술증거인 경우에는 전문진술로서 피고인 B에 대해서는 제316

---

1) 강구진 464; 신동운 1245; 이은모/김정환 700; 이재상/조균석/이창온 47/96; 이창현 957; 정영석/이형국 359.

조 ①항(2018도14303 전합), 피고인 A와 C에 대해서는 제316조 ②항의 요건을 갖추어야만 증거로 할 수 있다고 판시하였다(2018도13792 전합; 2018도2738 전합).

3. 재전문증거

(1) 개 념 재전문증거는 타인의 진술을 내용으로 하는 진술(전문신술)을 **126**
법원에 직접 보고하지 않고 다시 제3의 매체를 통하여 간접적으로 보고하는 경우, 즉 전문증거가 그 내용에 또 다시 전문증거를 포함하는 경우를 말한다. 이중전문증거(double hearsay evidence)라고도 한다. 전문증거에 포함된 전문증거가 또 다시 전문증거를 포함하는 전문의 연쇄는 두 단계를 넘어 세 단계 또는 그 이상이 될 수 있다. 그런 재전문증거는 다중전문증거(multiple hearsay evidence)라고 부르기도 한다.

(2) 종 류 재전문증거는 원진술자로부터 전해들은 자(전문자)의 전문진술 **127**
을 다시 전해들은 자(재전문자)가 법정에서 증언하는 재전문진술, 전문진술이 다시 조서를 통하여 법원에 간접적으로 보고되는 재전문서류로 나뉠 수 있다. 또한 원진술자가 피고인인 경우와 피고인이 아닌 자인 경우로 나뉠 수 있다.

(3) 증거능력의 인정 여부 재전문증거에 대해서도 전문법칙의 예외규정 **128**
을 적용하여 증거능력을 인정할 것인지에 대해 이를 긍정하는 견해는 재전문증거에 포함된 진술부분이 전문법칙의 예외요건을 개별적으로 모두 충족하면 증거로 할 수 있다고 한다. 재전문서류뿐만 아니라 재전문진술도 2중의 전문이라는 점에서 차이가 없으므로 진술자의 각 진술에 필요성과 신용성의 정황적 보장 요건이 충족되면 증거능력이 인정된다는 것이다.[1]

그러나 재전문진술은 2중의 전문이고 전문의 과정에서 와전가능성이 대단 **129**
히 높으므로, 원칙적으로 그 증거능력을 부정하는 것이 타당하다. 판례도 재전문증거에 대해 원칙적으로 전문법칙(제310조의2)에 의해 증거능력을 인정하지 않는다. 다만 피고인이 증거로 하는 데 동의하면 제318조 ①항에 따라 증거능력이 인정된다고 한다(2003도5255; 2010도5948). 또한 판례는 '재전문서류'와 '재전문진술'의 경우를 구분하여, 재전문서류는 일정한 요건을 전제로 증거능력을 인정하고, 재전문진술 및 재재전문서류(재전문자의 재전문진술이 기재된 조서)는 피고인의 증거동의가 없는 한 증거능력을 부정한다(2003도171 등).[2]

---

1) 이은모/김정환 702; 이재상/조균석/이창온 47/97; 이창현 959.
2) 다만, 2003도171 판결에서는 '전문진술을 기재한 조서'를 '재전문진술을 기재한 조서'라고 표

130   ⑷ 재전문서류의 증거능력 인정 요건   전문서류에 전문진술이 기재된 경우 그 전문진술은 재전문증거가 된다. 이러한 경우 그 전문진술의 증거능력을 인정하기 위해서는 전문서류와는 별개로 전문진술이 따로 분리되어 제316조의 요건을 충족하여야 한다. 예컨대 참고인진술조서에 참고인이 전하는 A라는 제3자의 진술이 기재된 경우, 참고인의 진술은 참고인진술조서에 관한 제312조 ④항의 요건을, A의 진술은 제316조 ②항의 요건을 각각 충족하여야 한다는 것이다. 이때 재전문증거인 A의 진술내용은 제316조 ②항에 따라 참고인이 법정에 출석하여 증언하고, A가 사망 등의 사유로 진술할 수 없는 사정이 있으며, 특신상태가 인정될 때 증거능력이 인정될 수 있다(2001도2891; 2005도9561 등). 그리고 조서에 담긴 전문진술이 피고인의 진술인 경우에는 조서의 증거능력에 관한 요건 외에 제316조 ①항의 요건을 충족시켜야 한다(2002도1187; 2004도482 등).

[2000도159] 전문진술이 기재된 조서의 증거능력

전문진술이나 재전문진술을 기재한 조서는 형사소송법 제310조의2의 규정에 의하여 원칙적으로 증거능력이 없는 것인데, 다만 전문진술은 형사소송법 제316조 ②항의 규정에 따라 원진술자가 사망, 질병, 외국거주 기타 사유로 인하여 진술할 수 없고 그 진술이 특히 신빙할 수 있는 상태하에서 행하여진 때에 한하여 예외적으로 증거능력이 있다고 할 것이고, 전문진술이 기재된 조서는 형사소송법 제312조 또는 제314조의 규정에 의하여 각 그 증거능력이 인정될 수 있는 경우에 해당하여야 함은 물론 나아가 형사소송법 제316조 ②항의 규정에 따른 위와 같은 요건을 갖추어야 예외적으로 증거능력이 있다고 할 것인바, 여기서 '그 진술이 특히 신빙할 수 있는 상태하에서 행하여진 때'라 함은 그 진술을 하였다는 것에 허위개입의 여지가 거의 없고, 그 진술내용의 신빙성이나 임의성을 담보할 구체적이고 외부적인 정황이 있는 경우를 가리킨다.

생후 30개월 가량인 피해자 A가 피해자의 모 B에게 피고인으로부터 강제추행을 당했다는 내용의 진술을 하였고, 피해자의 모 B는 사법경찰관의 참고인조사과정에서 피해자 A의 진술을 전하여 사법경찰관 작성의 B에 대한 참고인진술조서에 A의 진술내용이 기재된 사안에서, B에 대한 참고인진술조서는 전문진술이 기재된 조서인데, 이 조서의 내용 중 전문진술이 기재된 부분은 제316조 ②항의 요건을 충족시킬 때 증거능력이 인정된다고 한 사례.

현하고 있는데, 다른 판결의 용어사용과 다른, 혼란스러운 용어사용이다.

Ⅷ. 제317조 진술의 임의성

1. 제317조의 의의와 적용대상

(1) **임의성의 요청**　제317조 ①항은 "피고인 또는 피고인 아닌 자의 진술 **131** 이 임의로 된 것이 아닌 것은 증거로 할 수 없다"고 규정하고 있다. 같은 조 ② 항은 "전항의 서류는 그 작성 또는 그 내용인 진술이 임의로 되었다는 것이 증 명된 것이 아니면 증거로 할 수 없다"고 규정한다. 그리고 같은 조 ③항은 "검 증조서의 일부가 피고인 또는 피고인 아닌 자의 진술을 기재한 것인 때에는 그 부분에 한하여 전2항의 예에 의한다"고 규정하고 있다.

제317조의 입법취지에 관해서는 1) 임의성이 전문증거의 증거능력요건임 **132** 을 선언한 규정이라고 보는 견해[1]와 2) 증거능력요건뿐만 아니라 임의성에 대 한 법원의 조사의무까지 규율하는 규정이라고 보는 견해[2]가 있다. 그러나 제 317조가 임의성 조사의무를 독자적으로 규율하는 규정이라고 볼 수는 없다.[3] 진실발견의무를 지고 있는 법원으로서는 직무상 증거능력요건을 당연히 심사해 야 하기 때문이다. 증거결정과정에서 법원의 조사절차는 형사소송규칙 제134조 가 규율하고 있다.[4] 어쨌든 여기서 임의성은 증거능력의 요건이므로 그 증거의 증명력, 즉 진실성과 신빙성의 개념과 구별해야 한다.

(2) **적용범위**　제317조의 적용범위에 대해서는 1) 일체의 진술증거를 그 **133** 적용대상으로 하지만 자백의 경우는 제317조의 특별규정인 제309조가 적용된다 고 하는 광의설,[5] 2) 제310조의2 내지 제316조가 규정하고 있는 전문증거에 그 적용이 국한된다고 보는 협의설[6]이 대립한다. 다수견해는 광의설의 입장이다. 제317조의 조문체계상 위치를 보면 협의설이 타당하지만, 제309조의 자백진술 의 임의성에 관한 규정을 제외하면 진술증거의 임의성에 관한 규정이 없으므로

---

1) 신동운 1172; 이은모/김정환 715; 이창현 982.
2) 김기두 144; 이재상/조균석/이창온 47/98; 정영석/이형국 361.
3) 예컨대 일본형사소송법 제325조는 진술의 임의성의 조사에 관해 규정하고 있다.: "재판소는 전4조(전문법칙의 예외규정)의 규정에 의하여 증거로 할 수 있는 서면 또는 공술이라 할지라 도 미리 … 그 공술이 임의로 행해졌는지 여부를 조사한 후가 아니면 이를 증거로 할 수 없다."
4) 신동운 1275.
5) 법원실무제요(형사), 396; 신동운 1274; 이은모/김정환 716; 이재상/조균석/이창온 47/99; 이 창현 982; 정영석/이형국 361.
6) 강구진 468; 김기두 144.

제317조를 자백을 제외한 모든 진술증거에 관한 규정이라고 해석하는 광의설이
목적론적으로 타당하다. 광의설에 의하면 1) 증인의 증언에 임의성이 없는 경우
는 제317조 ①항에 의하여 증거능력이 부정되고, 2) 검증조서에 기재된 자백 이
외의 진술이 임의성이 없는 경우에는 제317조 ③항에 의하여 증거능력이 부정
된다. 3) 다만 제317조 ②항은 불필요한 규정이라고 하거나, 서류의 경우에는
그 서류에 기재된 진술내용뿐만 아니라 서류작성 자체의 임의성을 요구하는 규
정이라고 본다.[1]

2. 임의성의 판단대상

(1) 원진술의 임의성

134   (가) **임의성의 의미**   진술의 임의성의 의미에 관해 학설은 1) 진술내용이
허위가 아니어야 한다는 허위배제설,[2] 2) 진술에 위법이 작용하지 않아야 한다
는 위법배제설,[3] 3) 진술이 인권이 침해된 가운데 이루어지지 않고 허위내용이
아니어야 한다는 허위배제 및 인권옹호설,[4] 4) 헌법 제12조 ②항이 보장하는
의사결정과 의사표현의 자유를 보장하는 진술이어야 한다는 진술자유보장설[5]
로 각각 나뉜다.

135   제309조의 '임의로'와 제317조의 '임의로'는 개념적으로 같은 의미이다. 판
례도 같은 개념으로 이해한다(82도3248). 제309조가 '… 임의로 진술한 것이 아
니라고 의심할 만한 이유가 있는 때'라고 규정하고 있는 반면, 제317조는 '… 임
의로 된 것이 아닌 것'이라는 규정형식의 차이를 보이는 것은 제309조를 조금
더 엄격하게 규정한 것뿐이다. 따라서 제309조의 임의성을 종합설에 의해 이해
하듯이 제317조의 임의성도 위에서 언급한 다양한 측면이 종합된 것으로 해석
하는 것이 타당하다.[6]

136   (나) **임의성 판단의 효과**   임의성 없는 진술증거는 증거능력이 없다.[7] 제
317조의 법적 효과를 증명력의 배제로 보는 견해[8]가 있으나 타당하지 않다. 제

---

1) 정영석/이형국 361.
2) 김기두 144.
3) 이재상/조균석/이창온 47/100.
4) 정영석/이형국 361.
5) 신동운 1274.
6) 앞의 [51] 4 이하 참조.
7) 신동운 1276; 이은모/김정환 716; 이재상/조균석/이창온 47/101; 이창현 983.
8) 강구진 470.

317조는 제310조의2와 관련하여 이해해야 하고, 제310조의2는 전문증거를 심증형성에 사용하지 말라는 것 이외에 법관이 전문증거의 내용에 노출되어서는 안된다는 요청을 담고 있기 때문이다. 따라서 전문증거가 제311조 내지 제316조의 요건 중 어느 하나를 충족하고 원진술의 임의성까지 인정된다고 하여 그 증거의 진실성과 신빙성, 즉 증명력까지 인정되는 것은 아니다. 증거의 신빙성 유무는 그 진술내용 자체의 합리성과 다른 정황증거에 대한 모순 여부 등을 고려하여 판단해야 하기 때문이다(86도2399; 92도2656).

(2) **서류작성의 임의성** 진술을 기재한 서류는 그 진술의 임의성뿐만 아니 **137**라 서류작성의 임의성도 인정되어야 한다(제317조 ②항). 따라서 진술의 임의성이 인정되더라도 서류작성의 임의성이 인정되지 않으면 증거능력이 없다. 법원 또는 수사기관이 작성한 조서는 사실상 서류작성의 임의성이 문제되지 않을 것이므로 피의자 또는 참고인작성의 진술서가 주로 문제된다. 2007년의 개정법률 제312조 ⑤항이 수사과정에서 작성한 진술서에 대해 신문조서에 준하여 증거능력의 요건을 규정한 것은 서류작성의 임의성을 위법배제의 측면에서 엄격하게 규정한 것이라 할 수 있다.

3. 임의성의 조사와 증명

(1) 임의성의 조사

(가) **직권조사** 진술의 임의성은 증거능력의 요건이므로 진술의 임의성을 **138**다투는 경우에는 법원이 직권으로 임의성 유무를 조사해야 한다. 당사자가 증거로 하는 데 동의한 경우에는 조서의 작성상황을 고려하여 상당하다고 인정되면 조사할 필요가 없다는 견해도 있다.1) 그러나 당사자의 증거동의로 위법증거의 증거능력이 인정되는 것은 아니므로 증거동의가 있더라도 진술의 임의성은 직권으로 조사하여야 한다.

(나) **조사시기** 진술의 임의성은 증거능력의 요건이므로 임의성에 대한 조 **139**사는 이론적으로 증거결정 전에 하여야 한다(규칙 제134조). 그러나 의문이 있을 경우에는 예외적으로 증거조사 후에 임의성을 조사하더라도 무방하다. 그리고 증거조사와 임의성조사를 병행해도 된다.

(다) **조사의 방법** 임의성의 조사방법에 관해서는 명문규정이 없다. 이는 **140**진술의 임의성은 일종의 소송법적 사실로서 법원의 자유로운 증명에 맡겨져 있

---

1) 이재상/조균석/이창온 47/103; 이창현 983.

기 때문이다. 따라서 법원은 적당하다고 인정되는 방법으로 임의성을 조사하면
된다. 판례에 따르면 법원은 구체적인 사건에 따라 당해 조서의 형식과 내용,
진술자의 학력, 경력, 지능정도 등 제반 사정을 참작하여 자유로운 심증으로 판
단하면 된다고 한다(98도159 등).

141　　　(2) **임의성의 증명책임**　　증명책임을 긍정하는 견해에 의하면 임의성의 입
증은 증거를 제출한 당사자가 부담해야 하는데, 진술의 임의성에 관한 증명책임
은 검사가 지며, 진술의 임의성을 피고인이 다툰 경우에도 검사에게 증명책임이
있다.[1] 형사소송에서 증명책임의 개념을 부인하는 입장에서 보면, 전문증거의
사용을 신청한 소송관계인이 입증부담을 지는 것은 부인할 수 없지만 최종적으
로 원진술의 임의성이 판명되지 않은 경우에는 in dubio pro reo 원칙에 따라
서 판단하면 족하다고 한다.[2]

IX. 전문법칙의 관련문제

1. 녹음테이프의 증거능력

142　　　(1) **녹음테이프의 특성과 법적 규율의 흠결**　　어떤 사람의 진술을 담고 있는
녹음테이프가 증거로 사용될 경우 그것은 진술자의 체험내용을 간접적으로 법
원에 보고하는 매체라 할 수 있다. 이와 같은 녹음테이프는 기록과 재생의 정확
성에서 사람의 지각이나 기억보다는 높고, 살아 있는 음성을 법정에 제공한다는
점에서 높은 증거가치를 갖는다. 그러나 편집자의 주관적 의도대로 조작할 수
있는 기술적 가능성이 있다는 점에서는 증거로 사용하기 어려운 측면도 있다.

143　　　현행법은 제311조 내지 제316조에서 전문'서류'와 전문'진술'에 관해서만
규정하고 있고 전문'테이프'에 관해서는 특별한 규정이 없다.[3] 그러므로 현행
규정을 유추적용할 수밖에 없다. 녹음테이프는 요증사실의 체험내용을 법원에
간접적으로 보고한다는 점과 왜곡전달의 가능성이 있다는 점에서 전문서류와
기능적 동일성이 있기 때문이다. 녹음테이프의 증거능력의 문제는 일반적으로
'진술녹음'과 '현장녹음'으로 나누어 고찰한다. 진술녹음이란 사람의 진술을 담
기 위해 녹음한 경우를 말하고, 현장녹음이란 특정 현장의 상황을 녹음한 경

---

1) 이재상/조균석/이창온 47/106.

2) 신동운 997.

3) 2016. 5. 29.의 개정법률에서 제313조의 진술서 등에 전자문서 등 '디지털 증거'를 포함시키
　면서도 '문자, 사진, 영상 등의 정보'라고 규정하여 음성정보인 녹음은 빠져 있다.

우이다.

(2) 진술녹음의 증거능력

(가) **전문법칙의 유추적용** 녹음테이프에 녹음되어 있는 진술내용이 증명 **144**
대상이 되는 경우에는 전문법칙이 적용된다. 진술내용에 대한 반대신문권을 보
장하지 못하고,[1] 법원은 진술자로부터 태도증거를 수집할 수도 없기 때문이다.
판례도 녹음테이프는 진술녹취서에 준하여 증거능력이 인정된다고 한다(96도
2417; 2007도10755 등). 다만 녹음테이프에 대한 전문법칙 적용의 근거 조항이 문
제되는데, 과거에는 제313조를 적용하자는 견해[2]가 있었다. 진술자가 피고인인
경우에는 특신상태(제313조 ①항 단서)가 증거능력요건으로 추가된다. 그러나 전
문서류와 비교할 때 녹음테이프의 특수성은 단지 전문'서류'가 전문'테이프'라는
점뿐이고 전문법칙의 예외에 관한 어떤 특수성을 갖고 있는 것은 아니다. 그러
므로 제311조부터 제313조까지의 규정을 그 녹음테이프의 작성주체와 원진술이
행해진 단계에 따라 차별적으로 유추적용하는 것이 타당하다.[3] 판례도 같은 입
장이다(2005도2945; 2012도7461 등).

[2005도2945] 녹음테이프의 증거능력

피고인과 피해자 사이의 대화내용에 관한 녹취서가 공소사실의 증거로 제출되어 그
녹취서의 기재내용과 녹음테이프의 녹음내용이 동일한지 여부에 관하여 법원이 검
증을 실시한 경우에 증거자료가 되는 것은 녹음테이프에 녹음된 대화내용 그 자체
이고, 그 중 피고인의 진술내용은 실질적으로 형사소송법 제311조, 제312조의 규정
이외에 피고인의 진술을 기재한 서류와 다름없어 피고인이 그 녹음테이프를 증거로
할 수 있음에 동의하지 않은 이상 그 녹음테이프 검증조서의 기재 중 피고인의 진
술내용을 증거로 사용하기 위해서는 형사소송법 제313조 ①항 단서에 따라 공판준
비 또는 공판기일에서 그 작성자인 피해자의 진술에 의하여 녹음테이프에 녹음된
피고인의 진술내용이 피고인이 진술한 대로 녹음된 것임이 증명되고 나아가 그 진
술이 특히 신빙할 수 있는 상태하에서 행하여진 것임이 인정되어야 할 것이고, 녹
음테이프는 그 성질상 작성자나 진술자의 서명 혹은 날인이 없을 뿐만 아니라, 녹
음자의 의도나 특정한 기술에 의하여 그 내용이 편집, 조작될 위험성이 있음을 고
려하여, 그 대화내용을 녹음한 원본이거나 혹은 원본으로부터 복사한 사본일 경우

---

1) 강구진 482; 신동운 982; 이재상/조균석/이창온 47/117; 정영석/이형국 360.
2) 강구진 482; 정영석/이형국 360.
3) 신양균/조기영 805; 이재상/조균석/이창온 47/117; 이창현 966.

에는 복사과정에서 편집되는 등의 인위적 개작 없이 원본의 내용 그대로 복사된 사본임이 입증되어야만 하고, 그러한 입증이 없는 경우에는 쉽게 그 증거능력을 인정할 수 없다.

145   (나) **녹음테이프와 서명·날인**   진술서나 진술조서의 성립의 진정을 인정하기 위해서는 진술자의 서명·날인이 있어야 한다. 녹음테이프의 진정성립을 인정하기 위해서도 진술자의 서명·날인이 있어야 하는가에 대해 통설은 서명·날인이 필요 없다고 한다.[1] 판례도 대화내용을 녹음한 테이프 등의 전자매체는 그 성질상 작성자나 진술자의 서명 혹은 날인이 필요 없고, 그것이 대화내용을 녹음한 원본이거나 원본의 내용 그대로 복사된 사본임을 입증하면 증거능력이 인정된다고 한다(2011도6035 등). 생각건대 서명·날인은 성립의 진정을 증명하기 위한 것이다. 녹음테이프에 담긴 음성이 진술자 본인의 것임이 확인되면 형식적 성립의 진정이 인정되고, 진술자가 그 녹음이 진술한 대로 이루어졌다고 인정하면 실질적 성립의 진정이 인정될 수 있다. 서명·날인의 기능은 진술자의 그러한 진술만으로 이미 달성되는 것이다.

146   (다) **위법한 녹음의 증거능력**   통신비밀보호법 제3조와 제14조는 누구든지 법에 의하지 않고는 전기통신을 감청하거나 공개되지 아니한 타인간의 대화를 녹음 또는 청취하지 못한다고 규정하고, 같은 법 제4조는 불법감청한 내용의 증거사용을 금지하고 있으며, 불법녹음행위는 같은 법 제16조에 의해 처벌받는다. 따라서 불법한 비밀녹음은 위법수집증거로서 증거능력이 부정된다. 즉, 수사기관에 의한 비밀녹음은 물론 제3자인 사인에 의한 비밀녹음(2001도3106), 제3자가 전화통화자 중 일방만의 동의를 얻어 통화내용을 녹음한 경우(2002도123; 2022도9877 등)에는 모두 증거능력이 부정된다. 다만 판례는 대화당사자 중 어느 한 쪽에 의한 비밀녹음의 경우(98도3169)에는 그 증거능력을 인정한다.[2]

147   (3) **현장녹음의 증거능력**   현장녹음이란 특정 현장에서 사람의 말이나 기타 음향을 녹음한 것을 말한다. 현장녹음테이프의 증거능력에 대해서는 다음과 같은 견해 대립이 있다. 1) 비진술증거설은 현장녹음테이프는 비진술증거이므

---

1) 강구진 483; 신동운 1266; 이은모/김정환 710; 이재상/조균석/이창온 47/118; 이창현 966; 정영석/이형국 360.

2) 더불어 판례는 3인 간의 대화에서 그 중 한 사람이 그 대화를 녹음하는 경우에 다른 두 사람의 발언은 그 녹음자에 대한 관계에서 '타인 간의 대화'라고 할 수 없으므로, 이와 같은 녹음행위가 통신비밀보호법 제3조 제1항에 위배되지 않는다고 한다(2006도4981).

로 전문법칙이 적용되지 않고, 범죄사실에 대한 관련성만 인정되면 증거능력이 인정된다고 한다.[1] 반면에 2) 진술증거설은 현장녹음테이프도 진술증거이므로 전문법칙이 적용되며 제312조 내지 제313조에 의하여 증거능력이 인정된다고 한다.[2] 3) 검증조서 유사설은 현장녹음테이프는 비진술증거이지만 검증조서에 준하여 증거능력을 판단해야 한다고 한다.[3] 현장녹음은 현장의 상황을 그대로 녹음한다는 측면에서 검증의 결과를 기재하는 검증조서와 유사한 측면이 있다. 따라서 검증조서와 같은 전문증거로 취급하되, 검증조서에 기재된 피고인 등의 진술내용은 별도의 증거능력요건을 갖추어야 하듯이 현장녹음에 담긴 사람의 진술부분은 진술녹음으로 취급하여야 한다. 즉 진술의 주체와 내용에 따라 그에 상응하는 전문법칙의 예외규정을 적용하여야 한다.

(4) **녹음테이프의 증거조사방법**　　녹음·녹화테이프, 컴퓨터용디스크, 그 밖 **148** 에 이와 비슷한 방법으로 음성이나 영상을 녹음 또는 녹화하여 재생할 수 있는 매체에 대한 증거조사는 녹음·녹화매체 등을 재생하여 청취 또는 시청하는 방법으로 한다(규칙 제134조의8 ①·③항).[4]

2. 사진의 증거능력

(1) **사진의 특성과 증거능력의 제한**　　사진은 역사적 장면을 그대로 담고 있 **149** 다는 점에서 정확성과 신용성이 높은 증거가치를 가지고 있다. 그러나 현상과 인화과정에서 인위적인 조작의 가능성도 배제할 수 없다. 이러한 조작가능성은 컴퓨터의 사진합성기술의 발달로 더욱 급속도로 높아지고 있다. 따라서 증거가 치를 최대한 이용하면서도 오류가능성을 배제하기 위해 증거능력에 일정한 제한을 가하지 않을 수 없다. 여기서 사진을 비진술증거로 취급할 것인가 아니면 진술기재서로 보아 전문법칙의 적용을 받게 할 것인가 하는 문제가 등장한다. 사진의 증거능력은 그 성질과 용법에 따라 1) 사본인 사진, 2) 진술의 일부인 사진, 3) 현장사진으로 나눌 수 있다.

(2) **사본인 사진**　　원래 증거로 제출될 자료의 대체물로 사진이 제출된 경 **150** 우(예컨대 문서를 찍은 사진이나 범행도구의 사진)이다. 증거능력에 대해 1) 최량最良증 거의 법칙(best evidence rule)에 의해 원본증거를 공판정에 제출할 수 없음이 인

---

1) 이재상/조균석/이창온 47/120; 이창현 967.
2) 강구진 483; 신양균/조기영 806; 이은모/김정환 711; 정영석/이형국 360.
3) 백형구 435.
4) 자세한 것은 앞의 [42] 25 참조.

정되고 사진의 사건관련성이 증명되는 경우에 한해 증거능력을 인정하자는 견해1)와 2) 원본의 존재 및 진정성립을 인정할 자료가 구비되고 특히 신용할 만한 정황에 의해 작성되었다고 인정될 때에 제315조 3호에 의하여 증거능력을 인정해야 한다는 견해2)가 대립하고 있다. 컴퓨터에 의한 사진합성기술이 고도로 발달한 오늘날에는 보다 엄격한 요건을 요구하는 2)의 견해가 타당할 것으로 생각한다. 판례는 원본의 존재, 원본제출의 불가능(필요성), 정확성의 세 가지 요건을 요구하는 입장이다(2006도2556).

151   (3) **진술의 일부인 사진**   검증조서나 감정서에 첨부되는 사진은 진술증거의 일부를 이루는 보조수단에 불과하다. 따라서 사진의 증거능력도 진술증거인 검증조서·감정서와 일체적으로 판단해야 한다.3) 판례도 같은 입장이다(98도159 등).

152   (4) **현장사진**   현장사진은 범인의 범행을 중심으로 범행상황 및 그 전후상황을 촬영한 사진이 독립증거로 사용되는 경우를 말한다. 현장사진의 증거능력에 관해서는 다음과 같은 견해가 있다.

153   (개) **비진술증거설**   현장사진은 그 성질상 사람의 지각에 의한 진술이 아니므로 진술증거와 차이가 있고, 반대신문권도 생각할 수 없으므로 비진술증거가 되는 것으로 본다. 이 견해는 다시 1) 사진은 증거물로서 검증의 목적이 된다는 견해, 2) 비진술증거의 관련성, 즉 사진이 현장의 정확한 영상임이 입증되기만 하면 증거능력이 인정된다는 견해로 나뉜다.

156   (내) **진술증거설**   현장사진이라 할지라도 사실보고라는 기능이 있고 조작가능성이 있기 때문에 '진술증거'에 준하여 전문법칙이 적용되는 것으로 본다. 따라서 현장사진은 현장검증과 같은 기능을 가지고 제312조에 따라 촬영자의 진술에 의해 진정하게 작성되었다는 것이 인정될 때에 한하여, 그리고 진술할 수 없는 특별한 사정이 있을 때에는 제314조의 요건이 충족되는 한에서 증거능력이 인정된다고 한다.4)

157   (대) **검증조서 유추설**   현장사진은 비진술성을 띠지만 조작가능성 때문에 예외적으로 '검증결과를 기재한 조서'에 준하여 제한적으로 증거능력을 인정해야 한다는 견해이다.5) 따라서 현장사진을 법원이 만든 경우에는 제311조, 수사

---

1) 이재상/조균석/이창온 47/109.
2) 신동운 1272.
3) 강구진 479; 백형구 303; 이은모/김정환 703 이하; 이재상/조균석/이창온 47/110; 이창현 962.
4) 이은모/김정환 705; 이재상/조균석/이창온 47/114.
5) 강구진 481; 백형구 303; 신동운 1271.

기관이 만든 경우에는 제312조, 그리고 그 밖의 사람이 만든 경우에는 제313조
①항 본문을 유추적용하게 된다.

   (라) **결 론**   비진술증거설은 사진의 조작가능성을 고려할 때 지나치게 쉽 **158**
게 증거능력을 인정하는 문제점이 있으므로, 진술증거설이나 검증조서 유추설
이 타당하다. 수사기관이 찍은 사진은 검증조서로, 사인이 찍은 사진은 진술증
거로 봄이 타당하다. 재판실무는 현장사진의 경우 비진술증거로 보고, 반드시
촬영자가 원진술자로서 증언할 필요는 없으며, 대상이 그대로 촬영되었음이 자
유로운 증명으로 증명되면 증거능력이 있는 것으로 보고 있다. 그러나 피고인이
사진조작 등을 이유로 그 진정성립을 부인하면, 감정이나 촬영자 또는 사진 속
의 사람을 증인으로 출석시켜 진정성립 여부를 판단하여야 한다.

   (5) **증거조사방법**   증거물인 사진에 대한 증거조사는 제시의 방법에 의한 **159**
다(제292조의2). 서증의 일부인 사진은 그 내용을 고지하거나 이를 제시하여 열람
하게 하는 방법으로 조사할 수 있다(제292조 ③·⑤항). 그리고 진술의 일부인 사
진은 진술증거와 일체적으로 증거조사하고, 현장사진은 이를 진술증거로 본다
면, 그 촬영자가 공판정에서 그 성립의 진정을 인정해야 증거능력이 인정된다.
비밀사진 촬영의 경우는 위법수집증거배제법칙에 따라 증거능력이 부정된다.[1]

3. 영상녹화물의 증거능력

   녹음테이프와 사진이라는 오래된 매체 이외에 오늘날에는 비디오테이프나 **160**
컴퓨터동영상 등 영상녹화물이 사실을 기록하는 수단으로 널리 이용되고 있다.
범죄수사와 관련하여서도 수사기관에 의한 조사과정의 영상녹화가 법률에 의해
규정되어 있고, CCTV 영상은 매우 빈번하게 범죄수사에 활용되고 있다. 뿐만
아니라 사인에 의해 제작된 영상녹화물도 증거로 활용될 수 있는데, 이러한 경
우의 증거능력이 문제된다. 각각의 경우를 나누어 설명한다.

   (1) **수사기관의 진술녹화와 영상녹화물의 증거능력**

   (가) **진술녹화**   수사기관은 피의자신문과정에서 피의자의 진술을 녹화할 **161**
수 있고(제244조의2), 참고인조사과정에서 참고인의 진술을 녹화할 수 있다(제221
조 ①항). 현행법상 진술녹화인 수사기관의 영상녹화물은, 참고인진술조서의 실
질적 진정성립 증명을 위한 수단(제312조 ④항) 및 진술자의 기억환기를 위한 보
조수단(제318조의2 ②항)에 국한하여 허용된다. 그 밖에 영상녹화물이 수사기관의

---

1) 신동운 1272.

강압수사에 대한 객관적 증명자료로 사용될 수 있음은 물론이다.

162　　　(나) **영상녹화물의 증거능력**　　수사기관의 영상녹화물이 피의자신문조서나 참고인진술조서를 대체하는 독립된 증거방법으로 사용될 수 있다는 주장이 있다. 그러나 이는 그러한 내용의 입법안이 형사소송법 개정안의 심의과정에서 영상녹화물의 위험성을 고려하여 배제된 취지에 명백히 반하는 것이므로 부당하다. 또한 피의자진술의 영상녹화는 피의자신문과정을 투명하게 하여 인권침해 등의 소지를 제거하려는 취지에서 도입된 것이다. 따라서 전문법칙을 선언한 형사소송법이 그 예외조항으로 조서를 대체하는 영상녹화물을 허용하는 명문규정을 두지 않는 이상, 수사기관이 피의자 또는 피의자 아닌 자의 진술을 녹화한 영상녹화물은 범죄사실을 증명하기 위한 본증으로 사용될 수 없다.1) 판례도 이와 같은 입장을 분명히 하였다(2012도5041; 2023도15133). 한편, 전문법칙에 의하여 증거능력이 없는 전문증거라도 진술의 증명력을 다투기 위한 탄핵증거로 사용될 수 있는 것이 원칙이지만(제318조의2 ①항), 이 원칙에도 불구하고 영상녹화물은 탄핵증거로도 허용되지 않는다(같은 조 ②항).

[2012도5041] 영상녹화물의 증거능력

2007. 6. 1. 개정되기 전의 형사소송법에는 없던 수사기관에 의한 피의자 아닌 자(이하 '참고인'이라 한다) 진술의 영상녹화를 새로 정하면서 그 용도를 참고인에 대한 진술조서의 실질적 진정성립을 증명하거나 참고인의 기억을 환기시키기 위한 것으로 한정하고 있는 현행 형사소송법의 규정 내용을 영상물에 수록된 성범죄 피해자의 진술에 대하여 독립적인 증거능력을 인정하고 있는 성폭력범죄의 처벌 등에 관한 특례법 제30조 ⑥항 또는 아동·청소년의 성보호에 관한 법률 제26조 ⑥항의 규

---

1) 청소년성보호법 제26조 ⑥항은, 정해진 절차에 따라 촬영한 영상물에 수록된 피해자의 진술은 공판준비기일 또는 공판기일에 피해자 또는 조사과정에 동석하였던 신뢰관계에 있는 자의 진술에 의하여 그 성립의 진정함이 인정된 때에는 본증으로 사용할 수 있도록 허용하고 있다. 과거 성폭력처벌법 제30조 ⑥항도 같은 내용을 규정하고 있었으나, 피고인의 반대신문권을 보장하지 않은 채 영상물에 수록된 19세 미만 성폭력범죄 피해자의 진술을 재판과정에서 증거로 할 수 있도록 하는 규정은 피고인의 공정한 재판을 받을 권리를 침해한다는 헌법재판소의 위헌결정(2018헌바524)의 취지를 반영하여, 19세 미만 피해자와 신체적인 또는 정신적인 장애로 사물을 변별하거나 의사를 결정할 능력이 미약한 피해자의 진술이 영상녹화된 영상녹화물은 피고인 등에게 반대신문 기회가 보장된 경우 등에 한해 증거로 할 수 있도록 개정되었다(제30조의2 신설). 청소년성보호법 제26조 ⑥항은 위헌결정의 심판대상이 되지는 않았지만 구 성폭력처벌법 제30조 ⑥항과 동일한 내용을 규정하고 있으므로...위헌결정 이유와 마찬가지로 과잉금지 원칙에 위반될 수 있다(2021도14530). 향후 청소년성보호법도 성폭력처벌법과 같은 형태로 개정될 것으로 보인다.

정과 대비하여 보면, 수사기관이 참고인을 조사하는 과정에서 형사소송법 제221조 ①항에 따라 작성한 영상녹화물은, 다른 법률에서 달리 규정하고 있는 등의 특별한 사정이 없는 한, 공소사실을 직접 증명할 수 있는 독립적인 증거로 사용될 수는 없다고 해석함이 타당하다.

(2) **현장녹화**　수사기관이 피촬영자의 의사에 반하여 영상녹화하려면 원칙 **163** 적으로 검증영장을 받아야 하지만, 현재 범행이 행하여지고 있거나 행하여진 직후이고, 증거보전의 필요성 내지 긴급성이 있으며, 일반적으로 허용되는 상당한 방법에 의하여 녹화한 경우에는 영장 없는 촬영이 허용된다(98도3329 참조). 이와 같은 범죄현장이나 전후상황을 담은 현장녹화인 영상녹화물은 검증조서에 관한 제312조 ⑥항을 적용하면 된다. 따라서 촬영한 수사기관이 공판기일에 성립의 진정을 인정하면 증거능력이 인정된다.

(3) **사인에 의한 영상녹화물의 증거능력**　수사기관이 아닌 사인이 피고인 **164** 또는 피고인 아닌 자와의 대화내용을 녹화한 영상녹화물은 제313조 ①항에 따라 공판준비나 공판기일에서 원진술자의 진술에 의하여 그 영상녹화물에 대하여 성립의 진정이 인정되면 증거능력이 인정된다. 이때 진정성립의 인정이란 원진술자가 영상녹화물에 촬영, 녹음된 내용을 재생기에 의해 시청을 마친 뒤 그 영상녹화물의 피촬영자의 모습과 음성을 확인하고 자신과 동일인이라고 진술하는 것을 말한다. 판례도 같은 요건에서 유아인 성폭력피해자들과의 상담내용을 촬영한 비디오테이프의 증거능력을 인정하고 있다(2004도3161).

(4) **증거조사방법**　조서의 실질적 진정성립 증명을 위한 영상녹화물의 재 **165** 생은 검사의 신청에 의하고(규칙 제134조의2 ①항), 기억환기를 위한 영상녹화물의 재생은 검사의 신청이 있는 경우에 한하여, 기억의 환기가 필요한 피고인 또는 피고인 아닌 자에게만 이를 재생하여 시청하게 하여야 한다(규칙 제134조의5 ①항). 검사가 영상녹화물의 조사를 신청한 경우 법원은 증거조사 결정을 할 때 원진술자와 함께 피고인 또는 변호인으로 하여금 그 영상녹화물이 적법한 절차와 방식에 따라 작성되어 봉인된 것인지 여부에 관한 의견을 진술하게 하여야 한다(규칙 제134조의4 ①항). 법원은 공판준비 또는 공판기일에서 봉인을 해체하고 영상녹화물의 전부 또는 일부를 재생하는 방법으로 조사하여야 한다. 이때 영상녹화물은 그 재생과 조사에 필요한 전자적 설비를 갖춘 법정 외의 장소에서 이를 재생할 수 있다(같은 조 ③항). 재판장은 조사를 마친 후 지체없이 법원사무관

등으로 하여금 다시 원본을 봉인하도록 하고, 원진술자와 함께 피고인 또는 변호인에게 기명날인 또는 서명하도록 하여 검사에게 반환한다. 다만, 피고인의 출석 없이 개정하는 사건에서 변호인이 없는 때에는 피고인 또는 변호인의 기명날인 또는 서명을 요하지 아니한다(같은 조 ④항).

4. 거짓말탐지기 검사결과의 증거능력

166　　(1) **거짓말탐지기의 의의**　　　거짓말탐지기(Polygraph, Lügendetektor)는 사람이 거짓말을 할 때 나타나는 정신적 동요 및 신체적·생리적 변화에 착안해 피의사실과 관계된 진술을 할 때 나타나는 혈압, 호흡, 맥박, 피부변화 등의 생체반응을 기계적으로 기록하여 진술의 허위유무를 판독하는 데 사용하는 기계를 말한다. 우리나라에서도 과학적 수사방법의 일환으로 사용되고 있다. 거짓말탐지기는 자백강요의 위험을 막는다는 현실적 의미가 있기는 하지만, 기계측정의 신뢰도, 인권침해 여부 등과 관련하여 문제를 안고 있는 것도 사실이다. 따라서 거짓말탐지기 검사결과의 증거능력을 인정할 것인가도 문제가 된다.

(2) 거짓말탐지기 검사결과의 증거능력

167　　(가) **부정설**　　　거짓말탐지기 검사결과의 증거능력을 부정하는 견해는 두 가지가 있다. 1) 인격침해를 이유로 증거능력을 부정해야 하며, 따라서 피검사자의 동의가 있는 경우에도 거짓말탐지기의 검사결과는 증거로 할 수 없다는 견해,[1] 2) 거짓말탐지기의 검사결과는 최소한의 증명력이나 신빙성이 없으며, 요증사실에 대한 최소한의 증명력이 없다면 그 증거의 요증사실에 대한 관련성도 부정해야 하므로 증거능력을 인정할 수 없다는 견해[2]이다.

168　　(나) **긍정설**　　　피검자의 명시적 동의 또는 적극적 요구에 의한 검사의 경우에는 거짓말탐지기 검사결과에 증거능력을 인정하자는 견해이다.[3] 그 근거로 1) 피검자의 동의가 있는 때에는 인격권의 침해라고 볼 수 없고, 2) 검사결과는 감정서의 성질을 가지므로 동의가 있는 때에는 증거능력(제313조 ③항)이 인정된다. 그리고 3) 검사결과 피의자진술이 진실인 경우에는 수사가 신속히 종결될 수 있다는 점을 든다. 판례는 일정한 조건을 전제로 긍정설을 취하지만,[4] 증거

---

1) 신동운 1346.
2) 강구진 485; 신양균/조기영 814; 이은모/김정환 715; 이재상/조균석/이창온 47/131; 이창현 978.
3) 정영석/이형국 339.
4) 2005도130: 거짓말탐지기의 검사 결과에 대하여 사실적 관련성을 가진 증거로서 증거능력을 인정할 수 있으려면, 첫째로 거짓말을 하면 반드시 일정한 심리상태의 변동이 일어나고, 둘째

능력을 인정하는 경우에도 "진술의 신빙성을 가늠하는 정황증거로서의 기능을 다하는 데 그쳐야" 한다는 입장이다(87도968; 2016도15526).

(다) **결 론** 국가가 거짓말탐지기로써 피의자의 무의식적인 심리상태를 탐 **169** 지하는 것은 절대불가침의 영역인 인격의 핵심영역을 침해하는 것으로서 허용 될 수 없는 조사방법이라고 해야 한다.[1] 국가가 시민의 양심을 심사해서는 안 되기 때문이다. 따라서 거짓말탐지기 검사결과의 증거능력은 부정되어야 한다. 수사의 한 방법으로 거짓말탐지기를 사용하는 것은 별개의 문제이며,[2] 현행 규 정에 따라 피조사자의 진정한 동의를 전제로 거짓말탐지기 검사를 하더라도 그 감정결과는 수사과정의 참고자료에 그쳐야 한다. 지금까지 판례가 거짓말탐지 기 검사결과의 증거능력을 인정한 사례는 거의 없으므로(96도1783; 2016도4618 등) 증거능력을 인정해야 할 필요성도 없다.

[53] 제 5 증거동의

[사례 24] 2013도3

2009. 9. 9. 제1심 제1회 공판기일에 피고인과 변호인이 함께 출석하였는데, 그 공판 조서에는 검사가 제출한 증거들 중 고소장, 공소외 1과 공소외 2에 대한 각 경찰 진 술조서, 공소외 3과 공소외 4 작성의 각 확인서(이하 '이 사건 각 증거들'이라 한다) 등에 대하여 증거로 함에 부동의한다는 의견이 진술된 것으로 기재되어 있다. 그 후 피고 인이 공판기일에 출석하지 아니함에 따라 제1심법원은 소재탐지촉탁 등의 절차를 거 쳐 2012. 2. 22. 피고인에 대한 송달을 공시송달로 하도록 명하는 결정을 하였고,

---

로 그 심리상태의 변동은 반드시 일정한 생리적 반응을 일으키며, 셋째로 그 생리적 반응에 의 하여 피검사자의 말이 거짓인지 아닌지가 정확히 판정될 수 있다는 세 가지 전제요건이 충족 되어야 할 것이며, 특히 마지막 생리적 반응에 대한 거짓 여부 판정은 거짓말탐지기가 검사에 동의한 피검사자의 생리적 반응을 정확히 측정할 수 있는 장치이어야 하고, 질문사항의 작성과 검사의 기술 및 방법이 합리적이어야 하며, 검사자가 탐지기의 측정내용을 객관성 있고 정확하 게 판독할 능력을 갖춘 경우라야만 그 정확성을 확보할 수 있는 것이므로, 이상과 같은 여러 가지 요건이 충족되지 않는 한 거짓말탐지기 검사 결과에 대하여 형사소송법상 증거능력을 부 여할 수는 없다.

1) BGHSt 5, 332.
2) 다만 법원은 거짓말탐지기 검사 등으로 인한 심리적인 압박 때문에 허위의 자백을 한 것이 형사보상청구의 기각 요건에 해당되지 않는다고 판시한 바 있으므로(2008모577) 주의가 요구 된다.

2012. 4. 5. 피고인이 불출석한 상태에서 진행된 제13회 공판기일에 사선변호인만이 출석하여 위 부동의하였던 증거들 대부분에 대하여 증거동의를 하였다. 이에 제1심 법원은 위와 같이 변호인이 종전 의견을 번복하여 증거로 함에 동의한 이 사건 각 증거들에 대한 증거조사를 거쳐 다른 증거들과 종합하여 피고인에 대한 이 사건 공소사실을 유죄로 인정하였다.

제1심법원의 판결은 적법한가?

[쟁점정리] 1. 증거동의의 본질은 무엇이며, 전문법칙과의 관계는 어떠한가?
　　　　　　 2. 변호인의 증거동의는 어떠한 성격을 갖는가?
　　　　　　 3. 증거동의의 방식과 증거동의가 의제되는 경우는 무엇인가?

I. 의의와 본질

1. 증거동의의 의의

1　　　제318조 ①항은 "검사와 피고인이 증거로 할 수 있음을 동의한 서류 또는 물건은 진정한 것으로 인정한 때에는 증거로 할 수 있다"고 규정한다. 제318조는 전문법칙에 따라 증거능력이 인정되지 않는 전문증거라도 당사자가 증거로 하는 데 동의한 경우에는 원진술자나 서류작성자를 소환·신문하지 않고도 증거능력을 인정할 수 있다는 의미를 가지고 있다. 그렇게 함으로써 신속한 재판진행과 소송경제를 도모할 수 있다.

2. 증거동의와 전문법칙의 관계

2　　　제318조와 전문법칙의 관계에 대해서는 전문법칙예외설과 전문법칙배제설의 견해가 대립하고 있다. 1) 전문법칙예외설은 제318조도 제311조 내지 제316조와 더불어 또 하나의 전문법칙의 예외규정이라는 견해로서, 제318조의 진정성은 신용성의 정황적 보장과 같은 의미라고 한다.[1] 2) 전문법칙배제설은 제318조를 전문법칙에 의해 증거능력이 배제되고 제311조 내지 제316조에도 해당하지 않는 전문증거에 대해 증거능력을 부여하는 규정이라고 이해하는 견해로서, 입증절차에 당사자주의를 반영하여 증거동의는 전문법칙의 적용을 배제한다는 견해이다.[2] 앞에서 이미 살펴본 바와 같이 전문법칙의 예외로 규정되지 않은 수사보고서나 재전문진술 등도 증거동의에 의해 증거능력이 부여되는 점

---

1) 차용석/최용성 625.
2) 강구진 465; 김기두 145; 신동운 1283; 이재상/조균석/이창온 48/4; 이창현 987.

을 고려하면 다수설인 전문법칙배제설이 타당하다. 판례도 같은 입장이라 보아
야 한다(2003도171; 2010도5948 등).

3. 증거동의의 본질

(1) **반대신문권의 포기설**   제318조의 증거동의를 반대신문권의 포기로 보   3
는 견해이다.[1] 따라서 반대신문권과 관계없는 것은 당사자의 동의가 있더라도
증거로 할 수 없게 된다. 예컨대 임의성 없는 자백(제309조)이나 위법하게 수집
된 증거(제308조의2)는 증거동의가 있더라도 제318조에 의해 증거로 사용할 수
없다.[2]

(2) **처분권설**   제318조는 증거의 증거능력에 대한 당사자의 처분권을 인정   4
한 것이라고 보는 견해이다.[3] 따라서 모든 증거능력의 제한은 동의에 의해 제
거된다고 본다. 즉 동의는 모든 증거능력제한의 해제조건과 같은 것이다. 그러
므로 전문증거뿐만 아니라 위법한 절차에 의해 수집된 증거 등 모든 증거물이
동의의 대상이 된다고 한다.

(3) **결 론**   증거능력 없는 전문증거에 대해 당사자의 동의를 근거로 증거   5
능력을 부여할 수 있게 하는 제318조는 법원이 원본증거의 사용가능성에도 불
구하고 전문증거를 조사한다는 점에서 직접주의의 예외가 되며, 증거법에서 변
론주의를 부분적으로 인정하는 셈이 된다. 그러나 제318조는 전문증거가 '진정
한 것'일 때에 한하여 증거로 삼도록 한다는 점에서 전문증거에 관해서도 증거
능력 인정 여부를 당사자에게 일임하지 않고 법원이 함께 진실발견에 적합한
증거를 수집하도록 하고 있다. 처분권설은 긍정적인 관점에서 제318조의 적용
범위를 극대화하는 견해이고, 반대신문권포기설은 부정적인 관점에서 제318조
의 적용범위를 전문증거에 국한시키려는 견해이다. 처분권설은 직권탐지주의에
변론주의를 가미하는 형사소송의 틀을 부정하는 것이라고 할 수 있으므로 반대
신문권포기설이 타당한 견해이다. 판례도 같은 입장이다(82도2873).

---

[1] 강구진 465; 김기두 145; 이은모/김정환 719; 이재상/조균석/이창온 48/3; 차용석/최용성 625.
[2] 강구진 467; 이재상/조균석/이창온 48/3.
[3] 백형구 475.

Ⅱ. 증거동의의 방법

1. 동의의 주체

6		(1) 검사와 피고인		증거동의를 할 수 있는 자는 당사자인 검사와 피고인이다. 법원이 직권으로 수집한 증거는 양 당사자의 동의가 있어야 하지만, 당사자 일방이 신청한 증거는 반대당사자의 동의가 있으면 된다.

7		(2) 변호인의 동의		피고인의 동의가 있으면 변호인의 동의는 필요 없다. 그러나 변호인은 포괄적 대리권을 가지므로 변호인에게도 피고인을 대리한 동의권이 인정될 수 있다. 하지만 그 대리권은 독립대리권이 아니라 종속대리권이다.1) 따라서 피고인의 묵시적 동의나 추인을 필요로 한다. 피고인의 의사에 반한 변호인의 동의는 효력이 없고, 피고인이 변호인의 동의에 대해 즉시 이의를 제기하거나 취소한 때에는 증거동의의 효력이 없다.2) 판례도 "변호인은 피고인의 명시한 의사에 반하지 아니하는 한 피고인을 대리하여 증거로 함에 동의할 수 있다"고 하여 종속대리권으로 파악하고 있다(88도1628; 99도2029).3)

> **[99도2029] 변호인의 증거동의**
> 증거로 함에 대한 동의의 주체는 소송주체인 당사자라 할 것이지만 변호인은 피고인의 명시한 의사에 반하지 아니하는 한 피고인을 대리하여 이를 할 수 있음은 물론이므로 피고인이 증거로 함에 동의하지 아니한다고 명시적인 의사표시를 한 경우 이외에는 변호인은 서류나 물건에 대하여 증거로 함에 동의할 수 있고 이 경우 변호인의 동의에 대하여 피고인이 즉시 이의하지 아니하는 경우에는 변호인의 동의로 증거능력이 인정되고 증거조사 완료 전까지 앞서의 동의가 취소 또는 철회하지 아니한 이상 일단 부여된 증거능력은 그대로 존속한다.

8		(3) 피고인의 동의와 변호인의 취소		피고인의 동의를 변호인이 취소할 수 있는가에 관하여, 1) 변호인은 피고인을 대리하여 증거동의를 할 수 있을 뿐이므로 피고인이 행한 동의는 변호인이 취소할 수 없다는 부정설4)과 2) 증거동의

---

1) 이은모/김정환 720; 이재상/조균석/이창온 48/6; 정영석/이형국 364.
2) 강구진 465; 신동운 1287; 이은모/김정환 720; 이재상/조균석/이창온 48/6; 정영석/이형국 364.
3) 판례의 태도에 대해 변호인의 독립대리권을 인정하는 것이라고 하는 견해도 있다: 이재상/조균석/이창온 48/6; 이창현 988 이하.
4) 이재상/조균석/이창온 48/6; 차용석/최용성 627.

는 피고인의 방어권행사에 중대한 영향을 미치는 행위이므로 변호인이 피고인의 보호자라는 점을 중시하여, 피고인이 중대한 착오에 의해 증거동의를 한 경우에는 변호인이 이를 취소할 수 있다는 긍정설[1]이 있다. 변호인의 사법적 활동을 기대하고 피고인을 보호한다는 관점에서 긍정설이 타당한 측면이 있다. 그러나 피고인이 증거로 함에 동의한 효과가 변호인의 취소의사에 따라 부정될 수 있을지 의문이고, 증거동의에 중대한 착오가 있는 경우에는 변호인이 피고인의 동의를 받아 취소하는 것이 바람직하므로 현실적으로는 부정설이 타당하다.

2. 동의의 상대방

증거동의의 본질이 반대신문권의 포기 또는 직접주의의 예외이고, 증거능　**9**
력 없는 증거에 증거능력을 부여하는 소송행위라고 보는 이상, 증거동의의 상대방은 법원이다. 따라서 공판준비 또는 공판기일 외에서 반대당사자, 특히 검사에 대해 행한 증거동의는 효력이 없다.

3. 동의의 대상

(1) 서류와 물건

(가) 서　류　　제318조 ①항은 증거동의의 대상을 '서류'와 '물건'으로 규정하　**10**
고 있다. 여기서 '서류'는 진술증거를 의미한다. 따라서 서류 이외의 전문증거가 되는 진술도 동의대상이 된다는 데에 이견이 없다. 재전문증거도 동의대상이 된다. 동의대상이 되는 서류로서 판례에 나타난 것을 살펴보면, 공동피고인에 대한 피의자신문조서, 진술조서, 조서나 서류의 사본, 사진, 조서의 일부분, 검사 작성의 피고인에 대한 피의자신문조서 등이 있다(99도3273 등 참조). 피의자신문조서는 반대신문권의 행사와 무관하므로 반대신문권의 포기를 의미하는 증거동의의 대상이 될 수 없다는 견해도 있다. 그러나 증거동의제도는 변론주의의 표현이므로 피의자신문조서를 제외해야 할 이유는 없다.[2]

(나) 물　건　　증거물이 동의대상이 될 수 있는가에 대해서는 다음의 견해가　**11**
있다. 1) 제318조의 문언에 따라 증거물도 동의의 대상이 되며, 특히 공판정에 제출하는 과정에서 오류개입의 위험성이 높은 물건은 그 물건이 진정한 것으로 인정되는 경우에만 예외적으로 증거동의의 형식으로 증거능력을 인정해야 한다

---

1) 강구진 466; 신동운 1287.
2) 이은모/김정환 721; 이재상/조균석/이창온 48/8; 이창현 989; 정영석/이형국 365.

는 견해가 있다.[1] 반면, 2) 물건은 반대신문과 관계없을 뿐만 아니라 물적 증거
로서 전문법칙(제310조의2)의 제한도 받지 않으므로 증거동의의 대상이 될 수 없
다는 반대견해도 있다.[2] 제318조가 물건을 규정하고 있는 것은 입법의 오류라
고 할 수 있다.[3] 따라서 증거물은 증거동의의 대상이 아니라고 보아야 한다.[4]

12   (2) 유죄증거의 반대증거   판례는 유죄의 증거에 대한 반대증거로 제출된
서류는 진정성립이 증명되지 않거나 증거동의가 없더라도 증거판단자료로 할
수 있기 때문에 동의대상이 아니라고 한다(80도1547; 97도1770). 그러나 반증은 증
거능력 있는 증거에 의해야 하므로 동의대상이 될 수 있다고 보는 것이 옳다.[5]

13   (3) 위법수집증거   위법수집증거는 증거능력이 없으므로 동의대상이 되지
않으며 동의가 있더라도 증거능력이 인정되지 않는다.[6] 그러나 판례는 법정에
서 증언한 증인을 검사실로 불러 얻어낸 번복진술을 기재한 참고인진술조서가
위법수집증거로 증거능력이 없는 것은 '피고인이 증거동의를 하지 않는 한'이라
는 전제에서라고 보았으며(99도1108 전합), 증거보전절차에서 피의자 또는 변호인
에게 증인신문에 참여할 수 있는 기회를 주지 아니한 위법이 있는 경우라도 증
인신문조서에 대해 피고인이 증거동의하면 증거능력이 부여될 수 있다(86도
1646)고 한 바 있다.

Ⅲ. 증거동의의 시기와 방식

1. 동의의 시기

14   동의는 원칙적으로 증거조사 전에 하여야 한다. 동의는 증거능력의 요건이
고 증거능력 없는 증거는 증거조사대상이 되지 않기 때문이다. 그러나 증거조사
도중이나 증거조사 후 전문증거임이 밝혀진 경우에는 사후동의도 가능하다. 이
러한 동의가 있으면 그 하자가 치유되어 증거능력이 소급하여 인정된다.[7] 일반

---

1) 신동운 1286; 이창현 992.
2) 이은모/김정환 721; 이재상/조균석/이창온 48/9; 정영석/이형국 365.
3) 1961년 형사소송법 개정전의 제312조와 제314조에는 서류뿐만 아니라 물건이 함께 규정되어
   있었다. 1961년 개정에 의해 이들 조문으로부터 물건을 삭제하였으나 증거동의에 관한 제318
   조에서는 물건을 삭제하지 않은 입법의 착오가 있었다고 한다: 신동운 1285 참조.
4) 법원도 소극설에 따라 물건에 대해서는 동의 여부의 진술이 불필요하다는 입장이다.
5) 신동운 1283; 이재상/조균석/이창온 48/11.
6) 신동운 1291; 정영석/이형국 365;
7) 강구진 466; 신동운 1288; 이은모/김정환 721 이하; 이재상/조균석/이창온 48/12; 이창현
   993.

적으로 사후동의는 변론종결시까지 가능하며 공판기일뿐만 아니라 공판준비기
일에도 가능한 것으로 본다.

2. 동의의 방식

(1) 명시적 동의　　판례는 소극적 의사표시, 즉 피고인 아닌 자의 진술조서 **15**
에 대해 이견이 없다는 진술, 피고인이 신청한 증인의 전문진술에 대해 별 의견
이 없다는 진술에 의해서도 증거동의의 묵시적 의사표시가 가능한 것으로 인정
한 바 있다(72도922; 83도516). 여기서 한 걸음 더 나아가 피고인의 발언태도에 비
추어 반대신문권의 포기가 있다고 판단되면, 제318조의 증거동의를 인정하자는
견해도 있다.1) 이러한 견해는 사실상 피고인이 반박하지 않는 한 증거동의를
인정하는 결과를 가져온다. 즉 '동의할 수 있는 권한'을 '반박해야 할 의무'로 변
질시킨다. 이는 당사자주의의 지나친 후퇴라고 할 수 있으므로 증거동의는 명시
적인 의사표시에 의해서만 가능하다고 보는 것이 타당하다.2)

(2) 개별적 증거동의　　증거동의는 개개의 증거에 대해 이루어져야 하며 **16**
포괄적 증거동의는 허용되지 않는다.3) 이에 반해 '개개 증거에 대해 개별적 증
거조사방식을 거치지 않고 검사가 제시한 모든 증거에 대해 피고인이 증거로
하는 것에 동의한다'는 식의 의사표시에 대해서도 증거동의의 효과를 인정하는
견해도 있다. 판례(82도2873)와 일부 학설4)이 취하는 견해이다. 포괄적 증거동의
는 직접주의의 완전한 포기를 의미하고 이를 인정하는 것은 법원의 진실발견의
무에 반한다.

Ⅳ. 동의의 의제

1. 피고인의 불출석

피고인의 출정 없이 증거조사를 할 수 있는 경우에 피고인이 출정하지 아 **17**
니한 때에는 증거동의가 있는 것으로 간주한다. 다만 대리인 또는 변호인이 출
정한 때에는 예외로 한다(제318조 ②항). 피고인의 불출석으로 인한 소송지연을
방지하는 것이 그 목적이다. 그러나 이는 직접심리주의 또는 전문법칙의 예외를

---

1) 이재상/조균석/이창온 48/13.
2) 강구진 466; 신동운 1288; 이은모/김정환 722.
3) 신동운 1289; 신양균/조기영 904; 이은모/김정환 722.
4) 이재상/조균석/이창온 48/14; 이창현 994.

인정하여 피고인의 방어권에 중대한 지장을 초래하는 것이므로 입법론적으로는
경미사건에 국한되어야 한다. 그렇지 않으면 비례성원칙(헌법 제37조 ②항)에 위
배된다.

18 **(1) 불출석재판사건** 피고인의 출정 없이 증거조사를 할 수 있는 경우로는
1) 다액 500만원 이하의 벌금 또는 과료에 해당하거나 공소기각 또는 면소의
재판을 할 것이 명백한 사건에서, 피고인이 출석하지 않은 경우(제277조 1·2호),
2) 장기 3년 이하의 징역 또는 금고에 해당하거나 다액 500만원을 초과하는 벌
금 또는 구류에 해당하는 사건에서, 피고인의 불출석허가신청을 법원이 허가하
여 피고인이 출석하지 않은 경우(같은 조 3호), 3) 피고인이 출석하지 않으면 개
정하지 못하는 경우에 구속된 피고인이 정당한 사유 없이 출석을 거부하고, 교
도관에 의한 인치가 불가능하거나 현저히 곤란하다고 인정되는 경우(제277조의2
①항), 그리고 4) 피고인의 소재를 확인할 수 없어 소촉법 제23조에 의해 피고인
의 진술 없이 재판하는 경우 등이 있다.[1]

19 **(2) 피고인의 퇴정과 동의의 의제** 피고인이 재판장의 허가 없이 무단퇴정
하거나 재판장의 퇴정명령을 받은 경우(제330조)에도 증거동의가 의제되는가에
대해서는 긍정설과 부정설의 견해대립이 있다. 1) 긍정설은 재판장의 퇴정명령
에 의해 출석하지 않은 경우는 동의를 의제할 수 없으나, 피고인의 불출석, 무
단퇴정의 경우에는 반대신문권을 포기한 경우이므로 동의를 의제할 수 있다는
견해이다.[2] 판례도 긍정설을 취하고 있다.[3] 그러나 2) 부정설은 증거동의의 의
제는 소송진행의 편의를 위한 것이지 불출석 자체에 대한 제재수단은 아니기
때문에 이 경우 피고인을 재차 소환하여 증거조사를 해야 한다는 견해이다.[4]

20 **(3) 결 론** 피고인이나 변호인의 무단퇴정이 증거동의의 의제를 가져온다
는 견해는 퇴정이 곧 방어권의 포괄적 포기라는 것을 전제로 한다. 그러나 무단
퇴정은 방어권의 포기가 아니라 피고인이나 변호인이 보기에는 오히려 불공정
한 재판에 대한 가장 강력한 항의일 것이다. 따라서 증거동의를 의제하는 것은

---

1) 피고인 출석의 예외가 인정되는 사건에 대해 자세한 것은 앞의 [38] 3 이하 참조.
2) 이재상/조균석/이창온 48/16; 이창현 997.
3) 91도865: "피고인이 재판거부의사를 표시하고 재판장의 허가 없이 퇴정하고 변호인마저 이에
   동조하여 퇴정해 버린 것은 모두 피고인측의 방어권의 남용 내지 변호권의 포기로밖에 볼 수
   없는 것이므로 … 피고인과 변호인들이 출석하지 않은 상태에서 증거조사를 할 수밖에 없는
   경우에는 형사소송법 제318조 제2항의 규정상 피고인의 진의와는 관계없이 형사소송법 제318
   조 제1항의 동의가 있는 것으로 간주하게 되어 있다."
4) 강구진 468; 신동운 1297; 이은모/김정환 724; 정영석/이형국 366.

'불공정한 재판'의 '신속한 처리'를 도와주는 결과를 가져온다. 부정설이 타당
하다.

2. 간이공판절차의 특칙

간이공판절차의 결정(제286조의2)이 있는 사건의 증거에 관하여는 제310조   **21**
의2, 제312조 내지 제314조 및 제316조의 규정에 의한 증거에 대해 제318조 ①
항의 동의가 있는 것으로 간주한다(제318조의3 본문). 이러한 증거동의의 간주에
의해 법원이 전문증거를 유죄의 증거로 채택하면 피고인은 그 증거서류를 허위
작성된 것으로 주장하여 상소할 수 없다(83도877). 이와 같은 증거동의의 의제
는, 간이공판절차에서 피고인이 공소사실을 공판정에서 자백한 경우(제286조의2)
에는 반대신문권을 포기하거나 직접심리주의에 의한 신중한 심리를 포기한 것
으로 일단 추정할 수 있다는 취지를 담고 있다. 그러므로 검사, 피고인 또는 변
호인이 증거로 함에 이의를 표시한 때에는 그러한 추정은 깨지고 제310조의2의
제한이 다시 적용된다(제318조의3 단서). 이는 공판정에서 한 공소사실의 자백이
소송물(피고사건)에 대한 피고인의 처분을 의미하지 않음을 말해주기도 한다.

V. 증거동의의 효과

1. 증거능력의 인정

(1) **진정성과 증거능력**   검사와 피고인이 증거로 하는 데 동의한 서류 또는   **22**
물건은, 제311조 내지 제316조의 요건을 갖추지 않은 경우에도 진정한 것으로
인정되면 증거능력이 인정된다(제318조 ①항). 이를 반대해석하면, 증거동의가 있
어도 법원이 진정한 것으로 인정하지 않은 때에는 증거능력이 인정되지 않는다.
증거의 진정성에 대해서는 1) 그 증거의 증명력을 신중히 검토하여 그 증명력
이 현저히 낮지 않음을 뜻한다는 견해1)와 2) 증거수집과정에서의 신용성을 의
미한다는 견해2)가 있다. 여기의 진정성은 증거의 실질적 가치인 증명력과 구별
되는 증거능력의 요건으로서, 전문서류의 신용성을 의심스럽게 하는 유형적 상
황3)이 없는 것으로 이해하는 것이 옳다. 이에 따르면 진술이나 서류작성의 임

---

1) 강구진 467.
2) 신동운 1290; 이은모/김정환 725; 이재상/조균석/이창온 48/23; 이창현 999.
3) 예컨대 진술서에 서명·날인이 없거나 진술서의 기재내용이 진술과 상이한 경우, 진술내용이
   진실과 다른 경우 또는 현장사진이나 현장녹음의 작성과정이 의심스러운 경우 등.

의성을 의심할 만한 특별한 사정이 존재하는 경우 예외적으로 진정성이 부정된다. 또한 진정성은 증거능력의 요건이므로 자유로운 증명에 의해 인정할 수 있다.

23   **(2) 증거동의와 증명력**   증거동의한 당사자가 다시 증명력을 다투는 것은 불필요한 절차의 중복에 불과하므로 허용되지 않는다는 견해가 있다.[1] 그러나 증거능력과 증명력은 구별되어야 하고, 증거동의는 증거능력의 인정근거가 되므로, 증거동의한 당사자도 그 증거의 증명력을 다툴 수 있어야 한다.[2] 따라서 탄핵증거를 제출하여 그 증명력을 다툴 수 있다. 다만 증거동의한 당사자는 반대신문권을 포기한 것이 되므로 법원이 증거의 진정 여부를 조사·확인하기 위해 원진술자를 증인으로 신문하는 경우에는 반대신문은 할 수 없다. 동의한 당사자가 증명력을 다투려면 반대신문 이외의 방법을 사용하여야 한다.

2. 증거동의의 효력범위

24   **(1) 물적 범위**   원칙적으로 동의의 효력은 그 대상인 서류 전체에 미친다. 따라서 일부에 대한 동의는 허용되지 않는다(84도1552). 다만 동의한 서류의 내용을 나눌 수 있는 경우에는 일부에 대한 동의도 가능하다(90도1303; 2007도1794). 또한 문서는 원본뿐만 아니라 그 사본도 피고인이 증거로 함에 동의하고, 진정으로 작성되었음이 인정되는 경우에는 증거능력이 인정된다(90도2601; 95도2526).

25   **(2) 인적 범위**   증거동의는 동의한 피고인에 대해서만 그 효력이 미친다. 따라서 공동피고인의 경우에 동의의 효력은 다른 피고인에게는 미치지 않는다(82도1000). 이것은 공동피고인들은 각자가 독립하여 반대신문권이나 직접주의에 의한 신중한 심판을 받을 권리를 갖기 때문이다.

26   **(3) 시간적 범위**   증거동의의 효력은 공판절차의 갱신이 있거나 심급을 달리하는 경우에도 소멸되지 않는다. 예를 들어 제1심 법정에서 피고인이 경찰작성의 조서에 대해 증거동의를 하였다면, 항소심에서 피고인이 범행 여부를 다투어도 제1심에서 행한 증거동의의 효력은 계속 유지된다(89도2366; 93도955).

---

1) 백형구 481; 정영석/이형국 368.
2) 신동운 1292; 이은모/김정환 725; 이재상/조균석/이창온 48/19; 이창현 1000.

VI. 증거동의의 취소와 철회

1. 취소와 철회의 허용 여부

증거동의에 대해서는 철회와 취소가 가능하다. 판례도 같은 입장이다(2004 **27**
도2611; 2007도3906 등). 다만 학설 중에서는 철회의 인정근거에 대해 증거동의는
절차형성행위이므로 절차의 안정성을 해하지 않는 범위 안에서만 철회가 허용
된다는 견해1)가 있다. 또한 취소에 대해서도 1) 절차의 형식적 확실성에 비추
어 증거동의를 취소할 수 없다는 견해2)와 2) 중대한 착오나 수사기관의 강박에
의한 경우 또는 증거동의를 한 당사자의 귀책사유 없이 착오한 경우에 증거동
의를 취소할 수 있다는 견해3)가 있다. 증거동의는 증거의 신청이나 철회처럼
사건의 실체를 좌우하는 실체형성행위의 하나이고, 형사절차의 실체는 유동적
인 것이므로 증거동의의 취소와 철회는 원칙적으로 허용되어야 하고, 다만 취소
와 철회의 허용시기가 문제될 뿐이다.

2. 취소와 철회의 허용시기

증거동의의 취소 또는 철회의 허용시기에 대해서는, 1) 증거조사 시행 전, **28**
2) 증거조사 완료 전, 3) 구두변론 종결 전까지 각각 가능하다는 견해가 있다.
절차의 확실성과 소송경제의 이념이 강조될수록 1)설에 가까운 견해를 취하게
된다. 그리고 증거동의의 실체형성행위의 측면을 강조할수록 진실발견의 변동
상황을 최대한 반영할 수 있는 3)설을 취하게 된다. 다수견해4)와 판례(99도2029;
2004도2611 등)는 증거조사 완료 전까지 취소 또는 철회할 수 있다는 입장이다.

---

1) 이은모/김정환 726; 이재상/조균석/이창온 48/24; 정영석/이형국 369.
2) 이재상/조균석/이창온 48/25; 정영석/이형국 368.
3) 신동운 1294; 이은모/김정환 727; 이창현 1003.
4) 김기두 146; 신동운 1293; 이은모/김정환 726 이하 이재상/조균석/이창온 48/24; 이창현
   1002; 정영석/이형국 368.

[54] 제 6 탄핵증거

I. 탄핵증거의 의의

1. 개 념

1   "제312조부터 제316조까지의 규정에 따라 증거로 할 수 없는 서류나 진술이라도 공판준비 또는 공판기일에서의 피고인 또는 피고인 아닌 자의 진술의 증명력을 다투기 위하여 증거로 할 수 있다"(제318조의2 ①항). 이처럼 전문법칙(제310조의2)에 의해 증거능력이 부정되지만 진술의 증명력을 다투기 위해 사용되는 증거를 탄핵증거(testimonial impeachment)라고 한다. 탄핵증거는 범죄사실 자체를 증명하는 실질증거가 아니라, 실질증거의 증명력을 감쇄하고자 하는 보조증거에 해당한다.[1]

2. 증거능력의 문제

2   진술의 증명력을 다투는 탄핵증거는 적극적으로 범죄사실의 존부를 증명하기 위한 증거가 아니므로 엄격한 증명(제307조)을 요하지 않는다(2005도2617 등). 그렇기 때문에 제318조의2는 증거능력이 없는 전문증거라도 진술의 증명력을 다투는 증거로는 사용할 수 있도록 하고 있다. 그러나 진술의 증명력을 탄핵증거로 다툰다고 해도 그 진술의 증명력은 법관이 자유롭게 판단한다. 즉 탄핵증거는 자유심증주의(제308조)의 예외가 아니다.

3. 반대신문 및 반증과 구분

3   진술의 증명력을 다투는 방법에는 탄핵증거 외에 반대신문과 반증이 있다. 이 세 가지는 증명력을 다툰다는 점에서는 공통적이지만, 대상이나 요건에서 차이점이 있다.[2] 1) 반대신문은 증언의 증명력을 다투기 위해 법관 앞에서 구두로 이루어지지만, 탄핵증거는 증인의 증언뿐 아니라 피고인진술, 증인 이외의 자의 진술에 대해 구두 및 서면으로 그 증명력을 다툰다. 2) 반증은 범죄사실 또는 반대사실의 증명에 사용되는 실질증거로써 엄격한 증명이 필요하지만, 탄핵증

---

1) 95도2945; 2011도5459: "탄핵증거는 진술의 증명력을 감쇄하기 위하여 인정되는 것이고 범죄사실 또는 그 간접사실의 인정의 증거로서는 허용되지 않는다."

2) 신동운 1299; 이재상/조균석/이창온 49/2; 이창현 1048; 정영석/이형국 369 이하.

거는 본증 또는 반증으로 제출된 증거의 증명력을 다투기 위한 보조증거로써 엄격한 증거조사가 아닌 자유로운 증명으로 충분하다.

4. 탄핵증거와 전문법칙

탄핵증거가 전문법칙의 적용이 없는 경우인지 아니면 예외인지가 문제된 **4** 다. 전자로 보는 것이 현재 통설의 입장이다.[1] 그 이유는, 1) 전문법칙은 원진 술자의 진술내용이 범죄사실의 존부를 증명하는 증거가 될 경우에만 적용되므로, 탄핵증거는 요증사실을 증명의 대상으로 하지 않고, 2) 탄핵증거는 전문법칙의 예외요건인 신용성의 정황적 보장과 필요성을 충족시키지 않고도 허용되기 때문이다.

5. 제318조의2의 입법취지와 문제점

(1) **입법취지**   제318조의2의 입법취지는 증명력판단의 합리성과 소송경제 **5** 를 도모하는 데 있다. 구체적으로는 다음과 같은 의미를 갖는다. 1) 탄핵증거는 범죄사실의 증명에 사용되는 것이 아니라 단순히 증명력을 다투는 데 이용되기 때문에, 전문증거를 배제하는 형사소송법에 배치되지 않고, 증거가치의 재음미를 통해서 법관의 증거판단의 합리성을 도모할 수 있다.[2] 또한 2) 당사자의 반대신문권을 효과적으로 보장할 수 있다는 점도 존재이유가 된다. 이 점에서 탄핵증거제도가 자유심증주의를 보강하는 기능도 한다.[3] 그리고 3) 증거가치의 재평가를 반증이라는 엄격한 증명절차를 거치지 않고도 할 수 있으므로, 소송경제에도 도움이 된다.

(2) **문제점**   그러나 탄핵증거는 증명력을 탄핵하는 증거이지만 그 내용은 **6** 역시 범죄사실의 존부에 관한 법관의 심증형성에 영향을 줄 수 있다. 법관의 심증형성이 증거능력 있는 증거에 대한 직접조사에 의해 이루어지지 않고, 증거능력 없는 전문증거에 의해 이루어지는 셈이 된다.[4] 여기에서 탄핵증거의 사용은 피고인을 보호하는 엄격한 증명의 법리(제307조)와 갈등관계에 놓임을 알 수 있다. 탄핵증거의 사용범위에 관한 해석론은, 이처럼 갈등관계에 놓인 탄핵증거사

---

1) 강구진 434; 김기두 148; 신동운 1300; 이은모/김정환 729; 이재상/조균석/이창온 49/7; 이창현 1049; 정영석/이형국 369.
2) 이은모/김정환 729.
3) 이재상/조균석/이창온 49/8.
4) 신동운 1302; 이은모/김정환 729.

용과 엄격한 증명의 법리 사이의 조화로운 실현이 어떻게 가능한가에 초점이 맞춰지게 된다.

Ⅱ. 탄핵증거의 허용범위

1. 학　　설

7　　(1) 한정설　　탄핵증거로 사용할 수 있는 증거는 진술자의 자기모순의 진술(self-contradiction), 즉 공판정에서 한 진술과 상이한 공판정 외에서의 진술 또는 진술을 기재한 서류 자체에만 한정된다는 견해이다.[1] 탄핵증거의 증거사용 허용은 동일한 진술자의 전후진술이 다르다는 사실 자체를 증명대상으로 삼는 경우이므로, 원진술자의 진술내용을 가지고 요증사실을 증명하는 증거인 전문증거와 질적 차이가 있다는 점을 근거로 한다. 따라서 타인의 진술에 의해 증명력을 다투게 되면 전문법칙에 반하게 된다. 그리고 이 견해의 논리에 따르면 제318조의2는 전문법칙의 적용이 없는 주의규정에 지나지 않게 된다.

8　　(2) 비한정설　　자기모순의 진술에 한하지 않고 증거의 증명력을 다투기 위한 증거로 전문증거가 제한 없이 사용될 수 있다는 견해이다. 그 근거로는, 1) 제318조의2가 '진술의 증명력을 다투기 위한' 증거의 범위에 대해 아무런 제한을 두고 있지 않으며, 2) 증거의 증명력을 법관이 판단하므로 탄핵증거의 범위를 엄격히 제한할 필요가 없다는 점을 든다. 비한정설에 따르게 되면 자기모순의 진술뿐만 아니라 주요사실 및 간접사실에 관한 증거까지도 탄핵증거로 허용된다.

9　　(3) 절충설　　탄핵증거는 자기모순의 진술 이외에 증인의 신빙성에 대한 보조사실[2]을 입증하기 위한 증거도 포함한다는 견해이다.[3] 탄핵증거란 증거의 증명력을 감쇄시키는 사실을 입증취지로 하는 증거, 예컨대 증인의 신빙성에 대한 공격을 내용으로 하기 때문이라고 한다. 그러나 이 견해에 따르면 한정설과 마찬가지로 주요사실 및 간접사실에 대한 증거는 탄핵증거로 사용될 수 없다.

10　　(4) 이원설　　검사와 피고인을 구별하여 검사는 자기모순의 진술만을, 피고인은 제한 없이 모든 전문증거를 탄핵증거로 제출할 수 있다는 견해이다.[4] 검

---

1) 강구진 475; 백형구 494; 이은모/김정환 731; 이재상/조균석/이창온 49/13.
2) 예컨대 증인의 능력, 성격, 이해관계, 교양정도, 전과사실, 평판 등.
3) 김기두 150; 신동운 1305; 이창현 1051.
4) 배종대/홍영기 [60] 14; 신양균/조기영 830; 차용석/최용성 636.

사는 피고인에 비해 우월한 권한과 조직력을 가지고 있기 때문에, 피고인의 이익을 위해 검사가 제출할 수 있는 탄핵증거의 범위는 제한되어야 하기 때문이라는 것이 그 근거이다. 따라서 검사는 증명력을 다툰다는 명목 하에 증거능력 없는 증거를 제출해서는 안 된다. 반면에 피고인은 자신의 무죄입증을 위해 제한 없이 전문증거를 탄핵증거로 사용할 수 있게 된다.

(5) 결 론　　위의 학설 가운데 한정설과 절충설은 영미법의 탄핵증거제도 11 에 충실한 해석이다. 그러나 직권주의와 직접심리주의에 따라서 법관이 심증형성을 하도록 되어 있는 현행법에서는, 제318조의2의 운영이 영미법과 좀 다르게 피고인을 보호하는 방향으로 이루어져야 할 필요가 있다. 이를 위해서 검사에게는 가능한 좁게, 피고인에게는 최대한 넓게 탄핵증거의 사용을 허용하는 것이 법정책적으로 바람직하다. 그렇게 함으로써 법원은 피고인의 유죄에 관한 의심을 더욱 많이 품을 수 있고, 그에 따라서 '의심스러울 때에는 피고인에게 유리하게'(in dubio pro reo) 원칙도 활성화시킬 수 있게 된다. 따라서 이원설이 타당한 견해이다.

2. 탄핵증거의 제한

(1) 입증취지와의 관계　　탄핵증거는 진술의 증명력을 다투는 데 사용되는 12 것이므로, 범죄사실 또는 간접사실을 인정하는 증거로 사용될 수 없다. 즉 전문증거가 원본증거를 대체하는 것은 제318조의2의 규율영역 밖에 있다.

(2) 임의성 없는 진술　　자백배제법칙(제309조)에 위반한 임의성 없는 자백 13 이나 진술은 탄핵증거로도 허용되지 않는다. 자백배제법칙은 헌법상의 원칙(헌법 제12조 ⑦항 전단)으로서 절대적 효력을 유지해야 하기 때문이다. 또한 진술의 임의성이 인정되지 아니하여 증거능력이 없는 진술이나 서류(제317조)도, 탄핵증거로 사용할 수 없다(2005도2617; 2013도12507). 제318조의2도 서류 및 진술의 임의성을 규정한 제317조를 규율대상으로 명시하고 있지 않다.[1]

(3) 성립의 진정이 없는 증거　　진술자의 서명·날인이 없는 전문서류는 탄 14 핵증거로 사용할 수 없다. 그런 서류는 진술내용의 진실성뿐만 아니라 진술내용의 정확성을 확인할 수 없어서 이중의 오류가능성이 있기 때문이다.[2] 그러나 판례는 명문규정이 없다는 이유로 탄핵증거에 관해서는 성립의 진정이 문제되

---

1) 강구진 477; 김기두 151; 신동운 1309; 이재상/조균석/이창온 49/22; 이창현 1051.
2) 신동운 1309; 이은모/김정환 732; 이재상/조균석/이창온 49/23.

지 않는다고 한다(74도1687; 80도1547).

15   (4) 공판정에서의 진술 이후에 이루어진 자기모순 진술   증인의 공판정에서의 증언을 탄핵하기 위해, 증언 이후에 수사기관이 별도로 그 증인을 다시 신문하여 원래의 증언을 번복하는 내용으로 작성한 진술조서는, 탄핵증거로 사용하는 것이 허용되지 않는다. 만일 이를 허용한다면 공판중심주의와 피고인의 소송주체성을 심각하게 약화시키는 것이 되기 때문이다.[1] 따라서 검사는 이와 같은 증인을 재소환하여 공판정에서 다시 증인신문을 통하여 탄핵하는 것이 바람직하다.

Ⅲ. 탄핵의 대상과 범위

1. 탄핵의 대상

16   (1) 진술증거   진술에는 구두진술뿐만 아니라 진술을 기재한 서면도 포함된다. 제318조의2는 공판준비 또는 공판기일에 행한 진술만을 탄핵대상으로 명시하고 있으나, 공판정 외에서 한 진술이 서면형식으로 증거가 된 경우에도 탄핵대상이 된다고 보아야 한다.[2]

17   (2) 피고인의 진술   피고인 아닌 자가 공판기일에 행한 진술의 증명력도 탄핵대상이 된다는 점에는 견해가 일치한다. 그러나 피고인의 진술이 탄핵대상인가에 대해서는 1) 제318조의2가 명문으로 피고인의 진술을 탄핵대상으로 규정하고 있으므로 이를 긍정하는 적극설[3]과 2) 이를 부정하는 소극설[4]이 있다. 소극설에 의하면 공소사실을 부인하는 피고인의 공판정에서의 진술을 증거능력 없는 공판정 외의 진술로 탄핵하는 것은 자백 편중의 수사관행을 부추길 우려가 있다고 한다. 판례는 적극설을 따르고 있다. 판례에 의하면 피고인이 내용을 부인하여 증거능력이 없는 사법경찰리 작성의 피의자신문조서라도 피고인의 법정진술을 탄핵하는 증거로 허용된다(2005도2617).

어느 견해를 취하든 피고인의 진술을 탄핵대상으로 규정한 제318조의2는 입법론적으로 재고할 필요성이 있는 것으로 보인다. 그런 필요성을 인정한다면 제318조의2는 목적론적 축소해석을 해야 할 것이다. 피고인보호를 위한 유추해

---

1) 김기두 151; 신동운 1310; 이재상/조균석/이창온 49/25; 이창현 1052.
2) 김기두 151; 신동운 1311; 이재상/조균석/이창온 49/18; 이창현 1054; 정영석/이형국 374.
3) 강구진 476; 신동운 1311; 이재상/조균석/이창온 49/19; 이창현 1054 이하.
4) 백형구 495.

석은 허용될 수 있기 때문이다. 따라서 소극설이 타당하다고 생각한다. 그리고   18
소극설에 의할 때에만 피고인이 공판정에서 그 내용을 부인하는 경우에 피의자
신문조서의 증거능력을 배척하는 제312조 ① · ③항의 입법취지도 제대로 실현
될 수 있다.

　(3) **자기 측 증인의 증언**　자기 측 증인의 증언에 대한 탄핵도 가능하다고   19
보아야 한다.[1] 증인을 자신이 신청했다는 이유로 자신의 기대에 반하는 불리한
내용을 담은 증언을 탄핵할 수 없다는 것은 비합리적이기 때문이다.

2. 탄핵의 범위

　(1) **증명력의 감쇄**　형사소송법 제318조의2에 의한 증거는 진술의 증명력   20
을 다투기 위해서만 인정된다. 따라서 적극적으로 그 증거를 범죄사실이나 간접
사실을 인정하는 증거로 사용할 수 없다(75도3433; 95도2945). 증명력을 다툰다는
것은 증명력을 감쇄하는 경우를 말하고, 증명력을 지지 · 보강하는 것은 여기에
포함되지 않는다.

　(2) **감쇄된 증명력의 회복**　다만 감쇄된 증명력을 회복하는 경우, 즉 다시   21
지지 · 보강하는 경우도 증명력을 다투는 경우에 해당하는가에 관해서는 견해의
대립이 있다. 1) 부정설은 탄핵된 진술증거의 증명력을 회복하기 위한 회복증거
는 허용되지 않는다고 한다.[2] 회복증거는 실질적으로 보강입증에 해당하며, 법
관이 증거능력 없는 증거에 의해 사실의 존재를 인정하는 경우가 되기 때문이
라는 것이 그 근거이다. 2) 긍정설은 감쇄된 증명력을 회복하는 경우도 증명력
을 다투는 경우에 해당되는 것으로 본다.[3] 증명력이 탄핵된 당사자에게 이를
회복할 기회를 주는 것이 공평의 원칙에 부합되며, 회복증거가 이전의 증명력을
회복하기 위한 수준에 그치는 것이면 이를 제외해야 할 이유가 없기 때문이라
고 한다.

　형평성의 관점에서 긍정설이 타당하다. 다만 자기모순의 진술로 탄핵된 경   22
우에는, 증명력회복을 위해 그 증인이 동일내용의 진술을 하였다는 사실을 입증
하는 경우에 한하여, 이를 인정해야 할 필요가 있다. 또한 타인의 일치진술을
회복증거로 제출하는 것은, 범죄사실에 관한 증거이므로 전문법칙에 의해 허용

---

1) 신동운 1313; 이은모/김정환 735; 이재상/조균석/이창온 49/20; 이창현 1055.
2) 강구진 477; 정영석/이형국 374.
3) 김기두 151; 신동운 1314; 이은모/김정환 734; 이재상/조균석/이창온 49/17; 이창현 1056.

되지 않는다. 이는 회복증거의 사용이 범죄사실에 관한 심증형성에 영향을 미치지 않도록 하기 위해서이다.

Ⅳ. 탄핵증거의 조사방법

1. 증거조사의 방법

23   앞에서 서술한 바와 같이 탄핵증거는 요증사실을 증명하고자 하는 증거가 아니고, 증거능력 없는 전문증거도 사용할 수 있으므로, 탄핵증거는 엄격한 증거조사를 거칠 필요가 없다.[1] 다만 공개재판의 요청에 비추어, 탄핵증거로 사용하기 위해서는 적어도 법정에서의 증거조사는 필요하다. 따라서 법정에 증거로 제출된 바가 없이 수사기록에만 편철되어 있는 증거는 탄핵증거로도 사용될 수 없다.[2]

2. 증거신청의 방식

24   탄핵증거는 증거제출 당시 탄핵증거라는 취지로 제출될 필요는 없지만, 적어도 증명력을 다투고자 하는 증거의 어느 부분에 의하여 진술의 어느 부분을 다투려고 하는지는 사전에 상대방에게 알려야 한다(2005도2617). 더 나아가 증거신청의 과정에서 증거목록에 기재되지 않았고 증거결정이 있지 아니하였다 하더라도 공판과정에서 그 입증취지가 구체적으로 명시되고 제시까지 되었다면 탄핵증거로서의 증거조사는 이루어졌다고 볼 수 있다(2005도6271).

[2005도2617] 탄핵증거의 증거신청방식

[1] 검사가 유죄의 자료로 제출한 사법경찰리 작성의 피고인에 대한 피의자신문조서는 피고인이 그 내용을 부인하는 이상 증거능력이 없으나, 그것이 임의로 작성된 것이 아니라고 의심할 만한 사정이 없는 한 피고인의 법정에서의 진술을 탄핵하기 위한 반대증거로 사용할 수 있으며, 또한 탄핵증거는 범죄사실을 인정하는 증거가 아니므로 엄격한 증거조사를 거쳐야 할 필요가 없음은 형사소송법 제318조의2의 규정에 따라 명백하나 법정에서 이에 대한 탄핵증거로서의 증거조사는 필요한 것이

---

1) 김기두 151; 신동운 1315; 이재상/조균석/이창온 49/26; 이창현 1056.
2) 97도1770: "탄핵증거는 범죄사실을 인정하는 증거가 아니므로 엄격한 증거조사를 거쳐야 할 필요가 없음은 형사소송법 제318조의2의 규정에 따라 명백하다고 할 것이나, 법정에서 이에 대한 탄핵증거로서의 증거조사는 필요하다."

고, 한편 증거신청의 방식에 관하여 규정한 형사소송규칙 제132조 ①항의 취지에 비추어 보면 탄핵증거의 제출에 있어서도 상대방에게 이에 대한 공격방어의 수단을 강구할 기회를 사전에 부여하여야 한다는 점에서 그 증거와 증명하고자 하는 사실과의 관계 및 입증취지 등을 미리 구체적으로 명시하여야 할 것이므로, 증명력을 다투고자 하는 증거의 어느 부분에 의하여 진술의 어느 부분을 다투려고 한다는 것을 사전에 상대방에게 알려야 한다.

[2] 피고인이 내용을 부인하여 증거능력이 없는 사법경찰리 작성의 피의자신문조서에 대하여 비록 당초 증거제출 당시 탄핵증거라는 입증취지를 명시하지 아니하였지만 피고인의 법정 진술에 대한 탄핵증거로서의 증거조사절차가 대부분 이루어졌다고 볼 수 있는 점 등의 사정에 비추어 위 피의자신문조서를 피고인의 법정 진술에 대한 탄핵증거로 사용할 수 있다고 한 사례.

제 3 절 증 명 력

[55] 제 1 자유심증주의

[사례 25] 2004도2221

피고인 甲은 자동차운전면허를 받지 아니하고, 가해차량을 운전하다가 전방주시를 게을리 한 과실로 신호대기로 정지하고 있던 피해자 V의 승용차 뒤 범퍼 부분을 들이받아 V로 하여금 2주간의 치료를 요하는 뇌진탕상 등을 입게 함과 동시에 피해차량 뒤 범퍼 등을 3,166,702원 상당의 수리비가 들도록 손괴하고도 V를 구호하는 등의 조치를 취하지 아니하고 도주하였다.

원심은, 1) 원심 증인 피해자 V는 이 사건 사고 직후 가해차량에서 내려 도망하는 운전자를 보지 못하였다고 진술하고 있어 그의 진술로는 甲이 가해차량의 운전자라는 점을 입증하기에는 부족하고, 2) 제1심 증인 A는 甲의 초등학교 1년 선배로서 甲과 연락을 자주 하였고, 가해차량에서 발견된 휴대폰의 수신번호와 일치하는 호프집을 경영하고 있었다고 진술하고 있으나, 한편 이 사건 사고 발생 이전인 2002. 추석 연휴 이후부터 甲과의 연락이 끊긴 이래 이 사건 당일에도 甲으로부터 전화를 받은 일이 없다는 취지로 진술하고 있어, 그 진술만으로 甲이 가해차량의 운전자라고 인정하기에 부족하고, 3) 이 사건 사고 발생 당시 가해차량에서 가해자 것으로 추정되

는 남자용 지갑을 발견하였는데, 그 안에 다른 물품은 없고 단지 甲 명의로 발부된
범칙금납부통고서가 있었으며, 지갑과 함께 가해차량 내에서 발견된 휴대폰에는 비
록 甲이 가입명의자는 아니나 사고가 발생하기 약 5-6시간 전인 2002. 11. 6. 01:30
경에 甲의 선배, 친구 등의 발신번호가 담겨져 있다는 내용으로서, 이에 의하면 甲이
지갑, 휴대폰의 소유자로서 가해차량의 운전자였다고 의심할 여지는 있으나, 범칙금
납부통고서는 사고 발생일로부터 약 3개월 전인 2002. 8. 19.에 발급된 점, 지갑에서
범칙금납부통고서 외에 신분증이나 기타 가해자의 신원을 짐작할 수 있는 아무런 물
건도 없었고, 甲은 2002. 9.경까지 가해차량을 운전하고 다니다가 그 무렵 도난당하
였다고 진술하는바, 甲이 범칙금납부통고서만 들어 있는 지갑을 가해차량에 놓아둔
뒤 이를 도난당하였을 가능성도 배제할 수 없는 점, 휴대폰의 가입명의자는 공소외
B로서 甲과 평소 아는 사이였던 점, 통화시간이 극히 짧아 실질적으로 어떤 대화를
나누었다고 볼 수 없었던 점 등을 고려하여 보면, 이 부분 공소사실을 유죄로 인정하
는 데 필요한 합리적인 의심을 뒤집을 정도의 증명력을 가졌다고 볼 수 없으며, 그
외에 달리 이 부분 공소사실을 인정할 만한 증거가 없다고 판단하여 甲에 대하여 무
죄를 선고한 제1심의 조치가 정당하다고 판단하였다.

  원심의 판결은 적법한가?

[주요논점]   1. 자유심증주의란 무엇인가?
            2. 자유심증주의의 내재적 한계와 법률상의 한계에는 어떠한 것이 있는가?
            3. 자유심증주의의 한계에 대한 위반은 어떠한 효과를 갖는가?

[참고판례]   2008도8486

I. 자유심증주의의 의의

1. 개   념

1   형사소송법 제308조는 "증거의 증명력은 법관의 자유판단에 의한다"고 규
정하고 있다. 이것을 자유심증주의라고 한다. 즉 자유심증주의는 증거의 증명력
을 적극적 또는 소극적으로 법률에 규정하지 않고 법관의 자유로운 판단에 맡
기는 원칙을 말한다. 다른 말로 증거평가자유의 원칙이라고도 한다. 여기서 증
거의 증명력은 증거가 요증사실을 증명하는 힘 또는 증거의 실질적 가치를 말
한다. 자유심증주의는 증거의 증명력평가를 법관의 자유판단에 맡김으로써 사
실인정의 구체적 합리성을 도모하고자 한다.

2   일부 학설은 민사소송법의 자유심증주의는 법관이 변론 전체의 취지와 증

거조사의 결과를 참작하여 사실주장의 진실 여부를 판단하지만(민소법 제202조),
형사소송에서는 증거를 기초로 한 주장사실의 진위만 문제될 뿐 변론 전체의
취지를 기초로 한 자유심증은 허용되지 않는다고 한다.[1] 그러나 변론 전체의
취지는 증거자료의 신빙성을 판단할 수 있는 살아있는 정보[2]의 총체를 가리키
는 것이다. 따라서 형사법관의 자유심증도 이것을 고려하지 않으면 자의적인 심
증형성이 될 수밖에 없다. 그러므로 자유심증의 개념은 민사소송과 형사소송에
서 큰 차이가 없다고 보는 것이 옳다.[3]

> **[판례] 자유심증주의의 의미와 한계: 대판 2016. 10. 13, 2015도17869**
>
> 형사소송법은 증거재판주의와 자유심증주의를 기본원칙으로 하면서, 범죄사실의 인
> 정은 증거에 의하되 증거의 증명력은 법관의 자유판단에 의하도록 하고 있다. 그러
> 나 이는 그것이 실체적 진실발견에 적합하기 때문이지 법관의 자의적인 판단을 인
> 용한다는 것은 아니므로, 비록 사실의 인정이 사실심의 전권이더라도 범죄사실이
> 인정되는지는 논리와 경험법칙에 따라야 하고, 충분한 증명력이 있는 증거를 합리
> 적 이유 없이 배척하거나 반대로 객관적인 사실에 명백히 반하는 증거를 근거 없이
> 채택·사용하는 것은 자유심증주의의 한계를 벗어나는 것으로서 법률 위반에 해당
> 한다.

2. 연 혁

자유심증주의와 반대되는 역사적 개념은 증거법정주의이다. 증거법정주의   **3**
는 법관의 자의를 배제하기 위해 증거에 대한 증명력의 평가를 법률로 제약하
는 것이다. 여기에는 적극적 측면과 소극적 측면이 있는데, 적극적 증거법정주
의는 증거의 증명력을 법률로 정하여 일정한 증거가 있으면 반드시 일정한 사
실의 존재를 인정하여야 하는 것을, 소극적 증거법정주의는 일정한 증거가 없으
면 절대로 일정한 사실의 존재를 인정할 수 없도록 하는 것을 말한다. 그러나
증거법정주의는 이론적 합리성이 없다. 수없이 다양한 증거의 증명력을 획일적
으로 규정하는 것은 불가능할 뿐만 아니라, 설령 그것이 가능하다고 해도 구체

---

1) 이재상/조균석/이창온 44/44.
2) 예컨대 증거자료인 증언의 신빙성에 대한 판단정보로서 증인의 표정·목소리, 피고인의 반응 등.
3) 독일 형사소송법 제261조는 "법원은 변론의 전체취지(Inbegriff der Verhandlung)로부터 자
   유롭게 형성된 확신에 따라 증거조사결과를 판단한다"고 명문으로 규정하고 있다.

적 사건의 진실을 밝히는 데 오히려 장애가 될 수 있기 때문이다. 또 역사적으로도 증거법정주의는 많은 폐해를 가져왔다. 중세의 규문절차에서는 자백이 있으면 유죄를 인정해야 하는 증거규칙1)이 지배했기 때문에 자백을 얻기 위한 고문이 성행할 수밖에 없었다. 그리하여 프랑스혁명 이후 프랑스의 1808년 치죄법은 이성적 합리주의와 국민주권의 사상에 기초하여 법관은 자유로운 심증에 의해 증거의 증명력을 판단할 수 있다는 자유심증주의를 채택하였다. 그 이후 자유심증주의는 독일 형사소송법을 비롯한 대륙법계 형사소송법의 기본원칙으로 자리잡게 되었다.

Ⅱ. 자유심증주의의 내용

1. 자유심증의 주체

4   제308조는 "증거의 증명력은 법관의 자유판단에 의한다"고 규정함으로써, 증명력판단의 주체를 법관 개인으로 상정하고 있다. 합의체법원에서도 그 구성원인 법관은 각자의 합리적 이성에 의하여 증거의 증명력을 판단한다. 따라서 합의부의 결론과 개별법관의 심증내용이 다를 수도 있다. 이것은 합의체법원 구성의 필연적 결과일 뿐 자유심증주의와는 관계가 없다.2)

2. 자유판단의 대상

5   (1) 증 거   자유심증주의에 의하여 법관이 자유롭게 판단할 수 있는 것은 증거의 증명력이다. 법관이 증명력을 판단해야 하는 증거로는 엄격한 증명에 사용되는 것과 자유로운 증명에 사용되는 것이 있다. 엄격한 증명의 경우에는 증거능력 있고 적법한 증거조사를 거친 증거자료만이 증명력판단의 대상이 된다. 반면에 자유로운 증명의 경우에는 이러한 제한이 없다.

6   (2) 증거의 증명력   증거의 증명력은 사실인정을 위한 증거의 실질적 가치로서, 신용력과 협의의 증명력을 포함하는 개념이다. 신용력은 증거 그 자체가 진실일 가능성을 뜻한다. 그리고 협의의 증명력은 증거의 진정성을 전제로 요증사실의 존부를 인정하게 하는 힘을 의미한다. 두 가지 모두 법관의 자유판단의 대상이 된다.

---

1) 예를 들면 Art 60－67 Constitutio Criminalis Carolinae(Reclam Nr.2990/90 a).
2) 신동운 1384; 이은모/김정환 608; 이창현 1004.

3. 자유판단의 유형

자유심증은 법관이 증거의 증명력을 어떤 법칙으로 제한을 받지 않고 자신 **7**
의 주관적 확신에 따라 판단하는 것을 말한다. 즉 요증사실의 증명을 위해 어떤
증거가 필요하고, 증거에 요증사실을 증명하는 힘을 어느 정도 인정하며, 그리
고 증명된 개개의 간접사실로부터 어떤 주요사실을 추론할 수 있는가 등을 법
관이 자유로이 결정한다는 것을 의미한다. 그러므로 증명력 판단은 법관 개인의
인격적 현상이라고 할 수 있다. 그러나 여기서 주관적 확신이 자의적 결단을 의
미하는 것은 아니다. 법관의 주관적 확신에는 합리성이 있어야 한다. 증거의 증
명력에 대한 법관의 자유로운 판단의 유형을 살펴보면 다음과 같다.

(1) 인적 증거

(가) **증인의 증언**   법관은 증인의 성년·미성년, 책임능력 여부와 관계없이 **8**
증거를 취사선택하여 증명력을 판단한다. 따라서 3~4세인 유아의 증언에 의해
서도 사실을 인정할 수 있고(2005도9561 등), 선서하지 않은 증인의 증언에 비추
어 선서한 증인의 증언을 배척할 수도 있다.[1] 다만 판례는 미성년자인 피해자
가 자신을 보호·감독하는 지위에 있는 친족으로부터 성범죄를 당하였다고 진
술한 경우에는 그 진술의 신빙성을 함부로 배척해서는 안 된다는 입장이다.[2]

(나) **피고인의 진술**   피고인의 진술도 인적 증거이므로 법관은 다른 증거 **9**
와 모순되는 피고인의 진술을 믿을 수 있다. 피고인이 정상이 아니거나 무거운
범죄를 숨기기 위하여 허위자백을 할 수도 있기 때문에, 자백이 항상 절대적 증
거가 되는 것이 아니다. 따라서 법관은 피고인이 자백한 때에도 자백과 다른 사
실을 인정할 수 있고, 피고인이 부인하는 때에도 피고인이 검찰에서 자백한 것
을 믿을 수 있다(94도1587; 2001도2064 등).

(다) **감정인의 의견**   법관은 심신상실의 감정결과에 반하여 유죄판결을 할 **10**
수도 있고, 그 반대도 가능하다(94도3163; 96도638 등). 또 감정의견이 상충되는 경
우에 소수의견을 따를 수도 있고, 여러 의견 가운데 각각 일부분만을 채용할 수

---

1) 이은모/김정환 610; 이재상/조균석/이창온 44/48; 이창현 1006.
2) 2020도2433: "친족관계에 의한 성범죄를 당하였다는 미성년자 피해자의 진술은 피고인에 대
   한 이중적인 감정, 가족들의 계속되는 회유와 압박 등으로 인하여 번복되거나 불분명해질 수
   있는 특수성을 갖고 있으므로, 피해자가 법정에서 수사기관에서의 진술을 번복하는 경우, 수사
   기관에서 한 진술 내용 자체의 신빙성 인정 여부와 함께 법정에서 진술을 번복하게 된 동기나
   이유, 경위 등을 충분히 심리하여 어느 진술에 신빙성이 있는지를 신중하게 판단하여야 한다."

도 있다(75도2068).

11   **(2) 증거서류**   증거서류도 인적 증거와 마찬가지로 법관은 자유롭게 증명
력을 판단할 수 있다. 따라서 검사의 증인신문청구(제221조의2)에 의한 증인신문
조서의 기재내용이나 증거보전절차(제184조)의 신문조서 기재내용에 의해 공판
정의 조서기재내용이 배척될 수도 있다(4288형상184; 79도2125). 또한 증거서류에
비해 피고인의 법정진술이 절대적인 것도 아니다(4290형상433).

12   **(3) 동일증거의 일부와 종합증거**   법관은 하나의 증거 중에서 일부만을 믿
을 수 있고, 증인의 증언이 신빙성이 없는 경우에도 증언의 한 부분을 믿을 수
도 있다(80도145; 95도2043). 또한 단독으로는 증명력이 없는 여러 개의 증거가 결
합하여 증명력을 가지는 것을 종합증거라고 한다. 그리고 종합증거 가운데 위법
증거가 있는 경우에도, 그 증거를 제외하고 사실을 인정할 수 있으면, 판결결과
에 영향을 미친 것이 아니므로 상소이유가 되지 않는다.

13   **(4) 정황증거**   법관은 정황증거에 의해서도 사실을 인정할 수 있다(96도
1783; 2004도2221 등). 정황증거란 범죄구성요건의 주요사실 자체에 대한 증거는
아니지만, 그것의 존부를 추론케 하는 간접사실을 증명하는 증거를 말한다. 간
접증거라고도 한다. 정황증거가 물적 증거일 경우, 때로는 증인의 증언보다도
더 강력한 증명력을 발휘할 수도 있다. 다만 정황증거로 사실을 인정하기 위해
서는 1) 추리과정이 논리와 경험칙에 반하지 않아야 하고, 2) 정황증거가 다수
이고 근접적이며 다각적이어야 하며, 3) 정황증거 자체의 증명은 충분하여야 한
다.[1] 예컨대, 알리바이 입증이 실패했다든지 면책주장이 반박되었다는 정황만
으로는 피고인의 범행사실이 인정될 수 없다. 또한 살인혐의를 인정할 간접증거
는 있으나 그 살인동기가 발견되지 않는 상황이라면, 간접증거의 증명력은 떨어
진다고 보아야 한다(2005도8675; 2002도2236).

Ⅲ. 자유심증주의의 한계

1. 자유심증의 내재적 한계

14   자유심증의 의미가 자의적인 결정이 아니라는 것은 법관의 심증형성이 합
리적이어서 그것이 법관의 판결에 일반적으로 수용될 수 있음을 뜻한다. 판결은
범죄행위로 인한 사회적 갈등해소와 법적 평화회복을 지향하므로 사실인정 역

---

1) 이은모/김정환 612; 이재상/조균석/이창온 44/54.

시 일반적으로 수용될 수 있는 것이어야 한다. 이를 위한 최소한의 전제로서 법
관의 심증형성은 1) 증거자료를 최대한 활용한 것이어야 하고, 2) 사고법칙과
경험법칙에 위배되지 않아야 한다. 이러한 두 가지 요청은 자유심증이 자의적
결단이 아닌 합리적 결정이 되기 위한 내재적 한계라고 할 수 있다. 이러한 한
계를 일탈한 경우를 대법원 판결에서는 각각 '심리미진'과 '채증법칙의 위반'이
라 일컫는다.

(1) 심리미진

(개) **증거자료의 최대활용**   법원은 증거조사를 통하여 얻은 모든 증거자 15
료를 남김없이 고려해야 한다. 그렇지 않으면 심증형성이 편파적으로 될 뿐만
아니라 합리성을 상실할 수 있기 때문이다. 그러므로 1) 법원은 공판의 전 과
정, 즉 이른바 변론의 전체 취지를 개관하고 있어야 하고, 2) 증거자료로부터
구체적 심증을 형성할 때에는 다양한 증거자료가 서로 충돌하거나 엇갈릴 수
있음을 알아야 한다. 이와 같이 법원이 증거자료를 최대한 활용하였음을 밝히기
위해, 예컨대 감정결과를 따르지 않을 때나 법원이 채택한 증거와 모순·반대되
는 증거를 배척한 때에는 그 사실과 이유를 판결서에 명시하여야 한다.

(내) **증거방법의 최대활용**   증거자료의 최대활용이라는 요청을 실질적으 16
로 충족하기 위해서는 또 다른 제한이 요구된다. 즉 증거조사가 어떤 증거방법
으로부터 통상적으로 얻어낼 수 있는 증거자료를 얻어내지 못한 채 끝난 경우
에도 그 증거자료의 증명력을 인정해서는 안 된다. 예컨대 원진술자가 그에 대
한 참고인진술조서의 내용을 탄핵하는 변호인의 반대신문에 대해 묵비하거나
(2001도1550), 증인이 반대신문에 답변을 하지 아니함으로써 진술내용의 모순이
나 불합리를 드러낼 수 없는 경우(2016도17054)에 진술조서의 진술내용이나 증언
은 신빙성을 인정해서는 안 된다.

(2) 채증법칙 위반

(개) **논리법칙**   논리법칙이란 논리적 규칙이나 수학적 공리를 가리킨다. 법 17
관의 심증은 모순 없는 논증에 의하여 형성되어야 한다. 예컨대 계산착오, 개념
의 혼동, 판결이유의 모순 등에 의한 심증은 사고법칙에 반한다. 판례는 증인의
모순되고 일관성 없는 진술을 유죄의 증거로 인정하는 것은 논리에 어긋난다고
판시한 바 있다(83도3150). 또한 '애매하고 모순된 진술', '객관적 합리성이 인정
되지 않아 신빙성이 없는 증거'를 근거로 사실을 인정하는 것도 논리법칙에 반
하는 것으로 설명한다(90도2274; 92도3370 등).

18　　(나) **경험법칙**　　경험법칙은 개별적인 현상의 관찰과 귀납적 일반화에 의해 얻어지는 규칙성을 띤 지식을 말한다. 경험법칙은 엄격한 의미의 보편타당성이 있는 경우와 없는 경우가 있다. 엄격한 보편타당성이 있는 경험법칙은 1) 자연법칙이나 2) 예외를 허용하지 않는 경험법칙을 말한다. 엄격한 보편타당성이 없는 경험법칙은 비록 규칙성은 있으나 예외가 발생할 수 있는 것으로서 3) 사회생활상의 경험법칙을 말한다. 1)과 2)의 경험법칙은 법관의 심증형성을 구속한다. 그러나 3)의 경험법칙은 그렇지 않다.

19　　(다) **다툼이 있는 경험법칙**　　경험법칙이 아직 과학적 실험을 통해 확증되지 않은 경우, 즉 경험법칙이 전문가 사이에서 논란이 되고 있는 경우에도 법원이 그 법칙에 의거하여 확신을 형성할 수 있는가 하는 문제가 있다. 1) 예컨대, 범행현장에 남아 있는 머리카락에 대한 DNA 분석은 피고인이 범인이 아님을 입증할 때에는 법관을 구속하지만, 범인임을 적극적으로 입증하는 경우에는 법관은 그 분석결과에 구속되지 않는다. 그 분석결과는 단지 통계적인 개연성만을 보장할 뿐이기 때문이다. 또한 2) 자연과학적으로 아직 확증되지 않은 지식에 의해 인과관계를 인정해서는 안 된다. 오히려 법원은 '의심스러울 때에는 피고인에게 유리하게' 판단하여 피고인의 무죄를 인정하여야 한다. 이 문제는 특히 의료사고나 생산자책임의 인과관계 입증에서 등장한다.

2. 자유심증의 법률상 한계

20　　(1) **자백의 보강법칙**　　제310조는 "피고인의 자백이 그 피고인에게 불이익한 유일의 증거인 때에는 이를 유죄의 증거로 하지 못한다"고 규정하고 있다. 자백의 보강증거가 없는 경우에는 자백에 의해 유죄의 심증을 얻어도 유죄를 선고할 수 없다. 따라서 자백의 증명력제한은 법률에 의해 자유심증주의의 예외를 규정한 것이라고 할 수 있다.

21　　(2) **공판조서의 증명력**　　제56조는 "공판기일의 소송절차로서 공판조서에 기재된 것은 그 조서만으로써 증명한다"고 규정한다. 따라서 법원은 공판조서에 기재된 것으로서 소송절차에 관한 사항은 법관의 심증에 관계없이 기재된 내용대로 인정해야 한다. 이 또한 법률이 자유심증주의의 예외를 규정한 것이다.[1]

---

1) 강구진 438; 김기두 154: 배종대/홍영기 [62] 14; 이은모/김정환 615; 이재상/조균석/이창온 44/62.

(3) 기 타

(가) **증거능력 없는 증거에 의한 심증형성금지**   증거능력이 없는 증거는   **22** 처음부터 조사하지 않아야 하지만 증거조사과정에서 또는 그 후에 비로소 증거 능력 없음이 밝혀지는 경우가 있다. 이럴 때 증거능력 없는 증거가 법관의 심증 형성에 사실상 영향을 미치기도 한다. 이 경우 법원은 그런 증거로부터 추론할 수 있는 범죄사실에 확신을 가지고, 그것을 자유심증의 결과라고 제시할 수도 있다. 그러나 이것은 허용될 수 없다.

(나) **진술거부와 자유심증**   피고인은 진술거부권이 있다(제283조의2). 법관   **23** 이 피고인의 진술거부권행사를 그에게 불리한 심증형성의 자료로 삼아서는 안 된다. 일상경험에 비추어 완전히 결백한 사람이 진술을 거부하는 것은 드문 일 에 속한다고 할 수 있다. 그렇다고 하더라도 진술거부권의 의미가 퇴색되지 않 기 위해서는 진술거부권행사를 피고인에게 불리한 증거로 사용해서는 안 된 다.[1] 또한 법원은 진술거부동기를 심리해서도 안 된다.[2]

Ⅳ. 자유심증주의의 관련문제

1. 자유심증주의와 in dubio pro reo 원칙

(1) **유죄인정을 위한 확신의 정도**   유죄의 사실인정을 하기 위해서는 법원   **24** 의 심증형성이 공소사실에 관한 합리적 의심을 남기지 않는 증명의 정도에 이 르러야 한다(제307조 ②항). 즉 형사소송에서 유죄증거는 민사소송처럼 단지 우월 한 증명력을 가진 정도로는 부족하고, 법관으로 하여금 합리적인 의심을 할 여 지가 없을 정도의 확신을 갖게 하는 증명력을 가져야 한다(2016도2231; 2023도13081 등). 형사재판의 오판은 피고인에게 치명적인 영향을 미칠 수 있기 때문이다.

(2) **in dubio pro reo 원칙**   법원이 범죄사실의 존부에 대한 심리를 다하였   **25** 음에도 피고인의 유죄에 관해 합리적 의심을 남기지 않을 증명정도에 이르지 못한 경우, 즉 피고인의 범죄사실이 개연적이긴 하나 여전히 일말의 합리적 의 심이라도 남은 경우에 법원은 피고인에게 무죄선고를 하여야 한다. 이를 '의심 스러울 때에는 피고인의 이익으로'(in dubio pro reo) 원칙이라고 부른다. 이 원칙 을 선언한 명문규정은 없지만 헌법 제27조 ④항과 형사소송법 제275조의2에 규

---

1) 앞의 [30] 44 이하 참조.
2) 이재상/조균석/이창온 44/63.

정된 무죄추정원칙으로부터 이를 도출할 수 있다. 판례도 "유죄의 인정은 법관으로 하여금 합리적인 의심을 할 여지가 없을 정도로 공소사실이 진실한 것이라는 확신을 가지게 하는 증명력을 가진 증거에 의하여야 하므로, 그와 같은 증거가 없다면 설령 피고인에게 유죄의 의심이 간다 하더라도 피고인의 이익으로 판단할 수밖에 없다"고 하여 이 원칙을 인정한다(2006도735 등).

2. 자유심증주의와 상소

26　(1) **자유심증에 대한 상소심의 심판가능성**　자유심증주의에 따르면 법관의 심증형성이 합리적인 경우 상고심은 사실심의 증거평가를 변경할 수 없다. 판례도 "증거의 취사와 이를 근거로 한 사실인정은 그것이 경험칙에 반하는 등의 특단의 사정이 없는 한 사실심법원의 전권에 속한다"고 한다(87도2709). 다만 심증형성의 합리성이 없는 경우, 즉 심리미진이나 채증법칙의 위반이 있는 경우 상고심은 사실심판결을 파기할 수 있다.

27　(2) **자유심증주의와 증거요지의 설명**　이처럼 법관이 자유심증주의를 남용하여 증거의 증명력을 합리적으로 판단하지 못하였을 경우 상소에 의한 구제가 가능하도록 유죄판결에 증거설명을 요구한다.[1] 제323조는 이를 규정하고 있다. 판례는 제323조가 유죄판결을 내릴 때 증거를 취사한 이유까지 기재할 것을 요구하는 것이 아니며 따라서 법원은 범죄사실을 인정한 증거요지를 명시하면 충분하다고 한다(84도682). 그러나 증거자료의 최대활용의무의 이행 여부를 판단하기 위해서는 범죄사실을 인정한 증거와 모순되거나 반대되는 사실을 증명하는 증거를 배척한 사실과 그 이유를 설명하여야 할 것이다.

---

1) 배종대/홍영기 [62] 15; 이은모/김정환 614; 이재상/조균석/이창온 44/59; 이창현 1023.

[56] 제 2 자백의 보강법칙

[사례 26] 2007도10937

검사는 甲에 대해 "2007. 6. 중순 일자불상경 공소외 A에게서 필로폰을 매수하고, 2007. 6. 중순 일자불상 22:00경 대구 신천 4동 소재 동대구 고속버스터미널 부근 상호불상 모텔 5층 방실에서 1회용 주사기에 담긴 필로폰 약 0.03그램을 생수로 희석하여 자신의 팔에 주사하는 방법으로 필로폰을 투약하였다"는 범죄사실로 공소를 제기하였다. 제2심에서 검사는 甲의 공소사실에 대한 증거로 1) 甲이 혐의사실을 인정한 자백이 기재된 검사 작성의 피의자신문조서, 2) 甲이 공소사실을 인정한 자백이 기재된 제1심 공판조서, 3) '甲이 이 사건 범행을 자인하는 것을 들었다'는 진술이 기재된 공소외 B에 대한 검사 작성의 참고인진술조서, 4) 필로폰 시가보고를 제출하였고, 그 밖에 5) '피고인이 A로부터 필로폰을 매수하면서 그 대금을 A가 지정하는 은행계좌로 송금한 사실'에 대한 압수수색검증영장 집행보고도 증거로 제출하였다. 법원은 이러한 증거의 증거능력을 인정하고 甲의 공소사실 중 필로폰매수행위와 필로폰투약행위에 대해 모두 유죄를 선고하였다.

법원의 판결은 적법한가?

[주요논점] 1. 자백의 보강법칙이란 무엇인가?
　　　　　 2. 피고인의 자백을 보강하는 증거는 어떠한 증거이어야 하는가?
　　　　　 3. 자백의 보강법칙이 적용되는 범위는 어떠한가?

[관련판례] 2008도7883; 2010도11272

I. 의 의

1. 개 념

　피고인의 자백이 그 피고인에게 불이익한 유일의 증거인 때에는 이를 유죄의 증거로 하지 못한다(제310조). 이처럼 피고인이 임의로 한 자백이 증거능력이 있고 신빙성이 있어서, 법관이 유죄의 심증을 얻었다 할지라도, 자백에 대한 다른 보강증거가 없는 한 유죄로 인정할 수 없다는 증거법칙을 자백의 보강법칙이라고 한다. 헌법 제12조 ⑦항 후단도 "정식재판에 있어서 피고인의 자백이 그에게 불리한 유일한 증거일 때에는 이를 이유로 처벌할 수 없다"고 규정하여, 자백의 보강법칙이 헌법상의 원칙임을 선언하고 있다.

2   자백의 보강법칙(제310조)은 자백배제법칙(제309조)과 더불어 자백증거의 사용을 강력하게 통제하는 수단이다. 양자의 차이점은 자백배제법칙(제309조)이 자백의 증거능력에 관한 것인 반면, 자백의 보강법칙은 자백의 증명력에 관한 것이다. 법관의 유죄심증에도 불구하고 보강증거가 없으면 유죄판결을 내리지 못한다는 점에서 자백의 보강법칙은 자유심증주의(제308조)의 예외가 된다.

2. 자백의 보강법칙의 필요성

3   **(1) 법원의 오판방지**   전통적으로 자백은 '증거의 왕'이라고 불릴 만큼 절대적 증명력이 인정되어 왔다. 자백은 본인에게 불리한 진술이라는 점에서 높은 신빙성을 가지고 있다. 그러나 자백이 항상 진실인 것은 아니다. 자백에도 허위가 개입할 수 있는 여지는 얼마든지 있다. 중한 처벌을 면하기 위해 가벼운 범죄를 자백한다든가 영웅심이나 대리처벌을 위한 허위자백도 가능하다. 따라서 보강법칙은 허위자백으로 인한 오판의 위험을 방지하기 위해 보강증거를 요구한다. 보강법칙은 법관의 심증이 자백에 편중되는 위험을 감소시킬 수 있다.[1]

4   **(2) 수사기관의 인권침해방지**   위법수사에 의한 자백획득은 자백배제법칙(제309조)에 의해 자백의 증거능력이 제한됨으로써 어느 정도 방지할 수 있다. 그러나 자백배제법칙과 더불어 자백만으로는 유죄판결을 내릴 수 없도록 자백의 증명력을 제한하면, 자백에 편중된 수사에 또 하나의 제동을 걸 수 있다. 수사가 자백획득에 편중될수록, 자백을 얻어내기 위해 인권을 침해하는 강압수사의 가능성은 그만큼 높아지게 된다. 나아가서 자백만으로 유죄를 인정할 수 있도록 한다면, 수사는 더욱 자백을 얻어내기 위하여 수단·방법을 가리지 않게 될 것이다. 그러므로 보강법칙은 강압수사에 의한 자백획득 자체를 방지하는 것은 아니지만, 간접적으로 자백편중수사에서 이루어지기 쉬운 인권침해를 방지하는 기능을 가지고 있다.[2]

---

1) 김기두 155; 신동운 1042 이하; 이은모/김정환 647; 이재상/조균석/이창온 50/4 이하; 이창현 1026; 정영석/이형국 382 이하.
2) 강구진 497; 차용석/최용성 546은 수사기관으로 하여금 자백 이외의 증거수집과 유죄입증에 진력하도록 하는 정책을 반영한 것이 보강법칙이라는 점을 강조한다.

3. 자백의 보강법칙의 적용범위

자백의 보강법칙은 헌법 제12조 ⑦항 후단에서 규정하는 형사재판에만 적 **5** 용된다. 따라서 즉결심판(즉심법 제10조)이나 소년보호사건(82모36)에서는 자백만 을 증거로 범죄사실을 인정할 수 있다. 그러나 형사사건인 간이공판절차(제286조 의2)나 약식명령사건(제448조)에는 보강법칙이 적용된다. 또한 수사절차단계의 영장심사에도 자백배제법칙 이외에 보강법칙이 적용된다. 따라서 구속영장청구 시에 제출된 자료가 피의자에 대한 자백조서뿐이라면, 법관은 구속영장을 발부 해서는 안 된다.

Ⅱ. 보강이 필요한 자백

1. 피고인의 자백

(1) 자백의 범위   제310조에 의해 보강증거가 필요한 것은 피고인의 자백 **6** 이다. 피고인의 자백에는 피고인의 지위에서 한 자백뿐만 아니라, 피의자의 지 위에서 수사기관에서 한 자백도 포함된다. 다른 사건에서 참고인이나 증인으로 서 한 자백도, 자신의 피고사건에서는 피고인의 자백이 된다. 또한 사인에게 한 자백이나 상대방 없이 행한 자백도 보강법칙의 적용대상이 된다. 구두뿐만 아니 라 서면으로 이루어진 자백도 여기에 포함된다.[1]

(2) 증거능력 있는 자백   보강법칙이 적용되는 자백은 증거능력 있는 자백 **7** 을 전제한다(83도712). 따라서 임의성 없는 자백(제309조)이나 전문법칙의 예외요 건을 충족하지 못한 자백조서는 보강증거가 있어도 유죄의 증거가 될 수 없다. 그러나 이것은 보강법칙의 내용이 아니라 자백배제법칙 또는 전문법칙의 내용 이다.

제312조 등의 특신상태를 신용성의 정황적 보장으로 보는 견해는 신용성이 **8** 없는 자백도 보강증거유무와 상관없이 유죄증거가 될 수 없다고 한다.[2] 신용성 은 주로, 피고인이 수사기관에서 자백하고 공판정에서 부인하는 경우, 원심에서 자백하고 상소심에서 부인하는 경우 또는 자백과 부인을 반복하는 경우에 문제

---

1) 서면형태의 자백으로 일기장, 수첩, 비망록 등을 들기도 한다(이재상/조균석/이창온 50/8). 그러나 일기장 자백의 증거사용은 인격의 핵심부를 침해하는 것으로서 증거능력이 없다고 보 아야 한다.

2) 이재상/조균석/이창온 50/9; 이창현 1027.

된다. 판례에 의한 신용성판단의 기준을 살펴보면, 1) 자백내용의 객관적 합리성, 2) 자백의 동기·이유·경위, 3) 자백 이외의 정황증거가 자백과 모순되는지 여부 등이라고 한다(82도2413; 2015도17869 등). 그러나 이는 증거능력의 문제라기 보다는 자백의 신빙성, 즉 증명력의 문제라고 할 수 있다. 보강법칙은 자백 이외에 다른 보강증거가 있어야 한다는 제한을 가할 뿐, 증거능력 있는 자백 자체의 신빙성 판단에 관여하는 것은 아니다. 그것은 어디까지나 법관의 자유심증에 맡겨져 있을 뿐이다.

9   **(3) 공판정의 자백**   공판정에서 행하는 피고인의 자백은, 신체구속을 받지 않고 진술의 자유가 보장된 상태에서 법관의 충분한 신문절차를 거쳐 이루어진 다는 점에서 높은 신빙성을 가지고 있다. 따라서 제310조의 보강법칙이 적용될 필요가 없다고 볼 수도 있다. 영미법에서는 기소사실인부認否절차(arraignment)에 의해 공판의 첫 절차에서 행한 피고인의 자백은, 유죄의 답변(plea of guilty)으로서 배심에 의한 유죄평결과 같은 효력이 인정된다. 따라서 공판정의 자백에 대해서는 보강법칙이 적용될 여지가 없다. 그러나 1) 현행 형사소송법은 기소사실인부절차를 인정하지 않고, 2) 자백에 보강증거가 필요한 이유와 자백의 임의성 문제는 직접 관계가 없는 것이며, 3) 허위자백의 여지 및 그로 인한 오판위험성은 공판정자백에도 있다는 점에서, 공판정에서 한 피고인의 자백에 대해서도 보강법칙은 적용되어야 한다. 통설이며,[1] 판례도 같은 입장이다(66도634; 81도1314).

2. 공범의 자백

10   공범의 자백이 피고인의 공소사실에 대한 유일한 증거일 경우에도 보강증 거가 필요한지가 문제된다. 즉 공범의 자백도 보강법칙의 적용대상이 되느냐 하는 것이다. 공범의 자백이 제310조 '피고인의 자백'에 포함된다고 보면 피고인에게 유죄를 인정하기 위해서는 공범의 자백에 대한 보강증거가 필요하다. 그러나 공범의 자백이 '피고인의 자백'에 포함되지 않는다고 보면 보강증거 없이 피고인에게 유죄를 인정할 수 있게 된다. 이에 대해서는 다음과 같은 견해의 차이가 있다.

11   **(1) 필요설**   공범의 자백을 피고인의 자백과 동일한 것으로 보아 공범의 자백이 있더라도 그에 대한 보강증거가 없으면 피고인을 유죄로 인정할 수 없

---

1) 강구진 498; 김기두 155; 신동운 1405; 신양균/조기영 849; 이은모/김정환 648; 이재상/조균석/이창온 50/11; 이창현 1028.

다는 견해이다.[1] 그 근거는 다음과 같다. 1) 공범은 다른 공범에게 책임전가의 경향이 짙어서 허위진술의 위험이 높으므로 오판방지를 위해 보강증거가 필요하다. 2) 공범의 자백만으로 유죄를 인정하게 되면 자백 이외에 다른 증거가 없는 경우 자백한 공범은 무죄가 되고 부인한 공범, 즉 피고인은 유죄판결을 받는 불합리한 결과를 가져온다. 3) 공범의 수사상 자백을 유일한 증거로 공소사실을 부인하는 피고인에게 유죄를 인정하는 것은 자백에 보강증거를 요구하는 근본취지와 모순된다.[2]

(2) **불필요설**　공범의 자백은 피고인의 자백이라고 볼 수 없으므로 공범의　**12**
자백이 있으면 그 자백에 대한 보강증거가 없더라도, 부인하는 피고인을 유죄로 인정할 수 있다는 견해이다.[3] 공범의 자백은 공범이 공동피고인인지 아닌지 또는 공판정에서 한 경우와 밖에서 한 경우를 구별하지 않고 독립된 증거가치를 가진다고 한다. 그 근거는 다음과 같다. 1) 자백의 보강법칙은 자유심증주의의 예외이므로 엄격하게 해석해야 하는데 제310조에는 공범자의 자백이 포함된다는 명문규정이 없다. 2) 공범자의 자백은 공범관계의 피고인에 대해서는 제3자의 진술이다. 3) 피고인의 자백은 쉽게 신용을 얻을 수 없지만 공범에 대해서는 피고인의 반대신문이 가능하고 법관의 증거평가의 심증에도 차이가 있다고 보아야 한다. 4) 공범과 피고인 사이의 처벌의 불합리는 보강법칙의 당연한 결론이며, 부인한 피고인이 유죄가 되는 것은 법관의 자유로운 증거평가에 의한 심증형성에 기인한 것이므로 불합리하다고 볼 수 없다. 판례도 불필요설의 입장에서 제310조의 '피고인의 자백'에 공범의 진술은 포함되지 아니하므로 공범의 자백에는 보강증거가 필요 없다고 한다(86도1773 등).[4]

(3) **절충설**　공범의 지위를 구별하여 공동피고인인 공범의 자백에는 보강　**13**
증거가 필요하지 않으나, 공동피고인이 아닌 공범의 자백에는 보강증거가 필요하다는 견해이다.[5] 공동피고인으로 심리받고 있는 공범의 자백은 법관이 그 진술태도를 관찰할 수 있고 피고인이 그에 대해 반대신문권을 행사할 수 있기 때

---

1) 김기두 156; 배종대/홍영기 [62] 8; 정영석/이형국 386.

2) 배종대/홍영기 [62] 6.

3) 강구진 499; 이은모/김정환 661; 이재상/조균석/이창온 50/16; 이창현 1031 이하 차용석/최용성 554.

4) 92도917: "형사소송법 제310조의 피고인의 자백에는 공범인 공동피고인의 진술은 포함되지 않으며, 이러한 공동피고인의 진술에 대하여는 피고인의 반대신문권이 보장되어 있어 독립한 증거능력이 있다"

5) 신동운 1410.

문에 보강증거가 필요 없지만, 공범이 피고사건의 수사절차나 별개사건에서 자
백진술을 한 경우에는 이와 같은 보완장치가 없으므로 보강증거가 필요하다는
것이다.

14   **(4) 결 론**   불필요설은 자백편중의 수사관행을 방지하려는 보강법칙의 입
법취지를 실현하기 어렵다. 절충설은 공동피고인의 지위에서 신문받았는가 아
닌가 하는 매우 우연적 요소에 의해 보강증거의 필요성이 달라진다는 점에서,
또한 피고인의 공판정 자백도 법관이 그 진술태도를 관찰할 수 있는데도 보강
법칙을 적용한다는 점에서도 설득력이 약하다. 필요설은 피고인을 보호할 수 있
는 장점이 있으나 제310조 '피고인'을 공범으로 유추해석하는 문제점이 있다.[1]
그러나 소송법규정을 피고인에게 유리하게 유추하는 것은 유추금지원칙에 위배
되지 않는다. 필요설이 타당하다.

Ⅲ. 보강증거의 자격

15   보강증거의 자격은 어떤 증거가 자백의 증명력을 보강하는 증거, 즉 자백
의 보강증거가 될 수 있는가에 관한 문제이다. 보강증거도 증거능력을 갖춘 증
거라야 하고,[2] 전문증거는 전문법칙의 예외규정에 의하지 않고서는 보강증거로
될 수 없음은 물론이다(71도415).

1. 독립증거

16   자백을 보강하는 증거는 피고인의 자백과 실질적으로 독립된 증거가치를
지니는 것이어야 한다. 보강증거는 자백의 증명력을 보강하는 증거이므로, 본인
의 자백으로 다시 보강한다는 것은 있을 수 없기 때문이다. 예컨대, 피고인의
법정자백으로 공판정 외의 자백을 보강할 수 없고,[3] 피고인의 자백을 원진술로
하는 피고인 아닌 자의 진술로 피고인의 자백을 보강할 수 없다(81도1314; 2007도
10937). 또한 자백의 내용이 서면이나 소송서류로 된 경우도 보강증거가 될 수
없다(4293형상376). 범죄혐의와 관계없이 작성된 피고인의 수첩, 메모, 상업장부

---

1) 보강증거필요설을 수정한 견해가 제310조 유추적용설이다. 즉 공범의 자백이 피고인의 공소
   사실에 관한 유일한 증거인 경우에는 형사소송법 제310조를 유추적용해야 한다는 것으로 제
   310조의 문리해석상 이론적 난점을 극복할 수 있다고 한다(백형구 455).
2) 대판 1982. 6. 8, 82도669.
3) 대판 1974. 1. 15, 73도1819; 1978. 6. 27, 78도743.

등도 피고인의 진술을 내용으로 하는 것이면 보강증거가 될 수 없다.[1] 그러나 판례는 업무용 수첩의 기재내용은 자백문서라 할 수 없고 보강증거가 될 수 있다고 한다.

[94도2865 전합] 업무용 수첩 내용의 자백 여부

[다수의견] 상법장부나 항해일지, 진료일지 또는 이와 유사한 금전출납부 등과 같이 범죄사실의 인정 여부와는 관계없이 자기에게 맡겨진 사무를 처리한 사무 내역을 그때그때 계속적, 기계적으로 기재한 문서 등의 경우는 사무처리 내역을 증명하기 위하여 존재하는 문서로서 그 존재 자체 및 기재가 그러한 내용의 사무가 처리되었음의 여부를 판단할 수 있는 별개의 독립된 증거자료이고, 설사 그 문서가 우연히 피고인이 작성하였고 그 문서의 내용 중 피고인의 범죄사실의 존재를 추론해 낼 수 있는, 즉 공소사실에 일부 부합되는 사실의 기재가 있다고 하더라도, 이를 일컬어 피고인이 범죄사실을 자백하는 문서라고 볼 수는 없다.

피고인이 뇌물공여 혐의를 받기 전에 이와는 관계없이 준설공사에 필요한 각종 인·허가 등의 업무를 위임받아 이를 추진하는 과정에서 그 업무수행에 필요한 자금을 지출하면서, 스스로 그 지출한 자금내역을 자료로 남겨두기 위하여 뇌물자금과 기타 자금을 구별하지 아니하고 그 지출 일시, 금액, 상대방 등 내역을 그때그때 계속적, 기계적으로 기입한 수첩의 기재 내용은 피고인이 자신의 범죄사실을 시인하는 자백이라고 볼 수 없으므로, 증거능력이 있는 한 피고인의 금전출납을 증명할 수 있는 별개의 증거라고 할 것인즉, 피고인의 검찰에서의 자백에 대한 보강증거가 될 수 있다.

보강증거는 독립증거인 한, 인증이든 물증이든 증거서류이든 가리지 않으 **17** 며, 직접증거뿐만 아니라 간접증거, 즉 정황증거로도 충분하다.[2] 판례도 같은 입장이다(2008도7883; 2017도20247 등). 그러나 정황증거는 공소사실과 직접 관련이 있는 것이어야 하고, 범행동기에 관한 것인 경우에는 보강증거가 될 수 없다(90도2010).

[판례] 정황증거와 보강법칙 : 대판 1990. 12. 7, 90도2010

검사 제출의 증거가 공소사실의 객관적 부분과 관련이 없는 것이어서 자백에 대한 보강증거가 될 수 없다고 본 사례: 검사가 보강증거로서 제출한 증거의 내용이 피

---

1) 이재상/조균석/이창온 50/19.
2) 신동운 1411; 이재상/조균석/이창온 50/20; 이창현 1036; 정영석/이형국 387.

고인과 공소외 갑이 현대자동차 춘천영업소를 점거했다가 갑이 처벌받았다는 것이고, 피고인의 자백내용은 현대자동차 점거로 갑이 처벌받은 것은 학교 측의 제보 때문이라 하여 피고인이 그 보복으로 학교총장실을 침입, 점거했다는 것이라면, 위 증거는 공소사실의 객관적 부분인 주거침입, 점거사실과는 관련이 없는 범행의 침입동기에 관한 정황증거에 지나지 않으므로 위 증거와 피고인의 자백을 합쳐 보아도 자백사실이 가공적인 것이 아니고 진실한 것이라 인정하기에 족하다고 볼 수 없으므로 검사 제출의 위 증거는 자백에 대한 보강증거가 될 수 없다.

2. 공범의 자백

18   (1) 학설과 판례   공범의 자백이 보강증거가 될 수 있는가 하는 문제가 있다. 앞에서 본 불필요설에 의하면 공범의 자백은 독립증거로 당연히 보강증거가 될 수 있다. 필요설을 취하는 견해도 1) 공동피고인이 모두 자백한 경우에는 상호 보강증거가 될 수 있으며, 2) 공범자의 자백만으로 유죄로 할 수 없다는 것은 보강증거가 될 수 있다는 것과 별개의 문제라는 점을 들어, 공범자의 자백에 절반의 증거가치(half-proof)를 인정해 공범자의 자백도 보강증거가 될 수 있다고 한다.[1] 학설은 공범자의 자백이 보강증거가 될 수 있다는 점에 일치된 입장을 보이고 있는 셈이다.[2] 판례도 공범의 자백이나 공범인 공동피고인의 자백은 피고인의 자백에 대한 보강증거가 될 수 있다고 한다(90도1939 등). 판례는 더 나아가 공범자 전원이 자백하지 않고 일부가 부인한 경우에도, 자백한 공동피고인의 자백은 피고인의 자백에 대하여 보강증거가 된다고 본다(68도43).

19   (2) 검 토   그러나 공범자의 자백은 보강증거가 될 수 없다고 보아야 한다. 1) 공범의 자백을 제310조 '피고인의 자백'으로 보면서, 공범의 자백이 피고인의 자백을 보강하는 독립된 증거라고 하는 것은, 논리적으로 모순이다. 2) 공범의 자백은 피고인의 자백과 실질적으로 독립된 증거이기 때문에 보강증거로 사용할 수 있다는 견해는, 자백 이외에 증거가 없는 상황에서 다수인이 참여한 범죄를 빠짐없이 처벌하려는 형사정책이 그 밑바탕이 되고 있다. 이런 정책에 대해 비판적인 입장을 취하는 한 공범의 자백은 보강증거로서 자격이 인정되지 않아야 한다.

---

1) 김기두 156; 정영석/이형국 388.
2) 김기두 156; 신동운 1412; 신양균/조기영 940; 이은모/김정환 662; 이재상/조균석/이창온 50/21; 이창현 1038.

Ⅳ. 보강의 범위

1. 학 설

(1) 죄체설과 진실성담보설   보강증거의 범위는 자백의 내용 가운데 어느   **20**
범위까지 보강증거가 필요한가의 문제이다. 이에 대해서는 죄체罪體설과 진실성
담보설이 대립하고 있다. 1) 죄체설은 객관적 범죄구성사실인 죄체의 전부 또는
중요부분에 대해서는 보강증거가 있어야 한다는 견해이다.[1] 2) 진실성담보설
또는 실질설은 다수설[2]과 판례(95도7448; 2008도7883 등)[3]의 입장으로서 자백에
대한 보강증거는 자백의 진실성을 담보하는 정도면 족하다는 견해이다.

(2) 결 론   죄체설은 자백의 증명력판단에 신중을 기해야 한다는 점을 강   **21**
조하는 것으로 보인다. 그러나 1) 자백의 진실성이 담보되면 오판위험도 없어지
므로 보강법칙의 취지는 실현되는 셈이 된다. 2) 죄체란 공판정의 자백과 공판
정 외의 자백을 구별하여 공판정 외의 자백에 대해서만 보강증거를 필요로 하
는 미국 증거법의 개념이다. 우리나라 형사소송법에는 그러한 구분이 없다. 3)
죄체설, 특히 죄체의 중요부분에 보강증거가 있어야 한다는 견해에 따르더라도,
죄체가 증명된 것인가는 자백과 보강증거를 종합해서 고려할 수밖에 없으므로,
진실성담보설과 큰 차이가 없다. 그러므로 불명확한 죄체 개념을 사용하는 죄체
설보다는 진실성담보설이 타당하다고 본다.

2. 보강범위의 일반적 기준

구체적으로 범죄의 어느 부분에 보강증거가 있어야 하는가에 관해서 죄체   **22**
설은 범죄의 객관적 구성요건부분이라고 보지만, 진실성담보설은 보강할 부분
을 먼저 확정하지 않는다. 어떤 부분이 보강되어야 하는가가 중요한 것이 아니
라, '자백과 보강증거를 종합하여 자백이 가공적인 것이 아니고 진실한 것'이라
고 인정할 수 있는가 하는 문제가 중요하기 때문이다. 따라서 자백의 신용성이

---

1) 김기두 156; 정영석/이형국 389.
2) 강구진 502; 배종대/홍영기 [62] 15; 신동운 1413; 신양균/조기영 942; 이은모/김정환 652;
   이재상/조균석/이창온 50/26; 이창현 1039 이하.
3) 2017도20247: "보강증거는 범죄사실의 전부 또는 중요부분을 인정할 수 있는 정도가 되지
   아니하더라도 피고인의 자백이 가공적인 것이 아닌 진실한 것임을 인정할 수 있는 정도만 되
   면 족할 뿐만 아니라, 자백과 보강증거가 서로 어울려서 전체로서 범죄사실을 인정할 수 있으
   면 유죄의 증거로 충분하다."

높을수록 보강을 필요로 하는 범위와 정도는 약해지고, 반대로 신용성이 낮을수록 보강을 필요로 하는 범위와 정도가 강해진다고 할 수 있다. 현재 일반적으로 논의되는 보강범위의 기준을 살펴보면 다음과 같다.

23　　　(1) 범죄의 주관적 요소　　고의나 목적 등의 주관적 범죄요소에 대해 보강증거는 필요 없으며 자백만으로도 이를 인정할 수 있다는 것이 다수설의 입장이다.[1] 판례도 고의는 자백만으로도 인정할 수 있다고 한다(4294형상171). 그러나 고의는 범죄성립의 가장 중요한 요소로서 고의를 추정케 하는 간접증거, 즉 정황증거로 보강되어야 할 필요가 있다. 고의에 대한 정황증거는 물론 객관적 범죄사실에 대한 정황증거와 같을 수 있다.

24　　　(2) 구성요건사실 이외의 사실　　객관적 처벌조건인 사실, 누범가중사유인 전과 및 정상 등은 좁은 의미의 구성요건사실과 구별되므로, 보강증거 없이 피고인의 자백만으로 인정해도 큰 문제가 없다.[2] 판례도 같은 입장이다(83도820).

25　　　(3) 범인과 피고인의 동일성　　자백을 기초로 유죄판결을 할 때 피고인과 범인의 동일성에 대해 보강증거가 있어야 하는가에 관해 필요설[3]과 불필요설[4]의 대립이 있다. 필요설은 피고인이 범인이라는 사실은 공소범죄사실의 핵심이므로 피고인의 자백에 대한 보강증거가 있어야 한다고 본다. 이에 반해 불필요설은 범죄사실에 대한 보강증거가 이미 있는 이상 범인과 피고인의 동일성을 자백으로 인정할 수 없다는 말은 결국 자백의 증명력을 부인하는 것이나 다름없다는 점을 그 근거로 든다. 특히 목격자 없는 범죄의 경우에는 범인과 피고인의 동일성을 확인할 수 있는 보강증거를 수집한다는 것이 사실상 어려운 점이 있다. 불필요설이 타당하다고 생각한다.

26　　　(4) 죄수와 보강증거　　경합범은 수죄이므로 개개범죄에 관해 각각 보강증거가 필요하다고 보아야 한다(2007도10937).[5] 상상적 경합범에 대해서는 실체법상 수죄이지만 소송법상 일죄이므로 중한 죄에 대한 보강증거가 있으면 족하다는 견해[6]와 각 죄에 대해 보강증거가 있어야 한다는 견해[7]가 있다. 그러나 한

---

1) 강구진 502; 신동운 1414; 신양균/조기영 943; 이재상/조균석/이창온 50/28; 이창현 1040; 정영석/이형국 389.
2) 신동운 1415; 이재상/조균석/이창온 47/118; 이창현 1040; 정영석/이형국 389.
3) 강구진 503; 백형구 457.
4) 신동운 1415; 신양균/조기영 943; 이은모/김정환 653; 정영석/이형국 387.
5) 신동운 1415; 이재상/조균석/이창온 50/30; 이창현 1041; 정영석/이형국 390.
6) 백형구 459; 신동운 1416; 이은모/김정환 654.
7) 신양균/조기영 858; 이재상/조균석/이창온 50/31; 이창현 1042.

죄에 대한 보강증거는 사실상 다른 죄에 대해서도 보강증거로 사용될 것이므로 견해대립의 실제적 차이는 없다.[1] 포괄일죄의 경우 죄의 포괄성 내지 집합성을 인정할 수 있는 범위에서 보강증거가 있으면 된다는 견해[2]와 각각의 범죄에 대해 보강증거를 요한다는 견해[3]가 있다. 포괄일죄의 개별행위가 각각 구성요건상 독립된 의미를 가진 경우(예컨대, 상습범, 연속범)에는 개별범죄에 관해 보강증거가 필요하다. 그러나 그렇지 않은 경우(예컨대, 영업범)에는 개개의 행위에 대한 각각의 보강증거는 요구되지 않는다고 보는 것이 타당하다.[4]

V. 보강법칙위반의 효과

보강법칙에 위배된 경우는 항소이유(제361조의5 1호) 또는 상고이유(제383조 1 **27** 호)가 된다. 유죄판결이 확정된 경우에는 비상상고이유(제441조)가 된다. 그러나 유죄판결이 보강법칙을 위반한 경우는 무죄증거가 새로 발견된 경우는 아니므로 재심의 사유(제420조 5호)가 되지는 않는다.[5]

[57]　제 3　공판조서의 증명력

I. 의　　의

1. 공판조서

공판조서는, 공판기일의 소송절차가 법정의 방식에 따라 적법하게 행하여 **1** 졌는가를 인정하기 위해, 법원사무관 등이 소송경과를 기술하는 조서를 말한다. 공판조서는 당해 공판에 참여한 법원사무관 등이 작성한다(제51조 ①항). 공판조서는 기본되는 공판조서와 증인신문조서 등의 각종 신문조서 그리고 증거목록의 세 가지로 분류된다.

---

1) 같은 견해는 이창현 1042.
2) 차용석/최용성 563.
3) 정영석/이형국 390.
4) 신동운 1416; 신양균/조기영 944; 이은모/김정환 654; 이재상/조균석/이창온 50/32; 이창현 1042.
5) 이창현 1043.

2. 절대적 증명력

2   제311조는 공판조서에 무조건적인 증거능력을 인정한다. 또한 제56조는 "공판기일의 소송절차로서 공판조서에 기재된 것은 그 조서만으로써 증명한다"고 규정함으로써 공판조서에 절대적 증명력을 인정하고 있다. 여기서 "조서만으로써 증명한다"는 의미는 공판조서 이외의 다른 증거를 참작하거나 반증을 허용하지 않는다는 의미이다(96도1252; 2003도3282 등). 이를 공판조서의 절대적 증명력 또는 배타적 증명력이라고 한다. 이처럼 법관의 심증내용과 상관없이 공판조서로써 공판기일의 소송절차에 관한 사실을 증명하기 때문에, 제56조는 자유심증주의의 예외에 속한다.[1]

3. 입법취지

3   이러한 공판조서의 절대적 증명력은, 뒷날 상소심에서 공판절차진행의 적법성 여부를 둘러싼 분쟁 때문에 상소심 심리가 지연되거나 심리초점이 흐려지는 것을 방지하기 위한 목적을 가지고 있다. 또한 원심 공판절차의 위법을 다투기 위해 원심법원의 법관이나 법원사무관 등을 증인으로 신문해야 한다면, 많은 법관이 다른 법원에 증인으로 출두해야 하는 결과를 초래하고, 이것은 형사사법의 업무 자체를 마비시킬 수도 있다. 그러므로 공판조서의 절대적 증명력은 형사사법의 업무수행기능 자체를 유지하기 위한 것이라고 할 수 있다. 그러나 이와 같은 배타적 증명력은 공판조서가 정확하게 작성된다는 것을 전제로 한다.

4   공판조서의 정확한 기재를 보장하기 위해 현행법은 여러 가지 제도를 두고 있다. 공판조서는 공판참여 법원사무관 등이 작성하며(제51조 ①항), 그 전제인 기재의 정확성을 보장하기 위해 재판장과 재판에 참여한 법원사무관 등이 기명날인 또는 서명한다(제53조). 또한 다음 공판기일에서 주요사항의 요지를 고지하게 되어 있고 소송관계인은 공판조서의 기재에 대하여 변경을 청구하거나 이의를 제기할 수 있다(제54조). 또한 변호인과 피고인의 열람등사권이 보장되어 있다(제35조, 55조).

---

1) 신동운 1418; 이재상/조균석/이창온 51/1; 이창현 1044.

Ⅱ. 절대적 증명력의 범위

1. 공판기일의 소송절차

(1) 공판기일의 절차   공판조서의 증명력은 공판기일의 절차, 예컨대 검사   5
의 모두진술(제285조), 진술거부권고지(제283조의2, 규칙 제127조), 피고인의 이익사
실 진술기회부여(제286조), 최종의견진술기회의 부여(제303조), 판결선고의 유무
및 일자 등에 한한다. 따라서 공판준비절차, 공판기일 외의 증인신문·검증 등의
절차에는 공판조서의 증명력이 미치지 않는다.

(2) 소송절차   공판기일의 소송절차라도, 소송절차에 대해서만 배타적 증   6
명력이 인정되고, 공판조서에 기재된 피고사건의 실체관련사항에 관해서 공판
조서는 증거능력만 인정될 뿐이다(제311조). 따라서 다른 증거에 의해 얼마든지
그 증명력을 다툴 수 있다. 공판조서의 절대적 증명력은 일단 진행된 소송절차
의 적법성뿐만 아니라 소송절차의 존부에 대해서도 인정된다.

2. 공판조서에 기재된 사항

(1) 기재된 사항의 증명   절대적 증명력은 공판조서에 기재된 절차에 한정   7
된다. 공판조서에 기재된 것인 한 필요적 기재사항인가 아닌가는 불문한다. 다
만 기재사항에 대한 공판조서의 절대적 증명력은 그 공판조서가 위조, 변조 또
는 허위작성되었음이 다른 형사절차에 의해 증명되는 경우에 한하여 부인될 수
있다.[1] 그리고 공판조서는 당해 사건에 한하므로 다른 사건의 공판조서는 절대
적 증명력이 인정되지 않는다.

[2015도19139] 공판조서의 절대적 증명력

형사소송법 제318조에 규정된 증거 동의는 소송 주체인 검사와 피고인이 하는 것이
고, 변호인은 피고인을 대리하여 증거 동의에 관한 의견을 낼 수 있을 뿐이므로, 피
고인이 변호인과 함께 출석한 공판기일의 공판조서에 검사가 제출한 증거에 대하여
동의한다는 기재가 되어 있다면 이는 피고인이 증거 동의를 한 것으로 보아야 하
고, 그 기재는 절대적인 증명력을 가진다.

---

1) 신동운 1420.

8　　　(2) 기재되지 않은 사항의 증명　　공판조서에 기재되지 않은 사항은 공판조서 이외의 자료에 의하여 증명한다. 물론 공판조서에 기재되지 않았다고 해서 소송절차의 부존재가 추정되는 것은 아니다. 통상 행하는 소송절차인 경우에는 기재되지 않았더라도 적법하게 절차가 행해졌다고 사실상 추정된다(72도2421).[1] 예컨대, 공판조서에 인정신문에 대한 기재가 없더라도 피고인이 공소사실에 관해 진술한 사실이 인정되면, 인정신문(제284조)을 한 것으로 추정된다.

9　　　(3) 기재가 불분명한 사항의 증명　　공판조서의 기재사항이 불명확하거나 모순이 있는 경우에는, 절대적 증명력이 인정되지 않는다. 또한 공판조서의 기재의 정확성에 대한 이의신청이 있거나(제54조 ③항), 이의신청이 방해된 경우에도, 마찬가지로 해당 공판조서의 절대적 증명력은 인정되지 않는다.[2]

10　　　다만 공판조서에 명백한 오기가 있는 경우에는 그 올바른 내용에 따라 증명력이 인정된다(95도1289 등). 명확한 오기와 그렇지 않은 불명확한 기재를 구별하는 데에는 1) 공판조서 이외의 자료의 참조를 허용하는 견해[3]와 2) 공판조서의 기재된 사항만으로 오기 여부를 판단해야 한다는 견해[4]가 있다. 2)의 견해에 의하면 다른 자료의 고려를 허용하는 것은 피고사건의 실체와 관련 없는 분쟁을 방지하려는 제56조의 취지에 어긋나는 문제점을 가지고 있고, 오기의 명확성이라는 개념 자체가 이미 해당 공판조서만을 가지고 판단할 수 있을 정도의 오류임을 전제한다고 한다. 그러나 공판조서의 오기 여부를 불명확한 공판조서 자체만을 기준으로 평가한다는 것은 한계가 있다. 따라서 1)의 견해가 타당하다. 판례는 피고인이 일관되게 경찰 작성의 피의자신문조서의 진술내용을 부인하고 있는데도 공판조서에는 피고인이 위 서증의 내용을 인정한 것으로 기재된 것은 착오 기재라고 하여 1)의 견해를 취하는 것으로 보인다(2001도3997; 2010도5040).

Ⅲ. 공판조서의 멸실 및 무효

11　　　공판조서의 절대적 증명력은 유효한 공판조서의 존재를 전제로 한다. 그러므로 공판조서가 처음부터 없는 경우나 무효인 경우에 절대적 증명력을 논하는 것은 무의미하다. 무효인 경우의 예로는, 공판조서 작성자인 법원사무관 등의

---

1) 신동운 1420; 이창현 1046.
2) 신동운 1421; 이재상/조균석/이창온 51/6; 이창현 1046.
3) 이은모/김정환 738; 이재상/조균석/이창온 51/6.
4) 김기두 273; 신동운 1421; 이창현 1047.

기명날인 또는 서명(제53조)이 없거나 공판정에 열석하지 아니한 법관이 재판장
으로 서명날인한 경우(82도2940)와 같이, 중대한 절차상의 오류가 있는 경우를
들 수 있다.

　　다만 공판조서가 무효이거나 멸실된 경우에 상소심에서 원심판결의 소송절   **12**
차가 위법함을 주장할 때 다른 자료를 사용할 수 있는가 하는 문제가 있다. 이
에 대해서 1) 소극설은 공판조서가 멸실 또는 무효인 경우에 원심공판절차의
적법성에 다툼이 있으면 상소심은 다른 자료를 사용하지 않고 원판결을 파기환
송해야 한다고 한다.[1] 그러나 2) 적극설은 현행법이 항소심에서 파기자판을 원
칙으로 하는 점(제364조 ⑥항)을 고려할 때, 항소심은 원심공판절차의 법령위반
여부를 다른 자료에 의해 증명할 수 있다고 한다.[2] 적극설이 타당하다.

---

1) 김기두 274.
2) 강구진 383; 이은모/김정환 739; 이재상/조균석/이창온 51/7; 이창현 1047.

제 4 장

재   판

제 1 절 재판의 의의와 종국재판

[58] 제 1 재판의 기본개념

Ⅰ. 재판의 의의와 종류

1. 의   의

1   재판이란 좁은 뜻으로는 피고사건의 실체에 대한 법원의 공권적 판단, 즉 유죄와 무죄에 대한 종국적 판단을 말한다. 그러나 소송법에서 재판은 널리 법원 또는 법관의 법률행위적·의사표시적 소송행위를 총칭하는 개념으로 쓰인다. 법원이나 법관의 소송행위라는 점에서, 수사기관이나 피의자·피고인의 소송행위와 구별된다. 법률행위적 소송행위라는 점에서, 법원이나 법관의 사실행위적 소송행위인 증거조사나 재판선고 등과 구별된다.

2. 재판의 기능에 의한 분류

2   (1) 종국재판   종국재판은 소송을 그 심급에서 종결시키는 재판을 말한다. 유죄·무죄의 재판과 관할위반·공소기각·면소의 재판이 여기에 해당된다. 상소심의 파기자판·상소기각의 재판과 파기환송·파기이송의 판결도 종국재판에 속한다. 종국재판은 그 성격상 법적 안정성이 중시되어야 하므로 종국재판을 한 법원은 그 재판을 취소·변경할 수 없다. 종국재판은 상소에 의해 다툴 수 있다 (제357조, 371조, 402조).

(2) **종국 전 재판**   종국 전 재판은 종국재판에 이르기까지 절차상의 문제   **3**
를 해결하기 위해 행하는 재판을 말한다. 중간재판이라고도 한다. 종국재판 이
외의 결정과 명령이 여기에 속한다. 종국 전 재판은 합목적성의 이념이 강하게
지배하므로 이 재판은 취소·변경이 가능하며, 원칙적으로 상소도 허용되지 않
는다(제403조 ①항).

3. 재판의 내용에 의한 분류

(1) **실체재판**   실체재판은 사건의 실체, 즉 실체적 법률관계를 판단하는   **4**
재판형식을 말한다. 본안재판이라고도 한다. 유죄·무죄의 판결이 이에 해당한
다. 실체재판은 모두 종국재판이며 판결형식에 의한다.

(2) **형식재판**   형식재판은 사건의 실체가 아닌 절차적·형식적 법률관계를   **5**
판단하는 재판을 말한다. 절차재판이라고도 부른다. 종국전의 재판은 모두 형식
재판이며, 종국재판 가운데에서도 관할위반·공소기각 및 면소재판은 형식재판
에 해당한다.

4. 재판의 형식에 의한 분류

(1) **판 결**   판결은 법원이 하는 종국재판의 원칙적 형식으로서 가장 중요   **6**
한 재판형식에 속한다. 유죄·무죄의 판결과 관할위반·공소기각 및 면소의 판결
이 있다. 종국재판으로서 실체재판은 모두 판결로 하게 되지만, 종국재판으로서
형식재판은 예외적으로 결정의 형식으로 하는 경우(예컨대 공소기각의 결정)도 있
다. 판결은 원칙적으로 구두변론에 의해야 하고(제37조 ①항), 이유를 명시하여야
한다(제39조). 그리고 판결에 대한 상소방법은 항소(제357조) 또는 상고(제371조)이
다. 재심(제420조)과 비상상고(제441조)도 판결에 대해서만 가능하다.

(2) **결 정**   결정은 법원이 하는 종국전 재판의 원칙적 형식이다. 보석허가   **7**
결정(제95조, 96조), 증거신청에 관한 결정(제295조) 또는 공소장변경의 허가(제298
조) 등이 여기에 속한다. 결정을 하는 데에는 구두변론을 필요로 하지 않는다(제
37조 ②항). 그러나 법원은 결정을 할 때 필요할 경우 사실을 조사할 수 있고(같은
조 ③항, 규칙 제24조), 상소를 불허하는 결정을 제외하고는 결정에도 원칙적으로
이유를 명시하여야 한다(제39조). 결정에 대한 상소는 항고에 의한다(제402조).

(3) **명 령**   명령은 법관이 재판장·수명법관·수탁판사로서 행하는 재판형   **8**
식을 말한다. 법률에 명령으로 규정하지 않은 경우에도 재판장 또는 법관 1인이

하는 재판은 모두 명령이다. 재판장의 공판기일지정(제267조)이 여기에 속한다. 그러나 약식명령은 명령이 아닌 독립형식의 재판이다. 결정과 마찬가지로 명령도 구두변론을 요하지 않고(제37조 ②항), 사실조사를 할 수 있으며(같은 조 ③항, 규칙 제24조) 재판이유를 명시하지 않아도 된다(제39조 단서). 명령에 대한 일반적 상소방법은 없으며 특별한 경우 이의신청(제304조) 또는 그 법관이 소속한 법원에 재판의 취소 또는 변경을 청구할 수 있을 뿐이다(제416조의 준항고).

Ⅱ. 재판의 성립

9　　　　재판은 법원 또는 법관의 의사표시이므로 재판성립에 관해서도 법률행위적 소송행위의 일반원칙이 적용된다. 즉 재판은 내부적으로 의사결정이 있고, 결정된 의사가 외부적으로 표시됨으로써 성립한다. 따라서 재판의 성립은 내부적 성립과 외부적 성립으로 나눌 수 있다.

1. 재판의 내부적 성립

10　　　　재판의 내부적 성립은 재판의 의사표시내용이 당해 사건의 심리에 관여한 재판기관 내부에서 결정되는 것을 말한다. 따라서 심리에 참여하지 않은 법관은 재판의 내부적 성립에 관여할 수 없다. 심리에 참여하지 않은 판사가 내부적 성립에 관여하는 것은 절대적 항소이유(제361조의5 8호)가 된다. 재판의 내부적 성립이 있은 뒤에 그 법관이 경질되면 공판절차를 갱신할 필요가 없다(제301조 단서). 내부적 성립의 시기는 합의부와 단독판사의 경우가 다르다.

11　　　　**(1) 합의부의 재판**　　합의부의 재판은 그 구성원인 법관의 합의에 의하여 내부적으로 성립한다. 합의는 과반수로 결정하며(법조법 제66조 ①항), 합의에 관하여 의견이 3개 이상의 설로 나뉘어 각각 과반수에 이르지 못할 때에는 과반수에 이르기까지 피고인에게 가장 불리한 의견의 수에 차례로 유리한 의견의 수를 더하여 그 중 가장 유리한 의견에 따른다(같은 조 ②항 2호). 재판의 합의는 공개하지 않는다(같은 법 제65조). 그러나 대법원의 재판서에는 합의에 관여한 모든 대법관의 의견을 표시하여야 한다(같은 법 제15조).

12　　　　**(2) 단독판사의 재판**　　단독판사가 하는 재판에는 합의단계가 없으므로 재판의 내부적 성립시기를 외부에서 판단하기는 어렵다. 통설은 판사의 경질이 있어도 공판절차를 갱신할 필요가 없는 단계를 내부적 성립시기로 이해한다. 따라

서 재판서작성이 없는 경우에는 재판의 외부적 성립인 선고 또는 고지와 동시에 내부적 성립이 있다고 볼 수밖에 없다.

2. 재판의 외부적 성립

(1) 의의와 시기   재판의 외부적 성립은 법원 또는 법관의 의사표시내용이 13
재판을 받는 자에게 인식될 수 있는 상태에 이르는 것을 말한다. 재판은 그 외부적 인지가 가능한 선고 또는 고지에 의해서 외부적으로 성립한다.

(2) 재판 선고와 고지의 방법   재판의 선고 또는 고지는, 1) 공판정에서는 14
재판서에 의해야 하고, 2) 기타 경우에는 재판서등본의 송달 또는 다른 적당한 방법으로 하여야 한다. 다만 법률에 다른 규정이 있을 때에는 예외로 한다(제42조). 판결을 선고할 때에는 주문을 낭독하고 이유의 요지를 설명하여야 한다(제43조).1) 재판의 선고와 고지는 이미 성립한 재판을 대외적으로 공표하는 것에 불과하다. 따라서 재판이 내부적으로 성립한 이상 내부적 성립에 관여하지 않은 판사가 재판을 선고하여도 외부적 성립에는 영향이 없다(제301조 단서).

(3) 외부적 성립의 효력   종국 전 재판과 달리 종국재판이 외부적으로 성 15
립한 때에는 그 재판을 한 기관에 의해서도 철회나 변경이 불가능하다. 이를 재판의 구속력이라고 한다. 다만 대법원은 그 판결내용에 오류가 있음을 발견한 때에는 직권 또는 당사자의 신청에 의해 판결로써 정정이 가능하다(제400조 ①항).

Ⅲ. 재판의 구성과 방식

1. 재판의 구성

(1) 주 문   주문은 재판대상이 된 사실에 대한 최종결론을 말한다. 구체적 16
인 선고형, 형의 집행유예, 미결구금일수의 산입 여부, 노역장 유치기간, 재산형의 가납명령 및 소송비용부담도 주문에 기재된다. 형선고판결의 주문은 판결집행과 전과기록의 기초가 된다.

(2) 이 유   재판에는 이유를 명시하여야 한다. 상소를 불허하는 결정 또는 17

---

1) 2017도3884: "판결 선고는 전체적으로 하나의 절차로서 재판장이 판결의 주문을 낭독하고 이유의 요지를 설명한 다음 피고인에게 상소기간 등을 고지하고, 필요한 경우 훈계, 보호관찰 등 관련 서면의 교부까지 마치는 등 선고절차를 마쳤을 때에 비로소 종료된다. 재판장이 주문을 낭독한 이후라도 선고가 종료되기 전까지는 일단 낭독한 주문의 내용을 정정하여 다시 선고할 수 있다."

명령은 예외로 한다(제39조). 이유의 명시는 다음과 같은 기능을 한다. 1) 당사자에게 재판이 법의 공정한 집행임을 나타내 주고, 이로써 법관의 자의적인 재판이 억제된다. 2) 상소권자에게 상소제기 여부를 결정하는 판단자료를 제공한다. 3) 상소심에게는 판결의 당부를 심사할 기초를 마련해 준다. 4) 기판력(ne bis in idem)의 범위를 명확하게 정할 수 있도록 한다. 5) 형집행기관에게 수형자의 처우에 관한 단서를 제공해 준다. 그러므로 판결에 이유를 명시하지 않거나 이유에 모순이 있는 때에는 절대적 항소이유가 된다(제361조의5 11호).

2. 재판의 방식

18   **(1) 재판서의 작성**   재판은 법관이 작성한 재판서에 의하여야 한다. 다만 결정 또는 명령을 고지하는 경우에는 재판서를 작성하지 않고 조서에만 기재하여 할 수 있다(제38조). 재판서는 재판형식에 따라 판결서·결정서 또는 명령서라고 부른다.

19   **(2) 재판서의 기재사항**   재판서에는 법률에 다른 규정이 없으면 재판을 받는 자의 성명·연령·직업과 주거를 기재하여야 한다(제40조 ①항). 재판을 받는 자가 법인인 때에는 그 명칭과 사무소를 기재하여야 한다(같은 조 ②항). 또한 판결서에는 기소한 검사와 공판에 관여한 검사의 관직·성명과 변호인의 성명을 기재하여야 한다(같은 조 ③항).[1] 재판서에는 재판한 법관이 서명날인하여야 하며(제41조 ①항), 재판장이 서명날인할 수 없을 때에는 다른 법관이 그 사유를 부기하고 서명날인하여야 한다(같은 조 ②항). 또한 판결서 기타 대법원규칙이 정하는 재판서를 제외한 재판서에 대하여는 서명날인에 갈음하여 기명날인할 수 있다(같은 조 ③항). 이는 재판서 등 서류작성을 간소화하고 재판업무의 능률과 소송경제를 도모하기 위한 것이다. 서명날인이 없는 판결은 제383조 1호의 '판결에 영향을 미친 법률의 위반이 있는 때'에 해당하여 파기되어야 한다(2014도17514; 2021도17427).

20   **(3) 재판서의 송부**   검사의 집행지휘가 필요한 재판은 재판서 또는 재판을 기재한 조서의 등본 또는 초본을 재판을 선고 또는 고지한 때로부터 10일 이내에 검사에게 송부하여야 하며, 법률에 다른 규정이 있는 때에는 예외로 한다(제44조).

21   **(4) 소송관계인의 재판서 등·초본 청구**   피고인 기타 소송관계인은 비용을 납입하고 재판서 또는 재판을 기재한 조서의 등본 또는 초본의 교부를 청구할

---

1) 2011. 7. 18. 개정법률에 의하여 판결서에 수사검사실명제도가 도입되었다.

수 있다(제45조, 규칙 제26조~28조). 재판서 또는 재판을 기재한 조서의 등본 또는
초본은 원본에 의하여 작성하여야 하나, 부득이한 경우에는 등본에 의하여 작성
할 수 있다(제46조).

[59] 제 2 실체재판

I. 유죄의 판결

1. 의   의

(1) 개 념   유죄판결은 피고사건의 실체에 관해 범죄증명이 있는 때에 선   **1**
고하는 실체판결을 말한다. 여기서 범죄증명이 있는 때라 함은 공판정에서 조사
한 적법한 증거에 의하여 법관이 범죄사실의 존재에 대하여 확신을 얻는 것을
말한다. 그리고 피고사건은 공소장에 특정되어 있는 공소범죄사실을 가리킨다.
따라서 공소장에 살인죄의 공소사실이 기재되었으나 심리한 결과 법원이 폭행
치사의 사실에 관하여 확신을 갖게 된 경우에도 공소장변경(제298조)이 없으면
유죄선고를 할 수 없다. 유죄판결에는 형선고의 판결, 형면제 및 선고유예의 판
결이 있다.

(2) 형의 선고의 판결   피고사건에 대하여 범죄의 증명이 있는 때에는 형   **2**
면제 또는 선고유예의 경우 외에는 판결로써 형을 선고하여야 한다(제321조 ①
항). 형의 집행유예, 판결 전 구금의 산입일수, 노역장의 유치기간은 형의 선고
와 동시에 판결로써 선고하여야 한다(같은 조 ②항). 재산형의 가납판결도 형의
선고와 동시에 판결로써 선고하여야 한다(제334조 ②항).

(3) 형의 면제 또는 선고유예의 판결   피고사건에 대하여 범죄증명이 있는   **3**
경우에도 형의 면제 또는 선고유예를 하는 때에는 판결로써 선고하여야 한다(제
322조).

2. 유죄판결에 명시할 이유

(1) 이유 설명의 의의   제323조는 "① 형의 선고를 하는 때에는 판결이유   **4**
에 범죄될 사실, 증거의 요지와 법령의 적용을 명시하여야 한다. ② 법률상 범
죄의 성립을 조각하는 이유 또는 형의 가중·감면의 이유되는 사실의 진술이 있

은 때에는 이에 대한 판단을 명시하여야 한다"고 규정하고 있다. 이와 같은 이유 설명의 요청은 유죄판결이 피고인에게 갖는 의미의 중대성에 비추어 제39조의 취지1)를 더욱 엄격하게 실현하기 위한 것이다. 그러므로 제323조가 명시해야 할 사항으로 규정하고 있는 것 이외에도 제39조의 취지를 실현하기 위해 필요하다고 생각되는 사항에 관해서는 이유 설명이 필요하다고 할 수 있다.

5　　　　**(2) 이유불비의 효력**　　　범죄될 사실, 증거의 요지 그리고 법령의 적용(제323조 ①항)은 유죄판결을 근거짓는 이유에 관한 것이므로 제323조의 위반은 '판결에 이유를 붙이지 아니하거나 이유에 모순이 있는 때'에 해당하여 절대적 항소이유(제361조의5 11호)가 된다. 그러나 법률상 범죄성립을 조각하는 이유 또는 형의 가중·감면의 이유되는 사실에 대해서는 제323조 ②항이 피고인의 진술이 있는 때에 그에 대한 판단을 명시할 것을 요구하고 있다. 제323조 ②항의 위반이 절대적 항소이유가 아니라 단순한 소송절차의 법령위반(제361조의5 1호)이 되는 데 그치므로 상대적 항소이유라는 견해가 있다.2) 그러나 제323조 ②항은 피고인의 방어권보장에 특별히 중요한 사실에 관하여 이유설명의무를 규정하는 것이므로 ①항의 통상적인 이유기재보다 오히려 더 중요하다고 볼 수 있다. 따라서 절대적 항소이유(같은 조 11호)에 해당한다고 보는 것이 옳다.3)

6　　　　**(3) 범죄될 사실**　　　범죄될 사실이란 특정한 구성요건에 해당하는 위법·유책한 구체적 사실을 말한다. 유죄판결에 범죄될 사실을 기재하는 것은 법률적용의 기초가 되는 사실을 밝히는 것이며, 이것은 사건의 동일성과 일사부재리의 효력범위(제326조 1호)를 명확하게 하는 기능을 한다. 따라서 범죄될 사실과 제307조의 엄격한 증명의 대상이 되는 사실은 기능적·목적론적 차이가 있으며 그 구체성의 정도와 범위도 다를 수 있다. 예컨대 범죄될 사실은 엄격한 증명대상이 되는 사실에 포함되지만, 거꾸로 엄격한 증명대상이 전부 유죄판결에 기재해야 할 범죄될 사실이 되는 것은 아니다.4)

7　　　　범죄사실의 명시는 사건을 목격한 증인의 진술처럼 자세하되 오직 법률적용에 의미 있는 개별사실만을 설명하면 된다. 특히 엄격한 증명을 요하는 사실은 증명과정에서 합리적 의심의 여지가 없을 정도로 구체화되어야 한다.

8　　　　**(카) 구성요건해당사실**　　　구성요건요소가 되는 행위의 주체, 객체, 행위결과

---

1) 앞의 [58] 17 참조.
2) 이재상/조균석/이창온 53/3.
3) 신동운 1439.
4) 신동운 1440.

및 인과관계를 명시적으로 설명해야 한다. 다만 고의는 객관적 구성요건요소의 존재에 의하여 인정되는 것이므로 설시범위에 포함되지 않는다는 견해도 있다.[1] 그러나 구성요건에 해당하는 사실만으로 고의가 인정되지 않을 때에는 고의를 추론한 근거인 간접사실을 명시하여야 한다.

목적범의 목적, 재산죄의 불법영득의사도 구성요건해당사실이므로 명시되 **9** 어야 한다. 공문서위조의 수단·방법(79도1782), 증뢰죄에서 공무원의 직무범위(80도2309), 상해죄에서 상해의 부위와 정도(2002도5016 등)에 관한 기재가 없는 경우에는 범죄사실을 명시하였다고 할 수 없다. 과실범에서는 주의의무발생의 구체적인 상황, 주의의무의 내용, 주의의무위반의 구체적 행위 등을 명시하여야 한다.[2]

구성요건해당사실은 기본적 구성요건에 해당하는 경우뿐만 아니라 미수· **10** 예비·공범 등에 해당하는 경우를 포함한다. 따라서 실행착수에 해당하는 사실은 물론 장애미수와 중지미수의 구별도 명시되어야 한다. 공범에 대해서는 교사범 및 방조범을 명확히 하여야 하고 그 전제조건이 되는 정범의 범죄구성요건이 되는 사실을 명시하여야 한다(2016도2518 등). 공모공동정범에서는 공모도 범죄사실에 해당한다.[3]

범죄의 일시·장소에 관하여는, 범죄의 일시와 장소가 구성요건요소로 되어 **11** 있는 경우를 제외하고는 범죄사실 자체라 할 수 없고 범죄사실을 특정하기 위한 요소에 지나지 않으므로 범죄사실을 특정하기 위하여 필요한 범위 내에서 명시하면 된다는 견해가 있다.[4] 판례도 같은 취지이다(86도1073).[5] 그러나 소송법상 문제가 되는 범죄사실은 항상 역사적 구체성을 가져야 하기 때문에 일시와 장소도 범죄사실의 요소라고 보는 것이 타당하다.[6]

(나) **위법성과 책임** 구성요건해당성은 위법성과 책임을 징표하므로 구성 **12** 요건에 해당하는 때에는 위법성과 책임은 추정된다. 따라서 이에 대한 특별한 판단은 요구되지 않는다.[7] 다만 개방적 구성요건의 경우에는 제323조 ②항에

---

1) 신동운 1440; 이재상/조균석/이창온 53/5; 이창현 1080.
2) 신동운 1440; 이재상/조균석/이창온 53/5; 이창현 1080.
3) 이재상/조균석/이창온 53/6; 이창현 1081.
4) 이재상/조균석/이창온 53/7; 이창현 1079.
5) 2008도507: "살인죄에 있어 범죄의 일시·장소와 방법은 범죄의 구성요건이 아닐 뿐만 아니라 이를 구체적으로 명확히 인정할 수 없는 경우에는 개괄적으로 설시하여도 무방하다."
6) 강구진 519; 김기두 283; 신동운 1441.
7) 김기두 283; 신동운 1441; 이재상/조균석/이창온 53/8; 이창현 1082.

의한 판단의 명시로 불충분하고 위법성에 대한 적극적 판시가 필요하다는 견해
가 있다.1) 그러나 모든 구성요건은 미래에 대하여 개방적이므로 개방구성요건
의 개념을 인정해야 할 여지가 없다는 점에서, 이러한 견해는 성립 자체가 불가
능한 것이라 할 수 있다.

13   (대) **처벌조건**   처벌조건인 사실은 구성요건해당사실은 아니지만 형벌권의
존부를 좌우하는 범죄될 사실이므로 판결이유에 명시하여야 한다.

14   (라) **형의 가중·감면사유**   결과적 가중범의 중한 결과는 이미 구성요건요
소로 되어 있으므로 당연히 범죄사실에 포함된다. 또한 누범전과와 같은 형의
가중사유나 법률상의 감면사유도 판결이유에 명시하여야 한다. 그 이유로, 1)
누범전과는 엄격한 증명을 요하는 사실과 같이 형벌권의 범위를 정하는 사실이
므로 범죄될 사실에 포함되기 때문이라는 견해가 있다.2) 그리고 2) 누범전과는
범죄될 사실은 아니나 중요사실이므로 제39조에 의해 요구된다는 견해가 있
다.3) 그러나 양자는 범죄사실의 개념을 얼마나 넓게 잡느냐의 문제에 불과할
뿐 실제적 차이는 없다. 또한 단순한 양형사유인 정상에 관한 사실은 명시할 필
요가 없지만(94도2584; 2015도3260 전합), 특히 사형을 선고하거나 이례적인 양형
을 하는 경우에는 제39조에 의거하여 그 판단을 명시하여야 한다.4)

15   (마) **죄수의 명시방법**   경합범의 경우에는 개별범죄마다 범죄될 사실을 명
시하여야 하고 과형상 일죄의 경우에도 실체법상 수죄이므로 각개의 범죄마다
범죄될 사실을 명시하여야 한다. 포괄일죄는 그것을 구성하는 개개의 행위마다
특정할 필요는 없고 전체범행의 시기와 종기, 범행방법, 범행횟수, 피해액의 합
계 등을 명시하면 된다(82도2572).

16   (4) **증거의 요지**   증거의 요지는 범죄사실을 인정하는 자료가 된 증거요지
를 말한다. 판결이유에 증거의 요지를 명시하도록 한 것은 법관의 사실인정의
합리성을 보장하고, 판결에 대한 당사자와 일반인의 비판을 가능하게 하며, 상
소심에 심사자료를 제공하는 데 그 목적이 있다.

17   [증거설명의 세 가지 유형] 유죄판결의 증거를 설명하는 방식으로는, 1) 증거에 의
하여 범죄사실을 인정한 이유를 설명하는 것, 2) 증거요지를 설명하는 것 그리고
3) 증거표목만 기재하는 것으로 유형화할 수 있다. 1)은 증거설명의 목적에 가장

---

1) 강구진 518.
2) 강구진 519; 김기두 284.
3) 백형구 364; 신동운 1442; 이재상/조균석/이창온 53/10; 이창현 1082.
4) 신동운 1442; 이재상/조균석/이창온 53/11; 이창현 1083.

충실하나 법관의 판결서 작성 부담이 크고, 3)은 가장 경제적인 방법이지만 증거설
명의 목적을 거의 실현할 수 없다. 현행법은 증거설명의 목적과 소송경제를 조화있
게 실현하기 위해 2)의 방법을 채택하고 있다. 그러나 증거요지의 설명만으로 피고
인에게 판결을 다툴 수 있는 자료를 충분히 제공할 수 없는 문제점이 있다. 입법론
적으로는 1)의 방식이 더욱 타당하다.

(가) **증거명시의 방법**　　증거요지를 명시할 때에는 1) 어떤 증거로부터 어 **18**
떤 사실을 인정하였는가를 알 수 있도록 증거를 구체적·개별적으로 표시하여야
한다. 진술은 각 사람별로, 서증은 각 통별로, 물증은 그 물건을 표시하고, 서증
의 일부분을 적시할 경우에는 당해 부분을 특정하여 표시해야 한다. 2) 반드시
범죄사실을 인정한 모든 증거를 나열할 필요는 없다. 어떤 증거에 의하여 어떤
범죄사실을 인정하였는가를 알아볼 수 있을 정도로 증거의 중요부분을 표시하
면 충분하다(70도2529; 99도5312). 3) 더욱이 증거에 의하여 사실을 인정한 이유를
설명해야 할 필요는 없다(70도2376). 또한 판례는 4) 증거의 '요지'를 설명하는
것이므로 어느 증거의 어느 부분에 의하여 어느 범죄사실을 인정하였는가를 구
체적으로 설시할 필요도 없다고 한다(83도995). 예를 들면 "검사작성의 피의자신
문조서 중 판시사실에 부합하는 진술기재"라는 방식의 설명도 적법한 증거설시
가 된다고 한다(93도1969). 결론적으로, 판례입장에 따를 때 증거요지를 설명한
다는 것은 일정한 범죄사실의 내용과 적시된 증거의 요지를 대조하여 어떤 내
용의 증거자료에 의하여 범죄사실을 인정하였는가를 짐작할 수 있을 정도로 기
재하는 것을 말한다고 할 수 있다. 물론 적시한 증거는 적법한 증거조사를 거친
증거능력 있는 증거에 한한다.

(나) **증거를 명시해야 하는 범위**　　증거를 명시해야 할 범위에 관해서도 **19**
판례와 대부분의 학설은 대단히 좁게 인정하는 입장을 취하고 있다. 그 내용은
다음과 같다. 1) 증거요지를 명시해야 하는 것은 범죄사실의 내용을 이루는 사
실에 제한된다. 판례에 의하면 유죄판결의 증거는 범죄사실을 증명할 적극적 증
거를 명시하면 족하고, 범죄사실 인정에 배치되는 소극적 증거까지 거시하여 판
단할 필요는 없다(79도1384; 81도459). 따라서 피고인이 알리바이를 내세우는 증
거에 대해 판단하지 않았다 해도 위법이 아니다(82도1798). 2) 고의는 범죄사실
의 내용을 이루지만 객관적 구성요건요소에 의하여 그 존재가 인정될 수 있으
므로 이를 위한 증거명시가 필요 없다는 것이 일반적 견해이다. 판례는 과거에
고의를 책임요소로 이해하여 증거의 명시가 필요하지 않지만, 피고인이 고의를

부정할 때에는 고의 여부를 판단해야 한다고 판시한 바 있다(4294형상431). 그러나 고의를 인정할 수 있는 간접사실에 관한 증거를 설명해야 한다고 보는 것이 타당하다. 3) 소송법적 사실, 예컨대 자백의 임의성이나 신빙성 또는 소송조건에 관한 사실에 관해서는 증거요지를 명시할 필요가 없다.

20   **(5) 법령의 적용**   법령의 적용을 명시한다는 것은 법원이 확신하게 된 피고인의 범죄사실에 대해 적용한 형벌법규를 명확하게 밝히는 것을 말한다. 죄형법정주의의 요구에 따라 판결이유에서 제시한 피고인의 범죄사실로부터 주문에 제시한 선고형이 나오게 되는 실체형법의 근거를 밝히는 것이다.

21   **(가) 명시가 필요한 범위**   먼저 형법각칙의 각 조와 처벌에 관한 규정을 명시해야 한다. 다만 각 조의 항을 기재하지 않았다고 하여 그것만으로 위법하다고 할 수 없다(71도1334). 피고인이 여럿인 경우는 어느 피고인에게 어느 법령이 적용되었는지를 그리고 범죄사실이 여러 개인 경우는 어느 사실에 어떤 법령이 적용되었는지를 명시해야 한다. 다만, 주문에서 형의 종류와 그 형기를 명기하여 어떠한 법령을 적용하여 주문의 판단을 하게 되었는지를 알 수 있다면 판결에 영향을 미친 법령위반에는 해당하지 않는다(2004도340). 또한 형법총칙의 규정도 형사책임의 기초를 명백히 하기 위하여 중요한 규정은 명시해야 한다. 예컨대 누범, 심신장애 등의 형의 가중·감경사유, 경합범, 상상적 경합에 관한 규정, 중지미수·불능미수, 공범1)에 관한 규정, 그리고 몰수와 압수장물의 환부를 선고할 경우의 적용법률 등은 명시해야 한다. 법령의 적용은 반드시 공소장에 기재된 적용법조의 구속을 받지 않는다. 공소장변경의 필요성이 없는 범위 안에서 법원은 공소장에 기재된 적용법조와 다른 법령을 적용할 수 있다(71도2099; 98도2061 등).

22   **(나) 명시의 방법**   법령의 적용을 명시하는 방법으로는 문장식2)과 나열식3)이 있다. 실무에서는 대체로 합의부 사건에는 문장식을, 단독판사 사건에는 나열식을 많이 쓴다.

---

1) 다만, 피고인을 공동정범으로 인정하였음이 판결 이유설시 자체에 비추어 명백한 이상 법률 적용에서 형법 제30조를 빠뜨려 명시하지 않았다고 하더라도 판결에 영향을 미친 위법이 있다 할 수 없다(83도1942; 92도2196 등).

2) 예컨대 "피고인의 판시행위 중 위조사문서행사의 점은 형법 제234조, 제231조에 해당하는 바, 이는 1개의 행위가 수개의 죄에 해당하는 경우이므로 같은 법 제40조, 제50조에 의하여 범정이 가장 무거운 위조매매계약서의 행사죄에 정한 형으로 처벌하기로 하여"라는 식을 말한다.

3) 예컨대 법령의 적용란에 그냥 "형법 제347조 ①항(징역형 선택), 제57조, 소송촉진등에관한 특례법 제25조 ①항, 제31조 ①·③항"이라는 식이라고 쓰는 경우를 말한다.

(6) 소송관계인의 주장에 대한 판단

(가) **제323조 ②항의 입법취지**   법률상 범죄성립을 조각하는 이유 또는 **23**
형의 가중·감면의 이유되는 사실의 진술이 있을 때에는 이에 대한 판단을 명시
하여야 한다(제323조 ②항). 이 규정의 취지는 1) 법원이 당사자의 주장을 무시하
지 않고 명백히 판단하였음을 표시하게 함으로써 피고인의 소송주체성을 강조
하고, 2) 이에 의해 재판의 객관적 공정성을 더욱 강하게 보장하는 데 있다고
한다.1) 원래 범죄성립조각사유나 형의 가중·감면사유가 되는 사실은 '범죄될
사실'(같은 조 ①항)에 포함되는 것이지만 제323조 ②항과 같은 규정을 둠으로써
해석의 여지없이 그런 사유에 관한 이유명시를 의무화하고 있다. 제323조 ②항
에 해당하는 사실에 대한 소송관계인의 주장이 법원에 의해 인정되면 무죄판결
을 하거나 ①항에 의해 판결이유에서 기재할 것이므로 ②항은 그 주장이 배척
된 때에 비로소 독자적인 의미를 갖는다.2)

(나) **주장과 판단의 방법**   제323조 ②항에 해당하는 사실을 소송관계인이 **24**
주장하기 위해서는 공판정에서 그 사실에 관한 진술을 하여야 한다. 진술은 단
순한 법적 평가만으로는 부족하고 사실을 주장하여야 한다. 그러나 그러한 주장
은 자신의 진술이 제323조 ②항에 해당하는 사실에 관한 것임을 명시할 필요는
없다.

이에 반해 소송관계인의 주장에 대한 법원의 판단은 명시적이어야 한다. **25**
법원의 판단은 1) 주장을 받아들이는지 아닌지의 결론만 표시하면 족하다는 견
해3)와 2) 이유설명이 필요하다는 견해4)가 대립한다. ②항이 ①항 이외에 독자
적으로 규정되어 피고인의 방어권 보장을 도모하고 있는 입법취지를 고려할 때
피고인의 주장을 배척한 이유를 설명해야 한다는 2)의 견해가 타당하다. 2)의
견해를 따르는 학설도 증거의 설명까지는 필요 없다고 하지만, 피고인의 주장이
증거에 근거하고 있는 한, 그 주장을 배척하는 법원의 판단에도 증거가 제시·
설명되어야 마땅하다.

(다) **법률상 범죄의 성립을 조각하는 이유되는 사실의 주장**   법률상 범죄 **26**

---

1) 신동운 1445. 이것을 당사자주의의 표현이라고 설명하기도 하나(이재상/조균석/이창온
   53/20), 당사자주의와 상관없는 규정이다. 직권주의적 소송구조라는 독일형사소송법 제267조
   ②항도 제323조 ②항과 같은 규율을 하고 있다.

2) 신동운 1445; 이재상/조균석/이창온 53/20; 이창현 1091.

3) 정영석/이형국 430; 대판 1952. 7. 29, 4285형상82.

4) 신동운 1445; 신양균/조기영 978; 이은모/김정환 754; 이재상/조균석/이창온 53/21; 이창현
   1092.

성립을 조각하는 이유되는 사실이란 위법성조각사유와 책임조각사유에 해당하는 사실을 말한다. 여기에 구성요건해당성조각사유가 포함되는가에 관해서는 긍정설1)과 부정설2)의 대립이 있다. 구성요건이론에서 인정되는 특정한 구성요건해당성조각사유가 아닌 한 구성요건해당성을 부인하는 것은 '범죄의 부인'에 불과하므로 제323조 ②항에 해당하지 않는다고 보는 것이 타당하다(90도427). 따라서 법원은 제323조 ①항이 요구하는 대로 이유를 설시하면 충분하다. 물론 고의가 없다는 주장도 범죄사실의 부인에 해당된다.3) 또한 공소권이 소멸되었다는 주장도 범죄성립을 조각하는 사실의 진술이라고 할 수 없다.

27   ㈃ **법률상 형의 가중·감면의 이유되는 사실의 진술**   법률상 형의 가중·감면의 이유되는 사실은 누범·중지미수·위증죄 및 무고죄의 자수·자백(형법 제153조, 157조)의 경우과 같은 필요적 가중·감면만을 의미한다는 견해가 있다.4) 판례도 이와 같은 입장을 나타내고 있다(91도2241 등).5) 그러나 제323조 ②항의 입법취지에 비추어 과잉방위·심신미약·불능미수·자수·정상참작감경사유와 같은 임의적 감면사유도 포함된다고 보는 것이 타당하다.6)

Ⅱ. 무죄판결

1. 무죄판결의 의의와 종류

28   무죄판결은 피고사건에 대해 형벌권이 없음을 확인하는 판결이다. 이에는 피고사건이 범죄로 되지 않는 경우와 범죄사실의 증명이 없는 경우가 있다(제325조). 무죄판결의 주문은 '피고인은 무죄'라는 형식을 취한다.

29   (1) **범죄불성립**   피고사건이 범죄로 되지 않는 때라 함은 실체심리를 거친 후, 공소사실 자체는 인정되지만 법률상 범죄를 구성하지 않거나 위법성조각사유 또는 책임조각사유가 존재하여 범죄가 성립하지 않는 경우를 말한다. 이

---

1) 김기두 285; 신동운 1446.
2) 강구진 521; 이재상/조균석/이창온 53/22; 이창현 1092; 정영석/이형국 430.
3) 대판 1969. 7. 22, 68도817; 1971. 4. 6, 70도288; 1983. 10. 11, 83도594.
4) 김기두 286; 이창현 1095; 정영석/이형국 430.
5) 2017도14769: "형사소송법 제323조 제2항에서 '형의 가중, 감면의 이유되는 사실'이란 형의 필요적 가중, 감면의 이유되는 사실을 말하고 형의 감면이 법원의 재량에 맡겨진 경우, 즉 임의적 감면사유는 이에 해당하지 않는다. 따라서 피해회복에 관한 주장이 있었더라도 이는 작량감경 사유에 해당하여 형의 양정에 영향을 미칠 수 있을지언정 유죄판결에 반드시 명시하여야 하는 것은 아니다."
6) 강구진 522; 신동운 1447; 이은모/김정환 755; 이재상/조균석/이창온 53/23.

점에서 실체심리를 거치지 않고 '공소장에 기재된 사실이 진실하다 하더라도 범죄가 될 만한 사실이 포함되지 아니하는 때'에 내리는 공소기각결정(제328조 ①항 4호)과 구별된다. 그리고 형벌에 관한 법령이 헌법재판소의 위헌결정으로 소급하여 그 효력을 상실하였거나 법원에서 위헌·무효로 선언된 경우, 당해 법령을 적용하여 공소가 제기된 피고사건에 대하여는 무죄를 선고하여야 한다(2011도 2631 전합). 헌법재판소가 '헌법불합치 결정'을 내렸음에도 공소가 제기된 피고사건도 범죄로 되지 않은 때에 해당한다(2015도17936).

(2) **범죄사실의 증명이 없는 때**   범죄사실의 증명이 없는 때는 공소사실의   **30** 부존재가 적극적으로 증명된 경우, 그 사실의 존부에 관한 증거가 불충분하여 법관이 충분한 심증을 얻을 수 없을 경우, 그리고 피고인의 자백에 의하여 법관이 유죄심증을 얻은 경우에도 자백의 보강증거가 없는 경우(제310조)가 여기에 해당된다.

2. 무죄판결의 판시방법

(1) **죄수와 무죄판결**   수개의 범죄사실이 모두 무죄이면 통틀어서 주문에   **31** "피고인은 무죄"라고 기재한다. 그리고 경합범인 수개의 범죄사실 중 일부의 범죄사실에 관하여 무죄를 선고하는 때에는 그 부분에 대하여 무죄를 선고한다. 그러나 상상적 경합관계에 있는 수개의 범죄사실 중 일부의 범죄사실이 무죄인 경우에 그 범죄사실은 판결주문에 따로 표시할 필요가 없고(82도1656 등),[1] 유죄판결의 이유부분에서 설시하여야 한다. 단순일죄인 결합범과 포괄일죄의 경우에도 상상적 경합의 경우와 같은 방법으로 판시한다.

(2) **무죄판결의 이유 명시방법**   명문규정은 없으나 무죄판결도 재판의 일반   **32** 원칙에 따라 그 이유를 명시하여야 한다(제39조). 무죄판결은 피고인에게 가장 유리한 판결이므로 유죄판결에 비하여 그 이유 설명의 정도를 완화하여도 무방하다. 제323조와 같은 자세한 판결이유의 명시는 피고인의 보호를 위한 것이기 때문이다. 결국 검사가 상소제기 여부를 검토할 수 있는 정도이면 충분하다고 할 수 있다. 그러나 실무는 무죄판결의 경우 피고인 측의 증거배척사실과 이유까지 장황하게 판시하는 관행을 갖고 있다.[2] 이는 무죄추정원칙에 반하는 현실

---

1) 99도3003: 상상적 경합범의 관계에 있는 공소사실의 일부에 대하여 무죄를 선고하여야 할 것으로 판단되는 경우에는 이를 판결주문에 따로 표시할 필요가 없으나, 판결주문에 표시하였다 하더라도 판결에 영향을 미친 위법사유가 되는 것은 아니다.

2) 비판적인 견해로 강구진 523; 신동운 1451.

이라고 할 수 있다. 따라서 지금의 실무관행과 달리 유죄판결과 무죄판결의 경우를 반대로 하는 것이 소송경제를 도모하면서도 무죄추정원칙을 존중하는 것이라고 할 수 있을 것이다.

3. 무죄판결과 비용보상

33   **(1) 비용보상의 원칙**   무죄판결이 확정된 경우에는 당해 사건의 피고인이었던 자에 대하여 그 재판에 소요된 비용을 보상하여야 한다(제194조의2 ①항). 형사사건과 관련하여 형사보상법은 무죄로 확정된 피고인의 구금에 대한 보상만 인정하고 있을 뿐, 피고인이 소송과정에서 지출한 비용을 보상하는 규정을 두고 있지 않다. 개정법률은 이러한 미비점을 개선하여 무죄판결이 확정된 피고인에 대해 재판에 소요된 비용을 보상하도록 하는 규정을 신설하였다.

34   **(2) 비용보상의 예외**   그러나 1) 피고인이었던 자가 수사 또는 재판을 그르칠 목적으로 거짓 자백을 하거나 다른 유죄의 증거를 만들어 기소된 것으로 인정된 경우, 2) 1개의 재판으로써 경합범의 일부에 대하여 무죄판결이 확정되고 다른 부분에 대하여 유죄판결이 확정된 경우, 3) 형법의 책임무능력 사유에 의한 무죄판결이 확정된 경우, 4) 그 비용이 피고인이었던 자에게 책임지울 사유로 발생한 경우에는 비용의 전부 또는 일부를 보상하지 않을 수 있다(같은 조 ②항 1－4호).

35   **(3) 비용보상의 절차**   비용의 보상은 피고인이었던 자의 청구에 따라 무죄판결을 선고한 법원의 합의부에서 결정으로 한다(제194조의3 ①항). 비용보상의 청구는 무죄판결이 확정된 사실을 안 날부터 3년, 무죄판결이 확정된 때부터 5년 이내에 하여야 하며, 법원의 결정에 대하여는 즉시항고 할 수 있다(같은 조 ②·③항).

36   **(4) 비용보상의 범위**   판례에 의하면, 판결 주문에서 무죄가 선고된 경우뿐만 아니라 판결 이유에서 무죄로 판단된 경우에도 재판에 소요된 비용 가운데 무죄로 판단된 부분의 방어권 행사에 필요하였다고 인정된 부분에 관하여는 보상을 청구할 수 있다(2018모906). 비용보상의 범위는 피고인이었던 자 또는 그 변호인이었던 자가 공판준비 및 공판기일에 출석하는 데 소요된 여비·일당·숙박료와 변호인이었던 자에 대한 보수에 한한다(제194조의4 ①항). 공판준비 또는 공판기일에 출석한 변호인이 2인 이상이었던 경우에는 사건의 성질, 심리 상황 등을 고려하여 변호인이었던 자의 여비·일당·숙박료를 대표변호인이나 그 밖의 일부 변호인의 비용만으로 한정할 수 있다(같은 조 ②항).

[60] 제 3 형식재판

I. 면소판결

1. 면소판결의 의의

면소판결은, 1) 확정판결이 있거나, 2) 사면이 있거나, 3) 공소시효가 완성 **1**
되었거나 또는 4) 범죄 후의 법령개폐로 형이 폐지되었을 때 내리는 종국재판
(제326조)이다. 면소판결은 형식재판처럼 정지된 공소시효를 다시 진행시키지 않
고(제253조 ①항), 고소인 등의 소송비용부담(제188조) 및 재심사유(제420조 5호)의
판단에서 무죄판결과 대등하게 취급되기 때문에 실체재판에 가까운 성격을 띤
다. 그렇기 때문에 통설은 면소판결이 본안에 대한 판결이 아닌데도 실체재판과
같은 기판력 또는 일사부재리효력을 인정한다. 면소판결의 이와 같은 특징 때문
에 그 본질에 관해 학설대립이 있다.

2. 면소판결의 본질

(1) **실체재판설**   실체재판을 피고사건에 대한 구체적 형벌권의 존부를 가 **2**
리는 재판으로 보면, 면소판결은 일단 발생한 형벌권의 소멸을 확인하는 것이므
로 실체재판이 된다고 보는 견해이다. 실체재판설에 의하면 면소판결을 위해서
는 실체심리를 먼저 행하고 그 후에 형벌권을 소멸시키는 사유의 존재 여부를
살펴 면소판결을 하게 된다. 그러므로 면소판결에 기판력과 일사부재리효력이
인정될 뿐만 아니라 면소판결에 대해 무죄를 주장하여 상소할 피고인의 이익도
인정된다.

이 견해에 대해서는 다음과 같은 비판이 있다. 1) 면소판결이 형벌권의 소 **3**
멸을 확인하는 재판이라고 하면 무죄판결과 구별이 안 되고, 2) 무죄의 확정판
결이 있을 경우에는 형벌권이 존재하지 않는 것이 확실하므로 무죄판결을 해야
할 것임에도 면소판결을 하도록 한 점(제326조 1호)을 설명할 수 없으며, 3) 유죄
판결을 하지 않을 것임에도 범죄사실의 존부를 확인하는 이유를 설명할 수 없
다는 것이다.

(2) **실체관계적 형식재판설**   면소판결은 실체적 소송조건이 결여된 경우에 **4**
선고하는 실체관계적 형식재판이라고 하는 견해이다. 즉 면소판결은 실체관계

의 심리를 중간에서 종결시킨다는 점에서는 형식재판이다. 그러나 면소판결의
이유는 실체적 소송조건으로서 그 존부를 판단하기 위해서는 어느 정도 실체심
리에 들어가야 한다. 바로 이와 같은 점에서 면소판결은 형식재판이면서도 기판
력이 인정되며, 피고인은 무죄를 주장하여 상소할 수도 있다고 한다.[1]

5   이 견해는 1) 무죄의 확정판결이 있을 때에는 범죄사실이 존재하지 않기
때문에 무죄판결을 해야 하므로 면소판결을 하도록 한 법규정(제326조 1호)을 무
시하는 결과를 낳고, 2) 실체적 소송조건의 존부라 하여 반드시 실체심리가 필
요한 것이 아니라 형식적 소송조건의 존부도 어느 정도 실체심리가 필요한 경
우(예컨대 이중기소, 친고죄에 대한 확인)가 있으므로 실체심리의 필요 여부가 실체
적 소송조건의 고유한 문제는 아니며, 3) 실체관계적이라는 것은 실체 자체를
판단한 것이 아니므로 이에 대해 일사부재리효력을 인정해야 할 근거가 명백하
지 않다는 비판을 받는다.[2]

6   (3) 형식재판설   면소판결은 실체심리를 하지 않고 형식적으로 소송을 종
결시키는 형식재판이라고 하는 견해이다. 면소사유는 형사소추의 제한적 조건
내지 소송장애사유에 해당하므로, 이러한 조건을 결한 경우에 선고하는 형식재
판이 바로 면소판결이라는 것이다. 형식재판설에 의하면 면소사유가 밝혀진 때
에는 실체심리를 허용하지 않고, 피고인은 면소판결에 대해 무죄를 주장하여 상
소할 수도 없게 된다. 학계의 다수견해[3]이며, 판례(64도64)도 같은 입장이다. 그
러나 이 견해에 대해서는, 면소판결이 실체 자체를 판단하는 것이 아니라고 한
점은 타당하지만 면소판결의 기판력을 설명하는 데 어려움이 있다는 지적이 있
다.[4]

3. 면소판결의 법적 성질

7   면소판결의 본질에 대한 학설대립은 1) 면소판결에 실체심리를 요하는가,
2) 면소판결에 대해 무죄를 이유로 상소할 수 있는가, 3) 면소판결에 일사부재
리효력을 인정할 수 있는가 하는 문제에 대해 합리적인 대답을 할 수 있는가의
관점에서 살펴보아야 한다.

8   (1) 실체심리   면소사유의 존재가 명백하지 않은 경우에는 어느 정도 실체

---

1) 김기두 179.
2) 이재상/조균석/이창온 53/36.
3) 강구진 536; 백형구 570, 신동운 1462; 이재상/조균석/이창온 53/37; 이창현 1104 이하.
4) 김기두 178.

심리를 하지 않고는 면소사유의 존부를 판단할 수 없다. 이 범위에서 실체심리가 필요하고, 면소재판은 실체재판의 성격을 띠게 된다. 이에 반해 공소사실 자체에서 이미 면소사유의 존부가 판단되는 때에는 실체심리 없이 면소판결을 내리는 것이 소송경제뿐만 아니라 피고인의 인권보호를 위해서도 바람직하다.[1] 이 한도에서는 면소판결을 형식재판이라고도 할 수 있다. 만일 실체관계적 형식재판설이 이때에도 실체심리를 해야 한다고 주장하는 견해라면 타당하지 않다. 다만 이런 경우에도 검사는 면소사유에 해당하지 않는 공소사실로 공소장변경을 신청할 수 있고, 법원은 허가할 수 있다.

(2) **면소판결에 대한 피고인의 상소**   면소판결에 대해 피고인이 무죄를 주 **9** 장하여 상소할 수 있는가, 또한 법원이 면소사유가 있는 경우에 무죄판결을 선고할 수 있는가에 대해 실체관계적 형식재판설은 이를 대체로 긍정한다. 그러나 다음과 같은 이유에서 면소판결에 대한 피고인의 상소를 허용하지 않는 것이 타당하다. 1) 면소판결은 면소사유가 있으면 실체법상의 유·무죄를 불문하고 피고인을 빨리 절차에서 해방시키는 데 그 목적이 있다. 2) 면소판결은 유죄판결이 아니다. 3) 면소판결에 일사부재리의 효력이 발생한다고 보면 법적으로도 피고인에게 무죄판결에 비해 결코 불리한 판결이 아니다. 4) 비록 면소판결이 사회적 평가에서 무죄판결보다 피고인에게 불리한 점이 있더라도 그것은 법적 이익이 아니므로 상소이익을 인정하기 어렵다. 판례도 면소판결에 대해 피고인이 무죄를 주장하여 상소할 수 없다는 입장이고,[2] 또한 법원이 면소판결사유가 있는 경우에 무죄판결을 하는 것도 위법이라고 한다.[3] 다만 폐지 또는 실효된 형벌 관련 법령이 당초부터 위헌·무효인 경우 그 법령을 적용하여 공소가 제기된 피고사건에 대하여 법원은 무죄를 선고하여야 하는데, 이 경우 면소를 선고한 판결에 대해서는 무죄판결을 구하는 상소가 가능하다.

[2010도5986 전합] 면소판결과 무죄판결

재심이 개시된 사건에서 범죄사실에 대하여 적용하여야 할 법령은 재심판결 당시의 법령이므로, 법원은 재심대상판결 당시의 법령이 변경된 경우에는 그 범죄사실에 대하여 재심판결 당시의 법령을 적용하여야 하고, 폐지된 경우에는 형사소송법 제

---

1) 이재상/조균석/이창온 53/39.
2) 84도2106: 피고인에게는 실체판결청구권이 없으므로 면소판결에 대하여 무죄의 실체판결을 구하여 상소할 수 없다.
3) 64도134; 1966. 7. 26, 66도634; 1969. 12. 30, 69도2108.

326조 제4호를 적용하여 그 범죄사실에 대하여 면소를 선고하는 것이 원칙이다. 그러나 법원은, 형벌에 관한 법령이 헌법재판소의 위헌결정으로 인하여 소급하여 그 효력을 상실하였거나 법원에서 위헌·무효로 선언된 경우, 당해 법령을 적용하여 공소가 제기된 피고사건에 대하여 같은 법 제325조에 따라 무죄를 선고하여야 한다. 나아가 형벌에 관한 법령이 재심판결 당시 폐지되었다 하더라도 그 '폐지'가 당초부터 헌법에 위배되어 효력이 없는 법령에 대한 것이었다면 같은 법 제325조 전단이 규정하는 '범죄로 되지 아니한 때'의 무죄사유에 해당하는 것이지, 같은 법 제326조 제4호의 면소사유에 해당한다고 할 수 없다. 따라서 면소판결에 대하여 무죄판결인 실체판결이 선고되어야 한다고 주장하면서 상고할 수 없는 것이 원칙이지만, 위와 같은 경우에는 이와 달리 면소를 할 수 없고 피고인에게 무죄의 선고를 하여야 하므로 면소를 선고한 판결에 대하여 상고가 가능하다.[1]

10   **(3) 면소판결과 일사부재리의 효력**   면소판결에 일사부재리효력을 인정하는 데에는 거의 견해가 일치한다. 실체관계적 형식재판설이 이를 인정하는 것은 논리적으로 당연하지만, 형식재판설의 경우에는 그 이유를 설명하는 데 어려움이 있다. 그러나 형식재판설도 다음과 같은 논거에 의해 일사부재리의 효력발생을 설명한다.

11   **㈎ 형식적 본안재판설**   면소판결은 형식재판이지만 동시에 형벌권존부의 판단을 내리는 재판, 즉 공소의 이유 유무를 판단하는 본안재판이기 때문에 일사부재리의 효력이 인정된다.[2]

12   **㈏ 소송추행이익결여설**   전형적인 형식재판인 공소기각은 그 사유가 된 소송조건을 다시 구비하면 재소가 가능하다. 그러나 면소사유의 하자는 그 성격상 보완할 수 없을 뿐 아니라 절차적 조건의 보완이 있어도 같은 공소사실로는 다시 소추하지 못하도록 한다는 것이 면소의 본질적 의미이므로 일사부재리효력이 발생한다.[3]

13   **㈐ 검 토**   형식적 본안재판설은 사실상 실체관계적 형식재판설과 같은 이론이다. 면소판결을 형식재판으로 보는 한 소송추행이익결여설이 이론적으로는 더 나은 설명방식이라고 할 수 있다.

---

1) 같은 취지는 2008도7562 전합; 2011도2631 전합; 2011초기689 전합.
2) 강구진 537.
3) 신동운 1460; 이은모/김정환 764; 이재상/조균석/이창온 543.

4. 면소판결의 사유

⑴ 확정판결이 있은 때

⑺ **확정판결의 종류**　　여기서 확정판결은 일사부재리의 효력이 미치는 재 **14**
판을 의미하므로 유·무죄의 실체판결과 면소판결이 확정된 경우를 말한다. 공
소기각과 관할위반의 형식재판은 포함되지 않는다. 확정판결이 있는 이상 그것
의 실효 여부는 문제되지 않는다. 또한 확정판결은 정식재판에서 선고된 경우는
물론 약식명령(84도1129; 93도1318) 또는 즉결심판(85도1142; 95도1270 등)에 의한 경
우도 포함한다. 다만 소년에 대한 보호처분(85도21; 2011도15057 전합)과1) 행정벌
인 과태료의 부과처분(91도2536; 96도158)은 확정판결에 속하지 않는다. 외국판결
이 확정된 경우도 마찬가지이다(83도2366).

⑻ **면소판결이 가능한 범위**　　면소판결을 할 수 있는 범위는 확정판결의 **15**
기판력이 미치는 범위2)와 일치한다. 따라서 면소판결의 대상이 되는 범죄사실
은, 1) 물적으로 확정판결의 범죄사실과 동일성이 인정되어야 한다. 그리고 2)
시간적으로는 사실심리의 가능성이 있는 최후의 시점인 사실심판결선고시(82도
2829 등), 또는 항소기각결정시(93도836)까지 범한 것이어야 한다.

[93도836] 면소판결의 시간적 범위

피고인이 1989. 2. 23. 대구지방법원에서 상습사기죄로 징역 3년에 5년간 집행유예
의 형을 선고받고 항소하였으나 법정의 항소이유서제출기간 내에 항소이유서를 제
출하지 아니하여 항소법원이 1989. 6. 26. 결정으로써 항소를 기각하여 그 결정이
7. 2. 확정되었다. 판결의 확정력은 사실심리의 가능성이 있는 최후의 시점인 판결
선고시를 기준으로 하여 그때까지 행하여진 행위에 대하여만 미치는 것으로서, 제1
심 판결에 대하여 항소가 된 경우에 판결의 확정력이 미치는 시간적 한계는 항소심
판결선고시라고 보는 것이 상당하다. 이 사건의 경우와 같이 피고인이 항소하였으
나 항소이유서를 제출하지 아니하여 결정으로 항소가 기각된 경우에도, 형사소송법
제361조의4 제1항에 의하면 피고인이 항소한 때에는 법정의 기간 내에 항소이유서
를 제출하지 아니하였다고 하더라도 판결에 영향을 미친 사실의 오인이 있는 등 직
권조사사유가 있으면 항소법원이 직권으로 심판하여 제1심 판결을 파기하고 다시
판결할 수도 있는 것이므로, 이 경우 사실심리의 가능성이 있는 최후의 시점은 항

---

1) 가정폭력처벌법에 의한 보호처분 또는 불처분결정도 마찬가지이다(2016도5423).
2) 이에 대해서는 아래의 [61] 18 이하 참조.

소기각결정시라고 보는 것이 옳다. 따라서 이 사건의 경우 상습사기죄에 관한 위 판결의 확정력은, 1989. 6. 26. 항소기각 결정이 되기 전에 피고인이 범한, 위 상습 사기죄와 포괄일죄의 관계에 있는 다른 범죄에 대하여도 미친다는 이유로, 이 사건 공소사실 중 피고인이 1989. 6. 15. 범하였다는 사기의 점에 대하여 형사소송법 제 326조 제1호에 따라 면소의 선고를 한 제1심의 판결은 적법하다.

16   **(2) 사면이 있은 때**   사면에 의하여 형벌권이 소멸한 경우는 실체심판의 이익이 없기 때문에 이를 면소사유로 규정하고 있다. 특별사면은 형을 선고받은 자에 대하여 형의 집행이 면제되는 것에 불과하기 때문에(사면법 제5조 ①항 2호), 여기서 말하는 사면은 일반사면만을 의미한다.[1]

17   **(3) 공소시효가 완성되었을 때**   공소시효의 완성은 미확정의 형벌권을 소멸 시키는 것이므로 공소추행의 이익이 없다는 점에서 면소사유가 된다. 공소가 제 기되면 시효진행이 정지되므로(제253조 ①항) 면소판결은 원칙적으로 공소제기시 에 공소시효가 완성된 경우이어야 한다. 그러나 공소가 제기된 범죄도 판결의 확정 없이 공소를 제기한 후 25년을 경과하면 공소시효가 완성된 것으로 간주 되므로(제249조 ②항), 이 경우에도 면소판결을 선고하여야 한다(86도2106).

18   **(4) 범죄 후의 법령개폐로 형이 폐지되었을 때**   형의 폐지는 1) 명문으로 벌 칙을 폐지한 경우뿐만 아니라, 2) 법령에 정해진 유효기간이 경과한 경우, 3) 구 법과 신법의 저촉에 의하여 벌칙의 효력이 실질적으로 상실된 경우를 말한다.

19   과거 판례는 이른바 '동기설'에 따라 면소사유에 해당되는 법령의 개폐는 법령제정 이유가 된 법률이념의 변경에 따라 종래의 처벌자체가 부당하거나 또 는 과중하다는 반성적 고려에서 법령을 개폐하였을 경우에 국한된다고 보았다 (2005도3442 등).[2] 그러나 이 입장은, 법률이념의 변경과 단순한 사실관계의 변화 를 구별하는 것은 근본적으로 어려울 뿐만 아니라 설령 이론적으로 구별할 수 있다 하더라도 실용적인 구별기준을 제시하는 것은 불가능하다는 비판을 받았 다. 이 비판을 받아들여 최근 판례는 "종전 법령이 범죄로 정하여 처벌한 것이 부당하였다거나 과형이 과중하였다는 반성적 고려에 따라 변경된 것인지 여부 를 따지지 않고 원칙적으로 형법 제1조 제2항과 형사소송법 제326조 제4호가

---

1) 95도2312: "상상적 경합관계에 있는 두 개의 범죄 중 하나의 공소사실에 대하여 무죄를 선고 하면 다른 범죄가 일반사면으로 면소판결의 대상이 된 경우에도 따로 주문에서 면소의 선고를 하지 아니한다."
2) 77도1280; 81도165; 85도529.

적용된다"고 하여 동기설을 폐기하였다(2020도16420 전합). 다만 판례는 1) 해당 형벌법규 자체 또는 그로부터 수권 내지 위임을 받은 법령이 아닌 다른 법령이 변경된 경우, 해당 형벌법규에 따른 범죄의 성립 및 처벌과 직접적으로 관련된 형사법적 관점의 변화를 주된 근거로 하는 법령의 변경에 해당하여야 하고, 2) 법령이 개정 내지 폐지된 경우가 아니라, 스스로 유효기간을 구체적인 일자나 기간으로 특정하여 효력의 상실을 예정하고 있던 법령, 즉 '한시법'이 그 유효기간을 경과함으로써 더 이상 효력을 갖지 않게 된 경우는 형사소송법 제326조 제4호에서 말하는 법령의 변경에 해당한다고 볼 수 없다고 하여 여전히 예외를 두고 있다(2022도4610 등).

5. 관련문제

(1) **심리의 특칙**　　면소판결은 피고인에게 유리한 재판이라는 점을 고려하 **20** 여 현행법은 피고인의 출석과 관련하여 심리의 특칙을 두고 있다. 1) 피고인이 출석하지 않을 때는 원칙적으로 공판을 개정하지 못하지만(제276조), 면소판결을 할 것이 명백한 사건에서는 피고인이 출석하지 않아도 상관없다. 다만 피고인은 대리인을 출석하게 할 수 있다(제277조). 2) 피고인이 사물변별 또는 의사결정의 능력이 없거나 질병으로 인하여 출정할 수 없는 때에는 공판절차를 정지하지만 (제306조 ①·②항) 면소판결을 할 것이 명백한 때에는 피고인의 출정 없이 재판할 수 있다(같은 조 ④항).

(2) **일죄의 일부에 대한 면소판결과 판결이유**　　과형상의 일죄 또는 포괄일 **21** 죄의 일부에 면소사유가 있고 나머지 부분에 대해서 유·무죄의 실체판결을 할 때에는 주문에는 유·무죄의 판단만 표시하고 일부에 대한 면소판결은 판결이유 에 설시한다(81도3277).

(3) **구속영장의 효력상실과 형사보상**　　면소판결이 선고된 때에는 구속영장 **22** 은 원칙적으로 효력을 잃는다(제331조). 그리고 피고인은 형사보상을 받을 수도 있다(형사보상법 제26조).

Ⅱ. 공소기각의 재판

1. 의　　의

(1) **개　념**　　공소기각의 재판은 관할권(제319조) 이외의 형식적 소송조건이 **23**

결여된 경우에 절차상의 하자를 이유로 공소를 부적법하다고 인정하여 사건의 실체에 대한 심리를 하지 않고 공소를 종결시키는 형식재판을 말한다. 공소기각의 재판으로는 공소기각의 결정(제328조)과 공소기각의 판결(제327조)이 있다.

24　　　(2) 공소기각의 결정과 판결의 구분　　　결정에 의한 공소기각은 판결에 의한 공소기각보다 그 절차상의 하자가 더 명백하고 중대한 경우이다. 이는 결정의 재판형식이 구두변론을 거치지 않고 할 수 있다는 점에서 그러하다(제37조 ②항). 공소기각의 판결에 대한 상소는 항소(제357조)와 상고(제371조)로 하지만 공소기각의 결정에 대한 상소는 즉시항고(제328조 ②항)로 한다.

25　　　(3) 적용범위　　　제327조와 제328조의 적용범위에 관하여 다음과 같은 견해가 있다. 1) 제327조와 제328조에 열거된 공소기각사유는 한정적인 열거로 보아야 하므로 그러한 사유에 해당하지 않는 경우에는 공소기각재판을 할 수 없다는 견해가 있다.[1] 판례도 같은 입장이다(90도1586; 96도561 등). 이에 반해 2) 제327조 제2호 '공소제기의 절차가 법률의 규정을 위반하여 무효일 때'는 소송조건 전반에 관한 일반조항으로서 다양한 형태의 소송법적 관심사항을 소송조건으로 정형화하여 그 흠결의 경우에 적용할 수 있다는 견해가 있다.[2] 형사소송절차를 규율하는 효력규정의 실효성을 확보하기 위하여 제327조의 광범위한 활용이 요구된다는 점에서 2)의 견해가 타당하다.

2. 공소기각결정

26　　　(1) 공소기각결정의 사유　　　제328조는 명백하고 중대한 절차상의 하자를 이유로 공소기각결정을 할 수 있는 유형을 다음과 같이 규정하고 있다. 1) 공소가 취소되었을 때(1호), 2) 피고인이 사망하거나 피고인인 법인이 존속하지 아니하게 되었을 때(2호), 3) 관할의 경합(제12조, 13조)으로 인하여 재판할 수 없는 때(3호), 4) 공소장에 기재된 사실이 진실하다 하더라도 범죄가 될 만한 사실이 포함되지 아니하는 때(4호)가 그것이다.

27　　　제4호의 '범죄가 될 만한 사실이 포함되지 아니하는 때'는 공소장에 기재된 사실만으로는 법률상 범죄를 구성하지 않는 것이 명백하여 공소장변경절차에 의하더라도 공소가 유지될 수 없는 경우를 말한다. 따라서 범죄의 구성 여부에 대한 의문이 있을 때에는 공소기각결정을 할 수 없고 실체심리를 거쳐 유·무죄

---

1) 이재상/조균석/이창온 53/30; 이창현 1113.
2) 신동운 1475.

의 판결을 선고해야 한다.

> **[2012도12867] 범죄가 될 만한 사실과 공소기각결정**
>
> 형사소송법 제328조 ①항 제4호에 규정된 '공소장에 기재된 사실이 진실하다 하더라도 범죄가 될 만한 사실이 포함되지 아니한 때'란 공소장 기재사실 자체에 대한 판단으로 그 사실 자체가 죄가 되지 아니함이 명백한 경우를 말한다.
>
> 정당법상 당원이 될 수 없는 피고인들이 특정 정당에 당원으로 가입하여 당비 명목으로 정치자금을 기부하였다고 하여 정치자금법 위반으로 기소된 사안에서, 위 공소사실에 대하여는 피고인들의 당원 가입행위의 효력, 피고인들이 기부한 돈의 실질적인 성격 및 정치자금법의 구성요건 등을 검토하여 실체적 판단을 하여야 하므로, 공소장 기재사실 자체에 대한 판단만으로도 그 사실 자체가 죄가 되지 아니함이 명백한 경우라고 할 수 없어 형사소송법 제328조 ①항 제4호의 공소기각결정사유에 해당하지 않는다고 한 사례.

(2) 심리상의 특칙　공소기각결정을 하는 경우에 피고인의 출석은 요하지 **28** 않는다. 다만, 피고인은 대리인을 출석하게 할 수 있다(제276조, 277조). 공판절차 정지사유가 있어도 재판을 계속할 수 있다(제306조 ④항). 또한 공소기각결정이 확정되면 그때부터 정지된 시효는 다시 진행된다(제253조 ①항).

(3) 즉시항고와 재기소의 제한　공소기각결정에 대해서는 즉시항고를 할 수 **29** 있다(제328조 ②항). 공소취소에 의하여 공소기각결정이 확정된 때에는 공소취소 후 그 범죄사실에 대한 다른 중요한 증거를 발견한 경우에 한하여 다시 공소를 제기할 수 있다(제329조).

3. 공소기각판결

(1) 공소기각판결의 사유　제327조는 판결에 의해 공소기각선고를 하여야 **30** 하는 사유를 다음과 같이 규정하고 있다. 1) 피고인에 대해 재판권이 없을 때(1호), 2) 공소제기의 절차가 법률의 규정을 위반하여 무효일 때(2호), 3) 공소가 제기된 사건에 대하여 다시 공소가 제기되었을 때(3호), 4) 공소취소 후 다른 중요한 증거가 발견되지 않았음에도 다시 공소가 제기되었을 때(4호), 5) 친고죄에 대해 고소가 취소되었을 때(5호), 6) 반의사불벌죄에 대해 처벌을 원하지 아니하는 의사표시를 하거나 처벌을 원하는 의사표시를 철회하였을 때(6호)가 그것이다.

제2호의 '공소제기의 절차가 법률의 규정을 위반하여 무효일 때'에 해당하 **31**

는 경우로는 공소제기가 권한 없는 자에 의해 행해졌거나 공소제기방식에 중대
한 하자가 있는 경우,[1) 또는 공소제기 당시 소송조건이 결여된 경우,[2) 그리고
공소권남용, 함정수사와 같은 중대한 위법수사가 있는 경우 등을 들 수 있다.

> **[96도561] 제327조 제2호의 공소기각판결사유**
> 공소기각의 판결을 할 경우 중 형사소송법 제327조 제2호에 규정된 공소제기의 절
> 차가 법률의 규정에 의하여 무효인 때라 함은 무권한자에 의하여 공소가 제기되거
> 나 공소제기의 소송조건이 결여되거나 또는 공소장의 현저한 방식위반이 있는 경우
> 를 가리키는 것인바, 불법구금, 구금장소의 임의적 변경 등의 위법사유가 있다고 하
> 더라도 그 위법한 절차에 의하여 수집된 증거를 배제할 이유는 될지언정 공소제기
> 의 절차 자체가 위법하여 무효인 경우에 해당한다고 볼 수 없다.

32   (2) **관련문제**   공소기각판결을 하는 경우에도 피고인의 출석은 요하지 않
는다. 다만, 피고인은 대리인을 출석하게 할 수 있다(제276조, 277조). 그리고 공
판절차정지사유가 있어도 재판은 계속할 수 있다(제306조 ④항). 또한 공소기각판
결이 선고되면 구속영장은 효력을 상실하고(제331조), 판결이 확정되면 공소제기
에 의해 정지되었던 공소시효가 그때부터 다시 진행된다(제253조 ①항).

Ⅲ. 관할위반의 판결

1. 의   의

33   피고사건이 해당법원의 관할에 속하지 않을 때에는 판결로써 관할위반선고
를 하여야 한다(제319조). 관할권은 재판권을 전제로 하는 개념이고, 재판권이 없

---

1) 83도293: "다만 공소사실이 특정되지 않은 경우, 법원은 검사에게 먼저 석명을 구한 다음, 검
　사가 이를 명확하게 하지 않으면 그때 비로소 공소기각판결을 내려야 한다."

2) 2012도11431: "교통사고처리 특례법 제3조 제1항, 제2항 단서, 형법 제268조를 적용하여 공
　소가 제기된 사건에서, 심리 결과 교통사고처리 특례법 제3조 제2항 단서에서 정한 사유가 없
　고 같은 법 제3조 제2항 본문이나 제4조 제1항 본문의 사유로 공소를 제기할 수 없는 경우에
　해당하면 공소기각의 판결을 하는 것이 원칙이다. 그런데 사건의 실체에 관한 심리가 이미 완
　료되어 교통사고처리 특례법 제3조 제2항 단서에서 정한 사유가 없는 것으로 판명되고, 달리
　피고인이 같은 법 제3조 제1항의 죄를 범하였다고 인정되지 않는 경우, 같은 법 제3조 제2항
　본문이나 제4조 제1항 본문의 사유가 있더라도, 사실심법원이 피고인의 이익을 위하여 교통사
　고처리특례법 위반의 공소사실에 대하여 무죄의 실체판결을 선고하였다면, 이를 위법이라고
　볼 수는 없다."

는 경우에는 공소기각판결(제327조 1호)을 해야 하지만, 관할권이 없는 경우에는 관할위반의 판결을 하여야 한다. 관할위반의 판결은 관할의 부존재만을 유일한 사유로 하는 형식재판이며, 관할위반의 판결로써 당해 심급의 소송계속이 종결 된다는 점에서 종국재판이다. 따라서 형식적 확정력과 내용적 구속력을 가지지 만 일사부재리의 효력을 갖는 것은 아니다. 또한 소송행위는 관할위반인 경우에 도 그 효력에 영향이 없다(제2조). 예컨대 관할위반의 판결을 선고한 법원에서 작성한 공판조서, 증인신문조서, 검증조서 등은 동일한 사건이 공소제기된 법원 의 공판절차에서 증거로 사용할 수 있다.

2. 관할위반의 사유

(1) **관할위반**　관할위반의 판결을 할 수 있는 사유는 피고사건이 해당 법 **34** 원의 토지관할이나 사물관할에 속하지 않는 경우이다. 관할권의 존재는 소송조 건이므로 법원은 직권으로 관할유무를 조사하여야 한다(제1조).

(2) **관할권의 판단기준시점과 판단자료**　사물관할은 공소제기시뿐만 아니 **35** 라 재판시에도 존재하여야 한다. 그러나 토지관할은 공소제기시에만 존재하면 된다. 관할권의 유무는 공소장에 기재된 공소사실을 기준으로 결정하며, 공소장 이 변경된 경우에는 변경된 공소사실에 의한다(87도2196). 공소사실이 예비적으 로 기재된 경우에는 본위적 공소사실을 기준으로 하고, 택일적으로 기재된 경우 에는 형이 가장 중한 공소사실을 기준으로 사물관할을 결정한다.

(3) **토지관할위반의 예외**　피고사건이 해당 법원의 관할에 속하지 않는 경 **36** 우에도 관할위반의 판결을 선고할 수 없는 예외가 있다. 즉 토지관할에 관하여 는 피고인의 신청이 있을 때에만 관할위반의 선고를 할 수 있다(제320조 ①항). 이것은 토지관할이 법원 간의 업무배분의 기준으로 기능하기도 하지만 주로 피 고인의 편의를 위한 제도라는 점을 고려한 것이다. 관할위반의 신청은 피고사건 에 대한 진술 전에 하여야 한다(같은 조 ②항). 여기서 진술은 피고인의 모두진술 (제286조)을 말한다.

3. 관할위반판결의 관련문제

관할위반판결에는 공소기각재판과 달리 피고인불출석(제277조)과 공판절차 **37** 정지(제306조 ④항)에 관한 특칙이 인정되지 않는다. 그리고 구속영장의 실효사유 도 되지 않는다(제331조). 다만 관할위반판결이 확정되면 공소시효가 다시 진행된다(제253조 ①항).

Ⅳ. 사건의 이송결정

38   법원이 결정으로 사건을 이송하는 경우는 다음 세 가지이다. 1) 법원은 피고인이 관할구역 안에 없을 경우 특별한 사정이 있으면 결정으로 사건을 피고인의 현재지를 관할하는 동급법원에 이송할 수 있다(제8조 ①항). 이는 소송조건을 갖추었으나 합목적적 고려에 의해 사건을 다른 관할법원에 이송하는 형식적 종국재판이다. 2) 단독판사의 관할사건이 공소장변경에 의하여 합의부 관할사건으로 변경된 경우에 법원은 결정으로 관할권이 있는 법원에 이송한다(같은 조 ②항). 이는 단독판사가 사물관할의 부존재를 이유로 관할위반의 판결을 선고하고 검사가 다시 법원합의부로 공소를 제기해야 하는 소송의 비경제를 제거해준다. 3) 법원은 공소제기된 사건에 대해 군사법원이 재판권을 가지게 되었거나 가졌음이 판명된 때에는 결정으로 사건을 해당 군사법원으로 이송한다. 이 경우에 이송 전에 행한 소송행위는 이송 후에도 효력을 지속한다(제16조의2).

Ⅴ. 종국재판의 부수적 효력 및 부수적 처분

1. 구속영장의 효력

39   무죄, 면소, 형의 면제, 형의 선고유예, 형의 집행유예, 공소기각 또는 벌금이나 과료를 부과하는 판결이 선고되면 구속영장은 효력을 잃는다(제331조). 선고와 동시에 구속영장은 효력을 상실하므로 검사는 그 판결의 확정을 기다릴 필요 없이 즉시 석방을 지휘하여야 한다.

2. 압수물의 처분관계

40   압수한 서류 또는 물품에 대해 몰수선고가 없는 때에는 압수를 해제한 것으로 간주한다(제332조). 압수한 장물로 피해자에게 환부할 이유가 명백한 것은 판결로써 피해자에게 환부하는 선고를 하여야 한다(제333조 ①항). 이 경우 장물을 처분하였을 때에는 판결로써 그 대가로 취득한 것을 피해자에게 교부하는 선고를 하여야 한다(같은 조 ②항). 가환부한 장물에 대하여 별단의 선고가 없으면 환부선고가 있는 것으로 간주한다(같은 조 ③항). 이 경우 이해관계인이 민사

소송절차에 의해 그 권리를 주장하는 것에는 영향을 미치지 않는다(같은 조 ④항).

3. 가납의 재판

법원은 벌금, 과료 또는 추징의 선고를 하는 경우에 판결의 확정 후에는 집 **41**
행할 수 없거나 집행하기 곤란할 염려가 있다고 인정되면 직권 또는 검사의 청
구에 의하여 피고인에게 벌금, 과료 또는 추징에 상당한 금액의 가납假納을 명할
수 있다(제334조 ①항). 가납재판은 형의 선고와 동시에 판결로써 하여야 한다(같
은 조 ②항). 그리고 이 판결은 즉시 집행할 수 있다(같은 조 ③항). 또한 가납재판
은 상소에 의해 정지되지 않으며 약식명령에 대해서도 가납명령을 할 수 있다
(제448조). 벌금 또는 과료를 선고하는 즉결심판에도 가납명령을 할 수 있다(즉심
법 제17조 ③항). 그리고 부정수표단속법에 의해 벌금을 선고하는 경우에는 필요
적으로 가납을 명하여야 한다(부정수표단속법 제6조).

4. 형의 집행유예의 취소절차

형의 집행유예를 취소할 경우에는 검사는 피고인의 현재지 또는 최후의 거 **42**
주지를 관할하는 법원에 청구하여야 한다(제335조 ①항). 형의 집행유예 취소청구
는 취소사유를 구체적으로 기재한 서면으로 한다(규칙 제149조). 이 청구를 받은
법원은 피고인 또는 그 대리인의 의견을 물은 후에 결정을 하여야 한다(제335조
②항). 의견을 묻기 위해 필요하다고 인정되면 집행유예의 선고를 받은 자 또는
그 대리인의 출석을 명할 수 있다(규칙 제150조). 그리고 이 결정에 대해서는 즉
시항고卽時抗告할 수 있다(제335조 ③항). ②항과 ③항의 규정은 유예한 형을 선고
할 경우에 준용한다(같은 조 ④항).

5. 경합범 중 다시 형을 정하는 절차

형법 제36조 판결선고 후의 누범발각, 제39조 ④항 형의 집행과 경합범, 또 **43**
는 제61조 선고유예의 실효의 규정에 의하여 형을 정할 경우에는 검사는 그 범
죄사실에 대한 최종판결을 내린 법원에 청구하여야 한다. 다만 형법 제61조의
규정에 의해 유예한 형을 선고할 때에는 판결이유를 설명하여야 하고(제323조),
선고유예를 해제하는 이유를 명시하여야 한다(제336조 ①항). 이 청구를 받은 법
원은 피고인 또는 그 대리인의 의견을 물은 후에 결정을 내려야 한다(같은 조 ②
항, 제335조 ②항).

6. 형의 소멸의 재판

44   형법 제81조(형의 실효) 또는 제82조(복권)의 규정에 의한 선고는 그 사건에 관한 기록이 보관되어 있는 검찰청에 대응한 법원에 신청하여야 한다(제337조 ① 항). 이 신청에 대한 선고는 결정으로 한다(같은 조 ②항). 이 신청을 각하하는 결정에 대해서는 즉시항고를 할 수 있다(같은 조 ③항).

제 2 절   재판의 확정과 집행

[61]   제 1   재판의 확정과 소송비용

[사례 27] 2004도6390

甲은 H화학 주식회사의 대표이사이자 위 회사의 안전관리업무를 총괄하는 자이다. 甲은 2002. 1. 17. 08:50경 회사 내의 야적장에서 직원으로 하여금 인화성 액체인 에틸아세테이트 약 7t(이하 '이 사건 인화물질'이라고 한다)을 탱크로리 차량에서 보관탱크인 케미콘으로 이송하는 작업을 하게 하였다. 그런데 이때 甲에게는 적정한 소화시설을 갖추고 안전관리자를 선임하여 위험물의 저장·취급·운반방법 및 위험물의 누출 또는 폭발 등으로 인한 화재예방규정을 지키도록 작업자에 대하여 필요한 지시 및 감독을 하는 등 화재의 발생 등 안전사고를 미리 막아야 할 업무상 주의의무가 있음에도 불구하고 이를 게을리 한 채 적정한 소방시설을 갖추지 않고 안전관리자도 선임하지 아니한 상태에서 위 인화물질의 이송작업을 하게 하였다. 이와 같은 甲의 업무상 과실로 때마침 위 케미콘 내부에서 발생한 정전기로 불꽃이 일어나 폭발, 발화하여 번지는 바람에 시가 합계 8,130만원 상당의 재물의 소훼와 피해자 V에 대한 상해를 야기하였다.

甲은 2002. 5. 11. 서울지방법원 의정부지원으로부터 소방법위반죄로 벌금 200만 원의 약식명령을 발령받았고, 위 명령은 같은 해 7. 10. 확정되었다. 그런데 2003. 4. 22. 검사 A는 위 사건과 관련하여 甲에 대해 업무상과실치상의 혐의로 공소를 제기하였다. 법원은 검사 A의 공소제기에 대해 이 사건 공소사실과 위 확정된 약식명령의 범죄사실은 그 범행장소가 동일하고 범행일시도 일부 중복되며 모두 피고인이 이 사건 인화물질을 저장·사용하는 과정에서 발단이 된 일련의 행위에 해당하여 기본적인 사회적 사실관계가 동일하다는 이유로, 이 사건 공소사실은 이미 확정판결이 있은 때에 해당한다고 판단하여 피고인에 대하여 면소를 선고하였다.

법원의 면소판결은 적법한가?

[주요논점]　1. 재판확정의 효력에는 어떠한 것이 있는가?

　　　　　　2. 기판력과 일사부재리효력이란 무엇인가?

　　　　　　3. 일사부재리효력의 객관적 범위를 결정하는 기준은 무엇인가?

[관련판례]　2005도10233; 2009도4785.

I. 재판의 확정의 의의

1. 재판의 확정과 확정력

재판이 통상의 불복방법에 의해서는 다툴 수 없게 되어 그 내용을 변경할 수 없는 상태를 재판의 확정이라고 한다. 그리고 이와 같은 상태에 있는 재판을 확정재판이라고 한다. 재판이 외부적으로 성립하면 그 재판을 한 법원은 재판내용을 철회하거나 변경할 수 없다. 이것을 재판의 구속력이라고 한다. 그러나 이러한 상태는 상소에 의해 그 효력을 다툴 수 있다. 그러므로 상소에 의해 더 이상 재판을 다툴 수 없게 되었을 때 재판의 구속력은 확정적으로 발생하고 재판의 집행력(제459조)도 생긴다고 할 수 있다. 이처럼 재판확정에 의해 발생하는 재판의 본래적 효력을 재판의 확정력이라고 한다.

2. 제도의 기능

이와 같은 재판의 확정은 형사재판에서 정의와 법적 안정성이라는 서로 충돌하는 두 이념을 조화시키는 기능을 한다. 즉 상소제도에 의해 진실발견 또는 정의를 추구하면서도, 다른 한편으로 비록 정의에 반하는 재판이라 할지라도 일정한 기간이 지난 후에는 그 재판에 대해 다툴 수 없게 함으로써, 법적 안정성과 법적 평온을 도모하는 것이다.

Ⅱ. 재판확정의 시기

1. 불복신청이 허용되지 않는 재판

3   **(1) 법원의 관할 또는 판결 전의 소송절차에 관한 결정**   법원의 관할 또는 판결 전의 소송절차에 관한 결정은, 특히 즉시항고할 수 있는 경우 외에는 항고하지 못하므로(제403조 ①항), 여기에 해당하는 결정은 원칙적으로 그 선고 또는 고지와 동시에 확정된다.

4   **(2) 항고법원 또는 고등법원의 결정**   항고법원 또는 고등법원의 결정이나 법관의 명령에 대해서는, 재판에 영향을 미친 헌법, 법률, 명령 또는 규칙의 위반이 있음을 이유로 하는 때에 한하여 대법원에 즉시항고를 할 수 있을 뿐이다(제415조, 416조, 419조). 그러므로 이러한 결정이나 명령도 예외사유가 인정되지 않는 한 그 선고 또는 고지와 함께 확정된다.

5   **(3) 대법원의 결정과 판결**   대법원의 결정에 대해서도 불복이 허용되지 않으므로(87모4) 선고 또는 고지와 함께 확정된다. 또한 대법원의 판결은 원칙적으로 선고와 동시에 확정된다(67초22).[1] 다만 예외적으로 대법원이 판결에 오기·오산과 같은 오류를 정정하기 위해 판결을 정정하는 경우(제400조, 401조)에는, 정정판결 또는 신청기각의 결정을 한 때에 비로소 확정된다. 그러나 대법원의 판결은 원칙적으로 정정신청기간의 경과, 정정판결 또는 신청기각의 결정이 이루어진 때 확정된다고 보는 견해도 있다.[2]

2. 불복신청이 허용되는 재판

6   **(1) 불복신청기간의 경과**   불복신청기간이 경과하면 재판은 확정된다. 항소(제358조), 상고(제374조), 약식명령(제453조 ①항) 및 즉결심판(즉심법 제14조, 16조)의 경우에는 재판을 선고 또는 고지받은 날로부터 7일, 그리고 즉시항고(제405조)의 경우에는 3일이 경과되면 재판은 확정된다. 보통항고가 허용되는 결정은 그 항고기간에 제한이 없으므로 그 결정을 취소하여도 실익이 없게 된 때에 확정된다고 볼 수 있다(제404조). 다만 상소제기기간이 경과하여도 상소권자 자신 또는 대리인이 책임질 수 없는 사유로 인하여 상소제기기간 안에 상소를 하지 못한

---

1) 강구진 586; 백형구 372; 신동운 1491; 이재상/조균석/이창온 54/2; 이창현 1136.
2) 김기두 183; 정영석/이형국 434.

때에는 상소권회복청구를 할 수 있다. 그리고 이를 허락하는 결정이 확정되었을 경우에는 판결확정효력은 소급하여 취소되며 피고사건은 상소심에 계속된다(제345조 이하).

(2) 불복신청의 포기 또는 취하　재판은 그에 대한 불복신청의 포기 또는 **7** 취하에 의하여 확정된다. 검사나 피고인 또는 항고권자(제339조)는 상소를 포기 또는 취하할 수 있다(제349조). 약식명령에 대한 정식재판청구도 제1심 판결선고 전까지 취하할 수 있다(제454조). 즉결심판에 대해서도 정식재판의 포기 또는 취하를 할 수 있다(즉심법 제14조 ④항, 법 제454조).

(3) 불복신청을 기각하는 재판의 확정　재판은 그에 대한 불복신청을 기각 **8** 하는 재판(제360조, 376조, 362조, 381조, 407조, 413조)의 확정에 의하여 확정된다.

Ⅲ. 재판의 확정력

1. 형식적 확정력

(1) 의 의　재판이 통상의 불복방법에 의하여 다툴 수 없는 상태를 형식 **9** 적 확정이라고 하고, 재판의 이와 같은 불가쟁적 효력을 형식적 확정력이라고 한다.[1] 형식적 확정력의 불가쟁적 효력은, 1) 소송관계인의 입장에서는 재판에 대한 불복이 불가능함을 의미하고, 2) 재판을 행한 법원의 입장에서는 법원 자신이 재판내용을 철회하거나 변경할 수 없음을 뜻한다. 2)의 경우를 특히 불가변적 효력이라고도 한다.[2] 불가변적 효력은 상급법원에 의해 당해 재판을 변경시킬 수 없게 되는 효력, 즉 상소정지의 효력을 의미하는 데 불과하므로 불가쟁적 효력과 같은 의미에 지나지 않는다고 보는 견해도 있다.[3]

(2) 형식적 확정력이 있는 재판　형식적 확정력은 소송절차가 확정적으로 **10** 종결되는 소송절차면의 효력이므로 종국재판이건 종국 전의 재판이건, 실체재판이건 형식재판이건 불문하고 모든 재판에 대해 발생한다.

(3) 형식적 확정력의 효과　재판이 형식적으로 확정되면, 1) 종국재판의 경 **11** 우에는 당해 사건에 대한 소송계속이 종결되고, 2) 그 시점이 재판집행의 기준이 된다(제459조). 그리고 3) 자격정지 이상의 형을 선고한 재판이 확정되면 지

---

1) 강구진 528; 김기두 182; 백형구 373; 신동운 1492; 이재상/조균석/이창온 54/5.
2) 신동운 1492; 이창현 1137.
3) 이재상/조균석/이창온 54/5.

방검찰청 및 그 지청과 (군사법원의) 보통검찰부에서는 지체 없이 그 형을 선고받은 수형인을 수형인명부에 기재하여야 하며(형실효법 제3조), 4) 유죄판결의 경우에 재판의 형식적 확정은 누범가중(형법 제35조 ①항), 선고유예의 실효(같은 법 제61조 ①항), 집행유예의 실효(같은 법 제63조) 등에 관한 기준시점이 된다. 5) 형식적 확정력은 내용적 확정력을 인정하기 위한 전제가 된다.

2. 내용적 확정력

12　　(1) 의 의　　재판이 형식적으로 확정되면 그 의사표시내용도 확정된다. 이를 재판의 내용적 확정이라고 한다. 재판이 내용적으로 확정되면, 그 판단내용에 따라서 일정한 법률관계가 확정된다. 이것을 재판의 내용적 확정력 또는 실질적 확정력이라고 한다. 내용적 확정력은 실체재판뿐만 아니라 형식재판에도 발생한다. 그런데 유·무죄의 실체재판이나 면소판결의 경우에 내용적 확정이 있게 되면 형벌권의 존부와 범위가 확정된다. 이와 같이 피고사건의 실체와 관련된 내용적 확정력을 실체적 확정력이라고 한다. 실체적 확정력이 발생하면 동일한 사건에 대해 재소再訴가 금지되는 특별한 효과가 발생하는데, 이것을 일사부재리효과 또는 기판력이라고 한다.

　　(2) 내용적 확정력의 효과

13　　(가) **내용적 확정력의 대내적 효과**　　재판이 확정되면 집행력이 발생하고(제459조), 재판이 유죄판결인 경우에는 형벌집행권이 발생한다. 재판의 집행력을 내용적 확정력의 대내적 효과라고 한다. 재판의 집행력은 실체재판, 형식재판을 가리지 않고 집행이 필요한 재판에 발생한다.[1]

14　　(나) **내용적 확정력의 대외적 효과**　　재판이 확정되면 후소後訴법원으로 하여금 동일한 사정과 동일한 사항에 대해 원래의 재판과 상이한 판단을 할 수 없도록 하는 효과가 발생한다. 이것을 재판의 내용적 구속력이라고 한다. 내용적 구속력은 확정재판이 다른 법원에 대해 갖는 효과라는 점에서 내용적 확정력의 대외적 효과라고 할 수 있다.

15　　(다) **형식재판의 내용적 구속력**　　관할위반의 판결, 공소기각의 판결이나 결정 등 형식재판이 확정되면 후소後訴의 수소법원은 동일한 사정 및 사항에 관해 다른 판단을 할 수 없다. 형식재판의 내용적 구속력이 후소에 대하여 갖는

---

1) 예컨대 무죄판결은 집행력이 발생하지 않으나 보석허가결정이나 구속영장발부 등은 집행이 필요하다.

작용의 내용에 대해, 1) 구속효설은 후소의 수소법원에 대하여 판단내용을 구속한다고 보는 반면, 2) 차단효설은 동일사항에 대한 판단을 아예 금지하는 것이라고 본다.[1] 예를 들어 관할위반의 판결이 선고된 사건에 대해 다시 공소가 제기된 경우, 구속효설에 의하면 다시 관할위반의 판결(제319조)을 선고하여야 하지만, 차단효설에 의하면 절차위반을 이유로 공소기각의 판결(제327조 2호)을 선고하여야 한다. 형식재판의 효력으로 내용적 구속력을 인정하면, 그것에 위반한 경우에는 절차위반의 문제가 발생하므로 차단효설이 타당하다.

형식재판의 내용에 오류가 있는 경우에는 1) 형식재판의 내용적 구속력은 **16** 재판오류를 불문하고 재소再訴를 허용하지 않는다고 보는 견해[2]와 2) 재판의 오류에 대해 피고인에게 귀책사유가 있는가에 따라서 재소의 허용 여부를 결정하자는 견해[3]가 대립한다. 재판의 오류가 명백하고 피고인에게 뚜렷한 귀책사유가 있으면 재소를 허용해도 무방할 것이다. 예를 들어 피고인의 사망을 이유로 한 공소기각결정(제328조 ①항 2호)이 피고인의 적극적인 기망행위로 이루어진 경우에는 재소가 가능하다.

㈃ **유죄·무죄 및 면소판결의 내용적 구속력**   유죄·무죄 및 면소판결이 **17** 확정되면 형식재판과 마찬가지로 그 외부적 효력으로서 후소에 대한 불가변적 효력, 즉 내용적 구속력이 발생한다. 또한 동일사건에 대해 후소법원의 심리가 금지되는 효과, 즉 일사부재리효과(ne bis in idem)가 발생한다.

Ⅳ. 기판력과 일사부재리의 효력

1. 기 판 력

(1) 기판력의 개념

㈎ **일치설**   일치설은 기판력과 일사부재리효력을 같은 것으로 보는 견해 **18** 이다. 실체재판에 대한 내용적 확정력인 실체적 확정력은 내부효력으로서 당해 사건에 대한 구체적 형벌권의 존부와 범위를 확정시킨다. 특히 형을 선고하는 판결은 집행력을 가질 뿐만 아니라 외부적 효력으로 동일사건의 실체에 관해 재차 심리·판결할 수 없는 일사부재리효력이 발생한다. 이것을 고유한 의미의

---

1) 강구진 532; 이재상/조균석/이창온 54/11; 이창현 1139.
2) 신양균/조기영 1021; 이은모/김정환 777; 이재상/조균석/이창온 54/13.
3) 강구진 532; 신동운 1495; 이창현 1139.

기판력(res judicata)으로 파악함으로써 양자를 동일시한다.[1]

19   (나) 구별설   이 견해는 기판력과 일사부재리효력을 별개의 개념으로 보는 입장이다. 기판력은 재판의 내용적 확정력 가운데 대외적 효과(내용적 구속력)를 의미하는 소송법적 개념으로 이해한다. 이에 반해 일사부재리효력은 형사절차에 수반되는 피고인의 불안정한 상태를 제거하고자 하는 이중위험금지의 법리에서 유래하는 것으로 본다.[2]

20   (다) 포함설   이것은 기판력이 일사부재리효력을 포함한다고 보는 견해이다. 즉 형식재판, 실체재판을 가리지 않고 재판의 내용적 확정력 가운데 대외적 효력을 기판력으로 이해한다. 기판력은 후소에 대한 불가변적 효력, 즉 내용적 구속력을 가진다. 그리고 일사부재리효력은 내용적 확정력의 대외적 효과라는 점에서 기판력과 같다. 따라서 기판력은 내용적 구속력과 일사부재리효력(ne bis in idem)을 포함하는 개념이라고 할 수 있다.[3]

21   (라) 결 론   영미법상의 이중위험금지원칙도 재판의 최종적 성격을 전제하여 피고인보호를 도모하는 것이므로 기판력과의 개념적 분리가 불가능하다.[4] 따라서 구별설은 타당하지 않다. 그리고 예컨대 무죄판결이 확정된 경우, 이를 전제로 한 다른 사실을 재판할 때 피고인의 법적 안정성을 보호하기 위해 내용적 구속력을 인정할 필요가 있다.[5] 그러므로 개념상으로는 기판력에 일사부재리의 효력 이외에 내용적 구속력까지 포함시키는 것이 타당하다. 이 점에서 일치설보다는 포함설이 장점이 크다고 생각한다.

22   (2) 기판력의 기능   유죄·무죄의 판결과 면소판결이 확정된 후에는 동일사건에 대한 심리나 판결을 금지함으로써 몇 가지 기능이 달성될 수 있다. 1) 국가로 하여금 1회의 형사절차를 통해서만 한 시민에 대한 형사처벌을 가능케 함으로써 동일범죄로 인한 형사절차의 반복이 시민에게 주는 정신적·물질적 고통을 방지한다. 2) 형사사건과 관련된 불분명한 법률상태를 해소하여 일반인으로 하여금 법생활의 안정을 도모할 수 있게 한다. 3) 동일한 사건에 대해 전후 모순되는 판결이 내려지는 것을 방지하여 재판의 공정성에 대한 일반인의 신뢰를

---

1) 김기두 185; 백형구 375; 신동운 1497; 이창현 1141; 정영석/이형국 439.
2) 이은모/김정환 780; 차용석/최용성 734.
3) 강구진 528; 신양균/조기영 1024; 이재상/조균석/이창온 54/18.
4) 신동운 1497.
5) 예를 들어 피고인이 방화죄로 무죄의 확정판결을 받은 후 보험금청구를 하였는데, 검사가 나중에 피고인의 방화죄를 전제로 피고인을 다시 보험사기죄로 공소제기한 경우, 후소後訴에서 법원이 방화사실을 인정하여 유죄판결하는 것은 피고인의 법적 안정성 보호에 반한다.

높일 수 있다. 4) 동일한 사건에 대한 형사절차의 반복을 방지함으로써 형사사
법기관의 업무와 비용이 경제적으로 운용될 수 있다.

(3) 기판력의 본질   기판력의 본질에 관해서는 특히 실체적 진실에 반하는   **23**
유죄판결이 확정된 경우에 그 법적 효과를 어떻게 평가할 것인가를 둘러싸고
여러 가지 이론이 전개되고 있다. **실체법설**은 기판력의 본질은 확정재판에 의해
실체법률관계가 형성·변경되는 효력이라고 본다. 따라서 잘못된 판결이라 할지
라도 기판력에 의해 판결내용과 같은 실체법률관계가 형성된다. **구체적 규범설**
은 일반적·추상적 규범인 실체법이 소송을 통해 개별적·구체적 법률관계로
형성되도록 하는 힘을 기판력이라고 파악한다. 기판력은 당해 사건에 대한 구체
적 실체법이기 때문에 피고인은 기판력에 의해 유죄판결을 받은 자의 지위에
놓이게 되고 집행력이나 구속력과 같은 재판의 효력이 발생한다고 한다.[1] **소송
법설**은 기판력은 실체법률관계에 아무런 영향을 미치지 않으며, 소송법상 인정
되는 확정재판의 후소에 대한 영향일 뿐이라고 이해하는 견해이다.[2]

실체법설은 재심(제420조)이나 비상상고제도(제441조)와 모순될 뿐만 아니라   **24**
우리나라에서는 주장하는 학자도 없다. 구체적 규범설은 판결의 법률해석의 측
면에는 타당할 수도 있지만 사실인정의 측면에서는 문제가 있다. 무엇보다도 법
원이 심판한 공소사실의 범위를 넘어서 공소사실과 동일성이 인정되는 사실에 대
해서까지 기판력이 미치는 이유를 설명하기 어렵다. 소송법설이 가장 타당하다.

2. 일사부재리의 효력

(1) 일사부재리의 의의   기판력의 한 내용, 또는 기판력과 동일한 개념으로   **25**
이해되는 일사부재리(ne bis in idem)의 효력은 헌법 제13조 ①항에 "모든 국민은
동일한 범죄에 대하여 거듭 처벌받지 아니한다"는 것으로 규정되어 있다. 이로
써 일사부재리원칙은 실체적 확정력의 외부적 효력에서 헌법상의 객관적 가치
질서로서 의미를 가질 뿐만 아니라 피고인에게는 동일한 행위로 다시 처벌받지
않는 기본권의 의미를 갖는다. 여기에서 "거듭 처벌받지 아니한다"는 것은, 1)
확정판결을 받은 사건에 대해 수사기관은 다시 수사를 전개할 수 없고, 2) 설령
수사하여 공소제기를 하더라도 법원은 심리를 하지 않고 면소판결(제326조 1호)
을 내려야 함을 뜻한다. 즉 헌법 제13조 ①항은 시민이 하나의 범죄사건으로 형

---

1) 김기두 184; 정영석/이형국 438.
2) 강구진 530; 신동운 1501; 이은모/김정환 781; 이재상/조균석/이창온 54/22; 이창현 1142.

사절차에 이중으로 휘말려 들지 않도록 보장한다. 따라서 일사부재리효력은 기판력의 내용을 이루면서 동시에 이중위험금지원칙을 실현하는 것으로 이해하여야 한다.1)

(2) 일사부재리효력이 인정되는 재판

26   **(가) 실체재판**   유·무죄의 실체재판에는 일사부재리효력이 미친다. 약식명령(제457조)은 물론 즉결심판(즉심법 제16조)도 확정되면 유죄판결과 동일한 효력을 가지므로 일사부재리효력이 발생한다. 이에 반해 형사재판이 아닌 징계처분이나 관세법상의 통고처분에는 일사부재리효력이 미치지 않는다.

27   경범죄처벌법 제8조 ③항과 도로교통법 제164조 ③항은 일정한 범칙행위로 통고처분을 받은 자가 범칙금을 납부한 경우에 그 범칙금 납부자는 "그 범칙행위에 대하여 다시 벌 받지 아니한다"고 규정하고 있으므로 입법론적 재고의 여지는 있지만,2) 일사부재리효력이 발생한다고 볼 수밖에 없다(2002도2642; 2011도6858 등). 그러나 소년법상의 보호처분결정(소년법 제32조)은 확정판결과 동일한 효력을 부여한 것이 아니라 단순히 '다시 공소제기하지 못하도록 하는 것'(같은 법 제53조)에 불과하므로 일사부재리효력을 인정한 것이 아니라 공소기각의 사유를 규정한 것으로 보아야 한다. 판례도 소년법상의 보호처분은 공소기각판결의 사유로 보고 있다(85도21; 96도47).

[2012도6612] 경범죄처벌법의 범칙금과 일사부재리

[1] 경범죄처벌법상 범칙금제도는 형사절차에 앞서 경찰서장 등의 통고처분에 의하여 일정액의 범칙금을 납부하는 기회를 부여하여 범칙금을 납부하는 사람에 대하여는 기소를 하지 아니하고 사건을 간이하고 신속·적정하게 처리하기 위하여 처벌의 특례를 마련해 둔 것이라는 점에서 법원의 재판절차와는 제도적 취지 및 법적 성질에서 차이가 있다. 그리고 범칙금의 납부에 따라 확정판결에 준하는 효력이 인정되는 범위는 범칙금 통고의 이유에 기재된 당해 범칙행위 자체 및 범칙행위와 동일성이 인정되는 범칙행위에 한정된다. 따라서 범칙행위와 같은 시간과 장소에서 이루어진 행위라 하더라도 범칙행위의 동일성을 벗어난 형사범죄행위에 대하여는 범칙금의 납부에 따라 확정판결에 준하는 일사부재리의 효력이 미치지 아니한다.

[2] 피고인이 경범죄처벌법상 '음주소란' 범칙행위로 범칙금 통고처분을 받아 이를 납부하였는데, 이와 근접한 일시·장소에서 위험한 물건인 과도를 들고 피해자를 쫓

---

1) 이재상/조균석/이창온 54/14; 이창현 1140.
2) 신동운 1503.

아가며 "죽여버린다"고 소리쳐 협박하였다는 내용의 폭력행위 등 처벌에 관한 법률위반으로 기소된 사안에서, 범칙행위인 '음주소란'과 공소사실인 '흉기휴대협박행위'는 기본적 사실관계가 동일하다고 볼 수 없다는 이유로, 범칙금 납부의 효력이 공소사실에 미치지 않는다고 한 사례.

(나) **형식재판** 공소기각과 관할위반의 형식재판에는 일사부재리효력을 인 **28** 정할 여지가 없다. 이중위험금지는 형식재판이 아닌 실체재판, 본안재판에 수반되는 효력이기 때문이다.[1] 그러나 면소판결에는 일사부재리효력이 인정된다.[2]

(다) **당연무효의 판결** 당연무효의 판결이란, 판결로 성립은 하였으나 동일 **29** 사건에 대한 이중의 실체판결이 확정된 경우, 사자死者에 대해 형을 선고한 경우, 법률상 인정되지 않는 형벌을 선고한 판결 등 중대한 하자가 있어, 상소 기타 불복신청이 없어도 그 본래의 효력이 발생하지 않는 재판을 말한다. 이 경우에도 판결은 일단 성립하므로 형식적 확정력은 발생하지만 집행력은 발생하지 않는다는 데에는 이견이 없다. 당연무효의 판결은, 1) 실체적 확정력이 발생하지 않으므로 일사부재리효력이 인정되지 않는다는 견해[3]가 있다. 그러나 2) 당연무효의 판결도 일단 법원이 심리를 종결하여 최종적 판단을 한 것이며 또한 그 절차에서 처벌위험에 노출된 피고인을 다른 심판으로부터 보호해야 할 필요성이 있기 때문에 일사부재리의 효력이 발생한다고 보는 것이 옳다.[4]

(3) **일사부재리효력의 객관적 범위**

(가) **동일한 범죄** 법원의 심판대상에 관한 이론[5] 중 다수설인 이원설에 따르 **30** 면, 일사부재리효력은 법원의 현실적 심판대상인 공소사실은 물론 그 공소사실과 단일하고 동일한 관계에 있는 사실의 전부, 즉 잠재적 심판대상에까지 미친다.[6]

(나) **이론적 근거** 이처럼 공소사실과 동일성이 인정되는 범위까지 일사부 **31** 재리효력이 미치는 근거는 다음과 같다. 1) 공소제기효력은 공소사실뿐만 아니라 그와 동일성이 있는 범죄사실 전부에 대해서 미친다(제248조 ②항).[7] 2) 피고

---

1) 강구진 534; 이재상/조균석/이창온 54/24.
2) 앞의 [60] 10 참조.
3) 백형구 543.
4) 강구진 538; 신동운 1504; 신양균/조기영 1027; 이은모/김정환 783; 이재상/조균석/이창온 54/25; 이창현 1144.
5) 앞의 [35] 5 이하 참조.
6) 김기두 185; 이은모/김정환 783 이하; 이재상/조균석/이창온 54/26; 이창현 1145.
7) 신동운 1507.

인의 법적 지위의 안정과 피고인보호를 위해 이중위험을 금지하고자 하는 일사부재리원칙의 취지에 비추어, 공소사실과 동일성이 인정되는 범위에서는 위험이 미친다.[1] 3) 헌법 제13조 ①항의 '동일한 범죄'는 공소사실과 동일성이 인정되는 범죄 전체를 가리키는 것으로 보아야 한다.

32   (대) **구체적 범위**   여기서 범죄의 동일성 여부는 공소장변경의 허용한계로서 공소사실의 동일성에 관한 학설에 따라 정해진다. 즉 동일한 범죄의 여부는 다수설·판례의 입장인 기본적 사실동일설이 그 기준이 된다. 다만 대법원은 기판력의 범위를 정하는 사건의 동일성은 기본적 사실의 동일 여부에 따라 판단하되, 기본적 사실관계가 동일한가의 여부는 순수하게 사회적·전법률적 관점만으로는 파악할 수 없고, 자연적·사회적 사실관계의 동일성 외에 규범적 요소도 기본적 사실관계의 동일성의 실질적 내용을 이루는 것으로 보아야 한다는 입장이다(93도2080 전합; 2022도10660 등). 그러나 이와 같은 입장은 헌법 제13조 ①항이 추구하는 이중위험금지의 이념을 위태롭게 할 염려가 있다. 따라서 기본적 사실동일 여부의 판단에는 법익·죄질과 같은 규범적 요소를 고려해서는 안 된다.

> **[2002도2642] 사실적·규범적 사건개념과 일사부재리**
> [1] 공소사실이나 범죄사실의 동일성 여부는 사실의 동일성이 갖는 법률적 기능을 염두에 두고 피고인의 행위와 그 사회적인 사실관계를 기본으로 하되 그 규범적 요소도 고려에 넣어 판단하여야 한다.
> [2] 경범죄처벌법위반죄로 범칙금 통고처분을 받아 범칙금을 납부한 범칙행위인 소란행위와 상해죄의 공소사실은 범행장소가 동일하고 범행일시도 거의 같으며, 모두 피고인과 피해자의 시비에서 발단한 일련의 행위임이 분명하므로, 양 사실은 그 기본적 사실관계가 동일한 것이라고 할 것이어서 위 경범죄처벌법위반죄에 대한 범칙금납부로 인한 확정재판에 준하는 효력이 상해의 공소사실에도 미친다고 보아 면소의 판결을 선고한 원심판결을 수긍한 사례.

33   (래) **상습범의 기판력 제한**   다만 판례는 포괄일죄의 기판력이 지나치게 확대되는 것을 방지하기 위해 새로운 판단기준을 제시하였다. 즉, 상습범으로서 포괄일죄 관계에 있는 여러 개의 범죄사실에 이전 확정판결의 기판력이 적용되기 위하여는, 전의 확정판결에서 피고인이 상습범으로 기소되어 처단되었을 것

---

1) 이은모/김정환 787; 이재상/조균석/이창온 54/27.

을 필요로 한다는 것이다(2001도3206 전합; 2017도16223 등).

(4) **일사부재리효력의 주관적 범위**　일사부재리효력은 공소가 제기된 피고 **34**
인에 대해서만 발생한다. 공소는 검사가 피고인으로 지정한 이외의 다른 사람에
게는 효력이 미치지 않기 때문이다(제248조 ①항). 따라서 공동피고인의 경우에도
한 피고인에 대한 판결효력은 다른 피고인에게 미치지 않는다. 피고인이 성명을
모용한 경우에도 판결효력은 피모용자에게 미치지 않는다. 그러나 위장출석한
피고인, 즉 부진정피고인에 대해 유죄판결이 확정되었을 때에는 그에게 기판력
이 미친다.

(5) **일사부재리효력의 시간적 범위**　확정판결 전후에 걸쳐서 계속범, 상습 **35**
범 등이 행해진 경우에 어느 시점까지 일사부재리효력이 미치는가에 대해 변론
종결시설, 판결선고시설, 판결확정시설이 대립한다. 일사부재리효력의 시간적
한계는 사실심리가 가능한 최종시점을 표준으로 하는 것이 원칙이다. 그러나 현
행법은 변론재개를 허용하고 있기 때문에(제305조) 사실심판결선고시를 표준으
로 해야 한다는 것이 통설[1]과 판례(82도2500 등)의 입장이다. 따라서 제1심 판결
에 대해 항소가 제기된 때에는 항소심판결 선고시가 표준이 된다(82도2829; 93도
836). 약식명령에서 사실심리가 가능한 최후시점은 약식명령의 발령시이기 때문
에 약식명령에서는 그 명령의 발령시가 기준이 된다(84도1129; 94도1318).

V. 확정력의 배제

재판의 확정력, 특히 일사부재리효력은 법적 안정성과 피고인의 지위를 보 **36**
호하기 위한 것이다. 그러나 재판도 사람이 하는 이상 오판이 있을 수 있다. 특
히 판결에 명백한 법률상·사실상 하자가 있는데도 확정력을 배제하지 않으면,
정의에 반할 뿐만 아니라 법적 평화에도 장애를 가져온다. 그러므로 현행법은
예외적으로 확정판결에 대해서도 특별한 이유가 있을 경우 확정력을 배제하는
비상구제절차를 규정하고 있다. 그러한 절차로는 1) 재판의 확정 자체가 당사
자, 특히 피고인의 이익을 부당하게 박탈하는 경우의 구제제도인 상소권의 회복
(제345조 이하), 2) 사실오인을 시정하여 유죄판결을 받은 자의 불이익을 구제하

---

1) 김기두 185; 백형구 378; 신동운 1513; 이은모/김정환 790; 이재상/조균석/이창온 54/30; 이
　창현 1156; 정영석/이형국 441. 민사소송에서 기판력의 표준시는 변론종결시이다. 민사소송은
　'변론기일'과 '선고기일'이 엄격히 구분되어 있고, 민사판결서에는 판결선고일자 외에 변론종결
　일자도 기재하나, 형사판결서에는 오직 판결선고일자만 기재한다.

는 제도인 재심(제420조 이하) 그리고 3) 확정판결의 법령위반을 시정하여 법령해석의 통일을 기하기 위한 제도인 비상상고(제441조 이하)가 있다.

Ⅵ. 소송비용

1. 소송비용의 개념과 유형

37　　(1) 개　념　　형의 선고를 하는 때에는 피고인에게 소송비용의 전부 또는 일부를 부담하게 하여야 한다(제186조 ①항). 소송비용은 소송절차의 진행으로 발생한 비용으로서 형사소송비용 등에 관한 법률(형사소송비용법)이 소송비용으로 규정한 것을 말한다. 형사소송비용법은 소송비용을 '형사소송법에 의한 소송비용'이라고 규정하고 있다.

38　　(2) 소송비용의 유형　　소송비용에는 1) 증인·감정인·통역인 또는 번역인의 일당·여비 및 숙박료, 2) 감정인·통역인 또는 번역인의 감정료·통역료·번역료, 그 밖의 비용, 3) 국선변호인의 일당·여비·숙박료 및 보수가 해당된다(형사소송비용법 제2조).

39　　(3) 소송비용에 해당하지 않는 유형　　반면에 1) 형사소송제도상의 일반적 비용,[1] 2) 증거보전절차(제184조) 또는 검사의 청구에 의한 증인신문절차(제221조의2)에서 증인·감정인·통역인·번역인에게 지급한 비용, 3) 기소 전의 수사비용, 4) 재판 외에 지출된 비용, 5) 법정 외에서 증거조사를 위해 법관 등이 지출한 여비, 숙박료 등은 소송비용에 해당하지 않는다.

2. 소송비용부담의 법적 성격

40　　소송비용은 형벌이 아니다. 통설은 피고인에 대한 소송비용의 부담은 재산적 이익의 박탈이라는 점에서 벌금형과 유사한 것으로 본다. 그러나 소송비용은 피고인의 범죄에 대한 책임과 필연적 연관이 있는 것이 아니므로 벌금형으로 볼 수 없고, 그렇다고 손해배상의 성격을 가진 것도 아니다. 또한 통설은 고소인·고발인 기타 피고인 아닌 자에 대한 소송비용의 부담도 부당한 고소·고발·상소제기 또는 재심청구로 인하여 불필요한 소송을 진행하도록 한 점에 대한 제재의 성격을 갖는다고 한다.[2] 그러나 이 제재의 성격이 형벌이 아님은 분명

---

1) 예컨대 법원의 설치·유지·관리비용, 직원인건비용 등.
2) 강구진 615; 신동운 1481; 신양균/조기영 1038; 이재상/조균석/이창온 55/3.

하나 손해배상책임인지 여부는 분명하지 않다.

[소송비용부담의 입법원리] 독일에서는 소송비용부담의 근거로 1) 소송비용발생의 **41** 책임이 있는 자가 이를 부담한다는 유책주의(Verschuldensprinzip)와 2) 형사절차를 진행하게 한 계기를 제공한 사람이 그 절차에서 발생한 비용을 부담한다는 유발원칙(Veranlassungsprinzip) 그리고 3) 과도하거나 부담불가능한 소송비용의 배제를 근거로 하는 공정성원칙(Billigkeitsprinzip)이 제시된다. 그러나 어떤 원칙이든 소송비용부담의 내용적 근거가 되지는 못하므로 재정적 이유만이 소송비용부담의 실질적인 근거라는 비판이 있다. 그리고 소송비용부담에 의해 형사사법재정이 크게 나아지는 것도 아니고, 피고인의 재사회화 등 형사정책적인 효과가 기대되는 것도 아니기 때문에 피고인의 소송비용부담의무를 폐지해야 한다는 주장이 제기되기도 한다.1)

3. 소송비용의 부담자

형사소송법은 형사절차에 관한 모든 비용을 일단 국고에서 지급하게 하고 **42** 그 중 일정한 범위의 비용만을 소송비용으로 지정하여 지출원인에 대해 책임 있는 피고인, 기타 고소인·고발인 등에게 부담시키고 있다. 검사는 국가기관이므로 검사의 책임으로 인하여 발생한 소송비용은 국가가 부담하고, 비용부담문제가 발생하지 않는다. 형사소송법도 피고인 기타 고소인·고발인의 소송비용부담에 관한 규정만을 두고 있다.

(1) 피고인의 소송비용부담

(가) **형의 선고** 형의 선고를 하는 때에는 피고인에게 소송비용의 전부 또 **43** 는 일부를 부담하게 하여야 한다(제186조 ①항 본문). 여기의 '형의 선고'에는 집행유예가 포함되지만(제321조 ②항), 형의 면제나 선고유예(제322조)는 그러하지 않다. 또한 형의 선고를 하지 아니하는 경우에도 피고인에게 책임지울 사유로 발생된 비용은 피고인에게 부담시킬 수 있다(제186조 ②항). 예컨대 피고인이 정당한 사유 없이 출석하지 않아 증인을 소환한 공판기일에 신문할 수 없게 되어 발생한 비용이 그러하다.

(나) **공범의 소송비용** 공범의 소송비용은 공범 전부에게 연대하여 부담시 **44** 킬 수 있다(제187조). 여기의 공범은 임의적 공범뿐만 아니라 필요적 공범도 포

---

1) W.Hassemer, Dogmatische, kriminalpolitische und verfassungsrechtliche Bedenken gegen die Kostentragungspflicht des verurteilten Angeklaten, ZStW 85(1973), 651.

함한다. 그러나 소송비용의 연대부담은 공범자가 공동심리를 받는 중에 발생한 비용에 한정된다. 다만 다른 공범자에게 관계없는 비용은 이에 포함되지 않는다.

45   **(다) 예 외**   피고인의 경제적 사정으로 소송비용을 납부할 수 없는 때에는 그 소송비용을 피고인에게 부담하게 할 수 없다(제186조 ①항 단서). 또한 검사만이 상소 또는 재심청구를 한 경우에 상소 또는 재심청구가 기각되거나 취하된 때에는 그 소송비용을 피고인에 부담하게 하지 못한다(제189조).

(2) 제3자의 소송비용부담

46   **(가) 고소인·고발인**   고소 또는 고발에 의해 공소를 제기한 사건은 피고인이 무죄 또는 면소의 판결을 받으면, 고소인 또는 고발인에게 고의 또는 중대한 과실이 있는 경우, 그에게 소송비용의 전부 또는 일부를 부담하게 할 수 있다(제188조). 무죄 또는 면소판결에 한하므로 형의 면제, 선고유예 또는 공소기각의 재판을 받은 경우는 제외된다.

47   **(나) 상소 또는 재심청구자**   검사 아닌 자가 상소 또는 재심청구를 한 경우에 상소 또는 재심청구가 기각되거나 취하된 때에는 그에게 소송비용을 부담하게 할 수 있다(제190조 ①항). 여기의 검사 아닌 자에는 피고인도 포함된다. 피고인 아닌 자가 피고인이 제기한 상소 또는 재심청구를 취하한 경우에도 그에게 그 소송비용을 부담하게 할 수 있다(같은 조 ②항). 그러나 변호인이 피고인을 대리하여 상소 또는 재심청구를 취하한 때에는 피고인을 대리하여 한 것이므로 변호인에게 소송비용을 부담하게 할 수 없다.[1]

4. 소송비용부담의 재판절차

(1) 재판으로 소송절차가 종료되는 경우

48   **(가) 피 고 인**   재판으로 소송절차가 종료되는 경우에 피고인에게 소송비용을 부담하게 하는 때에는 직권으로 재판하여야 한다(제191조 ①항). 이 경우 피고인에 대한 형선고의 판결에서 소송비용부담재판은 주문에 표시된다. 소송비용부담재판은 본안재판을 상소하는 경우에 한하여 불복할 수 있다(같은 조 ②항). 따라서 본안재판에 대한 상소가 기각된 경우에는 소송비용부담재판에 관한 상소도 기각된 것으로 보아야 한다. 여기서 본안재판은 피고사건에 대한 종국재판 일반을 말하며 형식재판, 실체재판을 불문한다.

49   **(나) 제3자**   피고인 아닌 자에게 소송비용을 부담하게 하는 때에는 종국재

---

1) 강구진 617; 신동운 1482; 이재상/조균석/이창온 55/7; 이창현 1160.

판의 주문에서 선고하는 것이 아니라 별도로 직권에 의한 결정을 하여야 한다 (제192조 ①항). 이 결정에 대해서는 즉시항고를 할 수 있다(같은 조 ②항).

(2) **재판에 의하지 않고 소송절차가 종료되는 경우**   재판에 의하지 않고 소 **50** 송절차가 종료되는 경우로는 상소·재심 또는 정식재판의 청구를 취하하는 때가 있다. 이 경우에 피고인에게 부담시키든 제3자에게 부담시키든 언제나 사건의 최종계속법원이 직권으로 독립한 결정을 하여야 한다(제193조 ①항). 이에 대해서 는 즉시항고가 가능하다(같은 조 ②항).

(3) **소송비용부담액의 산정**   법원은 소송비용에 관한 재판을 할 때 구체적 **51** 인 부담액을 명시하지 않고 추상적으로 부담자 및 부담부분만을 지정하여 표시 할 수 있다. 이것은 사건기록에 의해서 비용의 성질이 명백하고 또 금액계산은 기술적 사항에 속하기 때문이다. 이처럼 소송비용에 관한 재판에 금액이 표시되 지 않은 경우에는 집행을 지휘하는 검사가 금액을 산정한다(제194조). 이 금액산 정에 이의가 있는 때에는 검사의 처분이 부당함을 이유로 재판을 선고한 법원 에 이의신청을 할 수 있다(제489조).

(4) **소송비용부담재판의 집행**   소송비용부담재판도 다른 재판집행과 마찬 **52** 가지로 검사의 지휘에 의하여 집행한다(제460조 ①항 본문). 재판집행에 따른 비용 은 집행을 받는 자가 부담한다(제493조). 소송비용부담의 재판을 받은 자가 빈곤 으로 인하여 이를 완납할 수 없을 때에는 그 재판의 확정후 10일 이내에 재판을 선고한 법원에 소송비용의 전부 또는 일부에 대한 집행면제를 신청할 수 있다 (제487조). 소송비용부담의 재판의 집행은 집행면제신청기간 내와 그 신청이 있 는 때에는 그 신청에 대한 재판이 확정될 때까지 정지된다(제472조). 소송비용의 집행면제신청은 법원의 결정이 있을 때까지 취하할 수 있다(제490조 ①항). 소송 비용의 집행면제신청과 그 취하에 대해서는 재소자를 위한 특칙이 준용된다(같 은 조 ②항, 제344조).

[62]　제 2　재판의 집행

I. 재판집행의 일반이론

1. 재판집행의 의의

1　　　　재판의 집행은 국가권력이 재판의 의사표시내용을 강제적으로 실현하는 것을 말한다. 재판의 집행에는 1) 형의 집행뿐만 아니라, 2) 추징·소송비용과 같은 부수처분, 3) 과태료·보증금의 몰수, 비용배상, 4) 강제처분을 위한 영장집행 등이 포함된다. 그러나 재판집행에서 가장 중요한 것은 물론 유죄판결의 집행인 형의 집행(Strafvollstreckung)이다. 형의 집행에 의하여 형법의 구체적 실현이라는 형사소송의 최종목표가 달성되기 때문이다. 형의 집행 중에서도 징역형이나 금고형 등과 같은 자유형의 집행을 행형이라고도 부른다. 이에 반해 무죄판결, 공소기각재판, 관할위반판결 등에서는 집행이 문제될 것이 없고, 그러한 재판 자체의 의사표시만으로 충분한 의미를 갖는다.

2. 재판집행의 시기

2　　　　**(1) 즉시집행의 원칙**　　재판은 형사소송법에 특별한 규정이 없으면 확정된 후에 집행한다(제459조). 재판은 확정된 후에 즉시 집행하는 것이 원칙이다. 검사의 집행지휘를 요하는 재판은 재판서 또는 재판을 기재한 조서의 등본 또는 초본을 재판의 선고 또는 고지한 때로부터 10일 이내에 검사에게 송부하여야 한다. 다만 법률에 다른 규정이 있는 때에는 예외로 한다(제44조). 형선고의 재판에 대하여 형집행에 착수하지 않으면 형의 시효가 진행하게 된다. 형(사형은 제외)의 선고를 받은 자에게 형의 시효가 완성되면 그 집행이 면제되는 효과가 발생한다(형법 제77조).

　　　　(2) 즉시집행에 대한 예외

3　　　　**(가) 확정전의 재판집행**　　즉시집행에 대한 예외로서 재판이 확정되기 전에 집행할 수 있는 경우가 있다. 먼저 1) 결정과 명령의 재판은 즉시항고(제410조) 또는 일부의 준항고(제416조 ④항, 제419조) 등의 경우를 제외하고는 즉시 집행할 수 있다. 원칙적으로 결정이나 명령에 대한 불복은 즉시항고 이외에는 재판집행을 정지하는 효력이 없기 때문이다(제409조 본문). 그리고 2) 벌금·과료 또는 추징의 선고를 하는 경우에 법원에 의한 가납명령이 있으면 재판확정을 기다리지

않고 즉시 집행할 수 있다(제334조).

(ㄴ) **확정 후 일정기간 경과 후의 집행**   재판이 확정된 때에도 특수한 사   **4**
정에 의해 즉시 집행할 수 없는 경우가 있다. 즉 1) 소송비용부담의 재판은 소
송비용집행면제 신청기간 내 또는 그 신청에 대한 재판이 확정된 후에 집행할
수 있고(제472조), 2) 노역장유치의 집행은 벌금 또는 과료의 재판이 확정된 후
30일 이내에는 집행할 수 없다(형법 제69조 ①항). 또한 3) 사형은 법무부장관의
명령이 있어야만 집행할 수 있으며(제463조), 4) 보석허가결정은 일정한 조건의
경우 이를 이행한 후에 집행할 수 있고(제100조 ①항), 5) 사형선고를 받은 사람
또는 자유형의 선고를 받은 사람이 심신장애로 의사능력이 없는 상태에 있는
때에는 심신장애가 회복될 때까지, 사형선고를 받은 사람이 임신 중인 때에는
출산할 때까지 형집행을 정지한다(제469조, 470조 ①항).

3. 재판집행의 지휘

(1) **검사주의의 원칙**   재판집행은 공익의 대표자인 검사의 직무에 속하는   **5**
것으로서 검사가 지휘·감독하는 것이 원칙이다(검찰청법 제4조 ①항 4호). 그러므
로 재판집행은 그 재판을 한 법원에 대응한 검찰청검사가 지휘한다(제460조 ①
항). 즉 형사소송법은 재판집행에 대해 검사주의에 의하고 있다. 상소재판 또는
상소취하로 인하여 하급법원의 재판을 집행할 경우에는 상소법원에 대응한 검
찰청검사가 지휘한다(같은 조 ②항 본문). 이는 그런 경우에 소송기록은 대개 상소
법원에 이미 송부되어 있기 때문이다. 그러므로 소송기록이 하급법원 또는 그
법원에 대응한 검찰청에 있는 때에는 그 검찰청검사가 지휘한다(같은 항 단서).

(2) **법원·법관의 재판집행**   재판집행의 검사주의 원칙에 대한 예외로서 법   **6**
률의 명문규정이나 재판의 성질에 의해 법원 또는 법관이 지휘해야 하는 경우
가 있다(제460조 ①항 단서). 그 내용은 다음과 같다.

(ㄱ) **명문규정에 의한 법원·법관의 재판집행**   1) 공판절차에서 구속영장   **7**
은 검사의 지휘에 의하여 사법경찰관리가 집행하는 것이 원칙이나, 급속을 요하
는 경우에는 재판장, 수명법관 또는 수탁판사가 그 집행을 지휘할 수 있다(제81
조 ①항). 2) 공판절차에서 압수·수색영장은 검사의 지휘에 의해 사법경찰관리가
집행하는 것이 원칙이나, 필요한 경우에는 재판장은 법원사무관 등에게 그 집행
을 명할 수 있다(제115조 ①항). 이것은 법률의 규정에 의해 법원 또는 법관이 집
행을 지휘하는 경우에 속한다.

8   **(나) 재판의 성질상 법원이 집행해야 하는 경우**   1) 법원에서 보관하고 있는 압수장물의 환부·매각·보관 등(제333조)의 조치나, 2) 법정경찰권에 의한 퇴정명령(제281조 ②항, 법조법 제58조) 등의 경우는 재판의 성질상 법원 또는 법관이 지휘할 수밖에 없다.

4. 집행지휘의 방식

9   **(1) 재판집행지휘서에 의한 집행**   재판서 또는 재판을 기재한 조서의 등본 또는 초본을 첨부한 서면에 의해 재판집행을 지휘한다. 이러한 서면을 재판집행지휘서라고 한다. 다만 형의 집행을 지휘하는 경우 외에는 재판서의 원본·등본이나 초본 또는 조서의 등본이나 초본에 인정하는 날인으로 할 수 있다(제461조). 이와 같이 재판의 집행지휘에서 서면주의는 재판집행이 당사자에게 미치는 중대한 영향 때문에 재판집행을 더욱 신중하게 하기 위해서이다.

10   **(2) 증명자료에 의한 집행**   그러나 예외적으로 천재지변 등의 사유로 재판서 원본이 멸실되어 그 등본 또는 초본을 작성할 수 없어 이를 재판지휘서에 첨부할 수 없게 된 경우에는 형의 종류와 범위를 구체적으로 명확하게 할 수 있는 다른 증명자료를 이에 첨부하여 집행지휘를 할 수 있다(4293형항20; 2015모2229 전합).

5. 형집행을 위한 소환

11   검사는 형의 집행을 위해 사형·징역·금고 또는 구류의 선고를 받은 자가 구금되지 아니한 경우에는 그를 소환하여야 하고(제473조 ①항), 소환에 응하지 아니한 때에는 검사는 형집행장을 발부하여 구인하여야 한다(같은 조 ②항). 형의 집행은 검사의 임무이고, 또한 확정된 형의 집행을 위한 절차까지 법관의 영장에 의하도록 하는 것은 절차를 지나치게 번잡하게 만들기 때문에 검사의 형집행장에 의하여 구인할 수 있도록 한 것이다. 더 나아가 형의 선고를 받은 자가 도망하거나 도망할 염려가 있거나 현재지를 알 수 없는 경우에는 소환하지 않고 형집행장을 발부하여 구인할 수 있다(같은 조 ③항).

12   형집행장에는 형의 선고를 받은 자의 성명·주거·연령·형명·형기 기타 필요한 사항을 기재하여야 한다(제474조 ①항). 검사가 발부한 형집행장은 구속영장과 동일한 효력이 있다(같은 조 ②항). 그러므로 형집행장의 집행에는 피고인의 구속에 관한 규정이 준용된다(제475조).

[2012도2349] 형집행장의 집행

[1] 형사소송법 제475조는 형집행장의 집행에 관하여 형사소송법 제1편 제9장에서 정하는 피고인의 구속에 관한 규정을 준용한다고 규정하고 있고, 여기서 '피고인의 구속에 관한 규정'은 '피고인의 구속영장의 집행에 관한 규정'을 의미한다고 할 것이므로, 형집행장의 집행에 관하여는 구속의 사유에 관한 형사소송법 제70조나 구속이유의 고지에 관한 형사소송법 제72조가 준용되지 아니한다.

[2] 사법경찰관리가 벌금형을 받은 사람을 그에 따르는 노역장유치의 집행을 위하여 구인하려면 검사로부터 발부받은 형집행장을 그 상대방에게 제시하여야 하지만 (형사소송법 제85조 ①항 참조), 형집행장을 소지하지 아니한 경우에 급속을 요하는 때에는 그 상대방에 대하여 형집행 사유와 형집행장이 발부되었음을 고하고 집행할 수 있다(형사소송법 제85조 ③항 참조). 그리고 형집행장의 제시 없이 구인할 수 있는 '급속을 요하는 때'란 애초 사법경찰관리가 적법하게 발부된 형집행장을 소지할 여유가 없이 형집행의 상대방을 조우한 경우 등을 가리킨다.

6. 형집행의 순서

(1) **중형우선원칙**   형의 집행에는 사형의 집행, 자유형의 집행, 자격형의 **13** 집행, 재산형의 집행이 있다. 몰수, 소송비용, 비용배상의 집행은 재산형의 집행에 준하여 취급할 수 있다. 2이상의 형을 집행하는 경우에 자격상실·자격정지·벌금·과료와 몰수 외에는 무거운 형을 먼저 집행한다(제462조 본문). 여기서 형의 경중은 형법 제41조 및 제50조에 의하여 결정한다. 따라서 사형·징역·금고·구류의 순서로 집행된다. 자유형의 형기가 같은 경우에는 징역이 금고보다 무거운 형이며, 형기가 다른 경우에는 장기인 것이 형종에 관계없이 무거운 형이 된다. 이러한 기준 이외에는 죄질과 범죄의 정황에 의하여 경중을 정한다(형법 제50조 참조).

(2) **집행순서의 변경**   소속장관의 허가를 얻어 검사는 다른 형의 집행을 **14** 위해 무거운 형의 집행을 정지할 수 있다(제462조 단서). 이러한 집행순서변경의 허용은 가석방의 요건을 빨리 갖출 수 있도록 하기 위해서이다.[1)]

(3) **동시집행**   자유형과 벌금형은 동시집행이 가능하지만, 자유형과 노역 **15** 장유치가 병존하는 경우에는 검사는 노역장유치의 집행을 위해 자유형의 집행을 정지할 수도 있다.

---

1) 신동운 1796; 이재상/조균석/이창온 62/9.

7. 재판집행에 대한 구제절차

(1) 재판해석에 대한 의의신청

16   (가) 개 념   형의 선고를 받은 자는 집행에 관하여 재판의 해석에 대한 의의疑義가 있는 경우에는 재판을 선고한 법원에 의의신청을 할 수 있다(제488조). 판결내용 자체의 부당을 이유로 하는 의의신청은 허용되지 않으며, 판결주문의 취지가 불명확하여 주문의 해석에 의문이 있는 경우에 한하여 의의신청이 허용된다(86모45; 87초42).

17   (나) 절 차   재판해석에 대한 의의신청의 관할법원은 재판을 선고한 법원, 즉 형을 선고한 법원이 된다(제488조). 그러므로 상소기각의 경우는 원심법원이 관할법원이 된다. 의의신청이 있는 경우 법원은 결정을 하여야 하며, 이 결정에 대하여는 즉시항고를 할 수 있다(제491조). 법원의 결정이 있을 때까지 재판해석의 의의신청은 취하할 수 있고(제490조 ①항), 재판해석의 의의신청과 그 취하에 대해서는 재소자에 대한 특칙이 준용된다(같은 조 ②항, 제344조).

(2) 재판집행에 대한 이의신청

18   (가) 개 념   재판의 집행을 받은 자 또는 그 법정대리인이나 배우자는 재판집행에 대한 검사의 처분에 대하여 부당함을 이유로 재판을 선고한 법원에 이의신청을 할 수 있다(제489조). 원칙적으로 검사의 재판집행에 관한 이의신청은 확정판결에 대한 집행을 전제하지만 재판이 확정되기 전에도 검사가 형의 집행지휘를 하는 경우에는 이의신청이 인정될 수 있다(64모14). 그러나 이의신청이 집행종료 후에 있는 경우에는 그러한 이의신청은 실익이 없으므로 집행종료 후의 이의신청은 허용되지 않는다(92모39; 2001모91).

19   (나) 이의신청의 대상   형사소송법에서는 이의신청이 검사의 집행처분이 위법한 경우뿐만 아니라 부당한 경우까지 그 대상으로 하고 있음을 분명히 하고 있다(제489조). 그러나 검사의 공소제기 또는 이를 바탕으로 한 재판 그 자체의 부당함을 이유로 이의신청하는 것은 허용되지 않는다(86모32).

20   (다) 이의신청의 절차   이의신청에 대한 관할법원은 재판을 선고한 법원, 즉 피고인에게 형을 선고한 법원을 뜻하며, 형을 선고한 판결에 대한 상소를 기각한 법원은 제외된다(87초28; 96초76 등). 이의신청이 있는 경우 법원은 결정을 하여야 하며, 이 결정에 대하여는 즉시항고를 할 수 있다(제491조). 법원의 결정이 있을 때까지 재판집행에 대한 이의신청은 취하할 수 있고(제490조 ①항), 재판

집행에 대한 이의신청과 그 취하에 대해서는 재소자에 대한 특칙이 준용된다(같은 조 ②항, 제344조).

[93모55] 재판집행에 대한 이의신청의 대상과 방식□
보호감호판결이 확정되어 감호수용중 보호감호의 집행정지결정을 받고 출소한 후 다시 치료감호를 선고받아 확정된 자에 대하여 검사가 보호감호 집행정지결정을 취소하는 결정을 함과 아울러 잔여 보호감호 집행을 지휘하는 처분을 한 경우, 그 처분이 부당함을 이유로 시정을 구하는 취지에서 준항고장이라는 서면을 제출하였다면 이를 사회보호법 제42조와 형사소송법 제489조에 따라 재판을 선고한 법원(합의부)에 재판의 집행에 관한 검사의 처분에 대한 이의신청을 한 것으로 보아 판단하여야 한다.

Ⅱ. 자유형의 집행

1. 집행방법

자유형은 검사가 형집행지휘서에 의하여 지휘한다(제460조, 자유형 등에 관한 **21** 검찰집행사무규칙 제4조). 자유형은 교정시설에 수용하여 집행하며(형법 제67조, 68조), 검사는 자유형의 집행을 위하여 형집행장을 발부할 수 있다(제473조).

2. 형기의 계산

자유형을 집행할 때에는 형기를 준수하여야 한다. 형기는 판결이 확정되는 **22** 날부터 기산한다(형법 제84조 ①항). 그러므로 형기의 기산점은 검사의 형집행지휘일이 아니라 판결의 확정일이다. 그러나 불구속 중인 자에 대해서는 형집행지휘서에 의하여 수감된 날을 기준으로 형기를 기산하여야 한다. 형집행의 초일은 시간을 계산함이 없이 1일로 산정한다(같은 법 제85조). 석방은 형기종료일에 하여야 한다(같은 법 제86조).

3. 미결구금일수의 산입

(1) **미결구금일수**　　자유형의 집행에는 미결구금일수가 산입된다. 미결구금 **23** 일수란 구금당한 날로부터 판결확정일 전까지 실제로 구금된 일수를 말한다. 그

러므로 징역·금고·구류와 유치에서 실제로 구속되지 아니한 일수는 형기에 산입되지 않는다(형법 제84조 ②항). 미결구금의 통산에서 구금일수의 1일은 징역·금고·벌금이나 과료에 관한 유치 또는 구류의 기간의 1일로 계산한다(같은 법 제57조 ②항).

24   **(2) 법정통산**   과거에는 미결구금일수의 산입에 법정통산과 재정통산이 있었다. 재정통산은 미결구금일수를 본형에 산입하는 정도가 법원의 재량에 맡겨져 있는 것을 말하는데, 헌법재판소 결정[1]과 2012. 1. 17. 소송촉진법 제24조의 삭제에 따라 폐지되고 현재는 법정통산만이 남게 되었다. 법정통산이란 자유형을 집행할 때 미결구금일수가 법률상 당연히 본형의 집행에 산입되는 것을 말한다. 따라서 판결을 선고할 때 산입일수를 선고하지 않거나, 병과형 중 어느 형에 산입할지를 선고하지 않더라도 위법하다고 할 수 없다(89도808; 99도357).[2]

25   **(3) 미결구금일수 산입의 내용**   1) 판결선고 후 판결확정 전 구금일수(판결선고 당일의 구금일수를 포함한다)는 전부를 본형에 산입하며, 2) 상소기각 결정 시에 송달기간이나 즉시항고기간 중의 미결구금일수도 전부를 본형에 산입한다(제482조 ①·②항). 3) 위의 경우 구금일수의 1일을 형기의 1일 또는 벌금이나 과료에 관한 유치기간의 1일로 계산한다(같은 조 ③항).

4. 자유형의 집행정지

26   **(1) 필요적 집행정지**   심신장애로 의사능력이 없는 상태에 있는 자에 대하여 징역·금고 또는 구류의 선고를 하는 경우에는 형을 선고한 법원에 대응한 검찰청검사 또는 형의 선고를 받은 자의 현재지를 관할하는 검찰청검사의 지휘에 의하여 심신장애가 회복될 때까지 형의 집행을 정지한다(제470조 ①항). 그리고 형집행을 정지시킨 검사는 형의 선고를 받은 자를 감호의무자 또는 지방공공단체에 인도하여 병원 기타 적당한 장소에 수용하게 할 수 있다(같은 조 ②항).

---

1) 2007헌바25: "미결구금은 신체의 자유를 침해받는 피의자 또는 피고인의 입장에서 보면 실질적으로 자유형의 집행과 다를 바 없으므로, 인권보호 및 공평의 원칙상 형기에 전부 산입되어야 한다. 형법 제57조 ①항 중 '또는 일부' 부분은 헌법상 무죄추정의 원칙 및 적법절차의 원칙 등을 위배하여 합리성과 정당성 없이 신체의 자유를 지나치게 제한함으로써 헌법에 위반된다."

2) 2010도6924: "헌법재판소는 형법 제57조 제1항 중 '또는 일부' 부분은 헌법에 위반된다고 선언하였는바, 이로써 판결선고 전의 구금일수는 그 전부가 유기징역, 유기금고, 벌금이나 과료에 관한 유치기간 또는 구류에 당연히 산입되어야 하게 되었고, 병과형 또는 수 개의 형으로 선고된 경우 어느 형에 미결구금일수를 산입하여 집행하느냐는 형집행 단계에서 형집행기관이 할 일이며, 법원이 주문에서 이에 관하여 선고하였더라도 이는 마찬가지라 할 것이므로 그와 같은 사유만으로 원심판결을 파기할 수는 없다."

형의 집행이 정지된 자는 이러한 처분이 있을 때까지 교도소 또는 구치소에 구치하고 그 구치기간을 형기에 산입한다(같은 조 ③항).

(2) **임의적 집행정지**　　징역·금고 또는 구류의 선고를 받은 자에게 1) 형집 **27** 행으로 인하여 현저히 건강을 해하거나 생명을 보전할 수 없을 염려가 있는 때, 2) 연령 70세 이상인 때, 3) 잉태 후 6월 이상인 때, 4) 출산 후 60일을 경과하지 아니한 때, 5) 직계존속이 연령 70세 이상 또는 중병이나 장애인으로 보호할 다른 친족이 없는 때, 6) 직계비속이 유년으로 보호할 다른 친족이 없는 때, 7) 기타 중대한 사유가 있는 때 등의 사유 중 어느 하나라도 해당되는 경우에는 형을 선고한 법원에 대응한 검찰청검사 또는 형의 선고를 받은 자의 현재지를 관할하는 검찰청검사의 지휘에 의하여 형집행을 정지할 수 있다(제471조 ①항). 이 경우 소속 고등검찰청검사장 또는 지방검찰청검사장의 허가를 얻어 검사가 형의 집행정지를 지휘한다(같은 조 ②항). 형집행정지자에 대한 집행정지사유가 없어진 경우에는 검사는 다시 자유형의 집행을 지휘하여야 한다.

Ⅲ. 재산형의 집행

1. 집행명령과 그 효력

벌금·과료·몰수·추징 등의 재산형과 과태료·소송비용·비용배상 등 재산 **28** 형에 준하는 제재의 재판 그리고 이들 재판에 대한 가납의 재판은 검사의 명령에 의하여 집행한다(제477조 ①항). 이 검사의 명령에는 집행력 있는 채무명의와 동일한 효력이 인정된다(같은 조 ②항). 이러한 집행에는 민사집행법상의 집행에 관한 규정을 준용한다. 다만 집행 전에 재판의 송달을 요하지 아니한다(같은 조 ③항). 국세징수법에 따른 국세체납처분의 예에 따라 집행할 수도 있다(같은 조④항). 재산형 등의 재판집행비용은 집행을 받는 자의 부담으로 하고, 민사집행법의 규정에 준하여 집행과 동시에 징수하여야 한다(제493조).

2. 집행방법

(1) **수형자재산에 대한 집행**　　재산형 및 재산형에 준하는 각종 제재도 다른 **29** 형의 집행과 마찬가지로 그 재판을 선고받은 본인, 즉 수형자의 재산에 대해서만 집행하는 것이 원칙이다. 그러나 이 원칙에는 다음과 같은 예외가 있다.

(2) 수형자재산 이외의 재산에 대한 집행

30   (가) **상속재산에 대한 집행**   몰수 또는 조세·전매 기타 공과公課에 관한
법령에 의하여 재판한 벌금 또는 추징은 그 재판을 받은 자가 재판확정 후 사망
하여 재산의 상속이 있은 경우에는 그 상속된 재산에 대하여 재판의 내용대로
집행할 수 있다(제478조). 벌금이나 추징의 경우에도 상속재산에 대해서 집행하
도록 하는 것은, 몰수가 대상물 자체에 대하여 집행하는 것으로서 보안처분의
성격을 갖는 반면, 벌금이나 추징은 국고수입으로 귀속되므로 그 이행을 강제하
여야 한다는 점을 고려한 것이다. 상속재산에 대한 집행은 수형자가 재판확정
'후에' 사망한 경우이어야 하므로 재판확정 '전에' 사망한 경우에는 상속재산에
대하여 재산형을 집행할 수 없다.

31   (나) **합병 후 법인에 대한 집행**   법인에 대하여 벌금·과료·몰수·추징·소
송비용 또는 비용배상을 명한 경우에 법인이 그 재판확정 후 합병에 의하여 소
멸한 경우에는 합병 후 존속한 법인 또는 합병에 의하여 새롭게 설립된 법인에
대하여 재판내용을 집행할 수 있다(제479조). 이 규정은 법인재산의 특수성과 법
인합병이라는 방법을 통해 재산형의 집행을 회피하는 것을 고려하여 마련한 것
이다.

3. 가납재판의 집행조정

32   제1심의 가납재판을 집행한 후에 제2심의 가납재판이 있는 경우에는 제1심
가납재판의 집행은 제2심의 가납금액 한도에서 제2심 가납재판의 집행으로 간
주한다(제480조). 또한 가납재판을 집행한 후 벌금·과료 또는 추징의 재판이 확
정된 경우에는 그 금액의 한도에서 형의 집행이 된 것으로 간주한다(제481조).
그러므로 확정재판의 금액을 초과하는 가납금액에 대해서는 환부하여야 하며,
또한 원심판결이 상소심에서 파기되어 무죄 또는 자유형이 선고된 경우에는 그
전에 가납재판에 의해 집행된 금액을 전액 환부하여야 한다.

4. 노역장유치의 집행

33   벌금 또는 과료를 완납하지 못한 자에 대한 노역장유치의 집행에 대해서는
형의 집행에 관한 규정, 즉 재판집행의 일반원칙(제459조, 460조)과 자유형의 집
행에 관한 규정을 준용한다(제492조). 그리고 상소제기 후의 판결선고 전 구금일
수의 통산에서 판결선고전 구금의 1일은 벌금이나 과료에 관한 유치기간의 1일

로 계산한다(제482조 ③항).

Ⅳ. 몰수형의 집행과 압수물의 처분

1. 몰수형의 집행

몰수형의 집행은 검사가 몰수물을 처분하는 방법에 의한다(제483조). 처분방 **34**
법에는 국고납입처분, 인계처분, 폐기처분 등이 있다. 몰수를 집행한 후 3월 이
내에 그 몰수물에 대하여 정당한 권리 있는 자가 몰수물의 교부를 청구한 경우
에는 검사는 파괴 또는 폐기할 것이 아니면 이를 교부하여야 한다. 그러한 교부
의 청구가 몰수물의 처분 후에 있는 경우에는 검사는 공매에 의하여 취득한 대
가를 교부하여야 한다(제484조).

2. 압수물의 처분

(1) 압수물의 환부와 위조 등의 표시　　압수한 서류나 물품에 대하여 몰수선 **35**
고가 없으면 그 서류나 물품에 대한 압수가 해제된 것으로 간주한다(제332조).
그러므로 압수한 서류나 물품을 정당한 권리자에게 환부하여야 한다. 이 때 서
류나 물품이 위조 또는 변조된 물건인 경우에는 그 물건의 전부나 일부에 위조
나 변조라는 사실을 표시하여야 한다. 위조 또는 변조된 물건이 압수되지 아니
한 경우에는 그 물건을 제출하게 하여 그 사실을 표시한 후 환부하여야 한다.1)
다만 그 물건이 공무소에 속한 것이 경우에는 위조나 변조의 사유를 공무소에
통지하여 적당한 처분을 하게 하여야 한다(제485조).

(2) 환부불능과 공고　　압수물을 환부하는 경우에 환부를 받을 자의 소재가 **36**
불명하거나 기타 사유로 인하여 환부할 수 없는 경우에는, 검사는 그 사유를 관
보에 공고하여야 하고 공고한 후 3월 이내에 환부청구가 없는 경우에는 그 물
건은 국고에 귀속된다. 이 기간 내에도 가치 없는 물건은 폐기할 수 있고, 보관
하기 어려운 물건은 공매하여 그 대가를 보관할 수 있다(제486조).

(3) 압수장물의 환부　　압수한 장물로서 피해자에게 환부할 이유가 명백한 **37**
것은 법원이 판결로써 피해자에게 환부하는 선고를 하여야 한다(제333조 ①항).

---

1) 84모43: "위조문서의 소유가 허용되지 않는 것은 진정한 문서인 것처럼 통용됨을 금지하고자
하는 데에 그 뜻이 있으므로, 몰수의 선고가 있은 뒤에 검사가 형사소송법 제485조에 의하여
위조의 표시를 하여 환부한 경우에는 이를 적법하게 소지할 수 있을 뿐 아니라 민법상 권리행
사의 자료로도 사용할 수 있다."

이 경우 장물을 처분한 경우에는 판결로써 그 대가로 취득한 것을 피해자에게 교부하는 선고를 하여야 한다(같은 조 ②항). 압수물환부의 판결이 확정되면 법원에서 그 목적물을 보관하고 있는 경우에는 법원이 스스로 재판을 집행하고, 검찰청에서 보관하고 있는 경우에는 검사가 이를 집행하게 된다.

Ⅴ. 자격형과 사형의 집행

1. 자격형의 집행

38   자격형에는 자격상실과 자격정지가 있다. 자격상실 또는 자격정지의 선고를 받은 자에 대하여는 이를 수형자원부에 기재하고 지체 없이 그 등본을 형의 선고를 받은 자의 등록기준지와 주거지의 시·구·읍·면장에게 송부하여야 한다 (제476조). 여기의 수형자원부란 형의 실효 등에 관한 법률이 규정한 수형인명부를 가리키는 것이며, 수형인명부란 자격정지 이상의 형을 받은 수형인을 기재한 명부로서 검찰청 및 군검찰부에서 관리하는 것을 말한다(형실효법 제2조 2호).

2. 사형의 집행

39   (1) 집행절차   사형을 선고한 판결이 확정된 때에는 검사는 지체 없이 소송기록을 법무부장관에게 제출하여야 한다(제464조). 사형확정자는 교도소 또는 구치소에 수용한다(형집행법 제11조 ①항 4호). 사형은 법무부장관의 명령이 있는 경우에만 집행할 수 있다(제463조). 이는 사형집행절차를 신중히 하고 재심·비상상고 또는 사면의 기회를 주기 위한 배려라고 볼 수 있다. 군형법 및 군사법원법의 적용을 받는 사건의 경우, 사형은 국방부장관의 명령에 따라 집행한다(군사법원법 제506조). 법무부장관은 판결이 확정된 날로부터 6월 이내에 사형집행명령을 하여야 한다. 다만 상소권회복의 청구, 재심의 청구 또는 비상상고의 신청이 있는 때에는 그 절차가 종료할 때까지의 기간은 이 기간에 산입하지 아니한다 (제465조). 이 규정의 취지는 사형수의 이익을 위하여 상소권회복청구, 재심청구, 비상상고신청 등을 시도할 수 있도록 배려하려는 데에 있다.1) 법무부장관이 사형집행을 명한 때에는 5일 이내에 집행하여야 한다(제466조).

40   (2) 집행방법   사형은 교정시설 안에서 교수(絞首)하여 집행한다(형법 제66조). 군형법의 적용을 받는 사형수에 대한 집행은 소속 군참모총장이 지정한 장

1) 신동운 1796.

소에서 총살에 의한다(군형법 제3조). 사형의 집행에는 검사·검찰청서기관과 교도소장 또는 구치소장이나 그 대리자가 참여하여야 한다. 검사 또는 교도소장이나 구치소장의 허가를 받지 못한 자는 형의 집행장소에 들어가지 못한다(제467조). 사형집행에 참여한 검찰청서기관은 집행조서를 작성하고 검사와 교도소장 또는 구치소장이나 그 대리자와 함께 기명날인 또는 서명하여야 한다(제468조).

(3) **사형의 집행정지** 법무부장관은 사형선고를 받은 자가 심신장애로 의 **41** 사능력이 없는 상태에 있거나 임신 중인 여자인 경우에는 명령으로 사형집행을 정지할 수 있다(제469조 ①항). 이 경우 심신장애의 회복 또는 출산 후에 법무부장관은 사형집행을 명한다(같은 조 ②항).

상소와 특별절차

제1장
상 소

제1절 상소의 일반이론

[63] 제1 상소의 의의와 요건

I. 상소의 의의

1. 상소의 개념과 종류

(1) 상소의 의미와 종류 상소는 미확정의 재판에 대해 상급법원에 그 구제 **1**
를 구하는 불복신청제도를 말한다. 형사소송법이 인정하는 상소에는 항소(제357
조 이하), 상고(제371조 이하) 그리고 항고(제402조 이하)가 있다. 항소는 제1심 판결
에 대한 상소이고, 상고는 제2심 판결에 대한 상소이다.[1] 항고는 법원의 결정에
대한 상소를 말한다. 항고에는 일반항고와 특별항고(재항고)가 있으며, 일반항고
는 다시 보통항고와 즉시항고로 구별된다.

(2) 구별개념 상소는 재판에 대한 불복신청이라는 점에서 검사의 불기소 **2**
처분에 대한 검찰항고(검찰청법 제10조)나 재정신청(제260조 이하) 또는 준항고(제
416조, 417조)와 구별된다. 형사소송법이 준항고를 항고와 함께 규정한 것은 단지
입법의 편의를 위한 것이다. 그리고 미확정재판에 대한 불복신청이라는 점에서

---

1) 2022년 제1심 판결인원 209,166명 중에서 항소한 인원은 92,602명으로 44.3%의 항소율을 나
타냈다. 그중에서도 특히 합의부 사건의 항소율이 62.4%로 높은 비율이었다. 항소심 판결인원
63,885명 중 상고한 인원은 20,048명으로 31.4%의 상고율을 나타냈다(대법원, 사법연감 2023,
762면). 한편, 상소심 판결의 파기율을 보면, 항소심에서는 42.8%, 상고심에서는 10.3%의 파기
율을 나타냈다(850면).

확정판결에 대한 비상구제절차인 재심(제420조 이하), 비상상고(제441조 이하)와 구별된다. 나아가서 상급법원에 대한 구제신청이라는 점에서 당해 법원에 대한 이의신청이나 약식명령 또는 즉결심판에 대한 정식재판의 청구와 구별된다(제453조, 즉심법 제14조).

2. 상소제도의 기능

3   **(1) 피고인의 이익보호**   상소제도는 원판결이 사실인정, 법령적용 또는 소송절차에 잘못이 있는 경우에 그것을 시정할 수 있도록 한다. 이것을 통해 피고인의 이익이 보호될 수 있다. 피고인의 이익보호는 상소의 주된 목적·기능이라고 할 수 있다.

4   **(2) 법령해석의 통일**   상소는 대법원을 정점으로 하는 피라미드형 구조로 짜여진 법원조직을 통해서 이루어진다. 따라서 하급법원 사이에 법령해석이 다른 경우에도 대법원은 상소를 통해 법령해석의 통일을 도모할 수 있다. 법령해석의 통일성은 피고인의 평등권(헌법 제11조)을 보장할 뿐만 아니라 법적 안정성을 실현하는 데에 이바지한다.

5   **(3) 진실발견기능**   상소제도는 올바른 사실인정과 법률해석, 올바른 법발견을 실현하기 위한 제도라고 할 수 있다. 상소심에서 원심과 다른 사실을 인정하는 것은, 그것이 더 진실한 사실이라는 확신에서만 가능하다. 그리고 상소심이 법령을 원심과 다르게 해석하는 것은 법령의 단순한 통일을 도모하기 위한 것이 아니라 그런 해석이 더 올바른 해석이라는 확신에서만 가능하다. 따라서 올바른 사실인식과 법률해석을 진실의 인식·발견이라 부른다면, 상소제도는 진실발견의 목적을 추구하는 제도라고 할 수 있다.

6   **(4) 제도의 한계**   상소의 제도적 특성과 법원의 구조를 고려하면 상소심이 진실발견을 위해 투입할 수 있는 인적·물적 자원은 하급심보다 더 적을 수밖에 없다. 따라서 소송의 경제성과 효율성은 하급심보다 상소심에서 더욱 요청되는 이념이라고 할 수 있다. 상소심에서 소송경제의 문제는 상소율이나 상소심의 구조, 상소심의 심판범위와 관련된다. 현행법은 상소의 남용을 막아 상소율이 지나치게 높아지는 것을 방지하려는 규정을 두고 있으나, 이는 피고인의 이익보호라는 상소제도의 취지와 충돌할 우려가 있다. 상소심의 구조 문제는 상소심을 속심이나 사후심 등 어떤 형태로 운영할 것인가의 문제이며, 상소심의 심판범위는 일부상소(제342조)나 상소이유(제364조 ①항, 384조 본문) 등의 문제와 관련된다.

3. 상소의 일반적 요건

상소로 재판의 하자를 다투기 위해서는 일반적으로 다음 세 가지 요건을   **7**
갖추어야 한다. 즉 상소는 1) 상소권을 가진 자가, 2) 상소의 이익이 있음을 전
제로, 3) 법률이 정한 기한·방식을 준수한 상소의 의사표시를 한 경우에 가능
하다. 각각의 요건을 아래에서 자세히 살펴본다.

Ⅱ. 상 소 권

1. 상소권의 개념

(1) 상소권의 발생   상소권은 형사재판에 대해 상소할 수 있는 소송법상의   **8**
권리를 말한다. 상소권은 재판의 선고 또는 고지에 의해 발생한다. 물론 상소가
허용되지 않는 재판(결정)은 재판이 고지되더라도 상소권이 발생하지 않는다.

(2) 상소기간   항소와 상고의 기간은 7일(제358조, 374조)이고, 즉시항고는 7   **9**
일(제405조)이다.[1] 보통항고에는 기간의 제한이 없고, 항고이익이 있는 한 언제
든지 할 수 있다(제404조). 상소제기기간은 재판을 선고 또는 고지한 날로부터
진행한다(제343조 ②항).

(3) 상소권의 소멸   상소권은 1) 상소기간이 경과하거나, 2) 상소권자가 상   **10**
소기간 내에 상소를 포기하거나 일단 제기한 상소를 재판 전에 취하함으로써
소멸한다(제349조 본문). 상소포기는 원심법원에, 상소취하는 상소법원에 하여야
한다(제353조 본문).

2. 상소권자

(1) 고유의 상소권자

(개) 검사와 피고인   재판을 받은 자는 고유의 상소권자가 된다. 검사와 피   **11**
고인은 소송주체로서 원심재판에 관여하였으므로 당연히 상소권을 가진다(제338
조 ①항). 검사는 공익의 대표자로서 피고인의 이익을 위하여도 상소할 수 있다.[2]

---

1) 과거 즉시항고 제기 기간은 3일에 불과하였다. 헌법재판소는 3일은 지나치게 짧아 즉시항고
   제도를 형식적이고 이론적인 권리로서만 기능하게 하고, 따라서 헌법상 재판청구권을 침해한
   다고 보아 헌법불합치결정(2015헌바77등)을 하였다. 이 결정에 따라 2019년의 개정법률은 즉
   시항고 제기 기간을 3일에서 7일로 연장하였다.
2) 대판 1975. 7. 8, 74도3195.

12   (내) **항고권자**   검사 또는 피고인 아닌 자가 법원의 결정을 받은 때에는 항고할 수 있다(제339조). 과태료의 결정을 받은 증인 또는 감정인(제151조, 161조, 177조), 피고인 아닌 자로서 소송비용부담의 결정을 받은 자(제192조)가 여기에 속한다.

   (2) **당사자 이외의 상소권자**

13   (가) **변호인의 상소권**   변호인은 피고인을 위하여 상소할 수 있다(제341조 ①항). 다만 피고인의 명시한 의사에 반하여 상소하지 못한다(같은 조 ②항). 변호인의 상소권은 피고인의 상소권에 기초한 독립대리권이다. 이는 피고인의 특별한 수권授權없이 변호인 등이 상소할 수 있으나, 피고인의 상소권이 소멸한 후에는 변호인 등이 상소할 수 없다는 것을 뜻한다(83모41; 98도253 등). 한편 원심판결 선고 후 상소심의 변호를 위해 새로 선임된 변호인이 원판결에 대해 상소할 수 있는가 하는 문제가 있다. 피고인보호의 견지에서 가능한 것으로 보는 것이 옳다.1)

14   (나) **법정대리인 등의 상소권**   피고인의 법정대리인(제340조) 그리고 피고인의 배우자·직계친족·형제자매 또는 원심의 대리인이나 변호인은 피고인을 위하여 상소할 수 있다(제341조 ①항). 법정대리인 이외의 자는 피고인의 명시한 의사에 반하여 상소하지 못한다(같은 조 ②항). 따라서 법정대리인의 상소권은 고유권으로 보아야 하고, 피고인의 상소권이 소멸한 경우에도 법정대리인은 상소할 수 있다.2)

3. 상소권의 회복

15   (1) **의 의**   상소권회복은 상소권자가 책임질 수 없는 사유로 상소기간이 경과하여 소멸된 상소권을 법원의 결정으로 회복시키는 제도를 말한다(제345조). 상소권자가 책임질 수 없는 사유로 상소기간 내에 상소를 제기하지 못했음에도 상소권의 소멸로 재판이 확정되어 확정력이 발생한다면, 상소권자의 이익이 형사사법의 경제성을 위해 희생되는 결과를 가져온다. 상소권회복은 이러한 불합리를 방지하기 위한 제도이다.3)

16   (2) **상소권회복의 사유**   '책임질 수 없는 사유'란 상소를 제기하지 않은 것

---

1) 신동운 1522; 이창현 1167 이하.
2) 독일 판례(BGHSt 10, 174)의 입장이다.
3) 학설은 이것을 막연하게 '구체적 타당성'을 실현하기 위한 제도로 설명한다.: 신동운 1528; 이재상/조균석/이창온 56/10; 이창현 1171; 정영석/이형국 462.

이 상소권자 또는 대리인의 고의·과실에 기인하지 않는 것을 말한다. 판례가 상소권회복사유를 인정한 경우로는 1) 제1심 판결에 피고인의 주소를 잘못 기재한 결과 항소심에서 송달불능을 이유로 공시송달절차(제64조)에 의해 판결이 선고되고, 그 때문에 피고인이 판결사실을 알지 못한 경우(73모68), 2) 교도소장이 결정정본을 송달받고 1주일이 지난 뒤에 그 사실을 피고인에게 알림으로써 피고인 또는 그 배우자가 소정기간 안에 항고장을 제출할 수 없게 된 경우(91모32) 등이 있다.

이에 반해 판례는 1) 피고인 또는 대리인이 질병으로 입원하거나 기거불능으로 상소를 하지 못한 경우(86모46), 2) 피고인이 주소변경신고(제60조)를 하지 않아 소송서류가 송달되지 않음으로써 공판기일에 출석하지 못하거나 판결선고 사실을 알지 못하여 상고기간을 도과한 경우(96모56 등), 3) 공동피고인의 기망에 의하여 항소권을 포기하고 그 사실을 항소제기기간이 도과한 후에 비로소 알게 된 경우(84모40; 2003모451 등), 4) 교도소 담당직원이 상소권자에게 상소권회복청구를 할 수 없다고 하면서 형사소송규칙 제177조에 따른 편의를 제공해 주지 않은 경우(86모47), 5) 법정이 소란하여 판결주문을 알아들을 수 없어 항소제기기간 내에 항소를 하지 못한 경우(87모19; 2000모85) 등에 대해서는 상소권회복사유를 인정할 수 없다고 하였다. **17**

[2014모1557] 상소권회복사유

[1] 소송촉진 등에 관한 특례법 제23조와 같은 법 시행규칙 제19조 ①항에 의하면, 피고인의 소재를 확인하기 위하여 필요한 조치를 취하였음에도 불구하고 피고인에 대한 송달불능보고서가 접수된 때로부터 6월이 경과하도록 피고인의 소재가 확인되지 아니한 때에 비로소 공시송달의 방법에 의하도록 하고 있는데, 피고인 주소지에 피고인이 거주하지 아니한다는 이유로 구속영장이 여러 차례에 걸쳐 집행불능되어 반환된 바 있었다고 하더라도 이를 소송촉진 등에 관한 특례법이 정한 '송달불능보고서의 접수'로 볼 수는 없다. 반면에 소재탐지불능보고서의 경우는 경찰관이 직접 송달 주소를 방문하여 거주자나 인근 주민 등에 대한 탐문 등의 방법으로 피고인의 소재 여부를 확인하므로 송달불능보고서보다 더 정확하게 피고인의 소재 여부를 확인할 수 있기 때문에 송달불능보고서와 동일한 기능을 한다고 볼 수 있으므로 소재탐지불능보고서의 접수는 소송촉진 등에 관한 특례법이 정한 '송달불능보고서의 접수'로 볼 수 있다.

[2] 피고인이 소송이 계속 중인 사실을 알면서도 법원에 거주지 변경 신고를 하지

않았다 하더라도, 잘못된 공시송달에 터 잡아 피고인의 진술 없이 공판이 진행되고 피고인이 출석하지 않은 기일에 판결이 선고된 이상, 피고인은 자기 또는 대리인이 책임질 수 없는 사유로 상소제기기간 내에 상소를 하지 못한 것으로 봄이 타당하다.

18   **(3) 상소권회복의 청구**   상소회복청구권자는 고유의 상소권자와 상소권의 대리행사자이다(제345조). 상소권회복청구는 상소권자가 책임질 수 없는 사유로 상소 제기기간 내에 상소를 하지 못한 경우에 그 사유가 해소된 날부터 상소제기기간에 해당하는 기간 내에 서면을 원심법원에 제출하는 방법에 의한다(제346조 ①항). 이때 그 책임질 수 없는 사유를 소명하여야 하며(같은 조 ②항), 상소권회복의 청구와 동시에 상소를 제기하여야 한다(같은 조 ③항). 교도소 또는 구치소에 있는 피고인이 상소권회복의 신청서면을 교도소장 또는 구치소장 또는 그 직무를 대리하는 자에게 제출한 때에는 상소권회복청구기간 내에 청구된 것으로 간주한다. 이 경우 피고인이 상소권회복 청구서면을 작성할 수 없을 때에는 교도소장 또는 구치소장이 소속공무원으로 하여금 대서하게 하여야 한다(제355조, 344조).

(4) 법원의 조치

19   **(가) 통 지**   상소권회복의 청구가 있는 때에는 법원은 지체 없이 상대방에게 그 사유를 통지하여야 한다(제356조).

20   **(나) 청구에 대한 결정**   청구를 받은 법원은 그 허용 여부에 대한 결정을 하여야 하고, 이 결정에 대해서는 즉시항고를 할 수 있다(제347조). 법원은 그 결정을 할 때까지 재판의 집행정지결정을 할 수 있고, 이 때 피고인에 대한 구금이 필요하면 구속영장을 발부하여야 한다(제70조, 348조). 상소권회복의 청구를 한 자는 그 결정이 있을 때까지 청구를 취하할 수 있다.1)

21   **(다) 인용결정의 효과**   상소권회복청구를 인용하는 결정이 확정되면 상소권회복의 청구와 동시에 행한 상소제기가 유효하게 된다. 일단 발생했던 재판의 확정력은 배제된다.

---

1) 신동운 1531.

Ⅲ. 상소의 이익

1. 상소이익의 의의

(1) 개 념   상소는 주로 당사자의 권리구제와 법령해석의 통일을 도모하   22
기 위해 마련된 제도이다. 그러므로 상소하는 자는 원심재판으로 인하여 법적으
로 보호된 이익에 대한 침해가 있어야 한다. 이것을 상소이익 또는 상소의 필요
성이라고 한다.

(2) 법적 성격   통설·판례에 의하면 상소이익이 없는 경우의 상소제기는   23
부적법한 것이 된다. 즉 상소의 이익은 상소의 일반적 적법요건이 된다.1) 상소
이익은 상소권자에게 상소를 제기해야 할 불복이 있는가의 문제이기 때문에 원
심재판에 사실인정, 법령적용, 양형 등의 구체적 오류가 있는가 하는 문제인 상
소이유와 구별되는 개념이다. 그러나 상소이익에 대한 심사는 상소이유에 대한
심사와 무관하지 않고, '상소이유의 존재가 법적으로 가능한 것인가'에 대한 심
사에 의하여 이루어진다. 이런 의미에서 양자는 법적 성격에 차이가 있음에도
불구하고 심사에서는 밀접한 관련이 있다고 할 수 있다.

(3) 법적 근거   상소의 일반적 적법요건인 상소이익의 법적 근거를 어디에   24
서 구할 것인가에 대해서는 견해대립이 있다. 1) 실정법에 근거가 있는 것이 아
니라 이론적으로 인정된 개념이라는 견해,2) 2) 형사소송법 제368조와 제396조
②항에서 선언하고 있는 불이익변경금지원칙에 근거한다는 견해,3) 3) 항소, 상
고, 항고의 제기에 관하여 '불복이 있으면'이라고 규정한 조문들(제357조, 371조,
402조) 자체에서 구하는 견해4)가 있다. 불이익변경금지는 원심재판이 침해한 상
소권자의 법적 이익과 상소심재판이 침해하게 될 법적 이익의 관계에서 피고인
에게 불리하게 할 수 없다는 상관관계를 말할 뿐이고 원심재판이 침해한 상소권
자의 법적 이익 자체를 말하는 것은 아니다. 상소이익이란 독일에서 '불복
(Beschwer)'이라고 표현하듯이 원심재판에 대한 '법적 이익의 침해로 인한 불복'
을 가리킨다. 따라서 제3설이 가장 타당하다.

---

1) 신동운 1542; 이재상/조균석/이창온 56/15; 이창현 1179; 정영석/이형국 465.
2) 백형구 317.
3) 이재상/조균석/이창온 56/17.
4) 신동운 1543; 이창현 1179.

2. 상소이익의 판단기준

25   **(1) 검사의 상소이익**   검사도 상소권자이므로 검사가 상소하는 경우에도 마찬가지로 상소이익이 있어야 한다. 그러나 검사의 상소이익은 피고인의 경우와 구별된다. 검사는 준사법기관으로서 법을 공정하게 실현해야 할 의무가 있다. 따라서 피고인에 대한 이익 여부와 상관없이 재판이 공정하게 이루어지지 않았으면 검사는 상소이익을 갖는다. 이러한 의미의 상소이익을 판단하기 위해서는 판결주문과 함께 판결이유를 고려하여야 한다.

26   **㈎ 피고인에게 불이익한 상소**   검사가 피고인에게 불리한 상소를 제기할 수 있다는 점에는 의문의 여지가 없다. 즉 검사는 무죄판결뿐 아니라 유죄판결에 대해서도 중한 죄나 중한 형을 구하는 상소를 제기할 수 있다. 다만 이 때 검사의 상소이익을 어디에서 구할 것인가에 대해 1) 피고인과 대립되는 검사의 당사자지위에서 구하는 견해1)와 2) 공익의 대표자로서 정당한 법령의 적용을 청구하여야 할 검사의 기본적 직무에서 구하는 견해2)가 있다. 검사는 자신의 개인적인 법이익이 침해되었기 때문이 아니라 올바른 재판이 이루어지지 않았기 때문에 상소하는 것이므로 2)의 견해가 타당하다.

27   **[이중위험금지와 검사의 상소이익]**   영미법에서는 무죄평결이 내려진 피고인에 대해서는 이중위험금지의 법리에 의해 검사의 상소가 허용되지 않는다. 그러나 우리 학계에서는 이와 달리 본다. 즉 이중위험금지는 판결확정에 의해 발생하므로 공소제기에 의해 발생한 위험은 상소심판결까지 계속(continuing jeopardy)되는 것으로 본다. 이렇게 되면 피고인에 대한 제1심 법원의 무죄판결에 대한 검사의 상소는 이중위험금지원칙에 반하지 않는 것이 된다.3)

28   **㈏ 피고인의 이익을 위한 상소**   검사는 공익의 대표자로서 정당한 법령의 적용을 법원에 청구해야 할 직무와 권한이 있으므로 피고인의 이익을 위한 상소도 할 수 있다는 것이 통설과 판례의 입장이다.4) 다만 이 경우 검사의 상소이익은 피고인의 상소제기에서 요구되는 상소이익과 달리 국가가 상소제도를 둔 목적에 합치되고 상소이유에 해당할 때 인정되는 것으로 보는 견해가 있

---

1) 이재상/조균석/이창온 56/19; 정영석/이형국 465.
2) 신동운 1544; 이창현 1179 이하.
3) 신동운 1545; 이재상/조균석/이창온 56/19; 정영석/이형국 466.
4) 강구진 540; 김기두 292; 신동운 1545; 신양균/조기영 964; 이창현 1181. 74도3195.

다.1) 이에 따르면 피고인의 이익을 위한 검사의 상소에는 제368조의 불이익변 경금지원칙이 적용되지 않게 된다. 그러나 이 견해는 상소의 적법요건인 상소이 익과 상소이유를 구별하지 못하는 것일 뿐만 아니라, 상소의 주된 기능인 피고 인의 이익보호를 등한시하는 단점이 있다. 즉 검사가 피고인을 위한 상소를 할 때에도 불이익변경금지원칙이 적용되는 것으로 보아야 한다. 따라서 검사의 피 고인을 위한 상소에서 요구되는 상소이익과 피고인의 상소에서 요구되는 상소 이익은 그 법적 성격이 같은 것으로 보는 것이 옳다.2)

(2) **피고인의 상소이익**   피고인은 원심재판이 자신에게 불리한 경우에만   **29** 상소를 제기할 수 있고, 유리한 재판을 불리한 내용으로 변경하는 상소제기는 허 용되지 않는다. 피고인은 법을 공정하게 집행해야 할 의무가 있는 기관은 아니기 때문이다. 따라서 법적 이익의 침해 여부도 판결주문만을 토대로 판단한다.3)

(가) **상소이익의 판단기준**   피고인의 상소이익을 판단하는 기준에 대해서   **30** 는 학설이 다양하다. 1) 주관설은 상소가 오판받은 피고인을 구제하기 위한 제 도라는 점에 주목하여 피고인의 주관적 측면을 기준으로 상소이익의 유무를 판 단하자는 견해이다. 2) 사회통념설은 사회통념을 기준으로 피고인의 상소이익 여부를 판단하자는 견해이다.4) 이 견해에 의하면 가벼운 법정형의 파렴치범죄 에 대해 중한 법정형의 비파렴치범죄를 주장하는 상소도 허용된다. 3) 객관설은 법익박탈의 대소라는 객관적 표준을 기준으로 상소이익의 유무를 판단하자는 견해이다.

(나) **검 토**   주관설은 피고인이 형집행의 지연을 위해 상소하는 경우에도   **31** 상소이익을 인정해야 하고, 피고인이 이익으로 생각하고 상소한 때에는 언제나 상소이익을 긍정할 수밖에 없는 문제가 있다. 우리나라에서 이 견해를 취하는 학자는 없다. 사회통념설은 명예회복만을 위해서도 상소이익을 인정해야 하는 문제점이 있고, 사회통념의 반영은 공익의 대표자인 검사의 상소를 통해 이루어 지는 것으로 보아야 할 것이다. 상소이익은 법적으로 보호할 가치가 있는 이익 이 침해된 경우에 인정해야 하므로 객관설이 가장 타당한 견해로 보인다.5) 객 관설에 의할 때 형의 경중을 정한 형법 제50조와 불이익변경금지원칙을 규정한

---

1) 이재상/조균석/이창온 56/20; 정영석/이형국 466.
2) 신동운 1546; 이은모/김정환 801; 이창현 1181.
3) BGHSt 7, 153.
4) 김기두 293.
5) 강구진 541; 신동운 1548; 신양균/조기영 965; 이재상/조균석/이창온 56/24; 이창현 1182.

제368조 및 제396조 ②항이 중요한 판단기준이 된다.

3. 상소이익의 구체적 내용

(1) 유죄판결에 대한 상소

32　　(가) **유죄판결과 상소의 이익**　　유죄판결은 피고인에게 가장 불리한 재판이므로 무죄를 주장하거나 가벼운 형의 선고를 구하는 상소는 당연히 상소이익이 있다. 그러나 피고인의 상소의 취지가 중한 형의 선고를 요구하는 데 있는 경우에는 상소이익을 인정할 수 없다. 예를 들어, 1) 벌금의 실형에 대해 징역형의 집행유예를 구하는 경우, 2) 원판결이 인정한 죄보다 중한 죄에 해당한다고 주장하는 경우(68도1083), 3) 원판결이 누범가중을 하지 않은 것을 다투는 경우(94도1591), 4) 정상에 관하여 불리한 사실을 주장하는 경우 등이 여기에 해당한다.[1] 그리고 포괄일죄를 경합범이라고 주장하는 경우처럼 피고인에 대한 구체적 유·불리를 판단할 수 없는 경우에는 그 구체적 사안에 따라 피고인에게 불리하면 상소이익을 부정하고 이익이 되는 경우[2]에는 상소이익을 긍정하는 것이 옳다.[3]

33　　(나) **형면제 및 선고유예의 판결에 대한 상소**　　형면제의 판결 및 형의 선고유예판결은 유죄판결의 일종이므로 피고인은 무죄를 주장하여 상소할 수 있다.

34　　(다) **제3자의 소유물을 몰수하는 재판에 대한 상소**　　피고인 소유의 목적물이 몰수되면 피고인은 상소이익을 갖는다. 나아가서 제3자의 소유물에 대한 몰수가 피고인의 유죄판결에 부가형으로 선고된 경우에도 그 몰수재판에 대해 피고인은 상소이익이 인정된다.[4] 제3자의 소유물에 대한 몰수재판도 피고인에 대한 부가형이고, 그 몰수물에 대한 점유상실로 피고인의 사용·수익·처분이 곤란해질 수 있기 때문이다. 또한 그 제3자로부터 배상청구를 받을 위험이 존재한다는 것도 한 이유가 된다.

35　　(2) **무죄판결에 대한 상소**　　원심의 무죄판결에 대해 검사는 상소이익을 갖지만 피고인은 원칙적으로 상소이익이 인정되지 않는다. 따라서 피고인은 무죄

---

1) 신동운 1548; 이재상/조균석/이창온 56/25; 이창현 1182.
2) 예를 들면 특정경제범죄법 위반죄에서 포괄일죄의 범위에 속하는 목적물의 가액이나 피해액 수가 형량가중사유가 되어 포괄일죄를 수개의 경합범으로 분해하여 형벌을 산정하는 것이 피고인에게 유리할 수도 있다.
3) 신동운 1549.
4) 신동운 1549; 이재상/조균석/이창온 56/15; 이창현 1183.

판결에 대해 유죄판결을 구하는 상소는 물론 면소, 공소기각 또는 관할위반의
재판을 구하는 상소도 제기할 수 없다. 그러나 무죄판결의 '이유'에 불복하여 상
소할 수 있는가 하는 문제가 있다.

(가) **부정설**　　무죄판결에 대한 피고인의 상소이익을 부정하는 견해를 취하 **36**
는 입장1)으로서 다음과 같은 논거를 주장한다. 1) 무죄판결은 피고인의 불이익
을 좌우하는 법익의 박탈이 없다. 2) 상소는 판결주문에 대해 허용되며 판결이
유만을 대상으로 할 수 없다.2) 3) 무죄판결에 대해서도 판결이유의 차이에 따
라 상소이익을 차별적으로 인정할 경우에는 증거불충분에 의한 무죄판결의 가
치가 떨어진다. 4) 법원의 업무를 가중시켜 사법의 기능을 저하시키는 문제점도
무시할 수 없는 요소이다.

(나) **제한적 긍정설**　　이에 반해 증거불충분에 의한 무죄와 무죄의 증명에 **37**
의한 무죄는 무죄추정원칙(헌법 제27조 ④항, 법 제275조의2)에 비추어 법률적으로
동일한 의미를 가지므로 상소이익을 인정하지 않아도 상관없다. 그러나 심신상
실을 이유로 무죄판결을 선고하는 경우에 1) 치료감호(치료감호법 제12조)가 선고
된 경우에는 상소이익을 인정하고, 2) 치료감호의 선고 없이 무죄판결만 선고된
경우에는 상소이익을 부정하자는 견해가 제한적 긍정설이다.3)

(다) **검 토**　　심신상실을 이유로 하면서도 치료감호의 선고가 없는 무죄판 **38**
결도 전과자보다 정신병자를 더 경계하는 우리의 일상문화를 고려할 때 피고인
의 기본권을 사실상 침해할 수 있다. "판결이유가 피고인의 이익에 대해 침해를
가져오고, 그로써 기본권이 침해될 수 있는 한 무죄판결에 대한 헌법소원이 허
용된다"는 독일연방헌법재판소의 논리4)를 고려해 볼 때, 이 경우에 우리 형사
소송에서도 상소이익을 인정해야 할 필요가 있다. 그러므로 치료감호의 선고와
무관하게 무죄판결의 이유에 대한 상소를 인정하는 긍정설이 타당하다.

(3) **공소기각·관할위반 및 면소재판에 대한 상소**　　공소기각, 관할위반, 면소 **39**
판결 등 형식재판에 대해 피고인이 무죄를 주장하여 상소할 수 있는가 하는 점
이 문제된다.

(가) **적극설**　　이 견해는 형식재판에 대한 피고인의 상소이익을 긍정하는 **40**

---

1) 백형구 871; 신양균/조기영 1070; 이은모/김정환 803; 이재상/조균석/이창온 56/29; 이창현
1184.
2) 이재상/조균석/이창온 56/29.
3) 신동운 1550.
4) BVerfGE 28, 151; 6, 7.

입장이다. 무죄도 유죄도 아닌 형식재판보다는 무죄의 실체판결을 받는 것이 기
판력의 확보라는 점에서 유리하고, 형사보상도 받을 수 있는 법률상의 이익(형사
보상법 제25조)이 있기 때문이라고 한다. 우리나라 다수설이다.

41   (나) 소극설   형식재판에 대한 피고인의 상소이익을 부정하는 소극설은 다
시 다음과 같이 두 견해로 나뉜다. 1) 실체재판청구권결여설은 소송조건이 결여
되면 상소법원이 유죄·무죄의 실체판결을 할 수 없기 때문에 이 경우에는 상소
의 이익·불이익을 논할 여지조차 없다고 본다.[1] 2) 상소이익결여설은 형식재판
에 대해 무죄판결을 주장하여 상소하는 것은 상소이익이 없기 때문에, 상소이익
의 결여를 이유로 원심법원 또는 상소법원이 상소기각결정을 하는 것이 타당하
다고 한다.[2] 형식재판에 의하여 피고인이 형사절차로부터 빨리 해방될 수 있다
는 점과 무죄추정원리에 의하여 형식재판과 무죄판결이 큰 차이가 없다는 점이
그 근거이다.

42   (다) 판 례   판례는 공소기각판결에 대해서는 상소이익이 없다는 이유로
(2007도6793 등), 면소판결에 대해서는 피고인에게 실체판결청구권이 없다는 이
유로(2005도4738 등) 각각 무죄를 구하는 상소를 인정하지 않는다.[3]

43   (라) 결 론   피고인은 공소기각판결에 대해 무죄판결을 구할 상소이익을
갖는다고 보는 것이 타당하다. 무죄판결은 피고인에게 사회적 평판의 측면에서
이익이 있을 뿐만 아니라 일사부재리의 효과가 발생하고, 형사보상사유(형사보상
법 제25조)가 되는 등 법적으로도 이익이 되기 때문이다. 이에 반해 피고인은 면
소판결에 대해서는 상소이익을 갖지 않는다고 보는 것이 옳다. 면소판결은 유죄
판결이 아닐 뿐만 아니라 면소판결에 일사부재리효력이 발생한다고 보면 무죄
판결에 비해 피고인의 법적 이익을 더 침해하는 것이 없기 때문이다.

44   (4) 항소기각판결에 대한 상고   항소기각판결에 대해서는 항소인에게 상고
제기이익이 인정된다. 다만 제1심의 유죄판결에 대해 피고인이 항소를 포기하
고, 검사만 양형부당을 이유로 항소하여 기각된 경우에 그 기각판결은 피고인에
게 제1심 판결에 비해 법적 이익을 더 침해하는 것이 아니다. 따라서 이러한 항
소기각판결에 대해 피고인은 상고이익이 없다고 보는 것이 옳다(90도2978 등). 다
만 이는 제1심이 통상적인 절차에 따라 진행되어 피고인이 공격·방어권을 제대

---

1) 백형구 579; 차용석/최용성 759.
2) 신동운 1552; 이재상/조균석/이창온 56/35; 이창현 1185 이하; 정영석/이형국 467.
3) 다만 면소판결에 대해 무죄를 이유로 상소할 수 있는 한 가지 예외에 대해서는 앞의 [60] 9
   이하 참조.

로 행사할 수 있었던 경우에 국한된다. 만일 피고인이 제1심 및 항소심의 소송
절차에서 부당하게 배제되어 공격·방어권을 전혀 행사할 수 없었던 경우에는
적용될 수 없다. 그렇지 않으면 피고인의 재판받을 권리와 적법절차가 심하게
훼손되기 때문이다(2003도4983).

4. 상소이익이 없는 경우의 재판

(1) **형식재판에 의한 상소기각**　무죄[1]·면소판결[2]에 대한 피고인의 상소와　**45**
같이 상소의 이익 없음이 상소장의 기재에 의해 분명한 경우에는 결정으로 상
소를 기각해야 한다. 이 경우 원심법원은 1) 상소제기가 법령의 방식에 위배되
었다거나(제360조, 376조, 407조 ①항 전단) 또는 2) 상소권소멸을 이유로(제407조 ①
항 후단) 상소기각결정을 내려야 한다. 만일 원심법원이 이러한 결정을 하지 않
을 때에는 상소법원이 기각결정을 하여야 한다(제362조, 381조, 413조).

(2) **유죄판결에 대한 상소기각**　유죄판결에 대한 상소의 경우와 같이 상소　**46**
의 이익 없음이 상소이유를 검토하는 과정에서 비로소 나타나는 경우가 있다.
이런 때에는 상소이익의 흠결이 상소제기의 적법요건이기는 하지만 상소이유의
실질적 검토가 행하여졌다는 점에서 '상소의 이유 없음'의 판결, 즉 상소기각판
결을 할 수밖에 없다(제364조 ④항, 399조, 414조 ①항). 이러한 상소기각판결은 항
소심에서 변론 없이 행하는 판결에 해당된다(제364조 ⑤항).

Ⅳ. 상소제기의 절차

1. 상소의 제기

상소제기는 상소제기기간 내에 상소장을 원심법원에 제출함으로써 이루어　**47**
진다(제343조 ①항, 359조, 375조, 406조). 교도소나 구치소에 있는 피고인은 상소제
기기간 내에 교도소장이나 구치소장에게 상소장을 제출하면 상소한 것으로 간
주된다(제344조 ①항). 이러한 상소제기기간의 '재소자특칙'은 정식재판서 제출
(2005모552), 상소이유서 제출(2005도9729 전합)에도 준용되지만, 재정신청 기각결
정에 대한 재항고나 그 재항고 기각결정에 대한 즉시항고로서의 재항고에는 적
용되지 않는다(2013모2347 전합). 상소제기가 있으면 법원은 지체 없이 그 사유를

---

1) 심신상실로 인한 무죄판결은 제외한다.
2) 판례에 따를 때에는 공소기각·관할위반의 재판도 포함한다.

상대방에게 통지하여야 한다(제356조).

[2013모2347 전합] 재정신청 기각결정에 대한 재항고와 '재소자특칙'

재정신청 기각결정에 대한 재항고나 그 재항고 기각결정에 대한 즉시항고로서의 재항고에 대한 법정기간 준수 여부는 도달주의 원칙에 따라 판단하여야 하는지 여부(적극) 및 여기에 형사소송법 제344조 ①항의 '재소자 피고인에 대한 특칙'이 준용되는지 여부(소극)

[다수의견] … 법정기간 준수에 대하여 도달주의 원칙을 정하고 재소자 피고인 특칙의 예외를 개별적으로 인정한 형사소송법의 규정 내용과 입법 취지, 재정신청절차가 형사재판절차와 구별되는 특수성, 법정기간 내의 도달주의를 보완할 수 있는 여러 형사소송법상 제도 및 신속한 특급우편제도의 이용 가능성 등을 종합하여 보면, 재정신청 기각결정에 대한 재항고나 그 재항고 기각결정에 대한 즉시항고로서의 재항고에 대한 법정기간의 준수 여부는 도달주의 원칙에 따라 재항고장이나 즉시항고장이 법원에 도달한 시점을 기준으로 판단하여야 하고, 거기에 재소자 피고인 특칙은 준용되지 아니한다.

[반대의견] … 재소자에 대한 특칙의 규정 취지에 비추어 보면, 재소자의 문서 제출에 대하여 법원 도달주의 원칙을 고수할 경우 재소자의 상소권을 현저히 침해하는 결과를 초래하게 된다면 명문의 규정이 없더라도 예외적으로 위 특칙이 준용된다고 해석하는 것이 위 특칙 규정을 둔 형사소송법의 입법 취지에 부합한다. … 재소자인 재정신청인이 재항고를 제기하는 경우에도 형사소송법이 규정한 위 기간만큼은 실질적으로 보장되어야만 위와 같이 초단기로 규정한 불복기간이 정당화될 수 있는 것이므로, 재소자에 대한 특칙은 재소자인 재정신청인의 재항고장 제출에도 준용되어야 한다.

---

2. 상소제기의 효과

48   **(1) 정지의 효력**   상소제기에 의하여 재판의 확정과 그 집행은 정지된다. 상소제기가 있으면 재판확정의 정지효력은 언제나 발생하지만 재판집행의 정지효력에 대해서는 예외가 있다. 1) 항고는 원칙적으로 즉시항고에만 집행정지효력이 발생한다(제409조). 2) 가납재판의 집행은 상소에 의하여 정지되지 않는다(제334조 ③항).

49   **(2) 이심의 효력**   상소제기에 의해 소송계속은 원심에서 상소심으로 옮겨진다. 이와 같은 이심移審의 효력이 발생하는 시점에 관해 다음과 같은 견해차이

가 있다.

(개) **소송기록송부기준설**　이심의 효력은 상소장·증거물·소송기록이 원심 **50**
법원으로부터 상소법원에 송부된 때에 발생한다는 견해이다.1) 그 논거로는 1)
상소가 법률상의 방식에 위배되거나 상소권의 소멸이 명백한 때에는 원심법원
이 상소기각결정을 내려야 하고(제360조, 376조, 407조 ①항), 2) 소송기록이 상소
법원에 도달할 때까지는 피고인의 구속, 구속기간갱신, 구속의 취소, 보석, 보석
의 취소, 구속집행정지와 그 정지의 취소에 대한 결정을 소송기록이 있는 원심
법원에서 내려야 한다고(규칙 제57조 ①항) 하는 점 등을 든다.2)

(내) **상소제기시기준설**　이심의 효력이 원심법원에 상소장을 제출하여 상 **51**
소를 제기하는 순간 상소법원에 소송계속이 발생한다고 보는 견해이다.3) 그 이
유로 1) 이심의 효력이 소송기록도달의 신속 또는 지연이라는 우연한 사정에
좌우될 수는 없으며, 2) 원심법원은 소송기록이 상소법원에 도달할 때까지 최고
3차에 걸친 구속기간갱신이 가능한데(제92조 ②항, 규칙 제57조 ①항), 이것은 피고
인의 구속을 지나치게 장기화하는 것이 된다는 점을 든다.

(대) **검 토**　상소법원의 상소기각결정을 원심법원이 하는 경우에도 원심법 **52**
원은 상소법원의 권한을 대행하는 것으로 이해할 수도 있다. 그러므로 원심법원
의 상소기각결정제도가 어느 학설을 더 타당한 것으로 판가름해 주지는 않는다.
그러나 구속기간갱신과 같은 실천적 문제에서는 상소제기시기준설이 피고인의
자유를 보호하는 점에서 타당하다고 생각한다. 그 이유는 다음과 같다. 소송기
록이 상소법원에 도달하기 전에 원심법원이 불가피하게 제3차의 구속기간갱신
을 하는 경우에도, 소송기록송부기준설에 의하면 그것은 원심법원의 재판이 되
므로 상소법원은 다시 3차에 걸친 갱신을 할 수 있다. 그러나 상소제기시기준설
에 의하면, 그것은 상소법원의 갱신결정을 원심법원이 대행한 것이 되므로 상소
법원은 2회만 더 구속기간갱신을 할 수 있기 때문이다(제92조 ②항). 만일 소송기
록송부기준설이 이심의 효력은 소송기록이 상소법원에 송부된 때에 발생한다고
하면서도, 원심판결선고 후 소송기록송부 전의 구속기간갱신은 성질상 대행갱
신이라고 본다면, 이는 논리적 모순이 된다.

---

1) 이은모/김정환 808; 이재상/조균석/이창온 56/40.
2) 2007모460: "상소기간 중 또는 상소 중의 사건에 관한 피고인의 구속을 소송기록이 상소법원
에 도달하기까지는 원심법원이 하도록 규정한 형사소송규칙 제57조 ①항의 규정이 형사소송법
제105조의 규정에 저촉된다고 보기는 어렵다."
3) 배종대/홍영기 [68] 26; 신동운 1536; 신양균/조기영 1077; 이창현 1190.

3. 상소의 포기·취하

53   **(1) 의 의**   상소의 포기는 상소권자가 상소제기기간 안에 법원에 대하여 상소권행사를 포기한다는 적극적인 의사표시이다. 상소포기는 상소제기기간이 경과하기 전에 상소권을 소멸시키고 재판을 확정시키며 곧바로 형집행이 이루어진다는 점에서, 상소기간이 경과되어야 상소권이 소멸되는 단순한 상소권의 불행사와 구별된다. 상소의 취하는 일단 제기한 상소의 철회를 의미한다. 상소포기가 상소제기 이전의 소송행위임에 반하여 상소취하는 상소제기 이후의 소송행위이다.

54   **(2) 상소의 포기·취하권자**   고유의 상소권자는 상소의 포기 또는 취하를 할 수 있다(제349조). 다만 피고인 또는 상소권의 대리행사자는 사형, 무기징역이나 무기금고가 선고된 판결에 대해서는 상소의 포기를 할 수 없다(같은 조 단서).

55   **(가) 법정대리인의 동의**   법정대리인이 있는 경우에는 법정대리인의 동의를 얻어야 피고인은 상소를 포기 또는 취하할 수 있다(제350조). 다만 법정대리인의 사망 기타 사유로 인하여 그 동의를 얻을 수 없을 때에는 예외로 한다(같은 조 단서). 따라서 미성년자인 피고인이 법정대리인의 동의를 얻지 않고 한 상소의 포기 또는 취하는 효력이 없다(83도1774).

56   **(나) 상소권의 대리행사자의 상소취하**   피고인의 상소권의 대리행사자는 피고인의 동의를 얻어 상소를 취하할 수 있다(제351조). 따라서 피고인이 상소를 포기 또는 취하하면 변호인은 상소하지 못한다(98도253 등). 또한 변호인의 상소취하에 피고인의 동의가 없다면 상소취하의 효력은 발생하지 않는다. 변호인이 상소취하를 할 때 원칙적으로 피고인은 이에 동의하는 취지의 서면을 제출하여야 하나(규칙 제153조 ②항), 피고인은 공판정에서 구술로써 상소취하를 할 수 있으므로(제352조 ①항 단서), 변호인의 상소취하에 대한 피고인의 동의도 공판정에서 구술로써 할 수 있다. 다만 상소를 취하하거나 상소의 취하에 동의한 자는 다시 상소를 하지 못하는 제한을 받게 되므로(제354조), 상소취하에 대한 피고인의 구술 동의는 명시적으로 이루어져야만 한다(2015도7821).

57   **(3) 상소의 포기·취하의 방법**   상소포기는 상소제기기간 안에 언제나 할 수 있고, 상소취하는 상소심의 종국판결 전까지 가능하다. 상소의 포기·취하는 서면으로 하여야 하며, 공판정에서는 구술로써 할 수 있다. 구술로써 포기·취하한 경우에는 그 사유를 조서에 기재하여야 한다(제352조). 상소포기는 원심법원

에, 상소취하는 상소법원에 하여야 한다. 다만 소송기록이 상소법원에 송부되지 않은 때에는 상소취하도 원심법원에 할 수 있다(제353조). 교도소 또는 구치소에 있는 피고인이 교도소장이나 구치소장 또는 그 직무를 대리하는 자에게 상소포기 또는 취하에 관한 서면을 제출한 때에는 상소포기 또는 취하가 있는 것으로 간주된다(제355조, 344조).

(4) 상소의 포기·취하의 효력   상소포기나 취하가 있으면 상소권은 소멸한 **58** 다. 상소취하의 효력은 상소취하서의 접수시에 발생한다.[1] 일단 포기·취하한 사건에 대해서는 재상소가 금지된다(제354조).[2] 항소를 포기 또는 취하하였으나 상대방이 항소를 제기한 경우에, 항소를 포기 또는 취하한 자가 항소심의 판결에 대해 상고할 수 있는가 하는 점이 문제가 된다. 판례는 부정하지만(83도2936 등) 긍정하는 것이 타당하다. 상소의 포기 또는 취하에 의한 상소권의 소멸은 당해 심급의 상소권에 국한된다고 보아야 하기 때문이다.[3]

[64] 제 2 일부상소

[사례 28] 2008도4740

피고인 甲은 정보통신망을 통하여 공연히 허위의 사실을 적시하여 타인의 명예를 훼손하였다는 요지의 공소사실에 의해 정보통신망 이용촉진 및 정보보호 등에 관한 법률(이하 '법'이라고 한다) 제61조 ②항 위반죄로 공소제기되었다. 제1심은 甲이 정보통신망을 통하여 공연히 사실을 적시하여 타인의 명예를 훼손한 것으로 보아 이는 위법 제61조 ①항에 규정된 사실적시에 의한 명예훼손죄에 해당한다고 하여 축소사실

---

1) 이재상/조균석/이창온 56/44.

2) 2001초428: "형사소송절차에 있어서는 기본적으로는 법적 안정성과 형식적 확실성이 요구되는 것이므로, 절차유지의 원칙상 민법상의 취소와 같이 소송행위의 효력을 소급적으로 소멸시키는 취소는 인정되지 않는 것이나, 이러한 특성을 지나치게 강조하는 경우에는 피고인 등이 예상치 못한 불이익을 입게 되거나 정의가 훼손될 우려가 있으므로 형사소송법은 상소를 취하하거나 포기한 자는 그 사건에 대하여 다시 상소하지 못한다는 규정을 두고 있으면서도(제354조), 다른 한편 형사소송규칙은 상소의 포기나 취하가 부존재 또는 무효인 경우 법원에 절차속행의 신청을 할 수 있는 길을 열어두고 있으므로(제154조), 위와 같은 상고의 포기나 취하 및 절차형성적 소송행위의 성질과 그 부존재나 무효인 경우 구제의 방법이 마련되어 있는 점 등을 감안하면 상소의 포기나 취하의 경우 그 사건에 관하여 다시 상소를 하지 못한다는 형사소송법 제354조의 규정이 헌법상 보장된 재판청구권을 침해하는 것으로서 헌법에 위반된다고 할 수는 없다."

3) 신동운 1527; 이창현 1192 이하.

에 대한 유죄를 인정하면서 甲에게 벌금 250만원을 선고하였다. 이때 제1심은 사실 적시에 의한 명예훼손죄와 일죄 관계에 있는 허위사실적시에 의한 명예훼손, 즉 법 제61조 ②항 위반죄 부분에 대하여는 판결에 아무 이유를 기재하지 아니하였는데, 이는 허위사실 적시에 의한 명예훼손 부분을 무죄로 판단하면서도 판결 이유에서 그 부분의 설시를 누락한 것이었다.

제1심의 판결에 대해 피고인 甲만이 유죄 부분에 대하여 항소하고 검사는 위 무죄 부분에 대하여 항소하지 아니하였다. 항소심인 서울남부지방법원 합의부는 제1심이 위 무죄 부분에 대하여 판결 이유에서 무죄 사유를 기재하지 아니한 잘못이 있다는 이유만으로 위 무죄 부분을 포함한 제1심판결 전체를 직권 파기한 다음, 위 무죄 부분에 대하여도 유죄로 인정하면서 법 제61조 ②항을 적용하여 피고인에게 벌금 250만원을 선고하였다.

항소심의 판결은 적법한가?

[주요논점] 1. 일부상소와 상소불가분의 원칙이란 무엇인가?
　　　　　　2. 일부상소의 허용범위와 심판범위는 각각 어떠한가?

[관련판례] 2004도4727; 2004도7488; 2005도7523

I. 일부상소의 의의

1. 일부상소와 상소불가분의 원칙

1　　(1) **일부상소**　　상소는 재판의 일부에 대하여 할 수도 있다(제342조 ①항). 재판의 일부에 대한 상소를 일부상소라고 한다. 일부상소가 허용되는 범위에서는 재판의 일부에 대한 상소의 포기와 취하도 인정된다. 여기서 재판의 일부란 재판의 객관적 범위의 일부를 의미하며, 주관적 범위, 즉 공동피고인의 일부가 상소하는 경우는 포함되지 않는다.

2　　(2) **상소불가분원칙**　　재판의 일부에 대한 상소는 그 일부와 불가분의 관계가 있는 부분에 대해서도 그 효력이 미친다(같은 조 ②항). 이를 상소불가분원칙이라고 한다. 상소가 제기된 일부와 '불가분의 관계'가 있다는 것은 주로 일죄에 해당하는 경우를 말한다. 그러므로 제342조 ①항이 적용되는 일부상소는 원칙적으로 과형상 수죄가 병합심리된 경우를 전제로 한다.

2. 일부상소와 상소이유의 개별화

일부상소는 상소심의 심판대상을 축소시켜 소송경제를 도모하고자 하는 제 **3** 도이다. 상소심의 심판대상은 상소이유의 개별화로 더욱 축소될 수 있다. 즉 항소법원은 항소이유에 포함된 사유를 심판해야 하고(제364조 ①항), 상고법원은 상고이유에 포함된 사유에 관해 심판하여야 한다(제384조 본문). 둘 다 당사자가 재판을 분할하여 그 일부에 대해서만 불복하고, 상소법원은 그 부분에 대해서만 심판의무를 진다는 점에서는 같다. 그러나 그 적용요건과 법적 효과에서 다음과 같은 차이점이 있다.

(1) 요건의 차이 일부상소에 의한 심판대상의 제한(제342조 ①항)은 원래 **4** 별개의 형사절차에서 심판될 수 있는 수개의 사건이 병합심리된 경우에 적용되는 것이다. 그러나 상소이유서에 의한 심판대상의 제한(제364조 ①항, 384조 본문)은 원래 하나의 형사절차에서 심판되어야 할 하나의 범죄에 대한 재판의 내용 가운데 일부만을 상소법원의 심판대상으로 삼는 경우에 적용된다.1)

(2) 법적 효과의 차이 일부상소는 상소제기를 규율하는 통칙편(제338조～제 **5** 356조)에서 규정하고 있고 일부상소 여부는 상소장에 표시된다. 이는 일부상소의 경우, 불복하지 않는 재판부분은 상소기간이 지나가면 확정되어 그 재판부분은 기판력을 갖게 됨을 의미한다. 즉 원심재판은 부분적 기판력을 갖게 되는 셈이다. 따라서 그 부분에 대해서는 집행이 가능하다(제459조). 이에 반해 상소이유에 의한 심판대상의 제한에 관한 규정은 상소심의 심판에 관한 장에서 규정하고 있다. 이는 당사자가 불복하지 않은 재판부분도, 원래는 상소법원에서 모두 심판해야 하지만 단지 상소심의 경제성을 위하여 편의적으로 상소이유서에서 상소인이 불복하는 부분에 대해서만 심판하도록 하는 것임을 의미한다. 따라서 불복하지 않은 재판부분도 상소법원에 이심되어 소송계속이 발생하며 상소법원의 재판이 확정되기 이전에는 집행될 수 없다. 그러므로 상소법원은 일부상소의 불복하지 않은 부분에 대해 직권에 의한 심판을 할 수 없지만, 상소이유서의 불복하지 않은 부분에 대해서는 직권으로 심판할 수 있다(제364조 ②항, 384조 단서).

---

1) 예컨대 사실인정, 법령적용, 형의 양정 가운데 양형부분만을 불복하는 경우이다.

Ⅱ. 일부상소의 범위

1. 일부상소의 허용범위

6 　　　일부상소는 원심법원의 재판을 분할하는 것이고, 분할이 가능하기 위해서는 원심법원이 재판대상으로 삼는 수개의 범죄가 경합범관계에 있어야 한다. 그럴 경우에만 각 사건은 별개의 형사절차에서 심판이 가능할 수 있는 것이기 때문이다. 그러나 통설과 실무의 관행은 재판의 가분성을 정할 때 경합범관계의 존부뿐만 아니라 판결주문이 분할가능한지를 고려한다. 그러므로 일부상소는 이 두 가지 요건을 동시에 충족할 때 가능하게 된다. 나눌 수 없는 재판의 일부에 대한 상소는 그 전부에 대해 효력이 미친다(제342조 ②항).

7 　　　(1) 일부상소가 허용되는 경우　　가분적인 재판의 구체적 보기로는 다음과 같은 것이 있다. 경합범관계에 있는 수개의 소송사실에 대해 1) 일부는 유죄, 다른 일부는 무죄·면소·공소기각·관할위반 또는 형면제의 판결이 선고된 경우, 2) 일부는 징역형이, 다른 일부는 벌금형이 선고된 경우와 같이 주문에서 2개 이상의 다른 형이 병과된 경우(형법 제38조 ①항 3호), 3) 수개의 공소사실이 확정판결 전후에 범한 죄이기 때문에 수개의 형이 선고된 경우(같은 법 제37조 후단), 4) 경합범관계에 있는 범죄사실전부에 대하여 무죄가 선고된 경우 등이 있다.

　　　(2) 일부상소가 허용되지 않는 경우

8 　　　(가) 일죄의 일부　　경합범이 아닌 과형상의 일죄(2003도1256), 단순일죄(2000도5000 등)의 일부에 대한 상소는 허용되지 않고 상소불가분원칙이 적용된다. 포괄일죄의 경우 판례는 일부상소(제342조 ①항)와 상소불가분원칙(같은 조 ②항)을 피고인에게 유리하게 선택적으로 적용한다. 즉, 포괄일죄의 일부에 대해 유죄가 선고되었는데, 피고인은 상고하지 않고 검사만 무죄부분에 대해 상고한 경우라면, 판례는 유죄부분도 상고심에 이심될 뿐만 아니라 상고심의 심판대상이 된다고 본다(86도1629). 그러나 만일 피고인만 유죄부분에 대해 상고한 경우, 판례는 "상고불가분원칙에 의하여 무죄부분도 상고심에 이심되기는 하나, 그 부분은 이미 당사자간의 공격방어대상으로부터 벗어나 사실상 심판대상에서 제외되어 상고심은 그 무죄부분을 판단할 수 없다"고 한다(2009도12934 등). 물론 상고심이 유죄부분을 원심법원에 파기환송한 경우, 그 원심법원도 무죄부분에 대해서는 심판할 수 없다(2008도8922). 이와 같이 서로 모순된 판례경향은 결국 피고인의

이익을 보호하기 위한 것이라는 점에서 타당하다고 할 수 있다.

주위적·예비적 공소사실의 일부에 대한 상소제기의 효력은 나머지 공소사 　**9**
실 부분에 대하여도 미친다. 동일한 사실관계에 대하여 서로 양립할 수 없는 적
용법조의 적용을 주위적·예비적으로 구하는 경우에는 예비적 공소사실만 유죄
로 인정되고 그 부분에 대하여 피고인만 상소하였다고 하더라도 주위적 공소사
실까지 함께 상소심의 심판대상에 포함된다(2006도1146; 2023도10718).

(나) **1개의 형이 선고된 경합범**　　경합범의 전부에 대해 한 개의 형이 선고 　**10**
된 경우(형법 제37조, 38조 ①항)에 통설과 판례는 일치하여 판결내용이 분할될 수
없다고 한다. 이렇게 되면 일부상소는 허용될 수 없다. 다만 그 논거에 약간의
차이가 있다. 판례는 판결 주문의 분할불가능성을 이유로 든다(2008도5596 전합).
그러나 학설은 경합범에 대해 하나의 전체형을 선고할 때에는 개별 범죄사실들
이 상호작용을 일으켜 불가분관계를 형성한다는 점을 논거로 한다.[1]

(다) **주형과 일체가 된 부가형**　　집행유예, 미결구금산입, 환형처분, 몰수 　**11**
및 추징 등의 부가형은 주형과 일체불가분의 관계를 이루므로 부가형만을 분리
하여 상소하더라도 상소불가분의 원칙에 따라 그 부분과 불가분의 관계에 있는
본안에 관한 판단 부분에까지 상소의 효력이 미쳐 그 전부가 상소심으로 이심
된다(2008도5596 전합). 다만 배상명령에 대해서는 독립하여 즉시항고를 할 수 있
다(소촉법 제33조 ⑤항). 소송비용부담재판은 독립하여 상소할 수 없고 본안재판에
관해 상소하는 때에만 상소할 수 있다(제191조 ②항).

2. 일부상소의 심판범위

상소심의 심판범위는 원칙적으로 상소제기된 부분에 한정된다. 따라서 일 　**12**
부상소의 경우에도 상소심의 심판범위는 상소제기된 부분에만 미치고, 상소제
기되지 않은 부분의 재판은 확정된다. 상소법원은 재판이 확정된 부분은 심판할
수 없으며, 상고심의 파기환송에 의해 사건을 환송받은 법원도 이미 확정된 부
분을 심판할 수 없다(90도1033). 그런데 이러한 원칙과 관련하여 문제가 되는 두
가지 경우가 있다.

(1) **경합범 중 일부무죄에 대해서만 상고한 경우**　　경합범 중의 일부만 무죄 　**13**
를 선고한 항소심 판결에 대해 검사만이 무죄부분만을 상고한 경우, 상고심에서
원심판결을 파기한다면, 상소된 부분만을 파기하여야 하는가 아니면 재판이 확

---

1) 신동운 1559; 이재상/조균석/이창온 56/50.

정된 유죄판결의 부분까지 전부파기하여야 하는가에 대해 견해가 대립된다.

14   ㈎ **일부파기설**   판례(2019도18935 등)와 학계의 다수견해[1]는 일부상소의 심판범위에 대한 원칙에 따라 상소가 제기되지 않은 항소심의 유죄판결 부분은 재판이 확정되었으므로 상고심에서는 무죄부분만을 파기할 수밖에 없다고 한다.

15   ㈏ **전부파기설**   그러나 이에 대해서는 무죄부분만을 파기하여 그것이 유죄로 확정되면 원심판결을 전부파기해야 한다는 견해가 있다.[2] 그 논거는 다음과 같다. 1) 피고인은 형법 제37조 후단과 제39조 ①항에 따라 2개의 유죄판결을 받게 되어 불리하다. 2) 유죄부분에 승복하여 근신하고 있는 피고인에게 무죄부분에 대한 검사의 상소로 무죄부분이 파기될 경우에 대비하여 상소를 기대하는 것은 무리이다. 그리고 3) 상소남용의 부작용도 무시할 수 없다는 이유를 든다.

16   ㈐ **결 론**   일부파기설이 제342조의 일부상소와 상소불가분원칙에 충실한 것으로 보인다. 전부파기설의 주장은 일부파기할 경우 피고인에게 더 불리하다는 것인데, 전부파기설을 취하더라도 피고인에게 불리한 경우가 발생할 수 있다.[3] 형법 제39조가 적용되어 두 개의 형이 선고되는 결과가 되나, 불이익변경금지원칙의 철저한 준수로 그 위험이 제거될 수 있을 것으로 생각한다.

[91도1402 전합] 일부상소의 심판범위

[다수의견]   형법 제37조 전단의 경합범으로 같은 법 제38조 ①항 제2호에 해당하는 경우 하나의 형으로 처벌하여야 함은 물론이지만 위 규정은 이를 동시에 심판하는 경우에 관한 규정인 것이고 경합범으로 동시에 기소된 사건에 대하여 일부 유죄, 일부 무죄의 선고를 하거나 일부의 죄에 대하여 징역형을, 다른 죄에 대하여 벌금형을 선고하는 등 판결주문이 수개일 때에는 그 1개의 주문에 포함된 부분을 다른 부분과 분리하여 일부상소를 할 수 있는 것이고 당사자 쌍방이 상소하지 아니한 부분은 분리 확정된다고 볼 것인바, 경합범 중 일부에 대하여 무죄, 일부에 대하여 유죄를 선고한 항소심 판결에 대하여 검사만이 무죄 부분에 대하여 상고를 한 경우 피고인과 검사가 상고하지 아니한 유죄판결 부분은 상고기간이 지남으로써 확정되어 상고심에 계속된 사건은 무죄판결 부분에 대한 공소뿐이라 할 것이므로 상고심에서 이를 파기할 때에는 무죄 부분만을 파기할 수밖에 없다.

---

1) 신동운 1561; 신양균/조기영 1091; 이은모/김정환 814; 이재상/조균석/이창온 56/58; 이창현 1200.
2) 유원규, 대법원판례해설, 제15호, 691면; 조재석, 검찰, 제101호, 207면.
3) 예컨대 전부파기 후 파기환송심에서 집행유예가 선고되면 그 집행유예기간의 기산일이 늦추어지는 경우를 들 수 있다.

[반대의견] 형법 제37조 전단의 경합범으로 동시에 판결하여 일개의 형을 선고할 수 있었던 수개의 죄는 서로 과형상 불가분의 관계에 있었다고 볼 수 있으므로, 실제로 일개의 형이 선고되었는지의 여부와 관계없이 상소불가분의 원칙이 적용된다고 해석하는 것이 이론상 일관된 태도라 할 것인바 경합범 중 일부에 대하여는 유죄, 다른 일부에 대하여는 무죄를 선고하였다고 하더라도, 무죄 부분에 대하여 상소가 제기됨으로써 그 부분이 유죄로 변경될 가능성이 있게 되는 경우에는, 유죄 부분에 대하여 따로 상소가 되지 않았더라도 상소불가분의 원칙이 적용되어 유죄 부분도 무죄 부분과 함께 상소심에 이심되는 것이고, 따라서 상소심 법원이 무죄 부분을 파기하여야 할 경우에는 직권으로 유죄 부분까지도 함께 파기하여 다시 일개의 형을 선고할 수 있도록 하여야 한다.

(2) **죄수판단의 변경**　원심이 두 개의 공소사실을 경합범의 관계에 있다고 17 인정하여 하나는 유죄, 다른 하나는 무죄를 각 선고하였고, 당사자의 일방만 상소를 제기하였으나, 상소심의 심리 결과 두 범죄사실이 단순일죄 또는 과형상 일죄로 인정되는 경우, 상소법원이 상소불가분원칙(제342조 ②항)을 적용하여 상소되지 않은 부분에 대해서도 심판할 수 있는가 하는 문제가 제기된다. 이는 두 가지 경우로 나누어 살펴볼 수 있다.

(가) **피고인만 유죄부분에 대해 상소한 경우**　이에 대해서는 1) 무죄부분이 18 확정된 이상 전체에 대해 면소판결을 해야 한다는 견해가 있다. 그러나 2) 통설은 원심에서 무죄를 선고한 부분은 확정되고, 유죄가 선고된 부분만 심판대상이 된다고 한다.[1] 통설의 근거는, 1) 소송의 동적·발전적 성격에 비추어 수개의 공소사실에 대한 죄수론적 평가는 얼마든지 변화될 수 있으며, 2) 상소인의 의사는 무죄판결이 확정된다는 것을 전제로 일부상소를 하는 것으로 보아야 한다는 데에 있다. 이와 같은 통설의 진정한 의도는 피고인의 이익보호에 있는 것으로 보인다.

(나) **검사만 무죄부분에 대해 상소한 경우**　통설의 논리를 일관되게 유지 19 하면 이 경우에는 유죄부분은 확정되고 상소심은 무죄부분에 대해서만 심판할 수 있는 것으로 보아야 한다. 또한 이것이 상소인의 의사에 부합하는 것이라고 할 수 있다. 하지만 이 결론은 피고인에게 불리하다. 판례는 이 경우에 상소불가분의 원칙에 따라 유죄부분도 상소심의 심판대상이 되는 것으로 본다.[2] 판례

---

1) 백형구 587 이하; 신양균/조균석 1093; 이은모/김정환 815; 이재상/조균석/이창온 56/60; 정영석/이형국 472.

2) 80도384 전합: "원심이 두개의 죄를 경합범으로 보고 한 죄는 유죄, 다른 한죄는 무죄를 각 선고하자 검사가 무죄부분만에 대하여 불복상고 하였다고 하더라도 위 두죄가 상상적 경합관

의 결론은 타당하고, 그 근거는 그러한 상황에서 발생할 수 있는 위험을 피고인에게 부담시키지는 않아야 한다는 요청에서 찾아야 한다. 즉, '의심스러울 때에는 자유의 이익으로'(in dubio pro libertate)라는 원칙이 근거가 되는 것이다.

Ⅲ. 일부상소의 방식

1. 상소장기준의 원칙

20   일부상소를 함에는 상소장에 일부상소를 한다는 취지를 명시하고 불복부분을 특정하여야 한다. 상소장에 불복부분을 특정하지 않고 상소한 때에는 재판의 전부에 대하여 상소한 것으로 취급하여야 한다. 일부상소인가 아니면 전부상소인가는, 상소이유를 참고할 필요는 없고, 상소장의 기재를 기준으로 판단하면 충분하다.[1] 그렇지 않으면 상소이유서를 제출할 때까지 재판이 확정될 수 없기 때문이다. 그런데 판례는, 현행 법규상 상소장에 불복의 범위를 명시하라는 규정이 없고 또 상소는 재판의 전부에 대하여 하는 것을 원칙으로 삼고 있는 점에 비추어 볼 때, 비록 상소장에 기재하지 아니한 부분이더라도 상소이유서에서 그 부분에 대하여도 상소이유를 개진한 경우에는 판결 전부에 대한 상소로 봄이 상당하다고 한다(2004도3515). 그러나 이는 상소이유서 제출기간까지 재판의 확정 여부를 불명확한 상태에 놓이게 하므로, 일부상소 여부는 상소장을 기준으로 판단하여야 할 것이다.

2. 불복부분 불특정의 효과

21   일부상소를 할 때에는 불복부분을 특정해야 한다. 이를 특정하지 않은 상소는 원칙적으로 전부상소한 것으로 간주된다. 상소는 재판의 전부에 대해 하는 것이 원칙이기 때문이다. 그러나 예외적으로 일부상소의 취지나 불복부분이 명시되지 않더라도 판결주문의 구성에 의해 일부상소가 명백한 경우에는 일부상소가 인정될 수 있다. 즉 일부무죄, 일부유죄의 판결에 대한 일부상소가 있으면 피고인은 유죄부분에 대해(4293형상659), 검사는 무죄부분에 대해 상소한 것으로 해석하는 것이 옳다(4292형상142). 검사가 불복의 범위란에 아무런 기재를 하지 않고 판결주문란에 유죄부분의 형만을 기재하고 무죄의 주문을 기재하지 않은

_____

계에 있다면 유죄부분도 상고심의 심판대상이 된다."
  1) 신동운 1564; 신양균/조기영 1089; 이은모/김정환 813; 이재상/조균석/이창온 56/52.

항소장을 제출하였으나 항소이유서에 무죄부분에 대하여도 항소이유를 개진한 경우에는 판결전부에 대한 항소로 보아야 한다(91도1937; 2004도3515).

[65]　제 3　불이익변경금지의 원칙

I. 불이익변경금지원칙의 의의

1. 개　　념

불이익변경금지 원칙은, 피고인이 상소한 사건이나 피고인을 위하여 상소 1
한 사건에 관해 상소심이 원심판결의 형보다 중한 형을 선고하지 못한다는 것
을 말한다(제368조, 396조 ②항). 이 원칙은 일체의 불이익변경을 금지하는 것이
아니라 원심판결의 형보다 중한 형으로 변경하는 것을 금지하는 것이므로, 더
정확하게 표현하자면 중형변경금지의 원칙이라고 할 수 있다.

2. 불이익변경금지원칙의 근거

불이익변경금지원칙의 근거에 대해서는 몇 가지 견해가 제시된다. 1) 당사 2
자주의 귀결설은 상소심 심리를 상소제기자의 불복신청 범위에 제한하는 당사자
주의 상소제도의 당연한 이론적 결과로 보는 견해이다.1) 2) 상대적 확정력설은
검사의 상소가 없는 이상 피고인의 이익 한도 내에서 상대적 확정력이 생긴다고
보는 견해이다. 3) 적법절차설은 절차주의적 정의이론이 지배하는 오늘날의 헌
법에서 상소권의 보장을 위한 적법절차를 구성하는 요소로 이해하는 견해이다.2)
4) 정책적 배려설은 피고인의 상소권을 보장하려는 정책적 배려에서 비롯된 것
이라는 견해이다(99도3776).3) 정책적 배려설이 다수견해이고 타당한 견해이다.

역사적으로 보면 불이익변경금지는 중앙집권화된 국가권력이 봉건 영주의 3
재판권에 대한 피고인의 불복신청을 장려하여 그 재판권에 간섭하는 정치적 역
학관계에서 형성되었다. 그리고 프랑스 대혁명 이후 자유주의적 법치국가의 성
장과 함께 피고인이 중형변경의 위험 때문에 상소제기를 단념하는 사태를 방지
함으로써 상소권을 보장하려는 정책은 처분불가능한 기본권의 지위를 누리게

---

1) 강구진 551.
2) 신동운 1570.
3) 배종대/홍영기 [70] 1; 신양균/조기영 1095; 이은모/김정환 821; 이재상/조균석/이창온 56/62; 이창현 1210; 정영석/이형국 473.

되었다. 이러한 배경을 고려할 때 불이익변경금지원칙은 피고인의 상소권보장을 위한 제도라고 이해하는 것이 바람직하다.

Ⅱ. 불이익변경금지원칙의 적용범위

1. 피고인이 상소한 사건

4   불이익변경금지원칙은 피고인만이 상소한 사건에 대해 적용된다(제368조, 396조 ②항). 따라서 검사만 상소한 사건이나 검사와 피고인 쌍방이 상소한 사건에 대해서는 적용되지 않는다. 피고인만이 항소한 항소심에서 공소장에 의하여 공소사실이 추가·철회·변경된 경우에도 형의 불이익변경은 허용되지 않는다(2021도1140 등). 물론 검사만 상소하더라도 이익금지원칙이 적용되는 것은 아니므로 상소심은 피고인에게 이익되는 판결을 할 수 있다. 또한 검사와 피고인이 모두 상소했더라도 검사가 항소이유서를 제출하지 않아 결정으로 항소가 기각되거나(2013도9666 등) 검사의 상소가 판결로 기각되는 때(78도2309)에는 피고인만 상소한 경우처럼 취급하여 불이익변경금지원칙을 적용해야 한다. 그리고 피고인만 항소한 제2심 판결에 대해 검사가 상고한 경우 이 원칙이 적용되는지가 문제된다. 항소심의 잘못으로 피고인이 불이익을 받는 것은 상소권보장이라는 이 원칙의 취지에 반하므로, 상고심은 제1심 판결이 선고한 형보다 중한 형을 선고할 수 없는 것으로 보아야 한다(4290형비상1 전합).[1]

2. 피고인을 위하여 상소한 사건

5   불이익변경금지원칙은 피고인을 위하여 상소한 사건에 대해서도 적용된다. 피고인을 위하여 상소한 사건은 피고인을 위하여 상소한 당사자 이외의 상소권자(제340조, 341조)가 상소제기한 사건을 말한다. 여기에서 문제는 검사가 피고인의 이익을 위하여 상소한 경우에도 이 원칙을 적용할 것인가 하는 점이다. 이에 대해서는 학설이 나뉜다. 1) 소극설은 검사가 상소한 경우는 불이익변경금지원칙의 근거인 상소권보장과 아무런 관계가 없으며, 검사의 상소는 피고인만이 아니라 공익을 위한 것으로 보아야 한다는 점에서 불이익변경금지원칙이 적용되지 않는다고 한다.[2] 2) 적극설은 검사는 공익의 대표자로서 피고인의 정당한

---

1) 신동운 1259; 이재상/조균석/이창온 56/64; 이창현 1211.
2) 이재상/조균석/이창온 56/65; 정영석/이형국 475.

이익을 보호하기 위하여 상소하는 것이므로 결과적으로 피고인에게 불이익을
초래하는 상소제기는 배제되어야 한다고 보는 견해이다.1) 피고인 이외의 자가
피고인의 이익을 위하여 상소하는 경우와 공익의 대표자인 검사가 피고인의 이
익을 위하여 상소하는 경우를 불이익변경금지원칙의 적용에서 달리 취급해야
할 이유가 없을 것이다. 적극설이 타당하다.

3. '상소한 사건'의 관련 문제

(1) **재심사건** 재심에 규정된 불이익변경금지원칙(제439조)은, 확정판결의 **6**
오류로부터 피고인의 이익을 보호하려는 재심제도의 본질에서 나오는 것이므
로, 상소사건에 적용되는 불이익변경금지원칙과 그 성격이 다르다.

(2) **항고사건** 피고인만 항고한 항고사건에 대해 불이익변경금지원칙이 적 **7**
용될 수 있는가를 두고 적극설과 소극설의 견해가 대립한다. 1) 적극설은 집행
유예의 취소 및 실효결정에 대한 항고(제335조, 337조 ③항)나 선고유예의 실효결
정에 대한 항고(제336조, 335조 ④항)와 같이 예외적으로 형의 선고에 준하는 경우
에는 불이익변경금지원칙을 적용해야 하는 것으로 본다.2) 이에 반해 2) 소극설
은 불이익변경금지원칙은 형의 선고에 관한 것이고, 피고인만 항고한 항고사건
에 대해서는 명문규정이 없기 때문에 적용될 수 없다고 한다.3) 항고심은 상소
심이 아니고, 항고심에서 형을 선고하는 경우는 없으므로, 소극설이 타당하다.

(3) **파기환송 또는 파기이송사건** 환송 또는 이송받은 법원은 원판결을 계 **8**
속 심리하는 것이므로 상소심이라고 할 수는 없다. 그러나 상소심에서 자판하는
가 또는 파기환송·이송의 판결을 하는가는 우연에 의해서 좌우된다. 그리고 이
원칙의 적용을 부정하는 것은 피고인의 상소권보장이라는 취지에 반한다. 따라
서 이 원칙은 파기환송 또는 파기이송사건에도 적용되는 것이 옳다. **판례도 같**
은 입장이다(2021도1282 등).

(4) **정식재판의 청구** 과거의 판례는 약식명령이나 즉결심판에 대한 정식 **9**
재판청구(제453조, 즉심법 제14조)는 통상의 공판절차에 따라서 심판이 행해지므로
불이익변경금지원칙이 적용되지 않는다는 입장이었다. 그렇다면 벌금의 증액이
나 징역형선고도 얼마든지 가능하게 된다.4) 그러나 징역형의 선고에 대한 두려

1) 배종대/홍영기 [70] 3; 신동운 1573; 이은모/김정환 818; 이창현 1212.
2) 강구진 557; 신동운 1573; 신양균/조기영 991; 이은모/김정환 823; 이창현 1213.
3) 배종대/홍영기 [70] 8; 이재상/조균석/이창온 56/67; 정영석/이형국 476.
4) 대판 1968. 4. 2, 68도162.

움은 정식재판청구를 사실상 어렵게 만들 수 있으므로 정식재판의 청구에 대해
서도 불이익변경금지원칙이 적용되어야 한다는 의견이 다수의견으로 제시되었
다. 그리하여 형사소송법은 1995년 제457조의2를 신설하여 약식명령에 대해 피
고인이 정식재판을 청구한 사건에도 불이익변경금지원칙을 적용하였다. 판례는
즉결심판에 대하여 피고인만이 정식재판을 청구한 경우에도 불이익변경금지의
원칙이 적용된다는 입장이었다(98도2550). 헌법재판소도 제457조의2는 피고인의
정식재판권을 실질적으로 보장하는 것으로서, 피고인의 공정한 재판을 받을 권
리를 침해하는 것이 아니며, 그 입법취지도 상소심의 불이익변경금지원칙과 다
르지 않다고 보았다. 나아가 검사의 약식명령청구가 있어도 법원은 그 사건을
정식재판으로 이행시킬 수 있으므로(제450조) 제457조의2는 헌법(제103조)이 보장
한 법관의 양형결정권을 침해하는 것도 아니라고 보았다(2004헌가27). 그러나
2017. 12. 19.의 개정법률은 정식재판청구가 남용된다는 이유로1) 약식명령에
대한 정식재판청구에 적용되는 불이익변경금지 규정을 '형종 상향의 금지'로 대
체하고(제457조의2 ①항) 양형 상향 시 양형 이유를 기재하도록 하였다(같은 조 ②
항 신설). 즉, 피고인만이 정식재판을 청구한 경우 약식명령에서 선고받은 벌금
형을 징역형으로 변경·선고하지 못하나,2) 같은 벌금형을 선고하되 벌금액을
높이는 것은 허용된다. 불이익변경금지원칙과 이에 대한 대법원 및 헌법재판소
판례의 취지를 고려하면 잘못된 법개정이다.

10   (5) **병합사건**   제1심에서는 별개의 사건으로 심리되어 2개의 형이 선고되
었으나, 모두에 대하여 피고인이 항소하고, 항소심에서 그 2개의 사건이 병합심
리되어 경합범으로 처단되는 경우에는, 제1심의 각 형량보다 중한 형이 선고되
었다고 하더라도, 위법이라고 할 수 없다.

11   (6) **정식재판청구와 병합사건의 결합**   피고인의 정식재판청구 사건과 다른
사건이 병합·심리된 후 경합범으로 처단되는 경우에는, 정식재판청구 사건에
대한 당초의 형보다 병합·심리된 후 최종적으로 선고받은 형을 단순 비교하여

---

1) 포괄일죄로 기소된 피고인이 일사부재리효의 시간적 범위를 늘릴 목적으로 정식재판청구권
   을 남용하였다.
2) 2019도15700: 피고인이 절도죄 등으로 벌금형의 약식명령을 발령받은 후 정식재판을 청구하
   였다. 그런데 제1심법원이 위 정식재판청구 사건을 통상절차에 의해 공소가 제기된 다른 점유
   이탈물횡령 등 사건들과 병합한 후 각 죄에 대해 모두 징역형을 선택한 다음 경합범으로 처단
   한 징역형을 선고하자, 피고인과 검사가 각 양형부당을 이유로 항소하였다. 이는 "제1심판결
   중 위 정식재판청구 사건 부분에 형사소송법 제457조의2 ①항에서 정한 형종 상향 금지의 원
   칙을 위반한 잘못"이라고 지적하였다.

불이익변경 여부를 판단할 수는 없다. 병합심리된 후의 선고형이 정식재판청구
사건의 형보다 중할 수도 있다(2001도3212). 그러나 불이익변경금지원칙은 이렇
게 병합심리되는 사건에도 적용된다. 그 판단은 판례와 같이 "병합된 다른 사건
에 대한 법정형, 선고형 등 피고인의 법률상 지위를 결정하는 객관적 사정을 전
체적·실질적으로 고찰하여" 할 수밖에 없다.[1]

[2009도10754] 병합사건과 불이익변경금지원칙

피고인이 정식재판을 청구한 당해 사건이 다른 사건과 병합·심리된 후 경합범으로
처단되는 경우에는 당해 사건에 대하여 고지받은 약식명령의 형과 병합·심리되어
선고받은 형을 단순 비교할 것이 아니라, 병합된 다른 사건에 대한 법정형, 선고형
등 피고인의 법률상 지위를 결정하는 객관적 사정을 전체적·실질적으로 고찰하여
병합·심판된 선고형이 불이익한 변경에 해당하는지를 판단하여야 한다. 다만 그 병
합·심리 결과 다른 사건에 대하여 무죄가 선고됨으로써 당해 사건과 다른 사건이
경합범으로 처단되지 않고 당해 사건에 대하여만 형이 선고된 경우에는, 다른 사건
에 대한 법정형, 선고형 등 피고인의 법률상 지위를 결정하는 객관적 사정까지 고
려할 필요는 없으므로 원래대로 돌아가 당해 사건에 대하여 고지받은 약식명령의
형과 그 선고받은 형만 전체적으로 비교하여 피고인에게 실질적으로 불이익한 변경
이 있었는지 여부를 판단하면 된다.
벌금 150만원의 약식명령을 고지받고 정식재판을 청구한 '당해 사건'과 정식 기소된
'다른 사건'을 병합·심리한 후 두 사건을 경합범으로 처단하여 벌금 900만원을 선
고한 제1심판결에 대해, 피고인만이 항소한 원심에서 다른 사건의 공소사실 전부와
당해 사건의 공소사실 일부에 대하여 무죄를 선고하고 '당해 사건'의 나머지 공소사
실은 유죄로 인정하면서 그에 대하여 벌금 300만원을 선고한 사안에서, 원심판결은
당해 사건에 대하여 당초 피고인이 고지받은 약식명령의 형보다 중한 형을 선고하
였음이 명백하므로, 형사소송법 제457조의2에서 규정한 불이익변경금지의 원칙을
위반한 위법이 있다고 한 사례.

---

[1] 2004도6784: 벌금형의 약식명령을 고지받아 정식재판을 청구한 사건과 공소가 제기된 사건
을 병합·심리한 후 경합범으로 처단하면서 징역형을 선고한 것이 불이익한 변경에 해당한다고
한 사례.

Ⅲ. 불이익변경금지의 내용

1. 불이익변경금지의 대상

12　　　**(1) 중형변경금지**　　불이익변경금지원칙은 피고인에 대한 형의 선고가 원심판결보다 중하게 변경되는 것만을 금지한다.[1] 그러므로 판결주문에 선고된 형이 중하게 변경되지 않는 한, 사실인정(95도1577), 법령적용(88도1983), 죄명선택(83도3211) 등 피고인에 대한 책임판단내용이 중하게 변경되더라도, 불이익변경금지원칙에 반하지 않는다. 그리하여 원심재판보다 중한 범죄사실을 인정하면서 그 법정형의 하한보다 경한 형이 선고될 수도 있다. 예컨대 벌금형이 선고된 절도범에게 상소심에서 강도죄를 인정하면서도 벌금형을 선고하는 것이 가능하다. 이러한 의미에서 불이익변경금지원칙은 불리한 형의 선고를 금지하는 일종의 '강제적 양형규정'이라고 할 수 있다.[2]

13　　　**(2) 형의 범위**　　여기서 형은, 형법 제41조가 규정하고 있는 형에 국한되지 않고, 실질적으로 피고인에게 형벌과 같은 불이익을 주는 처분은 모두 포함된다. 노역장 유치기간, 추징(2006도4888) 등도 여기의 불이익에 해당한다. 그 중 소송비용의 부담에 이 원칙이 적용될 수 있는가 하는 문제가 있다. 소송비용부담이 재산형과 같은 불이익을 준다는 이유로 긍정하는 견해[3]와 소송비용은 형이 아니라는 이유로 부정하는 견해[4]가 있다. 판례는 소송비용의 부담은 형이 아니므로 소송비용의 부담을 추가해도 불이익변경금지원칙에 위배되지 않는다고 본다(2018도1736 등). 그러나 이론적으로는 소송비용부담을 상소심에서 중하게 하는 것은 상소권행사를 억제하는 기능을 할 수 있다는 점에서 긍정설이 타당하다. 또한 보안처분은 피고인에게 불리한 것이기 때문에 불이익변경금지원칙이 적용되어야 한다. 다만 치료감호는 치료에 중점이 있으므로, 이론적으로는 피고인에게 유익한 것이 되어 불이익변경금지원칙이 적용되지 않는다.

---

[1] 다만 2017. 12. 19.의 개정법률에 따라 약식명령에 대한 정식재판청구 사건에서는 형벌의 종류를 중하게 변경하는 것만 금지되고, 같은 형종이면 중한 형으로 변경하는 것이 가능함은 앞에서 언급하였다.

[2] 이재상/조균석/이창온 56/70.

[3] 강구진 552; 신동운 1576.

[4] 김기두 313; 신양균/조기영 994; 이은모/김정환 825; 이재상/조균석/이창온 56/71; 이창현 1217.

2. 불이익변경판단의 기준

형사소송법은 불이익변경의 판단기준에 대해서 명문규정을 두고 있지 않 **14**
다. 이에 대해서는 형식설과 실질설이 있다. 1) 형식설은 형의 종류(형법 제41조)
및 형의 경중에 관한 규정(같은 법 제50조)을 기준으로 불이익변경을 판단하려는
견해이다. 이 견해는 법원의 자의적 판단을 방지하는 장점은 있지만, 운용의 경
직성이 우려되는 단점도 있다. 이에 반해 2) 실질설은 원심판결과 상소심판결의
주문을 전체적·종합적으로 고찰하여 어느 형이 실질적으로 피고인에게 불리한
가를 판단하려는 입장이다. 통설·판례는 형법 제50조를 원칙적 기준으로 삼으
면서, 전체적으로 피고인의 자유구속과 법익박탈 정도를 실질적으로 고려하여
불이익변경 여부를 판단해야 하는 것으로 본다(97도1716 전합 등).[1] 이것은 전체
적·실질적 고찰방법이라고 할 수 있다.

[2009도10754] 불이익변경판단의 기준

불이익변경금지의 원칙을 적용할 때에는 주문을 개별적·형식적으로 고찰할 것이
아니라 전체적·실질적으로 고찰하여 그 경중을 판단하여야 하는데, 선고된 형이 피
고인에게 불이익하게 변경되었는지 여부는 일단 형법상 형의 경중을 기준으로 하
되, 한 걸음 더 나아가 병과형이나 부가형, 집행유예, 노역장 유치기간 등 주문 전
체를 고려하여 피고인에게 실질적으로 불이익한가에 의하여 판단하여야 한다.
제1심이 뇌물수수죄를 인정하여 피고인에게 징역 1년 6월 및 추징을 선고한 데 대
해 피고인만이 항소하였는데, 원심이 제1심이 누락한 필요적 벌금형 병과규정을 적
용하여 피고인에게 징역 1년 6월에 집행유예 3년, 추징 및 벌금 50,000,000원을 선
고한 사안에서, 원심이 선고한 형은 제1심이 선고한 형보다 무거워 피고인에게 불
이익하다고 한 사례.

3. 형의 경중의 구체적 비교

(1) **형의 추가와 형종의 변경**   피고인만 상소한 사건에서 동종의 형을 선 **15**
고하면서 형량을 증가시키거나 다른 형을 추가하는 것은 불이익변경에 해당된
다. 형의 종류를 변경하는 때에 중한 형으로 변경하거나, 형의 종류는 경하더라

---

1) 신동운 1577; 이은모/김정환 821; 이재상/조균석/이창온 56/73; 이창현 1217 이하.

도 그 양이 많아지면 불이익변경이지만, 언제나 그런 것은 아니다. 이에 비해 원심에서 정한 선고형과 동일한 형을 선고하는 것은, 설령 항소심에서 법정형이 가벼운 죄로 공소장이 변경된 경우라 하더라도, 불이익변경이 아니다(2001도192).

16   (개) **징역형과 금고형**   양자의 관계는 형법 제41조와 제50조에 따라 해결한다. 징역형을 금고형으로 변경하면서 형기를 높이는 것은 금지된다. 반대로 금고형을 징역형으로 변경하면서 형기를 단축하는 것은 가능하다. 다만 형기가 같은 때에는 금고를 징역으로 변경하지 못한다.

17   (내) **자유형과 벌금형**   자유형을 벌금형으로 변경하는 것은 원칙적으로 불이익변경이 아니다. 그러나 자유형을 벌금형으로 변경하면서 벌금형에 대한 노역장유치기간이 자유형을 초과하는 경우가 문제될 수 있다. 다수설[1]과 판례(90도1534)는 벌금형의 특수한 집행방법에 불과하기 때문에 불이익변경이 아닌 것으로 보지만, 이 경우뿐만 아니라 벌금액이 피고인으로서는 납입할 수 없는 것일 경우도 불이익변경으로 보아야 한다.[2]

18   벌금형이 감경되면서 노역장유치기간이 증가된 경우 불이익변경으로 보는 견해와 아니라고 보는 견해[3]가 있고, 판례(2000도3945)는 후자의 입장을 취하고 있다. 다만 판례는 벌금액이 동일하고 노역장유치기간이 길어진 경우에는 비록 추징금이 감액되었다 하더라도 불이익변경으로 본다(76도3161). 벌금형의 액수와 환형유치기간 중 어느 것이 더 큰 의미가 있는지는 피고인의 개인적 사정에 따라 다를 수 있다. 그러나 현행법상으로는 그러한 개인적 사정을 고려할 여지는 없다. 따라서 벌금액과 노역장유치기간 중 어느 하나라도 증가된 경우에는 불이익변경으로 보아야 옳다.

19   (2) **부정기형과 정기형**   부정기형을 정기형으로 변경하는 경우에는 부정기형의 무엇을 기준으로 형의 경중을 판단할 것인가에 대해 장기 표준설, 단기 표준설,[4] 중간기간 표준설이 있다. 부정기형은 단기 경과시 석방가능성이 있으므로 단기 표준설이 타당하다. 종래 판례도 부정기형과 정기형 사이에 그 경중을 가리는 경우에는 부정기형 중 최단기형을 기준으로 비교하여야 한다는 입장이었다(2006도734 등). 그러나 최근 소년법이 부정기형 제도를 채택한 목적과 책임주의 원칙도 종합적으로 고려하여 판단하여야 하므로 중간기간 표준설이 타당

---

1) 신동운 1578; 이은모/김정환 822; 이재상/조균석/이창온 56/76; 이창현 1220; 정영석/이형국 478.
2) 강구진 553; 차용석/최용성 786.
3) 신동운 1578; 이재상/조균석/이창온 56/76.
4) 강구진 554; 신동운 1579; 이재상/조균석/이창온 56/77; 이창현 1221.

하다는 입장으로 변경하였다.[1]

(3) 집행유예와 선고유예

(가) 집행유예와 형의 경중   1) 집행유예가 선고된 자유형판결에 대해서   **20**
집행유예만 박탈하거나 그 기간만을 연장하는 경우는 물론, 자유형기간을 단축
하면서 집행유예를 박탈하는 경우도, 불이익변경이다(2016도1131 등). 또한 2) 징
역형을 늘리면서 집행유예를 붙인 경우에는 긍정설과 부정설의 견해가 대립한
다. 주형主刑이 중하게 변경되었고 집행유예가 취소되거나 실효되는 경우의 불
이익도 고려해야 하므로, 불이익변경이라는 것이 판례(77도2713 등)와 다수견해[2]
이다. 그리고 3) 다수설은 집행유예를 붙인 자유형판결에 대하여 형을 가볍게
하면서 유예기간을 늘리는 판결은, 주형 자체가 가볍게 되기 때문에 불이익변경
이 아니라는 입장이다.[3] 그러나 불이익변경판단에서 피고인의 개인적 의사를
고려할 수 없는 현행법에서는 실형으로 변경하는 것이나 주형을 가중 또는 집
행유예기간을 확장하는 것 어느 하나만으로도 불이익변경에 해당한다고 보는
것이 타당하다.

(나) 집행유예·선고유예와 벌금형의 경중   집행유예판결을 벌금형으로 변   **21**
경하는 것은 불이익변경이 아니지만(90도1534), 선고유예를 벌금형으로 변경하는
것은 불이익변경에 해당된다(99도3776 등). 선고유예는 형이 선고된 것이 아니고
(제321조 ①항) 선고받은 날로부터 2년이 경과하면 면소된 것으로 간주되기 때문
이다(형법 제60조). 그러나 항소심에서 제1심의 징역형에 대해서는 집행유예를 선
고하고 제1심에서 선고를 유예한 벌금형을 병과하는 것은, 자유회복의 이익이
더 크다는 점에서 불이익변경이 아니다(74도1785).

(다) 형의 집행유예와 집행면제   '형의 선고효력의 강도'라는 측면에서는   **22**
유예기간이 경과하면 자동적으로 형선고의 효력이 상실되는 형의 집행유예(형법

---

1) 2020도4140 전합: "부정기형과 실질적으로 동등하다고 평가될 수 있는 정기형을 정할 때에는
   형의 장기와 단기가 존재하는 특수성으로 인해 발생하는 요소들, 즉 부정기형이 정기형으로 변
   경되는 과정에서 피고인의 상소권 행사가 위축될 우려가 있는지 여부, 소년법이 부정기형 제도
   를 채택한 목적과 책임주의 원칙이 종합적으로 고려되어야 한다. 이러한 법리를 종합적으로 고
   려하면, 부정기형과 실질적으로 동등하다고 평가될 수 있는 정기형은 부정기형의 장기와 단기
   의 정중앙에 해당하는 형('중간형')이라고 봄이 적절하므로, 피고인이 항소심 선고 이전에 19세
   에 도달하여 제1심에서 선고한 부정기형을 파기하고 정기형을 선고함에 있어 불이익변경금지
   원칙 위반 여부를 판단하는 기준은 부정기형의 장기와 단기의 중간형이 되어야 한다."
2) 신동운 1580; 이은모/김정환 823; 이재상/조균석/이창온 56/78.
3) 신동운 1580; 신양균/조기영 997; 이은모/김정환 823; 이재상/조균석/이창온 56/78; 이창현
   1222.

제65조)가 형집행면제(같은 법 제81조)보다 피고인에게 더 유리할 수 있다. 통설과 판례(84도2972 전합)는 이런 관점에서 집행유예가 형집행면제보다 유리한 것으로 본다.[1] 그러나 '형벌권의 확정적 소멸'이라는 측면에서는 조건부 형집행인 집행유예가 무조건적 형의 불집행인 형집행면제보다 더 불리하다고 할 수 있다.

(4) 몰수·추징과 보안처분

23 (가) **주형과 몰수·추징**   원심의 징역형을 그대로 두면서 새로이 몰수 또는 추징을 추가하거나(4294형상238), 원심보다 무거운 추징을 병과하는 것(77도541)은 불이익변경이다. 문제는 주형을 가볍게 하고 몰수나 추징을 추가 또는 증가시키는 경우가 불이익변경인가 하는 점이다. 1) 피고인의 실질적 불이익의 발생을 기준으로 몰수·추징을 일부 추가한 것은 불이익변경이 아니지만, 그 액이 크게 증가한 때에는 불이익변경이 된다는 견해가 있다.[2] 그리고 2) 액수의 다과와 상관없이 불이익변경이 아니라고 보는 견해가 있다.[3] 두 견해 모두 벌금액을 줄이면서 추징을 추가한 경우에는 벌금액과 추징액의 차액을 원판결과 비교하여 불이익변경 여부를 결정해야 한다는 점에는 차이가 없다. 판례는 주형을 감경하였다면 추징을 새로이 추가하였더라도 전체적·실질적으로 볼 때 불이익변경으로 볼 수 없다는 입장이다(97도1716 전합; 96도2850). 그리고 상소심이 자유형의 형기를 감축하고 원판결에서 선고하지 아니한 압수한 장물을 피해자에게 환부(제134조)하는 선고를 추가한 경우, 압수물의 환부는 형의 일종이 아니고 피해자의 권리구제장치라는 점에서 불이익변경이 아니다(90도16).

24 (나) **형과 치료감호**   제1심 판결에서 치료감호만 선고되고 피고인만 항소한 경우, 항소심이 치료감호를 징역형으로 바꾸는 것은 불이익변경이다(83도765). 징역형은 형벌로서 치료감호보다 피고인에게 불리한 처분이기 때문이다.

25 (다) **보안처분의 병과 등**   원심이 제1심과 같은 벌금형을 선고하면서 수강명령이나 성폭력 치료프로그램 이수명령을 병과한 경우는 불이익한 변경에 해당한다(2015도11362; 2016도15961). 피고인과 검사 쌍방이 피고사건 및 부착명령

---

1) 판례는 그 이유로, 1) 집행유예는 유예기간이 지나면 형의 선고효력이 자동적으로 상실되므로(형법 제65조), 피해자의 손해를 보상하고 자격정지 이상의 형을 받음이 없이 일률적으로 7년을 경과한 때 본인 또는 검사의 신청에 의하여 선고효력이 상실되는 형집행면제보다 법률적으로 유리하고, 2) 누범의 성립에 관하여 형집행면제는 집행유예와 달리 전과로 취급되므로(같은 법 제35조 ①항), 재범할 경우 그 죄에 대하여 정한 형의 장기의 2배까지 가중되는 불이익을 받을 수 있다(같은 조 ②항)는 점을 든다.

2) 이재상/조균석/이창온 56/81.

3) 신동운 1582; 신양균/조기영 997; 정영석/이형국 478.

청구사건 전부에 대하여 항소하였으나 검사가 부착명령 청구사건에 대한 항소
이유서를 제출하지 아니한 경우, 부착명령 청구사건에 대해서는 불이익변경금
지의 원칙이 적용되므로 다른 형은 동일하게 선고하면서 부착명령기간만을 제1
심판결보다 장기의 기간으로 부과한 것은 불이익한 변경이다(2013도9666).

[66] 제 4 파기판결의 기속력

Ⅰ. 기속력의 의의

1. 개   념

상소심에서 원판결을 파기환송 또는 이송한 경우에 상급심의 판단이 당해   1
사건에 관하여 환송 또는 이송받은 하급심을 기속하는 효력을 파기판결의 기속
력 또는 구속력이라고 한다(법조법 제8조).[1] 파기판결의 기속력을 인정하는 근거
는 심급제도의 본질에서 유래한다. 하급심이 상급심의 판단에 구속되지 않으면
사건의 종국적인 해결이 불가능해지고, 사건은 끝없이 왕복하게 되어 소송경제
와 법적 안정성이 현저하게 침해되기 때문이다.[2]

2. 기속력의 법적 성질

(1) **중간재판설**   파기판결을 일종의 중간재판으로 보아 환송받은 하급심의   2
심리는 환송판결을 한 상급심절차의 속행으로 보는 견해이다. 그러나 이 견해는
1) 파기환송판결은 원심에 대해 새로운 심리를 명하는 종국판결이라는 점과, 2)
환송 후의 절차를 상급심의 속행이라 보는 것은 심급제도의 구조에 반하는 문
제점이 있다.

(2) **확정력설**   이것은 파기판결의 기속력을 확정판결의 기판력으로 보는   3
견해이다. 이에 의하면 하급심은 물론 파기판결을 한 법원과 상급심도 파기판결
에 구속되어야 한다. 그러나 이 견해는 다음과 같은 비판을 받는다. 1) 기판력

---

1) 학계에서는 '기속력'과 '구속력'이라는 용어를 혼용하고 있으나, 법원조직법 제8조의 제목이
'기속력'으로 되어 있고 '기속'이라는 용어를 사용한다. 민사소송법 제436조 ②항도 '기속'이라
는 용어를 사용하고 있다. 따라서 법령용어인 '기속력'의 표현을 사용하는 것이 바람직하다. 참
고로 일본은 재판소법 제4조와 민사소송법 제325조 ③항에서 '구속력'이라는 용어를 사용하고
있고, 일본 학계에서는 '구속력'이라는 표현을 사용하고 있다.
2) 이재상/조균석/이창온 56/85; 이창현 1228 이하.

은 실체법상 법률관계에 대한 것이고, 파기판결의 기속력은 법률관계뿐만 아니라 사실관계에 대한 판단을 포함한다. 2) 기판력은 동일사건에 대한 후소後訴금지를 내용으로 하지만, 파기판결의 기속력은 동일소송 내의 심급간의 효력이라는 점에서 그 본질이 완전히 다르다.

4   **(3) 특수효력설**   이것은 파기판결의 기속력을 심급제도의 합리적 유지를 위한 특별한 효력으로 이해하는 견해이다.[1]

5   **(4) 검 토**   기속력은 심급제도를 유지하기 위한 정책적 근거에서 인정된 것으로 이해해야 할 것이다. 무죄판결의 기판력은 새로운 증거가 발견되더라도 유지되지만 파기판결의 기속력은 그렇지 않다. 그리고 항소심의 파기판결은 상고심에 대해 기속력을 가질 수도 없다. 그러므로 특수효력설이 타당하다고 생각한다.

Ⅱ. 기속력의 범위

1. 기속력이 미치는 법원

6   **(1) 하급법원**   당해 사건의 하급심이 파기판결에 기속되는 것은 당연하다. 또한 상고법원이 제2심 판결을 파기하여 제1심에 환송하고, 제1심 법원이 환송된 사건을 재판하였으나 이에 불복하여 항소한 경우에도 항소법원은 당해 사건에 관하여 하급심에 해당하므로 상고심의 판단에 마찬가지로 기속된다.

7   **(2) 파기한 상급심**   파기판결의 기속력은 하급법원뿐만 아니라 파기판결한 상급법원 자신까지도 기속한다. 하급심에서 상급심의 의사에 따라 재판을 한 후에 상급심에서 본래의 판단을 변경할 수 있다면, 불필요한 절차가 반복되어 파기판결의 기속력을 인정한 취지가 무의미해지기 때문이다.[2] 판례도 같은 입장이다(87도294 등). 다만 예외적으로 재상고심인 대법원 전원합의체가 종전에 대법원이 내린 파기환송판결의 법률상 판단을 변경할 필요가 있다고 인정하는 경우에는 대법원 전원합의체는 그에 기속되지 않는다.[3]

---

1) 배종대/홍영기 [68] 31; 신동운 1585; 신양균/조기영 999; 이은모/김정환 832; 이재상/조균석/이창온 56/88; 이창현 1229.

2) 신동운 1586; 이재상/조균석/이창온 56/90; 이창현 1230; 정영석/이형국 481.

3) 98두15597 전합. 비록 행정소송에 관한 것이기는 하나, 형사소송에서도 달리 볼 이유가 없다.

(3) **상고법원**　항소심의 파기판결의 기속력이 상고심에도 미치는가에 대해　**8**
확정력설은 이를 인정한다. 그러나 항소심의 파기판결에 상고심이 구속된다는
것은 법령해석의 통일을 위한 상고심의 기능에 반하므로 부정하는 것이 타당
하다.

2. 기속력이 생기는 판단

(1) **법률판단과 사실판단**　통설[1]과 판례(2008도10572; 2019도15117 등)는 법　**9**
률판단뿐 아니라 사실판단에도 기속력이 미치는 것으로 본다. 그 이유는 1) 법
원조직법 제8조가 독일 형사소송법 제358조 ①항과 같이 법률해석에 관한 판단
에 국한하지 않고, 2) 상소이유로서 중대한 사실오인 및 현저한 양형부당(제361
조의5 14·15호, 383조 4호)을 인정하고 있기 때문이라고 한다. 그러나 상소제도의
목적 가운데 하나인 법령해석의 통일이라는 관점에서 볼 때, 상급법원의 법률해
석판단이 당해 사건에 관해 하급심을 기속하는 것은 분명하지만 사실판단에 관
해서는 자유심증주의(제308조)와 진실발견이라는 관점에서 의문이 아닐 수 없
다.[2] 또한 상고심이 행하는 원심법원의 사실오인에 대한 판단은 독자적인 증거
조사에 의해 새로운 심증형성을 하는 것이 아니라, 소송기록을 검토하여 원심법
원의 사실인정에서 규범적 하자의 유무를 확인하는 점에서도 그러하다. 따라서
파기판결의 기속력은 1) 법률해석에 관한 판단, 2) 사실인정에서 규범적 하자에
대한 판단에 국한된다고 보는 것이 타당하다.

(2) **적극적·긍정적 판단**　기속력이 파기의 직접적 이유가 된 소극적·부정　**10**
적 판단에만 미치는가, 아니면 적극적·긍정적 판단에도 미치는가 하는 점이 문
제가 된다. 특히 항소심에서 파기자판을 원칙(제364조 ⑥항)으로 하는 현행법에서
는 상고심의 적극적·긍정적 사실판단이 하급심을 기속할 수 있는가 하는 것이
문제된다. 이에 대해 1) 긍정설은 사실판단에서는 부정적 판단과 긍정적 판단은
일체불가분의 관계에 있다는 점을 들어 직접적 파기이유와 불가분의 관계에 있
거나 필연적·논리적 전제관계에 있는 때에는 기속력이 미친다고 한다.[3] 그러
나 2) 부정설은 상고심이 원칙적으로 사후심이며, 파기자판의 경우에도 소송기
록과 원심법원 및 제1심 법원이 조사한 증거만을 기초로 삼는다는 점(제396조 ①

---

1) 강구진 558; 신동운 1587; 신양균/조기영 1000; 이은모/김정환 828; 이재상/조균석/이창온
　 56/92; 이창현 1231.
2) 대법원은 과거판례에서 사실판단의 기속력을 인정하지 않은 적도 있다(62도254).
3) 강구진 558; 이재상/조균석/이창온 56/93.

항)에서, 상고법원의 파기판결은 소극적·부정적 판단부분에 대해서만 기속력이 있다고 본다.[1] 부정설이 타당하고 판례도 같은 입장이다.

[2004도340] 파기판결의 기속력

법원조직법 제8조는 "상급법원의 재판에 있어서의 판단은 당해 사건에 관하여 하급심을 기속한다"고 규정하고, 민사소송법 제436조 ②항 후문도 상고법원이 파기의 이유로 삼은 사실상 및 법률상의 판단은 하급심을 기속한다는 취지를 규정하고 있으며, 형사소송법에서는 이에 상응하는 명문의 규정은 없지만, 법률심을 원칙으로 하는 상고심도 형사소송법 제383조 또는 제384조에 의하여 사실인정에 관한 원심판결의 당부에 관하여 제한적으로 개입할 수 있는 것이므로 조리상 상고심판결의 파기이유가 된 사실상의 판단도 기속력을 가지는 것이며, 이 경우에 파기판결의 기속력은 파기의 직접 이유가 된 원심판결에 대한 소극적인 부정 판단에 한하여 생긴다. 출판물에 의한 명예훼손의 공소사실을 유죄로 인정한 환송 전 원심판결에 위법이 있다고 한 파기환송판결의 사실판단의 기속력은 파기의 직접 이유가 된 환송 전 원심에 이르기까지 조사한 증거들만에 의하여서는 출판물에 의한 명예훼손의 공소사실이 인정되지 아니한다는 소극적인 부정 판단에만 미치는 것이므로, 환송 후 원심에서 이 부분 공소사실이 형법 제307조 제2항의 명예훼손죄의 공소사실로 변경되었다면 환송 후 원심은 이에 대하여 새롭게 사실인정을 할 재량권을 가지게 되는 것이고 더 이상 파기환송판결이 한 사실판단에 기속될 필요는 없다고 한 사례.

---

3. 기속력의 배제

11   **(1) 사실관계의 변동**   환송 후에 새로운 사실과 증거에 의해 사실관계가 변경되면 파기판결의 기속력은 배제된다. 따라서 하급심이 환송 후의 새로운 증거를 종합하여 환송 전의 판단을 유지한 경우는 기속력에 반한다고 볼 수 없다(2001도1314; 2019도15117 등). 다만 증거관계의 실질적 변동이 있는 경우에 한한다. 환송 후 원심에서의 증인들의 각 증언 내용이 환송 전과 같은 취지여서 그들의 종전 진술을 다시 한번 확인하는 정도에 그쳤고, 그 외에 환송 후 원심에서 추가적인 증거조사가 이루어지지 않았다면, 기속력이 배제되지 않는다(2008도10572).

12   **(2) 법령의 변경**   파기판결의 기속력은 사실관계와 적용법령이 동일함을 전제로 하므로 파기판결 이후 법령의 변경은 기속력을 배제하는 사유가 된다. 학설상 이견이 없고, 판례도 같다(80도3089).

---

1) 신동운 1588; 신양균/조기영 1000; 이은모/김정환 828; 이창현 1233; 정영석/이형국 482.

(3) 판례의 변경　　파기판결에 나타난 법률상 견해가 그 후 판례의 변경으 **13**
로 바뀌었을 때 당해 사건에서 기속력이 배제되는가에 대하여, 긍정설과 부정설
의 대립이 있다. 어떠한 법원이라도 새로운 법적 질서를 존중하여야 할 사명이
있고 상고심의 법령해석·적용의 통일이라는 기능은 최대한 보장되어야 하므로,
판례가 변경되면 기존 판례의 기속력은 배제되고 변경된 판례에 기속되어야 한다.

제 2 절　항　　소

[67]　제 1　항소의 의의와 항소이유

[사례 29] 2008도2621

甲은 폭력행위 등 처벌에 관한 법률 제3조 ①항 위반(집단·흉기 등 상해)1)의 죄로 기
소되어 제1심에서 구속된 상태로 공판을 받게 되었다. 2007. 9. 4. 실시한 제7회 공
판기일에 피해자 V에 대한 증인신문이 있었는데, 피해자 V의 진술이 일관되지 못하
여 변호인이 반대신문을 하려 했으나 재판장이 충분한 신문의 기회를 주지 않았다.
이에 변호인이 거칠게 항의하면서 피고인과 함께 퇴정하여 버렸다. 이후의 공판기일
에도 변호인과 피고인은 재판부에 대한 항의의 표시로 법정에 출석하지 않았다. 그
럼에도 불구하고 제1심은 2007. 9. 18. 14:00 실시한 제8회 공판기일과 2007. 10. 1.
17:00 실시한 제9회 공판기일에 변호인 없이 개정하고, 제8회 공판기일에서는 사법
경찰관 작성의 V에 대한 진술조서(제1회, 제2회), 검사 작성의 V에 대한 진술조서
(제1회)에 대한 증거조사를, 제9회 공판기일에서는 의사인 증인 공소외 2의 증인신
문, 검사 작성의 V에 대한 진술조서(2회) 및 진료기록 의무기록 사본과 공소외 2 작
성의 상해진단서에 대한 증거조사를 각 실시하고, 위 각 증거들을 유죄 인정의 증거
로 삼아 甲에게 징역 4년을 선고하였다.
피고인 甲과 검사가 항소하였는데, 甲은 항소이유에서 "이 사건은 필요적 변호사건
임에도 불구하고 원심은 제8회, 제9회 공판기일에서 변호인 및 피고인의 출석 없이
증거조사와 사실심리를 마치고 판결하였으므로, 원심판결에는 형사소송법 제282조,
제283조를 위반한 위법이 있다"고 주장하였다. 항소심 법원은 이러한 피고인의 항소

---

1) 이 규정은 헌법재판소의 위헌결정(2015헌가3 등)에 따라 2016. 1. 6.에 삭제되고, 형법 제258
조의2 특수상해죄가 신설되었다.

는 이유 있으므로 형사소송법 제364조 제6항에 의하여 제1심을 파기하고 변론을 거쳐 다시 판결하기로 하였다. 항소심 진행 도중 변호인은 피해자 V를 증인으로 신청하였으나 법원은 제1심에서 이미 증인신문이 이루어졌다는 것을 이유로 변호인의 증인신청을 기각하였다.

　항소심도 제1심과 같이 甲에게 징역 4년을 선고하였고, 피고인만 상고하였다. 변호인은 상고이유에서 "필요적 변호사건에서 제1심의 공판절차가 변호인 없이 이루어진 경우 항소심으로서는 피고인의 심급의 이익을 박탈하지 않기 위하여 위법한 제1심판결을 파기하고 사건을 제1심법원으로 환송하여야 한다"고 주장하였다.

**　제시된 변호인의 상고이유는 타당한가?**

[주요논점]　1. 항소심의 구조에는 어떤 유형이 있으며, 현행법상 항소심의 구조는
　　　　　　　어떠한가?
　　　　　　2. 항소심의 구조에 따라 그 운영방법은 어떻게 달라지는가?

[관련판례]　97도2463

Ⅰ. 항소의 의의와 항소심의 구조

1. 항소의 의의

1　　항소는 제1심 판결에 불복하여 제2심 법원에 제기하는 상소를 말한다. 따라서 제1심 판결에 대해 대법원에 상소하는 비약상고(제372조)는 항소가 아니다. 또한 판결에 대한 불복방법이므로 결정이나 명령에 대해서는 항소할 수 없다. 항소심은 사실오인과 양형부당을 다루는 점에서 주로 법리오해의 문제가 대상이 되는 상고심과 구별된다. 따라서 항소는 제1심 판결의 오류에 의해 불이익을 받은 당사자의 권리구제를 주된 목적으로 하는 상소라고 할 수 있다.

2. 항소심의 유형

2　　(1) **복 심**　　항소심이 원심의 심리·판결을 무효로 하고 처음부터 다시 심리하는 구조를 반복심 또는 복심覆審이라고 한다. 독일 형사소송법이 그 대표적인 예이다. 우리 형사소송법도 1961. 9. 1. 이전까지는 복심구조를 취하고 있었다. 복심은 다음과 같은 특징을 가지고 있다. 1) 항소심의 심판대상은 피고사건 자체가 된다. 2) 항소인은 원심판결에 대한 불복취지를 밝혀서 항소하는 것으로 충분하고 항소이유서의 제출이 의무화되지 않는다. 3) 항소심 심리는 기소요지

의 진술부터 시작하고, 심판범위나 증거조사에도 제1심에 비하여 아무런 제한
이 없다. 그리고 4) 기판력의 시간적 범위도 사실심판단이 가능한 최후시점인
항소심판결선고시를 기준으로 한다. 이처럼 복심은 항소심의 심리를 철저히 함
으로써 진실발견과 피고인의 이익보호에 기여하는 장점이 있다. 그러나 항소심
의 업무부담을 가중시켜 소송경제에 반할 뿐만 아니라 제1심에 대한 경시풍조
의 조장은 상소의 남용을 초래할 우려도 있다.

　　(2) 속　심　　항소심이 제1심의 심리를 전제로 마치 제1심 법원의 변론이　**3**
속개되는 것처럼 심리를 속행하는 구조를 속행심 또는 속심續審이라 한다. 복심
과 사후심의 중간에 위치하는 항소심구조를 말한다. 속심의 특징을 살펴보면 1)
피고사건 자체를 심판대상으로 삼되, 2) 제1심 판결 후에 발생한 사실이나 새로
발견된 증거도 항소심판단의 자료로 사용할 수 있다. 3) 기판력의 시간적 범위
는 항소심판결선고시를 기준으로 한다. 4) 항소심 판결주문은 원칙적으로 파기
자판의 형식을 띤다. 속심구조는 복심구조에 비해 소송경제를 도모할 수 있는
장점이 있다. 그러나 원심의 소송자료에 대한 심증을 이어받을 수 있고, 소송관
계인이 제1심 절차의 경과를 지켜본 후 사건의 심리과정에 의도적인 조작을 가할
염려도 배제할 수가 없다는 점에서 진실발견에는 불리한 구조라고 할 수 있다.

　　(3) 사후심　　원심법원의 소송자료만을 토대로 하여 원판결의 당부를 사후　**4**
적으로 심사하는 항소심구조를 사후심이라 한다. 미국 형사소송이 이러한 입법
의 대표적인 예이다. 사후심의 특징은 1) 심판대상이 원심판결의 당부이고 판결
주문은 원칙적으로 파기환송이 된다. 2) 원판결 후에 발생한 사실이나 새로운
증거를 판단자료로 할 수 없다. 3) 항소이유도 제한되며 항소이유서를 제출해야
한다. 또한 4) 기판력의 시간적 범위는 사실심리의 종료시점인 원심법원의 판결
선고시점을 기준으로 한다. 사후심은 소송경제와 신속한 재판의 이념을 가장 충
실하게 실현할 수 있는 장점이 있다. 그러나 진실발견과 피고인의 권리구제에
취약한 단점이 있다. 제1심 법원의 철저한 심리가 전제되지 않으면 사후심의 그
러한 단점은 더욱 커질 수밖에 없다.

3. 현행법의 항소심 구조

(1) 학설과 판례

　㈎ **사후심설**　　현행법에서 항소심을 사후심으로 보거나,1) 원칙적으로 사　**5**

---

1) 강구진 561.

후심이지만 예외적으로 항소심이 파기자판하는 경우에는 속심의 성질을 가진다
고 보는 견해1)가 있다. 다음과 같은 사유를 그 근거로 한다. 실정법적 근거로,
1) 항소이유가 원심판결의 법령위반·사실오인 및 양형부당에 제한되고 있고(제
361조의5), 2) 항소법원은 항소이유에 포함된 사유에 대해서만 심판해야 하며(제
364조 ①항), 3) 항소이유 없음이 명백한 때에는 변론 없이 항소를 기각할 수 있
고(같은 조 ⑤항), 4) 항소이유가 있다고 인정될 때에는 원심판결을 파기하도록
하고 있다(같은 조 ⑥항)는 점을 든다. 그리고 역사적 이유로, 5) 1963년 형사소송
법 개정을 통해 제1심 절차가 진술조서를 중심으로 한 공판심리방식에서 증인
신문을 중심으로 하는 공판심리방식으로 전환됨으로써 공판중심주의, 직접주의,
구술주의가 강화되었으므로 항소심을 제1심처럼 심리하는 것은 불필요하고 소
송경제의 이념에 반한다는 점을 들기도 한다.2)

6　　　　(나) **속심설**　　　일부 학설3)과 판례4)는 항소심을 원칙적으로 속심으로 보고
사후심적 요소를 가진 현행법의 조문들은 상소남용의 폐해를 억제하고 소송경
제를 위해 항소심의 속심적 성격에 제한을 가한 것에 불과한 것으로 이해한다.
그 근거는 다음과 같다. 1) 이념적으로 항소심은 제2의 사실심이어야 하고, 사
실심은 실체진실발견에 그 본질이 있으므로 항소심은 속심이어야 한다.5) 2) 역
사적으로 볼 때, 1961년 개정된 법원조직법에는 고등법원이 일정범위 안에서
상고심역할을 수행하도록 하였으나, 1963년 법원조직법의 재개정으로 고등법원
의 상고심기능을 배제하여 대법원에 일원화하였다. 이는 항소심구조를 사후심
이 아니라 원심판결의 자료를 사용하면서 사실심의 충실한 심리를 보장하는 속
심으로 짠 것이라 볼 수 있다.6) 또한 3) 제1심에 공판중심주의와 직접주의가 강
화되었다고 하여도 제1심 판결에서 진실을 완전히 가리는 것은 기대하기 어렵
다. 4) 원심판결 후에 행해지는 피해보상 등의 사유를 고려함으로써 피고인의
불이익을 최대한 구제해야 할 필요가 있다. 그리고 실정법적인 근거로는, 5) 항
소심은 제1심 법원에서 증거로 할 수 있었던 증거는 항소법원에서도 증거로 할

---

1) 강구진 561; 김기두 299; 정영석/이형국 460; 차용석/최용성 798.
2) 신동운 1596; 이재상/조균석/이창온 57/5 참조.
3) 신동운 1601; 산영균/조기영 1006; 이은모/김정환 838; 이재상/조균석/이창온 57/7; 이창현 1237.
4) 2017도11582: "형사소송법상 항소심은 속심을 기반으로 하되 사후심의 요소도 상당 부분 들
　어 있는 이른바 사후심적 속심의 성격을 가지므로, 항소심에서 제1심판결의 당부를 판단할 때
　에는 이러한 심급구조의 특성을 고려해야 한다." (96도2461; 2016도18031 등)
5) 이재상/조균석/이창온 57/9.
6) 신동운 1598.

수 있다고 규정한 제364조 ③항과, 제1심 공판에 관한 규정을 항소심의 심리에 준용한다고 규정하는 제370조를 함께 체계적으로 해석하면 '제1심 판결선고 후에 나타난 자료에 대해 자유롭게 사실심리와 증거조사를 할 수 있다'는 결론을 도출할 수 있다. 이것은 바로 속심을 가리키는 것이라고 할 수 있다.[1]

(2) **결 론** 항소심의 진실발견기능과 피고인의 권리구제기능이 강화되어 7 야 한다는 점을 고려하면 현행법의 항소심은 사후심보다 속심구조로 이해하고 운영하는 것이 바람직하다. 항소법원은 제1심 법원에서 증거로 할 수 있었던 증거와 항소심에서 조사한 증거를 종합하여 새롭게 심증을 형성한다. 제1심의 증거를 사용한다는 점에서 원심의 심증을 이어받을 위험이 있지만, 항소법원은 제1심 법원이 조사한 증거의 증명력을 재평가할 수 있다. 다만 재평가는 합리적이어야 한다(2005도130; 2007도2020 등).

(3) **관련문제**

(가) **항소심의 공소장변경** 항소심에서 공소장변경이 허용될 수 있는가 하 8 는 문제는 항소심의 구조와 관련된다. 이에 대해서는 다음과 같은 견해차이가 있다. 1) 소극설에 의하면 항소심은 사후심으로서 원심판결을 고정시킨 채 그 당부를 판단하는 것이므로 논리적으로 공소장변경은 허용되지 않는다고 한다.[2] 2) 적극설은 항소심은 증거조사가 행하여지는 속심이므로 실체적 진실발견을 위해서, 그리고 제370조가 제298조를 항소심에 준용하고 있다는 점에서 논리적으로 공소장변경이 전면적으로 허용되어야 한다는 견해이다.[3]

소극설은 항소심구조를 속심으로 해석·운영하여야 한다는 진실발견의 요 9 청에 어긋난다. 적극설이 타당하며, 앞에서 살펴본 바와 같이 판례도 적극설의 입장이다(87도1101; 2003도8153 등).

(나) **항소심의 판단시점** 항소심에서 원심판결의 당부에 대한 판단은 항소 10 심을 속심으로 파악할 경우, 원심판결시점이 아니라 항소심판결선고의 시점을 기준으로 하여야 한다(90도539). 기판력의 시간적 범위도 항소심판결선고시가 된다(2019도10999). 이는 항소심에서 파기자판한 경우뿐만 아니라 항소기각한 경우에도 같다. 항소심판결 선고시까지 사실심리의 가능성이 있기 때문이다. 따라서 포괄일죄의 일부에 대한 판결효력은 항소심판결 선고시까지 범해진, 그리고 그

---

1) 이재상/조균석/이창온 57/7.
2) 강구진 564.
3) 배종대/홍영기 [71] 7; 신동운 1603; 이은모/김정환 833; 이재상/조균석/이창온 57/10; 이창현 1238.

것과 포괄일죄의 관계에 있는 다른 범죄사실에 대해서도 미친다(93도836).

Ⅱ. 항소이유

1. 항소이유의 의의

11　　항소이유는 항소권자가 적법하게 항소를 제기할 수 있는 법률상의 이유를 말한다. 형사소송법은 항소인 또는 변호인에게 항소이유서를 항소법원에 제출하도록 요구하고 있고(제361조의3 ①항), 항소이유서를 제출하지 않으면, 원칙적으로 항소기각결정의 사유가 된다(제361조의4 ①항 본문). 그리고 항소이유는 제361조의5에 제한적으로 규정되어 있다.

12　　이와 같은 항소이유의 제한(제361조의5)과 항소이유서 제출의무(제361조의3 ①항, 361조의4 ①항 본문)에 관한 규정을 두고 항소심을 사후심으로 파악해야 한다는 입장이 있다. 이에 대해 실체적 진실발견의 관점에서 항소이유서에 포함되지 않은 사유에 대해 항소법원이 직권으로 심판할 수 있도록 한 규정(제364조 ②항)을 둔 점으로 미루어 항소심을 속심으로 파악해야 한다는 입장이 대립한다. 그러나 항소이유에 관한 규정을 두고 사후심설이나 속심설의 근거로 삼을 수는 없다. 항소이유 및 이유서제출제도는 일부상소제도(제342조 ①항)와 함께 항소심 절차에서 소송의 경제성을 추구하는 법정책의 하나라고 볼 수 있다.

2. 항소이유의 분류

13　　(1) 절대적 항소이유와 상대적 항소이유　　제361조의5가 규정하고 있는 항소이유는 먼저 절대적 항소이유와 상대적 항소이유로 구별할 수 있다. 절대적 항소이유는 일정한 객관적 사유가 있으면 무조건적으로 항소이유가 인정되는 것을 말하고, 상대적 항소이유는 그 사유의 존재가 '판결내용에 영향을 미친 경우'에 한하여 항소이유로 인정되는 경우를 말한다.[1] 이는 법에서 명확하게 구별하고 있는 것으로, 같은 조 제1호의 '판결에 영향을 미친 헌법, 법률, 명령 또는 규칙 위반'과 제14호의 '판결에 영향을 미친 사실오인'은 상대적 항소이유에 해당하고, 기타의 경우는 절대적 항소이유에 해당한다.

14　　(2) 기　타　　제361조의5가 명확하게 구별하고 있지는 않지만 항소이유는 1) 법령위반을 이유로 하는 것과 법령위반 이외의 사유를 이유로 하는 것으로

---

1) 신동운 1607; 이재상/조균석/이창온 57/13.

분류할 수 있다. 법령위반 이외의 사유가 항소이유로 인정되는 것은 항소심이 속심임을 말해 준다. 또한 항소이유는 2) 구체적 사유를 항소이유로 하는 구체적 항소이유와 구체적 사유를 명시하지 않은 경우의 일반적 항소이유로 나눌 수 있다.1) 일반적 항소이유의 대표적인 경우는 같은 조 제15호의 '양형부당'을 들 수 있다.

3. 항소이유의 구체적 내용

(1) 판결에 영향을 미친 헌법·법률·명령 또는 규칙의 위반

(가) **법령위반**　　법령위반은 실체법령의 위반과 소송절차에 관한 법령위반 **15** 을 포함한다. 법령은 헌법·법률·명령·규칙을 포함하며 실효한 법령이 적용된 경우도 포함한다. 또한 소송절차에 관한 법령위반에는 대법원규칙이 포함되지만, 수사절차나 공소제기에 관한 법령위반은 그 자체로 항소이유가 되지 않는다.2)

　　실체법령의 위반은 원심법원이 인정한 사실관계에는 오류가 없으나 적용할 **16** 형법 기타 실체법의 해석·적용에 잘못이 있는 경우를 말한다. 판결내용의 오류(error in judicato)라고도 한다. 이에 반해 소송절차상의 법령위반은 판결 전 소송절차뿐만 아니라 판결을 내리는 데 존재하는 절차위반을 가리킨다. 이것을 소송절차상의 오류(error in procedendo)라고도 한다. 그러나 이러한 구분은 항소이유서의 기재방식에 차이가 있는 외국의 입법례3)와 달리 현행법에서는 실제적 의미가 없다.

죄수평가의 잘못과 항소이유

1) 2003도7762: 공무원인 의사가 허위의 진단서를 작성한 행위에 대하여 허위공문서작성죄와 허위진단서작성죄의 상상적 경합을 인정한 원심의 판단이 법률 적용을 그르친 잘못이 있다고 할 것이나, 원심이 이와 실체적 경합범 관계에 있으며 형이 중한 부정처사후수뢰죄에 정한 형에 경합범 가중을 하여 처단형을 정하였으므로, 원심의 죄수 평가의 잘못이 판결 결과에 영향을 미쳤다고 보기 어려워 상고이유를 인정하지 않은 사례.4)

---

1) 신동운 1606; 이창현 1240.
2) 신동운 1067; 이은모/김정환 835.
3) 독일 형사소송법 제344조 ②항; 일본 형사소송법 제379조.
4) 같은 취지: 73도2334; 2002도7335.

2) 2003도6288: 죄수평가를 잘못하여 포괄일죄를 경합범으로 인정한 결과 처단형의 범위에 차이가 생긴 경우에는 죄수에 관한 법리를 오해함으로써 판결에 영향을 미친 위법이 있다.[1]

17   (나) **인과관계**   법령위반이 있어도 '판결에 영향을 미친' 경우여야 한다. 즉 법령위반과 판결결과 사이에 인과관계가 있어야 한다. 여기의 인과관계의 의미에 관해서 1) 개연성설은 법령위반이 없었다면 원판결과 다른 판결이 내려졌을 개연성을 의미한다고 하며,[2] 2) 가능성설은 법령위반이 판결결과에 영향을 미쳤을 단순한 가능성만으로 충분하다고 한다. 항소이유를 넓게 인정하는 점에서 가능성설이 타당하다. 그러나 적법절차(헌법 제12조 ①·③항)를 구성하는 소송법상의 효력규정을 위반하여도 판결결과에 영향을 미친 개연성이나 가능성이 없다고 하여 원심판결이 유지된다면 적법절차의 실현은 기대하기 어렵게 된다. 따라서 적법절차를 형성하는 중요한 효력규정—특히 헌법규정—의 위반은 원칙적으로 판결에 영향을 미친 경우로 해석하는 것이 옳다. 이런 경우, 판결에 대한 영향 여부는 실제적인 영향이라기보다는 '판결에 영향을 미쳤을 가능성'을 뜻한다고 볼 수 있다. 이러한 입장을 적법절차기준설이라 한다.[3] 하지만 이 견해에 의하더라도 제도적으로 법원의 판결에 영향을 미칠 수 없는 경우에는 인과관계를 인정할 수 없다. 예컨대 검사가 구형을 하지 않았다면 제302조의 위반이 인정되지만, 검사의 구형은 양형에 관한 의견진술에 불과하고, 법원은 그 의견에 구속되지 않기 때문에 그 법률위반은 판결에 영향을 미친 경우에 해당하지 않는다(2001도5225). 또한 필요적 변호사건(제282조)에서 변호인 없이 개정·심리하여 무죄판결을 한 경우에 그러한 법령위반은 무죄판결에 영향을 미친 것으로 보아서는 안 된다(2002도5748). 포괄일죄의 일부 개별 공소사실을 철회하고, 새로운 공소사실을 추가하는 공소장변경의 신청을 허가하지 않은 위법이 있어도 변경된 공소사실을 심리하였더라도 결국 무죄를 선고하였을 것이 분명한 경우에는 그 위법이 판결 결과에 영향을 미치지 않은 것으로 보아야 한다(2006도514).

18   **(2) 판결 후 형의 폐지·변경 및 사면**   형의 폐지나 사면의 경우 면소판결을 선고해야 한다(제326조 2·4호). 그리고 형이 경하게 변경된 경우는 경한 형을 선

---

1) 같은 취지: 2000도1216.
2) 백형구 601.
3) 신동운 1612는 분명하지 않으나 '판결에 영향을 미쳤을 가능성'이라고 표현함으로써 적법절차기준설을 의도하고 있는 것으로 보인다.

고해야 한다(형법 제1조 ②항). 그러므로 제361조의5 제2호는 판결 후 형의 폐지·변경·사면을 절대적 항소이유로 인정하고 있다. 항소심의 기능이 피고인의 권리구제에 있다는 점에서, 여기의 형의 변경은 경하게 변경된 경우만을 의미한다고 보아야 한다.[1] 형의 집행유예조건을 완화하는 법률개정도 형의 변경에 해당하는 것으로 보아 항소이유로 삼을 수 있다.

(3) 관할규정의 위반　　관할 또는 관할위반의 인정이 법률에 위반되면 절대 **19** 적 항소이유가 된다(제361조의5 3호). 여기서 관할은 토지관할과 사물관할을 포함한다. '관할의 인정이 법률에 위반한 때'라 함은 관할위반판결을 해야 하는데도 피고사건의 실체에 대해 재판한 경우를 말한다. 그리고 '관할위반의 인정이 법률에 위반한 때'라 함은 관할권이 존재하여 사건을 심판할 수 있음에도 하지 않거나 또는 관할위반선고를 할 것이 아님에도 관할위반판결을 하는 경우를 말한다.

(4) 법원구성의 위법

(가) 판결법원의 구성이 법률에 위반한 때　　판결법원의 구성이 법률에 위 **20** 반된 경우에도 절대적 항소이유가 인정된다(같은 조 4호). 여기서 판결법원은 판결 및 그 기초가 되는 심리를 행한 법원, 즉 소송법상 의미의 법원을 말한다. 이 항소이유에는, 예를 들어 합의법원이 법적 구성원을 충족하지 못한 경우, 결격사유 있는 법관이 구성원이 된 경우가 해당된다. 그러나 소송법상 의미의 법원이 아닌 검사, 법원서기관, 서기 등의 자격이 법률에 위반된 경우에는 이에 해당하지 않는다.

(나) 재판에 관여하지 못할 판사가 사건의 심판에 관여한 때　　법률상 재판 **21** 에 관여하지 못할 판사가 사건의 심판에 관여한 경우도 절대적 항소이유가 된다(같은 조 7호). '재판에 관여하지 못할 판사'란 제척사유에 해당하는 판사(제17조), 기피 또는 회피신청(제18조, 24조)이 이유 있다고 결정된 판사를 말한다. '심판에 관여한 때'는 판결의 내부적 성립에 관여한 것을 의미하고, 판결의 선고에만 관여한 것은 해당되지 않는다.

(다) 사건심리에 관여하지 않은 판사가 판결에 관여한 때　　사건의 심리에 **22** 관여하지 않은 판사가 그 사건의 판결에 관여한 경우도 절대적 항소이유가 된다(제361조의5 8호). 이에는 처음부터 심리에 관여하지 않은 경우는 물론 심리 도중에 판사경질이 있음에도 공판절차를 갱신(제301조)하지 않고 판결한 경우도 포함된다. '판결에 관여한 때'의 의미는 위에서 설명한 것과 같다.

---

1) 신동운 1615; 이은모/김정환 837; 이재상/조균석/이창온 57/22; 이창현 1240.

23   **(5) 공개주의위반**   재판의 공개에 관한 헌법 제109조와 법원조직법 제57조에 위반한 경우는 절대적 항소이유가 된다(제361조의5 9호).

24   **(6) 이유불비와 이유모순**   판결에 이유를 붙이지 않거나 이유에 모순이 있는 때에도 절대적 항소이유가 인정된다(같은 조 11호). 이유를 붙이지 않는 경우에는 이유설명이 불충분한 경우도 포함된다. 이유모순은 주문과 이유 또는 이유와 이유 사이에 모순이 있는 때를 가리킨다. 또한 이유불비는 법령위반과 구별해야 한다. 법령의 적용이 없거나 판결주문과 적용법령이 모순되는 경우처럼 그 잘못이 명백한 때에도 이유불비에 해당된다. 그 밖에 법령해석의 잘못이나 다른 법령의 적용은 제1호의 법령위반에 해당된다.[1]

25   **(7) 재심청구의 사유**   재심사유가 있는 경우 재판이 확정될 때까지 기다려 재심청구를 하도록 하는 것은 소송경제에 반하므로 재심사유는 절대적 항소이유가 된다(같은 조 13호). 이 때 재심사유가 피고인에게 이익이 되는 경우뿐만 아니라 불이익이 되는 경우도 재심청구사유에 포함되는가에 관해서는 긍정설[2]과 부정설[3]이 있다. 부정설에 따르더라도 제14호에 해당될 수 있을 것이므로 두 견해의 실질적 차이는 없다. 한편 판례는 소송촉진법 제23조에 따라 피고인의 진술 없이 유죄를 선고하여 확정된 제1심판결에 대하여, 피고인이 재심을 청구하지 않고 항소권회복을 청구하여 인용되었는데, 사유 중에 피고인이 책임을 질 수 없는 사유로 공판절차에 출석할 수 없었던 사정이 포함되어 있는 경우, '재심청구의 사유가 있는 때'에 해당하는 항소이유를 주장한 것으로 보는 것이 타당하다고 판시한 바 있다(2015도8243; 2020도1525).

26   **(8) 판결에 영향을 미친 사실오인**   사실오인이 판결에 영향을 미친 때에는 상대적 항소이유가 된다(제361조의5 14호). 사실오인이란 원심법원이 인정한 사실과 객관적 사실 사이에 차이가 있는 경우를 말한다. 그리고 판례에 의하면 '판결에 영향을 미친 때'란 1) 사실오인으로 범죄에 대한 구성요건적 평가에 직접 또는 간접으로 영향을 미쳤을 경우와 2) 사실오인으로 인하여 판결의 주문에 영향을 미쳤을 경우를 말한다(96도1665). 따라서 항소이유가 될 수 있는 사실오인의 범위는 재판의 기초가 된 사실 전반이거나 실체형성의 대상이 되는 사실 일반이 아니라 형벌권의 존재와 그 범위에 관한 사실을 의미한다고 해야 한

---

1) 강구진 567; 신동운 1617; 이은모/김정환 836; 이재상/조균석/이창온 57/20; 이창현 1242.

2) 백형구 316; 신동운 1618.

3) 강구진 570; 김기두 305; 신양균/조기영 1014; 이은모/김정환 837; 이재상/조균석/이창온 57/23; 이창현 1243.

다.1) 따라서 예를 들어 범죄구성사실, 처벌조건을 이루는 사실, 형의 가중감면의 이유가 되는 사실, 형벌조각사유 등에 해당하는 사실은 이에 속하지만 단순한 소송법적 사실이나 양형에 관한 사실은 제외된다.

(9) **양형부당**　　양형은 법원의 기속재량사항이다. 따라서 재량의 합리적인 **27** 한계를 벗어난 양형은 위법한 것으로 항소이유가 된다(같은 조 15호). 이때 형에는 주형, 부가형, 환형유치, 집행유예 여부까지 포함된다. 법정형을 넘은 형의 선고는 양형부당이 아니라 법령위반이 된다. 그리고 양형의 기초사실에 관한 오인은 사실오인이 아니라 양형부당이 된다. 양형은 범죄의 경중과 피고인의 인격적 특성에 상응하여 부과되는 것이므로 특정한 양형사유에 대해 일정한 객관적 가치를 주장하는 것은 곤란하다는 점에서 양형부당을 상대적 항소이유로 보는 견해도 있다.2) 그러나 대부분 사건에서 방어활동이 무죄변론보다 양형변론에 치중해 있는 실무현실을 고려할 때 양형부당은 절대적 항소이유로 보는 것이 타당하다.

[68] 제 2 항소심의 절차

Ⅰ. 항소의 제기

1. 항소제기의 방식

항소는 7일의 항소기간 이내에(제358조) 항소장을 원심법원에 제출함으로써 **1** 이루어진다(제359조). 항소장에는 항소를 제기하는 취지와 대상이 되는 판결을 기재하는 것으로 충분하고, 항소이유를 기재할 필요는 없다. 그러나 기재하는 것이 금지되는 것은 아니다(제361조의4 ①항 단서). 제1심 법원이 지방법원 단독판사인 경우에는 지방법원본원 합의부가 항소법원이 되고, 지방법원 합의부인 경우에는 고등법원이 항소법원이 된다(제357조).

2. 원심법원과 항소법원의 조치

(1) **원심법원의 조치**　　원심법원은 항소장을 심사하여 항소제기가 법률상 **2**

---

1) 강구진 569; 신동운 1613; 이재상/조균석/이창온 57/21; 이창현 1246.
2) 신동운 1614.

방식에 위배되거나 항소권이 소멸된 사실이 명백한 때에는 결정으로 항소를 기각하여야 한다(제360조 ①항). 이 결정에 대해서는 즉시항고가 가능하다(같은 조 ②항). 항소기각결정을 하지 않은 경우에는, 원심법원은 항소장을 받은 날로부터 14일 이내에 소송기록과 증거물을 항소법원에 송부하여야 한다(제361조).

3   **(2) 항소법원의 조치**   항소법원은 기록송부를 받으면 즉시 항소인과 상대방에게 그 사유를 통지하여야 한다(제361조의2 ①항). 기록접수통지 전에 변호인이 선임되면 변호인에게도 통지하여야 한다(같은 조 ②항). 그리고 피고인이 교도소 또는 구치소에 있는 경우에는 원심법원에 대응한 검찰청검사는 위의 통지를 받은 날부터 14일 이내에 피고인을 항소법원소재지의 교도소 또는 구치소에 이송하여야 한다(같은 조 ③항). 또한 기록을 송부받은 항소법원은 필요적 변호사건(제33조 ①항, 282조)에 있어서 변호인이 없는 경우에는 지체 없이 변호인을 선정한 후 그 변호인에게 소송기록접수통지를 하여야 한다(규칙 제156조의2 ②항).

3. 항소이유서와 답변서의 제출

(1) 항소이유서의 제출과 송달

4   **㈎ 항소이유서의 제출권자**   항소이유서의 제출권자는 원칙적으로 검사 또는 피고인 등 항소인과 항소심의 변호인이다(제361조의3 ①항 참조). 그러나 피고인을 위해 항소를 제기한 친족 등과 원심변호인 등에게도 항소이유서의 제출권을 인정하는 것이 타당할 것이다.[1] 이는 피고인의 이익보호를 위해서 필요하다.

5   **㈏ 항소이유서의 제출기간**   항소인 또는 변호인은 소송기록의 접수통지를 받은 날로부터 20일 이내에 항소이유서를 항소법원에 제출하여야 한다(같은 항). 변호인의 항소이유서 제출기간은 다음과 같이 구별되어 계산된다. 즉, 1) 피고인이 기록통지를 받은 후에 변호인의 선임이 있는 경우에는 그 변호인에게 기록통지를 따로 할 필요가 없으므로 피고인이 그 통지를 받은 날로부터 변호인과 피고인의 항소이유서 제출기간이 계산되는 반면, 2) 피고인이 기록통지를 받기 전에 변호인의 선임이 있는 때에는 피고인 이외에 변호인에게도 소송기록접수통지를 하여야 하기 때문에 변호인의 항소이유서 제출기간은 변호인이 이 통지를 받은 날로부터 계산되어야 한다(2010모1741 등). 한편, 항소이유서의 제출기간에는 재소자를 위한 특칙(제344조)이 준용된다(2005도9729 전합). 그리고 항소이유서 제출기간을 보장하기 위해 판례는 항소이유서 제출기간의 경과를 기다

---

1) 신동운 1624; 법원실무제요(형사) 577.

리지 않고는 항소사건을 심판할 수 없다고 한다. 따라서 항소이유서 제출기간 내에 변론이 종결되었는데 그 후 위 제출기간 내에 항소이유서가 제출되었다면 특별한 사정이 없는 한 항소심법원은 변론을 재개하여 항소이유에 대해 심리하여야 한다(2015도1466; 2017도13748).

[2008도11486] 변호인의 항소이유서 제출기간의 기산일

변호인의 조력을 받을 피고인의 권리는 형사소송법 제33조 ①항 제1호 내지 제6호의 필요적 변호사건에서 법원이 정당한 이유 없이 국선변호인을 선정하지 않고 있는 사이에 또는 형사소송법 제33조 ②항의 규정에 따른 국선변호인 선정청구를 하였으나 그에 관한 결정을 하지 않고 있는 사이에 피고인 스스로 변호인을 선임하였으나 그때는 이미 피고인에 대한 항소이유서 제출기간이 도과해버린 후이어서 그 사선변호인이 피고인을 위하여 항소이유서를 작성·제출할 시간적 여유가 없는 경우에도 보호되어야 한다. 따라서 그 경우에는 법원은 사선변호인에게도 형사소송규칙 제156조의2를 유추적용하여 소송기록접수통지를 함으로써 그 사선변호인이 통지를 받은 날로부터 기산하여 소정의 기간 내에 피고인을 위하여 항소이유서를 작성·제출할 수 있는 기회를 주어야 한다.

  (다) **항소이유서의 송달**   항소이유서를 제출받은 항소법원은 지체 없이 그   **6** 부본 또는 등본을 상대방에게 송달하여야 하고(제361조의3 ②항), 상대방은 송달일로부터 10일 이내에 답변서를 항소법원에 제출하여야 한다(같은 조 ③항). 이때 항소법원은 지체 없이 답변서의 부본 또는 등본을 항소인이나 변호인에게 송달하여야 한다(같은 조 ④항).

  (라) **항소이유서의 내용**   항소이유서 또는 답변서에는 항소이유와 답변내   **7** 용을 구체적으로 간결하게 명시하여야 하며(규칙 제155조),[1] 상대방의 수에 2를 더한 수의 부본을 첨부하여야 한다(규칙 제156조). 항소이유의 철회도 명백히 이루어져야만 효력이 있다(2020도14049 등). 왜냐하면 항소이유를 철회하면 이를 다시 상고이유로도 삼을 수 없게 되는 제한을 받을 수 있기 때문이다.

  (2) 항소이유서 미제출의 효과   항소이유서를 제출하지 않은 때에는, 직권   **8** 조사사유가 있거나 항소장에 항소이유의 기재가 있는 때를 제외하고는 결정으로 항소를 기각하여야 한다(제361조의4 ①항). 직권조사사유라 함은 법령적용이나

---

1) 판례는 규칙 제155조의 이 요구가 형사소송법에 저촉되거나 효력을 부당하게 변경·제한하는 것이 아니라고 본다(2000모216; 2003도2219).

법령해석의 착오 여부 등 당사자가 주장하지 아니한 경우에도 법원이 직권으로
조사하여야 할 사유를 말한다(2005모564 등). 따라서 증거의 취사와 사실인정의
잘못은 직권조사사유에 해당되지 않는다(84도2248). 항소이유서 미제출로 인한
항소기각결정에 대해서는 즉시항고를 할 수 있다(같은 조 ②항).

[2003모306] 항소이유서 미제출과 항소기각의 제한

피고인이 빈곤 등을 이유로 국선변호인의 선정을 청구하면서, 국선변호인의 조력을
받아 항소이유서를 작성·제출하는 데 필요한 충분한 시간 여유를 두고 선정청구를
하였는데도 법원이 정당한 이유 없이 그 선정을 지연하여 항소이유서 제출기간이
경과한 후에야 비로소 항소기각결정을 함과 동시에 국선변호인 선정청구를 기각함
으로써 항소이유서의 작성·제출에 필요한 변호인의 조력을 받지도 못한 상태로 피
고인에 대한 항소이유서 제출기간이 도과해 버렸다면 이는 변호인의 조력을 받을
피고인의 권리가 법원에 의하여 침해된 것과 다를 바 없으므로, 설사 항소이유서
제출기간 내에 그 피고인으로부터 적법한 항소이유서의 제출이 없었다고 하더라도
그러한 사유를 들어 곧바로 결정으로 피고인의 항소를 기각하여서는 아니 된다.
이 경우, 항소심법원으로서는 항소이유서 제출기간이 지난 후에라도 국선변호인 선
정 결정과 함께 그 변호인에게 소송기록접수 통지를 하여 국선변호인이 그 통지를
받은 날로부터 기산하여 소정의 기간 내에 피고인을 위하여 항소이유서를 제출할
기회를 주든지, 형사소송규칙 제44조를 유추적용하여 항소이유서 제출기간을 연장
하는 조치를 취하는 방법으로 피고인에게 사선 변호인을 선임하여 항소이유서를 제
출할 수 있는 기회를 실질적으로 부여함으로써 피고인으로 하여금 변호인의 조력을
받을 수 있도록 해주어야 한다.

---

9 **(3) 부적법한 항소이유서 제출의 효과** 항소이유서는 법률이 정한 방식에
적합하여야 한다. 부적법한 항소이유서가 제출되면 결정으로 항소를 기각하여
야 한다(제361조의4 ①항). 판례에 의하면 1) 항소이유가 구체적으로 특정되지 않
은 경우(규칙 제155조 위반)는 항소기각결정의 사유로서 부적법한 항소이유서의
제출에 해당하지 않는다. 2) 부적법한 항소이유서가 제출되었다 하더라도 그로
인해 피고인들의 방어권행사에 지장이 초래되지 않고 정상적인 소송절차가 진
행되는 경우에는 그 하자가 치유된다. 예를 들어 항소이유서가 제출되기는 하였
지만 전혀 다른 두 개의 사건에 대한 항소이유서가 마치 하나의 사건에 대한 항
소이유서인 것처럼 하나로 작성·제출된 경우에는 부적법한 항소이유서이므로

결정으로 항소를 기각하여야 한다. 다만 이러한 항소이유서라도 두 개의 사건 중 어느 하나의 사건에 편철되고 그 사건의 피고인들에게 부본이 송달되어 피고인들의 방어권행사에 아무런 지장을 초래하지 아니한 채 정상적인 소송절차가 진행된 경우에는 그 사건에 관하여서만 항소이유서의 하자는 치유된다(97모101).

Ⅱ. 항소심의 심리

1. 항소법원의 심판범위

항소법원은 항소이유에 포함된 사유에 대해 심판하여야 한다(제364조 ①항). **10** 항소이유서에 포함시키지 아니한 사항은 피고인이나 변호인이 항소심 공판정에서 진술한다고 하더라도 항소심의 심판범위에는 속하지 아니한다(2006도8488 등). 다만 판결에 영향을 미친 사유에 관해서는 항소이유서에 포함되지 않은 경우에도 직권으로 심판할 수 있다(같은 조 ②항).[1] 이와 같은 직권심판은 판결의 적정과 당사자의 이익을 보호하기 위한 것이다. 판결에 영향을 미친 사유는 법령위반, 사실오인, 양형부당[2]을 모두 포함한다. 한편 항소이유서에 기재된 사항이라 하더라도 검사가 공판정에서 구두변론을 통해 항소이유를 주장하지 않았고 피고인도 그에 대한 적절한 방어권을 행사하지 못하는 등 검사의 항소이유가 실질적으로 구두변론을 거쳐 심리되지 않았다고 평가될 경우, 항소심법원이 검사의 항소이유 주장을 받아들여 피고인에게 불리하게 제1심판결을 변경하는 것은 허용되지 않는다(2015도11696). 이는 공판중심주의와 구두변론주의를 실현하고 이를 통하여 피고인의 방어권을 실질적으로 보장하기 위함이다.

2. 심리의 특칙

항소심의 심판은 원칙적으로 제1심 공판절차에 준하여 이루어진다(제370조). **11** 다만 예외적으로 다음과 같은 특칙이 인정된다.

(1) **피고인의 불출석재판**   피고인이 공판기일에 출정하지 않은 때에는 다 **12**

---

1) 2009도870: 항소이유서에서 명시적으로 심신장애 주장을 하지 않은 경우라도 법원이 직권으로 피고인의 심신장애 여부를 심리하였어야 한다는 이유로 원심판결을 파기한 사례.

2) 2008도1092: 검사만이 항소한 사건에서 "항소법원은 제1심의 형량이 너무 가벼워서 부당하다는 검사의 항소이유에 대한 판단에 앞서 직권으로 제1심판결에 양형이 부당하다고 인정할 사유가 있는지 여부를 심판할 수 있고, 그러한 사유가 있는 때에는 제1심판결을 파기하고 제1심의 양형보다 가벼운 형을 정하여 선고할 수 있다."

시 기일을 정하여야 한다(제365조 ①항). 피고인이 정당한 사유 없이 다시 정한 기일에도 출정하지 않으면 피고인의 진술 없이 판결할 수 있다(같은 조 ②항). 즉 불출석재판에는 피고인이 적법한 공판기일소환장을 받고도[1] 정당한 사유 없이 출정하지 아니할 것을 필요로 한다. 따라서 피고인의 주소가 기록상 명백한데, 1회의 송달불능을 이유로 공판기일소환장을 공시송달에 의해 송달한 다음 피고 인이 불출석한 가운데 재판을 진행한 것은 위법하다(88도419; 2002도2520 등).

13   **(2) 증거에 대한 특칙**   제1심에서 증거로 할 수 있었던 증거는 항소심에서 도 증거로 할 수 있다(제364조 ③항). 즉 다시 증거조사를 할 필요가 없다.[2] 다음 으로 항소심에서도 새로운 증거조사가 가능한지와 관련하여, 항소심을 사후심 으로 해석하는 견해는 새로운 증거조사도 허용되지 않거나 엄격하게 제한되는 것으로 본다.[3] 그러나 항소심은 속심으로 보아야 하므로 원심판결후 등장한 새 로운 증거에 대해 증거조사가 가능한 것으로 보아야 한다.[4]

Ⅲ. 항소심의 재판

1. 공소기각의 결정

14   항소법원은 공소기각결정사유(제328조 ①항)가 있으면 결정으로 공소를 기각 하여야 한다(제363조 ①항). 이 결정에 대해서는 즉시항고가 가능하다(같은 조 ② 항). 공소기각결정은 피고사건 자체에 관한 판단이지만, 항소기각결정에 준하는 형식재판이라고 할 수 있다. 공소기각결정사유가 뒤늦게 발견된 경우에는 항소 심의 공판심리 도중이나 변론종결 후의 판결선고기일에 공소기각결정을 할 수 있다.[5]

---

1) 2022도7940: "'적법한 공판기일 통지'란 소환장의 송달(제76조) 및 소환장 송달의 의제(제268 조)의 경우에 한정되는 것이 아니라 적어도 피고인의 이름·죄명·출석 일시·출석 장소가 명 시된 공판기일 변경명령을 송달받은 경우(제270조)도 포함된다."

2) 2018도17748: "제1심판결 내용과 제1심에서 증거조사를 거친 증거들에 비추어 제1심 증인이 한 진술의 신빙성 유무에 대한 제1심의 판단이 명백하게 잘못되었다고 볼 특별한 사정이 있거 나, 제1심의 증거조사 결과와 항소심 변론종결 시까지 추가로 이루어진 증거조사 결과를 종합 하면 제1심 증인이 한 진술의 신빙성 유무에 대한 제1심의 판단을 그대로 유지하는 것이 현저 히 부당하다고 인정되는 예외적인 경우가 아니라면, 항소심으로서는 제1심 증인이 한 진술의 신빙성 유무에 대한 제1심의 판단이 항소심의 판단과 다르다는 이유만으로 이에 대한 제1심의 판단을 함부로 뒤집어서는 안 된다."

3) 강구진 574.

4) 김기두 309; 백형구 609; 신동운 1627; 이재상/조균석/이창온 57/32; 이창현 1258.

5) 신동운 1631.

2. 항소기각의 재판

(1) **항소기각의 결정**　항소제기가 법률의 방식을 위반하거나 항소권소멸후 **15**
인 것이 명백함에도 원심법원이 항소기각결정을 하지 아니한 때(제362조, 360조
①항) 또는 항소이유서가 제출되지 않은 때(제361조의4 ①항)에는 항소법원은 결정
으로 항소를 기각하여야 한다. 다만 항소이유서가 제출되지 않은 때라도 직권조
사사유가 있거나 항소장에 항소이유의 기재가 있는 경우 또는 필요적 변호사건
에서 국선변호인이 선정되지 아니하여 국선변호인에 의하여 항소이유서가 제출
기간 내에 작성·제출되지 못한 경우는 예외로 한다(96모100). 이 결정에 대해서
는 즉시항고가 가능하다(제360조 ②항, 362조 ②항, 제361조의4 ②항).

(2) **항소기각의 판결**　항소가 이유가 없다고 인정되는 때에는 판결로써 항소 **16**
를 기각하여야 한다(제364조 ④항). 항소이유 없음이 명백하여 판결로써 항소를 기각
하는 경우에는 구두변론을 필요로 하지 않는다(같은 조 ⑤항). 이것을 무변론기각이
라고 한다. 이는 소송지연을 목적으로 하는 상소의 남용을 방지하기 위한 것이다.

3. 원심판결파기의 판결

항소가 이유가 있는 것으로 인정될 때에는 원심판결을 파기하여야 한다(제 **17**
364조 ⑥항). 항소이유서에 기재된 항소이유가 인정되지 않는 경우에도 직권조사
로 판결에 영향을 미친 사유가 판명될 때(같은 조 ②항)에는 마찬가지로 원심판결
을 파기할 수 있다.

(1) **파기 후의 조치**　원심판결을 파기하면 사건은 원심판결 전의 상태로 **18**
항소심에 계속된다. 이때 파기와 함께 항소법원이 취할 수 있는 재판형태에는
자판, 환송 및 이송의 세 가지가 있다. 형사소송법은 항소심의 속심구조에 비추
어 파기자판을 원칙으로 하고 있다(같은 조 ⑥항).

(가) **파기자판**　파기자판은 항소이유가 인정될 때 항소법원이 원심판결을 **19**
파기하고 다시 판결하는 것을 말한다(같은 항). 이것은 항소심의 원칙적인 판단
형식에 속한다. 파기자판에 의해 선고하는 판결에는 유죄, 무죄의 실체판결과
공소기각, 면소의 형식판결이 있다. 형의 선고를 할 경우에는 불이익변경금지원
칙이 적용된다(제368조). 자판의 경우 구두변론을 요하는가에 대해 이를 부정하
는 견해가 있다.[1] 그러나 자판은 항소기각의 경우와 달리 무변론재판을 허용하

---

1) 강구진 577.

는 규정(제364조 ⑤항)이 없으므로 반드시 구두변론을 거쳐야 한다(2015도11696 등).[1] 이러한 파기자판은 항소심이 속심임을 말해준다.

20   (나) **파기환송의 판결**   공소기각 또는 관할위반의 재판이 법률에 위반됨을 이유로 원심판결을 파기하는 때에는 판결로써 사건을 원심법원에 환송하여야 한다(제366조). 원심법원이 형식판결을 한 경우에 그 판결을 파기하면서 항소법원이 피고사건의 실체에 대한 심판을 한다면, 실질적인 의미에서 3심제의 원칙이 실현되지 않으므로 제1심 법원에 환송하도록 한 것이다. 따라서 항소법원이 제1심의 공소기각판결을 위법이라고 하여 파기하면서 사건을 환송하지 않고 본안에 들어가 심리한 후 범죄의 증명이 있다고 하여 피고인에게 유죄의 판결을 선고하면 판결에 영향을 미친 법령(제366조)의 위반(제361조의5 1호)이 인정된다(98도631; 2019도15987).

21   (다) **파기이송의 판결**   관할인정이 법률에 위반됨을 이유로 원심판결을 파기하는 때에는 판결로써 사건을 관할법원에 이송하여야 한다(제367조 본문). 다만 항소법원이 그 사건의 제1심 관할권이 있는 때에는 제1심으로 심판하여야 한다(같은 조 단서). 이는 원심법원이 관할권이 없는데도 피고사건을 심리하였기 때문에 원심판결을 파기하고 관할권이 있는 법원으로 하여금 다시 제1심으로 심리하도록 규정한 것이다.

22   (2) **공동피고인을 위한 파기**   항소법원이 피고인을 위하여 원심판결을 파기하는 경우에 파기이유가 항소한 공동피고인에게 공통되는 때에는 그 공동피고인에 대해서도 원심판결을 파기하여야 한다(제364조의2). 여기에서 '항소한 공동피고인'이란 원심의 공동피고인을 말하고, 항소심의 병합심리 여부는 묻지 않는다. 학설은 제364조의2를 확대적용하기 위해 공동피고인의 항소가 적법한 이상 항소이유서를 제출하지 않거나 항소이유가 부적합한 경우에도 공동파기를 허용할 수 있다고 한다.[2] 이러한 해석은 공동피고인의 권리를 구제하고 평등원칙(헌법 제11조)을 실현하려는 제364조의2의 입법취지에 비추어 타당하다고 할 것이다. 그러나 이 취지에 더욱 충실하기 위해서는 공동피고인이 항소하지 않은 경우에도 검사가 피고인과 공동피고인 모두에 대해 항소하였으면, 그 공동피고인은 항소한 공동피고인에 해당하는 것으로 해석하는 것이 타당하다.[3]

---

1) 신동운 1633; 이은모/김정환 848; 이재상/조균석/이창온 57/39.

2) 신동운 1634; 이재상/조균석/이창온 57/36; 이창현 1262.

3) 정영석/이형국 494.

4. 재판서의 기재방식

(1) 항소이유에 대한 판단   항소법원의 재판서에는 항소이유에 대한 판단 **23**
을 기재하여야 한다(제369조 전단). 검사와 피고인 쌍방이 항소한 경우에, 쌍방의
항소가 이유가 없으면 쌍방의 항소이유 전부를 판단하여야 한다. 그러나 여러
개의 항소이유 중에서 1개의 이유로 원심판결을 파기하는 경우에는 나머지 항
소이유를 판단하지 않아도 된다. 항소를 기각하는 경우에는 항소이유에 대한 판
단으로 충분하다. 반드시 제369조 후단이나 제323조에 따라 원심판결에 기재한
사실과 증거를 인용하거나 판결이유에 범죄사실 및 증거요지와 법령적용을 명
시하여야 하는 것은 아니다(93도3524). 판례는 양형과중의 항소이유에 대해서도
이유 없다고 판시하는 것으로 충분하다고 한다(82도2642; 2002도2134).

(2) 유죄판결이유의 설시   그러나 원판결을 파기하여 유죄선고를 하는 경 **24**
우에는 범죄사실과 증거요지 및 법령적용을 명시하여야 한다(제370조, 323조; 86도
2660; 99도5312). 다만 제369조 후단은 판결서작성의 능률과 신속을 도모하기 위
해 "원심판결에 기재한 사실과 증거를 인용할 수 있다"고 규정하고 있다. 법령
의 적용은 인용할 수 없다.

제 3 절   상고와 항고

[69] 제 1 상   고

I. 상고의 의의와 상소이유

1. 상고의 의의

(1) 개 념   상고는 제2심 판결에 대해 대법원에 제기하는 상소를 말한다 **1**
(제371조). 그러나 예외적으로 제1심 판결에 대해 항소제기 없이 곧바로 상고가
허용되는 경우가 있는데, 이를 비약상고라고 한다(제372조).

(2) 상고심의 기능

2　　(개) **법령해석의 통일**　　상고심의 주된 기능은 법령해석의 통일에 있다. 상고심인 대법원은 명령·규칙심사권(헌법 제107조 ②항)을 가지고 있고, 상고심 판결이 당해 사건에 관하여 하급심을 기속하는 효력(법조법 제8조)을 가지는 점에서 특히 그러하다.

3　　(내) **적법절차의 실현**　　상고심은 하급법원이 적법절차를 구성하는 헌법(헌법 제12조 ①·③항)과 법률 기타 법령에 위반하여 피고사건을 심판하였다는 이유로 그 판결을 파기하면, 하급법원은 적법절차를 준수하지 않을 수 없게 된다. 따라서 상고심은 적법절차의 실현을 감시하고 독려하는 기능을 수행한다고 볼 수 있다.

4　　(다) **권리구제**　　그러나 상고심도 일정한 범위 안에서 사실오인과 양형부당을 상고이유로 규정하고 있다(제383조 4호). 나아가서 사실인정의 절차법위반(같은 조 1호)을 심사함으로써 원심의 사실인정에 대한 판단도 한다. 따라서 상고심은 당사자의 권리를 구제하는 기능을 함께 수행한다. 그러나 상고심의 주된 기능은 어디까지나 법령해석의 통일이고 당사자의 권리구제는 부수적 기능이라고 할 수 있다.

2. 상고심의 구조

5　　(1) **원칙적 법률심과 예외적 사실심**　　상고심은 보통 법률심이라고 한다. 판결에 영향을 미친 헌법, 법률, 명령 또는 규칙에 대한 위반이 있을 때(제383조 1호)가 가장 중요한 상고이유가 되고, 사실오인과 양형부당은 예외적 상고이유(같은 조 4호)가 될 뿐이기 때문이다. 그러므로 상고심에서 파기자판은 예외에 속하고(제396조), 파기환송을 원칙으로 한다(제393조, 395조, 397조).[1]

6　　다만 상고심을 법률심이라고 한다고 해서 사실인정의 당부는 심사하지 않고 오직 확정된 사실에 대한 법령적용만 심사하는 것을 뜻하지는 않는다. 예컨대 경험칙이나 논리법칙에 위반된 심증형성은 자유심증주의의 한계를 일탈한 위법(제308조 위반)이 초래되고, 증거조사가 충분하지 않은 경우에는 심리미진의 위법(제307조 또는 제295조 위반)이 인정된다. 상고심에서는 이러한 법률위반 여부를 심사하는데, 이는 원심법원의 사실인정의 당부를 심사하는 결과가 된다. 사실심인 하급심과 차이는 다만 사실인정의 당부에 대한 심사를 직접증거를 조사

---

1) 배종대/홍영기 [72] 2; 신동운 1654; 이재상/조균석/이창온 58/4; 이창현 1268.

하는 방법에 의하지 않고, 원심의 기록을 심사하는 방법에 의한다는 점에 있을 뿐이다. 그러므로 상고심을 '법률심'이라 부르는 것은, 엄밀히 말하면 옳지 않다. 상고심은 원심판결이 사실인정과 법률적용 두 측면 모두에 걸쳐 법규범에 위반되었는가를 살핌으로써 원심판결의 하자를 심사하는 심급이라고 할 수 있다.

　　(2) **원칙적** 사후심과 예외적 속심　　상고심의 구조는 원칙적으로 사후심이 **7** 다. 이에 대한 법적 근거는 무엇보다도 변론 없이 서면심리에 의해 판결할 수 있다는 점에 있다(제390조). 그 밖에 상고이유가 주로 법령위반이라는 점(제383조 1호)과 파기자판은 예외적이라는 점(제396조)도 상고심의 사후심적 성격을 말해 주는 것이다. 사후심에서는 1) 새로운 증거를 제출하거나 증거조사를 하는 것은 허용되지 않는다. 2) 증거조사가 허용되지 않으므로 증거재판주의에 근거한 새로운 사실심리가 불가능하다. 그러므로 공소장변경(제298조 ①항)이 인정되지 않는다. 따라서 3) 원판결에 대한 판단은 상고심판결시가 아니라 원판결시가 그 기준이 된다. 그러므로 항소법원이 판결을 할 당시 피고인이 미성년자였기 때문에 부정기형이 선고되었다면 그 후 상고심에서 피고인이 성년이 되었다고 하더라도 원심판결을 파기하고 정기형을 선고할 수는 없다(90도2225 등). 그리고 피고인이 항소이유로 삼거나 항소심이 직권으로 심판대상으로 삼은 바가 없는 것은 상고이유가 되지 못한다(2013도4430 등).[1]

　　그러나 상고심은 예외적으로 판결후 형의 폐지나 변경 또는 사면이 있는 **8** 때(제383조 2호) 그리고 원심판결 후에 재심청구사유가 판명된 때(같은 조 3호)에는 원심판결 후에 발생한 사실이나 증거가 판단대상이 되므로 속심의 성격을 띠게 된다.[2]

3. 상고이유

　　형사소송법 제383조는 다음과 같은 네 가지 상고이유를 규정하고 있다. 1) **9**

---

1) 2017도16593-1 전합: 상고심은 항소심까지의 소송자료만을 기초로 하여 항소심판결 선고 시를 기준으로 그 당부를 판단하여야 하므로, 직권조사 기타 법령에 특정한 경우를 제외하고는 새로운 증거조사를 할 수 없을뿐더러 항소심판결 후에 나타난 사실이나 증거의 경우 비록 그 것이 상고이유서 등에 첨부되어 있다 하더라도 사용할 수 없다. … 상고심은 항소심판결에 대한 사후심으로서 항소심에서 심판대상으로 되었던 사항에 한하여 상고이유의 범위 내에서 그 당부만을 심사하여야 한다. 그 결과 항소인이 항소이유로 주장하거나 항소심이 직권으로 심판 대상으로 삼아 판단한 사항 이외의 사유는 상고이유로 삼을 수 없고 이를 다시 상고심의 심판 범위에 포함시키는 것은 상고심의 사후심 구조에 반한다.

2) 신동운 1642.

판결에 영향을 미친 헌법·법률·명령 또는 규칙의 위반이 있는 때(1호), 2) 판결 후 형의 폐지, 변경 또는 사면이 있는 때(2호), 3) 재심청구의 사유가 있는 때(3호), 4) 사형·무기 또는 10년 이상의 징역이나 금고가 선고된 사건에서 중대한 사실의 오인이 있어 판결에 영향을 미친 때 또는 형의 양정이 심히 부당하다고 인정될 현저한 사유가 있는 때(4호) 등이 그것이다.

10   (1) 상고이유와 적법절차의 실현   항소이유와 비교할 때, 제383조는 적법절차를 구성하는 절차법위반을 개별적인 절대적 상고이유로 규정하지 않고 있다. 오직 2), 3)만 그러한 예에 해당할 뿐이다. 이것은 판결결과에 영향이 없는데도 원심판결을 파기할 경우 초래될 사법업무의 과중한 부담을 피하기 위한 정책적 배려로 보인다. 이로 인해 상고심의 적법절차 감시기능은 현저히 위축될 수 있다. 그러나 상고심은 피고인의 권리보호기능보다 형사사법이 적법절차에 따라 운용될 수 있도록 하급법원을 통제하는 기능을 유지하여야 한다. 즉 상고심은 하급심이 적법절차를 실현하는 규정을 위반할 경우 판결에 대한 영향 여부를 불문하고 원심판결을 파기할 수 있어야 한다. 이를 위해서는 물론 근본적으로는 절대적 상고이유를 개별적으로 열거하는 방향으로 제383조를 개정하는 것이 필요하다.[1] 하지만 그런 법률개정 전에라도 '판결에 영향을 미친'이란 문언을 '판결에 영향을 미쳤을 가능성'으로 해석함으로써 같은 목적을 달성할 수 있을 것이다.

11   (2) 제383조 제4호의 상고이유   제383조의 상고이유 가운데 제1호부터 제3호는 항소이유와 내용이 같다. 제4호는 중한 형이 선고된 사건에서 중대한 사실오인이나 심한 양형부당이 있는 경우를 상고이유로 하고 있는데, 이는 구체적 정의의 관점에서 피고인의 구제를 상고심에 맡긴 것이라고 할 수 있다. 따라서 1) 제4호는 중한 형을 선고받은 피고인이 상고하는 경우에만 적용되고, 검사가 사실오인(68도449 전합) 또는 양형부당(90도1624; 2021도16719 등)을 이유로 상고하는 경우에는 적용되지 않는다.[2] 2) 피고인이 양형부당을 이유로 상고하는 경우에도 피고인이 선고받은 형이 제4호가 규정하는 중한 형에 해당하지 않는 경우에는 적법한 상고이유가 인정될 수 없다(2008도198 등). 경합범의 경우 '10년 이상의 징역'은 각 범죄의 형을 합산한 것을 기준으로 한다.[3]

---

1) 신동운 1643.
2) 신동운 1645; 이재상/조균석/이창온 58/5; 이창현 1273.
3) 2009도13411: 피고인의 각 범행이 형법 제37조 후단의 경합범에 해당되어 징역 4년, 징역 2년 6월 및 징역 4년의 각 형이 선고된 경우, 이를 합하면 징역 10년 이상이 되므로 형사소송

> **[2013도1079] 상고심의 심판범위와 상고이유**
>
> 상고심은 항소법원 판결에 대한 사후심이므로 항소심에서 심판대상이 되지 않은 사항은 상고심의 심판범위에 들지 않는 것이어서 피고인이 항소심에서 항소이유로 주장하지 아니하거나 항소심이 직권으로 심판대상으로 삼은 사항 이외의 사유에 대하여 이를 상고이유로 삼을 수는 없다. 원심판결에 심리미진이나 채증법칙위반으로 인한 사실오인의 위법이 있다는 주장은, 제1심판결에 대하여 검사만이 양형부당을 이유로 항소한 이 사건에서 원심이 심판대상으로 삼지 아니한 사항에 관하여 피고인이 상고심에 이르러서 비로소 상고이유로 내세우는 것에 불과하므로 적법한 상고이유가 될 수 없다.

Ⅱ. 상고심의 절차

1. 상고의 제기

(1) 상고제기의 방식　상고는 상고기간 내에 상고장을 원심법원에 제출함 **12** 으로써 이루어진다(제375조). 상고법원은 대법원이 되고(제371조), 상고기간은 7일이다(제374조). 재소자에 대한 특칙이 준용된다(제344조, 399조).

(2) 원심법원의 조치　상고제기가 법률의 방식에 위배되거나 상고권이 소 **13** 멸한 사실이 명백한 경우에는 원심법원은 결정으로 상고를 기각하여야 한다(제376조 ①항). 이 결정에 대해서는 즉시항고할 수 있다(같은 조 ②항). 상고기각결정을 하는 경우 외에는 원심법원은 상고장을 받은 날로부터 14일 이내에 소송기록을 상고법원에 송부하여야 한다(제377조).

(3) 상고법원의 소송기록접수통지　상고법원이 소송기록을 송부받은 때에 **14** 는 즉시 상고인과 상대방에게 그 사유를 통지하여야 한다(제378조 ①항). 통지 전에 변호인의 선임이 있으면 변호인에게도 통지하여야 한다(같은 조 ②항). 또한 기록의 송부를 받은 상고법원은 필요적 변호사건에 있어서 변호인이 없는 경우에는 지체 없이 변호인을 선정한 후 그 변호인에게 소송기록접수통지를 하여야 한다(규칙 제156조의2, 164조).

(4) 상고이유서와 답변서의 제출　상고인 또는 변호인은 소송기록접수를 통 **15** 지받은 날로부터 20일 이내에 상고이유서를 상고법원에 제출하여야 한다(제379

법 제383조 제4호에 기하여 원심의 양형부당을 이유로 상고할 수 있다고 한 사례.

조 ①항). 검사가 상고한 경우 상고이유서는 대검찰청 검사의 이름으로 제출하여야 한다.[1] 상고이유서에는 소송기록과 원심법원의 증거조사에 표현된 사실을 인용하여 그 이유를 명시하여야 한다(같은 조 ②항).[2] 상고이유서 또는 답변서에는 상대방의 수에 4를 더한 수의 부본을 첨부하여야 한다(규칙 제160조). 상고이유서를 제출받은 상고법원은 지체 없이 그 부본 또는 등본을 상대방에게 송달하여야 한다(제379조 ③항). 상대방은 이 송달을 받은 날로부터 10일 이내에 답변서를 제출할 수 있다(같은 조 ④항). 답변서를 받은 상고법원은 그 부본 또는 등본을 상고인 또는 변호인에게 송달하여야 한다(같은 조 ⑤항). 상고이유서의 제출에 대해서는 재소자의 특칙(제344조)이 준용된다(제379조 ①항; 2005도9729 전합).

2. 상고심의 심리

16   특별한 규정이 없는 한 상고심의 심판에는 항소심규정을 준용한다(제399조). 그러나 상고심은 법률심이므로 다음과 같은 특칙이 인정된다.

17   (1) **상고심의 심판범위**   상고심은 상고이유서에 포함된 사유에 대해 심판하여야 한다. 그러나 제383조 1호 내지 3호의 경우에는 상고이유서에 포함되지 않은 때에도 직권으로 심판할 수 있다(제384조). 예컨대 법률의 개정에 의하여 형이 가볍게 변경된 경우에 상고법원은 직권으로 원판결을 파기할 수 있다(80도3089). 이에 반해 사실오인이나 양형부당(제383조 4호)은 상고이유서에 포함되지 않는 한 직권으로도 심판할 수 없다는 것이 다수설의 입장이다.[3] 그러나 1) 피고인이 상고한 경우로서, 2) 원판결이 오판임이 원심기록에 의해 명백하고, 3) 원판결의 파기가 피고인에게 이익이 되는 경우에는 상고법원이 예외적으로 직권심판할 수 있다는 견해도 있다.[4]

18   또한 항소심이 경합범관계에 있는 수개의 범죄사실에 대하여 일부는 무죄, 일부는 유죄의 판결을 하고, 검사와 피고인이 모두 그 판결에 대해 상고를 제기하였으나 상고심법원이 피고인의 상고는 이유가 없고, 검사의 상고만이 이유 있

---

1) 2022도16568: 상고를 제기한 검찰청 소속 검사가 그 이름으로 상고이유서를 제출하여도 유효한 것으로 취급되지만, 이 경우 상고를 제기한 검찰청이 있는 곳을 기준으로 법정기간인 상고이유서 제출기간이 형사소송법 제67조에 따라 연장될 수 없다.

2) 2022도14298: 상고이유서에는 상고이유를 특정하여 원심판결의 구체적인 법령위반 사유를 명시적으로 설시하여야 한다. 따라서 상고이유서에 이와 같은 구체적이고 명시적인 상고이유의 설시가 없다면 적법한 상고이유가 제출되었다고 볼 수 없다.

3) 신동운 1646; 이재상/조균석/이창온 58/12; 이창현 1276.

4) 백형구 608.

다고 인정한다면, 상고법원은 경합범 규정을 적용하기 위하여(형법 제37조 전단) 항소심이 유죄로 인정한 부분까지 함께 파기하여야 한다(2010도15989 등).

(2) 서면심리   상고법원은 변론 없이 판결할 수 있다(제390조 ①항). 이 점을 **19** 두고 상고심을 사후심으로 이해한다. 서면심리주의는 상고기각의 경우뿐만 아니라 원심판결파기의 경우에도 적용된다. 다만 상고법원은 필요한 경우에는 특정한 사항에 관하여 변론을 열어 참고인의 진술을 들을 수 있다(같은 조 ②항).

(3) 상고심의 변론   상고심에서는 변호사 아닌 자를 변호인으로 선임하지 **20** 못한다(제386조). 변호인이 아니면 피고인을 위하여 변론하지 못한다(제387조). 또한 검사와 변호인은 상고이유서에 의하여 변론하여야 한다(제388조).

(가) 피고인의 불출석   피고인은 공판기일통지서는 송달받지만(규칙 제161조 **21** ①항), 상고심의 공판기일에 소환을 받고 출석하는 것은 아니다. 즉, 상고심의 공판기일에는 피고인의 소환을 요하지 아니한다(제389조의2). 피고인의 출석 없이 심판하는 것은 상고심이 법률심이기 때문이라 한다. 그러나 상고심에서도 피고인의 출석을 배제해야 할 이유는 없다. 현재 피고인의 출석을 배제하는 것은 오로지 소송경제를 위한 편의에 불과하다. 입법론적인 재고가 필요하다.

(나) 변호인의 불출석   변호인의 선임이 없거나 변호인이 공판기일에 출정 **22** 하지 않을 경우에는 필요적 변호사건의 경우를 제외하고는 검사의 진술만을 듣고 판결할 수 있다(제283조, 389조 ①항). 이때 적법한 상고이유서의 제출이 있으면 그 진술이 있는 것으로 간주한다(같은 조 ②항).

3. 상고심의 재판

상고법원은 실체판단에 들어가기에 앞서 먼저 제기된 상고가 적법요건을 **23** 갖추고 있는지 심사하여야 한다. 적법요건을 갖추고 있지 않을 때에는 1) 원심법원의 상고기각결정(제376조), 2) 상고법원의 상고기각결정(제380조, 381조), 3) 상고법원의 공소기각결정(제382조) 등의 재판이 행해진다. 적법요건을 갖추고 있으나 상고가 이유가 없을 때에는 상고기각판결을 선고한다(제399조, 364조 ④항). 상고가 이유가 있을 때에는 판결로써 원심판결을 파기하여야 한다(제391조).

(1) 공소기각의 결정   공소가 취소된 때(1호), 피고인이 사망하거나 피고인 **24** 인 법인이 존속하지 않게 된 경우(2호), 관할의 경합(제12조, 13조)으로 인하여 재판할 수 없는 경우(3호), 공소장에 기재된 사실이 진실하다 하더라도 범죄가 될 만한 사실이 포함되지 아니한 경우(4호) 등 공소기각결정사유(제328조 ①항)가 있

는 경우에는 상고법원은 결정으로 공소를 기각하여야 한다(제382조). 이 결정으
로 원심판결은 확정된다.

25　　　(2) 상고기각의 재판　　상고이유서를 제출기간 안에 제출하지 못하거나(제
380조), 상고제기가 법률의 방식에 위반되거나 상고권소멸 후인 것이 명백함에
도 원심법원이 상고기각결정을 하지 않은 때에 상고법원은 결정으로 상고를 기
각하여야 한다(제381조). 그리고 상고가 이유 없다고 인정되면 판결로써 상고를
기각하여야 한다(제399조, 364조 ④항).

26　　　(3) 원심판결 파기의 판결　　상고가 이유 있는 때에는 판결로써 원심판결을
파기하여야 한다(제391조). 피고인의 이익을 위하여 원심판결을 파기하는 경우에
는, 파기이유가 상고한 공동피고인에 공통되면 그에 대해서도 원심판결을 파기
하여야 한다(제392조). 항소심에서 전부 유죄로 인정된 포괄일죄의 일부범죄사실
이 유죄로 인정될 수 없는 경우에 상고심은 항소심판결을 전부파기하여야 한다
(2009도12934). 상고법원이 원심판결을 파기할 때에는 파기와 동시에 환송, 이송
또는 자판을 하여야 한다.

27　　　(가) 파기환송　　적법한 공소를 기각하였다는 이유로 원심판결 또는 제1심
판결을 파기하는 경우에는 판결로써 사건을 원심법원 또는 제1심 법원에 환송
하여야 한다(제393조). 또한 관할위반의 인정이 법률에 위반됨을 이유로 원심판
결 또는 제1심 판결을 파기하는 경우에는 판결로써 사건을 원심법원 또는 제1
심 법원에 환송하여야 한다(제395조). 이 이외의 이유로 원심판결을 파기하는 때
에도 자판하는 경우가 아니면 환송 또는 이송의 결정을 내려야 한다(제397조).

28　　　(나) 파기이송　　관할인정이 법률에 위반됨을 이유로 원심판결 또는 제1심
판결을 파기하는 경우에는 판결로써 사건을 관할권이 있는 법원에 이송하여야
한다(제394조). 이 때 관할항소법원으로 이송할 것인지 아니면 제1심 법원으로
이송할 것인지는 관할위반이 있는 법원에 따라서 결정한다.1)

29　　　(다) 파기자판　　상고법원이 원심판결을 파기할 경우에 해당 소송기록 그리
고 원심법원과 제1심 법원이 조사한 증거로 충분히 판결할 수 있다고 인정되면
피고사건에 대해 직접 판결을 내릴 수도 있다(제396조 ①항). 이를 파기자판이라
고 한다. 이 경우에는 불이익변경금지원칙이 적용된다(같은 조 ②항, 368조). 자판
의 내용으로는 유·무죄의 실체판결, 공소기각·면소의 형식판결이 포함된다.

30　　　(4) 재판서의 기재방법　　상고심의 재판서에는 일반적 기재사항 외에 상고

――――――――――
1) 신동운 1654; 이재상/조균석/이창온 58/19.

이유에 관한 판단을 기재하여야 한다(제398조). 법령해석의 통일이라는 상고심기
능과 일치하기 위함이다. 그 밖에 합의에 관여한 대법관의 의견도 기재하여야
한다(법조법 제15조).

Ⅲ. 비약상고와 판결정정

1. 비약상고

(1) 의 의 제1심 판결에 대한 항소를 제기하지 않고 직접 대법원에 상고할 **31**
수 있는 경우가 있다. 이것을 비약상고라고 한다. 비약상고는 법령해석의 통일
에 신속을 기하고, 피고인의 이익을 일찍 회복시키기 위하여 인정된 제도이다.

(2) 비약상고의 요건

(개) **비약상고의 대상** 비약상고(제372조)의 대상은 제1심 판결이므로 결정 **32**
에 대해서는 비약상고가 허용되지 않는다(84모18).

(내) **비약상고의 이유** 비약상고의 이유는 1) 원심판결이 인정한 사실에 **33**
대해 법령을 적용하지 않았거나 법령적용에 착오가 있는 때(같은 조 1호), 2) 원
심판결이 있은 후 형의 폐지나 변경 또는 사면이 있는 때(같은 조 2호)의 두 가지
이다. 따라서 채증법칙의 위배(83도2792)와 같은 소송절차에 관한 법령위반이나
사실오인(83도2243) 또는 양형부당(83도3236; 2015도9866)은 비약상고의 이유가 될
수 없다.

[2006도9338] 비약상고의 이유
형사소송법 제372조에서 말하는 '법령적용에 착오가 있는 때'라 함은, 1심판결이 인
정한 사실을 전제로 하여 놓고 그에 대한 법령의 적용을 잘못한 경우를 뜻하는 것
이라고 해석된다. 피고인의 주장은 원심판결이 상습성에 관한 판단을 잘못하여 이
사건 범죄에 대하여 특정범죄가중처벌 등에 관한 법률 제5조의4 ①항을 적용한 것
은 위법하다는 것이나, 이는 결국 원심의 상습성에 관한 사실인정의 잘못과 법리오
해로 말미암아 결과적으로 법령적용을 잘못하였다는 데에 귀착되므로, 이러한 사유
는 위 법조 소정의 비약적 상고이유가 되지 못한다.

(3) 비약상고의 효력상실 비약상고가 있는 경우에도 상대방은 같은 사건 **34**
에 대해 항소를 제기할 수 있다. 상대방이 항소를 제기하면 비약상고는 효력을

잃게 되고(제373조 본문), 결국 항소심에 의해 심판받게 된다.[1] 다만 항소취하나 항소기각결정이 있는 때에는 비약상고의 효력이 유지된다(같은 조 단서).

2. 상고심판결의 정정

35　　　(1) **판결정정의 의의**　　상고심판결에 명백한 오류가 있는 경우에 이를 바로 잡는 것을 판결정정이라고 한다(제400조 ①항). 상고심은 최종심이므로 선고와 함께 확정되기 때문에 원래 정정할 수 없는 것이 원칙이다. 그러나 판결확정을 이유로 명백한 오류가 있는 판결을 방치하는 것은 정의의 요청에 어긋난다고 할 수 있다. 그러므로 현행법은 상고법원이 자신의 판결에 명백한 오류가 있을 때 자체적으로 시정할 수 있도록 판결정정제도를 두고 있다.

36　　　(2) **판결정정의 사유**　　판결정정 사유는 판결내용에 대한 오류의 발견이다(같은 항). 여기서 오류는 위산違算·오기 기타 이와 유사한 것을 의미한다. 미결구금일수를 산입하지 않은 오류도 여기에 해당한다(91초43). 그러나 판결결론이 부당하더라도 명백한 오류가 아닌 한 판결정정의 방법으로 이를 바로 잡을 수는 없다. 따라서 유죄판결이 잘못되었기 때문에 무죄판결로 정정해 달라는 것(83초17), 또는 채증법칙위반을 이유로 판단을 잘못했다는 주장(83초32; 87초40)은 정정사유에 해당하지 않는다. 이 때에는 재심(제420조 이하)이나 비상상고(제441조 이하)의 구제수단을 이용하여야 한다.

37　　　(3) **정정절차**　　상고법원은 직권으로 또는 검사, 상고인, 변호인의 신청에 의해 판결을 정정할 수 있다(제400조 ①항). 정정신청은 판결선고가 있은 날로부터 10일 이내에(같은 조 ②항) 신청이유를 기재한 서면으로 하여야 한다(같은 조 ③항). 정정은 판결에 의하고 정정판결은 변론 없이 할 수 있다(제401조 ①항). 정정할 필요가 없다고 인정될 경우에는 지체 없이 결정으로 신청을 기각하여야 한다(같은 조 ②항).

38　　　(4) **판결정정의 확정시기**　　판결정정제도에 의한 상고심판결의 확정시기는 정정기간인 선고후 10일의 기간이 경과한 때나 정정신청에 대한 기각결정을 고

---

[1] 2021도17131: "제1심판결에 대하여 피고인은 비약적 상고를, 검사는 항소를 각각 제기하여 이들이 경합한 경우 피고인의 비약적 상고에 상고의 효력이 인정되지는 않더라도, 피고인의 비약적 상고가 항소기간 준수 등 항소로서의 적법요건을 모두 갖추었고, 피고인이 자신의 비약적 상고에 상고의 효력이 인정되지 않는 때에도 항소심에서는 제1심판결을 다툴 의사가 없었다고 볼 만한 특별한 사정이 없다면, 피고인의 비약적 상고에 항소로서의 효력이 인정된다고 보아야 한다."

지한 때가 된다는 견해도 있다.[1] 그러나 상고심판결의 정정은 판결내용상의 오류를 정정하는 것에 지나지 않기 때문에 판결정정제도에 의해 판결의 확정시기가 늦추어지는 것은 아니다. 판결은 선고와 동시에 확정된다고 보아야 한다.[2]

[70] 제 2 항   고

Ⅰ. 항고의 의의

항고는 법원의 결정에 대한 상소를 말한다. 결정은 판결에 이르는 과정에   **1** 서 문제가 되는 절차적 사항에 대한 종국전 재판이다. 따라서 결정에 대한 상소인 항고는 종국재판인 판결에 대한 상소, 즉 항소 또는 상고와 구별된다. 판결에 대해 항소·상고는 언제나 허용되지만, 항고는 법률이 특별히 필요하다고 인정한 경우에만 허용되고 그 절차도 간단하다.

Ⅱ. 항고의 종류

1. 일반항고

(1) **즉시항고**   즉시항고는 명문규정이 있을 때에만 허용된다. 즉시항고의   **2** 제기기간은 7일로 제한되며(제405조), 즉시항고의 제기기간 내, 그리고 즉시항고가 제기되면 재판집행은 정지된다(제410조). 즉시항고는, 예컨대 공소기각결정(제328조 ②항), 상소기각결정(제360조 ②항, 362조 ②항, 376조 ②항)과 같은 종국재판인 결정이나, 기피신청기각결정(제23조 ①항), 구속취소결정(제97조 ④항), 소송비용부담결정(제192조 ②항, 193조 ②항)과 같이 종국전 결정에 대한 경우에 인정된다.

(2) **보통항고**   보통항고는 즉시항고 이외의 항고를 말한다. 법원의 결정에   **3** 대해 불복이 있으면 항고할 수 있는 것이 원칙이지만, 형사소송법에 특별한 규정이 있는 경우는 항고가 허용되지 않는다(제402조).

㈎ **판결 전 소송절차에 대한 결정**   법원의 관할 또는 판결 전의 소송절   **4** 차에 관한 결정에 대해서는 특별히 즉시항고할 수 있는 경우를 제외하고는 항

---

1) 김기두 183.
2) 신동운 1657; 이창현 1283.

고하지 못한다(제403조 ①항). 관할이나 소송절차에 관한 결정은 종국재판에 이르게 하는 데 그 목적이 있으므로 종국재판에 대한 상소로 그러한 결정에 불복하는 것으로써 충분하기 때문이다. 예를 들면 위헌제청신청을 기각하는 하급심의 결정(85모49), 국선변호인 선임신청을 기각하는 결정(92모49), 공소장변경 허가결정(2023도3038) 등은 판결전 소송절차에 관한 결정이므로 독립하여 항고할 수 없다. 개개결정에 대해 별도로 독립된 항고를 인정해야 할 필요는 없기 때문이다. 소송절차에 관해 예외적으로 독립된 항고를 허용하는 경우에는 즉시항고의 형태를 취하여야 한다.

5   그러나 구금, 보석, 압수나 압수물의 환부에 관한 결정 또는 감정하기 위한 피고인의 유치에 관한 결정에 대해서는 보통항고가 가능하다(같은 조 ②항). 강제처분에 의한 권리침해를 종국재판에 대한 상소로 구제할 수는 없기 때문이다. 다만 현행법상 구속적부심사청구에 대한 기각결정이나 인용결정에 대해서는 항고가 허용되지 않는다(제214조의2 ⑧항).

6   **(나) 성질상 항고가 허용되지 않는 결정**   대법원의 결정은 최종심이므로 성질상 항고대상이 되지 않는다(87모4). 또 항고법원이나 고등법원의 결정에 대해서도 재판에 영향을 미친 헌법·법률·명령 또는 규칙의 위반이 있는 경우가 아니면 항고할 수 없다(제415조).

2. 재 항 고

7   재항고는 항고법원, 고등법원 또는 항소법원의 결정에 대한 항고를 말한다(법조법 제14조 2호). 또한 준항고(제416조, 417조)에 대한 관할법원의 결정도 재항고의 대상이 된다(제415조, 419조). 항고법원 또는 고등법원의 결정에 대해서는 원칙적으로 재항고가 허용되지 않는다. 다만 재판에 영향을 미친 헌법, 법률, 명령 또는 규칙에 대한 위반이 있으면 즉시항고가 가능하므로(제415조), 항소법원의 결정에 대하여도 대법원에 재항고하는 방법으로 다툴 수 있다(2007모726). 이처럼 재항고사유를 제한하는 것은 대법원의 역할을 법령해석의 통일성확보에 국한시키고, 대법원의 업무부담을 경감시키고자 하는 데 그 목적이 있다고 할 수 있다. 재항고는 즉시항고이므로 그 절차도 즉시항고의 경우와 같다.

Ⅲ. 항고심의 절차

1. 항고의 제기

(1) 항고의 제기방법　　항고의 제기는 항고장을 원심법원에 제출함으로써 **8** 이루어진다(제406조). 항고이유서의 제출절차가 따로 마련되어 있지 않으므로 항고장에 항고이유를 기재한다. 즉시항고의 제기기간은 7일이지만(제405조), 보통항고에는 기간제한이 없다(제404조 본문).

(2) 원심법원의 조치

(가) 항고기각결정　　항고제기가 법률의 방식에 위배되거나 항고권이 소멸 **9** 한 후인 것이 명백한 때에는 원심법원은 결정으로 항고를 기각하여야 한다(제407조 ①항). 이에 대해서는 즉시항고를 할 수 있다(같은 조 ②항).

(나) 경정결정　　원심법원은 항고가 이유 있는 것으로 인정되는 때에는 결 **10** 정을 경정하여야 한다(제408조 ①항). 그러나 항고의 전부 또는 일부가 이유 없다고 인정되면 항고장을 받은 날로부터 3일 이내에 의견서를 첨부하여 항고법원에 송부하여야 한다(같은 조 ②항). 원심법원이 스스로 재판을 경정할 수 있도록 한 점은 항소 및 상고의 경우에 원심법원이 항소기각 또는 상고기각의 결정만을 할 수 있는 것과 크게 다르다.

(다) 소송기록의 송부　　원심법원이 필요하다고 인정하면 소송기록과 증거 **11** 물을 항고법원에 송부하여야 한다(제411조 ①항). 송부해 오지 않을 경우 항고법원은 그 송부를 요구할 수도 있다(같은 조 ②항). 항고법원은 송부받은 날로부터 5일 이내에 당사자에게 그 사유를 통지하여야 한다(같은 조 ③항).

(3) 항고제기의 효과　　즉시항고에는 재판집행이 정지되는 효력이 있으나(제 **12** 410조), 보통항고에는 이 효력이 없다(제409조 본문). 따라서 재판이 고지되면 집행기관은 바로 집행에 들어갈 수 있다. 다만 원심법원 또는 항고법원은 결정으로 항고에 대한 결정이 있을 때까지 결정으로 집행을 정지할 수 있다(같은 조 단서). 이 경우 집행정지결정은 법원의 직권사항인 동시에 재량사항이다.

2. 항고심의 심판

(1) 항고심의 심리　　항고심은 결정을 위한 심리절차이므로 구두변론에 의 **13** 하지 않을 수 있다(제37조 ②항). 또한 항고법원은 사실과 법률을 모두 심사할 수

있고 그 범위도 항고이유에 한정되지 않는다. 결정을 내리는 데 필요하면 증인을 신문하거나 감정을 명할 수도 있다(제37조 ③항, 규칙 제24조 ①항). 이 경우에 검사, 피고인, 피의자 또는 변호인을 참여하게 할 수 있다(규칙 제24조 ②항). 그리고 검사는 항고사건에 대해 의견을 진술할 수 있다(제412조).

14   **(2) 항고심의 재판**   항고제기가 법률의 방식에 위반되거나 항고권소멸 후인 것이 명백한 경우에 원심법원이 항고기각결정을 하지 않은 때에는 항고법원은 결정으로 항고를 기각하여야 한다(제407조, 413조). 항고를 이유 없다고 인정한 때에는 결정으로 항고를 기각하여야 한다(제414조 ①항). 항고를 이유 있다고 인정한 때에는 결정으로 원심결정을 취소하고, 필요하면 항고사건에 대해 직접 재판을 하여야 한다(같은 조 ②항).[1] 그리고 항고법원의 결정에 대해서는 제415조에 의하여 대법원에 재항고할 수 있다.

Ⅳ. 준 항 고

1. 준항고의 의의

15   **(1) 개   념**   준항고는 법관의 일정한 재판이나 수사기관의 일정한 처분에 대해 불복이 있는 때, 그 재판 또는 처분의 취소 또는 변경을 법원에 구하는 불복신청방법을 말한다(제416조, 417조). 준항고는 상급법원에 대한 구제신청이 아니므로 엄격한 의미에서 상소가 아니지만, 실질적으로 항고에 준하는 성격이 있음을 고려하여 항고에 관한 규정을 준용한다(제419조).

16   **(2) 준항고의 종류**   준항고의 형태로는 재판장 또는 수명법관의 재판을 대상으로 하는 경우(제416조)와 검사 또는 사법경찰관의 처분을 대상으로 하는 경우(제417조)가 있다. 앞의 준항고는 법관의 재판에 대한 불복방법이라는 점에서 항고에 더 가깝고 뒤의 준항고는 행정소송에 더 가깝다고 할 수 있다. 현행법은 이러한 두 가지에 대해서만 준항고를 인정하고 있기 때문에 증거보전절차(제184조)나 제1회 공판기일전의 증인신문절차(제221조의2)에서 수임판사가 행한 재판에 대해서는 준항고가 허용되지 않는다(86모25). 이 점은 입법론적인 보완이 필요하다.[2]

---

1) 예를 들면 공소기각결정(제328조 ②항)을 취소하는 경우에는 원심결정을 취소하는 것으로 충분하다. 그러나 원심의 보석청구기각결정을 취소하는 경우에는 항고법원이 직접 보석허가결정(제97조 ①항)을 하게 된다.

2) 신동운 1668.

2. 준항고의 대상

(1) **재판장 또는 수명법관의 재판**   재판장 또는 수명법관이 1) 기피신청을 **17**
기각한 재판, 2) 구금, 보석, 압수 또는 압수물의 환부에 관한 재판, 3) 감정하기
위하여 피고인의 유치를 명한 재판, 4) 증인, 감정인, 통역인 또는 번역인에 대
하여 과태료 또는 비용의 배상을 명한 재판을 고지한 경우에 불복이 있을 경우
에는 준항고가 허용된다(제416조 ①항). 실무에서는 즉결심판절차에서 판사의 유
치명령(즉심법 제17조 ①항)에 불복하는 경우에 준항고의 활용(제416조 ①항 3호)이
활발하게 이루어지고 있다. 이에 반해 수사기관의 청구에 의하여 압수영장 등을
발부하는 독립된 재판기관인 지방법원판사의 재판은 항고는 물론이고 준항고의
대상도 되지 아니한다(97모66 등).

(2) **수사기관의 처분**   검사 또는 사법경찰관의 구금, 압수 또는 압수물의 **18**
환부에 관한 처분과 변호인의 피의자신문참여 등에 관한 처분에 불복이 있으면,
그 직무집행지의 관할법원 또는 검사의 소속검찰청에 대응한 법원에 준항고를
제기할 수 있다(제417조). 수사기관의 처분은 적극적 처분과 소극적 부작위를 모
두 포함한다. 따라서 구속피고인에 대한 접견교통의 신청에 대해 아무런 조치를
취하지 않은 경우(헌법 제12조 ④항, 법 제34조)에도 준항고의 제기가 가능하다(2003
모402).

3. 준항고의 절차

준항고의 청구는 서면으로 관할법원에 제출한다(제418조). 법관의 재판에 대 **19**
한 준항고의 청구는 재판의 고지가 있는 날로부터 7일 이내에 하여야 하며(제
416조 ③항), 지방법원이 청구를 받은 때에는 합의부에서 결정하여야 한다(같은 조
②항). 준항고에 대한 결정은 구두변론에 의할 필요가 없으므로 서면심리의 방법
에 의할 수 있다(제37조 ②항, 413조, 414조). 그 밖에 준항고의 집행정지(제409조),
재판의 형태(제413조, 414조) 및 재항고(제415조)에 대해서는 통상의 항고에 관한
규정이 준용된다(제419조).

제 2 장
비상구제절차

제 1 절 재　　심

[71]　제 1　재심의 의의와 절차

Ⅰ. 재심의 개념과 기능

1. 개　　념

1　　재심은 유죄의 확정판결에 중대한 사실인정의 오류가 있는 경우에 판결을 받은 자의 이익을 위하여 이를 시정하는 비상구제절차를 말한다(제420조).[1] 재심은 확정판결에 대한 것이라는 점에서 재판이 확정되기 전의 불복신청제도인 상소와 구별된다. 또한 비상상고는 사실오인과 상관없이 법령위반을 이유로 검찰총장이 청구(제441조)하고 판결효력도 원칙적으로 피고인에게 미치지 않는 점에서 재심과 다르다.

2. 이익재심제도

2　　현행법은 "유죄의 확정판결에 대하여 그 선고를 받은 자의 이익을 위하여"(제420조), 항소기각판결이나 상고기각판결에 대해서는 "그 선고를 받은 자의 이익을 위하여"(제421조 ①항) 재심청구를 하도록 규정하고 있다. 확정판결을 받은 자에게 불이익이 되는 재심은 인정되지 않는다. 이것을 두고 이익재심이라고 한다.

---

1) 2022년 형사공판 재심사건의 제1심 처리인원은 4,548명이고, 그 중 재심청구가 기각된 인원은 1,170명, 무죄가 선고된 인원은 746명이었다(대법원, 사법연감 2023, 758면).

　　재심제도의 입법유형으로는 독일형과 프랑스형이 있다. 독일형 재심은 판　　**3**
결을 받은 자의 이익·불이익을 묻지 않고 확정판결에 오류가 있으면 허용되어
'전면적 재심'의 형태이며, 관할권은 원심법원이 갖는다. 이에 반해 프랑스형 재
심은 유죄판결을 받은 자의 이익을 위해서만 인정되는 이익재심의 형태이며, 관
할권은 상고법원이 갖는다. 우리나라 형사소송법은 독일형처럼 관할권은 원심
법원이 갖지만 프랑스형처럼 피고인의 이익재심만을 인정하는 절충형을 취하고
있다.

3. 재심제도의 근거와 기능

⑴ 학　　설

　　㈎ **입법정책설**　　재심은 법적 안정성을 해치지 않는 범위 안에서 실질적　　**4**
정의를 실현하는 제도라고 보는 견해로서 조화설이라고도 한다. 유죄판결이 확
정된 자의 구제는 정의의 요청에서 비롯된다. 현행법상의 이익재심은 바로 이와
같은 취지에서 나온 것이라는 것이다.[1]

　　㈏ **헌법적 근거설**　　헌법에 규정된 일사부재리원칙(헌법 제13조 ①항)은 인　　**5**
권이념을 실현하기 위한 것이므로 재심도 인권이념과 모순되지 않게 해석해야
한다는 견해이다. 재심은 무고한 자의 구제를 제도적 이념으로 하는 인권옹호의
최후보루로서 적법절차원칙(헌법 제12조 ①항)의 구체적 표현이라고 한다.[2] 헌법
적 근거설은 입법정책설에 대해 다음 두 가지 점을 비판한다. 1) 3심제도와 확
정력제도를 중시하여 피고인의 구제를 단지 예외적인 정의의 요청으로만 보기
때문에 재심요건의 엄격성을 요구하게 된다. 2) 입법정책설은 입법론적으로 불
이익재심의 도입도 고려할 수 있게 한다.

　　⑵ **검　토**　　입법정책설과 헌법적 근거설은 서로 모순되지 않고 재심제도　　**6**
의 의의와 합리적인 입법정책에 관한 방향을 제시한다. 재심제도에 관한 더욱
종합적인 이해는 법이론적, 헌법적 지평에서 이루어질 수 있다.

　　㈎ **법이론적 지평**　　종국재판이 확정되면 확정력이 발생하고 더 이상 다　　**7**
툴 수 없게 된다. 이 확정판결의 유지는 법적 안정성의 이념을 실현할 뿐만 아
니라 더 이상 한 사건에 형사사법의 자원이 소모되지 않도록 함으로써 소송경
제의 이념을 실현한다. 그러나 정의감정에 비추어 감내하기 힘들 정도로 명백한

---

1) 이재상/조균석/이창온 60/2.
2) 강구진 593; 신동운 1674; 이은모/김정환 873; 차용석/최용성 833.

확정판결의 오류를 법적 안정성과 소송경제의 이념 때문에 무조건 방치하는 것은 피고인 개인의 이익뿐만 아니라 형사사법에서 정의의 이념을 지나치게 훼손하는 결과가 된다. 법적 평온과 형사사법에 대한 시민의 신뢰를 유지하기 위해서는 법적 안정성과 정의의 실현이 서로 균형을 이루도록 해야 한다. 재심제도는 판결의 확정 후에 발생한 사유에 의해 형사사법으로 하여금 진실발견활동을 다시 하도록 하는 점에서는 소송경제이념에 반하지만, 장기적으로는 법적 안정성과 정의이념을 조화롭게 실현하게 한다. 정의에 현저하게 반하는 판결이 장기적으로 법적 안정성을 확보하기는 어렵기 때문이다.

8 　　(나) **헌법적 지평**　　3심제도와 확정력제도는 피고인에게 방어기회를 세 차례 부여하는 측면과, 국가는 한 시민을 처벌하기 위해 3심의 범위 안에서 그의 유죄를 입증해야 하는 측면이 있다. 헌법 제13조 ①항의 일사부재리제도는 국가가 3심의 기회를 가진 후에는 피고인을 동일한 범죄로 처벌하기 위한 형사절차를 더 이상 진행할 수 없음을 말한다. 이를 이중위험금지라고 한다. 이중위험금지원칙은 국가권력을 제한하는 원칙이다. 국가는 3심에 의해 피고인의 유죄를 확정하지 못하면 더 이상의 법적인 처벌수단을 가질 수 없다. 따라서 재심은 이익재심에 머물러야 한다.

II. 재심의 구조와 대상

1. 재심의 구조

9 　　재심은 유죄의 확정판결에, 1) 사실인정의 오류가 있다고 인정되는 경우에, 2) 피고사건을 다시 심판하는 절차이다. 따라서 재심은 1) 재심이유의 유무를 심사하여 다시 심판할 것인가를 결정하는 사전절차인 재심개시절차와 2) 피고사건을 다시 심판하는 절차인 재심심판절차의 2단계로 구성된다. 재심개시절차는 결정(제433조~435조)의 형식 그리고 재심심판절차는 통상의 공판절차와 같은 종국재판의 형식에 의해 종결된다. 재심심판절차는 그 심급의 공판절차와 거의 동일하므로 결국 재심개시절차가 재심절차의 핵심이 된다.

2. 재심의 대상

10 　　(1) **유죄의 확정판결**　　현행법은 이익재심만을 인정하므로 재심대상은 원칙적으로 유죄의 확정판결에 한정된다(제420조). 따라서 1) 무죄판결, 면소판결, 공

소기각판결, 관할위반의 판결 등은 재심대상이 되지 않는다. 2) 판결만 대상이 되므로 판결이 아닌 재판, 예를 들면 공소기각결정(제328조)은 재심대상이 될 수 없다. 유죄판결에는 정규의 유죄판결뿐만 아니라 그 밖에 확정판결의 효력이 부여되는 약식명령(제457조), 즉결심판(즉심법 제16조), 경범죄처벌법(제8조 ③항) 및 도로교통법(제164조 ③항)에 의한 범칙금의 납부 등도 속한다. 특별사면으로 형 선고의 효력이 상실된 유죄의 확정판결도 '유죄의 확정판결'에 해당하여 재심청구의 대상이 된다(2011도1932 전합).

[2011도7931] 효력을 상실한 유죄판결에 대한 재심

형사소송법 제420조 본문에 의하면 재심은 유죄의 확정판결에 대하여 그 선고를 받은 자의 이익을 위하여 청구할 수 있다. 항소심의 유죄판결에 대하여 상고가 제기되어 상고심 재판이 계속되던 중 피고인이 사망하여 형사소송법 제382조, 제328조 제1항 제2호에 따라 공소기각결정이 확정되었다면 항소심의 유죄판결은 이로써 당연히 그 효력을 상실하게 되므로, 이러한 경우에는 형사소송법상 재심절차의 전제가 되는 '유죄의 확정판결'이 존재하는 경우에 해당한다고 할 수 없다. 그런데 피고인 등이 이와 같이 공소기각결정으로 효력을 상실한 항소심의 유죄판결을 대상으로 하여 재심을 청구한 경우, 법원이 일단 이를 대상으로 재심개시결정을 한 후 이에 대하여 검사나 피고인 등이 모두 불복하지 아니함으로써 재심개시결정이 확정된 때에는, 재심개시결정에 의하여 재심이 개시된 대상은 항소심의 유죄판결로 확정되고, 재심개시결정에 따라 재심절차를 진행하는 법원이 재심이 개시된 대상을 변경할 수는 없다. 그러나 이 경우 재심개시결정은 재심을 개시할 수 없는 항소심의 유죄판결을 대상으로 한 것이므로, 재심개시결정에 따라 재심절차를 진행하는 법원으로서는 심판의 대상이 없어 아무런 재판을 할 수 없다.[1]

(2) **상소기각판결**　　재심은 항소 또는 상고를 기각한 판결도 그 대상으로 11 한다(제421조 ①항). 이는 상소기각판결 자체가 유죄판결인 것은 아니지만, 그 확정에 의해 원심의 유죄판결이 확정된다는 점에서 재심대상으로 인정하는 것이다. 따라서 여기서 말하는 항소기각판결이나 상고기각판결은 상소기각판결에 의하여 확정된 하급심판결이 아니라 항소기각판결 또는 상고기각판결 그 자체

---

1) 2011도10626: 약식명령에 대한 정식재판 절차에서 유죄판결이 선고되어 확정된 경우, 재심청구의 대상은 유죄의 확정판결인데, 피고인 등이 약식명령에 대하여 재심을 청구하여 재심개시 결정이 확정된 경우, 재심절차를 진행하는 법원으로서는 심판의 대상이 없어 아무런 재판을 할 수 없다고 한 사례.

를 가리킨다(84모48).

Ⅲ. 재심의 절차

1. 재심의 관할

12　　　재심청구는 원판결의 법원이 관할한다(제423조). 원판결은 재심청구인이 재
심청구대상으로 삼은 판결을 의미한다(86모17). 따라서 재심청구대상이 제1심 판
결이면 제1심 법원이, 상소기각판결이면 상소법원이 재심청구사건을 관할한다.
그러나 대법원이 제2심 판결을 파기자판한 경우 재심관할법원은 원판결을 선고
한 대법원이 된다(4294형항20). 군사법원에서 판결이 확정된 후 군사법원에 피고
인에 대한 재판권이 더이상 없게 된 경우 같은 심급의 일반법원에 재심사건의
관할권이 있다(2019모3197).

13　　　재심청구가 재심관할법원인 항소심법원이 아닌 제1심 법원에 잘못 제기된
경우 제1심 법원은 그 재심의 소를 부적법하다 하여 각하할 것이 아니라 재심
관할법원인 항소심법원에 이송하여야 한다(2002모344). 그럼에도 불구하고 제1심
법원이 재심청구기각결정을 하고 이에 대하여 재심청구인이 항고를 제기하였으
며, 또한 항고를 받은 법원이 마침 재심관할법원인 항소심법원인 경우에는 그
법원이 형사소송법 제367조를 유추적용하여 관할권이 없는 제1심 결정을 파기

하고 재심관할법원으로서 그 절차를 진행한다(82모52; 2002모344).

2. 재심의 청구

(1) **재심청구권자**　　재심청구권자는 1) 검사, 2) 유죄선고를 받은 자, 3) 유 **14**
죄선고를 받은 자의 법정대리인, 4) 유죄판결을 선고받은 자가 사망하거나 심신
장애가 있는 경우에는 그 배우자, 직계친족 또는 형제자매(제424조), 그리고 5)
변호인이다.

(가) **검 사**　　검사는 공익을 대표하는 사법기관으로서 피고인의 이익을 위 **15**
하여 재심을 청구할 수 있다(같은 조 1호). 또한 법관, 검사 또는 사법경찰관의 직
무상 범죄를 이유로 재심을 청구하는 경우(제420조 7호)에 유죄선고를 받은 자가
그 죄를 범하게 한 경우에는 검사가 아니면 재심을 청구하지 못한다(제425조).

(나) **변호인**　　검사 이외의 자가 재심청구하는 경우에는 변호인을 선임할 **16**
수 있다(제426조 ①항). 변호인도 대리권에 기하여 재심을 청구할 수 있다. 변호
인의 선임은 재심판결이 있을 때까지 효력이 있다(같은 조 ②항). 따라서 재심심
판절차에서 판결이 있은 후에 심급에 따라 상소하는 경우에는 심급마다 변호인
을 선임하여야 한다(제32조 ①항).

(2) **재심청구시기**　　재심의 청구시기에는 제한이 없다. 형집행을 종료하거 **17**
나 형집행을 받지 않게 된 때에도 할 수 있다(제427조). 형면제판결(제322조)이나
집행유예기간의 경과에 따라서 형의 선고가 실효된 경우(형법 제65조)에도 재심
청구는 가능하다. 유죄선고를 받은 자가 사망한 때에도 마찬가지이다. 사망자의
경우 재심청구를 허용하는 것은 무죄판결공시(제440조)를 통하여 명예를 회복하
고 형사보상과 집행된 벌금, 몰수된 물건 또는 추징금액의 환수 등과 같은 법률
상 이익을 받을 수 있기 때문이다.

(3) **재심청구의 방식**　　재심청구를 할 때에는 재심청구의 취지 및 재심청구 **18**
이유를 구체적으로 기재한 재심청구서에 원판결의 등본 및 증거자료를 첨부하
여 관할법원에 제출하여야 한다(규칙 제166조). 즉 구두에 의한 재심은 허용되지
않는다. 원판결의 등본은 재심청구인이 재심사유가 있다고 하여 재심청구대상
으로 삼은 판결의 등본을 말한다. 따라서 상소기각판결에 대한 재심청구에서 등
본을 첨부해야 할 판결은 상소기각판결의 등본뿐만 아니라 원심판결의 등본까
지 포함한다. 증거자료로는, 확정판결에 의해 재심사유를 증명하는 경우에는 그
확정판결의 등본, 새로운 증거발견을 재심사유로 하는 경우에는 그 새로운 증거

의 사본을 첨부하거나 증거요지를 명시하여야 한다.

19　　　재심청구가 법률상 방식에 위배되거나 청구권의 소멸후인 것이 명백한 때에는 결정으로 기각된다(제433조). 예를 들어 원판결의 등본을 첨부하지 않은 재심청구는 기각된다. 그리고 재소자는 교도소장에게 재심청구서를 제출하면 재심청구한 것으로 간주한다(제430조, 344조).

20　　　(4) 재심청구의 효과　　재심청구는 형집행을 정지하는 효력이 없다. 관할법원에 대응한 검찰청 검사가 재심청구에 대한 재판이 있을 때까지 형집행을 정지할 수 있을 뿐이다(제428조).

　　　(5) 재심청구의 취하

21　　　(가) 취하의 방식　　재심청구는 취하할 수 있다(제429조 ①항). 취하는 서면으로 하여야 하고, 다만 공판정에서는 구술로 할 수 있다(규칙 제167조 ①항). 구술로 취하한 때에는 그 사유를 조서에 기재하여야 한다(같은 조 ②항). 재소자가 교도소장에게 취하서를 제출한 때에는 재심청구를 취하한 것으로 간주한다(제430조, 344조). 재심청구를 취하한 자는 동일한 이유로 다시 재심을 청구하지 못한다(제429조 ②항).

22　　　(나) 취하시기　　취하시기에 관해서는 1) 재심개시결정이 있을 때까지로 보는 견해와, 2) 재심의 제1심 판결선고시까지로 보는 견해가 있다. 그러나 재심청구의 취하시기를 공소취소의 시기와 구별할 이유는 없을 것이다. 그리고 재심판결의 선고에 법률상의 효과(제421조 ②·③항, 436조)가 인정되는 점과 형사소송규칙이 공판정에서 구술로 재심청구를 취하할 수 있다고 규정하고 있는 점(규칙 제167조 ①항 단서)에 비추어 보면 취하시기는 제1심 판결선고시까지로 새기는 것이 타당하다.[1]

3. 재심청구에 대한 재판

(1) 재심청구의 심리

23　　　(가) 심리의 방법　　재심청구에 대한 심리는 판결절차가 아니라 결정절차이므로 구두변론을 요하지 않고(제37조 ②항) 절차를 공개할 필요도 없다. 그러나 재심청구를 받은 법원은 필요한 때에 사실을 조사할 수 있다(같은 조 ③항). 법원은 필요하다고 인정할 때에는 합의부원에게 재심청구이유에 대한 사실조사를 명하거나 다른 법원판사에게 이를 촉탁할 수 있다(제431조 ①항). 이 경우 수명법

---

1) 신동운 1695; 신양균/조기영 1124; 이창현 1330; 차용석/최용성 853.

관 또는 수탁판사는 법원 또는 재판장과 동일한 권한이 있다(같은 조 ②항). 사실
조사의 범위는 재심청구인이 재심청구이유로 주장한 사실의 유무로 제한된다.

　(나) **당사자의 의견진술기회**　　재심청구에 대한 결정을 내릴 때에는 청구자　**24**
와 상대방의 의견을 들어야 한다(제432조 본문). 다만 유죄선고를 받은 자의 법정
대리인이 재심을 청구한 경우에는 유죄선고를 받은 자의 의견을 들어야 한다(제
432조 단서). 재심청구서에 재심청구 이유가 기재되어 있는 경우에도 재심청구인
에게 의견진술의 기회를 주어야 한다(2004모86). 변호인이 있는 경우에는 변호인
에게도 의견진술의 기회를 주는 것이 타당하다. 재심청구인에게 의견진술의 기
회를 주지 않고 청구기각 결정을 한 경우는 결정에 영향을 미치는 중대한 법령
위반에 해당하므로 즉시항고(제437조) 및 재항고(제415조)의 대상이 된다(4294형재
항13). 그러나 진술의 기회를 주었음에도 불구하고 재심청구인이 의견을 진술하
지 아니하였다 하여 심리절차에 위법이 있는 것은 아니다(82모11).

　(2) **청구기각의 결정**

　(가) **재심청구가 부적법한 경우**　　재심청구가 법률상의 방식에 위배되거나　**25**
청구권이 소멸한 후인 것이 명백한 경우에는 결정으로 이를 기각하여야 한다(제
433조). 이에는 1) 재심청구취지 및 재심청구이유를 구체적으로 기재하지 않거
나 원판결의 등본 및 증거자료를 첨부하지 않는 경우(규칙 제166조), 2) 재심청구
를 취하한 후 동일한 이유로 다시 재심을 청구한 경우(제429조 ②항), 3) 이유 없
음을 이유로 기각결정된 재심청구사건을 동일한 이유로 다시 재심청구한 경우
(제434조 ②항),[1] 4) 항소심에서 파기된 제1심 판결을 대상으로 하는 재심청구
(2003모464) 등이 있다.

　(나) **재심청구가 이유 없는 경우**　　재심청구가 이유 없는 것으로 인정될 때　**26**
에는 결정으로 그 청구를 기각하여야 한다(제434조 ①항). 이 결정이 있는 때에는
누구든지 동일한 이유로 다시 재심을 청구하지 못한다(같은 조 ②항). 동일한 사
실의 주장인 이상 법률적 구성을 달리하더라도 다시 재심을 청구할 수 없다. 동
일한 이유로 재심청구를 하면 청구권소멸 후의 청구로 기각된다(제433조).

　(다) **청구의 경합과 소송절차의 정지**　　상소를 기각하는 확정판결과 이 판　**27**
결로 확정된 하급심판결에 대해 재심청구가 있는 경우에 하급법원이 재심판결
을 한 때에는 상소기각판결을 한 법원은 재심청구를 기각하여야 한다(제436조).
그러므로 상소기각의 판결을 한 법원은 제1심 법원 또는 항소법원의 소송절차

---

　1) 신동운 1697.

가 종료할 때까지 소송절차를 정지하여야 한다(규칙 제169조).

28　　　(3) 재심개시결정　　재심청구가 이유 있다고 인정한 때에는 재심개시결정을 하여야 한다(제435조 ①항). 이유를 판단할 때에는 청구자의 법률적 견해에 구속받지 않는다.[1] 재심개시결정을 할 때에는 결정으로 형의 집행을 정지할 수 있다(같은 조 ②항). 다만 판례는 도주의 염려 등 구속사유를 인정할 경우에는 형집행정지결정과 동시에 구속영장을 발부하여 피고인을 구속할 수 있는 것으로 본다(64도690).[2]

29　　　(4) 경합범의 일부에 대한 재심개시결정　　경합범의 일부에 대해서만 재심청구가 이유 있다고 인정되는 경우에 경합범 전부에 대해 재심개시결정을 해야 하는가에 대해 견해대립이 있다. 1) 일부재심설은 재심사유가 없는 범죄사실은 형식적으로 심판의 대상에 포함되는 데 그치므로 당해 범죄사실만 재심대상이 되고 재심의 심판에서는 형량만을 다시 정할 수 있다고 한다.[3] 판례 역시 같은 입장이다(2016도1131; 2018도6185 등). 그러나 2) 전부재심설에 의하면 경합범의 경우에 1개의 형이 선고되면 재심청구가 없는 부분도 양형에서 재심사유가 인정된 부분과 불가분의 관계를 이루게 되므로 경합범 전체에 대해 재심개시결정을 하여야 한다.

[2016도1131] 경합범과 재심의 심판범위

1개의 형이 확정된 경합범 중 일부 범죄사실에 대하여만 재심사유가 있는 경우, 재심법원의 심리 범위: 경합범 관계에 있는 수개의 범죄사실을 유죄로 인정하여 한 개의 형을 선고한 불가분의 확정판결에서 그 중 일부의 범죄사실에 대하여만 재심청구의 이유가 있는 것으로 인정된 경우에는 형식적으로는 1개의 형이 선고된 판결에 대한 것이어서 그 판결 전부에 대하여 재심개시의 결정을 할 수밖에 없지만, 비상구제수단인 재심제도의 본질상 재심사유가 없는 범죄사실에 대하여는 재심개시결정의 효력이 그 부분을 형식적으로 심판의 대상에 포함시키는 데 그치므로 재심법원은 그 부분에 대하여는 이를 다시 심리하여 유죄인정을 파기할 수 없고, 다만 그 부분에 관하여 새로이 양형을 하여야 하므로 양형을 위하여 필요한 범위에 한하여

---

1) 신동운 1698; 이재상/조균석/이창온 60/38.
2) 다만 해당 판례 당시의 형사소송법은 반드시 형집행을 정지하도록 하였지만, 1995년의 개정 이후에는 재심개시결정으로 인한 형집행정지 결정이 법원의 재량사항이기 때문에 이러한 판례는 특별한 의미가 없게 되었다.
3) 이러한 입장을 '절충설'이라고 일컫기도 한다.: 신동운 1698; 이재상/조균석/이창온 60/38; 이창현 1334 이하.

만 심리를 할 수 있을 뿐이다.[1])

(5) 결정에 대한 불복　재심청구에 대한 기각결정(제433조, 434조 ①항, 436조　**30**
①항)과 재심개시결정(제435조 ①항)에 대해서는 즉시항고를 할 수 있다(제437조).
다만 대법원의 결정에 대해서는 그렇게 할 수 없다. 재심개시결정은 7일의 즉시
항고기간(제405조)이 경과하거나 즉시항고가 기각된 때에 확정된다.

4. 재심심판절차

(1) 재심의 공판절차

⑷ 심급에 따른 심판　재심개시결정이 확정된 사건에 대해 법원은 그 심　**31**
급에 따라 다시 심판하여야 한다(제438조 ①항). 이는 법원의 재량사항이 아니라
의무에 속한다. 여기서 심급에 따라 심판한다는 것은 제1심의 확정판결에 대한
재심의 경우에는 제1심의 공판절차에 따라, 항소심에서 파기자판된 확정판결에
대하여는 항소심절차에 따라, 그리고 항소기각 또는 상고기각의 확정판결에 대
해서는 항소심 또는 상고심의 절차에 따라서 각각 심판한다는 의미이다. 따라서
재심판결에 대해 다시 상소하는 것도 가능하다.

⑷ 재심판의 의미　또한 '다시' 심판한다는 것은 재심대상판결의 당부를　**32**
심사하는 것이 아니라 피고 사건 자체를 처음부터 새로 심판하는 것을 의미한
다. 따라서 재심대상판결이 상소심을 거쳐 확정되었더라도 재심사건에서는 재
심대상판결의 기초가 된 증거와 재심사건의 심리과정에서 제출된 증거를 모두
종합하여 공소사실이 인정되는지를 새로이 판단하여야 한다. 그리고 재심사건
의 공소사실에 관한 증거취사와 이에 근거한 사실인정도 다른 사건과 마찬가지
로 그것이 논리와 경험의 법칙을 위반하거나 자유심증주의의 한계를 벗어나지
아니하는 한 사실심으로서 재심사건을 심리하는 법원의 전권에 속한다.[2])

(2) 재심심판절차의 특칙

⑷ 공판절차의 정지와 공소기각의 결정　재심사건의 재심판에 관하여는　**33**

---

1) 96도477: 그리고 이 경우, 재심사유가 없는 범죄사실에 관한 법령이 재심대상판결 후 개정·
폐지된 경우에는 그 범죄사실에 관하여도 재심판결 당시의 법률을 적용하여야 하고 양형조건
에 관하여도 재심대상판결 후 재심판결시까지의 새로운 정상도 참작하여야 하며, 재심사유 있
는 사실에 관하여 심리 결과 만일 다시 유죄로 인정되는 경우에는 재심사유 없는 범죄사실과
경합범으로 처리하여 한 개의 형을 선고하여야 한다.

2) 대판 2015. 5. 14, 2014도2946.

1) 사망자 또는 회복이 불가능한 심신장애자를 위한 재심청구가 있는 때, 2) 유
죄선고를 받은 자가 재심의 판결 전에 사망하거나 회복불가능한 심신장애자가
된 때에는 공판절차의 정지(제306조 ①항)나 공소기각결정(제328조 ①항 2호)을 할
수 없다(제438조 ②항). 이 경우에는 피고인이 출정하지 아니하여도 심판할 수 있
다. 다만 변호인이 출정하지 아니하면 개정하지 못한다(같은 조 ③항). 즉 변호인
의 변론은 일종의 필요적 변론에 해당된다. 그리고 사망자 또는 심신상실자와
관련된 재심청구의 경우 재심을 청구한 자가 변호인을 선임하지 않은 때에는
재판장은 직권으로 변호인을 선임하여야 한다(같은 조 ④항).

34　　　　**(내) 공소취소와 공소장변경**　　공소취소는 제1심 판결의 선고 전까지 가능
하기 때문에(제255조 ①항), 제1심 판결이 선고되어 확정된 원심재판을 전제로 하
는 재심사건의 경우 재심공판절차에서 공소취소를 하는 것은 불가능하다. 재심
공판절차에서 공소장변경이 허용될 수 있는가에 대해서는 1) 전면적 허용설[1]과
2) 원판결의 죄보다 중한 죄를 인정하기 위한 공소사실의 추가·변경은 허용되
지 않는다는 제한적 허용설[2]이 대립한다. 현행법상의 재심이 이익재심이라는
점에서 제한적 허용설이 타당하다. 판례는 공소사실을 추가하는 공소장변경은
허용되지 않는다는 입장이다.[3]

(3) 재심의 재판

35　　　　**(가) 불이익변경의 금지**　　재심에는 원판결의 형보다 중한 형을 선고하지
못한다(제439조). 이는 이익재심의 본질에 비추어 당연한 규정이라고 할 수 있다.
이러한 불이익변경금지원칙은 검사가 재심을 청구한 경우에도 동일하게 적용된다.

36　　　　**(내) 무죄판결의 공시**　　재심에서 무죄선고를 한 때에는 그 판결을 관보와
그 법원소재지의 신문에 기재하여 공고하여야 한다(제440조). 이는 유죄선고를
받은 자의 명예회복을 위한 조치이다. 무죄판결공시는 무죄판결선고와 동시에
의무적으로 행하여야 한다.[4] 다만 피고인 등 재심을 청구한 사람이 원하지 않
는 경우에는 공시하지 않을 수 있다(같은 조 단서). '무죄의 선고를 한 때'의 의미
에 관하여, 1) 무죄판결이 확정된 때로 보는 견해[5]와 2) 선고가 있으면 충분하

---

1) 백형구 402; 신양균/조기영 1134; 이창현 1339.
2) 신동운 1702; 이은모/김정환 892; 이재상/조균석/이창온 60/42.
3) 2018도20698 전합: "재심심판절차에서는 특별한 사정이 없는 한 검사가 재심대상사건과 별
　　개의 공소사실을 추가하는 내용으로 공소장을 변경하는 것은 허용되지 않고, 재심대상사건에
　　일반 절차로 진행 중인 별개의 형사사건을 병합하여 심리하는 것도 허용되지 않는다".
4) 법원실무제요(형사) 623.
5) 이재상/조균석/이창온 60/44.

고 그 판결이 확정될 필요는 없다고 보는 견해[1]가 있다. 재심의 공판절차에서 피고인의 명예를 조속히 회복시키기 위해서는 2)의 견해가 타당하다.

(다) **원판결의 효력**   재심판결이 확정되면 원판결은 당연히 그 효력을 잃 **37** 는다. 그리고 원판결의 부수처분의 법률적 효과가 상실되고 형 선고가 있었다는 기왕의 사실 자체의 효과가 소멸한다(2018도13382). 그러나 재심판결이 확정된 경우에도 원판결에 의한 형의 집행까지 무효가 되는 것은 아니다. 따라서 원판결에 의한 자유형의 집행은 재심판결에 의한 자유형의 집행에 통산된다.

(라) **후행범죄와의 관계**   1) 상습범으로 유죄의 확정판결을 받은 사람이 그 **38** 후 동일한 습벽에 의해 후행범죄를 저질렀는데 유죄 확정판결에 대하여 재심이 개시되었다면, 동일한 습벽에 의한 후행범죄가 재심대상판결에 대한 재심판결 선고 전에 저질러진 범죄라 하더라도, 재심판결의 기판력이 후행범죄에 미치지 않는다. 2) 유죄 확정판결을 받은 사람이 그 후 별개의 후행범죄를 저질렀는데 유죄 확정판결에 대하여 재심이 개시되었다면, 후행범죄가 재심대상판결에 대한 재심판결 확정 전에 저질러진 범죄라 하더라도, 아직 판결을 받지 않은 후행범죄와 재심판결이 확정된 선행범죄 사이에는 사후적 경합범(형법 제37조 후단) 관계가 성립하지 않는다(2018도20698 전합; 2023도10545).

[72] 제 2 재심사유

[사례 30] 2005모472 전원합의체

甲은 가정집에 침입해 흉기로 여성을 위협한 뒤 강간하였다는 범죄사실로 공소가 제기되었는데 법원은 甲의 혐의를 유죄로 인정하면서 다른 증거들과 함께 이 사건 범인이 무정자증임을 증거로 하였다. 법원의 판결이 확정된 후 甲은 정액검사를 했고, 그 결과 甲은 무정자증이 아니라는 사실이 밝혀졌다. 이에 甲은 판결을 선고한 법원에 재심을 청구하였다.
재심청구사건을 담당한 법원(원심)은 재심사유가 있다는 취지의 甲의 주장을 받아들이지 않고 甲의 재심청구를 기각하였다. 그 이유는 다음과 같다. 첫째, 위 정액검사 결과는 재심대상판결의 소송절차에서 제출할 수 없었던 증거라고 볼 수 없어 재심사유 중의 '새로운 증거'라고 할 수 없다. 둘째, 甲이 무정자증이라는 것이 다른 유죄의

---

1) 신동운 1703; 신양균/조기영 1253; 이은모/김정환 893.

증거들에 비해 객관적 우위성이 인정된다고 보기 어렵고, 기존의 유죄증거와 종합해서 판단할 때 무정자증이라는 사실이 甲의 무죄를 인정할 명백한 증거라 할 수 없으므로 재심사유 중 '명백한 증거'에 해당하지 않는다.

위 원심의 결정 및 그 사유는 적법한가?

[주요논점] 1. 재심사유에는 어떠한 것이 있는가?
  2. 재심사유로서의 증거의 '신규성'과 '명백성'이란 무엇인가?

[관련판례] 99모93

Ⅰ. 유죄의 확정판결에 대한 재심사유

1. 재심사유의 유형

1 재심은 예외적인 비상구제절차이므로 형사소송법은 그러한 예외가 허용되는 이유, 즉 재심사유를 제한적으로 열거하고 있다. 즉 형사소송법 제420조에 7가지의 재심사유를 규정하고 있다. 현행법이 인정하는 재심사유는 다음과 같이 분류할 수 있다.

2 **(1) 신규형의 재심사유와 오류형의 재심사유**   신규형(propter nova)의 재심사유는 확정판결 후에 사실인정을 변경할 만한 새로운 증거가 발견된 경우에, 오류형(propter falsa)의 재심사유는 원판결의 사실인정자료가 허위인 경우에 인정되는 재심사유를 말한다. 실무에서 재심사유는 신규형인 경우가 대부분이다. 형사소송법 제420조의 재심사유 가운데 오류형의 재심사유는 제1·2·3·4·6·7호이고 신규형의 재심사유는 제5호이다. 다만 제4호와 제6호를 신규형으로 보는 견해[1]도 있으나 사실인정자료에 오류원인이 내재해 있다는 점에서 오류형으로 보는 것이 타당하다.

3 **(2) 사실적 사유와 법률적 사유**   재심사유는 원칙적으로 원판결의 사실인정에 변경을 가져오는 사유들이지만, 헌법재판소의 위헌결정(헌재법 제47조 ③·④항, 제75조 ⑦·⑧항)에 의한 재심사유는 원판결의 법률적용에 변경을 가져오는 사유이다.

---

1) 강구진 595.

2. 오류형의 재심사유

(1) 원판결의 증거된 서류 또는 증거물이 확정판결에 의하여 위조되거나 변조 **4** 된 것임이 증명된 때(제420조 1호)　　여기서 원판결의 증거된 서류 또는 증거물 의 범위는 범죄사실을 인정하기 위하여 증거의 요지부분에 기재된 증거에 제한 된다고 보는 견해가 있다. 그러나 범죄사실을 인정하기 위한 증거뿐만 아니라 범죄사실을 인정하기 위한 증거가 진술증거인 때에는 그 증거능력을 인정하기 위한 증거도 포함한다고 해석하는 것이 타당하다.[1]

(2) 원판결의 증거가 된 증언·감정·통역 또는 번역이 확정판결에 의하여 허위 **5** 임이 증명된 때(같은 조 2호)　　이는 증인, 감정인, 통역인 또는 번역인이 위증 또는 허위의 감정, 통역, 번역을 함으로써 처벌되어 그 판결이 확정된 경우를 말한다(2003도1080). 그리고 원판결의 증거된 증언이란 원판결의 이유 중에서 증 거로 채택되어 범죄될 사실을 인정하는 데 인용된 증언이다(2011도8529 등). 여기 서 원판결의 증거된 허위증언을 제외하고서 다른 증거에 의하여도 범죄될 사실 이 유죄로 인정될 것인지 여부는 중요하지 않다(2008도11481 등). 증언은 법률에 의하여 선서한 증인의 증언을 의미하고, 공동피고인이 공판정에서 행한 진술은 여기에 포함되지 않는다(85모10).

[2011도8529] 허위 증언과 재심사유

형사소송법 제420조 제2호의 재심사유에 해당하기 위해서는 원판결의 증거된 증언 이 확정판결에 의하여 허위인 것이 증명되어야 하는데, 여기에서 말하는 '원판결의 증거된 증언'이란 원판결의 이유 중에서 증거로 채택되어 죄로 되는 사실(범죄사실) 을 인정하는 데 인용된 증언을 뜻하므로, 원판결의 이유에서 증거로 인용된 증언이 '죄로 되는 사실'과 직접 혹은 간접적으로 관련된 내용이라면 위 법조에서 정한 '원 판결의 증거된 증언'에 해당하고, 그 증언이 나중에 확정판결에 의하여 허위인 것이 증명된 이상 허위증언 부분을 제외하고도 다른 증거에 의하여 '죄로 되는 사실'이 유죄로 인정될 것인지에 관계없이 형사소송법 제420조 제2호의 재심사유가 있다고 보아야 한다.

---

1) 신동운 1687; 신양균/조기영 1108; 이재상/조균석/이창온 60/8; 차용석/최용성 836.

6　　　(3) 무고로 인하여 유죄를 선고받은 경우에 그 무고죄가 확정판결에 의하여 증
명된 때(같은 조 3호)　　무고로 유죄선고를 받은 경우는 허위의 고소장 또는 고
소조서의 기재내용이 원판결의 증거로 된 경우는 물론 무고의 진술이 유죄증거
가 된 때도 여기에 포함된다. 그러나 단순히 무고로 수사가 개시되었다는 사실
만으로는 여기의 재심사유에 해당될 수 없다.

7　　　(4) 원판결의 증거가 된 재판이 확정판결에 의하여 변경된 때(같은 조 4호)
원판결의 증거된 재판은 유죄증거로 채택되어 범죄될 사실을 인정하는 데 인용
된 다른 재판을 의미한다. 재판은 형사재판뿐만 아니라 민사재판 및 기타 재판
을 모두 포함한다.

8　　　(5) 저작권, 특허권, 실용신안권, 디자인권 또는 상표권을 침해한 죄로 유죄의
선고를 받은 사건에 관하여 그 권리에 대한 무효의 심결 또는 무효의 판결이 확정
된 때(같은 조 6호)　　이 재심사유는 권리무효의 심결 또는 판결이 확정되면 그
권리가 처음부터 존재하지 않은 것으로 되기 때문에 권리침해를 이유로 한 범
죄도 존재할 수 없다는 데에 그 근거가 있다.

9　　　(6) 원판결·전심판결 또는 그 판결의 기초가 된 조사에 관여한 법관, 공소제기
또는 그 공소의 기초가 된 수사에 관여한 검사나 사법경찰관이 그 직무에 관한 죄
를 지은 것이 확정판결에 의하여 증명된 때(같은 조 7호)　　이 경우 원판결의 선
고 전에 법관, 검사 또는 사법경찰관에 대하여 공소가 제기된 경우에는 원판결
의 법원이 그 사유를 알지 못한 때에 한하여 재심사유로 된다(같은 호 단서). 이
재심사유에 '직무에 관한 죄'의 범위에 대하여, 이를 공무원의 직무에 관한 죄
(형법 제2편 제7장)에 한정된다고 보는 견해[1]가 있으나, 직무상 범죄는 특별형법
에 의해서도 규정될 수 있으므로 반드시 형법전에 규정된 공무원의 직무에 관
한 죄에 한정할 이유가 없다고 보는 것이 타당하다.[2]

10　　　이 재심사유는 원판결이 위 공무원의 범죄행위로 얻어진 것이라는 점에 관
한 별도의 확정판결이나 제422조 소정의 확정판결을 대신하는 증명이 있다고
볼 수 있는 경우이어야 한다(2016도12400 등).

11　　　한편 유죄선고를 받은 자가 법관, 검사 또는 사법경찰관으로 하여금 직무
에 관한 죄를 범하게 한 경우에는 검사가 아니면 재심을 청구하지 못하도록 제
약을 가하고 있다(제425조). 이는 유죄판결을 받은 자가 자신에게 유리한 판결을

---

1) 이재상/조균석/이창온 60/13.
2) 신동운 1689; 신양균/조기영 1225; 이은모/김정환 877이창현 1299.

얻기 위하여 공무원의 위법행위를 유발하는 경우에 재심사유를 전면적으로 인정하는 것은 법의 권위와 형평의 관점에서 타당하지 않기 때문이다.

(7) **확정판결의 의미**   이상의 재심사유는 제4호를 제외하고는 형사확정판 **12** 결에 의하여 증명되어야 한다. 여기서 형사확정판결은 반드시 유죄판결임을 요하지 않고 구성요건에 해당하는 사실이 증명된 때에는 위법성 또는 책임조각을 이유로 무죄판결이 선고되는 경우도 포함한다.[1]

3. 신규형의 재심사유

(1) **적용범위**   제420조 제5호는 원판결의 사실인정을 변경할 수 있는 새로 **13** 운 증거의 발견을 재심사유로 규정하고 있다. 이를 신규형의 재심사유라 한다. 제420조 제5호의 적용대상은 세 가지로 제한된다.

(가) **사실인정의 오류**   제420조 제5호의 '새로운 명백한 증거'란 사실인정 **14** 의 오류를 밝혀 줄 수 있는 증거를 말하고 법률적용의 오류에 관한 것은 제외된다. 즉 신규형의 재심사유는 1) 확정판결 후의 증거변화에 따른 사실인정의 오류에만 인정되고, 법령의 개폐나 대법원의 법률해석변화는 재심사유가 되지 않는다(90모15). 2) 확정판결을 받은 자에게 이익이 되는 경우에 국한된다. 3) 신규증거는 증거능력이 있어야 하는지가 문제된다.

(나) **확정판결을 받은 자에게 이익이 되는 경우**   제420조 제5호는 재심이 **15** 확정판결을 받은 자에게 이익이 되는 때에 적용된다. 여기에는 두 가지 유형이 있다.

1) 유죄를 선고받은 자에 대하여 무죄 또는 면소를 인정할 경우   유죄선 **16** 고를 받은 자에 대해 무죄 또는 면소를 선고할 경우에 제한되므로, 판례는 공소기각판결을 선고해야 할 때에는 제420조 제5호를 적용하지 않는다고 본다(86모15).[2] 다만 그 이유는 아래의 '가벼운 죄를 인정'하는 것에 해당하지 않기 때문이라고 한다. 그러나 유죄와 비교할 때 공소기각판결은 피고인에게 유리한 것이므로 재심을 인정하는 것이 타당하다. 입법론적으로 인정해야 할 뿐만 아니라 제420조 제5호의 유추적용에 의해서도 가능하다.[3]

---

1) 이재상/조균석/이창온 60/13.
2) 96모51: "'원판결이 인정한 죄보다 경한 죄'라 함은 원판결이 인정한 죄와는 별개의 죄로서 그 법정형이 가벼운 죄를 말하는 것이므로, 동일한 죄에 대하여 공소기각을 선고받을 수 있는 경우는 여기에서의 경한 죄에 해당하지 않는다."
3) 신동운 1681; 신양균/조기영 1180; 이은모/김정환 883 이하.

17   2) 형의 선고를 받은 자에 대하여 형의 면제 또는 원판결이 인정한 죄보다 가벼운 죄를 인정할 명백한 증거가 새로 발견된 경우   형의 면제는 필요적 면제만을 의미하고 자수·자복(형법 제52조)과 같은 임의적 면제는 해당하지 않는다 (84모32). 그리고 형의 경중은 원칙적으로 법정형을 기준으로 하여 결정해야 한다. 판례에 따르면 심신미약(형법 제10조)이나 종범감경(같은 법 제32조)의 사유와 같이 형의 감경사유가 인정될 뿐인 경우, 양형의 자료에 변동을 가져오는 경우 (2017도14769 등), 또는 원판결이 인정한 죄와 동일한 죄에 대하여 공소기각을 선고할 수 있는 경우는 포함하지 않는다고 한다. 그러나 새로운 양형자료가 확정판결의 형벌내용에 뚜렷한 변화를 가져올 수 있을 정도로 중요한 자료인 경우에는 재심을 허용하는 것이 옳다.

18   (다) **증거능력의 문제**   제420조 제5호의 새로운 증거에 대해 증거능력이 요구되는지가 문제된다. 이에 대해 1) 긍정설은 증거능력 있는 증거만을 의미한다고 해석하고,[1] 2) 부정설은 증거능력 있는 증거에 한정할 필요가 없다고 본다.[2] 그리고 3) 절충설은 엄격한 증명을 필요로 하는 사실에 관한 증거는 증거능력 있는 증거이어야 하지만 자유로운 증명으로 족한 사실에 관한 증거는 증거능력 있는 증거일 필요가 없다고 한다.[3] 재심에서도 사실인정은 보통의 재판과 동일하게 이루어져야 하므로 절충설이 타당하다.

19   제420조 제5호의 새로운 증거는 범죄사실뿐만 아니라 증거능력의 기초사실에 관한 증거도 포함된다. 또한 자백과 하나의 보강증거만 있을 때에는 그 자백의 보강증거를 배제하는 증거도 제420조 제5호의 증거가 될 수 있다. 보강증거의 증명력이 배제되면 자백보강법칙(제310조)에 따라 유죄를 인정할 수 없기 때문이다.

(2) 증거의 신규성

20   (가) **신규성의 판단시점**   제420조 제5호의 재심사유가 인정되기 위해서는 발견된 증거가 '새로운' 것이어야 한다. 판례에 따르면 1) 원판결 당시에 존재했던 증거가 후에 발견된 경우, 2) 원판결 후에 새로 생긴 증거, 3) 원판결 당시 그 존재를 알았으나 제출·조사하지 못했던 증거가 그 후 제출·조사가 가능하게 된 경우에 그 증거는 '새로 발견된 것'이라고 한다(95모67 등). 여기서 원판결

---

1) 김기두 333; 백형구 357.
2) 신동운 1682.
3) 이은모/김정환 879; 이재상/조균석/이창온 60/16; 이창현 1315.

은 증거조사가 가능했던 심급의 법원의 판결을 가리킨다.

(나) **신규성의 해당 주체**　　증거의 신규성은 법원의 입장에서 새로운 것이　**21** 어야 한다는 점에는 이론이 없다. 따라서 자백이나 증언이 번복되었다는 것만으로는 새로운 증거로 인정받지 못한다. 문제는 법원 이외에 당사자에게도 새로운 증거이어야 하는가이다. 이에 대해서는 견해가 대립되고 있다. 1) 필요실은 유죄판결을 선고받은 자의 이익보호라는 재심제도의 취지를 고려할 때, 허위진술을 하여 유죄판결을 받은 자에 대해서까지 재심을 인정하는 것은 형평과 금반언의 원칙에 반하므로 당사자에 대해서도 증거는 새로운 것이어야 한다는 견해이다.[1] 2) 불필요설은 재심은 무고한 사람을 구제하여 정의를 회복하기 위한 제도이고, 가능한 한 폭넓게 보호해야 한다는 점에서 증거는 법원에 대해서만 새로운 것이면 된다는 입장이다.[2] 3) 절충설은 원칙적으로 증거가 당사자에게 새로운 것일 필요는 없으나 고의·과실 등의 귀책사유로 인하여 증거를 제출하지 못한 때에는 예외적으로 신규성을 인정할 수 없다고 보는 견해로서, 판례의 입장이다(2005모472 전합 등).

재심은 법이론적으로는 진실에 기초한 정의실현에 그 목적이 있다. 헌법적　**22** 으로는 재심에 의한 재판을 받을 권리는 당사자의 귀책사유와 관계없이 인정되어야 한다. 그 밖에 정책적으로도 재심의 확대운영이 바람직하다는 점에서 불필요설이 타당하다.

(3) **증거의 명백성**　　새로 발견된 증거는 유죄를 선고받은 자에 대하여 무　**23** 죄 또는 면소를, 형의 선고를 받은 자에 대하여 형의 면제 또는 원판결이 인정한 죄보다 가벼운 죄를 인정할 명백한 증거이어야 한다.

(가) **명백성의 개념**　　여기서 명백성은 새로운 증거에 의하면 확정판결이　**24** 인정한 범죄사실의 부존재가 확실하거나 그 부존재가 고도로 개연적인 경우를 의미한다. 예를 들어 피살자가 생존해 있다든지, 불에 타 죽은 것으로 인정된 피살자의 시체가 저수지에서 발견되는 경우 등이다.

(나) **증거의 명백성과 in dubio pro reo 원칙**　　증거의 명백성에 관한 판단에　**25** 서 in dubio pro reo 원칙이 무제한 적용될 수는 없다.[3] 심증형성의 합리성이 의심되는 모든 경우에 재심절차가 열려야 한다면, 재심은 비상구제절차로서 재심이

---

1) 김기두 333.

2) 강구진 601; 신동운 1684; 산양균/조기영 1103; 이은모/김정환 880; 이재상/조균석/이창온 60/19; 차용석/최용성 846.

3) 이재상/조균석/이창온 60/21.

라기보다는 '제4심'이 될 것이기 때문이다. 그러나 확정판결의 사실인정에 대해 '진지한 의문'이 제기된다면 증거의 명백성을 인정하는 것이 옳을 것이다. 그 이유는 두 가지이다. 1) 만일 그런 경우까지 재심을 허용하지 않는다면, 사실상 증거의 명백성은 곧 원판결의 파기를 의미한다는 등식이 성립하여 재심심판절차는 재심개시절차에 대한 관계에서 아무런 독자성도 가질 수 없을 것이기 때문이다. 2) 진실발견기능이 매우 미약한 우리의 형사사법현실을 고려할 때, 그러한 해석에 의해 재심절차의 확대운영을 도모하는 것은 법정책적으로도 바람직하다.

26　　　(다) **명백성의 판단방법**　　증거의 명백성을 판단할 때 새로운 증거와 구 증거의 관계를 어떻게 평가할 것인가에 대해 견해가 나뉜다. 1) 단독평가설은 증거의 명백성을 판단할 때 새로 나타난 증거만으로 기존 확정판결의 문제가 명확하게 드러나야 한다는 입장이다. 이 견해에 의하면 재심사유의 인정은 매우 제한된다. 2) 종합평가설은 새로운 증거만으로 증거의 명백성을 평가할 것이 아니라 확정판결 이전에 제시된 증거까지 포함해서 종합적으로 판단하여야 한다는 견해로서 다수견해이다.[1] 새로운 증거만으로 확정판결의 문제점을 명백히 드러내기는 어려우므로 구 증거와 신 증거를 종합하여 판단하는 것이 재심제도의 취지를 고려할 때 더 바람직하다.

27　　　　종합평가설에서는 구 증거와 신 증거를 종합평가할 때 구 증거를 통해 얻은 확정판결의 심증을 그대로 인계할 것인지가 문제되는데, 이를 긍정하는 견해도 있지만(심증인계설), 신 증거에 의해 구 증거의 증거가치를 재평가한 후 증거의 명백성을 종합평가하여야 한다는 견해(재평가설)가 다수견해의 입장이다.

28　　　　판례는 종래 단독평가설의 입장을 취하는 것으로 보였으나(99모93 등) 판례를 변경하여 종합평가설을 취한다는 점을 명확하게 하였다(2005모472 전합). 또한 변경된 판례는 종합평가설 중에서도 심증인계설이 아닌 재평가설을 취하고 있는데, 해당 판례의 다수의견이 새로운 증거에 의해 재평가되는 구 증거의 범위를 새로운 증거와 유기적으로 관련·모순된 증거로 한정하는 데 반해, 개별의견은 기존의 모든 증거를 재평가해야 한다는 입장을 밝히고 있다.

[2005모472 전합] 제420조 제5호의 재심사유

형벌에 관한 법령이 당초부터 헌법에 위배되어 법원에서 위헌·무효라고 선언한 경

---

1) 배종대/홍영기 [75] 10; 신동운 1686; 이은모/김정환 882; 이재상/조균석/이창온 60/20; 이창현 1318.

우도 형사소송법 제420조 제5호의 재심사유인 '무죄 등을 인정할 증거가 새로 발견된 때'에 해당하는지 여부(적극): 재항고인의 대통령긴급조치 제9호 위반 공소사실에 대하여 유죄를 선고한 재심대상판결이 확정되었는데, 그 후 재항고인이 위 판결에 대하여 재심을 청구한 사안에서, 대통령긴급조치 제9호가 당초부터 위헌·무효라고 판단된 이상, '유죄의 선고를 받은 자에 대하여 무죄를 인정할 명백한 증거가 새로 발견된 때'에 해당하므로 재심대상판결에 형사소송법 제420조 제5호의 재심사유가 있다고 한 사례.[1] [다수의견] 형사소송법 제420조 제5호에 정한 무죄 등을 인정할 '증거가 새로 발견된 때'란 재심대상이 되는 확정판결의 소송절차에서 발견되지 못하였거나 또는 발견되었다 하더라도 제출할 수 없었던 증거를 새로 발견하였거나 비로소 제출할 수 있게 된 때를 말한다. 증거의 신규성을 누구를 기준으로 판단할 것인지에 대하여 위 조항이 그 범위를 제한하고 있지 않으므로 그 대상을 법원으로 한정할 것은 아니다. 그러나 재심은 당해 심급에서 또는 상소를 통한 신중한 사실심리를 거쳐 확정된 사실관계를 재심사하는 예외적인 비상구제절차이므로, 피고인이 판결확정 전 소송절차에서 제출할 수 있었던 증거까지 거기에 포함된다고 보게 되면, 판결의 확정력이 피고인이 선택한 증거제출시기에 따라 손쉽게 부인될 수 있게 되어 형사재판의 법적 안정성을 해치고, 헌법이 대법원을 최종심으로 규정한 취지에 반하여 제4심으로서의 재심을 허용하는 결과를 초래할 수 있다. 따라서 피고인이 재심을 청구한 경우 재심대상이 되는 확정판결의 소송절차 중에 그러한 증거를 제출하지 못한 데 과실이 있는 경우에는 그 증거는 위 조항에서의 '증거가 새로 발견된 때'에서 제외된다고 해석함이 상당하다.

[2] [다수의견] 형사소송법 제420조 제5호에 정한 '무죄 등을 인정할 명백한 증거'에 해당하는지 여부를 판단할 때에는 법원으로서는 새로 발견된 증거만을 독립적·고립적으로 고찰하여 그 증거가치만으로 재심의 개시 여부를 판단할 것이 아니라, 재심대상이 되는 확정판결을 선고한 법원이 사실인정의 기초로 삼은 증거들 가운데 새로 발견된 증거와 유기적으로 밀접하게 관련되고 모순되는 것들은 함께 고려하여 평가하여야 하고, 그 결과 단순히 재심대상이 되는 유죄의 확정판결에 대하여 그 정당성이 의심되는 수준을 넘어 그 판결을 그대로 유지할 수 없을 정도로 고도의 개연성이 인정되는 경우라면 그 새로운 증거는 위 조항의 '명백한 증거'에 해당한다. 만일 법원이 새로 발견된 증거만을 독립적·고립적으로 고찰하여 명백성 여부를 평가·판단하여야 한다면, 그 자체만으로 무죄 등을 인정할 수 있는 명백한 증거가치를 가지는 경우에만 재심 개시가 허용되어 재심사유가 지나치게 제한되는데, 이는 새로운 증거에 의하여 이전과 달라진 증거관계 아래에서 다시 살펴 실체적 진실을 모색하도록 하기 위해 '무죄 등을 인정할 명백한 증거가 새로 발견된 때'를 재심사유의 하나로 정한 재심제도의 취지에 반하기 때문이다.

29   ㈑ **공범자간의 모순된 판결**   공범자 사이에 모순된 판결이 있는 경우, 유
죄판결을 받은 공범자가 다른 공범자의 무죄판결을 가지고 무죄를 인정할 명백
한 증거로 삼을 수 있는가 하는 점이 문제된다. 적극설과 소극설의 대립이 있
다. 1) 소극설은 공범자에 대한 무죄판결은 증명력 평가의 차이에서 생긴 결과
라는 점을 그 논거로 한다. 2) 적극설은 동일한 범죄사실에 대해 상반된 판결이
확정되는 것은 불합리하며, 공범자의 무죄판결은 형벌법규의 해석차이로 인한
것이 아니라, 사실인정에 관하여 결론을 달리한 것이므로 다른 공범자의 확정된
무죄판결은 명백한 증거로 보아야 한다는 입장이다.1)

30   공범자에 대한 무죄판결 자체가 먼저 유죄판결이 확정된 공범자의 사건에
대하여 명백한 증거가 되는가는 두 가지로 나누어 판단할 수 있다. 첫째, 공범
자에 대한 무죄판결이 법령의 개폐나 새로운 법률해석에 따른 것이면 무죄판결
은 제420조 제5호의 명백한 증거에 해당하지 않는다. 재심사유는 사실인정의
오류만을 시정하는 제도이기 때문이다. 둘째, 공범자에 대한 무죄판결에 사용된
증거가 다른 공범자에 대해 먼저 확정된 유죄판결을 파기할 만한 개연성이 있
는 경우에는 제420조 제5호의 명백한 증거에 해당된다. 판례도 "무죄 확정판결
자체만으로서는 유죄 확정판결에 대한 새로운 증거로서의 재심사유에 해당된다
할 수 없으나 무죄 확정판결의 증거자료를 자기의 증거로 하지 못하였고 또 새
로 발견된 것이면 그 신증거는 유죄확정판결의 재심사유에 해당된다."(4294형재
2)고 하여 이러한 '이분설'의 입장을 따르는 것으로 해석된다.

Ⅱ. 상소기각의 확정판결에 대한 재심이유

31   항소 또는 상고의 기각판결에 대해서는 제420조 1·2·7호의 사유가 있을
때에 한하여 그 선고를 받은 자의 이익을 위하여 재심을 청구할 수 있다(제421조
①항). 이는 원심의 유죄판결 자체에는 재심사유가 없으나 상소기각판결에 재심
사유가 있을 수 있는 경우를 예정한 것이다. 이 경우에 상소를 기각한 판결 자
체의 확정력을 제거하여 상소심에 소송계속된 상태로 복원시킴으로써 사건의
실체를 다시 심판할 수 있다.

32   따라서 '항소 또는 상고의 기각판결'이라 함은 항소 또는 상고기각판결에
의하여 확정된 제1심 또는 항소심판결을 의미하는 것이 아니라, 항소기각 또는

---

1) 신양균/조기영 1107; 이재상/조균석/이창온 60/22.

상고기각판결 자체를 의미한다(84모48). 또한 하급심의 확정판결에 대해 재심청구를 기각하는 결정이 있더라도 상소기각의 확정판결에 대해 재심청구를 하는 것은 가능하다고 보아야 한다.[1]

그러나 하급심판결에 대한 재심청구를 인용하여 재심개시결정에 따라 재심 **33** 심판절차가 진행되어 판결이 이루어진 후에는 그 하급심판결에 대한 상소를 기각하는 확정판결에 대한 재심청구(제421조 ①항)의 목적은 이미 달성된 것이라고 할 수 있다. 따라서 제1심 확정판결에 대한 재심청구사건의 판결이 있은 후에는 항소기각판결에 대해 다시 재심을 청구하지 못하며(같은 조 ②항), 제1심 또는 제2심의 확정판결에 대한 재심청구사건의 판결이 있은 후에는 상고기각판결에 대해 다시 재심을 청구하지 못한다(같은 조 ③항).

Ⅲ. 확정판결에 대신하는 증명

확정판결로써 범죄가 증명됨을 재심청구이유로 할 경우에 그 확정판결을 **34** 얻을 수 없을 때에는 그 사실을 증명하여 재심청구를 할 수 있다. 다만 증거가 없다는 이유로 확정판결을 얻을 수 없는 때에는 예외로 한다(제422조). 확정판결을 얻을 수 없다는 것은 유죄판결을 할 수 없는 사실상 또는 법률상의 장애가 있는 경우를 말한다. 예를 들면 1) 범인이 사망하였거나 행방불명인 경우, 2) 범인이 현재 심신상실상태에 있는 경우, 3) 공소시효가 완성된 경우, 4) 기소유예 처분한 경우,[2] 5) 사면이 있었던 경우 등이다.

판례는 검찰이 공소시효완성을 이유로 불기소처분한 사실로는 제422조에 **35** 의하여 확정판결에 대신하는 증명으로 삼을 수 없고, 범죄사실의 존재가 적극적으로 입증되어야 한다고 본다(93모66). 예컨대 공소의 기초가 된 수사에 관여한 사법경찰관이 불법감금죄 등으로 고소되었으나 검사에 의하여 무혐의불기소결정이 되어 그 당부에 관한 재정신청이 있자, 재정신청을 받은 고등법원이 29시간 동안의 불법감금사실은 인정하면서 여러 사정을 참작하여 검사로서는 기소유예의 불기소처분을 할 수 있었다는 이유로 재정신청기각결정을 하여 그대로 확정된 경우(96모123)는 '공소의 기초된 수사에 관여한 사법경찰관이 그 직무에 관한 죄를 범한 것이 확정판결에 대신하는 증명으로써 증명된 때'에 해당한다.

---

1) 신동운 1690; 이재상/조균석/이창온 60/24.
2) 다른 견해는 신동운 1691

제 2 절 비상상고

[73] 제 1 비상상고의 의의와 이유

Ⅰ. 비상상고의 의의

1. 개   념

1   비상상고는 확정판결에 대하여 그 심판의 법령위반을 바로잡기 위해 인정
되는 비상구제절차를 말한다. 비상상고는 확정판결의 시정수단이라는 점에서,
미확정판결의 시정방법인 상소와 구별된다. 비상상고는 재심과 함께 확정판결
의 오류를 시정하기 위한 비상구제절차이다. 그러나 비상상고는 법령위반을 이
유로 하는 점, 신청권자가 검찰총장에 제한되고, 관할법원이 언제나 대법원인
점, 판결효력이 원칙적으로 확정판결이 선고된 자에게 미치지 않는다는 점에서,
사실인정의 오류를 이유로 하는 재심과 구별된다.

2. 비상상고제도의 목적과 기능

2   **(1) 법령의 해석·적용의 통일**   상소나 재심이 피고인 또는 유죄의 확정판
결을 받은 자의 불이익을 구제하는 데 목적이 있는 반면, 비상상고는 법령의 해
석·적용의 통일을 목적으로 한다. 현대 법이론의 용어로 말하면 비상상고는 법
체계의 정합성을 유지하는 목적을 추구한다.

3   **(2) 피고인의 불이익구제기능**   다만 법령위반의 원판결이 피고인에게 불이
익한 때에는 원판결을 파기하고 피고사건에 대해 다시 판결을 내려야 한다(제
446조 1호 단서)는 점에서 비상상고는 부차적으로 피고인의 불이익을 구제하는
기능도 담당한다. 비상상고제도의 목적에 비추어 피고인의 불이익구제기능이
차지하는 비중을 어느 정도로 볼 것인가를 둘러싸고 다음과 같은 견해가 있다.

4   **㈎ 법률의 이익을 위한 상고**   현행법상의 비상상고제도가 프랑스법의 '법
률의 이익을 위한 상고'에서 유래한다고 보는 견해가 있다. 법률의 이익을 위한
상고는 파기이유가 있음에도 불구하고 확정된 판결을 검찰총장의 신청에 의해
파기하는 제도를 말한다. 따라서 당사자에게는 아무런 효과도 인정되지 않는다.

비상상고는 일종의 '재판의 옷을 입은 학설'과 같은 의미를 갖는 것이다. 이에 따르면 비상상고는 법령의 해석 및 적용의 통일을 주된 목적으로 하며, 피고인의 구제는 부차적인 의미만을 가지게 된다.[1]

　　(나) **공익을 위한 상고**　　비상상고는 같은 프랑스법의 '공익을 위한 상고'에 　5 서 유래하는 것으로 보는 견해가 있다. 공익을 위한 상고는 검찰총장이 실체법 령위반이나 소송절차의 법령위반이 있음을 발견한 경우 법원에 확정판결의 파 기를 신청하여 이를 파기하는 제도를 말한다. 따라서 파기판결은 피고인의 이익 을 위하여 효과가 인정된다. 이에 따르면 비상상고는 법의 이념인 정의의 요청 에서 요구되는 것으로서, 법령의 해석·적용의 통일과 함께 피고인의 구제를 목 적으로 하는 제도로 파악된다.[2]

　　(다) **결　론**　　공익적 관점에서 요청되는 피고인의 보호는 재심제도의 활용 　6 으로 어느 정도 그 목적을 달성할 수 있다.[3] 그리고 비상상고의 신청권자가 검 찰총장으로 제한되어 있고, 피고인을 위한 파기도 직권으로 이루어진다. 이러한 점을 고려할 때 비상상고의 공식적 목적·과제는 법령해석과 적용의 통일에 있 고, 피고인의 불이익구제는 그러한 과제의 철저한 실현에 부수적으로 수반되는 비상상고의 기능이라고 보는 것이 타당할 것이다.

3. 비상상고의 대상

　　비상상고의 대상은 모든 확정판결이다(제441조). 유죄의 확정판결에 국한되 　7 지 않는 점에서 재심과 다르다. 따라서 유죄판결, 무죄판결, 면소판결, 공소기각 판결, 관할위반판결 모두가 비상상고의 대상이 된다. 또 판결형식은 아니더라도 확정판결의 효력이 부여되는 약식명령(제457조), 즉결심판(즉심법 제16조), 경범죄 처벌법(제8조 ③항) 및 도로교통법(제164조 ③항)의 범칙금납부 등도 그 대상이 된 다. 공소기각결정, 항소기각결정, 상고기각결정 등은 결정의 형식을 취하지만 그 사건에 대한 종국판결이라는 점에서 역시 비상상고의 대상이 된다. 그 밖에 당연무효의 판결도 비상상고의 대상이 되는가 하는 점이 문제될 수 있다. 통설 은 판결이 당연무효라 할지라도 판결은 확정되어 존재하므로 비상상고에 의해 당연무효를 확인할 필요가 있다는 점에서 당연무효판결도 비상상고의 대상이

---

1) 김기두 337; 신동운 1378; 정영석/이형국 522.
2) 이재상/조균석/이창온 61/3.
3) 신동운 1705.

되는 것으로 본다.1)

Ⅱ. 비상상고의 이유

1. 판결의 법령위반과 소송절차의 법령위반

8   비상상고는 "판결이 확정한 후 그 사건의 심판이 법령에 위반한 것을 발견한 때"에 이를 이유로 제기할 수 있다(제441조). 심판은 심리와 판결을 포함한다. 따라서 비상상고의 이유에는 판결의 법령위반과 소송절차의 법령위반이 포함된다.

9   **(1) 구별실익**   판결의 법령위반이나 소송절차의 법령위반이나 모두 비상상고의 이유이기는 하지만, 양자는 대법원이 판시하는 재판형식에서 차이가 있다. 원판결의 법령위반을 이유로 하는 경우에는 일부분이라도 원판결을 파기해야 하고, 또한 원판결이 피고인에게 불리한 때에는 원판결을 파기할 뿐만 아니라 피고사건에 대해 다시 판결을 하여야 한다(제446조 1호). 이에 반해 소송절차의 법령위반을 이유로 하는 경우에는 그 위반된 절차를 파기하는 것으로 충분하다 (같은 조 2호).

10   **(2) 구별기준**   판결의 법령위반과 소송절차의 법령위반의 구별기준에 대해 견해의 대립이 있다.2) 이 대립은 특히 소송조건이 흠결되었음에도 불구하고 실체재판을 한 경우를 두 경우 가운데 어디에 속하는 것으로 보아야 할 것인가를 둘러싸고 전개된다. 다수견해에 의하면 판결의 법령위반은 판결내용에 직접 영향을 미치는 법령위반을 의미하고, 소송절차의 법령위반은 판결내용에 영향을 미치지 않는 소송절차의 법령위반을 의미한다.3) 이에 따르면 법령적용의 위반과 소송조건의 잘못은 전자에 해당한다. 면소판결은 물론 공소기각이나 관할위반의 판결을 하여야 할 사유가 있는데도 실체판결을 한 때에도 파기자판사유가 인정된다. 판결의 법령위반과 소송절차의 법령위반을 구별하는 것은 원판결의 파기 여부에 그 실익이 있는 것이므로 재심사유가 판결을 파기해야 할 사유인가에 따라서 구별하는 다수견해가 타당하다. 다수견해에 따라 판결의 법령위반에 해당하는 경우를 살펴보면 다음과 같다.

---

1) 강구진 610; 신동운 1706; 신양균/조기영 1139; 이재상/조균석/이창온 61/4; 이창현 1348.
2) 이재상/조균석/이창온 61/7 이하 참조.
3) 백형구 405; 신동운 1716; 신양균/조기영 1257; 이은모/김정환 897; 이재상/조균석/이창온 61/10.

(3) 구별기준의 구체적 적용

⑦ 판결내용에 영향을 미치는 법령위반   법령위반은 실체법위반뿐만 아 **11** 니라 절차법위반도 포함된다. 판결의 실체법위반의 예로는, 이미 폐지된 벌칙을 적용하여 유죄판결을 선고한 경우, 형사미성년자에 대하여 유죄판결을 선고한 경우, 법정형에 벌금형이 없음에도 불구하고 벌금형을 선고한 경우, 법정형 또 는 처단형을 초과하여 형을 선고한 경우(2014오3 등),[1] 형의 집행유예에 관한 법 령을 위반한 경우, 구류형에 대하여 선고유예한 경우(93오1), 도로교통법위반죄 에 대한 즉결심판에서 형의 면제를 선고한 경우(94오1) 등이고, 판결의 절차법위 반의 예로는, 공소사실을 유죄로 인정할 증거가 없음에도 유죄판결을 선고한 경 우, 자백에 대한 보강증거가 없음에도 유죄판결을 선고한 경우(제310조 위반), 임 의성 없는 자백을 결정적인 증거로 하여 유죄판결을 선고한 경우 등이다.

⑭ 소송조건의 오인   제3설에 따르면 소송조건의 오인도 원판결이 법령 **12** 에 위반한 때에 해당하는 것으로 보아 원판결을 파기해야 한다. 예컨대, 친고죄 에서 고소가 취소되었음에도 유죄판결을 선고한 경우, 공소시효가 완성되었음 에도 유죄판결을 선고한 경우(2006오2), 처벌을 희망하지 아니하는 피해자의 의 사표시가 있었음을 간과한 채 공소사실을 유죄로 판단한 경우(2009오1) 등이다.

⑭ 파기자판의 필요 여부   판결의 법령위반이 인정될 경우에 그 원판결 **13** 이 피고인에게 불리한 때에는 파기하고 자판해야 한다(제446조 1호 단서). 여기서 피고인에게 불리한 때란 원판결의 위법을 시정하여 다시 선고할 판결이 피고인 에게 이익이 되는 것이 법률상 명백한 경우를 말한다. 따라서 면소판결을 해야 할 경우뿐만 아니라 공소기각판결을 해야 할 경우도 여기에 해당한다.[2]

(4) 소송절차의 법령위반   판결의 절차가 법령에 위반된 경우로는, 예컨대, **14** 형을 선고하면서 상소권의 고지를 누락한 경우 등이 있고, 판결전의 절차가 법 령에 위반된 경우로는, 공판개정의 위법이 있는 경우, 증인신문방식의 위법이

---

1) 2021오24: 피고인이 112신고를 받고 출동한 경찰관을 모욕하고, 있지 않은 범죄를 경찰관에 게 거짓으로 신고하였다는 공소사실에 대하여, 형법 제311조, 경범죄 처벌법 제3조 제3항 제2 호, 형법 제37조, 제38조를 적용하여 피고인을 벌금 3,000,000원에 처한 약식명령(원판결)이 확정된 후 비상상고가 제기된 사안에서, 위 각 죄의 법정형은 "1년 이하의 징역이나 금고 또는 2,000,000원 이하의 벌금", "600,000원 이하의 벌금, 구류 또는 과료"이므로 그중 벌금형을 선 택할 경우 벌금액은 위 법조에서 정한 벌금형의 다액을 합산한 2,600,000원을 초과할 수 없어 원판결이 법령을 위반한 경우에 해당한다는 이유로, 원판결을 파기하고 다시 벌금 2,600,000원 을 선고한 사례.
2) 판례도 일반법원에 재판권이 없는 군인에 대해 유죄판결을 선고한 원판결은 피고인에게 불 리한 때에 해당하는 것으로 본다(76오1).

있는 경우, 공소장변경의 위법이 있는 경우 등이다.

2. 법령 적용의 전제사실 오인과 비상상고

15		비상상고는 심판의 법령위반을 이유로 하므로 단순한 사실오인의 흠을 이유로 비상상고를 제기할 수 없다. 그러나 사실오인의 결과로 인하여 법령위반의 오류가 발생한 경우에, 그 사실오인을 이유로 비상상고를 제기할 수 있는지가 문제된다. 이에 대하여 다음 세 가지의 견해가 제시되고 있다.

16		(1) **전면부정설**		실체법적 사실인가 소송법적 사실인가를 불문하고 사실오인을 이유로 한 비상상고를 전면 부정하는 견해이다. 비상상고가 법령의 해석·적용의 통일을 목적으로 하는 제도라는 점을 중시하면서, 만일 사실오인의 위법이 없었다면 법령위반의 오류도 없었을 것이므로 비상상고로 구제해야 할 필요가 없다는 논리를 내세운다. 이 견해는 사실오인으로 인해 발생하는 법령적용의 위법은 재심제도로도 충분히 시정할 수 있다고 본다.

17		(2) **전면허용설**		실체법적 사실인가 소송법적 사실인가를 가리지 않고 사실오인이 법령적용의 위법을 초래한 경우, 그 사실오인이 기록조사에 의하여 쉽게 인정할 수 있는 사항이면 비상상고의 대상이 된다고 보는 입장이다.[1] 이 견해는 비상상고의 기능이 법령의 해석·적용의 통일뿐만 아니라 사실오인이 개입한 확정판결을 파기함으로써 피고인을 구제하고 하급심법원의 오류에 대하여 장래적으로 경고하는 것에 있다고 본다.

18		(3) **절충설**		법령위반이 소송법적 사실의 오인으로 인한 때는 비상상고의 이유로 인정하지만 실체법적 사실의 오인으로 인한 때에는 인정하지 않는다는 절충적 입장이다.[2] 그 논거로서 1) 소송법적 사실인정은 판결이유에도 명시되지 않기 때문에 소송법적 사실오인과 법령위반을 구별하기가 쉽지 않다는 점, 2) 제444조 ②항이 소송절차의 법령위반에 대해서는 사실오인의 흠을 검토할 여지를 마련하고 있다는 점 등을 든다.

19		(4) **판례**		대법원은 소년을 성년으로 오인하고 정기형을 선고한 판결 또는 성년을 소년으로 오인하고 부정기형을 선고한 판결에 대한 비상상고는 적법한 것으로 본다(63오1). 그러나 누범가중사유에 해당하는 전과가 있는 것으로 오인

---

1) 강구진 612; 신양균/조기영 1261; 이은모/김정환 888; 이재상/조균석/이창온 61/15; 정영석/이형국 524.
2) 신동운 1709; 이창현 1351 이하.

하여 누범가중을 한 경우(62오1), 법원이 원판결의 선고 전에 피고인의 사망 사실을 알지 못하여 공소기각의 결정을 하지 않고 실체판결에 나아간 경우(2004오2), 정당행위의 전제사실인 '법령에 의한 행위'를 오인한 경우(2018오2) 등에 대해서는 비상상고를 인정하지 않았다. 판례의 입장은 일관되지 않지만 부정설의 입장이라고 해석될 수 있다.

(5) 결 론 이론적으로 재심과 달리 비상상고는 법령의 해석·적용의 통일 **20** 을 목적으로 한다는 점에서 사실오인의 경우는 원칙적으로 비상상고의 이유가 되지 않는다. 다만 비상상고는 실정법이 예외를 인정하는 경우 피고인의 불이익을 구제하는 부수적인 기능을 수행할 수 있다. 소송법적 사실의 오인이 바로 그런 경우에 해당된다. 이에 대한 실정법적 근거규정은 법원의 관할, 공소의 수리와 소송절차에 관하여는 사실조사를 할 수 있다고 규정한 제444조 ②항이다. 따라서 절충설이 가장 타당하다.

[2004오2] 법령 적용의 전제사실 오인과 비상상고

형사소송법 제441조에서 '그 사건의 심판이 법령에 위반한 것'이라고 함은 확정판결에서 인정한 사실을 변경하지 아니하고 이를 전제로 한 실체법의 적용에 관한 위법 또는 그 사건에 있어서의 절차법상의 위배가 있음을 뜻하는 것이므로, 단순히 그 법령 적용의 전제사실을 오인함에 따라 법령위반의 결과를 초래한 것과 같은 경우는 법령의 해석적용을 통일한다는 목적에 유용하지 않으므로 '그 사건의 심판이 법령에 위반한 것'에 해당하지 않는다고 해석함이 상당하다.

법원이 원판결의 선고 전에 피고인이 이미 사망한 사실을 알지 못하여 공소기각의 결정을 하지 않고 실체판결에 나아감으로써 법령위반의 결과를 초래하였다고 하더라도, 이는 형사소송법 제441조에 정한 '그 심판이 법령에 위반한 것'에 해당한다고 볼 수 없다.

[74] 제 2 비상상고의 절차

Ⅰ. 비상상고의 신청

1. 신청권자와 관할법원

1   검찰총장은 판결이 확정된 후 그 사건의 심판이 법령에 위반한 것을 발견한 때에는 대법원에 비상상고를 할 수 있다. 즉 비상상고의 신청권자는 검찰총장이며, 관할법원은 대법원이다(제441조).

2. 신청의 방식

2   비상상고를 할 때에는 그 이유를 기재한 신청서를 대법원에 제출하여야 한다(제442조). 상고의 경우에는 상고이유서를 상고장과 별도로 제출하지만(제379조 ①·②항), 비상상고의 경우에는 그 신청서 자체에 이유를 기재하도록 하는 차이가 있다. 그리고 비상상고의 신청기간에는 제한이 없다. 형의 시효완성, 형의 실효, 복권, 집행유예기간의 경과, 확정판결을 받은 자의 사망 등의 사유가 발생하더라도 제기할 수 있다.

3   비상상고의 취하에 관하여는 명문의 규정이 없다. 그러나 검찰총장이 필요하다고 판단하는 경우에는 비상상고의 판결이 있을 때까지 취하할 수 있다고 해석해야 한다.1)

Ⅱ. 비상상고의 심리

1. 공   판

4   (1) 검사의 출석   비상상고를 심리하기 위해 대법원은 반드시 공판기일을 열어야 한다. 검사는 공판기일에 신청서에 의하여 진술하여야 한다(제443조). 따라서 검사는 비상상고의 공판기일에 출석할 수 있고 또 하여야 한다.

5   (2) 피고인의 불출석   공판기일에 피고인이 출석할 필요는 없다. 비상상고의 공판절차에는 제1심 공판절차의 규정이 준용되지 않고, 상고심절차가 준용되는데, 상고심의 공판기일에는 피고인의 소환을 요하지 않는다는 점(제389조의2)이 그 이유이다. 또한 피고인의 구제는 비상상고의 본래적 목적이 아니라 반

---

1) 신동운 1710; 이재상/조균석/이창온 61/18; 차용석/최용성 868.

사적 효과에 지나지 않는다는 점도 그 이유가 될 수 있다.

(3) 변호인의 출석권 그러나 피고인의 변호인이 공판기일에 출석하여 의 **6** 견진술을 할 수 있는가 하는 점이 문제가 된다. 1) 피고인의 경우와 마찬가지 이유에서 이를 부정하는 견해1)와 2) 이를 부정해야 할 이유가 없고 비상상고의 판결결과는 피고인이었던 자의 이해에 직접적인 영향을 미치므로 법률적 의견 을 들을 필요가 있다는 이유에서 긍정하는 견해2)가 있다. 변호인은 법의 올바 른 실현에 관하여 법관, 검사와 함께 동등한 사법기관의 지위를 누려야 한다는 점에서 피고인의 경우와 달리 변호인에게는 법률적 의견을 개진할 기회가 부여 되어야 한다.

2. 사실조사

대법원은 신청서에 포함된 이유에 한하여 조사하여야 한다(제444조 ①항). **7** 따라서 비상상고에는 직권조사사항이 있을 수 없다. 다만 법원의 관할, 공소의 수리와 소송절차에 관하여는 사실조사를 할 수 있다(같은 조 ②항). 법원이 필요 하다고 인정한 때에는 수명법관 또는 수탁판사로 하여금 사실조사를 하게 할 수 있고, 이 경우에 수명법관 또는 수탁판사는 법원 또는 재판장과 동일한 권한 이 있다(같은 조 ③항, 431조).

Ⅲ. 비상상고의 판결

1. 기각판결

비상상고가 이유 없다고 인정한 때에는 판결로써 이를 기각하여야 한다(제 **8** 445조). 비상상고의 신청이 부적법한 경우에도 당연히 기각판결을 해야 한다.

2. 파기판결

비상상고가 이유 있다고 인정한 때에는 대법원은 확정판결을 파기한다. 이 **9** 때 파기판결의 종류는 파기사유에 따라 다음과 같이 구별된다.

---

1) 신동운 1710; 차용석/최용성 868.
2) 강구진 613; 김기두 338; 신양균/조기영 1144; 이은모/김정환 908; 이재상/조균석/이창온 61/19; 이창현 1354.

(1) 판결의 법령위반

10 **㈎ 부분파기**   원판결이 법령에 위반한 때에는 그 위반된 부분만을 파기하여야 한다(제446조 1호 본문). 이를 부분파기라고 한다. 부분파기는 비상상고의 파기판결에서 원칙이며, 이는 비상상고의 목적이 법령의 해석·적용의 통일에 있다는 점에서 비롯된다. 바로 이 점에서 비상상고의 파기판결은 '재판의 옷을 입은 학설'이라고 불린다. 예를 들면 적법한 증거조사 없이 증거능력 없는 증거를 증거로 거시한 위법이 있더라도 다른 증거에 의해 범죄사실을 인정할 수 있는 때에는 증거거시 부분만 파기한다(64오2).

11 **㈏ 파기자판**   다만 원판결이 피고인에게 불리한 때에는 원판결을 파기하고 그 피고사건에 대하여 다시 판결을 한다(같은 호 단서). 이를 파기자판이라고 한다. '피고인에게 불리한 때'란 원판결의 위법을 시정하여 다시 선고하는 판결이 피고인에게 이익이 되는 것이 법률상 명백한 경우를 말한다. 예컨대, 1) 친고죄에서 고소가 취소되었음에도 불구하고 유죄판결을 한 경우, 2) 피고인만 항소한 사건에서 항소심이 항소기각결정을 하면서 결정 전 구금일수의 본형산입에 관하여 전혀 판단하지 아니한 경우(77오1), 3) 원판결이 불이익변경금지원칙에 위반하여 형을 선고한 경우(4290형비상1 전합) 등이다.

12   대법원이 파기자판하는 경우의 판결은 유죄·무죄·면소판결뿐만 아니라 공소기각판결을 모두 포함한다. 그러나 파기판결에 의하여 다른 법원에 사건을 환송 또는 이송할 수는 없다. 파기자판의 경우에는 일종의 불이익변경금지원칙이 적용되는 것과 비슷한 효과가 발생한다.

13   파기자판에서 대법원이 기준으로 삼아야 할 법령에 관하여 1) 파기자판시의 법령을 기준으로 하자는 견해와, 2) 원판결시의 법령을 기준으로 하자는 견해로 나뉜다. 비상상고제도는 법령의 해석·적용의 통일을 목적으로 하고, 원판결후 파기자판시까지 발생한 우연한 사정을 피고인에게 적용할 이유가 없으므로 원판결시의 법령을 기준으로 파기자판하는 것이 타당하다.[1]

14   **(2) 소송절차의 법령위반**   원심소송절차가 법령을 위반한 때에는 그 위반된 절차를 파기한다(제446조 2호). 이 경우 원판결 자체의 파기가 아니라 위반된 절차만 파기된다. 즉 부분파기를 하여야 한다. 이때 절차의 법령위반이 판결에 영향을 미쳤는가는 문제되지 않는다.

---

1) 백형구 407; 신동운 1713; 이재상/조균석/이창온 61/24; 이창현 1356.

3. 비상상고의 판결의 효력

비상상고의 판결은 원판결이 피고인에게 불리하여 파기자판하는 경우가 아 **15**
니면 그 효력이 피고인에게 미치지 않는다(제447조). 즉 부분파기의 경우(제446조
1호 본문, 2호)에 판결주문은 그대로 효력을 가지며, 소송계속은 부활되지 않는다.
다시 말하면 비상상고판결은 원칙적으로 이론적 효력이 있을 뿐이다.[1]

---

1) 강구진 614; 신동운 1713; 이재상/조균석/이창온 61/26.

제 3 장
특별절차

제 1 절   약식절차와 즉결심판

[75]   제 1   약식절차

I. 약식절차의 의의

1. 개   념

1   약식절차란 지방법원의 관할사건에 대하여 검사의 청구가 있을 때 공판절차에 의하지 않고 검사가 제출한 자료만을 조사하여 약식명령으로 피고인에게 벌금·과료 또는 몰수의 형을 과하는 간편한 재판절차(제448조 ①항)를 말한다. 약식절차에 의하여 형을 선고하는 재판을 약식명령이라고 한다.[1]

2   약식절차는 서면심리를 원칙으로 하는 절차이므로 간이공판절차(제286조의2)와 구별된다. 또한 약식절차는 검사의 청구에 의하여 진행된다는 점에서 경찰서장의 청구에 의하여 진행되는 즉결심판절차(즉심법 제3조 ①항)와 다르다.

2. 약식절차의 기능

3   약식절차는 독일의 형벌명령절차(Strafbefehlsverfahren)에서 유래하여 의용형사소송법을 거쳐 현행법에 이르고 있다. 이 제도는 특히 검찰실무에서 경미사건

---

[1] 2022년 법원에 접수된 형사사건 중 공판사건은 310,254건인 반면, 약식명령사건은 416,410건이었다. 이는 영장사건 등을 포함한 전체 형사사건의 27.4%에 해당한다(대법원, 사법연감 2023, 753면).; 한편, 2022년 처리된 407,119건의 약식명령사건에 대해 정식재판이 청구된 것은 33,421건이었다(770면).

에 대한 처리절차로 많이 활용되고 있다. 1) 약식절차는 검사의 공소유지업무와 법원의 심판업무를 현저하게 감소시키는 점에서 소송경제이념을 실현하는 제도이다. 2) 약식절차는 공개재판에 대한 피고인의 사회적·심리적 부담을 완화시켜 줄 뿐만 아니라 자유형선고의 위험부담도 없애준다는 점에서 피고인의 이익을 보호하는 제도이다.

3. 약식절차의 합헌성 문제

약식절차에 대한 의문점으로는 다음과 같은 것이 지적되고 있다. 1) 소송 **4** 경제에 치중한 나머지 법관이나 검사가 지나치게 약식절차에 의존하는 것은 적정한 형벌권실현의 장애사유가 될 수 있다. 2) 약식명령에 대한 불복을 회피하기 위해 법관이 지나치게 낮은 형량을 책정할 우려도 있다. 3) 약식절차에 의하면 피고인이 법관의 면전에서 자신에게 이익되는 사실을 주장할 수 있는 가능성이 없으므로 형의 성급한 고지를 초래할 수 있는 문제가 있다. 또한 4) 약식명령에 대해 피고인이 자신의 무죄를 알면서도 무지나 불안 등으로 인하여 쉽사리 불복하지 못하는 문제점도 있다. 5) 검사가 제출한 자료만을 기초로 서면심리를 하는 재판절차이므로 헌법이 보장하는 공정한 재판과 피고인의 신속한 공개재판을 받을 권리(헌법 제27조 ①·③항)를 침해할 위험성이 있다. 이에 대한 반론은 다음과 같다. 1) 약식절차에 의하면 경미사건을 신속하게 처리할 수 있기 때문에 형사사법의 역량을 더욱 중한 범죄와 복잡한 사건에 투입할 수 있는 현실적인 장점이 있다. 2) 피고인에게는 정식재판청구권이 보장되고, 특히 이를 포기할 수 없도록 하고 있다(제453조 ①항). 또한 3) 정식재판을 청구한 경우 약식명령의 형보다 중한 종류의 형을 선고하지 못하도록 하고 있다(제457조의2 ①항). 4) 정규의 직업법관이 약식명령의 판단주체가 될 뿐만 아니라 법관이 정식재판회부권(제450조)을 행사하여 검사의 부당한 약식명령청구를 통제할 수 있기 때문에 약식절차가 헌법에 위반된 것은 아니라는 점에 견해가 일치하고 있다.[1]

Ⅱ. 약식명령의 청구

1. 청구의 대상

약식명령을 청구할 수 있는 사건은 지방법원관할에 속하는 사건으로서 벌 **5**

---

1) 강구진 403; 김기두 340; 신동운 1720; 이은모/김정환 906; 이재상/조균석/이창온 64/3; 이창현 1359.

금·과료 또는 몰수에 처할 수 있는 사건에 한정된다(제448조 ①항). 그러므로 약
식명령으로 무죄·면소·공소기각 또는 관할위반의 재판을 할 수 없다. 그리고
벌금·과료 또는 몰수는 법정형으로서 선택적으로 규정되어 있으면 충분하다.
그러나 벌금·과료 또는 몰수 이외의 형을 선고해야 하는 사건이나 또는 다른
형과 벌금·과료 또는 몰수를 병과해야 하는 사건에 대해서는 약식명령을 청구
할 수 없다. 지방법원 합의부의 사물관할에 속하는 사건일지라도 벌금·과료 또
는 몰수의 형을 단독 또는 선택적으로 선고할 수 있는 사건이면 약식명령의 청
구대상이 된다. 그리고 벌금·과료 또는 몰수의 형을 선고형으로 과할 수 있는
경우, 약식명령을 청구할 때 이들 형의 법정형 상한 여부는 문제되지 않는다.
공소사실에 대한 피고인의 자백 여부도 약식명령청구의 요건이 아니다.

2. 청구의 방식

6	(1) 검사의 청구 검사의 청구가 없으면 약식명령을 할 수 없다. 즉 검사의
청구는 약식명령의 필수요건이다. 검사는 '공소의 제기와 동시에 서면으로' 약식
명령을 청구하여야 한다(제449조).

7	(2) 약식명령청구의 방식 약식명령을 청구함에는 약식명령에 필요한 증거
서류 및 증거물도 함께 법원에 제출하여야 한다(규칙 제170조). 따라서 약식절차
에는 공소장일본주의(규칙 제118조 ②항)가 적용되지 않는다. 그리고 약식절차는
피고인에 대한 약식명령청구서 부본의 송달을 요하지 않는다. 또한 약식명령청
구서의 기재사항과 공소장의 기재사항이 동일하므로, 통상의 공소제기(제266조
참조)와 달리 약식명령청구는 부본의 첨부가 필요 없다. 약식명령을 청구할 때에
는 검사는 미리 청구하는 벌금 또는 과료의 액수를 기재하여야 한다.

3. 약식명령청구와 공소제기의 관계

8	(1) 공소제기와의 관계 여기서 공소제기와 약식명령청구의 관계가 문제된
다. 1) 약식명령청구를 공소제기의 특수한 방식으로 이해하는 견해도 있으나,
2) 약식명령청구와 공소제기는 개념상 별개의 소송행위라고 볼 수 있다. 즉 약
식명령청구는 공소제기방식이 아니라 약식절차에 의할 것을 청구하는 것에 불
과하다. 따라서 공소제기와는 별개의 소송행위이다.[1] 그러나 실무에서는 보통
하나의 공소장에 약식명령을 청구한다는 취지를 부기하는 방법으로 약식명령을

1) 신동운 1722; 이재상/조균석/이창온 64/5.

청구한다. 다시 말해 공소장과 약식명령청구서가 하나의 서면으로 작성된다. 이는 약식명령청구와 공소제기는 서로 밀접한 관계를 형성하고 있기 때문이다. 따라서 약식명령청구가 있으면 당연히 공소제기도 있는 것으로 된다.

　　(2) 공소취소와의 관계　　　다음으로 공소취소와 약식명령취소의 관계가 문제　**9**
된다. 공소취소에 약식명령취소의 효력이 있다는 점에는 반대견해가 없다. 그러나 반대로 약식명령취소가 공소취소도 수반하는가에 대해서는 견해가 나누어진다. 1) 불포함설은 약식명령청구가 공소제기에 부기되는 소송행위라는 점에 착안하여 약식명령청구의 취소에 공소취소효력이 포함되는 것은 아니라는 견해이다.1) 2) 불허용설은 약식명령청구의 취소만을 인정하는 명문규정이 없다는 사실과, 약식절차에서 공판절차로 이행하는가 여부는 법관이 결정하는 것이 바람직하다는 점 등에 비추어 공소취소효력이 없는 약식명령만의 취소는 허용되지 않는다고 보는 입장이다.2)

　　약식명령과 공소제기는 별도의 소송행위로서 단지 하나의 서면에 작성될　**10**
뿐이다. 그것으로 인해 약식명령이 공소제기에 종속된다든지 혹은 공소제기가 약식명령에 종속되는 것은 아니다. 그러므로 약식명령의 취소로 인해 공소취소효력이 발생한다고 볼 수는 없을 것이다. 불포함설이 타당하다.

Ⅲ. 약식절차의 심판

1. 법원의 사건심사

　　(1) 서면심사의 원칙과 예외　　　법원은 검사가 제출한 서류와 증거물(규칙 제　**11**
170조)을 기초로 약식명령의 청구에 관한 서면심사를 한다. 즉 약식명령에서는 서면심리가 원칙이다. 그러나 서면심사만으로는 약식명령의 당부를 결정하기 어려운 경우에 법원이 사실조사를 할 수 있는지가 문제된다. 약식절차도 형사절차의 일종이므로 진실발견이라는 목적을 위해서는 필요한 경우 사실조사를 인정하는 것이 타당하다. 이는 약식명령의 성질을 결정으로 이해하든 또는 판결도 결정도 아닌 특별한 형식의 재판으로 이해하든 마찬가지이다. 특별한 형식의 재판으로 이해하는 경우에도 결정에 준하는 것으로 파악하기 때문이다. 결정을 할 때에는 필요한 경우 사실조사를 할 수 있다(제37조 ③항).

---

1) 강구진 403; 신양균/조기영 이창현 1361.
2) 신동운 1722; 이은모/김정환 908; 이재상/조균석/이창온 64/5; 차용석/최용성 892.

12   **(2) 사실조사의 한계**   약식절차의 특징은 간이·신속·비공개재판이라는 점에
있다. 그러므로 약식절차에서 사실조사를 허용하더라도 이러한 약식절차의 특
징을 해하지 않는 범위 안에서 제한적으로 허용하여야 한다. 예컨대 검증조서에
기재된 (예를 들면 거리의 측정이나 장소의 형상 등의) 오류를 간단한 검증에 의해 보
정하는 경우, 피해변상을 확인하기 위해 피고인을 신문하는 경우, 감정서에 기재
된 전문용어의 의미를 감정인신문을 통해 확인하는 경우 등이 여기에 속한다.[1]

13   따라서 증인신문·검증·감정 등 통상의 증거조사나 강제처분 등이 필요한
경우에는 통상의 공판절차에서 심리하는 것이 타당하다. 또한 피고인이 증거를
제출하거나 검사가 보충증거를 제출하는 것도 약식절차에서는 허용될 수 없다.
약식절차는 공판절차와 본질을 달리하는 점에서 약식절차에서 공소장변경(제298
조)은 허용될 수 없다.[2] 그러나 공소장정정은 얼마든지 허용된다.

14   **(3) 약식절차와 증거법칙**   약식절차는 서면심사가 원칙이기 때문에 공판절
차처럼 동등한 정도로 엄격한 증명의 법리가 요구되지는 않는다. 공개주의가 배
제됨은 물론이고 특히 정식공판절차를 전제로 하는 직접주의 및 전문법칙(제310
조의2)이 약식절차에는 적용되지 않는다. 따라서 전문법칙의 예외를 규정한 제
311조 이하의 규정도 약식절차에는 적용되지 않는다. 그러나 자백배제법칙(제
309조)과 자백의 보강법칙(제310조)은 공판정·공판기일의 심리와 무관하고 위법
수사배제를 위한 법적 장치이므로 약식절차에도 적용되지 않아야 할 이유가 없
다. 또한 자백보강법칙이 적용되는 점에서도 약식절차는 자백보강법칙의 적용
이 배제되는 즉결심판절차(즉심법 제10조)와 차이가 있다.

      (4) 공판절차에의 이행

15   **(가) 이행사유**   법원은 약식명령청구가 있는 경우에 그 사건이 약식명령으
로 할 수 없거나 약식명령으로 하는 것이 적당하지 않다고 인정되는 경우에는
공판절차에 의하여 심판하여야 한다(제450조). 여기서 약식명령을 할 수 없는 경
우는 1) 법정형으로 벌금·과료 이외의 형벌이 규정되어 있는 죄에 대한 약식명
령의 청구, 2) 무죄·형면제의 판결 또는 면소·공소기각 또는 관할위반의 재판
을 선고해야 할 사건이 있다. 또한 약식명령을 하는 것이 적당하지 않은 예로
는, 1) 약식명령을 하는 것이 형식적으로는 가능할지라도 벌금·과료 또는 몰수
이외의 형을 선고하는 것이 적당하다고 인정되는 경우, 2) 사건이 복잡하기 때

---

1) 신동운 1723; 이재상/조균석/이창온 64/8.
2) 신동운 1723; 이재상/조균석/이창온 64/9.

문에 공판절차에 의해 신중히 심판하는 것이 합리적이라고 인정되는 경우 등이 있다.

그리고 약식명령을 청구한 후에 치료감호청구가 있으면, 법원은 약식명령 **16** 청구에 대하여 그 감호가 청구되었을 때로부터 공판절차에 따라 심판하여야 한다(치료감호법 제10조 ③항). 감호사건은 공판절차에 의하여 신중하게 심리해야 하기 때문이다.

(내) 이행의 결정 이와 같이 약식명령청구를 정식의 공판절차로 이행하는 **17** 데에 법원의 결정이 필요한가에 대해 판례는 특별한 형식상의 재판을 할 필요가 없다는 입장이다(2003도2735). 이에 대해서는 통상재판으로 회부함으로써 법원의 업무분담에 생길 수 있는 변화를 명확하게 하기 위해 결정을 하는 것이 타당하다는 견해가 있다.1)

(대) 이행 후 절차 약식명령청구시에는 공소장부본이 피고인에게 송달되 **18** 지 않으므로, 법원이 약식명령 청구사건을 공판절차에 따라 심판하기로 결정한 경우에는 법원사무관 등은 즉시 그 취지를 검사에게 통지하여야 한다(규칙 제172조 ①항). 이 통지를 받은 검사는 5일 이내에 피고인의 수에 상응하는 공소장부본을 법원에 제출하여야 한다(같은 조 ②항). 또한 법원은 그 공소장부본을 지체 없이 피고인 또는 변호인에게 송달하여야 한다(같은 조 ③항, 법 제266조). 약식명령 청구사건을 공판절차로 이행하는 경우에 검사가 제출한 증거서류와 증거물은 공소장일본주의(규칙 제118조 ②항)의 취지에 비추어 다시 검사에게 반환해야 한다.2)

그리고 법관이 약식명령청구를 심사한 경우에 정식의 공판절차에서 그 법 **19** 관에 대한 제척사유(제17조 7호)를 인정할 것인가에 대해서는, 1) 예단배제를 근거로 긍정하는 견해와 2) 약식명령의 청구가 공판절차의 전심절차에 해당하는 것이 아니라는 점에서 부정하는 견해3)가 있다. 2)의 견해가 타당하다. 제척사유는 법률에 명문으로 규정된 정형적 사유로 인정되기 때문이다. 그러나 부정설도 그러한 법관에게 기피사유(제18조 ①항 2호)를 인정하는 것은 물론이다.

---

1) 신동운 1725; 신양균/조기영 1273; 이은모/김정환 910; 이창현 1363.
2) 신양균/조기영 1274; 이은모/김정환 910; 이재상/조균석/이창온 64/12; 이창현 1364.
3) 신동운 1731; 이은모/김정환 910; 이재상/조균석/이창온 64/12; 이창현 1364.

2. 약식명령

(1) 약식명령의 방식

20　　　(개) **약식명령의 발부와 고지**　　법원은 검사의 약식명령청구를 심리한 결과 약식명령으로 하는 것이 적당하다고 인정하는 경우에는, 약식명령청구가 있은 날부터 14일 이내에 약식명령을 하여야 한다(소촉법 제22조, 규칙 제171조). 약식명령에 의해 과할 수 있는 형은 벌금, 과료, 몰수에 한정된다(제448조 ①항). 검사가 약식명령을 청구할 때에는 미리 약식명령청구서에 벌금과 과료의 액수를 기재하지만, 벌금 또는 과료액의 결정은 법관의 전권에 속하는 양형작용으로서 법관은 검사가 약식명령청구서에 기재한 액수에 기속되지 않는다.[1] 약식명령의 고지는 검사와 피고인에 대한 재판서 송달에 의하여야 한다(제452조).

21　　　(내) **약식명령의 기재사항**　　약식명령을 할 때에는 범죄사실·적용법령·주형·부수처분과 약식명령의 고지를 받은 날로부터 7일 이내에 정식재판을 청구할 수 있음을 명시하여야 한다(제451조). 여기의 부수처분은 압수물의 환부, 추징 이외에 벌금·과료 또는 추징에 대한 가납명령도 포함한다.[2] 가납재판은 원래 판결로 하는 것이지만(제334조 ②항) 약식명령은 판결과 같은 효력을 가지는 점(제457조)에서 가납재판을 할 수 있다고 본다. 미결구금일수가 있는 경우에는 그 전부를 환형통산하여야 한다. 그 밖의 부수처분으로 벌금에 대해 선고유예를 할 수 있는가에 관해서는 의견대립이 있다. 1) 긍정설은 피고인에게 유리한 내용이므로 인정해야 한다고 본다.[3] 2) 부정설은 형의 선고유예는 피고인의 구체적 정상을 고려해야 하는데(형법 제59조 ①항), 서면심리만으로 이를 파악하기는 곤란하다는 점, 무죄는 피고인에게 유리한 판결이지만 약식명령에 의할 수 없고 정식재판에 회부하지 않으면 안 된다는 점 등을 이유로 약식명령에 의한 선고유예를 부정한다.[4] 피고인이 선고유예에 불복하는 경우에는 정식재판의 청구권(제453조 ①항)이 보장되어 있고, 선고유예가 벌금의 선고보다는 피고인에게 유리하다는 점에서 부정해야 할 이유는 없다고 생각한다. 실무도 전자의 견해를 따르고 있다. 그리고 약식명령은 정식재판과 달리 증거요지를 기재해야 할 필요가 없다.

22　　　**(2) 약식명령의 확정과 효력**　　약식명령은 정식재판의 청구기간이 경과하거

---

1) 신동운 1727; 이재상/조균석/이창온 64/15; 이창현 1364.
2) 신동운 1726; 이재상/조균석/이창온 64/14; 이창현 1365.
3) 이재상/조균석/이창온 64/14.
4) 신동운 1727; 신양균/조기영 1276; 이은모/김정환 911; 이창현 1365.

나 그 청구의 취하 또는 청구기각결정이 확정된 경우 확정판결과 동일한 효력을 갖게 된다(제457조). 다시 말해 약식명령에는 유죄의 확정판결과 동일한 효력이 있으므로 기판력과 집행력이 발생하고 또한 재심과 비상상고의 대상이 될 수 있다.

(가) 기판력의 범위　이때 기판력의 시간적 효력범위는 약식명령의 발령시 **23** 를 기준으로 정한다(2020도3705 등).[1] 그러므로 포괄일죄의 일부에 대한 약식명령이 확정된 경우에는 그 전까지 행하여진 행위에는 기판력이 발생하게 되므로 그러한 행위에 대해 공소제기가 있으면 면소판결(제326조 1호)을 해야 한다.

(나) 성명모용과 약식명령의 효력　피고인의 성명이 모용된 가운데 약식명 **24** 령이 성명이 모용된 자에게 발하여진 경우 그 약식명령은 어떤 효력을 갖게 되는가 하는 문제가 있다. 예를 들면 甲에 의하여 성명이 모용된 乙에게 약식명령이 송달된 경우 乙에게 어떤 효력이 발생하는가 하는 점이다. 이 경우 乙은 정식재판을 청구하여 무죄를 주장해야 한다는 견해[2]와 乙에게는 공소제기의 효력이 미치지 않으므로 공소기각판결(제327조 2호)을 해야 한다는 견해[3]가 있다. 판례는 공소장에 피모용자 乙이 피고인으로 표시되었다 하더라도 이는 당사자 표시의 착오일 뿐이고, 검사는 모용자 甲에 대하여 공소를 제기한 것이므로 甲이 피고인이 되고 乙에게 공소의 효력이 미치지 않는다고 한다. 따라서 검사가 공소장의 피고인표시를 정정하여 법원이 甲에 대하여 심리하고 재판을 하면 되고, 원칙적으로는 乙에 대하여 심판할 것은 아니라고 한다. 다만 乙이 약식명령을 송달받고 이에 대하여 정식재판을 청구한 경우에는 乙에 대해 공소기각의 판결을 하고, 甲에 대해서는 검사가 공소장의 피고인표시를 경정하고 약식명령정본과 피고인표시경정결정서를 甲에게 송달하면 된다고 한다(97도2215; 2023도751 등).

---

1) 신동운 1727; 이재상/조균석/이창온 64/17; 이창현 1365.
2) 강구진 405.
3) 신동운 611; 이재상/조균석/이창온 64/18.

Ⅳ. 정식재판의 청구

1. 의   의

25   정식재판의 청구는 약식절차에 의하여 법원이 약식명령을 하는 경우 그 재판에 불복이 있는 자가 정식의 재판절차에 의한 심판을 구하는 소송행위를 말한다. 상소가 원심판결에 대해 상급법원에 재판의 시정을 구하는 제도인 반면, 정식재판의 청구는 동일심급의 법원에 대해 원재판의 시정을 구하는 제도라는 점에서 양자는 차이가 있다. 그러나 정식재판의 청구는 원재판인 약식명령에 대한 불복방법이라는 점에서는 상소와 유사하다. 그리하여 형사소송법은 약식명령의 성질에 반하지 않는 범위에서 상소에 관한 규정의 일부를 정식재판의 청구에 준용하고 있다(제458조).

2. 정식재판청구권

26   (1) 정식재판청구권자   약식명령에 대해 불복이 있는 검사와 피고인은 정식재판을 청구할 수 있다(제453조 ①항 본문). 피고인의 법정대리인은 피고인의 의사와 관계없이 정식재판을 청구할 수 있고, 피고인의 배우자·직계친족·형제자매·원심의 대리인 또는 변호인은 피고인의 명시적 의사에 반하지 않는 범위에 한하여 독립하여 정식재판을 청구할 수 있다(제458조, 340조, 341조). 여기에서 변호인의 정식재판청구권은 고유권이 아닌 독립대리권으로 이해해야 한다.[1)]

27   (2) 정식재판청구권의 포기   피고인은 정식재판청구권을 포기할 수 없지만(제453조 ①항 단서), 검사의 포기는 허용된다(제458조 ①항, 349조 본문). 검사의 정식재판청구권의 포기는 서면으로 하여야 하나 공판정에서는 구술로도 가능하고, 구술로 한 경우에는 그 사유를 조서에 기재하여야 한다(제458조 ①항, 349조, 352조).

3. 정식재판청구의 방법과 취하

28   (1) 청구의 방법   정식재판청구는 약식명령의 고지를 받은 날로부터 7일 이내에 약식명령을 한 법원에 서면으로 하여야 한다(제453조 ①항 본문, ②항). 만약 7일의 기간 내에 정식재판을 청구하지 못한 경우에는 상소권회복의 규정에

---

1) 신동운 1728; 이재상/조균석/이창온 64/19.

의해 정식재판청구권의 회복청구와 동시에 정식재판청구를 하면 된다(제458조 ①
항, 345조, 346조). 이 경우에, 판례에 따르면 정식재판청구권의 회복청구 없이 정
식재판만을 청구할 수는 없다(85모6). 또한 공소불가분원칙(제248조 ②항)에 반하
지 않는 한 정식재판청구는 약식명령의 일부에 대해서도 할 수 있다(제458조 ①
항, 342조).

[2008모605] 정식재판청구의 방식

약식명령에 대한 정식재판의 청구는 서면으로 제출하여야 하고, 공무원 아닌 자가
작성하는 서류에는 연월일을 기재하고 기명날인(인장이 없으면 지장을 사용)하여야 하
므로, 정식재판청구서에 청구인의 기명날인이 없는 경우에는 정식재판의 청구가 법
령상의 방식을 위반한 것으로서 그 청구를 결정으로 기각하여야 하고, 이는 정식재
판의 청구를 접수하는 법원공무원이 청구인의 기명날인이 없는데도 이에 대한 보정
을 구하지 아니하고 적법한 청구가 있는 것으로 오인하여 청구서를 접수한 경우에
도 마찬가지이다. 다만, 법원공무원의 위와 같은 잘못으로 인하여 적법한 정식재판
청구가 제기된 것으로 신뢰한 채 정식재판청구기간을 넘긴 피고인은 자기의 '책임
질 수 없는 사유'에 의하여 청구기간 내에 정식재판을 청구하지 못한 때에 해당하
여 정식재판청구권의 회복을 구할 수 있을 뿐이다.

(2) 정식재판청구의 취하　　정식재판의 청구권자는 제1심 판결의 선고 전까 **29**
지는 정식재판청구를 취하할 수 있다(제454조). 이 경우 검사·피고인은 단독으로
취하할 수 있으나, 법정대리인이 있는 피고인은 법정대리인의 동의를 얻어, 그
리고 피고인의 법정대리인, 배우자, 직계친족, 형제자매, 변호인은 피고인의 동
의를 얻어 취하할 수 있다(제458조 ①항, 350조, 351조). 정식재판청구의 취하는 원
칙적으로 서면으로 하여야 하나 공판정에서는 구술로써도 할 수 있다. 이 경우
에는 그 사유를 조서에 기재하여야 한다(제458조 ①항, 352조). 그리고 정식재판청
구를 취하한 자는 다시 정식재판을 청구하지 못한다(제458조 ①항, 354조).

4. 당사자에 대한 통지와 공소장부본의 송달

정식재판청구가 있는 때에는 법원은 지체 없이 검사 또는 피고인에게 그 **30**
사유를 통지하여야 한다(제453조 ③항). 약식명령청구를 정식의 공판절차에 회부
하는 경우에는(제450조) 공소장부본을 송달해야 하지만(규칙 제172조 ③항), 약식명
령에 대해 정식재판청구가 있는 경우에는 이미 피고인에게 공소장부본과 동일

한 내용의 약식명령서가 송달되어 있으므로(제452조) 공소장부본을 송달할 필요
는 없다.

5. 정식재판청구에 대한 재판

31   **(1) 기각결정**   정식재판청구가 법령상의 방식에 위반하거나 정식재판청구
권의 소멸 후인 것이 명백한 경우에는 결정으로 기각하여야 한다(제455조 ①항).
기각결정에 대해 불복이 있는 경우에는 즉시항고를 할 수 있다(같은 조 ②항).

32   **(2) 공판절차에 의한 심판**   적법한 정식재판청구에 대해서는 공판절차에서
심판하여야 한다(같은 조 ③항). 공판절차에서 심판하는 경우 사실인정, 법령적용,
양형 등 모든 부분에 대해 법원은 약식명령에 구속되지 않고 자유롭게 판단할
수 있다. 즉 공판절차는 공소사실을 판결대상으로 하는 것이지 단순히 약식명령
의 당부판단을 목적으로 하는 것은 아니다. 정식재판청구에 의해 공판절차가 시
작되면 통상의 공판절차와 동일한 절차가 되므로 역시 공소장변경(제298조)과 공
소취소(제255조)가 당연히 허용된다. 정식재판절차는 약식절차의 상급심이 아니
라 동일심이므로 약식절차에서 선임된 변호인은 정식재판절차에서도 당연히 변
호인의 지위를 가진다(제32조 ①항). 그러나 항소심과 마찬가지로 정식재판을 청
구한 피고인이 정식재판절차의 공판기일에 출정하지 않은 경우에는 다시 기일
을 정하여야 하고, 피고인이 정당한 사유 없이 다시 정한 기일에 출정하지 않으
면 피고인의 진술 없이 판결할 수 있다(제458조 ②항, 365조). 또한 상소심과 마찬
가지로 정식재판을 할 경우에 법원은 약식명령의 형보다 중한 종류의 형을 선
고하지 못한다(제457조의2 ①항).

33   **(3) 약식명령의 실효**   정식재판청구에 의한 판결이 있는 때에는 약식명령
은 당연히 효력을 상실한다(제456조). 여기서 '판결이 있는 때'란 판결이 확정된
경우를 의미하며, 판결에는 공소기각결정도 포함된다. 부적법한 정식재판청구라
할지라도 그러한 청구에 의해 확정판결이 있는 때에는 약식명령은 효력을 상실
한다. 그러나 약식명령의 효력이 이미 확정된 후의 청구, 즉 정식재판청구기간
(제453조 ①항)이 경과한 후에 청구한 경우에는 정식재판의 확정이 약식명령의
효력에 영향을 미치지 못한다.[1]

---

1) 2007도891: 약식명령에 대한 피고인의 정식재판의 청구가 그 청구권 소멸 후인 것이 명백함
    에도 정식재판청구를 기각하지 아니하고 무죄의 본안판결을 한 경우, 대법원이 본안판결을 한
    원심판결을 파기하고 정식재판의 청구를 기각한 사례.

[76] 제 2 즉결심판절차

I. 즉결심판절차의 의의

1. 즉결심판의 개념

즉결심판이란 20만원 이하의 벌금, 구류 또는 과료에 처할 경미한 범죄에 **1** 대하여 지방법원, 지원 또는 시·군법원의 판사가 공판절차에 의하지 아니하고 「즉결심판에 관한 절차법」에 의해 신속하게 처리하는 심판절차를 말한다(법조법 제34조 ①항 3호, ③항, 즉심법 제2조).[1] 경미범죄란 주로 경범죄처벌법의 범죄를 대상으로 하지만, 형법의 범죄도 그 대상이 될 수 있다.[2]

즉결심판절차는 다음 세 가지 점에서 약식절차와 유사하다. 1) 경미사건을 **2** 신속하게 처리하기 위하여 확정판결과 동일한 효력이 부여된다. 2) 간이절차에 의하는 것이 적당하지 않고 정식재판에 의하는 것이 타당하다고 인정되는 경우에는, 법관이 즉결심판청구에 대한 기각결정을 통하여 당해 사건에 대한 통상재판 가능성을 실현할 수 있다. 3) 정식재판의 청구권이 보장된다. 그러나 즉결심판절차는 다음 세 가지 점에서 약식절차와 차이가 있다. 1) 약식절차는 검사의 청구가 있을 것을 요건으로 하는 데 반해 즉결심판절차의 청구권자는 경찰서장이다. 2) 약식절차는 서면심리의 형태를 취하지만 즉결심판절차는 판사가 공개된 법정에서 피고인을 직접 신문하는 차이가 있다. 3) 약식명령으로 구류에 처할 수는 없으나 즉결심판절차에 의해서는 가능하다.

2. 제도의 취지와 문제점

(1) **제도의 취지**   즉결심판절차를 둔 이유는 약식절차만으로는 폭증하는 **3** 경미사건에 신속하고 적절한 대처를 할 수 없기 때문이라고 한다. 이처럼 즉결심판절차가 약식절차보다 더욱 사건을 신속하게 처리해도 적법절차의 이념을 깨뜨리지 않는 것은 처리대상인 사건이 주로 범죄의 증거가 명백한 경우라는 점에 있다. 즉결심판절차의 신속한 처리는 피고인을 시간적·정신적 부담으로부

---

[1] 2022년에 접수된 즉결심판사건은 135,327건으로 전체 형사사건의 8.9%를 차지하였다. 즉결심판에 대해 정식재판을 청구한 사건은 199건이었다(대법원, 사법연감 2023, 771면).

[2] 김기두 343; 서일교 399; 이재상/조균석/이창온 65/1; 이창현 1373.

터 빨리 해방시켜 줄 수 있는 장점이 있다.

4		**(2) 문제점**		반면 즉결심판의 문제점으로 다음과 같은 것이 지적된다. 1) 법률전문가가 아닌 경찰서장 및 그의 대리인인 경찰관에게 심판청구권을 인정하는 것은 기소독점주의(제246조)에 대한 중대한 예외가 되고, 2) 자유형인 구류가 절차의 과도한 신속성과 형식성을 특징으로 하는 즉결심판에 의해 부과되는 것은 문제이며, 3) 확정된 즉결심판은 기판력을 가지므로(즉심법 제16조), 이를 경찰관이 악용하면 즉결심판이 확정된 범죄와 동일한 범죄에 속하는 다른 중한 범죄자에게 면죄부를 주는 역기능이 초래될 수도 있다는 점이 그것이다. 이 역기능은 불출석재판(같은 법 제7조 ③항, 8조의2)에 의한 즉결심판선고와 범칙금납부에 의한 사건의 종결(경범죄처벌법 제8조 ③항, 도교법 제164조 ③항)을 허용하고 있는 상황에서는 더욱 커질 수 있다. 따라서 즉결심판이 안고 있는 이러한 문제점을 개선하기 위해서는, 1) 즉결심판대상이 되고 있는 경범죄위반사범을 범칙금사건으로 만드는 동시에 경범죄를 대폭 비범죄화 또는 친고죄로 전환하거나, 2) 경찰관의 즉결심판청구권 남용을 방지하기 위해서 부검사副檢事제도를 도입하여 부검사로 하여금 경찰관이 송치한 경미사건을 유형별로 판단하여 즉결심판을 청구하게 함으로써 기소독점주의를 회복하게 하는 입법론적 방안이 제시되고 있다.1)

3. 즉결심판절차의 법적 성격

5		즉결심판절차는 공개된 법정에서 법관이 피고인을 직접심리하는 절차이다. 그러나 즉결심판절차는 통상의 공판기일에 행하는 절차가 아니다. 또한 피고인의 정식재판청구에 의해 정식재판으로 이행되고, 법관이 기각결정을 하는 경우에는 단순히 검사에게 송치하면 된다는 점에서 공판전의 절차이다.2) 그러나 즉결심판절차는 비록 제한된 범위이기는 하지만 공개된 법정에서 구두주의와 직접주의를 원칙으로 하여 심리가 이루어지는 점에서 약식절차보다는 공판절차에 가까운 제도이다. 또한 즉결심판절차는 형법상의 형벌을 과하는 절차이므로 즉결심판이 확정된 때에는 확정판결과 동일한 효력이 부여된다(즉심법 제16조). 따라서 즉결심판에 관한 절차법은 특별형사소송법이라고 할 수 있다.

---

1) 신동운 1738.
2) 강구진 407; 이은모/김정환 916; 이재상/조균석/이창온 65/3; 이창현 1372.

II. 즉결심판의 청구

1. 청구권자

관할경찰서장 또는 관할해양경찰서장은 관할법원에 즉결심판을 청구할 수   6
있다(즉심법 제3조). 청구권자의 청구는 보통의 공판절차에서 검사의 공소제기에
해당되는 소송행위이다. 따라서 약식절차에서는 약식명령청구와 동시에 공소제
기를 하여야 하나(제449조), 즉결심판청구에는 공소제기가 요구되지 않는다. 즉
즉결심판청구는 검사의 기소독점주의(제246조)에 대한 중대한 예외가 된다.[1]

2. 청구의 방식

(1) **즉결심판청구서의 제출**   즉결심판청구는 즉결심판청구서를 제출함으로   7
써 이루어진다. 즉결심판청구서에는 피고인의 성명 기타 피고인을 특정할 수 있
는 사항·죄명·범죄사실과 적용법조를 기재하여야 한다(즉심법 제3조 ②항). 이러
한 청구서의 기재사항은 공소장의 필요적 기재사항(제254조 ③항)과 동일하다. 약
식절차에서는 선고할 형을 검사가 미리 기재해야 하나 즉결심판에서는 선고할
형량을 기재하지 않는다.

(2) **서류와 증거물의 제출**   경찰서장은 즉결심판청구와 동시에 즉결심판을   8
하는 데 필요한 서류와 증거물을 판사에게 제출하여야 한다(즉심법 제4조). 이는
경미사건을 신속하게 처리하는 것을 목적으로 하는 즉결심판절차도 약식절차와
마찬가지로 공소장일본주의의 적용을 배제한 것이다.[2] 그리고 경찰서장이 즉결
심판을 청구하는 경우에 즉결심판에 대하여 이의하지 않는다는 피의자의 의사
표시를 구할 필요는 없다.

3. 관할법원

즉결심판사건의 관할법원은 지방법원, 지원 또는 시·군법원이다(즉심법 제2   9
조, 법조법 제34조 ②항). 지방법원 또는 그 지원의 판사는 소속지방법원장의 명령
을 받아 소속 법원의 관할사무와 관계없이 즉결심판청구사건을 심판할 수 있다
(즉심법 제3조의2).

---

1) 강구진 409; 백형구 665; 신동운 1740; 이재상/조균석/이창온 65/5.
2) 신동운 1740; 이재상/조균석/이창온 65/7; 이창현 1374.

Ⅲ. 즉결심판청구사건의 심리

1. 판사의 심사와 경찰서장의 송치

10　　(1) 판사의 심사와 기각결정

(개) **판사의 심사**　　즉결심판청구가 있는 경우에 판사는 그 사건이 즉결심판으로 할 수 있는 사건인지 즉결심판에 적당한 사건인지 심사하여야 한다. 여기서 '즉결심판을 할 수 없는 경우'란 즉결심판의 대상으로 청구된 사건이 즉결심판을 하기에 필요한 실체법상 또는 절차법상의 요건을 구비하지 않은 경우를 말한다. 예컨대, 1) 청구된 사건에 대하여 벌금·구류 또는 과료의 형이 규정되어 있지 않거나, 2) 이들 형이 병과형으로 규정된 경우, 또는 3) 청구된 사건에 대해 관할위반을 선고할 경우 등이 여기에 해당한다. 그리고 '즉결심판절차로 하는 것이 적당하지 아니한 경우'란 즉결심판을 하는 것이 형식적으로는 가능할지라도, 1) 청구된 사건에 대하여 벌금·구류 또는 과료 이외의 형을 선고하는 것이 적당하다고 인정되는 경우나, 2) 사건의 성질이나 양형의 특수성을 고려하여 보통의 공판절차에서 신중하게 심판하는 것이 타당하다고 인정되는 경우를 말한다.

11　　(내) **기각결정**　　심사한 결과 사건이 즉결심판으로 할 수 없거나 즉결심판으로 하는 것이 적당하지 않다고 인정될 경우에는 즉결심판청구에 대하여 기각결정을 하여야 한다(즉심법 제5조 ①항).

　　(2) 송치명령과 불기소처분

12　　(개) **경찰서장의 송치명령**　　경찰서장은 즉결심판청구가 기각결정된 경우에는 지체 없이 사건을 관할지방검찰청 또는 지청의 장에게 송치하여야 한다(같은 조 ②항). 약식절차에서는 법원이 별도의 형식재판을 할 필요 없이 공판절차로 이행하는 것이 가능하다는 견해도 있지만(제450조), 즉결심판절차에서는 판사는 청구기각의 재판을 하여 경찰서장이 검사에게 송치하도록 할 수 있을 뿐이다. 이는 경찰서장의 청구가 보통의 공판절차에서 검사의 공소제기에 해당하는 소송행위이므로 공소제기된 사건을 판사가 다시 검찰청에 송치하는 것은 불가능하기 때문이다.

13　　(내) **불기소처분의 허용 여부**　　판사가 기각결정을 하여 경찰서장이 검사에게 송치한 사건에 대해 검사가 불기소처분을 할 수 있는지가 문제된다. 이에 대

해 1) 불기소처분을 할 수는 없고 반드시 검사는 공소를 제기해야 한다는 견해1)와 2) 불기소처분을 할 수 있다는 견해2)가 있다. 2)의 견해가 타당하다. 그 이유는, 1) 경찰의 즉결심판청구의 남용을 방지하기 위해서 필요하고, 2) 즉결심판청구에 대한 법관의 기각결정으로 인하여 청구된 사건은 즉결심판청구 이전의 상태로 환원된다고 볼 수 있기 때문이다.3)

2. 심리상의 특칙

(1) 기일의 심리에서 특칙

(가) **심리의 시기**　　즉결심판청구에 대해 판사가 기각결정을 하지 않는 경 **14** 우에는 즉시 심판을 하여야 한다(즉심법 제6조). 그러므로 통상의 공판절차에서 요구되는 준비절차, 즉 공소장부본의 송달(제266조 참조)이나 제1회 공판기일의 유예기간(제269조) 등과 같은 절차는 생략된다. 그리고 즉시 심판을 해야 한다는 의미는 즉시 기일을 열어 심판해야 한다는 의미이지만, 그러나 필요한 경우에 기일을 속행하거나 변경하는 것은 허용된다고 보아야 한다.

(나) **심리의 장소**　　즉결심판의 심리와 재판의 선고는 경찰관서 외의 공개 **15** 된 법정에서 행한다(즉심법 제7조 ①항). 법정은 판사와 법원서기관, 법원사무관, 법원주사 또는 법원주사보가 열석하여 개정한다(같은 조 ②항).

(다) **개정 없는 심판**　　판사는 상당한 이유가 있는 경우에 개정 없이 피고인 **16** 의 진술서와 경찰서장이 송부한 서류 또는 증거물(같은 법 제4조)에 의하여 심판할 수 있다. 다만 구류에 처하는 경우에는 그러하지 아니하다(같은 법 제7조 ③항). 이와 같은 서면심리를 허용하는 것은 유죄증거가 확실하고 죄질이 매우 경미한 사건을 신속하게 처리할 수 있도록 하기 위함이다. 그러나 위헌의 소지가 매우 높다.

(라) **피고인의 출석**　　피고인의 출석은 통상의 공판절차와 마찬가지로 즉결 **17** 심판에서도 개정요건이 된다(같은 법 제8조). 그러나 1) 벌금 또는 과료를 선고하는 경우에는 피고인의 진술을 듣지 않고 형을 선고할 수 있다(같은 법 제8조의2 ①항). 2) 피고인 또는 즉결심판 출석통지서를 받은 자는 법원에 불출석심판을 청구할 수 있고, 법원이 이를 허가한 경우에는 피고인의 출석 없이 심판할 수 있

---

1) 김기두 344.
2) 신동운 1742; 이은모/김정환 918; 이재상/조균석/이창온 65/10; 이창현 1375.
3) 신동운 1742; 이재상/조균석/이창온 65/10.

다(같은 조 ②항). 이에 반해 경찰서장의 출석은 필요하지 않다.

18		**(마) 심리의 방법**		즉결심판의 심리는 즉결심판원칙에 반하지 않는 한 공개된 법정에서 구두주의와 직접주의에 의하여 판사가 직권심리한다. 먼저 판사는 피고인에게 피고사건의 내용과 피고인에게 진술거부권(제283조의2)이 있음을 고지하여야 하고 변명할 기회를 주어야 한다(즉심법 제9조 ①항). 판사는 필요하다고 인정할 때에는 적당한 방법에 의하여 재정在廷하는 증거에 한하여 조사할 수 있다(같은 조 ②항). 변호인은 기일에 출석하여 이 증거조사에 참여할 수 있으며 의견을 진술할 수 있다(같은 조 ③항). 그러나 변호인의 출석은 임의적이며 개정요건은 아니다.

		(2) 증거에 대한 특칙

19		**(가) 증거조사의 범위**		증거조사대상은 즉결심판을 청구할 때 경찰서장이 제출한 서류 또는 증거물(같은 법 제4조), 그리고 심리기일에 법정에 있는 증거에 한정된다(같은 법 제9조 ②항).

20		**(나) 전문증거의 증거능력인정**		즉결심판절차에는 형사소송법 제312조 ③항과 제313조가 적용되지 않는다(같은 법 제10조). 그러므로 즉결심판절차에서는 피고인이 내용을 인정하지 않더라도 사법경찰관이 작성한 피의자신문조서를 증거로 사용할 수 있고, 성립의 진정이 인정되지 않더라도 피고인 또는 피고인 아닌 자가 작성한 진술서도 증거로 할 수 있다.

21		**(다) 자백보강법칙의 배제**		즉결심판절차에는 형사소송법 제310조의 자백의 보강법칙이 적용되지 않는다. 그러므로 피고인의 자백만 있고 보강증거가 없어도 유죄를 선고할 수 있다(같은 법 제10조).

3. 형사소송법의 준용

22		즉결심판절차법에 특별한 규정이 없고 그 성질에 반하지 않는 한, 형사소송법규정은 즉결심판절차에 준용된다(즉심법 제19조). 이는 즉결심판절차가 공개된 법정에서 구두주의와 직접주의의 방식으로 심리된다는 점에서 공판절차와 유사하기 때문이다. 즉결심판절차의 심리는 신속한 재판진행을 위해 직권심리에 의한다. 따라서 이에 반하는 공소장부본의 송달(제266조), 제1회 공판기일의 유예(제269조), 증거조사와 증거결정의 방법(제290~296조) 등은 즉결심판절차에 준용되지 않는다. 이에 반해 자백배제법칙(제309조)이나 위법수집증거배제법칙(제308조의2) 등은 즉결심판절차의 심리에 그대로 적용된다.

Ⅳ. 즉결심판의 선고와 효력

1. 즉결심판의 선고

(1) 선고할 수 있는 형　즉결심판절차에서 과힐 수 있는 형의 종류는 20만 **23**
원 이하의 벌금·구류 또는 과료이다(즉심법 제2조, 법조법 제34조 ①항 3호). 또한 유
죄의 선고뿐만 아니라 무죄·면소 또는 공소기각의 선고도 할 수 있다(즉심법 제
11조 ⑤항). 이는 벌금·과료 또는 몰수만 선고할 수 있는 약식절차(제448조 ①항)
와 구별되는 점이다.

(2) 선고의 방식　즉결심판의 선고는 피고인이 출석한 경우에는 선고, 피 **24**
고인 없이 심리한 경우에는 즉결심판서등본의 교부에 의한다.

(개) 즉결심판서의 기재사항　유죄의 즉결심판서에는 피고인의 성명 기타 **25**
피고인을 특정할 수 있는 사항·주문·범죄사실·적용법조를 명시하고 판사가 서
명·날인하여야 한다(즉심법 제12조 ①항). 그러나 피고인이 범죄사실을 자백하고
정식재판의 청구를 포기한 경우에는 선고한 주문과 적용법조를 명시하고 판사
가 기명·날인하면 된다(같은 조 ②항).

(내) 고지와 송달　유죄를 선고할 경우에는 형, 범죄사실과 적용법조를 명 **26**
시하여야 하고, 피고인에게 7일 이내에 정식재판을 청구할 수 있다는 것을 고지
하여야 한다(즉심법 제11조 ①항). 그리고 참여한 법원사무관 등은 선고내용을 기
록하여야 한다(같은 조 ②항). 즉결심판의 심리에서 판사가 상당한 이유가 있다고
인정하여 개정 없이 심판한 경우(같은 법 제7조 ③항)와 피고인의 출석 없이 심판
할 수 있는 경우(같은 법 제8조의2)에는 법원사무관 등은 7일 이내에 정식재판을
청구할 수 있음을 부기한 즉결심판서등본을 피고인에게 송달하여 고지한다(같은
법 제11조 ④항). 그러나 피고인에 대하여 불출석재판을 허가한 경우(같은 법 제8조
의2 ②항)에 피고인 등이 미리 즉결심판서의 등본송달을 요하지 않는다는 뜻을
표시한 경우에는 그러하지 아니하다(같은 법 제11조 ④항 단서).

(3) 유치명령과 가납명령

(개) 유치명령　판사는 구류선고를 받은 피고인이 일정한 주소가 없거나 **27**
도망할 염려가 있을 때에는 5일을 초과하지 않는 범위에서 경찰서유치장에 유
치할 것을 명령할 수 있다. 다만, 유치기간은 선고기간을 초과할 수 없으며, 유
치기간이 집행된 경우에 그 기간은 본형의 집행에 산입한다(즉심법 제17조 ①·②

항). 구류형의 집행을 확보하기 위하여 유치명령을 하는 것이므로 구류형이 아닌 벌금이나 과료를 선고할 경우에는 유치명령을 할 수 없다. 따라서 유치명령과 함께 선고된 구류에 대해서는 정식재판을 청구하더라도 피고인은 석방되지 않는다.

28   (나) **가납명령**   판사가 벌금 또는 과료를 선고할 경우에는 노역장유치기간을 선고하여야 하고(형법 제70조) 가납명령을 할 수 있다. 가납의 재판은 벌금 또는 과료의 선고와 동시에 선고하여야 하며, 그 재판은 즉시 집행할 수 있다(즉심법 제17조 ③항, 법 제334조). 벌금 또는 과료의 선고에 가납명령이 있는 경우에 벌금 또는 과료를 납부하지 않을 때에는 노역장유치를 명할 수 있다.

2. 즉결심판의 효력과 형집행

29   (1) **즉결심판의 효력**   즉결심판은 정식재판청구기간의 경과, 정식재판청구권의 포기 또는 그 청구의 취하에 의하여 확정판결과 동일한 효력, 즉 집행력과 기판력이 생긴다(95도1270 등). 정식재판청구를 기각하는 재판이 확정된 경우에도 동일하다(즉심법 제16조). 그러므로 즉결심판이 확정된 경우의 불복은 재심이나 비상상고 등의 비상구제절차방식에 의해서만 가능하다. 즉결심판의 판결이 확정된 경우에는 즉결심판서·관계서류 그리고 증거는 관할경찰서(또는 지방해양경찰관서)가 이를 보존한다(즉심법 제13조).

30   (2) **형의 집행**   즉결심판에 의한 형은 경찰서장이 집행하며, 그 집행결과를 지체 없이 관할검사에게 보고하여야 한다(즉심법 제18조 ①항). 구류는 경찰서 유치장이나 구치소 또는 교도소에서 집행하며 구치소나 교도소에서 행하는 집행은 검사가 이를 지휘한다(같은 조 ②항). 벌금·과료·몰수는 그 집행을 종료하면 지체 없이 검사에게 인계하여야 한다(같은 조 ③항 본문). 그러나 즉결심판확정 후 상당기간 내에 집행할 수 없는 때에는 경찰서장은 검사에게 통지하여야 하며, 통지를 받은 검사는 재산형의 집행방법(제477조)에 의하여 집행할 수 있다(즉심법 제18조 ③항 단서). 즉결심판에 의한 형의 집행을 정지하고자 하는 경찰서장은 사전에 검사의 허가를 받아야 한다(같은 조 ④항).

V. 정식재판의 청구

1. 정식재판의 청구방법

(1) 피고인 등의 정식재판청구 유죄선고를 받은 피고인은 정식새판을 청구 **31** 할 수 있다(즉심법 제14조 ①항). 그리고 피고인의 법정대리인(제340조), 피고인의 배우자·직계친족·형제자매 또는 즉결심판절차의 대리인이나 변호인(제341조)도 피고인을 위하여 정식재판을 청구할 수 있다(즉심법 제14조 ④항). 피고인이 정식 재판을 청구하고자 하는 경우에는 즉결심판선고 또는 고지를 받은 날로부터 7 일 이내에 정식재판청구서를 경찰서장에게 제출하여야 한다. 정식재판청구서를 받은 경찰서장은 지체 없이 판사에게 이를 송부하여야 한다(같은 조 ①항). 공판 정에서 즉결심판선고 직후에 피고인이 판사에게 정식재판청구를 하는 경우에도 논란의 여지는 있으나, 정식재판을 청구한 것으로 해석하는 것이 타당하다.1) 정 식재판청구기간은 공개된 법정에서 선고된 경우에는 선고일로부터, 즉결심판서 등본을 피고인에게 송달한 경우에는 송달된 날로부터 기산된다.

(2) 경찰서장의 정식재판청구 즉결심판청구에 대해 판사가 무죄·면소 또 **32** 는 공소기각을 선고 또는 고지한 경우에 경찰서장은 그 선고 또는 고지를 한 날 로부터 7일 이내에 정식재판을 청구할 수 있다. 이 경우 경찰서장은 관할지방검 찰청 또는 지청검사의 승인을 얻어 정식재판청구서를 판사에게 제출하여야 한 다(같은 조 ②항). 검사에게는 정식재판청구권이 없다. 이처럼 경찰서장에게 통상 적인 공판절차에서 법원에 심판을 청구할 수 있는 자격을 인정하는 것은 검사 의 기소독점주의(제246조)에 대한 중대한 예외를 인정한 것이다.2)

2. 정식재판청구 후의 절차

판사는 정식재판청구서를 받은 날로부터 7일 이내에 경찰서장에게 정식재 **33** 판청구서를 첨부한 사건기록과 증거물을 송부하고, 경찰서장은 지체 없이 관할 지방검찰청 또는 지청의 장에게 이를 송부하여야 하며, 그 검찰청 또는 지청의 장은 지체 없이 관할법원에 이를 송부하여야 한다(즉심법 제14조 ③항). 여기서 검 사는 공소장일본주의(규칙 제118조 ②항)에 비추어 볼 때 정식재판청구서와 즉결

---

1) 신동운 1747.
2) 신동운 1747.

심판청구서만을 법원에 송치하여야 하며, 사건기록과 증거물은 공판기일에 제출해야 할 것이다.[1]

3. 정식재판청구의 포기·취하

34 정식재판청구의 포기나 취하 그리고 기각결정에 대해서는 상소에 관한 규정과 약식절차에 관한 규정의 일부가 준용된다(즉심법 제14조 ④항). 그러므로 정식재판청구권자는 정식재판청구권을 포기하거나 정식재판청구를 취하할 수 있고, 또한 일부의 정식재판청구(제342조)와 정식재판청구권의 회복청구(제345조~348조)도 인정된다. 그리고 정식재판청구권을 포기한 자와 정식재판청구를 취하한 자는 다시 정식재판을 청구할 수 없다(제354조). 정식재판청구의 취하는 제1심 판결선고 전까지 할 수 있다(제454조).

4. 정식재판청구에 대한 심판

35 **(1) 청구기각결정** 법령상의 방식에 위반된 정식재판의 청구와 청구권의 소멸후의 정식재판청구에 대해서는 기각결정을 하여야 한다. 이 결정에 대해서는 즉시항고할 수 있다(즉심법 제14조 ④항, 법 제455조 ①·②항).

36 **(2) 공판절차에 의한 심판** 정식재판청구가 적법한 때에는 공판절차에 의해 심판하여야 한다(즉심법 제14조 ④항, 법 제455조 ③항). 즉결심판과 정식재판 사이에도 불이익변경금지의 원칙이 준용된다(즉심법 제19조, 법 제457조의2). 따라서 피고인이 정식재판을 청구한 사건에 대해서는 즉결심판의 형보다 중한 형을 선고하지 못한다(98도2550).[2] 정식재판청구에 의한 판결이 있는 경우 즉결심판은 효력을 상실한다(즉심법 제15조). 여기의 판결은 적법한 정식재판청구에 의해 통상의 공판절차에서 행해진 판결로서 확정판결을 의미한다.[3]

---

1) 이은모/김정환 924; 이창현 1382.
2) 다만, 2017. 12. 19.의 법개정으로 약식명령에 대해서는 불이익변경금지가 '형종 상향의 금지'로 변경되었고, 중한 형으로 변경하는 경우에는 판결서에 양형 이유를 기재하도록 하였는데, 즉결심판에도 그대로 준용될 지는 좀 더 지켜보아야 할 것이다.
3) 신동운 1749; 이재상/조균석/이창온 65/25; 이창현 1383.

제 2 절   배상명령과 형사보상

[77] 제 1 배상명령절차

Ⅰ. 배상명령의 의의

1. 배상명령의 개념

배상명령절차는 공소제기된 범죄로 인하여 피해자에게 손해가 발생한 경우   **1** 법원의 직권 또는 피해자의 신청에 의해 가해자인 피고인에게 손해배상을 명하는 절차를 말한다(소촉법 제25조). 부대附帶소송(Adhäsionsprozeß) 또는 부대사소附帶私訴(zivilrechtlicher Annex)라고도 한다.

2. 제도의 취지

배상명령절차의 취지는 1) 범죄피해자를 신속하게 구제하기 위한 목적을   **2** 가지고 있다. 피해자의 손해배상을 위하여 새로운 절차인 민사소송에 의하도록 하는 것은 피해자에게 번잡한 절차와 위험 그리고 막대한 소송비용을 부담하게 하는 단점이 있다. 그러나 피고사건에 대한 형사절차에서 피고인에게 피해자에 대한 손해배상까지 명하면 이러한 부담은 현저하게 줄일 수 있다. 2) 배상명령절차는 소송경제를 도모할 수 있고 형사판결과 민사판결의 모순도 피할 수 있는 장점이 있다. 3) 형사판결과 피고인의 손해배상의무를 동시에 확정하는 것은 피고인의 사회복귀와 개선에도 도움이 된다. 4) 배상명령은 피해자를 형사절차에 참여하게 함으로써 진실발견에도 도움이 되는 부수적 효과도 있다.[1] 이러한 기능들은 국가사법조직에 대한 국민의 신뢰를 높일 수 있다.[2]

Ⅱ. 배상명령의 요건

1. 배상명령의 대상

⑴ 대상사건   배상명령의 대상이 될 수 있는 피고사건은 제한되어 있다.   **3**

---

1) 이 기능에 대한 회의적 견해는 이재상/조균석/이창온 66/3.
2) 신동운 1780.

1) 상해죄·중상해죄·특수상해죄(존속상해·존속중상해를 범한 경우는 제외)·상해치
사와 폭행치사상(존속폭행치사상죄는 제외) 및 과실치사상의 죄(형법 제26장), 강간과
추행의 죄(형법 제32장), 절도와 강도의 죄(형법 제38장), 사기와 공갈의 죄(형법 제
39장), 횡령과 배임의 죄(형법 제40장), 손괴의 죄(형법 제42장)가 그 대상이 된다.
그리고 2) 이러한 범죄를 가중처벌하는 특별법상의 범죄 및 그 미수범(미수범 처
벌규정이 있는 경우에 한함)에 대해서도 배상명령을 할 수 있으며, 3) 성폭력처벌법
및 청소년성보호법의 범죄도 일정 범위 포함된다(소송촉진법 제25조 ①항).1) 이처
럼 배상명령을 할 수 있는 범죄를 제한한 것은 그러한 범죄의 경우 피해의 존부
와 피해범위를 쉽게 판단할 수 있기 때문이다. 4) 그 이외의 죄에 대한 피고사
건에서도 피고인과 피해자 사이에 합의된 손해배상액에 관하여도 배상명령을
할 수 있다(같은 조 ②항).

4   (2) **유죄판결**   배상명령은 피고사건에 유죄판결을 선고할 경우에만 가능하
다(같은 조 ①항). 따라서 무죄·면소 또는 공소기각의 재판을 할 경우에는 배상명
령을 할 수 없다.

2. 배상명령의 범위

5   배상명령의 범위는 피고사건의 범죄행위로 인하여 발생한 직접적인 물적
피해, 치료비손해 및 위자료의 배상으로 제한된다(소송촉진법 제25조 ①항). 즉 배
상명령을 할 수 있는 채권은 금전채권에 제한되며, 간접적 손해에 대해서는 배
상명령을 할 수 없다. 생명과 신체를 침해하여 발생한 기대이익의 상실이 배상
명령의 범위에 포함될 수 있는가 하는 문제가 있다. 그러나 소촉법은 명문으로
배상명령의 범위를 제한적으로 열거하고 있고, 만일 기대이익의 상실액도 배상
명령의 범위로 파악하게 되면 그 산정과 관련하여 재판지연이 초래될 수 있다
는 점(같은 조 ③항 4호)에서, 기대이익은 배상명령의 범위에 포함되지 않는 것으
로 보아야 한다.2) 간접적 손해와 기대이익에 대해 피해자와 피고인 사이에 합
의된 경우에는 물론 배상명령이 가능하다.

---

1) 성폭력처벌법의 업무상 위력 등에 의한 추행(제10조), 공중 밀집 장소에서의 추행(제11조),
   성적 목적을 위한 공공장소 침입행위(제12조), 통신매체를 이용한 음란행위(제13조), 카메라
   등을 이용한 촬영 및 그 미수범(제14조, 15조)과 청소년성보호법의 아동·청소년 매매행위(제
   12조), 아동·청소년에 대한 강요행위 등(제14조)이 해당된다.
2) 신동운 1782; 이재상/조균석/이창온 66/6; 이창현 1395.

3. 배상명령의 불허사유

법원이 배상명령을 하여서는 아니 되는 경우가 있다. 즉 1) 피해자의 성명· 6
주소가 분명하지 않은 경우, 2) 피해금액이 특정되지 않은 경우, 3) 피고인의 배
상책임의 유무 또는 그 범위가 명백하지 않은 경우, 4) 배상명령으로 인하여 공
판절차가 현저히 지연될 우려가 있거나, 형사소송절차에서 배상명령을 하는 것
이 타당하지 않다고 인정되는 경우가 불허사유에 해당된다(같은 조 ③항).

[2013도9616] 불명확한 배상책임과 배상명령

소송촉진법 제25조 ①항의 규정에 의한 배상명령은 피고인의 범죄행위로 피해자가
입은 직접적인 재산상 손해에 대하여 피해금액이 특정되고 피고인의 배상책임 범위
가 명백한 경우에 한하여 피고인에게 배상을 명함으로써 간편하고 신속하게 피해자
의 피해회복을 도모하고자 하는 제도로서, 위 특례법 제25조 ③항 제3호의 규정에
의하면 피고인의 배상책임의 유무 또는 그 범위가 명백하지 아니한 경우에는 배상
명령을 하여서는 아니 되고, 그와 같은 경우에는 위 특례법 제32조 ①항에 따라 배
상명령신청을 각하하여야 한다. 이러한 취지에 비추어 볼 때, 피고인이 재판과정에
서 배상신청인과 민사적으로 합의하였다는 내용의 합의서를 제출하였고, 합의서 기
재 내용만으로는 배상신청인이 변제를 받았는지 여부 등 피고인의 민사책임에 관한
구체적인 합의 내용을 알 수 없다면, 사실심법원으로서는 배상신청인이 처음 신청
한 금액을 바로 인용할 것이 아니라 구체적인 합의 내용에 관하여 심리하여 피고인
의 배상책임의 유무 또는 그 범위에 관하여 살펴보는 것이 합당하다(96도945; 2012도
7144 등 참조).

Ⅲ. 배상명령의 절차

1. 직권에 의한 배상명령

(1) **처분권주의의 예외**   법원의 직권에 의한 배상명령도 가능하다(소송촉진 7
법 제25조 ①항). 손해배상청구권은 사법상의 권리인데 그러한 권리에 대해 법원
의 직권에 의한 배상명령을 인정하는 것은 민사소송의 처분권주의(민소법 제203
조)에 대한 중대한 예외가 된다.[1]

---

1) 강구진 662; 신동운 1782; 이재상/조균석/이창온 66/8; 이창현 1396.

8 **(2) 구체적 유형** 법원이 직권으로 배상명령을 할 수 있는 경우로는 다음 과 같은 것이 있다. 1) 피해자의 배상신청은 없지만 피고사건의 공판심리 도중 에 피고인의 재산이 발견되어 배상명령을 하는 것이 타당하다고 인정되는 경우, 2) 피해자가 악의로 배상금의 수령을 거부하는 경우 등이다.

9 **(3) 배상액의 결정** 직권으로 배상명령을 하는 경우에 법원은 피고인의 재 산상태를 고려하여 액수·방법을 결정해야 한다. 이 경우 신청에 의한 배상명령 과 마찬가지로 피고인에게 배상책임의 유무와 범위를 설명하고 의견을 진술할 기회를 주어야 한다.[1]

2. 신청에 의한 배상명령

10 **(1) 신청권자** 배상명령의 신청은 피해자나 그 상속인이 할 수 있다(소송촉 진법 제25조 ①항). 그러나 피고사건의 범죄행위로 인하여 발생한 피해에 관하여 다른 절차에 의한 손해배상청구가 법원에 계속중인 경우에는 피해자는 배상신 청을 할 수 없다(같은 법 제26조 ⑦항). 그리고 피해자는 법원의 허가가 있는 경우 에는 그 배우자·직계혈족·형제자매에게 배상신청에 관하여 소송행위를 대리하 게 할 수 있다(같은 법 제27조 ①항).

11 **(2) 신청기간·관할법원** 피해자는 제1심 또는 제2심 공판의 변론종결시까 지 사건이 계속된 법원에 배상명령을 신청할 수 있다. 신청시 인지의 첨부는 필 요하지 않다(같은 법 제26조 ①항). 신청은 제1심뿐만 아니라 제2심에서도 할 수 있지만, 상고심에서는 신청이 허용되지 않는다. 배상명령은 피고사건이 계속된 법원의 전속관할에 속한다. 배상청구액이 합의부의 사물관할에 속하는 규모인 경우에도 마찬가지로 피고사건이 계속된 법원의 전속관할에 속한다.

12 **(3) 신청방법** 피해자가 배상신청을 할 때에는 신청서와 상대방 피고인의 수에 상응한 신청서 부본을 제출하여야 한다(같은 조 ②항). 이 신청서에는 1) 피 고사건의 번호·사건명·사건이 계속된 법원, 2) 신청인의 성명·주소, 3) 대리인 이 신청하는 경우에는 그 성명·주소, 4) 상대방 피고인의 성명·주소, 5) 배상의 대상과 그 내용, 6) 배상을 청구하는 금액을 기재하고 신청인 또는 대리인이 서 명·날인하여야 한다(같은 조 ③항). 그리고 신청서에는 필요한 증거서류를 첨부 할 수 있다(같은 조 ④항). 법원은 서면에 의한 배상신청이 있는 경우 지체 없이 그 신청서 부본을 피고인에게 송달하여야 한다(같은 법 제28조). 그러나 피해자가

---

1) 신동운 1782; 이재상/조균석/이창온 66/8.

증인으로 법정에 출석한 경우에는 서면에 의한 배상신청 대신 말로써 배상을
신청할 수 있으며, 이 때에는 공판조서에 신청취지를 기재하여야 한다(같은 법 제
26조 ⑤항).

(4) 신청의 취하   신청인은 배상명령이 확정될 때까지 언제든지 배상신청   13
을 취하할 수 있다(같은 조 ⑥항).

(5) 신청의 효과   피해자의 배상신청에는 민사소송의 소제기와 동일한 효   14
력이 인정된다(같은 조 ⑧항). 따라서 피해자가 피해사건의 범죄행위로 인하여 발
생한 피해에 대해 다른 절차에서 손해배상을 청구하여 법원에 계속중인 경우에
는 소촉법에 의거한 배상신청을 할 수 없다(같은 조 ⑦항).

3. 배상명령절차사건의 심리

(1) 기일통지와 불출석재판   배상신청이 있는 경우에 법원은 신청인에게   15
공판기일을 통지하여야 한다(소송촉진법 제29조 ①항). 그러나 신청인이 공판기일
의 통지를 받고도 출석하지 않은 경우에는 신청인의 진술 없이 재판할 수 있다
(같은 조 ②항).

(2) 증거제출권과 변호인의 대리권   신청인 및 그 대리인은 공판절차를 현   16
저히 지연시키지 않는 범위 안에서 재판장의 허가를 받아 소송기록을 열람할
수 있고 공판기일에 피고인 또는 증인을 신문할 수 있으며 기타 필요한 증거를
제출할 수 있다(같은 법 제30조 ①항). 이 경우 법원이 허가를 하지 않은 재판에 대
해서는 불복을 신청하지 못한다(같은 조 ②항). 피고인의 변호인은 배상신청에 관
하여 피고인의 대리인으로서 소송행위를 할 수 있다(같은 법 제27조 ②항).

(3) 증거조사   법원은 필요한 경우에 피고인의 배상책임 유무와 범위를 인   17
정하는 데 필요한 증거를 조사할 수 있으며(소송촉진규칙 제24조 ①항), 피고사건의
범죄사실에 관한 증거를 조사할 경우 피고인의 배상책임의 유무와 범위에 관련
된 사실도 조사할 수 있다(같은 조 ②항). 그리고 피고사건의 범죄사실을 인정할
증거를 피고인의 배상책임 유무와 범위를 인정하는 증거로 사용할 수 있다(같은
조 ③항).

(4) 청구의 인낙과 화해   이러한 심리절차에서 청구의 인낙認諾이나 화해가   18
가능한가 하는 문제가 있다. 실무에서는 피해자와 피고인이 배상청구에 대해 인
낙이나 화해의 의사표시를 하는 경우에 한하여 피해자와 피고인이 합의한 것으
로 보고 합의시의 배상명령(소송촉진법 제25조 ②항)을 할 수 있으나, 그 이외의 경

우는 심리절차에서 청구의 인낙이나 화해는 할 수 없는 것으로 본다.[1]

4. 배상명령의 재판

19		(1) **배상신청의 각하**		법원은 배상신청이 적법하지 않은 때 또는 그 신청이 이유 없다고 인정되거나 배상명령을 하는 것이 타당하지 않다고 인정될 때에는 결정으로 이를 각하하여야 한다(소송촉진법 제32조 ①항). 유죄판결의 선고와 동시에 신청각하재판을 할 경우에는 이를 유죄판결의 주문에 표시할 수 있다(같은 조 ②항). '배상명령을 하는 것이 타당하지 않은 경우'란 피해금액이 특정되지 않거나 공판절차가 현저히 지연될 우려가 있는 경우를 들 수 있다. 신청을 각하하거나 그 일부를 인용한 재판에 대해 신청인은 불복할 수 없으며, 다시 동일한 배상신청을 할 수도 없다(같은 조 ④항).[2]

20		(2) **배상명령의 선고**		법원이 배상명령을 할 때에는 유죄판결선고와 동시에 하여야 한다(같은 법 제31조 ①항). 배상명령은 일정액의 금전지급을 명함으로써 하고 배상대상과 금액을 유죄판결의 주문에 표시하여야 한다. 배상명령의 이유는 특히 필요하다고 인정되는 경우에 한하여 이를 기재할 수 있다(같은 조 ②항). 그리고 배상명령에 대한 가집행선고도 할 수 있으며(같은 조 ③항), 이 경우에는 가집행의 선고방식·선고실효와 원상회복·강제집행정지 등에 관한 민사소송법규정이 준용된다(같은 조 ④항). 배상명령을 한 경우에는 유죄판결서의 정본을 피고인과 피해자에게 지체 없이 송달하여야 한다(같은 조 ⑤항). 배상명령의 절차비용은 원칙적으로 국고부담이지만, 그러나 특히 부담할 자를 정한 경우에는 그 자의 부담으로 한다(같은 법 제35조).

(3) 배상명령에 대한 불복

21		(개) **신청인의 불복**		신청을 각하하거나 그 일부를 인용한 재판에 대해 신청인은 불복할 수 없지만, 민사소송에 의한 손해배상청구는 할 수 있다.

22		(내) **피고인의 불복**		피고인이 배상명령에 대해 불복하고자 하는 경우에는 피고사건에 대한 상소와 배상명령 자체에 대한 즉시항고에 의한 불복이 가능하다. 배상명령은 유죄판결을 전제로 하므로, 유죄판결에 대한 상소제기가 있는

---

1) 법원실무제요(형사) 508.

2) 2021도13768: "제1심에서 변론이 종결된 후 배상신청인이 배상신청을 한 경우 이를 각하하여야 하고, (소송촉진법) 제32조 제4항에 따라 배상신청인은 그 판단에 대하여 불복하지 못할 뿐더러, 피고인 등의 불복으로 항소가 제기된 경우에도 항소심에서 다시 동일한 배상신청을 할 수도 없다."

경우에는 배상명령에 대해 불복하지 않더라도 배상명령은 확정되지 않고 피고사건과 함께 상소심으로 이심된다(같은 법 제33조 ①항). 그러므로 상소심에서 원심의 유죄판결을 파기하고 피고사건에 대해 무죄·면소 또는 공소기각재판을 할 경우에는 원심의 배상명령을 취소하여야 한다. 이 경우 상소심에서 원심의 배상명령을 취소하지 않은 경우에는 그 배상명령을 취소한 것으로 본다(같은 조 ②항). 그러나 상소심에서 무죄·면소 또는 공소기각을 하더라도 원심의 배상명령이 피고인과 피해자 사이의 합의를 기초로 한 배상명령인 경우에는 배상명령은 효력을 상실하지 않는다(같은 조 ③항). 그리고 상소심에서 원심판결을 유지하는 경우에도 원심의 배상명령만을 취소·변경하는 것도 가능하다(같은 조 ④항).

피고인이 유죄판결에 대해서는 상소하지 않고 배상명령에 대해서만 상소제 **23** 기기간 내에 형사소송법규정에 의하여 즉시항고하는 것은 가능하다(같은 조 ⑤항 본문). 다만 즉시항고 제기 후 상소권자의 적법한 상소가 있는 경우에는, 즉시항고는 취하된 것으로 본다(같은 조 ⑤항 단서). 여기의 상소권자에는 검사가 제외된다. 왜냐하면 검사는 형사사건에 대해서만 상소할 수 있으며, 단순히 민사상 손해배상청구권의 존부와 범위에 관한 배상명령사건의 당사자는 될 수 없기 때문이다.

5. 배상명령의 효력

확정된 배상명령 또는 가집행선고가 있는 배상명령이 기재된 유죄판결서의 **24** 정본은 민사집행법에 의한 강제집행에 관하여 집행력 있는 민사판결정본과 동일한 효력이 있다(소송촉진법 제34조 ①항). 즉 별도의 집행력을 부여받을 필요 없이 확정된 배상명령 또는 가집행선고 있는 배상명령에 대해서는 집행력이 인정된다. 그러나 배상명령에 기판력이 인정되는 것은 아니다. 따라서 배상명령이 확정된 때에는 그 인용금액의 범위 안에서 피해자는 다른 절차에 의한 손해배상을 청구할 수 없으나(같은 조 ②항), 인용금액을 넘어선 부분에 대하여는 별도의 소를 제기할 수 있다. 청구에 대한 이의의 주장에 관하여는 그 원인이 변론종결 전에 생긴 때에도 할 수 있다(같은 조 ④항; 민사집행법 제44조 ②항의 배제).

[78] 제 2 형사보상

I. 형사보상의 의의와 요건

1. 형사보상의 의의

1   **(1) 개 념**   형사보상이란 국가의 잘못된 형사사법권 행사로 인하여 부당하게 미결구금이나 형집행을 받은 사람에 대하여 국가가 그 손해를 보상하여 주는 제도를 말한다. 이러한 형사보상제도는 권위주의 국가에서는 국가의 은혜적 조치로 이해되었으나 헌법 제28조는 "형사피의자 또는 형사피고인으로서 구금되었던 자가 법률이 정하는 불기소처분을 받거나 무죄판결을 받은 때에는 법률이 정하는 바에 의하여 국가에 정당한 보상을 청구할 수 있다"고 규정하여 형사보상을 국민의 기본권으로 보장하고 있다.

2   **(2) 형사보상의 적용범위**   헌법은 구금되었던 자에 대해서만 형사보상에 관한 규정을 두고 있으나, 사형 또는 재산형의 집행을 받은 자에 대한 형사보상도 당연히 포함하는 규정이라고 할 수 있다. 그리고 형사보상법1)은 이러한 헌법의 형사보상청구권을 구체적으로 실현하기 위하여 마련된 것으로서 형사보상의 요건과 절차 및 그 내용이 규정되어 있다. 군사법원에서 무죄재판을 받아 확정된 자, 군사법원에서 형사보상법 제26조 ①항 각 호에 해당하는 재판2)을 받은 자, 군검찰부 군검사로부터 공소를 제기하지 아니하는 처분을 받은 자에 대하여도 형사보상법이 준용된다(형사보상법 제29조 ②항).

II. 형사보상의 법적 성질

1. 형사보상의 법적 성질

(1) 형사보상의 본질론

3   **(가) 법률의무설**   국가의 구속 또는 형집행처분이 객관적·사후적으로 위법

---

1) 1958. 8. 13, 법률 제494호. 현재의 명칭은 '형사보상 및 명예회복에 관한 법률'.
2) 1. 「형사소송법」에 따라 면소(免訴) 또는 공소기각(公訴棄却)의 재판을 받아 확정된 피고인이 면소 또는 공소기각의 재판을 할 만한 사유가 없었더라면 무죄재판을 받을 만한 현저한 사유가 있었을 경우
    2. 「치료감호법」제7조에 따라 치료감호의 독립 청구를 받은 피치료감호청구인의 치료감호사건이 범죄로 되지 아니하거나 범죄사실의 증명이 없는 때에 해당되어 청구기각의 판결을 받아 확정된 경우

한 경우, 그런 위법한 처분으로 인해 피해를 입은 자에 대해 국가가 손해를 배상해야 하는 법률적 의무를 진다고 보는 견해이다.[1] 이 견해는 국가의 형사보상을 공법상의 손해배상의 성질을 가지는 것으로 이해한다. 즉 형사보상을 객관적으로 위법한 공권력의 행사에 의해 상대방에게 손해가 발생한 경우 공무원의 고의·과실을 묻지 않고 국가가 그 공권력의 상대방에게 손해를 배상해 주어야 한다는 점에서 무과실손해배상이라 본다. 그러므로 공무원의 불법행위의 경우에 부담하는 국가의 배상책임(헌법 제29조)과 형사보상청구권(헌법 제28조)은 서로 구별되는 것이라고 설명한다.

(나) **공평설**　형사보상은 국가가 공평의 견지에서 행하는 조절보상이라고　**4**
이해하는 입장이다.[2] 국가의 형사사법권 행사에는 다분히 진실이 왜곡될 우려가 있는데, 그러한 가능성이 현실화하여 구체적 개인이 억울하게 미결구금이나 형집행을 당하는 것은 다수의 이익을 위해 구체적 개인이 특별한 희생을 입은 것이라고 한다. 따라서 구체적 개인에 대해 공평의 견지에서 그 손해를 전보해야 할 필요가 생기게 된다. 이 견해에 의하면 형사보상은 공법상의 손실보상에 가까운 성질을 갖는다. 형사보상은 국가에 책임이 없어도 이루어진다는 점에서 손해배상이 아니라 손실보상의 성격을 띤다고 보아야 하므로 공평설이 타당하다.

(2) **형사보상과 손해배상의 관계**　형사보상법에 의하면 형사보상을 받을 자　**6**
가 형사보상법뿐만 아니라 다른 법률의 규정에 의하여 손해배상을 청구하는 것을 금지하지 않는다(형사보상법 제6조 ①항). 즉 형사보상을 청구하는 자가 형사보상법에 의한 청구 이외에 국가배상법이나 민법에 의한 손해배상을 동시에 청구하는 것이 가능하다. 그러므로 어느 사유로 배상을 청구하는가는 피해자가 자유로이 결정할 수 있다. 그러나 보상을 받을 자가 동일한 원인에 대하여 다른 법률의 규정에 의하여 손해배상을 받았을 경우에, 그 손해배상액수가 형사보상법에 의하여 받을 보상금의 액수와 동일하거나 또는 이를 초과할 경우에는 보상하지 않고, 그 손해배상의 액수가 형사보상법에 의하여 받을 보상금의 액수보다 적을 경우에는 그 금액을 공제하고 보상금액수를 정해야 한다. 또한 다른 법률의 규정에 의하여 손해배상을 받을 자가 동일한 원인에 대하여 형사보상법에 의한 보상을 받았을 경우에는 그 보상금액수를 공제하고 손해배상의 액수를 정하여야 한다(같은 조 ②·③항).

---

1) 강구진 621; 김기두 352; 이은모/김정환 962; 이재상/조균석/이창온 63/3.
2) 신동운 1847; 이창현 1426.

2. 형사보상의 요건

7　　　형사보상은 피고인으로서 무죄판결을 받은 자나 그에 준하는 자에게 미결 구금 및 형집행으로 인한 피해를 보상하는 경우와 피의자로서 불기소처분을 받은 자에게 미결구금으로 인한 피해를 보상하는 경우로 나누어진다. 앞의 경우를 피고인보상이라 하고 뒤의 경우를 피의자보상이라고 한다. 각 요건을 살펴보면 다음과 같다.

(1) 피의자보상의 요건

8　　　**(개) 불기소처분 또는 불송치결정**　　피의자로서 구금되었던 자 중 검사로 부터 불기소처분을 받거나 사법경찰관으로부터 불송치결정을 받은 자에 한한다 (형사보상법 제27조 ①항 본문). 다만 1) 불기소처분 또는 불송치결정의 사유가 있 는 경우, 2) 해당 불기소처분 또는 불송치결정이 종국적인 것이 아닌 경우, 3) 기소유예 처분한 경우에는 형사보상을 청구할 수 없다(같은 항 단서).

9　　　**(내) 미결구금의 집행**　　피의자보상을 청구할 수 있는 자는 불기소처분이 있기 전까지 사실상 미결구금을 당한 자에 한한다. 그러므로 미결구금이 아닌 형집행을 받은 자는 피의자보상을 받을 수 없고 피고인보상에 의한 보상을 받 을 수 있다.

10　　　**(대) 보상 제한 사유**　　피의자보상에서 1) 본인이 수사 또는 재판을 그르칠 목적으로 거짓 자백을 하거나 다른 유죄증거를 만듦으로써 구금된 것으로 인정 되는 경우, 2) 구금기간 중에 다른 사실에 대하여 수사가 행하여지고 그 사실에 관하여 범죄가 성립한 경우, 3) 보상을 하는 것이 선량한 풍속 기타 사회질서에 위배된다고 인정할 특별한 사정이 있는 경우에, 법원은 보상청구의 전부 또는 일부를 기각할 수 있다(같은 조 ②항).

(2) 피고인보상의 요건

11　　　**(개) 무죄판결**　　피고인보상을 청구할 수 있는 자는 형사소송법에 의한 일 반절차 또는 재심이나 비상상고절차, 그리고 상소권회복에 의한 상소, 재심 또 는 비상상고의 절차에서 무죄재판을 받은 자이다(같은 법 제2조 ①·②항). 이러한 무죄의 재판은 확정된 재판을 의미한다. 판결 주문에서 무죄가 선고된 경우뿐만 아니라 판결 이유에서 무죄로 판단된 경우에도 미결구금 가운데 무죄로 판단된 부분의 수사와 심리에 필요하였다고 인정된 부분에 관하여는 보상을 청구할 수 있다.

[2014모2521] 판결이유에서 무죄인 경우의 형사보상

헌법 제28조는 "형사피의자 또는 형사피고인으로서 구금되었던 자가 법률이 정하는 불기소처분을 받거나 무죄판결을 받은 때에는 법률이 정하는 바에 의하여 국가에 정당한 보상을 청구할 수 있다"고 규정하고, 형사보상 및 명예회복에 관한 법률(이하 '형사보상법'이라 한다) 제2조 ①항은 "형사소송법에 따른 일반 절차 또는 재심이나 비상상고 절차에서 무죄재판을 받아 확정된 사건의 피고인이 미결구금을 당하였을 때에는 이 법에 따라 국가에 대하여 그 구금에 대한 보상을 청구할 수 있다"고 규정하고 있다. 이와 같은 형사보상법 조항은 입법 취지와 목적 및 내용 등에 비추어 재판에 의하여 무죄의 판단을 받은 자가 재판에 이르기까지 억울하게 미결구금을 당한 경우 보상을 청구할 수 있도록 하기 위한 것이므로, 판결 주문에서 무죄가 선고된 경우뿐만 아니라 판결 이유에서 무죄로 판단된 경우에도 미결구금 가운데 무죄로 판단된 부분의 수사와 심리에 필요하였다고 인정된 부분에 관하여는 보상을 청구할 수 있고, 다만 형사보상법 제4조 제3호를 유추적용하여 법원의 재량으로 보상청구의 전부 또는 일부를 기각할 수 있을 뿐이다.

　(나) **면소 및 공소기각의 재판**　　면소 또는 공소기각의 재판을 받은 자라 **12** 할지라도 그러한 면소 또는 공소기각의 재판을 할 만한 사유가 없었더라면 무죄재판을 받을 만한 현저한 사유가 있었을 때에는 형사보상을 청구할 수 있다 (같은 법 제26조 ①항 1호)1).

　(다) **치료감호사건에 대한 청구기각 판결**　　치료감호법 제7조에 따라2) 치료 **13** 감호의 독립 청구를 받은 피치료감호청구인의 치료감호사건이 범죄로 되지 아니하거나 범죄사실의 증명이 없는 때에 해당되어 청구기각의 판결을 받아 확정된 경우에는 형사보상을 청구할 수 있다(같은 항 2호).

　(라) **미결구금 또는 형의 집행**　　피고인보상을 청구할 수 있는 대상은 미결 **14** 구금과 형의 집행이다. 피고인이 무죄재판을 받을 당시 구금상태에 있을 필요는 없다. 따라서 구속적부심사 또는 보석으로 석방된 피고인도 미결구금에 대한 형사보상청구를 할 수 있다. 형의 집행은 확정판결에 의하여 개시되므로(제459조)

---

1) 그 보상에 대하여는 무죄재판을 받아 확정된 사건의 피고인에 대한 보상 규정이 준용된다(같은 조 ②항).

2) 1) 피의자가 형법 제10조 ①항에 해당하여 벌할 수 없는 경우, 2) 고소·고발이 있어야 논할 수 있는 죄에서 그 고소·고발이 없거나 취소된 경우 또는 피해자의 명시적인 의사에 반하여 논할 수 없는 죄에서 피해자가 처벌을 원하지 아니한다는 의사표시를 하거나 처벌을 원한다는 의사표시를 철회한 경우, 3) 피의자에 대하여 기소유예로 불기소처분한 경우.

형사보상은 확정판결의 효력을 다툴 수 있는 경우에만 가능하다. 즉 상소권회복에 의한 상소, 재심 또는 비상상고절차에서 무죄판결을 받은 경우 형사보상을 청구할 수 있다(같은 법 제2조 ②항). 심신상실에 의한 자유형의 집행정지자에 대한 구치(제470조 ③항)는 구금으로, 확정판결 후 사형이나 자유형을 집행하기 위하여 피고인에게 형집행장을 발부하여 행한 구인(제473조~475조)은 형의 집행으로 본다(형사보상법 제2조 ③항). 그리고 2023년의 개정 형사보상법은, 2022. 2. 24. 헌법재판소의 헌법불합치 결정1)에 따라, 헌법재판소의 위헌결정에 따른 재심 절차에서 원판결보다 가벼운 형으로 확정됨에 따라 원판결에 의한 형 집행이 재심 절차에서 선고된 형을 초과한 경우에도 보상청구할 수 있도록 하였다(제26조 ①항 3호). 다만 이 경우 재심 절차에서 선고된 형을 초과하여 집행된 구금일수를 기준으로 보상금액을 산정하고(같은 항 단서), 법원은 재량으로 보상청구의 전부 또는 일부를 기각할 수 있다(같은 조 ③항).

15   ㈐ **보상 제한 사유**   피고인보상에서 1) 피고인이 형사미성년자 내지 심신장애의 사유(형법 제9조, 10조 ①항)로 무죄판결을 받은 경우, 2) 본인이 수사 또는 심판을 그르칠 목적으로 거짓 자백을 하거나 또는 다른 유죄증거를 만듦으로써 기소, 미결구금 또는 유죄재판을 받게 된 것으로 인정되는 경우, 3) 1개의 재판으로써 경합범의 일부에 대하여 무죄재판을 받고 다른 부분에 대하여 유죄재판을 받았을 경우에는 법원은 재량으로 보상청구의 전부 또는 일부를 기각할 수 있다(형사보상법 제4조).

---

1) 2018헌마998 등: 원판결의 근거가 된 가중처벌규정에 대해 헌법재판소의 위헌결정이 있었음을 이유로 개시된 재심절차에서 위헌결정된 가중처벌규정보다 법정형이 가벼운 처벌규정으로 적용법조가 변경되어 피고인이 무죄판결을 받지는 않았으나 원판결보다 가벼운 형으로 유죄판결이 확정됨에 따라 원판결에 따른 구금형 집행이 재심판결에서 선고된 형을 초과하게 된 사건에서, 헌법재판소는 소송법상 이유로 무죄재판을 받을 수는 없으나 그러한 사유가 없었다면 무죄재판을 받았을 것임이 명백하고 원판결의 형 가운데 재심절차에서 선고된 형을 초과하는 부분의 전부 또는 일부에 대해서는 결과적으로 부당한 구금이 이루어진 것으로 보아, 이러한 경우를 형사보상 대상으로 규정하지 않은 것은 현저히 자의적인 차별로서 평등권을 침해한다고 결정하였다.

Ⅲ. 형사보상의 내용과 절차

1. 형사보상의 내용

(1) **구금에 대한 보상**   구금에 대한 보상에서는 그 일수에 따라 1일당 보상   16
청구의 원인이 발생한 연도의 「최저임금법」에 따른 일급 최저임금액 이상 대통
령령으로 정하는 금액 이하의 비율에 의한 보상금을 지급한다(같은 법 제5조 ①
항). 보상금액을 산정할 때 법원은 구금의 종류와 기간의 장단, 구금기간 중에
받은 재산상의 손실과 얻을 수 있었던 이익의 상실, 정신상의 고통과 신체상의
손상 그리고 경찰·검찰·법원의 각 기관의 고의 또는 과실의 유무, 무죄재판의
실질적 이유가 된 사정, 그 밖에 보상금액 산정과 관련되는 모든 사정을 고려하
여야 한다(같은 조 ②항). 여기의 구금에는 미결구금과 형의 집행에 의한 구금이
포함되며, 노역장유치의 집행을 한 경우도 이에 준한다(같은 조 ⑤항).

(2) **사형집행에 대한 보상**   사형집행에 대한 보상금은 집행전 구금에 대한   17
보상금 이외에도 법원은 모든 사정을 고려하여 상당하다고 인정되는 경우 3천
만원 내에서 가산한 금액을 보상할 수 있고, 본인의 사망에 의하여 생긴 재산상
의 손실액이 증명된 경우에는 그 손실액도 보상한다(같은 조 ③항).

(3) **벌금·과료의 집행에 대한 보상**   벌금 또는 과료를 집행한 경우에는 이   18
미 징수한 금액과 그 징수한 금액에 대한 이자, 즉 징수일의 다음 날부터 보상
결정일까지의 일수에 따라 민법상의 법정이율인 연 5푼의 이율(민법 제379조)에
의한 금액을 보상한다(형사보상법 제5조 ④항).

(4) **몰수·추징의 집행에 대한 보상**   몰수집행에 대한 보상은 먼저 그 몰수   19
물을 반환하여야 하며, 몰수물이 이미 처분된 경우에는 보상결정시의 시가를 보
상하며, 추징금에 대한 보상에서는 추징한 금액과 그 금액을 징수한 다음 날부
터 보상 결정일까지의 일수에 따라 민법상의 법정이율인 연 5푼의 이율(민법 제
379조)에 의한 금액을 보상한다(같은 조 ⑥·⑦항). 다만 면소 또는 공소기각의 재
판을 받은 자는 구금에 대한 보상만을 청구할 수 있으므로(같은 법 제26조), 몰수
또는 추징에 대한 보상을 청구할 수 없다(65다537).

2. 형사보상의 절차

⑴ 보상의 청구

20   ⑺ **청구권자**   형사보상청구권자는 무죄·면소 또는 공소기각의 재판을 받아 확정된 사건의 피고인(같은 법 제2조, 26조)과 청구기각 판결을 받아 확정된 독립된 치료감호사건의 피치료감호청구인(같은 법 제26조 ①항 2호). 헌법재판소법에 따른 재심 절차에서 원판결보다 가벼운 형을 선고받았으나 이미 이 형을 초과하여 원판결에 의한 형을 집행 받은 자(같은 항 3호), 그리고 검사로부터 불기소처분을 받거나 사법경찰관으로부터 불송치결정을 받은 피의자(같은 법 제27조 ①항)이다. 청구권은 양도 또는 압류할 수 없다. 보상지급청구권도 마찬가지이다(같은 법 제23조). 그러나 청구권은 상속될 수 있다. 따라서 청구권자의 상속인은 보상청구를 할 수 있다(같은 법 제3조 ①항). 또 사망한 자에 대하여 재심 또는 비상상고의 절차에서 무죄재판이 있었을 경우에는 보상의 청구에 관련하여 '사망한 때에는 무죄재판이 있었던 것'으로 본다(같은 조 ②항). 따라서 사망시에 본인의 보상청구권이 발생하고 그것이 상속인에게 상속된 것으로 본다.

21   ⑷ **청구시기와 관할법원**   피고인보상은 무죄, 면소 또는 공소기각의 재판이 확정된 사실을 안 날부터 3년, 확정된 때부터 5년 이내에(같은 법 제8조, 26조 ②항), 피의자보상은 불기소처분 또는 불송치결정의 고지 또는 통지를 받은 날로부터 3년 이내에 하여야 한다(같은 법 제28조 ③항). 피고인보상의 청구는 무죄재판을 한 법원에 하여야 하며(같은 법 제7조), 피의자보상의 청구는 불기소처분을 한 검사가 소속된 지방검찰청 또는 불송치결정을 한 사법경찰관이 소속된 경찰관서에 대응하는 지방검찰청의 심의회에 보상을 청구하여야 한다(같은 법 제28조 ①항). 판례는 보상결정을 관할권 없는 법원이 하였다고 하여 당연무효가 되는 것은 아니라고 본다(65다537).

22   ⑸ **보상청구의 방식**   피고인보상을 청구할 경우에는 보상청구서·재판서의 등본과 그 재판의 확정증명서를 법원에 제출하여야 한다(같은 법 제9조 ①항). 보상청구서에는 1) 청구자의 등록기준지·주소·성명·생년월일, 2) 청구의 원인된 사실과 청구액을 기재하여야 한다(같은 조 ②항). 보상청구는 대리인에 의해서도 가능하다(같은 법 제13조). 피의자보상을 청구할 경우에는 보상청구서와 불기소처분 또는 불송치결정을 받은 사실을 증명하는 서류를 첨부하여 제출하여야 한다(같은 법 제28조 ②항).

㈜ **보상청구의 취소와 재청구의 금지**   보상청구는 법원의 보상청구에 대 **23**
한 재판이 있을 때까지 취소할 수 있다. 다만 동순위의 상속인이 수인인 경우에
는 보상을 청구한 자는 다른 전원의 동의 없이 청구를 취소할 수 없다(같은 법
제12조 ①항). 보상청구를 취소한 자는 다시 보상을 청구할 수 없다(같은 조 ②항).

㈐ **상속인의 보상청구**   싱속인이 보상청구하는 경우 본인과의 관계와 동 **24**
순위의 상속인의 유무를 소명할 수 있는 자료를 제출하여야 한다(같은 법 제10
조). 보상청구를 할 수 있는 동순위의 상속인이 수인인 경우 그 중 1인의 보상청
구는 보상을 청구할 수 있는 전원을 위하여 그 전부에 대하여 한 것으로 본다
(같은 법 제11조 ①항). 이 경우에 청구한 상속인 외의 상속인은 공동청구인으로서
절차에 참가할 수 있다(같은 조 ②항). 법원은 수인의 상속인 중 1인이 보상청구
를 한 경우에 보상을 청구할 수 있는 다른 동순위의 상속인이 있음을 안 경우에는
지체 없이 그 상속인에게 보상청구가 있었음을 통지하여야 한다(같은 조 ③항).

(2) 피고인보상청구에 대한 재판

㈎ **관할과 심리방법**   피고인의 보상청구는 법원합의부에서 재판한다(같은 **25**
법 제14조 ①항). 보상청구에 대하여 법원은 검사와 청구인의 의견을 들은 후 결
정하여야 하고(같은 조 ②항), 이 결정의 정본은 검사와 청구인에게 송달하여야
한다(같은 조 ④항). 보상청구의 원인된 사실인 구금일수 또는 형집행의 내용에
관하여는 법원이 직권으로 이를 조사하여야 한다(같은 법 제15조). 이러한 직권조
사는 청구자의 입증부담을 완화하기 위한 것이다. 보상청구를 받은 법원은 6개
월 이내에 보상결정을 하여야 한다(같은 법 제14조 ③항).

㈏ **보상청구절차의 중단과 승계**   보상청구권자가 청구절차 중 사망하거 **26**
나 상속인의 신분을 상실한 경우에 다른 청구인이 없는 경우에는 청구의 절차
는 중단된다(같은 법 제19조 ①항). 이 경우에 청구한 자의 상속인 또는 보상을 청
구한 자와 동순위의 상속인은 2개월 이내에 청구절차를 승계할 수 있다(같은 조
②항). 법원은 절차를 승계할 수 있는 자로서 법원에 알려진 자에게 지체 없이
2개월 이내에 청구의 절차를 승계할 것을 통지하여야 한다(같은 조 ③항). 법원은
이 기간 내에 절차승계의 신청이 없는 경우에는 각하결정을 하여야 한다(같은 조
④항).

㈐ **법원의 결정**

1) **청구각하결정**   보상의 청구절차가 법령상의 방식에 위반하여 보정할 **27**
수 없는 경우, 청구인이 법원의 보정명령에 따르지 아니하는 경우 또는 보상청

구의 기간이 경과한 후에 보상을 청구하였을 경우에는 법원은 청구를 각하하는 결정을 하여야 한다(같은 법 제16조). 청구절차가 중단된 후 2개월 이내에 승계신청이 없는 때에도 법원은 각하결정을 하여야 한다(같은 법 제19조 ④항).

28   2) 청구기각결정   보상청구가 이유 없는 경우에는 청구기각결정을 하여야 한다(같은 법 제17조 ②항). 보상청구를 할 수 있는 동순위의 상속인이 수인인 경우에 그 1인에 대한 청구기각의 결정은 동순위자 전원에 대하여 한 것으로 본다(같은 법 제18조). 보상청구자가 동일한 원인으로 다른 법률에 의하여 충분한 손해배상을 받았다는 이유로 보상청구를 기각하는 결정이 확정된 경우(같은 법 제6조 ②항)에는 그러한 기각결정을 공시하여야 한다(같은 법 제25조 ① · ②항).

29   3) 보상결정   보상청구가 이유 있는 경우에는 보상의 결정을 하여야 한다(같은 법 제17조 ①항). 보상청구를 할 수 있는 동순위의 상속인이 수인인 경우에 그 1인에 대한 보상의 결정은 동순위자 전원에 대하여 한 것으로 본다(같은 법 제18조). 보상결정이 확정된 경우에는 법원은 2주일 내에 보상결정의 요지를 관보에 게재하여 공시하여야 한다. 이 경우 보상의 결정을 받은 자의 신청이 있는 경우에는 그 결정요지를 신청인이 선택하는 2종 이상의 일간신문에 각 1회 공시하여야 하며 그 공시는 신청일로부터 30일 이내에 하여야 한다(같은 법 제25조 ①항).

30   ㈜ **불복신청**   보상청구를 기각한 결정에 대하여는 즉시항고를 할 수 있다(같은 법 제20조 ②항). 그러나 청구각하결정에 대하여는 명문규정이 없으나 역시 즉시항고가 허용된다고 생각된다. 보상의 결정에 대해서는 1주일 이내에 즉시항고할 수 있다(같은 조 ①항).

(3) 피의자보상의 결정

31   ㈎ **피의자보상심의회**   피의자보상에 관한 사항은 지방검찰청에 둔 피의자보상심의회(이하 '심의회')에서 심의·결정하며(같은 법 제27조 ③항), 심의회는 법무부장관의 지휘·감독을 받는다(같은 조 ④항).

32   ㈏ **심리절차**   피의자 보상결정에는 형사보상법에 특별한 규정이 있는 경우를 제외하고는 원칙적으로 그 성질에 반하지 아니하는 범위에서 무죄재판을 받아 확정된 사건의 피고인에 대한 보상에 관한 형사보상법의 규정이 준용된다(같은 법 제29조 ①항).

33   ㈐ **불복수단**   피의자보상에 대한 심의회의 결정에 대해서는 행정심판법에 따른 행정심판을 청구하거나 행정소송법에 따른 행정소송을 제기할 수 있다

(같은 법 제28조 ④항).

(4) 보상금지급의 청구　　보상지급청구권은 보상결정이 확정되면 발생하고, **34** 보상지급을 청구하고자 하는 자는 보상을 결정한 법원에 대응한 검찰청에 보상 지급청구서를 제출하여야 한다. 이 청구서에는 법원의 보상결정서를 첨부하여 야 한다. 보상결정이 송달된 후 2년 이내에 보상지급청구를 하지 아니할 때에는 권리를 상실한다. 보상지급을 받을 수 있는 자가 수인인 경우 그 중 1인이 한 보상지급청구는 보상결정을 받은 전원을 위하여 그 전부에 대하여 효력이 발생 한다(같은 법 제21조).

(5) 특별법상의 보상청구　　군사법원에서 무죄재판을 받아 확정된 자, 군사 **35** 법원에서 형사보상법 제26조 ①항 각 호에 해당하는 재판을 받은 자, 군검찰부 군검사로부터 공소를 제기하지 아니하는 처분을 받은 자에 대한 보상에 대하여 형사보상법의 규정을 준용한다. 이 경우 "법원"은 "군사법원"으로, "검찰청"은 "군검찰부"로, "심의회"는 "국가배상법 제10조 ②항의 규정에 의한 특별심의회 소속 지구심의회"로, "법무부장관"은 "국방부장관"으로 본다(같은 법 제29조 ②항).

판례색인

사항색인

저자 약력

고려대학교 법과대학 및 대학원 법학과 졸업
독일 튀빙엔대학교 법학박사(Dr. jur.)
현재 고려대학교 법학전문대학원 교수

한국형사정책학회장
한국군사법학회장
법무부 정책자문위원
대검찰청 사건평정위원
대한변호사협회 인권과정의 위원 등 역임

제2판
형사소송법

초판발행	2018년 8월 20일
제2판발행	2025년 2월 25일
지은이	정승환
펴낸이	안종만·안상준
편 집	윤혜경
기획/마케팅	조성호
표지디자인	이은지
제 작	고철민·김원표
펴낸곳	(주) **박영사**
	서울특별시 금천구 가산디지털2로 53, 210호(가산동, 한라시그마밸리)
	등록 1959. 3. 11. 제300-1959-1호(倫)
전 화	02)733-6771
f a x	02)736-4818
e-mail	pys@pybook.co.kr
homepage	www.pybook.co.kr
ISBN	979-11-303-4820-9 93360

정 가   49,000원